मानव भूगोल

मानव भूगोल
Human Geography

चतुर्थ संस्करण
(पूर्णतः संशोधित एवं परिवर्द्धित)

माजिद हुसैन

रावत पब्लिकेशन्स

जयपुर • नई दिल्ली • बैंगलोर • गुवाहाटी • कोलकाता

ISBN 978-81-316-0494-6 (Hardback)
ISBN 978-81-316-0495-3 (Paperback)

First Edition, 1997
Second Edition, 1999
Third Edition, 2007
Fourth Edition, 2012

Reprinted, 2025

Translated by : R.P. Chaturvedi and H.K. Rawat

Published by
Prem Rawat for **Rawat Publications**
Satyam Apts, Sector 3, Jawahar Nagar, Jaipur 302 004 (India)
Phone: 0141 265 1748 / 7006
E-mail: info@rawatbooks.com
Website: www.rawatbooks.com

New Delhi Office
4858/24, Ansari Road, Daryaganj, New Delhi 110 002
Phone: 011 2326 3290

Printed and bound in India

अनुक्रमणिका
Contents

प्राक्कथन
Preface

आज जबकि, यूरोपीय तथा अमेरिकी विश्वविद्यालयों में सामाजिक भूगोल व सांस्कृतिक भूगोल अपना महत्वपूर्ण स्थान बना रहा है, वहीं भारत जैसे विकासशील देशों में मानव भूगोल का अध्ययन अधिकांश विश्वविद्यालयों में भूगोल के पठ्यक्रम का एक अंतरंग भाग है। देश के कुल 75 में से 62 विश्वविद्यालयों में जहां स्नातकोत्तर स्तर पर भूगोल का अध्ययन कराया जाता है, मानव भूगोल का अध्ययन उनमें एक महत्वपूर्ण स्थान रखता है।

संक्षेप में, मानव भूगोल मानव समाज तथा पर्यावरण के परस्पर सम्बन्धों का अध्ययन है। इसके मुख्य उप-क्षेत्र हैं—सांस्कृतिक भूगोल, आर्थिक भूगोल, ऐतिहासिक भूगोल, राजनीतिक भूगोल, प्रादेशिक भूगोल, सामाजिक भूगोल, नगरीय भूगोल, यातायात भूगोल, चिकित्सा भूगोल एवं लैंगिक भूगोल।

चूंकि वर्तमान में भारतीय विश्वविद्यालयों के संदर्भ में ऐसी कोई भी हिन्दी में पाठ्यपुस्तक उपलब्ध नहीं है, जो मानव भूगोल की मूलभूत धारणाओं को पाठकों के समक्ष प्रस्तुत कर सके, इस पुस्तक के प्रकाशन से इस कमी को पूर्ण किया जा सकेगा। यह पुस्तक मेरी चर्चित पुस्तक Human Geography का हिन्दी रूपान्तरण है। इस पुस्तक को देश-विदेश में प्रबुद्ध पाठकों द्वारा सराहे जाने के कारण ही मुझे इसका हिन्दी रूपान्तरण कराने की प्रेरणा मिली जिससे कि देश के हिन्दीभाषी पाठकों द्वारा इसका समुचित लाभ उठाया जा सके। इसकी एक प्रमुख विशेषता यह है कि इसमें मानव भूगोल के सभी पहलुओं की सरल तथा विश्वसनीय जानकारी प्रदान की गई है। साथ ही, विभिन्न मानचित्रों तथा रेखाचित्रों की सहायता से इसे अधिक रुचिकर बनाया गया है। संक्षेप में, यह पुस्तक मानव भूगोल को एक सामाजिक विज्ञान के रूप में चित्रित करती है।

मुख्य रूप से यह पुस्तक तीन भागों में विभक्त की गई है। प्रथम भाग में जहां मानव भूगोल के मूल सिद्धान्तों का वर्णन किया गया है, वहीं द्वितीय भाग में विकास तथा मानवीय अधिवास के विभिन्न प्रतिमानों का विश्लेषण किया गया है। तृतीय भाग में विभिन्न आदिवासियों तथा देशज आबादियों का संक्षिप्त लेखा-जोखा प्रस्तुत किया गया है। नि:संदेह यह पुस्तक उन सभी के लिए जिनकी मानवीय समस्याओं के स्थानिक पहलुओं तथा पारिस्थितिकीय समस्याओं के समाधान में रुचि है, उपयोगी सिद्ध होगी।

किसी भी पाठ्यपुस्तक के अभाव को दूर करने का प्रयास सदैव प्रशंसनीय होता है, उसी संदर्भ में 'मानव भूगोल' का प्रकाशन अद्वितीय है परन्तु फिर भी प्रबुद्ध वर्ग के सुझाव सदैव आमंत्रित हैं ताकि आगामी संस्करण में इनका लाभ उठाकर पुस्तक को अधिक उपयोगी बनाया जा सके।

इस पुस्तक का मेरी अंग्रेजी की मूल पुस्तक से हिन्दी में अनुवाद श्री आर.पी. चतुर्वेदी ने किया तथा श्री हरिकृष्ण रावत ने इसके सम्पादन में जो परिश्रम और सहायता प्रदान की, उसके लिए मैं इनका अत्यन्त आभारी हूँ।

जनवरी 2012 **माजिद हुसैन**

चतुर्थ संस्करण पर टिप्पणी
Note on Fourth Edition

मानव भूगोल (Human Geography) का तृतीय संस्करण सन् 2007 में प्रकाशित हुआ था। इसका सिविल सेवाओं और राज्यस्तरीय प्रशासनिक प्रतियोगी परीक्षाओं में सम्मिलित होने वाले परिक्षार्थियों द्वारा अभूतपूर्व स्वागत हुआ है। इस पुस्तक की लोकप्रियता और उपयोगिता इस तथ्य से भी प्रकट है कि इसका सन् 2002 में मराठी भाषा में अनुवाद हुआ और प्रकाशित किया गया। इस पुस्तक को देश और विदेश दोनों ही स्थानों पर असाधारण प्रशंसा मिली है। पुस्तक को न केवल भारत के अधिकांश विश्वविद्यालयों में स्नातकोत्तरीय स्तर पर अपितु पाकिस्तान, बांग्लादेश, नेपाल, श्रीलंका, मलेशिया और ईरान के साथ-साथ अंग्रेजी-भाषी अफ्रीकी देशों जैसे इथोपिया, केन्या, नाइजीरिया, नाइजर, सिअरालिऑन, लेसोथो, जिम्बाब्वे और दक्षिण अफ्रीका में भी अपार प्रशंसा मिली है। हमें अग्रणी भूगोलविदों और विद्यार्थियों से अनेक सुझाव मिले हैं जिन्हें आवश्यक विचार कर पुस्तक के इस चतुर्थ संशोधित संस्करण में यथास्थान समाहित किया गया है। अतएव, वर्तमान संस्करण में पिछले संस्करणों की कमियों को दूर करने का एक विनम्र प्रयास किया गया है। इसके अतिरिक्त, भारत की जनसंख्या के जन्म-मृत्यु के आंकड़ों तथा प्रवसन तथा नगरीकरण से संबंधित तथ्यों को 2001 तथा 2011 की जनगणनाओं के संदर्भ में अद्यतन किया गया है।

प्रस्तुत संस्करण में मानव विकास (human development) संबंधी अध्याय को पूर्णतः संशोधित कर इसे अद्यतन एवं संक्षिप्त कर दिया गया हैं। इसी प्रकार मानव अधिवास (human settlement) और नगरीकरण विषयों पर लिखे गए अध्यायों का पुनरीक्षण कर उन्हें भी अद्यतन बनाया गया है। मूल निवासियों (indigenous people) संबंधी अंतिम अध्याय जिन्हें ''प्रारंभिक लोग'' (first people) के नाम से संबोधित किया गया है, में इन लोगों के निवास क्षेत्र, अर्थव्यवस्था, संस्कृति और समाज के बारे में नवीन एवं प्रचुर सामग्री जुटाई गई है। पूर्ण दक्षता के साथ लिखे गए इस अध्याय को भूगोल के कई विशेषज्ञों और सिविल सेवा की परीक्षाओं के सफल परीक्षार्थियों द्वारा काफी प्रशंसा और अभिस्वीकृति प्राप्त हुई है। लगभग 70 देशों में फैले इन मूल निवासी लोगों की जनसंख्या 250 मिलियन से अधिक है। इस अध्याय में इस तथ्य को उजागर किया गया है कि लगभग पिछली चार शताब्दियों से ये मूल निवासी हमारी विकासात्मक प्रक्रियाओं

के कुछ विनाशात्मक पहलुओं के परिणामों को भुगत रहे हैं। सम्पोषकता (sustainability) की धारणा, जिसे हमारे भावी विकास के ढांचे के रूप में अब स्वीकार कर लिया गया है, अधिकांश मूल निवासियों की संस्कृतियों का अनिवार्य अंग बन गई है। इन लोगों में अपनी स्वयं की भूमि, भाषा और संस्कृति सहित अपनी स्वयं की पहचान का अत्यंत प्रगाढ़ भाव विद्यमान है। ये लोग अपनी सम्पोषक और सहयोगात्मक जीवन-शैली द्वारा प्रकृति का सम्मान करने का प्रयास करते हैं। विभिन्न भौगोलिक जलवायु प्रदेशों में मानव पर्यावरण के अन्तर्संबंधों को उजागर करने के लिए इस अध्याय का पुनर्लेखन कर इसे अधिक प्रभावशाली बनाने का प्रयास किया गया है। पुस्तक के वर्तमान संस्करण में मूल निवासियों को वर्गीकृत कर उनका विवेचन इन उप-शीर्षकों में किया गया है: (1) भोजन संग्राहक और आखेटक (शिकारी) लोग, (2) पशुचारी घुमक्कड़ और पशुपालक लोग, तथा (3) खेतीहर लोग। इस अध्याय में कुछ नवीन जनजातियों को भी सम्मिलित किया गया है, और उनका उदाहरणों सहित विवेचन किया गया हैं। ये जनजातियां हैं: मलेशिया के सेमांग और सकाई आखेटक, संयुक्त राज्य अमेरिका के ब्लैकफुट और पाइयुत, साइबेरिया के यूकाधीर और टूंगस, मलेनेशिया, माइक्रोनेशिया और पोलिनेशिया के खेतिहर किसान, पश्चिमी अफ्रीकी जंगलों के योरूबा और भारत के गौंड लोग।

किसी भी पुस्तक, विशेष रूप से 'मानव भूगोल' के संशोधन (revision) में मुख्य समस्या बदलते आंकड़ों की आती है। निःसंदेह जनसंख्या, जनांकिकी, मानव विकास तथा आर्थिक आंकड़ों में समय के साथ तीव्र गति से परिवर्तन होता है। पुस्तक को अद्यतन (update) करने के लिये विश्व के सभी देशों के 2010 तथा भारत की 2011 की जनगणनाओं के आंकड़ों को सम्मिलित किया गया है। साथ ही, इन आंकड़ों के आधार पर नये मानचित्र बनाकर सम्मिलित किये गये हैं।

यह आशा की जाती है कि वर्तमान संस्करण विद्यार्थियों और अध्यापकों दोनों की आवश्यकताओं को समान रूप से पूर्ण करने के साथ उन परीक्षार्थियों के लिये भी सहायक सिद्ध होगी जो विभिन्न प्रतियोगी परीक्षाओं की तैयारी कर रहे हैं।

जनवरी 2012 **माजिद हुसैन**

1

मानव भूगोल : प्रकृति, क्षेत्र, विचारधाराएं एवं उपागम

Human Geography : Nature, Scope, Schools and Approaches

किसी भी विषय को परिभाषित करने की सदैव एक कठिन समस्या रही है। समय बीतने के साथ-साथ ज्ञान में वृद्धि एवं संस्कृति के विकास के फलस्वरूप विषय की परिभाषा भी परिवर्तित होती रहती है। इन्हीं कारणों से मानव भूगोल की कोई भी परिभाषा सर्वत्र मान्य नहीं है। यद्यपि भूगोल की अनेक परिभाषाएं दी गई हैं, परन्तु हार्टशोर्न की वह परिभाषा जो उन्होंने अपनी महान् कृति 'भूगोल की प्रकृति संबंधी परिप्रेक्ष्य' (1959) (Perspective on the Nature of Geography) में दी है, अत्यन्त महत्त्वपूर्ण है जिसमें उन्होंने लिखा है कि "भूगोल का सम्बन्ध पृथ्वी के धरातल के विषमता युक्त स्वरूप का यथार्थ, व्यवस्थित और विवेकपूर्ण ढंग से वर्णन एवं व्याख्या करने से है।" हालांकि भूगोल एक समाकलनात्मक विज्ञान है, परन्तु इसका स्वरूप द्विभाजनपरक है। भौगोलिक अध्ययन के आन्तरिक तर्क ने इस विषय को दो भागों में विभाजित कर दिया है: (1) भौतिक भूगोल एवं (2) मानवीय रचना का भूगोल जिसे मानव भूगोल कहते हैं। दूसरे शब्दों में, भूगोल विषय का वह भाग मानव भूगोल कहलाता है जिसमें मानवीय क्रियाओं के स्थानिक विभेदीकरण और संगठन के साथ-साथ भौतिक पर्यावरण के मानवीय प्रयोग का अध्ययन किया जाता है।

मानव भूगोल बनाम मानव पारिस्थितिकी
(Human Geography versus Human Ecology)

मानव पारिस्थितिकी की संकल्पना का प्रतिपादन सर्वप्रथम अमेरिकी भूगोलवेत्ताओं द्वारा हुआ जो सामाजिक डार्विनवाद में विश्वास करने वाले थे। एच.एच. बेरोज़ ने अमेरिकी भूगोलवादियों की समिति में 1923 में अपने अध्यक्षीय भाषण में यह घोषित किया था कि मानव भूगोल, मानव पारिस्थितिकी (Human Ecology) है। इस विचारधारा का अनुसरण करने वालों ने यह विचार स्थापित करने का प्रयत्न किया कि मानव और उसके पर्यावरण के जैविक एवं अजैविक तत्वों की अन्तर्कियाओं में पारस्परिक सम्बन्ध है। उनका यह भी विचार था कि अस्तित्व के लिए संघर्ष अवश्य होता है, परिणामतः जो जीवित रहते हैं, वे अपने

प्रतिस्पर्धियों की अपेक्षा पर्यावरण के साथ अच्छी तरह समायोजन करते हैं। अपेक्षाकृत उत्कृष्ट अनुकूलन में वृद्धि और निकृष्ट अनुकूलन में निष्कासन होता है। मानव पारिस्थितिकी का केन्द्रीय विचार यह है कि पौधों और पशुओं की तरह मानव को भी अपने भौतिक पर्यावरण में संघर्ष करना पड़ता है और संघर्ष की इस प्रक्रिया में निर्बलों का निष्कासन हो जाता है।

मानव पारिस्थितिकी के समर्थकों का यह विश्वास था कि पारिस्थितिकीय सिद्धान्त, अर्थात् 'भोजन श्रृंखला' (The Food Chain), जाल प्रतिरूप (The Web Model) आदि सभी प्रकार के जीव समूहों, पौधों, पशुओं एवं मानव पर लागू होते हैं। मानव भूगोल मानव पारिस्थितिकी है, इस विचारधारा को लेमार्कियन के कार्यों ने आगे और पुष्ट किया, जिन्होंने इस बात पर बल दिया कि प्रत्येक जीव सचेतन रूप में अपने परिवेश के साथ समायोजन कर सकते हैं और उपार्जित विशेषताओं को अपनी सन्तान को हस्तांतरित करते हैं। रेटजेल (Ratzel) की राज्य सम्बन्धी जैविक संकल्पना, डेविस (Davis) की भूआकृति-विज्ञान, कुमारी सेम्पल, हंटिंगटन एवं टेलर का पर्यावरणीय निश्चयवाद, हर्बर्टसन का प्रादेशिक भूगोल और फल्यूर (Fleure) का मानवशास्त्रीय मानव भूगोल आदि सभी धारणाएं न्यूनाधिक मात्रा में यह प्रमाणित करती हैं कि मानव भूगोल मानव पारिस्थितिकी है।

मानव भूगोल को मानव पारिस्थितिकी के रूप में परिभाषित करने वाले उपागम की अनेक बिन्दुओं पर आलोचना हुई है। इस परिभाषा ने मानव को पौधों और पशुओं के समकक्ष मान लिया है जिसमें मानव को भी जीवित रहने के लिए अपने पर्यावरण में तथाकथित संघर्ष करना पड़ता है। परन्तु मानव उपकरणों का निर्माता, उनका उपयोगकर्ता और संस्कृति का रचनाकार प्राणी भी है। मानव अपने ज्ञान, वैज्ञानिक प्रगति एवं नवप्रवर्तनों के माध्यम से अपनी भौतिक आवश्यकताओं की पूर्ति हेतु अपने प्राकृतिक आवास और पारिस्थितिकी तंत्र में अत्यधिक परिवर्तन करता रहता है। भोजन के लिए वह अपने पर्यावरण पर ही निर्भर नहीं रहता है। सूखे एवं भोजन की अपर्याप्तता के समय वह दूर के प्रदेशों से अनाज एवं अन्य उपयोगी वस्तुएं आयात कर मानव जाति को बचा सकता है। इसके अतिरिक्त, मानव अपनी शक्ति, निपुणता एवं प्रौद्योगिकी के आधार पर चावल, गन्ना, रबड़, मसाले जैसी उष्ण कटिबन्धीय फसलों को कृत्रिम दशाएं उत्पन्न कर शीतोष्ण एवं शीत प्रदेशों में भी उत्पन्न कर सकता है। अत: मानव जीवन अपने प्राकृतिक आवास एवं पर्यावरण मात्र द्वारा नियन्त्रित नहीं होता है। इसके विपरीत, मानव स्वयं अपने प्राकृतिक पर्यावरण में रूपान्तरण करने वाला एक महान् अभिकर्ता (एजेन्ट) है। अस्तु, मानव पारिस्थितिकी के सिद्धान्त मानव समाजों पर उस सीमा तक लागू नहीं होते जैसे वे पौधों एवं पशुओं पर लागू होते हैं। अतएव, भूगोल न तो मानव पारिस्थितिकी हो सकती है और न होनी चाहिए।

मानव व उसके प्राकृतिक पर्यावरण के साथ समायोजन के अध्ययन के रूप में मानव भूगोल (Human Geography as the Study of Man and His Adjustment to Natural Environment)

मानव भूगोल की एक अत्यन्त लोकप्रिय और बहुअनुमोदित परिभाषा के अनुसार, "मानव एवं उसका प्राकृतिक पर्यावरण के साथ समायोजन का अध्ययन" मानव भूगोल है (चित्र 1.1)

विश्व में अनेक प्रजातियां एवं मानव नृजातीय समूह हैं और विश्व के विभिन्न भागों की भू-जलवायु की दशाओं में पर्याप्त भिन्नता है। प्रत्एक समाज अथवा मानव नृजातीय समूह सांस्कृतिक स्तर एवं तकनीकी प्रगति के अनुसार अपने प्राकृतिक संसाधनों का उपयोग, दुरुपयोग एवं अल्प उपयोग करते हैं। उदाहरण के लिए कांगो-बेसिन के पिग्मी लोगों की जीवन-शैली सऊदी अरब के बद्दू लोगों की जीवन-शैली से भिन्न है। ऑस्ट्रेलियाई मरुस्थल के आदिवासी एवं टुण्ड्रा के एस्कीमो को जीवित रहने के लिए वहाँ के पर्यावरण ने उन्हें शिकार खेलने को विवश किया है। नागा जाति के लोगों का, जो कुछ समय पूर्व तक सिर काटने की परम्परा (Head Hunting) का प्रयोग करते थे और जिनका बंद क्षेत्रीय सीमांकन है, की जीवन-शैली भी नेपाली व कूकी लोगों से सर्वथा भिन्न है, जबकि ये सभी एक प्रकार के पर्यावरण में निवास करते हैं। गुज्जर एवं बाकरवाल जाति के लोग जो ग्रीष्म एवं शीत ऋतु में उच्च हिमालय एवं शिवालिक के क्षेत्रों में घूमते हैं, कश्मीरी एवं डोगरा लोगों से भिन्न जीवन-पद्धति का अनुसरण करते हैं, जबकि इनका प्राकृतिक आवास एक सा है। जीवन-शैली की ये भिन्नताएं मानव का प्राकृतिक पर्यावरण के साथ समायोजन की अभिव्यक्ति है। ग्रीक, रोमन एवं अरब के विद्वानों ने मानव पर पर्यावरण का प्रभाव एवं मानव का पर्यावरण के साथ अनुकूलन (Adaptation) पर बल दिया है। अरस्तु और डार्विन का भी यही दृष्टिकोण था कि मानव जीवित रहने के लिए संघर्ष करता है।

चित्र 1.1 *भौगोलिक पर्यावरण का आधार*

प्राकृतिक आवास का भौतिक पर्यावरण		***संस्कृति***		
1. स्थिति 2. धरातल 3. जलप्रवाह 4. जलवायु 5. प्राकृतिक वनस्पति 6. मृदा 7. खनिज पदार्थ	→	1. नृजातीयता 2. भाषा 3. धर्म 4. प्रौद्योगिकी 5. सामाजिक संगठन 6. आर्थिक संस्थाएं 7. राजनीतिक तंत्र 8. सौंदर्यपरक अभिप्रेरण : कलाएं, पेंटिंग, नाटक, साहित्य, लोकगीत, संगीत, नृत्य, चित्रकला, खेलकूद।	→	***भौगोलिक अथवा सम्पूर्ण पर्यावरण***

भौतिक लाभ और सांस्कृतिक उपलब्धियों के अतिरिक्त भोजन, वस्त्र, मकान, उपकरण, तकनीक, रीति-रिवाज, परम्पराएं, सामाजिक-आर्थिक संस्थाएं, उच्च आवश्यकताएं जैसे धर्म, आस्था, भाषा, साहित्य, ललित कला, लोकगीत, लोक चिकित्सा

आदि प्रत्यक्ष अथवा अप्रत्यक्ष रूप से प्राकृतिक पर्यावरण द्वारा प्रभावित होते हैं। दूसरे शब्दों में, मानव ने अपनी आदतों एवं जीवन-शैली को भौतिक परिवेश एवं प्राकृतिक सम्पदा के अनुसार ढाल लिया है।

पृथक्कृत अथवा अपेक्षाकृत दूर-दराज़ के क्षेत्रों में रहने वाले स्थानीय व्यक्ति पारिस्थितिकी सन्तुलन को अस्त-व्यस्त किए बिना ही अपने प्राकृतिक आवास का विवेक पूर्वक उपयोग करते हैं, हालांकि आदिम अर्थव्यवस्था और उनकी प्रौद्योगिकी को बहुधा पाषाण-काल की कहा जाता है। आदिवासी सामाजिक समूहों एवं उनके भौतिक पर्यावरण के साथ सहजीवी सम्बन्धों के अनेक उदाहरण प्रस्तुत किए जा सकते हैं, जैसे बंजर उप ध्रुवीय प्रदेशों में जहां तापमान –50°C रहता है। एस्कीमो गतिशील आखेट एवं मछली मारने के कारण जीवित हैं। मछली व अन्य प्रकार के शिकार से प्राप्त होने वाला प्रोटीनयुक्त भोजन, समूर के कपड़े, इग्लू आश्रय स्थल और स्लेज आदि एस्कीमो लोगों की पर्यावरण के साथ समायोजन की दक्षता और क्षमता को प्रदर्शित करते हैं। सऊदी अरब एवं सहारा मरुस्थल के भ्रमणशील पशुपालक बद्दू एवं तुरेग लोगों को आजीविका प्रदान करते हैं। चरागाहों के दुर्बल पारिस्थितिकी तंत्र में मध्य एशिया के खिरगीज एवं कज़्ज़ाक भोजन और पोषण का अच्छा मानक बनाए हुए हैं। अमेजन एवं कांगो बेसिन के अयन रेखीय उष्ण और आर्द्र वनों, दक्षिणी-पूर्वी एशिया के द्वीपों और भारत में उत्तर-पूर्वी, मध्य और दक्षिण के पहाड़ी प्रदेशों के अतिसंवेदनशील पारिस्थितिकी तंत्र में स्थानान्तरित कृषि (Shifting Cultivation) हजारों विशिष्ट संस्कृतियों को भरण-पोषण प्रदान कर रही है। इन चरम अवस्थाओं में पारिस्थितिकी तंत्र के संतुलन को बिना नष्ट किए अस्थानीय लोगों का जीवित रहना सम्भव नहीं होता।

विभिन्न प्रजातीय-समूहों एवं स्थानीय व्यक्तियों ने अपने भोजन, ईंधन तथा अन्य आधारभूत आवश्यकताओं की पूर्ति एवं अपने पर्यावरण की रक्षा के लिए नियमाचारों, परम्पराओं और नैतिक मूल्यों को विकसित किया है। जैसे कांगो बेसिन के पिग्मी अपने घरों का निर्माण पेड़ों पर करते हैं। अफ्रीका के पूर्वी पठार पर मसाई जाति के लोग जंगली पशुओं से अपने मवेशियों की सुरक्षा हेतु गोलाकार बाड़ा बनाते हैं। पश्चिमी एशिया मरुस्थल के भ्रमणशील लोग तम्बू (टैंट) लगाते हैं और जब वे एक चरागाह से दूसरे चरागाह को जाते हैं तो उसे उखाड़ देते हैं। जम्मू-कश्मीर के गुज्जर-बाकरवाल, उत्तर प्रदेश के तराई-प्रदेश के थारू व सिक्किम और भूटान के भूटिया एवं लेप्चा वर्ष के विभिन्न मौसमों में हरी घास का प्रयोग करने के लिए अपने पशुओं के साथ-साथ घाटियों एवं पर्वतीय चरागाहों की ओर भ्रमण करते रहते हैं। अंगामी नागा लोगों द्वारा सोपान कृषि (Terraced Agriculture), उत्तरी-पूर्वी भारत में लोठा, ओज, सेमा, कोन्याक, कुकी, गारो, खासी, मिजो लोगों द्वारा स्थानान्तरित (झूम) कृषि और अरुणाचल-प्रदेश में अप्तानी लोगों द्वारा चावल के खेतों की चावल-मछली संस्कृति वहाँ के भौतिक पर्यावरण का ही परिणाम है। पर्यावरण ने इन लोगों को एक विशिष्ट जीवन-शैली अपनाने को बाध्य किया है। इन लोगों ने अपने संसाधनों के उपयोग हेतु समुचित प्रौद्योगिकी का विकास किया है, ताकि वे अपने पारिस्थितिकीय तंत्र को बनाए रख सकें और उसे क्षतिग्रस्त न

होने दें। सफलता की कुंजी पारिस्थितिकी तंत्र को बनाए रखने में है। ये आदिवासी एवं प्रजातीय समूह प्राप्त संसाधनों का उन्हें समाप्त किए बिना विवेकपूर्ण ढंग से उपयोग करते हैं। इस उद्देश्य के लिए वे प्रकृति के शोषण की अपेक्षा प्रकृति के साथ सह-अस्तित्व हेतु पौधों, पशुओं, मिट्टी, जलवायु, मौसम और धरातल के बारे में गहन ज्ञान का उपयोग करते हैं। इसके लिए संसाधनों का सतर्कता प्रबंधन और जनसंख्या पर नियन्त्रण आवश्यक है।

अमेरिका के आर्कटिक एवं एशिया के टुण्ड्रा प्रदेशों के एस्कीमो लोगों ने जो हजारों आदिवासी लोगों का प्रतिनिधित्व करते हैं, आर्कटिक प्रदेश के कठोर पर्यावरण से समायोजन किया है। एस्कीमो लोगों ने अत्यन्त शीत जलवायु के साथ अनुकूलन का एक अनुपम उदाहरण प्रस्तुत किया है। वे आज भी अपना भोजन आर्कटिक प्रदेशों के व्हेल, सील, वालरस आदि समुद्री जीवों से प्राप्त करते हैं, जिनका शिकार वे अपवाहित काष्ठ से बने सीधे-सादे औजारों से अत्यन्त कुशलतापूर्वक करते हैं। वे खाल से ढंकी छोटी-छोटी नावें खुले सागर में चलाते हैं। मांस, भोजन उनकी आदत बन गई है। वे अपना भोजन पकाने, घरों को गर्म रखने एवं प्रकाश के लिए इन समुद्री जीवों के तेल का उपयोग करते हैं। अपने शीतकालीन घर (इग्लू) का निर्माण हिम-खण्डों से करते हैं। अपने बिस्तर व कपड़ों के लिए समूर का उपयोग करते हैं। ग्रीष्म ऋतु में रेन्डियर एवं केरीबू का शिकार करने और जंगली फलों को एकत्रित करने हेतु ये लोग, तट से दूर चले जाते हैं एवं खाल से बने खेमो (टैंट) में आश्रय लेते हैं। वे एकाकी परिवार अथवा छोटे समूह में रहते और घूमते रहते हैं।

टुण्ड्रा प्रदेशों की प्रबल पर्यावरणीय दशाओं ने मानव पौधों एवं पशुओं पर विशिष्ट परिस्थितियां थोपी हैं। शीतकालीन ऋतु में सूर्य क्षितिज से ऊपर नहीं आता है, अनेक महीनों तक रात्रि बनी रहती है, जिसके कारण निराशा छाई रहती है। रात्रि की निरन्तरता शीत दशाओं में सुसमायोजित लोगों के स्वभाव व आचरण पर प्रभाव डालती है। अंधेरे एवं बन्द एकान्त के कारण मानसिक अव्यवस्था, पागलपन के दौरे और स्नायु-दुर्बलता के कारण आत्महत्या प्रायः होती रहती है। प्रतिकूल मौसम में सीमित संसाधनों पर जनसंख्या भार को कम करने के लिए उन्होंने एक अद्वितीय परम्परा का विकास किया है। दीर्घकालीन तूफानी एवं अंधेरी शीत ऋतु में जब भोजन का अभाव रहता है, परिवार का सबसे ज्येष्ठ व्यक्ति परिवार के अन्य सदस्यों को सोता हुआ छोड़कर अपने इग्लू से बाहर आता है और निःशक्त होने तक नंगे पांव बर्फ पर चलता रहता है। अज्ञात स्थान पर पहुँचने के पश्चात् वह अपने समूर के कपड़े उतार लेता है। धीरे-धीरे अनावरण के कारण तत्काल मर जाता है, क्योंकि वहां का तापमान हिमांक बिन्दु से बहुत नीचे अर्थात् $-50°C$ से भी कम होता है। ज्येष्ठ एस्कीमो द्वारा आत्महत्या करने का यह अद्वितीय ढंग उनके द्वारा न्यायोचित ठहराया गया है, क्योंकि इससे वे अपने बच्चों व परिवार के अन्य सदस्यों के लिए सीमित भोजन को बचा पाते हैं। उष्ण एवं आर्द्र जलवायु वाले भूमध्यरेखीय प्रदेशों (अमेजन, कांगो बेसिन, एवं दक्षिण पूर्वी एशिया के द्वीपों) में लोगों की जीवन-शैली अधिकांशतः भौतिक पर्यावरण द्वारा नियन्त्रित होती है। कठोर जलवायु

की दशाओं के कारण मलेशिया के सेमांग और सकाई, कांगो बेसिन के पिग्मी, फिलीपींस के एटा (Aeta), सुमात्रा के कुबु, सेलीबीज के तोला और अण्डमान के नीग्रिटो लोग आज भी आखेट एवं भोजन संग्रहण की अवस्था में हैं।

मलेशिया प्रायद्वीप के पहाड़ी प्रदेशों के निवासी सेमांग अपने कद एवं रंग में कांगो बेसिन के पिग्मी के समरूप हैं। नीग्रो के समरूप होने के कारण उन्हें नीग्रिटो कहा जाता है। सेमांग न तो कृषि करते हैं और न ही पशुपालन, वे मुख्य रूप से पूर्णत: वन उपजों पर निर्भर रहते हैं। लघु-प्राकृतिक फसल छोड़कर निरन्तर प्रव्रजन (Migration) करते रहते हैं और किसी स्थान पर मुश्किल से तीन-चार दिन से अधिक ठहरते हैं। किसी एक स्थान के संसाधन सीमित होते हैं जो घनी जनसंख्या का भरण-पोषण नहीं कर सकते, परिणामस्वरूप सेमांग लोगों के व्यक्तिगत समूह छोटे होते हैं, बच्चों सहित बीस से पच्चीस व्यक्तियों के समूह को भी बड़ा समझा जाता है। अपने सम्पूर्ण जीवन में उनके मुट्ठी भर रिश्तेदार होते हैं। एक सेमांग सिर्फ अपने बड़े लोगों के ज्ञान व सुझावों को ग्रहण करता है। उसका जीवन प्राय: स्थिर व गतिहीन होता है और उसकी जीवन-शैली में मुश्किल से कोई परिवर्तन होता है। (देखिए अध्याय 11: सेमांग लोग)

पर्यावरण की बाध्यता के कारण सेमांग लोगों की वनस्पति से प्राप्त भोजन, आखेट एवं मछली मारने पर अतिनिर्भरता होती है। उन्हें अनेक प्रकार के सरस फल (Berry), काष्ठ फल (Nut), गूदा (Pith), पत्तियां, अंकुर (Shoots) एवं विशिष्ट रूप से कन्द-मूल और रतालू एकत्रित करने पड़ते हैं। उष्ण एवं आर्द्र भूमध्यरेखीय जलवायु में वस्तुओं को संग्रहण करना एवं सुरक्षित रखना कठिन है। उनका आखेट यत्र-तत्र ही होता है और यह भी चूहों, पक्षियों, गिलहरियों, छिपकलियों, बन्दर एवं जंगली सूअर तक सीमित होता है। लकड़ी के धनुष व तीर कमान ही इन लोगों के एक मात्र औजार होते हैं। उनके पास कुत्ते नहीं होते हैं। वे सामान्यत: पक्षियों को साधारण फन्दों अथवा स्प्रिंग के फन्दों से पकड़ते हैं। भोजन के समान ही सेमांग लोग अपने वस्त्र भी आस-पास के वनों की वनस्पति से प्राप्त करते हैं। वे पेड़ों की छालों एवं पत्तियों से अपने वस्त्र बनाते हैं। ये लोग अभी भी आखेट-अवस्था में हैं और उनके प्राकृतिक पर्यावरण के साथ सहजीवी सम्बन्ध हैं।

मलाया में कम ऊंचाई और घाटियों में रहने वाले सकाई पेड़ों के तनों एवं शाखाओं पर आयताकार मकान बनाते हैं जिनकी दीवारें पेड़ों की छाल की पट्टियों एवं ताड़ की पत्तियों से बनाते हैं। इस प्रकार वे सम्पूर्ण भवन सामग्री अपने पर्यावरण से प्राप्त करते हैं। पर्यावरण के साथ मानव के समायोजन के क्या ये विशिष्ट उदाहरण नहीं हैं।

शुष्क एवं अर्द्ध शुष्क प्रदेशों में जीवन दुष्कर होता है क्योंकि पीने एवं सिंचाई के लिए पानी का अभाव होता है। शुष्क प्रदेशों में वर्षा की अपर्याप्तता एवं पानी के अभाव के परिणामस्वरूप जीवन-शैली बहुत जटिल बन गई है। शुष्क प्रदेशों में जीवन का विकास जलापूर्ति पर निर्भर करता है। यद्यपि वायु का तापमान फसलों के विकास के लिए पर्याप्त मात्रा में लम्बा समय सुनिश्चित करता है, परन्तु आर्द्रता के अभाव में कठोर सीमाएं निर्धारित करता है। अनिश्चित जलापूर्ति के कारण इन प्रदेशों में मानव जीवन

अस्थिर है। फसलों से प्राप्त उत्पादन अनियमित एवं अपर्याप्त होता है और सम्पूर्ण फसल अनिश्चित वर्षा की दया पर निर्भर करती है। इन प्रदेशों में कृषि के बजाय पशुपालन प्रमुख आर्थिक आधार होता है। अपने चौपायों, बकरियों एवं भेड़ों के चारे के लिए चरवाहों को एक चरागाह से दूसरे चरागाह जाना पड़ता है। ऐसे क्षेत्रों में पशुचारण भ्रमणशील हो जाता है और चरागाह प्राय: सूखे की कृपा पर रहते हैं।

मानव का पर्यावरण के साथ समायोजन का दूसरा उदाहरण विश्व के पर्वतीय क्षेत्रों से उद्धृत किया जा सकता है। पहाड़ी एवं पर्वतीय क्षेत्रों में लोगों का जीवन धरातल तथा भू-जलवायु की दशाओं द्वारा नियन्त्रित होता है। पर्वतीय क्षेत्रों में छोटे-छोटे राज्य होते हैं जो स्वतंत्र होते हैं। तथापि, पर्वतों ने हमेशा बन्द, आत्म-केन्द्रित और रूढ़िवादी समाजों को जन्म दिया है जो पुराने रीति-रिवाजों को सुरक्षित रखते हैं। विजेताओं द्वारा मैदानी क्षेत्रों से भगाए गए लोगों के लिए पर्वत आश्रय स्थल रहे हैं जिनकी प्रौद्योगिकी अच्छी एवं विकसित है।

पर्वतीय क्षेत्रों में फसलों का उत्पादन तेज ढाल मिट्टी की पतली परत एवं अधिक ऊंचाई के कारण एक लाभप्रद आर्थिक क्रिया नहीं है। निम्न ताप और अधिक ऊंचाई के कारण अनाज की फसलों जैसे मक्का को पक कर तैयार होने में बहुत अधिक समय लगता है। उदाहरण के तौर पर फ्रांसीसी आल्पस के अनेक क्षेत्रों में मक्का की फसल पक कर तैयार होने में लगभग तेरह महीने लग जाते हैं। बीज जुलाई-अगस्त में बोया जाता है और फसल अगले वर्ष के सितम्बर माह में पक कर तैयार होती है। तेज ढाल होने के कारण मिट्टी का निरन्तर अपरदन होता रहता है। इसके फलस्वरूप कृषि योग्य मिट्टी अनुपजाऊ बन जाती है।

हिमालय, आल्पस, काकेशस, टिएन शान, हिन्दुकुश आदि नवीनतम मोड़दार पर्वतीय क्षेत्रों में शीतकालीन एवं ग्रीष्मकालीन चरागाहों का उपयोग करने हेतु ऋतु-प्रवास (Transhumance) व्यवहार में लाया जाता है। ग्रीष्म ऋतु में हिम पिघलने पर जब पर्वतीय चरागाह हरे-भरे हो जाते हैं तो पशुपालक ऊपरी ढालों की ओर प्रवास करते हैं और शीत ऋतु में जब तापमान हिमांक बिन्दु से नीचे चला जाता है तो वे निम्न ऊंचाई पर स्थित चरागाहों की ओर नीचे उतर जाते हैं। इस प्रकार इन लोगों का जीवन एक प्रकार का नियतकालिक स्थानान्तरण है। इस दोलायमान गतिशीलता के कारण इन पशुचारकों के दो पृथक निवास स्थान होते हैं—एक निम्न ऊंचाई पर स्थित गांव में स्थायी निवास स्थान और दूसरा पर्वतीय चरागाहों में झोपड़ी के रूप में निवास स्थान।

पर्वतीय क्षेत्रों में निवास करने वालों का जीवन तापीय प्रतिलोमिता से भी नियंत्रित होता है जिसके कारण वहां कठोर पाला पड़ता है और जमे हुए कोहरे की परत स्थिर हो जाती है। इतना ही नहीं, उन्हें हिम-स्खलन के मार्ग को छोड़ना पड़ता है (जैसे जम्मू एवं श्रीनगर के राष्ट्रीय राजमार्ग पर बटोट के समीप नशरी एवं रामबन)। मानव अधिवासों (बस्तियों) के लिए हिमराशि एवं शिलाखण्डों की गतिशीलता संकटमय होती है। पर्वतीय क्षेत्रों में लोग सामान्यत: जलोढ़ पंखों पर बसते हैं (जैसे कश्मीर में श्रीनगर के समीप डेचीगम-तेल बाल जलोढ़ पंख)। ये जलोढ़ पंख जिनका निर्माण नदियों द्वारा निक्षेपण से

हुआ है, अत्यन्त उपजाऊ हैं जो अपनी जनसंख्या को अच्छा पोषण प्रदान करते हैं। पर्वतीय प्रदेशों में अनेक झीलें एवं सौन्दर्यपरक स्थान होते हैं। ऐसे स्थानों पर पर्यटक-स्थल तथा पर्वतीय सैरगाहों का विकास हुआ है, जो स्थानीय, प्रादेशिक, राष्ट्रीय और अंतरराष्ट्रीय पर्यटकों के आकर्षण के केन्द्र हैं। पर्वतीय प्रदेशों के निवासियों ने, जहाँ धरातल एवं जलवायु संबंधी दशाएं अधिक अनुकूल नहीं हैं, अपने प्राकृतिक पर्यावरण के साथ भली प्रकार समायोजन किया है।

पर्वत, मूलतः एवं विविध प्रकार से अपने निवासियों, सामाजिक समूहों और उनके पड़ोसियों के जीवन को प्रभावित करते हैं, लेकिन उनकी सदैव अवरोधक प्रकृति रही है। उदाहरण के तौर पर हिमालय अपने दक्षिणी ढाल के निवासियों हेतु पर्याप्त वर्षा प्रदान करते हैं, परन्तु प्रति पवन (Leeward) भाग की ओर शुष्क हवाओं को आने देते हैं। यहाँ जलापूर्ति हिम पिघलने एवं चोटियों पर वृष्टि होने से होती है जो अपर्याप्त रहती है। परिणामस्वरूप हिमालय के पार्श्वभाग पर भारत के लाखों व्यक्ति निवास करते हैं और तिब्बत की ओर छितरी हुई भ्रमणशील जनजातियां निवास करती हैं। मानव की शक्ति के लिए पर्वत सदैव चुनौती रहे हैं। उनकी सुन्दरता और उनके अज्ञात के सम्मोहन ने उत्साही भावना को आकर्षित किया है। कठिनाइयाँ एवं मार्ग के संकटों ने दुर्बल व्यक्तियों को भयभीत किया है, परन्तु शक्तिशाली लोगों ने अपनी शक्ति द्वारा अवरोधों को कम कर के विजय प्राप्त की है, जैसे सिकन्दर महान्, चंगेज खां, नेपोलियन, हन्नीबाल, बाबर और अन्य वीर जिन्होंने हिमालय, आल्पस, रॉकीज एवं एंडीज पर्वतों को पार किया है।

आल्पस, हिमालय और काकेशस के बहुत ऊंचे शिखरों की अपेक्षा प्राचीनतम अनाच्छादित पर्वतों जैसे अपेलेशियन, यूराल, अरावली आदि में बाधाएं कम प्रभावशाली रही हैं। पामीर, बहुत ऊंचा किन्तु प्रवेश्य पठार है, ने 10वीं शताब्दी (A.D.) में चीनी काफिलों के लिए मार्ग प्रशस्त किया है जो 'रेशम भूमि' (Silk Land) से आमूदरिया एवं कैस्पियन सागर के नगर बाकू को जाते थे। यहाँ मार्को पोलो और उसके साथ के अनेक यात्री अपने भार से लदे पशुओं के लिए चारा एवं अपने लिए भोजन प्राप्त कर लेते थे, क्योंकि वे प्रवासी चरवाहों से सदैव मांस खरीद सकते थे। इस प्रकार, विविध जलवायु प्रदेशों में स्थित विभिन्न ऊंचाई वाले पर्वतों का उन पर और उनके निकट रहने वाले निवासियों एवं समाजों पर प्रभाव भी भिन्न-भिन्न होता है।

अनेक क्षेत्रों में मानव को भरण-पोषण एवं आश्रय-स्थल, उपजाऊ भूमि, समृद्ध खानों अथवा वनों से प्राप्त नहीं हुआ है, अपितु मानव का जन्म और लालन-पालन जल पर निर्भर होता है, जैसे कश्मीर में डल, बूलर, अंकार झीलों के 'हांजी' लोग, जिनकी जीवन-शैली जल अभिमुखी है। दक्षिणी फिलीपींस और सूल द्वीप समूह के 'मोरो बाजन' समुद्री जिप्सी (घुमक्कड़) हैं। मोरो बाजन के बारे में कहा जाता है कि बचपन से लेकर कब्र तक उनके मकान नाव पर ही होते हैं। मछली मारने के अलावा उन्हें कोई कला नहीं आती। वे सिर्फ समुद्री भोजन से निर्वाह करते हैं। वे एक समुद्र तट से दूसरे समुद्र तट तक भ्रमण करते रहते हैं। एक नाव पर उनका परिवार रहता है और एक छोटे-बेड़े में लगभग आधा दर्जन व्यक्ति जल यात्रा करते हैं। प्रत्येक प्लावी (चलायमान) समुदाय का

अपना एक मुखिया होता है जिसे कप्तान बाजन कहा जाता है, जो उनके क्षीण राजनीतिक संगठन को मूर्तरूप प्रदान करता है। कभी-कभी वे अपनी नावों को कुछ समय के लिए छोड़ देते हैं, परन्तु समुद्र को नहीं छोड़ते। उस समय वे अपनी झोपड़ी मन्द ढाल वाले पुलिन (बालू तट) के ढेर पर बनाते हैं। कश्मीर एवं स्विट्ज़रलैण्ड के झील निवासियों के समान केवल मृत्यु के अवसर पर ही वे कठोर भूमि के साथ अपने सम्बन्धों को स्वीकार करते हैं। वे अपने मृत व्यक्तियों को समुद्र में दफन नहीं करते, वरन् सदैव किसी विशिष्ट द्वीप पर दफन करते हैं और उनका अन्त्येष्टि जुलूस चप्पुओं की डुबकी के संगीत के साथ आगे बढ़ता जाता है।

कश्मीर-घाटी के घने बसे हुए क्षेत्र में मुख्य रूप से श्रीनगर शहर के चारों ओर अधिकांश जनसंख्या (डोंगो) नावों में निवास करती है। डल झील एवं झेलम नदी के जल-निवासी (हांजी लोग) मानवीय जीवन के ऐसे तथ्यों को प्रकट करते हैं, जहां मानव जीवन स्थलीय भागों से देश की झीलों और नदियों की ओर आकर्षित होता है, क्योंकि ये जलाशय जीविका का साधन प्रदान करते हैं। भोजन पूर्ति के अलावा ये उनके तैरते मकान हेतु पृथ्वी के धरातल का कुछ भाग भी प्रदान करते हैं, जिस पर किसी का अधिकार नहीं होता। हांजी लोगों की कुछ डोंगियां (नावें) थोड़ी बहुत मुर्गी-पालन के साथ बड़े परिवारों को रहवासी स्थान प्रदान करती हैं। अन्य सुन्दर डोंगियां फूलों से सुसज्जित (पांच सितारा होटल) होती हैं। कश्मीर के हांजी लोग कर-विमुक्त हैं। उनके तैरते उद्यान (साग-सब्जी के बगीचे) भी थल एवं जल-राजस्व से मुक्त हैं। अपने पोषण एवं आय में वृद्धि हेतु वे पंक व मिट्टी से आच्छादित बेड़ों व घास पर तैरते हुए उद्यानों का विकास करते हैं, जिन पर वे टमाटर, खीरा, कद्दू, प्याज, लहसुन और लौकी आदि का उत्पादन करते हैं। वे बतखें भी पालते हैं जिन्हें पानी में जाकर अपना भोजन प्राप्त करने एवं संकेत पर लौटने का प्रशिक्षण दिया जाता है। नौकाओं पर छोटी-छोटी दुकानें भी होती हैं जो किराने के सामान, सामान्य सामग्री, फल, फूल, भेड़ का मांस, कपड़े, एवं दवाइयों का विक्रय करती हैं। ये नौका-दुकानें डल-झील में एक डोंगे से दूसरे डोंगे तक आती-जाती रहती हैं। कश्मीर के हांजी लोग जलाशयों एवं झीलों के पारिस्थितिकी-तंत्र और पर्यावरण के साथ मानव के समायोजन का एक रोचक उदाहरण प्रस्तुत करते हैं।

अमेजन बेसिन एवं लेटिन अमेरिका के अन्य प्रदेशों के भोजन एकत्र करने वालों और पशुचारी समुदायों की जीवन-शैली, अर्थव्यवस्था, समाज, धर्म, आस्थाएं एवं सांस्कृतिक मूल्य अधिकांशत: जलवायु एवं प्राकृतिक वनस्पति द्वारा नियन्त्रित होती हैं। बोरो (Boro), पश्चिमी अमेजन के वनों के रेड-इण्डियन (Red Indian) लोगों का एक उप-समूह है। उनके निवास क्षेत्र में वर्षभर उच्च तापमान और अधिक वर्षा के कारण आर्द्रता बनी रहती है। यह क्षेत्र विशाल भूमध्यरेखीय वनों द्वारा आच्छादित है। नमी उष्णता एवं वनस्पति क्षय से निर्मित उपजाऊ काप (कछार) मिट्टी प्रचुर वनस्पति की वृद्धि को प्रोत्साहित करती है। अनेक आकार-प्रकार की लताएं एक-दूसरे पेड़ से लिपटी रहती हैं जो सूर्य के प्रकाश को पृथ्वी तक पहुँचने में बाधाएं उत्पन्न करती हैं तथा नीचे उगी हुई घनी वनस्पति ने सारे क्षेत्र को अप्रवेश्य बना दिया है। शैवाल (Lichen) एवं काई

(Moss) पेड़ के तनों को ढंके रहती हैं। ऊंचे-ऊंचे पेड़ों की छाया में उत्पन्न ताड़ तथा बढ़ते हुए पौधों के कांटे और चींटियों, मच्छरों व मक्खियों के आक्रमण वन यात्रा की कठिनाइयों में वृद्धि करते हैं। लम्बी दूरी का यातायात प्राय: जलमार्ग के माध्यम से ही होता है।

अमेजन-बेसिन के भूमध्यरेखीय प्रदेशों के कठोर पर्यावरण में बोरो (Boro) लोग सापेक्षिक रूप से खुले क्षेत्रों में बड़ी कठिनाई से पेड़ों को जला कर छोटा सा क्षेत्र प्राप्त कर पाते हैं। ये लोग छितरी हुई झोपड़ियों में निवास नहीं करते, वरन् एक बड़े मकान में रहते हैं जिसकी प्रत्येक भुजा की लम्बाई बीस से पच्चीस मीटर और ऊंचाई दस से बारह मीटर होती है। वे वन के जंगली पशुओं का शिकार करते हैं, परन्तु मुख्य रूप से उनकी निर्भरता कृषि पर है। वे कंद-मूल वाली फसलों, कसावा, कोको, तम्बाकू आदि का उत्पादन करते हैं। दवाइयों के प्रति इन लोगों की सहन करने की शक्ति गजब की होती है। जब ये लोग किसी दवा का उपयोग अधिक मात्रा में कर लेते हैं तो अनेक दिनों तक बिना भोजन, पानी और नींद के रह लेते हैं। इन क्षेत्रों में खनिज-लवण उपलब्ध नहीं होता, अत: बोरो लोग इस कमी की पूर्ति हेतु चूल्हे से खरोंची हुई मिट्टी को खाते हैं। उनके कपड़े पेड़ों की छाल से बने होते हैं। वे अपने शरीर, होंठों पर रंग का लेप करते हैं और कान में लकड़ी के एरन (lobe) पहनते हैं। बोरो लोग संगठित नहीं होते। उनकी बोली एवं रीति-रिवाजों में एकता उनके पंचायत घरों का परिणाम है। वनों के उपयोग एवं संरक्षण हेतु इन लोगों की अनेक व्यापक प्रथाएं हैं। बोरो लोग विजेता कैदियों को अपने साथ ले जाते हैं। प्रौढ़ व्यक्तियों को मार कर खा जाते हैं और नृत्य भोज द्वारा इस घटना को समारोह का रूप दे दिया जाता है। बन्दी बनाए गए बच्चों को जो भागने में असमर्थ रहते हैं, मुखिया को सौंप दिया जाता है, जो अपने परिवार के लोगों की तरह उनका पालन-पोषण करता है। युद्ध बन्दियों को अपने सफल युद्ध पर अभिमान होता है, परन्तु वे मुखिया के दास होते हैं। सफल युद्ध के पश्चात् आयोजित औपचारिक नरभक्षी प्रीतिभोज, शत्रुता की परम्परा एवं प्रतिशोध की भावना को जीवित रखता है। शिकार के थोड़े से अंगों को खाया जाता है और बाकी को अपवित्र समझ कर छोड़ दिया जाता है। कपालों को ट्रॉफियों के रूप में लटकाया जाता है। नागालैण्ड में नरमुण्ड-शिकारी (Head Hunters) इसी परम्परा का अनुसरण करते हैं। इस प्रकार अमेजन-वनों के पर्यावरण की दशाएं सांस्कृतिक विकास के प्रतिकूल हैं। इन घने जंगलों में रहने वाले छोटे-छोटे समुदाय अलगाव में रहते हैं और बाह्य विश्व के सम्पर्क में नहीं आते। उनके सामाजिक जीवन पर अनिष्टकर जादुई शक्ति की गहरी छाप होती है जो उनकी प्रगति में बाधक है। इस समाज में विकास की प्रक्रिया पर्यावरण की कठोरताओं द्वारा बाधित है। यह ऐसा प्रदेश है जहाँ प्रकृति सर्वोपरि है और वही मानव के भाग्य का निर्धारण करती है।

उष्ण मरुस्थलों एवं शुष्क प्रदेशों में भी पर्यावरण की बाधाएं अधिक गम्भीर हैं। इन क्षेत्रों में वर्षा एक अथवा दो अति प्रचण्ड तूफानों के द्वारा होती है जिससे पानी तेजी से बहता है और परिणामत: बाढ़ आ जाती है। इससे गहरी नालियाँ बन जाती हैं और कटाव होता है। एक वर्षी घास अपना विकास-चक्र पूरा कर शीघ्रता से बीज का निर्माण करती

है। ये बीज स्वयं अगली वर्षा आने तक लम्बी अवधि के निर्जलीकरण का प्रतिरोध करते हैं। कृन्तक (Rodent), ऊंट एवं चिंकारा आदि पशु सूखे का मुकाबला करने का साहस एवं जल उपयोग में दक्षता रखते हैं जो अन्य पर्यावरणों में नहीं है। इन क्षेत्रों के निवासियों में भी ऐसे समायोजन की क्षमता देखी गई है। इन लोगों में क्षेत्रीय गतिशीलता, भोजन में लचीलापन एवं जनसंख्या के कम घनत्व की विशेषता पाई गई है; जो दुर्बल पारिस्थितिकी-तंत्र के लचीलेपन की प्रकृति में वृद्धि करती है। दूर-दूर तक फैले चारे एवं जल संसाधन के साथ जीविका-समायोजन भ्रमणशील पशुचारण का एक विशिष्ट उदाहरण है। इन प्रदेशों में चारे व जल की उपलब्धता के अनुसार पशु झुण्डों के आकार में कमी अथवा वृद्धि होती रहती है। शुष्क प्रदेशों के निवासियों की सामाजिक संस्थाएं, पारस्परिक सहयोग, चरागाहों और जल संसाधनों में साझेदारी, सामाजिक रीति-रिवाज और परम्पराएं, आर्थिक निर्णय लेने की प्रक्रिया और उनके सम्पूर्ण सांस्कृतिक मूल्य आदि ऐसे हैं कि वे अत्यन्त असुरक्षित पारिस्थितिकी-तंत्र में भी अपने आपको समायोजित कर लेते हैं और अपने पर्यावरण को यथोचित स्वस्थ बनाए रखते हैं। उनकी प्रत्येक क्रिया इस प्रकार से निर्देशित होती है कि वे अपने पर्यावरण को न सिर्फ वर्तमान के लिए वरन् आगे वाली पीढ़ी के लिए भी भली-भांति संभाल कर रख सकें।

स्थानिक व्यक्तियों ने पारिस्थितिकी संतुलन को अस्त-व्यस्त किए बिना अपने को प्राकृतिक पर्यावरण में सुसमायोजित किया है, हालांकि उनकी अर्थव्यवस्था को प्राय: आदिकालीन और उनकी प्रौद्योगिकी को 'पाषाणयुगीन' प्रौद्योगिकी कहा जाता है। कठोर पर्यावरण में भी आखेट व मछुवाही ने कनाडा के इन्यूट्स (Inuits) एवं कोलम्बिया के नूटका (Nootka) लोगों को जीवित रखा है। सहारा मरुस्थल के विस्तृत शुष्क एवं जल-अभाव वाले क्षेत्रों में तारेग (Tareg) लोगों ने सफलतापूर्वक भ्रमणशील पशुचारण को कार्यान्वित किया है। प्रशान्त महासागर के द्वीपों के भोजन संग्रहणकर्ता व आखेटक 'पेलस' (Palus) मछली पकड़ने एवं अपने सामाजिक सम्पर्कों को बनाए रखने हेतु अपनी डोंगी में 40 किलोमीटर प्रति घण्टा की गति से 500 किलोमीटर तक की यात्रा करते हैं। सम्पूर्ण उष्ण कटिबन्धीय विश्व के अत्यन्त दुर्बल पारिस्थितिकीय तंत्र वाले पहाड़ी एवं वन क्षेत्रों में कृषक स्थानान्तरित कृषि द्वारा अपना भरण-पोषण करते हैं। इन चरम दशाओं में पारिस्थितिकी-तंत्र के संतुलन को ध्वस्त किए बिना अदेशज या बाहरी (non-indigenous) व्यक्तियों का जीवित रहना संभव नहीं होता है।

कांगो बेसिन के पिग्मी, अफ्रीका के पूर्वी पठार के मसाई, अरब के बद्दू, मध्य एशिया गणतंत्रों के मौसमी प्रवासी किरगीज एवं कजाक, जम्मू-कश्मीर के गुज्जर-बकरवाल, लद्दाखी, तराई प्रदेश एवं उत्तर प्रदेश हिमालय के थारू, सिक्किम एवं भूटान के लेप्चा और भूटिया, अरुणाचल प्रदेश के अप्तानी, भारत के उत्तर-पूर्वी राज्यों, छोटा नागपुर पठार के अनेक आदिवासी आदि अपने संसाधनों का उपयोग इस प्रकार करते हैं कि अपने निवास स्थान को स्वस्थ दशा में रख सकें और अपने भरण-पोषण का यथोचित स्तर बनाए रख सकें। सफलता की कुंजी जीवन बनाए रखने में ही है। ये लोग प्राप्त संसाधनों को नष्ट न करते हुए उनका उपयोग करते हैं। ये लोग पौधों, पशुओं, मिट्टी,

जलवायु एवं मौसम आदि के बारे में गहन जानकारी रखते हैं और उसका उपयोग प्रकृति के शोषण हेतु नहीं करते वरन् प्रकृति के साथ सह अस्तित्व हेतु करते हैं। इसके लिए कुशल प्रबन्धन, जनसंख्या पर नियन्त्रण, अनेक प्रकार के पौधों एवं पशुओं का कम मात्रा में उपयोग, कुछ बचत और न्यूनतम अपव्यय की आवश्यकता होती है। पौधे, भोजन, औषधि, कीटनाशक दवाइयां, विष एवं भवन-निर्माण सामग्री प्रदान करते हैं, जबकि पशु, मांस, कपड़े, तांत, औजारों के लिए अस्थियाँ तथा तेल प्रदान करते हैं।

सापेक्षिक पृथक्कृत या पूर्ण पृथक्कृत वाले क्षेत्रों में रहने वाले स्थानिक व्यक्तियों एवं आदिवासियों का आर्थिक जीवन प्रतिस्पर्धा पर नहीं, वरन् सहयोग पर आधारित होता है। जीवित रहना तब ही सम्भव है, जब समुदाय मिलजुल कर कार्य करता है। अति लघु स्थानिक समाजों में भोजन एवं सम्पत्ति के आवंटन एवं संघर्षों के निबटारे हेतु व्यापक तंत्र होता है। हालांकि अधिकांश समूह आत्मनिर्भर होते हैं, परन्तु अनेक समूहों ने परस्पर सहयोगी व्यापारिक सम्बन्धों का विकास किया है। उदाहरण के लिए उत्तर-पूर्वी भारत के वनों में स्थानान्तरित कृषि करने वाले कृषकों ने अनेक शताब्दियों तक स्थाई रूप से बसे पड़ोसियों के साथ व्यापारिक सम्बन्ध स्थापित किए हैं। उनके उत्पादन के साधनों (भूमि एवं वन) पर समुदाय का अधिकार होता है, किसी व्यक्ति विशेष का नहीं। उनका आधारभूत दर्शन है, *"प्रत्येक से उसकी क्षमता के अनुसार एवं प्रत्येक को उसकी आवश्यकता के अनुसार।"* वास्तव में, वे प्रकृति के साथ रहते हैं, प्रकृति के विपरीत नहीं।

कार्य क्षेत्र (Scope)

प्रत्येक भौतिक, जैविक और सामाजिक विज्ञान का अपना दर्शन, पद्धतिशास्त्र एवं कार्यक्षेत्र होता है। उदाहरण के तौर पर अर्थशास्त्र का सम्बन्ध मुख्य रूप से वस्तुओं के उत्पादन, संचलन, उपभोग और सेवाओं से, भूगर्भशास्त्र का सम्बन्ध भूपृष्ठ एवं भूगर्भ की संरचना से, जनसांख्यिकी का सम्बन्ध मानव जनसंख्या की विशेषताओं एवं जीव विज्ञान तथा वनस्पति शास्त्र का संबंध क्रमशः प्राणी एवं वनस्पति जगत से है। इसी प्रकार भूगोल में मूर्त और अमूर्त प्राकृतिक तथा मानव निर्मित तथ्यों का अध्ययन किया जाता है। मानव भूगोल में पर्यावरण से सम्बन्धित मानव समाजों के अध्ययन पर विशेष बल दिया गया है। मानव भूगोल समाजों के क्षेत्रीय वितरण पर विचार करता है। परन्तु इसका क्षेत्र बहुत व्यापक है तथा इसका कार्यक्षेत्र बहुत वृहद् है। मानव भूगोल में मानव प्रजातियों, विश्व के विभिन्न भागों में जनसंख्या के विकास, वितरण एवं घनत्व, जनसांख्यिकी के लक्षण, जन-स्थानान्तरण के प्रतिमान और मानव समूहों तथा उनकी आर्थिक क्रियाओं में भौतिक एवं सांस्कृतिक विशिष्टताओं का अध्ययन होता है। इसमें मानव एवं पर्यावरण के पारस्परिक सम्बन्धों तथा मानवीय क्रियाओं के वितरण के तरीकों का भी अध्ययन किया जाता है। मानव भूगोल संस्कृति, भाषा, धर्म, प्रथाओं, परम्पराओं की विविधताओं, ग्रामीण बस्तियों के प्रतिमानों, नगरीय बस्तियों के स्थल, आकार, वृद्धि, कार्यों और नगरों के कार्यात्मक वर्गीकरण का भी अध्ययन करता है। इनके अतिरिक्त आर्थिक क्रियाएं, उद्योग, व्यापार, परिवहन तथा संचार पद्धति के स्थानिक वितरण पर पड़ने वाले भौतिक पर्यावरण जैसे विषय भी मानव भूगोल के महत्वपूर्ण विषय हैं। संक्षेप में, मानव

भूगोल में, हम किसी क्षेत्र में रहने वाले व्यक्तियों की आर्थिक क्रियाओं, समाज, संस्कृति और धर्म पर भौतिक पर्यावरण के पड़ने वाले प्रभावों का अध्ययन करते हैं। मानव भूगोल में मानव का पर्यावरण पर प्रभाव का विषय भी आजकल महत्वपूर्ण बन गया है (देखिए, अध्याय-10) भूमध्यरेखीय, उष्ण रेगिस्तानों और टुण्ड्रा जैसे विशिष्ट भौगोलिक प्रदेशों में मानव का अपने भौतिक पर्यावरण के साथ समायोजन का विषय मानव भूगोल में काफी महत्ता रखता है क्योंकि यह सामाजिक समूहों और उनके प्राकृतिक पर्यावरण के बीच के जीवाणु-साहचर्य संबंधों को समझने में सहायता करता है।

मानव भूगोल का सम्बन्ध सम्पूर्ण विश्व से है, अर्थात् जैसा है और जैसा उसे बनाए जाने की सम्भावना है। इसका अधिक बल व्यक्तियों पर है, अर्थात् वे कहां हैं, पृथ्वी के धरातल पर उनकी अन्तर-क्रियाएं कैसी हैं और वे प्राकृतिक भूपटल पर मानव के उपयोग हेतु किस प्रकार के भूपटल का निर्माण करते हैं? मानव भूगोल में भूगोल के वे सभी विषय समाहित हैं जो मानचित्र विज्ञान की भांति प्रत्यक्ष रूप से प्राकृतिक पर्यावरण से सम्बन्धित नहीं हैं। मानव भूगोल की विषय-वस्तु सभी सामाजिक विज्ञानों का एकीकरण

चित्र 1.2 *अपने-अपने विषयों के साथ जुड़े हुए मानव भूगोल के उप-क्षेत्र*

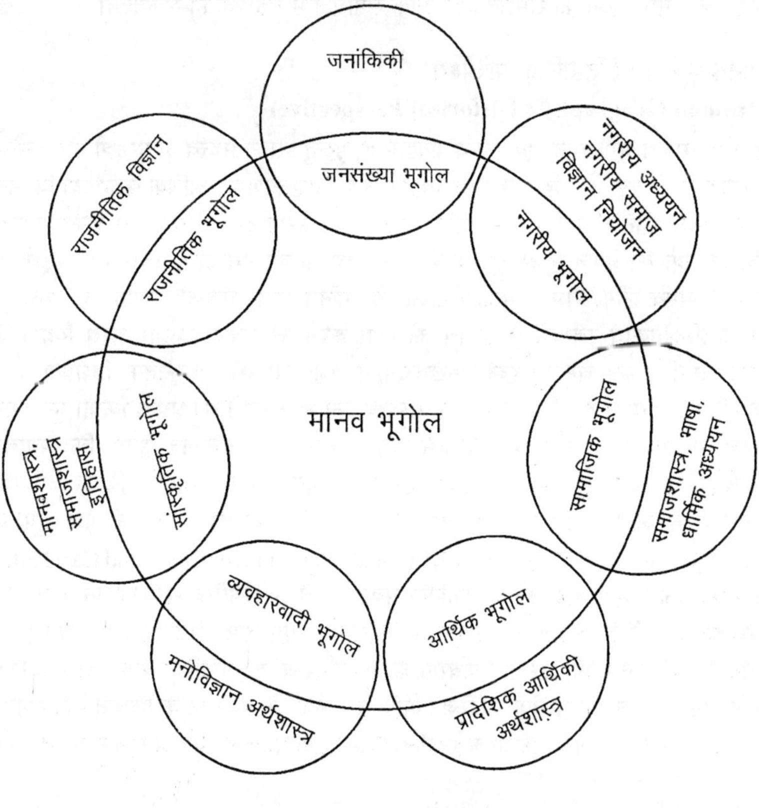

करती है क्योंकि यह उन विज्ञानों की क्षेत्रीयता एवं क्रमबद्धता के दृष्टिकोण को प्रस्तुत करता है, जिसका उनमें अभाव होता है। इसके साथ मानव भूगोल अपने उप क्षेत्रों जैसे व्यवहारवादी, राजनीतिक, आर्थिक अथवा सामाजिक भूगोल में विश्लेषण हेतु अन्य सामाजिक विज्ञानों से सहायता प्राप्त करता है। (चित्र 1.2)

मानव भूगोल सही ढंग से उदार शिक्षा का उद्देश्य पूरा करता है। जिस विश्व में हम रहते हैं, उसके बारे में जानकारी प्रस्तुत करने एवं पृथ्वी पर रहने वाले व्यक्तियों एवं राष्ट्रों को प्रभावित करने वाली परिस्थितियों का मूल्यांकन करने में मानव भूगोल सहायता प्रदान करता है। समाजों, संस्कृतियों और विश्व के विभिन्न प्रदेशों में मानव द्वारा निर्मित भूपटलों में विरोधाभास का स्पष्टीकरण भी मानव-भूगोल द्वारा किया जाता है। मानव भूगोल के मॉडल एवं क्षेत्रीय अन्तर क्रियाओं की व्याख्या उन आर्थिक, सामाजिक और राजनीतिक तंत्रों को भली प्रकार समझने में सहायक होती है जिनमें हम अकेले अथवा सामूहिक रूप से निवास करते हैं और कार्य करते हैं। मानव भूगोल द्वारा क्षेत्रीय तंत्र का विश्लेषण इस बढ़ते अशान्त एवं प्रति स्पर्धात्मक विश्व में हमें अपने समाज की वास्तविकता एवं उसके परिदृश्य से अवगत कराता है। इस प्रकार, मानव भूगोल का अध्ययन हमें बेहतर जानकारी रखने वाला नागरिक बनाने में सहायता करता है, जो हमारे देश और समुदाय की महत्त्वपूर्ण समस्याओं को समझने और उनके समाधान में सहायक हो सकता है।

मानव भूगोल : ऐतिहासिक परिप्रेक्ष्य
(Human Geography : Historical Perspective)

हालांकि मानव भूगोल का एक लम्बा इतिहास है, परन्तु इसका महत्त्व अठारहवीं एवं उन्नीसवीं शताब्दी में ही बढ़ा है। ग्रीक एवं रोमन विद्वानों ने इस दृष्टिकोण पर अधिक बल दिया कि मानव एवं उसके भौतिक पर्यावरण में घनिष्ठ सम्बन्ध है। हेरोडोटस, अरस्तु एवं इरेटोस्थेनीज ने विशिष्ट राष्ट्रों की प्रगति में अनुकूल पर्यावरणीय दशाओं को उत्तरदायी ठहराया है। स्ट्रेबो और उसके समकालीन रोमन भूगोलवेत्ताओं ने मानव एवं उसकी प्रगति के स्तर पर भू-पारिस्थितिकीय स्वरूपों के प्रभाव को स्पष्ट करने का प्रयास किया। अरब विद्वान जैसे अल-मसूदी, अल-बरूनी, इब्न-ए-खाल्दून ने पजातियों की सांस्कृतिक विशेषताओं एवं प्राकृतिक पर्यावरण के बीच पारस्परिक सम्बन्धों को स्पष्ट करने का प्रयत्न किया। पुनर्जागरण काल में पश्चिमी यूरोप के देशों में यह विचार पुनः प्रचलित हुआ कि पर्यावरण मानवीय-क्रियाओं को नियन्त्रित करता है। मानव भूगोल को आधुनिक विचार अठारहवीं शताब्दी के अंतिम भाग और उन्नीसवीं शताब्दी के आरम्भिक काल में प्राप्त हुए जब एलेक्जेन्डर वान हम्बोल्ट एवं कार्ल रिटर (Alexander von Humboldt and Carl Ritter) ने सामाजिक समूहों तथा उनके प्राकृतिक पर्यावरण के पारस्परिक सम्बन्धों पर बल दिया। हम्बोल्ट द्वारा लिखित बहु प्रसिद्ध पुस्तक 'कॉसमॉस' एवं कार्ल रिटर द्वारा लिखित पुस्तक 'अर्द कुण्डे' मानव और उसके पर्यावरण के अन्तर्सम्बन्धों को प्रमाणित करती है। सन् 1859 में डार्विन द्वारा लिखित पुस्तक 'ऑरिजन ऑफ स्पिासीज' के प्रकाशन के पश्चात् मानव भूगोल अधिक लोकप्रिय हो गया। फ्रेडरिक रेटजेल (Friedrich Ratzel) को आधुनिक मानव भूगोल

का संस्थापक कहा जाता है। मानव भूगोल के इतिहास में उनकी अग्रणी पुस्तक *एन्थ्रोपोज्योग्राफी* को युगान्तकारी समझा जाता है। इस पुस्तक में रेटज़ेल ने मानव भूगोल को ''मानव समाजों एवं पृथ्वी के धरातल के पारस्परिक सम्बन्धों के संश्लेषणात्मक अध्ययन'' के रूप में परिभाषित किया है। कुमारी एलन चर्चिल सेम्पल के अनुसार मानव-भूगोल ''अविरत मानव एवं अस्थिर पृथ्वी के परिवर्तनशील सम्बन्धों का अध्ययन है।'' फ्रांस के भूगोलवेत्ता विडाल-डी-ला ब्लाश (Vidal de la Blache) ने एक अन्य उत्कृष्ट पुस्तक लिखी है जिसका शीर्षक है 'मानव भूगोल के सिद्धान्त'। इस पुस्तक का प्रकाशन उनकी मृत्यु के पश्चात पेरिस में 1922 में हुआ और अंग्रेजी भाषा में अनुवाद 1926 में प्रकाशित हुआ। विडाल ने लिखा है कि ''मानव भूगोल पृथ्वी और मानव के अन्तर्सम्बन्धों की एक नई संकल्पना प्रस्तुत करता है। यह हमारी पृथ्वी को नियन्त्रित करने वाले भौतिक नियमों एवं पृथ्वी पर निवास करने वाले जीवधारियों के सम्बन्धों का विश्लेषणात्मक ज्ञान है।'' विडाल की यह भी मान्यता थी कि मानव एक साथ सक्रिय (क्रियाशील) भी है और निष्क्रिय भी। कुमारी सेम्पल ने यह भी स्पष्ट किया कि ''मानव, पृथ्वी के धरातल की उपज है, पृथ्वी का शिशु है, उसकी धूल का कण है, जो उसकी अस्थियों एवं ऊतकों (Tissues) में, उसकी मस्तिष्क एवं आत्मा में प्रवेश कर गई है।'' सेम्पल के इन विचारों ने ''पर्यावरणवाद'' को पर्याप्त बल दिया है जिसके फलस्वरूप मानव भूगोल की विश्वसनीयता में वृद्धि हुई है। हंटिंगटन (Huntington) के अनुसार मानव भूगोल ''भौगोलिक पर्यावरण और मानवीय क्रियाओं एवं विशेषताओं के पारस्परिक सम्बन्धों की प्रकृति एवं वितरण का अध्ययन है।'' ग्रिफिथ टेलर (Griffith Taylor) ने अपने 'रुको और जाओ' नियतिवाद को प्रतिपादित करते हुए यह कहा है कि मानव देश अथवा समुदाय के विकास की प्रगति को तीव्र करने, धीमा करने अथवा रोकने में सक्षम है, लेकिन यदि वह बुद्धिमान है तो उसे प्राकृतिक पर्यावरण द्वारा बताए गए निर्देशों से विचलन नहीं करना चाहिए। 1930 के दशक में मानव भूगोल का विभाजन 'सांस्कृतिक भूगोल' एवं 'आर्थिक भूगोल' के रूप में हुआ और तदनन्तर मानव भूगोल से अनेक नई शाखाओं जैसे 'राजनीतिक भूगोल', 'सामाजिक भूगोल', 'सांख्यिकी भूगोल' एवं 'चिकित्सा भूगोल' का उद्‌भव हुआ।

सन् 1980 तक मानव भूगोल का क्षेत्र बहु प्रयोजन के फलस्वरूप बहुत व्यापक हो गया जिसमें भूगोल के उन सभी अंशों का वर्णन होता है, जिनका सम्बन्ध मात्र प्राकृतिक पर्यावरण अथवा भूगोल के उप-क्षेत्र मानचित्र-विज्ञान (Cartography) से सम्बन्धित तकनीकी विषयों से नहीं है। मानव भूगोल के विस्तृत उप-क्षेत्र सांस्कृतिक-भूगोल, आर्थिक-भूगोल, ऐतिहासिक-भूगोल, राजनीतिक भूगोल, प्रादेशिक-भूगोल, सामाजिक-भूगोल, नगरीय-भूगोल, चिकित्सा-भूगोल, प्रशासन का भूगोल एवं लिंग-भूगोल हैं। भूगोल की भांति मानव भूगोल घनिष्ठ रूप से तीन घटकों से निर्मित है (i) मानव, जनसंख्या का क्षेत्रीय विश्लेषण, अर्थात् पृथ्वी पर वितरित लोगों की संख्या और उनकी जनसांख्यिकीय विशेषताएं, (ii) मानव-जनसंख्या और उसके पर्यावरण के पारस्परिक सम्बन्धों का पारिस्थितिकीय विश्लेषण, अर्थात् मानव-मण्डल तंत्र और (iii) प्रादेशिक संश्लेषण जिसमें पृथ्वी के धरातल के क्षेत्रीय-विभेदन के प्रथम दोनों विचारों का योग है। ये तीनों विषय विभिन्न क्षेत्रीय माप पर, अर्थात् वृहद् स्तर (Macro-level) पर (सम्पूर्ण

विश्व एवं विश्व के प्रमुख प्रदेश) तथा सूक्ष्म स्तर (Micro level) पर (निकटस्थ स्थानीय पर्यावरण में व्यक्ति एवं समूह) अध्ययन किए जाते हैं।

मानव भूगोल का कुछ देशों में उद्‌भव भू-विज्ञानों से एवं अन्य देशों में सामाजिक विज्ञानों से हुआ है। तथापि मानव-भूगोल एवं भौतिक-भूगोल अनवरत रूप में एक-दूसरे से जुड़े हैं। इसने मानव भूगोलवेत्ताओं के दार्शनिक अनुस्थापन में गम्भीर समस्याएं उत्पन्न की हैं। कुछ लोग यह तर्क देते हैं कि मानव एवं उसके समाजों की भौगोलिक जानकारी से पूर्व हमें उनके पूर्ण रूप से विशिष्ट प्रतिरूप की आवश्यकता है। इस प्रकार का उपागम मानव भूगोल के पृथक प्रारूप की ओर संकेत करता है, जिसका सम्बन्ध सामाजिक विज्ञानों से है। इस दृष्टिकोण से मानव भूगोल सामाजिक विज्ञानों का वह भाग है जिसमें मानव का अध्ययन मात्र समय और स्थान के संदर्भ में होता है। वर्तमान में मानव-भूगोल में अनेक दार्शनिक उपागमों का प्रभुत्व है, जैसे मार्क्सवाद (Marxism), प्रत्यक्षवाद (Positivism), उग्रवाद (Radicalism), यथार्थवाद (Realism), व्यवहारवाद (Behaviourlism), मानववाद (Humanism), संरचनावाद (Structuralism) और प्रकार्यवाद (Functionalism) जिनमें प्रत्येक में पृथक-पृथक रूप से भौगोलिक शोध एवं लेखन की आवश्यकता है।

भूगोलवेत्ताओं के साथ कुछ लोग यह तर्क देते हैं कि यह भौतिक पर्यावरण और विश्लेषणात्मक विधियों के बीच एक निश्चित कड़ी है, जो मानव-भूगोल को एक विशिष्ट चरित्र प्रदान करती है और अन्ततः यह उन समस्याओं के समाधान में योगदान देती है जो बहुअनुशासनात्मक (Multidisciplinary) अथवा अतिरिक्त अनुशासनात्मक (Extra-disciplinary) है। इन दोनों दृटिकोणों में निरन्तर विवाद चल रहा है और अनेक विचार दूसरे दृष्टिकोण से प्रथम दृष्टिकोण की ओर बढ़ रहे हैं।

विचारों में बदलाव आंशिक रूप में विश्लेषण के मापदण्ड में परिवर्तन के कारण है। भौतिक भूगोल एवं मानव भूगोल में पिछले चार दशकों से *प्रक्रियाओं* के महत्त्व में बदलाव आया है और इसके साथ ही छोटे भौगोलिक क्षेत्रों के गहन अध्ययन के प्रति रुचि बढ़ी है। मानव भूगोल में इस प्रकार के अध्ययन पर्यावरण सम्बन्धी समस्याओं के अनुभव, मतदान-व्यवहार एवं प्रजनन-प्रतिमान पर शोध के रूप में प्रकट हुए हैं। इनके लिए विश्लेषण की एक ऐसी विधि की आवश्यकता है जो वृहद्-स्तर पर अध्ययन किए गए व्यवहार के व्यापक दृष्टिकोण से भिन्न हो। मानव भूगोल एवं अर्थशास्त्र में कुछ समकालीन समानताएं हैं। यह एक उत्साहवर्धक बात है कि भौतिक भूगोल के कुछ भागों में (मुख्यतः जलवायु विज्ञान में) ऐसे प्रतिरूप (Models) विकसित किए गए हैं, जिनमें विश्व स्तर पर विश्लेषण वृहद् संरचना (Macro Structure) एवं मध्य संरचना (Meso Structure) से सूक्ष्म संरचना (Micro Structure) तक किया जा सकता है। मानव भूगोल में अभी भी इस 'क्रॉस-स्केल' (Cross Scale) संयोजन में वैचारिक अथवा तकनीकी आधार का अभाव है। यह संभावना है कि जब तक मानव-भूगोल में उपयुक्त आधारों की स्थापना नहीं हो जाती, तब तक इसे असंगठित सम्बन्धित क्षेत्रों जैसे आर्थिक भूगोल, राजनीतिक भूगोल इत्यादि के समूह का एक पुंज ही माना जाएगा।

मानव भूगोल से सम्बन्धित विचारों के विकास को निम्नलिखित एक सरल सारिणी में प्रदर्शित किया जा सकता है—

सारिणी 1.1 *मानव भूगोल का उद्भव*

प्रारम्भिक लेखक		इतिहास पर प्रदेशों का प्रभाव
पुरातन जैसे—	थ्यूडीडेन, अरस्तु	
आधुनिक जैसे—	मोन्टेस्क्यू, बकल, हेम्बोल्ट रिटर	
उत्तरकालीन लेखक जैसे—	रेट्जेल, सेम्पल	भौतिक पर्यावरण मानव को प्रभावित करता है
	विडाल डी ला ब्लाश	मानव भूगोल के दो जुड़वां सिद्धान्तों के रूप में समाज का पारिस्थितिकीय एवं पार्थिव एकता के रूप में अध्ययन
	हंटिंगटन	जलवायु समाज, संस्कृति और इतिहास को प्रभावित करती है।

मानव भूगोल की विचारधाराएं (Schools of Human Geography)

मानव भूगोल का मुख्य उद्देश्य, मानव और प्राकृतिक पर्यावरण के बीच के सम्बन्धों का अध्ययन करना है। मनुष्य और प्रकृति के बीच के सम्बन्धों की अनेक प्रकार से व्याख्या की गई है। उत्तर-डार्विनवादी काल से भूगोलवेत्ताओं के मध्य, पद्धति और वर्गीकरण अपनाए जाने और मानव तथा पर्यावरण (प्रकृति) के सम्बन्धों को परिभाषित करने के सम्बन्ध में अनेक भिन्नताएं हैं। मानव भूगोल की निम्न दो मुख्य विचारधाराएं हैं—

1. निश्चयवाद अथवा पर्यावरणवादी निश्चयवाद।
2. संभाव्यवाद/संभववाद।

1. निश्चयवाद अथवा पर्यावरणवादी निश्चयवाद (Determinism or Environmental Determinism)

यह माना जाता है कि मानव क्रियाओं की दिशाओं को पर्यावरण नियन्त्रित करता है (Lewthwaite, 1966)। दूसरे शब्दों में, कहा जा सकता है कि विश्व के विभिन्न प्रदेशों में मानवीय व्यवहार में पाए जाने वाले अन्तर को प्राकृतिक पर्यावरण में पाए जाने वाले अन्तर द्वारा समझाया जा सकता है। जो दर्शन, उपागम और पद्धतियां पर्यावरण के सम्बन्ध और गति को स्पष्ट करती हैं, उसे पर्यावरणवादी निश्चयवाद कहा जाता है। निश्चयवादी विचारधारा का सार यह है कि इतिहास, संस्कृति, जीवन-शैली और किसी सामाजिक समूह, समाज अथवा राष्ट्र का विकास पूर्णरूप से अथवा अधिकांश में पर्यावरण के भौतिक तत्वों द्वारा नियन्त्रित होता है। निश्चयवादी विचारक साधारणतः मानव को एक निष्क्रिय अभिकर्त्ता (Agent)

मानते हैं, जिस पर भौतिक तत्त्व/कारक अपना प्रभाव डालते हैं, और उसके व्यवहार, निर्णय करने की प्रवृत्ति और जीवन-शैली को नियंत्रित करते हैं।

पर्यावरण का मनुष्यों पर पड़ने वाले प्रभाव में रुचि चिरकाल से देखी जा सकती है। प्राकृतिक दशाओं का विभिन्न मनुष्यों के भौतिक लक्षणों, चारित्रिक गुणों और उनकी सभ्यता पर पड़ने वाले प्रभावों की सर्वप्रथम व्याख्या करने का कार्य यूनानी और रोमन विद्वानों द्वारा किया गया। इसमें चिकित्सक हिप्पोक्रेटस, दार्शनिक अरस्तु, इतिहासकार थ्यूसीडेडस और हेरोडोटस मुख्य थे। थ्यूसीडेडस ने एथेन्स की महत्ता के लिए उसकी प्राकृतिक दशाओं और भौगोलिक स्थिति को मुख्य कारण बताया था। अरस्तु ने उत्तरी यूरोपवासियों और एशियाई लोगों में पाए जाने वाले अन्तर का मुख्य कारण जलवायु को माना था। उनके अनुसार शीत प्रदेशों के निवासी साहसी और वीर होते हैं, किन्तु अमेधावी, राजनीतिक संगठन में अकुशल और अपने पड़ोसी राष्ट्रों पर शासन कर सकने में पिछड़े हुए होते हैं। अरस्तु का मानना है कि उष्ण प्रदेशों के निवासी मेधावी होते हैं, किन्तु उनमें साहस की कमी होती है। इसी कारण दासता उनकी नियति और स्वाभाविक प्रवृत्ति होती है। दूसरी ओर यूनान के निवासी जो भौगोलिक दृष्टि से दोनों के मध्य में स्थित हैं, अरस्तु के अनुसार उच्चतम गुणों से परिपूर्ण होते हैं और इस प्रकार वे स्वाभाविक रूप से सब पर शासन करने के योग्य हैं। यूनानी विद्वानों ने एशियाई लोगों की आराम पसन्द जीवन-शैली को उनकी अनुकूल वातावरणीय दशाओं से जोड़ा है, जबकि निर्धन यूरोपवासियों को अपनी उन्नति के लिए कठिन परिश्रम करना पड़ता है। ये लोग शुष्क निम्न प्रदेशों के दुबले-पतले, गोरे रंग वालों के विपरीत अधिक हवादार पर्वतीय प्रदेशों के लम्बे, सौम्य, साहसी जाति के लोग होते हैं। अरस्तु ने कुछ राष्ट्रों की प्रगति में उनके सुविधाजनक पर्यावरण के सहयोग करने की बात दृढ़तापूर्वक कही है।

इसी प्रकार, प्रसिद्ध रोमन भूगोलवेत्ता स्ट्रेबो (Strabo) ने स्पष्ट किया है कि किस प्रकार ढाल, उच्चावच, जलवायु सभी ईश्वर के कार्य हैं और कैसे ये तत्त्व मनुष्यों की जीवन-शैली को नियंत्रित करते हैं। मोन्टेस्टक्यू ने बताया है कि उष्ण जलवायु के निवासियों की तुलना में शीत जलवायु के निवासी शारीरिक दृष्टि से बलिष्ठ, अधिक साहसी, स्पष्टवादी, कम अविश्वासी और कम चालाक होते हैं। उष्ण जलवायु के निवासी कायर, शारीरिक दृष्टि से कमजोर, आलसी और निष्क्रिय होते हैं।

पर्यावरणवादी निश्चयवाद का विचार अरब भूगोलवेत्ताओं की कृतियों में निरन्तर छाया रहा है। अरब भूगोलवेत्ताओं ने आवासीय विश्व को सात किश्वार (Kishwar) अथवा जलवायु प्रदेशों में विभाजित किया है और इन क्षेत्रों में निवास कर रही जातियों की शारीरिक और सांस्कृतिक विशेषताओं को उजागर किया है। अल-बत्तानी, अल-मसूदी, इब्न-दाकुल, अल-इदरिसी और इब्न-खान्दून ने मानवीय क्रिया और उनकी जीवन-शैली के बीच सह सम्बन्ध स्थापित करने का प्रयास किया था। उदाहरण के लिए अल-मसूदी ने यह दृढ़तापूर्वक कहा था कि उस भूमि में जहां जल की अधिकता पाई जाती है, वहां के निवासी प्रफुल्लचित्त एवं विनोदी होते हैं, जबकि शुष्क प्रदेशों के निवासी चिड़चिड़े स्वभाव के होते हैं। घुमक्कड़ (Nomads) लोग जो खुले वातावरण में

निवास करते हैं वे शक्तिशाली, बलिष्ठ और दृढ़ निश्चयी, विवेकी और शारीरिक योग्यता वाले होते हैं।

जार्ज ताठन (George Tathan) जो अठारहवीं शताब्दी के एक प्रमुख इतिहासकार थे, उन्होंने भी दो विभिन्न प्रदेशों में निवास करने वाले निवासियों में पाए जाने वाली विभिन्नताओं की व्याख्या की थी। जर्मन दार्शनिक इम्मानुअल कान्ट (जन्म 1724) भी एक निश्चयवादी था, उसने बताया था कि न्यू हॉलैण्ड (पूर्वी द्वीप समूह) के निवासियों की आँखें आधी बन्द रहती हैं और वे बिना अपना सिर पीछे झुकाए (जब तक कि सिर उसकी पीठ से नहीं लग जाता) वे अधिक दूरी तक नहीं देख सकते हैं। इसका मुख्य कारण वहां असंख्य मक्खियां होती हैं जो सदैव उनकी आंखों पर उड़ती रहती हैं। कान्ट ने आगे दृढ़तापूर्वक कहा था कि उष्ण प्रदेशों के निवासी अपवाद स्वरूप सुस्त और कायर होते हैं। कायरता, अन्धविश्वास को जन्म देती है और राजाओं द्वारा शासित देशों में दास प्रथा को बढ़ावा देती है। कान्ट ने भौगोलिक अथवा पर्यावरणवादी तत्वों का वैज्ञानिक स्तर पर अध्ययन करने के लिए तर्क प्रस्तुत किया, जिसके सम्बन्ध में उनका मानना था कि यह उतना ही आवश्यक है जितना कि वास्तविक विज्ञान। जलवायु के प्रभाव की उसकी परिकल्पना के समर्थन में उसने यह स्पष्ट किया कि पशु और मानव जब दूसरे देश में प्रवास करते हैं, तो वे धीरे-धीरे वहां के पर्यावरण से प्रभावित हो जाते हैं। उदाहरण के लिए भूरी गिलहरियों जो साइबेरिया प्रवास पर जाती हैं, स्लेटी रंग में बदल जाती हैं और सफेद गाय का रंग शीत ऋतु में भूरेपन में बदल जाता है।

पर्यावरणीय कारणवाद पूरी उन्नीसवीं शताब्दी में छाया रहा, जब भूगोलवेत्ता स्वयं भूगोल को एक प्रवृत्ति विज्ञान मात्र मानते रहे। मानव और पर्यावरण सम्बन्धों के बारे में कान्ट के दर्शन को हम्बोल्ट (1769-1859) और रिटर (1779-1859) ने अपनाया, जिन्होंने प्राकृतिक घटनाओं को समझने के लिए आगमन (Inductive) उपागम को विकसित किया। प्रमुख जर्मन भूगोलवेत्ता कार्ल रिटर ने उन्नीसवीं शताब्दी के आरम्भ में आगमन उपागम अपनाया और पर्यावरणवादी निश्चयवाद प्रस्तुत किया। विभिन्न भौतिक पर्यावरणीय दशाओं में शरीर के भौतिक गठन और स्वास्थ्य में संबंध स्थापित करने का प्रयास किया। उनके अनुसार तुर्कोमन लोगों की संकड़ी पलकें, जीव पर मरुस्थल के स्पष्ट प्रभाव को बताती हैं। उनके अनेक अनुयायियों ने जनसंख्या के घनत्व और उनकी भूमि की प्रकृति के बीच के सम्बन्धों को भूगोल में महत्त्व दिया। इसके अलावा उनके सम्प्रदाय के अनेक भूगोलवेत्ताओं ने घोषित किया कि उनका मुख्य कार्य किसी प्रदेश के निवासियों की सांसारिक संस्कृति और राजनीतिक नियति पर भौगोलिक तत्वों के भूतकाल और वर्तमान में पड़ने वाले प्रभाव को ज्ञात करना है। आधुनिक भूगोल के संस्थापकों में से एक एलेक्जेण्डर वॉन हम्बोल्ट जो रिटर का ही समकालीन था, ने यह स्पष्ट कहा था कि पर्वतीय प्रदेशों के निवासियों की जीवन-शैली, मैदान के लोगों से भिन्न होती है।

प्रारम्भ में न्यूटन (1642-1727) द्वारा अपनाए गए निगमनात्मक (Deductive) और यंत्रवादी दर्शन का समर्थन बाद में डार्विन (1809-1882) के कार्यों में भी जारी रहा। उसकी उत्कृष्ट पुस्तक 'जीवों की उत्पत्ति' (Origin of Species, 1859) प्रकाशित हुई,

जिसमें उन्होंने जीवन के विकास को स्पष्ट किया और विकास के सिद्धान्तों को प्रतिपादित किया। निश्चयवाद के समर्थकों के लिए यह पुस्तक अत्यधिक महत्त्वपूर्ण थी, क्योंकि यह पर्यावरण और जीव के सम्बन्धों को बताती है तथा इसके अतिरिक्त इसमें विकास के अनुक्रम को बताया गया है।

उन्नीसवीं शताब्दी के उत्तरार्द्ध और बीसवीं शताब्दी के आरम्भ का वैज्ञानिक, परिवेश डार्विन की निगमनात्मक पद्धति के विचारों और न्यूटन के कारण-प्रभाव सम्बन्धों से प्रभावित था। डार्विन ने यह प्रदर्शित करने का प्रयाम्स किया कि हमारे संसार में जीवित वस्तुओं का बाहुल्य कैसे अपने पर्यावरण से अन्ततः समायोजित है, तथा सामान्य आकस्मिक प्रकृतिवादी ढंग से बिना किसी ईश्वरीय योजना के सहारे सत्ता में आ सकता है। डार्विन ने यह तर्क प्रस्तुत किया कि अस्तित्व के लिए संघर्ष निश्चित रूप से होता है। इसका अर्थ है कि जो जीवित बच गए, वे प्रतियोगियों की अपेक्षा अधिक उपयुक्त थे। अपेक्षाकृत उत्कृष्ट अनुकूलन में वृद्धि होती है और घटिया किस्म धीरे-धीरे विलुप्त होती जाती है। डार्विन के सिद्धान्त ने भूगोलविद्‌ों के विचारों को महत्त्वपूर्ण रूप से प्रभावित किया। इस बौद्धिक परिवेश में, अधिकांश भूगोलवेत्ताओं द्वारा उपर्युक्त पर्यावरणीय निश्चयवाद का विषय भली-भांति विकसित किया गया और बीसवीं शताब्दी के आरम्भ में यह जर्मन और अमेरिकी भूगोलवेत्ताओं का प्रमुख विचार बन गया। दिलचस्प बात यह थी कि मानव समाज पर पर्यावरण के प्रभाव अथवा नियन्त्रण के लिए लिखित प्रमाण प्रस्तुत किए गए।

'वैज्ञानिक निश्चयवाद' का संस्थापक फ्रेडरिक रेट्‌जेल था। उन्होंने 'शास्त्रीय' भौगोलिक निश्चयवाद की 'सामाजिक डार्विनवाद' के तत्वों से आपूर्ति की और एक जीव के रूप में राज्य के सिद्धान्त का प्रतिपादन किया। इस सिद्धान्त के अनुसार राज्य अपना जीवन पृथ्वी से प्राप्त करता है और निरन्तर अधिकाधिक क्षेत्र के अधिग्रहण का प्रयास करता है। रेट्‌जेल ने यह भी तर्क प्रस्तुत किया कि "समान दशाएं समान जीवन-शैली को जन्म देती हैं।"

अपने इस तर्क के समर्थन में रेट्‌जेल ने ब्रिटिश द्वीप समूह और जापान के उदाहरण प्रस्तुत किए और स्पष्ट किया कि इन दोनों देशों की द्वीपीय स्थिति ऐसी है जो उन्हें बाहरी आक्रमणकारियों से प्राकृतिक सुरक्षा प्रदान करती है। परिणामतः इन देशों के निवासी तीव्र प्रगति कर रहे हैं और इन देशों ने विश्व की महाशक्तियों का स्तर प्राप्त कर लिया है।

रेट्‌जेल जो डार्विन का अनुयायी था और 'योग्यतम की उत्तरजीविता' (Survival of the fittest) के सिद्धान्त में विश्वास करता था तथा मानव को उद्‌विकास के अंतिम उत्पाद के रूप में मानता था। इस उद्‌विकास में स्वरूपों के चयन का मुख्य स्त्रोत भौतिक पर्यावरण के साथ उनके समायोजन की क्षमता थी। उनका विश्वास था कि ऐतिहासिक काल में मानव की जीवन-शैली और विकास को भौतिक लक्षणों, पर्वतों और मैदानों आदि ने गहराई से प्रभावित किया है। उन्होंने अपने निश्चयवादी उपागम में स्थलाकृति लक्षणों के सम्बन्ध में स्थिति को अधिक महत्त्व दिया। उन्होंने कहा कि किसी स्थान की स्थिति वहां के लोगों की जीवन-शैली और मनोवृत्ति को निर्धारित करती है।

बीसवीं शताब्दी के आरम्भ में 'पर्यावरणवाद' का विस्तार विशेषकर संयुक्त राज्य अमेरिका में अधिक रहा, जहां इसके सबसे प्रबल समर्थक एलन सेम्पल और एल्सवर्थ हंटिंगटन थे। एलन सेम्पल जो रेटजेल की अनुयायी थीं, ने अपने शिक्षक के विचारों का प्रचार किया और इस प्रकार वह निश्चयवाद की कट्टर समर्थक बन गईं। उनके द्वारा लिखित प्रसिद्ध पुस्तक 'भौगोलिक पर्यावरण के प्रभाव' का आरम्भ ही इन पंक्तियों से हुआ है, "मनुष्य पृथ्वीतल की उपज है। इसका अभिप्राय केवल इतना ही नहीं है कि वह पृथ्वी की सन्तान है, उसकी धूल का कण है, किन्तु यह भी है कि पृथ्वी ने उसे मातृत्व दिया है, उसका पालन-पोषण किया है, उसके लिए कार्य निश्चित किए हैं, उसके विचारों को दिशा दी है, उसके सामने कठिनाइयां उत्पन्न की हैं जिससे उसके शरीर को बल मिला है, उसकी बुद्धि को प्रखर किया है, पृथ्वी ने उसे नौ संचालन अथवा सिंचाई की समस्याएं दी हैं और साथ ही उसकी समस्याओं का हल भी बताया है। उन्होंने (पृथ्वी) उसकी हड्डियों और ऊत्तकों में, उसके मस्तिष्क और आत्मा में प्रवेश किया है, पर्वतों पर चढ़ने के लिए उसे फौलादी मांसपेशियां प्रदान की हैं, तट के सहारे इन्हें कमजोर और ढीला छोड़ दिया है, किन्तु इसके स्थान पर उसकी छाती और हाथों की शक्ति का पूरा विकास किया है जिससे वह अपने पतवारों को चला सके। नदी घाटियों में पृथ्वी ने उसे उपजाऊ भूमि प्रदान की है। पवन प्रभावित पठारी क्षेत्रों एवं जलविहीन मरुस्थलों के पशुचारकों को घास एवं जल की समाप्ति पर अपने पशुओं के साथ एक स्थान से दूसरे स्थान तथा एक मरुद्यान से दूसरे मरुद्यान में घूमना पड़ता है। उसका जीवन बड़ा कठोर होता है किन्तु वह अपने पशुओं को चरता हुआ देख चिंतन का समय निकाल लेता है। विस्तृत वातावरण में निवास करने के कारण उसके विचारों में सादगी आ जाती है। वहां धर्म का स्वरूप एकेश्वरवादी होता है। जिस प्रकार मरुस्थल की मिट्टी या स्टैपी घास के मैदान बिना किसी अवरोध या परिवर्तन के लगातार विस्तृत फैले होते हैं, उसी प्रकार ईश्वर भी एक हो जाता है, उसका कोई प्रतिद्वन्द्वी नहीं होता। उसके मस्तिष्क को नए-नए विचार न मिलने के कारण उसका विश्वास कट्टरपन में बदल जाता है, उसके कुछ विचार उसकी निरन्तर घुमक्कड़ जीवन के कारण साम्राज्य बढ़ाने की लालसा में आक्रमणकारी बन जाते हैं।"

उस भूमि से जिसे वह जोतता है अथवा उस भूमि से जिस पर वह यात्राएं करता है अथवा उन समुद्रों से जिन पर से होकर वह व्यापार करता है, से अलग मानव का वैज्ञानिक अध्ययन नहीं किया जा सकता है, उसी प्रकार जैसे कि ध्रुवीय रीछों और मरुस्थलीय कैक्टस का अध्ययन उनके आवास से अलग नहीं किया जा सकता। अत्यन्त विकसित पौधों और पशुओं की अपेक्षा मानव के उसके पर्यावरण के साथ सम्बन्ध अनेकानेक और जटिल हैं। ये सम्बन्ध इतने जटिल हैं कि ये तर्कसंगत और विशेष अध्ययन के विषय हो गए हैं। इनका अध्ययन मानवविज्ञान (Anthropology), नृजातिविज्ञान, समाजशास्त्र और इतिहास में थोड़ा और आधा-अधूरा किया जाता है। ये विषय जाति, सांस्कृतिक विकास, काल, देश अथवा भौगोलिक दशाओं की विविधताओं के विचार तक सीमित हैं। अत: ये सभी विज्ञान मिलकर साथ ही इतिहास में भी क्योंकि

इतिहास में घटनाओं के कारणों की व्याख्या की जाती है, इनकी समस्याओं का हल ढूँढ पाने में असमर्थ रहते हैं, क्योंकि भौगोलिक कारक जो इनमें शामिल रहते हैं इनका पूर्ण रूप से विश्लेषण नहीं किया जाता है। मानव प्रकृति पर अपनी विजय के सम्बन्ध में इतना मुखर रहा है और प्रकृति मनुष्य पर अपने निरन्तर प्रभाव के सम्बन्ध में इतनी शान्त रही है कि मानव विकास के समीकरण में भौगोलिक कारकों को अनदेखा कर दिया गया है।

कुमारी सेम्पल ने अपनी पुस्तक में विभिन्न भौतिक प्रदेशों, स्थलाकृति और क्षेत्रों में निवास कर रहे लोगों की वैचारिक विशेषताओं में भेद किया है, और यह दृढ़तापूर्वक कहा है कि पर्वतीय प्रदेशों के निवासी मुख्य रूप से रूढ़िवादी होते हैं तथा उनके पर्यावरण में उसको परिवर्तन के लिए प्रेरणा देने का बहुत कम समय होता है तथा बाहर का प्रभाव भी उन तक नहीं पहुँच पाता है। अत: नवाचार उनके लिए प्रतिकारी होता है। वास्तव में, विश्व के ठीक प्रकार से जुड़े मैदानी भागों की तुलना में, एकत्रित पर्वतीय तथा सापेक्ष पृथककारी पर्वतीय प्रदेशों में नवीन विचारों की विसरण प्रक्रिया और नवाचार धीमा रहता है। पहाड़ी लोगों का यह सापेक्षिक एकाकी जीवन, बाह्य व्यक्तियों के प्रति कट्टरपन, रूढ़िवादी, संवेदनशील और संशीय व्यवहार को बढ़ावा देते हैं। वे अपनी परम्पराओं के प्रति अत्यन्त संवेदनशील होते हैं और किसी प्रकार की आलोचना को पसन्द नहीं करते हैं। उनमें कठोर धार्मिक भावना होती है और परिवार के प्रति अत्यधिक लगाव होता है। अपने अस्तित्व के लिए कड़ा संघर्ष इन लोगों को परिश्रमी, मितव्ययी, सतर्क और ईमानदार बनाता है। इसके विपरीत, यूरोप के मैदानी भागों के लोग शक्ति सम्पन्न, गंभीर, भावुक की अपेक्षा विचारशील, उद्वेगात्मक की अपेक्षा जागरूक होते हैं। भूमध्यसागरीय प्रदेश जहां की जलवायु शीतोष्ण और सुहावनी होती है, वहां के निवासी प्रसन्नचित और कल्पनाशील होते हैं और उनका जीवन आराम-तलबी होता है।

अमेरिकी भूगोलविद् एल्सवर्थ हंटिंगटन जिन्होंने अपनी प्रसिद्ध पुस्तक 'मानव भूगोल के सिद्धान्त' (Principles of Human Geography, 1945) लिखी थी, वह भी भौगोलिक निश्चयवाद का समर्थक था। हिप्पोक्रेटस काल से अब तक के सबसे अधिक महत्त्वपूर्ण वातावरणीय कारणता को हंटिंगटन ने नवीन और निर्णायक रूप प्रदान किया। इसलिए अनेक वर्षों तक वे सभ्यता के विकास में जलवायु की प्रमुख भूमिका के विचारों को विकसित करने में लगे रहे। उनका विश्वास था कि सभ्यताओं के विकास में जलवायु की महत्त्वपूर्ण भूमिका रहती है (1939)। उन्होंने यह निष्कर्ष निकाला कि उनके निवास क्षेत्र, जो संयुक्त राज्य अमेरिका के उत्तर-पूर्वी भाग में स्थित हैं, का वातावरण सर्वोत्तम है। उन्होंने प्रमुख उत्तरी अमेरिकी विद्वानों के विचारों के आधार पर एक मानचित्र प्रस्तुत किया जिसमें यह स्पष्ट किया था कि समशीतोष्ण जलवायु क्षेत्रों में स्वास्थ्य, शक्ति और सभ्यता का उच्च स्तर पाया जाता है। (चित्र 1.3, 1.4) उनके अनुमान के अनुसार समशीतोष्ण कटिबन्ध का प्रत्येक निवासी, विश्व के अन्य क्षेत्रों के निवासियों की तुलना में औसतन 5 से 6 गुणा अधिक उत्पादन करता है।

हंटिंगटन का मूल दर्शन यह था कि किसी प्रदेश में सभ्यताओं द्वारा सर्वोत्तम उपलब्धियाँ, विशेष रूप से, विशेष प्रकार की जलवायु से सम्बद्ध होती हैं और जलवायु

की भिन्नताएं इतिहास की संस्कृति में स्पन्दन उत्पन्न करती हैं। उन्होंने कहा कि कार्य करने के लिए श्रेष्ठ जलवायु वह होती है जिसमें विविधताएं होती हैं तथा जिसमें तापक्रम एक निश्चित सीमा तक गिरता है। अपने इस कथन के समर्थन में उन्होंने यू. के. तथा अमेरिका के न्यू इंग्लैण्ड के उदाहरण दिए। उन्होंने प्राचीन यूनानी स्वर्ण युग, पश्चिमी यूरोप के पुनर्जागरण और लोह उत्पादन तथा शेयर मूल्यों में चक्रीय अस्थिरता को जलवायु चक्र से जोड़ने का प्रयास किया। हंटिंगटन ने विश्व को सम और विषम जलवायु-प्रदेशों में विभाजित किया और यह भी स्थापित किया था कि विश्व की प्राचीन सभ्यताएं (मिश्र, मेसोपोटामिया, चीनी और सिन्धु) नदी घाटियों की सम जलवायु में ही विकसित हुई थीं। उन्होंने आक्रमण और जनजाति युद्ध कला की परिकल्पना भी स्थापित की थी। मध्य एशिया की घुमक्कड़ जातियों का बाहर की ओर प्रवास, जिसने मंगोलों द्वारा तूरान, तुर्किस्तान, चीन और भारत पर विजय का मार्ग प्रशस्त किया था तथा तेरहवीं शताब्दी में पूर्वी यूरोप पर आक्रमण का मुख्य कारण इन घुमक्कड़ लोगों के पशुओं के लिए चरागाहों के सूख जाने को बताया जा सकता है। हंटिंगटन के अनुसार धर्म और जातीय गुण जलवायु की उपज हैं। लगभग 20° सेल्सियस तापमान और परिवर्तित होते रहने वाली वायुमण्डलीय दशा (शीतोष्ण चक्रवाती मौसम) उच्च मस्तिष्क और शारीरिक कार्य क्षमता के लिए आदर्श दशाएं हैं। इस प्रकार की आदर्श दशाएं उत्तर-पश्चिम यूरोप के देशों में पाई जाती हैं। हंटिंगटन के अनुसार, यूरोपवासियों द्वारा विज्ञान और प्रौद्योगिकी के क्षेत्र में विकास, इस प्रकार की जलवायु के कारण ही हो सका है। उष्ण कटिबन्धीय क्षेत्रों के कम विकसित होने का मुख्य कारण वहां का उष्ण और आर्द्र तथा कष्टदायक मौसम है जो वहां के निवासियों को निश्चेष्ट, आलसी, अनिपुण और भीरु बनाता है।

उनके बाद के भूगोलवेत्ताओं जैसे हैल्फोर्ड मेकिण्डर, चिशोल्म, डेविस, बोमन, रॉबर्ट मिल, गैडिस, हर्बर्टसन, टेलर आदि ने भी मानव समाज की प्रगति को निश्चयवादी तथ्य के रूप में वर्णित किया था। अनेक विद्वानों ने सजीव और स्पष्ट वर्णन किया है कि मृदा के भौतिक गुणों पर जलवायु का प्रभाव अन्ततः उसके फसल प्रतिमान, भोजन की आदतें, शारीरिक गठन और व्यवहार को प्रभावित करता है। मैक केरीसन ने स्पष्टतः प्रदर्शित किया कि उत्तर भारत के सिखों का लम्बा डील-डौल, शक्तिशाली शारीरिक रचना और उन्नत शारीरिक प्रतिरोधकता दक्षिण भारत के तमिलनाडु राज्य के निवासियों की तुलना में सिखों के उत्तम भोजन का परिणाम है, विशेषकर यह प्रोटीन की अधिकता के कारण है, जबकि तमिलनाडु के निवासियों के भोजन में प्रोटीन की काफी कमी रहती है।

लार्ड बोयड और (Lord Boyd Orr) तथा गिल्खस (Gilkhs) ने इसी प्रकार के तथ्य पूर्वी अफ्रीका में कीनिया की किकुयू (Kikyu) और मसाई जनजातियों के अध्ययन में पाए हैं। किकुयू, मुख्यतः कृषक हैं जो अपने भोजन के लिए खाद्यान्नों, मूल और दालों पर निर्भर रहते हैं, जबकि दूसरी ओर मसाई जाति के लोग पशुपालक हैं जिनका मुख्य भोजन मांस, दूध और बैलों का रक्त होता है जो उन्हें पशुओं से प्राप्त होता है। इन दोनों प्रजातियों के एक ही पर्यावरण में रहते हुए भी उनके शारीरिक माप में अन्तर पाया गया

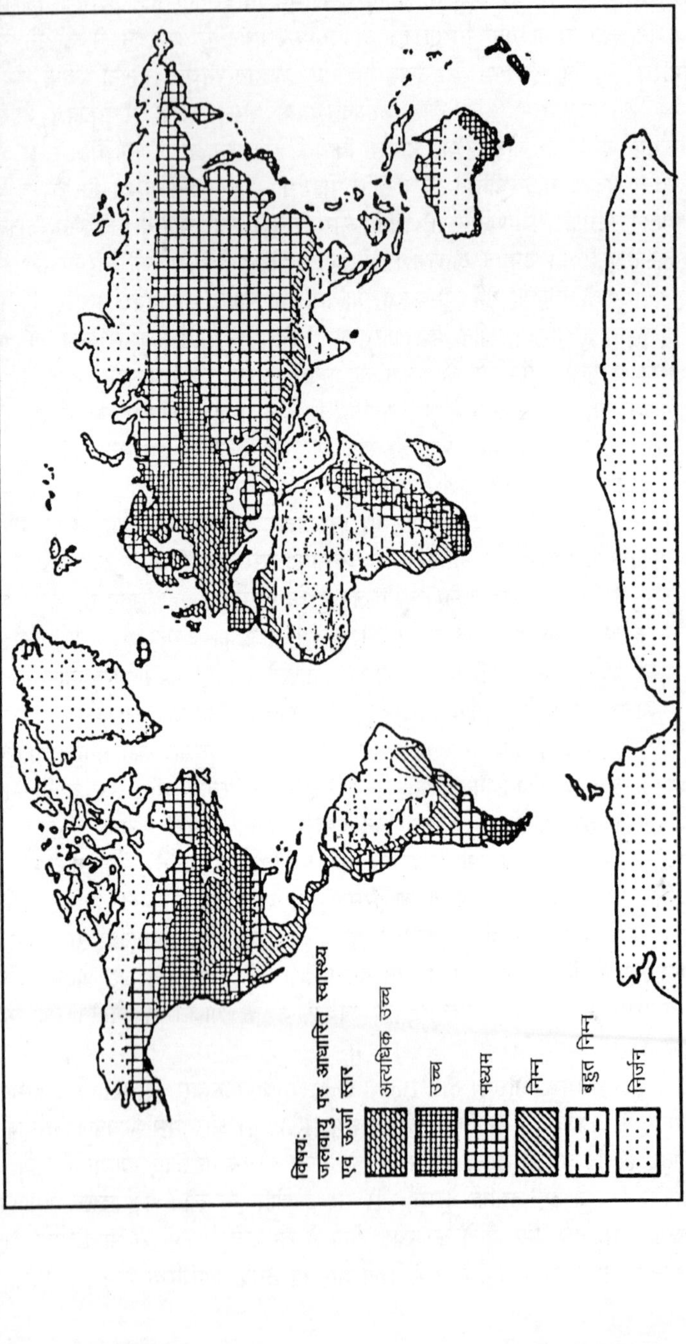

Source: After Huntington

चित्र 1.3 विश्व : स्वास्थ्य एवं ऊर्जा स्तर

चित्र 1.4 विश्व : सभ्यता के स्तर

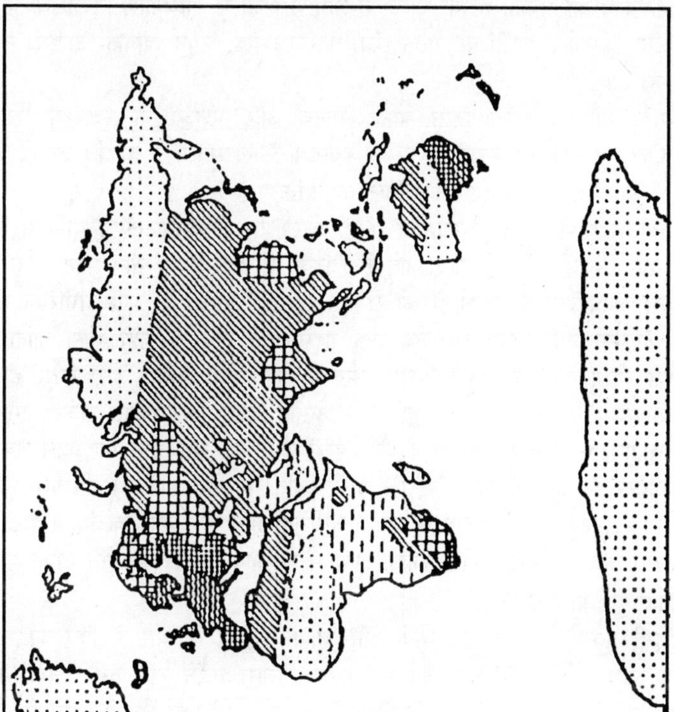

Source: After Huntington

है। यह अन्तर मूलतः उनके भोजन में अन्तर होने के कारण होता है। इसी प्रकार बिना संदेह के कहा जा सकता है कि भारत के ग्रामीण क्षेत्रों में अधिकांश निवासियों का ठिगना कद और कमजोर शारीरिक गठन का कारण भूख, न्यून पोषक आहार तथा बुरा आहार है।

मृदा और वनस्पति किस प्रकार मानव और पशुओं के स्वास्थ्य तथा उनके डील-डौल को प्रभावित करती है, इसकी व्याख्या कार्ल मेकेये ने की है। उन्होंने शैटलैण्ड के घोड़ों का उदाहरण देते हुए उनका निम्न वर्णन किया है—

ब्रिटिश द्वीपों के उत्तरी सीमान्त (60° उत्तर) पर स्थित शैटलैण्ड द्वीपों में विश्व के सबसे कम ऊंचाई के घोड़े पाए जाते हैं जिनकी ऊंचाई केवल तीन फीट होती है। जब तक कुछ व्यापारियों ने इन घोड़ों को संयुक्त राज्य में पालने के बाद अमेरिकी बाजार में भेजना आरम्भ नहीं किया था, तब तक परम्परागत रूप से यही माना जाता था कि शैटलैण्ड घोड़ों की यह अपनी विशेष नस्ल है, जो अन्तः प्रजनन द्वारा स्थिर हो गई है। उन व्यापारियों को बड़ी निराशा हुई, जब उन्होंने देखा कि संयुक्त राज्य अमेरिका के नवीन वातावरण में जन्म लेने वाले घोड़े पीढ़ी दर पीढ़ी बड़े होते गए, जब तक कि वे उसी आकार के नहीं हो गए जैसे कि अन्य जाति के घोड़े होते हैं। वास्तविकता यह है कि घोड़ों (टट्टुओं) की अलग से कोई जाति नहीं होती है। यहां तक कि सैकड़ों पीढ़ियों के पश्चात् जब उन घोड़ों को उपजाऊ क्षेत्रों में ले जाया गया तो उन्होंने अपने पूर्वजों की विशेषताएं पुनः प्राप्त कर लीं।

इसी प्रकार के उदाहरण चीनी और जापानी लोगों के बारे में दिए जा सकते हैं। जब ये लोग यूरोप और अमेरिका में आकर निवास करने लगे तब, इनके भार और ऊंचाई दोनों में ही वृद्धि हो गई। पिग्मी जाति के लोग भी जब मैदानी भागों में बसा दिए जाते हैं तब वे अपने मूल गुणों से वंचित हो जाते हैं और वहां उन्हें कृषि और पशुपालन द्वारा अधिक मात्रा में तथा विभिन्न प्रकार के भोजन प्राप्त होते हैं, जिससे उनके गुणों में परिवर्तन होने लगता है और इस प्रकार छोटे-छोटे कद वाली प्रजातियां भी बड़े कद वाली हो जाती हैं।

गेडीस (Geddes) ने यह स्थापित करने का प्रयास किया था कि न्यून पोषण वाले लोग मलेरिया से अधिक ग्रसित होते हैं। अपनी परिकल्पना के समर्थन में उन्होंने बताया कि हिन्दू लोग जो मुख्यतः निरामिष आहार करते हैं, मांसाहारी मुसलमानों की तुलना में मलेरिया से अधिक प्रभावित होते हैं।

भोजन की आदतों पर भौतिक तत्त्वों के प्रभाव तथा इसके परिणामस्वरूप विभिन्न प्रदेशों में जन्म-दर भी प्रभावित होती है, इसे इस तथ्य से देखा जा सकता है कि अधिक जन्म-दर (30 से अधिक प्रति हजार) सभी उष्ण प्रदेशों में पाई जाती है। इन देशों की भौगोलिक, सामाजिक-आर्थिक दशाएं पशुजनित प्रोटीन के उपभोग और उत्पादन के प्रतिकूल पाई जाती हैं। यदि हम पशुजनित प्रोटीन का विश्व में अध्ययन करें तो हमें एक स्पष्ट सह-सम्बन्ध दोनों तत्वों के बीच दिखाई देगा। जैसे-जैसे प्रोटीन के उपयोग की मात्रा बढ़ेगी, वैसे-वैसे जन्म दर कम होती जाएगी। उदाहरण के लिए स्वीडन और डेनमार्क में

पशुजनित प्रोटीन का उपयोग प्रतिदिन 65 और 60 ग्राम है और वहां जन्म दर क्रमशः 10 और 13 प्रतिशत है, जबकि भारत और मलेशिया में यह मात्रा 10 और 12 ग्राम है। इन देशों में जन्म-दर 23 और 26 प्रति हजार है (2011)। यह विचार अति सामान्यीकरण हो सकता है क्योंकि कई अन्य कारक जैसे साक्षरता, शिक्षा और स्वास्थ्य, जीवन-स्तर और सामाजिक-सांस्कृतिक गुण भी जन्म-दर को प्रभावित करते हैं, फिर भी इस तथ्य से इंकार नहीं किया जा सकता है कि आहार की गुणवत्ता और जनसंख्या की वृद्धि, कमी तथा दीर्घ आयु में घनिष्ट सम्बन्ध हैं।

इस प्रकार के उदाहरण हैं कि भूभाग, धरातल, तापमान, आर्द्रता, वनस्पति और मृदा सम्मिलित रूप में सामाजिक-आर्थिक संस्थाओं पर प्रभाव डालते हैं। फिर भी मानव की उसके भौतिक पास-पड़ोस को परिवर्तित करने वाले कारक के रूप में महत्त्वपूर्ण प्रासंगिकता है। वास्तव में, मानव के कार्य अनेक तथ्य उजागर करते हैं जिसकी पर्यावरणीय शक्तियाँ व्याख्या नहीं कर सकती हैं। उदाहरण के लिए समान पर्यावरण में हमेशा उसी प्रकार की अनुक्रिया प्राप्त नहीं होती है। उत्तरी अमेरिका के एस्कीमो, साइबेरिया के आखेटकों से पूर्णतः भिन्न होते हैं। पिग्मी आखेटक मध्य अफ्रीका के विषुवत् रेखीय वनों में नीग्रो कृषकों के साथ विलक्षण रूप में सहजीवन में साझी हैं किन्तु उनके जीवन में भिन्नता पाई जाती है। मेघालय के खासी, गारो और जयन्तिया तथा मिजोरम के लुशाई एक समान जलवायु प्रदेश और पर्यावरण में निवास करते हैं किन्तु उनके भौतिक लक्षणों, शारीरिक ढांचों, आहार की आदतों, शिक्षा के स्तर और जीवन के प्रति उनके दृष्टिकोण में काफी अन्तर पाया जाता है।

यह भी देखा गया है कि भूमि की समान भौतिक दशाएं भिन्न-भिन्न लोगों के लिए पर्यावरण के दृष्टिकोण में भिन्नता के कारण भिन्न-भिन्न अर्थ रखती हैं। यह उपयोग करने में उद्देश्यों की भिन्नता और तकनीकी कौशल के स्तर में भिन्नता पर निर्भर करता है। जम्मू और कश्मीर के गुज्जर तथा बकरवाल पर्वतीय ढालों पर निवास करना पसन्द करते हैं जिससे इन ढालों का वे चरागाहों के रूप में उपयोग कर सकें, जबकि कश्मीरी लोग समतल मैदानों में बसना अधिक पसन्द करते हैं जिससे कि वे कृषि योग्य भूमि पर चावल की खेती कर सकें। पहले वाले लोग पशुपालक हैं जबकि दूसरे कृषक हैं। यह स्पष्ट है कि कृषि प्रधान प्रदेशों में ढलान वाली भूमि पर खुरपी कृषक के लिए एक विशेष अर्थ रखती है जबकि ट्रैक्टर वाले कृषक के लिए इसका दूसरा अर्थ होता है। यह भी सम्भव है कि मशीनों के उपयोग के कारण किसी देश के कृषि क्षेत्र में कमी आ सकती है और मृदा में वांछित परिवर्तन लाया जा सकता है। एक ही संस्कृति के लोग घाटियों में एकत्र हो सकते हैं (पूर्वी अफ्रीका के मसाई और किकुयू) जबकि उसी क्षेत्र के अन्य लोग अपना निवास क्षेत्र पठारी उच्च भागों में बनाते हैं। भाप के इंजन के आविष्कार से पूर्व उद्योगों के स्थानीकरण के लिए जल विद्युत उपयोगी थी, किन्तु जब से अन्य स्त्रोतों से ऊर्जा प्राप्त होने लगी तो जल शक्ति का आकर्षण समाप्त हो गया।

पर्यावरण निश्चित रूप से मनुष्य को प्रभावित करता है, मनुष्य पलट कर पर्यावरण में परिवर्तन करता है और यह अन्तर्क्रिया इतनी जटिल है कि यह ज्ञात कर पाना कठिन है

कि कब एक प्रभाव समाप्त होता है और दूसरा कब आरम्भ होता है। अनेक भूपटल जो हमें प्राकृतिक दिखाई देते हैं, वास्तव में वे मानव के ही कार्य होते हैं। भूमध्यसागरीय प्रदेशों में गेहूँ, जौ, जैतून, अंगूर जो अधिक उत्पन्न किए जाते हैं, ये सभी मानव प्रयास के परिणाम हैं। कश्मीर और हिमाचल प्रदेश के सेब और बादाम के बगीचे मानव द्वारा सृजित किए गए हैं। इसी प्रकार बासमती चावल की कृषि केवल 50 सेमी वर्षा वाले पंजाब, हरियाणा के क्षेत्रों में करना मानव प्रयास का ही परिणाम है। इसी प्रकार के अनगिनत उदाहरण विकसित और विकासशील देशों से प्रस्तुत किए जा सकते हैं। इस प्रकार मानव और पर्यावरण स्वत: ही एक-दूसरे पर निर्भर हैं।

द्वितीय महायुद्ध के पश्चात् पर्यावरणवादी दर्शन की आलोचना की जाने लगी है। संयुक्त राज्य अमेरिका, कनाडा, ग्रेट ब्रिटेन और अन्य देशों के अनेक भूगोलवेत्ताओं में पर्यावरणविदों द्वारा एकपक्षीय दृष्टिकोण की ओर ध्यान दिलाया गया है, जिसमें उन्होंने प्रकृति की सक्रिय भूमिका की ऐतिहासिक यथार्थता की व्याख्या बढ़ा-चढ़ा कर दिखाई है, तथा मानव को निष्क्रिय रूप में स्वीकार किया गया है। मानव के कार्य अनेक तथ्यों को उजागर करते हैं, जिसके लिए वातावरणीय शक्तियां संतोषजनक उत्तर नहीं दे सकती हैं।

अनेक विद्वानों द्वारा पर्यावरणीय निश्चयवाद को अत्यधिक एक-पक्षीय माना गया है क्योंकि यह सांस्कृतिक कारणों की अनदेखी करता है जो मानव के आचरण को प्रभावित करता है। वास्तव में, दो समाज जैसा ऊपर बताया गया है कि समान भौतिक दशाओं और जलवायु में निवास करने वाली जातियां आपस में बहुत भिन्न होती हैं। यदि जलवायु ही जीवन-शैली को प्रभावित करने वाली शक्ति होती तो कश्मीर के पर्यावरण में केसर के बगीचों और चावल उत्पन्न करने वाले कश्मीरी और ऋतु प्रवासी बकरवाल कश्मीर के एक ही पर्यावरण में कैसे निवास कर सकते हैं?

निश्चयवाद की आलोचना में यह कहा गया है कि यह एक सार्वभौमिक परिकल्पना नहीं है जिसे आनुभविक दृष्टिकोण से परखा जा सके। पर्यावरणीय निश्चयवाद की आलोचना इस आधार पर भी की गई है कि निश्चित स्थितियों और परिस्थितियों में मानव अपने इतिहास, सभ्यता और संस्कृति स्वयं निर्मित करते हैं। मानव नियमों द्वारा चालित होता है जिन्हें वह अपनी क्रियाओं द्वारा बनाता, तोड़ता और पुनर्निर्माण करता है। इस प्रकार से हम नियमों के प्राणी हैं, नियम हमारे द्वारा सृजित हैं। हम अपना संसार स्वयं निर्मित करते हैं, संसार हमारे सामने तथ्यों का कठोर दशा-क्रम उपस्थित करता है अत:, मानव उसके पर्यावरण की उपज नहीं है, अपितु वह अपने सामाजिक नियमों और रीति-रिवाजों की उपज है।

स्पेट ने भौगोलिक निश्चयवादियों के कट्टर उपागम की आलोचना की है। उसने दृढ़तापूर्वक कहा कि "पर्यावरण अपने आप में अर्थहीन वाक्यांश है, बिना मानव के पर्यावरण का कोई अस्तित्व नहीं है," उसका महत्त्वपूर्ण संकेत यह कि सामाजिक संरचना के माध्यम से भौगोलिक वातावरण का मनो-शारीरिक प्रभाव पर विचार करने की आवश्यकता है। निर्णायक विश्लेषण में स्पेट ने यह निष्कर्ष निकाला कि भौगोलिक पर्यावरण क्षेत्रीय विभिन्नताओं का एक कारक है और यह समाज द्वारा कार्यरत है।

सांस्कृतिक परम्पराओं का कुछ स्वतंत्र प्रभाव होता है। हाल ही में एक ऑस्ट्रेलियाई विद्वान वोल्फगांग हारटेक (Wolfgang Hartake) ने यह सिद्ध किया है कि फ्रेंकफर्ट के सीमान्त क्षेत्र में भौतिक तत्त्वों की भूमिका अपेक्षाकृत कम महत्त्वपूर्ण है। यह अनुमान लगाना कठिन है कि अति तीव्र जलवायु दशाएं जो सहारा में उत्पन्न होती हैं, मानव की किसी भी क्रिया में प्रत्यक्ष भूमिका अदा नहीं करती हैं। इसी प्रकार के तर्क हार्टशोर्न ने भी प्रस्तुत किए हैं। उसने पर्यावरणवाद को पूर्णत: इस आधार पर अस्वीकार कर दिया कि यह प्रकृति और मानव को अलग करता है और इस प्रकार "यह विषय की मूलभूत एकता को नष्ट करता है", अर्थात् एक संगठित विज्ञान के रूप में भूगोल का विरोधी है।

2. संभाव्यतावाद/संभववाद (Possibilism)

यह एक दर्शन है जो मानव और पर्यावरण के सम्बन्धों की अलग तरीके से व्याख्या करता है। इसमें मानव को पर्यावरण का एक सक्रिय अभिकर्ता (Agent) माना जाता है। यह एक ऐसी धारणा है जो इस पर बल देती है कि प्राकृतिक पर्यावरण कई विकल्प प्रस्तुत करता है जिसकी संख्या किसी सांस्कृतिक समूह के ज्ञान और प्रौद्योगिकी में विकास के साथ बढ़ती जाती है। इसी दृष्टिकोण को फेब्रे ने 'संभववाद' (Possibilism) का नाम दिया। उन्होंने लिखा है, "वास्तविक रूप में और एक मात्र भौगोलिक समस्या संभावनाओं का उपयोग करना है। *आवश्यकताएं कहीं नहीं हैं, अपितु केवल सर्वत्र संभावनाएं ही हैं।* प्राकृतिक तथ्य (कारक) मानवीय विकास के कारणों की अपेक्षा भौतिक अधिक हैं। अपने संसाधनों और इसके अवरोधों सहित स्वयं मानव और उसके स्वयं के स्वभाव की अपेक्षा प्रकृति इसका कम 'मुख्य कारण' है।" संभववादियों ने मानव विकास के लिए भौतिक पर्यावरण में अनेक संभावनाओं की खोज की है, किन्तु यह भी कहा है कि, टुण्ड्रा, विषुवतीय और ऊँचे पहाड़ों जैसे असाधारण रेगिस्तानी प्रदेशों को छोड़ कर वास्तविक तरीके, जिनसे विकास हुआ है, व्यक्तियों की संस्कृति से जुड़े पाए गए हैं।

ऐसे कुछ विशिष्ट क्षेत्र हैं जो विषुवत रेखा के दोनों तरफ समान रूप से बंटे हुए हैं। ये क्षेत्र विशाल जलवायु-वानस्पतिक ढाँचे, संभावनाओं में असमान रूप में समृद्ध, विभिन्न मानवीय प्रजातियों के प्रति असमान रूप में अनुकूल और मानवीय विकास के लिए असमान रूप में उपयुक्त हैं। किन्तु असंभावना कभी निरपेक्ष नहीं होती—यहां तक कि उन प्रजातियों के लिए भी जिनका उनसे बहुत कम 'अनुकूलन' होता है—और सभी संभावनाएं बहुधा मानव की दुराग्रही और तीव्र इच्छा शक्ति के द्वारा उलट दी जाती हैं। 'निश्चयवादियों' का यह विचार रहा है कि ये ढांचे "शक्तियों के पुंज होते हैं जो सत्ताधीशों और निर्णय शक्ति से सम्पन्न व्यक्ति पर प्रत्यक्ष रूप में कार्य करते हैं", और जो "उसकी सरलतम से लेकर अत्यंत महत्वपूर्ण और अत्यधिक जटिल क्रियाओं की प्रत्येक अभिव्यक्ति को नियंत्रित करती हैं।" इन सभी ढांचों (Frames) में वास्तव में क्या होता है, विशेषत: उन ढांचों में, जो संभावनाओं में समृद्ध होते हैं, वे संभावनाएं एक के बाद दूसरी जाग्रत होती जाती हैं और बाद में प्रकृति और पहल के वशीभूत यकायक पुन: जाग्रत होने के लिए सुप्त हो जाती हैं।" क्रिया की इन संभावनाओं में किसी प्रकार की

सहसंबंधित व्यवस्था नहीं होती है। ये प्रत्येक क्षेत्र में एक पृथक सम्पूर्णता का प्रतिनिधित्व नहीं करती हैं। यदि वे समझ के योग्य होती हैं, उन्हें व्यक्तियों द्वारा सभी को समान उत्साह के साथ और एक ही समय पर पूर्ण नहीं समझा जा सकता है।'' इन्हीं क्षेत्रों का, मूल्यों के अपने तत्वों में परिवर्तन द्वारा, अत्यधिक भिन्न भविष्य होता है और यह मानवीय क्रिया ही है जो ''खेल का नियंत्रण'' करती है।

इसमें संदेह नहीं है कि मानव समूहों में समानताएं होती हैं अथवा कम से कम उनमें जीवन संबंधी सादृश्यताएं होती हैं जो समान संभावनाओं के उपयोग के कारण उत्पन्न होती हैं। किन्तु ये पूर्णत: निश्चित अथवा स्थिर नहीं होतीं। हमें जरूरत और संभावना को ही समझने की भूल करने से बचना चाहिए।

संभववादी पूर्ण सटीकता से कहते हैं कि प्रकृति और मानव के बीच समाज प्रथाओं, विश्वासों और जीवन के नियमों को निर्मित करता है; इसके कारण मानव द्वारा संभावनाओं का उपयोग और अपने पर्यावरण का शोषण करना कठिन हो जाता है। उदाहरणार्थ, जैसे उसके विविधताहीन भोजन में नीरसता उत्पन्न हो जाती है। असभ्य लोगों द्वारा कहीं भी भोजन की विविधता पर बिना ध्यान दिए भोजन किया जाता है। इसके साथ ही भोजन संबंधी निषेध, प्रतिबंध, 'टेबू' होते हैं। किन्तु ये सामाजिक प्रतिबंध निस्संदेह अपनी पूर्ण कठोरता से सर्वप्रथम लागू नहीं किए जाते। आदिवासी मानव समूहों में काफी समरूपता होती थी, किन्तु साथ ही उनमें आयु और लिंग तथा व्यक्तिगत विशेषताओं के आधार पर आवश्यक भिन्नताएं भी होती थीं, चाहे ये भिन्नताएं बहुत ही कम हुआ करती थीं। छोटे समाजों में संगठन इतना कठोर नहीं हुआ करता था कि वह शुरू में ही लोगों की पहल को समाप्त कर दे। इसका श्रेय भिन्नता और एकल व्यक्ति को जाता है जिसके कारण जीवन में सुधार होता था और समाज में संगठन बना रहता था।

संभववादियों ने यह भी कहा है कि मानव समाज में पाई जाने वाली भिन्नताओं और समाज के इतिहास की व्याख्या भौतिक पर्यावरण के प्रभाव के संदर्भ में नहीं की जा सकती है। उनका विचार है कि मानव स्वयं पर्यावरण को प्रभावित कर उसमें परिवर्तन कर सकता है।

संभववादी दर्शन का यह विश्वास जो कि द्वितीय युद्ध के बाद काफी प्रसिद्ध हुआ, कि व्यक्ति पर्यावरण का मात्र उत्पाद नहीं है, वे प्राकृतिक पर्यावरण के मात्र दास नहीं हैं। संभववादियों के अनुसार, पृथ्वी (थल) और उसके प्रभावों से नहीं, अपितु मानव के क्रियाकलाप ही शुरुआती बिन्दु हैं और इसमें सर्वाधिक महत्वपूर्ण उसके चयन की स्वतंत्रता है।

यद्यपि संभववाद का दर्शन प्रथम विश्व युद्ध के बाद काफी लोकप्रिय हुआ, किन्तु विडाल-डी-ला ब्लाश (Vidal de La blache) ही प्रथम व्यक्ति थे, जिन्होंने संभववाद की वकालत की और इस विचारधारा का प्रतिपादन किया। ला ब्लाश इस दर्शन के इतने कट्टर समर्थक थे कि उन्होंने ''संभववाद के सम्प्रदाय'' को ही जन्म दे दिया। विडाल-डी-ला ब्लाश ने अपने अध्ययनों में पर्यावरण के प्रभाव को मानवीय क्रियाओं पर कम से कम दिखाया। उनके कार्यों का केन्द्र जीवन-शैली था, जो विभिन्न भौगोलिक

पर्यावरण में विकसित होती है। उनके अनुसार जीवन-शैली, सभ्यता का परिणाम और उसका प्रतिबिम्ब होती है जो किसी स्थान के भौतिक, ऐतिहासिक और सामाजिक प्रभाव से घिरे मानव के परिवेश के साथ संबंध के परिणाम का प्रतिनिधित्व करते हैं। उन्होंने विभिन्न समूहों के बीच अन्तरों को स्पष्ट किया कि एक ही अथवा समान पर्यावरण में यह अन्तर भौतिक पर्यावरण के प्रभाव के कारण नहीं वरन् दृष्टिकोण, मूल्यों और आदतों में अन्तरों के कारण पाया जाता है। अभिरुचियों और आदतों में भिन्नता के कारण मानव समुदायों के लिए अनेक संभावनाएं उपस्थित करता है। यही अवधारणा संभववाद के सम्प्रदाय का मूल दर्शन बन गई।

विडाल के पश्चात् अन्धमहासागर के दोनों ओर के देशों में संभववाद का बढ़ना और फैलना जारी रहा। फ्रांस में जीन्स ब्रून्स (Jeans Brunles) संभववाद के कट्टर समर्थक थे, उन्होंने मानव भूगोल को सर्वप्रथम एक व्यवस्थित उपागम के रूप में प्रस्तुत किया। फ्रांस से बाहर संभववादी विचारों को अनेक भूगोलवेत्ताओं और मानवशास्त्रियों ने स्वीकार किया। प्रसिद्ध पारिस्थितिकी विज्ञानी बोरो (Borrow) ने पर्यावरण की अपेक्षा मानव को अधिक महत्त्व दिया। संभववाद का सर्वाधिक स्वीकार्य विचार साअर (Sauer) ने प्रस्तुत किया। उसने यह स्पष्ट किया कि भूगोलवेत्ताओं का कार्य प्राकृतिक से सांस्कृतिक भूपटल की संक्रमण की प्रकृति की खोज करना और उसको समझाना है। इस प्रकार के अभ्यास के द्वारा भूगोलवेत्ता विभिन्न मानव समूहों के द्वारा अधिकार करने के परिणामस्वरूप जो परिवर्तन उस क्षेत्र में हुए हैं, उनकी पहचान कर सकेगा। उन प्रदेशों में इसका महत्त्व अधिक होता है जिनमें पर्यावरण से उसे अनुकूलित किया गया है, बनिस्बत उन प्रदेशों के जहां यह विकसित किया गया और पालतू बनाया गया है। उदाहरण के लिए गेहूँ की प्रति एकड़ उपज उन प्रदेशों (द.प. एशिया) की तुलना में कम है, जहां इसे सबसे पहले मानव के लिए उपयोगी बनाया गया था। गेहूँ की अधिक खेती संयुक्त राज्य अमेरिका, कनाडा, ऑस्ट्रेलिया, चीन, पाकिस्तान और भारत में की जाती है, जहां इसे बाद में लाया गया था।

संभववादियों के अनुसार प्रकृति कभी भी एक परामर्शदाता से अधिक नहीं रही है। इसके विपरीत, मानव का प्रथम स्थान है, न पृथ्वी और न जलवायु का प्रभाव और न स्थानों की निश्चयात्मक दशाएं। प्रत्येक क्षेत्र की संभावनाएं पर्यावरण के आदेश की अपेक्षा इच्छित वस्तु को प्राप्त करने के लिए अधिक मूल्य जो मानव स्वेच्छा से चुकाना चाहता है, द्वारा सीमित होती हैं। लीना नदी के बेसिन (साइबेरिया) के अत्यंत चरम ठंडे पर्यावरण के याकूत लोग अपने पशुधन और घोड़ों को पालते हैं। याकूतों ने अपने घोड़ों और पशुओं को घास और चारा खिलाने के स्थान पर रेनडियर और मछली के सूखे माँस को खाने के लिए तैयार कर लिया है। क्या यह आश्चर्यजनक नहीं है? क्या यह पर्यावरण पर मानव की विजय नहीं है? मानव अपने तकनीकी कौशल द्वारा केले और रबड़ की उपज अण्टार्कटिका में उगा सकता है, किन्तु उसे इस पर भारी निवेश का विचार करना पड़ेगा।

मनुष्य कभी भी अपने आप किसी भी प्रकार अपने पर्यावरण से पूर्णरूप से छुटकारा नहीं पा सकता है। इसको ध्यान में रखते हुए वह अपनी भौगोलिक दशाओं का कम अथवा अधिक जैसा भी उनका उपयोग करता है और अपनी भौगोलिक संभावनाओं का कम और अधिक लाभ उठाता है। किन्तु यहां अन्य स्थानों के समान आवश्यकता की कोई क्रिया नहीं होती। मानव की क्रिया पर, एक ऐतिहासिक काल से दूसरे काल तक, प्रकृति द्वारा सीमा निर्धारित की गई है। सीमान्त पर्यावरण में जैसे कि उष्ण और शीत मरुस्थलों में तथा सभ्यता की निचली अवस्था में मानव की पसन्द अत्यधिक सीमित रहती है। उष्ण और शीत शीतोष्ण कटिबन्धों के अधिक अनुकूल क्षेत्रों में तथा ऐसे समय में जब मानव का तकनीकी कौशल अधिक विकसित होता है, तब संभावनाएं अधिक होती हैं। किन्तु मानव चाहे जितना कौशल प्राप्त कर ले वह अपने आपको प्रकृति के नियंत्रण से पूर्ण रूप से स्वतंत्र नहीं कर सकता। बौमन (Bowman) ने यह दृढ़तापूर्वक कहा है, "जबकि भौतिक नियम जिनके प्रति मानव प्रतिक्रिया करता है, उनके प्रयोग और प्राथमिकता की सूचना उपलब्ध है, फिर भी यह सत्य है कि सभी मानव सभी स्थानों पर कुछ अंशों में भौतिक दशाओं द्वारा प्रभावित होते हैं।" संक्षेप में, किन्हीं भी व्यक्तियों के जीवन में परिवर्तन केवल उनके ज्ञान अथवा विश्वासों के भंडार में समय-समय पर बाहरी सम्पर्कों के कारण होने वाली साधारण बढ़ोतरी पर निर्भर करता है और न ही इस पर आधारित है कि उन्होंने दूसरे लोगों की किसी प्रथा को स्वीकारा, और दूसरी को इस आधार पर अस्वीकार कर दिया कि वह प्रथा उनके भौतिक पर्यावरण के अनुकूल है।

इस तथ्य को स्वीकार करते हुए भी कि मानव को अनेक संभावनाएं किसी एक भौतिक परिवेश में मिलती हैं, फिर भी वह भौतिक पर्यावरण द्वारा स्थापित निर्देशों के विपरीत नहीं जा सकता है। सम्भववादी उपागम की आलोचना अनेक समकालीन विद्वानों के द्वारा की गई है। ग्रिफिथ टेलर ने सम्भववाद की आलोचना करते हुए लिखा है कि पूरे समाज को अपने विकल्प रखने चाहिए, क्योंकि भूगोलवेत्ता को केवल एक परामर्शदाता की भूमिका दी गई है। टेलर अधिकांश रूप से सही था, जब उन्होंने यह लिखा कि भूगोल का कार्य प्राकृतिक पर्यावरण और उसका मानव पर प्रभाव का अध्ययन करना है, मानव अथवा सांस्कृतिक भूदृश्य से सम्बन्धित सभी समस्याओं का अध्ययन करना नहीं। इसके अतिरिक्त, सम्भववाद भौतिक पर्यावरण के अध्ययन को प्रोत्साहन नहीं देता और इसके विपरीत वह भूगोल में अति नृजातिकेन्द्रितता (Anthropocentrism) को बढ़ावा देता है। भौगोलिक निश्चयवाद भूगोलवेत्ताओं का ध्यान प्रकृति की ओर अग्रसर करता है और यदि यह प्रश्न पूछा जाए कि भूगोल को नष्ट करने का प्रयास कौन कर रहा है, तब समस्त दोष संभववादियों के माथे मढ़ा जाना चाहिए।

नव निश्चयवाद (Neo-Determinism)

नव निश्चयवाद की अवधारणा ग्रिफिथ टेलर ने प्रस्तुत की है। उसने 1920 के दशक में यह तर्क प्रस्तुत किया कि ऑस्ट्रेलिया में कृषीय अधिवास सीमा, भौतिक पर्यावरण के कारकों द्वारा स्थापित की गई है, जैसे कि वर्षा का वितरण। उस समय टेलर के विचार ऑस्ट्रेलिया में

अत्यधिक अलोकप्रिय रहे, किन्तु उसके बाद इसे स्वीकार कर लिया गया। उसके द्वारा लिखी गई पुस्तक 'ऑस्ट्रेलिया' में उसने अपने मूल विचारों की पुष्टि की है। उसका विश्वास था कि किसी भी देश के लिए अच्छे कार्यक्रम प्रकृति द्वारा निश्चित किए जाते हैं और यह भूगोलवेत्ता का कर्त्तव्य हो जाता है कि इस कार्यक्रम की वह व्याख्या करे। मनुष्य द्वारा किसी भी देश के विकास की गति तेज की जा सकती है, धीमी की जा सकती है अथवा अवरुद्ध की जा सकती है। वह (मनुष्य) किसी बड़े नगर के यातायात नियंत्रक के समान है जो प्रगति की गति को बदल सकता है और संभवत: 'रुको और जाओ निश्चयवाद' का संक्षिप्त वाक्यांश, लेखक के भौगोलिक दर्शन को पूर्णत: स्पष्ट करता है।

मनुष्य प्रकृति के कार्यक्रमों का अनुसरण करता है यदि वह चतुर है, यह मानते हुए कि वह मूर्खतापूर्ण व्यवहार भी कर सकता है। इसके आधार पर इस संभावना के तर्क को स्वीकार किया जाता है कि पर्यावरण द्वारा निर्धारित सीमा में मानव सर्वोत्तम को चुन सकता है। टेलर उसे चतुर और मूर्ख के बीच चयन करने की अनुमति प्रदान करता है, विवेक और मूर्खता मानवीय अवधारणाएं हैं, जिनके बारे में प्राकृतिक पर्यावरण कुछ नहीं जानता। प्रकृति में केवल 'संभव' और 'असंभव' होता है, सुन्दर वस्तुओं का सृजन मानव द्वारा हुआ है।

यह तो संभववादी भी स्वीकार करते हैं कि किसी भी पर्यावरण द्वारा दिए जाने वाले अवसर समान नहीं होते हैं। कुछ मानव के लिए कम मांग रखते हैं व कुछ के लिए निरन्तर संघर्ष करते हैं, कुछ अधिक प्रदान करते हैं और कुछ कम लौटाते हैं। प्रयास और वापसी के बीच के अनुपात को मूल्य के रूप में माना जा सकता है जो प्रकृति मानव के उसके द्वारा किए गए विकल्प विशेष के बदले में मांगती है। किन्तु इन अवसरों की असमानताओं की मान्यता कोई मार्गदर्शक सिद्धान्त प्रस्तुत नहीं करती है कि प्रकृति किसको वरीयता देती है और किसको चतुर स्वीकार करती है।

एक बार वैकल्पिक क्रिया की संभावना स्वीकार कर ली जाती है, तब यह देखना कठिन होता है कि 'रुको और जाओ निश्चयवाद' यह स्वीकार कर सके कि मानव एक स्वतंत्र अभिकर्त्ता (Agent) नहीं है और उसकी स्वतंत्रता सीमित है, इसे सभी स्वीकार करते हैं। किसी भी पर्यावरण में संभावनाएं असीमित नहीं होती हैं और प्रत्येक विकल्प के लिए एक कीमत चुकानी पड़ती है, इस तथ्य को संभववाद के प्रचारक भी स्वीकार करते हैं, किन्तु इन सीमाओं के होते हुए भी चुनाव करने की स्वतंत्रता रहती है। मनुष्य अपना विकल्प स्वयं चुनता है और वह अपने सापेक्षिक विवेक अथवा मूर्खता का निर्णय उन लक्ष्यों के संदर्भ में करता है जो उसने स्वयं निश्चित किए हैं। मनुष्य की स्वतंत्रता की सीमाएं जिन्हें सम्भववादियों ने सामान्यत: स्वीकार किया है, इसके परे टेलर की परिभाषा के अनुसार वे हैं जो कि मनुष्य ने बुद्धिमानी की अपनी परिभाषा के अनुसार थोपी हैं। वास्तव में, ऐसा कुछ नहीं है जो कि फेब्रे के कथन का विरोध करे जो यह कहता है कि आवश्यकताएं जैसी कोई वस्तु नहीं है लेकिन संभावनाओं का नियंत्रक होने के नाते यह अधिकार रखता है कि उन्हें किस प्रकार उपयोग में लिया जाए। इस प्रकार मनुष्य चयन करता है किन्तु उसी क्षेत्र में से जो प्रकृति उसके सामने प्रस्तुत करती है।

सांस्कृतिक अथवा सामाजिक निश्चयवाद (Cultural or Social Determinism)

सांस्कृतिक अथवा सामाजिक निश्चयवाद, मानव कारक पर बल देता है अर्थात् हमारे विचार हमारे कार्यों को निश्चित करते हैं और हमारे कार्य विश्व की पूर्ववर्ती प्रकृति को निश्चित करते हैं (जेम्स, 1932)। जैसा हम जानते हैं कि मानव की रुचियों, इच्छाओं, पूर्वाग्रहों और समूह उपयोगिताओं में स्थानिक भिन्नताएं पाई जाती हैं। किसी भी पर्यावरण में कोई भी संशोधन हमारी उपलब्धियों, विचारों और निर्णय लेने की प्रक्रियाओं पर निर्भर करता है। यह दर्शन अमेरिकी विद्वानों द्वारा प्रस्तुत किया गया था। इस सिद्धान्त को इस प्रकार रखा जा सकता है, "मानव के लिए उसके आवास की भौतिक और जैविक लक्षणों की सार्थकता स्वयं मानव की मनोवृत्ति, उद्देश्य और तकनीकी कौशल का प्रतिफल है।" उदाहरण के लिए एक देश आखेटकों की दृष्टि से सम्पन्न हो सकता है, किन्तु वही देश कृषकों की दृष्टि से निर्धन हो सकता है। कोयले का महत्त्व एक समान नहीं हो सकता, उनके लिए जो उसका उपयोग कर सकते हैं और उनके लिए जो उसका उपयोग नहीं कर सकते हैं। ये सभी तथ्य स्वयं प्रमाणित हैं। यह भी सत्य है कि जैसे-जैसे तकनीक का विकास होता है, पर्यावरण का महत्त्व कम नहीं होता वरन् परिवर्तित हो जाता है तथा अधिक जटिल होता जाता है।

सांस्कृतिक निश्चयवाद का दर्शन अमेरिकी भूगोलवेत्ताओं में स्पष्टतः विस्तृत रूप में पाया जाता है। उदाहरण के लिए एडूअर्ड अल्मान (Eduard Allman) ने लिखा है कि "वास्तविकता में पर्यावरण तटस्थ होता है, इसकी भूमिका तकनीकी ज्ञान के स्तर, संस्कृति के प्रकार तथा बदलते हुए समाज की अन्य विशेषताओं पर निर्भर करती है।" उदाहरण के लिए किसी भी पर्वतीय दर्रे का मूल्यांकन घोड़ों, मोटर गाड़ी और वायुयानों के आधार पर भिन्न-भिन्न होता है, मृदा की उर्वरता का मूल्यांकन एक ओर जापानी कृषक तथा दूसरी ओर अमेजनवासी इण्डियनों के लिए समान नहीं होगा। एक ही प्रकार की प्राकृतिक दशाएं मानव की क्षमता पर भिन्न प्रकार की प्रतिक्रियाओं क. आह्वान करती हैं और समान दशाओं में भिन्न प्रकार की संस्कृति का विकास होता है। जार्ज कार्टर ने मानव भूगोल के तीन प्रमुख कारकों को बताया है। उसने सांस्कृतिक शक्तियों पर अधिक जोर दिया है और लिखा है कि "विचार और धारणाएं बदलाव के प्राथमिक कारण होते हैं . . .यही विचार, भौतिक विश्व के मानवीय उपयोग को निश्चित करते हैं।" उसने यह भी स्पष्टतः कहा कि मानव की इच्छाशक्ति निर्णायक होती है।

संक्षेप में कहा जा सकता कि पुरातनकाल से, भूगोलवादियों ने भिन्न पर्यावरणीय दशाओं में रहने वाले व्यक्तियों के समूहों की भिन्न जीवन-शैली की व्याख्या भिन्न रूप में की है। बहुत पहले, मनुष्यों के शरीरों के आकारों और सामाजिक एवं आर्थिक जीवन के बीच संबंधों के आधार पर की थी। दूसरे शब्दों में, व्यक्तियों के इतिहास, संस्कृति और जीवन-शैली की अनेक भिन्नताओं की व्याख्या करने के लिए नस्ल (प्रजाति) का प्रयोग किया गया। सामान्यतः इसका प्रयोग इसलिए किया गया क्योंकि यह माना जाता था कि भिन्न प्रजातियों में मस्तिष्क और स्वभाव के गुण भिन्न होते हैं। इसी कारण कुछ प्रजातियां पिछड़ जाती हैं और कुछ आगे बढ़ जाती हैं। प्रजातिगत इस व्याख्या को यद्यपि अस्वीकार कर दिया गया क्योंकि समान प्रजाति के लोग काफी भिन्न रूप में जीवन जीते पाए गए

हैं। वास्तव में, एक काल में, सभ्यता के नेता एक प्रजाति के थे तो दूसरे काल में दूसरी प्रजाति के।

तदनन्तर, पर्यावरणवादी निश्चयवादियों ने व्यक्तियों के इतिहास, संस्कृति और जीवन-शैली की भिन्नताओं को पर्यावरण की भिन्नताओं के आधार पर व्याख्या करने का प्रयास किया है। इस व्याख्या की भी संभववादियों ने आलोचना करते हुए कहा है कि मानवीय कार्यकलापों और उनके पर्यावरणों के बीच गहन संबंध होते हुए भी, इस व्याख्या की स्पष्ट सीमाएं (कमियां) हैं, क्योंकि ऐसे प्रदेश हैं जिनमें स्थिति, स्थलाकृति, जलवायु और प्राकृतिक वनस्पति में काफी समान होते हुए भी जीवन-शैली में तीव्र अन्तर पाया गया है। पर्यावरणवादी निर्धारणवाद के विपरीत संभववादी विचारक इस बात पर बल देते हैं कि प्रकृति तानाशाह होती है, यह व्यक्ति को अवसर देती है और व्यक्ति अपने संसाधनों के उपयोग में निर्णय लेने के लिए पूर्ण स्वतंत्र है। जैसे-जैसे व्यक्तियों के ज्ञान में और तकनीक में सुधार होता है, संसाधनों का उपयोग बढ़ता जाता है। अतएव, ज्ञान, संस्कृति और तकनीक के प्रसार और फैलाव अत्यन्त महत्वपूर्ण कारक हैं जो मानव और पर्यावरण (संसाधन) के संबंधों को स्पष्ट करते हैं। तथापि, ज्ञान और तकनीक का प्रसार स्वत: नहीं होता क्योंकि दूरी और दुर्घटना की इसमें महत्वपूर्ण भूमिका होती है।

उपर्युक्त वर्णित परम्परागत उपागम मानव और पर्यावरण के संबंधों की व्याख्या करने में अपर्याप्त हैं। यही कारण है कि द्वितीय विश्वयुद्ध के बाद भूगोलवादियों द्वारा प्रत्यक्षवादी, व्यवहारवादी, अतिवादी, कल्याण और मानवतावादी जैसे कई नवीन उपागमों का विभिन्न भौगोलिक जलवायु परिवेश में भिन्न जीवन-शैली के कारणों की व्याख्या के लिए प्रयोग किया गया है।

द्वितीय महायुद्ध के पश्चात् सामाजिक निश्चयवादी सम्प्रदाय ऑस्ट्रिया, हॉलैण्ड और स्वीडन में बहुत लोकप्रिय हुआ। सामाजिक भूगोल में समाजों के स्थानिक वितरण का अध्ययन किया जाता है। फिर भी, यह सामाजिक सम्बन्धों अथवा भूपटलों को गहनता से समझाने की क्षमता प्रदान नहीं करता है। सामाजिक समूहों का प्रजातीय, धार्मिक, व्यावसायिक तथा कुछ अन्य लक्षणों के संदर्भ में अध्ययन किया जा सकता है, जबकि सामाजिक परिवर्तन केवल अनुभव किए जा सकते हैं, किन्तु उन्हें समाज के किन्हीं मूल आर्थिक कारणों अथवा वर्ग संरचना के साथ कठिनाई से जोड़ा जा सकता है। इन समूहों द्वारा भूपटल पर डाले जाने वाले प्रभावों का अध्ययन, सांस्कृतिक भूदृश्य जैसे बाह्य कारकों (आवास के प्रकार और प्रस्तारण, भूमि उपयोग, खेतों का प्रारूप आदि) से लेकर भूआकृति (Morphological) और कार्यात्मक (Functional) बदलाव की परिभाषा तक सीमित कर दिया गया है। इस प्रकार की अत्यंत परिश्रम द्वारा की गई सूक्ष्म क्षेत्रीय शोध शुद्ध आनुभविक प्रकृति की होती है। यह किसी भी प्रकार के वैज्ञानिक महत्त्व के निष्कर्ष निकाले जाने का आधार प्रस्तुत नहीं कर सकती है। सामाजिक निश्चयवाद, अंत:वातावरणीय कारकों का समुचित रूप से मूल्यांकन नहीं करता है, अर्थात् प्राकृतिक पर्यावरण का 'सांस्कृतिक भौगोलिक भिन्नताओं' पर क्या प्रभाव पड़ता है। इस प्रकार से सामाजिक निश्चयवाद भी पर्यावरणीय निश्चयवाद के समान ही कठोर है, अत: इसे भी अपरिष्कृत रूप में स्वीकार नहीं किया जा सकता है।

व्यवहारवादी पर्यावरण (Behaviourial Environment)

अवास्तविक पर्यावरण का आत्मपरक मूल्यांकन जो एक मानव को चारों ओर से घेरे हुए है और किसी वस्तु के प्रति उसकी चेतना और इरादों को, जो उसमें पाए जाते हैं, को प्रकट करते हैं, इसे व्यवहारवादी पर्यावरण के नाम से जाना जाता है। इस प्रकार का प्रत्यक्ष ज्ञान (बोध) न केवल प्रत्येक दिन के जीवन के प्रति दृष्टिकोण को सीमित करता है अपितु निर्णय कर सकने की सक्रिय प्रक्रिया भी इसके मूल में रहती है। इस प्रकार पर्यावरणीय बोध, असाधारण अनुभव और क्रिया दोनों के लिए एक निर्देश है। इस प्रकार की छनी हुई सूचनाएं या तो 'मानसिक मानचित्र' की विशिष्टता के रूप में अथवा भविष्य की क्रिया की योजनाओं के रूप में स्पष्ट की जा सकती हैं।

व्यावहारिक पर्यावरण की अवधारणा का विकास मनोविज्ञान के गेस्टाल्ट सम्प्रदाय (Gestalt school) द्वारा किया गया है। उनके अनुसार, किसी वस्तु (पदार्थ) जिसे हम संसार में देखते हैं, उसे एक अलग हिस्से के रूप में देखने के स्थान पर यदि उसे उसकी समग्रता में देखा जाए तो उसका अर्थ भिन्न होगा। प्रत्यक्ष ज्ञान स्वयं अव्यवस्थित, बेतरतीब अथवा सीखा हुआ नहीं होता, अपितु अंत: प्रज्ञात्मक, व्यवस्थित और सरलीकृत होता है।

भूगोल में इस शब्द को प्रधानता दिलाने का श्रेय विलयम किर्क (William Kirk) को है, जिसने व्यावहारिक पर्यावरण को इन शब्दों में परिभाषित किया, "एक मनो-भौतिक (Psycho-physical) क्षेत्र जिसमें घटनापरक तथ्यों को प्रतिमानों में

चित्र 1.5 *व्यवहारपरक और घटनापरक पर्यावरण*

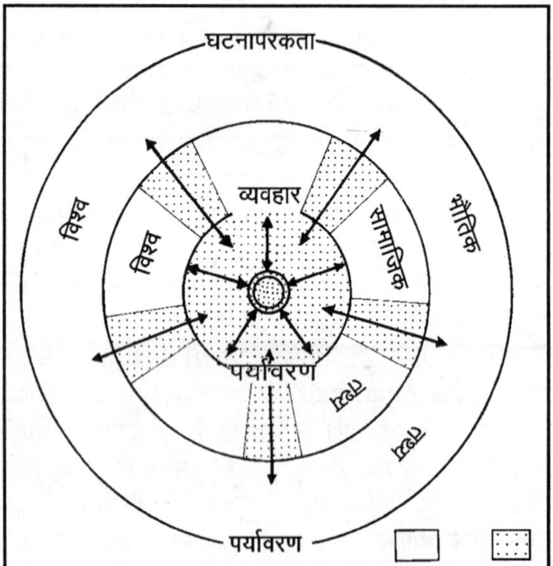

स्त्रोत: ग्रेगरी, व्यवहारपरक पर्यावरण, 1978

व्यवस्थित किया जाता है और सांस्कृतिक संदर्भ में मूल्यों को अर्जित किया जाता है। यह पर्यावरण ही है जिसमें विवेकपूर्ण आचरण की शुरुआत होती है और निर्णय लिया जाता है, जिन्हें घटनापरक पर्यावरण में बाह्य क्रिया में परिवर्तित किया भी जा सकता है और नहीं भी किया जा सकता।'' (चित्र 1.5)

इस प्रकार किर्क ने यह सुझाव प्रस्तुत किया कि एक स्तर पर एक मनुष्य का घटनापरक पर्यावरण के साथ प्रत्यक्ष सम्बन्ध रहता है। इस कारण भौतिक क्रिया सम्बन्धों के दोनों ओर परिवर्तनों को बढ़ावा देती है, किन्तु दूसरी ओर उतने ही महत्त्वपूर्ण स्तर पर घटनापरक पर्यावरण के तथ्य मनुष्य के आचरण में प्रवेश करते हैं और उनकी क्रियाओं को सीमित करते हैं। जब समान रूप से मानव द्वारा उनके सामाजिक और सांस्कृतिक परिवेश से प्राप्त उद्देश्यों, वरीयताओं, सोचने की पद्धति और परम्पराओं के आधार पर घटनापरक तथ्यों को देखा जाता है, केवल तभी इस प्रकार की अंतर्दृष्टि उत्पन्न होती है। अतएव, समान आनुभविक तथ्य, भिन्न संस्कृतियों के लोगों के लिए भिन्न अर्थ रखते हैं। किर्क ने मनुष्य को मुख्यतः चेतन, विवेकशील और सौद्देश्यी प्राणी माना है, किन्तु उसे 'आर्थिक मानव' के बराबर नहीं माना क्योंकि व्यावहारिक पर्यावरण, यथार्थता और सांस्कृतिक मूल्यों की अन्तर्क्रिया की उपज है। मानवीय व्यवहार को सरलता से बाह्य पर्यावरण 'जैसा वह है' के रूप में नहीं समझा जाता है, वरन् इसके विकृत, मनोवैज्ञानिक प्रतिनिधि के रूप में समझा जाता है।

कल्याण मानव भूगोल (Welfare Human Geography)

यद्यपि मानव भूगोल का उद्भव भूविज्ञानों से हुआ है और अभी भी इसका सम्बन्ध भौतिक भूगोल से बना हुआ है, फिर भी ज्ञान की इस शाखा का मुख्य उद्देश्य विभिन्न समूहों का उनके पर्यावरण के साथ सम्बन्धों से उत्पन्न विभिन्न समस्याओं का विश्लेषण करना है। वर्तमान में, विशेषकर 1960 के दशक के पश्चात् भूगोलवेत्ताओं ने कल्याण उपागम को अपनाना आरम्भ किया। कल्याण उपागम का विकास, वास्तव में, प्रत्यक्षवादी, परिमाणात्मक क्रांति और प्रारूप (मॉडल) निर्माण के प्रतिक्रिया स्वरूप हुआ है जिन्हें मानव समाजों की समयकालीन समस्याओं के लिए अपर्याप्त समझा गया।

सन् 1970 के दशक में मानव भूगोल में कल्याणकारी समस्याओं जैसे निर्धनता, भूख, वंचना, कुपोषण, अपराध, सम्पत्ति और आय के बंटवारे और सामाजिक सेवाओं (अर्थात स्वास्थ्य की देख-रेख और शिक्षा) के प्रति प्रमुख रुचि दिखाई दी। यह सामाजिक चिन्ता, विकास, अथवा 'प्रगति' के संकीर्ण आर्थिक मापदण्ड से गुणवत्तापूर्ण जीवन के महत्त्वपूर्ण पक्षों की ओर बदलाव का संकेत है। धीमे और कम आर्थिक विकास के वर्तमान समय में, तथ्यों के स्थानिक वितरण और वितरणशील विषयों ने अधिक महत्त्व प्राप्त कर लिया। इन परिस्थितियों में निर्धन और अभावग्रस्त लोगों के पक्ष में वितरण की नीतियां समाज के केवल धनी और सम्पन्न सदस्यों की कीमत पर ही क्रियान्वित की जा सकती हैं। इसे 'पैरेटो इष्टतमत्व' (Pareto optimality) के नाम से भी

जाना जाता है। यह ऐसी स्थिति है जिसमें दूसरों को हानि पहुंचाए बिना कुछ व्यक्तियों को खुशहाल बनाना असंभव है।

'पैरेटो इष्टतमत्व' प्राप्त करने की स्थिति का चित्र 1.6 में दिखाया गया है। आय की एक निश्चित राशि उत्पन्न करने के लिए संसाधन उपलब्ध होते हैं जो A और B (ये व्यक्ति हो सकते हैं, व्यक्तियों के समूह हो सकते हैं अथवा दो क्षेत्रों के निवासी हो सकते हैं) में वितरित किए जा सकते हैं। A B रेखा, उपलब्ध अधिकतम कुल आय के संभावित वितरण को प्रदर्शित करती है जो A को प्राप्त होती है B को नहीं (A बिन्दु पर) और B को B बिन्दु पर मिलाती है। x बिन्दु 'पैरेटो इष्टतत्व' की वह स्थिति है जिसमें इस रेखा के सहारे कोई भी वितरण A अथवा B की दिशा में अन्य पक्ष को बुरी स्थिति में ला देता है। वास्तव में, इस रेखा पर कोई भी प्रारम्भिक बिन्दु 'पैरेटो इष्टतम' में उत्पादन सम्भवनाओं के लिए सीमा प्रदर्शित करता है। A के हिस्से में x से z से वृद्धि करना असम्भव होगा, क्योंकि यह संसाधन दबाव के प्रतिकूल होगा।

पैरेटो मॉडल (प्रतिरूप) यह मान कर चलता है कि एक समाज उत्पादन की संभावनाओं की सीमा पर पहुंच गया है, अर्थात् उसमें अब विकास की अधिक संभावना नहीं है, दूसरों (धनी व्यक्तियों) की कीमत के बिना निर्धनों को खुशहाल नहीं बनाया जा सकता है।

कल्याणकारी उपागम का मुख्य केन्द्र बिन्दु यह है कि किसको क्या, कहां और कैसे मिलता है। 'किसको' से संकेत उस क्षेत्र से है जो पुनरीक्षा के अन्तर्गत (नगर, प्रदेश अथवा राष्ट्र या सम्पूर्ण विश्व) वर्ग, जाति अथवा अन्य विशेषताओं के आधार पर समूहों, उपविभागों में विभाजित जनसंख्या है। 'क्या' से संकेत विभिन्न प्रकार का सामान, पदार्थ वस्तुओं, सेवाओं, पर्यावरणीय गुण, सामाजिक सम्बन्ध आदि जो जनसंख्या द्वारा उपयोग किए जाते हैं, से है। 'कहां' का अर्थ है कि निवास क्षेत्र के अनुसार जीवन स्तर भिन्न होते हैं। 'कैसे' उस प्रक्रिया का संकेत देता है जिसके द्वारा दिखाई देने वाले अन्तर उत्पन्न होते हैं।

कल्याण उपागम (Approach) द्वारा प्रारम्भिक कार्य जो प्रस्तुत किया गया है, वह विवरणात्मक है। समाज की वर्तमान दशा 'किसको क्या मिलता है' को सम्मान देती है, 'कहां को' कल्याण अर्थशास्त्र के अमूर्त समीकरण के प्रसार द्वारा प्रस्तुत किया जा सकता है और व्यावहारिक उद्देश्य इन्हें आनुभविक सार प्रदान करना है।

चित्र 1.6 *पैरेटो इष्टामत्व (सहभागिक अवलोकन)*

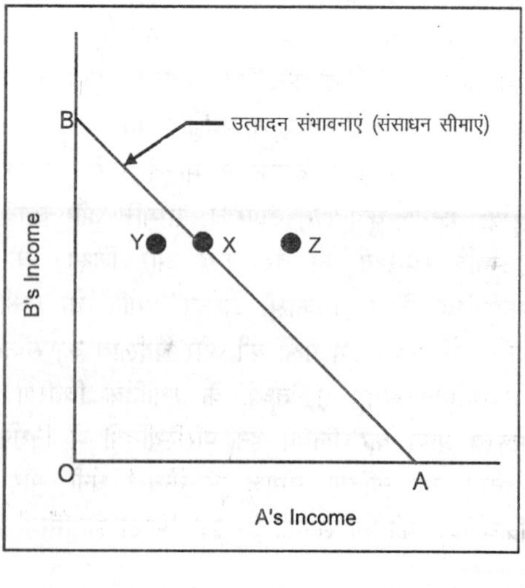

एक स्थानीकृत असंकलित समाज में कल्याण के सामान्य स्तर को निम्न प्रकार से दर्शाया जा सकता है—

$$w = f(s_1 - s_n)$$

यहां s से तात्पर्य, n क्षेत्रीय उपविभाग के व्यवस्थापन में जीवन के स्तर अथवा सामाजिक कल्याण से है। दूसरे शब्दों में कल्याण विकास के क्षेत्र द्वारा परिभाषित जनसंख्या के समूहों में 'अच्छाइयों' और 'बुराइयों' के वितरण का कुछ कार्य है। प्रादेशिक वितरण में असमानता की आनुभविक पहचान के लिए सामाजिक संकेतकों (Indicators) को विकसित करने की जरूरत होती है। इसमें सामाजिक खुशहाली के विशेष तत्व मिश्रित रूप में मिले रहते हैं। जो दशाएं शामिल की जा सकती हैं, उनमें आय, सम्पत्ति, नौकरी, आवास, पर्यावरणपरक-गुण, स्वास्थ्य, शिक्षा, सामाजिक व्यवस्था (अर्थात्, अपराध की अनुपस्थिति तथा विचलनता और सामाजिक स्थिरता व सुरक्षा के अन्य प्रकार के संकट) सामाजिक सहभागिता, आमोद-प्रमोद और अवकाश जैसी दशाओं को सम्मिलित किया जाता है। वैकल्पिक रूप में, सामाजिक खुशहाली के एकाकी पक्ष, जैसे स्वास्थ्य-देखभाल प्राप्ति की असमानताएं अथवा शोर, वायु प्रदूषण आदि के विशिष्ट अनुभव पर ध्यान केन्द्रित रखा जा सकता है।

इस प्रकार का विवरणात्मक अनुसन्धान, इस आधार पर उचित ठहराया जाता है कि यह जीवन के उन पक्षों के बारे में ऐसी सूचनाएं प्रदान करता है, जिसकी अभी तक भूगोल में उपेक्षा हुई है। यह मूल्यांकन के लिए आधार प्रस्तुत करता है, जिसके द्वारा वर्तमान दशा का मूल्यांकन कल्याण वृद्धि के किसी वैकल्पिक मापदंड (भूतकालीन, भविष्यगत अथवा नियोजित) के आधार पर किया जाता है। इस प्रकार, सुविधाजनक स्थिति अथवा उसकी समाप्ति (जैसे अस्पताल या स्कूलों) के लिए वैकल्पिक योजना का मूल्यांकन उस क्षेत्र की जनसंख्या को सर्वाधिक लाभ देने के आधार पर किया जा सकता है। यह वितरण न्याय के नियमों के सम्बन्ध में तथा राजनीतिक प्रक्रिया में जिस ढंग से इन नियमों को वास्तव में लागू किया जाता है, के बारे में प्रश्न उपस्थित करता है।

यद्यपि, मानव भूगोल के विकल्प के रूप में मूलत: प्रस्तावित, कल्याण-उपागम आजकल भूगोल के अन्वेषण की अन्य शाखाओं में विलीन हो गया है जो असमानता की आधारभूत समस्या से जुड़ा हुआ है। अप्रत्यक्ष रूप में 'कल्याण भूगोल' इस बात पर बल देता है कि इस विषय सम्बन्धी जो प्रश्न हैं, वे एक विषय की सीमा से बाहर के हैं, और वास्तव में, ये विषय की सीमाओं को अप्रासंगिक बनाते हैं। तार्किक दृष्टि से कल्याण उपागम को एक समष्टिवादी (Holistic) समाज वैज्ञानिक परिप्रेक्ष्य की जरूरत है।

मानवतावादी भूगोल (Humanistic Geography)

यह मानव भूगोल में ही एक अन्य उपागम है। इस उपागम का मुख्य लक्षण यह है कि यह मानवीय बोध, मानवीय चेतना, मानवीय क्रिया और मानवीय सृजनात्मकता को केन्द्रीय और

सक्रिय भूमिका प्रदान करता है। यह एक विस्तृत दृष्टिकोण है जिसमें मानव क्या है और वह क्या कर सकता है, पर बल दिया गया है।

भूगोल में मानववाद का विकास सामान्यत: फ्रांसीसी सम्प्रदाय के मानव भूगोल से माना जाता है। यद्यपि, मानववादी भूगोल के विचारक इस वंशक्रम से असहमत हैं। उनका यह तर्क है कि विडाल-डि-ला ब्लास के अनेक लेखों में प्रकार्यात्मकता के अनेक प्रमाण-चिह्न पाए जाते हैं। वास्तव में, विडाल स्वयं ने मानव भूगोल को प्राकृतिक विज्ञान के रूप में ही माना था।

इसमें किसी प्रकार का सन्देह नहीं है कि मानव भूगोल (la geographic humaine) और मानववादी भूगोल के बीच घनिष्ठ सम्बन्ध है। (चित्र 1.7)

चित्र 1.7 *मानवतावादी भूगोल का प्रतिरूप (मॉडल)*

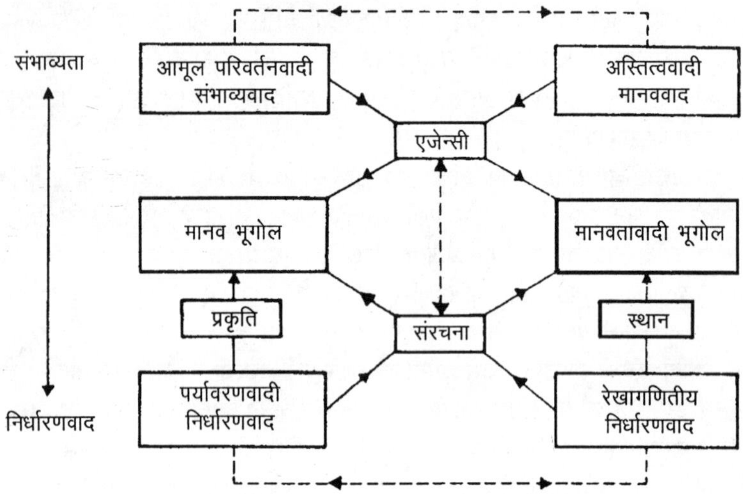

भूगोल में मानववाद का पुनर्जीवन 1970 के दशक से आरम्भ हुआ। भूगोल में मानववाद का उदय, परिमाणात्मक-क्रांति की प्रतिक्रिया के फलस्वरूप हुआ है। इसके द्वारा ज्यामितिक-निश्चयवाद को भी अस्वीकार कर दिया गया। मानववादी भूगोल ने मनुष्य को केन्द्र में रखकर मानव प्राणी को एक केन्द्रीय स्थान प्रदान किया है तथा इसे 'जन भूगोल' बनाया है।

पिछले दो दशकों में, मानववादी भूगोल ने संरचनावाद पर प्रहार करने के लिए प्रत्यक्षवाद पर प्रारम्भिक आक्रमण कर प्रगति की है। इसने आनुभविक अन्वेषण के लिए एक सुनिश्चित पद्धति-विज्ञान का विकास किया है। इसके कार्य की दो निम्नलिखित प्रमुख धाराएं बताई जा सकती हैं—

(अ) प्रथम धारा की प्रमुख विशेषता है कि यह आत्म-चेतन प्रयास द्वारा मानवीय अनुभव और मानवीय अभिव्यक्ति को विशिष्ट ज्ञान, चिन्तन और पदार्थ से जोड़ती है। दूसरे शब्दों में, इस पृथ्वी पर मानव प्राणी, अर्थात् 'मानवता' से क्या तात्पर्य है। इसकी पद्धतियां मुख्यत: साहित्यिक आलोचना, सौंदर्यपरकता और कला के इतिहास से ली गई हैं। इसकी रुचि स्थान के पुनरुद्धार और भूपटल के चित्रांकन में है जो प्राय: ऐतिहासिक भूगोल से सम्बन्धित होती है।

(ब) दूसरी धारा संभवत: आत्म-चेतन रूप में अधिक सैद्धान्तिक है—वास्तव में, इसका मुख्य लक्ष्य सैद्धान्तिक दृष्टिकोण को स्पष्ट करना है और अधिकांशत: यह अपनी परिकल्पनाएं अस्तित्ववाद (Existentialism) और घटनाक्रियाविज्ञान (Phenomenology) पर आधारित है, जो मानव और सामाजिक विज्ञानों से संबंधित है। इसकी पद्धतियां पूर्णत: सांख्यिकीय होने की अपेक्षा भाषा वैज्ञानिक और तार्किक हैं। यह सामाजिक भूगोल से अधिक निकटता से सम्बद्ध है।

References

Burger, J., 1990, *First Peoples,* London, Robertson McCarta Ltd.

Forde, C.D., 1979, *Habitat, Economy and Society*, London, Methuen.

Gregory, D., 1978, *Ideology, Science and Human Geography*, London, Hutchinson.

—, 1981, Human Agency and Human Geography, *Trans. Inst. Br. Geogr.* 6, pp. 1-116.

—, 1985, *The Geographical Imagination,* Social Theory and Human Geography, London, Hutchinson.

Husain, M., 2005, *Evolution of Geographical Thought,* Jaipur, Rawat Publications.

Husain, M., 2007, *Models in Geography,* Jaipur, Rawat Publications.

Jackson, P. and Smith, S.J., 1984, *Exploring Social Geography,* London and Boston, Allen & Unwin.

Johnston, R.J., 1983, *Philosophy and Human Geography,* London, Edward Arnold.

Kirk, W., 1963, Problems of Geography, *Geography* 48, pp. 357-71.

Lewin, K., 1951, *Field Theory in Social Science,* Chicago, University of Chicago Press, London.

Ley, D. and Samuel, M.S., ed., 1978, *Humanistic Geography: Prospects and Problems,* London, Croom Helm.

Manmion, A.M., 1991, *Global Environmental Change,* New York, Longman.

Perpillou, A.M., 1977, *Human Geography,* New York, Longman.

Smith, D.M., 1977, *Human Geography: A Welfare Approach,* London, Edward Arnold.

Tuan, Y.F., 1976, Humanistic Geography, *Ann. Ass. Am. Geogr.* 66, pp. 266-76.

Zelinsky, W., ed., 1978, Human Geography Coming of Age, *An. Behav. Sci.* 22 (Special issue).

2

उद्विकास और मानव-प्रजातियां
Evolution and Races of Man

मानव का उद्विकास (The Evolution of Man)

इस बात का कोई सीधा और स्पष्ट प्रमाण नहीं है कि जिससे हम निश्चयपूर्वक यह कह सकें कि प्रथम मानव का कब और कहाँ उद्भव हुआ। प्रारम्भिक मानव के उद्विकास के बारे में जानने के लिए हमारे पास दो भिन्न तरीके हैं। प्रथम, तो यह कि हम मानव की शरीर रचना की अन्य प्राणियों की शरीर रचना से तुलना करें और इस प्रकार उनके सम्बन्धित अंशों का निर्धारण करें, तथा दूसरा तरीका, जीवाश्मों का निरीक्षण करके उनकी आयु और विकास का निर्धारण करें (जीवाश्य विज्ञान)।

मानव की अन्य जीवित प्राणियों से तुलना द्वारा यह ज्ञात हुआ है कि यह (मानव) एक ऐसा प्राइमेट (नर वानर – स्तनधारी प्राणियों की सर्वोत्तम नस्ल) है, जिसका मस्तिष्क बड़ा, मुट्ठी बन्द करने वाले हाथ, पंजों के स्थान पर नाखून होते हैं तथा जो विकसित दृष्टि द्वारा अपनी घ्राण शक्ति की कमी की पूर्ति करता है। नर वानर (प्राइमेट्स) की गणना में पेड़ पर रहने वाले मंजोरू, लेम्यूर और बन्दर आदि सभी सम्मिलित हैं। इस समूह में मानव न केवल अंग-विन्यास और संचलन (Locomotion) साधन, बल्कि अपने मस्तिष्क एवं हाथों के विकास और समन्वयन के विकास के साथ-साथ रक्त के जीव-रसायन की दृष्टि से भी वनमानुष (Apes) से सर्वाधिक समरूपता रखता है। मानव अपनी उपकरण बनाने तथा उनके उपयोग करने की योग्यता के कारण भी नर वानर व अन्य प्राणियों (जीवित और जीवाश्म) से अपना अलग ही अस्तित्व रखता है।

जीवित स्वरूपों अथवा ढांचों के अवशेषों की तुलना द्वारा हम जीवाश्मों की सभ्यता का आकलन कर सकते हैं। यहां तक कि उनके आंशिक अवशेषों एवं उपकरणों तथा मनुष्यों के जीवाश्मों के साथ मेल खाने वाले प्राणी अवशेषों के अध्ययन से हम उनके जीने के ढंग तथा उस वातावरण की खोज कर सकते हैं जिसमें वे कभी रहे हैं।

उपर्युक्त कथन के आधार पर जैविक रूप से मानव नर वानरों से सम्बन्धित है तथा एक ऐसी समान पूर्वज परम्परा से निकला है जो सामान्यत: विशिष्टता नहीं रखती थी और जो तृतीय महाकल्प (650 लाख से 630 लाख वर्षों के बीच – चित्र 2.1) में भूमि और पेड़ों दोनों पर समान रूप से निवास करता था। तृतीय महाकल्प, अल्पाइन पर्वतोत्पत्ति और स्तन पोषियों के आविर्भाव का प्रत्यक्षदर्शी है। कुल मिलाकर वन मानुष (Apes) वृक्षों

चित्र 2.1 *मानव तथा उसके निकटतम पूर्वज*

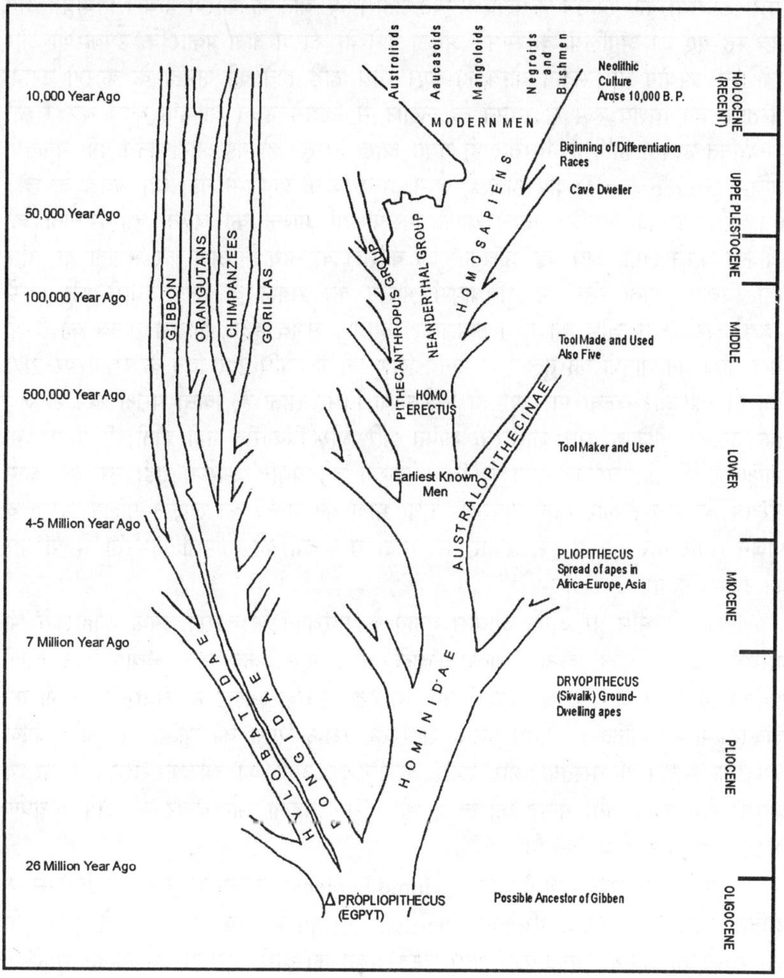

पर निवास करने वाले और शाकाहारी प्राणी बन गए। भूमि पर उतरे बिना जंगल में तीव्र गति से इधर-उधर आ जा सकने के कारण वे अधिक बलशाली, मांसाहारी चीता, बाघ आदि भूचर प्राणियों से सुरक्षित रहे और भूमि तथा उष्ण कटिबन्धीय वनों में वृक्षों की ऊंची चंदवानुमा टहनियों से लटक सकते थे। वे वास्तव में चौपाये ही थे। अधिकांश जातियों के परिग्राही पूँछ होती थी। धीरे-धीरे मानव वृक्षों को छोड़कर भूमि पर रहने लगा। वह अब कंठ से ध्वनि निकाल सकता था, यह एक प्रकार से चिंघाड़ना ही था, इस कारण अब उसके लिए पूँछ का महत्त्व समाप्त हो गया। उसके पाँव पूर्णतया चलने, भागने और दौड़ने के अनुरूप हो गए किन्तु उनके पंजे वृक्ष की शाखाओं को कपि के

समान नहीं पकड़ सकते थे। हाथ चलने या एक वृक्ष से दूसरे वृक्ष पर छलांग लगाने के समय डालियों को पकड़ने के लिए प्रयुक्त नहीं किए जाने के कारण केवल नियंत्रित अंग मात्र रह गए जो अंगुलियों के सामने अंगूठा होने के कारण नाना प्रकार के उपकरणों और यंत्रों का उपयोग कर सकने योग्य हो गए। सीधे खड़े होने की क्षमता के कारण उसके मस्तिष्क का विशेष रूप से सामने के ललाट में जिसमें उच्च बौद्धिक कार्य कर सकने की शक्ति उत्पन्न होती है, विस्तार हो गया। आंख विस्तृत हो गई और मानव दृष्टि पूर्णतया त्रिविम (Stereoscopic) दृष्टि हो गई, जैसा अन्य किसी प्राणी में नहीं था। जबड़े के छोटे होने और उसको नियंत्रित करने वाली मांसपेशियां भोजन की बढ़ती हुई भिन्नता को स्वीकार करने लगीं, अब वह अधिक बुद्धि कौशल के साथ नियंत्रण कर सकता था, और यही विकास भावी स्तरों में सुविधापूर्ण भोजन कर सकने के लिए तैयारी थी। इससे जबड़े, चेहरे और जीभ का सोच समझकर नियंत्रण संभव हुआ, जिससे मानव को वाणी मिल पाई। वन मानुषों की तुलना में मानव शिशु की गर्भावधि 240 दिन के स्थान पर 280 दिन हो गई और बच्चा माता पर ही विशेषतया निर्भर रहता है, किन्तु परोक्ष रूप से जब तक उसकी बौद्धिक और शारीरिक शक्ति धीरे-धीरे विकसित नहीं होती, पिता पर भी आश्रित रहता है। नर व मादा में विशिष्टीकरण की प्रवृत्ति आरम्भ हुई। नर का काम परिवार के भोजन और रक्षा व्यवस्था तथा मादा का बच्चों का लालन-पालन करना व भोजन तैयार करना रहा। इस प्रकार नर, मादा व बच्चों की आपसी निर्भरता से परिवार का उद्‌भव हुआ।

वृक्षों से भूमि पर अपने आवास बनाने के परिवर्तन के कारण उनके आहार में भी परिवर्तन आया। फल, कठोर आवरण वाले काष्ठ फल, कंद-मूल, चबाए जाने वाली टहनियों के साथ जब मानव शिकारी बन गया, तब उसके आहार में जीवधारी पशुओं का शिकार भी सम्मिलित हो गया। इसके साथ ही उसके बालों की वृद्धि रुक गई क्योंकि आज के मनुष्य के मस्तक और शरीर के विशिष्ट अंगों को छोड़कर छितरे-छितरे व कोमल रोम उगने लगे। मानव की त्वचा भी अधिक पतली और बन्दर की अपेक्षा घर्षण के प्रति कम प्रतिरोधक होती है।

एक पृथक नस्ल मेधावी मानव (Homo Sapiens) के रूप में मानव के विकास के अंतिम चरण का सूत्रपात अभिनूतन (Pleistocone) युग के पाँच लाख वर्षों में हुआ। यह वह समय था जबकि जलवायु में भारी घटत-बढ़त का बारी-बारी से दौर चला। भूगर्भिक खोज से ज्ञात हुआ है कि तृतीय महाकल्प (Tertiary Era) के आरम्भ में मध्य और ऊंचे अक्षांशों में विश्व के भू-क्षेत्र आज की अपेक्षा कम विस्तार वाले थे और जलवायु सामान्यत: अधिक सम थी। उष्ण और समशीतोष्ण प्रकार के वन खूब फैले हुए थे, इससे यह निष्कर्ष निकलता है कि अर्वाचीन वन मानुष (Apes) व मनुष्य दूर-दूर बिखरे हुए थे किन्तु अभिनूतन युग में भूमि के ऊँचे उतार चढ़ाव, जिससे आधुनिक संसार व्यापी पर्वतों का निर्माण हुआ और इसके कारण पृथ्वी का विस्तार तथा ऊंचाई के मध्यमान में वृद्धि हुई। अनेक विस्तृत क्षेत्र समुद्र से दूर चले गए और कुछ क्षेत्र उच्चतर पर्वतों की ओट में वर्षा वाहिनी हवाओं की आड़ में आ गए। वनों के स्थान पर घास के मैदान रह गए और

तृणभक्षी और मांसाहारी पशुओं में कई गुना वृद्धि हो गई। ऐसे संसार में मानव के वन मानुष पूर्वज पूर्णतया पृथ्वीवासी और अधिक मांसाहारी बन गए। आधुनिक वन मानुष के निकटतम पूर्वज घने भूमध्यरेखीय और उष्ण कटिबन्धीय वनों के वृक्षों पर रहने की आदत को सुरक्षित रखते हुए वन मानुषों की प्रजाति के रक्षक रूप में रह गए। मानव प्राणियों में बालों की वृद्धि में कमी असंभावित थी, अत: मानव शरीर पर घने झबरे बाल उगने लगे और मानव उद्‌विकास की आधुनिकतम अवस्था अभिनूतन (Pleistocene) युग के अंतिम चरण में जबकि सांस्कृतिक उपकरण अधिक विकसित हो गए थे, मानव सरीखे वन मानुष केवल उष्ण कटिबन्ध के क्षेत्र तक सीमित रह गए। अत:, हम यह निष्कर्ष निकाल सकते हैं कि अभिनूतन काल (Pleistocene Period) के अंतिम चरण में जैसे-जैसे सवाना, स्टैपी घास के मैदानों का विस्तार और अधिक हुआ, वानर-आकार के मनुष्य एशिया, अफ्रीका और यूरोप के उष्ण और उपोष्ण अक्षांशों के बाहरी क्षेत्र तक फैल गए, इसके साक्ष्य चीन, मध्य और पश्चिमी यूरोप तथा अफ्रीका में बहुत प्राचीन खोपड़ियों और शरीर के अन्य अंगों के कंकालो के रूप में मिले हैं। किन्तु उनकी विकसित होती हुई बुद्धि ने उन्हें भूमध्य रेखा के निकट भी रहने के योग्य बना दिया, जैसा कि जावा में प्राप्त सर्वाधिक प्रामाणिक अवशेषों से यह सिद्ध होता है। इस प्रकार, मानव शारीरिक दृष्टि से अधिक विस्तृत उष्ण जलवायु प्रदेशों में और ध्रुवीय सीमाओं की ओर रह सकने तथा तापक्रम के ऋतु-अनुसार परिवर्तन को सहने योग्य हो गया।

इसके पूर्व कि उन्हें आग जलाने और पशुओं की खाल उतारने, विशेषकर पशुओं की खाल उतारने में दक्षता प्राप्त हुई, यह सब पुरा-पाषाण काल में सम्भव हो सका। रात्रि के बहुत नीचे तापक्रम 16°C (60°F) जो कि एक सामान्य जलवायु मानी जाती है, जो ठंडे मौसम में मध्य तापमान 21° से 24°C (70° से 75°F) के बीच अनुभव की जाती है, में पूर्वमानव के समकक्ष कठिनाई से जीवित रह सकता था। कम से कम नीचे के तापमानों को ऋतुपर्यन्त सह सकने के लिए बालों का मोटा और घना होना समभाव्य अनुकूलता होती, बशर्ते कपि मानव धीरे धीरे उच्चतर अक्षांशों में खिसक सका होता और इस प्रकार वह ठंडी जलवायु में रह सकता। किन्तु, महान हिम युग ने इस शरीर रचना आधारित समाधान की क्रियान्विति नहीं होने दी और मानव को तकनीकी और सामाजिक आविष्कारों की ओर प्रेरित किया।

अन्तर-हिम युगों के दौरान चार बार जलवायु में आज से अधिक घटत-बढ़त होती रही। यह वह समय था जब उत्तरी ध्रुव क्षेत्रों में भी स्थायी हिम असामान्य था। हिम की प्रचण्डता इतनी थी कि अधिकांश यूरोप, उत्तरी और मध्य एशिया हिम चादर से आच्छादित थे। उत्तरी ध्रुव (आर्कटिक) और उप आर्कटिक जलवायु, जैसी आज पाई जाती है, का विस्तार आर्कटिक और अण्टार्कटिक ध्रुवों तक सीमित था। इस प्रकार की जलवायु का विस्तार उत्तरी गोलार्द्ध में 40° अक्षांश तक था। वह क्षेत्र जिस पर कि उष्ण और उपोष्ण जलवायु का विस्तार था, व्यावहारिक रूप से घट गया। आदिकालीन पाषाण उपकरणों के टुकड़े बहते जल और हिम से प्रभावित यूरोप और उत्तरी-चीन में पाए गए

हैं, उनसे यह स्पष्ट हो जाता है कि अन्तर-हिम युगों में पूर्वमानवसम (Prehomids) प्राणियों का व्यापक विस्तार था। प्रथम तीन हिम युगों के दौरान मानव के पूर्वजों को विवश होकर उष्ण कटिबन्धों की ओर लौटना पड़ा होगा। इस प्रकार प्रत्येक हिम युग न केवल विकासशील पूर्वमानव समप्राणी के लिए वरन् सभी प्रकार के जीवों और पशुओं और पौधों की अनेक प्रजातियों के लिए, जो कि तृतीय महाकल्प के अंतिम चरण में पनप रहे थे, के लिए संकट पूर्ण समय था और वे अभिनूतन काल (Holo-cene) में अपना अस्तित्व बनाए नहीं रख सके। कपि-मानव (Ape-man) पृथ्वी पर इधर से उधर घूमते रहे और उन्हें कई संकटों और आर्थिक कठिनाइयों का सामना करना पड़ा, जिसे महानतम बौद्धिक शक्ति द्वारा पार किया गया। तीसरे हिम काल तक रिस और वुर्म (Riss and Wurom) हिम युगों के बीच उनका पर्याप्त विकास हो गया था जिससे वे अब अनगढ़े उपकरण और हथियार बना सकने योग्य हो गए। यद्यपि हम उनके औजारों के बारे में अनुमान ही लगा सकते हैं कि उन्होंने लकड़ी, अस्थि और संभवत: चमड़े का उपयोग भी हथियार बनाने में किया होगा। नि:सन्देह, आज से 75000 वर्ष पूर्व से आरम्भ होकर 10,000 वर्ष पूर्व समाप्त होने वाले चौथे हिम युग (Wurm) के दौरान हम से कुछ भिन्नता वाले मानव पुरानी दुनिया में विस्तृत रूप से फैल गए होंगे। ये लोग विषम जलवायु में उष्णतर क्षेत्रों में जाने के बजाय गुफाओं में अग्नि जलाकर और चमड़े की पोशाकों का प्रयोग कर हिमानियों और हिमचादर के निकट क्षेत्रों में ही निवास करने लगे। इन प्रारम्भिक नस्ल के मानव के सर्वाधिक जानकारी में आई नस्लों में एक निएंडरथल मानव (Neanderthal Man) था। इनमें आधुनिक मानव की तुलना में बड़ी हड्डियां, अधिक शक्तिशाली स्नायु थे, और उनकी अधिक पुरातन खोपड़ी थी, बाहर की ओर निकला हुआ जबड़ा, पीछे की ओर दबा हुआ ललाट और आँखों के ऊपर निकली हुई हड्डियां थीं। ये निएंडरथल मानव, यूरोप और एशिया के टिरशियरी पर्वत मेखला के उत्तर में अलग से विकसित हुई थी। इनके अवशेष उत्तरी चीन व यूरोप में प्राप्त हुए हैं। (चित्र 2.2)

इसी बीच अनेक नस्लें भी दिखाई देने लगीं जो आज अधिकांश प्रजातियों के पूर्वज थे। इनमें से कुछ, अंतिम हिम युग में समजलवायु के काल में उत्तरी अफ्रीका से यूरोप की ओर जिब्राल्टर और सिसली जलसन्धि होकर प्रस्थान कर गए। जहां आज उत्तरी अफ्रीका और दक्षिण-पश्चिमी एशिया के मरुस्थल हैं, वहां उन्हें चकमक का प्रयोग करने की कला अधिक दक्षता के साथ हाथ लग गई। इनमें से कुछ का उपयोग तीर और भालों को नुकीला बनाने के काम में किया जा सका। इन हथियारों का उपयोग बड़े जानवरों का शिकार करने के लिए किया जाने लगा, क्योंकि भूमध्यसागर के दक्षिण और पूर्व में मरुभूमि न होकर घास के मैदान थे, जहां बड़े जानवरों की बहुतायत थी। फ्रांस और स्पेन, जो उत्तरी रूस के वर्तमान टुण्ड्रा प्रदेश से मिलते-जुलते थे, उनमें पाई गई गुफाओं के भित्ति-चित्रों से आज के मानव की प्रारम्भिक प्रजाति के जीवन सम्बन्धी जानकारी प्राप्त होती है।

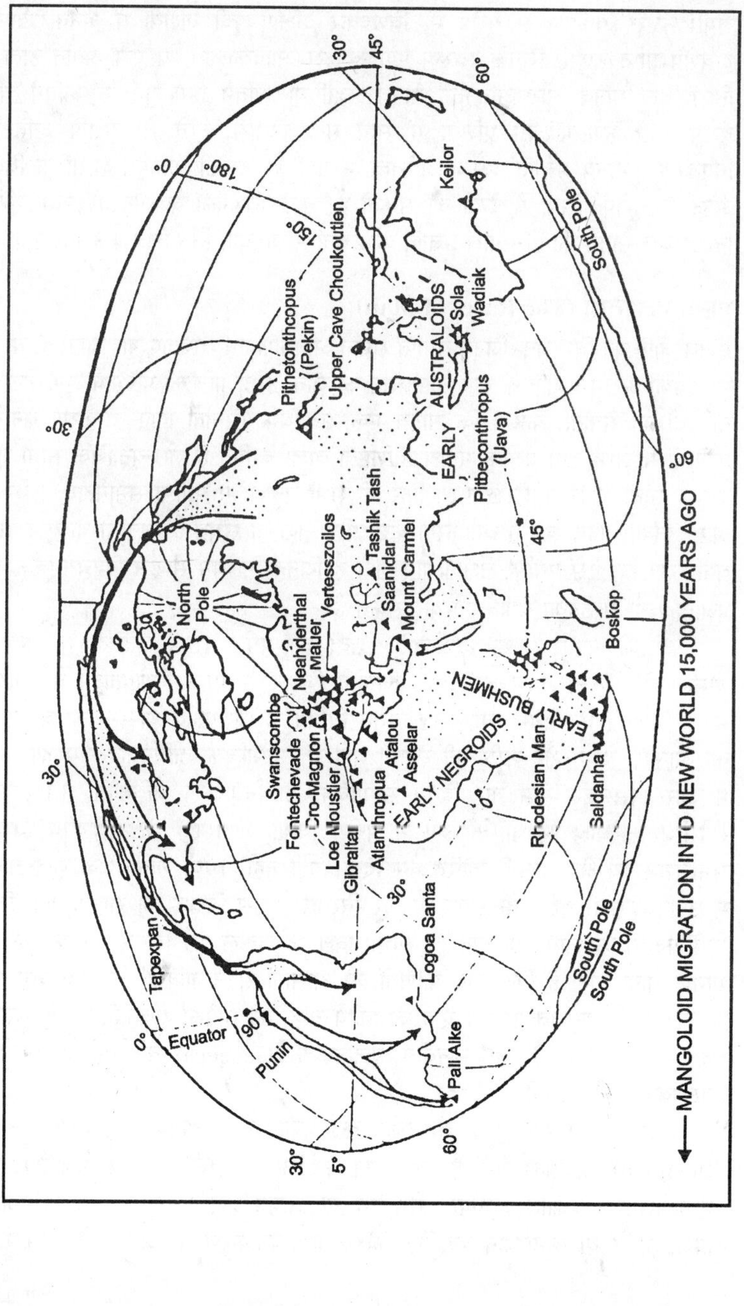

चित्र 2.2 मानव के पूर्वज

ऐसा प्रतीत होता है कि सम्पूर्ण मानव जाति का उद्भव यूरेशिया पर्वत क्षेत्र के दक्षिण में हुआ और यह भारत, जावा, पश्चिमी और दक्षिणी एशिया में निवास करने लगी। उत्तरी अफ्रीका से यूरोप में, विशेषकर दक्षिण-पूर्वी एशिया में अनेक खोपड़ी के अवशेष प्राप्त हुए हैं जिनके स्वरूप पूर्ण रूप से आदिकालीन थे। ऐसा प्रतीत होता है कि निएंडरथल मानव और अतिनूतन मानव प्रजातियां अंतिम हिम युग के अंतिम चरण में यूरोप व दक्षिण-पश्चिम एशिया में साथ-साथ निवास करते थे। यद्यपि अति विशिष्ट निएंडरथल मानव प्रजाति आज अस्तित्व में नहीं है। उसकी कतिपय शारीरिक विशेषताएँ आज के यूरोपवासियों में देखी जा सकती हैं। कुछ विशेषज्ञों के अनुसार पूर्वी एशिया के निएंडरथल मानव का ही मंगोल प्रजाति की रचना में योगदान है। (चित्र 2.3 और 2.4)

मानव प्रजातियां (The Races of Man)

मानव जाति का विभाजन, जिनमें पर्याप्त समान आनुवंशिक विशेषताएं पाई जाती हैं, के आधार पर उनकी अलग प्रजाति के रूप में पहचान की जाती है। प्रजाति की परिभाषा पूर्ण सटीकता से नहीं दी जा सकती, कारण कि मानव एक सर्वाधिक भिन्नता लिए उपकरण बनाने वाले प्राणियों में से है तथा प्रत्येक मनुष्य विशिष्टता वाला व्यक्ति है जो न्यूनाधिक मात्रा में अपने प्रत्येक साथी से भिन्नता रखता है। फिर भी सभी मनुष्यों में पर्याप्त समानताएं पाई जाती हैं, अत: उनका मानव रूप में वर्गीकरण कुछ सीमा तक तो संभव है। मनुष्यों के कुछ समूहों में वर्गीकरण हेतु ऐसे पर्याप्त लक्षण पाए जाते हैं जिनके माध्यम से हम निश्चयपूर्वक कतिपय प्रजाति रूपों में उनका वर्गीकरण कर सकते हैं।

अंग्रेजी भाषा में 'रेस' (प्रजाति) शब्द का प्रयोग 16वीं शताब्दी में प्रारंभ हुआ। थोमस डी गोबिन्यू प्रथम व्यक्ति थे, जिन्होंने जिसने शारीरिक विशेषताओं के आधार पर मानव प्राणियों का प्रथम वर्गीकरण प्रस्तुत किया। ये विशेषताएं थीं—त्वचा का रंग, सिर का आकार, केश और शरीर की रचना। बाद में, सामाजिक डार्विनवाद ने प्रजाति के अर्थ में और असमंजस पैदा कर दिया। सामाजिक डार्विनवाद ने जैविकीय क्षेत्र (जहां इसे स्पीसीज के बीच संबंधों के रूप में प्रयोग किया जाता है) के जैविकीय विचार को समाजशास्त्रीय क्षेत्र तक विस्तारित कर दिया। यही नहीं, 19वीं शताब्दी के बाद वाले वर्षों में उपनिवेशवादी यूरोप के समुद्र के पार विस्तार ने इस विचार को सशक्त बना दिया कि गोरी प्रजाति के लोग श्रेष्ठ होते हैं। सौभाग्यवश, आजकल इस विचार को व्यापक रूप में भ्रामक माना जाता है कि मानव प्राणियों को आसानी से 'प्रजातियों' के स्पष्ट क्रम में बांटा जा सकता है। इस विचार को एक जैविकीय तथ्य की अपेक्षा राजनीतिक और सामाजिक रचना माना जाता है जो मानवीय जननिकता (Genetics) की अपेक्षा 'प्रजातिवाद' (नस्लवाद) की उपज है।

सामान्यत: प्रजाति शब्द का प्रयोग कई प्रकार से किया जाता है, जिनमें से अनेक वैज्ञानिक दृष्टि से सत्य नहीं हैं। उदाहरण के लिए संस्कृति (लेटिन प्रजाति), परम्परा (एन्गलोसेक्शन प्रजाति), भाषा (सेमेटिक या आर्यन प्रजाति) तथा राष्ट्रीयता (फ्रांसीसी, अंग्रेज, जर्मन या अमेरिकन प्रजाति) को जातीय वर्गीकरण के आधार के रूप में प्रयोग

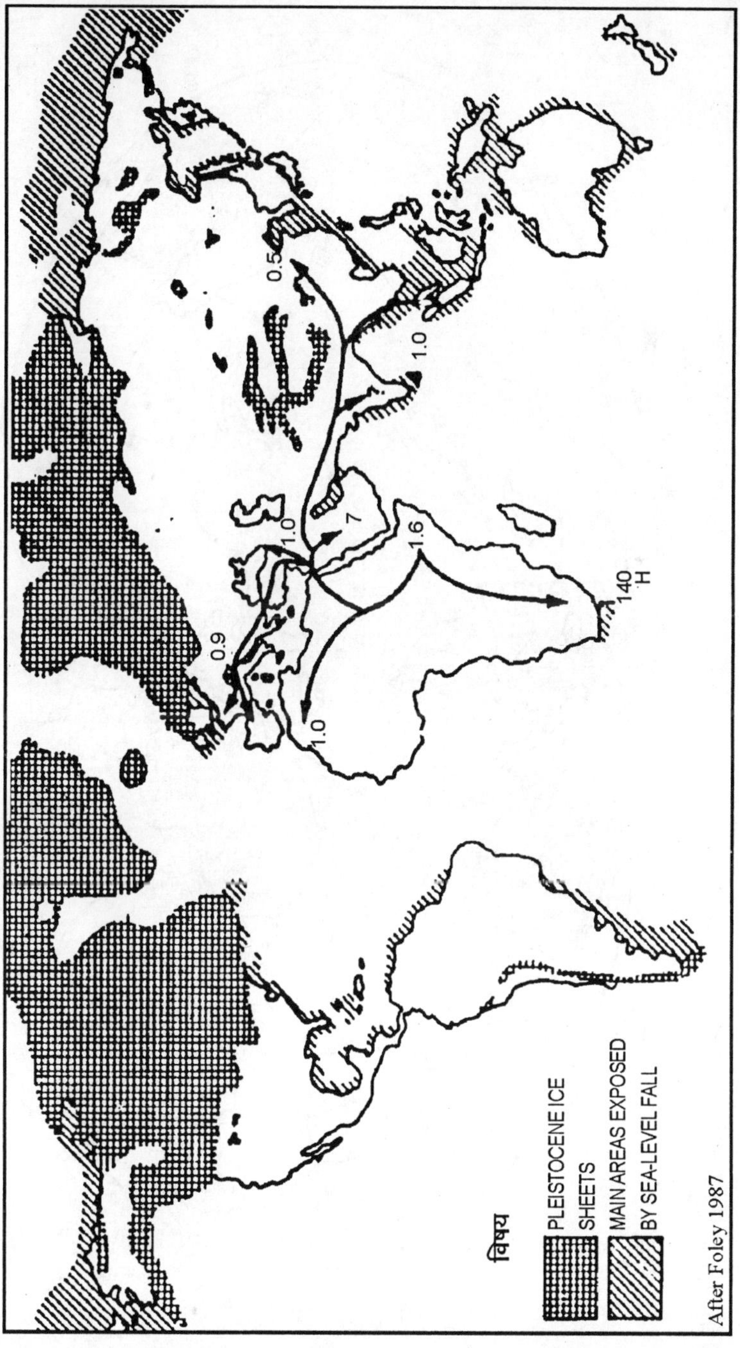

चित्र 2.3 प्रारम्भिक मानव प्राणियों का फैलाव

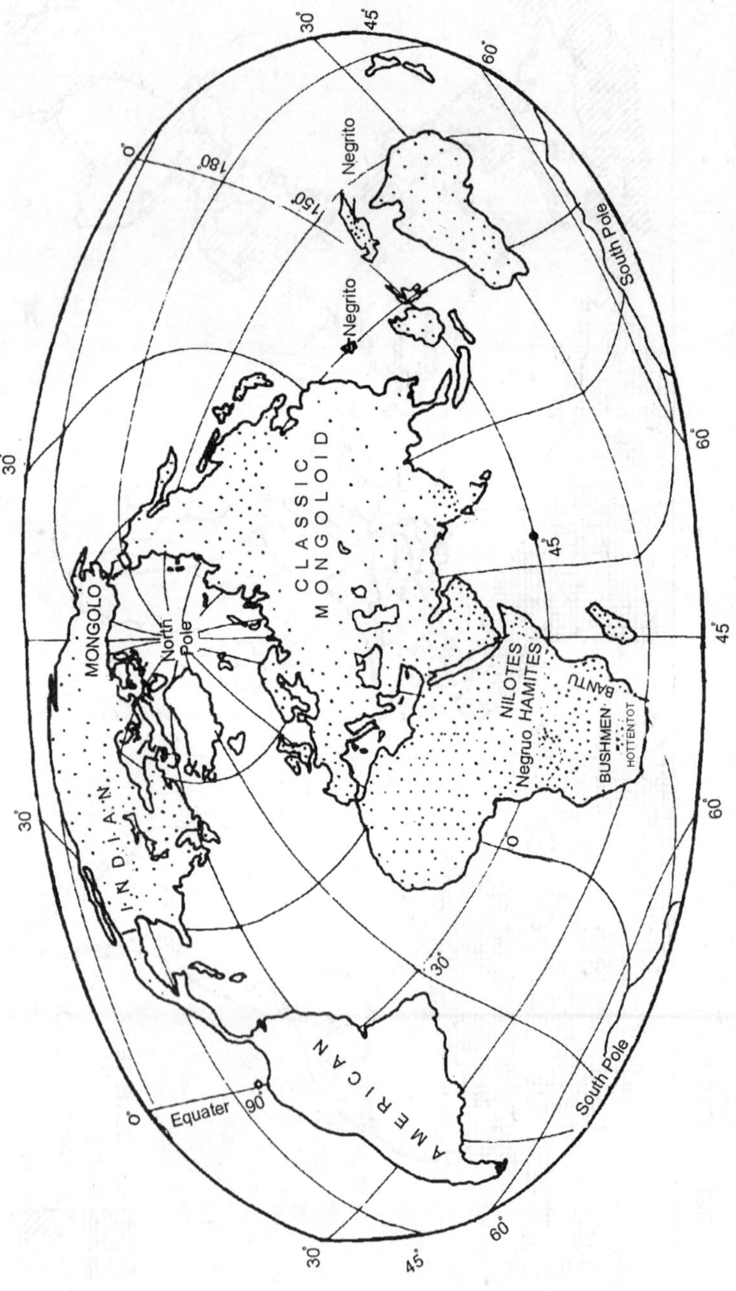

चित्र 2.4 विश्व की देशज प्रजातियां

किया जाता है। किन्तु ये सभी वर्गीकरण त्रुटिपूर्ण हैं क्योंकि न तो ये शरीर रचना की विशेषताओं पर आधारित हैं और न ये आनुवंशिक और स्थायी ही हैं। एक अंग्रेजी बोलने वाला और इंग्लैण्ड में जन्मा नीग्रो बालक इस भ्रामक धारणा के आधार पर अंग्रेज जाति का सदस्य समझा जा सकता है, किन्तु यह सत्य नहीं है।

वर्गीकरण की कठिनाइयां (Difficulties of Classification)

प्रजाति की उत्पत्ति का विषय एक विवादपूर्ण विषय है। सामान्य रूप में, एक व्यक्ति को दो विरोधी विचारधाराओं से सामना करना पड़ता है। एक विचारधारा के अनुसार, प्रजाति की भिन्नता मानव विकास की आरम्भिक अवस्था से पाई जाती है। दूसरी विचारधारा के अनुसार सभी प्रजातियों का विकास समान रूप से हुआ है, उनमें अन्तर बाद में विकसित हुए हैं।

मानव प्रजाति का वर्गीकरण, फिर भी, निश्चित आनुवंशिक गुणों के आधार पर किया जाता है। सभी मनुष्यों के उच्च विकसित स्नायुविक प्रणाली, रीढ़-अस्थियां, सीधी मुद्रा, बाल, हाथ इत्यादि होते हैं। मनुष्यों की इस आधारभूत बनावट में केवल कुछ विचलन ही होते हैं। इस प्रकार हम त्वचा, वर्ण, आंखों के रंग, आकार और बालों के रंग, नाक की बनावट, होंठों की मोटाई, चेहरे का बहिसरण, कद, ललाट की बनावट और अन्य इसी प्रकार के लक्षणों के आधार पर प्रजातियों का वर्गीकरण करते हैं। चूँकि एक ही लक्षण में पाए जाने वाले अन्तर के आधार पर मानव जाति के भिन्न-भिन्न समूहों का वर्णन अपर्याप्त है, यह आवश्यक हो जाता है कि हम इसके लिए एक विशिष्ट परिस्थिति में निदानात्मक अन्तरों को ही सम्मिलित करें। इस प्रकार दो प्रजातियां बालों के रंग, शारीरिक संरचना तथा आंखों और त्वचा के रंग में समान हो सकती हैं, किन्तु वे कद, ललाट के आकार और अन्य लक्षणों में भिन्न होती हैं। इसके विपरीत दो अन्य प्रजातियां सिर के आकार में समान हो सकती हैं, जबकि उनकी आंखों का रंग और बालों का रंग भिन्न हो सकता है। सिद्धान्ततः प्रजातियों के वर्गीकरण की समस्या के लिए ये विचार पर्याप्त होने चाहिए किन्तु वास्तविकता में इसमें अनेक कठिनाइयां हैं। प्रथम तो यह है कि इस क्षेत्र में कोई निरपेक्ष सूत्र नहीं है। यह भी स्पष्ट है कि जैसे-जैसे अनेक संकेतों का उपयोग किया जाएगा, उतने ही सम्मिश्रण उसे दिखाई देंगे। इस प्रकार प्रजातीय वर्गीकरण में प्रयुक्त कई लक्षणों में से व्यक्तिपरक तत्त्व ही स्पष्ट आधार होता है। उदाहरण के लिए तीन लक्षणों के आधार पर किए गए वर्गीकरण की अपेक्षा पन्द्रह लक्षणों पर आधारित प्रणाली कई सम्मिश्रणों को प्रस्तुत कर देगी। अतः, पुस्तकों में प्रजातियों की कुछ भिन्नताओं से लेकर बीसियों भिन्नताओं का वर्णन मिलता है। प्रजातीय दृश्य इस प्रकार से अत्यन्त जटिल हैं और कोई भी सुव्यवस्थित वर्गीकरण का उपयोग बिना किसी सुविचारित हेरफेर के नहीं किया जा सकता है। कुल मिलाकर, यह कहना निरापद होगा कि इस विषय के विद्वान मानव जाति के विशिष्ट रूप को प्रजातीय मान्यता के आधार पर स्वीकार करेंगे।

मानवशास्त्रियों ने प्रजाति की परिभाषा इन शब्दों में की है, ''प्रजाति, मानव जाति का एक प्रमुख भाग है जो नस्ल की शारीरिक विशेषताओं से चिह्नित है।'' सांस्कृतिक

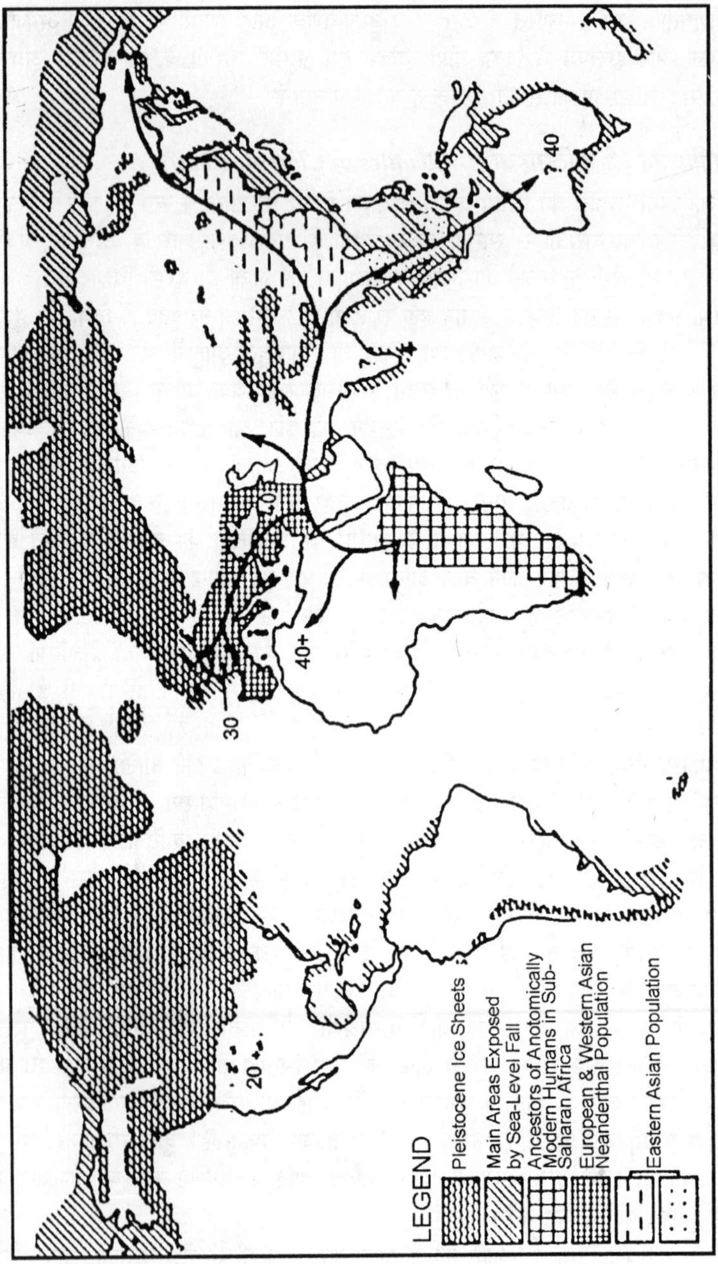

चित्र 2.5 अफ्रीका से आधुनिक मानव का प्रसार

Source: After Foley 1987

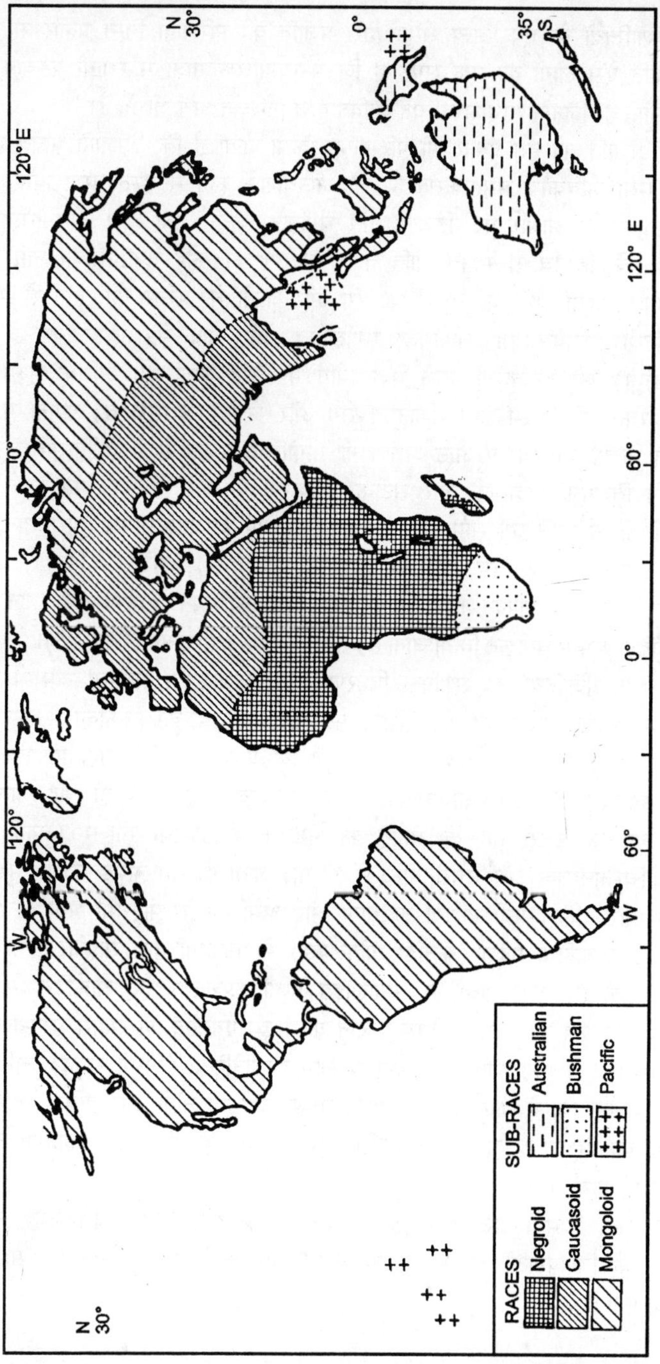

चित्र 2.6 विश्व की प्रमुख प्रजातियों का वितरण

मानवशास्त्रियों के एक अन्य समूह द्वारा प्रजाति की परिभाषा निम्न प्रकार से दी गई है, ''प्रजाति ऐसे लोगों का एक समूह है जिनमें न्यूनाधिक मात्रा में स्थायी पहचान के लक्षण पाए जाते हैं जिनके साथ सम्बन्धित व्यक्ति कुछ निश्चित अर्थ जोड़ते हैं।''

प्रजाति को इस प्रकार भी परिभाषित किया जाता है कि ''प्रजाति मानव जाति में ही एक ऐसा जैविकीय समूहीकरण है, जो आनुवंशिक रूप में हस्तान्तरण किए जाने वाली भिन्नताओं के आधार पर पहचाना और वर्गीकृत किया जाता है''। जीव-विज्ञान सम्बन्धी प्रजाति के हिसाब से मानव जाति के वर्गीकरण का कोई एक तरीका नहीं है। पूर्व में भौतिक लक्षणों जैसे कि चमड़ी का रंग और बालों के प्रकार को, तीन से पाँच जैविक प्रजातियों (काकेसायड, नीग्रोयड, मंगोलॉयड और बाद में ऑस्ट्रेलॉयड व अमेरिकन इण्डियन) को वर्गीकरण करने में उपयोग में लिया जाता था। अधिक सूक्ष्म तकनीकों, जैसे रक्त की किस्में तथा वंशानुगत रोग और क्षेत्रीय अवरोध को गणना में सम्मिलित करने के परिणामस्वरूप आठ अथवा नौ भौगोलिक प्रजातियों में वर्गीकरण किया गया है। यद्यपि विशेषज्ञ शब्दावली और सटीक वर्गीकरण के बारे में भिन्न मत रखते हैं, तथापि प्रजातियों के निम्न वर्ग सामान्यतः स्वीकृत किए गए हैं; काकेसायड (यूरोपियन), नीग्रोयड (अफ्रीकन), मंगोलॉयड (एशियाई अथवा पूर्व देशी), इंडिक (हिन्दू); ऑस्ट्रेलॉयड (आस्ट्रेलियन), पोलिनेशियन, मेलेनेशियन, माइक्रोशियन (कभी-कभी इन तीनों को सामुद्रिक रूप में वर्गीकृत किया जाता है) तथा अमेरिकन इण्डियन (चित्र 2.5)।

इन प्रजातियों का स्थानिक वितरण और एकत्रीकरण सामान्य रूप से काकेसायड का यूरोप में, मंगोलॉयड का एशिया में, और नीग्रोयड का अफ्रीका में पाया जाता है। (चित्र 2.6) इसका यह अर्थ कदापि नहीं है कि ये प्रजातियां इन महाद्वीपों तक ही सीमित हैं। उदाहरण के लिए काकेसायड प्रजाति न केवल यूरोप में ही पाई जाती है, वरन् अफ्रीका के उत्तरी तट के सहारे की मेखला में, एशिया माइनर (तुर्की), ईरान से बिलोचिस्तान तक और उत्तरी भारत में भी पाई जाती है। मंगोलॉयड प्रजाति मुख्यतः मध्य, पूर्वी और दक्षिण-पूर्वी एशिया के भागों और अमेरिका के पश्चिमी भाग (रेड इण्डियन्स आदि) आर्कटिक प्रदेश (कनाडा, ग्रीनलैण्ड) में एस्कीमो तथा साइबेरिया के याकूत) में पाई जाती है। दूसरे शब्दों में, मंगोलॉइड प्रजाति प्रशान्त और आर्कटिक महासागरों के चारों ओर पाई जाती है। नीग्रोयड प्रजाति का मुख्य एकत्रीकरण सहारा मरुस्थल के दक्षिण में अफ्रीका में पाया जाता है, किन्तु ये लोग इण्डोनेशिया (पिग्मी समूह) न्यूगिनी, पपुआ, और मलेनेशिया में पाए जाते है। आस्ट्रेलायड लोग जो नीग्रो और द्रविड (दक्षिण भारत) लोगों का मिश्रण है, मुख्यतः आस्ट्रेलिया में पाए जाते हैं, विशेषकर महाद्वीप के उत्तर और पश्चिमी भागों में।

तीनों प्रमुख प्रजाति समूहों, अर्थात् कोकेसायड, मंगोलॉयड और नीग्रोयड के शारीरिक विशेषताओं के आधार पर हेडन और क्रोगमन का वर्गीकरण सारणी 2.1 में दिया गया है—

सारिणी 2.1 *प्रमुख प्रजातियों के लक्षण*

	लक्षण	*कॉकेसायड*	*मंगोलॉयड*	*नीग्रोयड*
1.	त्वचा का रंग	हल्की ललाई युक्त सफेद से जैतूनी भूरा	केसरिया से पीला भूरा, कुछ ललाई लिए भूरापन	भूरे से भूरे काले
2.	कद	मध्यम से ऊंचाई लिए लम्बे	मध्यम ऊंचाई से मध्यम नाटे	अधिक लम्बे तथा नाटे
3.	ललाट आकार	लम्बे से चौड़ा और कम ऊंचे, मध्यम ऊंचे से बहुत ऊंचे	प्रत्यक्ष रूप से खूब चौड़े, ऊंचाई मध्यम	प्रमुखतः लम्बे, कम ऊंचाई से मध्यम
4.	चेहरा	संकड़े से मध्यम चौड़ा, ऊपर को उठा हुआ व उन्नत	मध्यम चौड़ाई से बहुत चौड़ा, गण्डस्थियां ऊँची और बहुत चपटी-मध्यम ऊंचाई की ओर झुकी हुई।	मध्यम चौड़े से संकड़े मध्यम ऊंचाई की ओर दृढ़ उन्नत
5.	बाल	सिर के बाल, रंग हल्का सुनहरे से गहरे भूरे रंग; बुनावट महीन से मध्यम-आकार लहरदार, घुंघराले शरीर के बाल हल्के से घने	सिर के बाल; रंग भूरे से भूरे काले बुनावट; सूखे स्वरूप; सीधे शरीर के बाल; छितरे हुए हल्के	सिर के बाल रंग भूरे काले ; बुनावट ; सूखा; आकार-हल्का लहरदार से ऊनी शरीर के बाल हल्के
6.	नेत्र	रंग; हल्के नीले से गहरे भूरे, यदाकदा पाश्विक नेत्र पटल	रंग भूरे से काले भूरे सामान्यतः उल्केन्द्रीय पटल;	रंग; भूरे से भूरे; काले उर्ध्वाकार नेत्रपटल;
7.	नासिका	सेतु-प्रायः ऊंचा, आकार; पतली से मध्यम चौड़ी	सेतु; प्रायःनीचा से मध्यम, आकार मध्य से चौड़ा	सेतु; प्रायः नीचा आकार; मध्यम चौड़े से अधिक चौड़ी
8.	शरीर गठन	रेखीय से पाश्विक पतले से तगड़े	बढ़ते पाश्विक कुछ छरहरे	बढ़ते पाश्विक और मांसल
9.	रक्त समूह	B से अधिक A	उच्च B	Rhe में ऊच्च (cDe)

स्रोत— ए.सी. हेडन—1925, 2 डब्ल्यू.एम. क्रोगमैन-1945

भोजन प्राप्त किए जाने और प्रौद्योगिकी के सम्बन्ध में मानव उद्विकास की योजना सारिणी 2.2 में दी गई है। आज से लगभग 37.5 करोड़ वर्ष पूर्व द्विपाद (Bipedal) वाले मानव सम प्राणी विकसित हुए। लेकी (1979) ने सर्वप्रथम द्विपादवाद के प्रमाण पूर्वी अफ्रीकी में लेटोली में पाए थे जो राख की परतों में पद चिह्नों के रूप में प्राप्त हुए हैं।

द्विपादवाद ने संसाधनों के दक्षतापूर्ण उपयोग की सुविधा प्रदान की। उदाहरण के लिए लेम्बर्ट की धारणा है कि हाथों को उपकरण बनाने और उपयोग में लाने से मुक्त हो जाने से मानव के मस्तिष्क के विकास को प्रेरित किया होगा, जिससे उसमें जीवितता के लिए अधिक कौशल योग्यता प्राप्त हो सकी।

सारिणी 2.2 *प्रौद्योगिकी का उद्विकास*

काल	*भोजन प्राप्ति*	*प्रौद्योगिकी*
लोह, कांस्य, नव प्रस्तर युग	स्थाई खेती, पौधों एवं जानवरों का घरेलू बनाया जाना	धातु प्रयोग: तांबा, कांसे और लोहे का उपयोग (आज से 10 हजार वर्ष पूर्व)
मध्य प्रस्तर काल	व्यवस्थित आखेट, कंद-मूल एकत्रीकरण	(आज से 40,00 से 10,000 वर्ष पूर्व)
आदि प्रस्तर काल	शिकारी, कंद-मूल एकत्रित करना व्यवस्थित शिकार, अग्नि का प्रयोग	अग्नि का उपयोग, पाषाण उपकरण परिष्कृत जैसे कुल्हाड़ी (1.6 करोड़ व 20 लाख वर्ष के बीच) का प्रयोग
	शिकारी -कंदमूल एकत्रित करना, मरे पशुओं को भोजन का अंग बनाना	पाषाण उपकरण, तीखी कंकड़ चिपकिया अपरिष्कृत छली के उपकरण (प्रथम पाषाण उपकरण 2.5 करोड़ वर्ष पूर्व)
	मुख्यत:शाकाहारी/कहीं-कहीं पशुआहार	पाषाण का प्रयोग किन्तु उपकरणों का निर्माण नहीं (आज से 4 करोड़ व 25 करोड़ वर्ष पूर्व के बीच)

होमो हेबिलिस (उपकरण निर्माणकर्ता प्राणी) प्राणियों का उद्भव आज से लगभग 20 लाख वर्ष पूर्व हुआ तब तक उनमें अपरिष्कृत पाषाण उपकरण बना सकने की दक्षता विकसित हो चुकी थी और उनके भोजन में मांस का अधिक समावेश होने लगा था क्योंकि मारे हुए पशुओं को भोजन के लिए उपयोग करना उनकी युक्ति बन चुकी थी। होमो हेबिलिस ही होमो इरेक्टस (Homo erectus) के पूर्वज थे जिनका प्रादुर्भाव आज से 1.6 करोड़ वर्ष पूर्व हो चुका था। पूर्वी अफ्रीका से प्राप्त साक्ष्यों (लीकी, 1982), के उदाहरण के आधार पर यह संकेत मिलता है कि संभवत: संगठित समुदायों में उनके द्वारा अग्नि का उपयोग करने के कारण शिकार करने की प्रथा ने मरे हुए पशुओं को खाने को पीछे ढकेल दिया क्योंकि तब तक पाषाण उपकरण काफी परिष्कृत हो चुके थे। इस प्रकार मानव समुदाय ने पारिस्थितिकी तंत्र में एक साधारण अनिवार्य इकाई के बजाय एक प्रभावी इकाई के रूप में उभरना आरम्भ कर दिया। आधुनिक मानव के विकास की अगली अवस्था भी विवादास्पद है। एक धारणा के अनुसार होमो सेपियन्स का अफ्रीका में पृथक से उद्भव हुआ और तत्पश्चात् वे एशिया और अफ्रीका की ओर प्रवास कर गए

होंगे। पृथक से एक भौगोलिक उद्‌भव के पश्चात् स्थानान्तरण हुआ होगा और इसके बाद आप्रवासियों और आद्य-सेपियन्स (Archaic sapians) की स्थापित जनसंख्या के बीच संकरण हुआ होगा। कॉकेसायड (Causosoids) (यूरोपियन्स) और ऑस्ट्रेलॉयड (ऑस्ट्रेलियंस) में आनुवंशिक साम्यता मानव जाति के साझा उद्‌भव का संकेत देती है।

अंतिम हिम-युग (Wurm) की समाप्ति तक उच्च आदि प्रस्तरयुगीन समुदाय उष्णतर जलवायु की अनुकूलता ग्रहण कर चुके थे। शिकार और संग्रहण द्वारा भोजन की युक्ति अभी तक महत्त्वपूर्ण थी। इसके अतिरिक्त, संसाधनों के उपयोग सम्बन्धित नवीन विचारों ने नव प्रस्तर सांस्कृतिक अवस्था अथवा नवीन पाषणयुगीन अवस्था की ओर अग्रसर किया। आज से लगभग 10,000 वर्ष पूर्व कृषि के विकास का प्रारम्भ होने लगा था, इनमें सबसे पहले दक्षिण-पश्चिम एशिया का 'उपजाऊ अर्द्धचन्द्राकार' क्षेत्र (Fertile Creacent) (मेसोपोटामिया आदि) था जहां गेहूँ और जौ को उगाया जाने लगा। इस प्रकार, होमो सेपियन्स पर्यावरण को नियन्त्रित करना सीख रहा था और उसके संसाधनों को काम में लेना आरम्भ कर दिया था। उन्होंने ऐसे परिवर्तनों का श्रीगणेश किया जो जलवायु परिवर्तन जैसे प्रकृति के व्यवहार से मुक्त थे।

चूंकि 'प्रजाति' शब्द की व्याख्या में कठिनत: ही एकमत्यता है, ऐसे ही प्रजाति के वर्गीकरण की विचारणीय सीमाओं के निर्धारण में भी यही बात लागू होती है। अत: प्रजाति का वस्तुनिष्ठ व वैज्ञानिक वर्णीकरण, और मानव जाति का प्रजाति समूहों में विभाजन मापन के योग्य शारीरिक लक्षण और एक ही पूर्वज से वंशानुक्रम से प्राप्त लक्षण व गुण के आधार पर किया जाना चाहिए। वे प्रमुख लक्षण जिनके आधार पर प्रजातियों की पहचान और वर्गीकरण किया जाता है, उनमें त्वचा का रंग, कद, मस्तक, चेहरा, नाक, आंख का आकार, बालों की किस्म तथा रक्त-समूह मुख्य हैं।

1. *त्वचा का रंग* (Colour of Skin)—रंग भेद के आधार पर सामान्यत: प्रजातियों को श्वेत (गोरे), पीत (पीले) और काले तीन वर्गों में विभाजित किया जाता है। प्रजातियों को श्वेत, पीत और काले कहना अति साधारणीकरण है। वास्तव में, किसी ने भी वास्तविकता में श्वेत, काले और लाल रंग के प्राणी को नहीं देखा है। श्वेत लोग वास्तविकता में गुलाबी और काले लोग भूरे रंग के होते हैं। इसी प्रकार पीत, भूरे और लाल कही जाने वाली सभी प्रजातियाँ मंगोलॉयड हैं और उन्हें कभी अलग नहीं किया जा सकता है। इसके अतिरिक्त त्वचा का रंग कई भिन्नताओं (परिवर्तनशील चरों) पर निर्भर है, जैसे त्वचा में विद्यमान रंग द्रव्य (Pigment) की मात्रा और त्वचा के नीचे की रक्त कोशिकाएं। कुछ रंग द्रव्य सदैव उपस्थित रहते हैं और जिन मनुष्यों में कोई रंग द्रव्य नहीं होता, उन्हें 'सूर्यमुखी' (Albino) कहा जाता है। भारी मात्रा में रंग द्रव्य की उपस्थिति भूरे रंग की छाया देती है तथा रंग द्रव्य की कमी तथा गहरी रक्तवाहिका की उपस्थिति पीत रंग की आभा देती है, जैसे कि मंगोलॉयड जाति। प्रजाति वर्गीकरण में त्वचा का रंग अकेला ही पर्याप्त आधार नहीं है, जैसे कि उत्तर भारत में कई लोग ऐसे हैं जिन्हें

कॉकेसायड कहा जा सकता है किन्तु उनकी त्वचा का रंग नीग्रो जाति कहलाने वाले लोगों से भी गहरा या अधिक गहरा है।

2. *कद* (Stature)—यद्यपि मनुष्य का कद, भोजन की किस्म व मात्रा से अधिक प्रभावित होता है, फिर भी यह एक वंशानुक्रम जनित लक्षण है। कद को सरलता से नापा जा सकता है। कद के आधार पर लोगों को नाटे, मध्यम और लम्बे या ऊंचों की श्रेणी में विभाजित किया जा सकता है। कुछ अपवादों को छोड़ कर पुरुष की ऊंचाई 130 सेमी (4 फुट 3 इंच) और 200 सेमी (6 फुट 7 इंच) तथा स्त्रियों की ऊंचाई 120 सेमी (4 फुट) से 187 सेमी (6 फीट 2 इंच) के बीच होती है।

3. *मस्तिष्क का आकार* (The Shape of the Head)—मानव जाति को विभिन्न प्रजातियों में विभाजित करने के लिए मस्तिष्क के आकार को प्रथम वैज्ञानिक पैरामीटर (प्राचल अथवा अनुपात) के रूप में उपयोग किया गया है। इसका मापन अपेक्षाकृत सरल है, इसमें उच्च स्तर की शुद्धता भी रहती है। मस्तिष्क के आकार की चौड़ाई को लम्बाई से भाग देने और 100 से गुणा करने पर आए सूचकांक द्वारा दर्शाया जाता है। इसे 'शिरस्थ सूचकांक' (Cephalic Index) कहा जाता है। यह सूचकांक निम्न सूत्र द्वारा ज्ञात किया जा सकता है—

$$\text{शिरस्थ सूचकांक (C. I.)} = \frac{\text{मस्तिष्क की चौड़ाई} \times 100}{\text{मस्तिष्क की लम्बाई}}$$

इस प्रकार प्राप्तांकों को बहुधा तीन श्रेणियों में विभाजित किया जाता है, 78.5 से कम सूचकांक को लम्बा मस्तिष्क, 78.6 से 82.5 तक मध्यम और इससे अधिक सूचकांक को चौड़े मस्तिष्क के अन्तर्गत रखा जाता है।

लम्बा मस्तिष्क (Delicho Cephalic) 78.5 से कम

मध्यम मस्तिष्क (Meso Caphalic) 78.6 से 82.5

चौड़ा मस्तिष्क (Brachy Caphalic) 82.5 से अधिक

4. *चेहरे का आकार* (The Shape of the Face)—चेहरे से विविध प्रकार की आकृतियां स्पष्ट होती हैं। चेहरा लम्बा अथवा चौड़ा हो सकता है, ठोढ़ी बाहर की ओर निकली हुई अथवा अन्दर की ओर बैठी हो सकती है। सामान्यत: चीनी और पोलैंडवासियों के चहेरे अधिक सपाट आकार के अथवा स्केन्डीनेवियन अथवा नाइलोटिक अफ्रीकन चेहरों की संकीर्णता की अपेक्षा चौड़ाई अधिक होती है।

5. *नाक का आकार* (The Shape of the Nose)—विभिन्न प्रजातियों के भौतिक परिमाप में नाक की चौड़ाई और ऊंचाई भी बड़ा महत्त्व रखती है। नाक के नथुनों की चौड़ाई और लम्बाई के अनुपात को 100 से गुणा करने से प्राप्त सूचकांक के आधार पर लम्बी नाक (70 से कम), मध्यम नाक (70 से 84) और छोटी नाक (84 से अधिक) में अन्तर कर सकते हैं। लम्बी नाक से जुड़ा हुआ उभरा हुआ बांसा (bridge) होता है जबकि चौड़ी नाक में यह बहुधा दबा हुआ होता है।

सामान्यतः, यूरोपवासियों की नाक पतली और अफ्रीकियों की चौड़ी होती है। सबसे अधिक चौड़ी नाक वाली प्रजातियों में पश्चिमी अफ्रीका के नाइजर डेल्टा के निवासी काज्जी नीग्रो हैं तथा सबसे अधिक पतली नाक वाले लोगों में कॉकेसायड में स्वीडनवासी हैं।

6. *नेत्र* (Eye)—नेत्रों के रंग का वर्गीकरण भी त्वचा के वर्गीकरण के समान ही किया जा सकता है। किन्तु आंख की बनावट सबसे अधिक महत्त्वपूर्ण है। इस संदर्भ में मंगोलॉयड लोगों की आँख अन्य प्रजातियों की आँखों से भिन्न है। मंगोलॉयड लोगों की आंख की ऊपरी पटल लटक कर दरार समान विवर का संकेत देती है। यह उल्केन्द्रीय पटल है और जब यह विशेषता नेत्र के आन्तरिक कोने पर अधिक बल देती है, तब यह बाहरी और ऊपरी दरार का आभास देता है। बहुधा मंगोलॉयड में भौहों व भौंह कगारों के अभाव में यह अपेक्षाकृत अधिक भारी दिखाई देती है।

7. *बाल* (Hair)—एक प्रजाति से दूसरी प्रजाति में बालों की बनावट व रंग भिन्न होते हैं। सुविधा के लिए बालों का वर्गीकरण इस प्रकार किया जाता है—

(i) सीधे बाल, लम्बे, पतले व कड़े तथा अनुप्रस्थ में गोल।

(ii) घुंघराले बाल

(iii) चुभने वाले ऊनी, रुखे, अनुप्रस्थ कटान में अधिक चपटे और अपने रोम कूप से सर्पिलाकार निकास तथा विशिष्ट परिस्थितियों में कठोर गुच्छे के रूप में होते हैं। बालों का रंग भी बालों में उपलब्ध मेलानिन (Melanin) तत्व की मात्रा पर निर्भर रहता है। कभी-कभी लाल रंग द्रव्य से मिश्रित राख समान मटमैले से भिन्नता लिए हुए बालों में मैलानिन नहीं होने के कारण यह रंग होता है जबकि अधिक लाल रंग द्रव्य के होने से हिसालू (Strawberry) सुनहरे से लेकर अधिक मैलानिन के कारण बालों का रंग काला होता है।

8. *शारीरिक गठन* (Body Build)—शारीरिक बनावट व संरचना हेतु कंधों की चौड़ाई, सीने की चौड़ाई और गहराई, कूल्हे की चौड़ाई तथा अन्य परिमाप जिनका वर्णन यहां नहीं है, की माप कुछ सामाजिक समूहों में की गई है। शारीरिक गठन के आधार पर लोगों को तीन वर्गों में विभाजित किया जा सकता है, जैसे पाइकनिक (Pyknic) (नाटा और गठीला), एथेलेटिक (Athletic) (बड़ा और तगड़ा) तथा लेप्टोसम (Leptosome) (लम्बा व पतला)

9. *रक्त समूह* (Blood Group)—शारीरिक लक्षणों को, जिन्हें प्रजाति वर्गीकरण में सर्वाधिक मान्यता दी गई है, रक्त के प्रकार को इसमें प्रमुखता दी गई है और इसका सर्वाधिक अध्ययन किया गया है। कॉकेसायड (श्वेत) प्रजाति में B रक्त समूह की अपेक्षा A की अधिकता पाई जाती है। मंगोलॉयड प्रजाति के लोगों में B रक्त समूह प्रभावी होता है, जबकि नीग्रो लोगों में A और B दोनों ही समूह पाए जाते हैं।

सारणी 2.3 *प्रजातियां तथा उपप्रजातियां*

मूल प्रजाति/क्षेत्र ***Primary Race/Region***	***उपप्रजातियां (Sub Race)***	***मिश्रित प्रजातियां (Composite Races)***	***अवशिष्ट मिश्रित प्रकार (Residual Mixed Type)***
I कॉकेसायड: श्वेत (यूरोपियन, यूरो-अफ्रीकी तथा एशियन)	1. भूमध्यसागरीय	7. आर्मीनोइड	9. नॉर्डिक अल्पाइन
	2. ऐनू (Ainu)	8. डिनारिक	10. नॉर्डिक भूमध्यसागरीय
	3. सेल्टिक	*प्रमुखतया श्वेत*	
	4. नॉर्डिक	(a) आस्ट्रेलियन	
	5. अल्पाइन	(b) इण्डो द्रविड़	
	6. पूर्व-बाल्टिक	(c) पोलीनेशियन	
		प्रमुखतया नीग्रो	
		(a) टस्मानियन	
II नीग्रोऑयड (अफ्रीका, एशिया, प्रशान्त महासागरीय द्वीप)	1. अफ्रीकन नीग्रो (निगुरी वन के नीग्रो)	*प्रमुख रूप से नीग्रोऑयड*	
	2. नीलोटिक नीग्रो	4. मलेनेशियन	
	3. नीग्रीटो	5. पपुअन्स द्वैतीयक उपजाति	
		6. बुशमैन	
		7. हॉटनटॉट	
III मंगोलॉयड (एशिया, प्रशान्त द्वीप उत्तरी तथा दक्षिणी अमेरिका)	1. क्लासिक मंगोलॉयड	*प्रमुखतया मंगोलॉयड*	
	2. उत्तरी ध्रुव मंगोलॉयड (एस्कीमो)	3. मलय मंगोलॉयड	
		4. इण्डोनेशियाई मंगोलॉयड	
		5. अमेरिकी इंडियन्स	

स्रोत— हूटन (1946),

उपर्युक्त विविध प्रजातीय समूहों के शारीरिक लक्षणों के विश्लेषण से यह बिल्कुल स्पष्ट है कि मनुष्यों का कोई भी एक समूह ऐसा नहीं है जिसमें किसी एक लक्षण का एकाधिकार अथवा लक्षणों का समूह विद्यमान हो। प्रत्येक बड़े समूहीकरण में छोटे से

लेकर लम्बे माप के तथा चौड़े से संकड़े और हल्के रंग से लेकर गहरे रंग के व्यक्ति पाए जाते हैं। यही कारण है कि अनेक वर्षों के अन्तराल के पश्चात् यह स्पष्ट हो गया है कि शारीरिक प्रकारों के अध्ययन में प्रमुख कारक परिवर्तनशीलता है। कोई भी दो मनुष्य समान नहीं होते हैं और न ही दो परिवारों या दो स्थानीय जनसंख्याओं में भी समानता होती है, तब यह दो प्रजातियों के बारे में तो कठिनत: ही कहा जा सकता है।

संक्षेप में, यह कहा जा सकता है कि सभी मनुष्य एक ही जाति (होमो सेपियन्स) के हैं। इनमें कुछ शारीरिक लक्षण अवश्य भिन्न दिखाई देते हैं, और चूंकि ये सभी एक ही जाति के हैं, अत: सभी में आपस में प्रजनन होता है। इन्हीं समान लक्षणों के कारण रक्त का अन्तर्मिश्रण इस सीमा तक हो गया है कि संसार के दूर-दराज के और निर्जन क्षेत्रों में भी कोई विशुद्ध प्रजाति नहीं बची है। यूनेस्को ने 1952 के अपने एक वक्तव्य में प्रजातियों की इस अशुद्धता का उल्लेख किया है।

ऐसी किसी भी जाति के अस्तित्व का प्रमाण उपलब्ध नहीं है जिसे पूर्णत: 'विशुद्ध' कहा जा सकता है। अस्थि कंकाल अवशेष, आदिकालीन प्रजातियों के सीमित आधार उपलब्ध करते हैं। प्रजातियों के संकरण के सम्बन्ध में ये साक्ष्य इस बात का संकेत देते हैं कि मानव जाति में संकरण असीमित किन्तु दीर्घ काल से होता आ रहा है। वास्तव में, प्रजाति के निर्माण और अवसान, विलयन की एक मात्र प्रविधि प्रजातीय संकरण है। ऐसा कोई विश्वसनीय कारण प्रत्यक्ष में नहीं है जिससे कोई हानिकारक प्रभाव हुए हों और न ही कोई जैविकीय औचित्य सामने आया है जो निभिन्न प्रजातियों के व्यक्तियों के अन्तर्जातीय विवाहों में बाधक हो।

'खोज के महान युग' (15वीं से 18वीं शताब्दी) के पश्चात् मानव अधिक गतिशील बन गया, उसका एक क्षेत्र से दूसरे क्षेत्र तथा एक देश से दूसरे देश में स्थानान्तरण होने लगा। इसके परिणामस्वरूप वर्तमान में उत्तरी-अमेरिका, दक्षिणी-अमेरिका तथा ऑस्ट्रेलिया के मूल/आदिवासी लोगों के साथ कॉकेसॉयड उपजातियों का विलयन हो गया। ऐसा ही एशिया, अफ्रीका, प्रशान्त, हिन्द महासागरीय द्वीपों एवं ध्रुव सागरीय क्षेत्र में भी हुआ।

मनुष्य की तीव्र गतिशीलता ने रक्त के अन्तर्मिश्रण व प्रजातीय संकरण को बढ़ावा दिया और इसने दूसरी तरफ विशुद्ध जाति के विचार को निरर्थक बना दिया। इस समय, कम समय में भी मिश्रण की अधिक संभावना ने प्रजातीय विशुद्धता के कथन को अर्थहीन कर दिया है। मानव विज्ञानीय विचारों, जिनका ऊपर विश्लेषण किया गया है, यद्यपि वैज्ञानिक हैं, किन्तु इतने सीमित हैं कि लोगों के छोटे समूहों के भी इतने अधिक प्रभेद होने के कारण उन पर इन्हें लागू कर पाना कठिन है। इसके अतिरिक्त, सामान्य व्यक्ति ने प्रजाति शब्द को इतना अधिक व्यापक बना दिया है कि उसका अब कोई अर्थ नहीं रह गया है। वह अपनी स्वयं की जाति को उत्कृष्ट बताता है, जो केवल एक मानसिक उत्कृष्टता मात्र है, तथा जिसका कोई प्रमाण भी नहीं है। इसी मिथ्या विचार व धारणा ने मानवीय इतिहास को अनेक युद्धों और दुखान्तिका पूर्ण अध्यायों से रंग दिया है। अत: प्रजाति शब्द अवांछित बातों से भरा पड़ा है। फिर भी, एक साधारण मानव काले, पीले

एवं श्वेत के संदर्भ में सोचता है। अतएव, जन सामान्य के विचार से प्रजाति अथवा नस्ल शब्द उसी अर्थ में प्रयुक्त होता है जैसा उसे बताया या सिखाया गया है।

प्रजातिवाद (Racism)

प्रजातिवाद "एक विचारधारा है जिसमें नकारात्मक रूप में मूल्यांकित विशेषताओं को किसी ऐसे समूह पर निश्चयात्मक रूप में आरोपित किया जाता है जिसे परम्परात्मक रूप में किसी आधार पर जैविकीय दृष्टि से अलग रूप में पहचाना गया है।" (माइल्स 1982: 78) इस प्रकार के विचारात्मक विभेदों ने व्यावहारिक परिणामों को अनिवार्यत: जन्म दिया है, जिसके आधार पर प्रजातिगत विभेद और असमानता की उत्पत्ति हुई है। आधुनिक भौगोलिक लेखनों ने आवासीय बाजारों में प्रजातिकृत असमानता के संस्थाकरण सहित प्रजातिवाद के विभिन्न रूपों के प्रादेशिक आधार को प्रमुखता प्रदान की है।

विभिन्न प्रजातियों की पहचान किए जाने और उनकी प्रधानता वाले क्षेत्रों का सीमांकन करने की कमियों को देखते हुए मानव जाति को नृजातीय (Ethnic) समूहों में विभाजित किया जाना तर्कसंगत प्रतीत होता है। नृजातीय समूह, सामान्यत: सांस्कृतिक भिन्नताओं अथवा सांस्कृतिक तत्वों पर आधारित होते हैं। सांस्कृतिक तत्त्व उन समस्त विन्यास की ओर ध्यान आकर्षित करते हैं जिनमें मानव निर्माण, तकनीकी, सामाजिक अनुकूलन, दृष्टिकोण और स्वीकृत उद्देश्य के भौतिक लक्ष्य सम्मिलित होते हैं। यद्यपि नृजातीय लक्षण नृजातीय समूहों के निर्माण में महत्त्वपूर्ण भूमिका अदा करते हैं, नृजातीय समूह भी सांस्कृतिक विशेषताओं पर आधारित होते हैं। मानव जाति का विभाजन, यदि जीवन शैली व विचारधारा पर आधारित हो तो ऐसा विभाजन स्थिर और सटीक होगा और इस प्रकार के विभाजन की व्यापक नृजातीय वर्गों की अपेक्षा अधिक सामाजिक प्रासंगिकता होगी। अत:, नृजातीय समूह की संकल्पना और आधार पर यहां प्रकाश डाला जाना महत्त्वपूर्ण होगा।

नृजातीय समूह (Ethnic Group)

नृजाति समूह, वृहत्तर समाज में जनसंख्या की एक विशिष्ट श्रेणी है जिसकी संस्कृति प्राय: उस समाज से भिन्न होती है। इस समूह के सदस्य ऐसे होते हैं या अपने विषय में सोचते हैं अथवा माने जाते हैं कि वे एक ही प्रजाति, राष्ट्रीयता अथवा संस्कृति के बन्धनों से बंधे हुए हैं। दूसरे शब्दों में, लोगों का एक समूह जो साझा प्रजातीय, धार्मिक, भाषायी अथवा राष्ट्रीय विशेषताओं से युक्त होता है, वह नृजाति समूह कहलाता है।

मानव जाति के विभाजन में सांस्कृतिक तत्त्व, जैसे भाषा, धर्म, आस्थाएं, राष्ट्रीयता आदि जो एक पीढ़ी से दूसरी पीढ़ी को हस्तान्तरित होती हैं, का महत्त्वपूर्ण स्थान है। वास्तव में, मानव जाति का एक ऐसा विभाजन अधिक सटीक और परिशुद्ध होगा यदि वह जीवन-शैली और विचारधारा पर आधारित हो।

संस्कृति को इस प्रकार परिभाषित किया गया है, "यह वह जटिल सम्पूर्णता है जिसमें समाज के एक सदस्य के रूप में मानव द्वारा अर्जित ज्ञान, भाषा, आस्था, कला

नैतिक-नियम, रीति-रिवाज तथा अन्य क्षमताएं और स्वभाव सम्मिलित किए जाते हैं।'' इस अवधारणा की लघु एवं उपयोगी परिभाषा इस प्रकार दी गई है, ''संस्कृति पर्यावरण का मानव निर्मित भाग है।'' इस पर आम सहमति है कि संस्कृति सीखी जाती है, वह मानव को उसके प्राकृतिक और सांस्कृतिक परिवेश के साथ अनुकूलन के लिए क्षमता प्रदान करती है। यह अत्यधिक परिवर्तनशील है, वह संस्थाओं, विचार प्रतिमानों और भौतिक पदार्थों में प्रकट होती है। अतएव, संस्कृति लोगों की एक जीवन-शैली है, यह लोगों को आपस में जोड़े रखती है और उनके सामाजिक-आर्थिक और राजनीतिक विकास में सहायक होती है।

लोगों को आपस में जोड़े रखने वाला सर्वाधिक महत्त्वपूर्ण तत्त्व भाषा है। भाषा में अन्तर दो समूहों के बीच पारस्परिक क्रियाओं और संचार माध्यम के लिए महत्त्वपूर्ण बाधा होती है। दूसरी भाषा बोलने वाला व्यक्ति अपने में से नहीं है, वह 'परदेशी' है ऐसी भावना रहती है। भाषा एक माध्यम है जिसके द्वारा विचारों का सम्प्रेषण होता है तथा जो सांस्कृतिक एकरूपता के विकास में सहायक होती है। विभिन्न देशों में कूटनीति, प्रशासन और राज्य प्रबन्ध के लिए भिन्न भाषा होती है। कुछ देशों में दो अथवा दो से अधिक शासकीय भाषाएं होती हैं। भाषाओं का क्षेत्रीय विभाजन अत्यधिक जटिल है। बोलचाल की भाषा में अन्तर ही लोगों को अलग करने के लिए पर्याप्त है। सतलज गंगा मैदान, जो कि भारत का हिन्दू हृदयस्थल है, वहां बोलचाल की भाषा और उच्चारण में अनेक भिन्नताएं हैं। ब्रजवासी (मथुरा-आगरा) क्षेत्र को हरियाणवी खड़ी बोली (गुड़गांव-रोहतक) पानीपत, सोनीपत क्षेत्र से उच्चारण के आधार पर अलग सीमांकन किया जाता है, यद्यपि दोनों ही क्षेत्र पास-पास हैं। भारत में इस तरह की कई दर्जन भाषाएं और कई सौ बोलचाल की भाषाएं (बोलियां) हैं जो नृजाति अथवा सांस्कृतिक समूहों का आधार हो सकती हैं।

नृजाति समूहों की पहचान में धर्म एक अन्य महत्त्वपूर्ण आधार है। मानव समुदायों पर धार्मिक विश्वास का अत्यधिक प्रभाव रहता है। धार्मिक विश्वासों का गहरा प्रभाव रहता है, कभी यह विभिन्न प्रजातीय और भाषायी समूहों को आपस में जोड़ता है तो कभी लोगों को अलग भी करता है, जबकि वे अन्य दृष्टि से समान होते हैं। धर्म में आधारभूत तथ्य उसका अदृश्य शक्तियों में विश्वास का पाया जाना है, जो मानव के साथ रहता है तथा सभी जीवन की क्रियाओं में दखल रखता है। मूलभूत प्रभाव जो यह मानव समाज पर डालता है वह है प्राकृतिक वातावरण से भिन्न प्रकार से उसकी जीवन-शैली पर नियंत्रण। धर्म प्रतिबन्धों तथा नियमों का निर्धारण करता है। पौधों और पशुओं की पूजा का विधान मुख्यत: आदिवासी लोगों में पाया जाता है। अपेक्षाकृत अधिक सभ्य समाजों, जैसे भारतीय समाज में बड़ और पीपल वृक्षों और गाय तथा सर्प आदि की पूजा की जाती है। कश्मीर के गुज्जर-बकरवाल तथा खिरीगीजिस्तान के खिरगीज लोग कभी हरे वृक्षों को नहीं काटते हैं। इसी प्रकार लद्दाख प्रदेश के बौद्ध लोग जीवित पशु को नहीं मारते हैं, वे मृत पशुओं को ही काम में लेते हैं। कनाडा और ग्रीनलैण्ड के एस्कीमो तथा साइबेरिया के याकूत (Yakuts) और चुकची (Chuckchi) केरीबाऊ और बारहसिंघा का

शिकार करने के बाद शिकार अभियान की समाप्ति का एक समारोह मनाते हैं। इस समारोह काल में वे केरीबाऊ अथवा बारहसिंघे की हत्या नहीं करते हैं। यहूदियों और मुस्लिमों में सूअर का मांस खाना वर्जित है और इसी कारण वे सूअर पालन नहीं करते हैं। इसी प्रकार मुस्लिम समाज में शराब का उपयोग वर्जित है और इसी कारण ये लोग अंगूरों की खेती केवल अंगूर प्राप्त करने अथवा किशमिश बनाने के लिए करते हैं। मुसलमानों में ब्याज पर धन दिया जाना भी वर्जित है। इसी कारण मुस्लिम देशों में बैंकिंग का कार्य यूनानियों, यहूदियों और आर्मीनियन लोगों द्वारा किया जाता है।

मेघालय की खासी जनजाति तथा मिजोरम व मेघालय की कुछ जातियों में दूध और दुग्ध उत्पादों का उपयोग वर्जित है, इसी कारण ये जातियां गायों की दुआरी व डेयरी व्यवसाय नहीं करती हैं। यूरोप के ईसाइयों में उपवास प्रथा के कारण मछली की खपत उत्तर-पश्चिम यूरोप में बहुत बढ़ गई है। इन देशों में जहां भोजन कृषि और पशुपालन से प्राप्त होता है, मछली उद्योग का विकास आधुनिक उद्योग के रूप में हुआ है।

प्राचीनतम धार्मिक आस्थाएं आत्मावादी (Animistic) थीं, अर्थात् ये लोग विभिन्न आत्माओं की पूजा किया करते थे। इन आत्माओं का वास मनुष्यों में, बाहरी जगत् जैसे वन, जल धाराओं और पर्वतों में रहता है। आत्मावादी धर्म आज भी विश्व के कई आदिवासियों और एकाकी निर्जन क्षेत्रों के निवासियों में पाया जाता है।

भारत में हिन्दू धर्म एक प्रमुख धर्म है। हिन्दुओं का सामाजिक और नैतिक ढांचा हिन्दू वर्ण व्यवस्था व उपजातियों पर आधारित है। हिन्दू धर्म में वे ही व्यक्ति शामिल हैं जिनमें आपसी बेटी-व्यवहार और सहभोज हो सकता है। संभवत: इस प्रथा को अपनाने के पीछे आर्यों का यह उद्देश्य रहा होगा कि उनका यहां मूल निवासियों द्रविड़ लोगों में विलय न हो सके। बौद्ध धर्म का उदय, हिन्दू धर्म के विरोध स्वरूप हुआ। बौद्ध धर्म ने हिन्दू धर्म से बहिष्कृत और अभागे लोगों को अंगीकार करने में उत्सुकता प्रदर्शित की तथा उन्हें चिन्तन और एकान्तवासी जीवन के लिए प्रेरित किया। तिब्बत और चीन के सिक्यांग प्रांत में लगभग एक चौथाई व्यक्ति साधु हैं, जिन्होंने ब्रह्मचर्य व्रत धारण कर स्वयं को नैतिक बन्धनों में ढालते हुए जनसांख्यिकी और मानवशक्ति को प्रभावी ढंग से प्रभावित किया है। बौद्ध धर्म दक्षिणी और पूर्वी एशिया का अति महत्त्वपूर्ण धर्म है। चीन में कन्फ्यूशियसवाद और ताओवाद (Taoism) दो अन्य धर्म भी हैं। कन्फ्यूशियस की शिक्षा (551-478 ई.पू.) सामाजिक सम्बन्धों से सम्बन्धित है, जिसमें पूर्वजों की पूजा जैसे पुरातन विश्वासों को सम्मिलित किया गया। कन्फ्यूशियस के समकालीन लाओत्से (LaoTze) ने ताओवाद नामक धर्म का प्रचार किया। उसने पुरातन तथा अधोस्तर में आध्यात्मिक और रहस्यमय तत्वों पर बल देते हुए निश्चेष्ट धर्म (ताओवाद) को जन्म दिया। जापान की अपनी अलग ही आस्था प्रणाली है। छठी शताब्दी में शिंटो नामक आदिम आत्मावादी धर्म में बौद्ध धर्म के प्रवेश द्वारा इसका महत्व बढ़ गया।

दक्षिण-पश्चिम एशिया में तीन एकेश्वरवादी धर्मों (यहूदी, ईसाई और इस्लाम) का उदय हआ। यहूदी जिसका उद्‌भव ईसा पूर्व तेरहवीं शताब्दी में हजरत मूसा द्वारा हुआ निस्सन्देह एकेश्वरवादी धर्म है। सन् 70 और 135 ई. में रोमन साम्राज्य से टकराव और

यरूशलम के पतन के पश्चात् यहूदियों को अपनी पवित्र भूमि से बाहर धकेल दिया गया। उसके लगभग 2000 वर्ष पश्चात् 1948 में पुनः एक यहूदी राज्य अस्तित्व में आया। यद्यपि आज यहूदियों की बहुत बड़ी संख्या जो यहूदी धर्म से बंधी हुई है, संसारभर में फैली हुई है। विश्व में सबसे अधिक यहूदी संयुक्त राज्य अमेरिका में रहते हैं तथा दूसरा नम्बर इजरायल का है।

विश्व में सर्वाधिक संख्या ईसाई धर्म के अनुयायियों की है। ईसाई धर्म के मानने वाले लोग विश्व की सभी प्रमुख जातियों और उपजातियों में पाए जाते हैं। इस धर्म को प्रथम शताब्दी में नजरथ के यीशु (जीसस) ने आरम्भ किया था। यीशु को मसीहा अथवा ईशदूत की संज्ञा उसके ईसाई अनुयायियों ने दी है।

रोमन साम्राज्य के अन्तर्गत ईसाई धर्म का एशिया, यूरोप और अफ्रीका में तेजी से विस्तार हुआ। ईसा की चौथी शताब्दी में पोप को रोम में यीशु के प्रमुख शिष्य संत पीटर के उत्तराधिकारी के रूप में मान्यता प्राप्त हो गई- जिसे विकसित होती चर्च के संगठन में सर्वोच्च सत्ता के रूप में व्यापक रूप से मान्यता दी गई। पूर्वी गिरजाघर, जिसका आरम्भ रोम में ईसाइयों के वहां होने से पूर्व पवित्र भूमि (Holy Land) में किया गया था, ने ग्यारहवीं शताब्दी में पोप की सत्ता को अस्वीकार कर कुस्तुनतुनिया, सिकन्द्रिया, एन्टोक और यरुशलम में पूर्वी ओर्थोडोक्स चर्च (Eastern Orthodox Church) की स्थापना की। प्राचीन आर्मीनियन जैको बाइट्स, सीरियन, भारतीय और कोप्टिक इथियोपियन तथा मिश्री चर्च इसी पूर्वी चर्च के भाग बने रहे।

धर्म के इतिहास में सर्वाधिक सक्रिय धर्मान्तरण वाला धर्म इस्लाम है, जिसका एशिया, अफ्रीका और यूरोप के भूमध्यसागरीय तटीय क्षेत्र विशेषकर स्पेन, फ्रांस, वियना और पूर्वी यूरोपियन क्षेत्रों जिनमें बाल्कन राज्य के देश भी शामिल है, में तेजी से विस्तार हुआ। पैगम्बर मोहम्मद और उनके आरम्भिक खलीफा समाज में परिवर्तन लाने वाले उत्साही व्यक्ति थे। इस्लाम ने दक्षिण-पश्चिम एशिया के स्थानीय कबीलों को एकजुट किया और मरुद्यानी कृषकों, अनाज उत्पादकों, कारवांओं के लिए पशु पालने वाले घुमक्कड़, हिन्दमहासागर और भूमध्यसागर के नाविक, शहरी व्यापारियों और दस्तकारों को अपने साथ मिलाया और धर्मानुयायी जनसंख्या में वृद्धि की। पैगम्बर बनने से पूर्व मोहम्मद भी एक व्यापारी थे। जिस एकेश्वरवाद की उच्च स्वर से उन्होंने घोषणा की, उसने स्थानीय तथा आदिवासी देवताओं में स्वार्थी विश्वासों और मान्यताओं का स्थान ले लिया। यह वह सर्वमान्य आस्था थी जिसने एक बार स्वीकार होने के बाद सब लोगों को विश्वव्यापी भाईचारे में बांध दिया। इसमें एकता की भावना की ठोस बुनियाद मक्का की ओर मुंह करके प्रतिदिन पांच बार की नमाज पढ़ना है। इस धर्मान्धता और पूजा के साथ जुड़ी हुई है मक्का की हज़ यात्रा। इन्हीं दोनों आस्थाओं ने पिछली चौदह शताब्दियों से इस्लामी एकता को खूब मजबूती से बांध रखा है।

आइबेरिया प्रायद्वीप (स्पेन तथा पुर्तगाल) से ईरान और मध्य एशिया तक इस्लाम के प्रसार के साथ ही अरबी भाषा को दक्षिण-पश्चिम एशिया के अधिकांश क्षेत्र की पवित्र और शासकीय भाषा के रूप में मान्यता मिल गई। अरबी भाषा-भाषी देशों को

इस्लामी जगत के हृदय स्थल के रूप में माना जा सकता है। इन देशों में बगदाद, काहिरा, दमिश्क जैसे मुख्य नगरों में मुस्लिम न्यायाधीशों के द्वारा मुस्लिम कानून और राजनीति की विधि संहिताओं का निर्माण हुआ। मुसलमानों में एकता की भावना न केवल समान सिद्धान्तों और सामाजिक रीति-रिवाजों द्वारा आई है, वरन् समान राज्य व्यवस्था की परम्परा द्वारा भी इसका आगमन हुआ है। मुसलमानों की आवासीय भूमि जिस पर वे निवास करते हैं, मातृभूमि **दार-एल-इस्लाम** (Dar-el-Islam) कहलाती है।

मुस्लिम कानून में ईसाई और यहूदियों को आरक्षित जातियों का दर्जा दिया गया था। यह स्वयं पैगम्बर मोहम्मद द्वारा उन धर्मों के उपदेशों के प्रति आदर स्वरूप दिया गया था। इन अमुस्लिमों को भिन्न दर्जा उनके आर्थिक कार्य-कलापों पर आधारित था। अधिकांश ओटोमन साम्राज्य में बैंकिंग का कार्य अमेरिकन लोगों के पास था जबकि वाणिज्य मुख्यत: यूनानियों के हाथ में था। मिश्र में अधिकांश राजकीय लेखाकार और क्लर्क सहायक होते थे।

इस्लाम ने ग्रामीण व नगरीय क्षेत्रों में बस्तियों के आर्थिक-क्रिया कलापों और स्वरूप को अत्यधिक प्रभावित किया। नगर, कस्बों और गांवों में मस्जिद केन्द्र में हुआ करती थी जिसके चारों ओर बाजार, सरायें और आवासीय क्षेत्र बनते और जुड़ते जाते थे। इस्लाम धर्म में सूअर के मांस और शराब को वर्जित माने जाने के कारण सूअर पालन और अंगूर की खेती नहीं होती है।

जहां तक मुसलमानों के स्थानिक वितरण का सम्बन्ध है, उसका विस्तार उत्तरी अफ्रीका और मध्य एशिया के शुष्क मरु प्रदेशों पर रहा, साथ ही आर्द्र क्षेत्रों में भी उसका विस्तार रहा है। मध्य एशिया में उसका प्रभाव क्षेत्र पामीर के पठारी क्षेत्र तक था और चीन में 'रेशम मार्ग' (Silk Road) के सहारे हांग्हो बेसिन तक विस्तार था। इस धर्म के अनुयायी व्यापारियों द्वारा धर्म का प्रचार हिन्द महासागर पार तक किया गया। मध्य काल में यूरोपियन खोज कर्ताओं के आगमन से पूर्व अरब व्यापारियों ने अपने व्यापारिक केन्द्रों की स्थापना कर ली थी। पूर्व की ओर अरब के जहाज लंका के मलाबार बन्दरगाहों तक पहुँच चुके थे। अरब व्यापारी मलाया, सुमात्रा, जावा और दक्षिण-पूर्व एशिया के द्वीपों तक पहुँच गए थे। इस प्रकार इस्लाम की सीमाओं का विस्तार दक्षिण-पश्चिम एशिया, अफ्रीका, मध्य एशिया, दक्षिण एशिया तक हो गया। इस्लाम के पवित्र कानून (शरीयत) में कानूनी सुधारों के बावजूद मुसलमान अपने आपको विश्वव्यापी भाईचारे के रूप में बंधा मानते हैं।

मुस्लिम देशों में औद्योगीकरण की गति बड़ी धीमी है। वास्तव में, अनेक मुस्लिम देशों में औद्योगीकरण का प्रारम्भ ही नहीं हुआ है। सर्वाधिक समृद्ध मुस्लिम देश अपनी कृषि उपज और खनिजों को विकसित देशों को बेच देते हैं, उदाहरणार्थ मलाया अपना टिन और रबड़ तथा पाकिस्तान अपना गेहूं और कपास निर्यात कर देते हैं। ट्यूनीशिया और अल्जीरिया प्रमुख रूप से जैतून तेल और शराब निर्यातक देश हैं और खाड़ी के देश तेल निर्यात करते हैं। दक्षिण-पश्चिमी एशिया के अरब देशों की नगरीय जनसंख्या में

पिछली तीन दशाब्दियों में असाधारण वृद्धि हुई है। कुवैत, लेबनान, इराक, एमिरटेस, और सऊदी अरब की 80 प्रतिशत जनसंख्या नगरीय क्षेत्र में निवास करती है।

References

Coon, C.S., 1962, *The Origin of Races.*

—, 1966, *The Living Races of Man.*

De Blij, H.J. & P.O. Muller, *Geography : Realms* – Regions and Concepts 2000, 9th ed. John Wiley and Sons, Inc.

Forde, C.D., 1963, *Habitat, Economy and Society,* London, Methuen.

Haddon, A.C., 1925, *The Races of Man and their Distribution,* New York.

Herskovits, M.F., 1955, *Cultural Anthropology,* New York.

Hitchcock, S.T., et al., 2400 *Geography of Religion,* National Geographic Society, Washington, DC.

Hooton, E.A., 1946, *Up from the Ape* (rev. ed.), New York.

Krogman, W.M., 1945, 'The Concept of Race', *The Science of Man in the World Crisis* (R. Linton, ed.), New York, pp. 38-62.

Lebon, J.H., 1969, *An Introduction to Human Geography,* London, Hutchinson.

Mansion, A.M., 1991, *Global Environment Change,* New York, Longman.

Rex, J. and Mason, D. eds., 1986, *Theories of Races and Ethnic Relations,* Cambridge University Press.

UNESCO, 1952, *The Race Concept: Results of an Enquiry,* Paris.

UNESCO, 1952, *What is Race?*

3

जनसंख्या : विश्व प्रतिरूप
Population : World Patterns

जनसंख्या का स्थानिक वितरण, मानव भूगोल का एक महत्त्वपूर्ण विषय है। यह विशिष्ट रूप में महत्त्वपूर्ण है क्योंकि मनुष्य ने पृथ्वी तल पर आश्चर्यजनक परिवर्तन किए हैं। वर्तमान में मानव पृथ्वी तल पर अपूर्व वेग से परिवर्तन करने वाला एक महत्त्वपूर्ण और शक्तिशाली भौगोलिक कारक है। मानव की वैज्ञानिक और प्रौद्योगिक उपलब्धियां भौंचक्का कर देने वाली हैं तथा अब कुछ भी उसकी पहुँच से बाहर नहीं है। मानव चन्द्रमा के धरातल पर पहुँच चुका है। वैज्ञानिक अधिचालकता (Super Conductivity) प्राप्त करने के द्वार पर है, जिससे सार्वभौम संस्कृति में क्रांतिकारी परिवर्तन किए जा सकेंगे। मानव के पास जलवायु की दशाओं में परिवर्तन कर सकने के लिए पर्याप्त उपकरण उपलब्ध हैं। मानव की वैज्ञानिक प्रगति का परिणाम अम्लवर्षा, भूमण्डलीय तापन, वायुमण्डलीय प्रदूषण, ओजोन टूटन, आणविक शीत और आणविक विकिरण और इससे अधिक इस प्रगति ने सारे विश्व के प्राकृतिक पारिस्थितिकी तंत्र को संकट में डाल दिया है। इस प्रकार जनसंख्या और उसके स्थानिक प्रतिमान का अध्ययन अत्यधिक महत्त्व का विषय बन गया है।

मानव इतिहास के प्रारम्भिक चरण एवं प्रागैतिहासिक काल में मानव जनसंख्या की वृद्धि धीमी गति से हुई है। कठोर जलवायु दशाएं, आखेटक और संग्रहणकर्ताओं का घुमक्कड़ी जीवन तथा अल्प-पोषण, जनसंख्या वृद्धि के लिए अनुपयुक्त दशाएं थीं। पिछले दस हजार वर्षों में दो ही अवसर ऐसे रहे हैं जब जनसंख्या में तीव्रता से वृद्धि हुई थी। प्रथम समय आज से लगभग दस हजार वर्ष पूर्व जब मानव ने पशुओं और पौधों को घरेलू बनाया था। मानवीय क्रिया के इस आकस्मिक परिवर्तन को 'कृषि क्रांति' के नाम से जाना जाता है। कृषि द्वारा भोजन की सुनिश्चित आपूर्ति और व्यवस्थित बस्तियों में जीवन ने मानव को उत्तम पोषण उपलब्ध किया तथा मानव शरीर कठोर जलवायु और मौसम को सह सकने योग्य बन गया। इसके परिणामस्वरूप जनसंख्या धीमी गति से बढ़ने लगी। दूसरा समय, जब जनसंख्या तीव्र गति से बढ़ी, वह समय 1779 का था जब मनुष्य ने जीवाश्म ईंधन को उपयोग में लाना आरम्भ किया और भाप के इंजन का आविष्कार किया। विकास की इस अवस्था को 'औद्योगिक क्रांति' का नाम दिया गया है।

मानव इतिहास में उपर्युक्त वर्णित दोनों क्रांतियों (कृषि क्रांति और औद्योगिक क्रांति) का जनसंख्या के स्थानिक वितरण पर गहरा प्रभाव पड़ा है। इन क्रांतियों ने विश्व के जनसंख्या प्रतिमानों और जनसांख्यिकी विशिष्टताओं को परिवर्तित कर दिया है।

पारिस्थितिकी दृष्टि से कृषि और औद्योगिक क्रान्तियां महत्त्वपूर्ण रही हैं, क्योंकि जनसंख्या अंकों एवं घनत्व का मानव और प्राकृतिक पर्यावरण के बीच गहरा सम्बन्ध है। यदि जनसंख्या में कमी अथवा बढ़ोतरी होती है तो भूमि उपयोग, बस्तियों के आकार, अर्थ-व्यवस्था, प्रवसन प्रतिमान (Migration Pattern) और सामाजिक गतिशीलता सहित सभी में परिवर्तन आता है। वर्तमान में जनसंख्या के वितरण और घनत्व का अध्ययन किए जाने से पूर्व संक्षेप में कृषि क्रांति से पूर्व की जनसंख्या का अध्ययन किया जाना अधिक रोचक रहेगा।

कृषि क्रान्ति से पूर्व जनसंख्या (Population Prior to Agricultural Revolution)

प्रागैतिहासिक काल सम्बन्धी विश्व की जनसंख्या के वृद्धि प्रतिमान और घनत्व के सम्बन्ध में किसी प्रकार के प्रत्यक्ष अथवा लिखित प्रमाण उपलब्ध नहीं हैं। जनसंख्या के विद्वानों ने फिर भी पारिस्थितिकी प्रमाणों के आधार पर प्राचीन समय की जनसंख्या का अनुमान लगाया है। उदाहरण के लिए 8000 ईसा पूर्व से पहले कृषि नहीं की जाती थी, इससे पूर्व मनुष्य के सभी समूहों का जीवन आखेट और संग्रहण पर निर्भर था। विश्व के कुल 15 करोड़ वर्ग किलोमीटर क्षेत्रफल में से 50 लाख वर्ग किलोमीटर का क्षेत्र हमारे आरम्भिक पूर्वजों द्वारा इसी प्रकार सफलतापूर्वक उपयोग में लिया जाता रहा था। इसी के अनुसार तथा वर्तमान की आखेटक और संग्राहक जनजातियों के घनत्व के आधार पर यह अनुमान लगाया गया है कि 8000 ई. पू. में विश्व की कुल जनसंख्या लगभग 50 लाख थी (डूरण्ड, 1973)। ये लोग पचास व्यक्तियों से कम के समूह में निवास करते थे, इनमें पुरुष मुख्यत: आखेटक थे और स्त्रियां पौधों से भोजन एकत्रित कर खिलाने का कार्य किया करती थीं। पृथ्वी पर कहीं भी जनसंख्या अधिक नहीं थी। प्रतीकात्मक दृष्टि से घनत्व चार व्यक्ति प्रति 100 वर्ग किलोमीटर रहा होगा। पृथ्वी का बहुत बड़ा भाग जनविहीन था, और प्राय: प्रत्येक समूह सापेक्षत: दूसरों से पृथक जीवन निर्वाह किया करता था। इस प्रकार का अल्प घनत्व आश्चर्यजनक नहीं है क्योंकि समूह की अर्थव्यवस्थाएं विस्तृत भूमि उपयोग के ढंग पर आधारित थीं। दूसरे शब्दों में, ये लोग भूमि की प्रति इकाई पर बिना अधिक श्रम किए अपना भोजन विस्तृत भू क्षेत्र से प्राप्त किया करते थे।

यह काल ऊंची जन्म और ऊंची मृत्यु दर का था। मृत्यु की ऊंची दर के कारण जनसंख्या वृद्धि में अवरोध रहा। संभवत: जनसंख्या वृद्धि नियंत्रित यौन क्रिया, गर्भपात, शिशु हत्या तथा गर्भ निरोधक पौधों के उपयोग द्वारा सुविचारित ढंग से भी नियंत्रित की गई थी। एक समूह के लिए धीमी जनसंख्या वृद्धि का अर्थ था कि उसका आकार उस क्षेत्र, जहां आखेट और संग्रहण किया जाता हो, उसकी वहन क्षमता से अधिक न हो सके (डेवी, 1960)।

कृषि के विकास से पूर्व जनसंख्या का वितरण केवल पुराने महाद्वीपों पर ही था। 8000 ई.पू. तक आखेटक और संग्राहक अफ्रीका से समस्त यूरोप और एशिया से लेकर

आस्ट्रेलिया और बेरिंग जलसंधि को पार कर दक्षिण की ओर अमेरिका महाद्वीप की सम्पूर्ण लम्बाई तक प्रवास कर गए। केवल अण्टार्कटिका महाद्वीप ही पूर्णतः जनविहीन रहा।

सारणी 3.1 *विश्व जनसंख्या की वृद्धि*

वर्ष	*जनसंख्या लाख में*	*वर्षों की संख्या 100 करोड़ जनसंख्या जुड़ने के लिए*
10 हजार वर्ष पूर्व	50	—
1 ई.	200	—
1000 ई.	3000	—
1750	8000	—
1850	10,000 (100 करोड़)	80
1930	20,000 (200 करोड़)	32
1962	30,000 (300 करोड़)	13
1975	40,000 (400 करोड़)	12
1987	50,000 (500 करोड़)	12
1999	60,000 (600 करोड़)	13
2011 (Oct.)	70,000 (700 करोड़)*	13
2025	80,000 (800 करोड़)*	25
2050	लगभग 90,000 (900 करोड़ या 9 अरब)*	

*प्रक्षेपित संख्याएं

स्रोत : युनाइटेड नेशन्स पॉपुलेशन रेफरेन्स ब्यूरो, 2010।

कृषि क्रान्ति (8000 ई.पू.) के आरम्भ होने और प्रथम छुट-पुट जनगणना (जो सत्रहवीं शताब्दी में की गई थी) के बीच के विभिन्न समय में जनसंख्या के आकार का अनुमान भी लगाया गया है। यह अनुमान है कि ईसा के समय समस्त मानवीय जनसंख्या 20 से 30 करोड़ के लगभग थी तथा 1650 ई. तक यह जनसंख्या बढ़ कर 50 करोड़ हो गई।

सन् 1850 में विश्व की जनसंख्या का अनुमान 100 करोड़ लगाया गया था। इसका अर्थ है कि सन् 1650 की 50 करोड़ की जनसंख्या सन् 1850 में 100 करोड़ हो गई। विश्व की जनसंख्या सन् 1930 तक पुनः दुगनी 200 करोड़ हो गई। सन् 1975 में यह संख्या बढ़ कर 400 करोड़ हो गई और 1987 में यह संख्या 500 करोड़ तथा 12 अक्टूबर 1999 को 600 करोड़ हो गई। ऐसा अनुमान है कि सन् 2015 तक यह संख्या 700 करोड़ के आसपास तक पहुँच जाएगी (सारणी 3.1)। सन् 2025 और 2050 में प्रक्षेपित जनसंख्या का लगभग 800 करोड़ और 900 करोड़ होने की संभावना है।

चित्र 3.1 *विश्व जनसंख्या वृद्धि (8000 ई.पू. से 2000 ई.पश्चात्)*

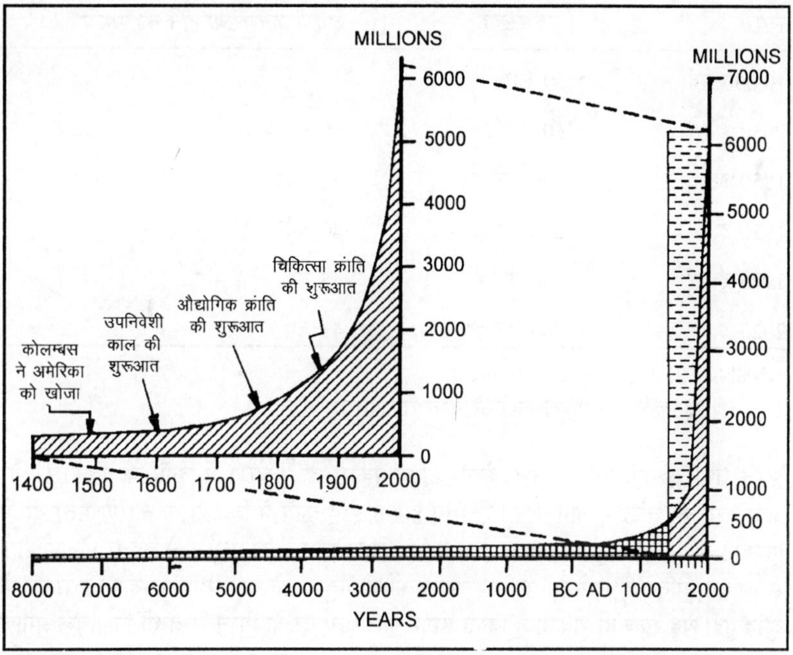

उपर्युक्त चित्र से स्पष्ट है कि लगभग 17 वीं शताब्दी के मध्य में 'जे' रेखा में मोड़ की शुरुआत होती है। औद्योगिकृत समाज में बीसवीं शताब्दी के प्रारम्भ के निकट मृत्यु-दरों में गिरावट आती है।

जनसंख्या वृद्धि प्रतिमान को चित्र 3.1 में दर्शाया गया है। इस चित्र से यह स्पष्ट हो जाता है कि जनसंख्या में वृद्धि निरन्तर होती रही है तथा वृद्धि की दर में भी तीव्रता से वृद्धि हुई है।

अनुमानों के अनुसार नव पाषाणकाल में प्रत्येक 150 वर्षों के पश्चात् जनसंख्या औसतन दुगनी होती रही है। अगली दुगनी जनसंख्या 50 करोड़ से 100 करोड़ होने में 200 वर्ष लगे और इसके बाद 100 करोड़ से 200 करोड़ होने में केवल 80 वर्ष लगे। सन् 1975 के आस-पास विश्व की जनसंख्या 400 करोड़ थी और अगले 45 वर्षों में यह पुनः दुगनी हो गई। यदि जनसंख्या वृद्धि की वर्तमान दर जारी रहती है तो यह 2015 में 800 करोड़ और 2025 में 1000 करोड़ हो जाने की संभावना है (सारिणी 3.2)।

जनसंख्या वृद्धि का इतिहास (History of Population Growth)

जैसा कि पूर्व में कहा जा चुका है कि कुछ लाख वर्ष पूर्व हमारे पूर्वज अफ्रीका तक सीमित थे और उनकी संख्या कुछ लाख में थी। किन्तु जब से हमारे पूर्वजों ने कृषि का आविष्कार किया, तब से सूचनाएं एक पीढ़ी से दूसरी पीढ़ी तक दी जाने लगीं। आखेट, संग्रहण और भोजन तैयार

सारिणी 3.2 *विश्व जनसंख्या के द्विगुणित होने का समय*

समय	*जनसंख्या*	*दुगनी जनसंख्या होने का समय*
10,000 पूर्व	50 लाख	—
1650 ई.	50 करोड़	1500 वर्ष
1850 ई.	100 करोड़	200 वर्ष
1930 ई.	200 करोड़	80 वर्ष
1975 ई.	400 करोड़	45 वर्ष
2025 ई.	800 करोड़*	43 वर्ष

* प्रक्षेपित संख्या—(Projected figures)।

स्रोत : युनाइटेड नेशन्स पॉपुलेशन रेफरेन्स ब्यूरो, 2010।

करने तथा दुश्मनों की पहचान करने की जानकारी के संचरण नें कृषि के विकास और जनसंख्या की वृद्धि में योग दिया। लगभग 8000 ई. पू. कृषि में विकास के कारण मृत्यु दर में गिरावट आई। यह अनुमान लगाया गया है कि भोजन सामग्री की प्रचुरता ने बेहतर पोषण, रोगों से अधिक प्रतिरोध करने की शक्ति, जीवन को दीर्घायु बनाने के परिणामस्वरूप जनसंख्या में वृद्धि हुई। यह सत्य हो सकता है किन्तु हमारे पास मृत्यु दर के गिरने सम्बन्धी निर्णायक प्रमाण उपलब्ध नहीं हैं। कृषि के आरम्भ होने के ठीक बाद जनसंख्या में वृद्धि हुई होगी। छोटे और अपेक्षाकृत एकाकी आखेटक और संग्राहक समुदायों की अपेक्षा घने बसे समुदायों में रोगों का फैलाव अधिक तीव्रता से हुआ होगा।

यह भी संभव है कि कृषि को अपनाए जाने के पश्चात् जन्म दर में वृद्धि के परिणामस्वरूप कुछ सामाजिक परिवर्तन हुए होंगे। नियम और दण्ड-विधान जो आखेटक और संग्राहक समूहों को छोटा रखने और उनके संसाधनों के अनुरूप बनाए जाने के लिए उपयोग में लिए जाते थे, कृषक समाज में उनको शिथिल कर दिया गया क्योंकि कृषक समाज में भोजन उत्पादन में श्रमिकों की अधिक आवश्यकता होती थी।

इसके अतिरिक्त अन्य प्रमाण भी हैं जो यह सिद्ध करते हैं कि कृषि के आगमन के पश्चात् जनसंख्या में वृद्धि तीव्र गति से हुई। आखेटक और संग्राहकों की जीवित जनसंख्या जैसे कुंग (कालाहारी के बुशमैन) के प्रमाणों के आधार पर इस विचार की पुष्टि से यह निष्कर्ष निकलता है कि हमारे आखेटक और संग्राहक पूर्वज जान-बूझकर अपने बच्चों के जन्म में अन्तर रखा करते थे। घुमक्कड़, आखेटक और संग्राहकों में बच्चों में अन्तर रखे जाने की आवश्यकता इस कारण पड़ी होगी क्योंकि माताओं को एक से अधिक बच्चों को लाने-ले-जाने में कठिनाई रही होगी, इस कारण घुमक्कड़ आखेटक और संग्राहकों द्वारा बच्चों में अन्तर रखे जाने की आवश्यकता रही होगी। अन्य, दूसरा कारण प्रत्येक बच्चे को तीन वर्ष तक पालने की आवश्यकता रही होगी क्योंकि शीघ्र दूध

छुड़ाने के लिए पर्यावरण में तरल भोजन का अभाव रहा होगा। इसके अतिरिक्त, ऐसा भी प्रतीत होता है कि लम्बी अवधि तक माताओं का दूध पिलाया जाना भी जनन प्रक्रिया को दबाए रखने में सहायता करता है। आखेटकों और संग्राहकों में जब बच्चा जल्दी पैदा हो जाता होगा अथवा अभाव की स्थिति में, शिशु हत्या की प्रथा का विस्तृत रूप में प्रचलन रहा होगा। प्रशान्त महासागर के द्वीपों में निवास कर रहे पोलीनेशियन्स में भी शिशु हत्या, बहु-पति प्रथा, भूमिहीन छोटे पुत्रों को अविवाहित रखने, बच्चे के जन्म के कुछ समय बाद तक यौन क्रिया को विराम देने और गर्भपात जैसे साधन व्यवहार में थे। इन प्रमाणों से ऐसा प्रतीत होता है कि आखेटक और संग्राहक लोग बच्चों के जन्म में अन्तर रखने की प्रथा को व्यवहार में लाते थे।

जब मानव ने कृषि कार्य आरम्भ किया, बच्चों के जन्म में अन्तर रखे जाने की अनिवार्यता विलुप्त हो गई और जनसंख्या तीव्र गति से बढ़ने लगी। यह सामान्यत: स्वीकार किया गया है कि कृषि और ऊंची जन्म दर दोनों साथ-साथ चलती हैं। इसका मुख्य कारण यह है कि कृषक परिवारों के लिए बच्चों का आर्थिक महत्त्व माना गया है। दूसरे शब्दों में, कृषक समाज में बच्चों को आर्थिक अधिलाभ (बोनस) के रूप में माना जाता है। ये बच्चे खेतों पर अतिरिक्त हाथ के रूप में जाने जाते हैं और वृद्धावस्था में अपने माता-पिता की सेवा करते हैं। कृषि क्रांति के पश्चात् जनसंख्या में निरन्तर वृद्धि नहीं रही। सभ्यताएं विकसित हुईं, फली-फूलीं और विघटित हो गईं, अच्छे और बुरे मौसम के काल आए तथा अकाल, महामारी और युद्धों ने भी जनसंख्या का विनाश किया। जन्म और मृत्यु दरों में अस्थिरता के होते हुए भी कृषि ने न केवल बसे हुए ग्रामीण जीवन के घनत्व के अस्तित्व को अवसर प्रदान किया वरन् विस्तृत पैमाने पर सहकारी जोखिम, श्रम की विशिष्टताएं, दस्तकारी का विकास (मिट्टी के बर्तन आदि) तथा सामाजिक स्तरीकरण को भी बढ़ावा दिया। सिंचाई व्यवस्था में वृद्धि और विकास तथा कस्बों और नगरों के उद्‌भवों ने कुछ विशिष्ट वर्ग के हाथों में आर्थिक शक्ति केन्द्रित कर दी, जो अधिकांश भोजन एवं भूमि संसाधनों को नियंत्रित करते थे। समाज का एक बड़ा भाग कृषकों और श्रमिकों का था जो भूमि पर कार्य कर अतिरिक्त भोजन का उत्पादन करता था। इसी पर समस्त सामाजिक ढांचा निर्मित था।

मानव इतिहास के मध्य काल की अवधि में वाणिज्य और व्यापार को अधिक महत्त्व दिया गया। इसके परिणामस्वरूप कस्बों और नगरों का विकास हुआ और उपभोग वस्तुओं की मांग में वृद्धि हुई। यह वह समय था जब भूस्वामी (जमींदार) अधिकाधिक भूमि पर कृषि करने लगे। धीरे-धीरे यूरोप में कृषि ने एक बड़े व्यापार का रूप ले लिया। जीवन-प्रत्याशा (एक शिशु के जीवित रहने के वर्षों की सम्भावना), यद्यपि पैंतीस वर्ष से नीचे रही। विश्व जनसंख्या को दुगनी होने में एक हजार वर्ष लगे। औद्योगिक क्रांति से पूर्व विश्व की जनसंख्या की उल्लेखनीय विशेषता ऊंची शिशु मृत्यु दर, लघु जीवन-प्रत्याशा (Life expectancy), आवर्ती अकाल और अल्प पोषण, महामारियों की प्रचुरता, ऊँची जन्म और मृत्यु दर और मृत्यु की व्यापक अस्थिरता और जन्म-दर की अधिकता जैसी परिस्थितियों के परिणामस्वरूप यद्यपि जनसंख्या गिरावट लम्बी अवधि

तक हुई, किन्तु इसके बाद छोटी अवधि के पुनरुत्थान काल भी रहे। एक लम्बी अवधि तक जनसंख्या में धीमी वृद्धि इसका परिणाम रहा।

जनसंख्या वृद्धि में दूसरा प्रमुख मोड़ औद्योगिक क्रांति के द्वारा आया (चित्र 3.2)। औद्योगिक क्रांति ने शक्ति चालित यंत्रों की सहायता से उत्पादन में सुव्यवस्था उत्पन्न कर दी। इसका परिणाम प्रति व्यक्ति उत्पादन में वृद्धि और सम्पत्ति का तीव्रता से संचयन हो सका। इस औद्योगिक क्रांति का विशेष लक्षण, पशु, पवन और जल शक्ति के अतिरिक्त जीवाश्म ईंधन, मुख्यत: कोयले के रूप में शक्ति उपलब्ध कराना था। जीवाश्म ईंधन के उपयोग ने तेजी से उत्पादन में वृद्धि की क्योंकि मानवीय प्रयास को शक्ति चालित यंत्रों द्वारा पूरा किया जाने लगा। यूरोप और उत्तरी अमेरिका में औद्योगिक क्रांति द्वारा एक नए समाज का सृजन हुआ जिसमें प्राथमिक क्रियाएं (कृषि, वानिकी, खनन और मत्स्य) कम की जाने लगीं और द्वितीयक (उत्पादन) और तृतीयक (सेवाएं) क्रियाओं की भूमिका में महत्त्वपूर्ण वृद्धि हुई। इसने राष्ट्रीय अर्थव्यवस्था में विभिन्नता उत्पन्न की। मानवीय प्रयास के स्थान पर अथवा उसके सहयोग से मशीनों का उपयोग अधिकाधिक किया जाने लगा। इन मशीनों के निर्माण और उनके रख-रखाव के लिए वैज्ञानिक ज्ञान की आवश्यकता थी। उत्पादन की इकाई परिवार हो गया। अब प्रादेशिक, राष्ट्रीय और अन्तर्राष्ट्रीय बाजारों में बेचे जाने के लिए उत्पादन किया जाने लगा। आर्थिक क्रियाओं का विशिष्टीकरण किया गया। ग्रामीण क्षेत्रों से जनसंख्या नगरीय क्षेत्रों की ओर आकर्षित होने लगी तथा प्रति व्यक्ति उत्पादन में काफी वृद्धि हुई।

औद्योगिक क्रांति के समय नगरीय जनसंख्या में तीव्रता से वृद्धि हुई। नवीन औद्योगिक नगरों में परिवारों का जीवन स्तर, विशेषकर निर्धन परिवारों का, निम्न स्तर का

चित्र 3.2 *मानव इतिहास में नवाचार की दर*

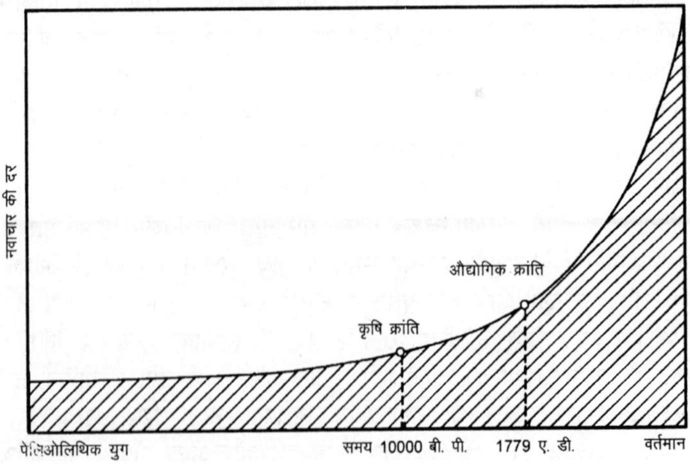

N.B.=B.P.=Before Present,(8000B.C.+2000 A.D.)=10,000B.P.

था। इसके परिणामस्वरूप घनी आबादी और अस्वास्थ्यकर नगरीय वातावरण में रोग फैले और दूषित जल के कारण प्राय: हैजे के कारण मृत्यु दर में वृद्धि हुई। इसी प्रकार, उत्पादन प्रक्रियाओं द्वारा उत्पन्न अपशिष्ट पदार्थों के कारण हवा, भूमि और जल प्रदूषित होने लगे। औद्योगिक क्रांति के प्रारम्भिक काल में शिक्षा व्यवस्था अधिक विकसित नहीं थी, साक्षरता दर बहुत कम थी तथा जीवन स्तर भी निम्न था। औद्योगिक क्रांति के परिणामस्वरूप अशिक्षित कृषकों द्वारा विकसित होते हुए नगरों की ओर पलायन से अनेक सामाजिक-आर्थिक और सांस्कृतिक समस्याएं उत्पन्न हो गईं।

चित्र 3.3 *विश्व जनसंख्या के आँकड़े एवं प्रक्षेपण*

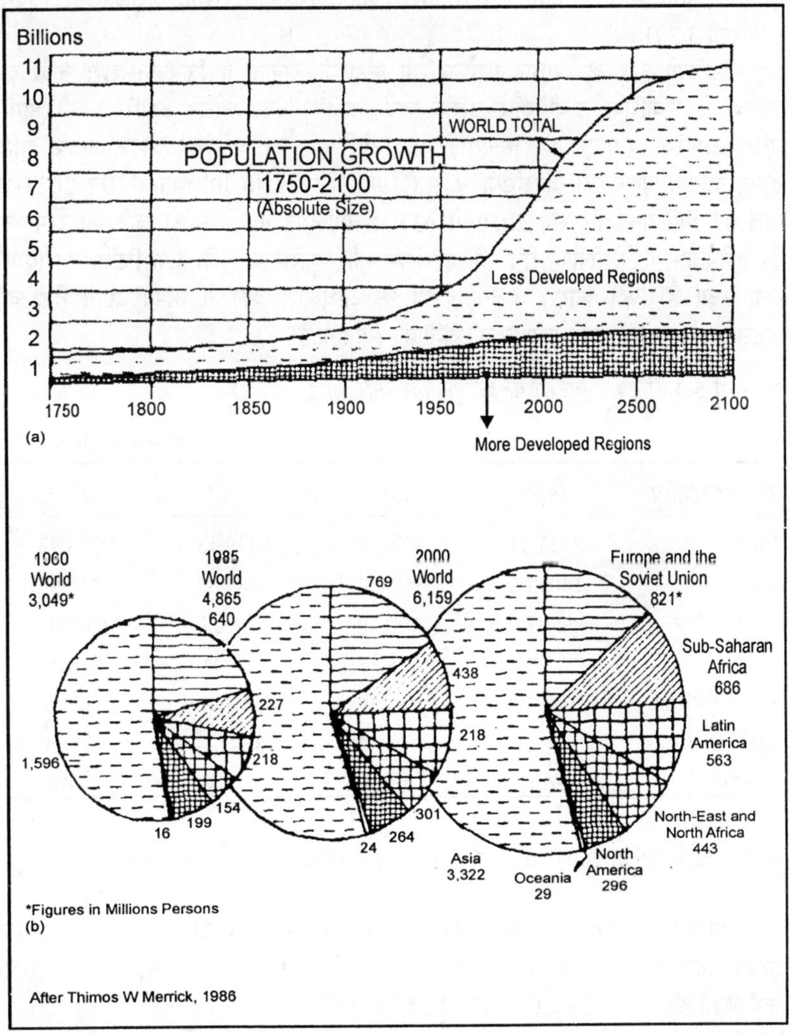

अतएव, यह स्पष्ट है कि विश्व की जनसंख्या में पिछली कुछ शताब्दियों में अत्यधिक वृद्धि हुई है, किन्तु वृद्धि की दर सन् 1900 के पश्चात् अधिक तीव्र हुई तथा पिछले सात दशकों में विशेष कर द्वितीय महायुद्ध के पश्चात् और अधिक तीव्रता से जनसंख्या में वृद्धि हुई है (चित्र 3.3, सारिणी 3.1)।

जनसंख्या की वृद्धि में जो विस्मयकारी वृद्धि हुई, उसे इस प्रकार समझा जा सकता है कि सन् 1950 में विश्व की सम्पूर्ण जनसंख्या 2,523 मिलियन थी, जो 48 वर्षों में दुगनी से भी अधिक हो कर सन् 1999 में 6 बिलियन (600 करोड़) हो गई। वर्तमान वृद्धि दर के हिसाब से विश्व की अनुमानित जनसंख्या सन् 2025 में 8039 मिलियन (लगभग 800 करोड़) और सन् 2050 में 9000 मिलियन (900 करोड़) हो जाएगी (सारिणी 3.3)।

सारिणी 3.3 के आधार पर यह भी कहा जा सकता है कि जनसंख्या वृद्धि दर एशिया में सर्वाधिक ऊँची और उसके बाद अफ्रीका और लेटिन अमेरिका की होगी। एंग्लो-अमेरिका (यू.एसए., कनाडा) और ओसेनिया की जनसंख्या में उपान्तिक वृद्धि होगी, जबकि यूरोप की जनसंख्या में सन् 1998 में 729.40 मिलियन से सन् 2025 में 701.07 मिलियन और सन् 2050 में 637.58 मिलियन तक कम हो जाने की संभावना है। यूरोपवासियों के लिए यूरोप की जनसंख्या की नकारात्मक वृद्धि एक चिन्ता का विषय बना हुआ है। यही कारण है कि यूरोप के अधिकांश देशों ने अपने-अपने देश की जनसंख्या बढ़ाने के लिए प्रोत्साहन की नीति को अपनाया है।

सारिणी 3.3 *विश्व : जनसंख्या का आकार और वृद्धि*

(जनसंख्या मिलियन में)

विश्व/महाद्वीप	*1950*	*1998*	*2025**	*2050**
विश्व	2523.87	5929.83	8039.13	9366.72
एशिया	1402.02	3588.87	4784.83	5442.56
यूरोप	547.31	729.40	701.07	637.58
अफ्रीका	223.97	778.48	1453.89	2046.40
लेटिन अमेरिका	149.29	462.59	641.40	754.20
एंग्लो-अमेरिका	171.61	304.07	369.01	384.05
ओशेनिया	126.12	294.60	40.68	45.68

* प्रक्षेपित संख्याएं

स्रोत: वर्ल्ड रिसोर्सेज़, 2009-2010, वर्ड रिसोर्स इन्सटीट्यूट, यू.एन.ओ., न्यूयार्क।

प्रत्येक वर्ष, विश्व की जनसंख्या में लगभग 90 मिलियन की वृद्धि होती है, अर्थात् प्रत्येक सेकेण्ड में 2.8 व्यक्ति और बढ़ जाते हैं। अनुमान है कि कम से कम सन् 2050 तक विश्व की जनसंख्या में इसी प्रकार वृद्धि होती जाएगी।

सारणी 3.4 से यह बताया जा सकता है कि सन् 2001 की जनसंख्या के अनुसार चीन विश्व में प्रथम है। यह जनसंख्या 1,360 मिलियन और विश्व जनसंख्या का यह 23 प्रतिशत है। इसके बाद भारत का स्थान है जिसकी जनसंख्या 1210 मिलियन (2011) है। यह विश्व जनसंख्या का 17.64 प्रतिशत है। इस क्रम में अमेरिका का तृतीय स्थान (304 मिलियन) और इंडोनेशिया का चतुर्थ स्थान (229 मिलियन) है। पाँच से लेकर आठ तक स्थान ब्राजील, पाकिस्तान, बंग्लादेश और रुस (संघ) का है। इसके बाद जापान का स्थान आता है जिसकी जनसंख्या 128 मिलियन है।

सारणी 3.4 *चुने हुए देश—आकार, वृद्धि और जनसंख्या की दुगनी अवधि (2010)*

देश	***जनसंख्या (मिलियन में)***	***जनसंख्या के दुगने होने के वर्ष***
चीन	1360	65
भारत	1210	36
यू. एस. ए.	304	120
इन्डोनेशिया	229	40
ब्राजील	193	45
पाकिस्तान	165	28
बांग्लादेश	147	30
रूस (संघ)	141	अनन्तकाल (Infinite time)
जापान	128	350
नाइजीरिया	137	28
मैक्सिको	109	35
जर्मनी	82.7	अनन्तकाल (Infinite time)
ईरान	71.2	30
मिस्त्र	76.0	32
यू. के.	60.0	300
फ्रांस	60.9	200
विश्व	60.80	45

अनुमान है कि वर्तमान वृद्धि दर प्रक्षेपित संख्याओं में बदलाव नहीं करेगी।

2010-2011 की जनगणना

स्रोत: 1. ह्यूमन डेवलपमेन्ट रिपोर्ट 2010, ऑक्सफोर्ड युनिवर्सिटी प्रेस, नई दिल्ली।

2. सेन्सस ऑफ इन्डिया, 2011।

सारणी 3.4 में कुछ चयनित देशों के सन् 2001 और 2025 के बीच जनसंख्या में दुगनी वृद्धि को दर्शाया गया है। यहां यह जानना रुचिकर है कि ईरान की जनसंख्या केवल 30 वर्षों में दुगनी हो जाएगी। इसके बाद नाइजीरिया (28 वर्ष) और पाकिस्तान (28 वर्ष) का स्थान आता है। इन अनुमानों के अनुसार, बंग्लादेश की जनसंख्या 30 वर्षों में और भारत की 36 वर्षों में दुगनी हो जाएगी।

सारणी 3.4 से एक तथ्य और सामने आता है कि यू.के., फ्राँस, जापान और यू.एस.ए. की जनसंख्या में वृद्धि बड़ी मन्थर गति से हो रही है। इन देशों की जनसंख्या यू.के. की 300 वर्षों में, जापान की 350 वर्षों में, फ्राँस की 200 वर्षों में और यूएसए. की 120 वर्षों में दुगनी होने का अनुमान है। रूस और जर्मनी दो ऐसे देश हैं जिनकी जनसंख्या अनन्तकाल (Infinite time) वर्षों में भी दुगनी नहीं हो पाएगी। इसके विपरीत, रूस, जर्मनी और अन्य विकसित देशों में जनसंख्या की नकारात्मक वृद्धि का सिलसिला इसी प्रकार चलता रहा तो यूरोप के अधिकांश भाग में जनसंख्या का अभाव (वि-जनसंख्याकृत) हो जाएगा। इसी पृष्ठभूमि को ध्यान में रखकर यूरोप के अधिकांश देशों में जनसंख्या वृद्धि को प्रोत्साहित करने की नीति को बनाया जा रहा है। ये देश एक तरफ बड़े परिवारों के लिए प्रलोभन दे रहे हैं तो दूसरी ओर कई यूरोपीय सरकारें आव्रजन की नीति को उदार बनाने की सोच रही हैं।

सारणी 3.5 *कुछ चुने हुए देश—आकार, वृद्धि और जनसंख्या का प्रतिशत*

देश	*जनसंख्या (मिलियन में)*			
	2010	***प्रतिशत***	***2025****	***प्रतिशत***
चीन	1360	23.0	1441	23.0
भारत	1210 (2011)	17.64	1395	19.38
यू.एस.ए.	304	5.00	332.4	4.74
इन्डोनेशिया	229	3.50	275	4.07
ब्राजील	185	2.80	216	2.80
पाकिस्तान	192.5	2.60	268.9	3.93
रूस	145.4	2.43	131	1.99
बांग्लादेश	147.5	2.15	180	2.96
जापान	128	2.13	121	1.75
विश्व	6903	—	8039	100.00

* प्रक्षेपित संख्याएं

स्रोत: 1. ह्यूमन डेवलपमेन्ट रिपोर्ट, 2010, ऑक्सफोर्ड युनिवर्सिटी प्रेस, नई दिल्ली

2. सेन्सस ऑफ इन्डिया, 2011।

सारिणी 3.5 में कुछ चुने हुए देशों की जनसंख्या के आकार, वृद्धि और जनसंख्या प्रतिशत के आँकड़े दिए गए हैं जो कुछ रोचक बातों को उजागर करते हैं। उदाहरणार्थ, सन् 2025 में चीन की कुल जनसंख्या 1441 मिलियन हो जाएगी, जो विश्व की जनसंख्या की 23.0 प्रतिशत होगी। सन् 2011 की जनसंख्या के अनुसार भारत की कुल जनसंख्या 1210 मिलियन हो गई जो विश्व जनसंख्या की लगभग 17.64 प्रतिशत है। यह जनसंख्या सन् 2025 में बढ़ कर 1,395 मिलियन हो जाएगी जो विश्व जनसंख्या की 19.38 प्रतिशत होगी (सारिणी 3.5)।

इसके विपरीत, यू.एस.ए. की जनसंख्या का प्रतिशत भाग जो कि सन् 2001 में 5.20 प्रतिशत था, वह घट कर सन् 2025 में 4.74 प्रतिशत हो जाएगा। आने वाले दशकों में विश्व जनसंख्या में जापान और ब्राजील ऊा हिस्सा भी कम होगा, जब कि पाकिस्तान और बांग्लादेश की जनसंख्या में अप्रत्याशित भारी वृद्धि होगी। सन् 2010 में पाकिस्तान की जनसंख्या 192.5 मिलियन थी जिसकी सन् 2025 में 268.9 मिलियन हो जाने की संभावना है। विश्व जनसंख्या में इसका हिस्सा सन् 2010 में 2.6 प्रतिशत से बढ़ कर सन् 2025 में लगभग 3.93 प्रतिशत हो जाएगा। जनसंख्या की यही प्रवृति बांग्लादेश में रहने की संभावना है जो सन् 2025 में 180 मिलियन और विश्व जनसंख्या में इसका लगभग 3 प्रतिशत हो जाएगा (सारिणी 3.5)।

विश्व जनसंख्या वितरण को प्रभावित करने वाले कारक
(Factors Influencing Distribution of World Population)

विश्व जनसंख्या के असमान वितरण के लिए निम्न कारक उत्तरदायी हैं—

(i) कृषि योग्य भूमि और जल की उपलब्धता,

(ii) सभ्यता का युग,

(iii) स्थानों की सुलभता, तथा

(iv) राष्ट्रीय सीमाओं के अवरोध।

1. कृषि योग्य भूमि और जल की उपलब्धता
(Availability of Arable Land and Water)

कृषि योग्य भूमि और जनसंख्या के केन्द्रीकरण में निकट का सम्बन्ध पाया जाता है। मैदानी क्षेत्रों में जहां कृषि उपज के लिए उर्वरा भूमि है तथा उपयुक्त जलवायु (तापक्रम और वर्षा) पाई जाती है, वे ही प्रदेश अधिक जनसंख्या घनत्व वाले क्षेत्र भी हैं। आज भी विश्व की 50 प्रतिशत से अधिक जनसंख्या अपनी आजीविका के लिए कृषि पर ही आश्रित है। इसके परिणामस्वरूप, गहन कृषि वाले क्षेत्र, अधिक जनसंख्या घनत्व के क्षेत्र हैं। दूसरे शब्दों में, कृषि योग्य भूमि के वितरण और विश्व जनसंख्या वितरण में सकारात्मक सह सम्बन्ध पाया जाता है। न केवल मैदानी भागों में जहां कहीं भी कृषि संभव है, वरन् मनुष्य ने अपने प्रयासों से पर्वतीय ढालों पर सीढ़ीदार खेत बनाकर (जैसे कोहिमा के निकट नागालैण्ड में अंगामी

जनजातियों के लोगों द्वारा किया गया है), ठण्डी जलवायु में हरित ग्रह (Green House) को गर्म रख कर (हॉलैण्ड, फ्रांस, डेन्मार्क, नार्वे, स्वीडन, रूस आदि) और मरुस्थलीय भागों में सिंचाई (नीलघाटी, तुर्कमेनिस्तान और भारत में राजस्थान के जैसलमेर, बीकानेर, गंगानगर आदि जिलों में) कृषि का विकास किया गया है।

फिर भी, कृषि योग्य भूमि और जनसंख्या के वितरण क्षेत्रों की तुलना में कई समानताएं पाई जाती हैं। भारत के वृहत् मैदानी भाग और चीन के पूर्वी मैदान में जनसंख्या का घनत्व सर्वाधिक पाया जाता है। यही स्थिति नीलघाटी, दजला-फ्रात, स्थर और अमु की घाटियों में है, जो कि जलवायु की दृष्टि से एक मरुस्थलीय क्षेत्र है, सिंचाई से कृषि संभव हो सकी है।

2. सभ्यता का युग (Age of Civilization)

दूसरा अत्यधिक महत्त्वपूर्ण कारक जो जनसंख्या वृद्धि, घनत्व और इसके वितरण को प्रभावित करता है, वह सभ्यता का युग है। सामान्यत: एक स्थान जो लम्बे समय तक निरन्तर कृषकों द्वारा उपयोग में लाया जाता रहा हो, वहां जनसंख्या अधिक होगी और घनत्व भी अधिक होगा। पूर्वी चीन और गंगा-सिन्धु मैदानों में लम्बे समय से गहन कृषि का इतिहास रहा है वहां जनसंख्या का घनत्व पाया गया है। इसके विपरीत, संयुक्त राज्य अमेरिका के मिसीसीपी का मैदानी भाग, यद्यपि समान रूप से उपजाऊ है किन्तु यहाँ कृषि केवल 17वीं शताब्दी के बाद ही प्रारम्भ की गई है। इसके परिणामस्वरूप संयुक्त राज्य अमेरिका के उपजाऊ मैदानी भाग सापेक्षत: विरल जनसंख्या के क्षेत्र हैं। दक्षिण-पूर्वी आस्ट्रेलिया के मैदान, दक्षिण अफ्रीका और अर्जेन्टाइना पम्पास क्षेत्र के बारे भी यही बात सत्य है।

3. स्थानों की सुलभता (Accessibility of Places)

स्थानों और प्रदेशों की सुलभता भी जनसंख्या वृद्धि और उसके वितरण में एक महत्त्वपूर्ण निर्धारक कारक है। कृषि के कम ऊपजाऊ क्षेत्र किन्तु औद्योगिक दृष्टि से विकसित समाज के लोग द्वितीयक और तृतीयक खण्ड के कार्यों पर निर्भर रहते हैं और अधिकांश उद्योग ऐसे स्थानों पर स्थित होते हैं जहां सुगमता से पहुँचा जा सकता है। सुलभ स्थान वे स्थान होते हैं जो यातायात के साधनों द्वारा सुगमता से अन्य स्थानों से जुड़े होते हैं। उत्पादन और व्यापार आधारित अर्थव्यवस्था में सुलभता एक अत्यधिक महत्त्वपूर्ण कारक है। कोलकाता, मुम्बई, दिल्ली, लाहौर, ढाका, चेन्नई, कराची, रोटरडम, शिकागो, रोम, सिकन्द्रिया, जकार्ता, लागोस, अदन, सिंगापुर और टोकियो जैसे नगरों की अवस्थिति का आर्थिक लाभ रोजगार सुविधाओं में मिलता है जो बड़ी जनसंख्या को आकर्षित करते हैं। ये सघन जनसंख्या वाले केन्द्र दोनों ही प्रकार, प्राकृतिक जनसंख्या की वृद्धि तथा अतिरिक्त जनसंख्या के लिए बाजार उपलब्ध कर अधिक आर्थिक सुविधाओं का सृजन कर विकास करते हैं। परिणामस्वरूप, ये समूहन (Agglomerations) जहाँ लोग कई पीढ़ियों से (पश्चिमी यूरोप) औद्योगिक कार्यों में लगे रहते हैं, सघन जनसंख्या के केन्द्र बन जाते हैं।

4. *राष्ट्रीय सीमाओं का अवरोध* **(Restrictions of National Boundaries)**

प्रत्येक देश की अपनी अन्तर्राष्ट्रीय सीमाएं होती हैं। अन्तर्राष्ट्रीय नियमों के अन्तर्गत एक देश के नागरिक को दूसरे देश की सीमाओं के उलंघन की अनुमति नहीं होती है। इस रुकावट के कारण अधिक जनसंख्या वाले देशों से लोग कम घनत्व वाले विकसित देशों में प्रवेश नहीं कर सकते हैं। उदाहरण के लिए, बांग्लादेश में जनसंख्या का सघन घनत्व है, जबकि आस्ट्रेलिया, ब्राज़ील, कनाडा और संयुक्त राज्य अमेरिका में जनसंख्या का घनत्व कम है। राष्ट्रीय सीमाओं का अवरोध न होने की स्थिति में बांग्लादेश की जनसंख्या बेहतर आजीविका कमाने के लिए संयुक्त राज्य अमेरिका और कनाडा जा सकती थी। इस प्रकार का अन्तर्राष्ट्रीय प्रवसन (Migration) बहुत ही सीमित है, मुख्यत: इसलिए कि अधिकांश राष्ट्र नए आप्रवासी (Immigrants) समूहों को अपने देश में आने की अनुमति प्रदान नहीं करते। आस्ट्रेलिया, कनाडा, रूस और न्यूजीलैण्ड जैसे देशों में काफी अधिक संसाधन संभावनाएं हैं किन्तु ये देश भी आप्रवासियों को आने की अनुमति नहीं देते जब तक कि वे तकनीकी और शिक्षा की दृष्टि से उत्कृष्ट नहीं होते। दूसरे शब्दों में, व्यक्तियों के अन्तर्राष्ट्रीय प्रवसन के लिए राजनैतिक अवरोध एक महत्त्वपूर्ण कारक है जो विश्व जनसंख्या के वर्तमान प्रतिमान को स्पष्ट करने में सहायता करता है। यद्यपि, पूर्व में वृहत प्रवसनों ने विश्व की जनसंख्या के प्रतिरूप को परिवर्तित किया है, किन्तु इस प्रकार के स्थानान्तरण को हाल के दशकों में कठोरता से कम कर दिया गया है। अधिकांश सरकारें आप्रवसन (Immigrants) को सीमित रखती हैं और कई देश उत्प्रवास (Emigration) को भी नियंत्रित रखते हैं।

विश्व संसाधन 1998-2000 (विश्व संसाधन संस्थान, 2000) के अनुसार अक्टूबर 1999 में विश्व की जनसंख्या 600 करोड़ के ऊपर चली गई है, किन्तु भावी भोजन उत्पादन की दृष्टि से जनसंख्या वृद्धि दर अधिक महत्त्वपूर्ण है जो विश्व की 1950 के बाद की विशिष्टता रही है और जो 21वीं शताब्दी के लिए और अन्त:प्रादेशिक जनसंख्या वृद्धि दर के अन्वेषण का आधार है।

चित्र 3.3 से यह देखा जा सकता है कि 1950 से जनसंख्या की वृद्धि दर में तीव्रता से बढ़ोतरी हुई है। जनसंख्या केवल 43 वर्षों में दुगनी हो गई है, जो पूर्व में हजारों वर्षों में दुगनी होती थी। यहां तक कि 1850 और 1950 के बीच भी जनसंख्या वृद्धि दर बहुत धीमी थी (सारिणी 3.2)। यह प्रवृत्ति चौंकाने वाली है और जबकि यह बढ़ती हुई जीवन-प्रत्याशा (Life Expectancy) और सुधरी हुई स्वास्थ्य सेवाओं को प्रतिबिम्बित करती है और ये पृथ्वी के संसाधनों और भोजन उत्पादन तंत्र पर बढ़ते दबाव को भी प्रतिबिम्बित करती है।

चित्र 3.4 में जनसंख्या की वृद्धि की प्रवृति को दर्शाया गया है। इससे प्रकट होता है कि सर्वाधिक महत्वपूर्ण जनसंख्या वृद्धि विकासशील देशों में हो रही है जहां विश्व की लगभग 75 प्रतिशत जनसंख्या निवास करती है। यद्यपि विश्व स्तर पर कई देशों में जनसंख्या की दरें धीरे-धीरे घट रही हैं, विशेषत: विकसित विश्व में जनांकिकी संक्रमण

चित्र 3.4 *विश्व जनसंख्या बढ़ोतरी की दरें*

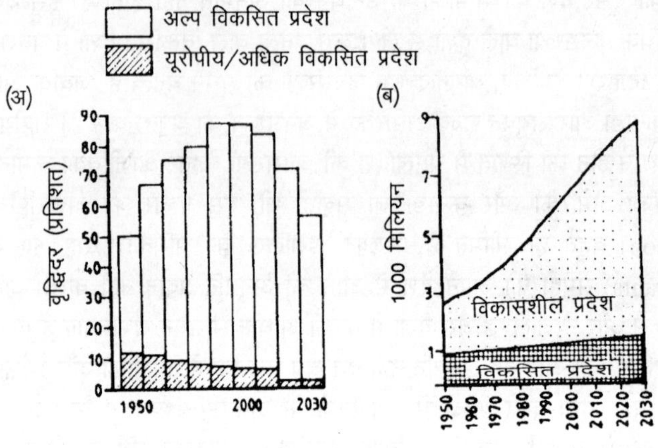

(अ) जनसंख्या वृद्धि 1950-2010 (यू. एन. ओ. 1986)

(ब) सन् 1950 से जनसंख्या वृद्धि की औसत वार्षिक दर

का अनुभव किया गया है। इन देशों में जनसंख्या वृद्धि की स्थिति से जनसंख्या संतुलन की ओर बढ़ रही है। फिर भी, कई ऐसे विकासशील देश हैं जहां जनसंख्या वृद्धि दर 3 प्रतिशत प्रति वर्ष से अधिक है। इनमें से अधिकांश देश अफ्रीका में हैं जिनमें लगभग 30 वर्षों में जनसंख्या दुगनी होने की संभावना है (चित्र 3.5)। विश्व के अन्य विकासशील देशों में जनसंख्या वृद्धि दर कम हो रही है, दक्षिण अमेरिका में घटने की दर यद्यपि कम है, जबकि चीन की जनसंख्या वृद्धि दर पिछले एक दशक (1991-2000) में आधी रह गई है। सिअरा लेऑन में जीवन-प्रत्याशा 40 वर्ष है, जबकि गिनी और गाम्बिया दोनों में 40 वर्ष है। भारत और पाकिस्तान में औसत आयु 65 और 67 वर्ष है, जबकि फ्रांस में 80, जर्मनी में 81 और जापान में 83 वर्ष है (सारिणी 3.6)।

विकासशील और विकसित विश्व की जनसंख्या रचना में भी महत्वपूर्ण अन्तर है। सन् 2011 की अनुमानित जनसंख्या के अनुसार, विकसित देशों में केवल 20 प्रतिशत जनसंख्या 15 वर्ष से कम आयु समूह की है और 65 वर्ष से ऊपर के आयु समूह वाले व्यक्तियों का अनुपात 18–20 प्रतिशत है, जबकि विकासशील देशों में 15 वर्ष से कम आयु वालों का प्रतिशत 32–46% है और लगभग 8 प्रतिशत व्यक्ति 60 वर्ष से ऊपर के हैं (देखिए अध्याय 7)। अतएव, उन्नत स्वास्थ्य रक्षा के साथ उच्च प्रजनन दर और जनसंख्या के एक बड़े हिस्से का प्रजनन वर्षों में प्रवेश, प्रजनन दर में गिरावट होते हुए भी भविष्य में उच्च जन्म दर को बनाए रखने में एक प्रकार की अन्त:निर्मित गति प्रदान करते हैं।

चित्र 3.5 *प्राकृतिक बढ़ोतरी की वार्षिक दरें*

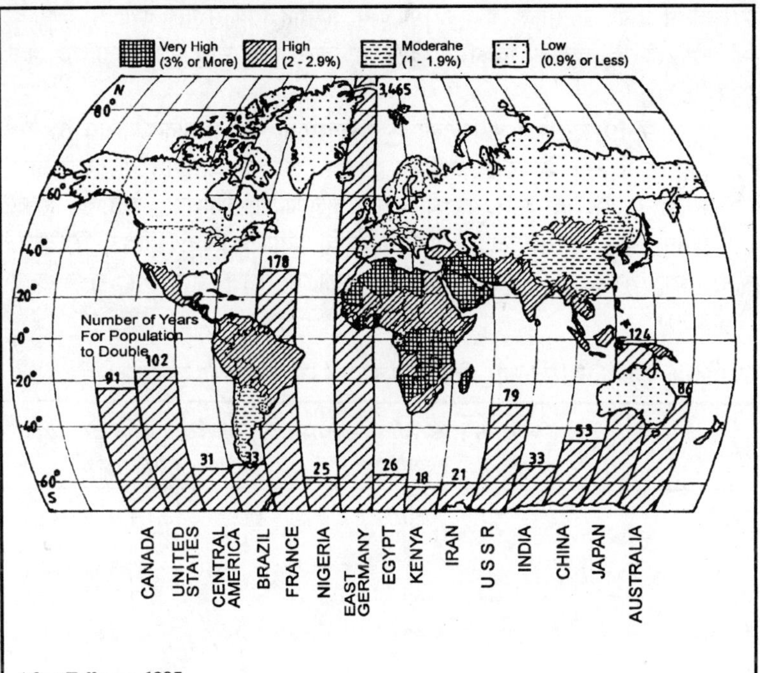

After Fellmon, 1985

चित्र 3.6 *विश्व की जन्म एवं मृत्यु दरें*

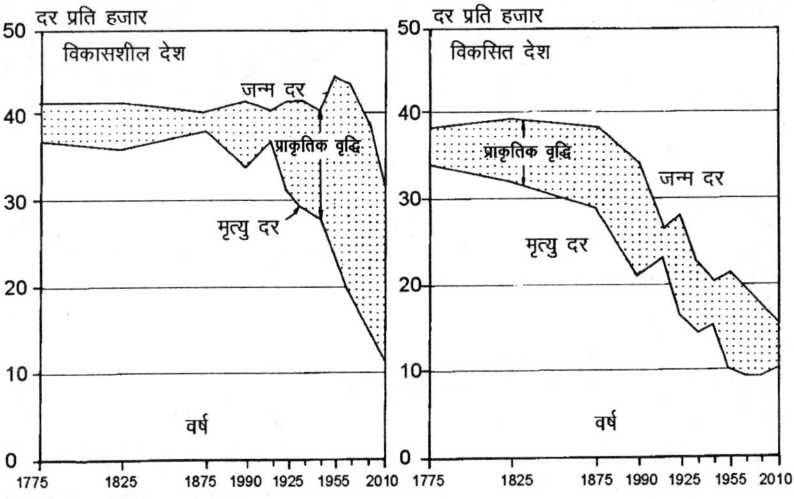

जनसंख्या की जन्म दर एवं मृत्यु दर (1775-2010) चित्र 3.6 में दिखाई गई है। इस चित्र से देखा जा सकता है कि 1945 के पश्चात् विकासशील देशों में जन्म दर में कमी हो रही है, जबकि विकसित देशों में जन्म तथा मृत्यु दर दोनों ही कम हैं (चित्र 3.6)।

यूरोप में 19 देश ऐसे हैं जिनकी कुल जनसंख्या के 17 प्रतिशत लोग 65 वर्ष से ऊपर आयु के हैं और केवल 20 प्रतिशत लोग 15 वर्ष के आसपास या इससे नीचे की आयु के हैं। ये देश हैं: आस्ट्रिया, बेल्जियम, बुलगारिया, क्रोशिया, डेनमार्क, फिनलैंड, फ्राँस, जर्मनी, ग्रीस, हंगरी, इटली, लातविया, नार्वे, पुर्तगाल, स्पेन, स्वीडन, स्विट्जरलैंड, यूक्रेन, और यूनाइटेड किंगडम। विकसित देशों में शिशु मृत्यु दर बहुत कम हैं (चित्र 3.7)।

सारणी 3.6 *कुछ विकसित और विकासशील देशों की जनसंख्या वृद्धि दर*

देश	*जन्म के समय जीवन-प्रत्याशा (आयु)*	*जनसंख्या वृद्धि दर 2011 में (प्रतिशत में)*
बांग्लादेश	60	1.9
नेपाल	58	2.4
भारत	65	1.7
पाकिस्तान	67	2.7
इण्डोनेशिया	69	1.5
नाइजीरिया	60	2.7
चीन	73	0.5
दक्षिण कोरिया	77	0.9
यू. के.	79	0.3
जापान	83	0.3
फ्रांस	80	0.5
जर्मनी	81	– 0.1
संयुक्त राज्य अमेरिका	79	1.0
रूस	73	– 0.1

स्रोत: 1. विश्व विकास रिपोर्ट-2010, pp. 223-26.
2. भारत की जनगणना, 2011

जनसंख्या का घनत्व (Density of Population)

किसी देश में औसत जनसंख्या वितरण प्रति वर्ग किलोमीटर, उस देश का जनसंख्या घनत्व कहलाता है। किसी देश की कुल जनसंख्या को उसके कुल क्षेत्रफल से भाग देकर जनसंख्या

घनत्व निकाला जा सकता है। विश्व जनसंख्या का स्थानिक वितरण समान नहीं है। जनसंख्या के केन्द्रीयकरण की मात्रा में प्रादेशिक भिन्नताएं पाई जाती हैं। संयुक्त राष्ट्र संघ द्वारा 2010 में प्रकाशित आंकड़ों के अनुसार, विश्व की जनसंख्या का घनत्व 44 मनुष्य प्रति वर्ग कि.मी. है। एशिया महाद्वीप में यह घनत्व 110 मनुष्य प्रति वर्ग कि.मी. है और जनसंख्या घनत्व की दृष्टि से एशिया सबसे अधिक सघन बसा महाद्वीप है। यूरोप महाद्वीप 102 मनुष्य प्रति वर्ग कि.मी. के कारण दूसरे स्थान पर है तथा लेटिन अमेरिका 22 मनुष्य प्रति वर्ग कि.मी. घनत्व के कारण तीसरे स्थान पर है। इसके पश्चात् अफ्रीका, उत्तरी अमेरिका, ओशेनिया का स्थान है, जिनका घनत्व क्रमश: 21, 14 और 3 मनुष्य प्रति वर्ग कि.मी. है।

जनसंख्या वितरण (Population Distribution)

विश्व जनसंख्या के सम्बन्ध में एक मात्र महत्त्वपूर्ण तथ्य यह है कि इसका वितरण समान रूप से नहीं पाया जाता है। इसके अतिरिक्त, जनसंख्या वितरण, प्रवसन और जनसंख्या वृद्धि दर में भिन्नताओं के साथ निरन्तर समय और स्थान के साथ परिवर्तित होता रहा है। वास्तविकता में, विश्व की आधी के लगभग जनसंख्या भूमि के 5 प्रतिशत क्षेत्र में एकत्रित है, जबकि भूमि का 33 प्रतिशत क्षेत्र वास्तव में निर्जन है। मनुष्यों का स्थानिक वितरण, इसका असमान वितरण मानव भूगोल का एक महत्त्वपूर्ण विषय है जिसमें अन्वेषण सहित विचार-विमर्श और स्पष्टीकरण की आवश्यकता है।

चित्र 3.7 *चुने हुए देशों की शिशु मृत्यु दर*

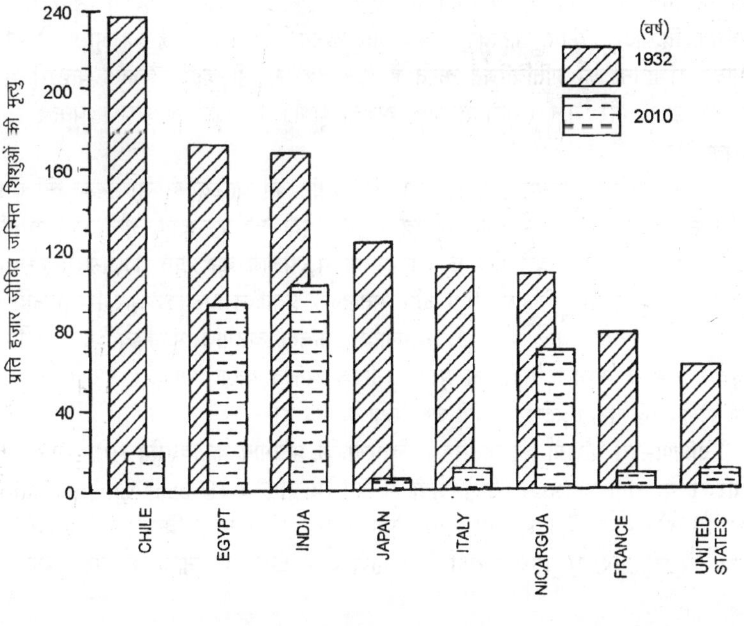

यदि हम किसी विश्व के जनसंख्या वितरण के मानचित्र का अध्ययन करें तो यह स्पष्ट हो जाएगा कि कुछ ऐसे प्रदेश हैं जो अधिक घने बसे हुए हैं, जबकि अन्य क्षेत्र खाली तथा कम आबाद दिखाई देते हैं (चित्र 3.8)।

घने बसे प्रदेश (Densely Populated Regions)

विश्व में चार प्रदेश ऐसे हैं जिनमें जनसंख्या का औसत घनत्व 100 मनुष्य प्रति वर्ग किलो मीटर से अधिक है। ये चार क्षेत्र निम्न हैं—

1. पूर्वी एशिया (चीन, जापान, दक्षिण कोरिया और ताइवान)
2. दक्षिणी एशिया (भारत, पाकिस्तान, बांग्लादेश, श्रीलंका, मालदीव और नेपाल)
3. उत्तर-पश्चिम यूरोप (यूनाइटेड किंगडम, फ्रांस, जर्मनी, नीदरलैण्ड, बेल्जियम, लक्जमबर्ग, आयरलैण्ड, डेनमार्क, स्पेन, पुर्तगाल और इटली)
4. पूर्वी-उत्तरी अमेरिका (उत्तर-पूर्वी संयुक्त राज्य अमेरिका और दक्षिण-पूर्वी कनाडा)

घनी जनसंख्या के ये सभी प्रदेश उत्तरी गोलार्द्ध में स्थित हैं और इस प्रकार बसे हुए हैं कि विश्व की 75 प्रतिशत से अधिक जनसंख्या कर्क रेखा और 70° उत्तरी अक्षांश के बीच पाई जाती है। इनमें से चीन और भारतीय उप महाद्वीप में जनसंख्या बहुत पहले से अधिक रही है। यूरोप कम प्राचीन है और संयुक्त राज्य अमेरिका केवल पिछले दो सौ वर्षों में ही सघन आबाद हो सका है।

जापान, हांगकांग, दक्षिण कोरिया, मकाओ, तेवान तथा सिंगापुर को छोड़ कर पूर्वी एशिया और दक्षिण एशिया के देशों की जनसंख्या मुख्यत: गाँवों में निवास करती है। इन देशों के निवासी प्रत्यक्ष अथवा अप्रत्यक्ष रूप से कृषि में संलग्न हैं। ये लोग मुख्यत: प्राथमिक क्रियाओं (कृषि, वानिकी, मत्स्य और खनन) में लगे हुए हैं जो भूमि की भोजन उत्पादन संभावना को प्रतिबिम्बित करते हैं। इन देशों में भी जहाँ उपजाऊ कछारी भूमि, सामान्य ढाल और जल (भूमिगत जल अथवा वर्षा) है, वहां जनसंख्या घनत्व सबसे अधिक है।

चीन की यांग्टीसीक्यांग, ह्वागहो और सिकियांग की घाटियों में जनसंख्या का घनत्व सर्वाधिक है। भारत में, सतलज-ब्रह्मपुत्र मैदान, पूर्वी तटीय मैदान और सदा प्रवाहित नदियों की घाटियां घने बसे क्षेत्र हैं। पाकिस्तान में, पंजाब का प्रान्त, जिससे होकर पांच नदियां (सिन्धु, झेलम, चिनाब, रावी और सतलज) प्रवाहित होती हैं और सिन्धु नदी का डेल्टा घनी आबादी वाले क्षेत्र हैं। बांग्लादेश केवल चटगांव पहाड़ियों के भागों को छोड़कर समस्त कछारी मिट्टी का प्रदेश अधिक घनत्व वाला भाग है। नेपाल की घाटी और श्रीलंका के तटीय प्रदेश भी घनी जनसंख्या के क्षेत्र हैं।

दक्षिण-पूर्व एशिया की जनसंख्या वितरण के प्रतिमान के विपरीत यूरोप और उत्तरी अमेरिका के घनी जनसंख्या वाले क्षेत्रों में नगरीय समूहन (Urban Agglomoration) केन्द्र हैं। औद्योगिक विकास और नगरों और कस्बों में तृतीयक क्रियाओं (सेवाओं) के कारण पिछले 200 से अधिक वर्षों में ग्रामीण और देहात के लोगों को नगरों की ओर

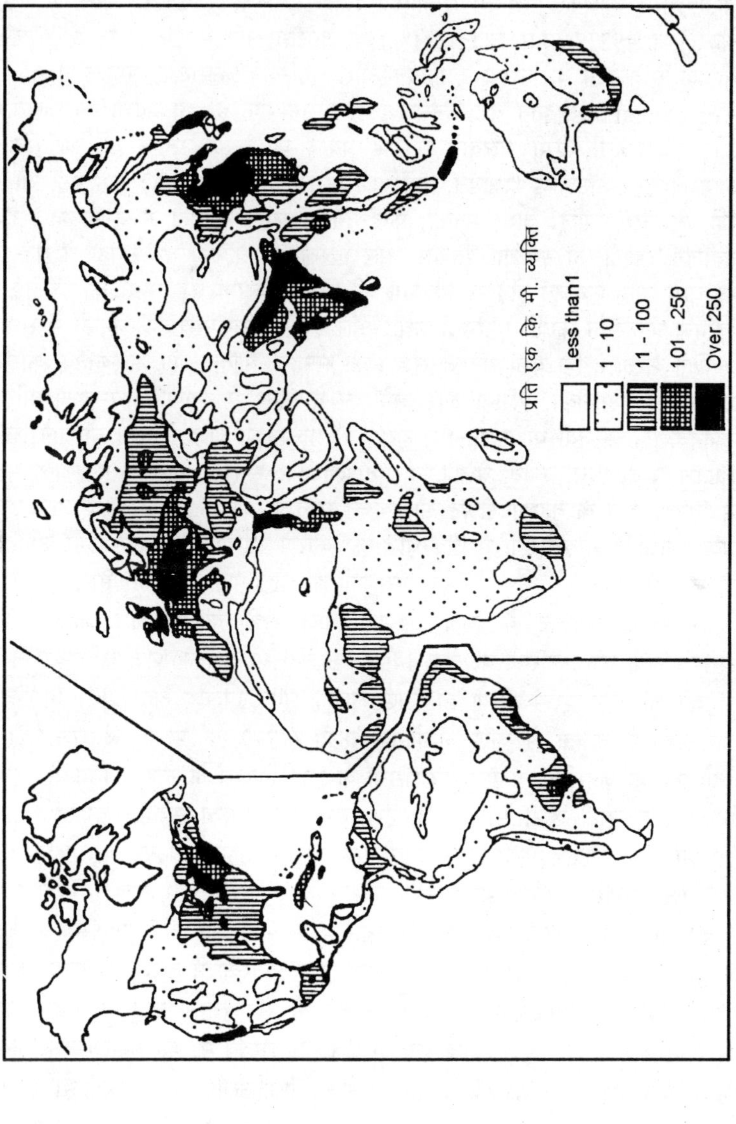

चित्र 3.8 विश्व : जनसंख्या घनत्व

आने के लिए प्रोत्साहित किया। इसी कारण यूरोप और अमेरिका की तीन चौथाई जनसंख्या नगरों में निवास करती है। (देखिए अध्याय 9)

देशों के अनुसार जनसंख्या का सर्वाधिक घनत्व चीन और भारत में नहीं पाया जाता, वरन् अधिकतम घनत्व सिंगापुर (100%), कुवैत (98%), बेल्जियम (97%), नीदरलैण्ड (92%) और ब्रिटेन (91%) के नगरीय क्षेत्रों में पाया जाता है। कुछ अन्य भौतिक सुविधाओं के कारण यूरोपियन और अमेरिकन जनसंख्या समूहन (Population Agglomorations) इतने बड़े जनसंख्या केन्द्र बन सके हैं। इन प्रदेशों की जलवायु नम और शीतोष्ण है, ऐसी जलवायु में कई प्रकार की उपज उत्पन्न की जा सकती है। आयरलैण्ड, स्कॉटलैण्ड, स्वीडन, नार्वे और फैरोज द्वीपों (डेनमार्क) तक गेहूँ, जौ, ओट, राई, चुकन्दर, आलू, चारा, मक्का, फल और तिलहन सुगमता से उगाए जाते हैं। बड़े उत्पादन उद्योगों की स्थापना, विकास और विस्तार ने श्रमिकों को समूहों में बड़े उद्योगों के चारों ओर एकत्रित होने में सहायता की जिसके कारण बड़े नगरों का विकास हुआ। विभिन्न प्रकार के कार्यों में संचयी सुधार और इसके परिणामस्वरूप श्रमिकों में सुधार यह प्रदर्शित करता है कि यूरोपियन जनसंख्या का समूहन, भौतिक और सांस्कृतिक कारकों का परिणाम है। अफ्रीका, एशिया और अमेरिका के देशों से व्यापारिक सम्बन्ध और उनमें उपनिवेशिक बस्तियों की स्थापना ने यूरोप की जनसंख्या वृद्धि में बड़ा योगदान किया है। ब्रिटिश, डच, फ्रेंच, जर्मन, बेलजियन, पुर्तगाली और स्पेनिश साम्राज्यों का अन्य महाद्वीपों में विस्तार होने के कारण भोजन और कच्चे माल के आयात की सुविधाएं प्राप्त हुईं। इस प्रकार यूरोपियन जनसंख्या में तीव्र वृद्धि का कारण औद्योगिक विकास और उपनिवेशिक बस्तियों से भोजन और कच्चे माल के संसाधनों का दोहन माना जा सकता है।

उत्तरी अमेरिका के घनी आबादी वाले क्षेत्रों का इतिहास बहुत छोटा है। यूरोपवासियों को अमेरिका का पता 1492 तक नहीं था, इसकी खोज कोलम्बस ने 1492 में की थी और यूरोपवासियों के लिए अछूती भूमि उपलब्ध कराई थी। अमेरिका की जनसंख्या में तीव्रता से वृद्धि औद्योगिक क्रांति (1779) के पश्चात् आरम्भ हुई। उत्तरी अमेरिका के जनसंख्या केन्द्र यूरोपवासियों के लिए निकास के रूप में विकसित हुए। सन् 1750 तक, छोटी-छोटी संख्या में ब्रिटिश, डच, जर्मन, फ्रेंच, स्पेनी, पुर्तगाली तथा इटली के आप्रवासी आकर अमेरिका के उत्तरी-पूर्वी तट के सहारे बस गए थे। इन्होंने अमेरिका के मूल निवासियों (रेड इण्डियन्स) का स्थान ले लिया और उन्हें पश्चिम की ओर धकेल दिया और उन्हें युद्धों, रोगों, सांस्कृतिक सम्पर्कों और अन्य मानसिक आघातों के प्रभावों द्वारा समाप्त कर दिया गया। संयुक्त राज्य अमेरिका में बोस्टन से लेकर वाशिंगटन डी.सी. तक का नगरीकृत क्षेत्र तथा कनाडा में सेंट लारेंस नदी के सहारे का क्षेत्र यूरोपवासियों के लिए मुख्य आकर्षण का क्षेत्र था। वास्तव में, यह मेखला उत्तरी अमेरिका में आर्थिक, व्यापारिक, सांस्कृतिक और राजनैतिक क्रियाकलापों का केन्द्र रही है।

उपर्युक्त वर्णित घनी आबादी के चार प्रमुख क्षेत्रों के अतिरिक्त कुछ अलग और बिखरे हुए घनी जनसंख्या के केन्द्र और भी हैं। इन छोटे केन्द्रों में मीकांग, मीनाम और ईरावदी नदियों के डेल्टा क्षेत्र, इन्डोनेशिया का जावा द्वीप उल्लेखनीय है। अफ्रीका

महाद्वीप के अत्यधिक घने क्षेत्रों में मिस्र में नील की घाटी के सहारे रेखीय केन्द्रीकरण, विक्टोरिया झील के किनारे का वलय क्षेत्र और नाइजीरिया का तटीय क्षेत्र सम्मिलित किया जाता है। लेटिन अमेरिका के अत्यधिक घने बसे क्षेत्रों में मैक्सीको का मध्यवर्ती भाग, जहां मैक्सीको की आधी जनसंख्या निवास करती है। मध्य मैक्सीको में ग्रामीण जनसंख्या का घनत्व 2600 मनुष्य प्रति वर्ग कि.मी. से अधिक है और मैक्सीको सिटी (2 करोड़ से अधिक जनसंख्या) विश्व का प्रमुख महानगर है। वेनेजुएला, ब्राजील, पेरू और अर्जेन्टाइना के तटीय क्षेत्र के प्रमुख नगर क्रमश: कराकास, रीओ-डी-जेनीरो, साओ पोलो और ब्यूनस आर्यस भी उच्च जनसंख्या घनत्व के केन्द्र हैं। विश्व के प्रमुख देशों के सापेक्षिक आकारों को मानचित्र (कार्टोग्राम) के रूप में चित्र 3.9 में दर्शाया गया है।

विरल जनसंख्या के प्रदेश (Sparsely Populated Regions)

जैसा प्रारम्भ में ही कहा जा चुका है कि पृथ्वी तल के 70 प्रतिशत से अधिक भाग में विरल जनसंख्या पाई जाती है। सामान्यत: उष्ण, शीत, शुष्क और पर्वतीय क्षेत्रों में विरल (छितरी हुई) जनसंख्या पाई जाती है जिन्हें निम्न श्रेणियों में विभाजित किया जा सकता है—

1. मरुस्थल और शुष्क भूमि,
2. ध्रुवीय आवरण (टुण्ड्रा और अण्टार्कटिका)
3. पर्वतीय क्षेत्र
4. विषुवत रेखीय घने वन

1. मरुस्थल और शुष्क भूमि (Desert and Arid Lands)

जहां वर्षा की दर की तुलना में वाष्पीकरण की दर अधिक होती है, वे सभी क्षेत्र विरल जनसंख्या के क्षेत्र हैं। शुष्क प्रदेशों में मनुष्य के बसने के लिए मुख्य समस्या जल का अभाव और अनुपलब्धता होती है। शुष्क प्रदेशों में जहां जल उपलब्ध है वहां सफलतापूर्वक कृषि की जाती है, क्योंकि मरुस्थलीय मृदाओं में खनिजों की अधिकता होती है और अनेक क्षेत्रों में उपज काल लम्बा होता है। नील घाटी, सिंधु घाटी, मैक्सीको और संयुक्त राज्य अमेरिका में सोनारा मरुस्थल और यूरेशिया के अनेक बिखरे मरुद्यान, अनुर्वरता तथा अपेक्षत: खाली निर्जनता की सामान्य दशाओं के मुख्य रूप से अपवाद हैं। इन उपजाऊ घाटियों और मरुद्यानों को छोड़कर मरुस्थलों की महान शृंखला महाद्वीपों के पश्चिमी किनारों पर विशेषकर कर्क और मकर रेखाओं के किनारे जनसंख्या विरल पाई जाती है। लीबिया, अल्जीरिया, नाइजर, चाड़ और मोरितानिया के मरुस्थलों में प्रत्येक 15 वर्ग किलोमीटर में एक व्यक्ति का घनत्व पाया जाता है। इस प्रकार के विषम जलवायु के मरुस्थलों और जल के अभाव में लोग अपनी जनसंख्या के बड़े हिस्से में एक विवाह प्रथा और यहां तक कि अविवाहित जीवन प्रणाली द्वारा बच्चों के जन्म को जान-बूझकर सीमित रखते हैं, जैसाकि लद्दाख और तिब्बत में होता है। कुछ स्थितियों में अधिक जनसंख्या की चिन्ता के कारण अनेक बर्बर रीति-रिवाजों का विकास हुआ है और आज भी उनका पालन किया जाता है। उदाहरण के लिए कुछ सोमाली जातियों में

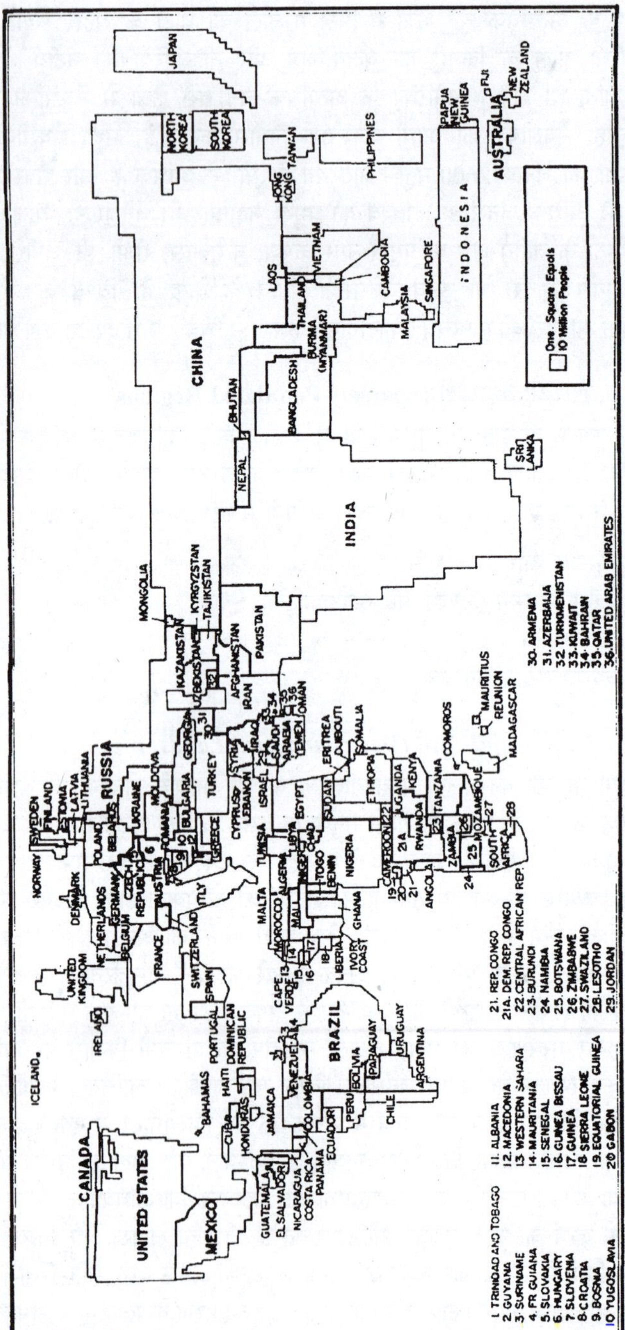

चित्र 3.9 विश्व जनसंख्या का मानचित्र (कार्टोग्राम)

अभी हाल तक एक व्यक्ति तब तक विवाह नहीं करता था जब तक कि वह अपने हाथों से अपनी ही जाति के लोगों की एक निश्चित संख्या में हत्या नहीं कर देता था।

संक्षेप में, मरुस्थल (उष्ण और शीत दोनों ही) लगभग निर्जन हैं अथवा कहीं-कहीं घुमक्कड़ आखेटक और संग्राहक (कालाहारी के बुशमैन) और घुमक्कड़ों (अरब और सहारा के बद्दू) द्वारा कम बसे क्षेत्र हैं। मध्य एशिया में तथा आस्ट्रेलिया के मरुस्थल की परिधि में लोग भेड़-बकरियां रखते हैं और उनका जीवन स्तर बहुत निम्न स्तर का है। कुछ उदाहरण अपवाद मात्र हैं जहां मूल्यवान धातुओं के खनन ने मरुस्थल के भीतरी भागों तक लोगों को आकर्षित किया है। सोना और अन्य बहुमूल्य धातुओं के खनन के कारण अनेक मरुस्थलीय नगरों का विकास हुआ है। यहां के खनिक और श्रमिक अपनी समस्त आवश्यक सामग्री और यहां तक कि पीने का पानी भी क्षेत्र से बाहर से प्राप्त करते हैं। इस प्रकार सोने की खानों के कारण आस्ट्रेलिया में कालगूर्ली और कूलगार्डी और संयुक्त राज्य अमेरिका में क्रिपल क्रीक नगरों का विकास सम्भव हो सका है। अरब और लीबिया के मरुस्थल के भीतरी भागों में खनिज तेल के कारण कुछ श्रमिकों के समूह और वैज्ञानिकों की बस्तियां स्थापित की हैं, जो सच्चे स्वावलम्बी समूह का निर्माण नहीं करते हैं। ऐसा विश्वास किया जाता है कि वर्तमान में मरुस्थलीय क्षेत्रों का विस्तार हो रहा है और लोग मरुस्थल से पलायन कर रहे हैं। इस प्रकार शुष्क प्रदेश विश्व जनसंख्या के छोटे होते जा रहे समूहों के निवास क्षेत्र रह गए हैं। फिर भी सोना और खनिज तेल ने मरुस्थलीय क्षेत्रों को श्रमिकों और तकनीशियनों के आकर्षण का क्षेत्र बना दिया है।

2. हिम आवरण तथा शीत प्रदेश (Ice Caps and Cold Regions)

विरल जनसंख्या का दूसरा महत्त्वपूर्ण क्षेत्र दोनों उत्तरी तथा दक्षिणी गोलार्द्ध में अत्यधिक ठंडे क्षेत्र हैं। आर्कटिक और अण्टार्कटिका महाद्वीप अत्यन्त ठंड के क्षेत्र हैं जिनमें शीत ऋतु भयानक, अन्धकारपूर्ण और लम्बी होती है। अण्टार्कटिका महाद्वीप लगभग पूर्णत: निर्जन प्रदेश है, आर्कटिक के टुण्ड्रा प्रदेश में शिकार करने और मछली पकड़ने वाले लोग निवास करते हैं जो संख्या में बहुत कम हैं। वास्तव में, सील का शिकार करने वाले कुछ ही एस्कीमो जाति के लोग 82° उत्तरी अक्षांश तक पहुँच सके हैं। जहां कहीं भी खनिज उपलब्ध हैं मानव उनका दोहन करने के लिए वहीं बस गया। उदाहरण के लिए गलिवारे (स्वीडन) से लोह-अयस्क निकालने, कनाडा में यूकन घाटी में सोना और फेयर बैंक और अलास्का में यूकनफोर्ट से सोना तथा साइबेरिया तथा एशियाई टुण्ड्रा की खानों से सोना, तेल कोयला और नमक जैसे मूल्यवान खनिज निकाले जा रहे हैं और खनिक अपने भरण-पोषण के लिए निकटवर्ती विकास के क्षेत्रों पर निर्भर रहते हैं।

3. पर्वतीय क्षेत्र (Mountainous Regions)

ऊबड़-खाबड़ और वलित पर्वतीय क्षेत्र भी विरल जनसंख्या के क्षेत्र हैं। वास्तव में, पर्वतों पर ऊंचाई के अनुसार जनसंख्या विरल होती जाती है। ऊंचे पर्वत लगभग पूर्णरूप से निर्जन होते

हैं। हिमालय, आल्पस, रॉकी और एण्डीज पर्वतीय भागों में 2,500 मीटर से अधिक ऊंचाई के भाग लगभग निर्जन हैं। ऊंचे अक्षांशों में जनसंख्या की विरलता अधिक नीचे पर्वतीय भागों तक दिखाई देती है। स्कॉटलैण्ड, वेल्स, नार्वे और ग्रीनलैण्ड में विरलता समुद्रतल से केवल कुछ बीस मीटर की ऊंचाई से ही आरम्भ हो जाती है। खनिजों के क्षेत्र यद्यपि इसके अपवाद हैं। उदाहरण के लिए पीरू और बोलविया में बहुमूल्य धातुओं का खनन 4,000 मीटर की ऊंचाई से ऊपर तक किया जाता है। इन खनन स्थानों पर पर्याप्त मात्रा में जनसंख्या निवास करती है। किश्तवार (जम्मू सम्भाग के भद्रवाह जिले में) में लगभग 5,500 मीटर ऊंचाई पर मूल्यवान पत्थरों का खनन किया जाता है। सिन्धु नदी के उद्‌गम स्थल तोक-शालुंग (Tok Schalung) स्थान पर सोना निकाला जाता है, जिसने समुद्रतल से 5,000 मीटर से अधिक की ऊंचाई पर मानव बस्तियां स्थापित करने में सहायता की है।

उष्ण कटिबन्धीय प्रदेशों में जहां निम्न ऊंचाई वाले भागों की जलवायु प्रेरक नहीं होती है, वहां अधिकांश कस्बे और नगर तथा बस्तियां समुद्र तल से 2,000 मीटर से अधिक ऊंचाई पर विकसित हुए हैं। अदिस-अबाबा (इथियोपिया), कम्पाला (यूगाण्डा), क्यूटो (ईम्बेडोर), नेरोबी (कीनिया), उटी (भारत) और केण्डी (श्रीलंका) सभी समुद्रतल से 2000 मीटर की ऊंचाई से ऊपर बसे नगर हैं। पश्चिमी एशिया के समस्त भीतरी भाग में नगरों के समूह पर्वतीय प्रदेशों के भीतरी भाग में पाए जाते हैं। उदाहरण के लिए यमन में सना (2130 मीटर), ताइज (2000 मीटर), ईरान में तेहरान (1130 मीटर), भारत में पहलगाम, गुलमर्ग (2600 मीटर) और लेह (4600 मीटर) और तिब्बत में ल्हासा (3550 मीटर) काफी ऊंचाई पर बसे नगर हैं।

4. विषुवत् रेखीय घने वन (Tropical Rain Forests)

विषुवत् रेखीय वन प्रदेश भी विरल बसे क्षेत्र हैं। ये क्षेत्र विषुवत् रेखा के दोनों ओर निचले भाग हैं जिनमें वर्षा और आर्द्रता की अधिकता रहती है और महीने भर का माध्य तापमान 30° से अधिक रहता है। ये प्रदेश घने सदाबहार विषुवत रेखीय वनों से आच्छादित हैं। अमेजन बेसिन, कांगो बेसिन और जावा के अतिरिक्त दक्षिण-पूर्व एशिया के द्वीपों में इस प्रकार के वन पाए जाते हैं। इस प्रदेश की उष्ण और आर्द्र जलवायु, घने सदाबहार जंगलों, कीड़े-मकोड़ों और मच्छरों तथा टिसी-टिसी मक्खी से प्रभावित यह क्षेत्र मानव आवास के लिए बहुत कम प्रेरक रहा है। इन क्षेत्रों में उपज पैदा करना, पशुओं को चराना और पालन कठिनाई भरा होता है। उष्ण कटिबन्धीय वर्षा वाले वन प्रदेश भविष्य के लिए विकास की सीमान्त संभावना प्रस्तुत करते हैं। इन क्षेत्रों की एक सुविधा यह है कि ए क्षेत्र घने बसे प्रदेशों के निकट स्थित हैं। विषुवत् रेखीय वन प्रदेशों में बस्तियों की स्थापना करना कठिन कार्य है। वर्तमान में अमेजन, कांगो बेसिनों की कुछ बस्तियों में जनसंख्या पाई जाती है। यह कहा जाता है कि इन क्षेत्रों की जनसंख्या में वृद्धि से संसाधनों के ह्रास की संभावना है। वास्तव में, प्राय: वनों की कटाई किए जाने से भूमिक्षरण, तीव्र गति से जल बहाव और नदियों में जमाव होता है। थाइलैण्ड में इन वनों की कटाई ने विभिन्न प्रकार के कार्यों को प्रभावित किया है, तथा इस प्रकार देश के कृषि उत्पादन में कमी आई है। कुछ विशेषज्ञों की धारणा है कि उष्णकटिबन्धीय वनों की कटाई से

आर्द्रता की मात्रा जो कि घने वनों के वाष्पोत्सर्जन (Transpiration) द्वारा वायुमण्डल में लौटाई जाती है, कमी आने से विश्व की जलवायु के संतुलन को भी प्रभावित करेगी। उष्ण कटिबन्धीय वनों में अनाधिकारिक प्रवेश भी आखेटकों, संग्राहकों और स्थानान्तरित खेती करने वालों की संस्कृति नष्ट कर सकता है। यह ब्राजील में प्रमाणित हो चुका है कि बल प्रयोग (हिंसा), रोग और सांस्कृतिक विमुखीकरण द्वारा इन समाजों का ह्रास हुआ है।

सभी विरल जनसंख्या वाले क्षेत्रों में अनियमित और विरल प्रकार की बस्तियाँ पाई जाती हैं। इन प्रदेशों में बड़े भू-भाग निर्जन हैं, जबकि अपेक्षाकृत छोटे स्थानों पर जनसंख्या के झुण्ड एकत्रित हो गए हैं। घनी जनसंख्या के सर्वोत्तम उदाहरण अफ्रीका और पश्चिमी एशिया के मरुद्यानों, जावा और फिलीपाइन्स के द्वीपों, कांगो और अमेजन बेसिनों के एकाकी कस्बों में पाए जाते हैं। हिमालय और आल्पस में कुछ बड़े कस्बे और मनोरंजन स्थल मिलते हैं। यह विश्वास किया जाता है कि विरल जनसंख्या वाले क्षेत्रों में जनसंख्या में तीव्र दर से वृद्धि होगी जिनसे अनेक पारिस्थितिकीय और जनसांख्यिकीय समस्याएं उत्पन्न होंगी।

भविष्य में जनसंख्या का वितरण (Future Distribution of Population)

विश्व जनसंख्या के वर्तमान वितरण का पिछली पंक्तियों में विवरण दिया जा चुका है। अगले कुछ दशकों में विश्व की जनसंख्या का वितरण वर्तमान प्रतिमान के समान ही रहने की संभावना है। इसका मुख्य कारण यह है कि अन्तर्राष्ट्रीय नियम और राजनीति, एक देश से दूसरे देश में स्वतंत्र प्रवसन (Migration) की अनुमति प्रदान नहीं करते हैं। दूसरा कारण, विरल जनसंख्या वाले क्षेत्रों की जलवायु प्रतिकूल है और वहां संसाधन संभावनाएं भी नगण्य हैं।

ठंडे और शुष्क अथवा उष्ण और आर्द्र जलवायु प्रदेशों में बड़े पैमाने पर जनसंख्या विस्तार की संभावनाएं भी कम दिखाई देती हैं। शीत जलवायु प्रदेशों में छोटे उपज काल और वर्तमान में व्यापारिक और औद्योगिक क्षेत्रों से अधिक दूरी होने के कारण संभवत: कृषि अथवा उद्योगों के लिए सीमित संभावनाएं पाई जाती हैं। इन क्षेत्रों के मूल निवासी समूहों, जिन्होंने अपने आपको विषम परिस्थितियों से कई शताब्दियों से अनुकूलन कर लिया है अथवा बाहरी लोगों द्वारा जो खनिजों के खनन, सैनिक प्रशिक्षण और अन्वेषण कार्य में लगे लोग ही इन क्षेत्रों में बसे हुए हैं।

शुष्क और मरुस्थलीय क्षेत्रों में भी पीने और सिंचाई के लिए जल की अनुपलब्धता के कारण जनसंख्या समूहन की संभावना बहुत कम है। इसके परिणामस्वरूप अधिकांश मरुस्थल निर्जन हैं अथवा कहीं-कहीं कम जनसंख्या बसी हुई है जिनमें घुमक्कड़, आखेटक और संग्राहक लोग हैं।

मानव आवास के लिए विषुवत् रेखीय वर्षा वाले वन भी बहुत अधिक आकर्षक नहीं हैं। इन क्षेत्रों की जनसंख्या में वृद्धि हो सकती है यदि यहां बड़े पैमाने पर वृक्षों को काट कर कृषि का विकास किया जा सके। विश्व जलवायु की दृष्टि से वृक्षों का काटा जाना अनर्थकारी हो सकता है। वनों के नाश से विषुवत् रेखीय वनों के वाष्पोत्सर्जन क्रिया द्वारा जो आर्द्रता वायुमण्डल में लौटाई जाती है, उसमें कमी हो जाने के कारण जलवायु संतुलन नष्ट हो सकता है।

पर्वतीय क्षेत्रों में नवीन मोड़दार तथा अन्य ऊबड़-खाबड़ पर्वतीय भाग भी मानवीय जनसंख्या के भावी विस्तार के लिए बहुत कम अवसर उपस्थित करते हैं। पर्वतीय प्रदेशों में आबादी के विकास से प्रदूषण और प्राकृतिक पर्यावरण का ह्रास होगा और भोजन की मांग अधिक होगी। अत: यह स्पष्ट रूप में कहा जा सकता है कि विश्व जनसंख्या का भावी प्रतिमान न्यूनाधिक रूप में इसी प्रकार का रहेगा।

कुछ जनसंख्या पदों की परिभाषाएं (Definition of Some Population Terms)

1. जन्म दर (Birth Rate)—वर्ष भर में प्रति हजार जीवित रहे शिशुओं की संख्या।
2. मृत्यु दर (Death Rate)—वर्ष भर में प्रति हजार जनसंख्या पर मृतकों की संख्या।
3. शिशु मृत्यु-दर (Infant Mortality Rate)—प्रति हजार जनसंख्या के पीछे एक वर्ष से नीचे की आयु के शिशुओं की मृत्यु की संख्या।
4. जीवन-प्रत्याशा आयु (Life Expectancy)—औसत आयु जिस पर मनुष्य मरते हैं। यहां यह समझा जाना महत्वपूर्ण है कि यह वह आयु नहीं है जिस पर अधिकांश लोग मरते हैं, अर्थात् भारत में यह आयु 69 (2001) वर्ष है जबकि न्यूजीलैण्ड और ब्रिटेन में क्रमश: 80 और 77.2 है। इसका कारण यह है कि भारत में शिशुओं की मृत्यु अधिक होती है और इस कारण औसत प्रत्याशित आयु नीचे आ जाती है।
5. प्राकृतिक वृद्धि (Natural Increase)—प्रति 1000 जनसंख्या में मृत्यु पर जन्म की अधिकता। इसमें आप्रवास से होने वाली वृद्धि को सम्मिलित नहीं किया जाता है।
6. अपक्व साक्षरता दर (Crude Literacy Rate)—

$$= \frac{\text{कुल साक्षरित व्यक्तियों की संख्या} \times 100}{\text{देश की कुल जनसंख्या}}$$

सार्थक साक्षरता दर (Effective Literacy Rate)

$$= \frac{\text{सात वर्ष से अधिक आयु के साक्षरित व्यक्तियों की कुल संख्या} \times 100}{\text{सात तथा सात वर्ष से अधिक आयु की कुल संख्या}}$$

आयु और लिंग संरचना (Age and Sex Structure)

आयु और लिंग के अनुसार जनसंख्या की रचना को आयु और लिंग संरचना माना जाता है। मानवीय जनसंख्याओं की सार्वभौमिक विशेषताओं को समझने के लिए प्रजनन, मृत्युदर और प्रवसन की प्रक्रियाएं आधारभूत हैं। आयु रचना को आयु समूहों (जैसे 0-15 वर्ष, 15-64 वर्ष और 65 अथवा इससे अधिक) की सीमा में सार रूप में प्रस्तुत किया जा सकता है। भारत में, आयु-समूह 15 से नीचे, 15-59 और 59 से ऊपर के हैं क्योंकि भारत में सेवानिवृत्ति की सामान्यत: आयु 60 वर्ष है। लिंग के अनुपात को सामान्यत: प्रति 1000 पुरुषों के पीछे स्त्रियों की संख्या के द्वारा व्यक्त किया जाता है।

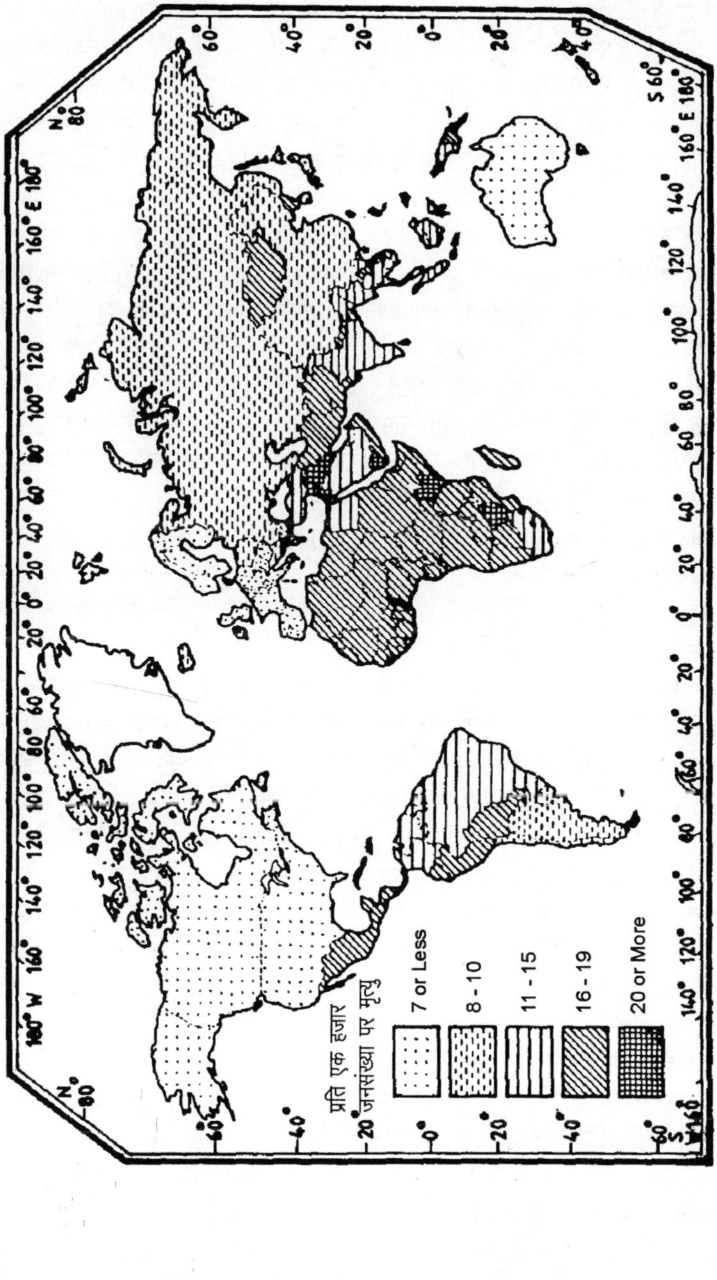

चित्र 3.10 अपक्व *(Crude)* मृत्यु दरें

जनसंख्या अध्ययन का आयु रचना एक महत्त्वपूर्ण पक्ष है। आयु रचना जनसंख्या वृद्धि दर को प्रभावी ढंग से प्रभावित करती है तथा सामाजिक और आर्थिक दशाओं जिनमें वह जनसंख्या निवास करती है, पर गहरा प्रभाव डालती है। आयु रचना के तीन आधारभूत निर्धारक हैं, इनमें (i) जन्म दर (ii) मृत्यु दर (iii) गतिशीलता (Mobility)। ये कारक एक दूसरे पर निर्भर हैं और इनमें से किसी एक में परिवर्तन अन्य दो को प्रभावित करता है। इन परिवर्तनशील कारकों (Variables) के माध्यम से सामाजिक-आर्थिक दशाएं आयु संरचना को प्रभावित करती हैं। प्रजनन दर, विभिन्न आयु वर्गों में जनसंख्या के अनुपात को निश्चित करती है। इसी कारण एशिया के अधिकांश देशों (जापान, सिंगापुर, हांगकाँग और दक्षिण कोरिया को छोड़ कर) लेटिन अमेरिका और अफ्रीका में ऊंची जन्म दर है, क्योंकि इन देशों में प्रत्याशित आयु की अवधि छोटी होती है, बड़ी आयु के समूह की जनसंख्या का अनुपात भी अधिक नहीं है। यूरोप और उत्तरी अमेरिका के अधिकांश देशों में 2001 की अनुमानित जनगणना के अनुसार उनकी जनसंख्या का केवल 20 प्रतिशत ही 15 वर्ष की आयु से कम है। भारत में, अपनी जनसंख्या के लगभग 33 प्रतिशत लोग 15 वर्ष की आयु से नीचे और 5.5 प्रतिशत लोग 60 वर्ष से ऊपर हैं। इसके विपरीत, न्यून जन्म दर और लम्बी प्रत्याशित आयु वाले यूरोपीय देशों में उनकी जनसंख्या का 20 प्रतिशत युवा आयु समूह का होता है। इसके अतिरिक्त, विकसित देशों में आयु वाले समूहों का अनुपात अपेक्षतः अधिक पाया जाता है। परिणामस्वरूप, यूरोप, एंग्लो-अमेरिका, जापान, आस्ट्रेलिया और न्यूजीलैण्ड के अधिकांश देशों ने अपनी जनसंख्या का संक्रमण काल पूरा कर लिया है। इन देशों की आयु रचना इस प्रकार की है कि जिसमें युवा जनसंख्या का (<15) अनुपात नीचे है, जबकि अधिक आयु की जनसंख्या का अनुपात (>65) से अधिक है।

मृत्यु दर द्वारा भी आयु रचना प्रभावित होती है। सामान्यतः यदि बच्चों के जीवित रहने की दर में सुधार होता है तब बच्चों का अनुपात बढ़ने लगेगा और बड़ी आयु के लोगों का अनुपात कम हो जाएगा और यदि केवल अधिक आयु वाले लोगों के जीवित रहने की दर में सुधार होता है तब अधिक आयु वाले लोगों के अनुपात में सुधार होगा, किन्तु बच्चों का अनुपात गिरेगा। इसी प्रकार, यदि दोनों ही बच्चों और बड़ी आयु के समूह के लोगों में मृत्यु दर नीची होगी जैसाकि विकसित देशों स्वीडन, नीदरलैण्ड, डेनमार्क में पाया जाता है, ऐसी स्थिति में कार्यशील जनसंख्या का भाग अधिक होगा और निर्भर रहने वाले व्यक्ति का अनुपात निम्न होगा। इसके विपरीत, यदि बड़ी आयु के समूह वाले लोगों की अपेक्षा निम्न आयु समूह में मृत्यु दर में गिरावट तीव्र होगी, तब छोटी आयु समूह के बच्चों की संख्या अधिक होगी जैसाकि अधिकांश विकासशील देशों की जनसंख्या की स्थिति है (चित्र 3.11)।

जनगणना 2011 के अनुसार, भारत में लिंग अनुपात राष्ट्रीय स्तर पर 940 है जो जनगणना 2001 से 7 बिन्दु अधिक (933) है।

प्रवसन का भी सीधा प्रभाव आयु रचना पर पड़ता है। जो लोग प्रवास करते हैं सामान्यतः युवक आयु समूह के होते हैं। जब युवाओं द्वारा उत्प्रवास होता है तो कुछ

चित्र 3.11 *जनसंख्या संरचना के चार प्रतिमान*

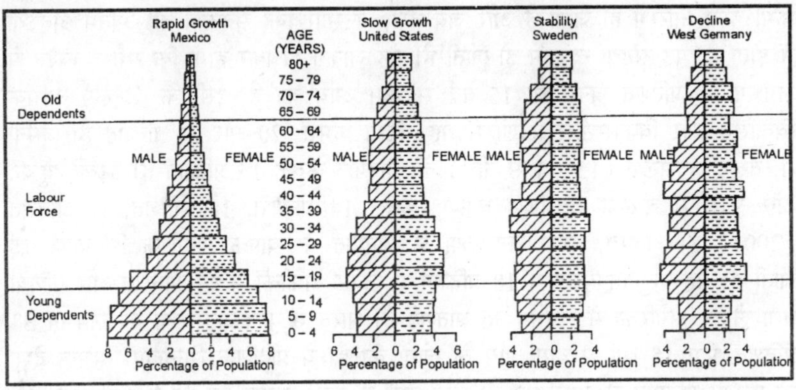

समय बाद अधिक आयु वाले वयस्कों और बूढ़े लोगों की संख्या में कमी हो जाएगी। आयु संरचना पर प्रवसन का प्रभाव वास्तव में इसलिए अधिक होता है क्योंकि प्रवसन-आयु चयनात्मक होती है। प्राय: 15 से 30 की आयु-समूह के लोग कम और अधिक आयु के लोगों की अपेक्षा अधिक गतिशील होते हैं। परिणामत:, तरुणों और वृद्ध समूह की जनसंख्या बढ़ती है।

प्रजनन, मृत्यु दर और प्रवसन के अतिरिक्त जनसंख्या की आयु संरचना आहतों विशेषत: पुरुष, युद्धों, प्राकृतिक आपदाओं और जनसंख्या नीतियों द्वारा भी काफी प्रभावित होती है।

आयु समूह (Age Groups)

किसी देश अथवा प्रदेश की आयु संरचना को आयु समूह के आधार पर विश्लेषित किया जा सकता है। शारीरिक और आर्थिक क्रियाओं के आधार पर जनसंख्या को प्राय: तीन वर्ग सभूहों में विभाजित किया जाता है—(i) युवक/तरुण (ii) वयस्क/प्रौढ़ और (iii) वृद्ध। यद्यपि इस विभाजन के लिए कोई मानकीकृत विच्छेद बिन्दु नहीं है, फिर भी 15 और 60 वर्षों की आयु को विकासशील देशों में तथा 15 और 65 वर्षों की आयु को विकसित देशों में विभाजन बिन्दु माना जाता है। इन आयु वर्गों का सामाजिक, आर्थिक और राजनीतिक निहितार्थ और उनके भौगोलिक वितरण में भिन्नता जैसे विषय गंभीर विचार के योग्य हैं।

तरुण (The Young)

समस्त विश्व के देशों में तरुण वर्ग में 15 वर्ष तक की आयु वाली जनसंख्या को सम्मिलित किया जाता है। किसी भी देश में इस आयु-वर्ग में जनसंख्या का अनुपात जनसंख्या की परिवर्तन की अवस्था, जिससे वह देश गुजर रहा है, द्वारा निश्चित होता है। जब देश जनसंख्या परिवर्तन की प्रथम अथवा द्वितीय अवस्था से गुजर रहा होता है तब इस वर्ग का अनुपात अधिक होता है।

जैसे ही देश इन दोनों अवस्थाओं के उत्तरार्द्ध में पहुँचने को होता है, संख्या में कमी होना आरम्भ हो जाती है और जब देश, जनसांख्यिकी संक्रमण की अंतिम अवस्था में होता है, यह संख्या न्यूनतम हो जाती है। यह जानना रुचिकर होगा कि समस्त विश्व में लगभग 30 प्रतिशत जनसंख्या 15 वर्ष से कम आयु की है, इसी के अनुरूप अधिक विकसित और विकासशील प्रदेशों में यह संख्या क्रमश: 20 और 36 प्रतिशत है। जर्मनी में, तरुण जनसंख्या (15 वर्ष से नीचे) का अनुपात केवल 15 प्रतिशत है। इटली, यू.के. और फ्रांस में वयस्क जनसंख्या क्रमश: केवल 14 प्रतिशत, 18 प्रतिशत, 17 प्रतिशत (2001) है। अतएव, तरुण जनसंख्या के अनुपात में व्यापक प्रादेशिक भिन्नताएं पाई जाती हैं। यह अनुपात यूरोप में 18 प्रतिशत से लेकर अफ्रीका में 43 प्रतिशत और एशिया तथा लेटिन अमेरिका में लगभग 36 प्रतिशत है। भारत में कुल जनसंख्या का लगभग 33 प्रतिशत भाग 15 वर्ष से कम आयु के लोगों का है। ये प्रादेशिक भिन्नताएं विभिन्न देशों के प्रजनन प्रतिमान से सम्बन्धित हैं। जिन देशों में ऊँची प्रजनन दर की विशेषता होती है, उन देशों में तरुणों का अनुपात अधिक होता है और जिन देशों में यह दर नीची होती है, वहां तरुणों का अनुपात कम रहता है। ऐसा प्रतीत होता है कि प्रजनन दर और तरुण जनसंख्या के अनुपात में प्रत्यक्ष सहसंबंध है। यह आयु-वर्ग आर्थिक दृष्टि से अनुत्पादक और सर्वाधिक खर्चीला होता है क्योंकि इस वर्ग को भोजन, कपड़े, शिक्षा, मनोरंजन, स्वास्थ्य और चिकित्सा सुविधाएं देनी पड़ती हैं।

वयस्क (The Adults)

इस वर्ग के अन्तर्गत विकसित देशों में 15 से 65 वर्ष और विकासशील देशों में 15 से 60 वर्ष की आयु तक की जनसंख्या को सम्मिलित किया जाता है। जीवन-प्रत्याशा के आधार पर इस वर्ग की ऊपरी सीमा विकासशील देशों में 60 वर्ष और विकसित देशों में 65 वर्ष है। वयस्क वर्ग जैविक दृष्टि से सर्वाधिक प्रजनक, आर्थिक दृष्टि से सर्वाधिक उत्पादक और जनसांख्यिकीय दृष्टि से सर्वाधिक गतिशील होता है। यह वर्ग अधिकांश अन्य वर्गों का भरण-पोषण करता है और तरुण आयु-वर्ग को भोजन, वस्त्र, शिक्षा आदि उपलब्ध कराने का भार उठाता है और वृद्ध वर्ग की देखभाल भी करता है। विकसित देशों में अपेक्षतया इस वर्ग का अनुपात अधिक होता है। इस वयस्क वर्ग को कभी-कभी पुन: दो उप-वर्गों में विभाजित किया जाता है—(i)16 से 34 वर्ष की आयु तक के वयस्क, तथा (ii) 35 से 59/64 वर्ष की आयु के वयस्क। प्रथम तरुण-वयस्कों का उपवर्ग जैवकीय दृष्टि से अधिक प्रजनक और आर्थिक दृष्टि से दूसरे अधिक आयु वाले समूह की तुलना में अधिक सक्रिय होता है। (चित्र 3.12)

वृद्धजन (The Old)

वृद्ध आयु वर्ग में उन व्यक्तियों को सम्मिलित किया जाता है जिन्होंने 60 वर्ष की आयु विकासशील देशों में और 65 और इससे अधिक आयु विकसित देशों में पार कर ली है। इन्हें 'वरिष्ठ नागरिक' (Senior Citizen) कहा जाता है। जब किसी देश की जनसंख्या, अपना

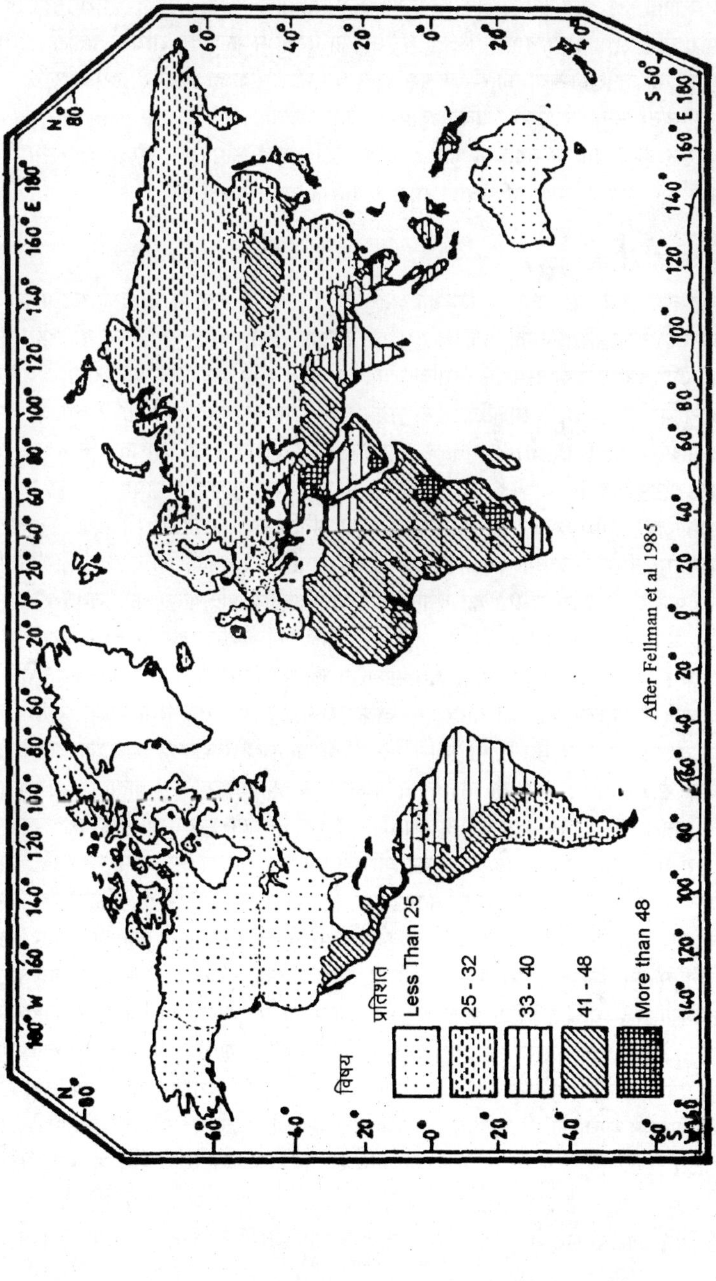

चित्र 3.12 *15* वर्ष की आयु के ऊपर जनसंख्या

जनसांख्यिकीय विकास पूरा कर लेती है तब इस आयु वर्ग में व्यक्तियों का अनुपात बढ़ता जाता है। विकसित देशों में इस आयु वर्ग में स्त्रियों की संख्या पुरुषों की संख्या से अधिक होती है क्योंकि इस आयु वर्ग में जनसंख्या का अनुपात अधिकांशत: मृत्यु दर द्वारा नियंत्रित होता है और चूंकि सभी आयु वर्गों में स्त्रियों की अपेक्षा पुरुषों में मृत्यु दर अधिक होती है, इसी कारण पुरुषों की अपेक्षा स्त्रियों की संख्या इस आयु वर्ग में अधिक हो जाती है। इस आयु वर्ग के पुरुष सामान्यत: उत्पादक और जैविक दृष्टि से कम प्रजनक होते हैं। इस आयु वर्ग का मुख्यत: वयस्क आयु वर्ग पर आर्थिक भार होता है क्योंकि इन्हें सामाजिक सुरक्षा व्यवस्था में भोजन, वस्त्र और पर्याप्त स्वास्थ्य सेवाएं उपलब्ध कराते रहना पड़ता है।

साक्षरता (Literacy)

सात तथा 7 वर्ष से अधिक आयु का व्यक्ति जो किसी भी भाषा में लिखना, पढ़ना एवं समझना जानता हो साक्षरित कहलाता है। 1991 की जनगणना से पहले 5 वर्ष तक की आयु के बच्चों को अनिवार्य रूप से असाक्षरित माना जाता था, परंतु 1991 की जनगणना में 0-6 वर्ष तक की आयु के बच्चों को असाक्षरित माना गया। 2011 की जनगणना में भी 7 वर्ष के बच्चों को असाक्षरित माना गया है। 'विवेक के साथ पढ़ने और लिखने की योग्यता' के रूप में साक्षरता को परिभाषित किया गया है। साक्षरता किसी देश, नृजातीय समूह अथवा समुदाय के सामाजिक-आर्थिक और सांस्कृतिक ढाँचे को प्रतिबिम्बित करती है। साक्षरता न केवल गरीबी के उन्मूलन के लिए आवश्यक है, अपितु यह मानसिक पृथकता को दूर करने, शांतिपूर्ण और मैत्रीपूर्ण अन्तर्राष्ट्रीय संबंधों को बनाने और जनांकिकीय प्रक्रियाओं को स्वतंत्र रूप से चलने देने के लिए भी आवश्यक है। साक्षरता की अवधारणा जो एक देश से दूसरे देश में भिन्न पाई जाती है, सामान्यत: यह कम से कम साक्षरता कौशल के न्यूनतम स्तर का संकेत देती है। इस कौशल में न्यूनतम स्तर की योग्यता से लेकर जबानी सम्पर्क तक तथा विविध कठिन गणितीय परिकलन की जांच करना भी सम्मिलित किया जाता है। विद्यालय जाने की अवधि हालाँकि प्राय: साक्षर और निरक्षर के बीच अन्तर किए जाने का आधार माना जाता है। त्रिवार्था (1969) के अनुसार विद्यालय जाने की अवधि शिक्षण कुशलता का मान्य माप नहीं है। अपने देश की भाषा में अपना नाम लिखने-पढ़ने की योग्यता को एक साक्षर के रूप में परिभाषित किए जाने के मानदण्ड को भी उसने अस्वीकार किया है। सन् 1930 में संभवत: फिनलैण्ड ने साक्षरता की एक सुनिश्चित परिभाषा प्रयुक्त की जिसमें केवल उन लोगों को ही साक्षर माना गया जिन्होंने एक निश्चित परीक्षा पास की हो और जो उस परीक्षा में असफल रहते हैं उन्हें दो श्रेणियों में विभाजित किया जाता है—(i) अल्प साक्षर व्यक्ति जो लिख और पढ़ सकता है किन्तु जिसने वर्तनी सम्बन्धी अशुद्धियां की हैं तथा (ii)अशिक्षित जो न लिख सकते हैं और न ही पढ़ सकते हैं (यूनेस्को, 1957)। संयुक्त राष्ट्र संघ के जनसंख्या आयोग के अनुसार किसी भी भाषा में साधारण सूचना समझ के साथ लिखने और पढ़ने की योग्यता किसी भी व्यक्ति को साक्षर माने जाने के लिए पर्याप्त है। भारतीय जनगणना विभाग ने भी इसी परिभाषा को स्वीकार किया है तथा कई अन्य विकासशील देश भी इसी परिभाषा को अपना रहे हैं। फिर भी एक शिक्षित और साक्षर में अन्तर किया जाना चाहिए जैसाकि भारत में किया गया है। वे सभी

व्यक्ति जिनका वर्गीकरण उनके लिखने-पढ़ने की योग्यता के आधार पर साक्षर के अन्तर्गत किया गया है, उन्हें उनके स्कूल जाने की अवधि के आधार पर पुनः कई श्रेणियों में विभाजित किया गया है।

साक्षरता दर में अनेक अन्तःप्रादेशिक और अन्तरा-प्रादेशिक भिन्नताएं पाई जाती हैं। विकसित और विकासशील देशों के बीच साक्षरता में भिन्नताएं अत्यन्त महत्त्वपूर्ण हैं। सामान्यतः न्यून साक्षरता दर उच्च जन्म दर से जुड़ी हुई है। यदि जनसंख्या अनपढ़ होगी तो वह धीरे-धीरे परिवर्तित होगी और वे नवीन विचारों और नवाचारों का विरोध करेंगे। निरक्षरता पृथकता का एक रूप है। निरक्षरता एक व्यक्ति से उसके सम्मान को छीन लेती है। यह अज्ञान, गरीबी, मानसिक पृथकता को बढ़ावा देती है। अतः यह सामाजिक-आर्थिक और सांस्कृतिक प्रगति के साथ-साथ मैत्रीपूर्ण अन्तर्राष्ट्रीय संबंधों में व्यवधान उत्पन्न करती है। यह आश्चर्यजनक नहीं है कि जिन देशों में निरक्षरों की संख्या का अनुपात अधिक पाया गया, उन्हीं देशों की जन्म दर भी अधिक है।

साक्षरता के निर्धारक (Determinants of Literacy)

किसी भी देश में साक्षरता की दर मुख्यतः ऐतिहासिक, सामाजिक, सांस्कृतिक और आर्थिक कारकों द्वारा निश्चित होती है। साक्षरता को निश्चित करने वाले प्रमुख कारक इस प्रकार हैं—(i) शिक्षा पर किया जाने वाला व्यय (ii) राजनैतिक/वैचारिक पृष्ठभूमि (iii) अर्थव्यवस्था का स्वरूप (iv) जीवन-स्तर (v) नगरीकरण की अवस्था (vi) तकनीकी प्रगति का स्तर (vii) यातायात, परिवहन और संचार के साधनों के विकास का स्तर (viii) धार्मिक पृष्ठभूमि (ix) शिक्षा का माध्यम (x) समाज में स्त्रियों की स्थिति (xi) स्त्रियों की गतिशीलता और शिक्षा के प्रति पूर्वाग्रह (xii) शिक्षण संस्थाओं की उपलब्धता (xiii) सामान्य मूल्य व्यवस्था और (xiv) सार्वजनिक नीतियां।

पूर्व के औपनिवेशिक देशों में राजनैतिक परिस्थितियां और प्रशासनिक प्रशासन ने साक्षरता की दर को प्रभावित किया है। सामान्यतः, पूर्व औपनिवेशिक बस्तियों में साक्षरता की दर साधारणतः नीची रही। इन देशों के द्वारा स्वतंत्रता प्राप्त करने के पश्चात् इन देशों की सरकारों ने साक्षरता अभियान चलाए किन्तु संसाधनों के अभाव के कारण निरक्षरता को दूर किए जाने में बाधा आती रहती है।

बीसवीं शताब्दी के उत्तरार्द्ध में अलगाव वाले क्षेत्र तथा अपेक्षाकृत पृथक प्रदेश पक्की सड़कों से जोड़ दिए गए हैं। परिवहन जाल के विकसित होने और उन्नत प्रवेश्य सुविधाओं ने स्थानिक अन्तर्क्रिया में वृद्धि की है। ग्रामीण क्षेत्र के बारे में जैसा कहा जाता था कि वे अलगाव के क्षेत्र हैं, यह धारणा अब समाप्त हो गई है। नगरीय क्षेत्रों में स्थित शिक्षण संस्थाएं अब देहात के युवकों को भी प्रवेश देती हैं। विकासशील देशों के ग्रामीण जनसमूह अब शिक्षा और साक्षरता के महत्त्व को स्वीकारने लगे हैं।

शिक्षा के प्रचार में धर्म की भूमिका भी काफी महत्पूर्ण है। इसी प्रकार सामान्य रूप से जिस भाषा में शिक्षा दी जाती है वह भी किसी क्षेत्र की साक्षरता दर का एक महत्त्वपूर्ण निधारक कारक होती है। मातृभाषा को शिक्षा का माध्यम बनाए जाने से साक्षरता दर में वृद्धि करने में सहायता मिल सकती है।

स्त्रियों के प्रति भेदभाव और पूर्वाग्रह भी किसी प्रदेश में साक्षरता दर पर विपरीत प्रभाव डालते हैं। जो समाज पुरुष और स्त्रियों को समानता के स्तर पर स्वीकार नहीं करते हैं, उन समाजों में न्यून स्त्री साक्षरता दर पाई जाती है। इसी प्रकार जिन समाजों में स्त्रियों को गतिशीलता प्रदान नहीं की जाती है अथवा जहां स्त्रियों की शिक्षा के प्रति पूर्वाग्रह होते हैं वहां स्त्रियों में अल्प साक्षरता दिखाई देती है, जिसके परिणामस्वरूप सामान्य साक्षरता में भी कमी पाई जाती है। संभवत: अनेक कारणों में से यह एक कारण भी है कि मुस्लिम स्त्रियों में साक्षरता दर सबसे कम क्यों है। शिक्षण संस्थाओं की सुलभता, साक्षरता दर बढ़ाने के लिए प्राय: उत्तरदायी हो सकती है।

अर्थव्यवस्था का स्वरूप भी साक्षरता को प्रभावित करता है। औद्योगिक और कृषि प्रधान राष्ट्रों की साक्षरता दर में इतना अधिक विरोधाभास पाया जाता है कि कोई भी व्यक्ति अर्थव्यवस्था के प्रकार और साक्षरता दरों में सहसम्बन्ध निकाल सकता है। अकृषिजीवी अर्थव्यवस्था की आवश्यकताएं ऐसी हैं कि वहां साक्षरता कौशल प्रकार्यात्मक पूर्वावश्यकता बन जाती है। दूसरी ओर कृषि कार्यों में, विशेषकर विकासशील देशों में शिक्षा की कोई आवश्यकता नहीं होती।

जीवन स्तर भी साक्षरता दर को प्रभावित करता है। साधारणत: साक्षरता दर और जीवन स्तर के बीच सकारात्मक सह-सम्बन्ध पाया जाता है। इस प्रकार का सह-सम्बन्ध निर्धन देशों में और अधिक महत्त्वपूर्ण है जहां भयंकर निर्धनता के कारण भिन्न-भिन्न प्राथमिकताओं की आवश्यकता होती है। शिक्षा का महंगा होना भी साक्षरता में कमी का मुख्य कारक होता है, क्योंकि निर्धन लोग अधिक महंगी शिक्षा नहीं दिला सकते हैं। निर्धनता की रेखा से नीचे रह रहे परिवारों के बच्चों को स्कूल भेजे जाने की आशा करना कठिन है। इस सम्बन्ध में भारतवर्ष के अनुभव स्पष्ट करते हैं कि यदि शिक्षा अनिवार्य और नि:शुल्क भी कर दी जाए तब भी अत्यधिक निर्धन परिवार अपने बच्चों को स्कूल भेजने की अपेक्षा रोटी-रोजी कमाने में हाथ बंटाने को वरीयता देते हैं चाहे वह कितनी भी कम क्यों न हो।

नगरीयकरण का स्तर भी साक्षरता का एक महत्त्वपूर्ण निर्धारक माना जाता है। साक्षरता दर और नगरीय विकास की मात्रा के बीच एक सकारात्मक सह-सम्बन्ध पाया जाता है। अतएव, अत्यधिक नगरीकृत समाजों में बहुत ऊंची अथवा यहां तक कि सार्वभौम साक्षरता दर पाई जाती है, जबकि ग्रामीण और कृषक समाजों में साक्षरता दर भिन्न पाई जाती है।

विश्व साक्षरता के प्रतिरूप (World Pattern of Literary)

साक्षरता के स्थानिक प्रतिमान के पर्याप्त और विश्वस्त आंकड़े उपलब्ध नहीं हैं। यहां तक कि संयुक्त राष्ट्र संघ ने भी विश्व में साक्षरता के स्थानिक वितरण का कोई मानचित्र तैयार नहीं किया है। हालांकि उपलब्ध आंकड़ों के आधार पर यह कहा जा सकता है कि अफ्रीका, महाद्वीप में साक्षरता दर सबसे कम है। विकासशील देशों में विशेषकर स्त्रियां अधिक अनपढ़

हैं। अफ्रीका के पश्चात् एशिया महाद्वीप का स्थान आता है जहां अधिकांश देशों में साक्षरता दर 30 प्रतिशत से कम है। ग्रामीण और नगरीय क्षेत्रों में भी साक्षरता में सुस्पष्ट भिन्नताएं पाई जाती हैं। लेटिन अमेरिका देशों में साक्षरता दर अपेक्षाकृत ऊंची है। यूरोप, उत्तरी अमेरिका और ओशेनिया के महाद्वीपों में लगभग सार्वभौम साक्षरता दर पाई जाती है। भारत की साक्षरता प्रतिरूप इस अध्याय के अगले पृष्ठों में दिखाए गए हैं।

विश्व में सबसे कम साक्षरता वाले समाजों में भारत भी एक है। भारत का तकनीकी रूप से शिक्षित और अंग्रेजी बोलने वाले व्यक्तियों की विशाल संख्या का दिखावा मानवशक्ति का धोखा मात्र है जो शिक्षा और साक्षरता के स्तरों का गलत चित्र प्रस्तुत करती है। सन् 1991 और सन् 2001 के दशक के बीच साक्षरता दर में 13.29 प्रतिशत का अन्तर आया है। केरल, मिजोरम, गोआ, दिल्ली और कुछ संघीय प्रदेशों में उच्च साक्षरता की दरें पाई गई हैं। फिर भी, सन् 2001 में भी बिहार और उत्तर प्रदेश में साक्षरता दरें 55 प्रतिशत से नीचे हैं। सन् 2001 में सबसे कम साक्षरता की दर 47.53 बिहार में पाई गई है।

भारत में शिक्षा की गुणवत्ता के बारे में बहुत कुछ किया जाना बाकी है। उदाहरणार्थ अधिकांश व्यक्ति जो प्राथमिक स्तर तक जैसे-तैसे पढ़ाई करते हैं, वे भी बाद में निरक्षर बन जाते हैं जब वे पढ़ाई छोड़ देते हैं। साक्षरता के सम्पूर्ण स्तर को बढ़ाने के साथ-साथ शिक्षा की गुणवत्ता में सुधार लाने के लिए भी निरन्तर प्रयास किए जाने की आवश्यकता है। भारत में अपेक्षाकृत नीची साक्षरता दर के लिए हिन्दुओं की कठोर जाति व्यवस्था और मुस्लिमों की धार्मिक रूढ़िवादिता को उत्तरदायी माना जा सकता है। हिन्दुओं में शूद्रों (नीची जातियां) को शिक्षा से वंचित रखा जाता था क्योंकि उन्हें अछूत समझा जाता था। इसके अतिरिक्त गरीबी, बेरोजगारी, बाल विवाह, गतिशीलता से सम्बन्धित उनके पूर्वाग्रहों जैसे कारकों से भी साक्षरता और शिक्षा के मामलों में भारत के पुरुषों ने स्त्रियों को पीछे छोड़ दिया है। भारत में ग्रामीण और नगरीय साक्षरता दरों में जो भिन्नता पाई जाती है, उसका कारण दोनों क्षेत्रों की अर्थव्यवस्था, सामाजिक जीवन और प्रवसन प्रतिमान में भिन्नता है।

जनसंख्या के सिद्धान्त (Theories of Population)

मानव सभ्यता के उद्भव के समय से ही विद्वान जनसंख्या वृद्धि पर सहमत नहीं हो सके हैं, जबकि उनमें से कुछ ने मानव जाति, प्रजातियों और राष्ट्रों की अतिजीविता के लिए निरन्तर जनसंख्या वृद्धि का विचार प्रस्तुत किया। दूसरी ओर, कुछ विद्वानों के मतानुसार जनसंख्या में तीव्र वृद्धि विश्व धरातल पर सभ्यताओं के लुप्त होने का कारण रहा है। अतः, जनसंख्या विकास के ऐतिहासिक विचारों को व्यक्त किया जाना श्रेयस्कर रहेगा।

चीनी दार्शनिक कन्फ्यूशियस ने यह विचार प्रस्तुत किया कि जनसंख्या और पर्यावरण (संसाधनों) के बीच एक संख्यात्मक सन्तुलन बनाए रखा जाना चाहिए। अतएव, वह अनियन्त्रित जनसंख्या वृद्धि के पक्ष में नहीं था। वास्तव में, वह प्रथम विद्वान था जिसने अनुकूलतम जनसंख्या स्तर (Optimum Population Level) की संकल्पना

प्रस्तुत की थी। प्राचीन यूनान में प्रारम्भिक विद्वानों ने जनसंख्या में विस्तार किए जाने का समर्थन किया, किन्तु प्लेटो नियन्त्रणवादी था जिसने जनसंख्या की सुनिश्चित सीमा के बारे में अपने विचार प्रस्तुत किए थे। अरस्तु और पोलीबियस ने हेलेनिक सभ्यता के पतन का कारण जनसंख्या वृद्धि में ह्रास बताया।

प्रजनन क्षमता सम्प्रदाय, प्रारम्भिक रोम की एक विशेषता थी। उनका विश्वास था कि सैनिक और राजनैतिक विस्तार के लिए जनसंख्या में वृद्धि आवश्यक है। उनका यह भी विचार था कि विवाह का प्राथमिक कार्य राज्य के लिए नागरिक और सैनिक उपलब्ध कराना है। इस पृष्ठभूमि में अगस्टस ने जनसंख्या वृद्धि में प्रोत्साहन के लिए विधान प्रस्तुत किया था। इन प्रयासों के होते हुए भी रोम में मनुष्यों की कमी के कारण उसका पतन हुआ क्योंकि वह बर्बर लोगों के आक्रमण से अपनी सुरक्षा नहीं कर सका।

मध्यकाल, आक्रमणों और युद्धों का काल था जिसने इस विचार को जन्म दिया कि अपने जीवित रहने और सुरक्षा के लिए जनसंख्या वृद्धि आवश्यक है। यह एक सामान्य विचार था कि यदि मनुष्य नहीं होंगे तो शस्त्र कौन उठाएगा। उस काल में मनुष्य को सर्वोत्तम सम्पत्ति के रूप में स्वीकार किया गया था। अठारहवीं शताब्दी में अधिकांश परम्परावादी विचारक इस विचारधारा के थे कि व्यक्तियों और जानवरों को बढ़ाया जाना चाहिए। जर्मन विचारकों ने भी राज्य की शक्ति के लिए जनसंख्या को अधिक महत्त्व दिया। प्रथम विचारक जिसने जनसंख्या के प्रश्न को विधिवत् ढंग से प्रस्तुत किया था, वह थॉमस माल्थस था।

जनसंख्या वृद्धि का माल्थसवादी सिद्धान्त
(Malthusian Theory of Population Growth)

प्रसिद्ध अंग्रेज अर्थशास्त्री और जनसांख्यिकीय विचारक थॉमस रोबर्ट माल्थस अपने जनसंख्या वृद्धि सिद्धान्त के कारण प्रसिद्ध है। उन्होंने सन् 1798 में 'जनसंख्या सिद्धान्त' पर एक लेख प्रकाशित किया। बाद में उनके विचारों से जनसंख्या के आर्थिक उपागम पर विचार किया जाना प्रारम्भ हुआ। उनका सामान्य विचार था कि भरण-पोषण के साधनों की अपेक्षा जनसंख्या की बढ़ने की प्रवृति अधिक तीव्र होती है। उनके अनुसार जब तक जनसंख्या **निरोधक** और **सकारात्मक** रोक से नियन्त्रित नहीं की जाती, जनसंख्या में तीव्र वृद्धि सभी आर्थिक लाभों को सोख लेती है। उनके विचार से यदि जनसंख्या अनियंत्रित रहती है तब वह ज्यामिति गति (अर्थात् 1, 2, 4, 8, 16. . .) से बढ़ती है जबकी भरण-पोषण के साधन गणितीय गति (अर्थात् 1, 2, 3, 4, 5. . .) से बढ़ते हैं। प्रत्येक पच्चीस वर्षों के पश्चात् जनसंख्या दुगनी हो जाती है और दो शताब्दियों में जनसंख्या और भरण-पोषण के साधनों में अन्तर 256 से 9 और तीन शताब्दियों में यह 4096 और 13 तथा दो हजार वर्षों में यह अन्तर लगभग अनिश्चित हो जाएगा। माल्थस का सिद्धान्त स्पष्ट करता है कि—

1. भरण-पोषण के साधनों द्वारा जनसंख्या अनिवार्यत: सीमित रहती है।
2. जहां भरण-पोषण के साधनों में वृद्धि होती है, वहां जनसंख्या में निरन्तर वृद्धि होती है जबकि जनसंख्या को बहुत प्रभावशाली और सुस्पष्ट साधनों द्वारा रोका नहीं जाता।

3. ये नियन्त्रण और जनसंख्या की श्रेष्ठ शक्ति का जो नियन्त्रण दमन करते हैं और भरण-पोषण के साधनों के स्तर पर अपना प्रभाव बनाए रखते हैं; इन सभी का नैतिक संयम, व्यभिचार और विपत्तियों द्वारा निराकरण संभव है।

माल्थस का विश्वास था कि जीवन बनाए रखने के लिए दो आवश्यक विशेषताएं अपरिवर्तनीय हैं और वे नियम विरोधात्मक हैं। (i) भोजन की आवश्यकता तथा (ii) स्त्री-पुरुष के बीच कामुक आवेग। इसमें दूसरी विशेषता व्यक्तियों को अपेक्षत: छोटी आयु में विवाह के लिए तैयार करती है, परिणामस्वरूप अधिक बच्चे पैदा होते हैं। *यदि इसे विपत्तियों और व्यभिचार द्वारा रोका न जाए तो कुछ ही वर्षों में जनसंख्या अपने आप दुगनी हो जाएगी।*

जनसंख्या और भरण-पोषण के बीच चौड़ी होती खाई और अधिक बढ़ती जाएगी क्योंकि भरण-पोषण के साधनों पर मनुष्य के दबाव की प्रवृत्ति होती है। इसके परिणामस्वरूप समाज दो वर्गों के बीच विभक्त हो जाएगा यथा धनी और निर्धन जो पूंजीवादी व्यवस्था को स्थापित करते हैं। समृद्ध अथवा धनी लोग जो उत्पादन प्रणाली के स्वामी होते हैं, वे लाभ कमाते हैं और धन एकत्रित करते हैं। सम्पत्ति की वृद्धि के साथ वे अपने उपभोग में वृद्धि करते हैं, किन्तु जीवन स्तर में गिरावट के डर से वे अपनी जनसंख्या में वृद्धि नहीं करते हैं। माल्थस, पूंजीवादी अर्थव्यवस्था और समाज का इस आधार पर समर्थन करता है कि यदि पूंजी निर्धनों में वितरित कर दी जाएगी तो उत्पादन प्रणाली पर निवेश के लिए यह उपलब्ध नहीं होगी। इस प्रकार धनी निरन्तर धनी होते रहेंगे और निर्धन जिनमें श्रमिक वर्ग होगा, निर्धन होता जाएगा। उनके विचार से जनसंख्या और संसाधनों के बीच, बढ़ती दूरी अन्तत: उस बिन्दु तक पहुंच जाएगी जहां विपत्ति और निर्धनता अवश्यंभावी होंगी। उनके अनुसार विवाह स्थगित करना एक निवारक कारक है, वह आगे भी एक प्रमुख निवारक कारक रहेगा। उनका यह भी विश्वास था कि निवारक निरोध जैसे कि विवाह में देरी, नैतिक संयम आदि मानव की जनन दर को इतना घटा देंगे कि सकारात्मक नियन्त्रण निरन्तर काम नहीं करेंगे। उनका विश्वास था कि समाज और सामाजिक संस्थाओं में परिवर्तन थोड़े समय के लिए सकारात्मक निरोधों को कमजोर कर देंगे, जब तक कि मनुष्यों की संख्या उसकी नयी संस्थाओं में पुन: बढ़ने लगेगी और मनुष्य ऐसे सकारात्मक निरोधों जैसे स्त्रियों से संबंधित अनैतिक प्रथाएं, महामारियां, युद्ध, भूख, रोग आदि से ग्रसित रहेगा।

सकारात्मक (Positive) और निवारक (Preventive) निरोध जो मनुष्यों में अत्यधिक जनसंख्या वृद्धि को रोकने के लिए अपनाए जाते हैं, क्रमश: मृत्यु दर और जनन क्षमता को प्रभावित करने वाले तरीकों से सम्बन्धित हैं। इसलिए उन्होंने सकारात्मक निरोधों में युद्ध, महामारी, निर्धनता और विशेषकर भोजन की कमी को सम्मिलित किया और निवारक अवरोधों में मुख्यत: नैतिक संयम अथवा गर्भपात को सम्मिलित किया है। उन्होंने जनसंख्या और संसाधनों के बीच बढ़ती खाई को मानवता की सर्वाधिक विपत्ति का प्रमुख कारण माना है। माल्थस यद्यपि गर्भनिरोध के तरीकों के पक्ष में नहीं था क्योंकि

उसके अनुसार उनका उपयोग कठोर कार्य करने के लिए उसी प्रकार से प्रेरणा नहीं देता जैसा कि विवाह के स्थगित किए जाने से होता है। उसने जीवन में आजीविका और बच्चों की संख्या में नकारात्मक सहसम्बन्ध पर बल दिया और निम्न वर्गों में आत्म संयम और सामाजिक जिम्मेदारी, जैसा उसने मध्यम वर्ग में देखा, प्रेरित करने के लिए कहा। माल्थस ने इस बात पर बल दिया कि निम्न वर्ग को अच्छा वेतन और शिक्षा दी जानी चाहिए।

माल्थस के सिद्धान्त की कई आधार पर आलोचना हुई है। उनका यह विचार कि जनसंख्या तेजी से बढ़ रही है क्योंकि मानव भी एक जैविक और सामाजिक प्राणी है जो यौन प्रवृत्ति और भोजन पर निर्भर है। इससे भी अधिक उन्होंने नैतिकतावादी और वैज्ञानिक उपागमों में उलझन उत्पन्न कर दी। माल्थस का सर्वाधिक प्रमुख आलोचक मार्क्स था। उसने बलपूर्वक कहा कि निर्धनता जनसंख्या वृद्धि का परिणाम न होकर पूंजीवाद की सामाजिक संस्था का अन्यायपूर्ण परिणाम है। यूरोप अथवा उत्तरी अमेरिका का कोई देश संभवत: केवल आयरलैण्ड को छोड़कर माल्थस की भविष्यवाणी को सिद्ध नहीं करता है। यह भी कहा गया कि माल्थस के प्रतिक्रियावादी विचारों ने जनसांख्यिकी को एक विज्ञान के रूप में विकसित होने में बाधा उपस्थित की।

माल्थस की आलोचना के मुख्य बिन्दु निम्न प्रकार हैं—

1. स्त्री और पुरुष के बीच आवेग संबंधी माल्थस की मान्यताओं पर प्रश्न चिन्ह इस आधार पर लगाया गया कि बच्चों की इच्छा को कामवासना की इच्छा के साथ नहीं जोड़ा जा सकता है। यौन पिपासा एक जैविक नैसर्गिक मूलप्रवृत्ति है जबकि बच्चों के लिए इच्छा करना एक सामाजिक नैसर्गिक मूलप्रवृत्ति है।
2. उनके आलोचकों द्वारा उनके अनुपातों के दोनों वर्गों की वैधता को भी चुनौती दी गई है। जनसंख्या ज्यामिति के अनुपात में कठिनत: ही बढ़ती है और उत्पादन के साधन भी कठिनत: ही गणितीय रूप में बढ़ते हैं।
3. माल्थस की पच्चीस वर्ष की अवधि में जनसंख्या के अपने आप दुगनी हो जाने की मान्यता भी कहीं भी वास्तविकता के निकट दिखाई नहीं देती है। जनसंख्या का अपने आप दुगनी होने का समय भिन्न-भिन्न देशों और प्रदेशों में भिन्न होता है। यह उस देश की अर्थव्यवस्था, वैज्ञानिक और प्रौद्योगिकी की प्रगति पर निर्भर करता है। उदाहरण के लिए बांग्लादेश, ईरान और मैक्सिको में जनसंख्या को दुगनी होने में 30 वर्ष का समय लगा, जबकि यू. के. को 300 वर्ष, जापान को 350 वर्ष, संयुक्त राज्य अमेरिका को 120 वर्ष का समय लगा। स्वीडन, डेनमार्क, फिनलैंड और नार्वे जैसे देशों की जनसंख्या को दुगनी होने में 300 वर्ष से अधिक समय लगा है। यह अनुमान है कि वर्तमान दर के आधार पर रूस और जर्मनी की जनसंख्या को दुगनी होने में अनन्त समय लगेगा।
4. माल्थस ने 'सकारात्मक निरोध' (Positive Checks) पर अधिक जोर दिया है तथा निवारक निरोध (Preventive Checks) जैसे कि गर्भ निरोध और परिवार नियोजन की भूमिका की कल्पना तक नहीं की थी।

5. इसके अतिरिक्त अल्प-जनसंख्या के विकसित देशों में भी प्राकृतिक आपदाएं आई हैं और इस प्रकार सकारात्मक निरोध और अत्यधिक आबादी के बीच कारणात्मक संबंध स्थापित नहीं होता।
6. माल्थस द्वारा परिवर्तित हो रही प्रौद्योगिकी और उसके परिणामस्वरूप समाज के सामाजिक और आर्थिक ढ़ांचे में हो रहे परिवर्तन की भूमिका को अनदेखा करने के आधार पर भी तीव्र आलोचना की गई है।
7. माल्थस जैविक सीमाओं को भी स्पष्ट समझने में असफल रहे कि जनसंख्या एक निश्चित सीमा से आगे नहीं बढ़ सकती।

माल्थस का दोष इतना नहीं था जितना कि वह अपरिपक्व थे। उन्होंने यह स्वीकार किया था कि प्रवसन और उत्पादन की उन्नत प्रौद्योगिकी द्वारा जनसंख्या वृद्धि से उत्पन्न कठिनाइयों को अस्थायी तौर पर स्थगित किया जा सकता है। किन्तु उनसे यह अपेक्षा नहीं की जा सकती थी कि वह आधुनिक विश्व (विशेषकर यूरोप, जापान, चीन और अमेरिका) में उन्नीसवीं और बीसवीं शताब्दियों में हुए उत्पादन के अत्यधिक विस्फोट, का पूर्वानुमान लगा सकते जिसके द्वारा सकारात्मक निरोध से तीव्र गति से मुक्ति मिली।

इन सब आलोचनाओं के होते हुए भी माल्थस के जनसंख्या सिद्धान्त ने, जनसंख्या और भरण-पोषण के साधनों के बीच एक सन्तुलित सम्बन्ध बनाए रखने की आवश्यकता पर सफलतापूर्वक प्रकाश डाला है। माल्थस के आलोचक यह स्पष्ट अनुभव करने में असफल रहे कि माल्थस के जनसंख्या सिद्धान्त में अनेक सच्चाइयां होने के कारण आज मानव ने अपने परिवार को सन्तुलित सीमा में रखने के लिए गर्भ निरोध का सहारा लेने की आवश्यकता अनुभव की। वृद्धि दर की सीमा "Limits of Growth" का सिद्धान्त जो जे. फोरस्टर (J. Forrester) महोदय ने 1971 में प्रस्तुत किया, माल्थस महोदय के सिद्धान्त की पुष्टि करता है। माल्थस का अन्य प्रमुख योगदान जनसंख्या के अध्ययन को सामाजिक विज्ञानों के क्षेत्र में लाना था। उन्होंने एक नई विचारधारा प्रदान की जिसके द्वारा जनसंख्या वृद्धि की गतिशीलता को मानव कल्याण के संदर्भ में देखा जाने लगा। इन सबसे ऊपर माल्थस के सिद्धान्त ने जनसंख्या सिद्धान्त निर्माण की शुरुआत की और इस कारण उनका कार्य अत्यधिक महत्त्व का है।

जनसंख्या वृद्धि का मार्क्सवादी सिद्धान्त
(Marxian Theory of Population Growth)

मार्क्स एक रचनात्मक चिन्तक थे जिन्होंने इतिहास की वैज्ञानिक व्याख्या प्रस्तुत की। उन्होंने कहा कि भौतिक विज्ञानों में जिस प्रकार वैज्ञानिक और सार्वभौमिक नियम होते हैं, उसी प्रकार सामाजिक प्रक्रियाओं के सार्वभौमिक नियम होते हैं। उनके अनुसार, इतिहास का सार-तत्व किसी भी समाज में उसके उत्पादन के ढंग (तरीके) में निहित है; और यह पविर्तन हमेशा प्रगतिशील होता है। उदाहरणार्थ, घुमक्कड़ी स्तर से, मानव प्राणी, स्थायी जीवन की ओर आगे बढ़ा है। शिकार करने, फल-फूल एकत्र करने और भेड़ों को चराने की अवस्था ने मानव को पशुओं को पालने और निजी खेती करने की ओर अग्रसर किया है। इसके बाद नगरीय संस्कृति

का विकास हुआ जिसने अनेक प्रकार के व्यवसायों को जन्म दिया। जनसंख्या में बढ़ोत्तरी हुई, इसको बाधित करने वाले कारक कमजोर पड़े, निजी सम्पत्ति का उद्भव हुआ, और एक ऐसी स्थिति में आगमन हुआ जब निजी उत्पादन के ढंग में सैकड़ों तरीकों से सुधार किया जा सकता था। इस स्थिति ने आर्थिक वर्गों की रचना को जन्म दिया। ऐसे समय पर एक सामाजिक पदानुक्रम, व्यवहार के नियमों, अपराध और अपचार के दंड-विधानों का निर्माण हुआ। तदनंतर, औद्योगिक क्रांति (1779) ने पूंजीवाद को जन्म दिया और इसके कारण गरीब और अमीर लोगों के वर्गों का विकास हुआ। मार्क्सवादी विचारधारा के अनुसार यह माना जाता है कि व्यक्तियों के वर्गों में विभाजन ने ही वर्ग-संघर्ष की शुरुआत की क्योंकि वर्ग हित आपस में द्वेषपूर्ण और विरोधी होते हैं। संक्षेप में, एक वर्ग नियोजकों का और दूसरा वर्ग कर्मचारियों का बन गया। मार्क्स की सुविदित शब्दावली में, ये शोषणकर्ता बनाम शोषित कहलाते हैं।

इस पृष्ठभूमि में, कार्ल हेनरिक मार्क्स (1818-1883) ने साम्यवाद के अपने सामान्य सिद्धान्त और इतिहास की वैज्ञानिक व्याख्या प्रस्तुत करते हुए जनसंख्या वृद्धि संबंधी कुछ विचार भी रखे हैं। द्वंद्वात्मक भौतिकवाद के एक बड़े समर्थक के रूप में मार्क्स मानते हैं कि समाज, विशेषत: सामंती और पूंजीवादी समाजों में, दो प्रमुख आर्थिक वर्ग होते हैं, अर्थात् अमीर और गरीब। अमीर वे व्यक्ति होते हैं जिनका उत्पादन के साधनों (भूमि, कारखाने आदि) पर स्वामित्व होता है और ये लोग श्रमिकों का और पर्यावरण (संसाधनों) का शोषण करके लाभ कमाते हैं। उत्पादन के साधनों के मालिक नियुक्ति करने के लिए स्वतंत्र होते हैं और श्रमिक, जो कि इतने गरीब होते हैं कि वे नियोक्ता की शर्तों के आगे अपने आपको रोक नहीं पाते हैं। अतएव, श्रमिकों को समझौते की शर्तों के अनुसार वेतन के बदले में अपने श्रम, दक्षता और कार्य की इच्छा को बेचना पड़ता है। इस व्यवस्था में, उत्पादन के साधनों के मालिक के पास नियोजन की संविदा को अपनी इच्छानुसार तोड़ने के अधिकार होते हैं। वह अपनी इच्छा के अनुसार नौकरी पर रखता और हटाता है। अधिकांश मामलों में काननू भी उसी का साथ देता है। जहां ऐसा नहीं होता, वहां अदालतों को अपने पक्ष में सहायक होने के लिए दबाव डाला जाता है। इसके अतिरिक्त, मालिक ही अपने श्रमिकों की उपयोगिता और कार्य के सम्पादन का अकेला निर्णयकर्ता होता है।

यह स्थिति तब से चली आ रही है जब से मानव ने खेत, दुकान, घर और कारखाने में वस्तुओं के उत्पादन के लिए दूसरे मानवों को नियुक्त करना शुरू किया। नियोक्ता वेतन के रूप में श्रमिकों को कम मजदूरी देकर उनके शोषण द्वारा लाभ अर्जित करता है। इस लाभ को मार्क्स ने 'अतिरिक्त मूल्य' कहा है। अतिरिक्त मूल्य, विनिमय मूल्य और जीवन-निर्वाही मूल्य (वेतन) के बीच का सकारात्मक अन्तर होता है। धनिकों द्वारा जो लाभ अर्जित किया जाता है, उसके द्वारा पूंजी संग्रह की प्रक्रिया की शुरुआत होती है। इसकी प्रतिक्रिया में, गरीब श्रमिक (मजदूर वर्ग) तीव्र जनसंख्या वृद्धि के द्वारा श्रम को संग्रह करने का यत्न करता है। उसके पास यही एकमात्र वस्तु होती है (मार्क्स, 1867 : 216) उत्पादन की तकनीक में सुधार और गरीब श्रमिकों में तीव्र जनसंख्या वृद्धि के कारण अतिरिक्त श्रम और बेरोजगारी उत्पन्न हो जाती है। समाज में कंगाली,

बेरोजगारी, अल्प पोषण और गरीबी का यही एक मुख्य कारण है। अमीर लोग जिनके पास उत्पादन के साधनों का स्वामित्व होता है, उनका कुल जनसंख्या में एक लघु अनुपात होता है। इन लोगों (अमीर लोग) की अपेक्षा गरीब लोगों की जनसंख्या में तेजी से वृद्धि होती है।

मार्क्स के अनुसार, इतिहास में मूलभूत परिवर्तन वर्ग संघर्ष के कारण होते हैं। जनसंख्या वृद्धि को ठीक प्रकार से समझने की यह एक महत्वपूर्ण कुंजी है। इस दृष्टि से देखने पर जनसंख्या के प्रतिमान में पहले (पुरातन काल) हुई वृद्धि की व्याख्या की जा सकती है, अपितु भविष्य में होने वाली जनसंख्या वृद्धि की प्रवृत्तियों को भी तार्किक ढंग से प्रक्षेपित किया जा सकता है।

मार्क्स ने आगे कहा है कि कामकाजी जनसंख्या जहां एक ओर पूंजी के संचय को प्रभावित करती है, वहां ये ही लोग साधनों का उत्पादन कर अपने आप को अपेक्षत: निरर्थक बना देते हैं जो कि अपेक्षाकृत अतिरिक्त जनसंख्या का रूप ग्रहण कर लेता है। यह प्रक्रिया समाज में बेरोजगारी और गरीबी को जन्म देती है। समय के साथ उत्पादन की विधियों में नए नवाचारों का जन्म होता है। उन्नत प्रौद्योगिकी गरीब लोगों की बढ़ती हुई जनसंख्या को बेरोजगार कर देती है, जो वर्ग संघर्ष को तीव्र और गहन बना देती है। इसी कारण से, वर्ग संघर्ष और गरीबी को गरीब कामगार वर्ग में तीव्र गति से बढ़ती हुई जनसंख्या के प्रमुख कारक के रूप में देखा जाता है।

जनसंख्या का मार्क्सवादी सिद्धान्त पूंजीवादी उत्पादन के ढंग और कार्य-व्यवस्था की प्रतिक्रिया पर आधारित है। मार्क्स के अनुसार, दुख और गरीबी नैसर्गिक अपरिहार्यताएं नहीं हैं, अपितु पूंजीवाद के अप्रीतिकर उपहार हैं। दुख, गरीबी, बेरोजगारी और जनसंख्या में तीव्र वृद्धि समाप्त हो सकती है, यदि साम्यवाद के द्वारा पूंजीवादी सामाजिक व्यवस्था के रूप को स्थानापन्न कर दिया जाए। मार्क्स इस विचार से पूर्णत: सहमत थे कि गरीबी और दुख, बेरोजगारी या अल्प-रोजगार के कारण उत्पन्न होते हैं जिसकी उत्पत्ति पूंजीवादी सामाजिक व्यवस्था की अक्षमता के कारण होती है जो तेजी से बढ़ती हुई जनसंख्या के कारण सभी लोगों को काम नहीं दे पाती है।

मार्क्स, माल्थस के इस विचार से सहमत नहीं थे कि जनसंख्या में वृद्धि जीवन-निर्वाह के साधनों से अधिक तीव्र गति से होती है। इसके कारण समस्त आर्थिक लाभ जनसंख्या की वृद्धि में विलीन हो जाते हैं, यदि इस वृद्धि को नियंत्रित नहीं किया जाता जिसे माल्थस ने 'निवारक' (Preventive) और 'सकारात्मक' (Positive) नियंत्रक कहा है।

मार्क्स ने श्रमिकों (जनसमूह) को मुख्य ऐतिहासिक प्रक्रियाओं के केन्द्र में रखा है जिस पर जनसंख्या की वृद्धि और इतिहास का घटनाक्रम आधारित है। उन्होंने इस बात पर जोर देकर कहा है कि शासक वर्ग सबसे ऊपर होता है जिसकी संख्या बहुत कम होती किन्तु जिसे सत्ताधिकार और शक्ति में कोई चुनौती नहीं दे पाता है। इस संरक्षण के नीचे वाले भाग पर विशाल संख्या वाला वह जनसमूह होता है जो निरी गरीबी और दुख

का जीवन जीता है। यह वर्ग अपने शोषण और मूक जानवरों की तरह जीवन जीने से संतुष्ट होता है।

मार्क्स के विचार में, जनसंख्या वृद्धि का कोई एक सार्वभौमिक नियम (प्राकृतिक नियम) नहीं हो सकता। जनसंख्या की वृद्धि प्रतिमान और गतिकी में परिवर्तन उत्पादन के ढंग (विधि) में परिवर्तन के साथ होता है। उत्पादन के ढंग में उत्पादन की कुछ निश्चित शक्तियां (श्रम, पूंजी, भौतिक वस्तुएं, मशीनें आदि) आती हैं। ये शक्तियां उत्पादन के संबंधों के एक निश्चित समूह के प्रतिमान का निर्माण करती हैं। उत्पादन-संबंधों का यह प्रतिमान नियोक्ता और श्रमिकों के बीच हुए समझौते के आधार पर विकसित होता है।

मार्क्स के अनुसार प्रत्येक उत्पादन के ढंग के अपने आर्थिक और जनसांख्यिकीय नियम होते हैं। जैसा ऊपर कहा गया है कि जनसांख्यिकीय विशेषताओं और जनसंख्या के वृद्धि प्रतिमान में परिवर्तन उत्पादन के ढंग (विधि) में परिवर्तन के साथ होता है। दूसरे शब्दों में, किसी यायावरी समाज की जनसंख्या का वृद्धि प्रतिमान स्थायी रूप में रहने वाले खेतिहरों से भिन्न होगा और इसी प्रकार औद्योगिक नगरीय समाज की जनसांख्यिकीय विशेषताएं खेतिहर ग्रामीण समाज से भिन्न होती हैं।

अतएव, मार्क्स के विचार से 'आर्थिक वर्ग' और 'निजी सम्पत्ति' ऐसे दो परस्पर जुड़े हुए दुर्गुण हैं जो गरीबी, बेरोजगारी और जनसंख्या वृद्धि को जन्म देते हैं। निजी सम्पत्ति वृहत रूप में समुदाय के सामान्य भले को अहित पहुंचाती है। विशेष रूप में, वह सम्पत्ति जो उत्पादन का प्राथमिक साधन जैसे खदानें, भूमि, खेत, बगीचे, कारखाने, मीलें आदि कहलाती हैं, उस पर निजी स्वामित्व की स्वीकृति नहीं दी जानी चाहिए। इन संसाधनों पर समस्त समुदाय का स्वामित्व होना चाहिए, यदि हम जनसंख्या की तीव्र वृद्धि को रोकना चाहते हैं और समाज से गरीबी और कंगाली को समाप्त करना चाहते हैं। मार्क्स का उत्पादन की साम्यवादी विधि में यह पूरा विश्वास था कि यह सभी स्वस्थ कामगारों को पूर्ण रोजगार और एक अच्छा जीवन देने में सक्षम है चाहे इनकी संख्या में किसी भी दर से बढ़ोतरी हो।

मार्क्स की जनसंख्या वृद्धि के बारे में एक मूलभूत प्रस्थापना यह रही है कि समाज के पूंजीवादी रूप में रोजगार के अवसरों की अपेक्षा श्रमिकों की आपूर्ति में तीव्र गति से बढ़ोतरी होती है। यह अतिरिक्त जनसंख्या बेरोजगार और अल्परोजगारित व्यक्तियों की औद्योगिक आरक्षित सेना बन जाती है। वेतन स्तरों के संचरण का निर्धारण इस औद्योगिक आरक्षित सेना की कार्यशील जनसंख्या के द्वारा होता है। आरक्षित सेना में श्रमिकों की महत्वपूर्ण मात्रा का नियंत्रण पूंजी के विस्तार या संकुचन द्वारा होता है। इसके कारण, जन्म और मृत्यु दरों के साथ-साथ परिवार के आकार का वेतन के स्तर अर्थात् विभिन्न श्रेणियों के श्रमिकों के उपलब्ध भरण-पोषण के साधनों के साथ उल्टा सहसंबंध होता है। श्रमिकों का ऐसा वर्ग, जिसके आरक्षित सेना अथवा अतिरिक्त जनसंख्या का हिस्सा बनने की अधिक संभावना होती है, का निम्न वेतन स्तर होता है, और परिणामत: ऐसे वर्गों में ऊंची जन्म और मृत्यु दरें होती हैं। इस स्थिति को हम अफ्रीका और एशिया के अधिकांश अल्पविकसित और विकासशील देशों में देख सकते हैं।

मार्क्स ने अपने जनसंख्या के सिद्धान्त में पूंजी संचय, श्रमिकों की मांग, अतिरिक्त जनसंख्या (बेरोजगार और अल्परोजगारित कामगार), वेतन स्तर, रहन-सहन के स्तर, गरीबी, तथा जननक्षमता और मरणशीलता और जनसंख्या वृद्धि दरों के बीच एक सहसंबंध स्थापित करने का यत्न किया है। उनके विचार थे, पूंजीवादी स्वरूप वाले समाज में ये सभी आपस में निकट से जुड़े हुए हैं। ऐसे समाज में उत्पादन के साधनों पर जनसंख्या के एक छोटे से भाग का स्वामित्व होता है और बाकी के सभी लोग कामगार (श्रमिक) होते हैं, जिनका अपने मालिकों द्वारा शोषण किया जाता है।

जनसंख्या के बारे में मार्क्स की उपर्युक्त प्रस्थापना पूंजीवादी प्रकार की सामाजिक व्यवस्था की कमजोरियों को उजागर करती है, जिसमें व्यक्तियों को बहुमात्रा में धन के संचय/संग्रह करने का अधिकार होता है और जिसमें श्रमिकों को कम वेतन देकर, उन्हें गरीब बना कर और उन्हें तीव्र गति से अधिकाधिक जनसंख्या बढ़ाने में सहायता करके शोषण किया जाता है। इस सिद्धान्त की कई आधार पर आलोचना हुई है, जिन्हें नीचे दिया जा रहा है—

1. विश्व में जनसंख्या में अप्रत्याशित वृद्धि का कारण निम्न वेतन, बेरोजगारी और अल्पबेरोजगारी नहीं है, अपितु इसका मुख्य कारण चिकित्सा सुविधाओं और स्वास्थ्य रक्षा सेवाओं में सुधार एवं विस्तार है जिसने जन्म दर को बिना नियंत्रित किए मृत्यु दर में भारी कमी की है।
2. जनसंख्या में वृद्धि स्वत: वास्तविक वेतन को कम नहीं करती जैसा मार्क्स ने कहा है। समाज में वेतन स्तरों और रोजगार के अवसरों का निर्धारण कई सामाजिक-राजनैतिक और आर्थिक कारकों द्वारा होता है।
3. मार्क्स ने वेतन के स्तरों और जनसंख्या वृद्धि की जन्म दर के बीच एक सकारात्मक सहसंबंध स्थापित करने का प्रयास किया है; अर्थात् जितना ही ऊंचा वेतन होगा, उतनी ही नीची जन्म दर होगी। मार्क्स ने अपनी प्रस्थापना में लोगों की आस्था और धर्म पर कोई ध्यान नहीं दिया है। विकसित विकासशील समाजों में ऐसे कई समृद्ध और धार्मिक समूह हैं जिनमें जन्म दर काफी ऊंची पाई गई है।
4. मार्क्स ने निजी सम्पत्ति पर जरूरत से ज्यादा जोर दिया और माना कि यह सभी बुराइयों, जैसे गरीबी, कंगाली, बेरोजगारी और तीव्र जनसंख्या में वृद्धि की जड़ है। सामाजिक मानदंड, शैक्षणिक स्तर, प्रौद्योगिकीय उन्नति और परिवार के प्रति दृष्टिकोण जैसे कारकों की जनसंख्या वृद्धि के निर्धारण में महत्वपूर्ण भूमिका होती है। अत: जनसंख्या वृद्धि में निजी सम्पत्ति को एक अकेला कारक नहीं माना जा सकता।
5. यह संभव है कि मार्क्स का जनसंख्या वृद्धि का सिद्धांत पूंजीवादी समाजों के लिए सार्थक हो किन्तु अपनी पूरी संभावनाओं सहित इसे सामन्तवादी, समाजवादी और आदिम शिकारी एवं भोजन संग्रहण करने वाले समाजों पर लागू नहीं किया जा सकता।
6. मार्क्स ने जनसंख्या वृद्धि के अपने सिद्धान्त में जन्म और मृत्यु दरों के निर्धारण में भौतिक पर्यावरण (भू-भाग, जलवायु, भूमि की उत्पादनशीलता, आदि) पर पर्याप्त

ध्यान दिया है किन्तु, स्पेन्सर जैसे विचारक हैं, जिन्होंने यह विश्वास व्यक्त किया है कि मानव का उत्पादन क्षमता पर कोई नियंत्रण नहीं होता क्योंकि उद्विकास की शक्तियां इसके नियंत्रण से परे हैं।

7. डूमांट जैसे जनसांख्यिकविद् हैं जो सामाजिक केशिकत्व (Capillarity) की विद्यमानता में विश्वास करते हैं, जिसमें आर्थिक प्रस्थिति (Status) को बेहतर करने की इच्छा छोटे परिवारों की जरूरत को महसूस कराती है।

उपर्युक्त सभी आलोचनाओं के बावजूद यह कहा जा सकता है कि माल्थस के बाद, मार्क्स ही ऐसे व्यक्ति थे जिन्होंने जनसंख्या वृद्धि का वैज्ञानिक विश्लेषण किया जो पूंजीवादी देशों की उपलब्ध सूचनाओं पर अधिकतर आधारित था। फिर भी, किसी प्रदेश की जनसंख्या की वृद्धि भौतिक, सामाजिक-सांस्कृतिक और आर्थिक दशाओं द्वारा नियंत्रित होती है। यही कारण है कि जनसंख्या वृद्धि का कोई एक सार्वभौमिक अकाट्य मॉडल नहीं प्रस्थापित किया जा सकता है। बीसवीं शताब्दी में विकसित 'जनसांख्यिकीय संक्रमण सिद्धान्त' जनसंख्या वृद्धि का अधिक तार्किक और व्यवस्थित व्याख्या प्रस्तुत करता है।

जनसांख्यिकीय संक्रमण सिद्धान्त (The Demographic Transition Theory)

जनसांख्यिकीय संक्रमण सिद्धान्त जनसंख्या सिद्धान्तों में से एक सर्वाधिक महत्वपूर्ण सिद्धान्त है जो हाल के जनसांख्यिकीय इतिहास के आंकड़ों और सांख्यिकी पर आधारित है। मौलिक रूप में, जनसांख्यिकीय संक्रमण सिद्धान्त को डब्ल्यू.एम. थोम्पसन (Thompson, 1929) और फ्रेंक.डब्ल्यू. नोट्स्टीन (Notestein, 1945) ने प्रतिपादित किया। इन विद्वानों ने अपने विवरण और तर्कों द्वारा यूरोप, अमेरिका और आस्ट्रेलिया में प्रजनन और मृत्यु-दर की प्रवृत्ति के अनुभवों के आधार पर यह सिद्धान्त प्रतिपादित किया।

यह सिद्धान्त एक उच्च प्रजनन और उच्च मृत्यु दर से न्यून प्रजनन दर और न्यून मृत्यु दर के जनसांख्यिकीय प्रतिमान को प्रस्तुत करता है जब कोई समाज अधिकांश में ग्रामीण, कृषीय और अनपढ़ समाज से प्रमुख रूप से नगरीय, औद्योगिक, साक्षर और आधुनिक समाज की ओर बढ़ता है। इस प्रक्रिया में सम्मिलित तीन स्पष्ट घोषित प्राकल्पनाएं (Hypotheses) निम्न हैं—

(i) जननक्षमता में ह्रास से पूर्व मृत्यु-दर में कमी आती है।
(ii) मृत्यु-दर से तालमेल रखने के लिए प्रजनन दर अन्ततः कम हो जाती है, और
(iii) किसी समाज का आर्थिक-सामाजिक परिवर्तन उसके जनसांख्यिकीय रूपान्तरण के साथ-साथ होता है।

आज के विश्व में जैसा कि किसी भी समय के लिए सत्य हो सकता है, विश्व के विभिन्न देश जनसांख्यिकीय संक्रमण के विभिन्न स्तर पर हैं। त्रिवार्था के अनुसार यह अधिकांश में मानव की दोहरी नीति की प्रकृति के कारण है। उसके अनुसार, जैवीय दृष्टि से मानव सभी स्थानों पर एक समान है और प्रजनन की क्रिया में संलग्न है, किन्तु

सांस्कृतिक दृष्टि से विश्व के एक भाग का मनुष्य दूसरे से भिन्न है। मनुष्य की यह सांस्कृतिक विभिन्नताएं, विभिन्न क्षेत्रों में विभिन्न जननक्षमता के प्रतिमान को जन्म देती हैं, जिसके परिणामस्वरूप जनसांख्यिकीय संक्रमण की विभिन्न अवस्थाएं होती हैं।

जनसांख्यिकीय संक्रमण सिद्धान्त की विशेषता इसकी सुस्पष्ट संक्रमण अवस्थाएं हैं। ऊंची जन्म और मृत्यु दरों से न्यून दरों की ओर संक्रमण को पांच भागों में विभाजित किया जा सकता है। डोलन (E.G. Dolan) महोदय के अनुसार, ''जनसांख्यिकीय संक्रमण एक ऐसा जनसंख्या चक्र है जो मृत्यु दर में ह्रास से आरम्भ होता है तथा निम्न जन्म दर पर समाप्त होता है।''

प्रथम अवस्था—उच्च एवं अस्थिर जन्म और मृत्यु दर और धीमी जनसंख्या वृद्धि दर।

द्वितीय अवस्था—उच्च जन्म दर और गिरती मृत्यु दर तथा निरन्तर जनसंख्या वृद्धि दर।

तृतीय अवस्था—कम होती जन्म दर और न्यून मृत्यु दर तथा घटती जनसंख्या दर।

चतुर्थ अवस्था—न्यून जन्म दर, न्यून मृत्यु दर तथा धीमी जनसंख्या वृद्धि।

थोम्पसन तथा नोटेस्ट्रियन ने जनसांख्यिकी संक्रमण को तीन अवस्थाओं में बांटा था, परंतु सेक्स (Sax) महोदय ने इस संक्रमण को चार अवस्थाओं में विभाजित किया जो चित्र 3.13 में दिखाई गई है।

प्रथम अवस्था में प्रजननक्षमता दर 35 प्रति हजार और मृत्यु दर भी 35 प्रति हजार से अधिक रहती है। मृत्यु दर की चाल फिर भी महामारियों और अस्थिर भोजन आपूर्ति के कारण अनिश्चित रहती है। इस प्रकार यह अवस्था एक स्थायी और धीरे-धीरे बढ़ती हुई जनसंख्या का प्रतिपादन करती है, जहां लोग उत्पादन की अपव्यकारी प्रक्रिया में लगे

चित्र 3.13 *जननांकीय (जनसांख्यिकीय) संक्रमण*

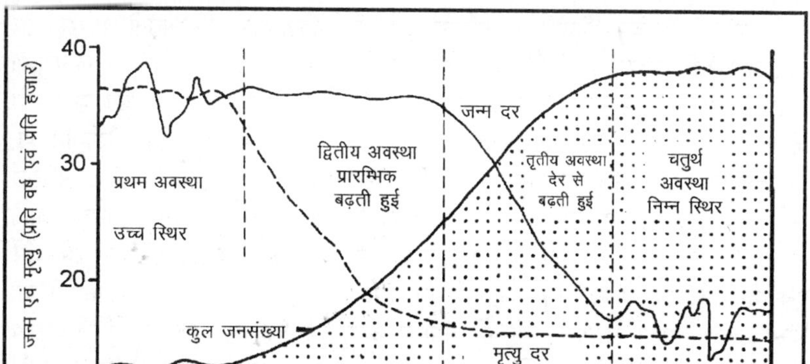

रहते हैं। यह अवस्था मुख्यत: कृषि सम्बन्धी समाजों में होती है जहां जनसंख्या का घनत्व कम अथवा सामान्य रहता है, साधारणत: उत्पादकता का स्तर नीचा रहता है, बड़े परिवारों को सम्पत्ति समझा जाता हैं। उच्च शिशु मृत्यु दर, धार्मिक कट्टरवादता, शिक्षा एवं साक्षरता अभाव, परिणामस्वरूप जीवन-प्रत्याशा (Life-Expectancy) नीची रहती है, कृषि खण्ड (Sector) अपने विकास की प्रारम्भिक अवस्था में होता है, जनसमूह अशिक्षित होता है, तकनीकी जानकारी का अभाव पाया जाता है और नगरीय विकास सीमित होता है। लगभग दो सौ वर्षों पूर्व विश्व के समस्त देश जनसांख्यिकीय संक्रमण की इस अवस्था में थे। वर्तमान में यह निश्चित कर पाना कठिन है कि विश्व का कोई देश अभी भी जनसांख्यिकीय संक्रमण की प्रारम्भिक अवस्था में है, क्योंकि उन देशों के प्रजननक्षमता और मृत्यु दर से सम्बन्धित आंकड़े या तो उपलब्ध नहीं हैं अथवा विश्वसनीय नहीं हैं। इसके अतिरिक्त, आधुनिक प्रौद्योगिकी का प्रसार, विशेष कर चिकित्साशास्त्र में तीव्र हुआ है। समस्त विश्व में ऐसे एक देश का उदाहरण प्राप्त कर सकना कठिन है जो मृत्यु दर के घटने से अप्रभावित रहा हो। अत: इस संदर्भ में प्रथम अवस्था पूर्व औद्योगिक और पूर्व आधुनिक कही जा सकती है।

जनसांख्यिकीय संक्रमण की दूसरी अवस्था की विशेषता ऊंची और क्रमश: 30 प्रति हजार से कम होती प्रजनन दर और 15 प्रति हजार से तीव्रता से गिरती मृत्यु दर है। जनसांख्यिकीय संक्रमण की विस्तृत होती इस अवस्था में स्वास्थ्य और सफाई की अवस्थाओं में सुधार के कारण मृत्यु दर में गिरावट आती है जबकि प्रजनन दर का उच्च स्तर बना रहता है, कम से कम द्वितीय अवस्था के प्रारम्भिक काल में। जैसे-जैसे द्वितीय अवस्था आगे बढ़ती है, प्रजनन दर में धीरे-धीरे गिरावट दिखाई देने लगती है। (चित्र 3.13)

द्वितीय अवस्था के प्रारम्भिक काल जिसमें ऊंची प्रजनन दर और गिरती मृत्यु दर रहती है और द्वितीय अवस्था के उत्तरार्द्ध में प्रजनन दर धीरे-धीरे गिरती जाती है और मृत्यु दर में तीव्रता से गिरावट आती है, इन दोनों के बीच विभेद किया जाता है।

कुल मिला कर, द्वितीय अवस्था में जनसंख्या पहले धीरे-धीरे बढ़ती दर से और बाद में घटती दर से बढ़ती है। दोनों प्रमुख दरों के बीच चौड़ी होती दूरी से जनसंख्या विस्फोट के परिणामस्वरूप संसाधन लामबन्दी की जनसंख्या महत्वपूर्ण बन जाती है। जीवन प्रत्याशा (Life Expectancy) में वृद्धि होना आरम्भ हो जाता है। औद्योगीकरण, नगरीयकरण और आधुनिकीकरण की प्रक्रियाएं सुस्पष्ट होने लगती हैं। बड़े परिवार सम्पत्ति के रूप में नहीं रह जाते हैं। परिणामत: प्रजनन क्षमता में क्रमिक गिरावट आने लगती है, जो द्वितीय अवस्था के अंतिम चरण में प्राकृतिक वृद्धि की दर को धीरे-धीरे दबा देती है। अधिकांश विश्व के कम विकसित देश इस जनसांख्यिकीय संक्रमण की विस्फोटक अवस्था से गुजर रहे हैं, क्योंकि आधुनिक चिकित्सा विज्ञान और स्वास्थ्य विज्ञान के उपायों ने मृत्यु दर को कम कर दिया है जबकि उनकी प्रजनन क्षमता ऊंची है। भारत, पाकिस्तान, बांग्लादेश, नेपाल, ईरान, यमन, केन्या और इण्डोनेशिया जैसे देश बाद वाली दूसरी अवस्था के देश हैं, जहां प्रजनन धीरे-धीरे घटना प्रारम्भ हो गया है, किन्तु

चूंकि यहां मृत्यु-दर में तीव्र गति से गिरावट आ रही है, अत: जनसंख्या वृद्धि अत्यधिक है।

तृतीय या (Late expanding) पछैती विस्तारक अवस्था की यह विशेषता है कि इसमें वृद्धि दर मन्द पड़ जाती है क्योंकि मृत्यु दर निम्न स्तर पर स्थिर रहती है और जन्म दर घटने लगती है। यह गिरावट नगरीय/औद्योगिक समाज के साथ जुड़ी हुई है।

जनसांख्यिकीय संक्रमण की अंतिम अवस्था में दोनों जन्म और मृत्यु दरों में पर्याप्त मात्रा में गिरावट आती है। जनसंख्या या तो स्थिर रहती है अथवा धीमी गति से बढ़ने लगती है। इस अवस्था में जनसंख्या अत्यधिक औद्योगीकृत और नगरीकृत होती है। प्रौद्योगिकी जानकारी प्रचुर मात्रा में उपलब्ध रहती है, परिवार के आकार पर नियन्त्रण जानबूझ कर रखा जाता है। साक्षरता और शिक्षा का स्तर ऊंचा रहता है तथा श्रमिक विशिष्टीकरण की मात्रा भी बहुत अधिक रहती है। ऐंग्लो-अमेरिका, पश्चिम यूरोपीय देशों, आस्ट्रेलिया, न्यूजीलैण्ड, दक्षिण अफ्रीका और जापान इस द्वितीय अवस्था की अंतिम अवस्था में पहुँचने वाले देश माने जाते हैं।

यद्यपि जनसांख्यिकीय संक्रमण सिद्धान्त की जनसांख्यिकीय विद्वानों द्वारा व्यापक प्रशंसा की गई है, किन्तु इसकी आलोचना भी कई बिन्दुओं पर की गई है। यह सिद्धान्त यूरोप, अमेरिका और आस्ट्रेलिया के आनुभविक अध्ययनों पर आधारित है। लोश्चकी और वाइल्डकौस ने यह जोर देकर कहा है कि यह सिद्धान्त न तो भविष्यवाची है और न इसकी अवस्थाएं क्रमिक और अनिवार्य हैं। उदाहरणार्थ, अस्सी के दशक में चीन की सरकार द्वारा एक बच्चे की नीति के कारण चीन में जनसांख्यिकीय संक्रमण की तीसरी अवस्था की शुरुआत हो गई है। तकनीकी नवाचारों में मानव की भूमिका को कम नहीं आंका जा सकता, विशेषकर चिकित्सा विज्ञान में जिसके द्वारा मृत्यु दर को कम किया जा रहा है।

इन कमियों के होते हुए भी यह सिद्धान्त विश्व के जनसांख्यिकीय इतिहास का प्रभावी निरूपण वृहत् स्तर पर प्रस्तुत करता है। इस प्रकार के मॉडल से किसी को यह अपेक्षा नहीं करनी चाहिए कि संक्रमण के लिए कोई विशिष्ट काल होगा, प्रजनन दर और मृत्यु दर प्रतिमानों का कोई निश्चित क्रम होगा तथा प्रत्येक अवस्था की विशिष्ट सामाजिक-आर्थिक बनावट होगी। पश्चिम में जनसांख्यिकीय प्रवृत्तियों के अध्ययन के आधार पर विकसित एक आनुभविक सामान्यीकरण संक्रमण मॉडल के द्वारा किसी भी देश की संक्रमण प्रक्रियाओं को समझने में सहायता मिल सकती है, बशर्ते कि परिस्थितीय संदर्भ को भली-भांति समझा जाए। यह सैद्धान्तिक दृष्टि से अप्रमाणिक होगा कि विश्व के सभी देशों से एक समान क्रमिक प्रतिमान, जैसा कि यूरोपियन देशों ने अनुभव किया, के अनुसरण करने की आशा की जाए, क्योंकि वर्तमान संदर्भ उन्नीसवीं शताब्दी के यूरोपियन संदर्भ से महत्त्वपूर्ण दृष्टि से एक विचलन है।

अनुकूलतम जनसंख्या सिद्धान्त (Optimum Population Theory)

इस सिद्धान्त के अनुसार प्रत्येक देश में संसाधनों के आधार पर एक अनुकूलतम जनसंख्या होती है। अनुकूलतम जनसंख्या की अवस्था में प्रति व्यक्ति आय अधिकतम होती है, यदि

जनसंख्या अनुकूलतम से बढ़ जाए तो प्रति व्यक्ति आय भी घट जाती है, जीवन स्तर नीचा हो जाता है तथा देश अतिरेक (Over Populated) हो जाता है। पृथ्वी के धरातल पर जनसंख्या का वितरणात्मक प्रतिमान और घनत्व में अत्यधिक असमानताएं पाई जाती हैं और यही स्थिति प्राकृतिक संसाधनों की भी है। संसाधन आधार पर जनसंख्या का दबाव और उपलब्ध प्रौद्योगिकी यह निश्चित करते हैं कि क्या कोई प्रदेश अधिक जनसंख्या वाला है अथवा अल्प-जनसंख्या का है। दूसरे शब्दों में, जिस सीमा तक संसाधनों का उपयोग किया जाता है, यह तथ्य इस बात को निश्चित करता है कि वह प्रदेश अधिक अथवा अल्प-जनसंख्या वाला है। कोई भी देश 'अनुकूलतम जनसंख्या' वाला देश उस समय कहलाता है जब उपलब्ध संसाधनों की तुलना में व्यक्तियों की संख्या संतुलित रहती है। अनुकूलतम स्थिति को बनाए रखा जा सकता है यदि नवीन संसाधनों का दोहन अथवा नियोजन के अन्य स्वरूपों का विकास, जनसंख्या में वृद्धि के साथ संतुलन बनाए रखे। यदि जनसंख्या में वृद्धि अत्यधिक हो जाती है तब 'ह्रासमान प्रतिफल नियम' (Law of Diminishing Return) लागू होना आरम्भ हो जाएगा। एक निश्चित बिन्दु तक ही भूमि पर कार्य कर रहे श्रमिकों की संख्या में वृद्धि करने से उत्पादन में सुस्पष्ट वृद्धि कर सकने में समर्थ होते हैं। एक बार जब अनुकूलतम जनसंख्या की स्थिति आ जाती है, हालांकि उसमें और अधिक वृद्धि से उत्पादन में तो वृद्धि हो सकेगी किन्तु यह घटती दर से वृद्धि होगी, इस प्रकार प्रति व्यक्ति उत्पादन में गिरावट आएगी। जब अधिक व्यक्ति उसी संसाधन आधार पर निर्भर रहते हैं, तब प्रत्येक व्यक्ति की आय कम होती जाती है।

इसके विपरीत, किसी क्षेत्र के सभी संसाधनों को विकसित करने के लिए पर्याप्त व्यक्ति उपलब्ध न हों तो उनका जीवन स्तर नीचा रहेगा, उनकी अपेक्षा यदि समस्त संभावित संसाधनों को प्राप्त कर लिया गया हो। इस आधार पर ब्राजील की 22 मनुष्य प्रति वर्ग किमी जनसंख्या आज अल्प-जनसंख्या (Under Population)मानी जा सकती है। किन्तु, जब ब्राजील में यूरोपीय लोग बसना शुरू हुए थे, उस समय यह देश अल्प-जनसंख्या का देश नहीं था यद्यपि उस समय वहां कम व्यक्ति रह रहे होंगे, क्योंकि, आज दोहन किए जा रहे संसाधन आधार की तुलना में स्थानीय जनसंख्या द्वारा उपयोग में लाए गए संसाधन भी कम रहे होंगे। इसी प्रकार, आज की प्रौद्योगिकी के संदर्भ में, मध्य एशिया आज अल्प-जनसंख्या का क्षेत्र माना जाता है, किन्तु यहां अपार खनिज संसाधन उपलब्ध हैं जो कजाकिस्तान, उज्बेकिस्तान, तुर्कमेनिस्तान और रूसी साइबेरिया की औद्योगिक जनसंख्या का भरण-पोषण कर सकते हैं। पिछले समय में मध्य एशिया केवल पशुचारकों द्वारा आबाद क्षेत्र था जो आधुनिक प्रौद्योगिकी के बारे में कुछ भी नहीं जानते थे। जिन संसाधनों का उपयोग करने में वे सक्षम रहे थे, उनका क्षमता से ज्यादा उपयोग किया गया। परिणामतः, मध्य काल में मध्य एशिया से लोगों के झुण्ड के झुण्ड यहां से बाहर जाने लगे और निकटवर्ती तथा दूर-दराज के क्षेत्रों पर हमले करते रहे और वे पूर्वी यूरोप, दक्षिण-पश्चिम एशिया, दक्षिणी एशिया और चीन तक फैल गए।

अतः, अल्प-जनसंख्या अथवा अधिक जनसंख्या के पाए जाने पर किसी देश-प्रदेश की प्रौद्योगिकी और विकास की अवस्था के संदर्भ में विचार किया जाना चाहिए तथा उस

जीवन स्तर जिसके द्वारा इसे औद्योगिक देशों में नापा जाता है। एक देश जहां कृषि, उद्योग, संचार साधन, व्यापार, वाणिज्य और सामाजिक सेवाएं सभी पूर्ण विकसित हों और देश के सभी संसाधनों को पूर्णत: और समझ-बूझ कर उपयोग में लिया जाता है, विकसित देश समझा जाता है।

जनसंख्या समस्याएं (Population Problems)

संसाधन आधार पर जनसंख्या का बढ़ता दबाव विशेषकर कृषि भूमि पर दबाव ने अनेक सामाजिक-आर्थिक, सांस्कृतिक, पारिस्थितिक और पर्यावरणीय समस्याओं को जन्म दिया है। एक प्रदेश से दूसरे प्रदेश की जनसंख्या समस्याएं समय और स्थान के अनुसार भिन्न होती हैं। इन समस्याओं का अधिक सुव्यवस्थित ढंग से अध्ययन किया जा सकता है, यदि हम विकसित और विकासशील देशों की समस्याओं पर अलग-अलग विचार करें।

विकासशील देशों की समस्याएं (Problems of Developing Countries)

विश्व की अधिकांश जनसंख्या विकासशील देशों में निवास करती है। चीन और भारत में क्रमश: विश्व की 23 और 17.4 प्रतिशत जनसंख्या निवास करती है। यदि समस्त विकासशील देशों को सम्मिलित किया जाए तो इन देशों में विश्व की कुल जनसंख्या का तीन-चौथाई निवास करती है। इन देशों में प्रौद्योगिकी विकास का स्तर नीचा है, जिसके कारण कृषि की कार्यक्षमता प्रभावित होती रही है और इन देशों में स्थानीय संसाधनों के उपलब्ध होते हुए भी औद्योगिक विकास में बाधा आ रही हैं। भारत, पाकिस्तान, चीन, ब्राजील, बांग्लादेश, म्यामार, नेपाल, इण्डोनेशिया, मलेशिया, वियतनाम, थाईलैंड, मालद्वीप, फिलीपीन्स तथा अफ्रीका के अधिकांश देश इसी प्रकार के विकासशील देश हैं। अनेक ऐसे देश हैं जो अविकसित हैं क्योंकि उनके प्रचुर संसाधनों का उपयोग करने के लिए उनकी जनसंख्या कम और अपर्याप्त है। इस प्रकार के देशों में ब्राजील, कोलम्बिया, पीरू, जायरे, रूसी साइबेरिया, सऊदी अरब, कजाकिस्तान, उज्बेकिस्तान, तुर्कमेनिस्तान, किरगीस्तान और तजाकिस्तान हैं। इन देशों में विपुल संसाधन उपलब्ध हैं, किन्तु जनसंख्या की कमी के कारण उनका विकास नहीं किया जा सका। इन देशों में पाई जाने वाली प्रतिकूल जलवायु के कारण भी प्राय: इन देशों की समस्याओं को अधिक बल मिलता है। जनसंख्या में तीव्रता से वृद्धि, बेरोजगारी, आवास और स्वास्थ्य सेवाओं की अपर्याप्तता, संसाधनों का कम उपयोग किया जाना और उद्योगों की धीमी प्रगति, इन देशों की प्रमुख समस्याएं हैं। विकासशील देशों की कुछ प्रमुख समस्याओं का निम्न पंक्तियों में वर्णन किया जा रहा है—

1. जनसंख्या की तीव्र वृद्धि (Rapid Growth of Population)

अधिकांश विकासशील देशों में जन्म दर ऊंची पाई जाती है और स्वास्थ्य सेवाओं में विकास और विस्तार के कारण मृत्यु दर में भी गिरावट आई है। इसके अतिरिक्त, इन देशों में परिवार नियोजन विस्तृत स्तर पर वास्तविकता में व्यवहार में नहीं लाया जाता है। इस स्थिति के कारण

युवकों का अनुपात इन देशों में अधिक रहता है जो अपेक्षतः जनसंख्या के छोटे कार्यशील वर्ग पर निर्भर रहते हैं। उदाहरणार्थ, भारत और पाकिस्तान में क्रमशः 32 और 37 प्रतिशत जनसंख्या 15 वर्ष से कम आयु के लोगों की है। युवाओं का यह विशाल अनुपात स्वास्थ्य, शिक्षण और अन्य सामाजिक उपलब्ध सुविधाओं पर अत्यधिक दबाव डालता है।

2. बेरोजगारी (Unemployment)

अधिकांश विकासशील देशों में जनसंख्या अधिकतर कृषि पर निर्भर है। द्वितीयक और तृतीयक क्षेत्रों (उद्योग और सेवाओं) का विकास अपेक्षतः कम हुआ है। यहां अर्द्ध-कुशल, अकुशल और उच्च शिक्षित व्यक्तियों के लिए बहुत सीमित अवसर उपलब्ध हैं। शिक्षित और कुशल तकनीकी वैज्ञानिकों के लिए भी नियोजन के सीमित अवसर उपलब्ध हैं। परिणामस्वरूप, शिक्षित और अशिक्षित, कुशल और अकुशल व्यक्ति नौकरी की खोज में दूसरे देशों को प्रवास कर जाते हैं। जो लोग विदेश प्रवास नहीं कर पाते, वे नगरों में चले जाते हैं जहां रोजगार प्राप्त करना अधिक कठिन होता है। इसके अतिरिक्त, नगर अधिक जनसंख्या के केन्द्र बन जाते हैं जिसके कारण वहां जीवन निर्वाह की दशा घटिया होती जाती है, जिसके परिणामस्वरूप सामाजिक-आर्थिक और पर्यावरणीय समस्याएं उत्पन्न होती हैं।

3. घटिया जीवन स्तर और कुपोषण (Poor Standard of Living and Malnutrition)

विकासशील देशों में पोषाहार की कमी रहती है, विशेषकर संतुलित आहार की अधिक कमी रहती है। इन देशों में जीवन का स्तर निम्न और आवास व्यवस्था भी प्रायः घटिया पाई जाती है। स्वास्थ्य का स्तर और पोषकता का स्तर भी निम्न पाया जाता है, जिससे स्वास्थ्य समस्याएं पैदा होती हैं जैसे कि अभाव वाली बीमारियां। व्यक्तियों का अज्ञान, स्वास्थ्य सेवाओं की अपर्याप्त और वित्तीय साधनों की कमी, आवास और स्वास्थ्य दशाओं को सुधारने में बाधा उत्पन्न करती है।

4. कृषि संसाधनों का कुप्रबन्ध (Mismanagement of Agricultural Resources)

कुल मिलाकर अधिकांश विकासशील और अविकसित देशों की अर्थव्यवस्था कृषि पर आधारित है। कृषि, प्रायः परम्परागत ढंग से की जाती है, कृषि के यंत्र पुराने होते हैं और वित्तीय संसाधन भी अपर्याप्त होते हैं। भण्डारण और वित्त की सुविधाओं के अभाव के कारण कृषक रासायनिक उर्वरकों तथा अन्य प्रकार के निवेश आवश्यक मात्रा में नहीं कर पाते हैं। परिणामस्वरूप, प्रति इकाई क्षेत्र का उत्पादन कम रहता है। खण्डित और छोटे आकार की जोत तथा भूमि काश्तकारी प्रणाली भी कृषि के आधुनिकीकरण किए जाने में महत्त्वपूर्ण बाधाएं हैं। इस प्रकार के देशों में भूमि लोगों की मूलभूत सम्पत्ति होती है, अतः या तो वह (भूमि) कम उपयोग में ली जाती है अथवा उसका गलत उपयोग किया जाता है। अनेक किसान जो परम्पराओं से बंधे रहते हैं, नवाचार और नए विचारों को स्वीकार भी नहीं करते हैं और उनकी खेती की पद्धतियां वही पुरानी परम्परावादी रहती हैं तथा उत्पादन उनकी क्षमता से कहीं कम होता है।

5. औद्योगिकी क्षेत्र की धीमी प्रगति (Slow Growth of Industrial Sector)

अधिकांश अविकसित और विकासशील देशों में औद्योगिक क्षेत्र सामान्यतः बहुत अधिक प्रभावशाली नहीं होता है। स्थानीय पूँजी का अभाव रहता है जिसके कारण संसाधनों का वास्तविक दोहन अथवा कारखानों को स्थापित करना कठिन होता है। यद्यपि श्रमिक वर्ग काफी संख्या में उपलब्ध रहता है, पर प्राय: यह श्रमिक वर्ग अकुशल होता है और औद्योगिक विकास की उसकी कोई पृष्ठभूमि भी नहीं होती है। इसी प्रकार, यद्यपि घनी जनसंख्या उत्पादित वस्तुओं के लिए एक उपयुक्त बाजार उपलब्ध कराती है, किन्तु इन देशों के अधिकांश निवासी निर्धन होते हैं और उस सामान को खरीद सकने की उनमें क्षमता नहीं होती है। अल्प औद्योगिक आधार, पूंजी का अभाव और लोगों की निर्धनता एक दोषपूर्ण चक्र का निर्माण करते हैं और उद्योगों के विकास में बाधा डालते हैं और इसी कारण कृषि संसाधनों पर दबाव निरन्तर बढ़ता जाता है।

6. रूढ़िवादिता (Orthodoxy)

जैसा पूर्व में कहा जा चुका है कम विकसित और विकासशील देशों में लोग परम्पराओं से जुड़े रहते हैं और बाहरी दुनिया से कम प्रभावित हो पाते हैं। इसके अतिरिक्त, ये लोग अपने दृष्टिकोण में भी धार्मिक होते हैं, जो नवीन विचारों और जीवन के आधुनिक ढंग को स्वीकार नहीं करते हैं। धार्मिक होने के कारण ये लोग परिवार नियोजन भी नहीं अपनाते हैं। कैथोलिक चर्च द्वारा गर्भ निरोध वर्जित माना जाता है। भारत में व्यवसाय पर जाति नियन्त्रण भी समाज के परिवर्तन और विकास प्रक्रिया को धीमा करने में सहयोग करता है। अधिकांश ग्रामीण नए फसल प्रतिमान को सरलता से नहीं अपनाते हैं। इस प्रकार की प्रवृत्ति को दूर करने के लिए तथा अन्धविश्वास तथा रूढ़िवादिता को समाप्त करने के लिए विस्तृत पैमाने पर साक्षरता और शिक्षा आवश्यक है।

7. अल्प-जनसंख्या की समस्याएं (Problems of Under Population)

कुछ कम विकसित देश और प्रदेशों में जनसंख्या कम पाई जाती है। इस प्रकार के देशों की जनसंख्या सघन जनसंख्या वाले देशों की तुलना में भिन्न होती है। विरल बसे देशों में ऊंची जन्म दर के होते हुए भी जनसंख्या वृद्धि धीमी रहती है। आप्रवास जनसंख्या वृद्धि का मुख्य स्रोत होता है किन्तु यह केवल नगरों तक ही सीमित रहता है। ऐसी स्थिति में विरल आबादी वाले देहाती क्षेत्रों से जनसंख्या, नगरों में अच्छी व्यवस्था होने के कारण आकर्षित होती है। देहात और नगरों की जनसंख्या में असन्तुलन, अल्प-जनसंख्या वाले नगरों की प्रमुख समस्या है।

(अ) पृथक तथा अपेक्षतः पृथक क्षेत्र होने के कारण विरल जनसंख्या (Sparsely Populated) वाले क्षेत्रों में बस्तियों का विकास कर सकना कठिन होता है, क्योंकि लोग नगरों की सुविधाओं को छोड़ना नहीं चाहते हैं। पूर्ववर्ती सोवियत संघ की सरकार ने साइबेरिया में आवास निर्माण हेतु लाभप्रद प्रोत्साहन के रूप में भारी धन उपलब्ध किया था, किन्तु लोग वहां जाकर बसने के अनिच्छुक ही रहे। विरल जनसंख्या वाले

क्षेत्रों में विस्तृत संचार, स्वास्थ्य, शिक्षा सेवाएं तथा अन्य सामाजिक सुविधाएं उपलब्ध कराना महंगा और अलाभकारी रहता है।

(ब) विरल बसे क्षेत्रों में संसाधनों का विवेकपूर्ण उपयोग संभव नहीं होता है। कृषीय संसाधनों को विकसित करना अत्यधिक कठिन होता है क्योंकि इससे पूर्व कि ये अच्छा लाभ देवें, ये लम्बे समय तक अधिक और कठोर परिश्रम चाहते हैं। विरल बसे देशों में उद्योगों का विकास भी बहुत धीमा रहता है, जैसाकि अफ्रीका और लेटिन अमेरिका तथा अनेक दक्षिण-पश्चिम मध्य एशिया और दक्षिण-पूर्व एशिया के देशों में पाया जाता है। यहां प्राय: कुशल श्रमिकों का अभाव भी पाया जाता है। दक्षिण-पूर्व एशिया के देशों में जहां कुशल श्रमिकों को अन्य देशों से लाना पड़ता, इस प्रकार लाने के कारण औद्योगिक उत्पादित वस्तुओं का मूल्य और बढ़ जाता है। इसके अतिरिक्त, न्यून जनसंख्या, यद्यपि ऊंचा जीवन स्तर होते हुए भी एक अच्छा बाजार उपलब्ध नहीं करा पाती है।

(स) अनेक अल्प-जनसंख्या वाले देशों की जलवायु अथवा धरातलीय अवस्था प्रतिकूल पाई जाती है। ये प्रतिकूल अवस्थाएं आप्रवासियों के आवास को कठोर संकटपूर्ण बना देती हैं। ऐसी स्थितियां विकास में अवरोध उत्पन्न करती हैं। अल्प-जनसंख्या (Under Population) क्षेत्रों को बसाना कठिन और खर्चीला है और इसमें आर्थिक कारक सर्वोपरि है। तथापि, एक ठोस आप्रवास नीति अल्पविकसित प्रदेशों के संसाधनों के तार्किक उपयोग में सहायता कर सकती है।

विकसित देशों की समस्याएं (Problems of Developed Countries)

विकसित देश अत्यधिक औद्योगीकृत और नगरीकृत होते हैं, जिनमें न केवल प्रति व्यक्ति आय ऊंची होती है, वरन् अधिकांश जनसंख्या या तो द्वितीय अथवा तृतीयक क्षेत्रों पर निर्भर रहती है। इन देशों में विकास का ऊँचा स्तर, उन्नत कृषि और विस्तृत पैमाने पर औद्योगिक उत्पादन होते हुए भी इन्हें अनेक जनसंख्या समस्याओं का सामना करना पड़ रहा है।

1. जीवन की अवधि का लम्बा होना (Long Span of Life)

विकसित देशों में जन्म और मृत्यु दर दोनों ही नीची रहती हैं। इसके अतिरिक्त जनसंख्या में छोटी आयु के व्यक्तियों की संख्या अपेक्षाकृत कम रहती है और नीची मृत्यु दर और ऊंचे जीवन की अवधि का अर्थ है कि जनसंख्या में बड़ी आयु वाले व्यक्तियों का अनुपात हमेशा बढ़ता रहेगा। उदाहरणार्थ, जर्मनी, इटली, यू.के., बेल्जियम में लगभग 20 प्रतिशत जनसंख्या 65 वर्ष से ऊपर वाले लोगों की है। ये सेवानिवृत्त व्यक्ति अधिकांशत: कार्यशील जनसंख्या पर आश्रित रहते हैं।

2. अल्प कार्यबल (Small Workforce)

जैसे-जैसे शिक्षा के स्तर में सुधार आता जाता है, बच्चे स्कूल में लम्बी अवधि तक अध्ययन करते हैं और कार्यबल के रूप में वे काफी समय बाद सम्मिलित हो पाते हैं। इस कारण के

सहित नीची जन्म दर पाए जाने का अर्थ कार्यबल का विस्तार धीमा रहना है, जबकि औद्योगिक तथा अन्य रोजगार अवसर निरन्तर बढ़ते रहते हैं। अधिकांश उद्योगों में मशीनीकरण की उच्च व्यवस्था के कारण अनेक देशों में श्रमिकों का अभाव रहता है। उदाहरण के लिए यूरोप में—जर्मनी, स्विट्जरलैण्ड, फ्रांस, नीदरलैंड, बेल्जियम और रूस में श्रमिकों का अभाव है। एक अन्य समस्या यह है कि श्रम-बल प्राय: भली-भांति शिक्षित और कुशल होता है किन्तु अकुशल श्रमिकों का इन देशों में अत्यधिक अभाव है। चूंकि अधिकांश श्रमिक कुशल होते हैं और कार्यबल अपेक्षत: कम होता है, इस कारण अकुशल श्रमिकों के वेतन अधिक होते हैं, उदाहरण के लिए यूनाइटेड किंगडम और जर्मनी में एक कोयला खनिक को एक यूनिवर्सिटी के प्रोफेसर से अधिक वेतन मिलता है। यही नहीं, कोयला खनिक को यहां सप्ताह में केवल 24 घंटे ही काम करना पड़ता है।

3. ग्रामीण जनसंख्या (Rural Population)

नगरीय क्षेत्रों में अधिक सामाजिक सुविधाएं जैसे विश्वविद्यालय, महाविद्यालय, अस्पताल, बैंक और आमोद-प्रमोद के स्थान उपलब्ध होते हैं। इसी कारण ग्रामीण क्षेत्रों से युवक गांव छोड़ कर अपनी जीविका कस्बों और नगरों में प्रारम्भ करते हैं। बहुत कम व्यक्ति, विशेषकर वृद्धजन ही गांवों में रहते हैं। कार्यबल (Workforce) के अभाव में कृषि क्षेत्र को गांवों में प्रतिकूल परिस्थितियों के कारण क्षति उठानी पड़ती है। ग्रामीण क्षेत्रों में व्यक्तियों की कमी होती जाती है जिसके परिणामस्वरूप गांवों में सामाजिक सेवाएं कम उपलब्ध हो पाती हैं। गांवों का जीवनस्तर गिरता जाता है।

4. नगरीयकरण (Urbanization)

जैसे-जैसे नगरों का विकास होता जाता है परिवहन, जल-आपूर्ति, जलमल निकास और कूड़ा करकट के निपटान का दबाव बढ़ता जाता है और अनेक समस्याएं उत्पन्न होने लगती हैं। फैक्ट्रियों से धुआँ और रासायनिक बहिस्राव, वायु और जल प्रदूषण उत्पन्न करते हैं। इसी प्रकार यातायात अवरोध और शोर अन्य समस्याएं हैं जो नगरों के विकास के साथ उत्पन्न होती जाती हैं। नगरीय जीवन द्वारा तनाव उत्पन्न होने से कम जनसंख्या वाले देशों की तुलना में विकसित देशों में मानसिक रोग, हृदय रोग, श्वास लेने में कठिनाइयां और पागलपन के क्षेत्रों में वृद्धि हो रही है।

नगरों का अव्यवस्थित और गंदी बस्तियों का विस्तार कुछ विकसित देशों, जैसे यू.एस.ए. की अन्य प्रमुख समस्याएं हैं जिसके कारण अनेक सामाजिक और पर्यावरणीय समस्याएं उत्पन्न होती हैं। अधिक उर्वरा कृषि योग्य भूमि पर नगरीय भवनों, सड़कों और उद्योगों के अतिक्रमण के कारण खेती योग्य भूमि की कमी हो जाती है।

अत: कम विकसित, विकासशील और विकसित देशों की कुछ समस्याएं समान हैं। अधिकांश विकसित देशों में जहां जनसंख्या अधिक और सघन है, उन क्षेत्रों में कृषि अथवा उद्योगों को सुधारा जा सकता है। इसी प्रकार, विकासशील देशों में बड़े नगर हैं जहां सभी स्थानों के नगरीकृत समाजों की एक सी समस्याएं हैं। अविकसित देशों के बीच के अन्तरों को भी ध्यान में रखना आवश्यक होगा। इनमें से कुछ देशों को उत्तम संसाधन

आधार उपलब्ध हैं अथवा जनसंख्या कम है, जैसे अर्जेन्टाइना, मैक्सिको, ब्राजील और मलेशिया। ये देश उन देशों की तुलना में जैसे इथोपिया, सूडान, सोमालिया, नाइजर, बांग्लादेश और पाकिस्तान जिनके संसाधन आधार कमजोर हैं और कठोर परम्परावादी विचारों और रूढ़िवादी जनसंख्या अधिक है, अपनी समस्याओं पर नियंत्रण पाने में सफल होंगे।

यूरोप की जनसंख्या दुविधा (Population Dilemma of Europe)

यद्यपि विश्व की जनसंख्या में द्वितीय महायुद्ध के पश्चात् से अपूर्व दर से वृद्धि हो रही है तथा अन्तर्राष्ट्रीय स्तर पर जनसंख्या में वृद्धि को लेकर चिंता है, किन्तु यूरोप के कुछ देश जनसंख्या के विषय में एक विपरीत घरेलू चिन्ता का सामना कर रहे हैं। वर्तमान में यूरोपियन देशों की जनसंख्या की प्रमुख विशेषताएं निम्न हैं—

1. यह किसी अन्य महाद्वीप की जनसंख्या की तुलना में प्राचीन है।
2. अनेक यूरोपीय देशों की ज़नसंख्या स्थिर है।
३. यूरोपीय देशों की प्रजननक्षमता दर (12), 1991 में पुन:स्थापन स्तर 2.1 प्रति हजार से नीची थी। यूरोपियन देशों का कोई भी देश, केवल अल्बानिया, बोसानिया और लेटविया को छोड़ कर, अपनी जनसंख्या को प्राकृतिक वृद्धि द्वारा प्रतिस्थापना नहीं कर पा रहा है।
4. अल्बानिया और आइसलैंड को छोड़कर यूरोप के सभी देशों में कुल प्रजननक्षमता दर 1.5 प्रतिशत से नीचे है।
5. पश्चिमी जर्मनी में अधिक आयु के व्यक्तियों की संख्या विश्व में सर्वाधिक है, जहां युवाओं का अनुपात 15 प्रतिशत और मध्य आयु का सर्वाधिक (69%) और सेवानिवृत्त व्यक्तियों का अनुपात 16.5 प्रतिशत है जो 65 वर्ष के ऊपर हैं।
6. सन् 1990 से यूरोप की जनसंख्या में निरन्तर कमी होती जा रही है।

पिछले तीन दशकों में यूरोप के जनसांख्यिकी विद्वानों ने 'शून्य जनसंख्या वृद्धि' (Zero Population Growth) पर बल दिया है। यह एक ऐसी स्थिति है जिसमें जन्म और अप्रवासी मिलकर मृत्यु और उत्प्रवास के बराबर होते हैं। जन्म और मृत्यु के यथार्थ समीकरण का अर्थ होता है कि वृद्ध नागरिकों के अनुपात में वृद्धि, तरुण लोगों की संख्या में कमी तथा मध्यम आयु वर्ग की जनसंख्या की अधिकता का होना है।

जनसंख्या की यह शून्य वृद्धि दर (Zero Growth Rate) यूरोप के समाज और अर्थव्यवस्था के सामने कई समस्याएं उत्पन्न कर रही है—

1. कुछ प्रदेशों में स्थायी मांग के अभाव में बाल विहार, नर्सरियां और अन्य विद्यालय बन्द हो रहे हैं और विश्वविद्यालयों में कमी की जा रही है।
2. यह प्रक्षेपित किया जा रहा है कि 2015 के अन्त तक वर्तमान बेकारी का स्थान श्रमिकों की कमी ले लेगी। जर्मनी, बेल्जियम, ग्रीस, इटली, स्पेन और पुर्तगाल इस समस्या का सामना पहले से ही कर रहे हैं।

3. सरकारी कोष पर अतिरिक्त भार अधिक पड़ेगा क्योंकि इन सरकारों को 65 वर्ष की आयु से अधिक आयु वाली अपनी 20 प्रतिशत जनसंख्या के लिए पेंशन और सामाजिक सेवाओं का प्रावधान करना पड़ेगा। जर्मनी में पहले से ही 10 श्रमिकों पर 4 पेंशनर हैं और आशा की जाती है कि सन् 2025 तक पेंशनरों की संख्या श्रमिकों की संख्या आधी के बराबर हो जाएगी।

यदि वर्तमान जनसंख्या वृद्धि प्रतिमान (जो अधिकांश यूरोपियन देशों में शून्य है) को पलटा नहीं गया तो परिणाम भीषण और अनर्थकारी होंगे जिससे यूरोपवासियों का जीवित रहना ही संकट में पड़ जाएगा।

जनसंख्या नीतियां (Population Policies)

जनसंख्या का आकार, उसकी संरचना, रचना और वृद्धि दर के साथ-साथ प्रवसन प्रतिमान विभिन्न देशों की अपनी-अपनी सरकार की जनसंख्या नीतियों द्वारा प्रभावित रहती हैं। प्रत्येक देश की अपनी जनसंख्या नीति होती है। ये नीतियां ऊंची प्रजननक्षमता दर को प्रोत्साहित किए जाने से लेकर विभिन्न मात्रा में जनसंख्या वृद्धि को हतोत्साहित किए जाने तक पाई जाती हैं। विकसित देशों में से कुछ देश धीमी वृद्धि की नीति का अनुसरण करते हैं जिसे 'अधोवर्तनवाद' (Pronatalism) की नीति कहा जाता है। जनसंख्या की धीमी वृद्धि नीति अपनाने वाले देशों में कनाड़ा, संयुक्त राज्य अमेरिका, आस्ट्रेलिया, जापान और सिंगापुर प्रमुख हैं। इन देशों में जनसंख्या की वृद्धि दर एक प्रतिशत है। इसका अर्थ है कि जनसंख्या प्रतिस्थापन स्तर के निकट है और जन्म और मृत्यु दर लगभग समान हैं। दूसरे शब्दों में, बच्चों की अगली पीढ़ी उसी आकार की होगी जिस आकार की उनकी पैतृक पीढ़ी होगी। इसके विपरीत, कुछ अफ्रीका और एशियाई और लेटिन अमेरिकी राष्ट्रों की जनसंख्या नीति अपनी जनसंख्या के आकार को कम करना है, जबकि जर्मनी, रूस, रोमानिया, इटली, आस्ट्रिया, यू.के. और फ्रांस जहां जनसंख्या वृद्धि दर 0.5 प्रतिशत के निकट अथवा इससे नीचे है, वहां की सरकारें जनसंख्या वृद्धि की नीति अपना रही हैं।

विभिन्न देशों की जनसंख्या नीतियां निम्न में से किसी एक उद्देश्य की प्राप्ति के लिए बनाई गई हैं—

(i) जनसंख्या वृद्धि को कम करने के लिए यह आवश्यक नहीं कि यह शून्य हो।
(ii) जनसंख्या स्थिर रखने के लिए शून्य जनसंख्या वृद्धि प्राप्त करना, तथा
(iii) जनसंख्या के आकार को कम किए जाने के उद्देश्य से वृद्धि की नकारात्मक दर प्राप्त करना।

जनसंख्या-भूगोलवादी और जनसांख्यिकी विद्वानों में इस बात पर मतैक्य है कि उपर्युक्त उद्देश्यों को प्राप्त करने के लिए मृत्यु दर को बढ़ने देने की अपेक्षा जन्म दर को कम करना ही केवल निवारक मार्ग है। इस पर भी सर्वसम्मति है कि विकासशील देशों में जनसंख्या की तीव्र वृद्धि को रोका जाना चाहिए और इसके लिए जन्म को सीमित किया जाना सबसे बढ़िया नीति है।

जनसंख्या वृद्धि को हतोत्साहित किए जाने सम्बन्धी नीतियां
(Policies Discouraging Population Growth)

जैसा कि पूर्व में लिखा जा चुका है कि अधिकांश विकासशील देश जनसंख्या वृद्धि को सीमित रखने की नीति अपना रहे हैं। वास्तव में, पिछले चार दशकों में अनेक देशों ने जनसंख्या वृद्धि में कमी करने वाली नीतियां अपनाई हैं। दक्षिणी कोरिया और फिलीपीन में छोटे परिवारों को अधिक प्रोत्साहन; भारत, पाकिस्तान, बांग्लादेश और श्रीलंका में नसबंदी ऑपरेशन कराने पर वित्तीय पुरस्कार, सिंगापुर के सरकारी अस्पतालों में छोटे परिवार वाली माताओं को अधिमान्यता, ट्यूनिशिया, क्यूबा, चीन, भारत और सिंगापुर में उपचार मांगे जाने पर निःशुल्क गर्भपात सुविधाओं की उपलब्धता, अधिकांश कम विकसित देशों में चिकित्सा के आधार पर गर्भपात का विधान है जिनके द्वारा जनसंख्या की तीव्र वृद्धि को हतोत्साहित किया गया है।

अधिकांश विकासशील देशों में परिवार नियोजन और संतति निरोध को प्रोत्साहन दिए जाने के तरीकों में गर्भनिरोधक बांटे जाने और कुछ राष्ट्रों में सूचनाएं देने मात्र से लेकर कुछ देशों में सरकार की पूरी भागीदारी होने में भिन्नताएं पाई जाती हैं। निरपवाद रूप से इन प्रोत्साहनों में नवीन विचारों का सम्प्रेषण भी होता है।

यह आशाप्रद संकेत है कि विकासशील देशों की अधिकांश जनसंख्या, प्राकृतिक वृद्धि दर में कमी को पसन्द करती है। अधिकांश कम विकसित देशों की सरकारें अनेक प्रकार की जनसंख्या नीतियां जिनमें मृत्यु दर नियंत्रण, प्रव्रजन नियंत्रण, परिवार तथा व्यक्तिगत कल्याण सम्बन्धी योजनाएं लेकर आगे आई हैं। यह व्यापक रूप से विश्वास किया जाता है कि प्राकृतिक वृद्धि की दर को कम किया जा सकता है, यदि इन सभी उपायों को मिला दिया जाए और जीवन स्तर को सुधारा जा सके। यह संकेत भी रोचक है कि अधिकांश विकासशील देशों ने सन् 2020 तक के प्राकृतिक वृद्धि के लक्ष्य निश्चित कर लिए हैं। उदाहरण के लिए कीनिया का 2.8 प्रतिशत, मॉरिसस का 1.1 प्रतिशत, मिस्र का 1.5 प्रतिशत, ट्यूनिशिया का 1.4 प्रतिशत, चीन का 0.5 प्रतिशत और श्रीलंका का एक प्रतिशत का लक्ष्य है।

संयुक्त राष्ट्र संघ, विश्व बैंक और विश्व स्वास्थ्य संगठन की सहायता से इण्डोनेशिया की सरकार ने जावा और बाली में 3,000 से अधिक निदानगृह (Clinic) स्थापित किए हैं। जनसंचार माध्यम जैसे रेडियो, दूरदर्शन और समाचार पत्रों को पूर्व में और आज भी छोटे परिवार को स्वीकार करने और प्रोत्साहित करने और लोगों को निदानगृहों तक प्रेरित करने के लिए उपयोग में लिया जाता है। जावा और बाली में सर्वप्रथम परिवार नियोजन अपनाने वाली एक वृद्ध महिला थी जिसके कई बच्चे थे, किन्तु बाद में इस विचार का प्रसार हुआ और कम आयु की स्त्रियां भी जो अपनी गर्भावस्थाओं को सीमित रखना चाहती थीं, इस कार्यक्रम को अपनाने लगीं। वर्तमान में, इंडोनेशिया में जनसंख्या वृद्धि दर 1.2 प्रतिशत है।

कुछ देशों में जन्म दर को कम करने के सरकारी प्रयास ने स्वैच्छिक परिवार नियोजन से आगे बढ़ कर विभिन्न प्रकार के बल प्रयोग का रूप ले लिया है। उदाहरण

के लिए सिंगापुर में जहां जगह बहुत सीमित है, वहां उन माता-पिता पर भारी अर्थदण्ड लगाया जाता है, जिनके दो से अधिक बच्चे होते हैं। तीसरा बच्चा होते ही सिंगापुर में माता-पिता पर 100 डॉलर के बराबर का अर्थदण्ड लगाया जाता है। यह अर्थदण्ड चौथे, पाँचवें और छठे बच्चे पर क्रमशः दुगना, तिगुना, चौगुना तक हो सकता है। दूसरी ओर जो माता-पिता दूसरा बच्चा हो जाने पर नसबंदी करा लेते हैं उनके बच्चों को नौकरी की गारण्टी दी जाती है। इस नीति के परिणामस्वरूप तथा आर्थिक विकास की तीव्रगति के कारण सन् 1961 में प्रजननक्षमता दर 4.9 से घटकर 2001 में 1.0 रह गई। वास्तव में, चूंकि देश की प्रजननक्षमता स्थानापन्न स्तर के नीचे है, सिंगापुर सरकार अब बेहतर शिक्षित महिलाओं को अधिक बच्चों के लिए प्रोत्साहन दे रही है।

भारत में, एक ऐच्छिक परिवार नियोजन नीति 1960 के दशक में स्वीकृत की गई किन्तु इंदिरा गांधी के शासनकाल में 1976-77 में कड़ी और कठोर नसबंदी की नीति अपनाई गई जो इच्छित परिणाम नहीं दे सकी। इस कठोर नीति का जनमानस द्वारा विरोध किया गया। भारत मे प्रजातांत्रिक सरकार होने के कारण जनभावना को स्वतंत्र चुनावों के माध्यम से व्यक्त किया जा सकता है, अतः परिवार नियोजन की कठोर नीति के प्रति विरोध उसके लागू होने के साथ ही दिखाई देने लगे थे। अनेक राजनैतिक विश्लेषकों का विश्वास है कि कांग्रेस पार्टी का 1977 के चुनाव में हार का मुख्यतः यही कारण था, विशेषकर मुस्लिम और कैथोलिक ईसाई अल्पसंख्यकों की उनकी इच्छा के विरुद्ध जबरदस्ती नसबन्दी कर दी गई थी। इसके बाद, भारतीय प्रशासन परिवार नियोजन के कम दबाव के तरीकों पर लौट आया। नवीन उपायों में उन तमाम गांवों में जहां 1000 से अधिक व्यक्ति निवास करते हैं वहां स्वास्थ्य विशेषज्ञों की नियुक्ति करना और छोटे परिवार के लक्ष्यों के बारे में प्रचार करना तथा उन माता-पिताओं को पुरस्कृत करना जो दो बच्चों के बाद नसबंदी करवा लेते हैं। अनेक भारतीय जोड़े (स्त्री-पुरुष) विशेषकर शिक्षित और मध्यम आय वर्ग से हैं, जिन्होंने अपने परिवार नियोजित किए हैं। ऐसे परिवारों को परिवार नियोजन संगठन विभिन्न प्रकार के गर्भ निरोध तथा अन्य प्रकार की सेवाएं उपलब्ध कराते हैं।

पिछले चार दशकों में भारत के विभिन्न भागों में जन्म दर में कमी आई है, किन्तु यह कमी एक प्रदेश से दूसरे प्रदेश में, एक पेशे से दूसरे पेशे में तथा पारिवारिक आय के अनुसार भिन्न-भिन्न पाई जाती है। पूरे देश में जनसंख्या वृद्धि दर अभी भी 1.6 प्रतिशत है। यदि यह दर निरन्तर बनी रहती है और चीन की जनसंख्या दर निरन्तर गिरती रही तो भारत 21वीं शताब्दी के मध्य तक विश्व का सर्वाधिक जनसंख्या वाला देश हो जाएगा।

चीन की एक बालक वाली नीति (One-Child Policy of China)

चीन की जनसांख्यिकीय विशेषताओं और जनसंख्या नीति पर विचार करना आवश्यक है, क्योंकि विश्व की 23 प्रतिशत जनसंख्या इस देश में निवास करती है। इसके अतिरिक्त पिछले दो दशक में सरकारी नीति के द्वारा चीन में प्रजनन दर में बहुत बड़ी कमी आई है। इस प्रकार

यह जन्म दर को प्रभावित करने में सरकार की नीति की भूमिका का एक उदाहरण प्रस्तुत करता है।

चीन के नेताओं ने 1970 के दशक में घोषणा की थी कि मार्क्स के आदर्श सिद्धान्त जो बड़ी श्रमशक्ति को आर्थिक शक्ति से जोड़ती है, अधिक जनसंख्या वृद्धि आर्थिक विकास में एक बाधा है। अत: सरकार ने एक कठोर नीति अपनाई और परिवार के आकार को दो बच्चों तक सीमित रखने का प्रभावशाली कार्यक्रम अपनाया। सन् 1980 तक यह लक्ष्य केवल एक बालक प्रति परिवार (केवल कुछ असाधारण परिस्थितियों और कुछ अल्पसंख्यक समूहों को छोड़ कर) रह गया। यह लक्ष्य अनेक नीतियों की सहायता से प्राप्त कर लिया गया है। इसमें से एक नीति यौन-क्रियाओं को कुछ समय के लिए स्थगित रखे जाने की है। देश में स्त्रियों के लिए विवाह की आयु 24 वर्ष से अधिक और पुरुषों के लिए 26 वर्ष रखी गई है, तथा विवाह पूर्व लैंगिक सम्बन्ध असामान्य हैं तथा गैरकानूनी हैं।

चीन में, गर्भ-निरोधक और गर्भपात सुविधाएं देश भर के निदानगृहों (Clinics) में नि:शुल्क उपलब्ध होती हैं। देश में सबसे ऊंचे सरकारी स्तर से लेकर नीचे छोटे से छोटे ग्रामीण सामुदायिक केन्द्र तक परिवार नियोजन कार्यक्रम लागू करने के लिए एक संघटनात्मक तंत्र कार्यरत है। गोपनीयता सीमित रखी जाती है, स्त्रियों के गर्भ निरोध और प्रजनन विवरण, स्थानीय स्वास्थ्य केन्द्रों के बाहर चिपकाए जाते हैं जिससे कि किसी भी मानक से अन्तर का पता लगाया जा सके। मित्र और पड़ोसी दृढ़तापूर्वक और बार-बार एक सन्तान नीति के लिए प्रेरित करते रहते हैं।

सामाजिक और संस्थात्मक परिवर्तनों ने भी प्रजननक्षमता में कमी को बढ़ावा दिया है। उदाहरण के लिए अच्छी स्वास्थ्य सेवाएं, शिशु मृत्यु दर में कमी, स्त्रियों में उच्च साक्षरता के साथ शिक्षा की अधिक सुविधाएं भी जन्म दर कम करने में सहायक रही हैं। स्त्रियों की परम्परागत गृह स्वामिनी की भूमिका से अधिक बढ़ कर फैक्ट्री या किसी व्यवसाय में काम करने से भी प्रजनन दर में गिरावट आई है।

इसके अतिरिक्त, वृद्धावस्था में सुरक्षा के लिए पुत्र उत्पन्न करने की आवश्यकता भी कम हुई है। नगरीय क्षेत्रों में श्रमिकों के लिए सेवानिवृत्ति पर पेंशन की सुविधा उपलब्ध है। ग्रामीण क्षेत्रों में 1980 से कम्यून द्वारा भोजन, वस्त्र, आश्रय, स्वास्थ्य की देखभाल और मृत्यु उपरान्त दफन किए जाने की सुविधाएं उपलब्ध कराई जाती हैं।

एक सन्तान नीति के अन्तर्गत, जिन परिवारों में एक से अधिक सन्तान होती हैं उन्हें अर्थदण्ड देना होता है। यह अर्थदण्ड भी स्थानीय परिस्थितियों के अनुसार भिन्न होता है, किन्तु इनमें बेहतर आवास के लिए अयोग्यताएं, कम शिक्षा सुविधाएं, भोजन का राशन देर से दिया जाना, अर्थदण्ड तथा अन्य कई प्रकार की आर्थिक और सामाजिक कटौतियां सम्मिलित हैं।

इन सभी नीतियों और उपायों के होते हुए भी एक सन्तान आन्दोलन का विरोध भी विशेषकर अपेक्षत: निर्धन और ग्रामीण क्षेत्रों में होता रहा है। इस नीति के प्रति असन्तोष इससे भी प्रतिबिम्बित होता है कि अनेक दम्पत्तियों की एक से अधिक सन्तानें हैं।

एक सन्तान नीति के कारण चीन, जनसांख्यिकीय संक्रमण की चतुर्थ अवस्था में तेजी से प्रवेश कर रहा है। यूरोपीय अनुभवों के विपरीत, इस देश ने अभी भी अधिकतर ग्राम्य और कृषि प्रधान होते हुए भी यह बदलाव प्राप्त कर लिया है। चीन ने यह उपलब्धि सामाजिक वातावरण तैयार कर प्राप्त की है, जहां लोग अपने आपको स्वतंत्र इकाई के रूप में न समझ कर राज्य का एक अभिन्न अंग मानते हैं। वास्तव में, चीन के निवासी संतति निरोध का पालन देश के हित के लिए कर रहे हैं। इस प्रकार के कार्यक्रम के लिए एक उच्चस्तरीय राजनैतिक संगठन और उसके साथ सामाजिक नियंत्रण, आर्थिक प्रोत्साहन और सार्वजनिक प्रेरणा पूर्वापेक्षित है।

चीन के एक सन्तान नीति के अपने गुण-दोष हैं। कुछ विद्वानों द्वारा इसकी प्रशंसा की गई है, जबकि जनसंख्या के क्षेत्र के कुछ प्रमुख विद्वानों ने इसकी आलोचना की है। देश में बढ़ती बड़ी जनसंख्या के संभावित भीषण परिणामस्वरूप इस नीति को प्राय: उचित ठहराया गया है। यद्यपि चीन में प्रति इकाई क्षेत्र कृषि उत्पादन अधिक होता है, और हाल के दशकों में पूरे देश में जीवन स्तर तथा जीवन की आयु अवधि में सुधार भी हुआ है, किन्तु भविष्य के बारे में चिन्ताएं भी हैं। जो एक सन्तान नीति के समर्थक हैं, उनके विचार से जीवन स्तर में निरन्तर सुधार केवल भविष्य की जनसंख्या को सीमित किए जाने से ही प्राप्त किया जा सकता है। इस नीति के समर्थक यह भी तर्क देते हैं कि चीन की जनसंख्या विश्व की कुल जनसंख्या का 1/5 है, चीनी परिवारों के आकार के बारे में आज लिया गया निर्णय समस्त विश्व की भावी जनसंख्या के कल्याण को प्रभावित करेगा।

इस नीति के समर्थक यह भी बलपूर्वक कहते हैं कि इस नीति में ऐसे क्षेत्रों में जहां मानवीय श्रम महत्त्वपूर्ण है और अल्पसंख्यकों (उदाहरण के लिए तिब्बत, सिक्यांग, आन्तरिक मंगोलिया और उईगर्स) के क्षेत्र में छूट दिए जाने में पर्याप्त लचीलापन भी है।

चित्र 3.14 *चीन का एक बालक परिवार प्रतिरूप*

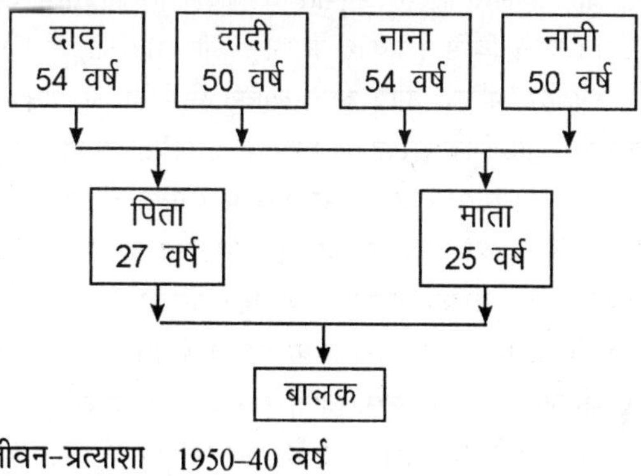

चीन में जीवन-प्रत्याशा 1950–40 वर्ष
1990–70 वर्ष
2010–73 वर्ष

इन सब गुणों के होते हुए भी अनेक विशेषज्ञ यहां तक कि चीन में भी ऐसे विशेषज्ञ हैं जो इस नीति से अपनी असहमति प्रकट करते हैं क्योंकि इस प्रकार की नीति अगली पीढ़ी में वयस्कों की संख्या को कम कर देगी। उनके अनुसार, निरन्तर जनसंख्या वृद्धि आर्थिक विकास की कुंजी है जिससे उच्च जीवन स्तर, सुख-शान्ति, फुरसत (आमोद-प्रमोद) को बढ़ावा मिलता है और लोगों की जीवन-अवधि में भी वृद्धि होती है। जनसंख्या की वृद्धि में कमी की स्थिति में देश में श्रमिकों और सैन्य कर्मचारियों की कमी होगी।

एक सन्तान नीति की आलोचना 1-2-4 वर्ष की आयु-संरचना के सम्भावित लम्बी अवधि प्रभाव (जिसमें एक बच्चा, दो माता-पिता और चार दादा-दादी) के आधार पर की जाती है। इस प्रकार की आयु-संरचना में बच्चों पर अधिक लाड़-प्यार रहता है। एक सन्तान को माता-पिता और दादा-दादियों से अधिक लाड़-प्यार मिलने के बारे में शिकायतें हैं (चित्र 3.14)। समाजशास्त्रियों का यह अनुमान है कि ये लाड़-प्यार से पले बच्चे जब वयस्क होंगे तब ये चीनी समाज को प्रतिकूल दिशा में परिवर्तित कर देंगे। इसके अतिरिक्त, इस नीति के चालू रखे जाने का अर्थ होगा कि भविष्य में बड़ी आयु वाले अधिसंख्य लोग कम संख्या के कार्यशील वयस्कों पर निर्भर रहेंगे। यह स्थिति ऊंची निर्भरता अनुपात को बढ़ाएगी जिसे लाड़-प्यार में पला बालक कभी स्वीकार नहीं करेगा।

इस नीति की आलोचना व्यक्तिगत स्वतंत्रता के आधार पर भी की गई है। चीन में लिंग आधार पर जन्म के आंकड़े यह स्पष्ट संकेत देते हैं कि कुछ क्षेत्रों में स्त्री-शिशु-मृत्यु दर अधिक पाई गई है। ये आंकड़े कुछ परिवारों के द्वारा कई बच्चे विशेषकर लड़का प्राप्त करने की परम्परा की इच्छा को नहीं छोड़ने को प्रतिबिम्बित करते हैं।

अधिक आयु वाले व्यक्तियों के अनुपात में वृद्धि युवाओं तथा अधिक आयु के व्यक्तियों को बेचे जाने वाले विभिन्न प्रकार के माल और सेवाओं के लिए भावी बाजार को प्रभावित कर सकते हैं। अधिक आयु वाले व्यक्ति निर्भरता अनुपात को बढ़ा देते हैं जो क्रमश: वित्तीय तंत्र जैसे सामाजिक सुरक्षा कार्यक्रम को प्रभावित कर सकता है।

अधिकांश देश जो जनसंख्या वृद्धि के सम्बन्ध में चिंतित हैं, वे आर्थिक विकास के साथ परिवार नियोजन सेवाओं की व्यवस्था को भी सम्मिलित कर रहे हैं। आर्थिक विकास और सामाजिक परिवर्तन छोटे परिवार रखे जाने के लिए प्रेरणा प्रदान करते हैं। शिशु मृत्यु दर में कमी, शिक्षा व्यवस्था में विस्तार, स्त्रियों के महत्त्व में विस्तार और आर्थिक विकास की प्राप्ति, ये सभी परिवार के प्रति परम्परावादी मनोवृत्ति में परिवर्तन के लिए उत्प्रेरक कारक रहे हैं। एक बार जब प्रेरणा मिल जाती है, तब परिवार नियोजन सेवाएं, जन्म दर नीचे लाने में महत्वपूर्ण साधन का काम करती हैं।

चित्र 3.15 *चीन—जनसंख्या पिरामिड*

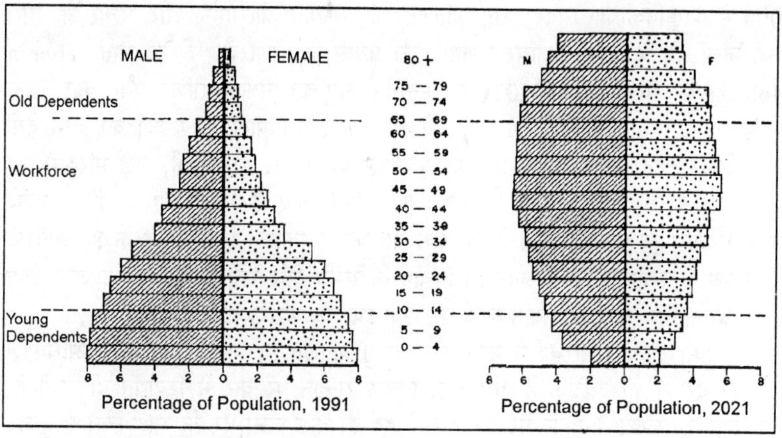

जनसंख्या वृद्धि प्रोत्साहक नीतियां (Policies Encouraging Population Growth)

साधारणत: विकसित देशों में जनसंख्या वृद्धि धीमी है और फ्रांस, जर्मनी, लक्जमवर्ग, डेनमार्क, रूस, आस्ट्रिया, फिनलैंड, आयरलैंड, इटली, नीदरलैंड, नार्वे, पुर्तगाल, स्पेन, यू.के. और आस्ट्रेलिया के कुछ भागों में नकारात्मक वृद्धि दिखाई देती है। सामान्यत:, जो देश जितना अधिक धनी होगा उसकी जनसंख्या वृद्धि उतनी ही धीमी होगी। यह भी कहा गया है कि ''विकास सर्वोत्तम गर्भ निरोध है''। अनेक यूरोपीय देशों ने जनसंख्या वृद्धि दर में गिरावट को देखते हुए जनसंख्या बढ़ाने के लिए सकारात्मक उपाय करना आरम्भ कर दिया है। उदाहरण के लिए, फ्रांस में माता-पिताओं को बच्चों के लालन-पालन के लिए पर्याप्त पुरस्कार और सेवाएं प्रदान की जाती हैं। पूर्वी यूरोप के देश जनसंख्या वृद्धि को प्रोत्साहन देने में अधिक सक्रिय हैं। यदि यही प्रवृत्ति आगे जारी रहती है तो अनेक पूर्वी यूरोपीय ब्लॉक के देशों ने राष्ट्रीय अतिजीवित्ता (Survival) की चिंता के कारण प्रति परिवार के लिए तीन बच्चों का लक्ष्य स्वीकार किया है। पैतृक अनुदान, आवास प्राथमिकता पूरे वेतन पर उदार मातृत्व अवकाश जैसी सुविधाएं बहुल सन्तान परिवारों के लिए दी जाती हैं। ये काफी रोचक लगता है कि रूमानिया में गर्भ निरोध के साधनों पर पाबन्दी लगी हुई है और केवल चिकित्सक के परामर्श पर, इस आशा के साथ कि जन्म दर में वृद्धि की जा सकती है, गर्भपात की अनुमति दी जाती है। सामान्यत: कुछ छोटी अवधि की सफलताओं के होते हुए भी पूर्व और पश्चिम के यूरोपीय देशों ने प्रलोभन एवं अवरोध दोनों ही की उपेक्षा की है। इसके परिणाम अगले कुछ दशकों में ही दिखाई देंगे।

सोवियत संघ में, 1950 और 1960 के दशकों में जन्म दर में सार्थक रूप से गिरावट आई है। न्यून जन्म दर का परिणाम सैन्य बलों में प्रवेशार्थियों की कमी तथा युवकों का श्रम शक्ति की कमी के रूप में प्रकट हुआ। श्रम शक्ति की इस कमी ने वहां

अनेक सामाजिक-आर्थिक समस्याओं को जन्म दिया है। परिणामस्वरूप, रूस में बड़े आकार के परिवारों की नीति अपनाई गई। रूस में, विशेषकर यूरोपीय रूस, जहां सन् 2000 में प्राकृतिक जन्म दर –0.5 प्रतिशत थी, सरकार प्रोत्साहन और प्रचार के द्वारा ऊंची जन्म दर के लिए वातावरण बनाने का प्रयास कर रही है। 'लेनिन माता' (Lenin Mother) के पुरस्कार (1970) के अन्तर्गत समुचित नकद राशि, एक कार, एक प्रमाण-पत्र उन माताओं को दिए जाने की व्यवस्था है जो माता 12 बच्चों को जन्म देती है। जर्मनी में जहां जन्म दर में गिरावट मृत्यु दर के बराबर हो गई है, बड़े परिवारों को प्रोत्साहन देने के लिए सरकार ने महत्त्वपूर्ण उपाय किए हैं। उदाहरण के लिए, दूसरे बच्चे के जन्म के पश्चात् माताओं को एक वर्ष का अवकाश, उनके वेतन के 80 प्रतिशत के हिसाब से स्वीकृत किया जाता है। विवाह के समय और जब प्रत्येक बच्चा जन्म लेता है, वहां भवन निर्माण के लिए कम ब्याज पर ऋण उपलब्ध कराया जाता है।

संयुक्त राज्य अमेरिका में जहां जन्म दर 1 प्रतिशत है, यह दर यूरोप के अधिकांश देशों की दर से भी अधिक है और जहां प्रत्येक सन्तान पर कर में रियायत दी जाती है, यहां स्थिर जनसंख्या आकार पर चिन्ता बनी हुई है। कम जन्म दर के साथ न्यून मृत्यु दर के परिणामस्वरूप यहां अधिक आयु वाले व्यक्तियों के अनुपात में वृद्धि हुई है। वर्तमान में संयुक्त राज्य अमेरिका की जनसंख्या में 15 प्रतिशत व्यक्ति 65 वर्ष से अधिक की आयु वाले हैं, जबकि 1950 में यह संख्या मात्र 8 प्रतिशत थी। ऐसा अनुमान है कि वर्तमान शताब्दी के अन्त तक संयुक्त राज्य अमेरिका में 65 वर्ष की आयु से अधिक के व्यक्तियों की संख्या 16 प्रतिशत हो जाएगी।

कनाडा में, परिवार नियोजन कार्यक्रम 1969 में आरम्भ किया गया। इस नीति के अन्तर्गत गर्भ निरोधों के वितरण पर रोक वापस ले ली गई है और गर्भपात को अधिक उदार बना दिया गया है।

अधिकांश पश्चिम यूरोपीय देशों की प्रसूति-पक्ष की नीति (Pro-natalist) के अतिरिक्त कोई आधिकारिक जनसंख्या नीति नहीं है। यूनाइटेड किंगडम में 1974 से गर्भ निरोध और गर्भपात को आधिकारिक मान्यता प्राप्त है। अधिकांश कैथोलिक देशों में गर्भ निरोध के उपाय अवैध रहे हैं, यद्यपि विवाह में विलम्ब, अवैध गर्भपात, आवर्तन (Rhythm) विधि आदि की सहायता से इन देशों ने अपनी जनसंख्या वृद्धि दर को नीचा बनाए रखा है। फ्रांस, बेल्जियम, नीदरलैण्ड में अभी हाल तक परिवार नियोजन वस्तुओं के प्रचार पर कानूनी रोक थी। फ्रांस ने 1960 के दशक में गर्भ निरोध के साधनों को कानून सम्मत बनाया। आयरलैण्ड, स्पेन और पुर्तगाल में अभी भी गर्भ निरोध उपाय अवैध हैं। इटली में चिकित्सा उद्देश्यों के लिए गोलियों का उपयोग कानूनसम्मत है। इटली में 1975 से नए नियमों के अन्तर्गत परिवार नियोजन को बढ़ावा देने के लिए सरकार को अधिकृत किया गया है।

आस्ट्रेलिया और न्यूजीलैण्ड कम जनसंख्या वाले देश समझे जाते हैं। इन देशों की नीतियां प्रसव समर्थक और आप्रवासी समर्थक समझी जाती हैं। इन देशों द्वारा शून्य जनसंख्या वृद्धि दर की नीति अपनाई जा रही है।

जापान, सिंगापुर, चीन और दक्षिण कोरिया एशिया के विकसित देश हैं जिन्होंने अन्य विकसित देशों के स्तर तक अपने देश की जन्म दर को लाने के लिए गर्भपात को कानूनसम्मत बनाया। जापान में जनसंख्या नीति 1950 में स्वीकृत की गई जिसके द्वारा दो से अधिक सन्तान वाले परिवारों को हतोत्साहित किया जाता है।

अफ्रीका के कुछ देशों जैसे कांगो, गिनी, आइवरी-कोस्ट, केमरून, गॅबन, जाम्बिया, माली, टोगो और गिनी-बिसाऊ की सरकारों ने जनसंख्या में वृद्धि करने की नीति अपनाई है। इन विकासशील देशों में यह नीति इस विश्वास पर आधारित है कि निरन्तर जनसंख्या वृद्धि आर्थिक विकास की कुंजी है। इस नीति के निर्माताओं की राय है कि अफ्रीका, एशिया और लेटिन अमेरिका के देशों के विकास के लिए युवा जनसंख्या आवश्यक है। अफ्रीका के कुछ देश गर्भ निरोध का समर्थन नहीं करते हैं क्योंकि निम्न जीवन स्तर शिशु मृत्यु दर और प्रजनन क्षमता पर विपरीत प्रभाव डालता है। अनेक क्षेत्रों में, घटिया पोषाहार अथवा बीमारियों के कारण वहां प्रजनन शक्ति कम है और ऊंची प्रजनन क्षमता की अपेक्षा इसे बड़ी समस्या माना जाता है।

अधिकांश लेटिन अमेरिकी देश जहां कैथोलिक धर्म है, जनसंख्या वृद्धि के उपायों को रोके जाने को स्वीकार करने में अनिच्छुक रहे हैं। वर्तमान में लेटिन अमेरिकी देशों में परिवार नियोजन का प्रचार केवल स्वास्थ्य और कल्याण के आधार पर और अवैध गर्भपात घटाने के उपायों के रूप में किया जा रहा है। चिली, कोलम्बिया, कैरीबियन्स और मध्य अमरीकी देशों ने स्पष्टत: प्रसूति विरोधी (Anti-natalist) नीति को अपना लिया है। ब्राजील और अर्जेन्टाइना द्वारा अभी भी उच्च जनसंख्या वृद्धि प्रोत्साहन नीति अपनाई जा रही है।

चीन और इण्डोनेशिया की जनसंख्या नीतियों का विवरण विस्तार से पिछली पंक्तियों में दिया जा चुका है। इन दो देशों के अतिरिक्त थाईलैण्ड, श्रीलंका, हांगकाँग, सिंगापुर, दक्षिण कोरिया, वियतनाम, पाकिस्तान, ईरान, नेपाल और बांग्लादेश में भी जन्म दर कम किए जाने की सुनियोजित जनसंख्या नीतियां हैं। दक्षिण-पश्चिम एशिया और मध्य एशिया के हाल में स्थापित गणतंत्र (कजाकिस्तान, खिरगीजिस्तान, ताजिस्तान, तुर्कमेनिस्तान और उज्बेकिस्तान) जनसंख्या वृद्धि को प्रोत्साहन दे रहे हैं। अफगानिस्तान, इराक, जोर्डन, लेबनान और सीरिया आदि देशों ने भी परिवार नियोजन को स्वीकार कर लिया है। इजराइल जनसंख्या की तीव्र वृद्धि के पक्ष में अभी भी है। सऊदी अरब ने गर्भ निरोध के साधनों के आयात को प्रतिबन्धित कर दिया है।

भारत का जनसंख्या परिदृश्य (India's Population Scenario)

विश्व में भारत द्वितीय सर्वाधिक जनसंख्या वाला देश है। मार्च, 2011 में, भारत की कुल जनसंख्या 121,01,93,422 थी जो विश्व जनसंख्या का लगभग 17.64 प्रतिशत है। बीसवीं शताब्दी तथा 21वीं शताब्दी के पहले दशक में भारत की जनसंख्या की वृद्धि की प्रवृत्ति नीचे सारणी 3.7 में दी गई है—

सारणी 3.7 *भारत : जनसंख्या की वृद्धि* 1901 से 2025

वर्ष	जनसंख्या	दशक वृद्धि कुल	दशक वृद्धि प्रतिशत	वार्षिक वृद्धि दर	1901 से वृद्धि प्रतिशत
1901	238,396,327	—	—	—	—
1911	252,093,390	+ 13,697,063	+ 5.75	0.56	+ 5.75
1921	251,321,213	− 772,177	− 0.31	− 0.03	+ 5.42
1931	278,977,238	+ 27,656,025	+ 11.00	1.04	+ 17.02
1941	318,660,580	+ 39,683,342	+ 14.22	1.33	+ 33.67
1951	361,088,090	+ 42,420,485	+ 13.31	1.25	+ 51.47
1961	439,234,771	+ 77,682,873	+ 21.51	1.96	+ 84.25
1971	548,159,652	+ 108,924,881	+ 24.80	2.20	+ 129.94
1981	683,329,097	+ 135,169,445	+ 24.66	2.22	+ 186.64
1991	843,930,861	+ 160,601,764	+ 23.50	2.11	+ 254.00
2001	1,027,015,247	+ 180,627,359	+ 21.34	1.60	+ 331.00
2011	1,210,193,422	+ 181,455,986	+ 17.64	1.76	+ 407.00

स्रोत : भारत की जनगणना, 2001।

चित्र 3.16 *भारत की जनसंख्या (दस लाख में) : 1901-2011*

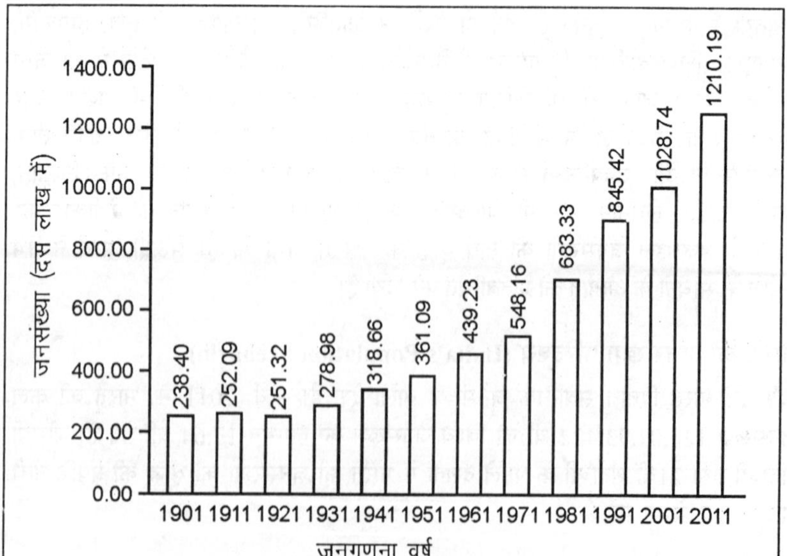

भारत की जन्म तथा मृत्यु दर (Birth and Death Rates)

विश्व के अन्य देशों की तुलना में भारत की जन्म तथा मृत्यु दर ऊंची है। 1901 से लेकर 2011 तक के दशकों का जन्म दर तथा मृत्यु दर सारणी 3.8 में दी गई है।

सारणी 3.8 *भारत की जन्म तथा मृत्यु दर*

अवधि	*जन्म दर प्रति हजार प्रति वर्ष*	*मृत्यु दर प्रति हजार प्रति वर्ष*	*दशक में जनसंख्या वृद्धि दर*
1901-1910	49.2	42.6	6.6
1921-1930	46.4	36.3	10.1
1951-1960	41.7	22.8	18.9
1961-1970	37.9	19.0	18.9
1971-1980	36.0	15.0	21.0
1981-1990	32.5	11.4	21.1
1991-2000	25.0	8.1	16.9
2001-2011	22.3	7.2	15.1

स्रोत : भारत की जनगणना, 2011।

चित्र 3.17 *भारत में जनसंख्या वृद्धि—1901-2011*

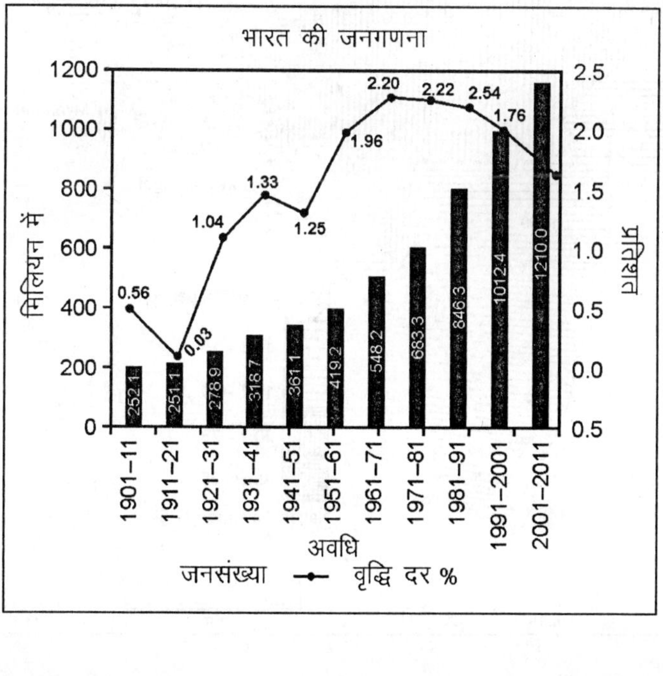

भारत की जनसंख्या वृद्धि चित्र 3.17 में दिखाई गई है। इस चित्र से देखा जा सकता है कि 1921 वर्ष जनसंख्या विभाजक का वर्ष था। 1921 के पश्चात जनसंख्या में निरन्तर वृद्धि होती चली गई।

मानचित्र 3.18 में भारत की जनसंख्या की राज्य-स्तर पर वृद्धि दर दिखाई गई है। 2011 में सब से कम जनसंख्या वृद्धि दर नागालैंड में रिकार्ड की गई जो केवल 0.47 प्रतिशत थी, जबकि सबसे अधिक वृद्धि दर (27.82%) मेघालय में रिकार्ड की गई (चित्र 3.18)।

चित्र 3.18 *जनसंख्या की दशकीय वृद्धि 2001-2011 (प्रतिशतता में)*

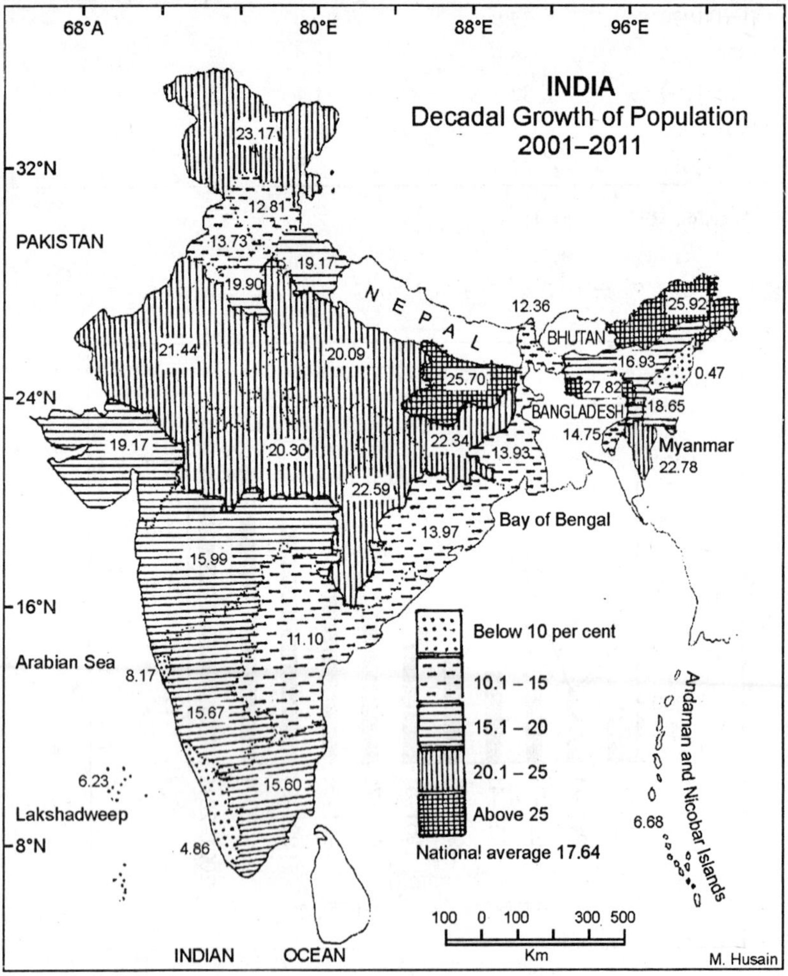

जनसंख्या का घनत्व (Density of Population)

किसी देश में प्रति वर्ग किलोमीटर औसत जनसंख्या वितरण को उस देश की जनसंख्या का घनत्व कहते हैं। किसी देश की जनसंख्या का घनत्व ज्ञात करने के लिए, देश की कुल जनसंख्या को देश के कुल क्षेत्रफल से विभाजित किया जाता है। भारत की जनसंख्या का घनत्व सन् 1901 से 2011 तक सारणी 3.9 में दिया गया है। सन् 1901 में भारत में जनसंख्या का घनत्व बहुत कम 77 व्यक्ति प्रति वर्ग किमी था और यह 1931 से धीरे-धीरे बढ़ कर सन् 2011 में 382 हो गया (सारणी 3.9)। (चित्र 3.19)

चित्र 3.19 *भारत—जनसंख्या का घनत्व, 2011*

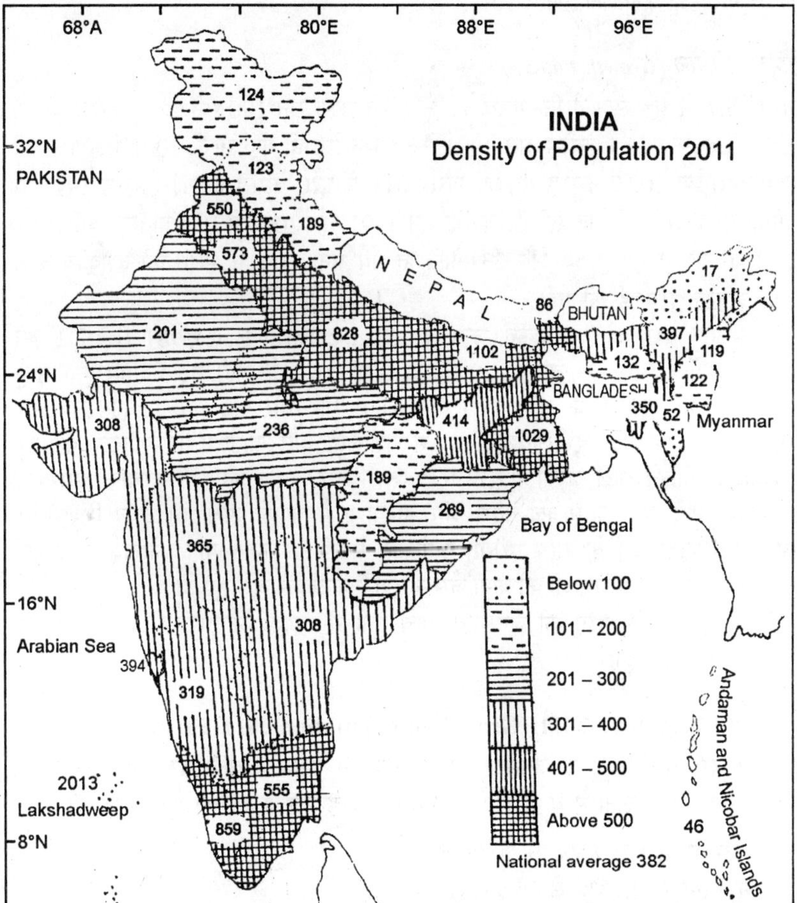

सारणी 3.9 *भारत : जनसंख्या का घनत्व 1901 से 2011*

जनगणना वर्ष	*घनत्व (प्रति वर्ग किमी)*	*जनगणना वर्ष*	*घनत्व (प्रति वर्ग किमी)*
1901	77	1961	142
1911	82	1971	177
1921	81	1981	216
1931	90	1991	267
1941	103	2001	324
1951	117	2011	382

स्रोत : भारत की जनगणना, 2001-2011.

वृद्धि प्रतिमान (Growth Pattern)

सारणी 3.7 से यह स्पष्ट है कि भारत की कुल जनसंख्या सन् 1901 में 23.8 करोड़ थी जो 1951 में बढ़कर 36.1 करोड़ और 1991 में 84.3 करोड़ हो गई। मार्च, 2001 में, भारत की कुल जनसंख्या 102.7 करोड़ थी, जो मार्च 2011 में 120 करोड़ हो गई है। सन् 1971 से वार्षिक वृद्धि दर 2 प्रतिशत रही है, जबकि सन् 1991 और 2001 में वृद्धि प्रतिशत वर्ष 1901 के आधार पर, क्रमश: 254 और 331 प्रतिशत थी। सन् 2011 में भारत की दशकीय वृद्धि 1.76 प्रतिशत रिकार्ड की गई।

सम्पूर्ण देश की अपरिष्कृत जन्म दर (Crude Birth Rate)1981 से 1991 की अवधि के बीच 33.8 से घटकर 29.1 प्रति हजार रह गई। यही नहीं, अपरिष्कृत मृत्यु दर 1981 और 1991 के बीच 12.1 (1981) से धीरे-धीरे घट कर 11 (1987) और 2001 में 9.7 रह गई। दुर्भाग्यवश, शिशु मरणशीलता और मातृत्व मरणशीलता की दरें सभी हिन्दी बोलने वाले राज्यों यथा उत्तर प्रदेश, बिहार, मध्य प्रदेश, राजस्थान, झारखंड, छत्तीसगढ़, उत्तरांखंड, हिमाचल प्रदेश और हरियाणा में काफी ऊंची हैं। उच्च शिशु और स्त्री मरणशीलता दरों के साथ गरीबी, कुपोषण, घटती हुई स्तन-पान की प्रवृत्ति, सफाई और स्वास्थ्य संबंधी सुविधाओं की कमी जैसे कारण निकटता से जुड़े हुए हैं।

सन् 1901 से भारत की जनसंख्या पांच गुनी से ज्यादा और सन् 1941 से तो यह लगभग चौगुनी हो गई है।

जनसंख्या वृद्धि 2001-2011 (Growth in Population 2011-2011)

भारत के छ: सबसे अधिक जनसंख्या वाले राज्यों में दशकीय वृद्धि दर 2001-2010 में 1991-2000 की तुलना में कमी आई है। निम्न आंकड़े इस कथन की पुष्टि करते हैं।

- उत्तर प्रदेश (25.85% से 20.09%)
- महाराष्ट्र (22.73% से 15.99%)
- बिहार (28.62% से 25.07%)
- पश्चिमी बंगाल (17.77% से 13.93%)

- आन्ध्र प्रदेश (14.59% से 11.10%)
- मध्य प्रदेश (24.26% से 20.30%)

सारणी 3.10 *राज्य/संघीय क्षेत्र जनसंख्या वृद्धि दर प्रतिशत 2011*

Top 2 States/UTs	*% Growth*	*Bottom 2 States/UTs*	*% Growth*
Dadra & Nagar Haveli	55.50	Nagland	–0.47
Daman & Diu	53.54	Kerala	4.86

सारणी 3.11 *जिलों का जनसंख्या वृद्धि दर प्रतिशत 2011*

Top 2 Districts	*% Growth*	*Bottom 2 Districts*	*% Growth*
Kurung Kumey (Arunachal Pradesh)	111.01	Longleng (Nagaland)	–53.39
Yanam (Puducherry)	77.15	Kiphire (Nagaland)	–30.54

चित्र 3.20 *भारत के राज्यों एवं केन्द्र शासित प्रदेशों की जनसंख्या भागीदारी : 2011*

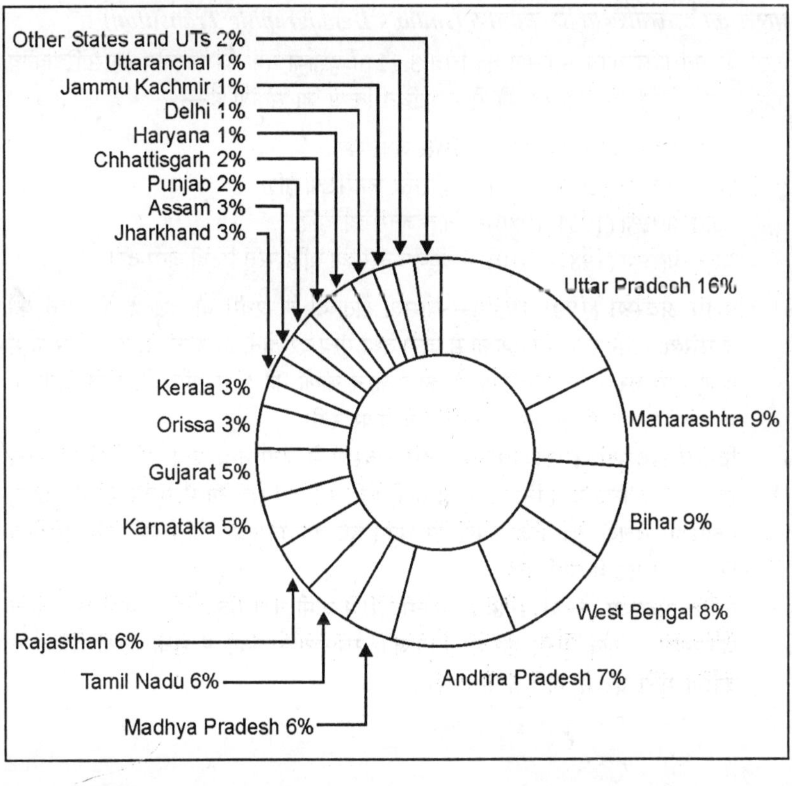

जहां तक वृद्धि दर का प्रश्न है, 2001-2010 के दशक में इस दर में पिछले वर्षों की तुलना में हल्की सी गिरावट आई है। एक लम्बे अर्से से चले आ रहे परिवार नियोजन अभियान और इस पर किए गए भारी विनियोजन और अन्य संसाधनों के संदर्भ में कम से कम इतनी आशा तो अवश्य की जा रही थी। सन् 2001 तथा 2011 के दशक में जनसंख्या वृद्धि दर घटकर 1.76 प्रतिशत रहेगी।

- उत्तर प्रदेश भारत का सबसे अधिक जनसंख्या वाला राज्य है, जिसकी जनसंख्या लगभग 20 करोड़ है। उत्तर प्रदेश की जनसंख्या ब्राज़ील की जनसंख्या से अधिक है।
- उत्तर प्रदेश तथा महाराष्ट्र की जनसंख्या का योग 31.2 करोड़ है जो संयुक्त राज्य अमेरिका की जनसंख्या से अधिक है।
- सिक्किम सबसे कम जनंसख्या का राज्य है।
- संघीय क्षेत्रों में NCT दिल्ली की जनसंख्या सबसे अधिक है।

जनसंख्या (0-6 वर्ष) आयु वर्ग में

- 0-6 वर्ष आयु वर्ग में 15.88 करोड़ जनसंख्या है (2011)।
- 0-6 वर्ष आयु वर्ग में देश की कुल जनसंख्या का 13.1 प्रतिशत है।

भारत का जनसांख्यिकीय संक्रमण (India's Demographic Transition)

भारत के जनसांख्यिकीय संक्रमण को चित्र 3.21 में दर्शाया गया है। भारतीय जनसांख्यिकीय संक्रमण को निम्न चार अवस्थाओं में विभाजित किया जा सकता है—

प्रथम अवस्था (1901-1920)—स्थिर जनसंख्या
द्वितीय अवस्था (1921-1950)—निरन्तर जनसंख्या वृद्धि
तृतीय अवस्था (1951-1980)—तीव्र जनसंख्या वृद्धि
चतुर्थ अवस्था (1981-2010)—उच्च जनसंख्या वृद्धि परंतु घटती जन्म दर।

- **प्रथम अवस्था (1901-1920)**—बीसवीं शताब्दी के प्रथम दो दशकों में भारत की जनसंख्या स्थिर रही। इन दशकों में जन्म तथा मृत्यु दर दोनों ही उच्च थे। इस अवस्था में शिशु मृत्यु दर ऊंची थी। कृषि में काम करने वालों की भारी मांग थी, परंतु अकाल, महामारी एवं युद्ध के कारण जनसंख्या स्थिर रही।
- **द्वितीय अवस्था (1921-1950)**—इस अवस्था में जन्म तथा मृत्यु दर दोनों ही उच्च रही, तथा जनसंख्या में निरन्तर वृद्धि होती रही। स्वास्थ्य सेवाओं मे सुधार हुआ, बुखार, मलेरिया, चेचक तथा हैजा आदि पर बहुत हद तक नियन्त्रण पा लिया गया, इसलिए शिशु मृत्यु दर में कमी हुई।
- **तृतीय अवस्था (1951-1980)**—जन्म दर में कमी तथा मृत्यु दर में भारी कमी तथा जनसंख्या में तीव्र वृद्धि। परिवार नियोजन, स्वास्थ्य सेवाओं में सुधार तथा शिक्षा के कारण मृत्यु दर में भारी कमी आई।

- **चतुर्थ अवस्था (1981-2010)**—घटती दर से जनसंख्या वृद्धि। शिक्षा, स्वास्थ्य, परिवार नियोजन तथा जागरूकता के कारण जीवन स्तर ऊंचा हुआ तथा जनसंख्या वृद्धि में कमी आई।

जनसांख्यिकीय संक्रमण के आधार पर भारतीय राज्यों को तीन समूहों में बांटा जा सकता है: (i) समूह 'अ'—इसमें आंध्र प्रदेश, गोआ, केरल और तमिलनाडु आते हैं। इन राज्यों ने जननक्षमता के प्रतिस्थापना स्तर को पहले ही प्राप्त कर लिया है या उस स्तर तक अगले कुछ वर्षों में पहुंचने की संभावना है; (ii) समूह 'ब'—इस समूह के राज्यों, जैसे पंजाब, हरियाणा, कर्नाटक, गुजरात और महाराष्ट्र की जननक्षमता के पिछले दशक में गिरने की गति काफी रही है, फिर भी यह गति इतनी तेज नहीं थी कि यह वृद्धि दर पर कोई महत्वपूर्ण प्रभाव डाल सकती; (iii) समूह 'स'—इस समूह में उत्तर प्रदेश, बिहार, असम, पश्चिमी बंगाल, उड़ीसा, छत्तीसगढ़, झारखंड, उत्तराखण्ड, मध्यप्रदेश, राजस्थान और जम्मू एवं कश्मीर राज्य आते हैं। ये ऐसे राज्य हैं जहां पिछले दशक में जननक्षमता में कोई गिरावट नहीं आई है।

योजना आयोग के द्वारा देश की प्रक्षेपित जनसंख्या का जो अनुमान किया गया है, वह यह बताता है कि अगले 20 वर्षों की अवधि में लगभग 33 करोड़ व्यक्तियों के और बढ़ने की आशा है। यह संख्या पिछले दो दशकों में कुल बढ़े लोगों से अधिक है, और स्वतंत्रता के समय भारत की जनसंख्या के लगभग बराबर है।

चित्र 3.21 *भारत : जनसंख्या वृद्धि (1901-2011)*

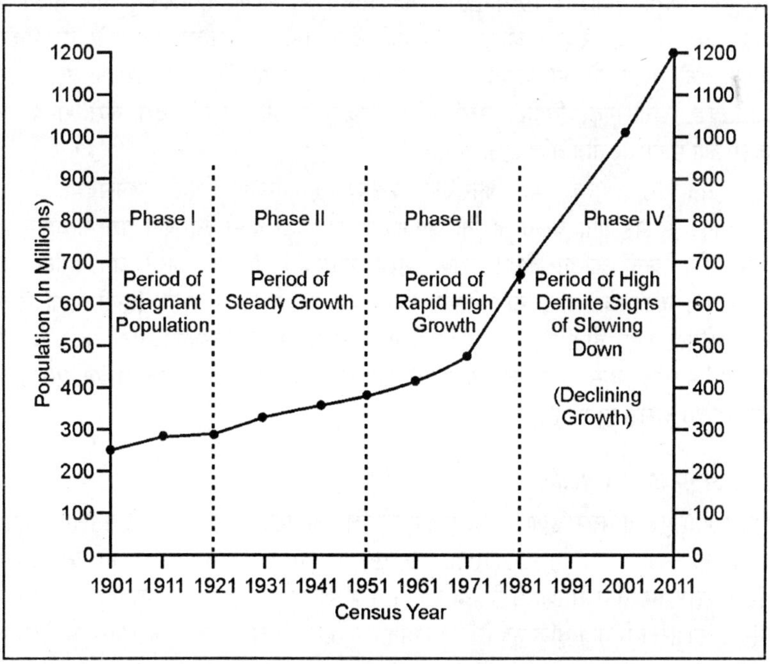

जनसंख्या की असमान वृद्धि राजनैतिक स्तर को प्रभावित करती है क्योंकि जिन राज्यों में जनसंख्या वृद्धि दर ऊंची होगी, उनसे संसद के लिए अधिक संख्या के अनुपात में प्रतिनिधि होंगे और इस प्रकार के राज्यों के पास राजनैतिक शक्ति अधिक होने की संभावना है। भविष्य में यह एक गंभीर समस्या होगी जब सांसदों की विद्यमान संख्या को अवरोधित करने वाला 1977 का कानून समाप्त हो जाएगा।

भारत में 28 राज्य और छह संघीय क्षेत्र हैं। संघीय क्षेत्र राज्यों के बनिस्बत अपेक्षाकृत छोटे हैं और केन्द्रीय सरकार का उन पर प्रत्यक्ष शासन है। आकार और जनसंख्या की दृष्टि से राज्यों में भारी अन्तर है। वर्णक्रम के एक छोर पर सिक्किम जैसा पहाड़ी राज्य है जिसकी जनसंख्या केवल छह लाख (2011) है, तो दूसरे छोर पर उत्तर प्रदेश है जिसकी जनसंख्या 19.95 करोड़ है। विश्व में केवल तीन अन्य देश हैं—चीन, अमेरिका और इन्डोनेशिया— जिनकी जनसंख्या उत्तर प्रदेश से अधिक है।

भारत के राज्य न केवल अपने भौगोलिक आकार और जनसंख्या में भिन्न हैं, अपितु वे जनसंख्या घनत्व, सामाजिक-आर्थिक दशाओं, सांस्कृतिक जनरीतियों, विवाह संबंधी सामाजिक मानदंडों, समाज में स्त्रियों की प्रस्थिति (Status) तथा कई अन्य कारकों में भी भिन्न हैं जो स्वास्थ्य बनाने वाले व्यवहार विशेषत: स्त्रियों का उत्पादन संबंधी स्वास्थ्य और स्त्री शिशु के जीने की स्थिति के साथ-साथ लोगों के रहने की दशाओं को प्रभावित करते हैं।

जनसंख्या का यह चित्र बहुरूपदर्शी बन जाता है जब राज्यों का अकेले रूप में अध्ययन किया जाता है। 1991-2011 की अवधि में, केरल, तमिलनाडु और गोआ की जनसंख्या वृद्धि दर राष्ट्रीय औसत से काफी नीची रही। इन राज्यों की वृद्धि दर पिछले दशकों की तुलना में भी काफी कम रही है। दूसरी ओर, मेघालय, अरूणाचल प्रदेश, झारखण्ड, छत्तीसगढ़, बिहार, मध्य प्रदेश, राजस्थान और उत्तर प्रदेश जैसे राज्यों की जनसंख्या में निरंतर तीव्र वृद्धि होती जा रही है।

सन् 2025 तक के जनसंख्या प्रक्षेपण (अनुमानत: कुल जनसंख्या 139.5 मिलियन) से यह पता चलता है कि जननक्षमता में थोड़ी कमी आ जाने पर भी जनसंख्या वृद्धि को रोकना कठिन होगा। इसका मुख्य कारण है पिछली ऊंची जननक्षमता और परिणामत: जनसंख्या वृद्धि का गतिमान होना। यह बात उत्तर भारत के हिन्दी भाषी राज्यों पर विशेषत: लागू होती है, चाहे प्रक्षेपण के अनुसार राज्यों के जननक्षमता वाले क्षेत्रों में भविष्य में तीव्र कमी क्यों न आ जाए। भारत के इन राज्यों की जनसंख्या 2011 में लगभग 70 करोड़ हो गई है।

लिंग अनुपात (Sex Ratio)

प्रति 1000 पुरूषों पर महिलाओं की संख्या को लिंग अनुपात कहते हैं। भारत में लिंग अनुपात अत्यधिक ऊंचा है, अर्थात् 933:1000 (2001) जो 2011 में बढ़कर 940 हो गया। इसका मुख्य कारण भारतीय समाज में स्त्रियों की निम्न प्रस्थिति में सुधार बताया जाता है। वास्तव में, महिला साक्षरता में तीव्र वृद्धि हुई हैं। लिंग अनुपात के उतार-चढ़ाव को सन् 1901 से देखा जा

सकता है, जब प्रति हजार पुरुषों के पीछे 972 स्त्रियां थीं जो बाद में घट कर सन् 1971 में 930, 1981 में 934 और 1991 में 927 रह गईं। फिर भी, सन् 2001 की जनगणना के अनुसार, इस अनुपात में छह स्त्रियों (प्रति हजार) की वृद्धि से यह 933 हो गया जो 2011 में बढ़कर 940 हो गई (चित्र 3.22)।

केरल एक ऐसा राज्य है जहां स्त्रियों की संख्या ने पुरुषों की संख्या को पीछे छोड़ दिया है, यह अनुपात घटता-बढ़ता रहता है। सन् 2001 की जनगणना के अनुसार लिंग अनुपात प्रति 1000 पुरुषों पर 1,058 स्त्रियां थीं। भारत में समग्र लिंग अनुपात में जो कमी प्रकट हुई है, उसके लिए अंशत: स्त्रियों में अधिक मरणशीलता का होना और अंशत: जनगणना में स्त्रियों की कम परिगणना का कारण रहा है। 1991 के पश्चात लिंग अनुपात में निरन्तर सुधार हो रहा है (चित्र 3.23)।

चित्र 3.22 *भारत : लिंग अनुपात, 1901-2011*

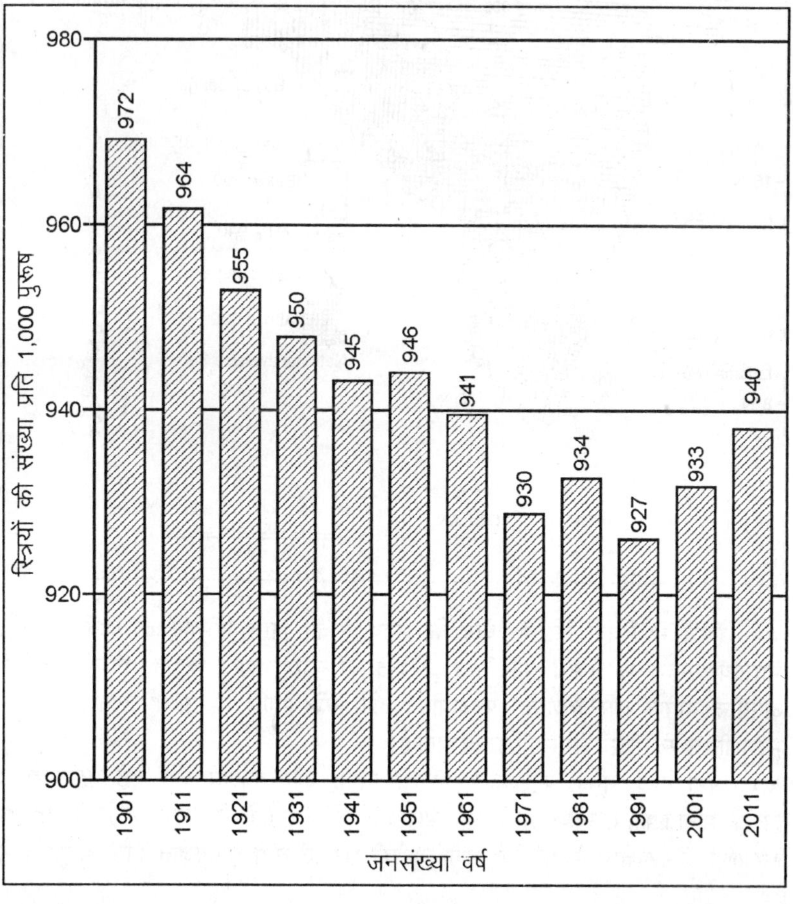

चित्र 3.23 *राज्यवार लिंग अनुपात, 2011*

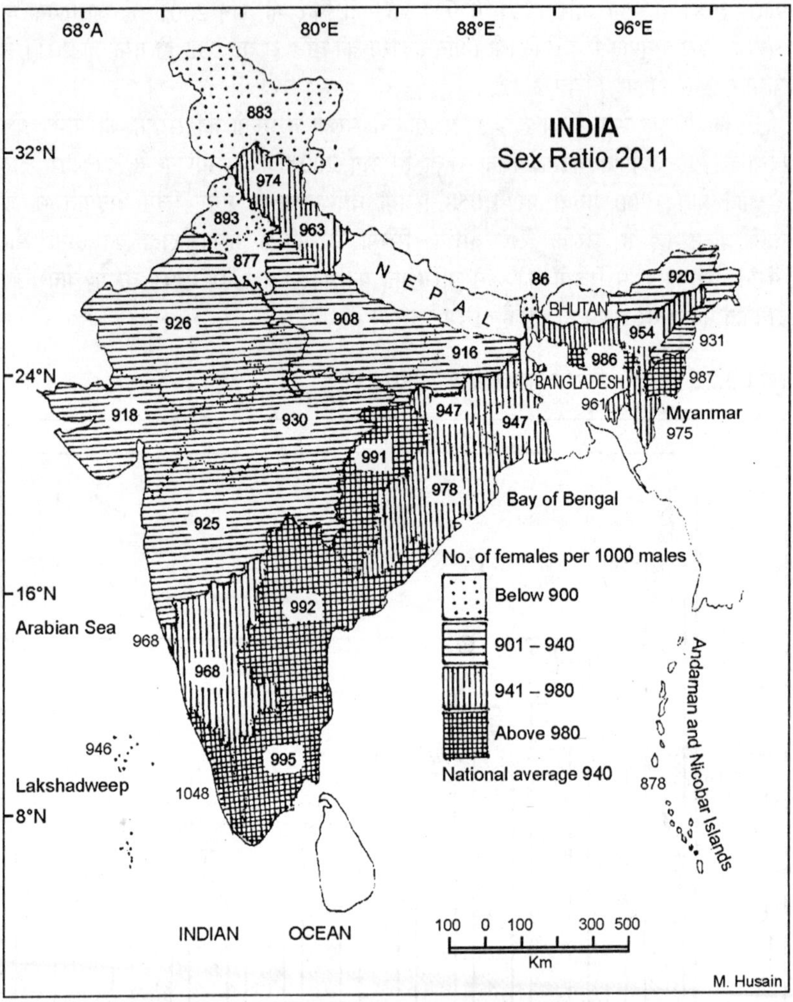

भारत में स्त्रियों को गर्भाधान के समय से ही निम्न प्रस्थिति दी जाती रही है। भारतीय समाज में स्त्रियों की निम्न प्रस्थिति के कारण बाल विवाह, निम्न साक्षरता, अपर्याप्त पोषण और विशेषत: पुनरुत्पादन आयु की अवधि में, उच्च जननक्षमता और मरणशीलता स्तर जैसी समस्याएं उत्पन्न होती हैं।

अभी हाल, मुंबई, कोलकाता, दिल्ली, चेन्नई और बैंगलोर जैसे बड़े महानगरों में अल्ट्रा सोनोग्राफी तकनीक द्वारा स्त्री भ्रूणहत्या की घटनाओं में काफी बढ़ोतरी हुई है। हरियाणा और पंजाब में भी स्त्री भ्रूणहत्या की घटनाएं बढ़ी हैं। पंजाब और हरियाणा में

लिंग अनुपात सन् 2011 में 893 तथा 877 रह गई है (चित्र 3.21)। यह दुर्भाग्य ही है कि इस प्रकार की आधुनिक तकनीक जिसका प्रमुख उपयोग जननिक असमान्यताओं या भ्रूण विकास के विकारों को मालूम करने के लिए किया जाना चाहिए था, उसका अत्यंत दुरुपयोग किया जा रहा है। कुछ विशिष्ट सांस्कृतिक संदर्भ में यह तकनीक स्त्री बालक के प्रति अभिनतियों और पूर्वाग्रहों को बढ़ावा देती है। स्त्री शिशु के प्रति भेदभाव करने के चलनों को दूर करने के लिए समुदाय और सरकार स्तर पर संगठित प्रयास किए जाने चाहिए।

जननक्षमता दर (Fertility Rate)

भारत में कुल जनक्षमता ऊंची हो गई है। यदि गर्भ निरोधों का प्रयोग नहीं किया जाता तो संभव है कि विवाहित स्त्रियों की कुछ जननक्षमता आजकल नौ बालकों के निकट होती। नैसर्गिक जननक्षमता में वृद्धि का मुख्य कारण जननक्षमता पर लगे हुए कई पारम्परिक नियंत्रणों का शिथिल होना है। ये नियंत्रण भारतीय समाज में सदियों से चले आ रहे हैं और इन नियंत्रणों ने भारतीय स्त्रियों की जननक्षमता स्तर को जैवकीय उच्चतम या 18वीं और 19वीं शताब्दी में यूरोप में जो स्तर रहा है, उससे कम बनाए रखा है। ये नियंत्रण हैं—(i) विधवा पुनर्विवाह का निषेध, (ii) संतान को दूध पिलाने की लम्बी अवधि, (iii) विभिन्न सामाजिक और सांस्कृतिक कारणों से विवाहित युग्मों द्वारा भी उनके प्रजनन जीवन में एक लम्बी अवधि तक संयम का पालन करना, (iv) सापेक्षिक रूप में कम आयु में युग्मों द्वारा अंतिम संयम का प्रयोग क्योंकि उनके लड़के व लड़कियों का विवाह हो गया है और वे दादा-दादी/नाना-नानी बन गए हैं, और (v) जननशक्ति (उर्वरता) प्रभावित करने वाली ज्वरजन्य बीमारियां, जैसे मलेरिया या टी.बी. आदि से ग्रस्तता।

आधुनिकीकरण और विवाहित युग्मों के स्वास्थ्य में सुधार और अच्छे पोषक तत्वों तथा कुछ संक्रामक बीमारियों की रोकथाम ने जननक्षमता पर लगे उपर्युक्त पारम्परिक नियंत्रणों में शिथिलता लाकर भारतीय समाज में नैसर्गिक जननक्षमता के स्तर को बढ़ा दिया है। परिवार नियोजन कार्यक्रम के अभाव और गर्भनिरोध की आधुनिक विधियों की उपलब्धता और उपयोग में वृद्धि न होती तो कुल जननक्षमता दर भारतीय समाज में बहुत ऊंची चली गई होती। यदि हम समग्र जनसंख्या वृद्धि को नियंत्रित करना चाहते हैं, विशेषत: ग्रामीण क्षेत्रों में, तो इसके लिए जननक्षमता को कम करने के लिए अधिक गंभीर और कठोर परिवार नियोजन कार्यक्रम को चलाना आवश्यक है।

साक्षरता 2011 (Literacy)

सात साल से अधिक आयु का व्यक्ति जो किसी भी भाषा में समझकर पढ़-लिख लेता है, साक्षर कहलाता है। 2011 की जनगणना के अनुसार, भारत की औसत साक्षरता 74.04 प्रतिशत है, तथा 26 प्रतिशत जनसंख्या असाक्षर है। भारत में 2011 की साक्षरता मानचित्र 3.24 में दिखाई गई है।

चित्र 3.24 *भारत की प्रभावित साक्षरता दर 2011*

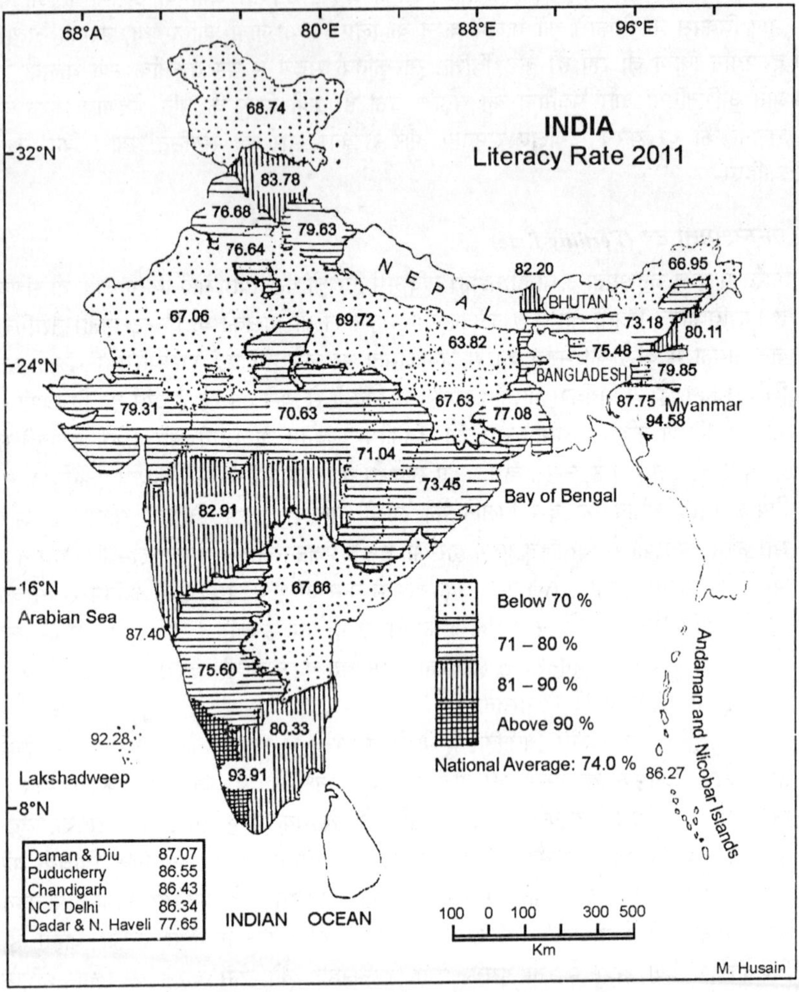

चित्र 3.24 के अध्ययन से पता चलता है, कि 2011 में भारत के बड़े राज्यों में सबसे अधिक साक्षरता केरल में 93.91 प्रतिशत है, और सबसे कम साक्षरता बिहार में 63.82 प्रतिशत है। केन्द्र शासित राज्यों में दमन द्वीप में 87 प्रतिशत, पांडेचेरी में 86.55 प्रतिशत तथा चंडीगढ़ में 86.43 प्रतिशत है।

पुरुष तथा स्त्रियों की साक्षरता दर क्रमश: 82.14 प्रतिशत तथा 65.46 प्रतिशत है। भारत में सबसे अधिक साक्षरता केरल में 93.91 प्रतिशत तथा सबसे कम बिहार में 63.82 प्रतिशत है (सारणी 3.12)।

सारणी 3.12 *प्रभावी साक्षरता दर, 2001–2011*

	2001	*2011*	*अंतर*
Persons	64.83	74.04	9.2
Males	75.26	82.14	6.9
Females	53.67	65.46	11.8

सारणी 3.13 *साक्षरता दर में राज्य/केन्द्र शासित प्रदेशों की श्रेणी , 2011*

Top 2 States/UTs	*साक्षरता दर*	*Bottom 2 States/UTs*	*साक्षरता दर*
Kerala	93.91	Bihar	63.82
Lakshadweep	92.28	Arunachal Pradesh	66.95

सारणी 3.14 *साक्षरता दर में जिलों की श्रेणी, 2011*

Top 2 Districts	*Literacy Rate*	*Bottom 2 Districts*	*Literacy Rate*
Serchhip (Mizoram)	98.75	Alirajpur (Madhya Pradesh)	37.22
Aizawl (Mizoram)	98.50	Bijapur (Chhattisgarh)	41.58

भारत की साक्षरता (राज्य स्तर पर) को चित्र 3.24 में दिखाया गया है। चित्र 3.24 से विदित होता है कि भारत की साक्षरता 74 प्रतिशत से अधिक हैं। इस चित्र से देखा जा सकता है कि उत्तरी भारत की तुलना में दक्षिण भारत के राज्यों में साक्षरता अधिक है।

पुरुष तथा महिलाओं की साक्षरता क्रमशः मानचित्र 3.25 तथा 3.26 में दिखाई गई है। इन मानचित्रों के अध्ययन से यह भी पता चलता है कि प्रत्येक राज्य में महिलाओं की तुलना में पुरुषों की साक्षरता अधिक है। 2001 तथा 2011 में स्त्रियां की साक्षरता में भारी वृद्धि हुई है।

साक्षरता में वृद्धि के बावजूद भारत में 272,950,015 असाक्षर हैं जो कुल जनसंख्या का 26 प्रतिशत है।

चित्र 3.25 *भारत में पुरुष साक्षरता दर, 2011*

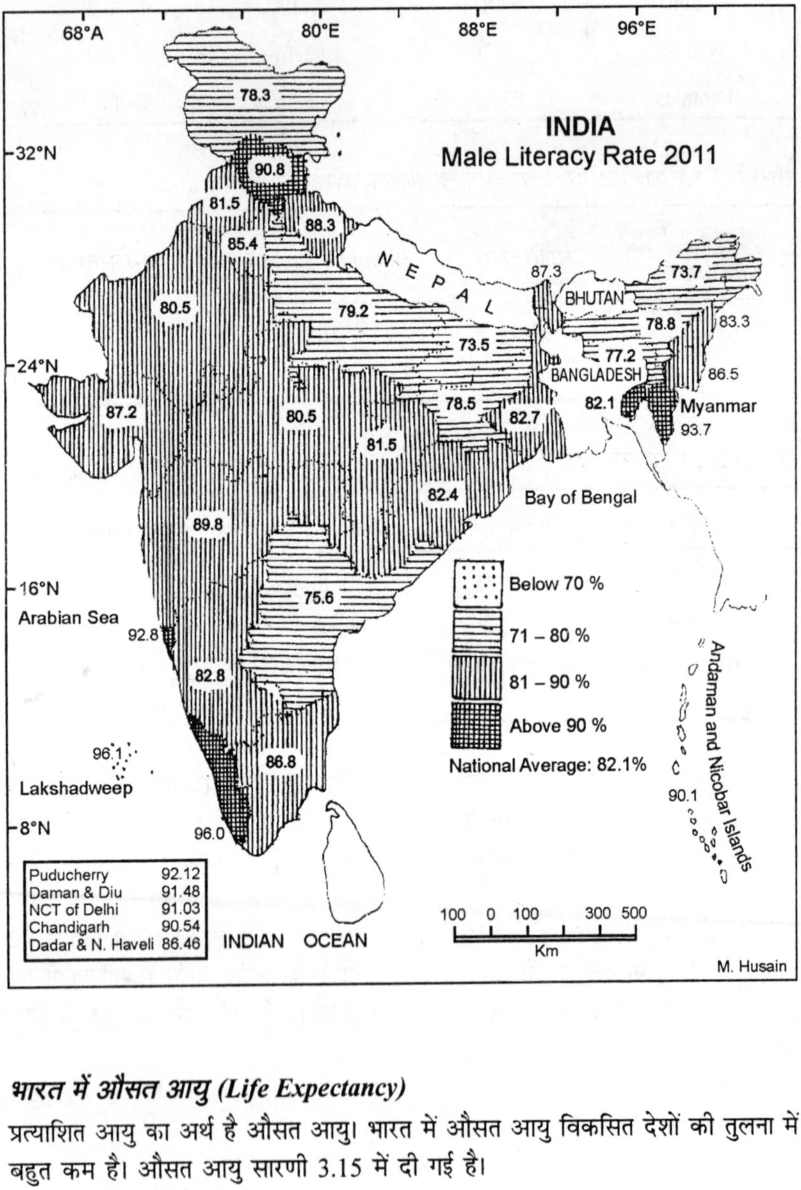

भारत में औसत आयु (Life Expectancy)

प्रत्याशित आयु का अर्थ है औसत आयु। भारत में औसत आयु विकसित देशों की तुलना में बहुत कम है। औसत आयु सारणी 3.15 में दी गई है।

चित्र 3.26 *भारत में महिला साक्षरता दर, 2011*

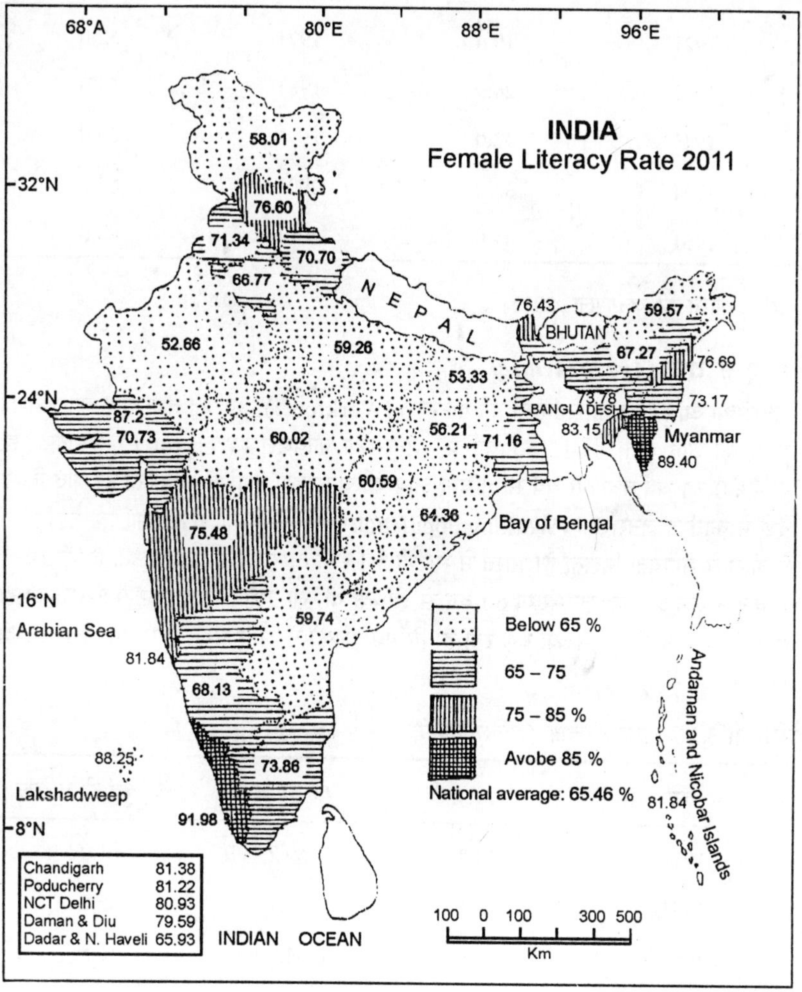

2011 की जनगणना के अनुसार भारत में औसत आयु 65.4 वर्ष है। जबकि जापान में औसत आयु 83 वर्ष और नार्वे, स्वीडन में 81.5 वर्ष है। पंजाब, हरियाणा, केरल की औसत आयु अधिक तथा बिहार, झारखण्ड, उड़ीसा, छत्तीसगढ़ की कम हैं।

सारणी 3.15 *जीवन-प्रत्याशा (वर्षों में)*

वर्ष	जीवन प्रत्याशा	वर्ष	जीवन प्रत्याशा
1921	19.4	1971	52.0
1931	26.9	1981	54.0
1941	32.0	1991	59.0
1951	33.0	2001	64.0
1961	41.0	2011	66.0

स्रोत : भारत की जनगणना, 2011।

आयु-संरचना (Age Structure)

जनसंख्या आयु संरचना से किसी की कार्यबल (Workforce), आश्रित तथा बूढ़ों की प्रतिशत मात्रा का ज्ञान होता है। 15-60 वर्ष की जनसंख्या कार्यबल (Workforce) कहलाती है, जबकि 0-14 वर्ष तथा 60 वर्ष से अधिक आयु की जनसंख्या आश्रित कहलाती है। यदि किसी देश में कार्यरत जनसंख्या (Working Population) अधिक हो तो उससे आर्थिक उन्नति एवं विकास में सहायता मिलती है। भारत में सारणी 3.15 के अध्ययन से पता चलता है कि 1911 में केवल एक प्रतिशत जनसंख्या 60 वर्ष से अधिक थी, जो 2011 में बढ़कर 9.5 प्रतिशत हो गई। भारत में वृद्धों की संख्या बढ़ रही है। विभिन्न दशकों में आयु संरचना सारणी 3.16 में दी गई है।

सारणी 3.16 *आयु संरचना (प्रतिशतता में)*

वर्ष	0–14 वर्ष	15–60 वर्ष	60 वर्ष से अधिक
1911	38.8	60.2	1.0
1951	37.4	57.1	5.5
1981	39.5	54.0	6.5
1991	36.5	57.1	6.4
2001	35.3	57.0	7.7
2011	32.0	58.5	9.5
2016 (सम्भावित)	25.1	64.8	10.1

ग्रामीण-शहरी विभेदीकरण

किसी भी देश की कुल जनसंख्या में शहरी जनसंख्या के अनुपात से उस देश के औद्योगीकरण के स्तर का ज्ञात होता है। उद्योगों में विकास के साथ ही शहरी जनसंख्या के अनुपात में भी वृद्धि होती है। भारत एक कृषि-प्रधान देश है, अत: ग्रामीण जनसंख्या की तुलना में शहरी जनसंख्या का कुल जनसंख्या में अनुपात कम है। भारत में ग्रामीण-शहरी विभेदीकरण से सम्बन्धित कुछ महत्वपूर्ण तथ्य निम्नलिखित हैं—

- 2011 की जनगणना के अनुसार भारत की कुल जनसंख्या की लगभग 30 प्रतिशत जनसंख्या शहरी क्षेत्रों में तथा 70 प्रतिशत जनसंख्या ग्रामीण क्षेत्रों में रहती है
- पिछले सौ वर्षों में देश में शहरी जनसंख्या का प्रतिशत 13 से बढ़कर 30 हो गया हैं इससे स्पष्ट होता है कि देश के आर्थिक विकास में शहरों की भूमिका बढ़ गई है।
- विकसित देशों की तुलना में भारत में शहरों की कुल संख्या तथा उनमें रहने वाली जनसंख्या का अनुपात काफी कम है। भारत की 30 प्रतिशत शहरी जनसंख्या के मुकाबले इंग्लैण्ड में 80 प्रतिशत, अमेरिका में 74 प्रतिशत, जापान में 78 प्रतिशत, दक्षिण कोरिया में 83 प्रतिशत, जर्मनी में 91 प्रतिशत तथा बेल्जियम में 97 प्रतिशत जनसंख्या शहरों में निवास करती है।
- 2011 की जनगणना के अनुसार भारत के प्रमुख शहरों में मुम्बई (कुल जनसंख्या 18,414,288) प्रथम स्थान पर, दिल्ली (कुल जनसंख्या 16,314,838) द्वितीय स्थान पर तथा कोलकाता (कुल जनसंख्या 14,112,636) तृतीय स्थान पर हैं।

भारत में शहरी जनसंख्या में वृद्धि के दो प्रमुख कारण निम्नलिखित हैं—

(i) **आव्रजन (Migration) प्रभाव**—भारत में ग्रामीण जीवन अत्यन्त कठिनाईयों से परिपूर्ण हैं। इनमें प्रमुख हैं—रोजगार के कम अवसर, कम आय, शैक्षणिक तथा प्रशिक्षण एवं स्वास्थ्य सुविधाओं का अभाव, आदि। इनके कारण ग्रामीण लोग शहरी क्षेत्रों की ओर आव्रजन करते हैं।

(ii) **आकर्षण (Attraction) प्रभाव**—इसके विपरीत शहरी जीवन अनेक आकर्षणों से परिपूर्ण है। यहां न सिर्फ समस्त सुविधाएं उपलब्ध है बल्कि रोजगार के भी पर्याप्त अवसर है। साथ ही, मनोरंजन के साधनों की उपलब्धता भी ग्रामीण लोगों को शहरों की ओर आकर्षित करती हैं।

भारत की जनसंख्या नीति (Population Policy of India)

भारत के नीति निर्माताओं ने जनसंख्या नियन्त्रण के महत्त्व को बहुत पहले 1951-52 में ही पूर्ण रूप से समझ लिया था; फिर भी, जनसंख्या की तीव्रगति से वृद्धि को रोकने के लिए कोई ठोस नीति नहीं अपनाई जा सकी। 1961-71 के दशक में जनसंख्या वृद्धि दर 2.25 प्रतिशत थी जो स्वतंत्रता प्राप्ति के पश्चात् किसी भी दशक में यह सर्वाधिक दर थी। वर्तमान में जनसंख्या वृद्धि दर घटकर 1.76 प्रतिशत हो गई है। उत्तर-स्वतंत्रता काल में मृत्यु दर पर नियंत्रण कर लिया गया है और स्वास्थ्य सुविधाओं का विस्तार देश के दूर-दराज के गांवों तक किया गया है,

फिर भी जनसंख्या विस्फोट को अनेक शारीरिक और सामाजिक-आर्थिक कारणों के साथ जोड़ा जा सकता है।

भारत की प्रथम पंचवर्षीय योजना में जब जनसंख्या नीति का निर्धारण किया गया उस समय यह अनुभव किया गया था कि देश में जनसंख्या का आधार पहले से ही बहुत वृहत है और जनसंख्या वृद्धि की प्रवृत्ति को सरलता और शीघ्रता से बदला नहीं जा सकता। पंचवर्षीय योजना में यह घोषित किया गया कि परिवार परिसीमन और जनसंख्या नियंत्रण के लिए कार्यक्रम बनाए जाने चाहिए—(अ) जनसंख्या की तीव्र वृद्धि में योग देने वाले कारकों की वास्तविक स्थिति को मालूम किया जाए (ब) परिवार नियोजन के उपयुक्त साधन खोजे जाने चाहिए तथा ऐसी विधियां खोजी जानी चाहिए जिनके द्वारा परिवार नियोजन की तकनीकों की जानकारी व्यापक रूप से दी जा सके, तथा (स) सरकारी अस्पतालों और सार्वजनिक एजेन्सियों द्वारा परिवार नियोजन संबंधी परामर्श देना उनकी सेवाओं का अंग माना जाए। प्रथम पंचवर्षीय योजना में परिवार नियोजन कार्यक्रम के लिए 65 लाख रुपए का अपर्याप्त प्रावधान, इतना कम था कि उससे बहुत बड़े परिणाम की आशा नहीं की जा सकती थी।

द्वितीय पंचवर्षीय योजना में स्वैच्छिक नसबन्दी नीति आरम्भ की गई। परिवार नियोजन कार्यक्रम के लिए 5 करोड़ रुपए का प्रावधान किया गया और इस काल में ही देश के विभिन्न भागों में 1650 परिवार नियोजन केन्द्रों की स्थापना की गई। परिणामस्वरूप, परिवार नियोजन कार्यक्रम ने द्वितीय पंचवर्षीय काल में पर्याप्त प्रगति की।

जनसंख्या की असाधारण वृद्धि दर ने सरकार को अपेक्षत: जनसंख्या की स्पष्ट और कम लचीली नीति अपनाने को बाध्य किया। इस योजना काल में परिवार नियोजन कार्यक्रम के अन्तर्गत गहन शिक्षा सुविधाओं की व्यवस्था को सम्मिलित किया गया और प्रत्येक ग्रामीण और नगरीय समुदायों में व्यापक स्तर पर सलाह और व्यापक सामान्य प्रयास किए गए। इसके अतिरिक्त, प्रथम दोनों योजनाओं में नैदानिक पद्धति के स्थान पर व्यापक शिक्षण पद्धति अपनाई गई जिसका उद्देश्य परिवार नियोजन केन्द्रों के जाल के माध्यम से संदेशों और सेवाओं को दूर-दराज के क्षेत्रों के लोगों तक पहुँचाया जाना था। जनमानस को छोटे परिवार के लाभ के सम्बन्ध में शिक्षित किया गया और योग्य दम्पत्तियों को जनसंख्या वृद्धि रोकने के उपायों को अपनाने के लिए प्रोत्साहित किया गया। इसके अतिरिक्त, महिला शिक्षा और उन्हें रोजगार दिये जाने पर अधिक बल दिया गया। तीसरी पंचवर्षीय योजना में परिवार नियोजन के लिए तार्किकता (Logistics) भी उपलब्ध कराये गये जिसने लगभग 10 लाख लोगों को नसबन्दी के लिए प्रेरित किया।

चौथी पंचवर्षीय योजना में परिवार नियोजन कार्यक्रम पर और अधिक जोर दिया गया। चौथी पंचवर्षीय योजना की सबसे बड़ी विशेषता, 1979 तक जन्म दर को 39 प्रति हजार से घटाकर 23 प्रति हजार करने के लिए एक समयबद्ध कार्यक्रम तैयार किया गया। चौथी पंचवर्षीय योजना के लिए प्रावधान राशि बढ़ाकर 286 करोड़ कर दी गई। परिणामत: इस योजना के अन्त तक लगभग 90 लाख युगल नसबन्दी के अन्तर्गत लाए

गए और लगभग 60 लाख युगल को अन्य परिवार नियोजन उपायों के अन्तर्गत लाया गया। इस योजना काल में अनुमानतः 70 लाख शिशुओं को जन्म लेने से बचा लिया गया।

पांचवी पंचवर्षीय योजना में परिवार नियोजन कार्यक्रम के लिए 500 करोड़ रुपयों का प्रावधान रखा गया। इस कार्यक्रम के अन्तर्गत परिवार नियोजन के साथ शिक्षा और सार्वजनिक स्वास्थ्य सेवाएं तथा बच्चों को पोषक आहार और गर्भवती महिलाओं एवं पालन करने वाली माताओं की मूलभूत सेवाओं को भी जोड़ा गया है। पंचवर्षीय योजना में दबाव के तत्त्व के साथ अधिक कठोर नीति, वित्तीय प्रोत्साहन, दण्ड और गर्भपात के लिए कानून के द्वारा भारतीय जनसंख्या नीति को अधिक प्रभावशाली बनाया गया।

छठी पंचवर्षीय योजना में परिवार नियोजन कार्यक्रम को उच्च प्राथमिकता दी गई। योजना में सभी स्तर पर स्वास्थ्य, परिवार कल्याण और पोषाहार सेवाएं सम्मिलित किए जाने की योजना थी। सरकार द्वारा वित्तीय प्रोत्साहन और कल्याण के उद्देश्य के लिए दिए जाने वाले विशेष चन्दे को आयकर में छूट देने का प्रावधान किया गया। 1982-83 के अन्त तक जन्म दर को 30 प्रति हजार से कम किया जाना था। इंदिरा गांधी सरकार द्वारा अपनाई गई कठोर जनसंख्या नीति का जनसमूह द्वारा विरोध किया गया।

सातवीं और आठवीं योजनाओं में एक व्यावहारिक नीति अपनाई गई है। इसके अन्तर्गत अनुनय, प्रचार और परिवार तथा व्यक्तिगत कल्याण पर अधिक जोर दिया गया है।

इन योजनाओं और नीतियों के बावजूद भारत की जनसंख्या तीव्र गति से बढ़ रही है और जनसंख्या विस्फोट का रूप ले रही है। आर्थिक विकास और जीवन स्तर को ऊंचा उठाया जाना ही जनसंख्या वृद्धि दर को कम करने के लिए पर्याप्त नहीं है। समय तत्व इतना अत्यावश्यक और जनसंख्या वृद्धि इतनी भयानक है कि इस समस्या पर सीधा आक्रमण कर हमें इस दोषपूर्ण चक्र से बाहर निकलना ही पड़ेगा। पिछले दशक के मध्य में राष्ट्रीय परिवार नियोजन और गर्भ निरोध के उपायों के उपयोग के प्रति लोगों के प्रत्यक्ष ज्ञान, मनोवृत्ति और आदतों के सम्बन्ध में स्वतंत्र मूल्यांकन करने और एक नैदानिक अध्ययन करने के लिए स्वास्थ्य एवं परिवार कल्याण मंत्रालय ने तीन बाजार शोध संगठन (Market Research Organisation) स्थापित किए हैं।

संशोधित योजना के अनुसार परिवार नियोजन के क्षेत्र के स्वास्थ्य के क्षेत्र से बाहर के क्षेत्र, जैसे शिशु जीवित्ता (Child Survival), महिलाओं का स्तर और नियोजन, साक्षरता और शिक्षा तथा सामाजिक आर्थिक विकास के साथ निर्धनता विरोधी कार्यक्रम को सम्मिलित कर व्यापक बनाया गया है। यह परिवार कल्याण को बहु-विज्ञानीय बनाने और सभी सम्बद्ध विभागीय एजेन्सियों के संगठित प्रयास पर बल देता है तथा परिवार कार्यक्रम को वास्तविक जनता का स्वैच्छिक आन्दोलन बनाता है। इसी उद्देश्य के कारण महिलाओं में विवाह की आयु 18 से 20 वर्ष की गई है। महिलाओं के स्तर को ऊंचा उठाने के लिए स्त्री शिक्षा पर पर्याप्त जोर दिया जा रहा है।

परिवार नियोजन को बढ़ावा देने के लिए स्वैच्छिक संगठनों को भी सम्मिलित किए जाने के प्रयास किए जा रहे हैं। जनसंख्या वृद्धि और परिवार कल्याण योजना पर विचार

करने के लिए राज्य, जिला, ब्लॉक और पंचायत स्तरों पर कमेटियां बनाई गई हैं। इनमें से कोई भी एक उपाय जनसंख्या वृद्धि की दर को नीचे नहीं ला सकता है, इनका एकमुश्त प्रयोग बिना मृत्यु दर को कम किए, जनसंख्या की धीमी वृद्धि के लक्ष्य को प्राप्त करने के लिए आवश्यक है। जनसंख्या नीति के सम्बन्ध में सरकार को बहुत गंभीरता से विचार करना चाहिए और यदि जनसंख्या वृद्धि रोकी नहीं जाती है तो नियोजन के द्वारा प्राप्त आर्थिक लाभ कम हो जाएंगे और भारत निर्धन और निरक्षर लोगों का देश बना रहेगा।

राष्ट्रीय जनसंख्या नीति, 2000 (National Population Policy, 2000)

राष्ट्रीय जनसंख्या नीति, (NPP), 2000 भारत सरकार की इस प्रतिबद्धता को अभिपुष्ट करती है कि प्रजनन से जुड़ी हुई स्वास्थ्य रक्षा संबंधी सेवाएं स्वैच्छिक और नागरिकों की स्वीकृति और उनके चयन पर आधारित होंगी और पारिवारिक सेवाएं लक्ष्यमुक्त उपागम के आधार पर जारी रहेंगी। एन.पी.पी. 2000 नीति के एक ढांचे को प्रस्तुत करती है जिसमें बढ़ते हुए लक्ष्यों और अगले दशक की प्राथमिक व्यूह रचना का उल्लेख किया गया है कि भारत के लोगों की प्रजनन और स्वास्थ्य संबंधी जरूरतों को कैसे पूरा किया जाएगा और सरकार, उद्योग और स्वैच्छिक असरकारी क्षेत्र की शुद्ध प्रतिस्थापन स्तर (सकल जननक्षमता दर) को प्राप्त करने में क्या भागीदारी होगी।

उद्देश्य (Objectives)

एन.पी.पी. 2000 के तात्कालिक उद्देश्य गर्भनिरोध, स्वास्थ्य रक्षा के आधारभूत ढांचे और स्वास्थ्य कर्मचारियों की अपूरित जरूरतों पर ध्यान देना और मूलभूत प्रजनन और शिशु स्वास्थ्य रक्षा के लिए समाकलित सेवा प्रदान करना है। मध्यवर्ती उद्देश्य 2010 तक अन्तर्क्षेत्रीय कार्यवाहक व्यूहरचना के प्रबल प्रयोग द्वारा टी.एफ.आर. (Total Fertility Rate) को प्रतिस्थापन स्तर पर लाना है। दीर्घकालीन उद्देश्य 2045 तक स्थिर जनसंख्या के उस स्तर को प्राप्त करना है जो भरण-पोषण योग्य, आर्थिक वृद्धि, सामाजिक विकास और पर्यावरण सुरक्षा की जरूरतों के अनुरूप हो। इन उद्देश्यों के अनुरूप 2010 तक प्रत्येक क्षेत्र में निम्नलिखित सामाजिक जनसांख्यिकीय लक्ष्यों को प्राप्त करने की रूपरेखा तैयार की गई है :

1. मूलभूत प्रजनन और शिशु स्वास्थ्य सेवाओं की आपूर्ति और आधारभूत ढांचे संबंधी अपूरित जरूरतों पर ध्यान देना।
2. 14 वर्ष तक के बालकों के लिए स्कूली शिक्षा को शुल्क मुक्त और अनिवार्य बनाने के साथ-साथ प्राथमिक और सैकेंडरी स्कूली शिक्षा को बीच में छोड़ने की प्रवृत्ति को लड़के और लड़कियों दोनों में 20 प्रतिशत से कम करने का प्रयास किया जाना।
3. शिशु मृत्यु दर को जीवित शिशुओं पर प्रति हजार तीस शिशुओं से कम करना।
4. मातृ मृत्यु दर को एक लाख जीवित व्यक्तियों पर 100 व्यक्तियों से कम करना।
5. सभी टीकों (वैक्सीन) द्वारा निवारक योग्य बीमारियों के विरुद्ध बालकों का सार्वभौमिक प्रतिरक्षण करना।

6. लड़कियों द्वारा देरी से विवाह की प्रवृत्ति को प्रोत्साहित करना ताकि वे कम से कम 18 वर्ष से पहले विवाह न करें और संभवत: 20 वर्ष के ऊपर विवाह करने के चलन को बढ़ाना।
7. अस्सी प्रतिशत संस्थागत प्रसूतियां और 100 प्रतिशत प्रशिक्षित व्यक्तियों द्वारा प्रसूतियां कराने का प्रयत्न करना।
8. जन्म, मृत्यु, विवाह और गर्भधारण संबंधी घटनाओं का 100 प्रतिशत पंजीयन करवाने का लक्ष्य प्राप्त करना।
9. एड्स (AIDS) को फैलने से रोकने तथा प्रजनन अंगों के संक्रमण की रोकथाम और कामेन्द्रियों द्वारा संक्रमण और एड्स नियंत्रण संगठन के बीच अधिकाधिक समन्वय को प्रोत्साहन देना।
10. संचारी (Communicable) रोगों को रोकना एवं नियंत्रण करना।
11. प्रजनन और शिशु स्वास्थ्य सेवाओं को प्रदान करने में भारतीय चिकित्सा व्यवस्था को सक्षम बनाना।
12. टी.एफ.आर. की प्रतिस्थापन दर को प्राप्त करने हेतु लघु परिवार आदर्श को तेजी से प्रोत्साहित करना।
13. सामाजिक क्षेत्र से संबंधित कार्यक्रमों के सम्पन्न करने में समन्वय स्थापित करना ताकि कल्याण का विचार एक जनसहभागी कार्यक्रम का रूप धारण कर सके।

जनसंख्या और मानव कल्याण (Population and Human Welfare)

यद्यपि विश्व की जनसंख्या अभी भी बढ़ रही है, तथापि इसकी गति काफी धीमी है जिसके बारे में जनसांख्यिकविदों ने पिछले कुछ वर्षों पूर्व ही प्रक्षेपित किया था। हाल ही औसत जीवन प्रत्याशा में भारी वृद्धि, शिशु और बालक मृत्यु दरों में कमी तथा स्कूल जाने वाले बालकों की बढ़ती हुई संख्या की घटनाएं मानवीय कल्याण की आशाओं की आधार भूमि तैयार करती हैं। प्रगति प्रदर्शित करने वाली उपर्युक्त कई बातें अनेक देशों में हुई आर्थिक विकास की अप्रत्याशित दर के कारण संभव हो पाई हैं। सन् 2015 के अन्त तक लगभग 350 से 450 करोड़ (3.5 से 4.5 अरब) लोगों के रहन-सहन के स्तर में काफी सुधार होने की संभावना है।

इस प्रकार की वैश्विक सफलता प्रादेशिक और स्थानिक स्तर पर बहुत जरूरी और कुछ बिगड़ती हुई समस्याओं पर, विशेषत: विकासशील देशों में, पर्दा डालती है। विश्व जनसंख्या के एक चौथाई से अधिक भाग को आर्थिक और सामाजिक प्रगति का कोई अनुभव नहीं है, जिसका अनुभव अधिकांश लोगों ने किया है। आज भी ये लोग निहायत गरीबी में रह रहे हैं। सब-सहारा अफ्रीका और दक्षिण एशिया जैसे बहुत कम विकसित देशों के साथ-साथ मध्य एशिया और दक्षिणी अमेरिका के भागों में भूख, बीमारी, अशिक्षा और चयन या क्रिया की सीमित स्वतंत्रता जैसी समस्याएं विद्यमान हैं। जनसंख्या का दबाव, विशेषत: निर्धन ग्रामीण क्षेत्रों में जहां भूमि और जल के लिए प्रतिस्पर्द्धा स्थानीय पर्यावरण की क्षमता को प्रभावित करती है, मानवीय वंचना की समस्या को जन्म

देती है। जनसंख्या की तीव्र वृद्धि अनेक नगरों में कई समस्याओं को बढ़ा रही है जहां नगर परिषद के अधिकारियों की क्षमता मूलभूत सुविधाएं तक प्रदान कर पाने में असमर्थ सिद्ध हो रही है।

फिर भी, जनसंख्या वृद्धि और मानवीय कल्याण के बीच अन्तर्क्रिया का विषय अत्यंत पेचीदा है और यह विषय केवल संख्याओं का नहीं है। बढ़ती हुई जनसंख्या की समस्याओं का समाधान करने की देशों की क्षमता तब बढ़ जाती है जब ये देश धन-सम्पदा और तकनीकी विकास का समान और पर्याप्त वितरण, प्रभावकारी सरकार, शक्तिशाली संस्थाएं और सामाजिक स्थयित्व प्राप्त करने में सफल रहते हैं।

विश्व की जनसंख्या अभी भी बढ़ रही है और यह 31 अक्टूबर, 2011 को 700 करोड़ (7 अरब) का आंकड़ा पार कर गई है और अनुमान है कि 2050 तक यह लगभग 950 करोड़ (9.5 अरब) हो जाएगी।

अनुमानित द्विगणित जनसंख्या के क्या निहितार्थ है? जनसंख्या वृद्धि उन देशों में एक अत्यंत चिन्ता का विषय है जो इसके परिणामों को खोजने में बहुत कम सक्षम हैं। बढ़ती हुई जनसंख्या की मुख्य समस्याओं में पर्याप्त आय स्तरों को प्राप्त करना, भोजन सुरक्षा, रोजगार और आधारभूत सामाजिक सेवाओं को प्रदान करने को सम्मिलित किया जाता है। इसके साथ ही, प्राकृतिक संसाधनों का ठीक प्रकार से दोहन और प्रबंध करना है जो कई विकासशील देशों में अभी भी वहां के अधिकांश निवासियों के जीवनयापन का प्रत्यक्ष आधार है।

विश्व के लोगों की एक महत्वपूर्ण संख्या को स्वस्थ जीवन जीने के लिए आवश्यक चीजों की भारी कमी का सामना करना पड़ रहा है। लगभग 130 करोड़ लोग निरपेक्ष गरीबी में जी रहे हैं, 8.40 करोड़ लोगों को पूरा पोषणयुक्त आहार नहीं मिल रहा है, अनुमानत: 150 करोड़ (1.5 बिलियन) लोगों को पीने के शुद्ध एवं कीटाणुरहित पानी का अभाव है और लगभग 100 करोड़ लोग अशिक्षित हैं। अनेक क्षेत्रों में, जनसंख्या वृद्धि ने जंगलों, मत्स्य-क्षेत्र और उर्वरा मिट्टी के विनाश की दर को पीछे छोड़ दिया है। सब-सहारा (Sub-Sahara) अफ्रीका, दक्षिण एशिया और लेटिन अमेरिका (के कुछ भाग) जैसे देश जो अभी बहुत कम विकसित हुए हैं, वहां की जनसंख्या के जमघट को पर्यावरण क्षय का प्रत्यक्ष जोखिम झेलना पड़ रहा है। विकसित और विकासशील देशों की भावी पीढ़ी यदि इसी दर से संसाधनों का प्रयोग करती रही, तब भूमण्डलीय जलवायु परिवर्तन, अनिवार्यत: बदले जाने वाले संसाधनों की हानि और जहरीले प्रदूषण के रूप में परिणाम भयावह होंगे।

References

Bennett, D. Gordon, 1984, *World Population Problems*, Campaign, III Park Press.

Bonar, James, (1885), 1924, *Malthus and His Work*, 2nd ed. London, Allen & Unwin.

Car-Saunders, A.B., 1936, *World Population: Past Growth and Present Trends*, New York, Oxford University Press.

Census of India, 2001, 2011.

Chandna, R.C., 1990, *A Population Geography*, New Delhi, Kalyani Press.

Clarke, J.I., 1972, *Population Geography*, Oxford, Pergamon Press.

Clarke, J.I., (ed.) 1984, *Geography and Population: Approaches and Applications*, New York, Pergamon Press.

Demko, G.J. et al., *Population Geography: A Reader,* New York, Mc Graw Hills.

Du Paquier, J.A. et al., 1983, *Malthus: Past and Present,* New York, Academic Press.

Encyclopaedia Britannica, 1991, London

Encyclopaedia of Social Sciences, London.

Findlay, A. et al., 1987, *Population and Development in the Third World,* London, Methuen.

Grigg, D.B., 1980, 'Migration and Overpopulation in Historical Perspective' in *The Geographical Impact of Migration,* Paul White and Robert Woods (eds.), London, Longman.

Grigg, D.B., 1982, 'Modern Population Growth in Historical Perspective', *Geography 67*, pp. 97-108.

Husain, M., 2011, *Geography of India*, 3rd Ed. Tata McGraw Hills, New Delhi.

Husain, M., 2010, *Geography : Terms and Concepts*, Tata McGraw Hills, New Delhi.

Haupt, Arthur and Thomas T. Kane, 1978, *The Population Reference Bureau's Population Handbook,* Washington, D.C.

Hendry, Peter, 1988, "Food and Population: Beyond Five Billions," *Population Bulletin 43,* No. 2, Washington D.C. Population Reference Bureau.

Jacobson, J.L., 1987, *Planning the Global Family,* World Watch Paper 18, Washington, D.C., Worldwatch Institute.

Jone, H.R., 1981, *A Population Geography,* London, Harper and Row.

Kosinski, L.A. and K. Maudood Elahi, 1985, (eds.) *Population Redistribution and Development in South Asia,* Reprint, Jaipur, Rawat.

Malthus, T., 1926, *An Essay on the Principles of Population,* 1798, Reprint, London.

Marx, Karl, Das-Capital, 1867, p. 216.

Merrick, Thomas, W., 1986, 'World Population in Transition', *Population Bulletin,* 41, No. 2, Washington, D.C., Population Conference Bureau.

National Academy of Sciences, 1986, *Population Growth and Economic Development Policy Questions,* Washington, D.C., National Academy Press.

Newman, J.A. et al., 1984, *Population Patterns, Dynamics and Prospects,* Englewood Cliffs, N.J., Prentice Hall.

Paters, G.L. and Larkin, R.P., *Population Geography: Problems, Concepts and Prospects,* Dubuque, Iowa, 1979.

Repetto, R., 1987, 'Population, Resources, Environment: An Uncertain Future', *Population Bulletin 42,* No. 2 Washington, D.C.

Rotberg, R. and T. Rabb, 1984, eds. *Hunger and History: The Impact of Changing Food Production and Consumption Patterns on Society,* New York, Cambridge University Press.

Scientific American, 1974, *The Human Population,* San Francisco, W.H. Freeman.

Simon, J., 1981, *The Ultimate Resource,* Princeton, Princeton University Press.

Stamp, L.D., 1964, *The Geography of Life and Death,* Ithaca, Cornell University Press.

Trewartha, Glenn, 1969, *A Geography of Population: World Patterns,* New York, John Wiley & Sons.

—, 1972, *The Less Developed Realm: A Geography of its Population,* New York, John Wiley & Sons.

The United Nations Development Programme, *World Resources,* 1998-99.

UNFPA for United Nations System in India, *India: Towards Population and Development Goals*, Oxford University Press, Delhi, 1997.

United Nations, Population Division, *World Population Prospects,* 1988, New York.

Woods, R.I., 1979, *Population Analysis in Geography,* London, Longman.

—, 1982, *Theoretical Population Geography,* London, Longman.

World Bank, 1984, *World Development Report*, New York, Oxford University Press.

Wrighly, E.A., 1969, *Population and History,* New York.

Zelinsky, W. 1966, *A Prologue to Population Geography,* Englewood Cliffs, Prentice Hall.

Zelinsky, W. et al., 1970, *Geography and a Crowding World,* New York, Oxford University Press.

4

प्रवसन
Migration

प्रवसन, मेधावी मानव (Homo Sapiens) की उसी प्रकार से एक विशेषता है, जैसे कि उनके द्वारा उपकरण बनाया जाना और संस्कृति निर्माण किया जाना है। पृथ्वी के धरातल पर मनुष्य सर्वाधिक वितरित सामाजिक प्राणी है। आज से लगभग 20 हजार वर्ष पूर्व, लिखित इतिहास तथा कृषि के विकास से बहुत पहले, अफ्रीका में उनके उद्‌भव से लेकर मानव समूह केवल अण्टार्कटिका महाद्वीप को छोड़कर, पृथ्वी के अधिकांश भाग पर आधिपत्य कर सका है। इस प्रकार प्रवसन (Migration) एक भौगोलिक तथ्य है जो प्रत्येक युग में मानवीय आवश्यकता रहा है क्योंकि मानव की यह प्रवृत्ति रही है कि जिस स्थान पर जीवन कठिन बन जाता है, उस स्थान को छोड़ कर वह ऐसे स्थान पर स्थानान्तरण करता है, जहां जीवन तुलनात्मक दृष्टि से सुगम होता है।

विभिन्न विद्वानों ने प्रवसन को भिन्न-भिन्न प्रकार से परिभाषित किया है। अत्यन्त सामान्य अर्थों में, किसी व्यक्ति अथवा व्यक्तियों के एक समूह का स्थायी अथवा अर्द्ध स्थायी रूप में आवास के किसी निश्चित दूरी में परिवर्तन को सामान्यता प्रवसन/प्रव्रजन के रूप में परिभाषित किया जाता है। प्रवसन स्थायी अथवा अस्थायी हो सकता है। हाल ही में भूगोलवेत्ताओं ने जनसंख्या-गत्यात्मकता तथा प्रवसन से सम्बन्धित समस्याओं पर ध्यान केन्द्रित करना आरम्भ किया है।

किसी प्रदेश में प्रवसन के साथ 'जननक्षमता' (Fertility) और 'मरणशीलता' (Mortality) जनसंख्या के विकास तथा जनसंख्या संरचना को निश्चित करने वाले आधारभूत तत्त्व होते हैं। प्रवसन के वर्गीकरण के लिए एक वैज्ञानिक मौलिक मापदंड दे पाना कठिन है। प्रवसन वास्तव में, अंतरराष्ट्रीय, अन्त: प्रदेशीय, अन्त:नगरीय तथा अन्तरनगरीय हो सकता है। समय के आधार पर प्रवसन अस्थायी अथवा स्थायी हो सकता है। यदि हम दूरी के आधार पर विचार करें तो प्रवसन अत्यधिक दूर अथवा पास में हो सकता है। संख्या के आधार पर प्रवसन व्यक्तिगत अथवा सामूहिक हो सकता है, यह राजनीतिक प्रवर्तित अथवा स्वतंत्र भी हो सकता है। सामाजिक संगठनात्मक दृष्टि से प्रवसन परिवार, जाति अथवा व्यक्ति द्वारा हो सकता है। कारण की दृष्टि से आर्थिक, सामाजिक अथवा धार्मिक कारणों से प्रवसन हो सकता है। प्रवसन क्रमश: भी हो सकता

है, अर्थात् गांवों से नगरीय समूहों की ओर होता है। यह कहा जा सकता है कि प्रवसन ग्रामीण क्षेत्रों और नगरों में समान रूप से हो सकता है।

प्रवसन के कारण (Causes of Migration)

प्रवसन के अनेक कारण हो सकते हैं। ये कारण प्राकृतिक आपदाओं, जलवायु परिवर्तन, महामारियां और सूखे से लेकर सामाजिक-आर्थिक, सांस्कृतिक तथा राजनीतिक कारण हो सकते हैं। अत्यधिक जनसंख्या (Over Population) और संसाधनों पर भारी दबाव, स्थायी अथवा अस्थायी, लम्बी दूरी अथवा कम दूरी के प्रवसन के कारण हो सकते हैं। अनेक बार समूहों के प्रौद्योगिकी के स्तरों में अन्तर और आर्थिक सुअवसरों की उपलब्धता भी बड़ी संख्या में प्रवसन को बढ़ावा देते हैं।

1. प्रौद्योगिकी (Technology)

वे लोग जिनके पास अधिक परिष्कृत प्रौद्योगिकी होती है, वे नए क्षेत्रों पर आक्रमण कर उन्हें जीत लेते हैं। इसके विपरीत, कम विकसित समूह ऐसे किसी समाज द्वारा आकर्षित किए जाते हैं जिनमें अधिक अवसर उपलब्ध होते हैं। उदाहरण के लिए प्राचीन रोमन लोगों ने यूरोप, उत्तरी अफ्रीका और दक्षिण-पश्चिम एशिया के बड़े भूभाग पर अपना अधिकार कर लिया था। इस काल में अनेक लोग रोम जाकर बस गए क्योंकि उस समय रोम में अधिक उत्तम आर्थिक और नियोजन सुविधाएं उपलब्ध थीं। मध्य काल में अरब लोग शिक्षा और प्रौद्योगिकी के क्षेत्र में अग्रणी थे। इसी कारण इन लोगों ने मध्य एशिया, उत्तरी अफ्रीका, आइबेरियन प्रायद्वीप (स्पेन और पुर्तगाल) और पूर्वी यूरोप के अधिकांश भूभाग को जीत लिया था। चौदहवीं और पन्द्रहवीं शताब्दियों में यूरोपवासियों के पास उन्नत नौ परिवहन जलयानों के कारण इन लोगों ने अमेरिका, ऑस्ट्रेलिया तथा अंध महासागर, हिन्द महासागर और प्रशान्त महासागर के अनेक द्वीपों की खोज की थी। इनके द्वारा एशिया और अफ्रीका के घने बसे क्षेत्रों में अपनी बस्तियां स्थापित की गईं और उनके संसाधनों का दोहन किया।

सन् 1779 की औद्योगिक क्रांति के पश्चात् यूरोपवासी उत्तरी अमेरिका, ऑस्ट्रेलिया, न्यूजीलैण्ड, दक्षिणी-अफ्रीका और दक्षिण-अमेरिका के अनेक प्रदेशों में जाकर बसे। यूरोपीय देशों से वृहद् पैमाने पर उत्प्रवास बीसवीं शताब्दी के आरम्भ तक होता रहा, इसका मुख्य कारण इन अविकसित बस्तियों में उपनिवेश स्थापित करना और उनके संसाधनों का दोहन करना था।

2. आर्थिक कारण (Economic Reasons)

प्रवास का मुख्य उद्देश्य आर्थिक हो सकता है। अजोती गई भूमि को प्राप्त कर जोतने की मनुष्य की आवश्यकता ने उसे दूर-दराज के प्रदेशों की ओर जाने के लिए प्रेरित किया। इसी कारण अफ्रीका के नीग्रो दासों को उष्णकटिबन्धीय अमेरिका के बागानों की ओर भेजा गया। बाद में ये नीग्रो संयुक्त राज्य अमेरिका, लेटिन अमेरिका और पश्चिमी द्वीप समूह में जाकर बस गए। अजोती गई भूमि के प्रलोभन ने भी यूरोपवासियों को यूनाइटेड किंगडम, आयरलैण्ड, फ्रांस,

जर्मनी, इटली, स्पेन, पुर्तगाल, हॉलैण्ड और डेनमार्क से पलायन करने और उन्हें संयुक्त राज्य अमेरिका, कनाडा के प्रेरी प्रदेश में बसने के लिए प्रेरित किया। सत्रहवीं और अठारहवीं शताब्दियों में संयुक्त राज्य अमेरिका में आकर बसने वालों को 20 से 40 हेक्टेयर भूमि मुफ्त दी जाती थी, जिनका अपने मूल देश में कुछ नहीं होता था। यूरोपवासियों को भूमि प्राप्त करने का प्रलोभन, अमेरिका में आकर बसने के लिए एक चुम्बकीय और आकर्षक शक्ति थी।

अपनी मातृभूमि पर भूमि संसाधन पर भारी दबाव के कारण भी लोगों को अन्य देशों की ओर प्रवास करने के लिए, ऐसे स्थानों पर जाकर बसने के लिए प्रोत्साहित किया जहां आर्थिक लाभ प्राप्त किए जा सकते थे। मध्य एशिया के पशुचारकों और घुमक्कड़ लोगों ने निकटवर्ती बसे हुए लोगों के क्षेत्रों पर आक्रमण किया। मध्यकाल में मंगोल, तातार और कुर्द लोग फरघना, पनझोर (अफगानिस्तान) वोल्गा, आर्मीनिया और काकेशस पर्वतों की उपजाऊ घाटियों की ओर प्रवसन कर, वहां बस गए।

उपयुक्त कार्यों की अनुपलब्धता और बेरोजगारी भी ऐसे आर्थिक कारण हैं जो युवाओं को अपना निवास छोड़कर ऐसे स्थानों, प्रदेशों और देशों की ओर जाने के लिए बाध्य करते हैं जहां उन्हें कार्य उपलब्ध हो सके, जैसे सत्रहवीं और अठारहवीं शताब्दियों में ग्रेट ब्रिटेन में, सूती वस्त्र उद्योग के विकास के फलस्वरूप ऊनी वस्त्र और लिनन उद्योगों में उत्पन्न हुई मंदी के कारण स्काटिश और आयरिश लोगों को पलायन करना पड़ा। कताई मशीन के आविष्कार और वृहद् पैमाने पर सूती मिलों की स्थापना के कारण भारतीय उपमहाद्वीप में अनेक बुनकर बेरोजगार हो गए। सन् 1930 में गिरावट तथा आर्थिक मंदी के कारण ब्रिटेन के कामगारों को रोकने के लिए दिए गए अनेक प्रलोभनों के बावजूद कनाडा और संयुक्त राज्य अमेरिका जाना पड़ा था।

कृषि-श्रमिक यदि बेरोजगार होते हैं तो वे भी अपना निवास क्षेत्र छोड़ देते हैं। प्रत्येक काल में श्रमिक निकटवर्ती अथवा दूर के स्थानों के उपजाऊ क्षेत्रों की ओर प्रवास कर जाते हैं। उदाहरण के लिए 2000 ई. पू. अब्राहम ने उर (मेसोपोटामिया) से केनन प्रस्थान किया था (चित्र 4.1), ग्रीकवासियों ने स्कीथिया की ओर तथा यहूदियों ने नीलघाटी और मेसोपोटामिया की ओर प्रस्थान किया तथा बिहारी, उड़ीसा और राजस्थानी श्रमिकों द्वारा पश्चिमी द्वीप समूह और दक्षिण-पूर्व एशिया की ओर प्रवास किया गया। वर्तमान में बिहार, उत्तर प्रदेश और राजस्थान के श्रमिक हरियाणा, पंजाब और हिमाचल प्रदेश की ओर कार्य करने जाते हैं।

अतएव, आर्थिक निर्धनता, बेरोजगारी और बेहतर आर्थिक सुअवसर का आकर्षण भी सर्वदा अपने मूल स्थान छोड़ने के लिए प्रोत्साहित करता रहा है। उदाहरण के लिए पश्चिमी बंगाल, उड़ीसा और बिहार के कृषि श्रमिकों की निर्धनता के कारण इनका प्रवास झुण्डों के रूप में महानगरों और उपजाऊ मैदानों और देश के विकसित भागों की ओर होता रहा है। सीमान्त और छोटे कृषक भी कृषि श्रमिकों के साथ प्रवास कर जाते हैं क्योंकि उनकी छोटी जोत उन्हें पर्याप्त भरण-पोषण उपलब्ध नहीं करा पाती है।

चित्र 4.1 *अब्राहम के प्रवसन का मार्ग एवं मोजेज के साथ हिब्रू लोगों का निष्क्रमण*

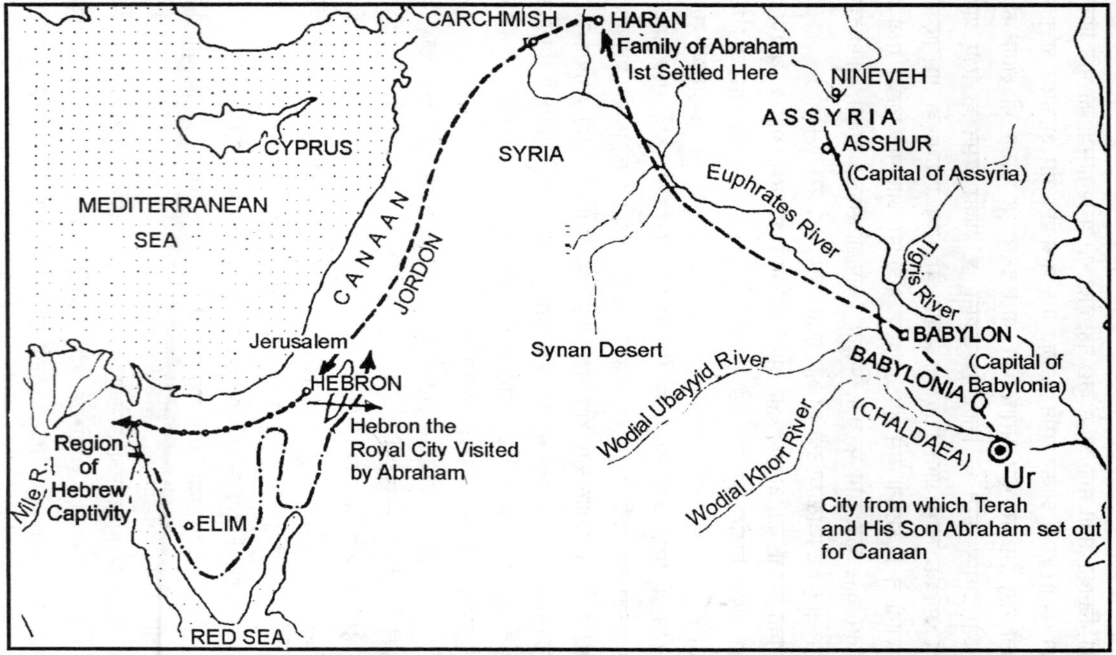

- - - → 2000 B.C. Abraham, from Ur (Chaldaens) Enters the Land of Canaan in answer to God's Call.
-∘-∘-→ 1800 B.C. Increased Semetrc Migration to Egypt.
-·-·-→ 1220 B.C. (?) Exodus from Egypt of Hebrews under Moses.

3. *जनाधिक्यता (Overpopulation)*

किसी क्षेत्र में उपलब्ध संसाधनों और प्रौद्योगिकी के संदर्भ में जनसंख्या की अधिकता जनाधिक्यता (Overpopulation) कहलाती है। यह जनाधिक्यता स्थानिक, प्रादेशिक और राष्ट्रीय स्तरों पर हो सकती है। वर्तमान में, यह जनसंख्या आधिक्य अल्प विकसित ग्रामीण क्षेत्रों में बहुधा देखी जा सकती है, जहां अल्प-पोषण अथवा अल्प रोजगार के रूप में जनसंख्या संसाधनों को पीछे छोड़ देती है।

मानव इतिहास के सम्पूर्ण काल में, किसी प्रदेश अथवा समुदाय में जनाधिक्यता के कारण स्थानान्तरण होता रहा है। ऐसी अवस्था में प्रवसन प्रत्येक सामाजिक वर्ग को प्रभावित करता है। वर्तमान में एशिया, अफ्रीका और लेटिन अमेरिका के विकासशील देशों में उत्प्रवास जनसंख्या आधिक्य का एक प्रमुख कारण रहा है। इन देशों से लोग सऊदी अरब, कुवैत, संयुक्त अरब अमीरात, कनाडा, ग्रीस, फ्रान्स, जर्मनी, ऑस्ट्रेलिया और न्यूजीलैण्ड की ओर प्रवसन कर रहे हैं। इन प्रवासी लोगों में घरेलू नौकर, कृषि श्रमिक, अकुशल श्रमिक, तकनीकी कर्मचारी, इंजीनियर, डॉक्टर और शिक्षक सम्मिलित हैं। भारत से ही प्रत्येक वर्ष लगभग 3 लाख कुशल अथवा अर्द्ध कुशल व्यक्ति विदेश जाते हैं।

4. *सामाजिक तथा धार्मिक कारण (Social and Religious Causes)*

मानव की अपने नृजातीय, सामाजिक और धार्मिक समूह के साथ रहने और कार्य करने की उत्कट इच्छा भी प्रवसन (Migration) का एक महत्त्वपूर्ण कारण रहा है। मानव इतिहास के प्रत्येक काल में सामाजिक कारक भी प्रवास के वृहद् कारण रहे हैं । मध्यकाल में, मुस्लिम तुर्कों के प्रभुत्व के कारण बाल्कन लोगों को अपने स्थान से पलायन करना पड़ा था। बीसवीं शताब्दी में, यहूदियों को जर्मनी, स्पेन और रूस (तत्काल सोवियत संघ) से निष्कासन का दंड भोगना पड़ा है। बोस्निया और सर्बिया से बड़ी संख्या में मुसलमानों को बाहर जाना पड़ा। म्यामार से मुसलमान बांग्लादेश जा रहे हैं। कश्मीरी पंडितों और हिन्दू-पंजाबियों को असुरक्षा की भावना ने क्रमश: जम्मू-कश्मीर और पंजाब को छोड़ने के लिए बाध्य किया है। यही नहीं, सामाजिक सुविधाओं का बिना विचार किए, मुसलमान लोग हिन्दू बहुल क्षेत्रों से और हिन्दू लोग मुसलमान बहुल क्षेत्रों से प्रवसन करना पसंद करते देखे गए हैं। दिल्ली, मुंबई, अहमदाबाद, मेरठ, इलाहाबाद, आगरा, कानपुर, लखनऊ आदि नगरों में अनेक सम्पन्न मुसलमान व्यक्ति धार्मिक और सामाजिक उत्पीड़न के कारण मुस्लिम गन्दी बस्तियों की ओर जा रहे हैं और यही बात हिन्दुओं के बारे में कही जा सकती है जो मुस्लिम बहुल क्षेत्रों को छोड़ कर हिन्दू बहुल क्षेत्रों में जा रहे हैं। स्वास्थ्य, शिक्षा, जलवायु तथा अन्य सामाजिक सुविधाएं भी प्रादेशिक, राष्ट्रीय और अंतरराष्ट्रीय स्तर पर प्रवसन का कारण हैं।

5. *राजनीतिक कारण (Political Causes)*

राजनीतिक कारण, विशेषकर द्वितीय महायुद्ध के पश्चात् प्रवसन का एक प्रमुख कारण रहा है। आज राजनीतिक शरणार्थी एक विश्वव्यापी घटना है। राजनीतिक प्रवसन के अनेक उदाहरण दिए जा सकते हैं जिनमें बीसवीं शताब्दी के आरम्भ में तुर्क, आर्मीनियन्स तथा श्वेत रूसी,

दूसरे महायुद्ध के पश्चात् यूरोप के यहूदी, फिलिस्तीनी, चीनी, हंगरीवासी, क्यूबाई, भारतीय, पाकिस्तानी, बांग्लादेशी, कश्मीरी, तमिल, वियतनामी, अफगानी, ईरानी, सोमालियावासी, कुर्द, सर्बियन, कोसोबोस, अलबेनियावासी और बोसनियावासी शामिल हैं। ये सभी राजनीतिक कारणों द्वारा बाध्य किए गए प्रवास के उदाहरण हैं।

अल्पसंख्यकों का राष्ट्रों द्वारा निष्कासन अथवा अदला-बदली, एक अन्य प्रकार का अनैच्छिक प्रवसन है। उदाहरण के लिए, सन् 1947 में द्वितीय महायुद्ध के पश्चात् चेकोस्लोवाकिया से सुडेटन जर्मनों को स्वदेश भेजा जाना और भारत-पाकिस्तान विभाजन के समय हिन्दुओं और मुसलमानों की अदला-बदली इसी प्रकार का प्रवसन है।

मानव इतिहास में बाध्यतामूलक तथा अनिवार्य प्रवसन कारुणिक विशिष्टता वाले रहे हैं। मध्य काल में पुर्तगाल, स्पेन, फ्रांस और इटली के नगरीय बाजारों में नीग्रो लोगों को बेचा जाता था। ये नीग्रो दास अफ्रीका के पश्चिमी तट पर स्थित सेनेगल से गोल्ड कोस्ट और कांगो के बन्दरगाहों से विदेशों को भेजे जाते थे। सन् 1492 में नए महाद्वीपों की खोज ने इनके लिए नए बाजार उपलब्ध किए, किन्तु स्पेन को अपने अमेरिकी उपनिवेश के लिए इन नीग्रो दासों की आवश्यकता थी। (चित्र 4.2, 4.3)

चित्र 4.2 *अफ्रीकी गुलामों के स्रोत*

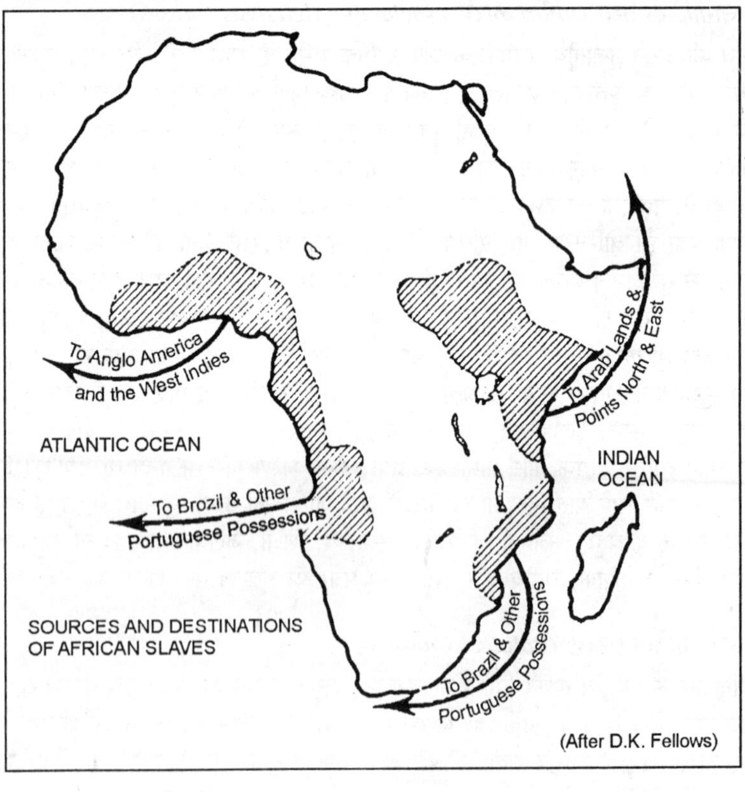

चित्र 4.3 *त्रिकोणीय गुलामों का व्यापार*

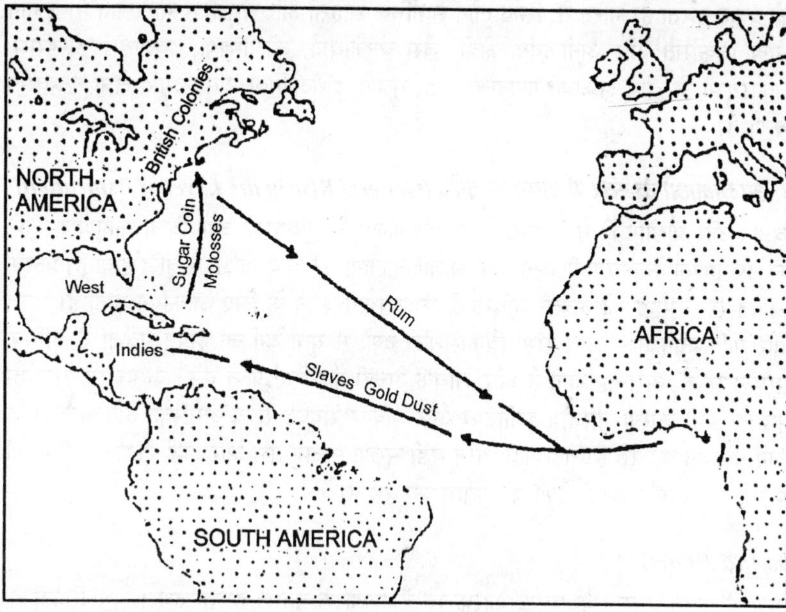

6. *जनांकिकी कारण (Demographic Causes)*

प्रवसन के स्वरूप को निश्चित करने में अनेक जनांकिकी कारक भी महत्त्वपूर्ण भूमिका निभाते हैं। उदाहरण के लिए आयु सम्भावित प्रवासियों में प्रवसन की इच्छा को नियंत्रित करने में एक महत्त्वपूर्ण कारक माना जाता है। युवा वर्ग अन्य आयु वर्गों की अपेक्षा प्रवास के लिए अधिक तत्पर रहता है। किसी भी क्षेत्र में जनसंख्या वृद्धि दर, जनसंख्या दबाव की सीमाएं निश्चित करती हैं। यूरोपवासियों का अन्ध महासागर पार जाना यूरोप में संसाधनों पर बढ़ रहे दबाव की ही अभिव्यक्ति थी। इसी प्रकार भारत में, उड़ीसा, केरल, बिहार, पश्चिमी बंगाल और उत्तर प्रदेश की घनी आबादी वाले भागों में जनसंख्या-संसाधनों का अल्प-अनुपात में होना, इन भागों से बड़े पैमाने पर जनसंख्या के निष्क्रमण का कारण रहा है।

7. *सूचना का प्रसार (Diffusion of Information)*

शिक्षा, सांस्कृतिक सम्पर्क और स्थानिक अन्तर्क्रियाओं के द्वारा ज्ञान और सूचनाओं की उपलब्धता भी प्रवसन के अवसरों में वृद्धि करती है। वे समुदाय जो कट्टरवादिता, रूढ़िवादिता, परम्पराओं, प्रथाओं तथा कठोर साम्प्रदायिक बन्धनों से शासित होते हैं, प्राय: कम परिवर्तनशील होते हैं, जबकि सामाजिक दृष्टि से अधिक जागरूक, प्रगतिशील और बाहरी विश्व से सम्पर्क रखने वाले समुदाय अधिक परिवर्तनशील होते हैं। सूचना-तंत्र और सांस्कृतिक सम्पर्क, नियोजन सम्बन्धी सुविधाओं के क्षितिज को बढ़ाते हैं। अतएव, प्रवसन

और अधिक प्रवसन को बढ़ावा देता है जो प्रवसन को प्रेरित करने में सूचना तंत्र की भूमिका को प्रकट करता है। भारत में, सिख लोग सर्वाधिक साहसी और समझदार माने जाते हैं। उन्होंने अल्प विकसित और अनाकर्षक क्षेत्रों, जैसे बोलीविया, कोलम्बिया, इक्वाडोर होन्डूरास, निकारगुआ, केन्द्रीय अफ्रीकी गणतन्त्र, चाड, सूडान, इथिओपिया, यमन आदि क्षेत्रों में प्रवसन किया है।

8. आकांक्षाओं के स्तर में सामान्य वृद्धि (General Rise in the Level of Aspiration)

विज्ञान और प्रौद्योगिकी में विकास के कारण बाजार में सुविधाओं और विलासतापूर्ण वस्तुओं की उपलब्धता के कारण शिक्षित और अशिक्षित लोगों की आकांक्षाओं में वृद्धि होती है। प्रत्येक व्यक्ति रहन-सहन की अच्छी सुविधाओं का उपभोग करने के लिए आकर्षित होता है। भारत और पाकिस्तान तथा अन्य सभी विकासशील देशों में युवा वर्ग जो अपने पूर्वजों से अधिक सम्पन्न रहे हैं, असन्तुष्ट रहते हैं और अधिक अच्छी नौकरियां प्राप्त करने के इच्छुक रहते हैं। मुख्यत: इसी कारण भारतीय इंजीनियर और डॉक्टर संयुक्त राज्य अमेरिका और कनाडा के लिए पलायन कर रहे हैं। यही नहीं, वरन् बड़ी संख्या में अकुशल और अर्द्ध-कुशल श्रमिक भी सऊदी अरब और खाड़ी देशों को प्रवास कर रहे हैं।

9. युद्ध (Wars)

युद्ध भी मानव प्रवसन के प्रमुख कारक रहे हैं। युद्धों के कारण हमेशा उथल-पुथल होती है, विशेष कर उन क्षेत्रों में जहां ये युद्ध लड़े जाते हैं। प्रथम विश्व युद्ध (1914-18) के कारण लगभग 60 लाख और द्वितीय विश्व-युद्ध के कारण 6 करोड़ से अधिक लोग अनिच्छा से बेघर हो गए थे। राजनीतिक और धार्मिक उत्पीड़न से बचने के लिए कुछ लोग युद्ध आरम्भ होने से बहुत पहले ही पलायन के लिए बाध्य हुए। लाखों नृजातीय (Ethnic) अल्पसंख्यकों के रूप में स्थानान्तरित हुए तथा लाखों लोगों को युद्ध के अग्रिम मोर्चे से हटना और भागना पड़ा। पलायन और निर्वासन से भी लाखों लोगों को अपना घर छोड़ना पड़ा और उनके पुनर्स्थापन द्वारा भी स्थानांतरण हुआ। युद्ध के समय लगभग 10 लाख पोलैण्डवासी और यहूदियों को जर्मनी से निकाला गया। लगभग 10 लाख

चित्र 4.4 *दक्षिणी एशिया में बलात् प्रवसन, 1947*

रूस से तथा बड़ी संख्या में जर्मनों को वोल्गा से पूर्वी साइबेरिया की ओर स्थानान्तरित किया गया। वोल्गा से पेरिस के मध्य की यूरोपीय जनसंख्या युद्ध के समय हमेशा परिवर्तनशील रही है तथा युद्ध के समाप्त होने पर शरणार्थियों का प्रवसन हुआ। इन सभी प्रवसनों के कारण मानव संसाधनों, भूमि उपयोग, रीति-रिवाजों, परम्पराओं और मानवीय मूल्यों में परिवर्तन होता रहा है।

सन् 1921 के तुर्की-यूनान युद्ध के पश्चात् लगभग 3.5 लाख तुर्कों को यूनान से तुर्की भेज दिया गया और लगभग 12 लाख यूनानी लोग तुर्की से अपने देश लौटे। जैसा पूर्व में कहा जा चुका है कि भारत के विभाजन के समय जनसंख्या की अदला-बदली वृहद् स्तर पर हुई जिसमें लगभग 60 लाख हिन्दुओं ने पाकिस्तान से आकर भारत में शरण ली और लगभग इतने ही मुसलमानों ने भारत छोड़कर पाकिस्तान प्रवास किया, यद्यपि अभी भी अधिसंख्य अल्पसंख्यक दोनों देशों में निवास कर रहे हैं। सन् 1999 की गर्मियों में करोड़ों मुसलमानों को ओसावा छोड़ कर अल्बेनिया और मेसिडोनिया प्रवसन करना पड़ा है। सन् 2001 के अक्टूबर के महीने में अफगानिस्तान पर यू. एस. ए. के आक्रमण के बाद करोड़ों शरणार्थियों को ईरान, पाकिस्तान, ताजिकिस्तान और उज्बेकिस्तान की ओर प्रवसन करना पड़ा। (चित्र 4.4)

10. शासकीय नीति (Government Policy)

किसी विशेष देश की नीति भी अनुकूल और प्रतिकूल दृष्टि से जनसंख्या के प्रवसन को प्रभावित करती है। ब्रितानी, फ्रांसीसी, जर्मन, रूसी, संयुक्त राज्य अमेरिका, न्यूजीलैण्ड, कनाडा और दक्षिण अफ्रीका की सरकारों की अपनी सुस्पष्ट जनसंख्या नीतियां हैं और इनमें से अधिकांश सरकारें अपने देश में आप्रवास को हतोत्साहित करती हैं। पचास के दशक के आरम्भिक वर्षों में कृषि फार्मों के सामूहीकरण के कारण अनेक लोगों ने देहाती क्षेत्रों से नगरीय क्षेत्रों की ओर प्रवास किया। इसी प्रकार, रूस में राजनीतिक सर्वाधिकारवादी बोल्शेविक क्रांति, जिसे महान् अक्टूबर क्रांति (1917) का नाम दिया गया, के परिणामस्वरूप लोगों को उनके घरों से दूर जाना पड़ा। (चित्र 4.5)

प्रवसन के परिणाम (Consequences of Migration)

प्रवसन अथवा जनसंख्या के उत्प्रवास की प्रक्रिया दोनों ही स्थानों, जहां से वे जाते हैं और जहां वे जाते हैं, के समाजों, अर्थव्यवस्था और पर्यावरण को प्रभावित करते हैं। ये प्रभाव, पारिस्थितिकी, समाज तथा अर्थव्यवस्था के लिए अनुकूल अथवा हानिकारक हो सकते हैं। प्रमुख जनसंख्या विशेषज्ञों द्वारा यह कहा गया है कि प्रत्येक प्रवासी अपने स्वभावानुसार अपने मूल स्थान के वातावरण का निर्माण नवीन पर्यावरण के बीच करना चाहता है, जिसके परिणामस्वरूप वह संस्कृति और सभ्यता को समृद्ध बनाता है। प्रवसन के प्रमुख प्रभावों का आगे की पंक्तियों में वर्णन किया गया है।

उद्गम और गन्तव्य स्थान, प्रवासी व्यक्ति तथा उसके परिवार, उनकी जनसंख्या और जनसांख्यिकीय संरचना में संख्यात्मक और गुणात्मक परिवर्तन होता है। सामान्यत:

चित्र 4.5 *वर्तमान शताब्दियों में प्रमुख प्रवसन*

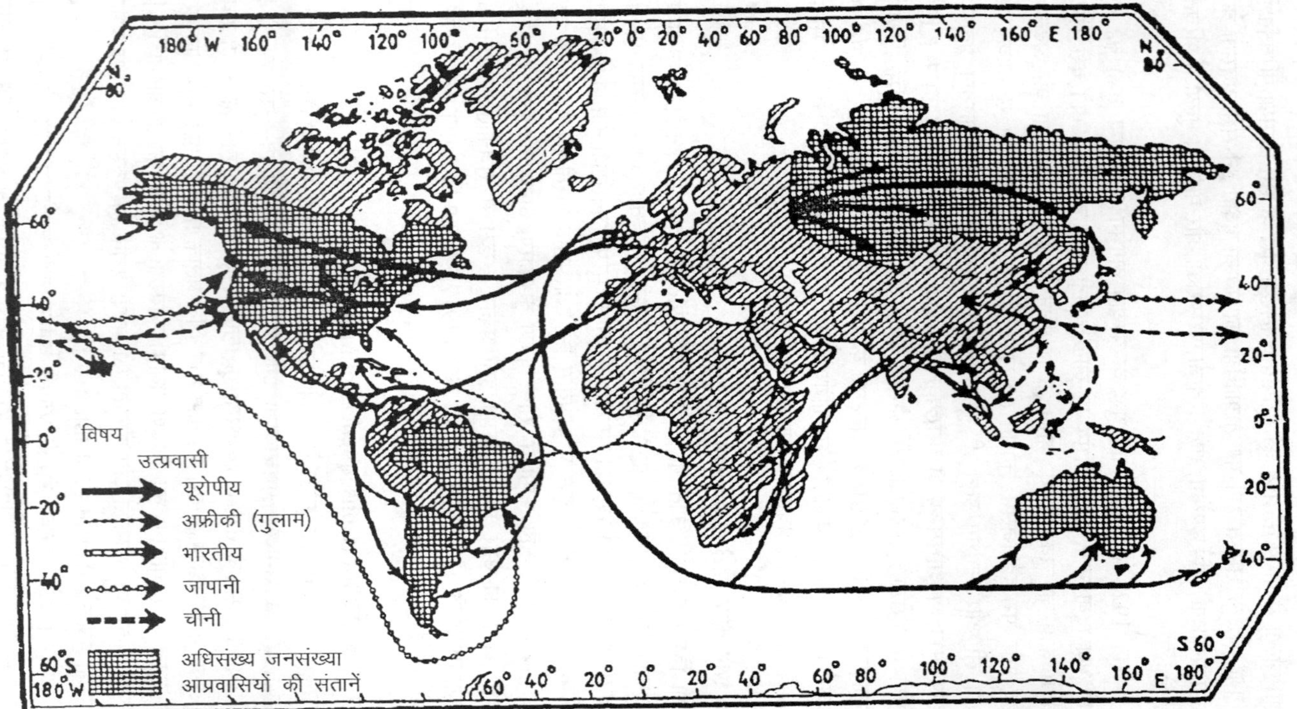

घने बसे और अधिक जनसंख्या वाले प्रदेशों से लोग कम बसे और अधिक संसाधन आधार वाले क्षेत्रों की ओर प्रस्थान करते हैं। दूसरे शब्दों में, इसके द्वारा मानव संसाधनों और भौतिक संसाधनों के बीच उत्तम संतुलन प्राप्त करने की दृष्टि से मानव संसाधनों का पुनर्आवंटन होता है। परिणामतः, इस स्थानान्तरण के कारण प्रवसन से प्रभावित दोनों क्षेत्र सार्थक दृष्टि से परिवर्तित होते हैं। लोगों का एक स्थान से दूसरे स्थान पर स्थानान्तरण जनसांख्यिकीय विशेषताओं में ठोस रूपान्तरण लाता है। जनसंख्या की निरपेक्ष संख्या, घनत्व, वृद्धि, जनन प्रक्रिया, मृत्यु दर, आयु, लिंग, शिक्षा और नियोजन संरचना में परिवर्तन हो जाता है। आप्रवास के स्थान पर जनसंख्या के घनत्व में वृद्धि के कारण संसाधनों पर दबाव पड़ता है। नए आकर बसने वाले लोग, उस स्थान के संभावित संसाधनों का अधिक वैज्ञानिक ढंग से दोहन की सामर्थ्य में भी वृद्धि करते हैं। शिक्षित और प्रशिक्षित लोगों के उत्प्रवास से नए स्थान पर शिक्षित और प्रशिक्षित लोगों की दर और जीवन स्तर में सुधार कर देते हैं।

दोनों ही प्रदेशों (उद्‌गम स्थान और गन्तव्य स्थान) में आप्रवासी समाज जनसंख्या, संस्कृति और अर्थव्यवस्था को प्रभावित करते हैं। इस तथ्य को एक उदाहरण द्वारा स्पष्ट किया जा सकता है—माना कि कोई व्यक्ति x, किसी A देश को छोड़ कर B देश में जाकर बस जाता है, तब दो जनसंख्याओं के आकार में क्या बदलाव आएगा—इसका सीधा उत्तर यह होगा कि A प्रदेश की जनसंख्या में कमी और B में वृद्धि होगी। यह सामान्यीकरण लघु अवधि के लिए सही है। यदि इन युवा प्रवासियों की सन्तानें नवीन देशों में जन्म लेती हैं तो इस देश की जनन दर में वृद्धि होगी, जबकि उनके मूल प्रदेश की यह दर नीची हो जाएगी क्योंकि A देश की शेष अधिक आयु वाली जनसंख्या का औसत अधिक होगा तथा इसकी मृत्यु दर भी अधिक होगी जबकि B देश की मृत्यु दर कम होगी। संक्षेप में, एक पीढ़ी के पश्चात् स्थानान्तरित x लोगों की संख्या x से अधिक हो जाएगी, यह बढ़ी हुई जनसंख्या दोनों देशों (A और B) की जनसंख्या संरचना और वृद्धि दर प्रवसन के परिणाम पर आधारित है। इस प्रकार दोनों देशों की जनसंख्या संरचना, लिंग अनुपात और कार्य शक्ति सार्थक दृष्टि से प्रभावित होगी।

यद्यपि संसाधन और उनका उपयोग, समाज और अर्थव्यवस्था प्रवास से प्रभावित होते हैं, किन्तु आप्रवासियों को भी अनुकूलन की अनेक कठिनाइयों का सामना करना पड़ता है। जो लोग देहाती क्षेत्रों से औद्योगिक नगरों में प्रवास करते हैं, उन्हें खुले स्थान, अच्छे मकान और स्वच्छ वायु के अभाव का सामना करना पड़ता है। कार्य स्थल की नई जगह (नगरीय केन्द्र) का प्रदूषित वातावरण, धुआं और धूल उनके स्वास्थ्य पर बुरा प्रभाव डालते हैं। उन्हें नए प्रकार के भोजन खाने और भोजन करने के समय से अपने आपको अनुकूलित करना पड़ता है। यह सिद्ध करने के लिए अनेक उदाहरण हैं कि जो लोग ग्रामीण क्षेत्रों से औद्योगिक नगरों की ओर प्रवास करते हैं, उनमें श्वसन रोग, हृदय रोग संबंधी समस्याएं और कैंसर आदि का प्रभाव अधिक पाया जाता है। कभी-कभी दो भिन्न जातीय अथवा नृजातीय पृष्ठभूमि वाले लोगों के भौतिक सम्पर्क से जैविकीय विशेषताओं में परिवर्तन आ जाता है। अफ्रीका के नीग्रो और अमेरिका तथा यूरोपीय लोगों

के प्रभाव ने इन लोगों की जातीय विशेषता को प्रभावित किया है। परिणामस्वरूप, एड्स जैसे रोग जो पूर्व में इतने घातक नहीं थे, अब वर्तमान में घातक हो गए हैं।

जब बड़े पैमाने पर आप्रवासन (Immigration) होता है, जैसा कि अमेरिका में अठारहवीं और उन्नीसवीं शताब्दियों में हुआ था, जब लाखों लोगों द्वारा यूरोप के देशों को छोड़कर एंग्लो-अमेरिका और लेटिन अमेरिकी देशों की ओर प्रवास हुआ था, उसमें दोनों समूह के लोगों के सांस्कृतिक मूल्यों में महत्त्वपूर्ण परिवर्तन हुए। जब आप्रवासी अपने साथ अपनी भाषा, धर्म और सांस्कृतिक मूल्यों को लेकर आते हैं, तब एकीकृत और एकीकरण की समस्या गंभीर हो जाती है। उदाहरण के लिए, कनाडा में अंग्रेज और फ्रांसीसी, दक्षिण अफ्रीका में डच और अंग्रेज, दक्षिण पश्चिम के अरब देशों में भारतीय, पाकिस्तानी और बांग्लादेशी और श्रीलंका में तमिल ओर सिंहली लोगों को इसी प्रकार की समस्याओं का सामना करना पड़ा है। वास्तविकता में आप्रवासी लोग अपने धर्म, संस्कृति और भाषा को न केवल सुरक्षित रखना चाहते हैं, वरन् उनका विस्तार भी करना चाहते हैं। जब कभी भिन्न धर्म के मानने वाले स्थानान्तरित होते हैं और अन्य धर्मों के लोगों के साथ रहना आरम्भ करते हैं, इसका अर्थ यह होता है कि या तो उस प्रदेश में सभी धर्मों का स्वस्थ फैलाव होता है अथवा वहां से दूसरे धर्मवालों का दमन और उत्पीड़न के भय से पलायन होता है। कनाडा में कैथोलिक, फ्रेंच और ब्रितानी प्रोटेस्टेन्ट तथा ग्रेट ब्रिटेन में असंख्य एशियाई धर्मावलम्बी आप्रवासियों द्वारा भिन्न धर्मों के विस्तार का स्वस्थ उदाहरण प्रस्तुत किया जाता है। इसके विपरीत, पश्चिमी एशिया में यहूदी और अरब दूसरे प्रकार के वर्ग का उदाहरण प्रस्तुत करते हैं, जहां एक धर्म के अनुयायी दूसरे धर्म वालों के दमन और अत्याचार से सशंकित रहते हैं।

लोगों की आहार सम्बन्धी आदतें दोनों ही ओर से वास्तविक ढंग से प्रभावित होती हैं। उदाहरण के लिए, भारतीय और चीनी जो यू.के., यू.एस.ए. या अन्य देशों को चले गए हैं, उन्होंने वहां ऐसे रेस्तरां और होटल खोले हैं, जहां उनके देश की भोज्य सामग्री परोसी जाती है। इसी कारण इडली, डोसा, बिरयानी, तन्दूरी, कबाब, समोसा, रसगुल्ला और बर्फी ब्रितानी और यूरोपीय लोगों में काफी प्रिय हो रहे हैं। इसी प्रकार चीनी व्यंजन जैसे चाऊमीन पश्चिमी देशों मे सर्वप्रिय हो रहा है। महाद्वीपीय नाश्ता (डबलरोटी, मक्खन और अण्डा) भारतीय नगरों, बांग्लादेश और पाकिस्तान में काफी लोकप्रिय हैं जो अंग्रेजों का उनके उपनिवेशकाल का उच्च और मध्यम वर्ग में प्रभाव का एक उदाहरण है।

विभिन्न नृजातियों और सांस्कृतिक पृष्ठभूमि के लोगों के एक साथ रहने के कारण जो अन्तर्क्रिया होती है, उससे सभ्यता के संवर्धन को बढ़ावा मिलता है। प्रवसन का मानव समाज को यह सबसे बड़ा लाभ कहा जा सकता है।

अंतरराष्ट्रीय प्रवसन (International Migration)

अंतरराष्ट्रीय प्रवसन को संख्या, दूरी और यातायात के साधनों के उपयोग के आधार पर दो मुख्य वर्गों में विभाजित किया जा सकता है (1) अन्तर्महाद्वीपीय, तथा (2) महासागरपारीय। अंतरराष्ट्रीय प्रवसन बहुत प्राचीन है जो समय और संख्या में सीमित है। यह मूलस्थान तथा

गन्तव्य स्थान के कई विशिष्ट कारणों से होता था। अंतरराष्ट्रीय प्रवसन छोटे अथवा बड़े समूहों का छोटा प्रवसन होता है जो अत्यधिक दूरी की यात्रा से सम्बद्ध होता है। इसके विपरीत, महासागरपारीय प्रवसन केवल आधुनिक युग में दिखाई देता है जिसने यूरोप, अमेरिका, भारत, चीन, जापान, दक्षिण-पूर्वी एशिया और दक्षिण-पश्चिमी एशिया के प्रमुख जनसंख्या केन्द्रों को प्रभावित किया है।

अंतरराष्ट्रीय प्रवसन पर विश्वस्त आंकड़े और सूचना उपलब्ध नहीं है। प्राचीन काल में लोगों का केनन की ओर प्रवास हुआ था, जहां यहूदी आकर बसे थे। फारसवासियों के लिए बेक्टीरिया और सोगड़ियाना प्रतिज्ञात स्थान थे, जहां वे अधिक संख्या में प्रवास किया करते थे। लगभग 2000 ई. पू. मंगोलों ने दक्षिण चीन और थाईलैण्ड में प्रवास किया था तथा मध्य एशिया से झुण्डों में लोग भारतीय उपमहाद्वीप में आए। भारत में लाखों लोगों ने दक्षिण भारतीय प्रायद्वीप से असम और बंगाल के चाय बागानों की ओर प्रवास किया। बीसवीं शताब्दी के प्रारम्भ में लगभग तीन करोड़ चीनियों ने मंचूरिया पर चढ़ाई की थी और वे वहीं बस गए थे। इसी प्रकार चीन से अनेक लोग विदेशों में जाकर बसे हैं। दक्षिण-पश्चिम एशिया से सूडान की ओर प्रवसन हुआ है और मुस्लिम फुलानी लोगों ने चाड़, अल्जीरिया, माली, मोरितानिया, केन्द्रीय अफ्रीकी गणतंत्र, नाइजीरिया, नाइजर, कांगो बेसिन और केमरून के मरुद्यानों की ओर प्रवास किया। अरब लोगों ने भूमध्यसागर के दक्षिणी तट के सहारे के देशों लीबिया, अल्जीरिया, मोरक्को, स्पेन, पुर्तगाल और फ्रांस में प्रवेश किया। अमेरिका में यूरोपीय लोगों के आने से पूर्व तथा उनके आने के पश्चात् अमेरिकी में प्रवसन अधिक हुआ। अभी हाल तक अमेरिकन इण्डियन जनजाति प्राय: अमेरिका, कनाडा, मैक्सिको और मध्य तथा दक्षिणी अमेरिका की ओर प्रवसन करती रही है।

अभी तक भारत, इण्डोनेशिया और अमेरिका में काफी आन्तरिक प्रवसन हो रहा है। पश्चिमी द्वीप समूह और ब्राजील में मौसमी श्रमिक केले उत्पादन केन्द्रों की ओर जाते हैं। मैक्सिको से निरन्तर श्रमिकों का प्रवाह संयुक्त राज्य अमेरिका की ओर होता रहता है। संयुक्त राज्य अमेरिका के दक्षिणी राज्यों से नीग्रो श्रमिकों का प्रवसन उत्तर-पूर्व और झील प्रदेश के औद्योगिक केन्द्रों की ओर होता है। इसी प्रकार, भारत में बिहार और पूर्वी उत्तर प्रदेश के कृषि श्रमिकों का मौसमी प्रवसन पंजाब, हरियाणा, जम्मू और कश्मीर तथा पश्चिमी उत्तर प्रदेश की ओर होता रहता है।

यूरोप से प्रवसन की अनेक लहरें उठती रही हैं। वास्तव में, इतिहास में अंकित प्रवसन में यूरोप से आप्रवासियों का विशेषकर 17वीं शताब्दी के पश्चात् सबसे अधिक स्थानान्तरण हुआ है। यद्यपि संख्या में इसकी गणना कभी नहीं की गई। यह प्रवास 19वीं शताब्दी से पूर्व अमेरिकी खोज से आरम्भ हुआ, किन्तु अनुमान लगाया गया है कि 1821 और 1910 के मध्य कम से कम 2.6 करोड़ लोग यूरोप छोड़ कर संयुक्त राज्य अमेरिका जाकर बसे। एक अनुमान के अनुसार 15वीं शताब्दी के अन्त से लगभग 105 करोड़ लोगों ने दोनों अमेरिका, एशिया अफ्रीका और ऑस्ट्रेलिया के लिए यूरोप से प्रस्थान किया। 16वीं शताब्दी में 30 लाख स्पेनवासी, अंग्रेज, पुर्तगाली, आयरिश, ग्रीक, जर्मन,

इटालवी, बेल्जियन्स और फ्रेंच नागरिक देश से बाहर चले गए थे। इन सभी लोगों के गन्तव्य स्थान मुख्यत: नए थे। सन् 1914 तक संयुक्त राज्य अमेरिका की ओर लोगों का यथेष्ट प्रवाह बना रहा। सन 1921 में एक कानून के अनुसार आप्रवास की सीमा निर्धारित कर दी गई। यूरोपियनों द्वारा एशिया, अफ्रीका और ऑस्ट्रेलिया के अनेक देशों के लिए प्रवास किया गया।

यूरोपवासियों के आप्रवास का मुख्य कारण अधिक जनसंख्या और औद्योगीकरण था। यूरोपवासियों का प्रवास मुख्य रूप से दो दिशाओं में हुआ—

1. इन लोगों ने उष्ण और उपोष्ण प्रदेशों के विरल जनसंख्या वाले तटीय भागों जहां सुगमता से पहुंचा जा सकता था तथा जहां की उष्ण और आर्द्र जलवायु के कारण वहां विदेशी उपजों की संभावना थी, प्रवेश किया। इसके परिणामस्वरूप शक्कर, कपास, तम्बाकू, कॉफी, चाय, मसाले, नील, चावल और इसी प्रकार की अन्य उपजें उत्तरी तथा दक्षिणी अमेरिका के पूर्वी तट पर सफलतापूर्वक उत्पन्न की जाने लगीं। इस अछूती भूमि की जुताई के लिए श्रमिकों को आयात करना पड़ा। प्रारम्भ में यह श्रम यूरोपवासियों द्वारा उपलब्ध होता रहा किन्तु जैसे-जैसे श्रमिकों की मांग बढ़ती गई, जिससे अफ्रीका से दास व्यापार को बढ़ावा मिला। बाद में जब दास प्रथा को समाप्त कर दिया गया, तब अंग्रेज और डच उपनिवेशवादियों द्वारा एशिया के घने बसे देशों का शोषण किया गया। इसके परिणामस्वरूप, मलाया, सुमात्रा, श्रीलंका, फिजी, हवाई, पूर्वी अफ्रीका के देशों और मॉरिशस के लिए अर्द्ध दास व्यापार द्वारा श्रमिकों की आपूर्ति की गई।
2. दूसरे, अनेक यूरोपियन लोगों ने उत्तरी तथा दक्षिणी अमेरिका, दक्षिण-अफ्रीका, ऑस्ट्रेलिया और न्यूजीलैण्ड के समशीतोष्ण कटिबन्धों के लिए प्रवास किया है।

यद्यपि इंग्लैण्ड, स्कॉटलैण्ड, फ्रांस, हॉलैण्ड, जर्मनी, बेल्जियम, स्पेन, पुर्तगाल, इटली तथा अन्य यूरोपियन देशों से लोगों ने उत्प्रवास किया, किन्तु आयरलैण्ड से निर्गमन का उदाहरण इतिहास में अपूर्व है। यह महान निर्गमन, आयरलैण्ड में जनसंख्या में अभूतपूर्व वृद्धि के कारण हुआ था। देश में जनसंख्या अधिक हो गई थी, शारीरिक घनत्व बहुत अधिक हो गया था और अधिकांश जनसंख्या आलू की खेती पर निर्भर थी। आलू की खेती में तीन वर्षों (1845, 1846, 1848), तक ह्रास और उनके अल्प भोजन की ऊंची कीमतों के कारण समस्त देश के सामने अकाल की स्थिति उत्पन्न हो गई थी। यह एक न्यायसंगत निर्धनता और एक वास्तविक निर्गमन की बाढ़ का आरम्भ था, जो कुछ वर्षों में जनसंख्या का एक तिहाई था। 1850-1900 के बीच लगभग 40 लाख से अधिक लोगों ने आयरलैण्ड से पलायन किया। इस स्थानान्तरण में रुकावट 1855 में आरम्भ हुई, उसका कारण देश में चौंका देने वाली जन्म दर में ह्रास से निर्जनीकरण था।

समुद्र पार करने वाले मानव झुण्डों में ब्रिटिश द्वीपों से जाने वालों की संख्या सर्वाधिक थी। लगभग 1.7 लाख लोगों ने 1815 और 1926 के बीच इन द्वीपों से पलायन किया। फिर भी ब्रिटेन की जनसंख्या में किसी प्रकार से कोई कमी नहीं आई। यहां मृत्यु दर से जन्म दर अधिक होने के कारण जनसंख्या में वृद्धि ही हुई।

बीसवीं शताब्दी के पूर्वार्द्ध को एक महान राजनीतिक हलचल का काल माना जा सकता है। इस काल में दो विश्व युद्ध लड़े गए। प्रथम महायुद्ध का परिणाम बेगार के रूप में सामने आया। राजनीतिक संकट और युद्ध के कारण बलात प्रवसन (Forced Migration) मानव त्रासदी के रूप में सामने आया। इस प्रकार के बलात प्रवसन की यह प्रमुख विशेषता है कि प्रवसन में आयु, लिंग, कौशल और शिक्षा का सामान्यतया चयनात्मकता का अभाव रहता है और सम्पूर्ण रूप से समुदाय उखड़ जाते हैं। 1917 की महान क्रांति के पश्चात् रूस में और रूस से बाहर लगभग 2 करोड़ लोग प्रवास कर गए। सन् 1947 में भारतीय उप महाद्वीप के विभाजन के परिणामस्वरूप 1.2 करोड़ लोग उपमहाद्वीप के एक भाग को छोड़ कर दूसरे भाग में चले गए।

कठोर आव्रजन नीतियों के कारण हाल के वर्षों में अन्तरराष्ट्रीय प्रवसन करने वालों की संख्या में कमी आई है। अन्तरराष्ट्रीय अधिनियम और सरकारी नीतियों के द्वारा प्रवसन नियंत्रित और सुव्यवस्थित किया जाता है। ऐसे देश बहुत कम हैं जो विदेशियों के आप्रवासन को स्थायी रूप से अनुमति देते हैं और प्रोत्साहित करते हैं। अभी भी ऐसे देशों की संख्या कम है जो काफी बड़ी संख्या में आप्रवासियों को आकर्षित करते हैं, इनमें संयुक्त राज्य अमेरिका, कनाडा, ऑस्ट्रेलिया, न्यूजीलैण्ड, ग्रीस, जर्मनी, सऊदी अरब, यू.ए.ई., मध्य अफ्रीका और इजरायल सम्मिलित हैं।

पिछले तीन दशकों में दक्षिण-पश्चिम एशिया सबसे बड़ा और महत्त्वपूर्ण प्रदेश हो गया है जो तकनीकी रूप से कुशल और अकुशल श्रमिकों को आकर्षित कर रहा है। इन देशों में बहरीन, ईरान, जॉर्डन, कुवैत, लीबिया, ओमान, कतर, सऊदी अरब, संयुक्त अरब अमीरात और यमन महत्त्वपूर्ण हैं। अनेक शरणार्थी और अवैध अप्रवासी भी होते हैं जो अंतरराष्ट्रीय सीमाओं का उल्लंघन करते हैं। बांग्लादेश और बोस्निया जैसे देशों के उदय तथा 1991 के खाड़ी युद्ध के कारण बड़ी संख्या में शरणार्थियों का स्थानान्तरण अन्तरराष्ट्रीय सीमाओं के पार हुआ है।

अन्तरराष्ट्रीय प्रवसन द्वारा जनसंख्या का पुनर्वितरण (Population Redistribution through International Migration)

1821-1932 के काल में (नेपोलियन युद्धों और वृहद् मंदी के बीच) अपेक्षाकृत अनियंत्रित किन्तु संतुलित और भली-भांति प्रलेखित बहु जन संचलन होता रहा है। इस काल में 5 करोड़ 90 लाख लोगों ने, विशेषकर यूरोप के देशों से समुद्र पार प्रवसन किया। इनमें से लगभग 90 प्रतिशत लोग उत्तरी और दक्षिणी अमेरिका में जाकर बस गए। बीसवीं शताब्दी में सर्वाधिक जनसंख्या का स्थानान्तरण बलात श्रमिकों के रूप में राष्ट्रीय सरकारों द्वारा सुव्यवस्थित और समझौतानुसार किया गया। प्रथम महायुद्ध के पश्चात् 10 लाख से अधिक जर्मन लोगों ने अलसास-लारेन प्रदेश तथा पोलैंड को हस्तान्तरित प्रदेश से, जर्मनी में प्रवेश किया। सन् 1923 की ग्रीस और तुर्की के मध्य जनसंख्या स्थानान्तरण की लाऊसाने (Lausanne) सन्धि के

परिणामस्वरूप लगभग 12 लाख ग्रीक एशिया माइनर और पूर्वी थ्रेस से बाहर निकाले गए और लगभग 6 लाख तुर्क विभिन्न बाल्कन देशों, विशेषकर ग्रीस से निकाले गए थे। जर्मनों द्वारा द्वितीय महायुद्ध लड़े जाने के परिणामस्वरूप बड़ी संख्या में शरणार्थियों और बलात श्रमिकों की प्रवृत्ति रही और जर्मनी के परामर्श के पश्चात् बड़े पैमाने पर जनसंख्या के पुनर्वितरण का बहुत बड़ा क्रम आरम्भ हुआ। भारतीय उप महाद्वीप का 1947 में भारत और पाकिस्तान में विभाजन के फलस्वरूप 1949 में लगाए गए अनुमान के अनुसार प्रत्येक देश में 60 लाख व्यक्तियों की अदला-बदली हुई।

एशिया से, अमेरिका, ऑस्ट्रेलिया और पूर्वी अफ्रीका के देशों को प्रवास की प्रथम अवस्था ब्रिटिश बस्तियों में 1830 के दशक में दास प्रथा के समाप्त होने से आरम्भ हुई। बागाती कृषि के लिए श्रमिकों की मांग को भारत और बाद में चीन, जापान और फिलीपीन से करारबद्ध श्रमिकों को भर्ती किया गया। यद्यपि इस प्रकार के प्रवसन का प्रभुत्व पूरी 19वीं शताब्दी में रहा, किन्तु 1920 के दशक के पश्चात् इस प्रकार का विशेष प्रवसन समाप्त हो गया।

अन्तरराष्ट्रीय प्रवसन में हो रहा ह्रास एशिया में ही अन्तर क्षेत्रीय प्रवसन की वृद्धि द्वारा कम कर दिया गया है। आप्रवासियों द्वारा मलेशिया (चीनी और भारतीयों) म्यांमार (भारतीयों), श्रीलंका (भारतीयों), बोर्नियों (चीनी), और इण्डोनेशिया (चीनी) के आर्थिक विकास में महत्त्वपूर्ण भूमिका रही है। पश्चिम में व्यापक प्रवसन के लगभग रुक जाने के बावजूद एशिया में 1920 और 1930 के दशकों में अन्तरराष्ट्रीय प्रवसन जारी रहा।

उत्प्रवास (Emigration) के प्रमुख देश चीन, भारत, जापान, दक्षिण कोरिया और फिलीपीन्स रहे हैं। पूर्वी अफ्रीका और दक्षिण पूर्व एशिया को सभी प्रवसन करने वाले लोगों का उनके मूल देश की जनसंख्या पर कोई प्रभाव नहीं पड़ा। उदाहरण के लिए, जापानी नागरिकों का 1920 और 1940 के बीच हुए उत्प्रवास के बाद भी जापानी नगरीय क्षेत्रों की जनसंख्या 1.75 करोड़ बढ़ गई थी जो प्रवास करने वाले व्यक्तियों की संख्या से 10 गुना अधिक थी। एक अन्य उदाहरण, भारतीय आप्रवासियों का है। सन् 1834 और 1937 के बीच लगभग 3 करोड़ भारतीय विदेशों में जाकर बसे थे, किन्तु उनमें से 2.40 करोड़ वापस आ गए। इस प्रकार केवल 60 लाख लोग एक शताब्दी से अधिक समय अवधि में विदेशों में रह गए।

सन् 1945 के पश्चात् पूर्ववर्ती उपनिवेशों द्वारा स्वतंत्रता प्राप्ति के कारण एशिया के नवीन देशों ने आन्तरिक प्रवसन और प्रवासी लोगों की अपेक्षा अपने ही श्रमिकों के आधार पर आर्थिक विकास पर अपना ध्यान केन्द्रित करना आरम्भ किया है। परिणामस्वरूप एशिया में अन्तरराष्ट्रीय प्रवास तीव्रता से कम हुआ है।

द्वितीय महायुद्ध के तुरन्त बाद पश्चिम में पुन: व्यापक अंतरराष्ट्रीय प्रवसन की पुनरावृत्ति हुई है जिसमें लगभग 12 लाख शरणार्थी भी सम्मिलित थे। 1945-1952 के काल में अंतरराष्ट्रीय प्रवसन को सारिणी 4.1 द्वारा स्पष्ट किया जा सकता है—

सारिणी 4.1 *अन्तरराष्ट्रीय प्रवसन*

महाद्वीप	*संख्या (000 में)*
यूरोप से उत्प्रवास	4452
यूरोप में आप्रवास	1150
अन्य अन्तरा महाद्वीपीय प्रवसन	710
कुल	6312

स्रोत— सांस्कृतिक भूगोल, स्पेंसर, जे.ई. ,1954

1945-1952 के मध्य प्रमुख देशों से उत्प्रवासियों (Emigrants) और प्रवेश देने वाले देशों की संख्या नीचे सारिणी 4.2 में दी गई है—

सारिणी 4.2 1945 *से* 1952 *तक यूरोप से प्रवसन*

उत्प्रवास (Emigration)	*संख्या (000 में)*	*आप्रवास (Immigration)*	*संख्या (000)*
ग्रेट ब्रिटेन	1107	संयुक्त राज्य अमेरिका	1104 (27%)
इटली	741	अर्जेंटीना/ब्राजील/वेनेजुएला	883 (21%)
नीदरलैण्ड	318	कनाडा	726 (17%)
स्पेन	272	ऑस्ट्रेलिया	697 (17%)
पुर्तगाल	152	इजरायल	526 (13%)
		द. अफ्रीका	125 (3%)
		न्यूजीलैण्ड	75 (2%)

स्रोत— सांस्कृतिक भूगोल, स्पेन्सर, जे.ई., 1954

उपरोक्त सारिणी 4.2 से स्पष्ट है कि उत्तरी और दक्षिणी अमेरिका में 'नवीन' अन्तररामहाद्वीपीय प्रवासियों की संख्या दो तिहाई से अधिक रही है।

आधुनिक (वर्तमान) अंतरराष्ट्रीय प्रवसन (Recent International Migration)

अंतरराष्ट्रीय प्रवसन दो प्रकार के होते हैं, यथा स्वैच्छिक और अनैच्छिक। स्वैच्छिक प्रवसन आर्थिक अथवा अन्य कारणों से और अनैच्छिक शरणार्थियों का प्रवसन होता है। आजकल दोनों ही प्रकार के प्रवसन बढ़ रहे हैं। इस सम्बन्ध में आंकड़े अनिश्चित हैं तथा उनकी प्रवृत्तियों को बताना भी कठिन है। संयुक्त राष्ट्र संगठन के अनुसार सन् 1965 में कम से कम 120 मिलियन लोग (शरणार्थियों के अलावा) अपने स्वयं के देश से बाहर रह रहे और काम

कर रहे थे। यह आंकड़ा सन् 1965 से लगभग 75 मिलियन अधिक है। आप्रवास (Immigration) की वार्षिक वृद्धि दर विकासशील देशों में सर्वाधिक तीव्र है, और लगभग आधा अंतरराष्ट्रीय प्रवसन विकसित देशों में ही होता है।

जहां तक अनैच्छिक प्रवसन (शरणार्थी) का प्रश्न है, यह सन् 1993 में 18 मिलियन था जो 1996 में घट कर 14 मिलियन रह गया। तथापि आन्तरिक रूप में बेघर हुए व्यक्तियों की बड़ी हुई संख्या को महत्वहीन कर दिया है। आन्तरिक रूप से बेघर हुए व्यक्तियों की संख्या में वे व्यक्ति आते हैं जिन्हें सैन्िक संघर्ष, उत्पीड़न अथवा प्राकृतिक या मनुष्यकृत विपदा के कारण अपने घरों को छोड़ कर भागना पड़ा है, किन्तु उन्होंने अपनी राष्ट्रीय सीमाओं को नहीं लांघा है। गृह युद्धों और स्थानीय संघर्षों के कारण आन्तरिक रूप से बेघर हुए व्यक्तियों की विश्वव्यापी कुल संख्या अनुमानत: 30 मिलियन है जो अधिकांशत: 35 देशों में जमे हुए हैं। इस मामले में अफ्रीका को सबसे बुरा प्रभावित देश माना जाता है जिसमें लगभग आंतरिक रूप से बेघर हुए लोगों की संख्या 16 मिलियन तक पहुंच गई है। उत्पीड़न के कारण, कोसोवो (यूगोस्लाविया) से अल्बानिया और मेसोडोनिया को कई मिलियन मुसलमानों को जाना पड़ा है। सन् 1996 और 2001 के बीच की अवधि में लगभग 4 मिलियन अफगानों ने पाकिस्तान, ईरान, तजाकिस्तान, और उज्बेकिस्तान में शरण ली है।

पर्यावरण का क्षय और संसाधनों का अभाव भी बहुमात्रा में प्रवसन को बढ़ाने में सहायक हो सकता है। जनसंख्या वृद्धि, भूमि की कमी, तथा सूखे और बाढ़ों के चक्र ने 10 मिलियन बंगालियों, संभवत: उनके वंशजों सहित 20 मिलियन बंगालियों को पड़ोसी भारतीय राज्यों—असम, त्रिपुरा और पश्चिमी बंगाल में गैर कानूनी रूप में घुसने (आप्रवास करने) के लिए प्रेरित किया है। इस घुसपैठ ने स्थानिक लोगों में विद्वेष पैदा किया है। 1980 के दशक की शुरुआत में 4000 से अधिक व्यक्ति कई हिंसक वारदातों में मारे गए। आज भी वहां तनाव मौजूद है।

कई सरकारें आप्रवास को अधिकतर एक समस्या मानती हैं जबकि यह एक तथ्य है कि आप्रवासी श्रमिक अपने देश और दूसरे देश जिसमें आप्रवास किया गया है, दोनों को फायदा पहुंचाते हैं। राष्ट्रीय पहचान का बोध, सांस्कृतिक भिन्नताएं तथा बेरोजगारी का भय कुछ ऐसे कारक हैं जो आप्रवासी और देशी लोगों के बीच वास्तविक और संभावित संघर्ष को बढ़ावा देते हैं। फिर भी ऐसा प्रतीत होता है कि आप्रवास चाहे वह कानूनी हो या गैर कानूनी, इसी प्रकार चलता रहेगा।

भारत से उत्प्रवास (Emigration from India)

भारत, विश्व में दूसरे नम्बर का सर्वाधिक जनसंख्या वाला देश है। सतलुज-गंगा के मैदान, प्रायद्वीपीय भारत का तटीय भाग और केरल, महाराष्ट्र तथा गुजरात राज्य सर्वाधिक जनसंख्या घनत्व वाले राज्य हैं। वास्तव में, भारत के कई क्षेत्रों में जनाधिक्यता है और वहां भोजन उपलब्ध करा सकने की सामर्थ्य से यहां जनसंख्या अधिक है। राजस्थान, हिमाचल प्रदेश, अरुणाचल प्रदेश जैसे कम बसे प्रदेशों के निवासी निर्धन हैं। ऐतिहासिक अतीत में भी भारत के

महान मैदानी भागों में जनसंख्या का केन्द्रीकरण अधिक रहा है। न्यून पोषण यहां के निवासियों की परम्परा रही है और सूखे और अकाल के समय में यह और भी भयंकर हो जाता है। फिर भी, कृषकों का प्रायः धार्मिक अथवा सामाजिक बन्धनों द्वारा अपने गाँवों से लगाव रहता है। 'धरतीमाता' से इस लगाव के परिणामस्वरूप प्रवास सबसे अधिक दुर्भाग्यपूर्ण, विशेषतः हिन्दी भाषी क्षेत्र में माना जाता था।

भारतीयों का उत्प्रवास मुख्य रूप से ब्रिटेनवासियों के इस देश में आगमन के पश्चात् प्रारम्भ हुआ। अंग्रेजों ने भारतीय श्रमिकों का गन्ना उत्पन्न करने वाले उष्ण कटिबन्धीय प्रदेशों में उत्प्रवास प्रारम्भ किया, क्योंकि वहां की उष्ण और आर्द्र जलवायु में यूरोपवासियों का कार्य कर सकना कठिनाई भरा होता था। सामान्य तथा भारतीय श्रमिक कठिन परिश्रम और उष्ण व आर्द्र जलवायु में कार्य करने के अभ्यस्त होते हैं। ये लोग धन कमाने के भी इच्छुक होते हैं, कम खर्च में गुजर-बसर कर सकते हैं और कम वेतन पर भी काम कर सकते हैं, क्योंकि ये लोग निर्धन परिवारों से होते हैं और कई बार इनके स्वयं के गांवों में इन्हें रोजगार उपलब्ध नहीं हो पाता है। इस प्रकार ये लोग दूर के स्थानों तक जा सकने के लिए तैयार रहते हैं। उन्नीसवीं श.ताब्दी में अंग्रेजों ने उन बस्तियों की ओर प्रवास करना आरम्भ किया जहां गन्ना, मसाले, केला और रबर प्रमुख उपज थीं।

भारतीय श्रमिकों के प्रथम समूह ने 1815 में कलकत्ता से मॉरीशस के लिए प्रस्थान किया था। गन्ना-खेतों में काम करने के लिए कृषि श्रमिकों के लिए मॉरीशस वास्तविक प्रशिक्षण स्थल बन गया था। 1934 के पश्चात् अनेक स्वतंत्र श्रमिक यहां की सम और समुद्री जलवायु से आकर्षित हुए। आज मॉरीशस की कुल 12 लाख जनसंख्या में से 7 लाख से अधिक भारतीय मूल के हैं। भारतीय मूल के अधिकांश लोगों द्वारा हिन्दी और उर्दू भाषा बोली और समझी जाती है। पिछले कई वर्षों से इस देश का प्रधानमंत्री भारतीय मूल का ही रहा है। हिन्द महासागर में मॉरीशस के निकट रियूनियन द्वीपों में भी 8000 भारतीयों की एक बड़ी बस्ती है। रियूनियन द्वीपों में भी गन्ने की विस्तृत कृषि की जाती है। भारतीय मूल के लोग मलेशिया के रबड़ उत्पादक क्षेत्रों और पश्चिमी द्वीप समूह के गन्ना उत्पादक क्षेत्रों में बस गए।

अफ्रीकी महाद्वीपों में भारतीयों का प्रवास उस समय से होता रहा है, जब अरबों द्वारा हिन्द महासागर में भारत से व्यापार स्थापित किया गया था। अरब व्यापारियों की सहायता से भारतीय व्यापारियों ने अफ्रीका के देशों में अपने व्यापारिक प्रतिष्ठान स्थापित किए थे। यूरोपवासियों ने भी भारतीयों को अपने खेतों में बागाती कृषि स्थापित करने के लिए कार्य करने, कृषि विकास के लिए वनों की कटाई और रेल मार्ग बनाने के लिए प्रोत्साहित किया। श्रमिकों के पश्चात् बड़ी संख्या में अन्य सामाजिक वर्गों जैसे व्यापारी, छोटे दुकानदार और पैसा उधार देने वाले तथा सूदखोरों द्वारा इन देशों के लिए प्रस्थान किया गया। इन प्रवासियों के परिणामस्वरूप नाटाल, कीनिया, युगान्डा, तंजानिया, सोमालिया, मोजाम्बिक, जिम्बाब्बे, यमन, यू. ए. ई. और दक्षिण-अफ्रीका में बड़ी भारतीय बस्तियां स्थापित हुईं। इन भारतीय प्रवासियों में अधिकांश गुजरात, महाराष्ट्र और पंजाब राज्यों के निवासी थे।

द्वितीय महायुद्ध के पश्चात् अनेक यूरोपीय बस्तियां उखड़ने लगीं और अधिकांश अफ्रीकी देश स्वतंत्र हो गए। इस राजनीतिक विकास के कारण अनेक भारतीयों को भी इन अफ्रीकी देशों से पलायन करना पड़ा। वास्तव में, भारतीयों को विदेशी माना गया और अधिकांश अफ्रीकी देशों के द्वार भारतीय प्रवासियों के लिए बन्द कर दिए गए।

भारतवंशी लोग 1840 के आसपास पश्चिमी द्वीप समूह पहुँचने लगे थे। इनकी संख्या ब्रिटिश गायना और त्रिनिदाद में सबसे अधिक थी, जहां प्रत्येक देश में भारतीयों की संख्या दो लाख से अधिक थी। जमैका, मार्टिन्य्य और ग्वाड़लेया में भी भारतीय लोग कम संख्या में किन्तु सजातीय समूह में जाकर बसे। फिजी में सर्वप्रथम भारतीय प्रवासियों का प्रवेश 1874 में हुआ, जहां इनकी संख्या आज 3 लाख है जो द्वीप की कुल जनसंख्या की आधी है। ये लोग मुख्यत: बिहार और उत्तर प्रदेश से आकर यहां बसे हैं।

प्रारम्भ में भारतीय प्रवासी श्रमिक व्यावसायिक भर्ती द्वारा लगाए जाते थे, किन्तु 1922 के एक्ट द्वारा प्रवास केवल भारतीय सरकार द्वारा नियंत्रित किया जाने लगा। बाद में रिश्तेदारों और मित्रों के निमंत्रण पर प्रवासी लोगों ने स्वतंत्र और स्वैच्छिक रूप से करारबद्ध श्रमिकों के मार्ग का अनुसरण किया और प्रत्येक स्थान पर छोटी भारतीय बस्तियां उनके व्यापारियों, शिल्पियों और कुछ स्थानों पर उनके मंदिरों तथा मस्जिदों में पुजारियों के साथ स्थापित हो गईं।

उन्नीसवीं शताब्दी के अन्त में उत्प्रवास की गति तीव्र हो गई। मलेशिया और श्रीलंका के चाय और रबड़ बागानों ने बड़ी संख्या में भारतीयों को आकर्षित किया। श्रीलंका में 38 लाख से अधिक भारतीय निवास कर रहे हैं, जो इस देश की कुल जनसंख्या 160 लाख (1991) का 1/3 है। मलेशिया की कुल 21.5 लाख (1998) जनसंख्या में भारतीय मूल के 14 लाख व्यक्ति हैं। अधिकांश मलेशिया और श्रीलंका में आप्रवासी भारत के दक्षिणी राज्य तमिलनाडु से गए हुए हैं। इसके अतिरिक्त अनेक भारतीय म्यांमार (बर्मा) और नेपाल में जाकर बस गए हैं। ये आप्रवासी बिहार और उत्तर प्रदेश के घने प्रदेशों से गए हैं।

प्रवास के सिद्धान्त (Theories of Migration)

जैसा आरम्भ में कहा जा चुका है कि मेधावी मानव (होमोसेपियन्स) संस्कृति निर्माण करने वाली एक भ्रमणशील जाति थी। पृथ्वी के धरातल पर उसके उद्‌भव के समय से ही पूरा पाषाणी और मध्य पाषाणी कालों में पशुओं को मारने के लिए वे प्रवास किया करते थे। नव पाषाणीकाल में वह ऐसी भूमि, जिस पर जुताई की जा सके, की खोज में घूमने लगा। ऐतिहासिक काल में वह अपने पड़ोसी देशों से व्यापारिक सम्बन्ध स्थापित करने और नए देशों की खोज में समुद्री यात्राएं करने लगा; मध्यकाल में वह नए संसाधनों की खोज में प्रवसन करता रहा और वर्तमान समय में या तो अपनी आर्थिक स्थिति सुधारने के लिए अथवा ऐसे स्थान पर जाकर रहना चाहता है जहां वह सामाजिक और सांस्कृतिक दृष्टि से अधिक सुरक्षित और राजनीतिक दृष्टि से अधिक स्वतंत्र रह सके।

जैसा पूर्व में स्पष्ट किया जा चुका है कि प्रवसन के अनेक कारण हैं और इसके परिणाम भी कई हैं। जनसांख्यिकी के विद्वानों ने अनेक आनुभविक अनुसंधान किए हैं और प्रवसन के कुछ सिद्धान्त प्रतिपादित किए हैं। प्रवसन के कुछ महत्त्वपूर्ण सिद्धान्त निम्न पंक्तियों में दिए गए हैं।

प्रवसन सम्बन्धी नियम निर्धारित करने वाला प्रथम विद्वान ई. जी. रेवेन्स्टीन था जिसने ब्रिटेन और संयुक्त राज्य अमेरिका तथा कुछ उत्तर-पश्चिमी यूरोपयन देशों में जनसंख्या प्रवसन के आनुभविक अध्ययनों के आधार पर सामान्यीकरण स्थापित किए थे। 1885 और 89 के बीच के प्रवसन आंकड़ों को अध्ययन कर वह जिस महत्त्वपूर्ण निष्कर्ष पर पहुँचा, उन्हें प्रवसन के नियम कहा जा सकता है। बाद में कई महत्त्वपूर्ण विद्वानों जैसे ली आदि ने उसकी उपलब्धियों का समर्थन कर उन्हें पुष्ट किया और उसमें प्रवसन के नवीन नियमों को जोड़ा। रेवेन्स्टीन द्वारा प्रवसन के प्रतिपादित सिद्धान्तों का निम्न पंक्तियों में विश्लेषण किया गया है—

1. अधिकांश प्रवासी थोड़ी दूरी पर ही जाते हैं (दूरी अपक्षय नियम): The majority of migrants go only a short distance (distance decay law)

यह नियम मध्यकाल से प्रभावी दिखाई देता है और आज भी कारगर है। आधुनिक यातायात के साधनों के विकसित हो जाने से प्रवासियों की संख्या में वृद्धि हुई है, किन्तु थोड़ी दूरी की यात्राँ अभी भी अधिक सामान्य हैं। उदाहरण के लिए अमेरिका में काले लोगों का सर्वप्रथम सबसे बड़ा केन्द्रीयकरण उत्तर में बाल्टीमोर, वाशिंगटन और फिलाडेल्फिया में हुआ। ये नगर, सभी प्रवासी लोगों, जिन्होंने 1910 में दक्षिण क्षेत्र को छोड़ा, के स्रोत (जहां से वे आए थे) के अपेक्षाकृत निकट थे।

यह एक सामान्य प्रवृत्ति है कि अधिकांश प्रवासी थोड़ी दूर के लिए स्थानान्तरण करते हैं, जबकि कुछ ही लोग अधिक दूरी के लिए प्रवसन करते हैं। यह प्रवृत्ति दूरी अपक्षय (Distance Decay) के नाम से जानी जाती है (चित्र 4.6.)। यह विचार मानव की अधिकांश क्रियाओं पर लागू होता है। वास्तव में, केन्द्रीय स्थान से दूरी बढ़ने के साथ कुछ सामाजिक तथ्यों के परिमाण में कमी आ जाती है। दूसरे शब्दों में, अनेक मानवीय क्रियाओं और लक्षणों, सुविधाजनक स्थानों के निकट ही झुण्ड में एकत्रित होने की प्रवृत्ति रहती है, इसलिए उनकी आवृत्ति, मात्रा अथवा मूल्य में आकर्षण के केन्द्र से दूरी के साथ कम होती जाती है। यह प्रवृत्ति किसी बाजार के चारों ओर की भूमि के मूल्य, किसी नगरीय क्षेत्र के चारों ओर जनसंख्या का एकत्रीकरण, किसी आकर्षण केन्द्र पर प्रवासियों की संख्या तथा अनेक तथ्यों द्वारा जो स्थानीय अन्तर्क्रिया द्वारा प्रभावित होते हैं। उदाहरण के तौर पर किसी नगर X में A से G जिलों से आने वाले लोगों की संख्या पर विचार करें (चित्र 4.7)। जब प्रवास करने वालों की संख्या को खड़े अक्ष पर अंकित किया जाए और अनुकूल दूरी को क्षैतिज अक्ष पर दिखाया जाए, तब आरेख की दिशा यह प्रदर्शित करती है कि जैसे-जैसे दूरी बढ़ती जाती है आप्रवासियों की संख्या में कमी होती जाती है।

चित्र 4.6 *प्रवसन—दूरी अपक्षय प्रतिरूप*

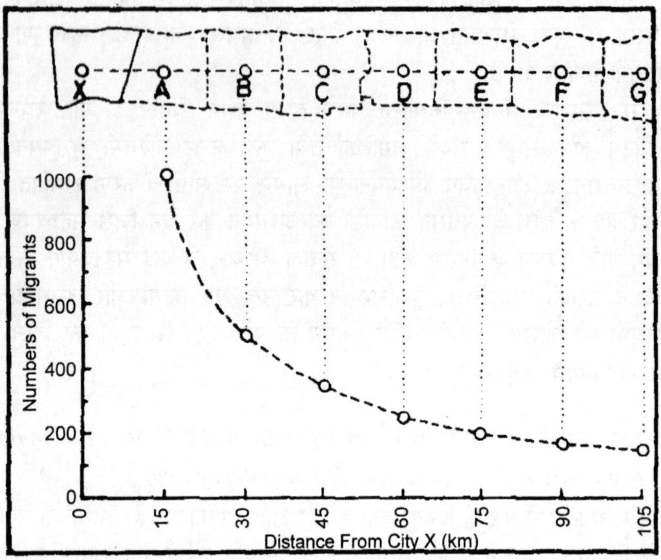

(a) x नगर के निकट प्रदेश की स्थिति

(B) x नगर की दूरी का संबंध और x नगर के प्रवसकों की संख्या

प्रदेश का नाम	*X नगर से दूरी (कि.मी. में)*	*प्रवसकों की संख्या (प्रतिवर्ष)*
A	15	1000
B	30	500
C	45	350
D	60	250
E	75	200
F	90	175
G	105	150

2. प्रवसन क्रमिक रूप में बढ़ता है (Migration proceeds step by step)

रेवेन्स्टीन का प्रवसन सम्बन्धी दूसरा नियम यह है कि तीव्र गति से बढ़ते नगरीय क्षेत्र के चारों ओर के ग्रामीण क्षेत्र के निवासी नगर में एकत्रित होने लगते हैं, और इस प्रकार ग्रामीण क्षेत्र में उत्पन्न हुई रिक्ति अधिक दूर के क्षेत्रों के निवासियों के आप्रवास से पूरी होती है, जब तक कि तीव्र गति से बढ़ते नगर की आकर्षण शक्ति का प्रभाव धीरे-धीरे प्रदेश के दूर-दराज के कोने तक अनुभव नहीं कर लिया जाता।

चित्र 4.7 *प्रवसन—चरण दर चरण*

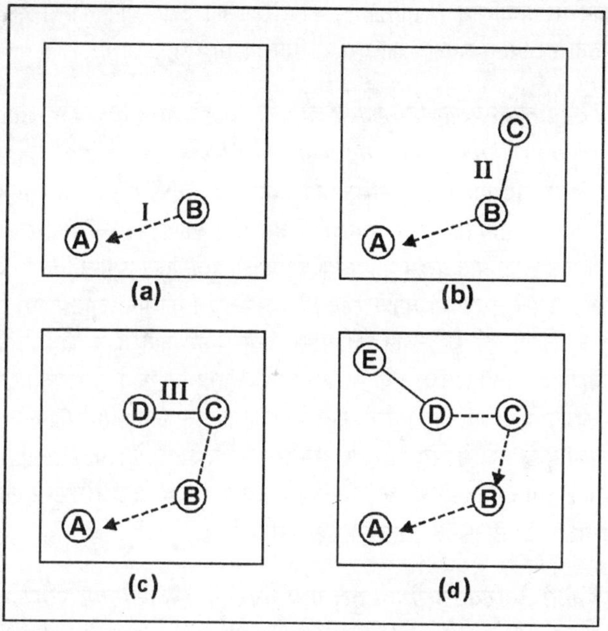

अत: क्रमिक स्थान बदलते रहना स्थानिक दृष्टि से प्रवसन को प्रभावित करता है (चित्र 4.7)। इस प्रकार का स्थान बदलने का क्रम 19वीं शताब्दी में अमेरिकन सीमान्त प्रवसन का मुख्य लक्षण था, जब कृषक नवीन प्रदेशों की ओर जाना चाहते थे। वे अपनी भूमि बाद में आने वाले आप्रवासियों को बेच दिया करते थे। एक भिन्न स्तर पर प्राय: नगरीय क्षेत्रों में धीरे-धीरे क्रमिक रूप में आवासीय बदलाव होता है। जब एक परिवार नए निर्मित भवन में निवास करने के लिए पुराने घर को खाली कर देता है जो पुन: किसी अन्य परिवार द्वारा निवास के लिए ले लिया जाता है (जो अन्य स्थान को छोड़कर आता है और यह सिलसिला चलता रहता है)।

3. लम्बी दूरी पर जाने वाले आप्रवासी किसी एक व्यापारिक अथवा उद्योग के केन्द्र पर प्रायः अपनी पसन्द से जाते हैं (Migrants going long distances generally go by preferenes to one of the great centre of commerce or industry.)

बड़े व्यापारिक और औद्योगिक केन्द्रों की ओर प्रवसन करने की प्रवृत्ति मध्य काल से पाई जाती है, जब समस्त इंग्लैण्ड से लोग लन्दन की ओर आकर्षित हो रहे थे। बड़े नगरों की ओर खिंचाव विकासशील देशों में स्पष्ट दिखाई देता है। टोक्यो, मुंबई, कोलकाता, दिल्ली, कराची, लागोस, साओपोलो, शंघाई, मैक्सिको, रियो डी जेनेरो, जकार्ता, बैंकॉक, तेहरान, काहिरा, ढाका और नैरोबी, हैदराबाद, बेंगलूर, अहमदाबाद, कानपुर, पुणे इसी प्रकार के औद्योगिक और व्यापारिक केन्द्र हैं। प्रवसन के आकार पर बड़े स्थानों के प्रभाव को गुरुत्व मॉडल

(Gravity Model) के द्वारा व्यक्त किया जाता है। यह गणितीय मॉडल यह स्पष्ट करता है कि किसी स्थान पर प्रवासियों (Migrants) की संख्या का उस स्थान की जनसंख्या से सीधा सम्बन्ध रहता है। किन्तु प्रवसन का दूरी से विपरीत सम्बन्ध रहता है।

4. प्रवसन का प्रत्येक प्रवाह कम शक्ति का प्रति प्रवाह उत्पन्न करता है (Each current of migration produces a counter current of lesser strength)

प्रवसन के नियम लगभग सभी विकसित और विकासशील देशों में व्यापक स्तर पर लागू होते दिखाई देते हैं। यहां तक कि चरम अवस्थाओं जैसे दास व्यापार (15वीं से 19वीं शताब्दी) के समय में भी एक छोटा प्रति प्रवाह पुन: अफ्रीका के लोगों के लिए उत्पन्न किया, जिन्होंने किसी न किसी रूप में स्वतन्त्रता को बनाए रखा और अपने घरों को पुन: लौट आए। आप्रवासी जो प्राय: अधिक लम्बी दूरी के नवीन स्थानों को प्रवास कर जाते हैं वे प्राय: लौटते आते हैं। उदाहरण के लिए 1900 से 1914 के मध्य यूरोप से 130 लाख लोगों ने संयुक्त राज्य अमेरिका के लिए पलायन किया था, किन्तु उसी काल में उनमें से अनुमानत: 40 लाख लोग यूरोप वापस आ गए। अभी कुछ वर्षों में संयुक्त राज्य अमेरिका से उत्प्रवासियों (Emigrants) का अनुपात आप्रवासियों (Immigrants) की तुलना में अधिक बढ़ा है, एक बड़ी संख्या में लोग मैक्सिको, जर्मनी, कनाडा और यूनाइटेड किंगडम देशों को लौटे हैं।

5. ग्रामीण क्षेत्रों के निवासियों की तुलना में नगरों के निवासी कम प्रवासी होते हैं (The Natives of towns are less migratory than those of rural areas)

यह प्रेक्षण, यूरोप में 19वीं शताब्दी में आर्थिक विकास की एक अवस्था से सम्बन्धित है जब ग्रामीण क्षेत्रों से नगरीय क्षेत्रों की ओर प्रवसन प्रमुख था। आज भी लगभग सभी विकसित एवं विकासशील देशों में प्रवसन मुख्यत: ग्रामीण क्षेत्रों से नगरों की ओर होता है।

वर्तमान समय में, अधिकांश विकसित देशों में बड़ी संख्या में बड़े नगर और अपेक्षाकृत छोटी संख्या में ग्रामीण जनसंख्या है। इसलिए, अधिकांश प्रवास अन्तरा-नगरीय अथवा अन्त: नगरीय होता है। इन विकसित देशों में नगरीय क्षेत्रों से ग्रामीण क्षेत्रों की ओर बहिर्गमन करने की प्रवृत्ति बढ़ी है। यह प्रवसन औद्योगिक नौकरियों के विकेन्द्रीकरण और दैनिक यात्राओं के कार्य करने के नगरीय स्थान तक लम्बी यात्राएं करने की इच्छा से सम्बन्धित है।

6. जन्म के देश के भीतर पुरुषों की अपेक्षा स्त्रियां प्रायः अधिक प्रवसन करती हैं किन्तु पुरुष बहुधा उससे भी आगे जाने का साहस करते हैं। (Female migrate more frequently than males within the country of birth but males frequently venture beyond)

प्रवसन का यह नियम आंशिक रूप से आर्थिक विकास की एक अवस्था और आंशिक रूप से इसके सांस्कृतिक संदर्भ से सम्बन्ध रखता है क्योंकि स्त्रियों के लिए नियोजन के अवसर ग्रामीण क्षेत्रों में कम होते हैं, अत: ये नगरों की ओर प्रवास करती हैं।

वर्तमान में, अधिकांश प्रवासियों का लिंग, सांस्कृतिक दशाओं और साथ ही आर्थिक तथा नियोजन के अवसरों पर निर्भर करता है। उदाहरण के लिए भारत में ग्रामीण क्षेत्रों से स्त्रियों की अपेक्षा पुरुष अधिक प्रवास करते हैं। ब्रिटिश काल में कलकत्ता (कोलकाता) और बम्बई (मुंबई) वाणिज्य, व्यापार और उद्योग के प्रमुख केन्द्र थे और इन नगरों ने बिहार, उत्तर प्रदेश जैसे दूरस्थ प्रदेशों से श्रमिकों को आकर्षित किया। आजकल अधिकांश महानगर विशेषत: मुम्बई, दिल्ली, कोलकाता, हैदराबाद, अहमदाबाद आदि, देश के सभी भागों से प्रवासियों को आकर्षित कर रहे हैं। भारतीय ग्रामीण क्षेत्रों में गांवों के मध्य स्त्रियों का प्रवसन होता है क्योंकि परम्परागत रूप में विवाह के समय वधुएं ही वर के गांवों की ओर प्रस्थान करती हैं।

अंतरराष्ट्रीय प्रवसन में स्त्रियों की अपेक्षा पुरुष अधिक सक्रिय रहा है। खाड़ी के देशों और सऊदी अरब में भारत, पाकिस्तान, बांग्लादेश, श्रीलंका, इण्डोनेशिया, फिलीपीन और दक्षिण-कोरिया से बड़ी संख्या में आप्रवासी हैं और 85 प्रतिशत से अधिक श्रमिक पुरुष हैं।

7. अधिकांश प्रवास करने वाले वयस्क होते हैं, परिवार बिरले ही अपने जन्म के देश से प्रवसन करते हैं (Most migrants are adults; families rarely migrate out of their country of birth)

इस नियम में दो प्रेक्षण हैं। प्रथम प्रेक्षण वयस्क सम्बन्धी सार्वभौम और निर्विवाद है। स्वैच्छिक प्रवसन में अधिकांश लोग वयस्क होते हैं। इस नियम का दूसरा भाग अधिक संदेहास्पद है। यह निश्चित रूप से सत्य है कि अविवाहितों की अपेक्षा सम्पूर्ण परिवार प्रवास करने में अधिक कठिनाई अनुभव करता है, किन्तु सांस्कृतिक, धार्मिक और राजनीतिक कारणों से परिवारों का एक देश से दूसरे देश को स्थानान्तरण होता है। 1947 में अनेक शरणार्थी भारत से पाकिस्तान और पाकिस्तान से भारत आए और सन् 1971 में बांग्लादेश से भारत आए। इसी प्रकार आयरलैण्ड से कनाडा, युगांडा और कीनिया से यू. के और संयुक्त राज्य अमेरिका, सोमालिया और इथोपिया से यमन, मिश्र और सऊदी अरब, फिलिस्तीन (जॉर्डन का पश्चिमीतट और गाजापट्टी) से सीरिया, लेबनान, लीबिया, कुवैत और सऊदी अरब के लिए अनेक परिवार स्थानान्तरित हुए हैं।

8. बड़े नगरों में प्राकृतिक वृद्धि की अपेक्षा प्रवसन से अधिक वृद्धि होती है (Large towns grow more by migration than by natural increase)

यह व्यापक रूप से स्वीकार किया गया है कि बड़े नगर आप्रवास और जनसंख्या के आगमन के कारण तीव्र गति से बढ़ते हैं। उदाहरण के लिए, दिल्ली, मुम्बई और कोलकाता की 60 प्रतिशत से अधिक जनसंख्या उन लोगों की है जो देश के दूरदराज स्थानों से इन नगरों में काम की खोज में आए और यहीं बस गए। आज विकसित देशों में अधिकांश बड़े नगर, ग्रामीण क्षेत्रों से आए लोगों के बसने के कारण तीव्रता से बढ़ रहे हैं। काम के अवसरों, जिसने सर्वदा बड़े नगरों की ओर आप्रवासियों को आकर्षित किया है, के अतिरिक्त विकासशील देशों के बड़े

नगरों में स्वास्थ्य, शिक्षा की सुविधा और सामाजिक मनोरंजन की सुविधा अधिक उपलब्ध होती है।

9. प्रवसन के प्रमुख कारण आर्थिक होते हैं (The main causes of migration are economic)

यह नियम भी सर्वत्र स्वीकार किया गया है। यह तर्क प्रस्तुत किया गया है कि अंतरराष्ट्रीय प्रवासियों में अपने देश में जनसंख्या के दबाव की अपेक्षा गंतव्य की आर्थिक दशाओं से अधिक प्रभावित होने की प्रकृति दिखाई देती है। भारतीय श्रमिकों का सऊदी अरब और खाड़ी के देशों की ओर प्रवसन का मुख्य कारण भारत के ग्रामीण क्षेत्रों में बेरोजगारी और दक्षिण-पश्चिम एशिया के देशों में अच्छे काम के अवसर हैं।

हालांकि यह सत्यापित कर पाना कठिन है कि प्रवसन का मुख्य कारण आर्थिक है। मानवीय अभिप्रेरण, निर्णय और व्यवहार इतने जटिल हैं कि आर्थिक कारणों के सापेक्षिक महत्व की अन्य कारकों के साथ तुलना करना बड़ा कठिन है। उदाहरण के लिए विवाह के समय स्थानान्तरण को मुख्यत: आर्थिक स्थानान्तरण नहीं माना जा सकता, विशेषकर उस समाज में जिनमें प्रेम विवाह होते हैं। इसी प्रकार अनेक धनी लोग अथवा बड़ी पेंशन वाले व्यक्ति अपने निवास के चयन में आर्थिक, प्राकृतिक और/अथवा सामाजिक मनोरंजन के स्थानों के चयन में लचीलापन रखते हैं।

रेवेन्स्टीन द्वारा प्रस्थापित उपर्युक्त प्रवसन के नियमों को व्यापक रूप से स्वीकृति मिली है, फिर भी ऐसे अनेक प्रश्न हैं जिन पर रेवेन्स्टीन ने कोई ध्यान नहीं दिया है। उदाहरण के लिए स्थानान्तरण के अनार्थिक, सांस्कृतिक, सामाजिक, राजनीतिक, मनोवैज्ञानिक और धार्मिक नियमों पर विचार नहीं किया गया है। रेवेन्स्टीन के समय के बाद अनेक विद्वानों ने प्रवसन की प्रक्रिया को समझाने के लिए अन्य सिद्धान्त और सामान्यीकरण प्रस्थापित किए हैं।

ली का प्रवसन का मॉडल (Lee's Model of Migration)

प्रसिद्ध समाजशास्त्री एवरेट ली ने 1965 में एक नया प्रवसन का सिद्धान्त प्रतिपादित किया। उसने चार कारक प्रस्तुत किए जो प्रवासियों के निर्णय को प्रभावित करते हैं। ये चार कारक निम्न हैं—

1. मूल क्षेत्र में प्रभावी कारक,
2. गन्तव्य स्थान में प्रभावी कारक,
3. वे कारक जो मध्यवर्ती बाधाएं उपस्थित करते हैं, तथा
4. व्यक्तिगत कारक जो व्यक्ति के लिए विशिष्ट होते हैं।(चित्र 4.8)

संभावित प्रवासी दोनों ही उद्‌गम/मूल और संभावित गन्तव्य स्थानों के सकारात्मक और नकारात्मक कारकों से प्रभावित होते हैं। ली ने यह प्रस्तावित किया कि संभावित प्रवासी गन्तव्य के ज्ञात और प्रत्याशित लाभों और हानियों की तुलना अपने मूल स्थान की

चित्र 4.8 *ली का प्रवसन का मॉडल*

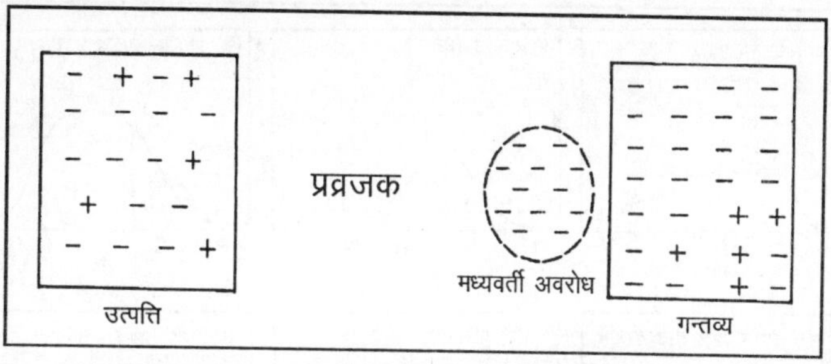

अवस्थाओं से करता है। मूल स्थान से प्रस्थान करने के लिए गन्तव्य के आकर्षण इतने अधिक होने चाहिए जो उसके मूल स्थान पर रुकने और बीच में आने वाली बाधाएं जैसे दूरी, दुबारा स्थापित होने में खर्चा और स्थापित जीवन के आदर्श के विघटन से अधिक प्रभावशाली हो।

व्यक्तिगत कारक भी मूल्यांकन प्रक्रिया को प्रभावित करते हैं। उदाहरण के लिए, एक परिवार जिसकी सन्तानें स्कूलों, महाविद्यालयों हों अथवा एक नि:सन्तान दंपती पब्लिक स्कूलों, महाविद्यालयों तथा विश्वविद्यालयों के स्तर का विचार दोनों ही स्थानों (मूल तथा गन्तव्य स्थानों) पर न करें, किन्तु एक परिवार जिनके बच्चे शिक्षा के स्तर के हों, उनके तुलन-पत्र (Balance Sheet) में इन शिक्षण संस्थाओं का महत्त्व हो सकता है।

इसी प्रकार, किसी स्थान विशेष से लगाव और परिवार तथा मित्रों की निकटता संभावित प्रवासी को स्थानान्तरण से रोक सकते हैं चाहे अन्य कारक जैसे पदोन्नति के अवसर आकर्षक ही क्यों न हों।

जेलिन्सकी का गतिशीलता संक्रमण मॉडल
(Zelinsky's Mobility Transition Model)

जनसंख्या और प्रवसन के प्रसिद्ध विशेषज्ञ जेलिंस्की ने 1971 में प्रवसन सम्बन्धी एक सिद्धान्त प्रतिपादित किया। उसका यह प्रवसन सिद्धान्त गतिशीलता संक्रमण मॉडल (Mobility Transition Model) के रूप में जाना जाता है।

जेलिन्सकी ने यह प्रस्थापित किया कि प्रवसन व्यवहार में परिवर्तन जनसांख्यिकी संक्रमण मॉडल की अवस्थाओं से समानता रखता है। दोनों मॉडलों के बीच समानताएं आश्चर्यजनक नहीं हैं क्योंकि जनसांख्यिकीय अवस्थाएं और प्रवासी निर्णय दोनों ही नगरीकरण, औद्योगीकरण और आधुनिकीकरण प्रक्रियाओं के साथ हो रहे परिवर्तन से सम्बन्धित होते हैं।

जेलिन्सिकी द्वारा प्रतिपादित प्रवसन सम्बन्धी सामान्यीकरण चित्र 4.9 (a तथा d) में दिखाए गए हैं। ये चित्र जनसांख्यिकीय संक्रमण मॉडल की पांच अवस्थाओं द्वारा चार विभिन्न क्रम (1) अंतरराष्ट्रीय (2) प्रादेशिक (3) ग्रामीण से नगरीय तथा (4) नगरीय से ग्रामीण में प्रवसन की मात्रा की प्रवृत्ति को प्रकट करते हैं।

चित्र 4.9 *गतिशीलता संक्रमण प्रतिरूप*

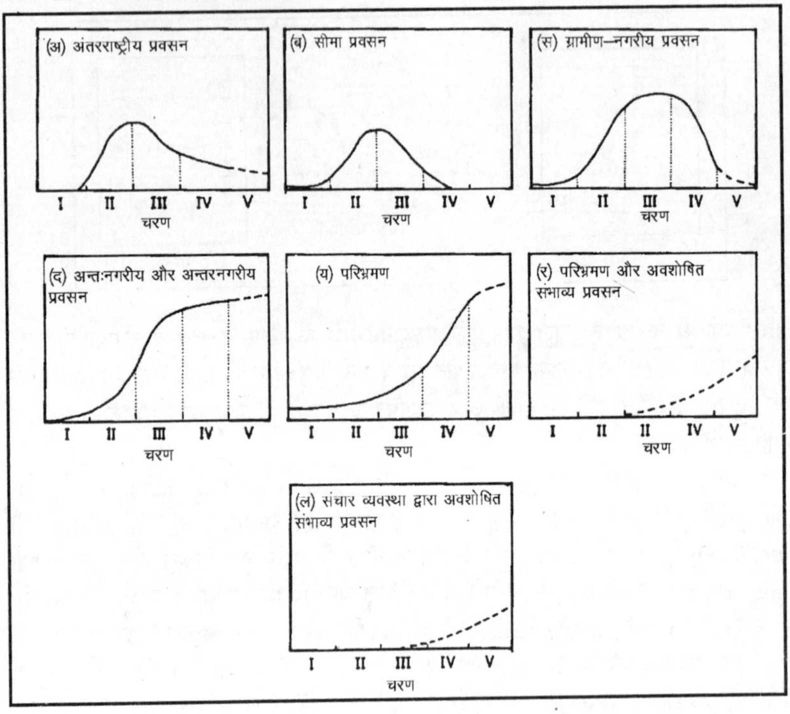

इसके अतिरिक्त, जेलिन्सकी ने पांच अवस्थाओं के ऊपर प्रवसन और परिचालन के बीच अन्तर्सम्बन्ध बताने के लिए आरेख (Graph) भी तैयार किए हैं। (चित्र 4.9)

जनसांख्यिकीय संक्रमण मॉडल के समान ही गतिशीलता संक्रमण भी मुख्यतः आधुनिकतम समाजों द्वारा अनुभव की जा रही अवस्थाओं का दिग्दर्शन है। फिर भी, आर्थिक और जनसांख्यिकी परिवर्तन कई देशों में भविष्य में होने वाले कुछ प्रवसनों के लिए यह आधार प्रस्तुत करता है।

गतिशीलता संक्रमण की **प्रथम अवस्था** में, जब जनसंख्या वृद्धि ऊंची मृत्यु दर के कारण नगण्य थी, ऐसी स्थिति ने ऊंची जन्म दर को निरस्त कर दिया था। किसी भी पैमाने पर प्रवसन कम था। भारत में 1931 में केवल 10 प्रतिशत जनसंख्या अपने जन्म के जिले से बाहर निवास कर रही थी। जीवन स्थानीकृत था, दूसरे स्थानों की सूचनाएं कम प्राप्त होती थीं और अधिकांश लोग अपने जन्म स्थान पर ही अपना जीवन पूरा कर दिया करते थे। कुछ जनसंख्या का स्थानान्तरण होता था, किन्तु जनसांख्यिकीय संक्रमण मॉडल की अपेक्षा बाद की अवस्थाओं की तुलना में प्रवसन कम सामान्य था। अधिकांशतः रोजाना खेतों पर आना-जाना और कभी-कभी बाजारों के लिए या त्योहारों पर यात्राएं होती थीं।

दूसरी अवस्था, जब जनसंख्या में तीव्रता से वृद्धि हुई क्योंकि मृत्यु-दर में कमी आई, जबकि ऊंची जन्म दर यथावत् बनी रही, यह समय प्रवसन के लिए महत्त्वपूर्ण था। भूमि पर जनसंख्या के दबाव, विकसित यातायात के साधन, खोज, व्यापार के विस्तृत क्षेत्र तथा अन्य क्षेत्रों के बारे में प्राप्त जानकारी ने पिछले समय में एक बड़े स्तर पर जनसंख्या स्थानान्तरण को बढ़ावा दिया। लोग एक देश से दूसरे देश गए (चित्र 4.9a), आबाद क्षेत्रों से नए सीमान्त क्षेत्रों (चित्र 4.9b), ग्रामीण क्षेत्रों से बढ़ते नगरों की ओर गए (चित्र 4.9c) और कस्बों से नगरों को (चित्र 4.9d) प्रवसन किया। यूरोप से प्रवास और 19वीं शताब्दी का अमेरिकन सीमान्त क्षेत्रों की ओर घरेलू प्रवसन, इसके उदाहरण हैं।

जेलिन्सकी की **तृतीय अवस्था** अन्तर्वर्ती है, जो जनसांख्यिकी संक्रमण मॉडल की तीसरी अवस्था से मेल खाती है। जब जन्म दर, मृत्यु दर की ओर गिरने लगती है, अंतरराष्ट्रीय प्रवसन कम हो जाता है और कृषि के द्वार बन्द हो जाते हैं, जैसा संयुक्त राज्य अमेरिका में 1930 तक हुआ। किन्तु उसी समय ग्रामीण क्षेत्रों से नगरों की ओर प्रवसन और नगरों में और नगरों के बीच स्थानान्तरण महत्त्वपूर्ण था। द्वितीयक और तृतीयक व्यवसायों की ओर बढ़ने के कारण नौकरियों पर रोज जाने और विशेष सेवाएं (स्वास्थ्य और शिक्षण) प्राप्त करने के लिए लोगों ने अपना आवागमन बढ़ाया।

चौथी और पांचवीं अवस्थाओं तक जब न्यून जन्म दर और मृत्यु दरों द्वारा नवीन विकसित समाजों में जनसंख्या वृद्धि कम हुई, तब स्थानान्तरण मुख्यत: अन्तरनगरीय और अन्त: नगरीय हुआ। कम विकसित देशों से अधिक विकसित देशों को विशेषकर कुशल और अकुशल श्रमिकों का अंतरराष्ट्रीय स्थानान्तरण हुआ, किन्तु उत्तरोत्तर कठोर आप्रवासीय अधिनियमों ने अंतरराष्ट्रीय सीमाओं को वैधानिक रूप में पार करने वालों की संख्या सीमित कर दी। गांवों से नगर की ओर स्थानान्तरण वस्तुत: समाप्त हो गया, क्योंकि खेतिहर जनसंख्या का प्रतिशत बढ़ गया और इस प्रकार संभावित स्थानांतरित होने वाले व्यक्तियों की संख्या कम हो गई।

जैसी आशा की गई ज्यों ही समाज आधुनिकीकृत हुआ, आवागमन में वृद्धि हुई। निजी मोटर गाड़ियों में वृद्धि ने दैनिक यात्राओं के घेरे को अधिक विस्तृत कर दिया है। जब आवागमन में वृद्धि हुई तो प्रवसन कम आवश्यक हो गया। उदाहरण के लिए, प्रत्येक दिन दोनों ओर से एक घंटे की यात्रा 20,000 वर्ग किलोमीटर क्षेत्र से अधिक हो गई है, जिसमें नौकरी की जाती है। इससे नौकरी को करने की सुविधा बढ़ गई है और स्थानान्तरण की आवश्यकता कम हो गई। संक्षेप में, यह कहा जा सकता है कि जैसे-जैसे आर्थिक-अन्योन्याश्रिता बढ़ती जाती है और जीवन स्तर में वृद्धि होती है, अपने स्थान और देश से अधिक से अधिक लोग बाहर की ओर उत्प्रवास करते हैं।

References

Bennett, D.G., 1984, *World Population Problems,* Campaign III, Park Press.

Bennett, D.G. and Fade, Ole, 1979, *Geographic Perspectives on Migration Behaviour: A Bibliographical Survey,* University of North Carolina.

References

Bennett, D.G., 1984, *World Population Problems,* Campaign III, Park Press.

Bennett, D.G. and Fade, Ole, 1979, *Geographic Perspectives on Migration Behaviour: A Bibliographical Survey,* University of North Carolina.

Brown, A.A. and Neuberger, E., 1977, *Internal Migration: A Comparative Perspective,* London, Academic Press.

Chandna, R.C., 1990 *A Geography of Population,* New Delhi, Kalyani Press.

Clark, W.A.V., 1975, *Migration and Development,* The Hague, Mouton.

—, 1975, *Migration and Urbanization,* The Hague, Mouton.

Du Paquier, J.A. et al., eds., 1983, *Malthus: Past and Present,* New York, Academic Press.

Fellmann, J., et al., 1985, *Human Geography,* Dubuque, W.C. Brown.

Grigg, D.B., 1980, 'Migration and Overpopulation' in *Geographical Impact of Migration,* ed. by Paul White and Robert Woods, London, Longman.

Husain, M., 2011, *Geography of India,* New Delhi, Tata McGraw Hills.

Jackson, J.D., ed., 1969, *Migration,* Cambridge Univ. Press.

Johnston, R.J. et al., 1990, *The Dictionary of Human Geography,* Oxford.

Jones, H.R., 1980, *A Population Geography,* New York, Harper & Row.

Kosinski, L.A. et al., 1975, *People on the Move,* London, Methuen.

Lee, E., 1966, 'Theory of Migration', *Demography* 3 (Number 1), pp. 47-57.

Lewis, G.J., 1982, Human Migration, London.

Merrick, T.W. et al., 1986, 'World Population in Transition', *Population Bulletin* 41, No. 2, Washington D.C., Population Reference Bureau.

McNeill, W.H. and Adans, R.J., 1978, *Human Migration Patterns and Policies,* Ind. and London, Indiana University Press.

Newland, K., 1979, 'International Migration: The Search for Work', *World Watch,* Paper 33, November.

Ravenstein, E.G., 1989, 'The Laws of Migration', *Journal of Royal Statistical Society,* 52, pp. 241-305.

Rubenstein, J.M. et al., 1990, *The Cultural Landscape,* New Delhi, Prentice Hall.

Trewartha, G., 1969, *A Geography of Population: World Patterns,* New York, Wiley & Sons.

Zelinsky, W., 1966, *A Prologue to Population Geography,* Englewood Cliffs, N.J., Prentice Hall.

5

संस्कृति, भाषा, धर्म और प्रथाओं की विविधता

The Mosaic of Culture, Language, Religion and Customs

पृथ्वी के धरातल पर विभिन्न प्रकार के सामाजिक और सांस्कृतिक समूह पाए जाते हैं। इन सांस्कृतिक समूहों की अपनी विशिष्ट विशेषता है। यद्यपि मानव जनसंख्या की पहचान अनेक रूपों में की जाती है, किन्तु भाषा, धर्म और प्रथाओं को सांस्कृतिक भूदृश्य की भिन्नता को समझने के लिए अत्यधिक महत्वपूर्ण समझा जाता है। संस्कृति के प्रमुख प्रतीक भाषा, धर्म और प्रथाओं का संक्षिप्त विश्लेषण इस अध्याय में किया गया है।

भाषा (Language)

भाषा समाजीकरण की एक महान् शक्ति है। सांस्कृतिक संचयन और ऐतिहासिक हस्तान्तरण के लिए कथाएं, मानकीकृत विचार, गीत, वंशावलियां आदि भाषा के कुछ प्रमुख स्वरूप हैं, जिन्हें संस्कृति को संरक्षित रखने वाले दस्तावेज के रूप में जाना जाता है। अतः मानव भूगोल में सम्प्रेषण एक आवश्यक तत्व है जो समूह के सदस्यों को अन्तर्क्रिया के तंत्र के माध्यम से जोड़े रखता है। भाषा का स्वरूप चाहे वह लिखित हो अथवा मौखिक, संचार (सम्प्रेषण) का एक सामान्य प्रकार है। संस्कृति का एक पीढ़ी से अगली पीढ़ी तक हस्तान्तरण में भाषा एक महत्वपूर्ण 'सांस्कृतिक तत्व' है। (साअर, 1944) भाषा, विचारों के प्रसारण तथा राजनीतिक, आर्थिक, सामाजिक, धार्मिक तंत्र के क्रियान्वयन को बढ़ावा देती है।

यद्यपि भाषा का अध्ययन भाषाविदों द्वारा किया जाता है, किन्तु प्रादेशिक और पारिस्थितिकीय पक्ष का अध्ययन मुख्यतः भूगोलवेत्ताओं द्वारा किया जाता है। भौगोलिक प्रश्नों में सम्मिलित किए जाने वाले प्रश्न ऐसे होते हैं, जैसे किस-किस क्षेत्र में कौन सी भाषा बोली जाती है? भाषा का अमुक स्थानिक वितरण किस प्रकार विकसित हुआ? मानव भूगोल के अन्य पक्षों से भाषायी भिन्नताएं किस प्रकार सम्बन्धित हैं, जैसे मानव बस्तियों के प्रतिमान और राष्ट्रीय सीमाएं? तथा कैसे भौतिक पर्यावरण के साथ मानव अन्तर्क्रिया भाषा द्वारा प्रतिबिम्बित की जाती है?

भाषाओं का क्षेत्रीय वितरण अत्यन्त जटिल है तथा किसी बड़े मापक वाले एक मानचित्र पर इन भाषाओं को प्रदर्शित करना दुष्कर कार्य है। भाषाओं का विश्लेषण कर पाना और भी कठिन है। भाषा मानचित्र की व्याख्या करने में जो सबसे बड़ी कठिनाई

सामने आती है, वह है भाषा की परिभाषा। भाषाविद्, भाषा की किसी एक परिभाषा पर सहमत नहीं हैं, जिसे भाषायी प्रदेश के सीमांकन का आधार बनाया जा सके। दूसरी समस्या भाषा मानचित्र के क्षेत्रीय विश्लेषण में सामने आती है, वह है अनेक भाषाओं का होना तथा उनमें निरन्तर और बढ़ता हुआ परिवर्तन। भाषाविदों के एक अनुमान के अनुसार, 3000 से 8000 के बीच भाषाओं में भिन्नताएं पाई जाती हैं। इसके अतिरिक्त अनेक भाषाओं के बारे में आंकड़े भी उपलब्ध नहीं हैं। तीसरी समस्या है सीमान्त क्षेत्रों में भाषाओं का एक-दूसरे पर व्यापन (Overlapping) पाया जाना है।

अतएव, भाषा परम्परागत ढंग से बोली जाने वाली अथवा लिखी जाने वाली प्रतीकों की एक प्रणाली है जिसके द्वारा मनुष्य सामाजिक समूह के एक सदस्य के रूप में अपनी संस्कृति में भाग लेता है और सम्प्रेषण करता है। भाषा को इस प्रकार भी परिभाषित किया जा सकता है कि यह बोले जाने वाले शब्द की एक संगठित प्रणाली है, जिसके द्वारा लोग एक-दूसरे के साथ आपस में समझदारी के साथ सम्प्रेषण करते हैं। इस प्रकार से परिभाषित भाषा मानव जाति की एक विशिष्ट सम्पत्ति है। अन्य प्राणी ध्वनि और शारीरिक संचालन द्वारा अन्तर्क्रिया करते हैं और अनेक पशुओं ने भी मानव की बोली को कुछ अंशों में समझना सीख लिया है, किन्तु कोई अन्य जाति अपने चिल्लाने और उद्गारों को इतना रूढ़िगत ढंग से प्रस्तुत नहीं कर सकी है, जिससे कि वह व्यवस्थित सांकेतिकता बन सके, जैसा की भाषा में पाई जाती है। इस शब्दावली के अनुसार मनुष्य को 'बातचीत करने वाला एक प्राणी' कहा जा सकता है।

बोली (Dialect)

बोली (Dialect) भाषा का ही एक प्रभेद है, जिसका उपयोग लोगों के एक समूह द्वारा किया जाता है और शब्द संग्रह, व्याकरण अथवा उच्चारण के लक्षण इसे उसी भाषा के अन्य प्रकारों, जिसे अन्य समूह उपयोग करते हैं, से अलग भेद प्रदर्शित करते हैं। अत: बोली को इस प्रकार से परिभाषित किया जा सकता है, ''बोली किसी प्रदेश अथवा समूह के लिए विशिष्ट होती है किन्तु फिर भी उसी भाषा के अन्य स्वरूप को बोलने वालों के द्वारा यह समझी जा सकती है।'' दो प्रमुख प्रकार की बोलियां हैं, 'भौगोलिक बोली' (Geographic Dialect) जो उसी क्षेत्र अथवा स्थान के लोगों द्वारा बोली जाती है तथा 'सामाजिक बोली' (Social Dialect) वह बोली होती है जो एक ही सामाजिक वर्ग, शैक्षणिक स्तर और व्यवसायी समूह के लोगों द्वारा बोली जाती है।

सामान्यत:, विषमतायुक्त समाजों में सर्वाधिक भाषायी भिन्नताएं पाई जाती हैं, जहां अधिकांश लोगों का संचार का विस्तार स्थानीय क्षेत्र तक सीमित रहता है। प्राय: ये लोग द्विभाषी अथवा बहुभाषी होते हैं, क्योंकि निकट के पड़ोसी क्षेत्रों की भाषा की जानकारी होना व्यापार, सामाजिक-आर्थिक और सांस्कृतिक अन्तर्क्रिया के लिए आवश्यक है। उदाहरण के लिए, नाइजीरिया में 250 भाषाएं बोली जाती हैं। पपुआ न्यूगिनी में लगभग 800 भाषाएं हैं और भारत के छोटे से राज्य नागालैण्ड में 19 प्रमुख भाषाएं हैं।

इसके विपरीत, कुछ राष्ट्र ऐसे हैं जिनमें भाषायी एकरूपता पाई जाती है। उदाहरण के लिए जापान में एक ही भाषा है। उसके अधिकांश नागरिकों द्वारा यही भाषा बोली जाती है। जापान एक अपवाद है। समस्त विश्व में भाषाओं की भिन्नता एक सामान्य प्रतिमान है।

एक ही देश में भाषायी भिन्नता अंशतः भौगोलिक आकार और भू-जलवायिक भिन्नता का परिणाम होता है। उदाहरण के लिए भारत एक विशाल देश है। इस देश में 17 अधिकारिक भाषाएं हैं जिनमें कोई भी भाषा 30 प्रतिशत लोगों से अधिक नहीं बोली जाती है। इसी प्रकार बड़े देशों जैसे ब्राजील, रूस, मध्य एशिया, गणतंत्र और चीन में भी अनेक भाषाएं बोली जाती हैं। इसके विपरीत, छोटे देशों में भाषायी एकरूपता पाई जाती है। पश्चिमी यूरोप के राष्ट्रों, जब उनका एक इकाई के रूप में विचार किया जाता है, भाषायी दृष्टि से समरूप हैं जिसमें प्रत्येक छोटे क्षेत्र में एक भाषा प्रचलित है (बेल्जियम और स्विट्ज़रलैण्ड इस सामान्यीकरण के अपवाद हैं। किन्तु यदि पश्चिमी यूरोप जो भारत के आकार के लगभग बराबर है, पर यदि एक पृथक इकाई के रूप में विचार किया जाए तो यहां उतनी ही भाषाएं हैं जितनी भारत में पाई जाती हैं।

प्रमुख भाषाओं का क्षेत्रीय वितरण (Spatial Distribution of Major Languages)

विश्व की भाषाओं का क्षेत्रीय वितरण अत्यन्त जटिल है। विश्व की 95 प्रतिशत से अधिक जनसंख्या सौ सामान्य भाषाओं में से कम से कम एक भाषा बोलती है। वास्तव में, विश्व की 50 प्रतिशत जनसंख्या 10 प्रमुख भाषाओं में से कम से कम एक भाषा बोलती है।

इन प्रमुख भाषाओं का वितरण विश्व के अधिकांश भाग पर पाया जाता है (चित्र 5.1)। भाषाओं के वितरण की दो प्रमुख विशेषताएं हैं—

1. प्रदेश का क्षेत्रीय आकार, उनकी जनसंख्या आकार की तुलना में अनुकूलतम आनुपातिक नहीं है। उदाहरण के लिए, चीनी भाषा किसी भी भाषा से अधिक लोगों द्वारा बोली जाने वाली प्रथम भाषा है, किन्तु जिस क्षेत्र में चीनी अधिक प्रभावी है, वह क्षेत्र अंग्रेजी भाषा बोले जाने वाले सम्मिलित क्षेत्र से कहीं छोटा क्षेत्र है। इसी प्रकार रूसी भाषा बोलने वालों की संख्या चीनी, अंग्रेजी, स्पेनी, हिन्दी अथवा उर्दू भाषा बोलने वालों से कहीं छोटी है,
2. दूसरा निष्कर्ष यह है कि भाषायी प्रदेशों का राष्ट्रीय सीमाओं से मेल खाना आवश्यक नहीं है। कुछ भाषाएं एक से अधिक देशों में बोली जाती हैं। उदाहरण के लिए अंग्रेजी, स्पेनी और अरबी प्रमुख भाषाएं हैं जो अनेक देशों में बोली जाती हैं तथा जर्मन भाषा भी कुछ देशों में मुख्य रूप से बोली जाने वाली भाषा है। अधिकांश बंगाली और पुर्तगाली भाषाँ बोलने वाले लोगों का दो देशों में विस्तार है। चित्र 5.1 द्वारा प्रदर्शित मानचित्र में चीनी, रूसी और हिन्दी ऐसी प्रमुख भाषाएं हैं जो केवल एक देश क्रमशः चीन, रूस और भारत में बोली जाती हैं। इन तीनों देशों में यद्यपि अन्य भाषाएं भी बड़ी संख्या में लोगों द्वारा बोली जाती हैं। विश्व की दस प्रमुख भाषाओं में से केवल जापानी ही ऐसी भाषा है जो केवल एक ही देश में बोली जाती है।

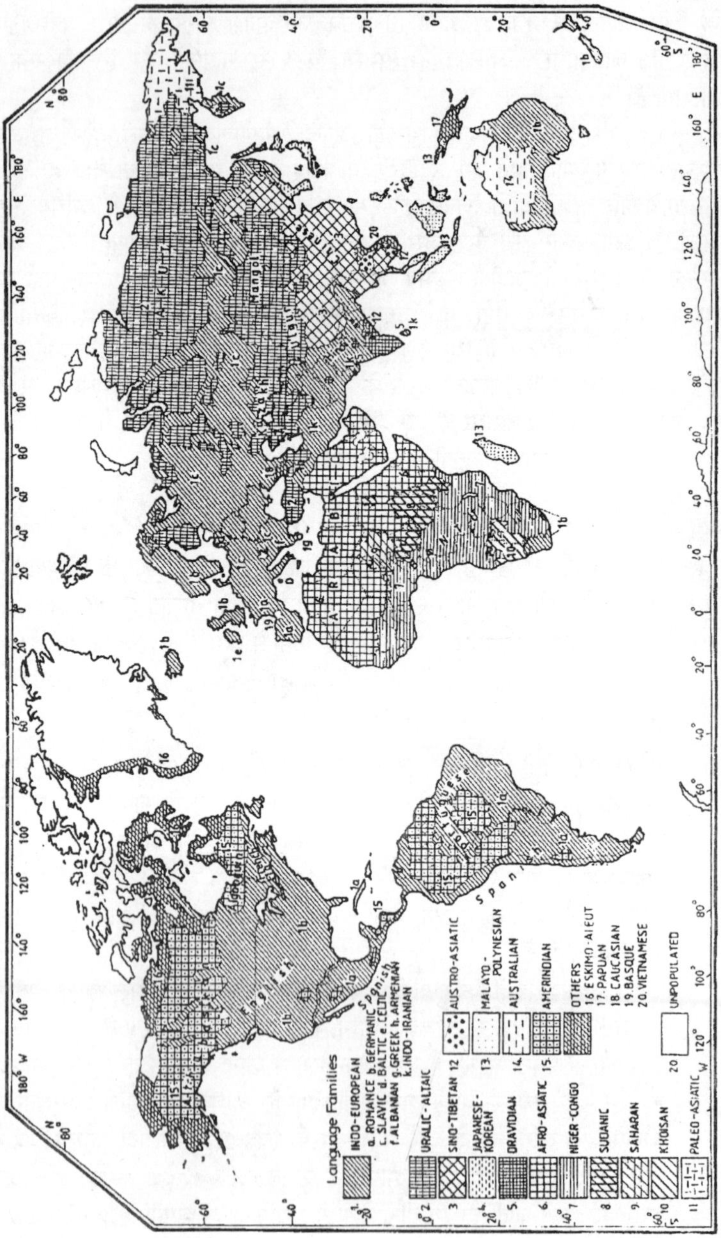

चित्र 5.1 विश्व भाषा परिवार

विश्व की दस प्रमुख भाषाओं को निम्न सारिणी में दिखाया गया है—

सारिणी 5.1 *विश्व की प्रमुख भाषाएं*

श्रेणी	*भाषा*	*जनसंख्या करोड़ में*
1	चीनी	125.6
2	अंग्रेजी	36
3	स्पेनी	26.5
4	हिन्दी	23
5	अरबी	16.5
6	रूसी	14.7
7	बंगाली	16.5
8	पुर्तगाली	15
9	जापानी	12
10	जर्मन	10

स्रोत— मानव भूगोल, पृ. 128 पर फेलमेन द्वारा उद्‌धृत (1990)

मानचित्र पर भाषाओं का वितरण भूगोलविद्‌ों द्वारा दिखाया जाता है। इस प्रकार के मानचित्र भाषाओं का केवल सामान्यीकृत चित्र ही प्रादेशिक वितरण के रूप में प्रस्तुत करते हैं और केवल मुख्य भाषाओं को ही इसके द्वारा दिखाया जा सकता है। इस प्रकार के मानचित्र छोटी भाषाओं और बोलियों/उपभाषाओं का वितरण नहीं दिखाते हैं। इसके अतिरिक्त, भाषा मानचित्र, भाषाओं के गुणात्मक पक्ष को नहीं दर्शाता है। उदाहरण के लिए इस प्रकार के मानचित्र उन लोगों को प्रदर्शित नहीं कर पाते हैं जो अपनी प्रथाग अथवा देशीय भाषा को धारा प्रवाह बोलते हैं। उदाहरण के लिए, विश्व के अनेक देशों में अंग्रेजी भाषायी क्षेत्रों से बाहर अंग्रेजी दूसरी प्रमुख भाषा है। भारत में अंग्रेजी बोलने वालों की कुल संख्या ऑस्ट्रेलिया में अंग्रेजी बोलने वालों की कुल संख्या से अधिक पाई जाती है तथा नाइजीरिया में अंग्रेजी बोलने वालों की कुल संख्या न्यूजीलैण्ड में अंग्रेजी बोलने वाले लोगों के बराबर है। दूसरे, समस्त विश्व के अधिकांश मानचित्र छोटी भाषाओं को स्पष्ट रूप से प्रदर्शित नहीं कर पाते हैं। उदाहरण के लिए थाइलैण्ड, मलेशिया, इण्डोनेशिया, वियतनाम, सिंगापुर और संयुक्त राज्य अमेरिका में अनेक समुदायों की प्रमुख भाषा चीनी है। यदि अधिक विस्तृत विवरण आवश्यक हो तो बड़े मापक पर मानचित्र बनाना होगा, जो कि प्रादेशिक तुलना के उद्देश्य के लिए व्यवहार में लाने में कठिनाई उपस्थित करेगा।

सारिणी 5.2 को देखने से यह स्पष्ट हो जाता है कि विश्व में 29 मुख्य भाषाएं हैं, और प्रत्येक भाषा के बोलने वाले लोगों की संख्या 4 करोड़ से अधिक है। इनमें से 12 भाषाएं (चीनी, अंग्रेजी, हिन्दी, रूसी, स्पेनी, अरबी, बंगाली, पुर्तगाली, मलय-इण्डोनेशिया,

सारणी 5.2 *चार करोड़ से अधिक लोगों द्वारा बोली जाने वाली भाषाएं*

भाषा	*बोलने वालों की संख्या करोड़ों में*	*भाषा*	*बोलने वालों की संख्या करोड़ों में*
मन्डारिन (चीन)	80.2	तेलुगू (भारत)	6.4
अंग्रेजी	42.5	तमिल (भारत, श्रीलंका)	6.3
हिन्दी (भारत)	31.5	मराठी (भारत)	6.1
स्पेनी	31.0	केन्टोनी (चीन)	6.0
अरबी	18.5	इटेलियन	5.9
रूसी	14.7	वू (Wu) (चीन)	5.9
बंगाली (बांग्लादेश-भारत)	17.5	जापानी	5.2
पुर्तगाली	16.3	वियतनामी	5.2
मलय (इण्डोनेशिया)	13.1	तुर्की	5.1
जापानी	12.3	मिन (चीन)	4.6
जर्मन	11.7	थाई	4.5
फ्रेंच	11.4	उक्रेनी	4.5
उर्दू *(पाकिस्तान-भारत)	8.6	पोलिश	4.1
पंजाबी (भारत-पाकिस्तान)	7.4	स्वाहाली (पूर्वी अफ्रीका)	4.0
कोरियाई	6.6		

* हिन्दी और उर्दू मूलत: एक ही भाषा है: हिन्दुस्तानी, देवनागरी लिपि में लिखी जाने वाली भाषा हिन्दी कहलाती है, जो भारत की आधिकारिक भाषा है, अरबी लिपि में लिखी जाने वाली भाषा उर्दू है जो पाकिस्तान की आधिकारिक भाषा है।

जापानी, जर्मन और फ्रेंच) ऐसी हैं जिनके बोलने वालों की संख्या दस करोड़ के ऊपर है। उर्दू और पंजाबी भाषाएं भी दस करोड़ के अंक के निकट हैं। ऐसी आशा है कि बीसवीं शताब्दी के अन्त तक कोरियाई, तेलुगू और तमिल भाषाएं भी दस करोड़ के अंक को पार कर लेंगी।

भाषायी वर्गीकरण (Linguistic Classification)

जैसा आरम्भ में ही कहा जा चुका है कि विश्व में अनेक भाषाएं हैं। वास्तव में, इनके सही आंकड़े उपलब्ध नहीं हैं, क्योंकि आज भी अफ्रीका, लेटिन अमेरिका, न्यूगिनी और अन्य स्थानों पर भाषाविद् काफी लोगों द्वारा बोली जाने वाली बोली की पहचान और वर्गीकरण करने की प्रक्रिया में लगे हुए हैं। यहां तक कि ये भाषाएं अच्छी प्रकार से जानी जाती हैं, फिर भी भाषाओं को सुगमता से हमेशा अलग अस्तित्व के रूप में पहचाना नहीं जा सकता है।

सामान्य रूप में जिसे अरबी भाषा कहा जाता है, यह अनेक सम्बन्धित किन्तु अलग बोलियों का सम्मिलित रूप है। यही कारण है कि मोरक्को में बाली जाने वाली अरबी भाषा ओमान और सूडान में बोली जाने वाली अरबी भाषा से भिन्न है। इसी प्रकार, चीनी भाषा भी कई भाषाओं का एक समूह है जिसमें मन्डारिन, केन्टोनीज, मिन, हक्का (Hakka) और अन्य बोलियां सम्मिलित हैं जो एक-दूसरे से अलग हैं किन्तु जो एक-दूसरे से तुलनात्मक दृष्टि से सम्बन्धित हैं जैसे स्पेनी, इटेलियन, फ्रेंच और रूमानियन यूरोपीय भाषाएं हैं। चीनी भाषाओं में केवल एक समानता है कि वे एक ही प्रकार से लिखी जाती हैं। यही कारण है कि संख्या की अधिकता और लघु आधार पर भिन्नताएं होने के कारण भाषाओं का वर्गीकरण किया जाना कठिन कार्य है।

भाषाओं की भिन्नताओं को सरलीकृत किया गया है, भाषा परिवार, भाषाओं का एक समूह होता है जो एक ही प्राचीन बोली की वशंज हों। विभिन्न अनुमानों के अनुसार कम से कम 30 से 100 इस प्रकार की भाषाओं के परिवार विश्वभर में पाए जाते हैं। भाषा परिवार को पुन: निकट सम्बन्धित बोलियों, उप परिवारों शाखाओं और समूहों में विभाजित किया जाता है। लगभग 2000 वर्ष पूर्व समस्त रोमन साम्राज्य में बोली जाने वाली भाषा लेटिन थी। रोमन साम्राज्य के ईसा की पांचवीं शताब्दी में पतन के पश्चात् यूरोप की एकता भी नष्ट हो गई और रोमन लोगों के प्रादेशिक प्रभेद एकान्त में विकसित होने लगे। अगली कुछ शताब्दियों में जैसा सभी भाषाओं के साथ होता है, बदलती और विकसित होती हुई लेटिन से निकली आधुनिक यूरोप तथा विश्व की एकाकी, रोमान्स, भाषाओं, अर्थात् स्पेनी, फ्रेंच, पुर्तगाली और रूमानियन का उद्भव हुआ और उनके द्वारा स्थापित उपनिवेशों की भाषा भी उसी रोमान्स समूह (Romance Group) की ही भाषाएं हैं। केटालिन, सर्डिनियन, मोलडरिन आदि भी रोमान्स भाषा समूह का ही हिस्सा हैं।

भाषाविद्, भाषाओं के बीच पारिवारिक सम्बन्ध स्थापित कर सकने में समर्थ हैं। ये सम्बन्ध शब्दावली और व्याकरण में समानताओं के आधार पर स्थापित किए गए हैं। विभिन्न भाषाओं के शब्दों में परिवर्तन के समय नियमितताओं में सम्बन्ध स्थापित करते हुए, भाषाविद्, पूर्व के शब्दों को पुनर्निर्मित कर सकने में समर्थ हैं और अन्त में किसी भी शब्द के परिवर्तित और अपसरण होने से पूर्व मूल स्वरूप का निर्धारण करते हैं। इस प्रकार पुनर्निर्मित भाषा का पूर्वरूप 'आदि भाषा' (Proto Language) का सदस्य कहा जा सकता है। रोमन भाषाओं की स्थिति में, सुप्रसिद्ध पूर्वज भाषा लेटिन थी जिसके पुनर्निर्माण की इस प्रकार की कोई आवश्यकता नहीं है। अन्य भाषा परिवारों में शब्द सम्बन्ध उनकी आदि भाषा के मूल से कम विश्वासपूर्वक खोजा गया। उदाहरण के लिए जर्मनिक (Germanic) भाषाएं जिनमें अंग्रेजी, जर्मन, डच और स्केन्डीनेवियन भाषाओं से सम्बन्धित हैं। ये भाषाएं कम सुप्रसिद्ध आदि जर्मन (Proto German) भाषा की सम्बन्धित वशंज हैं जो दक्षिणी स्केडीनेविया और उत्तरसागर तथा बाल्टिक तटों के सहारे नीदरलैण्ड से पश्चिमी पोलैण्ड तक बसे लोगों द्वारा बोली जाती थीं। उद्भव और ऐतिहासिक सम्बन्ध के आधार पर किए गए वर्गीकरण को उत्पत्तिमूलक वर्गीकरण (Genetic Classification) कहा जाता है।

जैसा ऊपर कहा जा चुका है कि यदि भाषाएं एक ही पूर्व भाषा की वंशज हों तो उन्हें आदि भाषा (Proto Language) कहा जाता है। उत्पत्ति के आधार पर भाषाओं का वर्गीकरण किया जा सकता है और इस प्रकार का वर्गीकरण उत्पत्तिमूलक वर्गीकरण कहा जाता है। उत्पत्तिमूलक वर्गीकरण भाषा परिवार से संबंधित शब्दों की अधिकता के आधार पर किया जाता है। इण्डो-यूरोपीय भाषायी परिवार का वर्गीकरण चित्र 5.2 में दिखाया गया है।

इण्डो-यूरोपीय भाषायी परिवार, प्राचीन और नवीन विश्व में व्यापक रूप से पाया जाता है। इस परिवार में भारतीय, फारसी, आर्मीनियन, जर्मनिक, इटेलिक, हेलेनिक, अलबानी बाल्टो-स्लेविक और केल्टिक भाषाएं सम्मिलित हैं। इन भाषाओं की प्रत्येक की उप भाषाएं भी चित्र 5.2 में दिखाई गई हैं।

चित्र 5.2 से यह स्पष्ट है कि इण्डो-यूरोपीय भाषाओं का जर्मनिक उप परिवार का अत्यधिक महत्वपूर्ण स्थान है और इसमें प्रमुख भाषाएं जैसे जर्मन, अंग्रेजी, डेनिश, नार्वेजियन और डच सम्मिलित हैं। इसके पश्चात् लेटिन भाषा परिवार का स्थान आता है जिसमें फ्रेंच, इटेलियन, स्पेनी, पुर्तगाली, केटलान और रूमानियन भाषाएं सम्मिलित हैं। यूरोप में बाल्टो-स्लेविक भाषाओं के अन्तर्गत स्लेविक, बल्गेरियन, चैक, पोलिश, रूसी और सर्बोक्रोटियन भाषाएं महत्वपूर्ण हैं। भारतीय उप परिवार में संस्कृत, बंगाली, उर्दू, हिन्दुस्तानी, पंजाबी और अन्य आधुनिक भाषाएं सम्मिलित हैं।

भाषाओं का प्रसार और प्रतिमान (Diffusion and Pattern of Languages)

प्रमुख भाषा परिवारों (चित्र 5.2) का वर्तमान प्रतिमान न केवल हमारे भाषायी पूर्वजों के प्रवसन और विजयों को ही प्रदर्शित करता है, वरन् हाल की शताब्दियों में मानव प्रवासों, उनके द्वारा स्थापित उपनिवेशों की स्थापना के निरन्तर सक्रिय प्रतिमान को भी प्रदर्शित करता है। उदाहरण के लिए, इण्डो-यूरोपीय भाषाएं उनके यूरेशियन ग्रह क्षेत्र से दूर पश्चिमी यूरोपियन उपनिवेशकों द्वारा अमेरिका, अफ्रीका, एशिया और ऑस्ट्रेलिया में 16वीं शताब्दी और उसके पश्चात् प्रसारण किया गया। भाषायी आरोपण और अंगीकरण की प्रक्रिया में उपनिवेशिक क्षेत्रों में अनेक देशीय भाषाएं और भाषायी समूह में बदलाव आ गया अथवा पूर्ण रूप से समाप्त हो गए। उदाहरण के लिए पश्चिमी गोलार्द्ध की अधिकांश 1000 से 2000 अमेरिकी इण्डियन्स की बोलियां, यूरोपीय विजय और बस्तियों के बसने के दौरान समाप्त हो गईं। 16वीं शताब्दी में साइबेरिया के पूर्व में स्लेविक विस्तार के कारण वहां की अधिकांश पुरा एशियाटिक (Paleo-Asatic) भाषाएं समाप्त हो गईं। इसी प्रकार की स्थिति एस्कीमो और एल्यूट भाषायी क्षेत्रों में भी हुई। एशिया और अमेरिका के उत्तरी भागों में जैसा चित्र 5.1 में दिखाया गया है, जहां विस्तृत सुनिश्चित भाषायी क्षेत्र हैं, जिनकी देशीय जनसंख्या बहुत कम है, अपनी भाषा को खोते जा रहे हैं क्योंकि वे अधिसंख्य लोगों की संस्कृति को दबाव में अपनाते जा रहे हैं। दक्षिणी गोलार्द्ध में भी कई सौ मूल ऑस्टेलियाई भाषाएं भी मानचित्र पर बड़ी क्षेत्रीय मांग में धुंधली दिखाई देती हैं, किन्तु उनके बोलने वालों की संख्या अकेले ऑस्ट्रेलियाई मूल

चित्र 5.2 *इण्डो-यूरोपीय भाषायी परिवार वृक्ष*

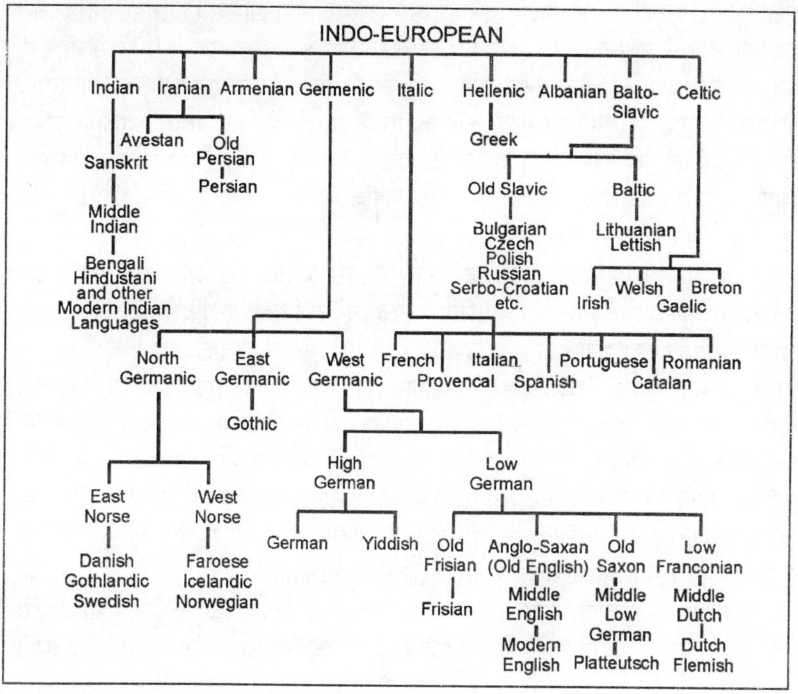

निवासियों की संख्या 50,000 है। संख्यात्मक और प्रभाव की दृष्टि से ऑस्ट्रेलिया महाद्वीप में अंग्रेजी भाषा प्रमुख है।

गैर-यूरोपियनों द्वारा भाषायी विजय के अनेक उदाहरण हैं। जैसे दक्षिण-पूर्वी एशिया में ऐसे अनेक विस्तृत क्षेत्र थे जहां ऑस्ट्रो-एशियाटिक (Austro-Asiatic) भाषा परिवार प्रमुख था, किन्तु सिनो-तिब्बती [चीनी, थाई, बर्मी (म्यामारिन) और लाओ] भाषा के विस्तार ने ऑस्ट्रो-एशियाटिक भाषा परिवार के प्रभाव को घटा दिया। इसी प्रकार अरबी भाषा, अरब प्रायद्वीप की एक छोटी अफ्रो-एशियाटिक भाषा, उत्तरी अफ्रीका और पश्चिमी एशिया के अधिकांश भाग में फैल गई थी। वर्तमान में अरबी भाषा बीस से अधिक देशों तथा200 करोड़ से अधिक लोगों की आधिकारिक भाषा है।

किसी एक भाषायी समूह के एक स्थान से दसरे स्थान पर प्रवास करने से भाषा का प्रसार होता है। उपनिवेशों की स्थापना से भी भाषा का प्रसार होता है। उदाहरण के लिए अमेरिका, अफ्रीका और ऑस्ट्रेलिया में यूरोपियन लोगों ने अपनी बस्तियां स्थापित की थीं और इन नए क्षेत्रों के लोगों द्वारा उपनिवेशकों की भाषा को अपनाया गया। इसके अतिरिक्त, ज्ञान और प्रभुत्वपूर्ण संस्कृति की भाषा का उपयोग आवश्यकता के रूप में देखा जा सकता है, जब वह भाषा व्यापार, विधि, सभ्यता, और व्यक्तिगत प्रतिष्ठा का

माध्यम समझी जाती हो। इसी आधार पर इण्डो-यूरोपीय भाषाएं यूरोप, भारत, ईरान, मध्य एशिया और आर्मीनिया में फैलीं। इसी प्रकार, अरबी भाषा पश्चिमी एशिया और उत्तरी अफ्रीका में धर्म परिवर्तन और संस्कृति की श्रेष्ठता के कारण व्यापक रूप से फैली। नए क्षेत्रों में जनसंख्या के आप्रवास के कारण भी उनकी भाषा का फैलाव होता है। सामान्यत: जो व्यक्ति महत्वपूर्ण पदों के लिए आकांक्षा रखते हैं, वे ही लोग सबसे पहले नियन्त्रण और प्रतिष्ठा की नई भाषा को अपनाते हैं। इसके पश्चात् स्कूली शिक्षा, दैनिक सम्पर्क, व्यापारिक और सामाजिक अन्त: क्रिया द्वारा समाज के निम्न स्तर के लोग भी धीरे-धीरे भाषा को अंगीकार कर लेते हैं।

एक प्रशासकीय अथवा प्रतिष्ठित भाषा का इस प्रकार का श्रेणीबद्ध प्रसार अनेक समाजों में हुआ है। उदाहरण के लिए भारत में उन्नीसवीं शताब्दी में अंग्रेजों द्वारा प्रशासनिक और न्यायपालिका की स्थापना की गई जिसने उनकी भाषा को अत्यन्त महत्वपूर्ण बना दिया, जिससे वह शिक्षा, प्रशासन, व्यापार का मुख्य माध्यम बन गई। अंग्रेजी भाषा को योग्य, सभ्य और शिक्षित व्यक्ति का चिह्न माना जाने लगा (जैसा कि प्राचीन और मध्यकालीन भारत में संस्कृत और फारसी का ज्ञान माना जाता था)। साम्राज्य स्थापना के साथ ही साथ अंग्रेजी, फ्रेंच, डच और पुर्तगाली तथा अन्य भाषाएं स्थापित की गईं, यहां तक कि इन उपनिवेशिक बस्तियों की स्वतंत्रता प्राप्ति के पश्चात् भी इन भाषाओं ने प्रतिष्ठा की स्थिति को सुरक्षित रखा और बहुभाषायी समाजों में आधिकारिक भाषा का स्तर प्राप्त किया। युगाण्डा और अफ्रीका की अन्य पूर्व ब्रिटिश उपनिवेशिक बस्तियों में कोई भी व्यक्ति अपने शैक्षिक और सामाजिक स्तर को प्रदर्शित करने के लिए अनजान व्यक्ति से अंग्रेजी में ही बातचीत करेगा, यद्यपि मानक स्वाहली भाषा जो यहां के अनेक विभिन्न सांस्कृतिक समूहों की दूसरी भाषा है, वह तभी बोली जाती है जब वास्तविकता में प्रतिष्ठा की अपेक्षा संवाद अधिक महत्वपूर्ण हो।

भाषा के प्रसार में फिर भी अनेक सांस्कृतिक अवरोध हैं। भौतिक अवरोध भाषा के विस्तार को सीमित कर देते हैं। प्रवास करने वाले लोग तथा आक्रमणकारी प्राय: न्यूनतम धरातलायी बाधा के मार्गों का अनुसरण करते हैं और सुगम पहुँच के क्षेत्रों (मैदानों) में व्यापक रूप से फैल जाते हैं। उदाहरण के लिए पामीर और हिन्दुकुश पर्वतों को पार करने के पश्चात् इण्डो-यूरोपीय बोलियां और भाषाएं, गंगा-सिन्धु के मैदानी भागों में तीव्रता से फैल गईं। इसी प्रकार फ्रांस और स्पेन को अलग करने वाला पिरेवीज पर्वत भाषायी अवरोध के रूप में सहायक है। कालासागर और कैस्पियन सागर के मध्य स्थित काकेशस पर्वत उत्तर में स्लाविक भाषा और दक्षिण में यूराल-अल्टाईक भाषा के क्षेत्रों को अलग करता है।

प्रवसन (Migration), पृथक्करण और अलगाव परस्पर अपनी बोधगम्य रहित भाषाओं को जन्म देते हैं, क्योंकि मूल आदि भाषा बोलने वाला समाज अधिक समय तक अकेला नहीं रहता है। एक ही भाषा में शब्दार्थ, उच्चारण, शब्द संग्रह और वाक्य विन्यास-शब्दों को जिस प्रकार से वाक्यांशों और वाक्यों में रखा जाता है, में सामान्यत: और निस्सन्देह तुलनीय परिवर्तन होते हैं।

भाषा में परिवर्तन प्रत्येक पीढ़ी के साथ कुछ अंशों में अपने पूर्वजों की बोली के आदर्श और शब्द संग्रह से हटते हुए क्रमिक और संचयी हो सकते हैं अथवा ये प्रभावशाली और आकस्मिक हो सकते हैं। उदाहरण के लिए, ग्यारहवीं शताब्दी के नॉर्मन विजेताओं से अंग्रेजी भाषा ने लगभग 10,000 शब्द ग्रहण किए। लगभग 70 वर्षों (1558-1625) के एलिजाबेथ और जेम्स प्रथम के शासनकाल में साहित्य और भाषायी निर्माण के कारण, लेटिन, ग्रीक और अन्य भाषाओं से लगभग 12,000 शब्द लिए गए। उर्दू भाषा में हजारों शब्द फारसी, संस्कृत, अरबी, तुर्की, और हिन्दी भाषाओं से लिए गए हैं। दक्षिण भारत की भाषाओं और बंगाली भाषा ने बड़ी संख्या में संस्कृत शब्दों को अपनाया है।

इण्डो-यूरोपीय भाषाओं की वंश परम्परा
(Ancestory of Indo-European Languages)

इण्डो-यूरोपीय भाषाओं की एक समान वंश परम्परा है। इण्डो-यूरोपीय भाषा के बोलने वाले प्रथम लोगों को इण्डो-यूरोपीय कहा जा सकता है। ये कुरगन (Kurgan) लोग थे, जिनका ग्रह-निवास कैस्पियन सागर के उत्तर में वोल्गा नदी के निकट स्टैपी प्रदेश में था। कुरगन लोगों के प्राचीनतम पुरावशेष प्रमाण 4300 ई. पू. के प्राप्त हुए हैं।

सभी इण्डो-यूरोपीय भाषाओं में कुछ समान शब्द पाए जाते हैं अथवा अधिक यथार्थ रूप में कहा जाए तो इनमें अनेक शब्द ऐसे हैं, जिनका उद्‌गम समान मूल शब्दों से जोड़ा जा सकता है। इण्डो-यूरोपीय भाषाओं के पृथक-पृथक विश्लेषण से ज्ञात होता है कि 'शीत' (Winter) और 'हिम' (Snow) के लिए समान आधार शब्द मिलते हैं, किन्तु 'सागर' के लिए कोई शब्द नहीं मिलता। इस कारण इण्डो-यूरोपीय भाषा बोलने वाले लोग संभवतया शीत जलवायु प्रदेश में निवास करते रहे होंगे किन्तु वे सागर के सम्पर्क में नहीं आए होंगे। इण्डो-यूरोपीय भाषाओं में कुछ पशुओं और वृक्षों के लिए समान मूल शब्द पाए जाते हैं जबकि अन्य का उल्लेख नहीं मिलता है। बीच (Beech), ओक (Oak), रीछ (Bear), हिरन (Deer), मधुमक्खी (Bee) और चेड़ (फीजेन्ट) के लिए समान शब्द मिलते हैं, किन्तु हाथी, ऊंट, चावल और बांस जैसे शब्द नहीं मिलते हैं। विभिन्न पशुओं और वृक्षों के प्रमाणों के आधार पर इण्डो-यूरोपीय भाषाओं का मूल निवास ज्ञात करने में सहायता मिलती है।

आदि इण्डो-यूरोपीय (Proto-Indo European) भाषा के मूल बोलने वाले कुरगन्स की अर्थव्यवस्था, जैसा कि पुरावशेषों से ज्ञात हुआ है कि पशुचारण अर्थव्यवस्था थी। अनेक पशुओं को पालतू बनाया गया। जिनमें घोड़े और चौपाए मुख्य पशु थे किन्तु इन लोगों की कृषि बहुत अधिक विकसित नहीं थी (चित्र 5.3)।

कुरगन्स लोगों ने अपनी भाषा के साथ यूरोप और एशिया के अन्य क्षेत्रों की ओर प्रस्थान किया। इण्डो-यूरोपीय योद्धा 3500 और 2500 ई.पू. के बीच यूरोप होकर पश्चिम की ओर तथा पूर्व से साइबेरिया की ओर होकर दक्षिण एशिया की ओर पहुँच कर इन क्षेत्रों के निवासियों को जीत कर संचलन किया। इस जीत में घोड़ा इनका प्रभावी अस्त्र

चित्र 5.3 *आदि भारतीय-यूरोपीय लोग*

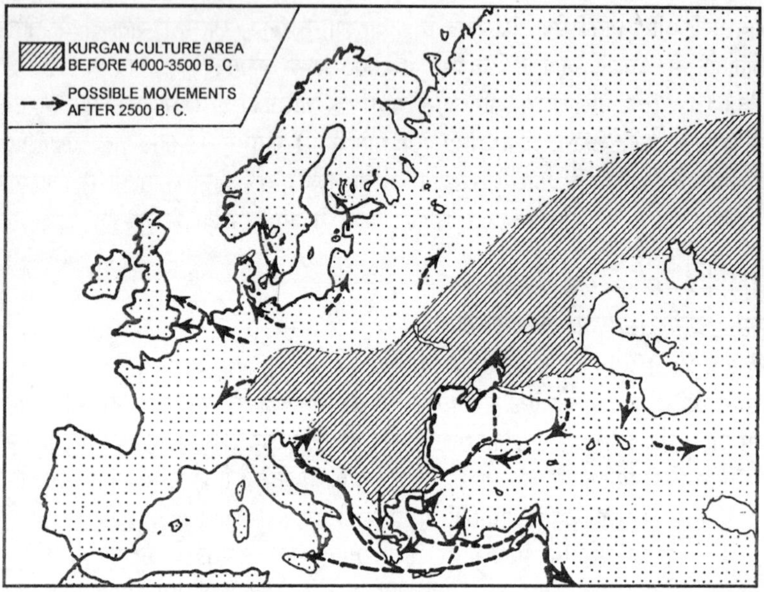

था। कुरगन्स, स्पष्टतया अपने पशुओं के लिए अतिरिक्त घास के मैदानों की खोज में थे। जैसा बाद के काल में हुआ, विजित लोगों को जीवित रहने के लिए अधिकारियों की भाषा स्वीकार करने के लिए बाध्य किया गया, जबकि कुरगन्स यूरोप और एशिया के मध्य के विस्तृत भू-भाग में प्रवेश कर गए, किन्तु यह क्षेत्र (चित्र 5.3) किसी भी तरह एकीकृत प्रकार से शासित नहीं होते थे। इण्डो-यूरोपीय भाषा व्यापक क्षेत्र में प्रसारित हो गई, किन्तु धीरे-धीरे पीढ़ियों के पूरी पृथकता के परिणामस्वरूप बढ़ती भिन्नताओं के साथ भाषाएं अलग होती गईं।

जर्मनिक परिवार (Germanic Family)

अंग्रेजी भाषा सहित, जर्मनिक भाषा इण्डो-यूरोपीय परिवार की ही एक शाखा मानी जाती है। इस भाषा की तीन मुख्य शाखाएं हैं—उत्तर जर्मनिक, पूर्व जर्मनिक तथा पश्चिम जर्मनिक।

उत्तर जर्मनिक शाखा में स्केन्डीनेवियन भाषाएं (डेनिश, स्वीडिश, आइसलेण्डिक और फेरोसे (Faroese) सम्मिलित की जाती हैं। पूर्व जर्मनिक भाषा गोथिक का भी ऐतिहासिक काल में अस्तित्व रहा, किन्तु अब यह भाषा अप्रचलित है, अर्थात यह भाषा, विश्व में अब दैनिक कार्यों में किसी के भी द्वारा बोली नहीं जाती है। मुख्य पूर्वी जर्मनिक भाषा गोथिक थी। यह क्रीमिया (उक्रेन) में बोली जाती थी। यह भाषा बोलने वालों के वंशजों को राजनीतिक प्रभुत्व के कारण अन्य भाषायी लोगों में बदल दिया गया।

इण्डो-यूरोपीय भाषा की पश्चिम जर्मनिक शाखाओं में जर्मन, एंग्लो-सेक्सन, आधुनिक अंग्रेजी पुरातन सेक्सन (Old Saxon) डच और फ्लेनिश भाषाएं सम्मिलित हैं।

पश्चिम जर्मनिक भाषाओं में से अंग्रेजी सर्वाधिक व्यापक क्षेत्र में बोली जाने वाली भाषा है। इसकी उत्पत्ति लगभग 1500 वर्ष पूर्व हुई थी। जिस भूमि को आज इंग्लैण्ड कहा जाता है, उस पर एन्जल्स (Angles), जूट्स (Jutes) और सेक्सन लोगों द्वारा चढ़ाई की गई थी। इंग्लैण्ड नाम, एन्जल्स से प्राप्त किया गया है और अंग्रेजी भाषा इन तीनों जातियों द्वारा बोली जाने वाली भाषाओं का मिला हुआ रूप है। इस प्रकार अंग्रेजी भाषा जर्मनिक भाषा है और इसकी अन्य जर्मनिक भाषाओं से अनेक संरचनात्मक समानताएं है। ब्रिटिश द्वीप समूहों पर एन्जल्स और सेक्सन जातियों के आक्रमण से पूर्व यहां के निवासियों की भाषा सेल्टिक थी, किन्तु बाद में ये लोग स्कॉटलैण्ड और बेल्स के दूरदराज के क्षेत्रों की ओर धकेल दिए गए।

समस्त विश्व में उत्तरी तथा दक्षिण अमेरिका, ऑस्ट्रेलिया, न्यूजीलैण्ड, अफ्रीका और एशिया में उपनिवेशों के स्थापना द्वारा अंग्रेजी का फैलाव हुआ। वर्तमान में आज अंग्रेजी, यूरोपवासियों की मिश्रित भाषा (Lingua Franca) है और अंतरराष्ट्रीय संवाद की महत्वपूर्ण भाषाओं में से एक है।

लेटिन भाषायी परिवार (The Latin Linguistic Family)

लेटिन भाषायी समूह को रोमान्स भाषाओं (Romance Languages) के नाम से भी जाना जाता है। इस समूह की प्रमुख भाषाएं फ्रेंच, इटेलियन, प्रोवेन्कल, स्पेनी, पुर्तगाली, केटेलन और रोमानियन हैं।

रोम नगर की प्रभावशाली उन्नति के समानान्तर लेटिन भाषा का भी विस्तार हुआ। जैसे ही रोमन सेनाओं ने यूरोप के अधिकांश भाग और एशिया माइनर पर अधिकार किया, वे अपने साथ लेटिन भाषा भी साथ ले गए जिसके परिणामस्वरूप स्थानीय लोगों द्वारा बोली जाने वाली भाषाएं समाप्त हो गईं अथवा विजेताओं के पक्ष में उन्हें दबा दिया गया।

पांच महत्वपूर्ण समकालीन रोमान्स (लेटिन) भाषाओं में स्पेनी, पुर्तगाली, फ्रेंच, इटेलियन और रोमानियन हैं। यूरोप के एक धरातलीय मानचित्र का विश्लेषण अलग रोमान्स भाषाओं के विकास के लिए पर्याप्त प्रमाण प्रस्तुत कर सकता है क्योंकि स्पेनी, पुर्तगाली फ्रेंच और इटेलियन भाषा प्रदेश पर्वतों द्वारा एक-दूसरे से अलग किए हुए हैं। वास्तव में, पर्वत के विपरीत दिशाओं में निवास करने वाले लोगों के बीच पर्वत संवाद के लिए सुदृढ़ अवरोध उत्पन्न करते हैं।

अंग्रेजी के समान लेटिन भाषाओं, विशेष कर स्पेनी और पुर्तगाली भाषाओं ने उनके बोलने वालों की उपनिवेशिक क्रियाओं द्वारा विश्वव्यापी महत्ता प्राप्त की है। इन दोनों भाषाओं के 80 प्रतिशत से अधिक बोलने वाले लोग यूरोप से बाहर वास करते हैं मुख्यत: मध्य और दक्षिण अमेरिका में। फ्रेंच भाषा, फ्रांस की आधिकारिक भाषा है और इसे स्विट्जरलैण्ड, कनाडा और कई अफ्रीकी राष्ट्रों द्वारा आधिकारिक भाषा के रूप में

स्वीकार किया गया है। इटेलियन भाषा का मुख्य केन्द्रीयकरण इटली, सिसली, स्विट्जरलैण्ड और भूमध्य सागर के कुछ द्वीपों में पाया जाता है, जबकि रूमानियन भाषा रूमानिया की आधिकारिक भाषा है।

बाल्टो-स्लेविक भाषाएं (Balto-Slavic Languages)

इण्डो-यूरोपीय भाषा की एक अन्य शाखा जिसके बोलने वालों की संख्या बहुत बड़ी है, बाल्टो-स्लेविक भाषा है। स्लेविक भाषाओं को पूर्व, पश्चिम और दक्षिण शाखाओं में विभाजित किया जाता है। बहुत बाद में सातवीं शताब्दी ईस्वी में स्लेविक भाषाएं विशेषकर समरूप थीं, किन्तु जैसे ही स्लेविक जातियां विभाजित हुईं, भाषाओं में भी अन्तर विकसित हो गए।

सर्वाधिक लोगों द्वारा बोली जाने वाली स्लेविक भाषा पूर्व की शाखा है, अर्थात् मुख्यत: रूसी भाषा है जो लगभग 24 करोड़ लोगों द्वारा बोली जाती है, इसमें रूस के 80 प्रतिशत रूसी लोग भी सम्मिलित हैं। रूसी भाषा संयुक्त राष्ट्र संघ की पांच आधिकारिक भाषाओं में से एक है। दो अन्य बाल्टो-स्लेविक भाषाएं उक्रेनियन और बैलरोरसियन रूसी भाषाएं हैं।

पश्चिम स्लेविक भाषाओं में पोलिश, चैक, और स्लोवाक भाषाएं सम्मिलित की जाती हैं। दक्षिण स्लेविक भाषाओं में बल्गेरियन, सर्बो-इरोएशन, स्लोवेन और मकदूनियन भाषाएं सम्मिलित हैं। विभिन्न स्लेविक भाषाओं में बहुत कम अन्तर है परन्तु विभिन्न भाषाओं के बोलने वालों के बीच यथेष्ठ मात्रा में आपसी बोधगम्यता पाई जाती है।

इण्डो-इरानियन भाषाएं (Indo-Iranian Languages)

इण्डो-इरानियन परिवार में 100 से अधिक भिन्न भाषाएं सम्मिलित की जाती हैं । ये लगभग 80 करोड़ लोगों द्वारा बोली जाती हैं। इस शाखा को पूर्वी समूह—इण्डिक—जिसमें मुख्यत: बांग्लादेश, भारत और पाकिस्तान में बोली जाने वाली भाषाएं सम्मिलित की जाती हैं, तथा पश्चिमी समूह—इरानियन जो लगभग 5 करोड़ लोगों द्वारा बोली जाती है।

बांग्लादेश, भारत एवं पाकिस्तान के निवासी इण्डिक (Indic) भाषा बोलते हैं। पाकिस्तान में मुख्य भाषा उर्दू है, जबकि भारत में हिन्दी राष्ट्र भाषा है और यह मुख्य रूप से उत्तर भारत में बोली जाती है। बांग्लादेश, पश्चिमी बंगाल और उसके निकटवर्ती क्षेत्रों के निवासी बंगाली भाषा बोलते हैं।

भारत के लगभग 90 करोड़ लोगों की मुख्य सांस्कृतिक भिन्नता भाषा है। भारत में कई सौ भाषाएं हैं तथा 24 भाषाओं को संविधान द्वारा मान्यता प्राप्त है। सामान्यत: इण्डो यूरोपीय भाषाएं उत्तर भारत में बोली जाती हैं जबकि द्रविड़ परिवार की भाषाएं दक्षिण भारत में प्रचलित हैं। सिनो-तिब्बती परिवार की भाषाएं उत्तर-पूर्व में और दक्षिण-पूर्व एशियाई भाषाएं मेघालय, छोटा नागपुर पठार और भारत के मध्य-उच्च पठारी भाग में बोली जाती हैं।

इरानियन/ईरानी भाषाएं (Iranian Languages)

एशिया के पश्चिमी भाग में भी इण्डो-यूरोपीय भाषा बोली जाती है जिसमें ईरान में फारसी, अफगानिस्तान और पाकिस्तान में पश्तो, कुर्दिश (कुर्दों द्वारा बोली जाने वाली भाषा), ईरान, तुर्की और इराक में बोली जाने वाली भाषाएं हैं। ये सभी भाषाएं अरबी अक्षरों से लिखी जाती हैं।

श्रीलंका में बोली जाने वाली भाषा सिंहली भी इण्डो-इरानियन परिवार से है। सिंहली भाषा बोलने वाले श्रीलंका के निवासी बौद्ध धर्म के अनुयायी हैं, जबकि तमिल भाषा बोलने वाले या तो हिन्दू हैं अथवा मुसलमान हैं।

सारिणी 5.3 में इण्डो-इरानियन भाषा की शाखा के 50 लाख से अधिक बोलने वाले लोगों को दिखाया गया है—

सारिणी 5.3 *विश्व की जीवन्त भाषाएं*

भाषा	*बोलने वालों की संख्या करोड़ों में*	*भाषा*	*बोलने वालों की संख्या करोड़ों में*
हिन्दी	21.3	राजस्थानी	2.1
बंगाली	12.7	पश्तो	1.6
उर्दू	5.8	असमी	1.3
पंजाबी	5.7	नेपाली	1.0
मराठी	5.2	सिंहली	1.0
गुजराती	3.0	सिन्धी	0.9
फारसी	2.5	कुर्दिश	0.7
उड़िया	2.4	अन्य	1.3
बिहारी	2.2		

स्रोत— भाषा परिवार-सिगफ्रीड एस. मुलर से संशोधित (The World's Living Languages and Encyclopaedia Britanica)। सभी आंकड़े 1976 के हैं।

सिनो-तिब्बती भाषाएं (Sino-Tibetan Languages)

सिनो-तिब्बती भाषा परिवार में जनवादी चीन और दक्षिण-पूर्व एशिया के अनेक छोटे देशों की भाषाओं को सम्मिलित किया जाता है। चीन की सर्वाधिक महत्वपूर्ण भाषा मन्डारिन है, जिसे चीन की तीन-चौथाई जनसंख्या बोलती है। यह भाषा संयुक्त राष्ट्र संघ की आधिकारिक भाषा भी है। चीन में चार अन्य भाषाएं भी प्रचलित हैं, ये हैं केन्टोनीज, मिन, वू (wu) और हक्का। भारत की तुलना में चीन में कम भाषाओं का होना राष्ट्रीय शक्ति और एकता का परिचायक है।

चीनी भाषा के अतिरिक्त सिनो-तिब्बती भाषा परिवार में एक दूसरी शाखा जिसे तिब्बती-बर्मी भाषा के नाम से जाना जाता है, भी सम्मिलित की जाती है जो दक्षिण-पूर्व

एशिया में बोली जाती है। तिब्बती-बर्मी भाषा की दो मुख्य शाखाएं, थाई और म्यामारिन (बर्मी) हैं। इसके अतिरिक्त जापानी, कोरियाई, आदि अन्य भाषाएं भी हैं जिन पर चीनी भाषा का यथेष्ट प्रभाव पड़ा है।

सेमिटो-हेमेटिक-भाषाएं (Samito-Hametic Languages)

सेमिटो-हेमेटिक-भाषाओं में अरबी और हिब्रू भाषाएं सम्मिलित की जाती हैं तथा उत्तरी अफ्रीका और दक्षिण-पश्चिम एशिया में कम प्रचलित भाषाएं भी इस परिवार में सम्मिलित की जाती है। इस भाषा परिवार का अंतरराष्ट्रीय महत्व इसके बोलने वालों की संख्या से बढ़ कर है, क्योंकि इस भाषा में विश्व के चार प्रमुख धर्मों में से दो की पवित्र पुस्तकें यहूदी-ईसाई बाइबिल और इस्लाम की पवित्र कुरान इन्हीं भाषाओं में लिखी गई हैं।

इस परिवार में प्राय: सर्वाधिक उपयोग में लाई जाने वाली भाषा अरबी (Arabic) है जो दक्षिण-पश्चिम एशिया और उत्तरी अफ्रीका में मोरक्को से अरब प्रायद्वीप तक 20 देशों की आधिकारिक भाषा है।

हिब्रू यहां की मूल देशीय भाषा है जिसके बोलने वालों की संख्या लगभग तीस लाख है जो मुख्यत: इजरायल में रहते हैं। ओल्ड-टेस्टामेंट (Old-Testament) का अधिकांश भाग हिब्रू भाषा में ही लिखा गया था। हिब्रू भाषा ईसा की चौथी शताब्दी में दैनिक बोलचाल की भाषा के रूप में विलुप्त हो गई थी, किन्तु 1948 में इजरायल के निर्माण के पश्चात् इस भाषा को पुनर्जीवित किया गया है।

अफ्रीकी भाषाएं (African Languages)

अफ्रीका में विभिन्न भाषाओं की संख्या की कोई निश्चयात्मक गणना नहीं की गई है, और न ही सही रूप में परिवारों के रूप में भाषाओं का वर्गीकरण, करने पर सहमति पाई जाती है। अफ्रीका में लगभग 1000 विभिन्न भाषाएं हैं तथा इसके अतिरिक्त हजारों नामित बोलियां हैं। हालांकि यह अनुमान लगाया गया है कि समस्त भाषाओं में से केवल 40 के लगभग भाषाओं का उपयोग 10 लाख से अधिक लोग करते हैं।

अफ्रीका के उत्तरी भाग में भाषायी परिदृश्य अपेक्षाकृत स्पष्ट है, जहां अरबी भाषा व्यापक रूप से बोली जाती है, हालांकि इसकी विभिन्न बोलियों के रूप यहां उपयोग में आते हैं। सहारा के दक्षिण में भाषा का प्रतिमान और भी जटिल है और सरलता से वर्गीकृत नहीं किया जा सकता है। सहारा के दक्षिण में प्रमुख भाषा परिवार नीग्रो-कोंगों (Negro-Congo) है जिसकी छह प्रमुख शाखाएं मान्डे (Mande), गुर (Gur), क्वा (Kva), एडमावा (Admava) और बेनू-कान्गो (Benu-congo) हैं।

नीलो-सहारन (Nilo-Saharan) भाषाएं उत्तरी-मध्य अफ्रीका, नाइजर-कांगो क्षेत्र के उत्तर में बोली जाती हैं। खोईसन (Khoisan) भाषा दक्षिण-पश्चिम अफ्रीका में प्रचलित है। अकेले नाइजीरिया में 200 से अधिक भाषाएं हैं, सबसे अधिक और व्यापक रूप से उपयोग में ली जाने वाली भाषा हौसा (Hausa) है। योरूबा (Yoruba) और ईबो (Ibo) नाइजीरिया की अन्य महत्वपूर्ण भाषाएं हैं। तन्जानिया और पूर्वी अफ्रीका के देशों में

स्वाहीली (Swahili) आधिकारिक भाषा है। स्वाहीली मूलत: अरब व्यापारियों द्वारा विकसित की गई भाषा है और जिस पर अरबी प्रभाव स्पष्ट है। स्वाहीली उन कुछ भाषाओं में से एक है जिसका व्यापक साहित्य है।

धर्म (Religion)

धर्म न तो किसी प्रकार की सीमाएं जानता है और न कोई भौगोलिक अवरोध को स्वीकार करता है। जनजातीय धर्मों को छोड़कर, जो एक-दूसरे से स्वरूप और कर्मकाण्ड में पृथक होते हैं, सभी धर्म जीवन के रहस्यों की व्याख्या करते हुए इस पर बल देते हैं कि प्रकृति में आत्माओं का वास है और अधिकांश धर्मों का एकाधिक कारणों से अपने उद्गम स्थल से दूर के स्थानों तक फैलाव पाया जाता है।

धर्म की परिभाषा विभिन्न विद्वानों द्वारा भिन्न-भिन्न प्रकार से दी गई है। अठारहवीं शताब्दी में फ्रेडरिक शेल्मेशर ने धर्म की परिभाषा इस प्रकार दी "असीम निर्भरता का मनोभाव"—असीम इतना कि अन्य से विषम, निर्भरता की सापेक्ष अनुभूति। विलियम जेम्स ने धर्म को "अभिव्यक्ति की उत्साही मनोदशा है" बताया है। इस प्रकार की परिभाषा प्राय: एशिया के आदिवासी धर्मों पर अधिक लागू होती है, आस्था प्रधान धर्मों पर नहीं।

औटो (Otto) ने धार्मिक ज्ञान के सार को दैव के प्रति भय और सम्मोहन के मिश्रित रूप में परिभाषित किया है। धार्मिक जीवन की मुख्य विशेषताएं इस प्रकार हैं—(i) परम्परावाद (ii) मिथक और प्रतीक (iii) मोक्ष की अवधारणा (iv) पवित्र स्थान और वस्तुएं (v) पवित्र क्रियाएं (कर्मकाण्ड) (vi) पवित्र लेखन (vii) पवित्र समुदाय (मठानुशासन) और (viii) पवित्र अनुभूति।

धर्म भी भाषा के समान समूह विशिष्टता का एक प्रतीक और सांस्कृतिक समूहीकरण का आधार है। सभी समाजों में नैतिक मूल्य—समान आस्थाएं, अपेक्षाएं और नियन्त्रण होते हैं जो उसके सदस्यों को आपस में जोड़े रखते हैं और अन्य सांस्कृतिक समूहों से पृथक रखते हैं। जब पवित्र और दैवी में औपचारिक अथवा अनौपचारिक पूजा और आस्था सम्मिलित होती है, तब इस प्रकार की मूल्य आधारित प्रणाली को धर्म कहा जाता है। धर्म में आदर्श निर्धारित किए जा सकते हैं जैसा मनु की प्राचीन पुस्तक में उल्लिखित हैं। आचरण के धार्मिक कर्मकाण्ड की अपेक्षा नियम और मानवीय सम्बन्ध चीन के कन्फ्यूशियन परम्परा का केन्द्र बिन्दु हैं, जबकि सिख (खालसा) अथवा पवित्र समुदाय को अनेक नियमों के पालन किए जाने के द्वारा परिभाषित किया जाता है, जैसे अपने केश कटाना निषिद्ध किया गया है।

अधार्मिक मूल्य जैसे मार्क्सवाद भी मानव और पर्यावरण सम्बन्धों को प्रभावित करता है। उदाहरण के लिए रूसी राजनीतिक विचारधाराओं (साम्यवाद) की भी अर्द्ध-धार्मिक भूमिका रही है। उनमें एक धर्म के अनेक तत्व हैं जिनमें आस्था का ढाँचा, नैतिक आदर्श, सम्मानित नेता, एक संगठन और पवित्र धर्म ग्रन्थों के समान साहित्य भी उनके पास है। इसके अतिरिक्त, साम्यवादी विचारधारा के अनुयायी, इस विचारधारा को

न मानने वाले लोगों को परिवर्तन करने की इच्छा में और विधर्मी व रूढ़िवादी विचारधाराओं तथा आचरण को मिटाने में लगभग धर्मोत्साह और जोश का प्रदर्शन करते हैं। यहां तक कि जो समाज औपचारिक रूप से नास्तिक है, फिर भी परम्परागत मूल्यों और रीतियों द्वारा उनके कार्य के दिनों और आराम के दिनों में पूरी शक्ति के साथ प्रभावित होते हैं। अत:, आस्थाएं लोगों की जीवन-शैली, उनके संसाधनों का दोहन और प्रबन्धन, उपभोक्ता आचरण और प्रकृति के साथ उनकी अन्तर्क्रिया को ढालती हैं।

मनुष्य की भोजन की आदतें, वस्त्र, आश्रय और उच्च आवश्यकताएं भी धार्मिक आस्थाओं द्वारा निकट से प्रभावित होती हैं। उदाहरण के लिए, भोजन और मदिरापान पर धार्मिक रोक, पशुओं को पालने और न पालने, उपज जो उत्पन्न की जानी है, दैनिक आहार में पशुओं, चौपायों और उपज का महत्व, ये सभी धार्मिक आस्थाओं पर निर्भर करती हैं। हिन्दू जाति व्यवस्था (ब्राह्मण, क्षत्रिय, वैश्य और शूद्र) में व्यावसायिक कार्य भी धार्मिक दृष्टि से प्रमाणित होते हैं। अनेक देशों में राज्य का एक धर्म है, अर्थात् वहां धर्म और राजनीतिक संरचना आपस में गुंथे हुए हैं। उदाहरण के लिए म्यामार, लाओस और थाईलैण्ड देशों में बौद्ध धर्म राज्य धर्म है। देश के सरकारी नामों, जैसे पाकिस्तान का इस्लामिक गणतंत्र और ईरान का इस्लामिक गणतंत्र द्वारा धर्म और राज्य का आचरण जैसे प्रार्थना का रूप, जन्म, यौवनारम्भ, विवाह और मृत्यु के समय धार्मिक कृत्य और धार्मिक संगठन, परम्पराओं अथवा धार्मिक ग्रन्थों द्वारा शिक्षा सहित उनकी पहचान निर्धारित होती है।

भूगोलवेत्ताओं का सम्बन्ध धर्म और भूपटल के बीच की अन्तर्क्रिया से है। संस्कृति की अत्यन्त महत्वपूर्ण विशेषताओं में से एक धर्म है जिसमें पूजा, प्रेम और अनुसरण के पात्र के रूप मे ईश्वर की पहचान, प्राकृतिक पर्यावरण पर एक सुस्पष्ट छाप छोड़ता है। धर्म के उद्‌गम स्थल, उसके विस्तार के प्रतिमान और विश्व के धरातल पर उसके वर्तमान वितरण के आधार पर धर्म का एक भौगोलिक प्रक्रिया के रूप में अध्ययन किया जा सकता है।

भौतिक पर्यावरण और धर्म के बीच सम्बन्धों का भी अध्ययन किया जा सकता है। एक ओर भौतिक पर्यावरण में घटनाओं से धार्मिक विषय वस्तु प्राप्त की जा सकती है, दूसरी ओर भौतिक पर्यावरण के मानवीय परिवर्तन में धार्मिक विचार मूल में होते हैं। अन्य सांस्कृतिक गुणों के समान धर्म, लोगों के गौरव का स्रोत होता है और एक विशिष्ट संस्कृति की पहचान होती है। धर्म के साथ यह घनिष्ठ पहचान विभिन्न धर्मों और धर्मनिरपेक्ष राजनीतिक संगठनों के बीच संघर्ष को बढ़ावा देती है।

धर्म प्रत्यक्ष अथवा अप्रत्यक्ष रूप से संस्कृति के सभी तत्वों को घनिष्ठता से प्रभावित करता है, क्योंकि धर्म में व्यक्ति के इस संसार और उसके बाद के संसार के सम्बन्ध के बारे में औपचारिक विचार होते हैं। प्रत्येक धर्म इस जीवन के मूल्य और अर्थ के बारे में विशिष्ट धारणा रखते हैं तथा अधिकांश धर्मों में ऐसे प्रतिबंध हैं कि किसी को मोक्ष प्राप्त करने के लिए क्या करना चाहिए। उदाहरण के लिए मुसलमान के लिए शरीयत का पालन करना इस्लाम का एक आवश्यक अंग है जो अल्लाह के प्रति समर्पण का भाव है। यहूदियों में 'तोराह' (Torah) का पालन, (मोजेज के नियम) धार्मिक कृत्य और आचरण

द्वारा पवित्र जीवन जीने का नियम है। हिन्दुओं के लिए धर्म अथवा उपदेश में जटिल नियम सम्मिलित किए गए हैं।

मानव भूगोलवेत्ताओं का मूल कार्य उन प्रक्रियाओं का अध्ययन करना है, जिनके द्वारा धर्म अन्य सांस्कृतिक गुणों के समान एक प्रदेश से दूसरे प्रदेश में प्रसारित हुए जिसका परिणाम विशिष्ट क्षेत्रीय वितरण है। किसी विशेष धर्म का क्षेत्रीय वितरण क्षेत्रीय अन्तर्क्रिया की प्रक्रिया द्वारा उत्पन्न होता है क्योंकि धर्म संचार तंत्र के विशिष्ट प्रतिमानों के अनुसार उत्पत्ति के स्थान से प्रसारित होता है। धर्म के फैलाव की प्रक्रिया का अध्ययन भूगोलवेत्ताओं के लिए महत्वपूर्ण है क्योंकि यह सांस्कृतिक मूल्यों के फैलाव में प्रमुख शक्ति है।

धर्म के वितरण की प्रक्रिया के अतिरिक्त, धर्म का सामाजिक और सांस्कृतिक व्यवहार पर अधिप्रभाव भी एक महत्वपूर्ण क्षेत्र है, जिस पर मानव और सांस्कृतिक भूगोलवेत्ता अनुसन्धान कर रहे हैं। अनेक सामाजिक भूगोलवेत्ताओं के विचार में धार्मिक विश्वास, रूढ़िवादिता और प्रथानुगतता को सांस्कृतिक और सामाजिक-आर्थिक विकास के संकेतकों के रूप में लिया जा सकता है।

भूपटल और संसाधन प्रबन्धन पर धर्म का अधिप्रभाव अत्यन्त महत्वपूर्ण है। ऐतिहासिक और आधुनिक अध्ययन भी यह सिद्ध करते हैं कि धर्म का आर्थिक अधिप्रभाव बहुत अधिक है और विभिन्न आस्थाओं और जातीयता वाले व्यक्ति एक ही पर्यावरण में रहते हुए उनके संसाधनों का भिन्न प्रकार से उपयोग करते हैं।

धर्म का वर्गीकरण (Classification of Religion)

धर्म का वर्गीकरण अनेक प्रकार से किया जा सकता है। यदि ईश्वर में आस्था के मानदण्ड को लिया जाए तो धर्म एकेश्वरीय और बहुईश्वरीय हो सकते हैं। एकेश्वरीय धर्मों के अनुयायी केवल एक देवता या ईश्वर में आस्था रखते हैं, जबकि बहुईश्वरीय धर्म के अनुयायी अनेक देवताओं में आस्था रखते हैं। यह वर्गीकरण यद्यपि क्षेत्रीय अथवा प्रादेशिक दृष्टि से प्रासंगिक नहीं है। धर्म का वर्गीकरण उनकी उत्पत्ति के स्थान के क्षेत्रों के आधार पर किया गया है, उदाहरण के लिए पूर्वी बनाम पश्चिमी धर्म अथवा अफ्रीकी सुदूर पूर्वी और भारतीय धर्म। इस प्रकार के पृथकता संबंधी विवरण हमें यह बता सकते हैं कि किसी विशेष धर्म का मूल स्थान कहाँ है, किन्तु उनके विकास की गति, प्रसार के मार्ग और वर्तमान वितरण को स्पष्ट नहीं कर सकता है। इस प्रकार का ईश्वरपरक अथवा ऐतिहासिक वर्गीकरण भूगोलवेत्ताओं के लिए अधिक उपयोगी नहीं है। भूगोलवेत्ताओं की मुख्य रुचि धर्मों के प्रतिमानों और फैलाव की प्रक्रियाओं तथा क्षेत्रीय वितरण में है (चित्र 5.4)। भूगोलवेत्ता प्राय: धर्मों को निम्न प्रकार से वर्गीकृत करते हैं—

सार्वभौमिक धर्म (Universalizing Religions)

इन धर्मों में ईसाई, इस्लाम और बौद्ध धर्म सम्मिलित किए जाते हैं। ये वे धर्म हैं जिनकी उपयोगिता समान रूप से सभी मानव समाज के लोगों के लिए है और ये धर्म प्रचार कार्य, धर्म

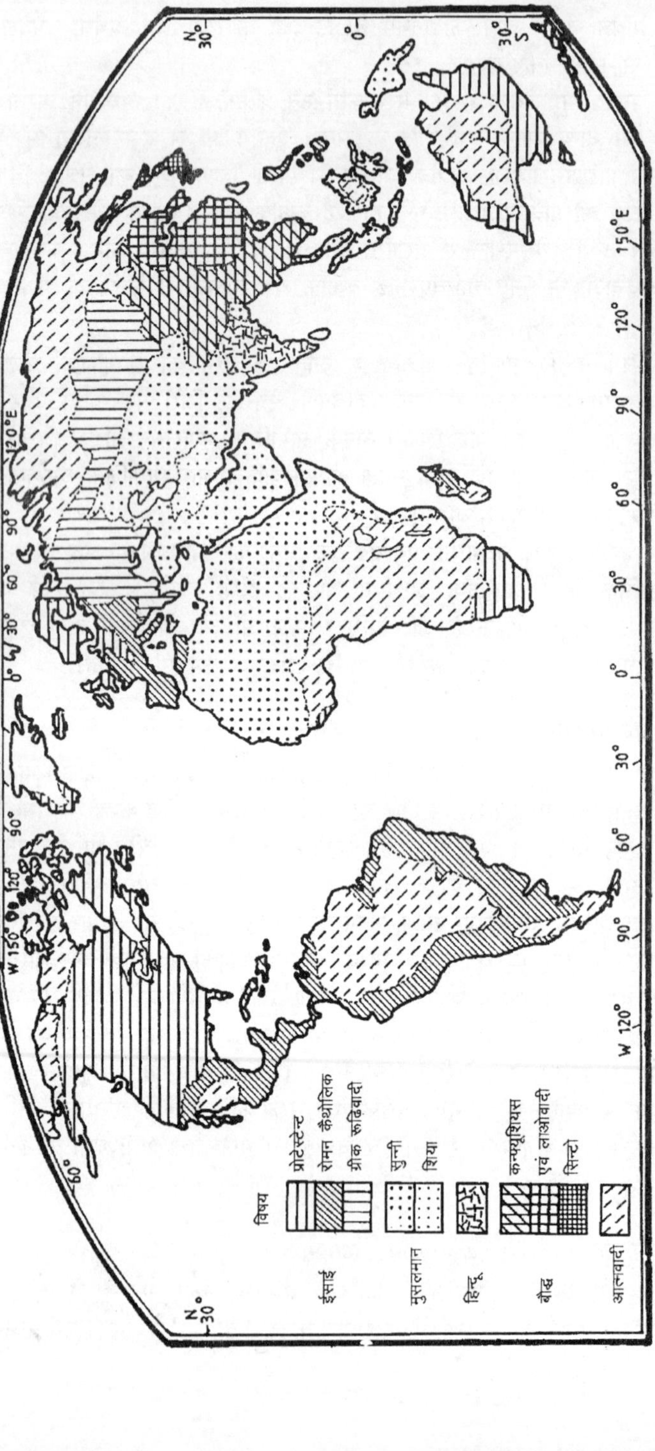

चित्र 5.4 विश्व के प्रमुख धर्मों का वितरण

परिवर्तन के द्वारा अपनी आस्था का प्रसार करते हैं। सार्वभौमिक धर्मों में सभी के लिए इन धर्मों की सदस्यता खुली है, जो किसी प्रकार की सांकेतिक प्रतिबद्धता के लिए तैयार होते हैं, जैसा कि ईसाई धर्म में दीक्षा (Baptism) द्वारा धर्म में प्रवेश दिया जाता है। किसी भी व्यक्ति को उसकी राष्ट्रीयता, जातीयता अथवा पूर्व धार्मिक आस्था के आधार पर धर्म ग्रहण करने से रोका नहीं जाता है।

नृजातीय धर्म (Ethnic Religions)

नृजातीय धर्मों में क्षेत्रीय और सांस्कृतिक समूह की पहचान प्रभावकारी होती है। कोई भी व्यक्ति इन नृजातीय धर्मों की सदस्यता केवल धर्म में विश्वास की घोषणा द्वारा प्राप्त नहीं कर सकता है। इन धर्मों की सदस्यता जन्म अथवा अभिग्रहण एक जटिल जीवन-शैली और सांस्कृतिक पहचान द्वारा ही ग्रहण की जा सकती है। ये धर्म प्राय: धर्म के न मानने वालों का धर्मान्तरण नहीं करते और इन धर्मों के सदस्यों का एक सीमित समुदाय होता है जिसकी पहचान एक विशिष्ट मानव जातीय समूह और राजनीतिक इकाई द्वारा की जाती है। नृजातीय धर्म, एक विशिष्ट संस्कृति का एक आंतरिक अंग होता है। हिन्दू धर्म, यहूदी धर्म और जापान का शिन्टो धर्म नृजातीय धर्मों के उदाहरण हैं।

जनजातीय अथवा पारंपरिक धर्म (Tribal or Traditional Religions)

जनजातीय अथवा पारंपरिक धर्म विशेष प्रकार के नृजातीय धर्म (Ethnic Religions) हैं, जो उनके लघु आकार, स्थानिक सांस्कृतिक समूह के साथ एक विशिष्ट पहचान, जो अभी तक आधुनिक समाज में आत्मसात नहीं हो पाए हैं और उनकी प्रकृति के साथ निकटता होती है, भिन्नता रखते हैं। जनजातीय धर्म की आस्था को जीववाद (Animisim) भी कहा जाता है। जीववाद के अनुयायियों का विश्वास है कि सभी वस्तुओं चट्टानों से लेकर वृक्षों, झीलों और पर्वतों तक में जीवन होता है। इन लोगों का यह भी विश्वास है कि जीवन रहित पदार्थ जैसे चट्टान, पर्वत, वृक्ष आदि में मृत आत्माओं और ईश्वर का वास होता है। शामनवाद (Shamanism) जनजातीय धर्म का एक रूप है जिसमें शामन (Shaman), एक धार्मिक नेता, जादू-टोने करने वाला होता है जो विशेष शक्ति के द्वारा आत्मा जगत् से मध्यस्थता कर सकता है, उसकी व्याख्या कर सकता है, जिसे समुदाय द्वारा स्वीकार किया जाता है।

धर्म और प्राकृतिक विशेषताएं (Religion and Natural Features)

सभी धर्मों में प्रकृति की विभिन्न विशिष्टताओं को सम्मिलित किया गया है। इन प्राकृतिक विशिष्टताओं को हालांकि विभिन्न धर्मों में भिन्न प्रकार से प्रस्तुत किया जाता है और उनकी व्याख्या भी भिन्न प्रकार से की जाती है। विभिन्न धर्मों में ब्रह्माण्ड की उत्पत्ति और पर्यावरण से मनुष्य के सम्बन्धों पर भिन्न-भिन्न विचार हैं। जिन धर्मों का विकास दक्षिण-पश्चिम एशिया में हुआ है, जैसे यहूदी धर्म, ईसाई धर्म और इस्लाम के विचारों के अनुसार ईश्वर ने प्राकृतिक विशिष्टताओं और मानव सहित ब्रह्माण्ड की रचना की है। सृष्टि का कार्य अच्छी प्रकार से करने के लिए मानव जाति को ईश्वर द्वारा पृथ्वी दी गई। ईश्वर की सेवा का अर्थ है कि भूमि की

जुताई करना, दलदलों का जल निकास, वनों को साफ करना और नई बस्तियाँ स्थापित कर अच्छी प्रकार से प्रकृति का विकास करना। इस प्रकार की प्रवृत्ति द्वारा कुछ लोगों ने ईश्वर की सेवा के नाम पर उजाड़ भूमि के वृहद् स्तर पर विकास के लिए समर्थन किया। पृथ्वी के संसाधनों का पूरा उपयोग न करना बाइबिल की शिक्षा के विपरीत माना गया। इस्लाम धर्म में जल की मितव्ययता और जैतून, अंजीर और खजूर आदि के वृक्षों की सुरक्षा पर बल दिया गया है।

धर्म

सार्वभौमिक धर्म	**नृजातीय धर्म**	**जनजातीय धर्म**
ईसाई धर्म	हिन्दू धर्म	जीववाद
इस्लाम	शिन्टो धर्म (जापान)	शामनवाद
बौद्ध धर्म	चीनी धर्म	धर्मनिरपेक्षता
	यहूदी धर्म	(अधार्मिकता और नास्तिकता)

इसके विपरीत, जीववादी धर्मों में पर्यावरण को एक सीमा तक बदलने का प्रयास नहीं किया जाता है। ईश्वर की शक्तियों को इन धर्मों में रहस्यात्मक माना जाता है और पृथ्वी पर कुछ ही लोग इन शक्तियों को लाभकारी उद्देश्य जैसे कि चिकित्सा के लिए वश में कर सकते हैं। ईश्वर प्रार्थना करने और बलि चढ़ाने से प्रसन्न होता है।

ईसाइयों के विचारानुसार प्राकृतिक आपदाएं, जैसे बाढ़ और सूखा को रोका जा सकता है, यद्यपि कुछ ईसाई इन आपदाओं को मानवीय पापों के लिए सजा मानते हैं। अन्य धर्म विशेषकर नृजातीय और जनजातीय धर्म, पर्यावरणीय आपदाओं को स्वाभाविक और अनिवार्य मानते हैं।

ईसाई धर्म (Christianity)

विश्व में आज सर्वाधिक अनुयायियों की संख्या वाला धर्म और अत्यधिक सेवा भाव से ओतप्रोत ईसाई धर्म है। ईसाई धर्म की स्थापना, ईसा की प्रथम शताब्दी में नजरेथ पेलेस्टाइन के जीसस ने की थी जिसे उसके अनुयायियों जिन्हें बाद में ईसाई कहा गया, ने ईसा अथवा एक मसीहा के रूप में स्वीकार किया। ईसा का जेरूशलम में क्रूस पर लटकाया जाना और उसका पुनर्जीवन, ईसाई धर्म की आस्था के मूल सूत्र रहे हैं और क्रॉस मुख्य प्रतीक माना गया है। ईसाई धर्म का आरम्भ यहूदी धर्म में एक आन्दोलन के रूप में हुआ। जीसस, स्वयं एक यहूदी थे। उनके अनुयायी और मुख्य शिष्य भी यहूदी थे। उसके अनुयायियों ने उसे 'ईसा' (एक विशिष्ट व्यक्ति) के रूप में स्वीकार किया, जिसे ईश्वर की प्रतिज्ञा पूरी करने के लिए अब्राहम, ईसाक और जेकब के लिए भेजा गया था। रोमन लोगों द्वारा मूर्ति पूजा का रिवाज विशेषकर

सारणी 5.4 *विश्व के प्रमुख धर्मों के अनुयायियों की अनुमानित संख्या (मिलियन में)*

धर्म या आस्था	उत्तरी अमेरिका	लेटिन अमेरिका[a]	यूरोप[b]	एशिया[c]	अफ्रीका	ओशेनिया[d]	विश्व	विश्व का प्रतिशत
सार्वभौमिक धर्म								
ईसाई	231.5	393.1	462.6	196.4	235.6	21.1	1540.3	30.6
रोमन के कैथोलिक	88.1	367.2	182.6	81.8	73.6	5.2	798.5	15.9
प्रोटैस्टेन्ट	96.3	16.4	109.5	51.9	82.8	13.9	370.8	7.4
ईस्टर्न ऑर्थोडोक्स	5.9	0.4	124.1	3.3	24.1	0.4	158.2	3.1
अन्य ईसाई[e]	41.2	9.1	46.4	59.4	55.1	1.6	212.8	4.2
इस्लाम[f]	2.7	0.6	40.5	559.2	237.1	0.1	840.2	16.7
बौद्ध धर्म	0.4	0.5	0.6	306.1	—	—	307.6	6.1
नृजातीय धर्म								
हिन्दू	0.8	0.6	0.6	590.1	1.4	0.3	593.8	11.8
चीनी धर्म	0.2	—	0.5	367.7	—	—	368.4	7.3
शिन्टो धर्म	0.5	—	0.9	35.2	—	—	36.6	0.7
यहूदी धर्म	8.1	1.0	4.7	3.9	0.3	—	18.0	0.4
जनजातीय धर्म	0.2	1.7	0.3	38.8	81.2	—	122.2	2.4
धर्म निरपेक्ष[g]	23.3	19.5	249.5	776.5	1.6	3.4	1073.8	21.4
अन्य धर्म एवं अनिर्दिष्ट	2.3	4.0	18.8	56.1	43.8	0.1	125.1	2.5
कुल	270	421	779	2930	601	25	5026	99.9

स्त्रोत : Britannica Book of the Year, 1987, and other sources; population data from Population Reference Bureau.

a Includes Central and Caribean America.

b Includes the USSR and East European Communist nations, where religious affiliation is difficult to determine.

c Includes areas in which multiple affiliation is common; also includes the People's Republic of China, where affiliations can be only crudely estimated.

d Includes Australia, New Zealand, and South Pacific island groups. e Includes Anglicans.

f According to the Islamic Center, Washington D.C., there are more than one billion Muslims world-wide.

g Includes both the non-religious and atheists.

अपने सम्राटों की पूजा से एकेश्वरवाद का संघर्ष हुआ और इसने ईसाइयों के उत्पीड़न को उत्पन्न किया।

ईसाई धर्म का विस्तार रोमन साम्राज्य द्वारा हुआ, जहां चौथी शताब्दी में यह धर्म आधिकारिक धर्म बन गया तथा रोम में पोप संत पीटर का उत्तराधिकारी, (ईसा का प्रमुख शिष्य) जिसे व्यापक रूप में तेजी से उभरती चर्च की धर्म व्यवस्था में सर्वोच्च अधिकारी के रूप में स्वीकार किया गया। पूर्वी चर्च, जिसकी स्थापना 'पवित्र भूमि' में उस समय की गई थी, जब रोम में कोई ईसाई नहीं था, ने पोप की सत्ता को ईसा की 11वीं शताब्दी में स्वीकार करने से मना कर दिया। पूर्वी रूढ़िवादी चर्च (Eastern Orthodox Church) में ऐतिहासिक जेरूशलम, एन्टीओक, सिकन्द्रिया और कुस्तुन्तुनिया के धर्माध्यक्षों को सम्मिलित किया गया और बाद में मॉस्को के धर्माध्यक्ष को भी इसमें सम्मिलित कर लिया गया। ये सभी आपसी स्वतंत्र चर्चों के संघ के रूप में बराबरी के आधार पर एक साथ स्थायी रूप से जुड़े रहे। हालांकि प्राचीन आर्मीनियम जेकोबाइट, सीरियन, भारतीय, इथियोपियन और मिश्री चर्च पूर्व के अलग चर्च बने रहे।

ईसाई धर्म का एक और विभाजन 16वीं शताब्दी में प्रोटेस्टेन्ट धर्म के सुधार आन्दोलन के साथ प्रारम्भ हुआ तथा बाद में प्रोटेस्टेन्ट धर्म भी कई वर्गों में विभाजित हो गया। किन्तु नवीन महाद्वीपों के बसने से ईसाई धर्म एक अथवा दूसरे स्वरूप में विश्व के लगभग सभी भागों में पहुँच गया। आजकल ईसाई धर्म के पुनर्संगठन का तेज आन्दोलन जोरों पर है। विश्व में सबसे अधिक ईसाई संयुक्त राज्य अमेरिका में 23 करोड़ 57 लाख हैं, उसके पश्चात् ब्राजील में 15 करोड़ 55 लाख, मैक्सिको में 9 करोड़ 51 लाख तथा चीन में 8 करोड़ 90 लाख हैं (सारिणी 5.5)।

ईसाई धर्म अत्यन्त व्यापक क्षेत्र में फैला हुआ है। सन् 1987 के एक अनुमान के अनुसार ईसाइयों की कुल जनसंख्या 154 करोड़ है, अर्थात् विश्व की कुल जनसंख्या का 30.6 प्रतिशत। महाद्वीपों के अनुसार इस धर्म का वितरण इस प्रकार है—यूरोप में 46.2 करोड़, लेटिन अमेरिका में 39.3 करोड़, अफ्रीका में 23.6 करोड़, उत्तरी अमेरिका में 23.2 करोड़, एशिया में 19.6 करोड़ और 2.1 करोड़ ईसाई ओशेनिया में रहते हैं।

इस्लाम के समान ही ईसाई धर्म भी एक सार्वभौमिक धर्म है। इन धर्मों के अनुयायी विभिन्न भू-पारिस्थितिकीय परिवेश में पाए जाते हैं। भौतिक दशाओं की भिन्नताएं धार्मिक कार्य किए जाने में भूपटल के महत्त्व को बदल देती हैं। उदाहरण के लिए 'ईस्टर' कृषि चक्र से सम्बन्धित हो सकता है, किन्तु ईसाई लोग विभिन्न स्थानों में इस छुट्टी के दिन को अलग-अलग महत्त्व देते हैं। दक्षिण यूरोप में 'ईस्टर' फसल कटने का आनन्दमय समय होता है, जबकि उत्तरी यूरोप में ईस्टर की धार्मिक क्रियाएं गैर ईसाई रीति-रिवाजों के साथ मिल कर कठोर शीत के पश्चात् बसन्त के आगमन के समारोह के रूप में सम्पादित की जाती हैं। दक्षिणी गोलार्द्ध में लोगों के लिए ईसाई तिथि-पत्र (कैलेन्डर) भौतिक पर्यावरण की घटनाओं से कम सम्बद्ध है, वहां ईस्टर शरद ऋतु में और क्रिसमस ग्रीष्म ऋतु में मनाते हैं।

सारिणी 5.5 *Adherents by Country*

Countries with the most Buddhists		***Countries with the most Christians***		***Countries with the most Hindus***		***Countries with the most Muslims***		***Countries with the most Jews***	
Country	***Buddhists***	***Country***	***Christians***	***Country***	***Hindus***	***Country***	***Muslims***	***Country***	***Jews***
1. China	105,829,000	1. US	235,742,000	1. India	755,135,000	1. Indonesia	181,368,000	1. US	5,621,000
2. Japan	69,931,000	2. Brazil	155,545,000	2. Nepal	18,354,000	2. Pakistan	141,650,000	2. Israel	3,951,000
3. Thailand	52,383,000	3. Mexico	95,169,000	3. Bangladesh	15,995,000	3. India	123,960,000	3. Russia	951,000
4. Vietnam	39,534,000	4. China	89,056,000	4. Indonesia	7,259,000	4. Bangladesh	110,805,000	4. France	591,000
5. Mayanmar	33,145,000	5. Russia	84,308,000	5. Sri Lanka	2,124,000	5. Turkey	65,637,000	5. Argentina	490,000
6. Sri Lanka	12,879,000	6. Philippines	68,151,000	6. Pakistan	1,868,000	6. Egypt	65,612,000	6. Canada	403,000
7. Cambodia	9,462,000	7. India	62,341,000	7. Malaysia	1,630,000	7. Iran	65,439,000	7. Brazil	357,000
8. India	7,249,000	8. Germany	62,326,000	8. US	1,032,000	8. Nigeria	63,300,000	8. Britain	302,000
9. South Korea	7,174,000	9. Nigeria	51,123,000	9. South Africa	959,000	9. China	38,208,000	9. Palestine*	273,000
10. Taiwan	4,686,000	10. Congo, Dem. Rep.	49,256,000	10. Myanmar	893,000	10. Algeria	30,690,000	10. Ukraine	220,000

*Nonsovereign nation

All figures are estimates based on data for the year 2000.

Countries with the highest reported non-religious populations include China, Russia, United States, Germany, North Korea, Japan, India, Vietnam, France, and Italy.

Source: Hitchcock, S.T., J.L. Esposito, 2000, "Geography of Religion" National Geographic.

ईसाई धर्म, विशेषकर कैथोलिक पंथ की क्षेत्रीय संस्तरण व्यवस्था अत्यन्त विकसित है। कैथोलिक चर्च में भौगोलिक संगठन की आधार इकाई धर्म प्रदेश (Diocese) है। कैथोलिक संसार कई हजार धर्म प्रदेशों में विभाजित है, और प्रत्येक धर्म प्रदेश एक बिशप द्वारा प्रशासित होता है। एक धर्म प्रदेश क्षेत्रीय दृष्टि से कई पैरिश (Parishes) में विभाजित होता है, जिसका मुखिया एक पुरोहित होता है। कई धर्म प्रदेश (Diocese) के समूह से मिलकर एक प्रान्त बनता है जिसका मुखिया एक बिशप होता है, जिसे धर्माध्यक्ष (Archbishop) कहा जाता है। ये धर्माध्यक्ष पोप के अधीन होते हैं, जो स्वयं भी रोम धर्म प्रदेश का धर्माध्यक्ष है।

भूपटल पर मानव क्रियाओं की व्यवस्था पर धर्म का प्रभाव देखा जा सकता है। यह अधि प्रभाव अपेक्षाकृत भूमि के छोटे से क्षेत्र से लेकर पूरे समुदाय पर देखा जा सकता है। अपेक्षाकृत छोटे पैमाने पर भूमि के धार्मिक प्रबन्ध का सुस्पष्ट उदाहरण मुर्दों को दफन करने की पद्धतियां हैं।

जलवायु, भूभाग और स्थलाकृति मुर्दों को गाढ़ने की प्रथाओं को प्रभावित करती है। ईसाई लोग अपने मृतकों को विशेष नामित क्षेत्र जिसे सिमेट्री (Cemetery) कहते हैं, में दफन करते हैं। कब्रिस्तान भूमि के एक महत्वपूर्ण भाग को घेर सकते हैं और अपर्याप्त स्थान होने पर प्रतिस्पर्धित उपयोगों के दबाव को गंभीर बना सकते हैं। ईसाइयों द्वारा दफन किए जाने की प्रथा को इस धर्म के प्रारम्भिक काल में खोजा जा सकता है। भूमिगत मार्ग, जिन्हें अन्तभौम समाधि क्षेत्र (Catacomb) कहा जाता है, प्राचीन रोम में प्रारम्भिक ईसाइयों को दफन करने के लिए उपयोग में लाए जाते थे, साथ ही साथ जब तक यह धर्म अवैध और गैर कानूनी था, उस समय निष्ठावान ईसाइयों को सुरक्षा प्रदान करने के लिए काम में आते थे। जब धर्म वैध हो गया तब ईसाई लोग अपने मृत सदस्यों को चर्च के चारों ओर अहाते में दफन करने लगे। जब ये कब्रगाह अधिक भर गए, तब शहर की दीवार के बाहर कब्रिस्तानों को अलग से स्थापित किया जाने लगा।

अत: ईसाई धर्म में स्थानिक अभिव्यक्ति काफी कठोर है। पूर्वी और पश्चिमी चर्चों के प्रारम्भिक विभाजन किसी प्रकार के धर्म सिद्धान्त से जुड़े हुए नहीं थे और यह स्थानिक पृथक्करण का परिणाम था जो आज भी विश्व मानचित्र पर स्पष्ट दिखाई देता है। कैथोलिक लोग चर्च को अधिक महत्त्व देते हैं, जबकि प्रोटेस्टेन्ट धर्म के अनुयायी चर्च को महत्त्व कम देते हैं। यही कारण है कि सभी कैथोलिक ग्रामीण बस्तियों और नगरीय स्थानों पर एक चर्च मिलता है। (चित्र 5.5)

इस्लाम (Islam)

इस्लाम का अर्थ है 'समर्पण' अथवा ईश्वर के प्रति पूर्ण रूप से समर्पित हो जाना। यह एक सर्वव्यापी धर्म है जिसे पैगम्बर मोहम्मद (एस. ए. एस.) ने ईसा की 7वीं सदी में स्थापित किया था। यह धर्म एकेश्वरवाद पर विशेष बल देता है और कुछ धार्मिक प्रथाओं के प्रति नियम निष्ठ पालन पर जोर देता है। इस्लाम के सभी अनुयायी एक समान आस्था द्वारा बंधे हुए हैं और एक समुदाय के सदस्य होने की उनमें भावना होती है। इस्लाम के अनुसार ईश्वर

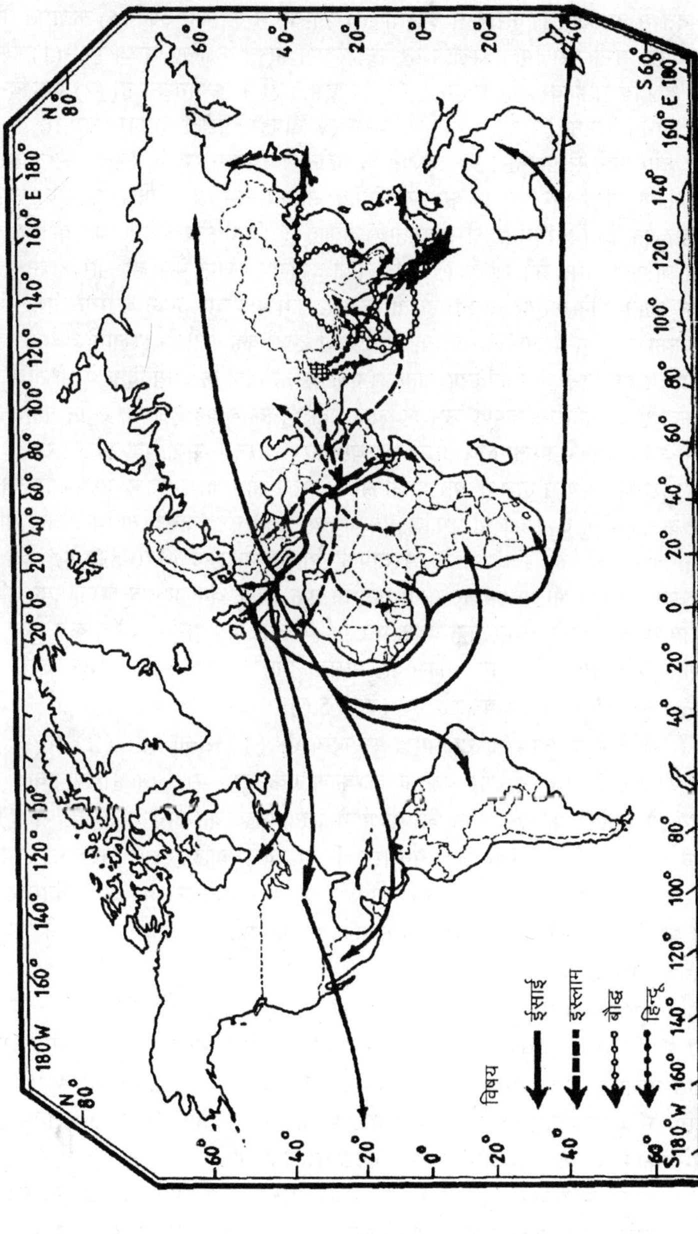

चित्र 5.5 विश्व के प्रमुख धर्मों के नवाचार क्षेत्र और प्रसार मार्ग

पूर्णतया अद्वितीय, सर्वशक्तिमान, सर्वज्ञ और दयालु है। मनुष्य उसकी इच्छाओं को मानने के लिए तत्पर रहता है। मुस्लिम मत में आस्था के पांच नियम हैं—(1) ईश्वर में आस्था (2) देवदूत में आस्था (3) कुरान में आस्था (4) पैगम्बर में आस्था, और (5) कयामत के दिन में विश्वास। सभी मुसलमान इस्लाम के पांच स्तम्भ मानने के लिए बाध्य हैं—(1) ईश्वर कहीं नहीं हैं , किन्तु ईश्वर और मोहम्मद (एस.ए.एस.) ही उनके पैगम्बर हैं। (2) एक दिन में पाँच बार प्रार्थना करना (सूर्योदय से पूर्व, प्रारम्भिक दोपहर, पछेती दोपहर, सूर्यास्त के एक दम बाद और सोने से पहले। (3) रमजान के महीने में उपवास रखना, (सुबह से लेकर सूर्यास्त तक खाने, पीने, और धूम्रपान करने या लैंगिक सहवास करने का निषेध) शाम को उपवास को तोड़ा जाता है। (4) निर्धनों की सहायतार्थ 'जकात' (पवित्रीकरण) देना। यह वार्षिक बचत की 2.5 प्रतिशत नियत की गई हैं। (5) यदि यात्रा के लिए पर्याप्त पैसा हो और अपने परिवार के रहने, खाने, पीने का पूरा प्रबन्ध हो तो, कम से कम एक बार अपने वयस्क जीवन में 'काबा' (मक्का) की तीर्थ यात्रा करना। यह तीर्थ यात्रा 'हज़' कहलाती है। इस्लामी वर्ष के अंतिम वर्ष के प्रथम दस दिनों में हज़ किया जाता है। एक व्यक्ति साल के अन्य दिनों में भी तीर्थ यात्रा कर सकता है जो कम महत्वपूर्ण 'उमराह' कहलाती है, किन्तु यह हज़ का स्थान नहीं ले सकती। धर्म के इतिहास में इस्लाम विधर्मियों का धर्मान्तरण करने में सर्वाधिक सक्रिय रहा है। इस्लाम का थोड़े ही समय में एशिया और अफ्रीका में विस्तार हो गया। इसने भू-मध्य सागर के दक्षिणी तट के सहारे के देशों को भी प्रभावित किया तथा जिब्राल्टर (जब्ले-तारिक) जल संधि होकर स्पेन और यहां तक कि धर्म के संस्थापक पैगम्बर मोहम्मद (570-632 ई.) की मृत्यु के पश्चात् फ्रांस में भी प्रवेश कर गया। लगभग एक हजार वर्ष पश्चात् इस्लामिक शक्ति मध्य यूरोप में वियना की दीवार तक प्रवेश कर गई थी और जब इसका प्रभाव कम हुआ, बाल्कन देशों (बल्बेनिया, बोसानिया, कोसोवो, मेसिडोनिया, सर्बिया, आदि,) और अनेक द्वीपों में अनेक मुस्लिम सम्प्रदाय बने रहे गए (चित्र 5.6)।

मुस्लिम समुदाय के दो प्रमुख सम्प्रदाय हैं: (1) सुन्नी और (2) शिया। इन दोनों के धर्मशास्त्रीय विचार और कानूनी दृष्टिकोण एक-दूसरे से भिन्न हैं। शियावाद का जन्म शियाओं (अली की अंधभक्ति के संदर्भ में शिया शब्द का अर्थ 'पक्षपात' से है) के इस दावे से हुआ कि पैगम्बर का अनुसरण किया जाना चाहिए और मुसलमानों पर शासन करने का न्यायासंगत हक केवल अली और उनके वंशजों को है। अली पैगम्बर मोहम्मद के चचेरे भाई और जंवाई थे। मुसलमानों में 90 प्रतिशत जनसंख्या सुन्नी सम्प्रदाय के मानने वालों की है।

सन् 1999 में मुसलमानों की कुल संख्या 100 करोड़ थी (विश्व की जनसंख्या का 17.5 प्रतिशत)। अधिकांश मुस्लिम जनसंख्या का केन्द्रीयकरण एशिया और अफ्रीका में पाया जाता है। जहां इनकी संख्या क्रमश: 57.0 करोड़ और 25.5 करोड़ पाई जाती है। यूरोप में मुसलमानों की संख्या 4.5 करोड़ और उत्तरी अमेरिका में 30 लाख है। लेटिन अमेरिका में 6 लाख और ओशेनिया में 1 लाख मुसलमान हैं।

विश्व में मुसलमानों की सबसे अधिक संख्या इंडोनेशिया में 18 करोड़ 14 लाख है, जिसके बाद पाकिस्तान में 14 करोड़ 17 लाख, भारत में 12 करोड़ 40 लाख,

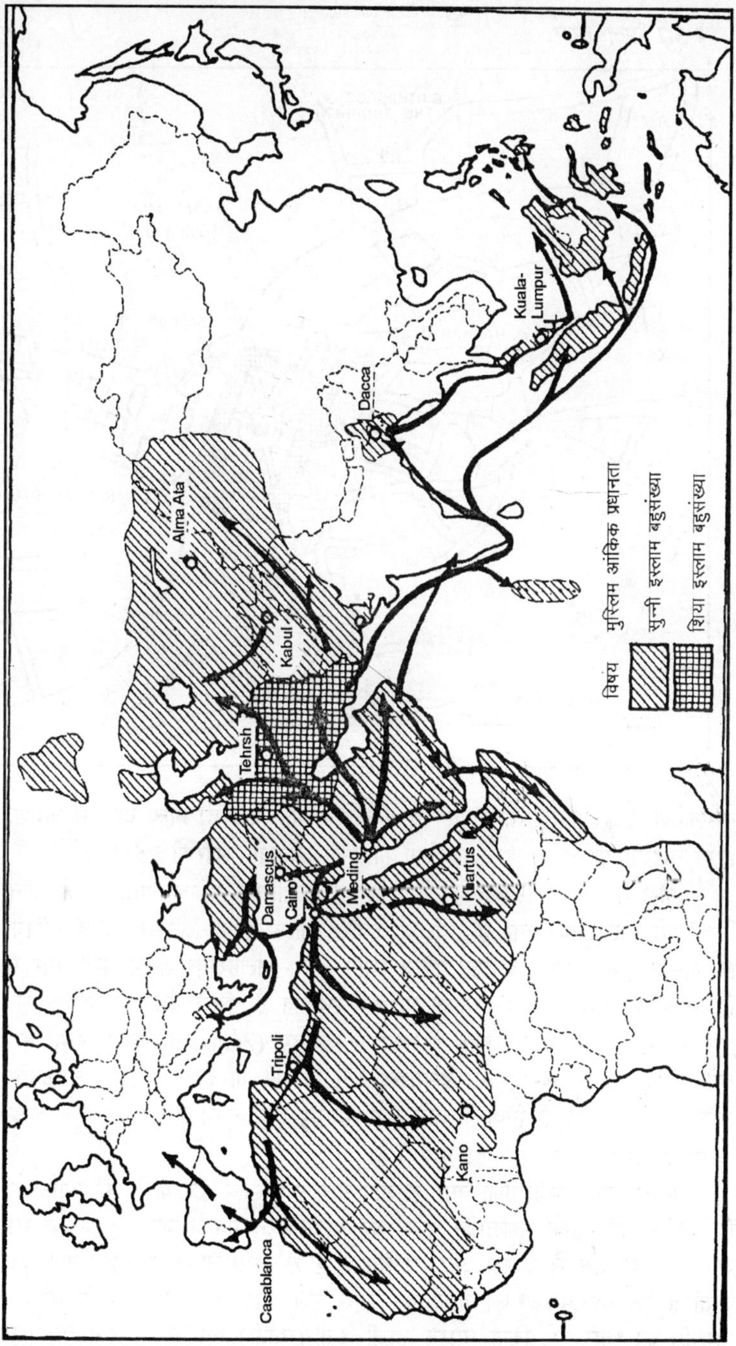

चित्र 5.6 इस्लाम का फैलाव और सीमा

चित्र 5.7 *अल्-हरम*

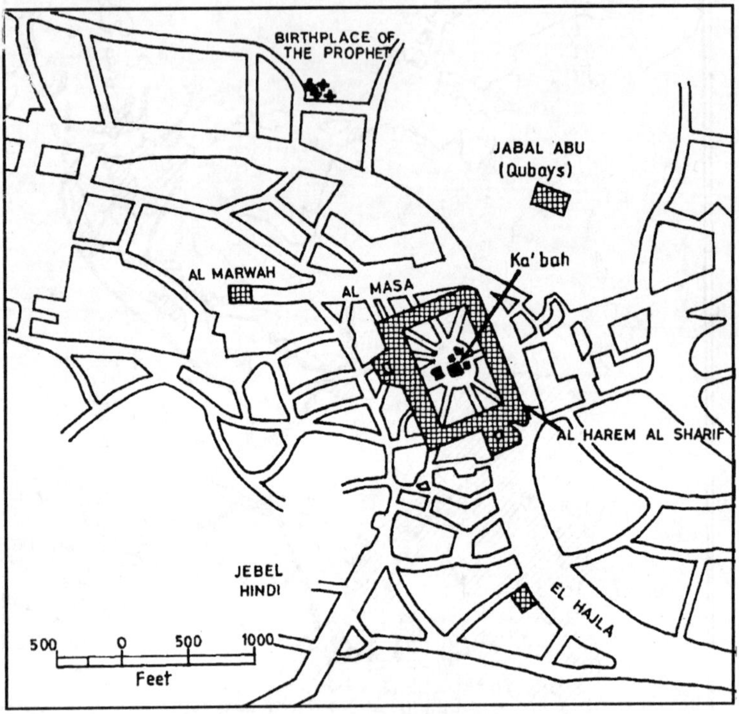

बांग्लादेश में 11 करोड़ तथा तुर्की में 6 करोड़ 56 लाख है। अन्य देशों में क्रमशः मिस्र, ईरान, नाइजीरिया, चीन तथा अलजीरिया का नम्बर आता है (सारिणी 5.5)।

मुस्लिम धर्मावलम्बियों के लिए मक्का सर्वाधिक पवित्र नगर है जो तीन लाख निवासियों वाला एक नगर है तथा जो हजरत मोहम्मद का जन्म स्थल है (चित्र 5.7)। इस्लामिक भूपटल पर सर्वाधिक पवित्र स्थान काबा-अलहरमल शरीफ इसी नगर में स्थित है। काबा में संगे-अस्वाद (काला पत्थर) स्थापित है, जिसे ईडन के उद्यान से आदम द्वारा लाया गया था। अल-हरम मस्जिद में जमजम (Zamzam) कुआं स्थित है जिसके बारे मे मान्यता है कि हजरत इस्माइल और उसकी मां हज़रत हाजरा ने उनके केनन (फिलिस्तीन) नगर से निकाले जाने और मरुस्थल में घूमते हुए जिस जल का उपयोग किया था, उसी जल का स्रोत इस कुएं में है।

मक्का नगर, एक ऐसा नगर है जहां प्रत्येक मुस्लिम हज़ करने की आकांक्षा रखता है। प्रत्येक वर्ष लाखों मुसलमान 'हज़' की यात्रा करने मक्का जाते हैं। प्रत्येक मुसलमान जो शारीरिक दृष्टि से स्वस्थ और आर्थिक दृष्टि से सक्षम होता है उससे यह आशा की जाती है कि वह मक्का की यात्रा करे जिसे हज़ कहा जाता है। राष्ट्रीयता और आर्थिक पृष्ठभूमि का ध्यान रखे बिना समस्त 'हाज़ी' (तीर्थ यात्री) एक समान वस्त्र धारण करते हैं

जो धर्म के प्रति समान आस्था और ईश्वर की दृष्टि में सभी के बराबर होने को प्रकट करता है।

इस्लाम धर्म में दूसरा अत्यधिक पवित्र नगर मदीना है जो मक्का से 350 किलोमीटर उत्तर में स्थित है। हजरत मोहम्मद को मदीना के अंसारों का सर्वप्रथम सहयोग मिला था। इस्लाम धर्म की सर्वप्रथम मस्जिद इसी मदीना नगर में बनाई गई थी। हजरत मोहम्मद की कब्र इसी मस्जिद में स्थित है।

इस्लाम धर्म में मस्जिद के लिए स्थान सुरक्षित रखा जाता है। मस्जिद वह स्थान है, जहां समुदाय के लोग एकत्र होकर पूजा करते हैं। इसके केन्द्रीय चौक के चारों ओर मस्जिद बनाई जाती है। परम्परागत तौर पर खुले स्थान में मस्जिद बनाई जाती है, किन्तु विषम जलवायु वाले प्रदेशों में मस्जिद का निर्माण बन्द क्षेत्र में भी किया जाता है। प्रवचन मंच (Pulpit) चौक के अंतिम सिरे पर मक्का की ओर मुख करते हुए, जिस दिशा की ओर मुँह करके प्रत्येक मुसलमान प्रार्थना करता है, बनाया जाता है। चौक के चारों ओर मकतब या मदरसा होता है। मस्जिद की प्रमुख विशेषता उसकी मीनारें होती हैं, इनमें से एक टावर जहां से मुअज्जान (Muazzan) 'अजान' देता है। मस्जिद एक ऐसा स्थान है जहां पूजा के साथ ही साथ वहां साथी अनुयायियों में अन्तर्क्रिया होती है। इस्लामिक जीवन में मस्जिद एक केन्द्र बिन्दु होता है और सांस्कृतिक भूपटल पर यह धर्म की प्रधान छाप होती है।

जैसा पूर्व में कहा जा चुका है मुस्लिम समुदाय अपने मृत व्यक्तियों को दफन करते हैं। दक्षिण-पश्चिम एशिया में हालांकि ये लोग सघन नगरीय क्षेत्रों में सिमेट्रीज (कब्रिस्तान) को कभी-कभी सार्वजनिक उद्यान के रूप में उपयोग में लेते थे।

तीनों विश्वव्यापी धर्मों में से केवल इस्लाम ही स्थानीय स्वायत्तता प्रदान करता है। इसकी न तो कोई धार्मिक क्रम परम्परा है और न कोई औपचारिक क्षेत्रीय संगठन होता है। मस्जिद सार्वजनिक प्रार्थना का स्थान होता है, जिसमें इमाम प्रार्थना की अगुआई करता है। इस धर्म में प्रत्येक को पूर्ण स्वायत्तता होती है और प्रत्येक व्यक्ति भाई के बराबर समझा जाता है। इस्लाम के अन्तर्गत संचार और प्रवसन (Migration) द्वारा कठोर एकता को बनाए रखा जाता है जैसा कि मक्का के हज़ यात्रियों में देखने को मिलती है। इसके अतिरिक्त, इस्लाम धर्म द्वारा एकरूपता और समानता को प्रोत्साहित किया जाता है, जो कि अन्य धर्मों की तुलना में इस धर्म के आदेशों में सुस्पष्ट है।

मुस्लिम शासकों ने उनके द्वारा स्थापित नई बस्तियों को मुस्लिम नाम दिए हैं। इस प्रकार के नगरों के नाम शासकों के नाम पर रखे गए हैं, जैसे शाहजहांपुर, सहारनपुर (शाह-हारूनपुर), अकबरपुर, आदिलपुर, जहांगीराबाद, मुजफ्फरपुर आदि। भारत में इस्लाम का अधिप्रभाव अलीगढ़, अजमेर, जयपुर, कोलकाता, अहमदाबाद, भोपाल, मुंबई, पटना, लखनऊ, आगरा, दिल्ली, देवबन्द, हैदराबाद, मेरठ, सहारनपुर, रामपुर, मुरादाबाद, जैसे स्थानों पर विशेष रूप से दिखाई देता है।

भारत में भूमि संगठन में इस्लाम की भूमिका अभी भी महत्वपूर्ण है। यद्यपि युवा पीढ़ी के लोगों ने पश्चिम के अनेक अधार्मिक विचारों को अपना लिया है और विश्व के

अनेक भागों में साम्यवाद ने इस धर्म को अत्यधिक हानि पहुँचाई है, फिर भी इस धर्म की छाप विश्व में सर्वत्र देखी जा सकती है।

इस्लाम का अन्य धर्मों के प्रति दृष्टिकोण (Islam's Attitude Towards Other Religion)

कुरआन के उपदेशों के अनुसार दैवीय निर्देश सार्वभौमिक हैं, और ईश्वर की नजर में सभी व्यक्ति समान हैं। प्रत्येक पैगम्बर का संदेश, यद्यपि पहले कुछ व्यक्तियों को दिया गया होता है तथापि इसके सार्वभौमिक अर्थ होते हैं जो सम्पूर्ण मानवता के द्वारा पालन किए जाने चाहिए। पैगम्बर मोहम्मद (एस.ए.एस.) स्वयं ने यह कहा है कि, ''मैं प्रत्येक उस पुस्तक में विश्वास करता हूँ जो ईश्वरादिष्ट है या जो ईश्वर द्वारा प्रकट की गई है'' (कुरआन 42;15) और सभी मुसलमानों से आशा की जाती है कि वे भी ऐसा ही करें। यह ऐसा इसलिए है कि ईश्वर एक हैं, प्रकाट्य का स्त्रोत एक है, सम्पूर्ण मानव जाति एक है। पैगम्बरी का पद, वास्तव में अभाज्य है।

बौद्ध धर्म (Buddhism)

बौद्ध धर्म, एक एशियाई धर्म और दर्शन है, जिसकी स्थापना सिद्धार्थ गौतम ने भारत में ई. पू. छठी शताब्दी में की थी। बाद में यह धर्म भारत से मध्य एशिया, दक्षिणी पूर्वी एशिया, चीन, कोरिया, और जापान में फैल गया। बौद्ध धर्म ने पूर्वी विश्व के अधिकांश भागों के आध्यात्मिक, सांस्कृतिक और सामाजिक जीवन में प्रभावशाली भूमिका अदा की है। पिछली शताब्दी में इस धर्म ने पश्चिम में भी कुछ अनुयायियों को आकर्षित किया है।

'बुद्ध' एक पदनाम है जिसका अर्थ है ''प्रबुद्ध व्यक्ति''। ये उत्तरी भारत में 563 से 483 ई. पू. में रहते थे। उनका पारिवारिक नाम गौतम था, जबकि उन्हें सिद्धार्थ के नाम से जाना जाता है। इनका लालन-पालन क्षत्रियों के राजपरिवार में हुआ था। क्षत्रिय एक योद्धा जाति है। एक युवा के रूप में उन्हें रुग्णता, वृद्धावस्था और मृत्यु की अपरिहार्यता के अनुभवों ने हिला दिया था। भ्रमण अथवा सन्यासी के रूप में इधर-उधर घूमने के लिए उन्होंने अपने पारिवारिक जीवन को त्याग दिया। एक सन्यासी के रूप में वे धर्म की समझ और मानवीय दशा से मुक्ति पाने की खोज करना चाहते थे। अपने समकालीनों के उपदेशों को त्याग कर उन्होंने ध्यान और भाव समाधि के द्वारा प्रबुद्धता या ज्ञान प्राप्त किया। इसके बाद बुद्ध ने अपने अनुयायियों (संघ) को धर्म (सच्चे नियम) तथा 'मध्य मार्ग' सांसारिक जीवन और आत्म-प्रतिकार की चरमता के बीच के मार्ग को अपनाने का सुझाव दिया। बौद्ध धर्म के सार तत्वों में चार महान सत्यों को सर्वाधिक महत्ता दी जाती है—

1. जीवन मूलत: निराशा और व्यथा है।
2. व्यथा स्वयं की इच्छाओं का परिणाम है जो कि सुख, सत्ता, और अनन्त जीवन के लिए होती है।
3. निराशा और व्यथा को समाप्त करने के लिए व्यक्ति को अपनी इच्छाओं पर अंकुश लगाना चाहिए।

4. इन इच्छाओं पर अंकुश लगाने और व्यथा को समाप्त करने के आठ महान सूत्रीय मार्ग हैं—(1) सम्यक् दृष्टि, (2) सम्यक् संकल्प, (3) सम्यक् वचन, (4) सम्यक् आचरण (5) सम्यक् आजीविका (6) सम्यक् उद्यम, (7) सम्यक् सदाशयता (8) सम्यक् समाधि।

जीवन के इन आठ महान् सिद्धान्तों का पालन कर, व्यक्ति 'निर्वाण' प्राप्त कर सकता है। विश्व की व्यथाओं से निर्वाण प्राप्त करने को मुक्ति कहा गया है।

चीन में ईसा की प्रथम शताब्दी के पश्चात् पहले से स्थापित धर्मों कन्फ्यूशियसवाद और ताओवाद के साथ बौद्ध धर्म मिल गया। कन्फ्यूशियस के दर्शन का स्वयं उसके जीवन (551-479 ई.पू.) काल में बहुत कम प्रभाव पड़ा था, बाद की पीढ़ी में विद्वानों द्वारा इस धर्म का प्रसार किया गया। दोनों ही धर्मों द्वारा चीनी साम्राज्य की राजनीतिक संरचना के लिए नैतिक आधार प्रस्तुत करना था और पूर्वजों की पूजा जो चीन में सर्वदा से होती रही है, को ग्रहण करना था। ताओवाद, छठी शताब्दी ई.पू. लाओत्से के उपदेशों पर आधारित, प्रकृति को जीवन में अवसर प्रदान करने वाला एक शांति पूर्ण धर्म है।

जापान में बौद्ध धर्म ईसा की छठी शताब्दी के बाद से इस देश में प्रचलित प्राचीन धर्म शिन्टो (Shinto) धर्म से मिल गया। शिन्टो धर्म में अनेक देवताओं की प्रकृति पूजा मंदिरों में की जाती है, जैसा कि 'अमतेरासू', अर्थात् सूर्य देवी की इसे (Ise) स्थान पर पूजा की जाती है। अनेक जापानी अभी भी दोनों ही पूजास्थानों पर पूजा करते हैं।

ब्रिटेनिका वार्षिक पुस्तक 1987 के अनुमान के अनुसार बौद्ध धर्म के मानने वालों की संख्या 30.76 करोड़ थी जिसमें से 30.6 करोड़ केवल एशिया में थे और यूरोप, उत्तरी तथा दक्षिणी अमेरिका, प्रत्येक में 5 लाख बौद्ध निवास करते हैं। इस धर्म के अनुयायी अफ्रीका और ओशेनिया में नहीं पाए जाते हैं। इस धर्म के अनुयायियों की संख्या विश्व की कुल जनसंख्या का केवल 6.1 प्रतिशत है (सारिणी 5.4)।

बौद्ध धर्म की सबसे अधिक संख्या चीन में 10 करोड़ 58 लाख है जिसके पश्चात् जापान में 6 करोड़ 99 लाख, थाईलैंड में 5 करोड़ 24 लाख तथा वियतनाम में 3 करोड़ 31 लाख हैं (सारिणी 5.5)।

बौद्ध धर्म में पवित्र इमारत को 'पैगोड़ा' (Pagoda) कहा जाता है। बौद्ध और शिन्टो धर्मों के भूपटल पर 'पैगोड़ा' प्रमुख और आकर्षक दिखाई देने वाली एक आकृति होती है। अनेक पैगोड़ाओं की आकृति अत्यधिक अलंकृत और उत्कृष्ट होती है जिसमें कई भुजाओं वाले टावर और गुम्बद होते हैं तथा एक के ऊपर एक क्रम में जमी हुई बालकनी और तिरछे आकर की छतें होती हैं। पैगोडाओं का निर्माण सामूहिक पूजा के लिए नहीं किया जाता है। व्यक्तिगत पूजा पैगोड़ा में की जा सकती है, किन्तु अधिकतर पूजा घर में नहीं की जाती है और निकट के मंदिर अथवा एकान्त मठ में की जाती है।

चीन में, अपने मृत व्यक्तियों को परिवार के लोग उनकी भूमि में ही दफन करते हैं। इस प्रकार कम से कम 10 प्रतिशत भूमि उत्पादक कृषि से वंचित कर दी जाती है। चीन की साम्यवादी सरकार ने इस प्रथा को बन्द कर दिया है और पुराने कब्रिस्तानों की

जुताई को भी प्रोत्साहन देना प्रारम्भ कर दिया है। तिब्बत में बौद्ध धर्म के अनुयायी अपने मृतकों को खुले में रखते हैं और केवल उदात्त पुजारियों के लिए ही दाह-संस्कार सुरक्षित होता है।

एशिया की भूमि पर बौद्ध धर्म को, जहां साम्यवादी शासन की स्थापना हो चुकी है, वहां अत्यधिक हानि उठानी पड़ी है। इस धर्म को विशेषत: मंगोलिया, तिब्बत उत्तरी कोरिया, चीन, दक्षिण-पूर्व एशिया के भागों में हानि उठानी पड़ी है। साम्यवादी सरकारों ने बौद्ध मठों के परम्परागत अधिकारों और विशेषाधिकारों को कम कर दिया है। धार्मिक भवनों को इन सरकारों ने अपने अधिकार में कर लिया है और उन्हें म्यूजियम तथा अन्य धर्मनिरपेक्ष उपयोग में लेना प्रारम्भ कर दिया है, अथवा इन भवनों का परित्याग कर दिया गया है अथवा उन्हें नष्ट कर दिया गया है। धर्म विरोधी अभियानों ने धार्मिक कार्यक्रमों के खुले प्रदर्शन को कम कर दिया है और बौद्ध धर्म के अनुयायियों की संख्या का अब केवल काम चलाऊ ढंग से अथवा अनिश्चित अनुमान ही लगाया जा सकता है।

हिन्दू धर्म (Hinduism)

हिन्दू धर्म, भारत का बहुत प्राचीन धर्म है जिसमें अनेक देवी-देवताओं को मान्यता दी गई है जिन्हें सभी एक ही दैवीय शक्ति का रूप समझा जाता है। ब्राह्मणों ने धार्मिक विचारधारा में आध्यात्मिक शान्ति और सुख की अवधारणा का सूत्रपात किया जो केवल शारीरिक और मानसिक अनुशासन (योग) द्वारा प्राप्त हो सकता है। आर्यों ने हिन्दुओं को अनेक जातियों में विभाजित किया। प्रत्येक जाति को नियत कार्य के लिए निश्चित किया गया। समाज की जाति संरचना आत्मा के अनन्त पुनर्जन्म की एक अभिव्यक्ति है। हिन्दुओं के लिए इस जीवन का मूल उद्देश्य निर्धारित सामाजिक और धार्मिक कर्तव्यों का पालन करने तथा जाति और व्यवसाय से संबंधित नियत आचरण के नियमों का अनुसरण करना है। वे अपेक्षाएं जो व्यक्तिगत धर्म में समाविष्ट हैं—वे हैं नियम और कर्तव्य। इनका उल्लंघन समाज और प्रकृति के संतुलन को अस्त-व्यस्त कर देता है और अवांछित परिणाम को जन्म देता है। इनके पालन करने से अगले पुनर्जन्म पर उन्नति के अवसर में सुधार होता है। परम्परानुसार, प्रत्येक दस्तकारी अथवा व्यवसाय एक विशेष जाति की सम्पत्ति मानी जाती है।

ऐसा प्रतीत होता है कि जाति व्यवस्था 1500 ई.पू. के लगभग आरम्भ हुई होगी। आर्य लोग चार समूहों में विभाजित थे—ब्राह्मण, क्षत्रिय, वैश्य तथा शूद्र। ब्राह्मण, पुजारी, उच्च प्रशासक और भारत के श्रेष्ठजन हुआ करते थे। क्षत्रिय और वैश्य क्रमश: योद्धा और व्यापारी हुआ करते थे। इन दोनों जातियों को भी विशेषाधिकार प्राप्त थे। चौथी जाति शूद्र थी जिसे समान स्तर प्राप्त नहीं था और इन लोगों का प्रधान कार्य दासोचित कार्य जैसे सफाई, दाह संस्कार और भूमिहीन श्रमिकों के रूप में कार्य करना था। इन्हें अछूत अथवा जाति से बाहर समझा जाता था तथा ये लोग उच्च जातियों के लिए दासों का कार्य करते थे। आर्यों के विजय अभियान से पूर्व जो लोग भारत में निवास करते थे, उनके ही वंशज अछूत थे। अभी हाल तक इन जातियों में सामाजिक सम्बन्ध (विवाह आदि) सीमित थे। गैर ब्राह्मणों के अधिकार भी सीमित थे और अछूत लोग दासों के समान थे, जिनके कोई

भी अधिकार नहीं थे। स्वतंत्रता के पश्चात् कठोर जाति प्रथा काफी हद तक ढीली हुई है। अछूत जाति को विधिवत् समाप्त कर दिया गया है और इन जातियों के लोगों को समान अधिकार दिए गए हैं। किन्तु व्यवहार में अस्पृश्यता अभी भी विद्यमान है और रूढ़िवादी ब्राह्मण और अन्य उच्च जाति के लोग इनके साथ सामाजिक अन्तर्क्रिया को पसन्द नहीं करते हैं। जाति व्यवस्था ने न केवल बस्तियों में स्थान की व्यवस्था और घरों के स्वरूपों को प्रभावित किया है, वरन् इसने फसलों के प्रतिमान और प्राकृतिक संसाधनों के प्रबन्ध को भी प्रभावित किया है। ग्रामीण क्षेत्र में उच्च जातियों और निम्न जातियों द्वारा फसल बोए जोने में भी अन्तर पाया जाता है। सतलुज-गंगा मैदान में उच्च और निम्न जातियों द्वारा खेतों में फसल उत्पन्न करने में भी अन्तर देखा जा सकता है। उदाहरण के लिए राजपूत और जाट खेतों में गेहूँ, चावल और गन्ना उत्पन्न करना पसन्द करते हैं, जबकि सैनी अपने खेतों में सब्जियां और थोड़े समय में तैयार होने वाली अन्य उपज उत्पन्न करते हैं।

सन् 1998 में हिन्दुओं की कुल जनसंख्या लगभग 73.6 करोड़ थी, इसमें से 68.7 करोड़ अथवा 99.3 प्रतिशत एशिया में थी विशेषकर भारत में। अफ्रीका में हिन्दुओं की संख्या 16 लाख है, इसके बाद यूरोप, उत्तरी अमेरिका और लेटिन अमेरिका प्रत्येक में 7 लाख थी। लगभग तीन लाख हिन्दू ओशेनिया में थे। विश्व की कुल जनसंख्या में हिन्दुओं का 12 प्रतिशत है (सारिणी 5.4)। भारत के अतिरिक्त इण्डोनेशिया, मलेशिया, थाईलैण्ड, कम्पूचिया, लाओस, वियतनाम श्रीलंका, नेपाल, भूटान, म्यांमार, पाकिस्तान, मॉरीशस और फिजी में भी हिन्दुओं की बड़ी संख्या निवास करती है। सन् 2000 के आंकड़ों के अनुसार विश्व में सबसे अधिक हिन्दुओं की जनसंख्या भारत में 75 करोड़ 51 लाख है, जिसके बाद नेपाल में एक करोड़ 83 लाख, बांग्लादेश में एक करोड़ 60 लाख है (सारिणी 5.5)।

हिन्दू धर्म के अनुयायी अपने स्थान (भूमि) को विशेष प्रकार से सुव्यवस्थित करते हैं। हिन्दुओं के पवित्र स्थानों में, भौतिक पर्यावरण के अलग-अलग स्वरूप शामिल हैं। भारत के एक नृजातीय (Ethnic) धर्म होने के कारण, भारतीय भूपटल की पवित्र विशेषताओं से बंधा है। भारत में सर्वाधिक पवित्र स्थान नदियों के किनारे अथवा समुद्र तटीय रेखाएं हैं। इसके अतिरिक्त, हिन्दू पवित्र तीर्थ स्थानों को अनुक्रम में संगठित किया जा सकता है। कुछ स्थानों पर सुगमता से पहुँचा जा सकता है और ये स्थान समस्त देश से तीर्थ यात्रियों को आकर्षित करते हैं, जबकि अन्य मन्दिर केवल स्थानीय लोगों के लिए होते हैं, किन्तु वहां बहुधा अन्य प्रदेशों से तीर्थयात्री दर्शन करने नहीं पहुँचते हैं। हरिद्वार, बद्रीनाथ, द्वारका, अमरनाथ, पुरी, वेंकटेश्वर (तिरुपति) आदि प्रथम श्रेणी के मंदिर हैं जहां देश के सभी भागों से तीर्थ यात्री पहुँचते हैं। चूंकि हिन्दू धर्म में कोई केन्द्रीय सत्ता नहीं है, अत: मंदिरों का महत्व धर्म सिद्धांतों की अपेक्षा परम्पराओं द्वारा निश्चित हुआ है।

हिन्दुओं के अनेक तीर्थ स्थल हैं। हिन्दू 'तीर्थ यात्रा' को शुद्धीकरण का एक कार्य मानते हैं। यद्यपि इसे चिन्तन का एक विकल्प नहीं मानते, फिर भी तीर्थ यात्रा मुक्ति प्राप्ति के लिए एक महत्वपूर्ण कृत्य समझा जाता है। पवित्र स्थान समस्त देश से हिन्दुओं को

आकर्षित करते हैं जबकि कम महत्त्व के मंदिर निकटवर्ती क्षेत्र से ही तीर्थ यात्रियों को आकर्षित कर पाते हैं।

हिन्दुओं में अधिकांश धार्मिक समारोह प्राय: घरों में परिवार के सदस्यों के बीच ही आयोजित किए जाते हैं, जबकि मंदिरों में विशेष देवताओं की मूर्तियां स्थापित होती हैं, वहां सामुदायिक पूजा नहीं की जाती है। हिन्दुओं के अनेक मंदिर होते हैं, प्रत्येक मंदिर में एक अथवा अधिक देवताओं की मूर्तियां स्थापित रहती हैं। यद्यपि एक देवता के एक से अधिक मंदिर भी हो सकते हैं। हिन्दू मंदिरों में चारदीवारी से घिरे सामूहिक रूप से उसमें बैठने के लिए बहुत बड़े क्षेत्र की आवश्यकता नहीं होती है। मंदिर में देवता, मूर्ति के रूप में स्थापित रहते हैं, जहां आन्तरिक भाग में धुंधला-सा प्रकाश रहता है। मन्दिर का शेष बचा भाग धार्मिक प्रसारण के समय के लिए समर्पित रहता है। मंदिर की भूमि प्राय: एक दीवार द्वारा निर्धारित होती है।

हिन्दू धर्म में धार्मिक संचालन के लिए कोई केन्द्रीय भवन नहीं है। यह भी एक उच्च स्वायत्तशासी धर्म है जिसमें पूजा मुख्यतया व्यक्तिगत अथवा घर में किया जाने वाला कार्य होता है। हिन्दू क्षेत्रों में विचारों को तीर्थ यात्राओं, धार्मिक और पारम्परिक धर्म ग्रन्थों द्वारा प्रसारित किया जाता है।

हिन्दू धर्म में मृतकों को प्राय: गाढ़ने की अपेक्षा दाह संस्कार किए जाने की प्रथा है। मृत शरीर को चिता पर रख कर दाह संस्कार किया जाता है। बच्चों, तपस्वियों तथा उन व्यक्तियों के लिए जो किसी विशेष रोग से ग्रस्त होते हैं, के लिए गाढ़े जाने की प्रथा का प्रावधान है। दाह संस्कार शुद्धीकरण का एक कार्य समझा जाता है। यह प्रथा भारत की लकड़ी आपूर्ति पर भार डालती है और वानिकी संसाधन पर विपरीत प्रभाव डालने के साथ-साथ गंभीर पर्यावरण प्रदूषण को जन्म देती है।

यद्यपि अनेक संगठनों द्वारा हिन्दू धर्म के पुनरुद्धार के लिए गंभीर प्रयास किए जा रहे हैं, किन्तु इस धर्म के अधिकांश नगरीय शिक्षित लोग पश्चिम के अधार्मिक प्रभाव से प्रभावित हैं। भारत के अनेक भागों में साम्यवाद ने भी धर्म के महत्व को कम किया है। यह देखा गया है कि परम्परागत आहार की आदतों को छोड़ दिया गया है और हिन्दू धर्म के अनेक युवकों में सामिष भोजन का प्रचार बढ़ता जा रहा है। मदिरा का उपयोग भी शिक्षित और अशिक्षित लोगों में समान रूप से बढ़ रहा है।

बस्तियों के विकास पर हिन्दू धर्म का गहरा प्रभाव रहा है। हिन्दू धर्म में निम्न और उच्च मूलभूत दिशानिर्देश हैं। उदाहरण के लिए उच्च जाति के लोगों के आवास गांव के पश्चिम की ओर बनाए जाते हैं जबकि शूद्रों तथा अन्य निम्न जाति के लोगों को बस्ती के दक्षिणी भाग में बसाया जाता है।

यहूदी धर्म (Judaism)

यहूदी धर्म ईसा पूर्व की तेरहवीं शताब्दी का मूसा के काल का धर्म है जब तत्कालीन विकसित समाज भी अनेक देवताओं की पूजा किया करते थे। यह एक एकेश्वरवादी धर्म है। रोम साम्राज्य के साथ 70 और 135 ईस्वी में हुए संघर्ष और जेरूशलम के नष्ट होने के पश्चात्

चित्र 5.8 *जेरूशलम*

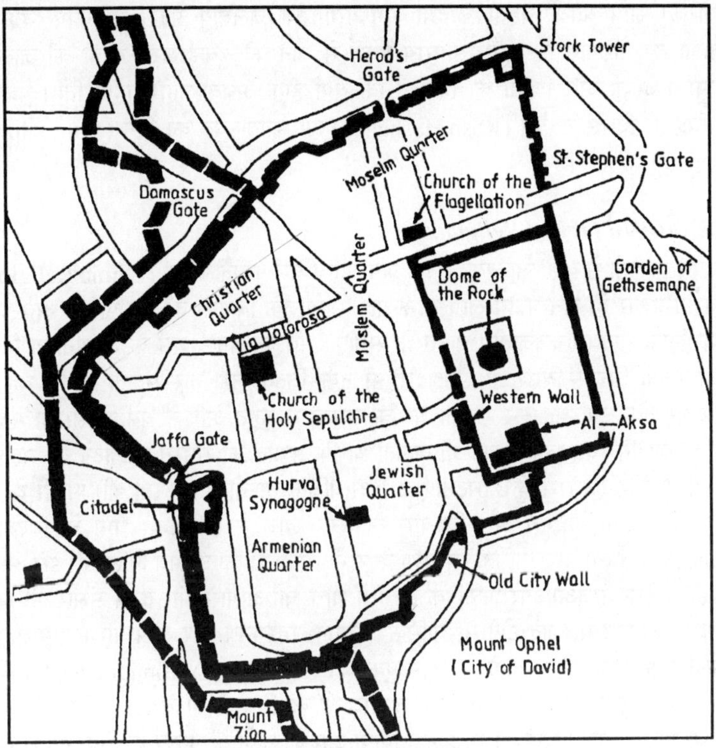

यहूदियों को पवित्र भूमि से निकाल दिया गया और लगभग 2000 वर्ष पश्चात् 1948 में फिलिस्तीन में यहूदी राज्य की स्थापना से पूर्व यहूदी राज्य स्थापित नहीं किया जा सका था। यहूदी धर्म के अनुयायी समस्त विश्व में फैले हुए हैं।

यहूदी धर्म एक दृढ़ सांस्कृतिक पहचान वाला समूह है। वास्तव में, यहूदी धर्म एक नृजातीय धर्म है। कोई भी व्यक्ति यहूदी धर्म का सदस्य या तो जन्म के आधार पर बन सकता है अथवा जटिल जीवन पद्धति अथवा सांस्कृतिक पहचान बनाकर उसे अंगीकार कर सकता है। यहूदी धर्म के अनुयायियों द्वारा यह एक प्रतिबंधित समुदाय के रूप में संस्थापित किया गया है। यहूदी लोगों की कुल जनसंख्या 1.8 करोड़ अथवा विश्व की जनसंख्या का लगभग 0.4 प्रतिशत है। इन 1.8 करोड़ लोगों में से 56 लाख व्यक्ति संयुक्त राज्य अमेरिका में, इज़रायल में 39.5 लाख तथा रूस में 9.5 लाख है (सारिणी 5.5)। लेटिन अमेरिका और अफ्रीका में इनकी जनसंख्या नगण्य है जबकि ओशेनिया में इस धर्म के लोग नहीं रहते हैं। विश्व की जनसंख्या में यहूदियों की संख्या केवल 0.4 प्रतिशत है ।

यहूदी धर्म की प्रमुख विशेषता उसका कृषि तिथि पत्रक है (Calender) जो एक वार्षिक चक्र अथवा जलवायु दशाओं में भिन्नता प्रदर्शित करता है। तिथि पत्रक का ज्ञान

कृषि की सफलता के लिए आवश्यक है, चाहे वह स्थायी कृषक हो अथवा घुमक्कड़ पशुचारक। सामान्यतया यहूदी छुट्टियां भूमध्यसागरीय जलवायु प्रदेश के कृषि चक्र की घटनाओं का परिणाम हैं। भूमध्यसागरीय प्रदेश में धान की बुवाई शरद में ही की जाती है, यह समय आशा और चिन्ता का होता है कि वर्षा होगी अथवा नहीं। यहूदी तिथि पत्रक में दो पवित्रतम दिवस नववर्ष (Rosh Hashanah) और प्रायश्चित का दिन (Yom Kippur) पतझड़ ऋतु में आते हैं।

जनजातीय धर्म (Tribal Religions)

जैसा पूर्व के पृष्ठों में कहा जा चुका है कि जनजातीय धर्म नृजातीय धर्म (Ethnic Religions) के विशेष प्रकार हैं। जनजातीय लोग सामान्यत: सामाजिक विकास की नव पाषाण अवस्था में हैं। प्रारम्भिक मानव (जनजातीय मानव के समान), विज्ञान बनाम धर्म के अन्तर्निहित विषयों पर आधुनिक विचार-विमर्श में समझदारी से तर्क-वितर्क नहीं कर सकता था। न वह इस विचार पर तर्क उपस्थित कर सकता था कि समाज में बहुत अधिक धर्म से समाज मंद हो जाता है। वह निश्चित रूप से यह भी जानता था कि प्रकृति की समस्त घटनाओं को वह नहीं समझता है और इनमें से कुछ घटनाएं उसे अत्यधिक आन्दोलित करती थीं। समझ के इस अभाव में, अज्ञान के भय और विश्वास के लिए खोज में अधिकांश धर्मों के विश्वासों, व्यवहारों और कृत्यों तथा धार्मिक व्यवस्था के सभी सिद्धान्तों का उद्‌भव निहित है। इस अर्थ में दोनों ही भौतिक वस्तुओं और प्राकृतिक तत्वों में शक्ति का आभास और दूसरे संसार की अमूर्त सत्ता और वस्तुओं में, जादू टोने में, धार्मिक अनुष्ठान, रहस्यमय और औपचारिक समारोहवाद में अलौकिक शक्ति से व्यवहार के लिए एक जटिल नैरेन्तर्य (Continuum)स्थापित किया गया। इन्होंने मनुष्य और पर्यावरण के बीच सम्बन्धों का विवरण भी विकसित किया, ब्रह्माण्ड सम्बन्धी धारणा और विश्लेषण भी प्रस्तुत किया और जो शक्तियां मनुष्य के नियन्त्रण से बाहर होती थीं, उनको व्यक्तिगत और सामूहिक दोनों ही प्रकार से शान्त करने के लिए यंत्र रचना की गई। मानव द्वारा उसकी सामान्य श्रेणी की अवस्था में विकसित किए गए आकारों, आचरणों और मतों में साधारणतम आस्थाओं और आचरणों से लेकर अत्यन्त जटिल धर्मशास्त्रीय और दार्शनिक भिन्न-भिन्न रचनाएं की गईं। जीववाद (Animism) उन विश्वासों की (अच्छी आत्माएं और दुष्ट आत्माएं प्राकृतिक वस्तुओं में निवास करती हैं।) व्याख्या करती है जो सामान्यत: प्रारम्भिक और कुछ सरल समाजों में पाए जाते हैं। संगठित धर्म परिष्कृत और सभ्य मनुष्यों द्वारा ऐतिहासिक काल में विकसित हुए हैं और हाल में धर्मनिरपेक्षता का विकास विज्ञान के इस विचार को व्यक्त करता है कि प्रत्येक वस्तु विवेक पूर्ण ढंग से समझी जा सकती है और उसकी व्याख्या की जा सकती है तथा बिना किसी रहस्यवादी उपाय की सहायता के अलौकिक शक्ति का शमन किया जा सकता है।

चीनी और जापानी धर्म (Chinese and Japanese Religions)

चीन और जापान में कई महत्वपूर्ण नृजातीय धर्म (Ethnic Religions) पाए जाते हैं। कन्फ्यूशिअसवाद, ताओवाद और शिन्टोवाद, इस प्रकार के नृजातीय धर्मों के प्रमुख उदाहरण हैं।

चीनी आस्था व्यवस्था परलोक के बारे में इतना अधिक विचार नहीं करती है जितना कि वर्तमान जीवन के अस्तित्व के सर्वोत्तम ढंग से जीने में करती हैं। शुद्ध अर्थ में वे धार्मिक की अपेक्षा अधिक नैतिक एवं दार्शनिक हैं।

कन्फ्यूशियनवाद (Confucianism)

कन्फ्यूशियस (Kung-Fu-Tzu) का काल ई.पू. 551 से 479 तक रहा है। वह लू (Lu) प्रान्त का शासक था। उसने अपने लेखनों द्वारा चीन के सामाजिक और बौद्धिक जीवन को गहराई से प्रभावित किया है। उसने सार्वजनिक जीवन में नैतिक कर्तव्य के महत्व पर बल देते हुए आचरणों के नियमों की एक शृंखला निर्धारित की। उसने शासक और प्रजा के बीच तथा परिवार और उसके सदस्यों के बीच उचित आचरण पर बल दिया। राज्य के केन्द्र के रूप में परिवार को खूब महत्व दिया और पुत्रोचित धर्मपरायणता को उच्चतम सद्गुण माना गया। कन्फ्यूशियस धर्म में न तो कोई चर्च है और न कोई पुरोहित वर्ग होता है। इसके संस्थापक ने पूर्वजों की पूजा और आदर के रूप में कृतज्ञता व्यक्त करने पर महत्व दिया। उसकी मृत्यु के पश्चात् रीति-रिवाजों को विस्तारित किया गया जिसमें स्वयं कन्फ्यूशियस की पूजा सम्मिलित की गई। यह पूजा ईसा पूर्व की दूसरी शताब्दी में राज्य धर्म बन गई और लगभग दो हजार वर्षों तक, अर्थात् 20वीं शताब्दी तक यह धर्म चीन की आस्था व्यवस्था का आधार बना रहा है।

ताओवाद (Taoism)

ताओ धर्म की स्थापना लाओत्से (604-517 ई. पू.), जो कन्फ्यूशियस का समकालीन था, के द्वारा की गई थी। वह एक शासक भी था। लाओ के उपदेशों ने जीवन के रहस्यवादी अथवा मायावी पक्ष पर बल दिया। इस धार्मिक विश्वास के अनुसार सब कुछ जानने योग्य नहीं है। उसने दृढ़तापूर्वक कहा था कि कल्पित कथाएं और किंवदन्तियां घटनाओं को समझाने के लिए विकसित की जाती हैं तथा ब्रह्माण्ड अन्ततोगत्वा विवेकपूर्ण विश्लेषण का विषय नहीं है। ताओ दर्शन के अनुसार अनन्त शान्ति प्रकृति के साथ पूर्ण रूप से तादात्म्य स्थापित करने से प्राप्त हो सकती है और क्रोध आवेग से दुखी होना, अनावश्यक खोज, अनावश्यक ज्ञान मानव को दुखी करते हैं।

ईसा की प्रथम शताब्दी से प्रारम्भ होकर यह दार्शनिक-प्रकृतिवाद देवताओं, आत्माओं, जादू-टोने, मंदिरों और पुजारियों के साथ धार्मिक ताओवाद के साथ जुड़ गया।

चीन में बौद्ध धर्म, कन्फ्यूशियनवाद और ताओवाद, प्रतिस्पर्धी धर्म नहीं हैं क्योंकि अनेक चीनी सभी तीनों धर्मों के उपदेशों का पालन करते हैं।

शिन्टोवाद (Shintoism)

शिन्टोवाद जापान का एक नृजातीय (Ethnic) धर्म है। इस धर्म का विकास प्रकृति और पूर्वजों की पूजा से हुआ है। द्वितीय महायुद्ध तक जापान के शासकों द्वारा इस धर्म को राजधर्म माना जाता रहा। यह धर्म जटिल समूहों के देवताओं, पारिवारिक आत्माओं और नदियों, वृक्षों तथा कुछ पशुओं में निवास करने वाले देवी-देवताओं तथा सूर्य—चन्द्रमा को देवता मानता है।

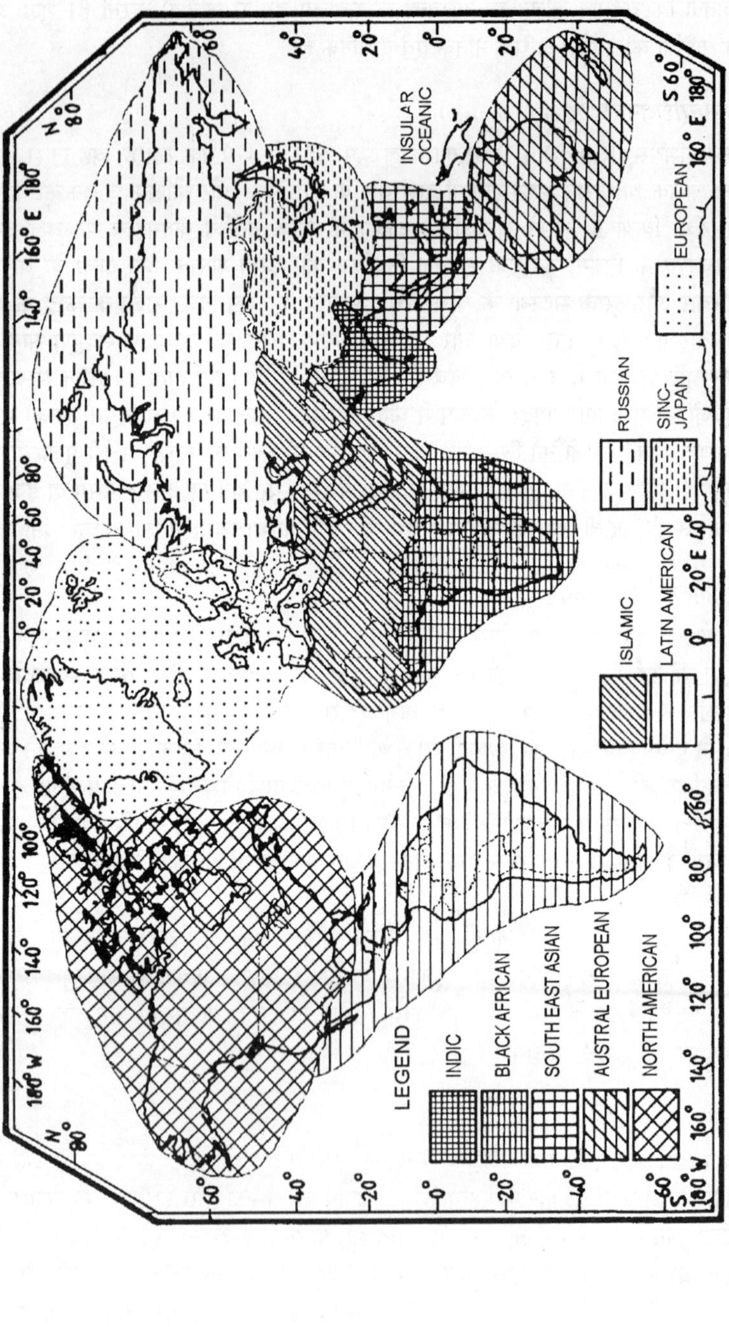

चित्र 5.9 आधुनिक विश्व के सांस्कृतिक क्षेत्र

शिन्टो धर्म का एक महत्वपूर्ण लक्षण जापानी सम्राट की ईश्वर के समान पूजा करना भी था, किन्तु यह प्रथा द्वितीय महायुद्ध में जापान की पराजय के पश्चात् समाप्त हो गई। इस प्रकार शिन्टो धर्म, धार्मिक भावना के साथ साथ राजनीतिक भक्ति भी थी और सांस्कृतिक दृष्टि से सभी जापानी शिन्टो धर्मावलम्बी हैं। अनेक जापानी शिन्टो और बुद्ध धर्म दोनों को मानते हैं। शिन्टो धर्म के पूजा स्थलों में अनेक समाधि स्थल और मन्दिर होते हैं जिनमें देवताओं के निवास का विश्वास किया जाता है, और उन देवताओं तक पहुँचने के लिए औपचारिक तोरण वाले प्रवेश द्वारों से होकर गुजरना पड़ता है।

उपर्युक्त वर्णन से यह स्पष्ट हो जाता है कि भाषा और धर्म, संस्कृति के महत्वपूर्ण घटक हैं। ये एक ही समाज में व्यक्तियों की पहचान देने और उन्हें वर्गीकृत करते हैं और विभिन्न भाषाओं और धर्मों के लोगों तथा राष्ट्रों को एक-दूसरे से अलग करते हैं। इनके उच्चारण और शब्दों के चुनाव द्वारा हम सरलता से भाषा बोलने वाले के मूल जिले और उसके शिक्षा के स्तर की पहचान कर लेते हैं। इसी त्रकार, धर्म कुछ समाजों में व्यक्तियों और समूहों की पहचान करने में सहायता करता है जो भिन्न जीवन-शैली और उनके धर्म द्वारा प्रतिपादित आस्थाओं का अनुसरण करते हैं। भाषा और धर्म दोनों ही संस्कृति के संचार के साथ-साथ निश्चित करने वाले होते हैं। दोनों का ही विशेष क्षेत्रीय प्रतिमान होता है जो क्षेत्रीय अन्तर्किया और प्रसारण के भूत और वर्तमान की प्रक्रियाओं को प्रतिबिम्बित करता है जो विश्व सांस्कृतिक क्षेत्रों की पहचान के आधार होते हैं (चित्र 5.9)।

यद्यपि भाषा और धर्म महत्वपूर्ण हैं और क्षेत्रीय सांस्कृतिक भिन्नताओं के प्रत्यक्ष अंग होते हैं, ये सांस्कृतिक विशिष्टताओं के सम्पूर्ण समूह के केवल अंश होते हैं—जो विभिन्न सामाजिक समूहों को बढ़ावा देते हैं। अधिकांश स्थितियों में सम्पूर्ण नृजातीयता अभी भी व्यक्ति, समुदायों, समूहों और राष्ट्रों की विश्व में सर्वाधिक पहचान बनाने वाला तत्व है।

प्रथाएं (Customs)

प्रथाएं, सांस्कृतिक भूगोल जो कि मानव भूगोल का एक उप भाग है, का एक महत्वपूर्ण घटक है। प्रथा बहुधा बार-बार दोहराए जाने वाली क्रियाएं होती हैं। ये क्रिया करने वाले लोगों के समूह की एक विशेषता बन जाती है। आदत, इसी प्रकार का एक शब्द है जो कि एक व्यक्ति द्वारा अपनाई जाने वाली विशेषता होती है, जबकि प्रथा एक ऐसी क्रिया होती है जो एक नृजातीय समूह अथवा समाज के अधिकांश लोगों द्वारा अपनाई जाती है।

भूगोलवेत्ता सामाजिक प्रथाओं के दो पक्षों में मुख्य रूप से रुचि रखते हैं—प्रथम, सामाजिक प्रथाओं का क्षेत्रीय वितरण और दूसरे, सामाजिक प्रथाओं और भूपटल के बीच सम्बन्ध। प्रथाओं (Customs) को दो वर्गों में विभाजित किया जा सकता है, अर्थात् वे प्रथाएं जो आवश्यक क्रियाकलापों से संबंधित होती हैं (भोजन, वस्त्र और आश्रय) तथा अन्य प्रथाएं जिनमें अवकाश (Leisure) से सम्बन्धित क्रियाओं को सम्मिलित किया जाता है जिसमें कला और मनोरंजन भी शामिल होते हैं। कला, सौंदर्यपरक नियमों के

अनुसार अनुकरण अथवा कल्पना की उपज होती है। मनोरंजन परिश्रम की चिन्ताओं को दूर करने के लिए निर्मित एक क्रिया है।

सामाजिक प्रथाओं को लोक रीतियों (Folk Customs) और जनप्रिय प्रथाओं (Popular Customs) में भी वर्गीकृत किया जा सकता है। लोक रीति (Folk Custom) को देशीय प्रथाओं के नाम से भी जाना जाता है, जो कि मुख्यत: छोटे सजातीय ग्रामीण समूहों द्वारा परम्परागत व्यवहार में लाए जाते हैं। लोक संस्कृति को संस्थाओं, रिवाजों, निपुणताओं, पहनावा और छोटे स्थायी निकटता से जुड़े हुए प्राय: ग्रामीण समुदाय की जीवन-शैली के रूप में परिभाषित किया जा सकता है। लोक रीतियों को परम्परा नियंत्रित करती है और इनमें परिवर्तन किए जाने का विरोध जोरदार होता है। घर में बने हुए और हाथ से बने उपकरणों, संगीत, कहानी और कृत्यों की प्रधानता रहती है। घरों का निर्माण विशेष प्रयोजन से किया जाता है। इसके विपरीत, जनप्रिय प्रथाएं (भौतिक संस्कृति) जिन्हें अंतरराष्ट्रीय प्रथाएं भी कहा जाता है, बड़े और विषमतायुक्त समाजों में पाई जाती हैं, जो अन्य व्यक्तिगत विशेषताओं में अन्तरों के होने के बावजूद निश्चित आदतों में समानता प्रदर्शित करती हैं। लोक रीतियां किसी समूह द्वारा प्राकृतिक, सामाजिक और आर्थिक विशेषताओं के परिणामस्वरूप विकसित होती हैं जबकि लोकप्रिय प्रथाएं विश्व में संचार और यातायात के तीव्र साधनों के कारण अन्तर्किया की सहजता पर आधारित रहती हैं। नगरीकरण की बढ़ती प्रवृत्ति और उपग्रह संचार के विकास के कारण लोक रीतियों के लिए संकट उत्पन्न हो गया है और उनका जीवन संकट में है। इसके अतिरिक्त, जनप्रिय प्रथाएं विशिष्ट भौतिक भूपटलों को बहुत कम प्रतिबिम्बित करती हैं, फिर भी अंतरराष्ट्रीय मूल्यों के अनुसार भौतिक भूपटलों को सुधारे जाने की अधिक संभावना रहती है।

प्रथाओं का स्थानिक वितरण अत्यन्त जटिल है। सामान्यत: जनप्रिय प्रथाएं अधिक व्यापक रूप में वितरित हैं जबकि लोक प्रथाएं छोटे क्षेत्रों तक सीमित रहती हैं।

लोक प्रथाएं बहुधा अज्ञात स्रोतों से आरम्भ होती हैं जिनकी उत्पत्ति का समय और प्रारम्भ करने वाले अज्ञात होते हैं। लोकप्रिय प्रथाएं, लोकरीति से भिन्न होती हैं। लोकप्रिय प्रथाएं, औद्योगिक देशों विशेषकर पश्चिम यूरोप के देशों, संयुक्त राज्य अमेरिका और जापान की उत्पत्ति हैं। ये औद्योगिक—प्रौद्योगिकी और फुर्सत के समय में वृद्धि के संयोजन का परिणाम है। औद्योगिक—प्रौद्योगिकी ने वस्तुओं के, जिन्हें समान रूप में और अधिक मात्रा में पुनर्निर्मित किया जा सकता है, के निर्माण का अवसर दिया है। इनमें से अनेक वस्तुएं लोगों द्वारा उनके फुर्सत के समय में उपभोग की जाती हैं, क्योंकि फुर्सत के समय में वृद्धि मुख्य रूप से कृषि से कार्यालय और फैक्ट्री कार्यों में परिवर्तन के कारण संभव हो सकी है।

भोजन (Food)

लोक भोजन की आदतें भौतिक पर्यावरणीय दशाओं से प्रभावित होती हैं। विडाल-डी- ला ब्लाश के अनुसार, किसी निश्चित पर्यावरण से मनुष्य को सम्बन्ध के जोड़े रखने में भोजन की आपूर्ति सर्वाधिक दृढ़ होती है। दैनिक आहार की अपेक्षा वस्त्र (पहनावा) और उपकरण

परिष्कार के विषय होते हैं। अनुभव ने यह सिद्ध कर दिया है कि भोजन निश्चित जलवायु में मानव की आवश्यकताओं के लिए सबसे अधिक उपयुक्त होता है। किसी प्रदेश के निवासियों द्वारा उस क्षेत्र में विशेष भोज्य वस्तुएं उत्पन्न किए जाने में वहां की जलवायु और मिट्टी पर विचार करना आवश्यक है।

भोजन की आदतें और दैनिक आहार प्रथाएं, निश्चित रूप से देशज उपज की उपलब्धता द्वारा प्रभावित होती हैं। किन्तु व्यक्ति वे वस्तुएं ही नहीं खाते हैं जो विशेष पर्यावरण में उपलब्ध होती हैं। भोजन संबंधी आदतें सांस्कृतिक परम्पराओं द्वारा कठोरता से प्रभावित होती हैं जो भौतिक पर्यावरण में घटनाओं और व्यवस्थाओं से उत्पन्न होती हैं। अनेक लोक समुदायों में यह विश्वास है कि प्रकृति में प्रत्येक वस्तु का महत्व अथवा विशिष्ट लक्षण होते हैं जो उसके प्राकृतिक गुणों और दिखावट पर आधारित होते हैं। परिणामत:, भोजन के प्राकृतिक लाभदायक अथवा हानिकारक गुणों के होने के अनुभव के आधार पर कुछ प्रकार के भोजन को पसंद किया जाता है और कुछ को छोड़ दिया जाता है।

जनजातीय और जनसाधारण लोग कुछ प्रकार के भोजन इसलिए करते हैं क्योंकि उनके प्राकृतिक गुण उनमें वांछित मानवीय गुण जैसे शक्ति, प्रचण्डता तथा प्रेम करने की योग्यता बढ़ाते हैं। पराग्वे के अबियोन रेड इण्डियन लोग अपने को शक्तिशाली, निडर और फुर्तीला बनाए रखने के लिए जगुआर और सांडों का मांस खाते हैं। नगालैण्ड में कुत्तों, उत्तर म्यामार में सांप, ऑस्ट्रेलियाई मरुस्थल में कंगारू, थार के मरुस्थल में तिलोर (Bustard), टुण्ड्रा में सफेद रीछ और लोमड़ी तथा यूरोप, चीन, जापान में मछली को खाया जाता है, कालाहारी मरुस्थल में दीमक, दक्षिण पश्चिम एशिया में खजूर और मध्य एशियाई गणराज्यों में हिरण को स्वादिष्ट भोजन माना जाता है जो पुरुषोचित्त शक्ति को बढ़ाते हैं। इसके अतिरिक्त, भोजन की आदतें केवल आहार ही नहीं अपितु वे संस्कृति अथवा रीतियों की समग्रता के साथ निकटता से जुड़ी रहती हैं। प्राय: लोग वही खाते हैं जो उपलब्ध होता है और जो उनके खाने योग्य होता है। भेड़ का मस्तिष्क और आंखें, उबले कीड़े-मकोड़े, भुनी हुई टिड्डियां, जानवरों का रक्त, सूअर की आतें जो कुछ संस्कृतियों में स्वादिष्ट खाद्य पदार्थ माने जाते हैं, वे दूसरों के लिए घृणित वस्तु हो सकती है और अतिथियों को परोसना उपयुक्त नहीं समझा जाता है।

आहार की आदतों में भी अनेक प्रकार के निषेध हैं। विभिन्न लोगों में अलग-अलग वस्तुएं निषिद्ध हैं, क्योंकि विशेष पौधे अथवा पशु प्राकृतिक पर्यावरण में निषेधात्मक शक्ति प्राप्त कर लेते हैं, इस कारण कुछ समाजों में उनका उपयोग वर्जित समझा जाता है। उदाहरण के लिए मेघालय में खासी लोग दुग्ध अथवा दुग्ध-पदार्थों का सेवन नहीं करते हैं। हिन्दू धर्म में गोमांस भक्षण निषेध है। यहूदी और शिया मुसलमान पंख और पपड़ी सहित मछली का सेवन नहीं करते हैं। मुसलमानों और यहूदियों में सूअर के मांस का उपभोग करना केवल सामाजिक मूल्यों के कारण निषिद्ध है। भूमध्यसागरीय क्षेत्रों में मुसलमान अंगूर की खेती करते हैं, किन्तु मदिरा का सेवन इस्लाम धर्म में निषिद्ध है।

परिधान/पहनावा तथा अन्य पहनने के वस्त्र (Clothing and Other Wearings)

परिधान तथा अन्य पहने जाने वाले वस्त्र भी पर्यावरणीय दशाओं से प्रभावित होते हैं। उदाहरण के लिए विभिन्न भौतिक पर्यावरण में निवास करने वाले लोग भिन्न प्रकार के जूते, पादुकाएं और वस्त्र पहनते हैं। ध्रुवीय जलवायु क्षेत्रों में वहां के निवासी फर लगे जूते पहनते हैं जो उनके पैरों को शीत से सुरक्षा प्रदान करते हैं। गहरे हिम पर सुगमता से चलने के लिए हिम जूते (Snow Shoes) पहनते हैं, जिससे कि उनके पैर हिम में नहीं धंसें। शीत ऋतु में कश्मीरी लोग जो गुलमर्ग, सोनमर्ग तथा पहलगाम जैसे क्षेत्रों में निवास करते हैं, वे विशेष प्रकार के डक बैक (Duck-Back) जूते ऊनी मौजों के साथ पहनते हैं जिससे कि कठोर शीत में जमी हुई भूमि और हिम आवरण से उनकी सुरक्षा हो सके। उष्ण और आर्द्र जलवायु में जूते पहनना अधिक आवश्यक नहीं होता है क्योंकि भारी वर्षा, उच्च तापमान और पानी में अधिक समय तक रहने के कारण जूतों के उपयोग को हतोत्साहित करते हैं। नीदरलैण्ड में लकड़ी के जूते पहनने का रिवाज पुराने फैशन के अनुसार है और निराला है, किन्तु यह भी पर्यावरणीय दशाओं से उत्पन्न हुआ है। डच किसान खेतों में काम करने के लिए लकड़ी के जूतों का उपयोग करते हैं क्योंकि इस देश में अधिकांश भूमि समुद्र तल से नीची होने के कारण अधिकतर खेत प्राय: अधिक गीले रहते हैं। भारत में तमिल और केरलवासी मुश्किल से ही जूते पहनते हैं क्योंकि वहां की उष्ण और आर्द्र जलवायु जूतों के उपयोग के लिए सहायक नहीं है।

परिधान के सम्बन्ध में जन साधारण (Folk) लोग बहुत अधिक कठोर हैं और उनके परिधान प्रचलित पर्यावरणीय दशाओं के अनुसार तैयार कराए जाते हैं। जन साधारण (Folk) लोग अपने पूर्वजों द्वारा पहने जाने वाले वस्त्रों से ही अपने आपको चिपकाए रखते हैं। इसके विपरीत, परिधान के जनप्रिय नमूने किसी प्रदेश विशेष तक सीमित नहीं रहते हैं। पश्चिमी देशों में पहनावे की विभिन्न आदतें विशेष भौतिक पर्यावरणीय दशाओं की अपेक्षा विभिन्न व्यवसाय में कार्यरत लोगों की परिचायक होती है। उदाहरण के लिए वकील (Advocate) और व्यापारीगण काला कोट और गहरे रंग का लम्बा चोगा, हल्के रंग की कमीज और नेक टाई पहनते हैं, जबकि फैक्ट्री में काम करने वाले व्यक्ति नीले रंग की डेनिम (Denims) और कमीज पहनते हैं।

पश्चिमी पहनावे पर दूसरा बढ़ता प्रभाव आय का है। स्त्रियों के वस्त्रों में विशेष रूप से फैशन में परिवर्तन के साथ प्रत्येक वर्ष और यहां तक कि प्रत्येक महीने परिवर्तन होता है। परिधानों का रंग, आकार, बनावट व्यवसायी वस्त्र निर्माताओं द्वारा तैयार किए जाते हैं और विभिन्न उदाहरणों के परिणामस्वरूप बदलते रहते हैं। अधिक आय और सम्पन्न लोग अपना सामाजिक स्तर स्थापित करने के लिए आधुनिक फैशन के वस्त्र धारण करते हैं।

उन्नत संचार माध्यमों ने परिधान के फैशन को तीव्र गति से विश्व के एक भाग से दूसरे भाग तक फैलाया है। स्त्रियों के नवीन फैशन की पोशाकें पेरिस, रोम, लंदन, टोक्यो और न्यूयॉर्क में तैयार की जाती हैं। ये वस्त्र शीघ्रता से विकासशील देशों के नगरीय केन्द्रों में प्रसारित हो जाते हैं। पश्चिम के पहनावे के प्रसार का एक महत्वपूर्ण उदाहरण जीन्स (Jeans) है जो समस्त विश्व के युवकों के लिए आजकल एक उत्कृष्ट सम्पत्ति बन गई है।

सन् 1960 से पूर्व जीन्स का पहनना यूरोप और यू. एस. ए. के निम्न स्तर के शारीरिक श्रमिकों, काउ बॉय (Cowboys) और कृषकों तक सीमित था।

लोक औषधियां (Folk Medicines)

समस्त लोक समुदायों द्वारा विभिन्न प्रकार की औषधियों को विकसित किया गया है। उनकी बस्तियों के निकटवर्ती क्षेत्र और जानकारी के आधार पर पौधों, छालों पत्तियों, जड़ों और फलों के आधार पर उपचार की विधि विकसित की गई है। वास्तव में, पौधे और जड़ी-बूटियां आधुनिक औषधि विज्ञान के मूल आधार हैं, इनमें से अधिकांश का उपयोग प्रारम्भ में इन लोक समाजों द्वारा ही किया गया था। उदाहरण के लिए दक्षिण अमेरिका के सिनकोना वृक्ष की छाल से कुनैन, साधारण फोक्सग्लव (Fox glove) की पत्तियों से हृदय की उत्तेजना के लिए दवाएं तैयार की गई थीं। तुलसी का व्यापक उपयोग काढ़े, उबालकर और सलाद के रूप से किया जाता था, जिसे हृदय के उपचार के लिए उपयोगी और उदासी के लिए उपचार माना गया था। थाइम् (Thyme) चाय (वन अजवायन) दुख को दूर करने के लिए उपयोग में ली जाती थी। अजमोद (Parsley) को प्राय: स्वास्थ्य के लिए उपयोगी माना जाता था और सौंफ के बीज, पत्तियां और जड़ों को ठीक प्रकार से तैयार किए जाने पर मोटापा दूर करने के लिए उत्तम माना जाता था। सेज़ (कपूर) का उपयोग ठण्ड में किया जाता था, बुखार दूर करने के लिए एक प्रकार की चाय से बाम तैयार किया जाता था, सथ्रा (मिजनिजोश) सभी प्रकार की खांसी, ब्रॉनकांइटिस, जलोदर और पीलिया के उपचार में सहायक था। नीबू बाम और रोजमैरी (Rosemary) को गंजापन रोकने लिए और उबली हुई केरविल (Chervil) की जड़ें और ठण्डी जड़ें बूढ़े व्यक्तियों के लिए स्वास्थ्यवर्धक मानी जाती थीं।

मौखिक लोक परम्पराएं (The Oral Folk Traditions)

परम्परा से बंधे प्रत्येक समाज में अनेक मौखिक लोक परम्पराएं भी होती हैं। लोकवार्ता भी एक समूह की मौखिक परम्परा होती है, ये बातें करने के ढंग और अन्तर्क्रिया की ओर संकेत करती हैं। इसमें मुहावरे, लोकोक्तियां, प्रार्थनाएं, सामान्य अभिव्यक्तियां और विशेषकर अन्धविश्वासी मान्यताएं, विवरणात्मक कहानियां और किंवदन्तियां सम्मिलित की जाती हैं। लोकवार्ता में पुरानी रीतियों को सुरक्षित रखने तथा कहानियां लोक समूह की पहचान के लिए होती हैं। उदाहरण के लिए भारत में पंजाब की लोकोक्तियां, हिमाचल प्रदेश की लोकोक्तियों से भिन्न हैं। नागाओं और गोरे लोगों के अन्धविश्वास, भीलों और मुण्डाओं के अन्धविश्वासों से भिन्न होते हैं और राजस्थान की किंवदन्तियां तमिल और बंगाल की किंवदन्तियों से भिन्न हैं। इसी प्रकार, मौसम, वर्षा और कृषि पद्धति सम्बन्धी स्थानीय मुहावरे और लोकोक्तियों में भी भिन्नताएं पायी जाती हैं।

जनप्रिय रीतियों का सम्पूर्ण पृथ्वी के धरातल पर वितरण एक समान रूप का भूपटल उपस्थित करता है। वर्तमान में फास्ट फूड (Fast Food) जलपान-गृहों का वितरण इस भूपटल समानता का एक उदाहरण प्रस्तुत करता है। इन जलपान-गृहों के भवनों को इस प्रकार का बनाया गया है कि स्थानीय नागरिक और यात्री दोनों को ही इसकी पहचान हो सके कि यह राष्ट्रीय अथवा अंतरराष्ट्रीय कम्पनियों द्वारा संचालित जलपान-गृह है। एक

समान सुस्पष्ट चिन्ह प्रदर्शित किया जाना निकटतम घनिष्ठता बढ़ाने का एक मार्ग है। जापान द्वारा कारों और इलेक्ट्रोनिक सामान बनाया जाना और उसका 1970 के पश्चात् विश्व में व्यापक रूप से प्रसार, एक जनप्रिय रीतियों का अद्भुत उदाहरण है।

जनप्रिय रीतियों के अंतरराष्ट्रीय विस्तार ने दो समस्याओं को जन्म दिया है, जिन्हें भौगोलिक परिप्रेक्ष्य में समझा जाना चाहिए। प्रथम जनप्रिय रीतियों के प्रसार से अनेक देशों में परम्परागत लोक रीतियों (Folk Customs) के जीवित रहने के लिए संकट उत्पन्न हो गया है। दूसरे, जनप्रिय रीतियां भौतिक पर्यावरण में स्थानीय दशाओं की भिन्नता के प्रति कम अनुकूलन करती हैं। इसके परिणामस्वरूप विपरीत पर्यावरणीय अधि प्रभाव होता है। दुर्लभ संसाधनों की क्षीणता, महंगे वस्त्र और जूतों की मांग के लिए मिंक, वन बिलाव, जगुआर, कंगारू और व्हेल की विभिन्न प्रकार की खालों की मांग से इस जाति के पशुओं के लिए संकट उत्पन्न हो गया है। इसके अतिरिक्त, जनप्रिय रीतियां अपेक्षाकृत अधिक मात्रा में अवशिष्ट पदार्थ उत्पन्न करती हैं, जो पर्यावरण में इधर-उधर फेंक दी जाती हैं जिसके परिणामस्वरूप भूमि, जल, वायु, ध्वनि और उष्मा प्रदूषण में अथाह वृद्धि हो रही है।

References

Baugh, A.C. and Thomas, C., 1978, *A History of the English Language,* Englewood Cliff, Prentice Hall.

Buchman, R.H., 1963, 'Geography and Folk Life', *Folk Life Journal of the Society for Folk Life Studies* 1:5-15 Cardiff.

Delgado de Carvalho, C.M., 1962, 'The Geography of Languages' in *Readings in Cultural Geography,* Philip L. Wagner (ed.), Chicago, Chicago University Press.

Faruqi, Ismail, R., 1974, *Historical Atlas of the Religions of the World,* New York, Macmillan.

Fellmann, J. et al., 1990, *Human Geography*, New York, W.C. Brown Publications.

Hitchcock, S.T., J.L. Esposito, 2000, *Geography of Religion*, National Geographic.

Husain, M., 2011, *Geography of India*, New Delhi, Tata McGraw Hill's.

Isaac, E., 1959-60, 'Religion, Landscape and Space', *Landscape*, 9, No. 2 (1959-60), pp. 14-18.

Rubenstein, J.M., and Bacon, R.S., 1990, *The Cultural Landscape: An Introduction to Human Geography,* New Delhi, Prentice Hall.

Muller, S.H., 1964, *The World's Living Languages,* New York.

Nielsen, N.C., Jr. et al. 1983, *Religions of the World,* New York.

Sopher, D.E., 1967, *The Geography of Religions*, Englewood Cliffs, Prentice Hall.

Vogel, V.J., 1970, *American Indian Medicine,* University of Oklahan, Norman.

Wagner, P.L., 1958, 'Remarks on the Geography of Language', *Geographical Review,* January, 48, pp. 86-97.

6

विकास के प्रतिमान
Patterns of Development

विकास एक गतिशील अवधारणा है। इस अवधारणा का भिन्न-भिन्न लोगों के लिए भिन्न अर्थ है। वास्तव में, नियोजकों और विचारकों में भी विकास के अर्थ पर सहमति नहीं है। कुछ लोगों के अनुसार इसका अर्थ आय में वृद्धि होता है, जबकि अन्य नियोजन, आय, जीवन-स्तर, सुख आदि पर बल देते हैं। इसके अतिरिक्त, कुछ लोग, व्यक्तियों के जीवन की आधारभूत आवश्यकताओं पर अधिक बल देते हैं। वास्तव में, यह अनेकानेक व्यक्तियों के लिए अनेकानेक अर्थ रखता है। एक बात जिस पर सभी सहमत हैं, वह यह है कि विकास आवश्यक है; और प्रत्येक व्यक्ति इसे चाहता है, यद्यपि सभी इसे अपनी कल्पनाओं के अनुसार और शायद अपने तरीके से करना चाहते हैं।

विकास को परिभाषित इस प्रकार किया गया है, "विकास, वृद्धि, विस्तार और अंतर्निहित शक्ति के उपयोग की एक ऐसी प्रक्रिया है जिसमें संभावित प्रादेशिक संसाधनों को पूर्ण उत्पादक उपयोग में लाया जाता है।" विकासात्मक योजना को भी इस प्रकार परिभाषित किया गया है, "राज्य द्वारा कोई भी कार्य, जिसका उद्देश्य आर्थिक वृद्धि की दर को उससे ऊपर उठाना जो बिना किसी चेतन प्रयास के होता हो।" विकासात्मक योजना राज्य द्वारा बनाई जाती है, इसके आर्थिक वृद्धि और सामाजिक संरचनात्मक परिवर्तन जैसे दोहरे उद्देश्य होते हैं। विकास व्यापक होता है और प्रत्येक खण्ड, प्रदेश तथा जीवन के पक्ष को सम्मिलित करता है। किसी राज्य के विकास की उपलब्धि व्यक्तियों को उनके स्वयं की दशाओं के चुनाव के आधार पर अपना इतिहास और भूगोल बनाने का अवसर देती है। विकास की प्रक्रिया वह साधन है जिससे मानव अस्तित्व की दशाएं प्राप्त की जा सकती हैं। बाद में, वे लोगों को आवश्यक रूप से प्रकृति के साथ संकटमुक्त और शोषण रहित सम्बन्धों के समूह और आपस में उत्पीड़न व शोषण मिटाने के प्रयत्नों को उत्पन्न करने में सम्मिलित करते हैं। अतः, विकास अपने निजी सांस्कृतिक मूल्यों को अधिकाधिक प्राप्त करना है। यह विचार निम्न धारणाओं पर जोर देता है: प्रथम, विकास एक प्रक्रिया है, दशा नहीं है। द्वितीय, यह प्रक्रिया अन्ततोगत्वा मूल्यों की ओर संकेत करती है और तृतीय, संदर्भित मूल्य, पश्चिमी विश्व अथवा अन्य किसी विश्व के न होकर उन लोगों के मूल्य होते हैं जो विकास की प्रक्रिया में सम्मिलित होते हैं। विभिन्न विद्वानों ने समृद्ध जीवन के निम्नलिखित तत्वों में से किसी न किसी रूप में एक

अथवा दूसरे तत्व पर बल दिया है—(अ) सभी के लिए अधिक और बेहतर जीवन के लिए भरण-पोषणात्मक वस्तुएँ, (ब) दूसरों के लिए आदर और आत्म-सम्मान, (स) सभी प्रकार की निरंकुशता से मुक्ति और (द) सामुदायिक जीवन जो एक-दूसरे के साथ जुड़े होने की भावना को उत्पन्न करता है। ये चारों तत्व एक-दूसरे से अलग नहीं किए जा सकते हैं। उदाहरण के लिए, यदि बाद वाले तीन की कीमत पर प्रथम की प्राप्ति हो जाती है, तब उस प्रक्रिया को विकास नहीं कहा जा सकता है। विकास की योजनायें राष्ट्रीय, प्रादेशिक तथा स्थानीय स्तर पर विशेष समाज के लिए बनाई जाती हैं। सामान्य अर्थ में, 'विकास' का तात्पर्य आर्थिक वृद्धि, आधुनिकीरण, भौतिक उत्पादन, उपभोग के स्तरों में सुधार, सामाजिक, सांस्कृतिक और राजनीतिक संरचनाओं में इस प्रकार के परिवर्तनों से है कि वे 'विकसित' कहे जाने वाले देशों की अर्थव्यवस्थाओं का आभास देती हों। इस परिभाषा के अन्तर्गत विकास के अनेक लक्षणों को राष्ट्रीय उत्पादन, प्रति व्यक्ति आय, ऊर्जा उपभोग, पोषण स्तर, श्रम शक्ति की विशेषताएं और इसी प्रकार के अन्य तत्वों को सांख्यिकीय आंकड़ों के संदर्भ में परिमाणन किया जा सकता है। यदि इन सबको मिलाकर विचार किया जाए तो इस प्रकार के चर (Variable) उपलब्धि के स्तर को सही प्रदर्शित कर सकेंगे, जिसके आधार पर एक देश के विकास के स्तर की तुलना की जा सकती है।

विकास के उपागम (Approaches to Development)

विकास एक निरन्तर प्रक्रिया है जो कि स्थान और समय के साथ परिवर्तित होती रहती है। समस्त विश्व में, विशेषकर कम विकसित और विकासशील देशों में विकास की प्रकृति और उपागमों के बारे में विवाद है। विकास के प्रमुख उपागम और द्विभाजन निम्न हैं—

1. वृद्धि बनाम वितरण,
2. कृषीय बनाम औद्योगिक विकास,
3. नगरीय बनाम ग्रामीण,
4. गहन पूंजी बनाम गहन श्रम विकास,
5. केन्द्रीकरण बनाम विकेन्द्रीकरण,
6. आधुनिक बनाम परम्परागत विकास,
7. सामाजिक-आर्थिक बनाम भौतिक नियोजन।

1. वृद्धि बनाम वितरण (Growth Versus Distribution)

आर्थिक विकास और वितरण योजना के बारे में नियोजकों और निर्णायकों में गहरा विवाद है। दूसरे शब्दों में, इनमें से कुछ इस विचार का समर्थन करते हैं कि आर्थिक वृद्धि सकल राष्ट्रीय उत्पाद (GNP) के संदर्भ में नापी जानी चाहिए, जबकि अन्य वितरणात्मक न्याय और लोगों के जीवन में गुणात्मक सुधार का समर्थन करते हैं। कोई भी अकेली योजना, नियोजन के लिए सही उपागम के रूप में स्वीकार नहीं की जा सकती है। वास्तव में, दोनों के मिश्रण की आवश्यकता है।

"नियोजन के दोनों ही उद्देश्य होने चाहिए, यथा मानव और ऐसे भौतिक संसाधनों का प्रभावक रूप में उपयोग जो समाज को उपलब्ध हैं, जिनसे कि माल और सेवाओं का अधिकतम परिणाम प्राप्त किया जा सके और साथ ही आय, सम्पत्ति तथा अवसरों की असमानताएं भी कम की जा सकें।"

ऐसे अनेक सामाजिक वैज्ञानिक और अर्थशास्त्री हैं जो 'पहले विकास और उसके बाद वितरण' का समर्थन करते हैं। इस प्रकार की योजना विकासशील देशों के शासकों के विशिष्ट वर्ग के हित के लिए उपयुक्त थी। यह योजना सहायता देने वाले देशों के हितों के लिए भी उपयुक्त थी। सभी देश, जिनमें निर्धन देश भी सम्मिलित थे, इस विचार पर सहमत थे कि अर्थव्यवस्था को उठने (Take Off) दिया जाए, क्योंकि जब एक बार विकास की गति आरम्भ हो जाती है, तब सभी के हित में होता है, जिसकी सबसे बड़ी आवश्यकता होती है, वह है उत्पादन और अधिकाधिक उत्पादन। एक लम्बी अवधि में अन्ततोगत्वा वितरण 'अदृश्य हाथों' द्वारा सम्पन्न हो जाता है।

कुछ विद्वानों ने मूलभूत न्यूनतम आवश्यकताओं (Basic Minimum Needs) के विचार का समर्थन किया है। अन्य विद्धानों ने इस विचार का विरोध किया है। उनके अनुसार यह सिद्ध करना बहुत कठिन है कि कम विकसित देशों में निर्धनता बढ़ी है, क्योंकि प्रारम्भ में 'मूलभूत न्यूनतम आवश्यकताओं' (BMN) पर अधिक जोर नहीं दिया गया। वास्तव में, भारत का यदि सुदृढ़ औद्योगिक आधार विकसित नहीं हुआ होता तो देश में निर्धनता निरपेक्ष और सापेक्ष दोनों अर्थों में बढ़ी होती। 'अधिक अन्न उपजाओ' की योजना की सफलता के लिए भारत को अधिक उर्वरक, स्टील, सिंचाई के साधन और कृषि अनुसंधान की आवश्यकता थी। इस सबके लिए एक समर्थ औद्योगिक आधार बनाना आवश्यक था। कोरिया गणराज्य और ताईवान दोनों देश औद्योगीकरण के कारण ही अपनी निर्धनता दूर कर सके हैं। अधिकांश राजनीतिक और सामाजिक समस्याएं बड़ी मात्रा में विदेशी पूंजी निवेश के कारण उत्पन्न हो रही हैं। जो मूल्य उन्होंने चुकाया है और जो देश इस मूल्य को चुकाने का विरोध करते रहे हैं, वे तेजी से आगे नहीं बढ़ सके और निर्धनता के 'उपहार' पर ही जीवन व्यतीत कर रहे हैं जो उन्हें उपनिवेशकाल में पश्चिमी प्रजातंत्रों ने दिया था।

विकासशील देशों के सामने जो प्रमुख समस्या है वह उनके राज्यत्व (Statehood) के अस्थिर आधार की है। अंतरराष्ट्रीय भू-राजनीति इन देशों को अस्थिर करने का पूरा प्रयास कर रही है। वास्तविकता यह है कि अधिकांश विकासशील देशों के सकल घरेलू उत्पादों (GNP) में पिछले चार दशकों में धीमी गति से वृद्धि हो सकी है, जिसने इन देशों की निर्धनता और कंगाली को बढ़ावा दिया है। विकासशील देशों में इसलिए तीव्र आर्थिक विकास की आवश्यकता है क्योंकि इन्हें समान रूप से सामाजिक परिवर्तन की आवश्यकता है। इन देशों को अपनी सुरक्षा और उनके संभावित अप्रकट साधनों को विकसित करने के लिए एक सुदृढ़ औद्योगिक और तकनीकी आधार बनाना होगा। यह करने के लिए इन देशों को निर्धन लोगों के आर्थिक्र और सामाजिक कल्याण में तीव्र सुधार के लिए समानता और न्याय पर पर्याप्त बल देना होगा। यह सब न केवल विशुद्ध

रूप से विकास के अनुकूल और आधारभूत न्यूनतम आवश्यकताओं के अनुकूल बनाए जाने से संभव हो सकेगा, अपितु यह केवल विकास योजनाओं को आगे बढ़ाए जाने से ही संभव हो सकेगा।

यह विकासशील देशों के भी हित में होगा कि वे सकल घरेलू उत्पाद (GDP) और आधारभूत आवश्यकताओं पर समान रूप से ध्यान दें। यह सब विशेष परिस्थितियों और आवश्यकताओं पर निर्भर है। वास्तव में, सकल घरेलू उत्पाद और आधारभूत न्यूनतम आवश्यकताओं का विवेकपूर्ण मिश्रण समय की आवश्यकता है और प्रत्येक देश को इस मिश्रण को स्वयं ढूँढ़ना होगा।

2. कृषि बनाम औद्योगिक विकास (Agricultural Versus Industrial Development)

कृषि बनाम औद्योगिक विकास का विवाद भी काफी पुराना है। हालांकि द्वितीय महायुद्ध के पश्चात् यह विकासशील देशों में विकास का प्रमुख विषय बन गया है। यह विषय काफी रोचक दिखाई देता है कि विकसित देश कृषि पर बल इस आधार पर देते हैं कि अधिकांश विकासशील देशों में भोज्य पदार्थों का अभाव पाया जाता है और बढ़ती हुई जनसंख्या के साथ इसके बढ़ने की और अधिक संभावना है। तर्क दिया गया है कि विकासशील देशों के अधिकांश लोग कृषि और उससे सम्बन्धित क्रियाओं में लगे हुए हैं, अत: वे कृषि कार्य के लिए अधिक प्रशिक्षित हैं। इस क्षेत्र में अतिरिक्त निवेश करना उत्पादकता को बढ़ावा देने में सहयोग देगा जिससे अधिकांश लोगों की आमदनी की क्षमताओं में वृद्धि होगी। इसके अतिरिक्त, इससे आवश्यक विदेशी मुद्रा की बचत और उसमें वृद्धि हो सकेगी जो अन्य क्षेत्रों को विकसित करने में उपयोग में लाई जा सकती है। कृषि उत्पादन को बढ़ाने में विदेशी सहायता, तकनीकी जानकारी तथा अन्य आवश्यकताएं उपलब्ध कराई जा सकती हैं। विकसित देशों का पिछला अनुभव भी यह सिद्ध करता है कि औद्योगिक विकास से पूर्व कृषि विकास होना आवश्यक है।

इसके विपरीत, दूसरा विचार औद्योगीकरण को प्राथमिकता देता है। इसमें भी विकसित देशों का अनुभव आधार बना हुआ है। औद्योगिक क्रांति ने यूरोप, संयुक्त राज्य अमेरिका और बाद में जापान के स्वरूप को बदल दिया। अत:, विकासशील देशों को भी वही मार्ग अपनाना चाहिए। औद्योगिक विकास के ढंग के बारे में अधिक चिन्ता नहीं थी। प्रत्येक व्यक्ति इस बात से आश्वस्त दिखाई देता था कि औद्योगीकरण का मार्ग विकसित देशों के द्वारा अपनाए गए मार्ग से भिन्न नहीं हो सकता है। जिस बात की सर्वाधिक आवश्यकता होती है, वह आधारभूत उद्योगों, ऊर्जा, मशीन–टूल उद्योगों तथा इसी प्रकार के उद्योगों की स्थापना के लिए भारी पूंजी निवेश की होती है।

उपर्युक्त विवाद संतुलित बनाम असन्तुलित विकास से सम्बन्धित विवाद से निकटता से जुड़ा हुआ है। यह तर्क दिया गया है कि विकास की प्रेरणाएं किसी राष्ट्र की अर्थव्यवस्था के केवल कुछ क्षेत्रों में सफलतापूर्वक प्रारम्भ की जा सकती हैं। पिछड़े हुए क्षेत्रों को ऊपर उठने में कुछ समय लगता है और इसलिए मुख्य निवेश उन क्षेत्रों में किया जाना चाहिए, जो उच्चतर पूंजी उत्पादन अनुपात दिखाते हों। इन प्रमुख क्षेत्रों से

प्राप्त अतिरिक्त संसाधनों का पिछड़े क्षेत्रों के उद्योगों को निश्चित समयावधि में उठाने में प्रयोग किया जा सकता है।

इसके विपरीत, यह तर्क दिया गया कि एक विकासशील अर्थव्यवस्था में केवल कुछ ही क्षेत्र आधुनिक प्रौद्योगिकी को समझ सकने की स्थिति में होते हैं। यदि अधिकांश संसाधन उनकी ओर मोड़ दिए जाएंगे तो बचे हुए क्षेत्र जो राष्ट्र के घटक होते हैं, वे प्रमुख क्षेत्रों के उद्योगों के गले का पत्थर बन जाएंगे। इसके अतिरिक्त, अर्थव्यवस्था के सभी क्षेत्र इस प्रकार से अन्तर्सम्बन्धित और अन्त:निर्भर होते हैं कि एक क्षेत्र की उपेक्षा कर दूसरे को ऊपर उठाना कठिन होता है और इसीलिए संतुलित विकास की नीति की आवश्यकता होती है।

संतुलित बनाम असन्तुलित विकास पर केन्द्रित विवाद को स्थानिक क्षेत्रों तक भी बढ़ा दिया गया है। एक समूह ने स्थानिक चयनित निवेश प्रतिमान का समर्थन किया जबकि दूसरे ने स्थानिक संतुलित प्रतिमान का समर्थन किया है। संकेन्द्रित विकास के समर्थक, 'विकास ध्रुव सिद्धान्त' (Growth Pole Theory) को, अपने तर्क को वैज्ञानिक व्याख्या करने के लिए एक सुलभ उपकरण मानते हैं। अनेक विकास अर्थशास्त्रियों के लिए 'विकास ध्रुव सिद्धान्त' एक स्थान पर केन्द्रित होने का बिन्दु बन गया और विकासशील देशों ने विकास ध्रुव उपागम को 1960 के दशक में औद्योगिक विकास के उपागम के रूप में अपनाया है।

विकास ध्रुव सिद्धान्त और औद्योगिक रूढ़िवाद के समर्थक इस बात से आश्वस्त थे कि विकास निश्चित रूप से चित्तीदार (Spotty) होता है। संसाधनों की सीमितता के कारण यह सभी स्थलों पर एक साथ आरम्भ नहीं किया जा सकता है और इसीलिए कुछ ही चुने हुए स्थानों और क्षेत्रों में आरम्भ किया जा सकता है। बाद में बाकी के क्षेत्रों में बढ़ाया जा सकता है जिससे कि सभी खण्डों और प्रदेशों का अन्तत: विकास हो सके, इसे 'अधोमुखी प्रक्रिया' (Trickle Down Process) के नाम से जाना जाता है।

तथाकथित कुजनेत्स की परिकल्पना यह स्पष्ट करती है कि विकास की प्रारम्भिक अवस्थाओं में धनी और निर्धन के बीच आय में विषमताएं बढ़ेंगी किन्तु अन्ततोगत्वा कम होंगी बशर्ते कि केन्द्रित विकास के लिए मूलाधार हो। इसका अर्थ यह हुआ कि निर्धन व्यक्ति विकास के कारण बढ़ते हुए कष्टों को सहन करें और बढ़ती हुई निर्धनता को इस आशा से स्वीकार करे कि अन्तत: उनकी आय में वृद्धि होगी। लघु अवधि में ऐसा कुछ संभव नहीं है कि कोई उनके लिए कुछ कर सके।

इन तर्कों के दिए जाने के बावजूद अनुभव यह बताता है कि न तो संतुलित और न असंतुलित उपागम किसी भी विकासशील देश द्वारा बिना उसकी विकास समस्याओं को बढ़ाते हुए सिद्धान्ततः स्वीकार किया गया है। परिस्थितियों की विशिष्टता पर निर्भर करते हुए विकासशील देशों को दोनों ही उपागमों की आवश्यकता होती है। इनमें से या तो अकेले अथवा दोनों के मिश्रण को सिद्धान्त रूप में स्वीकार किया जा सकता है क्योंकि विश्व में कहीं भी अकेले प्रकार की विकास की परिस्थितियाँ नहीं हैं।

3. *नगरीय बनाम ग्रामीण विकास (Urban Versus Rural Development)*

विकास के उद्देश्यों को प्राप्त करने के साधनों के रूप में ग्रामीण विकास के विपरीत नगरीयकरण पर केन्द्रित विवाद नया नहीं है। इस विवाद के दो मुख्य आधार हैं (i) ग्रामीण और नगरीय जीवन-शैली में से कौन सी जीवन-शैली मानव जाति के लिए अधिक बेहतर है और (ii) इनमें से (नगरीयकरण अथवा ग्रामीण विकास में से) कौन सी योजना देश के विकास के लिए होनी चाहिए।

यह सामान्यत: स्वीकार किया जा चुका है कि पुरातन और परम्परागत ग्रामीण पर्यावरण, विकास के लिए प्रेरक नहीं है। मनुष्य की वर्तमान आवश्यकताओं और उपलब्धियों के साथ तालमेल में परिवर्तन की आवश्यकता है। महात्मा गाँधी, ग्रामीण विकास वे सबसे बड़े समर्थक थे, वे भी भारतीय गाँवों को परम्पराओं में लिप्त देखना नहीं चाहते थे। वे उन्हें परिवर्तित और विकसित होता देखना चाहते थे। वे बड़े नगरों को पसन्द नहीं करते थे क्योंकि ये बड़े नगर, मानव विकास के उनके समष्टिवादी और जैविक योजना में ठीक नहीं बैठते थे। गांधीजी गाँवों का पूर्ण रूपान्तरण चाहते थे, वहाँ के लोगों को बड़े नगरों की ओर प्रस्थान करने नहीं देना चाहते थे वरन् उनकी भीतर से ही विकसित हो रही कार्यशील इकाई को विकसित होता देखना चाहते थे।

आर्थिक विकास की पश्चिमी संकल्पना, जिसके नगरीयकरण और औद्योगीकरण मुख्य घटक हैं, वास्तविकता में ग्रामीण विरोधी हैं। बड़े पैमाने पर उत्पादन के लिए बड़े नगरों की आवश्यकता होती है जो उन्हें उत्पादन के लिए व्यापक कौशल और अन्य आधारभूत संरचना (Infrastructure) उपलब्ध करा सकें। इसलिए नगरीयकरण को विकास का संकेतक माना जाता है। राष्ट्रीय जनसंख्या में जितना बड़ा नगरीय तत्व होगा, उतना ही बड़ा विकास होगा, ऐसा विकास के विशेषज्ञ मानते हैं।

अधिकांश विकासशील देशों में यह धारणा रही है कि उनकी ग्रामीण समस्याओं का समाधान नियोजित नगरीयकरण है। कृषि यंत्रीकरण की प्रक्रिया, अर्द्ध नियोजित श्रमिकों को छुटकारा देगी, जो बड़े नगरों में स्थापित बढ़ते उद्योगों की ओर आकर्षित होंगे। श्रमिकों को समा लेने तथा अर्थव्यवस्था के अन्य क्षेत्रों की बढ़ती माँगों की पूर्ति के लिए नए औद्योगिक केन्द्र अतिरिक्त क्षमताएं बढ़ाने के लिए स्थापित किए गए।

साठ के दशक के अंतिम वर्षों में यह स्पष्ट हो गया था कि औद्योगिक उत्पादों के लिए न तो पर्याप्त बाजार उपलब्ध थे और न विकसित देशों द्वारा विकासशील देशों को औद्योगिक आधार बनाने के लिए सहायता ही प्रदान की गई। विकसित देश, विकासशील देशों की केवल उस समय तक उन आवश्यकताओं की सहायता करने को तैयार थे, जब तक कि उनके हितों को प्रभावित न करते हों।

सभी विकासशील देशों में पुराने अनुभवों से यह मोह भंग होता जा रहा है, किन्तु यह स्थिति उन देशों में और भी अधिक है जो मुख्यत: ग्रामीण हैं और जहाँ तीव्र गति से बढ़ती जनसंख्या ने निर्धन की आय और आमदनी में सीमान्त वृद्धि को भी खत्म कर दिया है। चूंकि इन देशों की अधिकांश जनसंख्या ग्रामीण क्षेत्रों में निवास करती है, इन क्षेत्रों में ग्रामीण विकास प्रक्रियाओं में वृद्धि किए जाने की माँग बढ़ती जा रही है।

विशेषकर एशिया और अफ्रीका के ग्रामीण क्षेत्रों में विकास की आवश्यकता अधिक तीव्रता से अनुभव की जा रही है क्योंकि वहाँ पर्यावरण और भूमि की भरण-पोषण की क्षमता से अधिक जनसंख्या में वृद्धि हो रही है अथवा उससे अधिक होती जा रही है, जहाँ वास्तविक मजदूरी लगभग स्थिर रही है और जहाँ सामाजिक-आर्थिक संरचनात्मक परिवर्तन बहुत धीमे हो रहे हैं और जहाँ पिछले विकास के प्रयासों ने निर्धन किसान वर्ग को विकास के लक्ष्य और साधनों की पहुंच से दूर रखा है।

पचास और साठ के दशकों में नियोजकों और नीति नियामकों ने ग्रामीण क्षेत्रों को अन्तर्वर्ती क्षेत्र माना। उन्होंने सोचा था कि जैसे ही नगरीय विकास प्रक्रिया इन ग्रामीण क्षेत्रों को अपने में आत्मसात कर लेगी, ये लोप हो जाएंगे। किन्तु अनुभव यह बताते हैं कि ग्रामीण क्षेत्र, उनकी समस्त विद्यमान समस्याओं समेत वहीं पर स्थिर है। ग्रामीण क्षेत्र से प्रवास की वर्तमान दर के होते हुए भी ग्रामीण क्षेत्र में निवास करने वाले लोगों की संख्या 1980 की अपेक्षा सन् 2000 ई. में और अधिक हो जाएगी। एक देश के बाद दूसरे देश ने यह पूर्ण रूप से अनुभव किया है कि विकास की इस समस्या का समाधान पश्चिमी देशों के नमूने के आधार पर अनिवार्य रूप से नगरीयकरण और औद्योगीकरण नहीं है, बल्कि यह आत्मनिर्भर विकास की एक ऐसी प्रक्रिया में है जिसमें दूसरों के अनुभवों और स्थानीय लोगों की प्रतिभा को सम्मिलित कर उपलब्ध ज्ञान, प्रौद्योगिकी और संसाधनों का अधिकतम उपयोग किया जाए।

विकास के लिए इस पलटे हुए उपागम में कुछ प्रश्न उभर कर सामने आए हैं। क्या बिना नगरीयकरण के ग्रामीण क्षेत्र का विकास संभव है और बिना ग्रामीण विकास के नगरों का विकास संभव है? क्या विश्व में कोई ऐसा देश है जिसने पूर्ण रूप से नगरों अथवा ग्रामीण क्षेत्रों के विकास के आधार पर निर्भर रह कर विकास किया हो? यदि इनका उत्तर नहीं में है, तब इस समस्या को भिन्न प्रकार से देखना होगा। प्रश्न यह नहीं है कि ग्राम अथवा नगर में से किसे पहले विकसित किया जाए जिससे कि विभिन्न राष्ट्रीय, प्रादेशिक और स्थानीय आवश्यकताएं पूरी हो सकें। जैसा कि पूर्व में कहा जा चुका है कि अधिकांश विकासशील देश अपनी हाल में प्राप्त की गई स्वतंत्रता को अभी भी संगठित करने की प्रक्रिया में हैं और उन्हें शक्तिशाली राष्ट्र बनना है। अनेक बड़े नगर केन्द्र उद्यमियों के लिए मिलकर कार्य करने के लिए एकत्रित होने के बिन्दु बन गए हैं जो आर्थिक आधार उपस्थित कर सकें और जिस पर एक निर्धन राष्ट्र विकसित हो सके। इन कुछ बड़े नगरीय केन्द्रों और अनेक बड़ी ग्रामीण बस्तियों के बीच छोटे और अन्तर्वर्ती कस्बे होते हैं जिनमें रहने वालों का जीवन किसी भी प्रकार से ग्रामीण क्षेत्रों में पाए जाने वाले जीवन से बेहतर नहीं होता है। ये कस्बे, छोटे गाँवों और बड़े नगरीय केन्द्रों के बीच सामाजिक-आर्थिक अन्तर के लिए सेतु होते हैं। इसलिए यह कहना गलत होगा कि विकास की नीति में नगरीय पक्षपात रहता है। यदि कोई पक्षपात रहता भी है तो वह किसी विशेष प्रतिमान के पक्ष में रहता है। यह स्पष्ट है कि विकासशील देशों में ग्रामीण जनसंख्या का एक बड़ा भाग पूर्व अनुमानित भविष्य तक निरन्तर बना रहेगा। नगरीयकरण उनका समायोजन नहीं कर सकेगा, क्योंकि आधुनिक उद्योग इतने अधिक लोगों को

नियोजित नहीं कर सकेंगे और नगरीय अर्थव्यवस्था के अनौपचारिक क्षेत्र की स्वयं की भी सीमाएं हैं। ग्रामीण जनसंख्या का जीवन स्तर ऊंचा उठाने का केवल एक ही मार्ग है। अतः ग्रामीण विकास का सारांश में अर्थ है, कृषि और उससे सम्बन्धित क्रियाओं का अधिक उत्पादन और ग्रामीण तथा नगरीय व्यवस्था के बीच जैवकीय सम्बन्ध।

वास्तव में, समस्त विकास प्रक्रियाएं इस प्रकार से मिलाई जानी चाहिए कि नगरीयकरण को ग्रामीण विकास की वृद्धि करनी चाहिए और ग्रामीण विकास को नगरीय विकास का समर्थन करना चाहिए। इन दोनों प्रक्रियाओं का मिश्रण इस प्रकार से किया जाना चाहिए कि जो ऐसी स्थिति को बढ़ावा दे जिसमें नगरीय और ग्रामीण क्षेत्रों के बीच आय, उत्पादकता, समाज सेवाओं और सामान्यतयाः जीवन के स्तर में अन्तर को यथार्थ रूप में कम किया जा सके। यह विकासशील देशों का कार्य है कि वे नगरीय-ग्रामीण रूपान्तरण को, जैसा ऊपर वर्णित किया गया है, प्रोत्साहित करें और दोनों क्षेत्रों का विरोधाभासी विकास, जैसा नगरीय-ग्रामीण रूढ़िवादियों ने प्रचारित किया है, दूर करें।

4. पूंजी बनाम सघन श्रम उपागम (Capital versus Labour Intensive Approach)

क्या विकासशील देशों को आधुनिक प्रौद्योगिकी का अपना लेना चाहिए अथवा उचित प्रौद्योगिकी पर भरोसा करना चाहिए, यह भी विवाद का एक अन्य महत्वपूर्ण बिन्दु है। ऐसे अनेक लोग हैं जो चाहते हैं कि विकासशील देशों को विकसित देशों की आधुनिक प्रौद्योगिकी प्राप्त कर प्रौद्योगिक अनुसन्धान और विकास अपना लेना चाहिए। वे विकास की दौड़ में देर से आने के लाभों की ओर संकेत करते हैं, उनके कहे अनुसार इन लाभों का पूरा लाभ उठाना चाहिए।

दूसरी ओर वे लोग हैं जो चाहते हैं कि उपलब्ध प्रौद्योगिकी मानवीय कौशल के अनुरूप होनी चाहिए। वे चाहते हैं कि विकासशील देश उपयुक्त प्रौद्योगिकी उपयोग में लाएं जो अकुशल, अशिक्षित और अभावग्रस्त जनसंख्या के संदर्भ में हो और जिसका अर्थ है कि साधारण उपकरण जैसे बैलगाड़ी, उन्नत हल, हैण्डपम्प आदि उपयोग में लाए जा सकें। उनके लिए जो छोटा है, वह सुन्दर है और बड़ा असुन्दर होता है। इस प्रकार के लोग सादा जीवन और उच्च विचार, ग्रामीण जीवन, कृषि, कुटीर और लघु उद्योग आदि को प्रेरित करना चाहते हैं।

लोगों के तीसरे समूह के अनुसार विकासशील देशों को विकसित वैज्ञानिक और तकनीकी ज्ञान प्राप्त करना चाहिए किन्तु, अत्यधिक विकसित मशीनें नहीं। वे चाहते हैं कि विकासशील देशों को इस ज्ञान को लोगों के कौशल और आवश्यकता के अनुसार मशीनें विकसित करने में लगाना चाहिए। उदाहरण के लिए, भौतिकी का विकसित सिद्धान्त हवाई जहाज, स्टील मिल बनाने की अपेक्षा बैलगाड़ी, पवन चक्कियों, पानी निकालने के तरीके आदि को सुधारने में उपयोग में लाया जा सकता है। उनके अनुसार, साधारण मशीनों में सुधार के लिए विकसित वैज्ञानिक ज्ञान की आवश्यकता होती है। इस ज्ञान को उन वस्तुओं को सुधारने में उपयोग में क्यों नहीं लिया जाए जो लोगों को सीधे और तत्काल लाभ पहुंचाने वाली हों।

इनमें से कोई भी विकासशील समाजों की उभरती हुई आवश्यकताओं के तर्कों का सामना करते नहीं जान पड़ता है। एक राष्ट्र के रूप में बने रहने के लिए आधुनिकतम तकनीकी जानकारी जो उनके अज्ञात संसाधनों को काम में लाने के लिए आवश्यक है, कम विकसित देशों की पहुंच में होनी चाहिए, किन्तु निर्धन और अशिक्षित लोग जो अधिक संख्या में हैं, राष्ट्र निर्माण की प्रक्रिया में सक्रिय भाग लें, वे न केवल सहन करें लेकिन परम्परागत तकनीकों को सुधारें और प्रेरित करें।

यह सरल कार्य नहीं है क्योंकि तकनीकी अन्तर की मेंढ़ककूद के लिए किसी समाज को पर्याप्त मात्रा में वैज्ञानिकों, तकनीशियनों और अभियन्ताओं की आवश्यकता होती है और इनमें से कोई भी बिना तकनीकी ठोस आधार के तुरन्त उपलब्ध नहीं हो सकते हैं। इसका अर्थ यह हुआ कि कोई भी व्यक्ति प्राथमिक विद्यालय से पी.एच.डी वर्ग तक की छलांग लगा सकता है क्योंकि बीच का ज्ञान पहले से ही छपे रूप में उपलब्ध है। विकासशील देशों को विज्ञान, प्रौद्योगिक अनुसन्धान और विकास के संस्थानों द्वारा एक अच्छा आधार स्थापित करना होगा। विकसित और विकासशील देशों के बीच बढ़ते तकनीकी अंतर को पाटने के लिए विकासशील देशों को इस दिशा में आपस में सहयोग की आवश्यकता है।

यह कहना कि विकासशील देशों को पूर्णरूप से परम्परागत लघु उद्योगों पर केन्द्रित और निर्भर रहना चाहिए, उनको पिछली कई शताब्दियों में प्राप्त मानव उपलब्धियों से वंचित करना है। यह एक प्रकार से मनुष्य के आगे बढ़ने और उन्नति करने के लिए नवाचारी क्षमताओं के द्वार बन्द कर देने के समान है। 'छोटा अथवा लघु सुन्दर है', यह तभी संभव है, जब उसे केवल बदसूरत बड़े के संदर्भ में देखा जाए। क्या प्रत्येक बड़ी वस्तु असुन्दर होती है? यहाँ तक कि चीन जैसे देश ने जिसने 'परम्परागत प्रौद्योगिकी' के विचार को विकसित किया था, बीच में ही छोड़ दिया। इसके विपरीत, उस देश में अधिक संतुलित उपागम के पक्ष में विचार किया जाने लगा और उसकी नीति यह रही की चयन का निर्धारण जरूरत के आधार पर किया जाए, केवल सिद्धान्तों के द्वारा नहीं।

विकासशील देशों में द्वैतवादी सामाजिक-आर्थिक और तकनीकी संरचनाएं जनसंख्या के एक बड़े भाग को आधुनिक प्रौद्योगिकी से दूर रखती हैं। यह महत्वपूर्ण है कि परम्परागत प्रौद्योगिकी उनके लाभ के लिए प्रोत्साहित की जाए। इसका हालांकि यह अर्थ कदापि नहीं है कि आधुनिक प्रौद्योगिकी की उपेक्षा की जाए। प्रौद्योगिकी स्थिर तत्व नहीं है, यह ऐसी है जो सर्वदा विकसित होती रहती है। नवीन प्रौद्योगिकी जिसके बारे में कई लोगों को आपत्ति है, मनुष्य की उपलब्धि का हिस्सा है। हमें इसे फेंक देने का प्रयास नहीं करना चाहिए, अपितु इसका उपयोग मनुष्य के भले के लिए करना चाहिए।

प्रौद्योगिकी के बारे में विवाद से ही जुड़ा हुआ 'आकार' का विषय भी है। विकास परियोजनाओं का आकार क्या होना चाहिए? कुछ लोगों का विचार है कि परियोजना बड़ी होनी चाहिए, जबकि अन्य का विचार है कि बड़ी परियोजनाएं बहुत महंगी होती हैं, इन्हें एक लम्बे गर्भावधि (Gestation) काल की आवश्यकता होती है और ये निवेश पर लाभ की दृष्टि से सक्षम नहीं होती हैं। ऐसे लोग छोटी परियोजनाओं पर अधिक बल देते हैं।

यहाँ पुन: ऐसा प्रतीत होता है कि विकासशील देशों की समस्याओं का मूल्याँकन अवास्तविकता पर आधारित विवाद है। यह पूर्ण रूप से समझा जाना चाहिए कि इन देशों में अप्रकट संसाधनों के काम में लाए जाने के लिए काफी कुछ किया जाना है। जल संसाधनों के विकास के लिए बड़ी नदियों पर बाँध बना कर रोका जाना है, छोटी नदियों को काम के लिए उपयोगी बनाना है, कुएं खोदे जाने हैं, और चिनाई वाले कुएं, सिंचाई के लिए तालाब और नहरों का निर्माण किया जाना है। नदी से सिंचाई संभावनाओं को उपयोग में लाने के लिए एक बड़ा बाँध बनाने की आवश्यकता है। उसी समय भूमिगत जल संसाधनों को उपयोग में लेने के लिए बड़ी परियोजना की आवश्यकता नहीं होती है। स्टील निर्माण-उद्योग का उदाहरण लीजिए यदि किसी देश में लौह-अयस्क संसाधन उपलब्ध हैं तो उस विकासशील देश को लौह-इस्पात उद्योग स्थापित करना चाहिये, चाहे विकसित देशों से सस्ता इस्पात आयात किया जा सकता हो। लोहा-इस्पात भट्टियों पर निर्भर नहीं रह सकता, इसके लिए बड़ी इस्पात मिलों की आवश्यकता होती है। लोहारगीरी प्रत्येक गाँव में की जा सकती है। इसी प्रकार इलेक्ट्रॉनिक उद्योग छोटी-छोटी इकाइयों में स्थापित किया जा सकता है। विकासशील देशों के संदर्भ में छोटी और बड़ी दोनों ही प्रकार की परियोजनाओं की आवश्यकता होती है। कौन सी परियोजना कहाँ पर स्थापित की जानी चाहिए, यह विशेष परिस्थितियों और आवश्यकताओं पर निर्भर करता है।

इस संबंध में, एक संतुलित और व्यावहारिक दृष्टिकोण की आवश्यकता है। वास्तव में, बड़े उद्योगों अथवा छोटे उद्योगों का चुनाव किया जाए अथवा नहीं, यह प्रश्न नहीं है, प्रश्न यह है कि कहाँ और कब छोटे उद्योग स्थापित किए जाएं जो लोगों को अधिक लाभ पहुँचा सकें। आवश्यकता और क्षमता के आधार पर चयन किया जाना चाहिए, न कि 'बड़ा लाभकारी होता है और छोटा सुन्दर' होता है, की सनक के आधार पर यह चयन हो।

5. केन्द्रीकरण बनाम विकेन्द्रीकरण (Centralization Versus Decentralization)

एक विकासशील देश में केन्द्रीय सत्ता किस सीमा तक अर्थव्यवस्था और राजनीति को नियंत्रित करे, यह प्रश्न पिछले कुछ समय से विवाद का विषय रहा है। सामान्यत: अधिकांश विकासशील देशों में यह प्रवृत्ति रही है कि निर्णय लिए जाने की शक्ति केन्द्रित रहे। हालांकि विकेन्द्रीकरण के समर्थक इस विचार से सहमत नहीं हैं और वे ऐसा ढाँचा चाहते हैं जिसमें केन्द्रीय शक्ति की केवल सीमित भूमिका रहे।

प्राय: यह कहा जाता है कि केन्द्रीयकरण, सार्वजनिक सहभागिता जो कि विकास का महत्वपूर्ण पक्ष है, को कमजोर करता है। अंतिम विश्लेषण के अनुसार विकास का अर्थ है लोगों का विकास, जिससे तात्पर्य है सही समय पर निर्णय करने की उनकी योग्यता में वृद्धि तथा उनके पर्यावरण के ज्ञान सम्पन्न समझ की दृष्टि से उनके भविष्य का निर्माण करना है। इनमें से किसी की भी प्राप्ति तब तक नहीं हो सकती, जब तक कि उनसे सम्बन्धित विषयों पर निर्णय कोई ऊपर की उच्च एजेन्सी न ले। वास्तव में, एक

स्वस्थ समाज के लिए एक विकेन्द्रित व्यवस्था जिसमें भागीदारी नीचे से हो, विकास के लिए आवश्यक है।

कुछ देशों की सरकारें यह तर्क देती हैं कि उनके नागरिक अभी तक इस योग्य नहीं हो सके हैं कि वे विकास की जिम्मेदारी को सम्भाल सकें। इसी विचार से नियंत्रित प्रजातंत्र और सीमित मताधिकार का विकास हुआ है। इनके विपरीत वे लोग हैं जो प्रत्येक वस्तु का विकेन्द्रीकरण अभी और इसी समय करने को तैयार हैं। वे एक ऐसी सरकार का विचार करते हैं जो सक्रिय समुदायों से जनता के निचले स्तर से ऊपर उठे।

केन्द्रीय सत्ता को शक्तिशाली बनाने की प्रवृत्ति सारे विश्व में दोनों ही विकसित और विकासशील देशों में देखी जा सकती है। यह कुछ सीमा तक इसलिए भी है क्योंकि अभी तक राष्ट्रीय व्यवस्थाएं परिपक्व नहीं हो सकी हैं। अनेक राष्ट्रीय व्यवस्थाओं अथवा सभ्यताओं का पतन भूतकाल में इसलिए हो गया क्योंकि उनकी केन्द्रीय सत्ता कमजोर थी। एक समय में जबकि यूरोप राष्ट्रीय शासन की धारणा की ओर बढ़ रहा था, भारत में 16वीं शताब्दी के मध्य में परिपक्व राष्ट्रीय व्यवस्था अकबर महान के समय में स्थापित थी। जैसे ही उसकी केन्द्रीय व्यवस्था कमजोर हुई (मुख्यत: इसलिए कि इसने राष्ट्र की सामाजिक-आर्थिक वास्तविकताओं से सम्बन्ध तोड़ दिया था), व्यापारियों और सैनिकों के छोटे समूह देश में बस्ती बसाने में समर्थ हो गए। इन सीखों को भारत अभी भूला नहीं है। कई अन्य विकासशील देशों के भी इसी प्रकार के अनुभव रहे हैं। इन अनुभवों से उत्पन्न भय को दूर करने में अभी काफी समय लगेगा। देशों की नई अंतरराष्ट्रीय व्यवस्था की ओर हो रही प्रगति पर बहुत कुछ निर्भर करता है।

जो लोग स्थानीय समुदायों के आधार पर विकेन्द्रित सरकार के ढाँचे का समर्थन करते हैं, वे अनेक प्रकार से अवास्तविक हैं। सर्वप्रथम ये लोग सरकार को एक आदर्श प्रकार की व्यवस्था मानते हैं जिसमें लोग सर्वोच्च होते हैं बिना इसको परिभाषित किए कि लोग किस प्रकार के हैं। प्लेटो की 'रिपब्लिक' के समान उनकी ग्राम/समुदाय गणतंत्र की अवधारणा, एक अवधारणा के रूप में तो अच्छी है किन्तु आज की वास्तविकताओं के क्षेत्र से दूर है। दूसरे विकेन्द्रीयकरण व्यवस्था के समर्थक प्राय: इस व्यवस्था को विकासशील देशों के लिए ही प्रस्तुत करते हैं जैसे कि आर्थिक दृष्टि से विकसित देशों को इसकी आवश्यकता नहीं है।

तानाशाही रूप में केन्द्रीयकरण बुरा है, और इसी प्रकार से अराजक विकेन्द्रीकरण भी बुरा है। ये दोनों ही जीवन्त समाज के विकास के लिए प्रेरक नहीं हैं। हमें दोनों के व्यावहारिक मिश्रण की आवश्यकता है। पूर्ण रूप से विकेन्द्रीकरण के लिए प्रयत्न करना अकल्पनाशील है जबकि राष्ट्रीय सीमाएं अभी भी संगठित किए जाने की प्रारम्भिक अवस्था में हैं। केवल विकसित देश ही शासन व्यवस्था के विकेन्द्रीकरण की स्थिति में हैं और वे इसका मार्गदर्शन कर सकते हैं। किन्तु ये देश विकासशील देशों के लिए विकेन्द्रीकरण की सिफारिश करने को पसन्द करते हैं क्योंकि विकसित देश एक ऐसे स्तर पर पहुँच गए हैं कि जहाँ संरचनात्मक परिवर्तन की आवश्यकता नहीं है।

यह भी कहना उतना ही अकल्पनाशील और बुद्धिहीन है कि लोग अभी जिम्मेदारी उठाने को तैयार नहीं हैं, अत: केन्द्रित दमनात्मक व्यवस्था आवश्यक है। उत्तरदायी लोग पैदा नहीं होते हैं, वे सामाजिक व्यवस्था की उपज होते हैं जिसमें उनका पालन-पोषण होता है। आप अनुत्तरदायी शासन व्यवस्था में लोगों से उत्तरदायी ढंग के व्यवहार की आशा नहीं कर सकते। उत्तरदायी नागरिकता, उत्तरदायी समाज की उपज होती है जो एक दिन में तैयार नहीं की जा सकती। इसे तो निरन्तर विकसित किया जाता है और बनाए रखा जाता है। लोगों को अपने आपको शासित करने की जिम्मेदारी डालना, इस प्रकार के समाज के निर्माण करने का सही मार्ग है। लोग गलती करेंगे और उससे शिक्षा लेंगे, उन्हें राष्ट्रीय पुनर्निर्माण के आधार स्तम्भ बनना होगा। अत: प्रत्येक देश को विकास की प्रत्येक अवस्था पर केन्द्रीकरण और विकेन्द्रीकरण के बीच गतिशील संतुलन प्राप्त करने के लिए कठोर प्रयास करना चाहिए।

'विकास ऊपर से हो अथवा नीचे से', यह इस विवाद का एक अन्य संस्करण है। अधिकांश विकासशील देशों की निर्धनता मिटाने में पर्याप्त मात्रा में तीव्र विकास करने में असमर्थता रही है, इससे अनेक सिद्धान्तवादियों को यह विचार प्रस्तुत करने का कारण मिल गया है कि यह सब केन्द्रीय अथवा ऊपर से नीचे की ओर विकास की असफलता के कारण है। वास्तव में, जैसा अन्य सिद्धान्तों और उपागमों के बारे में है, उन प्रत्यक्ष कारणों और कारकों पर केन्द्रित करने की प्रवृत्ति है जो विकासशील देशों के कन्धों पर दोष रख सकें। अभी हाल तक अधिकांश पश्चिमी देश सिद्धान्तवादी मूलभूत कारणों में जाने को तैयार नहीं थे। इस दोषारोपण के निरन्तर चलते कि केन्द्रीय नियोजन अथवा ऊपर से नीचे विकास प्रक्रिया विकासशील देशों में बढ़ती निर्धनता के लिए मुख्य रूप से दोषी है, इसी अनिच्छा का परिणाम है।

जो लोग ऊपर से विकास का विरोध करते हैं, वे चाहते हैं कि विकासशील देश विकास नीचे से प्रारम्भ करें। इस प्रकार के विकास का पलटाव निम्न बातों में सहायक होगा—(i) यह लोगों की आधारभूत आवश्यकताओं की पूर्ति करेगा, (ii) विकास में लोकप्रिय सहयोग को बढ़ावा देगा, तथा (iii) स्वेच्छा के आधार पर विकास के लिए मानवीय संसाधनों और सामग्री को संगठित करेगा। ऊपर से केन्द्रीय नियोजन और विकास ऐसी प्रक्रियाएं हैं जो मानव जाति को केवल सांख्यिकीय इकाई के रूप में स्वीकार करती हैं और उन विषयों और समस्याओं पर ध्यान केन्द्रित करती हैं जो राष्ट्रीय महत्व की होती हैं और जो कठिनाइयाँ लोगों के सामने आती हैं, इस प्रक्रिया में उन्हें प्राय: छोड़ दिया जाता है अथवा उनको कम महत्व दिया जाता है।

यह सही है कि केन्द्रीय नियोजन और ऊपर से विकास के आलोचकों द्वारा जो कहा जाता है, उसमें कुछ गुण हैं, किन्तु समस्या के बोध के बारे में उनका ज्ञान अवास्तविक है। विकास एक जटिल प्रक्रिया है, यह सामाजिक परिवर्तन की प्रक्रिया है। यह बहुआयामी है और इसे ऊपर, नीचे तथा पार्श्व में से एक साथ कार्य करना चाहिए। यहां नीचे से ऊपर बनाम ऊपर से नीचे का प्रश्न नहीं है। यह दोनों के विश्वसनीय मिश्रण का प्रश्न है ताकि विकासशील देश चुनौतियों का सामना कर सकें। इनमें से किसी एक

का उपयोग दूसरे पर विचार किए बिना तथा आगे की विकासीय समस्याओं को उलझाए बिना नहीं किया जा सकता। विकास एक कार्य है वह केवल अच्छी प्रकार से तभी पूरा किया जा सकता है, जब यह समाज के सभी पक्षों और स्तरों को प्रभावित सके। इसको न तो केवल ऊपर से नीचे और न नीचे से ऊपर, किन्तु सभी अन्तर्वर्ती स्तरों से प्रारम्भ किया जा सकता है।

6. आधुनिक बनाम परम्परागत (Modern Versus Traditional)

अभी एक नया विवाद जो विकास के विवाद में उभर कर सामने आया है, वह आधुनिक बनाम परम्परागत पर केन्द्रित है। एक विचारधारा के अनुसार विकास एक प्रक्रिया है जिसके द्वारा परम्परागत विचारों और ढांचों का स्थान आधुनिक विचारों द्वारा लिया जाना चाहिए, जबकि दूसरी विचारधारा विकासशील समाज को अतीत की ओर ले जाने का प्रयास करती है और आधुनिकता से घृणा करती है। कुछ लोगों का विचार है कि अल्पविकसित होने का मुख्य कारण परम्परावाद है, जबकि अन्य लोग आधुनिकता को विकासशील देशों में निर्धनता सहित सभी बुराइयों की जड़ मानते हैं।

'परम्परा' को प्राय: पुरातन और आधुनिक समाज के लिए अप्रासंगिक रूप से सम्बद्ध किया जाता है, इसकी अन्तर्मुखी दृष्टि होती है और जो प्रगति को बाधित करती है। 'आधुनिकता' परम्परा विरोधी और परिवर्तनशील होती है। सामान्य भाषा, में यह पश्चिमी है और विकास के लिए प्रेरक है। आधुनिकीकरण और पश्चिमीकरण दोनों को प्राय: एक-दूसरे का पर्यायवाची समझा जाता है। परिणामस्वरूप जब परम्परागत ढंग, पश्चिम के देशों द्वारा अपनाया जाता है, तो यह आधुनिक हो जाता है। उदाहरण के लिए लगभग 1960 के आसपास तक पश्चिम के देशों में स्तनपान कराना बुरा समझा जाता था। विकासशील देशों में भी माताओं द्वारा बोतल से दूध पिलाना आरम्भ कर दिया था क्योंकि स्तनपान करना पिछड़ापन समझा जाने लगा था। किन्तु जैसे ही पश्चिम के देशों में स्त्रियों ने स्तनपान कराना आरम्भ किया तो कम विकसित देशों में भी यह प्रथा पुन: आधुनिक हो गई। एक अन्य रोचक उदाहरण टॉपलैस परिधान का दिया जा सकता है। यह पहनावा आदिवासी स्त्रियों द्वारा पहना जाता था जिसे पारम्परिक समझा जाता था, किन्तु वही पहनावा (पोशाक) पश्चिम की स्त्रियों द्वारा पहना जाने लगा तो वह आधुनिक समझा जाने लगा। नग्नता (अनावरणता) को अछूते वन प्रदेशों में परम्परागत समझा जाता है, किन्तु प्रदूषित समुद्री तटों पर इसे आधुनिक माना जाता है।

अभी हाल तक विकासशील देशों में परम्परा विरोधी मनोदशा प्रचलित थी। कोई भी पुरानी और पारम्परिक बात को बुरा और अप्रचलित समझा जाता था, उसे आधुनिकीकरण के नाम पर छोड़ देने का प्रयास किया जाने लगा था। प्रत्येक पश्चिमी वस्तु आधुनिक है। पश्चिमी से यहां तात्पर्य औद्योगिकीकरण, ऊंचे वेतन, कौशल का उच्च स्तर और शिक्षा, व्यक्तिगत स्वतंत्रता और इसी के समान 'संस्कृति' के ऊंचे स्तर से है। पश्चिमी गौरव (Classic) ग्रन्थ, पश्चिमी संगीत, पश्चिमी कला, पश्चिमी जीवन-शैली और रहने के ढंग को प्रशंसनीय समझा जाने लगा और सब कुछ स्थानीय और पारम्परिक के प्रति उपेक्षा प्रकट की गई। प्रत्येक वस्तु का मूल्यॉंकन पश्चिमी मानदण्ड द्वारा किया जाता है।

अब विकासशील देशों के लिए समय आ गया है, जब पश्चिम से आने वाली प्रत्येक वस्तु की प्रशंसा को रोका जाना चाहिए। इन देशों को अपनी पुरानी सांस्कृतिक विरासत की ओर देखना होगा और एक संश्लेषण प्रहार के लिए प्रयास करना होगा, जो उनको बीसवीं सदी की चुनौतियों से मुकाबला करने में सहायता कर सके। पश्चिम का अंधानुकरण खतरनाक है, किन्तु मध्यकालीन जीवन को पुनर्जीवित करना न केवल व्यर्थ होगा, अपितु अनर्थकारी भी सिद्ध होगा। अपनी स्वयं की संस्कृति को मार्गदर्शन के लिए पीछे देखने का अर्थ यह कदापि नहीं है कि संस्कृति वैसी होगी जैसी आरम्भ के समय थी। संस्कृति शब्द का अर्थ है कि जो कुछ समय के द्वारा संवर्धित हुई हो। समय के प्रति असंवेदनशील होना स्वयं के भविष्य के प्रति असंवेदनशील होना है।

7. सामाजिक-आर्थिक बनाम भौतिक नियोजन
(Socio-Economic Versus Physical Planning)

नगर-अभियन्ता और वास्तुकार (Architect) भौतिक नियोजन का समर्थन करते हैं। वे अपने आपको वास्तविक नियोजक कहते हैं। वे नगर अभियांत्रिकी, वास्तुकला और आधारभूत ढाँचे के बारे में जानकारी रखते हैं, थोड़ा बहुत समाजशास्त्र और राजनीति विज्ञान के बारे में भी जानकारी रखते हैं, किन्तु जिन लोगों के बारे में वे योजनाएं बनाते हैं, उनके बारे में बहुत कम जानते हैं। स्थान और लोगों की समस्याओं का ध्यान रखे बिना उनके पास कुछ फार्मूले होते हैं। वास्तव में, उनका मुख्य कार्य लोगों को यह स्पष्ट करना होता है कि उन्हें किस प्रकार रहना चाहिए और यह भी देखना कि जो इस नियम को तोड़ते हैं, कभी-कभी सरसरी तौर पर उन्हें दण्डित भी किया जाता है।

इन नियोजकों की समितियां, जैसे नगर नियोजक संस्थान (Institute of Town Planners), नियोजकों की समिति (Association of Planners), पर्यावरण नियोजकों का संस्थान आदि हैं। इन संस्थाओं का मुख्य उद्देश्य जो अलिखित होता है, इसी प्रकार के लोगों तक इन संस्थाओं में प्रवेश सीमित रहता है। भारत और कनाडा जैसे देशों और अन्य देशों में भी किसी भी व्यक्ति को अपने आपको नियोजक बताने से रोका गया है, जब तक कि उसके पास भौतिक नियोजन संस्था से नियोजन सम्बन्धी कोई उपाधि न हो।

उत्तर द्वितीय महायुद्ध काल में आर्थिक नियोजन, राष्ट्रीय विकास के पुनरुत्थान का मुख्य साधन बन गया, जबकि भौतिक नियोजन ने अपना मूल महत्व खो दिया। यह अधिक व्यापक व्यवस्था का एक हिस्सा बन गया जिसका मुख्य कार्य साधनहीन करोड़ों लोगों के जीवन को, ऐसे साधनों से परिवर्तित करना था जो भौतिक नियोजन के क्षेत्र से बहुत दूर थे। अर्थशास्त्री जो इस कार्य में अगुआ थे, उन्होंने भौतिक नियोजकों की विशिष्ट भूमिका जो उनके अपने क्षेत्र में थी जैसे गृह निर्माण, स्थान नियोजन (Site Planning), निर्माण आदि को अस्वीकृत तो नहीं किया, किन्तु नीति निर्माण और समग्र नियोजन में भौतिक नियोजकों के नेतृत्व को अस्वीकार कर दिया। केन्द्रीय नियोजन में रूस के अनुभव और द्वितीय महायुद्ध के पश्चात् राष्ट्रीय पुनरुत्थान सम्बन्धी समस्याओं के

समाधान करने में अर्थशास्त्रियों की भूमिका ने उनके मनोबल को बढ़ावा दिया, अब राष्ट्रीय नियोजन के लिए अर्थशास्त्री ही पूर्ण रूप से उत्तरदायी हैं।

भौतिक नियोजकों को विकास प्रशासकों द्वारा भी चुनौती दी गई। विकास प्रशासकों के पास राष्ट्रीय प्रादेशिक और स्थानीय योजनाओं के क्रियान्वयन का अधिकार और जवाबदेही होती है। भौतिक नियोजकों की तुलना में वे लोगों के अधिक निकट होते हैं। अब नगरीय विकास, गन्दी बस्ती सुधार, जलापूर्ति, विद्युत आदि इनके अधिकार में होते हैं तथा इनके जिनके जिम्मे वे काम रहते हैं जो पहले केवल भौतिक नियोजकों का कार्य क्षेत्र होता था। यह इस कारण संभव हो सका क्योंकि भौतिक नियोजक न तो नीति निर्माण और न प्रबन्ध विज्ञानों में प्रशिक्षित होते हैं।

अर्थशास्त्रियों और भौतिक नियोजकों द्वारा विकास प्रक्रिया में स्थानिक आयामों की उपेक्षा ने प्रादेशिक विज्ञानों के विकास को प्रोत्साहित किया, जिनमें भौतिक नियोजन की सूक्ष्मता और अर्थशास्त्र की विश्लेषणात्मक योग्यता सम्मिलित होती है। इनके द्वारा सभी सामाजिक और नियोजक विज्ञानों में क्रांतिकारी परिवर्तन लाए गए। इनके द्वारा प्रत्येक वस्तु को परिमाणात्मक दृष्टि से स्पष्ट करने का प्रयास किया गया और यह भी विश्वास दिलाया गया कि जो भी वस्तु परिमाणात्मक नहीं है वह अध्ययन किए जाने योग्य नहीं है, इस विचार का प्रचार किया गया। इसके द्वारा राज्य की समस्याओं और उनके निराकरण के लिए स्पष्ट रूप से साधन उपलब्ध कराए गए। इसके साथ-साथ इसने ढेर सारे साहित्य का सृजन किया, जिनमें से कुछ ने विकास की समस्याओं की व्याख्या के लिए कुछ भी योगदान नहीं किया।

प्रादेशिक विज्ञान ने शास्त्रीय (Classical) अर्थशास्त्र में गहराई तक जड़ें जमा रखी हैं। राष्ट्रीय अर्थव्यवस्था की उपेक्षा करते हुए इसके द्वारा प्रादेशिक समस्याओं के लिए गणितीय समाधान निकाले गए। मात्रात्मक आधार के कारण प्रादेशिक विज्ञान, मानव विकास समस्या के लिए बहुत अधिक संवेदनशील था। इसका इस बात पर बल है कि अधिक समान विवरण को निश्चित करने के लिए राष्ट्रीय आय को भी प्रादेशिक आधार पर देखा जाए, ने नियोजकों का ध्यान वितरण के पक्षों की ओर केन्द्रित किया, किन्तु वह बहुत अधिक आगे नहीं बढ़ सका।

वाल्टर इसार्ड (Walter Isard) के प्रभावशाली समर्थन के होते हुए भी विकासशील देशों में प्रादेशिक विज्ञान अधिक गहराई तक अपनी जड़ें नहीं जमा सका। यह केवल कुछ विद्वानों जो गणितीय-अर्थशास्त्र, भूगोल और सांख्यिकी में प्रशिक्षित थे, का ध्यान ही आकर्षित कर सका। अन्यों ने इसकी उपेक्षा की, या तो वे इसे समझ नहीं सके अथवा यह विकासशील देशों की नियोजन आवश्यकताओं के योग्य नहीं था। प्रादेशिक विज्ञान अब टुकड़ों में विभाजित होकर भूगोल, अर्थशास्त्र, व्यावहारिक सांख्यिकी और नगर-नियोजन में मिलकर एक नए अनुशासन के रूप में विकसित हुआ है, जिसे 'प्रादेशिक विकास नियोजन' कहा जाता है।

अभी हाल तक व्यापक नगर नियोजन के लिए प्रादेशिक नियोजन दूसरा नाम था। इसका अर्थ था प्रादेशिक ढाँचे में नगर (भौतिक) नियोजन। राष्ट्रीय आर्थिक नियोजन और प्रबन्धन विज्ञानों के अधिप्रभाव ने इसे अब एक अनुशासन का रूप दे दिया है जो नियोजन और प्रबन्धन विज्ञानों को एक साथ मिलाकर संश्लेषण प्रस्तुत कर सके ताकि वह एकीकृत नियोजन अनुशासन के विकास में सहायक हो सके।

जब तक हम उस अवस्था तक पहुँचेंगे, भौतिक बनाम आर्थिक नियोजन पर केन्द्रित अर्थहीन विवाद जारी रहेगा। कुछ ऐसे नियोजक हैं जो अर्थशास्त्र जानते हैं और उससे कुछ अधिक नहीं। दूसरी ओर भौतिक नियोजक हैं जो वास्तुकला/नगर अभियांत्रिकी जानते हैं और उससे अधिक कुछ नहीं। इन दोनों ने ही नियोजन और विकास के क्षेत्र को हानि पहुँचाई है। जिस प्रकार के नियोजक हम आज प्रस्तुत कर रहे हैं, वे अधिकांश में मानव केन्द्रित पेशेवर हैं जो लोगों की अपेक्षा अपने व्यवसाय से अधिक सम्बन्धित हैं। वास्तव में, वे लोगों का अंग न होकर उनसे दूर हैं। ये लोग विकास प्रक्रिया का केवल एक खण्ड ही जानते हैं किन्तु वे सोचते हैं कि वे सब कुछ जानते हैं।

जिस प्रकार हमें आर्थिक, सामाजिक और अन्य प्रकार के नियोजकों की आवश्यकता पड़ती है, वैसे ही कुछ भिन्न प्रकार के भौतिक नियोजकों की भी आवश्यकता होती है। पिछले कुछ समय से हमारी आवश्यकताएं परिमाण की अपेक्षा गुण में बदल गई हैं। अब हमें ऐसे नियोजकों की आवश्यकता है जो लोगों के लिए काम न कर, लोगों के साथ काम कर सकें। विकास ऐसी वस्तु नहीं है जो दी जा सके, यह तो प्राप्त की जाने वाली वस्तु है और जिनको इससे लाभ मिलने वाला है, उन्हें ही इसे क्रियान्वित करना है। एक नियोजक को यह समझना होगा कि लोगों की आवश्यकताएं क्या हैं, किस दिशा में समाज जा रहा है, देश की प्राथमिकताएं क्या हैं और कैसे भौतिक और मानव संसाधन उपयोग में लाए जाने चाहिए, जिससे कि विकास के निश्चित लक्ष्य प्राप्त किए जा सकें।

इस दृष्टि से देखने पर, भौतिक और आर्थिक नियोजन के बीच कठिनाई से ही किसी द्विभाजन की स्थिति के लिए क्षेत्र बचता है। दोनों ही की आवश्यकता है और दोनों के ही निश्चित कार्य क्षेत्र हैं। वास्तव में, नियोजन एक क्षेत्र के रूप में आर्थिक और भौतिक नियोजन से कहीं बढ़ कर है। अन्य अनुशासनों के अभाव ने नियोजन व्यवसाय को बांझ और गतिहीन बना दिया है।

इस लेख के इस भाग में विकास के उन प्रमुख विषयों को चिह्नित करने का प्रयास किया गया है, जिन्हें विकास नियोजन के प्रारम्भ से ही प्राथमिक महत्व दिया जाना आवश्यक है। ये विषय सभी विकसित और विकासशील देशों से सम्बद्ध हैं और विकास की मात्रा और गुण के वास्तविक निर्धारक हैं। ये प्राथमिक विषय हैं और एक संतोषजनक संकल्प प्रस्तुत करते हैं जो विश्व में अधिक मानवीय विकास प्रक्रिया के लिए दशाएं उत्पन्न कर सकते हैं। जिन सात द्विभाजनों का ऊपर वर्णन किया गया है, वे इन मूल संस्थागत समस्याओं की उपज हैं।

अन्यायपूर्ण अंतरराष्ट्रीय व्यवस्था (Iniquitous International Order)

ऐतिहासिक कारणों से वर्तमान अंतरराष्ट्रीय व्यवस्था विकसित देशों की ओर झुकी हुई है। यह व्यवस्था इस प्रकार से संगठित है कि यह धनी राष्ट्रों को और अधिक धनी और निर्धन राष्ट्रों को और अधिक निर्धन बनाती है। वर्तमान व्यवस्था का मूलाधार तीसरे विश्व के देशों से सस्ता और प्रचुर मात्रा में कच्चा माल निरन्तर पश्चिम के विकसित देशों को प्राप्त होता रहे, जिसके कारण पश्चिम के देशों में शक्तिशाली औद्योगिक संगठन स्थापित हो सका है। तीसरे विश्व के देश अपने चालीस वर्षों की स्वतंत्रता के पश्चात भी पश्चिम के औद्योगिक देशों से जुड़े हुए हैं। उन्हें अपने कच्चे माल और ऊर्जा संसाधनों को बेचने के लिए बाध्य किया जाता रहा है, और हाल में औद्योगीकृत देशों को अपना कौशल, अंतरराष्ट्रीय बाजार की रचना द्वारा निश्चित की गई कीमतों पर दिया जाता रहा है जिस पर उनका या तो बहुत कम अथवा बिल्कुल नियंत्रण नहीं होता है।

विकासशील देशों में विकास के लक्षण
(Traits of Development in Developing Countries)

कम विकसित देशों द्वारा अपनाई गई विकासशील शैली ने विकास और परिवर्तन को बढ़ावा दिया है। इन परिवर्तनों के साथ ही कुछ अस्वस्थ लक्षण भी जुड़ गए हैं। इन लक्षणों में निम्न सम्मिलित हैं—

1. संभावित श्रम शक्ति के एक महत्वपूर्ण भाग को उत्पादक और लाभकारी रोजगार दे सकने में असमर्थता।
2. विकास के लाभों का न्यायपूर्ण वितरण, विशेष रूप से जन निर्धनता मिटाने अथवा अल्पसंख्यक जो 'आधुनिक' उपभोग प्रतिमानों का आनन्द ले रहे हैं और शेष बचे लोगों के बीच की दूरी को कम करने में असमर्थता।
3. जनसंख्या के बड़े समूह को या तो वास्तविकता में अथवा विकासात्मक नीति निर्माण में भागीदारी की भावना प्रदान करने में असमर्थता।
4. समाजीय विघटन और अनेक प्रकार की हिंसा का बढ़ता स्तर।
5. शक्ति सम्पन्न लोगों के समूह द्वारा आधारभूत मानवीय अधिकारों का हनन।
6. अनवीनीकरण योग्य संसाधनों की फिजूलखर्ची और पर्यावरण प्रदूषण।
7. अनियंत्रित तीव्र जनसंख्या वृद्धि और उसका नगरों में केन्द्रीकरण।
8. महानगरों में गन्दी बस्तियों, (Ghettos, और झुग्गी-झोपड़ियों का आविर्भाव होना।
9. अनियंत्रित तीव्रता से जनसंख्या में वृद्धि और ग्रामीण क्षेत्रों से लोगों का नगरों की ओर भारी मात्रा में प्रव्रजन।

तीसरे, विश्व के देशों के लिए विकास का ढंग किस प्रकार का होना चाहिए? स्पष्टत: इस बारे में कोई भी सार्वभौम तरीका नहीं हो सकता, केवल सामान्य अर्थों में ही व्यक्त किया जा सकता है। प्रत्येक देश को अपनी सांस्कृतिक विरासत, संसाधन आधारित विकास की अवस्था आदि को ध्यान में रखकर अपने लिए विकास का तरीका विकसित

करना होगा। एक बात स्पष्ट है कि यह आत्म-निर्भरता के तरीके के अतिरिक्त कोई अन्य मार्ग नहीं हो सकता जो शक्तिशाली राष्ट्र निर्माण के लिए, उसके नागरिकों विशेषकर निर्धनों के न्यायसंगत आर्थिक, राजनीतिक और सामाजिक अधिकारों को सुरक्षित करने के लिए वचनबद्ध हो।

यह तरीका ऐसा होना चाहिए जो निर्धनता को मिटाने के लिए निर्धनों में भी अधिक निर्धनों के जीवन स्तर को न केवल धीमी गति से ऊपर उठाने को प्राथमिकता दे, वरन् धनियों में भी अधिक धनी लोगों के दर्शकीय उपभोग के स्तर को क्रांतिकारी प्रक्रिया द्वारा कम कर सके, और जो समतावादी मूल्यों का पोषण, सिद्धान्तवादी अर्थों में नहीं किन्तु ऐसे अर्थों में करे जो समस्त समुदाय के हित को हानि पहुँचाए बिना व्यक्तिगत पहल को प्रोत्साहित कर सके।

संयुक्त राष्ट्र संघ ने विकास प्रणाली के मूल्यांकन के लिए सात मापदण्ड सुझाए हैं, वे निम्न प्रकार हैं—

1. राष्ट्रीय स्वायत्तता की मात्रा और प्रकृति।
2. लोकप्रिय 'सहभागिता' की मात्रा और प्रकृति।
3. सामान्यत: 'उत्पादन' को दिया जाने वाला महत्व और विशेष दिशाओं और उत्पादन की तकनीक, प्रोत्साहन और उत्पादन के साधनों पर नियंत्रण का स्वरूप।
4. विकास के लाभों का 'वितरण' और पुनर्वितरण की प्रक्रिया।
5. वस्तुओं और सेवाओं के विशेष प्रकार के व्यक्तिगत अथवा सामूहिक 'उपभोग' को प्रोत्साहित अथवा हतोत्साहित करना।
6. 'मानव पर्यावरण की सुरक्षा' की मात्रा और प्रकृति।
7. एकता, सुरक्षा, आत्म विकास और स्वतंत्रता के लिए योगदान करने वाले 'मानव सम्बन्धों की सुरक्षा' की मात्रा और प्रकृति।

ये सभी तथ्य एक-दूसरे पर निर्भर हैं। यदि कोई देश किसी महाशक्ति के साथ पूर्ण रूप से मैत्री रखता है तो वह देश स्वतंत्र रूप से विकास की शैली नहीं अपना सकता। अन्य सभी पक्षों में भी ऐसी दशा में संधि की शर्तों द्वारा आदेशित जरूरतों का अनुसरण करना पड़ेगा। यहाँ यह सुझाव देना नहीं है कि विकासशील देशों को अन्य देशों से अपने सम्बन्ध विच्छेद कर लेने चाहिए। इसके विपरीत, विचार यह है कि अधिकतम एक-दूसरे पर निर्भर रहते हुए अधिकतम स्वायतत्ता बनाए रखी जाए। यहाँ विरोध 'निर्भरता' का है, न कि 'अन्तर्निर्भरता' का।

सेमिनारों (अध्ययन गोष्ठियों) और सम्मेलनों में लोकप्रिय सहभागिता एक असामान्य विषय रहता है जो समानता की अपेक्षा रखता है। भिखारी, जमींदार के साथ साझेदारी नहीं कर सकता है, सिवाय इसके कि इन अर्थों में लोकप्रिय सहभागिता के विचार का पूरी तरह मजाक उड़ाना है। सहभागिता का अर्थ विकास में सम्मिलित होना है—जो सरकार करना चाहती है, उसे हाथ उठाकर और वोट देकर न्याय संगत बनाना नहीं है। इसी प्रकार उत्पादन का प्रतिमान और वितरण विकास की प्रणाली द्वारा संचालित होगा।

क्या उत्पादन होगा, कितना होगा, किसके लिए होगा, किस मूल्य पर होगा, ये प्रश्न हैं जो बहुत प्रासंगिक हैं। सकल घरेलू उत्पाद (GDP) को ऊपर उठाने के लिए किसी प्रकार का और कुछ भी उत्पादन करना वास्तविक अर्थों में विकास नहीं है।

विकास की पद्धति पर अतीत की छाप होनी चाहिए और विचाराधीन समाज का उज्जवल भविष्य निश्चित करना होना चाहिए। यह ऐसी वस्तु नहीं है जो बाजार में उपलब्ध हो सके। इसके लिए राष्ट्रीय नेताओं द्वारा चेतन और संगठित प्रयासों की आवश्यकता है। इसके लिए कई बातों की आवश्यकता है, किन्तु सबसे ऊपर समझदारी की आवश्यकता है। दुर्भाग्य से, हालांकि, जैसे-जैसे ज्ञान में वृद्धि हो रही है, विवेक में कमी होती जा रही है।

विकास के मापदण्ड (Measures of Development)

आर्थिक विकास का समाज की अर्थव्यवस्था की संरचना और वस्तुओं और सेवाओं के उत्पादन की प्रमुख पद्धतियों से सम्बन्ध होता है। फिर भी विकास का अर्थ निश्चित सामाजिक और जन सांख्यिकीय विशेषताएं होती हैं, जबकि विकास एक निरन्तर प्रक्रिया है, विश्व के देशों को उनके सापेक्षिक विकास के स्तर के अनुसार समूहों में वर्गीकृत किया जाता है। समाज वैज्ञानिकों और भूगोलवेत्ताओं द्वारा प्रायः 'विकसित' अथवा 'अधिक विकसित' और विकासशील अथवा कम विकसित शब्दों का उपयोग विकास की अधिक उन्नतिशील और प्रारम्भिक अवस्थाओं को बताने के लिए किया जाता है, किन्तु यह ध्यान में रखना आवश्यक है कि यह अन्तर निरपेक्ष नहीं है।

विश्व बैंक द्वारा प्रकाशित 'विश्व विकास रिपोर्ट' में विकास मानकों (Indicators) का संकलन किया गया है। इस रिपोर्ट में 174 देशों के उत्पादन, उपभोग और निवेश, माँग, औद्योगीकरण, ऊर्जा उपभोग और आपूर्ति, व्यापार, पूंजी प्रवाह, जनसंख्या वृद्धि, प्रजनन क्षमता, श्रम शक्ति, नगरीयकरण, जीवन-प्रत्याशा, स्वास्थ्य, शिक्षा और आय वितरण के सांख्यिकीय आँकड़े दिए गए हैं। विकास की अवस्था को ऐसे चरों (Variables) द्वारा परिभाषित किया जा सकता है और एक-दूसरे के साथ मात्रात्मक और गुणात्मक सम्बन्धों से विकास की प्रक्रिया का मॉडल तैयार किया जा सकता है। इनका विकास के एक मापक के अंश शोधन के लिए उपयोग भी किया जा सकता है जिसके आधार पर विकास के स्तर की दशा और परिवर्तनों की तुलना प्रत्येक राष्ट्र-राज्य में की जा सके।

एक अपेक्षाकृत विकसित देश को कम विकसित देश से अनेक विशेषताओं द्वारा अलग किया जा सकता है। 'विकासशील देश' से तुलना किए जाने पर एक अपेक्षतः 'विकसित देश' में उच्च स्तर की प्रौद्योगिकी और जटिल संचार तथा यातायात प्रणाली पर निर्भर आधुनिक उद्योगों द्वारा उत्पन्न भौतिक सम्पदा होती है, जिसके लिए प्रचुर मात्रा में ऊर्जा की आपूर्ति और अन्य कच्चे माल की आवश्यकता होती है। अपेक्षाकृत, विकसित देशों के इन उद्योगों द्वारा उत्पादित वस्तुएं और सेवाएं ऐसे उपभोक्ताओं, जिनके अपेक्षाकृत ऊंचे वेतन होते हैं, जिसे वे फैक्ट्री और कार्यालय कर्मचारी के रूप में कमाते

हैं, को बेची जाती हैं। इन देशों में एक व्यापक शिक्षा प्रणाली जो समाज में उच्च प्रकार की साक्षरता को प्रस्तुत करती है और अपेक्षाकृत व्यापक स्वास्थ्य और कल्याण प्रणाली द्वारा उत्पादकता को बढ़ाया जाता है। इसके परिणामस्वरूप अपेक्षाकृत जन्म की नीची दर, जनसंख्या वृद्धि दर में कमी और शिशु मृत्यु दर में कमी इन अधिक विकसित देशों की विशेषताएं हैं। सामान्यत: 'अल्पविकसित', 'कम विकसित' अथवा 'विकासशील विश्व' (विकासशील विश्व शब्द का सर्वप्रथम उपयोग राष्ट्रपति ट्रूमेन ने 1949 में किया था जिसका प्रयोग उस समय पिछड़े, असन्तोषजनक और अनलंकृत संदर्भ में किया था) देशों को सरलता से विकसित देशों के विपरीत माना जाता है। सही अर्थों में, आर्थिक दृष्टिकोण से अल्प विकास (Under Development) का अर्थ किसी क्षेत्र के संसाधन आधार पर अतिरिक्त पूंजी, श्रम और प्रौद्योगिकी को लगाए जाने की संभाव्यता अथवा वांछनीयता से है ताकि वर्तमान जनसंख्या को अपने भौतिक कल्याण को सुधारने का अवसर दिया जा सके अथवा जीवन स्तर को गिराए बिना जनसंख्या वृद्धि होने देना है।

विकास की आर्थिक विशेषताएं (Economic Characteristics of Development)

किसी देश के विकास के स्तर में भेद करने वाले गुणों को तीन समूहों में वर्गीकृत किया जा सकता है: (अ) आर्थिक, (ब) सामाजिक, और (स) जनसांख्यिकीय।

किसी देश अथवा प्रदेश के आर्थिक विकास को नापने के लिए अनेक महत्वपूर्ण मानकों (Indicators) को उपयोग में लाया जाता है। इन मानकों में सामान्यत: निम्न मानक सम्मिलित किए जाते हैं—

(i) लोगों की औसत आय, (ii) अर्थव्यवस्था की संरचना, (iii) प्रति श्रमिक उत्पादन, (iv) कच्चे माल की प्राप्ति, और (v) उपभोक्ता वस्तुओं की उपलब्धता।

1. प्रति व्यक्ति आय (Per Capita Income)

सामान्यत: जो देश जितना अधिक विकसित होगा, उसके निवासियों की आय भी उतनी ही अधिक होगी। एक कम विकसित देश की तुलना में एक अपेक्षाकृत विकसित देश का श्रमिक अधिक धन अर्जित करता है। विकसित देशों में वस्तुओं का उपभोग का ऊंचा स्तर ऐसे उद्योगों के प्रसार को प्रश्रय देता है जो वांछित वस्तुएं और सेवाएं उत्पादित करते हैं। प्रति व्यक्ति आय को नापना एक कठिन कार्य है। इसके अतिरिक्त, प्रति व्यक्ति आय के हिसाब में ऐसी सेवाएं जो वेतन अथवा क्षतिपूर्ति के लिए नहीं की जाती हैं, को सम्मिलित नहीं किया जाता है। परिणामत:, विभिन्न देशों की आय में तुलना के लिए जो संख्या प्राय: उपयोग में ली जाती है, उसे सकल राष्ट्रीय उत्पाद (Gross National Product) कहते हैं।

यह सकल राष्ट्रीय उत्पाद किसी देश में एक निश्चित समय में समस्त माल और सेवाओं के कुल उत्पादन का मूल्य होता है। विकसित और विकासशील देशों में प्रति व्यक्ति सकल राष्ट्रीय उत्पाद में अन्तर ऊंचा है और बढ़ता जा रहा है। उदाहरण के लिए यूरोप के अनेक देशों, कनाडा और संयुक्त राज्य अमेरिका में यह सकल राष्ट्रीय उत्पाद 20,000 डॉलर प्रति वर्ष है, जबकि इसकी तुलना में अफ्रीका के कई देशों (जैसे

चित्र 6.1 *आर्थिक क्रियाओं की श्रेणियां*

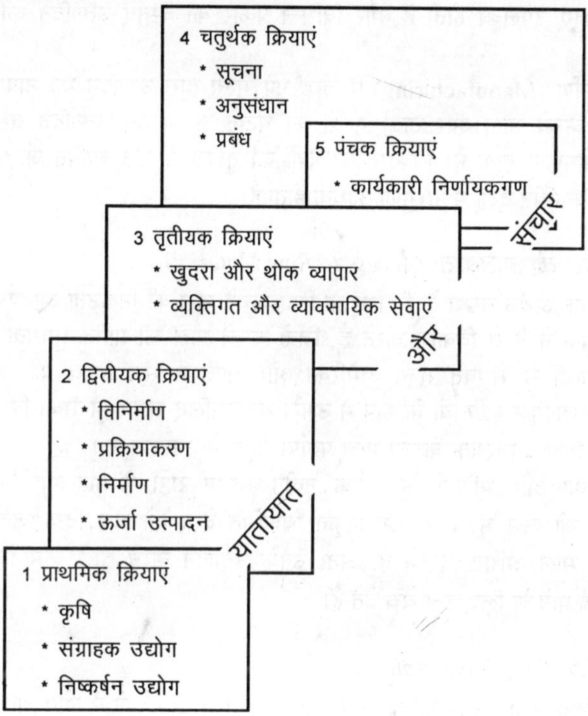

इथोपिया, नाइजर, सोमालिया,) की लगभग 100 डॉलर और बांग्लादेश, भूटान तथा नेपाल की 250 डॉलर से कम है।

अपेक्षाकृत विकसित देशों में वस्तुएं और सेवाएं खरीदने के लिए जितनी आय की आवश्यकता होती है, वह इन देशों में विशिष्ट आर्थिक संरचना के द्वारा उत्पन्न की जाती है। किसी भी देश की अर्थव्यवस्था को पाँच खण्डों (Sectors) यथा प्राथमिक, द्वितीयक, तृतीयक, चतुर्थ और पंचक में विभाजित किया जा सकता है। (चित्र 6.1)। विकसित देशों में प्राथमिक क्षेत्र के श्रमिकों की कमी एक विशेषता है, जबकि कम विकसित देशों में प्राथमिक क्षेत्र अधिक सुस्पष्ट है और अधिकांश श्रम शक्ति कृषि कार्य पर निर्भर है।

2. उत्पादकता (Productivity)

प्रति व्यक्ति उत्पादकता अथवा उत्पादन उन देशों में अधिक है जिनमें प्रधानत: अर्थव्यवस्था के द्वितीयक और तृतीयक क्षेत्रों में अधिकांश लोग कार्य करते हैं।

आर्थिक दृष्टि से विकसित देशों में श्रमिक अधिक उत्पादन करते हैं, क्योंकि किसी विशेष वस्तु को निर्मित करने में कम समय लगता है, उन्हें शारीरिक श्रम की अपेक्षा अधिकांश कार्य मशीनों द्वारा करना पड़ता है। श्रम शक्ति द्वारा बड़ी मात्रा में वस्तुओं का

उत्पादन किया जा सकता है जिसके परिणामस्वरूप लोगों को उपभोग के लिए अधिक मात्रा में वस्तुएं उपलब्ध होती हैं और विभिन्न प्रकार की वस्तुएं उत्पादित की जा सकती हैं।

विनिर्माण (Manufacturing) में जोड़े गए मूल्य द्वारा उत्पादन को नापा जा सकता है, जो कि कच्चे माल और ऊर्जा मूल्यों को घटाने के पश्चात् उत्पादित वस्तु के मूल्य का समग्र योगफल होता है। विकासशील देशों की तुलना में प्रति व्यक्ति जोड़ा गया मूल्य अपेक्षाकृत विकसित देशों में 30 गुणा अधिक होता है।

3. कच्चे माल की उपलब्धता (Access to Raw Material)

एक औद्योगिक अर्थव्यवस्था के विकास के लिए कच्चे माल की निकटता आवश्यक होती है। वे देश अधिक तेजी से विकास करते हैं, जिन्हें कच्चे माल की प्राप्ति सुगमता से होती है। बीसवीं शताब्दी में संयुक्त राज्य अमेरिका और सोवियत संघ विश्व की दो अत्यधिक महत्वपूर्ण औद्योगिक शक्तियों के रूप में उभरे। यह इसलिए संभव हो सका कि उन देशों में उत्पादन के लिए आवश्यक कच्चा माल पर्याप्त मात्रा में उपलब्ध था।

अफ्रीका और एशिया के अनेक नवीन स्वतंत्र राष्ट्रों में महत्वपूर्ण कच्चा माल उपलब्ध है जो कम मूल्य पर अपेक्षाकृत विकसित देशों को बेच दिया जाता है। चूंकि कुछ कच्चे माल अधिक दुर्लभ हैं, अत: उनके उत्पादन करने वाले कम विकसित देश अधिक मूल्य पाने के लिए उन्हें बेच देते हैं।

4. व्यापारिक माल (Commercial Goods)

सामान्यत: विकासशील देशों की तुलना में अपेक्षाकृत विकसित देशों में लोग अधिक माल का उत्पादन करते हैं। अपेक्षाकृत विकसित देशों की फैक्ट्रियों में निर्मित माल भौतिक उपयोग की वस्तुएं होती हैं जो फैक्ट्रियों और कार्यालयों में कार्यरत कर्मचारियों को मिलने वाले अपेक्षाकृत ऊंचे वेतन द्वारा मांग की उत्पत्ति का परिणाम होती है।

विकसित देशों में मोटरकारों, टेलीफोन, टेलीविजन आदि का प्रति व्यक्ति उपभोग आर्थिक विकास के स्तर को स्पष्ट करता है। इन देशों में लगभग सभी नागरिकों की इन वस्तुओं तक पहुँच होती है। इसके विपरीत, विकासशील देशों में कुछ ही लोगों के पास ये वस्तुएं होती हैं। इसके अतिरिक्त, ये मूल्यवान वस्तुएं ग्रामीण क्षेत्रों की तुलना में नगरीय क्षेत्रों में अधिक उपयोग में ली जाती हैं।

विकास की सामाजिक विशेषताएं (Social Characteristics of Development)

अधिक विकसित देशों में अपेक्षाकृत अधिक मात्रा में सम्पत्ति के उत्पादन से उन देशों के लोगों को अपेक्षाकृत उन्नत स्तर की शिक्षा, स्वास्थ्य और कल्याण सेवाएं उपलब्ध करने में सहायता मिलती है। अच्छी शिक्षा और स्वस्थ जनसंख्या इन सेवाओं का परिणाम होता है, जिसे बेरोजगारी की आर्थिक कठिनाइयों, अशक्तता और सेवानिवृत्ति से अपेक्षाकृत सुरक्षा प्राप्त होती है। अपेक्षाकृत एक अधिक साक्षर, स्वस्थ और सुरक्षित जनसंख्या अधिक उत्पादक आर्थिक संरचना का आधार होती है।

1. *शिक्षा (Education)*

सामान्यत: किसी भी देश में विकास का स्तर जितना अधिक ऊंचा होगा, उतना ही अधिक शिक्षा की मात्रा और स्तर भी होगा। शिक्षा के स्तर को दो प्रकार से नापा जा सकता है, एक नाप तो शिक्षक-शिष्य अनुपात का है। एक शिक्षक के पास कम संख्या में शिष्य होंगे तो प्रत्येक शिष्य पर अधिक ध्यान देने के अधिक अवसर रहते हैं, दूसरा नाप पढ़ने-लिखने और समझदारी की योग्यता और साक्षरता के स्तर को नापना है। साक्षरता दर, देश के लोगों का वह प्रतिशत है जो लोग पढ़ और लिख सकते हैं। विकसित देशों में साक्षरता 95 प्रतिशत होती है जबकि अनेक विकासशील देशों में यह 30 प्रतिशत से कम है। उच्च स्तर की शिक्षा सामाजिक गतिशीलता, उच्च सामाजिक प्रतिष्ठा प्राप्त करने की योग्यता प्रदान करती है, बेहतर शिक्षित लोगों को मुख्यत: अच्छी नौकरियों के अवसर उपलब्ध होते हैं जो उन्हें उच्च प्रस्थिति प्रदान करती हैं।

2. *स्वास्थ्य (Health)*

शिक्षा और वित्तीय संसाधनों की कमी के समान ही विकास और स्वास्थ्य के बीच एक प्रभावशाली सह सम्बन्ध पाया जाता है। कम विकसित देशों के लोग प्राय: अपेक्षाकृत घटिया स्वास्थ्य से पीड़ित रहते हैं। अल्प विकसित देशों में स्वास्थ्य समस्याएं अपेक्षाकृत घटिया भोजन से बढ़ जाती हैं, अर्थात् ऐसा भोजन जिसमें निम्नतम कैलोरी और प्रोटीन की मात्रा प्राय: नहीं होती है। कम विकसित देशों में जो लोग बीमार पड़ते हैं, उनका डॉक्टरों अथवा अस्पतालों तक पहुंच पाना अधिक कठिन होता है क्योंकि प्रत्येक डॉक्टर के पास अथवा अस्पतालों में रोगियों की संख्या अधिक रहती है।

3. *सामाजिक सुरक्षा (Social Security)*

विकसित देश लोगों को अनेक कारणों से, जो आर्थिक दृष्टि से उत्पादन करने योग्य नहीं होते हैं, उन्हें अपेक्षाकृत उच्च स्तर की वित्तीय सुरक्षा प्रदान करते हैं। बीमार, वृद्ध, निर्धन, अपंग, अनाथ, सेना से सेवानिवृत्त सैनिक, विधवाओं और बेरोजगारों के लिए सहायता का प्रबन्ध किया जाता है।

विकास की जनसांख्यिकीय विशेषताएं (Demographic Characteristics of Development)

विकसित और विकासशील देशों की सामान्य जनसांख्यिकीय विशेषताएं भिन्न प्रकार की हैं। अधिक विकसित देशों में अपेक्षाकृत स्वास्थ्य और कल्याण का उच्च स्तर लोगों को बचपन में जीवित रह सकने का अवसर प्रदान करता है और वहाँ के लोग लम्बी उम्र तक जीवित रहते हैं। इसी प्रकार किसी देश की जनसांख्यिकीय विशेषताएं वहाँ की अर्थव्यवस्था की संरचना द्वारा अत्यधिक प्रभावित होती हैं। इस संबंध में शिशु मृत्यु, अपक्व जन्म (Crude Birth), प्राकृतिक वृद्धि दर तथा जनसंख्या का आयु वितरण और ऊर्जा उपभोग प्रासंगिक है।

कम विकसित देशों में 'शिशु मृत्यु दर' (Infant Mortality Rate) अपेक्षाकृत ऊंची पाई जाती है। इन देशों के अधिकांश निर्धन लोग घातक बीमारियों जैसे अतिसार से होने वाले निर्जलीकरण को रोक पाने के लिए भोजन और दवाएं उपलब्ध करा पाने में असमर्थ होते हैं। शिक्षा की कमी के कारण अनेक प्रकार के घटिया प्रयोग, जैसे गन्दे चाकू से नाल काटना भारत में घातक धनुस्तंभ बीमारी (Tetanus) का प्रमुख कारण है।

'प्राकृतिक वृद्धि दर', अर्थात् जन्म और मृत्यु दर के बीच का अन्तर विकासशील देशों में अधिक पाया जाता है। अपेक्षाकृत ऊंची प्राकृतिक वृद्धि दर अल्प विकसित देशों पर अधिक बोझ डालती है, जिससे कि इन देशों को बढ़ती जनसंख्या के लिए सेवाएं, अस्पताल, मकान, स्कूल तथा नौकरियाँ उपलब्ध करानी होती हैं।

अफ्रीका और एशिया के विकासशील देशों में अपक्व जन्म दर (Crude Birth Rate) बहुत ऊंची जैसे 40 प्रति हजार है, जबकि विकसित देशों में जैसे जर्मनी में यह अत्यधिक नीची 10 प्रति हजार है। विकासशील देशों में भी अपक्व जन्म दर पर स्वास्थ्य प्रौद्योगिकी के व्यापक विस्तार के कारण सार्थक ढंग से रोक लगाई जा चुकी है।

विकसित और विकासशील देशों में 'आयु संरचना' भी भिन्न प्रकार की पाई जाती है। विकसित देशों की तुलना में कम विकसित देशों में ऊंची अपक्व जन्म दर विभिन्न आयु संरचना समूहों में विभिन्न प्रकार से प्रभावित करती है। पन्द्रह वर्ष की आयु से कम के बच्चों का ऊंचा प्रतिशत विकासशील देशों की विशेषता है जो कार्य करने के लिए बहुत छोटे होते हैं और जिनका कार्यशील वयस्कों और सरकारी कार्यक्रमों द्वारा भरण पोषण किया जाना चाहिए। अधिक विकसित देशों में अधिक आयु वाले लोगों का प्रतिशत अधिक पाया जाता है जो नौकरियों से सेवानिवृत्त हो चुके होते हैं और उनको भी सार्वजनिक आश्रय की आवश्यकता पड़ती है, किन्तु कुल मिलाकर आश्रितों (15 वर्ष से कम और 65 वर्ष से ऊपर) का प्रतिशत अपेक्षाकृत विकसित देशों में बहुत कम पाया जाता है। (देखिए अध्याय 7)

प्रति व्यक्ति 'ऊर्जा उपभोग' भी देशों की प्रौद्योगिक प्रगति का सामान्य नाप माना जाता है क्योंकि यह प्रति व्यक्ति आय औद्योगीकरण अवस्था और उन्नत तकनीकी उपयोग से सम्बन्धित है। यह उत्पादन की अपेक्षा ऊर्जा उपभोग से अधिक सम्बद्ध है। अनेक अत्यधिक विकसित देश अधिक मात्रा में ऊर्जा का उपभोग करते हैं, किन्तु उत्पादन अपेक्षाकृत कम करते हैं। उदाहरण के लिए जापान में अधिक मात्रा में ऊर्जा आपूर्ति विदेशों से आयात द्वारा की जाती है क्योंकि ऊर्जा के क्षेत्र में इसके घरेलू संसाधन बहुत कम हैं। इसके विपरीत, अनेक अल्प विकसित देशों के ऊर्जा के उत्पादन आंकड़े प्रति व्यक्ति अथवा कुल ऊर्जा उत्पादन बहुत अधिक है, किन्तु ये देश प्रधानत: अपने संसाधनों (खनिज तेल) का निर्यात करते हैं। लीबिया, नाइजीरिया, सऊदी अरब, कुवैत, यू.ए.ई. वेनेजुएला और ब्रूनी इसके उपर्युक्त उदाहरण हैं।

प्रगतिशील देशों ने अपनी आर्थिक शक्ति सस्ती ऊर्जा के उपयोग और औद्योगिक प्रक्रियाओं में उपयोग द्वारा विकसित की है। किन्तु ऊर्जा तभी सस्ती हो सकती है, जब काफी मात्रा में पूँजी निवेश कर इसका उत्पादन प्रति इकाई सस्ते मूल्य पर किया जाए।

कम विकसित राष्ट्र इस प्रकार के आवश्यक निवेश कर सकने में असमर्थ होते हैं, इस कारण वे घरेलू ऊर्जा संसाधन में पिछड़े रहते हैं, या तो वे महंगी पशुजनित ऊर्जा उपयोग में लेते हैं अथवा घटी हुई मात्रा में उपलब्ध ईंधन जैसे जलाने की लकड़ी का उपयोग करते हैं और गहन ऊर्जा का उपयोग करने वाले उद्योगों को उन्हें छोड़ना पड़ता है। कोई भी चीज जो ऊर्जा के मूल्य में वृद्धि करती है, पुनः अल्प विकसित देशों के द्वारा ऊर्जा को सुगमता से प्राप्त करने में इसको दूर कर देती है। सन् 1970 और 1980 के 'तेल झटके' (Oil Shocks) और परिणामतः ऊर्जा खरीद के मूल्य में वृद्धि ने प्रौद्योगिकी विश्व के धनी और निर्धन देशों के बीच प्रौद्योगिकी उप प्रणाली की खाई को और अधिक चौड़ा कर दिया है।

विकास के मिश्रित उपाय (Composite Measures of Development)

विकास के उपायों (सामाजिक-आर्थिक जनसांख्यिकीय) जिनका विश्लेषण पिछले पृष्ठों में किया गया है, ये वास्तविकता का आंशिक चित्र ही प्रस्तुत करते हैं। वास्तव में, कोई भी एक उपाय पर्याप्त मात्रा में राष्ट्रीय विकास के विभिन्न पक्ष को सार रूप में उपस्थित नहीं करता है। तुलनात्मक आंकड़े जो संयुक्त् राष्ट्र एजेन्सियों, विश्व बैंक तथा अन्य स्रोतों द्वारा निरन्तर प्रकाशित किए जाते हैं, में मिश्रित उपायों को ढूंढ़ा जा सकता है। इस प्रकार के आंकड़े सकल राष्ट्रीय उत्पाद, प्रति व्यक्ति आय, आयात-निर्यात आंकड़े, रेल-सड़क की लम्बाई अथवा पक्के बने राष्ट्रीय मार्ग आदि से सम्बन्धित होते हैं।

यह कहा जाता है कि विकास शुद्ध रूप से आर्थिक और भौतिक विकास से अधिक हैं। (और थोड़े बहुत रूप में संतोष भी है जिसका सांख्यिकी माप से कोई संबंध नहीं है।) विकास की उपलब्धियों को व्यक्तिगत और सामूहिक कल्याण, एक सुरक्षित पर्यावरण, इच्छाओं से मुक्ति, व्यक्तिगत उन्नति के अवसर, संवर्धन और कम से कम जीवन को चलाने के लिए वस्तुओं और सेवाओं की प्राप्ति के संदर्भ में भी देखा जाना चाहिए। स्वास्थ्य, सुरक्षा, शिक्षण और सांस्कृतिक विकास, वृद्धावस्था में सुख और इसी प्रकार के अलाभकारी मानदण्ड तुलनात्मक विकास के उदाहरणों में से हैं जो सांख्यिकीय मिश्रित उपायों में ढूंढ़े जाते हैं। विकास की संक्षिप्त सांख्यिकी को भी देखा जाना चाहिए जो कि मूल्य मुक्त होती है, अर्थात् निवेश आंकड़ों से व्यय प्रतिमान अथवा निष्पादन मानदण्डों जो कि नृजातिक केन्द्रित होते हैं अथवा राजनीतिक कार्यक्रम में रंगे होते हैं, विकास का मूल्यांकन नहीं किया जाना चाहिए। एक संस्कृति के मूल्य, उदाहरणार्थ प्रति व्यक्ति मकान के लिए स्थान, पोषण स्तर और संतुलित अथवा राष्ट्रीय आय का वितरण आदि का सार्वभौमिक रूप में उपयुक्त अथवा स्वीकार योग्य होना आवश्यक नहीं है और वास्तविक तुलनात्मक आंकड़े ऐसे नहीं होते हैं।

इस प्रकार के मिश्रित संकेतक विकास के विशेष प्रकार के मूल्यांकन की ओर निर्देशित किए जा सकते हैं। एक व्यापक मूल्य मुक्त उपाय को खोजने की दृष्टि से जिसके अनुसार न्यूनतम मानवीय आवश्यकताएं विश्व के देशों में संतुष्ट की जाती हैं, ओवरसीज विकास परिषद ने एक उपाय जिसे 'भौतिक क्षमता जीवन सूचकांक'

(Physical Quality of Life Index)(PQLI) कहा जाता है, खोज निकाला है। तीन संकेतक—शिशु मृत्यु दर, जीवन प्रत्याशा और साक्षरता प्रत्येक को 0-100 अंक दिए गए जिसमें o स्पष्टतया सबसे निकृष्ट निष्पादन को बताता है। एक राष्ट्रीय उपलब्धि के स्तर की इन तीनों संकेतकों के औसत के आधार पर गणना की जाती है। परिणामत: तुलनात्मक श्रेणीबद्धता और एक सूचकांक (Index) दोनों ही राष्ट्रीय स्थिति में परिवर्तन प्रदर्शित करते हैं। इसी प्रकार सकल राष्ट्रीय उत्पाद (GNP) के आधार पर प्रति व्यक्ति शिक्षा और स्वास्थ्य PQLI की गणना की जा सकती है। (चित्र 6.2)

असमान विकास (Uneven Development)

यह एक विकास की प्रक्रिया है जो समय और स्थान की दृष्टि से असमान होती है। असमानता विकास का आकस्मिक परिणाम नहीं है, अपितु यह इसमें अन्तर्निहित है। इसकी व्याख्या न तो विकास की प्रक्रिया के बाहरी कारणों के मात्र संदर्भ में और न ही मात्र विकासात्मक प्रक्रिया के संदर्भ में की जा सकती है, अपितु इनके संबंधों के बीच प्रभावों की जांच के आधार पर की जा सकती है। इस प्रकार का उपागम अधिक स्पष्टत: रूप में ट्राटस्की के संयुक्त और असमान विकास के विचार में अभिव्यक्त किया गया है। यहाँ यह बताया गया है कि विकास का विकास और अल्प विकास का विकास, एक ही आर्थिक प्रक्रिया में साथ-साथ बना रह सकता है। श्रम के नए अंतरराष्ट्रीय विभाजन में ब्रिटिश विनिर्माण उद्योग की अवनति हुई है, जबकि लन्दन, न्यूयार्क, और टोक्यो जैसे विश्व नगर में उच्च स्तरीय खुदरा और सेवा कार्य अपनी प्रमुखता बनाए हुए हैं। इसी प्रकार से, 'परम्परागत' और 'आधुनिक' का मिश्रण अथवा बाह्य पूंजी द्वारा एक परिधीय अर्थव्यवस्था का प्रवेश, प्रक्रियाओं के समान समूह के परिणामस्वरूप एक साथ विकास और विखंडन को प्रेरित करता है।

असमान विकास कई प्रकार से उत्पन्न हो सकता है: उत्पादन के प्रकारों अथवा सामाजिक संगठनों में, अन्य बढ़ते हुए सामाजिक संबंधों द्वारा विशिष्ट सामाजिक संबंधों में प्रवेश में, बड़ी और छोटी पूंजी के बीच, निश्चित पूंजी के स्वरूप के स्थायित्व और मात्रा में, उपभोक्ता वस्तुओं और पूंजीगत वस्तुओं के उद्योगों के बीच, उत्पादक शक्तियों के बीच, वर्गों के बीच, भौगोलिक क्षेत्रों अथवा इन सबके मिश्रण के बीच। उदाहरण के लिए विकास में उत्पादक शक्तियों की असमानता, फर्मों, उद्योगों के बीच और यहाँ तक कि समस्त क्षेत्रों तथा प्रदेशों अथवा राष्ट्रों के बीच हो सकती है। इसके अतिरिक्त, इन तत्वों के बीच आपस में भी असमान संबंध विकसित हो सकते हैं। वर्ग संबंधों का असमान विकास उत्पादन के एक स्वरूप के रूप में पूंजीवाद के विकास के प्रति राष्ट्रीय प्रतिक्रियाओं में भिन्नता की व्याख्या में सहायता कर सकता है। इस प्रकार की विभिन्नता ग्रेट ब्रिटेन में कोयला खनिकों की एक वर्ष लम्बी हड़ताल के समय में 1984 और 1985 के बीच अत्यधिक नाटकीय रूप में दिखाई पड़ी थी।

पूंजीवादी विकास के कठोर नियमों के अर्थों में यद्यपि न तो यह आवश्यक है और न अनिवार्य, फिर भी असमान विकास अपरिहार्य है और यह संचयी अवपीड़क स्पर्धात्मक दशाओं से बंधा हुआ है। संचय, एक स्पर्धात्मक सर्वोच्चता प्राप्त करने के लिए

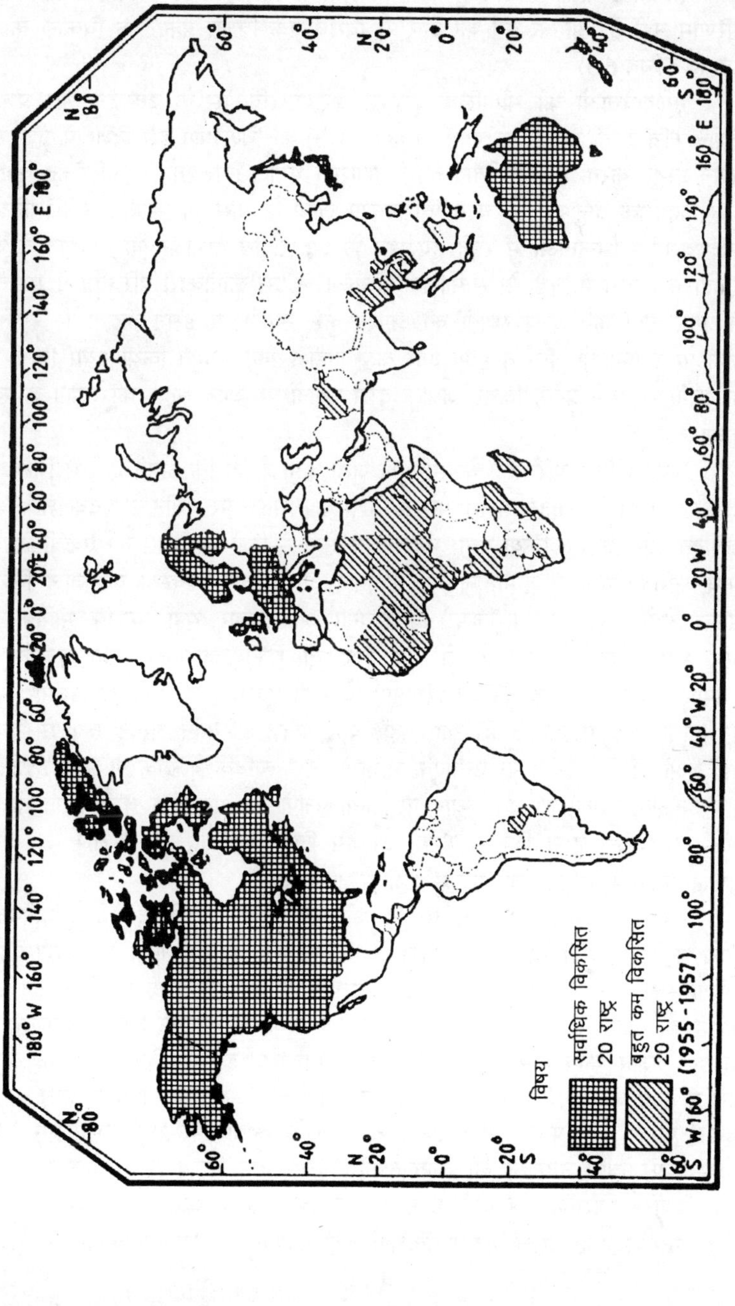

चित्र 6.2 प्रौद्योगिकी प्रस्थिति का एक संयुक्त सूचकांक

निरन्तर प्रयास माँगता है। इसके परिणामस्वरूप, असमानता निरन्तर बनी रहती है और पुनर्निर्मित होती रहती है। किन्तु असमानता सामान्यतः पूंजी के उत्पादन की दशा का परिणाम नहीं है, श्रमिक वर्ग की ओर से विरोध एक विशेष प्रकार के विकास को जन्म देता है। (चित्र 6.3)

भूगोलवेत्ताओं की भौगोलिक दृष्टि से असमान विकास के उत्पादन और प्रभाव में विशेष रुचि रहती है। डेविड लार्वे (1982 : 373) का विश्लेषण इस दिशा में एक सजीव वर्णन प्रस्तुत करता है। ''पूंजीवाद का ऐतिहासिक भूगोल विशिष्टता के अतिरिक्त कुछ नहीं है। ऐतिहासिक अनुभव की चरम विभिन्नताएं लोगों के पास थीं, भौतिक परिस्थितियों की अविश्वसनीय भिन्नताओं में रहते हुए श्रम के अंतरराष्ट्रीय विभाजन के अन्तर्गत वे जटिल एकता में आपस में जुड़े थे। सामाजिक सम्बन्धों के इस क्रांतिकारी परिवर्तन ने समान रूप से प्रगति नहीं की। अन्य स्थानों की अपेक्षा कुछ स्थानों पर इसने तीव्रता से प्रगति की। कहीं पर इसका घोर विरोध हुआ और कहीं कहीं इसका स्वागत किया गया। किसी स्थान पर शांति से इसने प्रवेश किया, जबकि दूसरे स्थानों पर जाति संहार की उग्रता के रूप में प्रवेश किया।''

''यह भौतिक परिवर्तनों के साथ भी जुड़ा हुआ है जो कि अपने क्षेत्र में विस्मयकारी है और आशय में क्रांतिकारी है। समस्त विश्व के धरातल पर नवीन उत्पादक शक्तियों का उत्पादन और वितरण किया गया। महानगरीय क्षेत्रों में पूंजी और श्रम का एकत्रीकरण एक साथ अधिक मात्रा में हुआ, जबकि यातायात और संचार व्यवस्था का जाल विश्व के समस्त क्षेत्रों तक फैल गया जिससे कि सूचनाएं और विचार, यहाँ तक कि भौतिक वस्तुएं और श्रम शक्ति भी सुगमता से सब ओर जा सकीं। कारखाने, खेत, स्कूल, चर्च, व्यापारिक क्षेत्र, पार्क, सड़कें और रेलमार्ग, ये सभी पूंजीवाद की मांग के अनुसार भूपटल पर अमिट रूप में अंकित हैं। यही नहीं, यह भौतिक परिवर्तन समान रूप से विकसित नहीं हुआ है। एक स्थान पर उत्पादक शक्तियों का अत्यधिक केन्द्रीकरण हुआ है तो दूसरे क्षेत्र अपेक्षतः खाली हैं। एक स्थान पर क्रियाकलापों का अत्यधिक केन्द्रीकरण तो दूसरी ओर हम छितरा हुआ विकास देखते हैं। हम जिसे 'पूंजीवाद के विकास का असमान भूगोल' कहते हैं, के साथ यह सब कुछ जोड़ा जा सकता है।''

यह नहीं समझा जाना चाहिए कि असमान विकास पूंजीवाद की अद्वितीयता है। राज्य के समाजवादी विचारों के अन्तर्गत विभिन्न विकास योजनाओं के क्रियान्वयन के परिणामस्वरूप भी विकास में असमानताएं उत्पन्न हुई हैं। एक स्पष्ट उदाहरण उन उद्योगों का है जो उद्योग उपभोग वस्तुएं निर्मित करते हैं तथा जो पूंजीगत वस्तुएं उत्पादित करते हैं। इसी प्रकार कृषि और उद्योग भी असमान विकसित हुए हैं, जिसमें पूर्व के सोवियत संघ में कृषि का कम विकास हुआ, वहां कई वर्षों तक अत्यधिक मात्रा में अन्न की कमी दिखाई दी है। इसी प्रकार भौगोलिक केन्द्रीकरण के आधार पर भारी उद्योग पर जोर के फलस्वरूप क्षेत्रीय उत्पादन की जटिलताओं ने नगर और देहात में असमान विकास को जन्म दिया है। यद्यपि, कई देशों में राज्य–समाजवाद के अन्तर्गत उत्पादन के लक्षणों के बीच अन्तर राज्य द्वारा संचालित कार्यकलापों और निजी नियंत्रण के क्रियाकलापों में है।

चित्र 6.3 अल्प विकास का विश्व

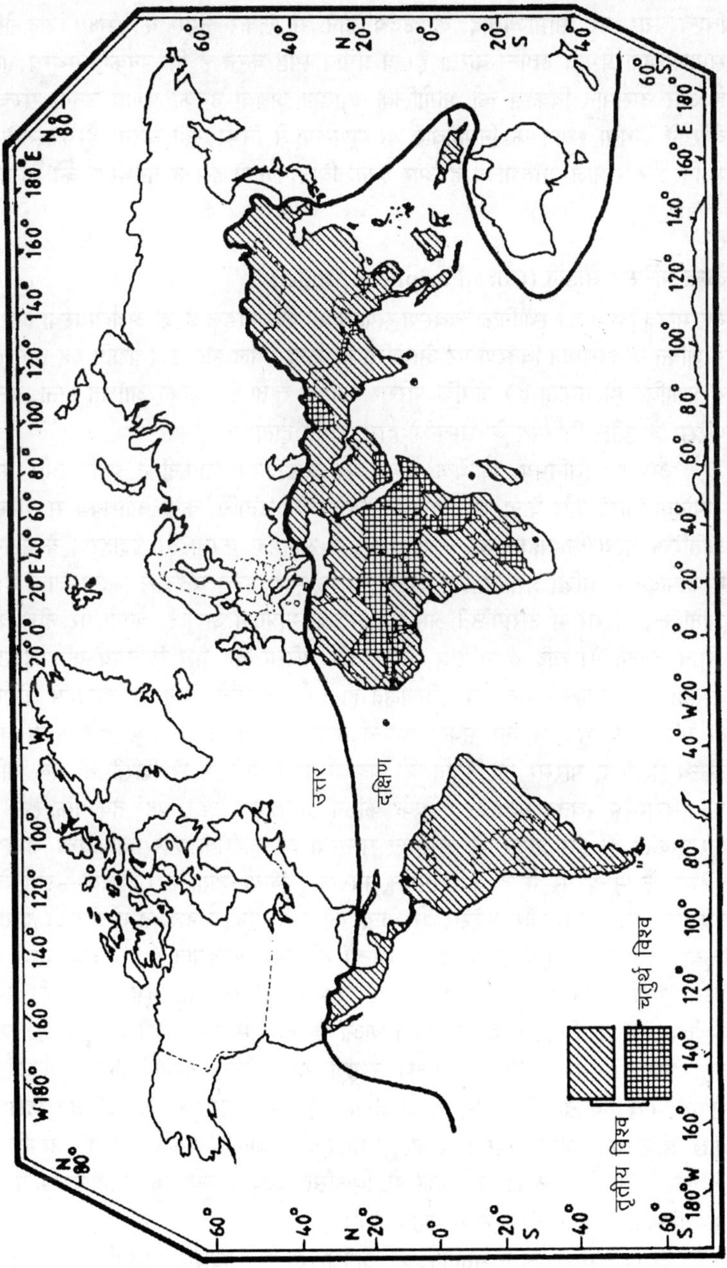

यहाँ यह स्पष्ट किया जाना अधिक आवश्यक है कि इस प्रकार का असमान विकास विश्व स्तर पर साम्राज्यवाद के उदय होने से लेकर नगर की सूक्ष्म राजनीति तक समाजव्यापी प्रभाव उत्पन्न करता है। ये प्रभाव स्पष्ट करते हैं कि इनका सम्बन्ध भूगोल से है और असमान विकास की भौगोलिक व्याख्या अथवा उनका प्रभाव उनके संरचनात्मक कारकों अथवा स्थान के नियतिवाद पर पूर्णरूप से निर्भर नहीं करता है। वास्तविकता में स्थान और समाज अविभाज्य हैं और इनके विश्लेषण में इस अंतर्निर्भरता को मान्यता देनी चाहिए।

केन्द्र परिसर मॉडल (Core-Periphery Model)

यह मानव क्रिया की स्थानिक व्यवस्था संगठन का एक मॉडल है जो अर्थव्यवस्था और समाज में शक्ति के असमान वितरण पर आधारित है। केन्द्र प्रबल होता है (यद्यपि यह क्रमश: बाहर से प्रभावित हो सकता है) जबकि परिसर आश्रित रहता है। इसका आश्रित होना, केन्द्र और परिसर के बीच विनिमय के सम्बन्धों द्वारा निर्मित होता है।

असमान विनिमय, आर्थिक शक्ति का केन्द्रीकरण, तकनीकी प्रगति और केन्द्र पर उत्पादक क्रिया और केन्द्र से उत्पादक नवाचार की उत्पत्ति, केन्द्र आधिक्य से परिसर तक अतिरिक्त मूल्य के बहाव को बनाए रखने में सहायता करता है। उदाहरण के लिए केन्द्र में उत्पादन में वृद्धि, प्रभावी श्रम आन्दोलन के साथ उच्च वेतन में बदल जाता है। इसके अतिरिक्त, परिसर में असंगठित श्रम की अधिक मात्रा में आपूर्ति, वेतनों पर नीचे की ओर दबाव डालते हैं। यदि वेतन स्तर, केन्द्र और परिसर के बीच विनिमय की गई उत्पादित वस्तुओं के सापेक्षिक मूल्य में परिलक्षित होता है, तो ऊंचे वेतन का केन्द्र में परिणाम या तो परिसर में भुगतान का संकट उत्पन्न करेगा अथवा आयात के बढ़े मूल्य को अर्थ प्रबन्ध के लिए परिसर से निर्यात को बढ़ावा देगा। दोनों में से किसी भी एक परिस्थिति में, परिसर में स्वतंत्र विकास अधिक कठिन हो जाएगा और यहाँ तक कि इसे नष्ट भी कर सकता है। इस प्रकार के असमान सम्बन्धों को आर्थिक और व्यापारिक नीतियों द्वारा परिसर के मूल्य पर केन्द्र का समर्थन कर लागू किया जाता है (देखिए—उपनिवेशवाद, नव-उपनिवेशवाद) और परिसर से केन्द्र की ओर पूंजी बहाव तथा प्रव्रजन द्वारा सुदृढ़ किया जा सकता है। केन्द्र परिसर सम्बन्धों को जॉन फ्रीडमान (1966) के द्वारा स्थापित किया गया, जिसके साथ केन्द्र-परिसर मॉडल निकटता से जुड़ा हुआ है। आंतरिक अर्थव्यवस्था के विकास के चार अवस्थाओं के क्रम में यह दूसरी अवस्था है। फ्रीडमान द्वारा प्रस्तुत अवस्थाएं ये हैं: (अ) स्थानीकृत अर्थव्यवस्थाओं सहित पूर्व औद्योगिक समाज, (ब) केन्द्र परिसर (Core-Periphery), (स) आर्थिक क्रियाओं का फैलाव और कुछ सीमा तक परिसर पर नियन्त्रण, तथा (द) स्थानिक एकीकरण की उत्पत्ति जिसमें विभिन्न और अब न्यूनाधिक मात्रा में विकसित अर्थव्यवस्था के स्थानिक भाग अधिक वास्तविकता में अंतर्निर्भरता से सम्बद्ध होते हैं।

यद्यपि इसका अर्थ संतुलन की अपेक्षा अन्तर प्रादेशिक संघर्ष से है, अत: यह आर्थिक विकास की असमान प्रकृति पर बल देता है, तथापि केन्द्र परिसर मॉडल के

मुख्य भाग में इसके विनिमय सम्बन्धों की निर्भरता होने और मॉडल में शक्ति के अव्यावहारिक प्रकृति के कारण कई कमियां हैं। इस प्रकार यह मान लेना गलत होगा कि शक्ति का सामाजिक केन्द्रीकरण आवश्यक रूप से स्थानिक केन्द्रीकरण को बढ़ावा देता है और शक्ति का पुनर्वितरण विकास और एक संगठित स्थान अर्थव्यवस्था की उत्पत्ति के साथ किसी प्रकार से जुड़ा हुआ है। आर्थिक शक्ति उत्पादन के साधनों के नियंत्रण से उत्पन्न होती है और अपनी विशिष्ट ऐतिहासिक विशेषताएं इसे नियंत्रण की प्रकृति से प्राप्त होती हैं। किसी विशिष्ट समय पर पूंजीवादी व्यवस्था का स्थानिक प्रबंध और परिवर्तन संचय के पूर्व चक्रों द्वारा निर्मित एक भूपटल की संचय और ऐतिहासिक विरासत की वर्तमान आवश्यकताओं को प्रतिबिम्बित करता है। अतएव, उत्पादक क्रिया का क्षेत्रीय पुनर्वितरण और उत्पादक प्रक्रिया संबंधी निर्णय-रचना का विकेन्द्रीकरण किया जा सकता है जो ऐसा प्रतीत होता है कि पूंजी से श्रम की ओर उत्पादन के साधनों पर शक्ति में बिना हेर-फेर किए स्थानिक संगठन के अत्यधिक एकीकृत स्वरूप को उत्पन्न करती है। इसका तात्पर्य यह भी नहीं है कि उत्पादन के साधनों पर स्थानिक नियंत्रण विकेन्द्रित हो गया है। वास्तव में, नियंत्रण का केन्द्रीकरण कम होने की अपेक्षा तीव्र हो जाने की अधिक संभावना है, जैसे की अर्थव्यवस्था स्थानिक अर्थों में अत्यधिक संगठित हो जाती है और भौगोलिक विकास, विकास योजना के अनुसार विकसित होता है। फ्रीडमान के मॉडल की दूसरी और तीसरी अवस्था और प्रादेशिक विकास की नीतियां हैं, जिनके साथ वे जुड़ी हो सकती हैं, केन्द्र और परिसर के बीच निश्चित रूप से कम असमान विनिमय को प्रेरित करता है। किन्तु, वे किंचित अधिक साधनों के रूप में देखे जाने चाहिए, जिसके द्वारा विकास को असंगठित करने की अपेक्षा सम्पूर्ण रूप में अर्थव्यवस्था से आधिक्य (Surplus) प्राप्त किया जा सके। विकास का एक अधिक यथार्थ पुनर्वितरण, आवश्यक रूप से, उत्पादन के साधनों पर नियंत्रण के सम्बन्धों में मौलिक परिवर्तन लाना है।

रोस्टोव का विकास मॉडल (Rostow's Model of Development)

प्रसिद्ध अमेरिकी आर्थिक इतिहासकार डब्ल्यू. डब्ल्यू. रोस्टोव (1971) ने आर्थिक और सामाजिक विकास का पाँच स्तरीय अनुक्रम प्रस्तुत किया है। उसने कहा है कि सभी समाज इन अवस्थाओं से होकर गुजरते हैं। रोस्टोव ने अपने मॉडल में आर्थिक विकास की निम्न पाँच अवस्थाओं को प्रस्तुत किया है—

1. पारम्परिक समाज,
2. प्रस्थान की पूर्व-परिस्थितियाँ,
3. वास्तविक प्रस्थान,
4. परिपक्वता की ओर प्रस्थान,
5. व्यापक उपभोग की अवस्था

उपरोक्त अवस्थाओं का संक्षेप में विश्लेषण निम्न पंक्तियों में दिया जा रहा है—

1. *पारम्परिक समाज (Traditional Society)*

एक प्रमुख परम्परागत समाज की विशेषता लोगों का अधिक प्रतिशत कृषि कार्य में लगा होना और रोस्टोव के अनुसार राष्ट्रीय सम्पत्ति को अनुत्पादक क्रियाओं पर, जैसे सेना पर और धार्मिक कार्यों में, अत्यधिक खर्च किया जाना है।

आदिम प्रौद्योगिकी, तार्किक मानदंडों की अपेक्षा प्रथा तथा जनरीतियों पर आधारित व्यवहार तथा संस्तरणात्मक सामाजिक व्यवस्था, इस समाज की प्रथम अवस्था की विशेषताएं हैं। ये सभी विशेषताएं उत्पादन संभावनाओं को सीमित करती हैं।

2. *प्रस्थान की पूर्व-परिस्थितियाँ (Preconditions for Take off)*

देश कुलीन लोगों के एक ऐसे समूह को तैयार करता है जो नवाचार आर्थिक क्रियाओं और नवीन औद्योगिक और कृषीय तकनीकों को अपनाने के लिए तैयार रहता है। राष्ट्रीय निवेश यातायात और अन्य आधारभूत ढांचे में केन्द्रित रहता है, जो उत्पादकता के चरम विकास के लिए आवश्यक होता है। यह दूसरी अवस्था उत्पादक निवेश की दर के आकार, सामाजिक और आर्थिक आधारभूत ढाँचे के प्रावधान, तथा नई उद्भूत आर्थिक दृष्टि पर आधारित कुलीन और एक प्रभावी केन्द्रीकृत राष्ट्रीय-राज्य पर बल देती है।

3. *वास्तविक प्रस्थान (The Take off)*

कुछ सीमित क्षेत्रों में, जैसे कि वस्त्र उद्योग, रेलवे अथवा डेयरी उत्पाद में तीव्र विकास होता है। कुछ उद्योगों में तकनीकी प्रगति की तीव्र शृंखला के साथ देश एक प्रकार से औद्योगिक क्रांति की स्थिति में पहुंच जाता है। रोस्टोव ने प्रस्थान अवस्था का आधुनिक समाज के जीवन में एक बड़ी रुकावट के रूप में वर्णन किया है। यह समय 10 से 30 वर्ष के लगभग हो सकता है। इस अवस्था में समाज पर विकास हावी रहता है, अर्थव्यवस्था और राजनीतिक कार्यक्रम तथा निवेश बढ़ता है, विशेषकर प्रमुख निर्माणी उद्योगों में। आत्मनिर्भरता में वृद्धि का परिणाम परिपक्वता की ओर प्रस्थान होता है।

4. *परिपक्वता की ओर प्रस्थान (The Drive to Maturity)*

आधुनिक प्रौद्योगिकी विभिन्न उद्योगों में उपयोग में ली जाती है। श्रम बहुत अधिक कुशल और विशिष्ट हो जाता है। प्रस्थान काल में विकसित उद्योगों के अतिरिक्त आधारभूत उद्योग विकसित होते हैं। विभिन्नताओं की विशेषताओं वाले अनेक क्षेत्रों का विकास होता है, आयात घटता है और राष्ट्रीय आय का उत्पादक निवेश 10 से 20 प्रतिशत तक रहता है।

5. *व्यापक उपभोग की अवस्था (The Stage of Mass Consumption)*

इस अवस्था में अर्थव्यवस्था भारी उद्योगों, जैसे स्टील और ऊर्जा के उत्पादन से उपभोग वस्तुओं, जैसे मोटरकार, टेलीविजन और रेफ्रिजरेटर की ओर परिवर्तित हो जाती है।

देशों का निर्धारण (Allocation of Countries)

रोस्टोव की संरचना के अनुसार प्रत्येक देश का उपरोक्त पाँच में से किसी एक अवस्था में निर्धारण किया जा सकता है। उदाहरण के लिए, उपनिवेशकाल में संयुक्त राज्य अमेरिका पहली अवस्था में था। उन्नीसवीं शताब्दी के पूर्वार्द्ध में दूसरी अवस्था में था और उन्नीसवीं शताब्दी के मध्य में तीसरी अवस्था में था। चौथी अवस्था बीसवीं शताब्दी के प्रारम्भिक काल में थी और उसके बाद वर्तमान पाँचवीं अवस्था है।

यह मॉडल प्रथम अवस्था में देशों के लिए एक ऐसा उपागम प्रस्तुत करता है जिसमें अपेक्षाकृत विकसित एंग्लो-अमेरिकी और यूरोपीय देशों का सामान्य ऐतिहासिक प्रतिरूपों का अनुसरण करते हुए आधुनिकीकरण किया जा सके। रोस्टोव के प्रत्येक अवस्था के ये मापदण्ड मनमाने हैं, फिर भी यह मॉडल कम विकसित देशों के नेतृत्व को अर्थव्यवस्था में निवेश के लिए प्राथमिकताएं प्रस्तावित करता है।

आशावाद (Optimism)

रोस्टोव का आर्थिक विकास के लिए आशावादी प्रक्षेपण दो तत्वों पर आधारित था: पहला, अपेक्षाकृत विकसित पश्चिमी यूरोप और एंग्लो अमेरिकी देशों से अन्य पूर्वी यूरोप और एशिया के देश जुड़ गए। यदि जापान आर्थिक दृष्टि से अधिक जिकसित हो सकता है तो अन्य देश क्यों नहीं?

दूसरे, अनेक कम विकसित देशों के पास पर्याप्त मात्रा में कच्चा माल उपलब्ध है। ये देश कच्चे माल का उपयोग आर्थिक विकास में उत्प्रस्थान अवस्था उत्पन्न करने में कर सकते हैं। इस संबंध में एक उल्लेखनीय उदाहरण मध्यपूर्व के देशों के प्रयासों का है जिसमें तेल से प्राप्त धन को विकास कार्यों में लगाया जा रहा है।

अवरोध (Obstacles)

1980 के दशक में यह आशा थी कि समस्त अल्प विकसित देश रोस्टोव के विकास मॉडल की विकसित अवस्था प्राप्त कर लेंगे, किन्तु यह संभव नहीं हो सका क्योंकि अल्प विकसित देशों के सामने दो बाधाएं हैं—संसाधन वितरण और बाजार गतिहीनता।

1. संसाधन वितरण (Resource Distribution)

अल्प विकसित देशों में संसाधन समान रूप से वितरित नहीं हैं। विकासशील देश भी उपलब्ध संसाधनों के संदर्भ में सघन और निर्धन देशों में विभाजित हैं। मध्य-पूर्व के देशों ने खनिज तेल से पूंजी प्राप्त कर अधिक विकास की अवस्था की ओर बढ़ना आरम्भ किया है, किन्तु दूसरे विकासशील देशों में यह देखा गया है कि उनके कच्चे माल का मूल्य उस तीव्रता से नहीं बढ़ा है जितनी तीव्रता से औद्योगिक उत्पादों की कीमतों में वृद्धि हुई है, जो विकसित देशों से आयात किए जाते हैं। इसके अतिरिक्त, विकसित देशों के समान ही कम विकसित देशों को ऊर्जा के लिए अधिक मूल्य चुकाना पड़ता है।

2. बाजार गतिहीनता (Market Stagnation)

अनेक उत्पादों के लिए विश्व बाजार का पूर्व की तुलना में कम तीव्रता से विस्तार हो रहा है। अपेक्षाकृत विकसित देशों में जनसंख्या वृद्धि, उपभोक्ता क्रय शक्ति और बाजार का आकार सीमित है। अत: अल्प विकसित देशों को अपने ही देश में बाजारों को उत्पन्न करना होगा अथवा उन अल्प विकसित देशों में जहाँ के उपभोक्ताओं के पास विनिर्माण वस्तुओं का मूल्य चुकाने के लिए पर्याप्त आय नहीं है।

परिवर्तित विश्व परिस्थितियों को देखते हुए कुछ विकासशील देशों ने रोस्टोव के विकास मॉडल तथा अन्य इसी प्रकार के मॉडलों को जो पश्चिमी विकास प्रतिमानों के अनुकरण पर बल देते हैं, नकार दिया है। इसके स्थान पर कुछ अल्प विकसित देशों ने आत्म-निर्भरता के उपागम को अपना लिया है।

संतुलित विकास मॉडल (Balanced Growth Model)

रोस्टोव मॉडल का सर्वाधिक विवादास्पद सुझाव था कि विकासशील देशों को अर्थव्यवस्था में सम्पूर्ण विकास उत्पन्न करने के लिए कुछ ही उत्प्रस्थान उद्योगों पर केन्द्रित रहना चाहिए। इसके स्थान पर, एक अल्प विकसित देश लम्बी अवधि में विकास के लिए संतुलित विकास पद्धति को अपना कर लाभ उठा सकते हैं।

संतुलित विकास तर्क के अनुसार समस्त उद्योगों में संतुलित विकास दर बढ़ाने के लिए निवेश को सारे देश में फैलाना चाहिए। उदाहरण के लिए कृषि उत्पादकता में वृद्धि का परिणाम अधिक भोजन सामग्री का उत्पादन करना होगा। यह भोजन सामग्री या तो निर्यात की जानी चाहिए अथवा नगरीय औद्योगिक श्रमिकों द्वारा उपभोग की जानी चाहिए। यदि अकृषीय श्रमिक भोजन के लिए भुगतान नहीं कर सकते अथवा यदि विदेशी बाजारों में भी उसको खरीदा नहीं जाता, तब इस प्रकार के अतिरिक्त भोज्य पदार्थों को क्यों उत्पन्न किया जाए?

विश्व के दो प्रमुख जनसंख्या वाले देशों—चीन और भारत ने आत्मनिर्भरता उपागम को अपनाया है। इन दोनों देशों में उद्योगों की स्थापना उत्पादित वस्तुओं के निर्यात के लिए नहीं की जाती है। इन उद्योगों में अतिरिक्त मशीनों और निर्माण में काम आने वाले पदार्थों का निर्माण किया जाता है। अधिकांश लोग छोटे गाँवों में रहने वाले स्वावलम्बी कृषक हैं। ये लोग उसी समय तक अपनी जीवितता बनाए रख सकते हैं, जब तक कि मांग से अधिक उत्पादन होता है। उद्योग पर्याप्त मात्रा में उर्वरक, उपकरण और करोड़ों स्वावलम्बी कृषकों के लिए आश्रय का प्रबन्ध करने का प्रयास करते हैं। इस प्रकार, भारतीय और चीनी लोग अपेक्षत: निर्धन रह सकते हैं, किन्तु उन्हें भोजन पर्याप्त मात्रा में उपलब्ध होता है।

विकासशील देशों की सापेक्ष विशेषताएं और अपेक्षाकृत अधिक विकसित देशों की विशेषताएं सारिणी 6.1 में दी गई हैं।

सारणी 6.1 *विकास की सापेक्ष विशेषताएं*

अल्प विकसित देश	*विकसित देश*
1. प्रतिव्यक्ति कम आय और अपर्याप्त पूंजी	1. प्रति व्यक्ति अत्यधिक आय और तत्काल पूंजी उपलब्ध
2. अलग-अलग देशों में पूंजी का वितरण असमान (उदाहरणार्थ, कोलम्बिया में 2.6 प्रतिशत जनसंख्या के पास देश की 40 प्रतिशत सम्पत्ति है और जबकि गबॉन में 1 प्रतिशत जनसंख्या के पास राष्ट्रीय सम्पत्ति का 56 प्रतिशत भाग है)	2. इन देशों में तुलनात्मक दृष्टि से सम्पत्ति का वितरण समान रूप में पाया जाता है। (उदाहरणार्थ, संयुक्त राज्य अमेरिका में 10 प्रतिशत श्रम संख्या के पास राष्ट्रीय सम्पत्ति का 27 प्रतिशत भाग है)
3. प्राथमिक उद्योगों (कृषि, वानिकी, खनन, मत्स्य पालन) का राष्ट्रीय अर्थव्यवस्था में महत्वपूर्ण स्थान।	3. विनिर्माण उद्योग और सेवाओं जैसे कार्यों का राष्ट्रीय अर्थव्यवस्था में महत्त्वपूर्ण स्थान।
4. जनसंख्या का अधिकांश भाग लगभग 70 प्रतिशत कृषि कार्य में संलग्न ।	4. बहुत कम जनसंख्या का प्रतिशत (10 प्रतिशत से कम) कृषि कार्यों में संलग्न।
5. अधिकांश कृषि स्वावलम्बी आधार पर है और अकुशल पद्धति द्वारा की जाती है। खेतों का आकार छोटा, यंत्रीकरण सीमित और प्रति एकड़ उपज कम ।	5. कृषि व्यापारिक आधार पर की जाती है- कुशल और यंत्रीकृत कृषि । खेतों का आकार बड़ा और प्रति एकड़ उपज अधिक।
6. जनसंख्या मुख्यत: ग्रामीण है, लगभग 80 प्रतिशत लोग गाँवों में निवास करते हैं।	6. अधिकांश जनसंख्या नगरीय है, लगभग 70 प्रतिशत लोग नगरों में रहते हैं।
7. ऊंची जन्म और मृत्यु दर तथा नीची जीवन प्रत्याशा। बच्चों की अधिकता की प्रवृत्ति, ऊंची प्राकृतिक दर ।	7. निम्न जन्म, मृत्यु-दर, ऊंची जीवन प्रत्याशा। 60 वर्ष की आयु से अधिक वाले लोगों की संख्या अधिक तथा नीची प्राकृतिक वृद्धि-दर।
8. अपर्याप्त अथवा असन्तुलित आहार के परिणामस्वरूप प्रोटीन उपभोग की मात्रा कम, भूख और कुपोषण की सामान्यता।	8. पर्याप्त मात्रा में भोजन की आपूर्ति एवं संतुलित आहार।
9. संक्रमण और श्वास तथा परजीवी बीमारियाँ प्राय: सामान्य तथा अल्प चिकित्सा सेवाएं।	9. कम बीमारियां तथा अच्छी चिकित्सा सेवाएं।
10. अत्यधिक भीड़-भाड़, घटिया मकान व्यवस्था, अल्प सार्वजनिक सेवाएं, घटिया सफाई व्यवस्था के कारण घटिया सामाजिक दशाएं।	10. सामाजिक दशाएं प्राय: अच्छी, उच्चस्तर की सामाजिक सुविधाएं और सफाई व्यवस्था और, पर्याप्त मात्रा में मकानों के लिए जमीन।

लगातार...

...लगातार

11. शिक्षा सुविधाएं अपर्याप्त, जनसंख्या में अनपढ़ों की संख्या अधिक होने के कारण तकनीकी ज्ञान के विकास में बाधा (अफ्रीका के कुछ भागों में 80 प्रतिशत तक जनसंख्या अनपढ़ है)।	11. शिक्षा की अत्यधिक विकसित सुविधाएं, अनपढ़ों की संख्या कम, उन्नत प्रौद्योगिकी योग्यता।
12. समाज में स्त्रियों की स्थिति निम्न समझी जाती है	12. स्त्रियों को पुरुषों के अधिकाधिक बराबर समझा जाता है।

स्त्रोत : हेमोण्ड (1985)

आर्थिक, सामाजिक और सांख्यिकीय विशेषताओं के आधार पर विश्व के देशों को (1) विकसित और (2) विकासशील देशों में विभाजित किया जा सकता है। अपेक्षाकृत अल्प विकसित देशों (विकासशील देशों) को तृतीय विश्व के देश भी कहा जाता है। प्रथम विश्व के देशों में उन देशों को सम्मिलित किया जाता है जिनमें स्वतंत्र बाजार (पूंजीवादी) उपलब्ध रहता है। द्वितीय विश्व (साम्यवादी ब्लाक) में केन्द्रीय नियंत्रित बाजार अर्थव्यवस्था है। तृतीय विश्व में अफ्रीका, एशिया और लेटिन अमेरिका के विकासशील देश सम्मिलित हैं। संयुक्त राष्ट्र संघ (UNO) ने 31 अल्पतम विकसित देशों की पहचान की है, जिनकी अर्थव्यवस्था में परिवर्तन की अपर्याप्त संभावनाएं हैं। सन् 1980 में विरोधाभासी शब्दों 'उत्तर' और 'दक्षिण' को जोड़ा गया (अंतरराष्ट्रीय विकास विषयों पर स्वतंत्र कमीशन के द्वारा जिसे सामान्य रूप से ब्रान्ड्ट रिपोर्ट भी कहा जाता है) जो उत्तरी गोलार्द्ध के धनी, उन्नत, विकसित देशों (जिसमें दक्षिणी गोलार्द्ध के ऑस्ट्रेलिया और न्यूजीलैण्ड को भी सम्मिलित किया गया है) को 'उत्तर' और शेष विश्व के देशों को 'दक्षिण' के अन्तर्गत रख कर मोटी-मोटी भिन्नताएं प्रदर्शित की गई हैं (चित्र 6.3)। यह वर्गीकरण संयुक्त राष्ट्र संघ के वर्गीकरण से मेल खाता है जिसमें समस्त यूरोप और पूर्ववर्ती सोवियत संघ को अधिक विकसित देशों के वर्ग (जिसे सूक्ष्माक्षर में (MDC) के नाम से जाना जाता है) तथा अन्य सभी देशों को कम विकसित देश जिन्हें LDC's कहा जाता है।

विश्व के विकास प्रदेश (Development Regions of the World)

आर्थिक, सामाजिक एवं जनसांख्यिकीय विशेषताओं के आधार पर विश्व के देशों को 11 प्रदेशों में विभाजित किया जा सकता है। इनमें से पाँच विकसित/उन्नतिशील देश हैं और छह विकासशील देश हैं। विश्व के पाँच विकसित प्रदेशों में (1) एंग्लो-अमेरिका (2) पश्चिमी यूरोप (3) पूर्वी यूरोप (पूर्ववर्ती सोवियत संघ सहित पूर्वी यूरोप के देश) (4) जापान और (5) दक्षिणी प्रशान्त के देश—ऑस्ट्रेलिया और न्यूजीलैण्ड को सम्मिलित किया जाता है। विश्व के छह विकासशील देशों में (1) दक्षिण-पश्चिम एशिया (2) लेटिन अमेरिका (3) उष्ण कटिबन्धीय अफ्रीका (4) जापान सहित पूर्वी एशिया (5) सिंगापुर सहित दक्षिण-पूर्वी एशिया और (6) दक्षिण एशिया आते हैं।

एंग्लो-अमेरिका (Anglo-America)

उत्तरी अमेरिका के दो महत्त्वपूर्ण देशों कनाडा और संयुक्त राज्य अमेरिका को मिलाकर एंग्लो-अमेरिका कहा जाता है। विभिन्न सामाजिक-आर्थिक और सांख्यिकीय विशेषताओं के अनुसार इन दोनों देशों को विश्व के सर्वाधिक विकसित देश माना जाता है। एंग्लो-अमेरिका की केवल 5 प्रतिशत जनसंख्या कृषि कार्य में लगी हुई है। फिर भी यह प्रदेश विश्व का महत्त्वपूर्ण भोजन सामग्री निर्यातक प्रदेश है। इसके अतिरिक्त, इसकी अर्थव्यवस्था में तृतीयक और चतुर्थ खण्डों का ऊंचा प्रतिशत पाया जाता है। एंग्लो-अमेरिकी प्रदेश सूचना का प्रमुख वाहक समाचार संसाधन माध्यम, कम्प्यूटर विश्लेषण और सूचना प्रसारण का प्रमुख प्रबन्धक है। यह प्रदेश अवकाश क्रियाओं, मनोरंजन, जन-संचार माध्यम, खेल और मनोरंजन उपकरणों का भी प्रमुख उपलब्धकर्ता है।

एंग्लो-अमेरिकी प्रदेश केवल खनिज तेल की कमी को छोड़कर उद्योगों के लिए आवश्यक अधिकांश खनिजों में बहुत सम्पन्न प्रदेश है। प्रदेश में विश्व की केवल 5 प्रतिशत जनसंख्या होते हुए भी विश्व के तेल का एक-तिहाई भाग यह प्रदेश उपभोग करता है और अपनी आवश्यकता का आधा तेल विदेशों से आयात करता है। कोयला और प्राकृतिक गैस जैसे अन्य ऊर्जा स्रोतों के भण्डार भी पर्याप्त मात्रा में उपलब्ध हैं।

दूसरे प्रदेशों की तुलना में एंग्लो-अमेरिकी प्रदेश की विशेषता सापेक्षिक भाषायी और धार्मिक एकता है। लगभग 95 प्रतिशत जनसंख्या अंग्रेजी बोलती है और 70 प्रतिशत प्रोटेस्टेन्ट धर्मावलम्बी हैं। कनाडा के क्यूबेक प्रान्त में अधिकांश फ्रेंच भाषा बोलने वाले कैथोलिक हैं जो राष्ट्रीय तनाव का मुख्य कारण हैं। एंग्लो-अमेरिकी की सापेक्षिक सांस्कृतिक समरूपता लोगों के एक बड़े समूह को राष्ट्रीय अर्थव्यवस्था में भागीदारी से अलग किए जाने की संभावनाओं को कम कर देती है।

पश्चिमी यूरोप (Western Europe)

पश्चिमी यूरोप भी विश्व का आर्थिक दृष्टि से अत्यधिक विकसित प्रदेश है। इसके प्रमुख (Core) प्रदेश में जर्मनी, फ्रांस, स्विट्जरलैण्ड, बेल्जियम, नीदरलैण्ड, स्पेन, नार्वे, स्वीडन और लक्जमबर्ग क्षेत्र अत्यधिक औद्योगीकृत और नगरीयकृत प्रदेश हैं।

पश्चिमी यूरोप के देशों में कच्चे माल का अभाव है। ऐतिहासिक दृष्टि से पश्चिमी यूरोप के देश विश्व के अन्य प्रदेशों में अपने उपनिवेश स्थापित कर कच्चा माल प्राप्त किया करते थे। चूंकि अब विश्व के अधिकांश उपनिवेश स्वतंत्र हो चुके हैं, अत: पश्चिमी यूरोप के देशों को कच्चा माल विकासशील देशों और अन्य देशों से खरीदना पड़ता है। कच्चे माल के आयात के बदले में यूरोपीय देश औद्योगिक वस्तुएं और सेवाएं दूसरे देशों को बेचते हैं।

विश्व के व्यापक स्तर पर, अधिकांश पश्चिमी यूरोप एक भाषायी परिवार और धर्म की दृष्टि से समरूप प्रदेश है। फिर भी, ईसाई धर्म का कैथोलिक और प्रोटेस्टेण्ट मतों में विभाजन और इण्डो यूरोपीय भाषा के कई दर्जन भाषाओं में विभाजन से यूरोप में एकता

की कमी पर प्रभाव पड़ा है। यूरोपीय देशों में सहयोग केवल द्वितीय महायुद्ध के पश्चात् ही बढ़ा है।

पूर्वी यूरोप और पूर्ववर्ती सोवियत संघ
(Eastern Europe and the Erstwhile Soviet Union)

पूर्वी यूरोप के देशों में आठ छोटे देश, रूस तथा पूर्ववर्ती सोवियत संघ के गणराज्य (उक्रेन, एस्टोनिया, लातविया, लिथूनिया, जॉर्जिया, आर्मीनिया और अजरबेजान) सम्मिलित किए जाते हैं। इन गणराज्यों के साथ रूस के सुदृढ़ राजनीतिक, आर्थिक सामाजिक और सांस्कृतिक सम्बन्ध हैं। इन देशों में समाजवादी सरकारों के होने के कारण निर्बाध (खुला) बाजार नहीं है और अर्थव्यवस्था सरकार द्वारा नियंत्रित है। पूर्वी यूरोपीय देशों में साम्यवादी सरकारें हैं। निवेश, वेतन, उत्पादन और वितरण के बारे में निर्णय यहाँ की सरकारें ही करती हैं। इसके अतिरिक्त, सरकारें यह भी निर्णय करती हैं कि कितना उत्पादन किया जाएगा, किसके द्वारा किया जाएगा और कहाँ किया जाएगा।

प्रदेश की प्रमुख सम्पत्ति खनिज पदार्थ हैं जो इस प्रदेश में अत्यधिक मात्रा में उपलब्ध हैं। फिर भी, कृषि यहाँ पर कुशल व्यवसाय नहीं है। सोवियत रूस के विखंडन के बाद इन देशों की अर्थव्यवस्था कठिन अवस्था में है। आजकल यहां मुद्रास्फीति की स्थिति है, अपराध बढ़ रहे हैं और जीवन निर्वाह बहुत महंगा हो गया है।

जापान (Japan)

जापान एशिया महाद्वीप का विकसित देश है। जापान का विकास विशेषकर इसलिए भी महत्त्वपूर्ण है क्योंकि इस देश की जनसंख्या 12.6 मिलियन (1998) की तुलना में कच्चे माल की कमी है। आधारभूत उद्योगों के लिए आवश्यक कच्चे माल की इस देश में बहुत कमी है। जापान का प्रमुख संसाधन इसकी जनसंख्या और कार्यबल है। यहाँ श्रमिक कड़ी मेहनत करते हैं और कुशलता प्राप्त करने का प्रयास करते हैं। जापान ने विशेषकर ऐसे उद्योगों में विशेषता प्राप्त की है जिसमें कुशल श्रमिकों की आवश्यकता होती है, जैसे इलेक्ट्रॉनिक्स, धातु का सामान (जैसे मोटर कार निर्माण), कैमरे, टेलीविजन, शल्य तथा चिकित्सा उपकरण आदि। जापान अपने औद्योगिक उत्पादों को विदेशी बाजारों में या तो संयुक्त राज्य अमेरिका और यूरोप के उपभोक्ताओं को अथवा कम विकसित देशों में जहाँ इन वांछित वस्तुओं का उत्पादन नहीं किया जाता है, बेचता है।

दक्षिण प्रशान्त के देश ऑस्ट्रेलिया और न्यूजीलैण्ड
(The South Pacific Countries of Australia and New Zealand)

दक्षिण प्रशान्त प्रदेश में दो अपेक्षाकृत विकसित देश ऑस्ट्रेलिया और न्यूजीलैण्ड सम्मिलित किए जाते हैं। ये दोनों देश जो पूर्व में ब्रिटिश बस्तियाँ थीं, इनमें प्रति व्यक्ति सकल राष्ट्रीय उत्पाद, पश्चिमी यूरोप के देशों के समान है। इन दोनों देशों के लगभग 90 प्रतिशत निवासी 19वीं शताब्दी में बसे ब्रिटिश अधिवासियों के वंशज हैं यद्यपि देशी लोग (मूल निवासी) भी

अभी यहां रहते हैं। इन देशों के निवासियों की ब्रिटेनवासियों से सांस्कृतिक विशेषताओं में भागीदारी है और आर्थिक दृष्टि से ये देश पश्चिम यूरोप और एंग्लो-अमेरिका के देशों से निकटता से जुड़े हुए हैं। कुल मिलाकर लोगों का संसाधनों से अनुपात ऑस्ट्रेलिया में अनुकूल है, यद्यपि देश का अधिकांश भाग मरुस्थल है। ऑस्ट्रेलिया और न्यूजीलैण्ड अपने संसाधनों, विशेषकर भोजन, दूध और दुग्ध वस्तुओं के निर्यातक देश हैं।

मध्य एशिया (The Middle East)

मध्य एशिया के विकास का सार केवल दो शब्दों में सन्निहित है—तेल और इस्लाम। वास्तविकता में प्रत्येक प्रकार के कच्चे माल का मध्य पूर्व में अभाव है। प्रदेश की अधिकांश भूमि जो मुख्यत: उष्ण शुष्क मरुस्थल है, गहन कृषि के लिए अनुपयोगी है। वस्तुत: सभी संसाधन जो औद्योगिक उत्पादन के लिए आवश्यक हैं, केवल तेल को छोड़ कर, आयात करने पड़ते हैं।

फिर भी खनिज तेल का निर्यात इतना अधिक है कि विश्व के ग्यारह प्रदेशों में से मध्य पूर्व ऐसा अकेला क्षेत्र है जिसका व्यापार संतुलन इसके पक्ष में है। अन्य प्रत्येक प्रदेश मध्य-पूर्व से अत्यधिक मात्रा में तेल का आयात करता है जिससे उनका व्यापार घाटे में रहता है।

तेल-धनी देशों जैसे सऊदी अरब और कुवैत के शासकीय अधिकारी तेल विक्रय से प्राप्त करोड़ों डॉलर विकास के उपयोग में ले रहे हैं। विश्व में मध्य-पूर्व ही अकेला ऐसा प्रदेश है, जहाँ पूंजी की कमी के कारण नए निर्माण कार्य करने के लिए विकास में कोई बाधा नहीं है। इसके विपरीत, अनेक मध्य-पूर्व की सरकारों के पास आर्थिक विकास में खर्च करने से अधिक धन है।

दूसरी ओर, मध्य-पूर्व के प्रत्येक देश के पास प्रचुर तेल के भंडार नहीं हैं। इन देशों जैसे सीरिया, जॉर्डन, यमन और मिश्र में सीमित तेल भण्डार होने के कारण विकास की संभावनाएं आशाजनक नहीं हैं।

मध्यपूर्व के देशों की सरकारों के सामने बिना परम्परागत सांस्कृतिक मूल्यों को छोड़े, जिनमें अनेक आधुनिक अर्थव्यवस्था के अनुकूल नहीं है, सबसे बड़ी चुनौती है। कुछ मुस्लिम धार्मिक क्रियाएं और निषेध पश्चिमी व्यापारिक व्यवस्था के प्रतिकूल हैं। मध्य-पूर्व के नेतृत्व का यह विचार है कि आर्थिक विकास के लिए पश्चिमी सामाजिक प्रथाओं से सादृश्यता होना आवश्यक नहीं है, किन्तु इस पर लोगों के विचार भिन्न-भिन्न हैं। कुछ लोग अपने धन से फैशनेबुल पोशाक और रंगीन टेलीविजन खरीदना चाहते हैं और आधुनिक मनोरंजन क्रियाकलापों जैसे जुआ खेलना, सिनेमा, पार्टियों और क्लब में जाना और शराब का उपयोग करना चाहते हैं, जबकि अन्य लोग इस प्रकार के उपभोग को गलत मानते हैं और कहते हैं कि यह इस्लाम के सिद्धान्तों के विरुद्ध है।

मध्य-पूर्व में इजरायल की मौजूदगी ने विकास को अधिक जटिल बना दिया है। इस देश का आकार छोटा होने के बावजूद यहां अन्य देशों का क्रोध व्याप्त है, क्योंकि यह देश मुसलमानों की अपेक्षा यहूदियों द्वारा शासित है। इस देश के अस्तित्व को नकारते

हुए इजरायल के पड़ोसी देशों ने इस पर कई बार आक्रमण किए हैं। इन युद्धों के कारण इजरायल द्वारा शासित क्षेत्रों में वृद्धि होती रही है जिसने किसी शान्तिपूर्ण समझौता ढूँढ़ने में कठिनाई को अधिक बढ़ाया है। जो धन विकास के लिए खर्च किया जाना चाहिए, वह सैन्य साजों-सामान खरीदने के लिए उपयोग में लिया जाता है।

लेटिन अमेरिका (Latin America)

लेटिन अमेरिका सांस्कृतिक दृष्टिकोण से अपेक्षाकृत एक समरूप प्रदेश है जिसमें अधिकांश जनसंख्या रोमन कैथोलिक धर्मावलम्बी और स्पेनी अथवा पुर्तगाली भाषा भाषी हैं। इस प्रदेश में एक बड़ी आबादी यहाँ के मूल निवासियों की भी है और इन देशों ने स्पेन और पूर्वकाल से 19वीं शताब्दी के प्रारम्भ में स्वतंत्रता प्राप्त की थी।

सांस्कृतिक एकता के नीचे आर्थिक विकास के स्तर में अत्यधिक विविधता दिखाई देती है। लेटिन अमेरिका के कुछ भागों में अपेक्षाकृत विकास के उच्च स्तर भी दिखाई देते हैं, विशेषकर दक्षिण अमेरिका के दक्षिण-अंधमहासागर का समुद्री तट का उपजाऊ भाग जो ब्राजील के कूरीतीबा से अर्जेंटीना के ब्यूनस आयर्स तक चला गया है और इसी प्रकार महाद्वीप के उत्तरी भाग में वेनेजुएला का तेल सम्पन्न क्षेत्र है जो विकसित प्रदेश है। दूसरी ओर ब्राजील के अधिकांश उष्णकटिबन्धीय आन्तरिक भाग में विकास के लिए संसाधनों का अभाव है यद्यपि यहाँ जनसंख्या बिखरी हुई बसी है। दक्षिण अमेरिका का पश्चिमी और पूर्वी तट तथा अधिकांश मध्य अमेरिका में कम अनुकूल परिस्थितियाँ हैं। दक्षिण अमेरिका के दक्षिण-पूर्वी भाग की तुलना में कृषि उत्पादन कम होता है, जबकि जनसंख्या का घनत्व अपेक्षाकृत अधिक है। (चित्र 6.4)

अत्यधिक क्षेत्रीय भिन्नताओं के अतिरिक्त आर्थिक विकास असमान आय वितरण द्वारा भी वांछित है। लेटिन अमेरिकी देशों में धनी और निर्धन परिवारों के बीच व्यापक अन्तर यहाँ की विशेषता है। अनेक किसान बड़े जमींदारों के किराएदार हैं जो घरेलू उपभोग के बजाय निर्यात के लिए विलास की वस्तुएं उत्पन्न करते हैं। लेटिन अमेरिका की सरकारें किसानों को भूमि के पुनर्वितरण को उच्च प्राथमिकता देती हैं, किन्तु यह प्रक्रिया बहुत धीमी है क्योंकि अधिकांश देश बड़े जमींदारों को विमुख नहीं करना चाहते हैं क्योंकि वे राष्ट्रीय आय में योगदान करते हैं।

लेटिन अमेरिका में विकास समस्याओं को बढ़ती हुई जनसंख्या ने और अधिक बढ़ा दिया है। मध्य-पूर्व को छोड़कर जहाँ वृद्धि तेल की कीमतों के कारण हुई है, लेटिन अमेरिकी देशों ने 1970 के दशक में सकल राष्ट्रीय उत्पाद में उच्चतम वृद्धि दर प्राप्त की है। फिर भी इन देशों में जनसंख्या वृद्धि की दर विश्व में सबसे अधिक है। लेटिन अमेरिका में कमाए गए अतिरिक्त प्रत्येक एक डॉलर में से लगभग 50 सेंट मुद्रा स्फीति में तथा 25 सेंट नए जुड़े लोगों के भोजन, वस्त्र, आवास और शिक्षा के मद में चले जाते हैं। यदि यह प्रदेश अपनी अपक्व जन्म दर (Crude Birth Rate) को कम कर सके तो यहां आर्थिक विकास की और अधिक संभावना बन सकती है।

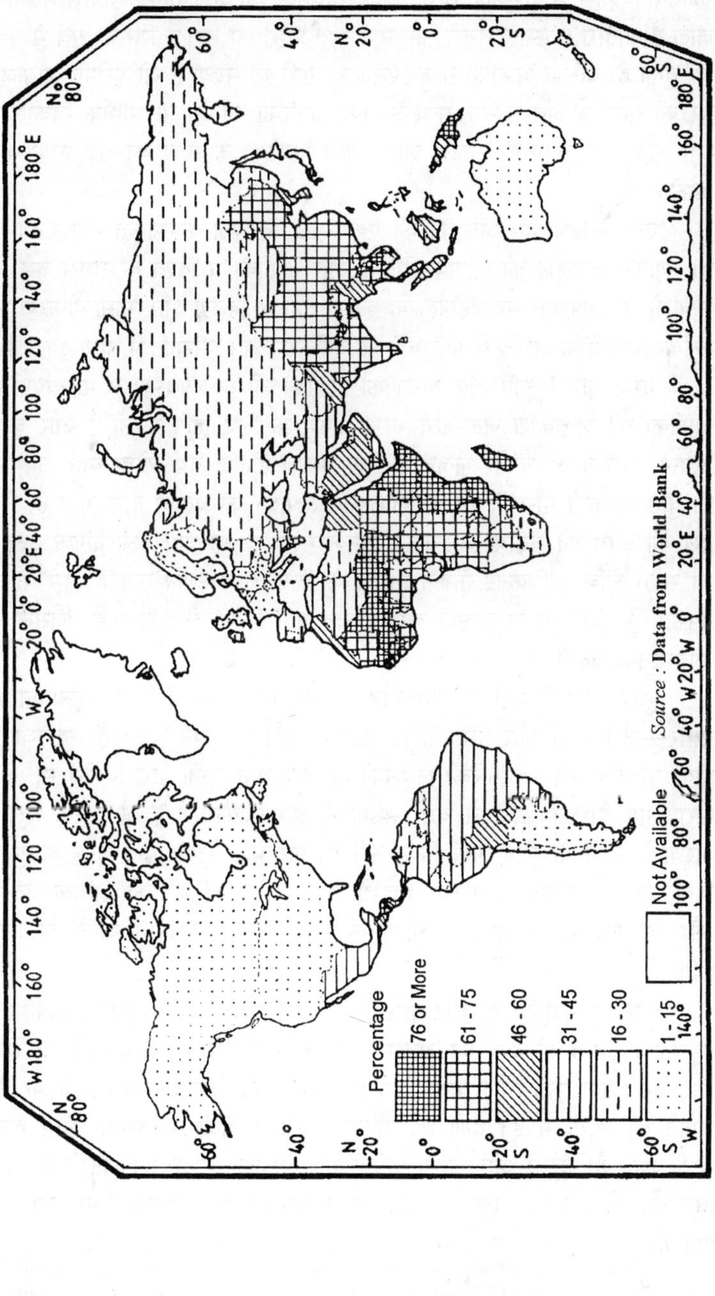

चित्र 6.4 कृषि में कार्यरत श्रमिक दल

उष्ण कटिबन्धीय अफ्रीका (Tropical Africa)

आर्थिक विकास के दृष्टिकोण से तीन प्रदेशों के भागों को अफ्रीका महाद्वीप में सम्मिलित किया जाता है। सहारा मरुस्थल उत्तरी भाग मध्य-पूर्व प्रदेश का भाग है जिसका पूर्व में वर्णन किया जा चुका है। दक्षिण अफ्रीका में अल्पसंख्यक गोरी जनसंख्या है जो यूरोपीय समाज की एक दूर की बस्ती है और जिसने अन्य अफ्रीकी नागरिकों की अपेक्षा आर्थिक विकास का उच्च स्तर प्राप्त कर लिया है। सहारा और दक्षिण अफ्रीका के मध्य का क्षेत्र उष्ण कटिबन्धीय अफ्रीका है।

उष्ण कटिबन्धीय अफ्रीका की एक प्रमुख विशेषता अपेक्षाकृत सांस्कृतिक विविधता है। स्थानीय व्यवहार की व्यापक भिन्नता और अफ्रीका में विश्व के सबसे बड़े धर्मों और भाषाओं की अपेक्षत: महत्वहीनता के कारण वहां वर्गीकरण और सामान्यीकरण कठिन है। लिखित प्रमाणों के अभाव में भी व्यवस्थित वर्गीकरण और प्रतिकृति में बाधा आती है।

भरण-पोषण कृषि और खनन का अफ्रीका की अर्थव्यवस्था में महत्त्वपूर्ण स्थान है। अफ्रीका की अधिकांश जनसंख्या भरण-पोषण के लिए कृषि करती है और कृषि में जौ उत्पन्न करते हैं जो उनके भोजन के लिए पर्याप्त होते हैं तथा थोड़ा बहुत अधिशेष रहता है। कुछ सरकारों द्वारा निर्यात के लिए कृषि उत्पादन को बढ़ावा दिया गया है, जिससे कि देश की आय को बढ़ाया जा सके, जिसके मूल्य से आवश्यक औद्योगिक उत्पाद खरीदे जा सकें। चूंकि अधिकतर कृषक निर्यात के लिए उपज उगाने लगे हैं, इस कारण घरेलू उपभोग के लिए भोज्य सामग्री का उत्पादन कम किया जाने लगा है, जिससे अन्न की आवश्यकता बढ़ती जा रही है।

कुछ अफ्रीकी राष्ट्रों में प्रचुर मात्रा में खनिज उपलब्ध हैं जिनमें मूल्यवान धातु और पत्थर—जैसे सोना और हीरा, ताँबा, फास्फेट और यूरेनियम मुख्य हैं। खनिजों की खानें प्राय: यूरोपीय अथवा अमेरिकी निवेशकों की हैं अथवा उनके द्वारा वित्तीय साधन उपलब्ध कराए गए हैं। इन खानों में बड़ी संख्या में श्रमिक कार्यरत हैं जो उनके मूल क्षेत्रों से अस्थायी कार्यों के लिए भर्ती किए जाते हैं और कुछ समय बाद उन्हें वापस घर भेज दिया जाता है। खनन कम्पनियाँ, विदेशों से आयातित श्रमिकों को अधिक वेतन देती हैं और जो पश्चिमी सामाजिक प्रथाओं को अफ्रीका में विस्तारित करने के लिए मुख्य शक्ति हैं।

अफ्रीका महाद्वीप के छोटे-छोटे देशों में विभाजित होने के कारण विकास में बाधा पहुँचती है। कुछ ही देशों का आकार इतना बड़ा है कि वे स्टील मिल की स्थापना के लिए आवश्यक पूंजी और बाजार उपलब्ध कर सकें। क्षेत्रों और संसाधनों पर आधिपत्य जमाने की स्पर्धा में इन देशों की अधिकांश सीमित पूंजी अनुत्पादक सैन्य क्रियाओं में चली जाती है। दूसरी ओर, उष्ण कटिबन्धीय अफ्रीका की विरल जनसंख्या अन्य अल्प विकसित प्रदेशों की अधिक जनसंख्या की तुलना में वर्तमान संसाधनों पर कम दबाव बना पाती है।

पूर्वी एशिया (East Asia)

चीन जो विश्व का सर्वाधिक आबादी वाला देश है जहाँ विश्व की एक-चौथाई जनसंख्या (1,255 मिलियन, 1998) निवास करती है, पूर्वी एशिया प्रदेश का सर्वाधिक महत्वपूर्ण देश है।

सम्पूर्ण इतिहास में चीन के लोग मुख्यत: भरण-पोषण के लिए कृषि करते रहे हैं, ये लोग आपदाओं जैसे अकाल, संक्रामक रोग और बाढ़ से प्रभावित रहे हैं। चीन में अधिकांश कृषि भूमि जमींदारों के पास थी जो लाभ का बड़ा अनुपात ऊंचे किराए और फसल के हिस्से के रूप में लिया करते थे। यूरोपीय और जापानी लोगों द्वारा चीनी संसाधनों के शोषण ने समस्या को और जटिल बना दिया था।

1 अक्टूबर, 1949 को साम्यवादी पार्टी ने चीन को जनवादी गणराज्य घोषित किया। तभी से देश की अर्थव्यवस्था में अभूतपूर्व परिवर्तन हुए हैं।

देश की बड़ी जनसंख्या के लिए पर्याप्त मात्रा में भोजन उपलब्ध कराने के लिए कृषि भूमि को गहनता से जोता जाना आवश्यक था। चावल और जौ इस देश, विशेष कर दक्षिण चीन में मुख्य भोज्य पदार्थ हैं, इन्हें उत्पन्न करने के लिए कड़ी मेहनत और लम्बे समय की आवश्यकता होती है। मानवीय श्रम की कमी को पूरा करने के लिए यहां कुछ ही यांत्रिक सहायता उपलब्ध है। प्रत्येक व्यक्ति के लिए पर्याप्त मात्रा में भोजन के उचित उत्पादन और वितरण निश्चित करने के लिए भूमि का राष्ट्रीयकरण किया गया। ग्रामीण लोग अब सामूहिक रूप से खेतों में कार्य करते हैं। प्रत्येक परिवार को उसकी भोजन की आवश्यकता को पूरा करने के पश्चात् शेष बचे उत्पादों को नगर के निवासियों को निर्मित वस्तुओं के बदले में बेच दिया जाता है।

चीन में आधारभूत उद्योगों का विकास किया गया है, कृषि कार्यों के समान ही उद्योग भी राज्य के अधिकार में हैं। ये उद्योग स्टील, मशीनें और ऊर्जा उत्पादन करते हैं। कुछ आवश्यक उपभोग की वस्तुएं, जैसे कपड़ा, साइकिलें भी निर्मित की जाती हैं, किन्तु इन वस्तुओं को यूरोप और एंग्लो-अमेरिका की तुलना में कम प्राथमिकता दी जाती है।

चीन की सफलता यहाँ के लोगों के सामूहीकरण की धारणा के प्रति इच्छित सहयोगशीलता पर आधारित है। वे जानते हैं कि उनकी स्थिति क्रांति से पूर्व की स्थिति की तुलना में अब बहुत अच्छी है। लोग दैनिक कार्यों में पर्याप्त अनुशासन में रहते हैं किन्तु इसके बदले में वे उन संकटों से आश्वस्त रहते हैं जिनके कारण ऐतिहासिक काल में देश त्रस्त रहा है। उपभोक्ता वस्तुओं की कमी रहती है और अनेक आवश्यक वस्तुओं का वितरण न्यूनतम आवश्यकताओं के आधार पर किया जाता है। सामयिक सरकारी नीतियों में परिवर्तनों ने दैनिक जीवन को विघटित किया है क्योंकि नवीन शैक्षिक, सामाजिक और आर्थिक विश्वासों ने पुराने विश्वासों का स्थान ले लिया है।

दक्षिण-पूर्व एशिया (South-East Asia)

दक्षिण-पूर्व एशिया में ग्यारह देश सम्मिलित हैं जिनके भिन्न सामाजिक रीति-रिवाज हैं। इनमें से पाँच म्यामार (बर्मा), कम्पूचिया, लाओस, थाइलैण्ड और वियतनाम पूर्ण रूप से एशिया

की मुख्य भूमि पर स्थित हैं जबकि अन्य देश हजारों द्वीपों के रूप में हिन्द महासागर और प्रशान्त महासागर में फैले हुए हैं।

दक्षिण-पूर्व एशिया में अर्थव्यवस्था का मुख्य स्वरूप भरण-पोषण कृषि है क्योंकि उष्णकटिबन्धीय जलवायु में व्यवस्थित उत्पादक कृषि कठिनाई भरी होती है। गर्मी लगभग निरन्तर रहती है, वर्षा प्रचुर मात्रा में होती है और वनस्पति घनी पाई जाती है। मिट्टियाँ प्राय: घटिया प्रकार की हैं और जब भूमि से फसल काट ली जाती है, तब गर्मी और आर्द्रता से भूमि में से पोषक तत्त्व तीव्रता से नष्ट हो जाते हैं। उत्पादक आर्थिक क्रियाओं में अन्य पर्यावरणीय बाधाएं हैं, जैसे अधिक प्रतिशत में सक्रिय ज्वालामुखी, पर्वतीय भूमि और टायफून हैं, जो विकास को अवरुद्ध करती हैं।

प्रतिकूल पर्यावरण के परिणामस्वरूप दक्षिण-पूर्व एशिया में पारम्परिक तौर पर जनसंख्या कम थी। पश्चिमी दवाओं और चिकित्सा तकनीक के प्रभाव से द्वितीय महायुद्ध के पश्चात् विश्व में सर्वाधिक जनसंख्या वृद्धि इस क्षेत्र में रही है जो 2.5 प्रतिशत प्रतिवर्ष है।

दक्षिण-पूर्व एशिया में सर्वाधिक जनसंख्या वाला देश इण्डोनेशिया है जिसका विस्तार कई हजार द्वीपों में है। यह विश्व का पाँचवाँ सबसे अधिक जनसंख्या वाला देश है। इण्डोनेशिया की लगभग दो-तिहाई जनसंख्या जावा द्वीप में केन्द्रित है, जहाँ विश्व का सर्वाधिक गणितीय घनत्व पाया जाता है। इस द्वीप में जनसंख्या के केन्द्रीकरण का मुख्य कारण अंशत: उपजाऊ मिट्टी है, जो कि ज्वालामुखी की राख से बनी है। इसके अतिरिक्त, इस प्रदेश में जावा द्वीप ही डच लोगों की उपनिवेशिक क्रियाओं का केन्द्र रहा है। फिर भी, इण्डोनेशिया में संसाधनों के अभाव के कारण विकास में बाधा रही है।

दक्षिण-पूर्व एशिया की राजनीतिक अस्थिरता एक विशिष्टता रही है। इस प्रदेश में लगभग आधी शताब्दी तक निरन्तर उपनिवेशिक शक्तियों से आन्तरिक संघर्ष होता रहा है। 1970 के दशक में इस प्रदेश से संयुक्त राज्य अमेरिका के चले जाने के पश्चात् जापानी, डच, फ्रांसीसी और ब्रिटिश लोगों ने भी इस प्रदेश से अपने आपको दूर कर लिया। उपनिवेशक शक्तियों के चले जाने के पश्चात् दक्षिण-पूर्व एशियाई देश आपस में ही क्षेत्रों पर अधिकार के लिए लड़ते रहे हैं। एक दशक के युद्ध ने प्रदेश के प्राकृतिक संसाधनों और आर्थिक सम्भावनाओं को नष्ट कर दिया।

दक्षिण-एशिया (South Asia)

आर्थिक विकास का अपेक्षाकृत निम्न स्तर के साथ-साथ अधिक जनसंख्या का केन्द्रीकरण है जो वर्तमान संसाधनों पर एक भार है, ये दक्षिण-एशिया प्रदेश की विशिष्टताएं हैं। इस प्रदेश में तीन बड़ी जनसंख्या वाले देश भारत, पाकिस्तान और बांग्लादेश हैं। यह विश्व में सबसे कम प्रति व्यक्ति सकल राष्ट्रीय उत्पाद वाला प्रदेश है।

यह प्रदेश अत्यधिक सांस्कृतिक विभिन्नता प्रदर्शित करता है। भाषा, धर्म और सामाजिक प्रथाओं की भिन्नताएं ऐसे आर्थिक व्यवहार को अपनाने में बाधा उत्पन्न करती हैं जो विकास के स्तर में सुधार के लिए आवश्यक हैं। दक्षिण-एशिया में संसाधनों की

कमी नहीं है, किन्तु प्रदेश की 125 करोड़ से अधिक जनसंख्या की आवश्यकताओं की पूर्ति के लिए ये संसाधन अपर्याप्त हैं।

अधिकांश दक्षिण-एशिया के कृषक भरण-पोषण कृषि करते हैं, मुख्यत: चावल अथवा गेहूँ उत्पन्न करते हैं अथवा घुमक्कड़ पशुचारक हैं। इस प्रदेश में कृषि गतिविधि अत्यधिक मात्रा में बढ़ी है, यह विशेषकर नई ऊंची उपज देने वाले बीजों के कारण संभव हो सका है। पश्चिम के देशों में अधिक उपज देने वाले नए बीजों के प्राप्त होने के कारण, इस क्षेत्र में अन्न के आयात में कमी आई है। तथापि, जनसंख्या की तीव्र वृद्धि के कारण आधिक्य उत्पादन कम होने से बहुत कम लोग कारखानों में काम के लिए उपलब्ध होते हैं। औद्योगिक विकास इस कारण भी इस क्षेत्र में बाधित हुआ है कि इस प्रदेश में विकास के लिए आवश्यक उपकरण, विशेषज्ञ और कुछ कच्चा माल आयात करने के लिए पूंजी का अभाव है।

उन्नीसवीं शताब्दी के कुछ भूगोलवेत्ताओं का यह तर्क था कि भौतिक और सांस्कृतिक विशेषताओं के कारण इस प्रदेश का आर्थिक विकास का स्तर नीचा है। एंग्लो-अमेरिकी और उत्तरी यूरोपीय लोगों की साहसिकता के लिए उनकी अनुकूल जलवायु को प्रमुख कारण बताया जाता है जिसमें वे निवास करते हैं। एंग्लो-अमेरिकी और यूरोपीय कर्मियों को काम के बीच में कुछ समय अनुत्पादक विश्राम की आवश्यकता नहीं पड़ती है जैसा कि अन्य प्रदेशों में होता है, इसका कारण दोपहर में सूर्य की तेज गर्मी होती है। विश्व के प्रसिद्ध सामाजिक वैज्ञानिक मैक्स वेबर ने प्रोटेस्टेन्टवाद और विकास की अपेक्षाकृत उन्नतिशील अर्थव्यवस्थाओं के बीच सम्बन्धों को प्रदर्शित करने का प्रयास किया है। उसके विचार से प्रोटेस्टेन्ट आचारों से पूंजीवाद का विकास हुआ है।

इन सिद्धान्तों में क्या कोई सच्चाई है? समसामयिक भूगोलवेत्ताओं ने पर्यावरणीय नियतिवाद के दोषों को अस्वीकार कर दिया है, किन्तु वे यह स्वीकार करते हैं कि कुछ सामाजिक, भौतिक और आर्थिक विशेषताएं आपस में संबंध रखती हैं, चाहे उनमें कारणात्मक संबंध न हो। विश्व का अपेक्षाकृत विकसित और कम विकसित देशों में विभाजन कुछ भौतिक और सांस्कृतिक विशेषताओं के वितरण से मेल खाता है।

विश्व के धरातल का आर्थिक, भौतिक और सांस्कृतिक विशेषताओं के मिश्रित आधार पर 11 प्रदेश में विभाजन यह प्रकट करता है कि प्रत्येक देश के आर्थिक विकास का स्तर एक नैरेन्तर्य (Continuum) के किसी बिन्दु पर है। वास्तविकता में, विश्व के ये प्रदेश इस नैरेन्तर्य के अन्तिम बिन्दु पर एकत्रित होते हैं। प्रदेशों को अपेक्षाकृत विकसित और कम विकसित समूहों में रखा जा सकता है और अनेक मापदण्डों के द्वारा दोनों समूहों के बीच यह नैरेन्तर्य पर अन्तर बढ़ रहा है। अत: जबकि विकास को यहाँ एक सापेक्ष संकल्पना माना जाता है, अनेक विचारक यह तर्क प्रस्तुत करते हैं कि पृथ्वी के धरातल को सामान्यत: तर्कसंगत ढंग से धनी और निर्धन अथवा धनाढ्य तथा कंगाल में विभाजित किया जा सकता है।

इसके अतिरिक्त धनी और निर्धन देशों के बीच विकास में बढ़ती विषमता को देखते हुए भूगोलवेत्ता यह मानते हैं कि इस अन्तर का एक स्थानिक आयाम है। अधिकांश

अपेक्षाकृत विकसित देशों का उत्तरी अक्षांशों में केन्द्रीकरण हुआ है और कम विकसित देश दक्षिण की ओर स्थित हैं। विकास में जो अन्तर दिखाई देता है, वह उससे उत्तर और दक्षिण में विभाजन के साथ ही धनाढ्य और कंगाल के बीच भी स्पष्ट अन्तर दिखाई देता है।

अभी हाल तक, कम विकसित देशों की अर्थव्यवस्था सुधारने की संभावना सुस्पष्ट दिखाई देती थी। किसी देश के विकास के स्तर को एक प्रक्रिया में एक व्यवस्था माना जाता था और जो प्रारम्भिक अवस्था में होते थे, वे एक उन्नत स्तर पर पहुँचने के लिए निश्चित चरणों का अनुसरण कर सकते थे। यह आशावाद रोस्टोव के मॉडल सहित कई मॉडलों में प्रतिबिम्बित हुआ है।

References

Alexander, J.W. and Gibson, L. James, 1979, *Economic Geography*, Englewood Cliff, N.J., Prentice Hall.

Chisholm, M., 1982, *Modern World Development: A Geographical Perspective*, Totowa, N.J., Barnes & Noble.

Cole, J.P., 1981, *The Development Gap: A Spatial Analysis of World Poverty and Inequality*, New York, John Wiley.

Cole, J., 1987, *Development and Underdevelopment: A Profile of the Third World*, London, Methuen.

Crow, Ben and Alan Thomas, 1985, *Third World Atlas*, The Open University Press, Milton Keynes.

De Gregarco, Thomas, R. and Pi Sunyer, Orial, 1969, *Economic Development: The Cultural Context*, New York, Wiley.

De Souza, Anthony R. and Parter, Phillip, 1974, *The Underdevelopment and Modernization of the Third World*, Washington, D.C.

Dickenson, J.P. et al., 1983, *A Geography of the Third World*, London, Methuen.

English, Paul Ward, 1977, *World Regional Geography: A Question of Place*, New York, Harper & Row.

Fellmann, J., et al., 1990, Human Geography, New York, W.C. Brown.

Friedmann, J., 1966, *Regional Development Policy: A Casde Study of Venezuela*, Cambridge, MIT Press.

Ginsburg, Norton, ed., 1960, *Essays on Geography and Economic Development*, Chicago, Chicago Press.

Government of India, Planning Commission, 1952, *The First Five Year Plan: A Summary*, New Delhi: Planning Commission, p. 2.

Hammond, Charles W., 1985, *Elements of Human Geography*, 2nd ed., London, Unwin Hyman.

Harvey, D., 1982, *The Limits of Capital*, Oxford, Basil Blackwell.

Husain, M., 2007, *Models in Geography*, Jaipur, Rawat Publications.

Independent Commission on International Development Issues, 1980, North *South: A Programme of Survival,* Cambridge, Mass., MIT Press.

International Bank for Reconstruction and Development/The World Bank, 1987, *Social Indicators of Development,* The World Bank.

Hoyle, S.B., ed., 1974, *Spatial Aspects of Development,* New York, Wiley.

Johnston, R.J. et al., 1990, *A Dictionary of Human Geography,* Oxford, Blackwell.

Korian, George, 1983, *Atlas of the Third World,* London, Mansell.

Lydolph, P.E., 1977, *Geography of the U.S.S.R.,* 3rd ed., New York, Wiley .

Massey, D., 1984, *Spatial Divisions of Labour,* London, Macmillan.

Massey, D. and Allen, J., eds., 1984, *Geography Matters,* Cambridge, Cambridge University Press.

Misra, R.P., 1984, *Development Issues of Our Time,* New Delhi, Concept.

Murphy, R.E., 1972, *The Central Business District, Chicago,* London, Longman.

Myrdal, Gunnar, 1957, *Rich Lands and Poor,* New York, Harper & Brothers.

Rostow, Walter W., 1971, *The Stages of Economic Growth,* London, Cambridge University Press.

Simpson, Edward S., 1987, *The Developing World: An Introduction,* Harlow, England and New York, Longman/John Wiley & Sons.

Smith, N., 1984, *Uneven Development,* Oxford, Basil Blackwell.

Wheeler, James. O. and Muller, Peter O., 1981, *Economic Development,* New York, Wiley.

World Bank, *World Development Reports,* New York, Oxford University Press.

7

मानव विकास
Human Development

मानव उच्च स्तर के जीवन का रूप है। इसके पास सोच-विचार (चिन्तन) की विशिष्ट क्षमता और संभावना है। मानव ने अपने कार्यकलापों द्वारा धरती पर अनेक आमूलचूल परिवर्तन किए हैं। विज्ञान, शिक्षा, और प्रौद्योगिकी के क्षेत्र में विस्मयकारी विकास होने के उपरान्त भी मानव के सामाजिक, आर्थिक, सांस्कृतिक और राजनीतिक सशक्तीकरण में स्पष्ट अन्तर-प्रादेशिक और अन्त: प्रादेशिक असमानताएं हैं। ए असमानताएं व्यक्तियों के जीवन में असुरक्षा के मुख्य कारण हैं, जिसने अनेक युद्धों और संघर्षों को जन्म दिया है।

यह अधिकाधिक रूप में अनुभव किया गया है कि विश्व में तब तक शांति नहीं हो सकती, जब तक कि लोगों को अपने रोजमर्रा के जीवन में सुरक्षा प्राप्त न हो। भावी संघर्ष बहुधा विभिन्न राष्ट्रों के बीच की अपेक्षा राष्ट्रों के भीतर होने की संभावना है। इन संघर्षों की उत्पत्ति के बीज बढ़ते हुए सामाजिक-आर्थिक अभावों और असमानताओं में गहरे गढ़े हुए हैं। इस प्रकार के परिवेश में सुरक्षा को हथियारों में खोजने की अपेक्षा विकास में खोजा जाना चाहिए। समाज वैज्ञानिकों द्वारा यह अधिकाधिक अनुभव किया गया है कि मानव प्राणी कुछ क्षमताओं को लेकर जन्म लेता है। विकास का उद्देश्य एक ऐसे पर्यावरण की रचना करना है जिसमें सभी व्यक्ति अपनी क्षमताओं को विकसित कर सकें तथा वर्तमान और भावी पीढ़ी दोनों के लिए अवसरों की बढ़ोतरी की जा सके। दूसरे शब्दों में, विकास ऐसा होना चाहिए कि सभी व्यक्ति अपनी मानवीय क्षमताओं का पूरा-पूरा विकास कर सकें और वे उन क्षमताओं का आर्थिक, सामाजिक, सांस्कृतिक, और राजनैतिक सभी क्षेत्रों में श्रेष्ठ उपयोग कर सकें। मानवीय विकास की वास्तविक आधारशिला इस दावे पर आधारित है कि एक अकेला व्यक्ति समाज को बना सकता है, यह विचार जीवन की सार्वभौमिकता को प्रस्थापित करता है। दूसरे शब्दों में, जीवन की सार्वभौमिकता का विचार एक ऐसे विश्व की मांग करता है, जहां कोई भी बालक बिना शिक्षा न रहे, जहां कोई भी प्राणी स्वास्थ्य सुरक्षा से वंचित न रहे और सभी व्यक्ति अपनी संभावित क्षमताओं को विकसित करने के लिए स्वतंत्र हों। सार्वभौमिकतावाद में व्यक्तियों का सशक्तीकरण अन्तर्निहित है। यह आर्थिक और सामाजिक के साथ-साथ नागरिक, कानूनी और राजनैतिक सभी मानवीय मौलिक अधिकारों की रक्षा करता है और यह मानता है कि भोजन का अधिकार उतना ही पावन है, जितना कि वोट का अधिकार। यह

लिंग, धर्म, नस्ल या प्रजातीय उत्पत्ति के बिना सभी व्यक्तियों में किसी भी प्रकार के भेदभाव न रखने की मांग करता है। विश्व में दान की नहीं अपितु न्याय की जरूरत है।

तथापि, सुरक्षा के विभिन्न व्यक्तियों के लिए भिन्न अर्थ हैं। व्यापक अर्थ में, सम्पूर्ण विश्व में मानवीयता को सुरक्षा की आवश्यकता है, जबकि सामान्य व्यक्ति अपने रोजमर्रा के जीवन में सुरक्षा की खोज करता है। अधिकांश व्यक्तियों के लिए सुरक्षा का अर्थ बीमारी, भूख, बेरोजगारी, अपराध, सामाजिक संघर्ष, राजनैतिक उत्पीड़न, आतंकवाद और पर्यावरणीय विपदाओं की आशंकाओं से रक्षा करना है। वास्तव में, अधिकांश के लिए, असुरक्षा की भावना विश्व की भयावही विभीषक घटना की अपेक्षा रोजमर्रा के जीवन की चिन्ताओं से उत्पन्न होती है।

यद्यपि मानव सुरक्षा का विचार बड़ा साधारण सा दिखता है, किन्तु यह 21वीं शताब्दी में समाज में क्रांतिकारी परिवर्तन ला सकता है। मानव की सुरक्षा की मूलभूत धारणा पर विचार करते समय इसकी निम्नलिखित चार विशेषताओं पर ध्यान दिया जाना चाहिए—

1. मानवीय सुरक्षा एक सार्वभौमिक चिन्ता का विषय है। यह सभी स्थानों के व्यक्तियों के लिए प्रासंगिक है, चाहे वे धनवान हों या निर्धन देशों के हों। मानवीय सुरक्षा की कई प्रकार की आशंकाएं हैं जो सभी व्यक्तियों के लिए समान हैं। ये आशंकाएं हैं: बेरोजगारी, नशीली दवाएं, अपराध, आतंकवाद, प्रदूषण और मानवीय अधिकारों का उल्लंघन। इनकी तीव्रता विश्व के एक भाग से दूसरे भाग में भिन्न हो सकती है, किन्तु सभी आशंकाएं वास्तविक हैं और दिन प्रतिदिन बढ़ती जा रही हैं।
2. मानवीय सुरक्षा के घटक 'अन्तनिर्भर' हैं। विश्व के किसी भी कोने के व्यक्तियों की सुरक्षा को जब खतरा उत्पन्न होता है, तब सभी राष्ट्रों की दिलचस्पी उसमें बढ़ जाती है। अकाल, बीमारी, प्रदूषण, नशीली दवाओं का अवैध व्यापार, आतंकवाद, प्रजातिक झगड़े और सामाजिक विखंडन ऐसी घटनाएं हैं जो अब किसी एक देश की सीमाओं तक सीमित नहीं है, इनके परिणाम सम्पूर्ण विश्व को प्रभावित करते हैं।
3. मानवीय सुरक्षा का बाद में किए गए हस्तक्षेप की अपेक्षा प्रारम्भिक रोकथाम द्वारा आसानी से बचाव किया जा सकता है। प्रारम्भिक बचाव पर किया गया खर्च बाद में किए गए खर्च से कम होता है। उदाहरणार्थ, महामारियों के बारे में यह कहावत सुप्रसिद्ध है, की ''उपचार से बचाव (रोकथाम) बेहतर होता है''।
4. मानवीय सुरक्षा 'जन केन्द्रित' होती है। इसका संबंध इन बातों से होता है जैसे कि व्यक्ति कैसे रहते हैं, कैसे श्वास लेते हैं, किसी प्रकार वे अनेक विकल्पों में से स्वतंत्र चुनाव करते हैं, बाजार और सामाजिक अवसरों के कितने लाभ उन्हें मिल पाते हैं और क्या वे लड़ाई-झगड़े या शांत वातावरण में रहते हैं।

ऐतिहासिक परिप्रेक्ष्य (Historical Perspective)

भूगोलविद्, अर्थशास्त्री तथा अन्य समाज वैज्ञानिक मानव विकास में प्रारम्भ से ही रुचि लेते रहे हैं, जब से इन विषयों की शुरुआत हुई। पर्यावरण की सम्पोषकता की अवधारणा भी उतनी ही

पुरानी है। सभी धर्म और विचारधाराएं शांतिपूर्ण सहअस्तित्व, समृद्धि पर जोर देती हैं, और गरीबी, भूख, अभाव और भेदभाव के उन्मूलन और पर्यावरण की सम्पोषणता को बढ़ाने का उपदेश देती हैं। आज जब हम देर से पुन: मानव विकास की बात कर रहे हैं, इसका तात्पर्य केवल यही है कि यह कोई नई बात या कोई आयात किया गया विषय या कोई नवीन मोड़ नहीं है, अपितु हम एक पुरानी स्थापित विरासत को ही नया रंग दे रहे हैं।

मानव विकास की अवधारणा की जड़ों को बहुधा मानव इतिहास के प्रारंभिक काल में ढूंढ़ा जाता है और इसे कई संस्कृतियों और धर्म में देखा जा सकता है। अरस्तु ने लिखा है, ''धन-सम्पदा जिसे हम खोज रहे हैं, वह स्पष्टत: अच्छी नहीं है क्योंकि यह केवल किसी दूसरी वस्तु के लिए ही लाभप्रद है।'' इन्हीं विचारों की प्रतिध्वनि हम कांत, हमबोल्ट, रिटर, सिम्पल, विडाल डी ला ब्लाश, जीन ब्रन्हेज, रेकलस, जैफरसन, बौमेन, साउर और हंटिंगटन जैसे भूगोलविद्ों के लेखनों में सुन सकते हैं। भूगोल में मानव विकास का उपागम फ्रांसीसी भूगोलविद्ों, विशेषत: फैबर व विडाल डी ला ब्लाश द्वारा लोकप्रिय बनाया गया। ला ब्लाश द्वारा यह प्रतिपादित किया गया कि प्रकृति संभावित मानवीय प्रत्युत्तरों के लिए अनेक अवसर प्रदान करती है और व्यक्तियों को इनमें से चयन करने की भारी स्वतंत्रता होती है जो उनकी क्षमताओं, प्रौद्योगिकी और आर्थिक विकास के स्तरों पर निर्भर करती है। इसके बाद, हार्थशोर्ण, किर्क, और तुआन ने इस विषय के मानवीय पक्षों पर बल दिया। विलियम पैटी, ग्रेगरी किंग, एफ. क्विस्ने,, एन्टोने लावोसिअर और जोसेफ लागरेंज जैसे परिमाणात्मक अर्थशास्त्र के संस्थापकों ने भी मानव विकास पर बल दिया है। एडम स्मिथ, रॉबर्ट माल्थस, कार्ल मार्क्स और जॉन स्टुअर्ट मिल जैसे राजनैतिक अर्थशास्त्र के प्रणेताओं की कृतियों में भी मानव विकास और पर्यावरण की सम्पोषकता पर ध्यान आकर्षित किया गया हैं।

सम्पूर्ण प्रारम्भिक काल में, विकास की अवधारणा में आय और इसकी वृद्धि को एक साधन के रूप में देखा गया है और व्यक्तियों के संबंध में वास्तविक चिन्ता उनकी व्यक्तिगतता और सामूहिकता तथा उनकी सामान्यता और विविधता पर केन्द्रित की गई है। विकास संबंधी मुख्य चिन्ता व्यक्तियों के जीवन के गुण बन गए, अर्थात वे क्या करने के योग्य हैं और उन्होंने वास्तव में क्या किया है, उनके साथ क्या भेदभाव किया गया है, उन्होंने क्या संघर्ष किए हैं, और बढ़ते हुए विकल्पों की कितनी सुविधा उन्हें मिली है। ये विकल्प आर्थिक चयन (विकल्प) तक ही सीमित नहीं हैं, अपितु, जीवन के हर क्षेत्र से संबंधित हैं जो उनके जीवन को नियंत्रित करते हैं। इन विकल्पों में से भौतिक कल्याण एक है, किन्तु यह अभी तक उनकी एक मात्र धुन नहीं बन पाई है।

बीसवीं शताब्दी में, समाज वैज्ञानिकों की अधिकाधिक रुचि अर्थशास्त्र में हो गई है और अर्थशास्त्र का संबंध व्यक्तियों की अपेक्षा धन-सम्पदा में होता है, समाज की अपेक्षा अर्थशास्त्र में होता है, व्यक्तियों की सुविधाओं में विस्तार किए जाने की अपेक्षा आय में अधिकाधिक वृद्धि में होता है। यह सही है कि भौतिकवाद के प्रति आग्रही सनकपन आधुनिक है, फिर भी अर्थशास्त्रियों, समाज वैज्ञानिकों, भूगोलवेत्ताओं और नीति निर्माताओं

की अधिकाधिक रुचि राष्ट्रीय कोष में वृद्धि और व्यापार संतुलन के लाभ में होती है। ये लोग मानवीय जीवन के विकास की अपेक्षा भौतिक सफलता को अधिक महत्व देते हैं।

वर्तमान मुख्य परम्परा ऐसे चरों (Variables) जैसे प्रति व्यक्ति कुल उत्पादन या राष्ट्रीय सम्पदा पर जोर देने की है, जो वास्तव में, पुराने सम्पन्नता केन्द्रित उपागम को ही मजबूत करती है।

धन-सम्पदा और मानव विकास (Wealth and Human Development)

धनाढ्य होना इस बात की गारंटी (आश्वासन) नहीं है कि व्यक्ति सुखी भी होंगे और समाज सम्पन्न और संतुष्ट होंगे। वास्तव में, धन का संचय कुछ मानवीय विकल्पों (जरूरतों) को पूरा करने के लिए आवश्यक नहीं है। क्या यह सत्य नहीं है कि व्यक्तियों और समाजों को कई ऐसी जरूरतों को पूरा करना पड़ता है, जिसके लिए धन की कोई आवश्यकता नहीं पड़ती है। उदाहरणार्थ, एक समाज में प्रजातंत्र होने के लिए उसका धनाढ्य होना आवश्यक नहीं है। परिवार के सदस्यों को एक-दूसरे के अधिकारों को सम्मान देने के लिए परिवार का धनाढ्य होना आवश्यक नहीं होता। स्त्रियों और पुरुषों में समानता बनाए रखने के लिए एक राष्ट्र का समृद्ध होना आवश्यक नहीं होता। बहुमूल्य सामाजिक और सांस्कृतिक परम्पराओं को आय के सभी स्तरों पर बनाए रखा जा सकता है और रखा भी जाता है। किसी संस्कृति की सम्पन्नता व्यक्तियों की धन-सम्पदा से अधिकांशत: स्वतंत्र होती है। यही नहीं, मानवीय जरूरतों की सीमाएं आर्थिक कल्याण से भी परे चली जाती हैं। मानव प्राणी स्वस्थ भी रहना चाहते हैं, किन्तु साथ ही वे दीर्घ और स्वस्थ जीवन का आनन्द उठाना चाहते हैं, वे ज्ञान के झरने का पानी छक कर पीना चाहते हैं, अपने समुदायों में स्वच्छंद होकर सहभागिता करना चाहते हैं, स्वच्छ हवा में श्वास लेना चाहते हैं और शुद्ध भौतिक पर्यावरण में जीवन के साधारण आनन्द का मजा लेना और मानसिक शांति चाहते हैं जो उन्हें अपने घरों, अपने कार्य-व्यापारों और समाज की सुरक्षा से प्राप्त होती है। भौतिक सम्पदा को जुटाने की अंधी और अतिशय ललक उन्हें समृद्ध मानव जीवन के परम लक्ष्य से दूर रख सकती है।

इन्ही कारणों से कई देशों में प्रति व्यक्ति जी.एन.पी. काफी ऊंची हैं किन्तु मानवीय विकास के मानकों (Indicators) में वे पीछे हैं और इसका उलटा भी संभव है। समान प्रति व्यक्ति जी.एन.पी. स्तर वाले देशों में मानवीय विकास के मानकों में भारी भिन्नता हो सकती है। यह इस बात पर निर्भर करता है कि उन्होंने राष्ट्रीय सम्पदा का प्रयोग कैसे और कितना किया है। उदाहरणार्थ, ब्रुनई, इराक, कुवैत, मॉरीशस, कतर, सेनेगल और युगांडा ऐसे देश हैं जहां प्रति व्यक्ति जी.एन.पी. ऊंची हैं किन्तु वे मानवीय विकास के मानकों पर बहुत पीछे हैं। इसके विपरीत, श्रीलंका, जॉर्डन, वेएटनाम और पेरू ऐसे देश हैं जिनकी प्रति व्यक्ति जी.एन.पी. सापेक्षिक रूप में कम हैं, किन्तु उनके मानवीय विकास के मानक ऊंचे हैं।

मानव विकास सूचकांक (Human Development Index)

'मानव विकास सूचकांक' (HDI) का विकास और प्रयोग सर्वप्रथम सन् 1990 में किया गया। यह मानवीय क्षमताओं को बढ़ाने के लिए किसी देश अथवा प्रदेश की उपलब्धियों को मापने

का एक तरीका/विधि है। किसी देश के गुणात्मक जीवन पर योजनाओं का क्या प्रभाव पड़ता है, इसे जानने में सूचकांक सहायता करता है। संयुक्त राष्ट्र संगठन (UNO) की विभिन्न विकास संस्थाओं के द्वारा यह बात सामने आई है कि विश्व एक मौन संकट से गुजर रहा है। यह संकट, अल्प विकास, विकास में असमानता, भूमण्डलीय निर्धनता, बढ़ती हुई निर्धनता का दबाव, अति उपभोक्तावाद, और संसाधनों का विचारहीन क्षरण का है। इस संकट से त्राण पाने के लिए यह आवश्यक है कि सम्पोषक विकास की एक दीर्घ और शांत प्रक्रिया हो। वास्तव में, विश्व में कभी भी शांति नहीं रह सकती जब तक लोगों के रोजमर्रा के जीवन में असुरक्षा का भाव हो। अत: राष्ट्रों के संगठन के लिए सम्पोषक विकास के संदर्भ के अलावा मुख्य लक्ष्यों को प्राप्त करना संभव नहीं है। ये लक्ष्य न शांति, न पर्यावरण सुरक्षा, न मानवीय अधिकार या प्रजातंत्रीकरण, न जन्म दर को कम करना, और न ही सामाजिक एकीकरण हैं।

'सम्पोषक मानव विकास' (Sustainable Human Development) ऐसा विकास है जो न केवल आर्थिक वृद्धि को जन्म देता है अपितु इसके लाभों का समान रूप से वितरण करता है, पर्यावरण को नष्ट करने की अपेक्षा इसकी रक्षा करता है और व्यक्तियों को हाशिए पर धकेलने की अपेक्षा उनका सशक्तीकरण करता है। यह ऐसा विकास है जो गरीबों को प्राथमिकता देता है, उनकी जरूरतों और अवसरों में वृद्धि करता है और उन निर्णयों में सहभागी होने का अवसर देता है जो उनके जीवन को प्रभावित करते हैं। यह ऐसा विकास है जो व्यक्तियों के पक्ष में, प्रकृति के पक्ष में, कार्य व्यापार के पक्ष में, और महिलाओं के पक्ष में होता है। रियो घोषणा (Rio Declaration, 1992) में भी इस बात पर बल दिया गया है कि समाजों जिसमें व्यक्ति रहते हैं, के निरंतर विकास के लिए माननीय समूह/राष्ट्रों के आदर्श और ऊर्जा महत्वपूर्ण होते हैं।

सन् 1996 के 'मानव विकास प्रतिवेदन' (HDR) जिसका प्रकाशन 'संयुक्त राष्ट्र विकास कार्यक्रम' (UNDP) द्वारा किया गया है, उसमें लिखा है, ''मानव विकास लक्ष्य है और आर्थिक विकास एक साधन है।'' वास्तव में विकास का मुख्य उद्देश्य, मुख्य रूप से शिक्षा, स्वास्थ्य, बेहतर पोषण, रोजगार के अवसर और सामाजिक सुरक्षा प्रदान कर लोगों के विकल्पों में विस्तार करना है। विश्व के विभिन्न देशों में मानव विकास के स्तरों की जानकारी प्राप्त करके ही 'मानव विकास सूचकांक' (HDI) तैयार किया गया है। मानव विकास सूचकांक चार प्रमुख अंतरराष्ट्रीय संगठनों का संयुक्त कार्य है। ये संगठन हैं: (1) विश्व संसाधन संस्थान (WRI), (2) संयुक्त राष्ट्र पर्यावरण कार्यक्रम (UNEP), (3) संयुक्त राष्ट्र विकास कार्यक्रम (UNDP) और (4) विश्व बैंक (WB)।

सन् 1990 से प्रकाशित यू.एन.डी.पी. की विभिन्न मानव विकास प्रतिवेदनों के तीन आवश्यक घटक हैं—

1. समाज के सभी व्यक्तियों के लिए अवसरों की समानता।
2. एक पीढ़ी से दूसरी पीढ़ी तक इस प्रकार के अवसरों को बनाए रखना।
3. व्यक्तियों को रोजगार देना ताकि वे विकास प्रक्रियाओं से प्राप्त लाभों का फायदा उठा सकें।

उपरोक्त तीनों घटकों के संयुक्त प्रभावों को प्राप्त करने के लिए यू.एन.डी.पी. ने कई मानक घोषित किए हैं, जैसे मानव गरीबी सूचकांक (HPI), लिंग विकास सूचकांक (GDI), रोजगार सूचकांक (EI), मानव विकास सूचकांक (HDI)। इन सभी सूचकांकों में आधारभूत और सामाजिक दृष्टि से सर्वाधिक प्रासंगिक एच.डी.आई. (HDI) है। सन् 1990 में जब से एच.डी.आई. की सर्वप्रथम शुरुआत हुई, प्रतिवर्ष इस की संगणना में कुछ न कुछ संशोधन होता रहा है।

मानव विकास सूचकांक में क्या सम्मिलित किया जाता है?
(What Does the HDI Include?)

एच.डी.आई. मानव विकास के तीन मूलभूत घटकों का संयुक्त रूप है: (1) oerIe& DeeÙeg, (2) ज्ञान और (3) रहन सहन का स्तर। दीर्घ आयु का मापन जीवन-प्रत्याशा (Life Expectancy) के आधार पर किया जाता है। ज्ञान की माप वयस्क साक्षरता (दो तिहाई भार) के संयोजन द्वारा की जाती है। रहन सहन के स्तर की माप क्रय शक्ति के द्वारा की जाती है जो प्रतिव्यक्ति वास्तविक जी.डी.पी. (GDP) पर आधारित होती है, इसका निर्धारण रहन-सहन के स्थानिक मूल्य (परचेसिंग पावर पैरिटी - PPP) पर होता है।

सन् 1995 में एच.डी.आई. निम्नलिखित तीन मानकों पर आधारित थी

1. जन्म के समय जीवन-प्रत्याशा।
2. स्वास्थ्य स्थिति की माप और दीर्घ आयु ।
3. ज्ञान और निपुणता को प्रदर्शित करने के लिए शैक्षिक उपलब्धि।
4. संसाधनों पर नियंत्रण हेतु एक सहायक के रूप में एक उपयुक्त समायोजित वास्तविक प्रति व्यक्ति जी.डी.पी. के (PPP डालर में)

इन प्राचालों (Parameters) का संक्षेप में वर्णन निम्न पंक्तियों में किया गया है।

जन्म के समय जीवन-प्रत्याशा (Life Expectancy at Birth)

एक नए जन्मे बालक की जन्म के समय कितने औसत वर्ष जीने की संभावना जीवन-प्रत्याशा को बताती है, यदि आयु-विशिष्ट मृत्यु दर को जन्म के वर्ष पर उसके पूरे जीवन पर लागू किया जाता है।

जन्म के समय जीवन-प्रत्याशा मानव विकास का एक अत्यंत महत्वपूर्ण मानक हैं। जीवन प्रत्याशा एक देश से दूसरे देश और एक प्रदेश से दूसरे प्रदेश में भिन्न होती है। विकसित और विकासशील देशों के लोगों की दीर्घ आयु में अन्तर-प्रादेशिक और अन्त: प्रादेशिक भारी असमानता है। कुछ चयनित देशों की जन्म के समय जीवन-प्रत्याशा और 65 वर्ष से ऊपर के जनसंख्या प्रतिशत को सारणी 7.1 और चित्र 7.1 में प्रदर्शित किया गया है।

सारणी 7.1 को देखने से विदित होता है कि 1995-2000 की अवधि में जन्म के समय औसत जीवन-प्रत्याशा विश्व स्तर पर 66 वर्ष थी। उत्तरी अमेरिका के महाद्वीप (कनाडा और यू.एस.ए.) में जन्म के समय और जीवन-प्रत्याशा सर्वाधिक वर्ष 77 थी,

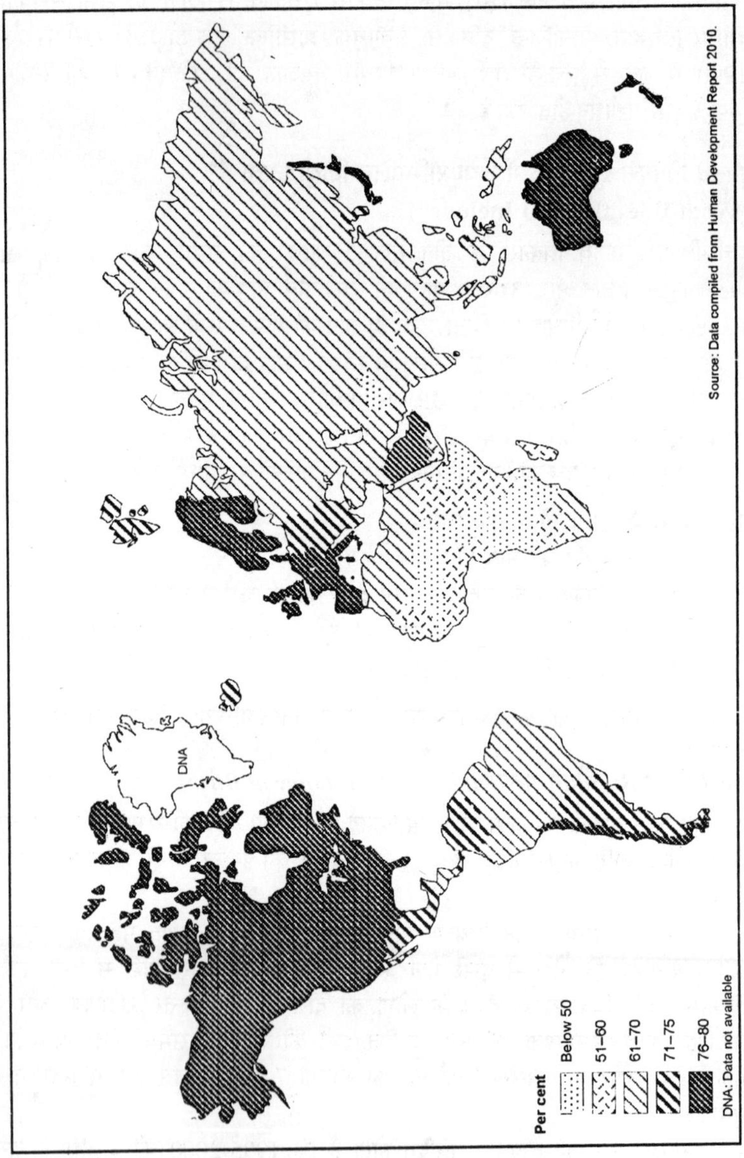

चित्र 7.1 *विश्व : जन्म के समय जीवन प्रत्याशा, 2010*

सारणी 7.1 *चुने हुए देशों की जन्म के समय की जीवन-प्रत्याशा और जनसंख्या प्रतिशत, 1995 (65 वर्ष से अधिक आयु)*

विश्व/महाद्वीप	*देश*	*जन्म के समय की जीवन-प्रत्याशा (वर्ष) 2009-2010*	*जनसंख्या प्रतिशत, (65 वर्ष से अधिक आयु)*
विश्व		65.8	7.0
अफ्रीका		55	3.5
	इथोपिया	45	2.9
	मोजाम्बिक	45	3.5
	सियरा लियोन	42	2.8
एशिया		66.5	6.0
	बांग्लादेश	62	4.0
	चीन	74	10.0
	भारत	65.4	8.0
	जापान	83	18.5
	पाकिस्तान	65	5.8
	संयुक्त अरब अमीरात	76	5.0
यूरोप		73	15.0
	अलबानिया	73	8.0
	फ्रांस	80	18.0
	जर्मनी	80	20.0
	स्विट्जरलैण्ड	80	18.0
	यू.के.	79	17.0
उत्तरी अमेरिका		77	12.5
	कनाडा	80	15.0
	संयुक्त राज्य अमेरिका	78	14.8
दक्षिणी अमेरिका		72	7.0
	अर्जेंटीना	74	10.0
	ब्राजील	68	6.0
ओशेनिया		75	11.0
	ऑस्ट्रेलिया	79	12.0
	न्यूजीलैण्ड	80	13.0

स्रोत : 1. Human Development Report, 2010.
2. भारत की जनगणना, 2011.

इसके बाद ओसानिया में 75 वर्ष और यूरोप में 73 वर्ष थी। दक्षिणी अमेरिका में जन्म के समय औसत जीवन-प्रत्याशा 72 वर्ष और एशिया में 66.5 वर्ष थी। विश्व में सबसे कम औसत जीवन-प्रत्याशा अफ्रीका में केवल 55 वर्ष थी।

इस सारिणी से यह भी प्रकट होता है कि फ्रांस, जर्मनी, स्विट्जरलैण्ड, यू.के., कनाडा, यू.एस.ए., ऑस्ट्रेलिया, न्यूजीलैण्ड, और जापान में औसत जीवन-प्रत्याशा 78 वर्षों से ऊपर रही है। विश्व में सबसे अधिक औसत आयु जापान में 83 वर्ष है (2011)। ये सभी विकसित देश हैं जहां पोषण, शिक्षा, चिकित्सा देखरेख और रहन-सहन का स्तर ऊंचा है। जनसांख्यिकीय संक्रमण मॉडल के अनुसार, ये देश चौथी अवस्था में हैं, जहां जन्म और मृत्यु दर दोनों इस स्तर पर पहुँच गई हैं कि वहां जनसंख्या वृद्धि लगभग शून्य हो गयी है।

इसके विपरीत, मोजाम्बिक (46.9 वर्ष) और सोमालिया (49 वर्ष) में जन्म के समय जीवन-प्रत्याशा 50 वर्ष से नीचे है। औसत आयु बांग्लादेश में 58 वर्ष, भारत में 65.4 वर्ष और पाकिस्तान में 65 वर्ष है। भारत के उपमहाद्वीप के देशों की जन्म के समय जीवन-प्रत्याशा कम होने का मुख्य कारण कुपोषण, महामारी, अशिक्षा, बेरोजगारी, गरीबी, और भूख है। दक्षिण अमेरिका की औसत आयु लगभग 72 वर्ष है, और इसके कुछ देशों, जैसे चीले, कोलम्बिया, और सुरीनाम में औसत आयु 70 वर्ष के ऊपर है। इन देशों में स्वास्थ्य सुविधाओं और शैक्षणिक संस्थाओं का जाल लगभग प्रत्येक ग्रामीण अधिवास तक फैला हुआ है। वास्तव में, अधिकांश दक्षिणी अमेरिका के देशों की अर्थव्यवस्था तेजी से बढ़ रही है जिसके कारण वहां के लोगों की जीवन अवधि पर अनुकूल प्रभाव पड़ा है।

वृद्ध जनसंख्या (Senile Population)

किसी भी देश की जनसंख्या सामान्यत: तीन विशिष्ट आयु समूहों यथा 0-14, 15-65, और 65/60 वर्ष से ऊपर, में विभाजित की जाती है। जनसंख्या का यह वर्गीकरण आश्रितता, शिक्षा, और रोजगार की जरूरतें, संभावित जननक्षमता और आयु संबंधित कई अन्य कारकों को जानने में लाभदायक होता है। जब प्रौढ़ व्यक्तियों की जनसंख्या के अनुपात में वृद्धि होती है, तब यह कहा जाता है की जनसंख्या बूढ़ी हो रही है। इसका कारण जनन में कमी आना है, जिससे जनसंख्या में युवा व्यक्तियों का अनुपात घट जाता है। वृद्ध आयु समूह (65/60 वर्ष से ऊपर) , जो कि वरिष्ठ नागरिकों के नाम से जाना जाता है, में कुछ चयनित देशों की जनसंख्या के प्रक्षेपित अनुपात को चित्र 7.2 और सारिणी 7.2 में प्रदर्शित किया गया है।

सम्पूर्ण विश्व स्तर पर, 65 वर्ष से ऊपर के लोगों की जनसंख्या का औसत 7 प्रतिशत है। वृद्ध व्यक्तियों (वरिष्ठ नागरिक) की जनसंख्या का अनुपात सर्वाधिक 15 प्रतिशत यूरोप में और उसके बाद उत्तरी अमेरिका में 12.5 प्रतिशत है। अफ्रीका और एशिया में यह क्रमश: 3.5 और 6.0 प्रतिशत है। इस आयु समूह में जनसंख्या का अनुपात किसी देश की जनसंख्या के जनसांख्यिकी उद्‌विकास के साथ बढ़ता जाता है।

सारिणी 7.2 *चयनित देश : वृद्ध जनसंख्या 1995-2010*

चयनित देश	*वृद्ध जनसंख्या का प्रतिशत (65 वर्ष से अधिक आयु)*	*चयनित देश*	*वृद्ध जनसंख्या का प्रतिशत (65 वर्ष से अधिक आयु)*
इटली	20.0	युगांडा	2.5
जापान	18.5	जांबिया	2.4
फ्रांस	18.0	नाईजर	2.6
जर्मनी	19.0	सोमालिया	2.8
यू.के.	17	माली	3.0
रूस	14	चीन	10.0
कनाडा	15	भारत	6.5
यू.एस.ए.	15	पाकिस्तान	5.8
ऑस्ट्रेलिया	14	अर्जेंटीना	12.0
न्यूजीलैण्ड	14	ब्राजील	9.0

स्रोत : Human Development Report, 2010.

राष्ट्रीय स्तर पर, वृद्ध व्यक्तियों के आयु समूह का सर्वाधिक अनुपात इटली (20%), इसके बाद जर्मनी (19%) जापान (18.5%), फ्रांस (18.0%), यू.के. (17%), बुल्गारिया (15.8%), और क्रोशिया, चेक गणतंत्र, हंगरी, लातविया, स्विट्जरलैण्ड (लगभग प्रत्येक का 15%) है। रूस के संघ में कुल जनसंख्या में वृद्ध व्यक्तियों का अनुपात 14 प्रतिशत है। कनाडा और यू.एस.ए. में वरिष्ठ नागरिकगण 15 प्रतिशत है। अफ्रीका, एशिया और दक्षिण अमेरिका के विकाराशील देशों में वृद्ध जनसंख्या का अनुपात बहुत कम है। उदाहरणार्थ, इथोपिया और सोमालिया की कुल जनसंख्या में वरिष्ठ आयु समूह में (65 वर्ष से ऊपर) केवल 2.8 प्रतिशत व्यक्ति आते हैं। दीर्घ जीवन में बढ़ोतरी के कारण चीन में वृद्ध व्यक्तियों की जनसंख्या का अनुपात 10 प्रतिशत हो गया है जो कि सन् 1980 में 4.5 प्रतिशत था। भारत में, 60 वर्ष से ऊपर की आयु के लोगों की जनसंख्या 8.0 प्रतिशत है, जबकि इसी आयु समूह में पाकिस्तान में 5.8 प्रतिशत जनसंख्या आती है। सामान्यत: विश्व के कम विकसित देशों में 65 वर्ष के ऊपर आयु समूह में कुल जनसंख्या का केवल चार प्रतिशत जनसंख्या वृद्ध वर्ग में है, जबकि विकसित देशों में लगभग 15 प्रतिशत जनसंख्या वृद्ध वर्ग में है। विकसित देशों में वरिष्ठ नागरिकों का बढ़ता हुआ अनुपात जनसांख्यिकविदों और नीति निर्माताओं के लिए चिन्ता का विषय बना हुआ है। इन देशों में सरकारी खजानों पर बहुत दबाव है क्योंकि वृद्ध लोगों की बढ़ती हुई जनसंख्या को पेन्शन और सामाजिक सुरक्षा प्रदान करनी पड़ती है।

चित्र 7.2 विश्व : वृद्ध जनसंख्या, 2010

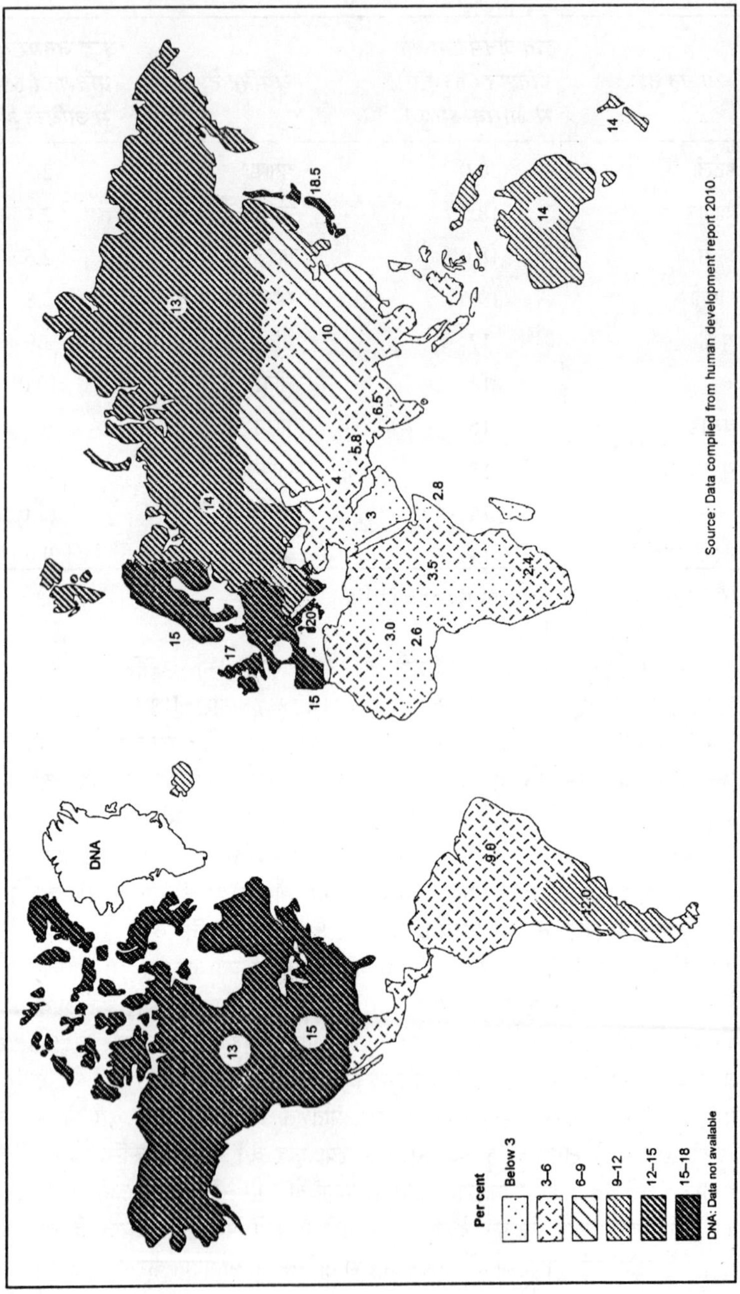

किशोर जनसंख्या (Juvenile Population)

किशोर जनसंख्या का अनुपात (15 वर्ष की आयु से नीचे) 'मानवीय विकास सूचकांक' (HDI) का एक अत्यन्त महत्वपूर्ण और उपयोगी प्राचल (Parameter) है। युवा (किशोर) लोगों का ऊंचा अनुपात यह प्रदर्शित करता है कि कोई देश अथवा प्रदेश जनसांख्यिकीय संक्रमण (Demographic Transition) के अपने शैशव स्तर पर है। यहां यह जानना जरूरी होगा कि जबकि सम्पूर्ण विश्व में कुल जनसंख्या का 35.2 प्रतिशत भाग 15 वर्ष से नीचे के लोगों का है, अफ्रीका, एशिया और यूरोप की यही संख्या क्रमश: 44.7, 37.6, 17 प्रतिशत है। उत्तरी अमेरिका और दक्षिणी अमेरिका में 15 वर्ष से कम आयु के लोगों का अनुपात उनकी जनसंख्या में क्रमश: 22.5 प्रतिशत और 41.5 प्रतिशत है। ओसानिया में लगभग जनसंख्या का 29 प्रतिशत भाग किशोर आयु समूह के लोगों का है।

महाद्वीपों के अतिरिक्त विकसित और विकासशील देशों में किशोर जनसंख्या के अनुपात में काफी भिन्नता है। विकसित और विकासशील देशों की युवा जनसंख्या के प्रतिशतों को चित्र 7.3 और सारिणी 7.3 में प्रदर्शित किया गया है।

यह आसानी से देखा जा सकता है कि नाइजर और सोमालिया में 15 वर्ष के नीचे के किशोरों का जनसंख्या में अनुपात 48 प्रतिशत से ऊपर है, जो वहां की जनसंख्या के लगभग आधी के बराबर है। ईथोपिया और अंगोला में, यही प्रतिशत कुछ ऊंचा 47 प्रतिशत है। एक दर्जन से ऊपर अफ्रीकी देशों विशेषत: मध्य भाग और सहारा (साहेल) के दक्षिण में, कुल जनसंख्या का 45 प्रतिशत या इससे ऊपर का भाग किशोर आयु समूह के लोगों का है।

सारणी 7.3 *चयनित देश : किशोर जनसंख्या 2010*

चयनित देश	*वृद्ध जनसंख्या का प्रतिशत (15 वर्ष से अधिक आयु)*	*चयनित देश*	*वृद्ध जनसंख्या का प्रतिशत (15 वर्ष से अधिक आयु)*
नाईजर	46.0	ब्राजील	28.00
सोमालिया	46.0	इटली	14.00
इथोपिया	45.8	जर्मनी	15.00
एंगोला	45.5	फ्रांस	15.00
जाम्बिया	45.5	जापान	15.00
बांग्लादेश	35.5	यू.के.	18.00
चीन	24.0	कनाडा	19.00
भारत	32.7	यू.एस.ए.	21.00
पाकिस्तान	40.0	ऑस्ट्रेलिया	21.00
अर्जेंटना	27.0	न्यूजीलैण्ड	23.00

स्रोत : Human Development Report, 2010.

चित्र 7.3 *विश्व : किशोर जनसंख्या, 2010*

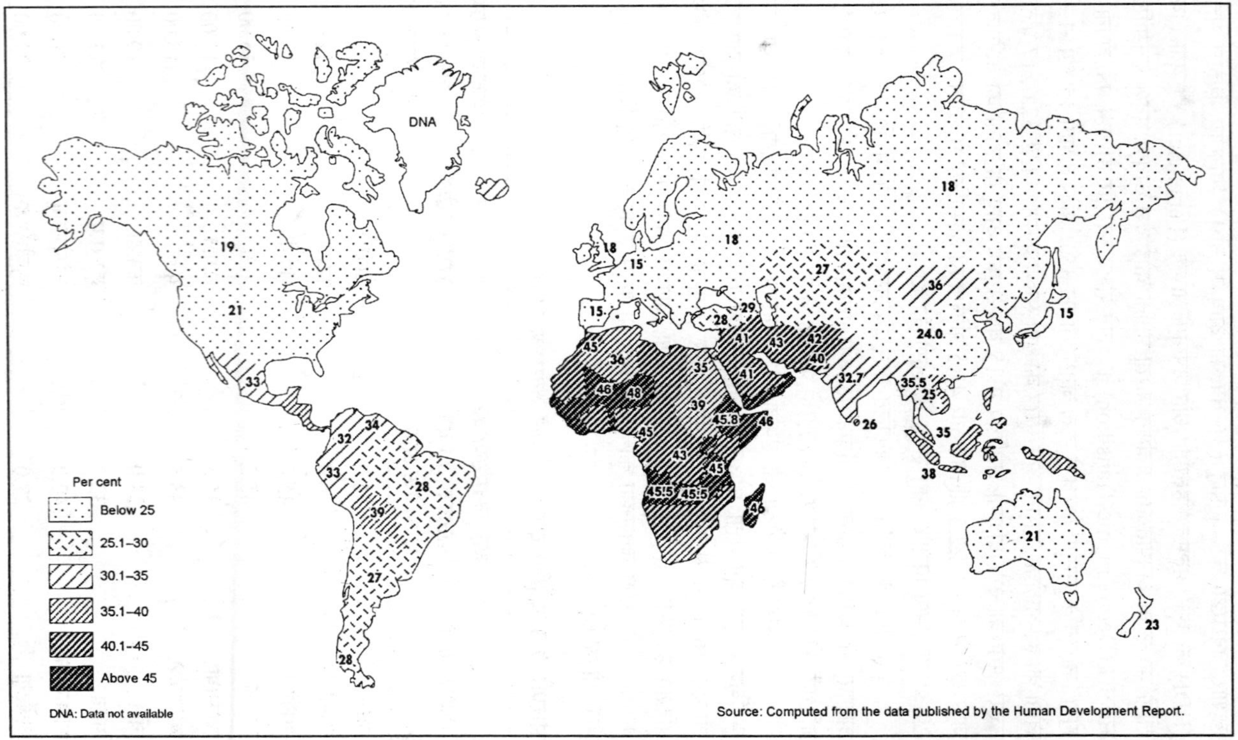

Source: Computed from the data published by the Human Development Report.

विकसित देशों में किशोर जनसंख्या विकासशील देशों से पूर्णत: भिन्न चित्र प्रस्तुत करती है। उदाहरणार्थ इटली में, भिन्न जनसंख्या का केवल 14 प्रतिशत भाग 15 वर्ष से कम आयु वाले व्यक्तियों का है, जबकि यही संख्या फ्रांस, जर्मनी और जापान में लगभग 15 प्रतिशत (प्रत्येक देश) है। यू.के., कनाडा और यू.एस.ए. की जनसंख्या का 18 से 21 प्रतिशत भाग किशोरों का है।

भारत में लगभग इसकी कुल जनसंख्या की एक तिहाई (32.0%) संख्या 15 वर्ष से कम किशोरों की है, जबकि बांग्लादेश में यही संख्या 35.5 प्रतिशत, और पाकिस्तान में 40 प्रतिशत है। पिछले दो दशकों में चीन ने अपनी जनसंख्या वृद्धि पर अंकुश लगाने में आश्चर्यजनक प्रगति की है। परिणामत:, वहां अब किशोर आयु समूह में कुल जनसंख्या का 24 प्रतिशत है। अर्जेंटीना और ब्राजील में किशोरों की जनसंख्या क्रमश: 27 और 28 प्रतिशत है। ऑस्ट्रेलिया और न्यूजीलैण्ड में किशोर आयु समूह में क्रमश: 21 तथा 23 प्रतिशत लोग आते हैं।

अतएव, उपरोक्त विश्लेषण से यह सुस्पष्ट होता है कि विकसित देशों में किशोर जनसंख्या का आश्रित अनुपात काफी कम है। यह इटली में 14 प्रतिशत और ऑस्ट्रेलिया और अमेरिका में 21 प्रतिशत के बीच में है। इसके विपरीत, इथिओपिया, सोमालिया, नाईजर, आदि देशों में किशोर आयु समूह के आश्रितों का अनुपात लगभग 46 प्रतिशत है। फिर भी विभिन्न विकसित देशों के किशोर जनसंख्या के अनुपात में भारी अन्तर है। ये प्रादेशिक अन्तर विभिन्न देशों के जननक्षमता के प्रतिमानों से संबंधित है। जिन देशों में उच्च जन्म दर पाई जाती है, वहां किशोर जनसंख्या का ऊंचा अनुपात भी कम है। यह आयु समूह आर्थिक दृष्टि से अनुत्पादक और अत्यधिक खर्चीला होता है क्योंकि इस आयु समूह के किशोरों को भोजन, वस्त्र, शिक्षा, और स्वास्थ्य रक्षा प्रदान करनी पड़ती है। सौभाग्यवश किशोर आयु समूह (15 वर्ष से नीचे) जैवकीय दृष्टि से प्रजनन सक्षम नहीं होता, अत: बढ़ती हुई जनसंख्या में उसका कोई योगदान नहीं होता है।

साक्षरता (Literacy)

'मानव विकास सूचकांक' (HDI) का निर्धारण करते समय साक्षरता पर भी विचार किया जाता है क्योंकि यह सामाजिक, सांस्कृतिक, आर्थिक और राजनैतिक उन्नति का एक अच्छा विश्वसनीय मानक है। वास्तव में, गरीबी और मानसिक पृथकता के उन्मूलन, शांतिपूर्ण और मैत्रीय अंतर्राष्ट्रीय संबंधों को बनाने तथा जनसांख्यिकीय प्रक्रियाओं को स्वतंत्र रूप में क्रियान्वित होने देने के लिए साक्षरता आवश्यक है। इसके विपरीत, निरक्षरता मानव के सम्मान का हरण कर लेती है अज्ञानता, गरीबी और मानसिक पृथकता को बनाए रखती है, शांतिपूर्ण और मैत्रीय अंतरराष्ट्रीय संबंधों और स्वतंत्र प्रजातंत्रात्मक प्रक्रियाओं को रोकती है तथा सामाजिक उन्नति, आर्थिक वृद्धि और राजनैतिक परिपक्वता को बाधित करती है। इसके अतिरिक्त साक्षरता जन्म दर, मृत्यु दर, गतिशीलता, व्यवसाय, आदि जैसी महत्वपूर्ण जनसांख्यिकीय प्रक्रियाओं को भी प्रभावित करती है। अत: यह किसी भी समाज में शिक्षा अवसर उपलब्ध करवाने का एक सर्वाधिक महत्वपूर्ण स्त्रोत है। लिखने और पढ़ने की योग्यता व्यक्तियों को विस्तृत ज्ञान का भंडार उपलब्ध करवाती है। औपचारिक शिक्षा और इससे जुड़े

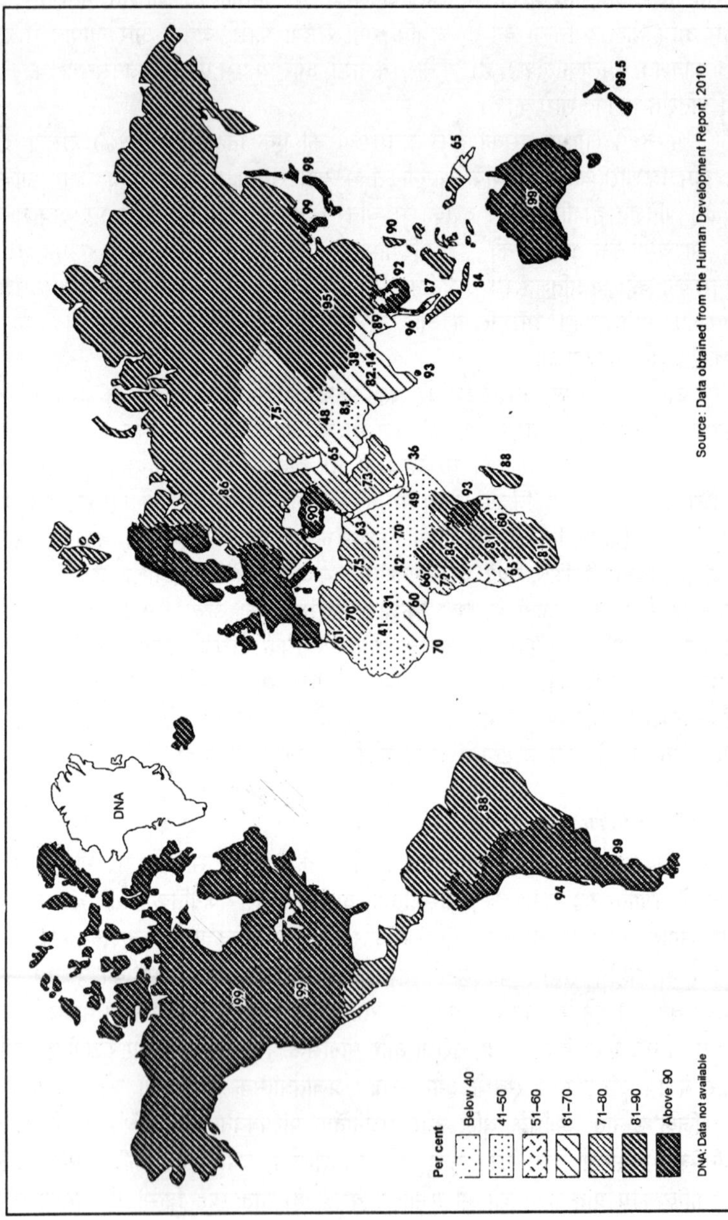

चित्र 7.4 विश्व : वयस्क पुरुषों की साक्षरता, 2010

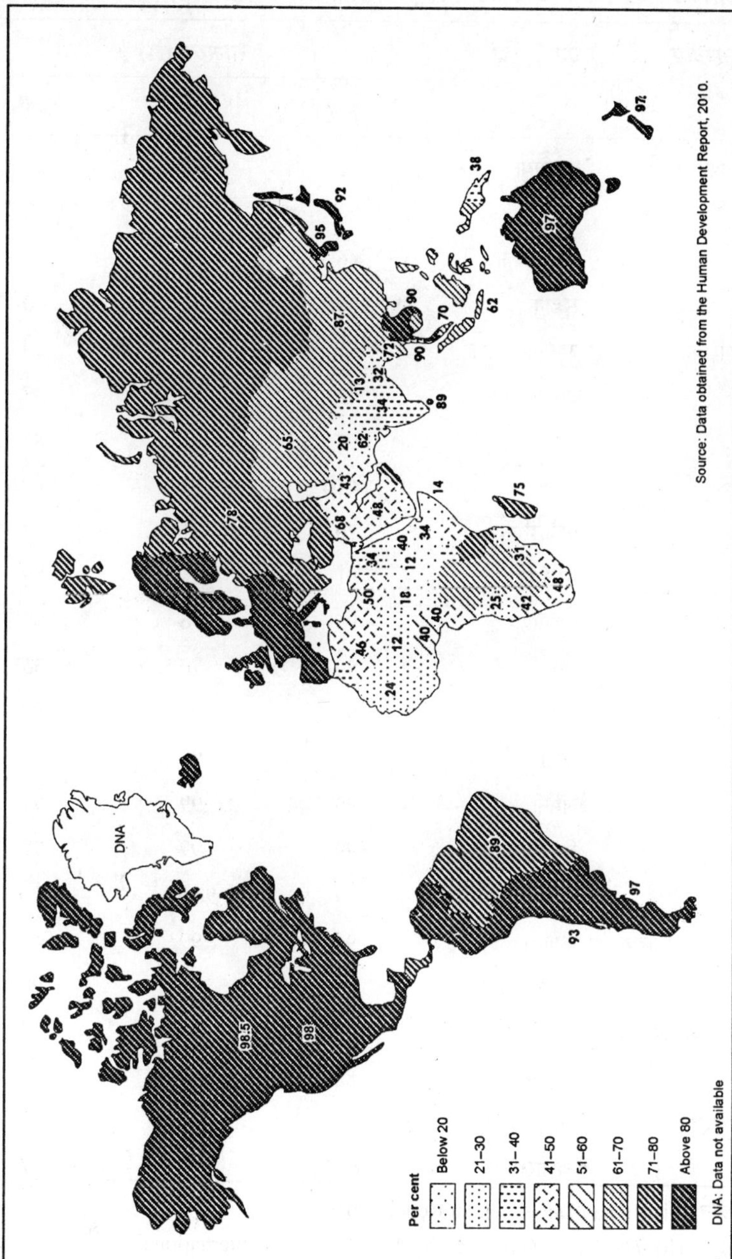

चित्र 7.5 *विश्व : वयस्क स्त्रियों की साक्षरता, 2010*

सारिणी 7.4 *चयनित देशों की वयस्क साक्षरता दर,* 1998

महाद्वीप	*देश*	*साक्षरता (%)*		
		कुल	*पुरुष*	*स्त्री*
अफ्रीका	इथोपिया	42	49	34
	नाईजर	24	31	12
	मोजाम्बिक	46	60	31
	सूडान	60	70	40
एशिया	अफगानिस्तान	35	48	20
	बांग्लादेश	42	52	32
	चीन	92	95	87
	भारत	74.04	82.14	64.46
	पाकिस्तान	70	81	62
	श्रीलंका	91	93	89
	थाईलैण्ड	95	96	90
	यमन	50	70	35
यूरोप	अलबानिया	98	99	97
	फ्रांस	99	99	97
	जर्मनी	99	99	97
	स्विट्जरलैण्ड	99	99	97
	यू.के.	99	98.5	97.5
उत्तरी अमेरिका	कनाडा	99	99	98.5
	यू.एस.ए.	99	99	98
दक्षिणी अमेरिका	अर्जेंटीना	98	99	97
	ब्राजील	88	88	89
ओशेनिया	ऑस्ट्रेलिया	99	99	97
	न्यूजीलैण्ड	98.5	99.5	97

स्रोत : (i) Human Development Report, 2010.

(ii) *The World Guide,* 11th ed. Oxford, New Internationalist™

कार्यकलाप, परिवार के बाहर के सामाजिक जीवन से परिचित करवाती हैं। विद्यालय कई अन्य प्रकार के अवसर प्रदान करते है। राजनीतिक पद, ऊंची प्रस्थिति और अच्छे वेतन से युक्त नौकरियां और सामाजिक प्रसिद्धि लगभग हमेशा शिक्षा के उच्च स्तरों से जुड़ी होती है। इसी पृष्ठभूमि में, मानव विकास सूचकांक के परिकलन में, शिक्षा और साक्षरता के महत्वपूर्ण प्राचलों (Parameters) में से एक माना गया है। अधोलिखित पंक्तियों में शिक्षा और साक्षरता का एक संक्षिप्त विश्लेषण किया गया है। वयस्क साक्षर पुरुषों और स्त्रियों के प्रतिशत को चित्र 7.4 और 7.5 में दर्शाया गया है, जबकि कुछ चयनित देशों की वयस्क साक्षरता दरों को सारणी 7.4 में दिया गया है।

समंकों को सूक्ष्म रूप से देखने पर विदित होता है कि साक्षरता दरें नाइजर में 24 व यू.के. में 99.0 प्रतिशत के बीच झूलती हैं। यूरोप, उत्तरी अमेरिका, जापान, ओसानिया के साथ कोरिया जैसे विकसित देशों में वयस्क साक्षरता दरें 95 प्रतिशत से ऊपर हैं जबकि अफ्रीका और एशिया के अधिकांश विकासशील देशों में 40 और 65 प्रतिशत के बीच में है। परिणामत: इन देशों के लोग उच्च जन्म दर, गरीबी, भूख, वंचना, और मानसिक पृथकता की समस्याओं से जूझ रहे हैं। ये समस्याएं सामाजिक उन्नति, आर्थिक विकास और राजनीतिक परिपक्वता की प्रक्रियाओं में बाधा उत्पन्न करती हैं।

वयस्क पुरुषों और स्त्रियों की साक्षरता में विशेषत: विकासशील देशों में, भारी अन्तर है। समंकों से यह पता चलता है कि अफ्रीका के देशों में पुरुषों की तुलना में स्त्रियों की साक्षरता प्रतिशत बहुत कम है। उदाहरणार्थ, सूडान में 70 प्रतिशत पुरुषों के विपरीत केवल 40 प्रतिशत स्त्रियां साक्षर हैं। इथोपिया और नाईजर में वयस्क स्त्री साक्षरता दरें क्रमश: 34 प्रतिशत और 12 प्रतिशत हैं। एशिया में अफगानिस्तान में वयस्क पुरुष साक्षरता दर 48 प्रतिशत के विपरीत सबसे कम स्त्री साक्षरता दर केवल 20 प्रतिशत है। भारत और पाकिस्तान में स्त्री साक्षरता दरें क्रमश: 64.66 और 62 प्रतिशत है।

उपरोक्त विश्लेषण से यह निष्कर्ष निकाला जा सकता है कि अधिकांश विकासशील देशों में स्त्रियों की प्रस्थिति (Status) बहुत नीची है। संविधान में उचित व्यवस्थाओं के होते हुए भी, स्त्रियों को मौलिक कानूनी अधिकारों का लाभ नहीं मिल रहा है। उन्हें मूलभूत शैक्षिक और चिकित्सा सुविधाएं नहीं मिल पा रही हैं। अशिक्षित स्त्रियों को रोजगार के अवसर बहुत कम हैं। अतएव, विकासशील देशों में स्त्रियां उपान्त (हाशियेदार marginal) समूह हैं। स्त्रियों में साक्षरता की दर को बढ़ाने के लिए उनके साथ भेदभाव को समाप्त करना और इसके उल्लंघन पर दंड देने जैसे कठोर कदम सरकारों द्वारा उठाने की जरूरत है।

सकल राष्ट्रीय उत्पाद और सकल घरेलू उत्पाद (Gross National Product and Gross Domestic Product)

किसी भी देश की प्रति व्यक्ति आय को प्रदर्शित करने वाले 'सकल राष्ट्रीय उत्पाद' (GNP) और सकल घरेलू उत्पाद (GDP) मानव संसाधन विकास के अच्छे महत्वपूर्ण दो मानक हैं।

जी.एन.पी. के दो निर्मायक घटक हैं यथा (1) जी.डी.पी. और, (2) विदेश से शुद्ध (Net) आय। जी.डी.पी. के द्वारा घरेलू अर्थव्यवस्था द्वारा उत्पादित वस्तुओं और सेवाओं के अंतिम उत्पादन की माप की जाती हैं। विदेश से शुद्ध आय के अन्तर्गत कर्मचारियों की क्षतिपूर्ति के रूप में आय, ऋण पर ब्याज, लाभ और दूसरे कारकीय भुगतान जो निवासी विदेश से प्राप्त करते हैं, (इसमें से श्रम और पूंजी पर किए गए भुगतान को हटा दिया जाता हैं) को सम्मिलित किया जाता है। कई देश जी.डी.पी. का भुगतान उत्पादन विधि के आधार पर करते हैं। इस विधि में अर्थव्यवस्था के विभिन्न क्षेत्रों के अंतिम उत्पादों (जैसे खेती, विनिर्माण, और सरकारी सेवाएं) को जोड़ा जाता है जिसमें उत्पादन पर किए गए खर्च के मूल्य को घटा दिया जाता है।

विभिन्न प्रायद्वीपों के कुछ चयनित विकसित और विकासशील देशों की जी.डी.पी. को सारणी 7.5 और चित्र 7.6 में प्रदर्शित किया गया है।

सारणी 7.5 *विश्व के चयनित देशों की जी.डी.पी., 2010*

विश्व/देश	*प्रति व्यक्ति जी.डी.पी. (US$)*	*विश्व/देश*	*प्रति व्यक्ति जी.डी.पी. (US$)*
इथोपिया	760	जर्मनी	34,895
तन्जानिया	730	इटली	31,225
नाईजर	825	स्विट्जरलैण्ड	35,650
बांग्लादेश	910	यू.के.	45,390
चीन	2940	कनाडा	37,500
भारत	1070	यू.एस.ए.	47,580
पाकिस्तान	1085	अर्जेंटीना	15,565
जापान	38,210	ब्राजील	9,635
अल्बानिया	5,290	ऑस्ट्रेलिया	35,825
फ्रांस	32,500	न्यूजीलैण्ड	27,450

Source : (i) Human Development Report 2010.
(ii) *The World Guide,* 11th ed. Oxford, New Internationalists^{TM}.

अत: विकसित देशों में प्रति व्यक्ति जी.डी.पी., यू.के. में $45,390 से यू.एस.ए. में $47,580 के बीच में रहती है। विकासशील देशों में यह बहुत कम हैं, इथोपिया में $760 और तंजानिया में $730 है। भारत और पाकिस्तान में प्रति व्यक्ति जी.डी.पी. क्रमश: $1,070 और $1,085 है जबकि चीन में यह संख्या $2,940 है।

चित्र 7.6 विश्व : प्रति व्यक्ति कुल घरेलू उत्पाद (यू.एस. डॉलर में), 2010

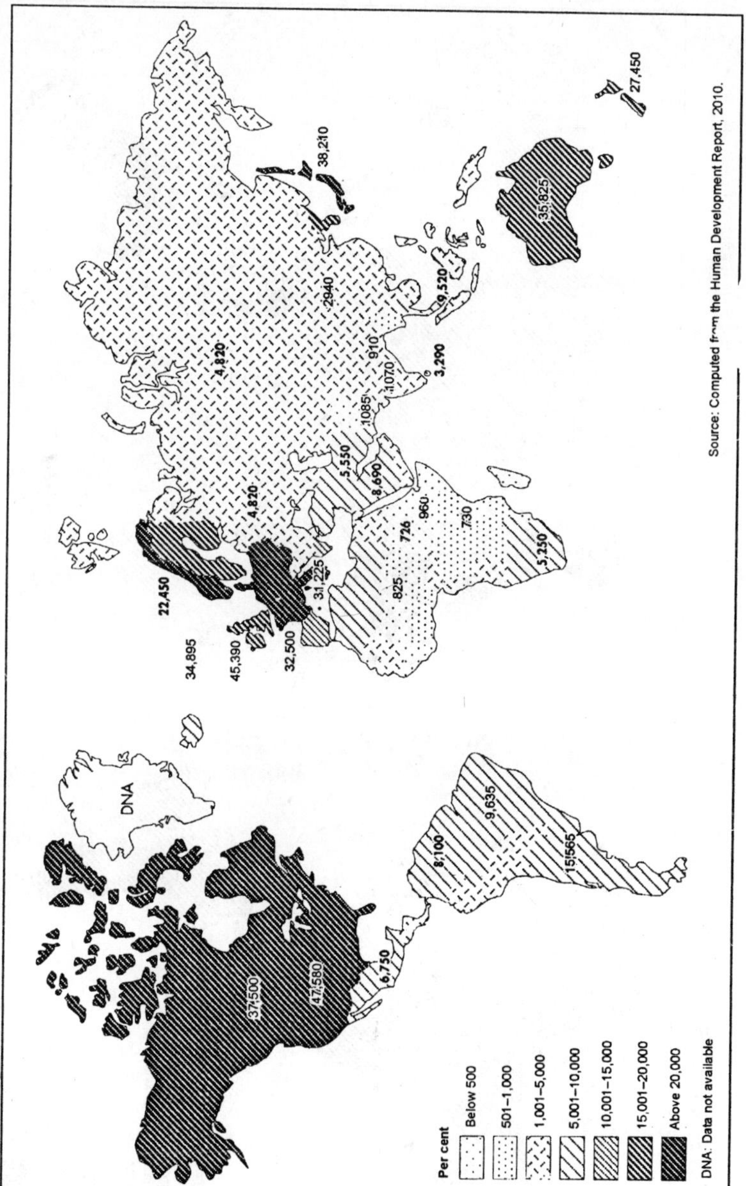

Source: Computed from the Human Development Report, 2010.

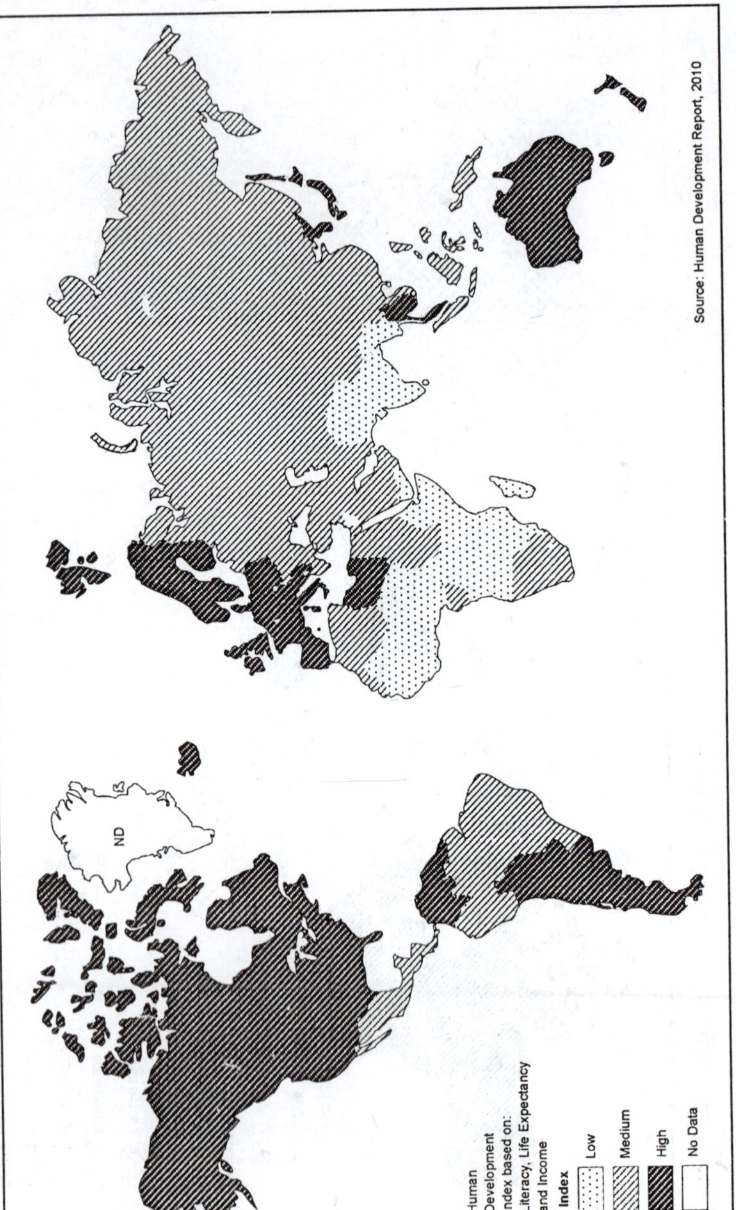

चित्र 7.7 विश्व : मानव विकास सूचकांक, 2010

सारणी 7.5 से विदित है कि संयुक्त राज्य अमेरिका में प्रति व्यक्ति आय प्रति वर्ष, विश्व में सबसे अधिक $47,580 है, जिसके बाद यू.के. में 45,390 तथा जापान में $38,210 है। सामान्यत: मध्य तथा दक्षिणी अफ्रीका के देशों की औसत आय प्रति व्यक्ति प्रतिवर्ष $1,000 से भी कम है। 2011 में भारत में प्रति व्यक्ति औसत आय $1,070 तथा पाकिस्तान में $1,085 है।

भारत में प्रति व्यक्ति आय का वितरण
(Distribution of Per Capita Income in India)

भारत के विभिन्न राज्यों में प्रति व्यक्ति आय में भारी असमानता देखी जा सकती है। सबसे अधिक प्रति व्यक्ति आय हरियाणा राज्य में है, जिसके पश्चात् महाराष्ट्र, पंजाब तथा गुजरात का स्थान आता है। 1960-61 में महाराष्ट्र का प्रथम स्थान था, जबकि पंजाब का स्थान चौथा था।

प्रति व्यक्ति आय में बिहार, उड़ीसा, झारखण्ड, छत्तीसगढ़ तथा आसाम नीचे के पायदान पर रहे हैं।

असमान मानव विकास : स्थानिक प्रतिमान
(Unequal Human Development : Spatial Patterns)

असमान मानव विकास ने कई सामाजिक, आर्थिक और पारिस्थितिकीय समस्याओं को जन्म दिया है। विकसित देशों में औसत जीवन आयु 75 और 83 वर्षों के बीच है। किसी विकासशील देश में 35 वर्ष पूर्व पैदा हुए बालक की अपेक्षा आज पैदा हुए बालक की 16 वर्ष अधिक जीने की संभावना होती है। पिछले तीन दशकों में विकासशील देशों ने मानव विकास में उतनी दूरी तय कर ली है जितनी दूरी को तय करने में औद्योगिक विश्व को एक शताब्दी से अधिक समय लगा था। सन् 1960 में उनकी शिशु मृत्यु संख्या आधी से अधिक हो गयी। प्राथमिक और द्वितीयक दोनों स्कूलों में मिलाकर विद्यार्थियों की भर्ती दुगनी से अधिक हो गई है। ग्रामीण परिवारों द्वारा सुरक्षित पानी पीने की उपलब्धि की मात्रा भी 10 प्रतिशत से लगभग 60 प्रतिशत हो गई हैं।

सारणी 7.6 से विदित होता है कि 2010 में विश्व में सबसे अधिक औसत आयु जापान में 83 वर्ष है जिसके पश्चात ब्रिटेन, फ्रांस, जर्मनी, आस्ट्रेलिया आदि का स्थान है। विश्व में सबसे कम औसत आयु जिम्बाबवे में 39 वर्ष है (2010)।

पिछले तीन दशकों में सभी देशों में एच.डी.आई. में बढ़ोतरी हुई है। एक देश के तुलनात्मक आंकड़ों, मापदंड तथा संपूर्ण प्रगति के आधार पर 172 देशों का जो सूचकांक बनाया गया है, उसमें मानवीय विकास के तीन आयामों यथा स्वास्थ्य, ज्ञान, और रहन-सहन के स्तर को सम्मिलित किया गया है। सारणी 7.7 में 172 देशों के मानव विकास श्रेणीक्रम को दर्शाया गया है।

सारणी 7.6 *जीवन-प्रत्याशा, चुने हुए देशों में 2010*

क्र.सं.	देश	जीवन-प्रत्याशा
1.	अफ़गानिस्तान	48
2.	अर्जेंटाइना	76
3.	आस्ट्रेलिया	81
4.	बांग्लादेश	65
5.	ब्राजील	78
6.	कनाडा	81
7.	फ्रांस	81
8.	जर्मनी	81
9.	**भारत**	**65**
10.	इसराइल	80
11.	जापान	83 सबसे अधिक
12.	द. कोरिया	79
13.	नीदरलैंड्स	80
14.	नामीबिया	46
15.	पाकिस्तान	67
16.	रूस	68
17.	श्रीलंका	76
18.	यू.के.	
19.	यू.एस.ए.	80
20.	यमन	64
21.	जिम्बाबवे	39 सबसे कम

Source: Human Development Report, 2010.

मानव विकास सूचकांक (Human Development Index)

मानव विकास सूचकांक 2010 विश्व के विभिन्न देशों का सारणी 7.7 में दिखाया गया है। मानव विकास के आधार पर विश्व के देशों को चार वर्गों में विभाजित किया गया हैं—

(i) उच्चतम मानव विकास
(ii) अधिक मानव विकास
(iii) मध्यम मानव विकास, तथा
(iv) निम्न मानव विकास (सारणी 7.7)

सारणी 7.7 के अध्ययन से पता चलता है कि मानव विकास में 2010 में प्रथम स्थान नार्वे का है, जिसके पश्चात् क्रमशः आस्ट्रेलिया, न्यूजीलैण्ड, यू.एस.ए. तथा

सारणी 7.7 *मानव विकास सूचकांक 2010*

Very High Human Development	*High Human Development*	*Medium Human Development*	*Low Human Development*
1. Norway	43. Bahamas	87. Fiji	129. St. Lucia
2. Australia	44. Lithuania	88. Turkmenistan	130. Bangladesh
3. New Zealand	45. Chile	89. Dominican Republic	131. Ghana
4. US	46. Argentina	90. China	132 Pakistan
5. Ireland	47. Kuwait	91. Sri Lanka	133. Cameroon
6. Liechtenstein	48. Latvia	92. El Salvador	134. Myanmar
7. Netherlands	49. Montenegro	93. Thailand	135. Yemen
8. Canada	50. Romania	94. Gabon	136. Benin
9. Sweden	51. Croatia	95. Surinam	137. Madagascar
10. Germany	52. Uruguay	96. Bilivia	138. Mauritania
11. Japan	53. Libya	97. Praguay	139. Papua New
12. Korea (Republic of)	54. Panama	98. Philippines	Guinea
13. Switzerland	55. Saudi Arabia	99. Botswana	140. Guadeloupe
14. France	56. Mexico	100. Moldova	141. Bahama
15. Israel	57. Malaysia	101. Mongolia	142. Togo
16. Finland	58. Bulgaria	102. Egypt	143. Comoros
17. Iceland	59. Trinidad	103. Uzbekistan	144. Lesotho
18. Belgium	and Tobago	104. Micronesia	145. Nigeria
19. Denmark	60. Serbia	105. Guyana	146. Nepal
20. Spain	61. Belarus	106. Namibia	147. Uganda
21. Hong Kong China	62. Costa Rica	107. Honduras	148. Haiti
(SAR)	63. Peru	108. Maldives	149. Angola
22. Greece	64. Albania	109. Indonesia	150. Djibouti
23. Italy	65. Russian	110. Kyrgyzstan	151. Tanzania
24. Luxembourg	Federation	111. South Africa	(United Republic of)
25. Austria	66. Kazakhstan	112. Syrian Arab Republic	152. Cote d'Ivoire
26. UK	67. Azerbaijan	113. Tajikistan	153. Zambia
27. Singapore	68. Bosnia and	114. Morocoo	154. Gambia
28. Czech Rep.	Herzegovina	115. Nicaragua	155. Rwanda
29. Slovania	69. Ukraine	116. Guatemala	156. Malawi
30. Andorra	70. Iran (Islamic	117. Cape Verde	157. Sudan
31. Slovakia	Republic of)	118. Equatorial Guinea	158. Afghanistan
32. United Arab	71. Macedonia	119. India	159. Guinea
Emirates	(Former Yugoslavia)	120. Timor-Leste	160. Ethiopia
33. Malta	72. Mauritius	121. Swaziland	161. Sierra Leone

Cont'd...

...Cont'd

34. Estonia	73. Brazil	122. Lao People's	162. Central African Republic
35. Cyprus	74. Georgia	123. Democratic Republic	163. Mali
36. Hungary	75. Venezuela	124. Solomon Island	164. Burkina Faso
37. Brunei Darussalam	76. Armenia	125. Cambodia	165. Liberia
38. Qatar	77. Ecuador	126. Congo	166. Chad
39. Bahrain	78. Belize	127. Sao Tome and Principe	167. Guinea-Bissau
40. Portugal	79. Colombia	128. Kenya	168. Mozambique
41. Poland	80. Jamaica		169. Burundi
42. Barbados	81. Tunisia		170. Niger
	82. Jordan		171. Congo (Democratic Republic of)
	83. Turkey		172. Zimbabwe
	84. Algereia		
	85. Tonga		
	86. Grenada		

आयरलैंड का स्थान आता है। उत्तर-पश्चिम यूरोप के सभी देश उच्चतम मानव विकास वर्ग में सम्मलित हैं।

इस सारणी में भारत का स्थान 119, चीन का स्थान 90, श्रीलंका 91, पाकिस्तान 132 तथा नेपाल का स्थान 146 है।

जिम्बाबवे का स्थान मानव विकास में सबसे नीचे 171वें स्थान पर है, जबकि अफ्रीका के कांगो, नाइजर, बरूण्डी, मोज़म्बीक, गिनी-बिसाऊ, चाड, ब्रकिना-फ़ासो, माली, सीरा-लियान, इथोपिया, सुमालिया, तथा सूडान आदि मानव विकास में बहुत नीचे हैं। एशिया में अफ़गानिस्तान, लाओस तथा नेपाल आदि में मानव विकास निम्न स्तर पर है। इन सभी देशों में साक्षरता, प्रति व्यक्ति आय तथा औसत आयु नीचे स्तर पर हैं। निम्न मानव विकास के देशों की सरकारों को शिक्षा, स्वास्थ्य तथा विकास पर विशेष ध्यान देने की आवश्यकता है।

मानव विकास सूचकांक के प्रमुख लक्षण (Salient Features of Human Development)

1. मानव विकास में नार्वे का स्थान सर्वप्रथम आता है, इसके बाद ऑस्ट्रेलिया, न्यूजीलैण्ड तथा यू.एस.ए. का स्थान आता है।
2. विश्व के कुछ क्षेत्रों को दूसरे देशों की तुलना में अधिक लम्बा रास्ता तय करना है। विकासशील क्षेत्रों में, दक्षिण एशिया को पूर्वी एशिया की बनिस्पत लगभग दुगनी दूरी और लेटिन अमेरिका और केरिबिअन क्षेत्रों से तीन गुना दूरी तय करनी है।
3. मानव विकास में भारी असमानताएं विद्यमान हैं। नार्वे की एच.डी.आई. मूल्य 0.965 सिअरालिओन के 0.185 मूल्य से पाँच गुणा अधिक है। अतः नार्वे को मानव विकास में केवल 4 प्रतिशत कमी को पूरा करना है, जबकि सिअरालिओन को 82 प्रतिशत।

4. 172 देशों में, 98 देश प्रति व्यक्ति जी.डी.पी. (PPP $) की अपेक्षा एच.डी.आई. में ऊंचे हैं। इससे यह प्रकट होता है कि इन देशों ने आर्थिक समृद्धि को मानवीय क्षमताओं में बहुत प्रभावकारी ढंग से बदल दिया है। लेसोथो, मेडागास्कर, तंजानिया, और वियतनाम जैसे कम आय वाले देशों के लिए यह उपलब्धि महत्वपूर्ण है।
5. 73 देश प्रतिव्यक्ति जी.डी.पी. (PPP $) की अपेक्षा एच.डी.आई. के श्रेणीक्रम के नीचे हैं। यह तथ्य बताता है कि ये देश आर्थिक समृद्धि को लोगों के बेहतर जीवन स्तर में बदलने में असफल रहे हैं। यह बात विशेषत: कुछ अधिक समृद्ध देशों के लिए सोचनीय है। (ये देश हैं- ब्रुनई, दरूस्लेम, कुवैत, मॉरीशस, और कतर) यही नहीं, कुछ निर्धन देश (अंगोला, इराक, लाओस, सेनेगल, और युगान्डा) भी इस समस्या से ग्रसित हैं। अत: आर्थिक समृद्धि और मानव विकास के बीच संबंध न तो स्वत: प्रवृत्त होते हैं और न ही स्पष्ट।

मानव विकास में प्रगति को इसके कुछ अत्याश्यक आयामों, यथा, स्वास्थ्य, ज्ञान, सहभागिता और मानवीय सुरक्षा के मूल्यांकन के द्वारा भी प्रकाशित किया जा सकता है।

विकासशील देशों में गरीबी (Poverty in Developing Countries)

प्रत्येक विकासशील देश में जनसंख्या का एक भारी अनुपात गरीबी रेखा के नीचे है। गरीबी रेखा के नीचे वाली जनसंख्या अपनी न्यूनतम आवश्यकताओं (विकासशील देशों के मापदंड के अनुसार) की पूर्ति करने में अक्षम है। ये आवश्यकताएं हैं—पर्याप्त भोजन, कपड़े, मकान, स्वास्थ्य, सुरक्षा और शिक्षा।

गरीबी की विशाल विद्यमानता के बावजूद, निरपेक्ष गरीबी के अनुमानों को प्राप्त करना कई कारणों से बड़ा कठिन है। न केवल विश्वसनीय और तुलनात्मक तथ्यों का अभाव है, समुदाय के जीवन में स्वतंत्र रूप से भाग लेने की अक्षमता और भरण पोषण की चुनौतियों जैसे सूचकों (Indicators) को मापना और परिमाणन करना भी कठिन है। यही नहीं, एक भारी कठिनाई इस समस्या से भी उत्पन्न होती है कि गरीबी रेखा को मनमाने ढंग से परिभाषित किया गया है।

प्रश्न यह है कि मानक गरीबी रेखा क्या है जिसके नीचे निरपेक्ष गरीबी होती है। तृतीय विश्व के सन्दर्भ में यह एक अत्यंत जटिल प्रश्न है जहां गरीबी को सहन करने की क्षमता का स्तर और कठिन परिस्थितियों में जीवित रहने की क्षमता असाधारण रूप से ऊंची मानी जाती है।

मानव गरीबी सूचकांक (HPI) का प्रमुख महत्व इसमें झलकता है कि यह मानव जीवन के तीन अनिवार्य तत्वों के अभाव की ओर हमारा ध्यान आकर्षित करता है। ये तत्व हैं : दीर्घ जीवन, ज्ञान और शालीन रहन-सहन का स्तर।

मानव विकास सूचकांक (HDI) और मानव गरीबी सूचकांक (HPI) में मुख्य अंतर यह है कि एच.डी.आई. सम्पूर्ण समुदाय या देश की प्रगति का मापन करता है, जबकि एच.पी.आई. किसी समुदाय या देश के ऐसे लोगों के अनुपात की वंचना की मात्रा का मापन करता है जो प्रगति करने से रह गए हैं।

यू.एन.ओ. के जनसंख्या विभाग और यू.एन.डी.पी. ने 77 विकासशील देशों की एच.पी.आई. के अनुमान का तुलनात्मक आंकड़ों के आधार पर परिकलन किया है जिसके परिणामों को सारणी 7.8 में प्रदर्शित किया गया है। एच.पी.आई. का मूल्य तीन मुख्य वंचनाओं से प्रभावित लोगों के अनुपातों को प्रतिबिम्बित करता है। यह मानवीय गरीबी की विद्यमानता की तुलनात्मक माप को प्रदर्शित करता है।

सारणी 7.8 *विकासशील देशों के लिए मानव गरीबी सूचकांक (HPI-1)*

देश	***HPI-1 मात्रा (%)***	***HPI-1 श्रेणी***	***HPI-1 श्रेणी घटाकर HDI श्रेणी***	***HPI-1 श्रेणी से घटाकर प्रतिदिन 1 डॉलर गरीबी***
त्रिनिदाद एंड टोबेगो	3.3	1	–4	—
चिली	4.1	2	0	–13
उरुग्वे	4.1	3	–1	—
सिंगापुर	6.5	4	–3	—
कोस्टा रिका	6.6	5	–2	–15
जॉर्डन	10.0	6	–15	–1
मैक्सिको	10.7	7	–1	–9
कोलम्बिया	11.1	8	–1	–4
पनामा	11.1	9	3	–13
जमैका	11.8	10	–9	0
थाईलैण्ड	11.9	11	–1	7
मॉरीशस	12.1	12	1	—
मंगोलिया	14.0	13	–15	—
संयुक्त अरब अमीरात	14.5	14	7	—
इक्वाडोर	15.3	15	1	–16
चीन	17.1	16	–13	–14
लिबियान अरब जामाहीरिया	17.4	17	5	—
डोमिनिकन रिपब्लिक	17.4	18	–4	–7
फिलीपींस	17.7	19	–8	–9
परागुऐ	19.1	20	–4	—
इण्डोनेशिया	20.2	21	–4	1

लगातार...

...लगातार

श्रीलंका	20.6	22	–1	8
सीरियन अरब रिपब्लिक	20.9	23	7	—
बोलीविया	21.6	24	–10	7
होन्डूरास	21.8	25	–10	–16
इस्लामिक रिपब्लिक ऑफ इरान	22.2	26	11	—
पेरू	23.1	27	7	–16
ट्यूनीशिया	23.3	28	10	13
जिम्बाबवे	25.2	29	–13	–10
लेसोथो	25.7	30	–16	–16
वियतनाम	26.1	31	–5	—
निकारागुआ	26.2	32	–6	–10
बोत्सवाना	27.0	33	7	–6
अल्जीरिया	27.1	34	17	–20
केन्या	27.1	35	–13	11
म्यांमार	27.5	36	–7	—
अल साल्वाडोर	27.8	37	4	—
ओमान	28.9	38	25	—
गुआटेमाला	29.3	39	8	–12
पोपुआ-न्यू गुऐना	29.8	40	–1	—
नामीबिया	30.0	41	11	—
इराक	30.1	42	3	—
कैमरून	30.9	43	–1	—
कोंगो	31.5	44	4	—
घाना	31.8	45	0	—
मिस्र	34.0	46	14	16
भारत	22*	47	–3	–11
जाम्बिया	36.9	48	–7	–14
लाओस, पीपुलस डेम. रिपब्लिक	39.4	49	2	—
टोगो	39.8	50	–4	—

लगातार...

...लगातार

यू. रिप. ऑफ तन्जानिया	39.8	51	–8	14
कम्बोडिया	39.9	52	1	—
मोरक्को	40.2	53	16	28
नाइजीरिया	40.5	54	2	8
मध्य अफ्रीकन रिपब्लिक	40.7	55	–7	—
डेम. रिपब्लिक ऑफ कोंगो	41.1	56	3	—
युगान्डा	42.1	57	–10	–2
सूडान	42.5	58	–6	—
गुऐना बिसाउ	42.9	59	–10	–10
हैती	44.5	60	–6	—
भूटान	44.9	61	–2	—
मॉरिटेनिया	45.9	62	4	8
पाकिस्तान	46.0	63	14	24
कोट डी अवारी	46.4	64	7	20
बांग्लादेश	46.5	65	9	15
मैडागास्कर	47.7	66	5	-3
मालावी	47.7	67	–1	9
मोजाम्बिक	48.5	68	–2	—
सेनेगल	48.6	69	4	1
यमन	48.9	70	10	—
गुएना	49.1	71	0	21
बुरुंडी	49.5	72	–1	—
माली	52.8	73	–1	—
इथोपिया	55.5	74	2	15
सिअरा लिओन	58.2	75	–2	—
बुर्कीना फैसो	58.2	76	1	—
नाईजर	62.1	77	1	3

Notes: (1) HDI and $1-a-day poverty ranks have been recalculated for the universe of 77 countries.

(2) A negative figure indicates that the HPI-1 rank is better than the other, a positive the opposite.

*Census of India, 2011.

Source: Human Development Report Office, 2009-2010.

विकासशील देशों हेतु मानव गरीबी सूचकांक के मुख्य लक्षण (Salient Features of Human Poverty Index for Developing Countries)

1. त्रिनिदाद और टोबेगो में एच.पी.आई. 3 प्रतिशत से नाईजर में 62 प्रतिशत के बीच में झूलती है।
2. वे देश जहां एच.पी.आई. 1 या 10 प्रतिशत से कम है, ये हैं - चिली, उरुग्वे, सिंगापुर, और कोस्टारिका
3. माली, इथोपिया, सिअरा लिओन, बुर्किना फासो और नाईजर में एच. पी. आई. 50 प्रतिशत से अधिक है।
4. एच.पी.आई. 32 देशों में 33 प्रतिशत से अधिक है जो यह बताती है कि कम से कम एक तिहाई लोगों का औसत इन देशों में मानवीय गरीबी से ग्रसित है।
5. भारत की लगभग 22 प्रतिशत जनसंख्या दरिद्र रेखा से नीचे है (2011)।

औद्योगिक देशों में मानव गरीबी (Human Poverty in Industrial Countries)

गरीबी और वंचन (अभाव) केवल विकासशील देशा की ही समस्याएं नहीं हैं, अपितु ये औद्योगिक देशों में भी पाई जाती हैं (सारिणी 7.9)। निम्नलिखित बिन्दु इन कथन की पुष्टि करते हैं—

1. मध्यिका प्रयोज्य व्यक्तिगत आय के 50 प्रतिशत की आय गरीबी रेखा के आधार पर, 100 मिलियन से अधिक लोग ओ.ई.सी.डी. देशों में आय की दृष्टि से गरीब हैं।
2. औद्योगिक देशों में कम से कम 37 मिलियन बिना रोजगार के हैं। बहुधा इन लोगों को पर्याप्त आय का अभाव होता है और बहुधा ये लोग सामाजिक बहिष्कार के भाव से ग्रसित होते हैं कि वे सामुदायिक जीवन में भाग नहीं ले पा रहे हैं।
3. युवाओं (15-24 वर्ष) में रोजगार की स्थिति डगमगा गई है। फ्रांस में 32 प्रतिशत युवा स्त्रियां, 22 प्रतिशत युवा पुरुष बेरोजगार हैं। इटली में क्रमश: 39 प्रतिशत और 30 प्रतिशत और स्पेन में क्रमश: 49 प्रतिशत और 36 प्रतिशत बेरोजगार हैं।
4. विकसित-औद्योगिक देशों में लगभग 8 प्रतिशत बालक मध्यिका प्रयोज्य व्यक्तिगत आय के 50 प्रतिशत लोग गरीबी रेखा में रहते हैं। इसमें ऑस्ट्रेलिया, यू.के., कनाडा, और यू.एस.ए. के अकेले मां या बाप के, आधे या इससे अधिक बच्चे शामिल हैं।
5. लगभग 200 मिलियन लोग ऐसे हैं जिनके 60 वर्ष की आयु तक जीने की संभावना नहीं है।
6. अत्यधिक समृद्धि के बीच स्तब्ध करने वाली एक बड़ी संख्या — 100 मिलियन लोग ऐसे हैं जो बेघरबार हैं।
7. 17 औद्योगिक देशों में स्वीडन एक ऐसा देश है जहां मानव गरीबी की घटनाएं सबसे कम 6.8 प्रतिशत हैं। इसके बाद नीदरलैंड और जर्मनी का नम्बर आता है। ऐसे देश जहां गरीबी सर्वाधिक है, उनमें संयुक्त राज्य अमेरिका है, यहां 16.5 प्रतिशत गरीबी है। इसके बाद आयरलैण्ड और यू.के. में क्रमश: 15.2 और 15 प्रतिशत है।

सारणी 7.9 *औद्योगिक देशों के लिए मानव गरीबी सूचकांक (HPI-2)*

Countries	***Deprivation in survival***	***Deprivation in knowledge***	***Deprivation in income***	***Social exclusion***	***HPI***		
	People not expected to survive to age 60 (%) 1995	***People who are functionally illiterate[a] (% age 16–65) 1995***	***Population below the income poverty line[b] (%) 1990***	***Long-term unemployment, 12 months or more (as % of total labour force) 1995[c]***	***Human Poverty Index (HPI-2) for industrial countries***		***Real GDP per capita (PPP$) rank***
					Value (%)	***HPI-2 rank***	
स्वीडन	8	7.5	6.7	1.5	6.8	1	13
नीदरलैण्ड	9	10.5	6.7	3.2	8.2	2	10
जर्मनी	11	14.4	5.9	4.0	10.5	3	8
नार्वे	9	—[d]	6.6	1.3	11.3	4	2
इटली	9	—[d]	6.5	7.6	11.6	5	9
फिनलैण्ड	11	—[d]	6.2	6.1	11.8	6	14
फ्रांस	11	—[d]	7.5	4.9	11.8	7	7
जापान	8	—[d]	11.8	0.6	12.0	8	4
डेनमार्क	12	—[d]	7.5	2.0	12.0	9	3

लगातार...

...लगातार

कनाडा	9	16.6	11.7	1.3	12.0	10	5
बेल्जियम	10	18.4[e]	5.5	6.2	12.4	11	6
ऑस्ट्रेलिया	9	17.0	12.9	2.6	12.5	12	11
न्यूजीलैण्ड	10	184	9.2[f]	1.3	12.6	13	16
स्पेन	10	—[d]	10.4	13.0	13.1	14	17
यूनाइटेड किंगडम	9	21.8	13.5	3.8	15.0	15	12
आइरलैण्ड	9	22.6	11.1	7.6	15.2	16	15
यूनाइटेड स्टेट	13	20.7	19.1	0.5	16.5	17	1

Notes: a. Based on prose level 1, as reported in the International Adult Literacy Survey (IALS). Data are for 2001 or a year around 2001.

b. Poverty is measured at 50 per cent of the median disposable personal income. Data are for 2001 or a year around 2001.

c. Standardized unemployment rates calculated by the International Labour Organization.

d. No data available. For calculating the HPI-2 value, the average of 16.8 per cent of all countries (except Poland) included in the International Adult Literacy Survey has been used.

e. Data refer to Flanders.

f. The unweighted average of the industrial countries (excluding Eastern Europe and CIS).

Source: Column 1: UN 1994e; Column 2: OECD, Human Resource Development Canada and Statistics Canada 2001; Column 3: Smeeding 2001; Column 4: OECD 2001.

8. मानव गरीबी की मात्रा का आय के औसत स्तर से कोई संबंध नहीं है। उदाहरणार्थ, संयुक्त राज्य अमेरिका उन 17 देशों में से है जहां प्रति व्यक्ति आय जिसका मापन 'सामान्य क्रय शक्ति' (PPP) के आधार पर किया जाता है, सर्वाधिक है, वहां मानवीय गरीबी भी सर्वाधिक है।
9. सभी 17 देश मानव विकास के उच्च स्तर पर पहुंच गए हैं।
10. मानव विकास के संबंध में प्रथम और द्वितीय क्रम पर कनाडा और फ्रांस जैसे देश हैं, जिनका मानव विकास सूचकांक (HDI) मूल्य 0.900 से ऊपर है। इन देशों में भी गरीबी की महत्वपूर्ण समस्याएं हैं। मानव विकास में इनकी प्रगति का वितरण भी बड़ा होगा। कनाडा के लगभग 17 प्रतिशत लोगों में पर्याप्त साक्षरता-निपुणता का अभाव है, यह स्वीडन के अनुपात से दुगना है।

आय असमानताएं (Income Disparities)

विभिन्न देशों में आय में असमानताएं काफी महत्वपूर्ण हैं। यही नहीं, आय में अंतर्राष्ट्रीय (एक देश में) असमानताएं भी महत्वपूर्ण हैं। उदाहरणार्थ, सन् 1960 के विश्व में 20 प्रतिशत लोग जो सर्वाधिक धनिक देशों में रह रहे थे, उनमें सर्वाधिक गरीब से 30 गुणा आय अधिक थी। सन् 1995 में इन 20 प्रतिशत लोगों की लगभग 82 गुणा अधिक आय थी।

औद्योगिक देशों में आय का वितरण भी गरीब और अमीर में भारी असमानता प्रकट करता है। सबसे बुरी स्थिति रूस की है जहां सबसे गरीब व्यक्ति से सबसे अमीर व्यक्ति की आय 11 गुणा है। ऑस्ट्रेलिया और यू.के. में यह लगभग 10 गुणा है। यू.के. में आय की असमानता में तीव्र बढ़ोतरी विशेषत: 1980 के दशक के बाद हुई।

अति समृद्ध व्यक्ति (The Ultra-Rich)

विश्व बैंक और यू.एन.डी.पी. द्वारा किए गए अनुमानों के अनुसार विश्व के 225 सर्वाधिक धनाढ्य व्यक्तियों की संयुक्त सम्पदा अमेरिकी डॉलर में एक ट्रिलियन (दस खरब) विश्व के 2.5 बिलियन लोगों के बराबर है। अति समृद्ध लोगों की सम्पदा की यह अतिशयता मस्तिष्क को झकझोर देने वाली है जब विकासशील विश्व की अति कम आय का विचार हमारे स्तिष्क में आता हैं । नीचे अति समृद्ध लोगों और गरीब राष्ट्रों की सम्पदा के कुछ उदाहरण दिए गए हैं जो दोनों के बीच स्पष्ट असमानताओं को प्रकट करते हैं:

1. तीन सवार्धिक धनाढ्य लोगों की सम्पत्ति, 48 सबसे कम विकसित देशों की सम्मिलित जी.डी.पी. से भी अधिक है।
2. 15 सर्वाधिक धनाढ्य लोगों की सम्पत्ति उप सहारा अफ्रीका की कुल जी.डी.पी. से अधिक है।
3. 32 सर्वाधिक धनाढ्य लोगों की सम्पदा दक्षिण एशिया की कुल जी.डी.पी. से अधिक है।

4. 94 सर्वाधिक धनाढ्य लोगों की सम्पत्ति चीन की कुल जी.डी.पी. से अधिक है। चीन विश्व का सबसे अधिक जनसंख्या वाला देश है जिसके निवासियों की संख्या 1.2 बिलियन है।

सारिणी 7.10 *उत्पत्ति के अनुसार अति समृद्ध लोग,* 2010

क्षेत्र या देश समूह	*225 धनाढ्य लागों का वितरण*	*अति समृद्ध लोगों की संयुक्त सम्पदा (अमेरिकी बिलियन डॉलर में)*	*अति समृद्ध लोगों की औसत सम्पदा (बिलियन डॉलर में)*
ओईसीडी	143	637	4.5
एशिया	43	233	5.4
लेटिन अमेरिका और कैरेबियन	22	55	2.5
अरब राज्य	11	78	7.1
पूर्वी यूरोप और सी.आई.एस.	4	8	2.0
सब–सहारा अफ्रीका	2	4	2.0
कुल योग	225	1,015	4.5

Source: UNDP, Human Development Report, 2010.

विश्व के सर्वाधिक धनाढ्य 225 लोगों में से सबसे अधिक लोग 60 यूनाइटेड स्टेट्स में रहते हैं जिनकी संयुक्त सम्पदा अमेरिकी डालर में 311 बिलियन है। इसके बाद जर्मनी में 21 लोग (111 बिलियन डालर) और जापान में 14 लोग (41 बिलियन डालर) रहते हैं। सर्वाधिक धनाढ्य 225 लोगों में से औद्योगिक देशों के 147 लोग हैं और विकासशील देशों के 78 लोग हैं। अफ्रीका मे केवल दो व्यक्ति हैं और दोनों ही दक्षिण अफ्रीका के हैं।

ग्रामीण-नगरीय और लिंग असमानताएं (Rural-Urban and Gender Disparities)

विकासशील देशों में लगभग 40 प्रतिशत ग्रामीण पुरुष अशिक्षित हैं, यह नगरीय क्षेत्रों से दुगना प्रतिशत है।

पिछले 30 वर्षों में समाजों ने विकास के लाभों को स्त्रियों और पुरुषों के बीच अधिक समान वितरण करने के प्रयासों में वास्तविक सफलता अर्जित की है। शिक्षा और स्वास्थ्य के बीच लिंग आधारित अंतर में तीव्र गति से कमी आई है। पिछले दो दशकों में पुरुषों की जीवन–प्रत्याशा की अपेक्षा स्त्रियों की जीवन–प्रत्याशा में 20 प्रतिशत वृद्धि हुई है। फिर भी पुरुषों की अपेक्षा स्त्रियों को अवसरों की असमानताएं हैं। ओमान, यमन, सऊदी अरब, ईरान, सीरिया, लीबिया, अल्जीरिया, लीबिया, और यू.ए.ई. में स्त्रियों की दशा बड़ी दयनीय है। संक्षेप में स्त्रियों की क्षमताओं के निर्माण में प्रगति हुई है, किन्तु उनके लिए वास्तविक अवसरों के निर्माण में काफी देरी हो रही है।

नृजातीय और नस्लीय असमानताएं (Ethnic and Racial Disparities)

मानव विकास के कई क्षेत्रों में भारी नृजातीय और नस्लीय असमानताएं हैं। उदाहरणार्थ, दक्षिण अफ्रीका में, गोरे लोगों की जीवन-प्रत्याशा 70 वर्ष है जो कि काले लोगों (56 वर्ष) से 14 वर्ष अधिक है। कनाडा में 35 प्रतिशत इन्यूट (एस्कीमो) पुरुष बेरोजगार हैं, जबकि अन्य कनाडा रहवासी लोग 5 प्रतिशत बेरोजगार हैं। नाम्बिया में 10 प्रतिशत अंग्रेजी बोलने वालों की तुलना में 65 प्रतिशत सान बोलने वाले लोग गरीबी रेखा के नीचे हैं।

उपभोग प्रतिमान (Consumption Pattern)

विश्व उपभोग खर्च (निजी और सार्वजनिक) में अभूतपूर्व गति से बढ़ोतरी हुई है। यह 25 वर्षों में वास्तविक मात्रा से दुगनी होकर 1998 में 24 ट्रिलियन डॉलर तक जा पहुंचा है। इस बढ़ोतरी ने मानव विकास में भारी उन्नति को प्रक्षय दिया है।

स्वास्थ्य रक्षा, सुरक्षित पेयजल और साफ-सफाई में स्थाई विस्तार तथा भोजन उपभोग में गुणात्मक एवं परिणात्मक सुधार ने लोगों के दीर्घ और स्वस्थ जीवन की क्षमताओं को मजबूत किया है। सन् 1960 से विकासशील देशों में 46 से 65 वर्ष और औद्योगिक देशों में 69 से 80 वर्ष तक जीवन-प्रत्याशा में बढ़ोतरी हुई है। जबकि शिशु मृत्यु दर विकासशील देशों में प्रति 1000 जीवित बालकों पर 149 से 65 और औद्योगिक देशों में 39 से 13 तक आ गई हैं।

स्कूल जाने, सूचना और संचार प्रौद्योगिकी की पहुंच ने व्यक्तियों के ज्ञान के आधार और संभावना में भारी बढ़ोतरी की है। विकासशील देशों में वयस्क साक्षरता सन् 1970 में 48 प्रतिशत से बढ़कर 2010 में 72 प्रतिशत हो गई है।

ऊर्जा के उपभोग में विस्तार जो कि सभी मानवीय क्रियाओं का आधार है, ने अनेक अवसरों को जन्म दिया है। इसका प्रयोग भोजन बनाने, गर्म करने, और रोशनी करने के साथ साथ यातायात, उत्पादन संचार और तकनीकी विकास जैसे अनेकानेक कार्यों में किया जाता हए। वास्तव में, वैश्विक ऊर्जा उपभोग जनसंख्या से तीव्र गति से बढ़ रहा है।

यातायात में भारी बढ़ोतरी हुई है। जहां विश्व की जनसंख्या 1950 से दूनी हुई है, वहां यातायात में आठ गुणा वृद्धि हुई है। यात्री कारों में 53 से 450 मिलियन की अभूतपूर्व वृद्धि हुई है।

पिछले दशक में बढ़ते हुए वैश्वीकरण और वैश्विक उपभोक्ता बाजार के समाकलन के कारण टूथपेस्ट से लेकर रेफ्रिजरेटरों और वैश्विक नामी वस्तुओं के विस्तार द्वारा उपभोक्ता प्रतिमानों में तीव्र परिवर्तन आया है। विनिर्मित उत्पादों के उपभोग में बढ़ोतरी एशिया और लेटिन अमेरिका जैसी उच्च वृद्धि अर्थव्यवस्थाओं में सर्वाधिक रही है। उपभोक्ता उत्पादों का प्रसार नगरीय अभिजनों और मध्य वर्गों तक पहुंच रहा है।

तथापि, वैश्विक उपभोग की वृद्धि का वितरण ठीक प्रकार से नहीं हुआ है। लोगों की एक बड़ी संख्या को कुछ ऐसी सुविधाएं नहीं मिल पा रही हैं जो दीर्घायु और स्वस्थ जीवन के लिए आवश्यक हैं।

ऊर्जा के उपभोग में भी बड़ी असमानता है। उच्चतम आय वाले देशों में रहने वाले विश्व के 20 प्रतिशत लोग विश्व ऊर्जा के 60 प्रतिशत का उपभोग करते हैं। ये लोग बिजली का 70 प्रतिशत, कारों का 87 प्रतिशत, टेलीफोन का 80 प्रतिशत, कागज का 85 प्रतिशत, मांस का 46 प्रतिशत और कुल व्यय का 86 प्रतिशत उपभोग करते हैं।

औद्योगिक देशों की अपेक्षा विकासशील देशों में उपभोग में तेजी से वृद्धि होने के उपरान्त भी विशेषत: भोजन और ऊर्जा जैसी आधारभूत आवश्यकताओं में भारी असमानता है।

सारणी 7.11 से स्पष्ट है कि 1.2 बिलियन लोग सुरक्षित पेयजल को पाने के लिए तरसते हैं। एक बिलियन लोगों के पास समुचित आश्रय (मकान) नहीं हैं, 890 मिलियन लोग कुपोषण के शिकार हैं, 850 मिलियन लोग बिना स्वास्थ्य रक्षा के हैं और 2 बिलियन लोग बिजली से वंचित हैं।

सम्पूर्ण विश्व में बढ़ता हुआ उपभोग भारी चिन्ता का विषय है क्योंकि इसके कारण पर्यावरण का तेजी से क्षरण हो रहा है। अ-पुनर्जीवित किए जाने वाले संसाधन नष्ट हो रहे हैं। प्रदूषक पदार्थों का प्रसार अस्वास्थकर पर्यावरण का निर्माण कर रहा है। भूमंडलीय ताप में वृद्धि (ग्लोबल वार्मिंग), समुद्री स्तर में परिवर्तन, ओजोन परत का अपक्षय, मरुस्थलीकरण, मृदा का क्षरण, अम्लीय वर्षा और जैव-विविधता में कमी जैसी कई समस्याएं उत्पन्न हो गई हैं।

संक्षेप में, बढ़ता हुआ उपभोग पर्यावरण पर दबाव डालता है, और यह पर्यावरणीय दबाव गरीब को सर्वाधिक नुकसान पहुँचाता है।

सारणी 7.11 *दीर्घ स्वास्थ्यप्रद जीवन (अकालिक मृत्यु और परिहार्य रुग्णता से मुक्ति)*

आवश्यकताएं	*बकाया वंचन*
स्वच्छ जल	1.2 बिलियन व्यक्ति सुरक्षित जल पाने से वंचित।
आश्रय (मकान)	1 बिलियन व्यक्तियों को समुचित आश्रय नहीं।
भोजन और पोषक पदार्थ	891 मिलियन व्यक्ति कुपोषित।
स्वास्थ्य सुरक्षा	850 मिलियन लोगों को स्वास्थ्य सेवाओं का अभाव।
सफाई व्यवस्था	2.5 बिलियन लोगों को सफाई का अभाव।
ऊर्जा	2 बिलियन लोग बिजली से वंचित।
यातायात	न्यूनतम विकसित देशों में प्रति 1000 व्यक्तियों के बीच 3 कारें विकासशील देशों में 16 कारें और औद्योगिक देशों में 450 कारें।

Source: Human Development Report, 2010.

मानव प्रभावों के कारण होने वाली पर्यावरणीय क्षति, विशेषत: गरीबों पर पड़ने वाले असमान प्रभावों को कम करने के लिए और पर्यावरणीय स्थिरता को सुनिश्चित करने

के लिए, अनेक प्रकार के प्रयास करने की जरूरत है। उदाहरणार्थ, संसाधनों का विवेकपूर्ण उपयोग, अपशिष्ट उत्पत्ति में कमी, गरीब व्यक्तियों की प्राकृतिक संसाधनों तक पहुँच, साझा सम्पत्ति पर उन्हें अधिकार देना, और हकदार बनाना, गरीब लोगों के लिए कम कीमत वाली अगली पीढ़ी की प्रौद्योगिकी, उत्पादन एवं उपभोक्ता प्रतिमानों में परिवर्तन। इन नीतियों को लागू करने के लिए व्यक्तियों, नागरिक समाज की संस्थाओं और सरकारों के बीच कड़े गठबंधन की जरूरत है। जितना जल्दी यह किया जाता है, उतना ही लाभप्रद है।

सूचकों संबंधी पूर्व पीठिका टिप्पणियां (Background Notes on Indicators)

मानव विकास सूचकांक (Human Development Index)

मानव विकास सूचकांक तीन सूचकों पर आधारित है। इसकी माप जन्म के समय जीवन प्रत्याशा, शैक्षिक उपलब्धि जिसकी माप वयस्क साक्षरता और कुल नामांकन अनुपात के प्रथम, द्वितीय और तृतीय स्तर को मिला कर की जाती है, तथा रहन-सहन का स्तर जिसकी माप प्रति व्यक्ति वास्तविक जी.डी.पी. के आधार पर की जाती है।

मानव गरीबी सूचकांक (Human Poverty Index)

विकासशील देशों के लिए मानव गरीबी सूचकांक (HPI-1) वचन संबंधी मानव जीवन के तीन अनिवार्य आयाम पर बल देता है। इन आयामों में प्रथम व्यक्ति के जीवित रहने से संबंधित है। इसकी गणना व्यक्तियों के प्रतिशत के आधार पर की जाती है जिनकी 40 वर्ष तक जीने की संभावना नहीं रहती। द्वितीय आयाम के ज्ञान के वंचन से संबंधित है जिसकी माप वयस्क व्यक्तियों के प्रतिशत द्वारा की जाती है जो अशिक्षित हैं। तृतीय आयाम आर्थिक सामग्री के वंचन से संबंधित है जिसकी माप तीन चरों (Variables) के सम्मिश्रण से है: (1) ऐसे लोगों का प्रतिशत जिन्हें स्वास्थ्य सेवाएं उपलब्ध नही हैं, (2) ऐसे लोगों का प्रतिशत जिन्हें स्वास्थ्य सेवाएं उपलब्ध नहीं हैं, (3) ऐसे 5 साल से नीचे के बालक जिनका प्रतिशत भार कम है।

लिंग विकास सूचकांक (Gender Development Index)

लिंग विकास सूचकांक प्रत्येक देश की औसत उपलब्धियों से संबंधित है। ये उपलब्धियां जीवन-प्रत्याशा, शैक्षिक निपुणता और आय हैं जिनके अनुसार पुरुषों और स्त्रियों के बीच उपलब्धियों की असमानता को आंका जाता है।

लिंग सशक्तीकरण माप (Gender Empowerment Measure)

लिंग सशक्तीकरण सूचकांक राजनैतिक और आर्थिक क्षेत्र के कार्यकलापों के आधार पर पुरुषों और स्त्रियों के सापेक्षिक सशक्तीकरण की माप करता है। इसके लिए दो चरों का चयन किया जाता है — आर्थिक सहभागिता एवं निर्णय करने की शक्ति और राजनैतिक सहभागिता और निर्णय करने की शक्ति।

मानव विकास सूचकांक की संगणना
(Computing the Human Development Index)

सन् 1994 का मानव विकास सूचकांक परिकलन पिछले वर्षों से भिन्न आधार पर किया गया है। चार आधारभूत चरों (Variables) के अधिकतम और न्यूनतम मूल्यों को स्थिर किया गया। ये चर हैं - जीवन-प्रत्याशा (85.0 और 25.0 वर्ष), वयस्क साक्षरता (100% और 0%), विद्यालय जाने के औसत वर्ष (15 और 0 वर्ष) और आय (PPP $ 40,000 और $ 200), आय के लिए वास्तविक (जी.डी.पी. प्रति व्यक्ति PPP$ 5,120) के वैश्विक औसत को आधारभूत मूल्य माना गया है। आधार के परे आय के गुणकों की बढ़ती हुई ऊंची दर का प्रयोग करते हुए अवहेलना की गई है।

इसे सोदाहरण समझने के लिए दो देशों का एक जोड़ा (ग्रीस और गबॉन) बनाया गया हैं। इसमें एक देश औद्योगिक (ग्रीस) और दूसरा विकासशील (गबॉन) है। उनके आधारभूत चर निम्नलिखित हैं—

देश	*जीवन-प्रत्याशा (वर्ष में)*	*वयस्क साक्षरता (%)*	*पढ़ाई के वर्षों का माध्य*	*आय (PPP $)*
ग्रीस	77.3	93.8	7.0	7,680
गबॉन	52.9	62.5	2.6	3,498

जीवन-प्रत्याशा (Life expectancy)

$$\text{ग्रीस (Greece)} = \frac{77.3 - 25.0}{85.0 - 25.0} = \frac{52.3}{60.0} = 0.872$$

$$\text{गबॉन (Gabon)} = \frac{52.9 - 25.0}{85.0 - 25.0} = \frac{27.9}{60.0} = 0.465$$

वयस्क साक्षरता (Adult literacy)

$$\text{Greece} \quad \frac{93.8 - 0.0}{100.0 - 0.0} = \frac{93.8}{100.0} = 0.938$$

$$\text{Gabon} \quad \frac{62.5 - 0.0}{100.0 - 0.0} = \frac{62.5}{100.0} = 0.625$$

पढ़ाई के औसत वर्ष (Mean years of schooling)

$$\text{Greece} \quad \frac{7.0 - 0.0}{15.0 - 0.0} = \frac{7.0}{15.0} = 0.467$$

$$\text{Gabon} \quad \frac{2.6 - 0.0}{15.0 - 0.0} = \frac{2.6}{15.0} = 0.173$$

शैक्षिक उपलब्धि (Educational attainment)

Greece = 2 (0.938) + 0.467 = 2.343 ÷ 3 = 0.781

Gabon = 2 (0.625) + 0.173 = 1.423 ÷ 3 = 0.473

समायोजित आय (Adjusted income)

जीवन–प्रत्याशा ग्रीस की आय किनारे के ऊपर है, किन्तु किनारे से दुगनी से कम है। अत:,

$$\text{Greece} = 5,120 + 2\,(7,680 - 5,120)\frac{1}{2}$$

$$= 5,120 + 101$$

$$= 5,221$$

गबॉन की आय किनारे पर है अत: इसके समायोजन की जरूरत है। आय से दूरी परिकलन करने के लिए, अधिकतम समायोजित आय (5385) और न्यूनतम आय (200) का प्रयोग करना चाहिए।

$$\text{Greece} \quad \frac{5,221 - 200}{5,385 - 200} = \frac{5,021}{5,185} = 0.968$$

$$\text{Gabon} \quad \frac{3,498 - 200}{5,385 - 200} = \frac{3,298}{5,185} = 0.636$$

Country	***Indexed life expectancy***	***Indexed educational attainment***	***Indexed adjusted income***	**Σ**	***HDI***
Greece	0.872	0.781	0.968 =	2.621	0.874
Gabon	0.465	0.473	0.636 =	1.574	0.525

References

Griffin, K. and A.R. Khan, *Globalization and the Developing World: An Essay on the International Dimensions of Development in the Post-Cold War Era,* New York.

Haq, M.U., 1992, *Human Development in Changing World,* New York.

—, 1998, *New Perspective on Human Development,* New York.

Hartshorn, T.A. and J.W. Alexander, 1988, *Economic Geography,* 3rd edn., London, Prentice Hall.

Husain, M., 2011, *Geography of India*, New Delhi, Tata McGraw Hills.

Rily, N.E., *Population Bulletin,* Vol. 52, No.1, May 1997.

Streeten, P., 1992, *Global Governance for Human Development,* New York.

The World Bank, World Development Indicators 1997 (The World Bank, Washington D.C., 1997).

The World Bank, *Expanding the Measure of Wealth; Indicators of Sustainable Development* C.S.D. edn. Washington, D.C.

The World Guide, 11th ed., Oxford, New Internationalists Publication.

UNDP, Human Development Report, 1994, New Delhi, Oxford University Press.

UNDP, Human Development Report, 1995, New Delhi, Oxford University Press.

UNDP, Human Development Report, 1996, New Delhi, Oxford University Press.

UNDP, Human Development Report, 1997, New Delhi, Oxford University Press.

UNDP, Human Development Report, 1998, New Delhi, Oxford University Press.

UNDP, Human Development Report, 1998, Highlights on India and South Asia, New Delhi.

UNDP, Human Development Report, 2000, New Delhi, Oxford University Press.

UNESCO, Statistical Year Book 1996, Paris.

UNESCO, The Progress of Nations 1997, New York.

UNO, Population Division, 1998, *1998-99 World Resources: A Guide to the Global Environment,* New York, Oxford University Press.

UNO, Department of Public Information, The World Programme of Action for Youth to the Year 2000 and Beyond, pp. 1-7.

UNO, 1999, Department of Public Information, *Environment and Development,* New York.

World Bank, 1992, The World Bank Annual Report, Washington D.C.

World Commission on Environment and Development, 1987, *Our Common Future* (The Brundtland Report), Oxford University Press, New York.

World Resources Institute in collaboration with the UNDP (United Nations Development Programme), and the World Bank, World Resources Report 1996-97, 1997-98, 1998-99, New York.

Zhizhou, Cai, 1993, 'Human Development of China', Background paper for Human Development Report 1994, UNDP, New York.

8

मानव अधिवास (बस्तियां) Human Settlements

भोजन के पश्चात्, आश्रय मानव की अत्यन्त महत्त्वपूर्ण आवश्यकता है। मौसम की विषमताओं से, मानव अपनी सुरक्षा तथा सामाजिक जीवन के लिए घरों का निर्माण और अधिवासों (बस्तियां) का विकास करता है। वास्तव में, अधिवास मानव का भौतिक पर्यावरण से अपने आपको अनुकूलन की ओर एक महत्त्वपूर्ण कदम है।

मानवशास्त्रियों, समाजशास्त्रियों, नृजाति-विज्ञानियों, अर्थशास्त्रियों और भूगोलविदों द्वारा ग्रामीण और नगरीय अधिवासों के (बस्तियां) के प्रश्न पर गहराई से उत्तरोत्तर अध्ययन किया गया है। यद्यपि उनका इस विषय का अध्ययन भिन्न-भिन्न उद्देश्यों और विधियों से किया गया है। बहुत कम मनुष्य अकेले रहते हैं। विश्व में अधिकांश लोग किसी न किसी प्रकार के अधिवास—स्थाई भवनों और निवासियों के समूहों में निवास करते हैं। पृथ्वी के धरातल का बहुत छोटा प्रतिशत इन अधिवासों से घिरा है, किन्तु इनके द्वारा विश्व की संस्कृति अधिक प्रभावित है। अधिवास, विश्व की सांस्कृतिक सम्पत्ति के भण्डार के केन्द्र के साथ-साथ आर्थिक, सामाजिक और राजनीतिक नवाचार प्रतिमानों के प्रसार के लिए उद्भव के बिन्दु रहे हैं। सांस्कृतिक कार्यों के कारण ही, अधिवासों का अध्ययन मानव भूगोल का मुख्य आधार रहा है। वास्तव में, किसी विशेष प्रदेश के अधिवास, प्राकृतिक पर्यावरण के साथ मानव के सम्बन्धों को प्रतिबिम्बित करते हैं।

अधिवासों (बस्तियों) का उद्भव (Origin of Settlements)

अधिवासों का या स्थाई मानवीय आवासीय जीवन का आरम्भ किस प्रकार हुआ, यह सुनिश्चित नहीं है। यह घटना परदे में ढंकी हुई है, क्योंकि इनका आरम्भ लिखित इतिहास से पूर्व हो चुका था। कहाँ और क्यों स्थाई अधिवास आरम्भ हुए, इस संबंध में केवल कुछ तर्कसंगत अनुमान अवश्य है।

पौधों को अनुकूल बनाए जाने और अधिवासों की स्थापना से पूर्व मानव जाति खानाबदोश जीवन व्यतीत करती थी और मानव जनजाति समूहों में प्राकृतिक स्थलों पर भोजन और जल की खोज में घूमते रहते थे। बेरों और जड़ों को एकत्रित कर अथवा जंगली पशुओं का वध कर भोजन प्राप्त किया जाता था।

इतिहासकारों और सांस्कृतिक-मानवशास्त्रियों द्वारा मानव अधिवासों की उत्पत्ति के सम्बन्ध में अनेक स्पष्टीकरण प्रस्तुत किए गए हैं। इनकी स्थापना में धार्मिक, सांस्कृतिक, राजनीतिक और आर्थिक कारण मुख्य रहे हैं। निम्न पंक्तियों में इन कारणों का संक्षेप में वर्णन किया गया है—

धार्मिक (Religious)

प्रथम, स्थाई अधिवास, धार्मिक उद्देश्यों को पूरा करने के लिए, विशेषकर मृत व्यक्तियों को गाढ़ने के स्थान के रूप में काम में आते होंगे। आखिरकार, एक कब्र से अधिक स्थाई और क्या हो सकता है। इन खानाबदोश जातियों के मृत व्यक्तियों को आदर देने के लिए धार्मिक कृत्य, संभवत: मृत्यु के वार्षिकोत्सव जैसे अवसरों पर प्रार्थना सभाएं होती होंगी। मृत व्यक्तियों के लिए स्थाई विश्राम स्थल स्थापित किए जाने के उपरान्त जाति के लोग उस स्थान पर उचित धार्मिक क्रियाओं को करने के लिए पुजारी की नियुक्ति करते होंगे। बाद में यह पूजा-स्थल (मंदिर) आकर्षण के केन्द्र बन गए होंगे और इस प्रकार ये स्थल अधिवासों की स्थापना में सहायक रहे होंगे।

सांस्कृतिक (Cultural)

स्त्रियों और बच्चों को सुरक्षा देने के लिए भी अधिवास काम में लिए जाते रहे होंगे, जिससे कि पुरुषों को भोजन की खोज में दूर तक घूमने का अवसर प्राप्त हो सके। पुरुषों द्वारा एकत्रित सामग्री से स्त्रियां घर के उपयोग में आने वाली वस्तुएं जैसे बर्तन (हण्डियां), टोकरी, वस्त्र तथा अन्य गृह उपयोगी वस्तुओं का निर्माण करती थीं।

राजनीतिक/सैन्य (Political/Military)

अन्य जनजातियों के लोगों के आक्रमण के कारण पुजारी, शिक्षक, स्त्रियां और बच्चे असुरक्षित थे। इनकी सुरक्षा के लिए योद्धाओं (सैनिकों) को अधिवासों में तैनात किया जाता था। राजनीतिक नेताओं के लिए भी, जिन्हें अनुकूल स्थल की आवश्यकता होती है, अधिवास आधार होता था, जहां से वे अपनी जाति की भूमि के अधिकार को सुरक्षित रख सकें। चूंकि वहां धार्मिक और सैन्य अधिकारियों का निवास होने के कारण इन अधिवासों की समुचित रक्षा की आवश्यकता होती थी, अत: उनके सामने यह प्रश्न रहा होगा कि अधिवासों को किस प्रकार अच्छी तरह सुरक्षित रखा जा सकता है। इसका उत्तर था कि इन अधिवासों के चारों ओर इतना अधिक मजबूत परकोटा बनाया जाए, जो आक्रमण को सह सके। इस प्रकार अधिवास सैन्य शक्ति के केन्द्र बन गए।

आर्थिक (Economic)

धार्मिक, सैन्य और राजनीतिक अग्रणी व्यक्तियों और आश्रितों के भोजन की आपूर्ति, लोगों द्वारा शिकार अथवा वनों से संग्रहण करके की जाती थी। अधिवास में निवास करने वाले व्यक्तियों के लिए अतिरिक्त भोज्य सामग्री जनजाति के लोग ही एकत्रित करते रहे होंगे।

अन्ततः किसी के मस्तिष्क में यह विचार आया होगा कि क्यों न सूखा और बाढ़ जैसे कठिन समय के लिए थोड़ा अतिरिक्त संग्रहण कर लिया जाए। लोग एकत्रित की गई वस्तुओं को अधिवासों में इकट्ठा करने लगे। इस प्रकार भोज्य सामग्री की अतिरिक्त आपूर्ति के भण्डारण का कार्य भी अधिवासों ने प्राप्त कर लिया। विभिन्न व्यक्ति जो एक साथ रह कर सामाजिक-आर्थिक क्रियाएं सम्पन्न कर सकें, उनके लिए अधिवास एक तटस्थ स्थल बन गया।

अधिवासों (बस्तियों) का स्थान (Site of Settlements)

मानव अधिवासों का निर्धारण वृद्धि और विकास, भूमि, जल, वन और खनिज संसाधनों की उपलब्धता द्वारा प्रभावित होता है। संसाधनों की प्रकृति और क्षमता के आधार पर अधिवास अस्थाई और स्थायी होते हैं तथा ग्रामीण अधिवास से नगरीय अधिवास का स्तर प्राप्त कर लेते हैं।

अस्थाई अधिवास (Unstable Settlements)

कुल जनसंख्या की लगभग 3.5 प्रतिशत जनसंख्या घुमक्कड़ है जिनके अस्थाई अधिवास होते हैं। वास्तव में, स्थाई ग्रामीण और नगरीय अधिवास, लम्बे उद्विकास का परिणाम हैं। आखेटक, पशुपालक और ऋतु-प्रवासी तथा स्थानान्तरित कृषि के कृषकों के निवास स्थानान्तरित होते रहते हैं। उदाहरण के लिए घुमक्कड़ प्रायः हमेशा अपने तम्बू छोटी परिधि में गाढ़ते हैं तथा पास-पास में अधिवास बनाते हैं (चित्र 8.1), अरब के बद्दुओं के 'खाइमास' (Khaimas), मध्य एशिया के खिरगीज लोगों के शिविर, अफ्रीकी घुमक्कड़ लोगों के 'क्राल' (Kraals), उत्तर-पूर्वी भारत के 'झूमिया' (स्थानान्तरित कृषि के कृषक) लोगों की अस्थाई झोपड़ी तथा जम्मू-कश्मीर के गुज्जर और बकरवाल लोगों के कोठे (Kothas) और बन्दिस (Cattlesheds) अस्थायी अधिवासों (बस्तियां) के कुछ उदाहरण हैं। इसी प्रकार वियतनाम के मोर्स (Mors) और पश्चिमी अफ्रीका के फेन्स (Fens) छोटे गांवों की रचना करते हैं, जिन्हें वे स्थानान्तरित करते रहते हैं। कभी-कभी एक मौसम से दूसरे मौसम में स्थान बदल लेते हैं।

समस्त आखेटक, खानाबदोश और भ्रमणशील कृषकों में गहरी सामाजिक घनिष्ठता पाई जाती है, किन्तु कभी-कभी यह घनिष्ठता अस्थाई तौर पर टूट जाती है और उसी के अनुसार अधिवास का स्वरूप और स्थान बदल जाता है। उदाहरण के लिए, एस्कीमो लोग शीत-ऋतु में अपने निवास स्थान का निर्णय मौसमी शिकार की उपस्थिति के आधार पर करते हैं, क्योंकि शीत ऋतु का समय अंधकार-पूर्ण होता है और सभी मानवीय क्रियाकलाप प्रायः रुक जाते हैं और इग्लू के निकट ही पर्याप्त भोजन उपलब्ध हो जाता है। अतः इग्लू, सामूहिक निवास के साथ एक स्थाई अधिवास बन जाता है। ग्रीष्म ऋतु, गतिविधियों का काल होता है। भ्रमणशील जाति के लोग कुछ तम्बुओं वाले पारिवारिक समूहों में बिखर जाते हैं। प्रत्येक समूह पारम्परिक मार्ग का अनुसरण करता है, जो मौसम के अन्त में पुनः उन्हें शीत ऋतु के शिविर के स्थान पर पहुँचा देता है।

चित्र 8.1 *पढ़ाव बसावट*

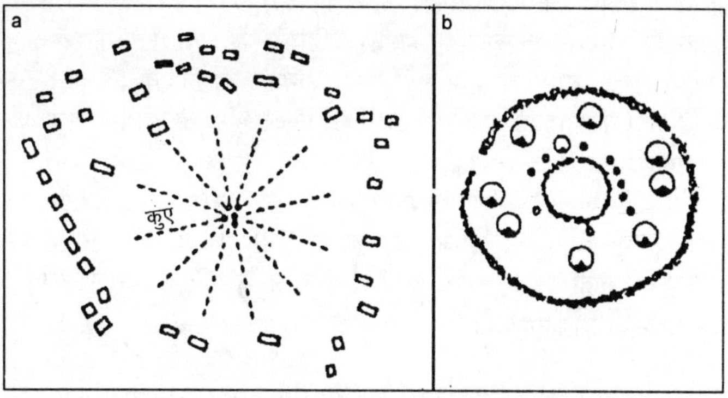

इस प्रकार इनकी शीत ऋतु के शिविर स्थल पर मियादी वापसी, घनिष्ठता को बढ़ाती है, जबकि ग्रीष्म ऋतु में इस छोटे समुदाय की नैतिक और धार्मिक बन्धनों में ढील रहती है। जम्मू-कश्मीर के गुज्जर-बकरवाल जो ऋतु प्रवास का प्रयोग करते हैं, उनके भी दोहरे प्रकार के निवास और अधिवास होते हैं। ये लोग शीत ऋतु में शिवालिक की घाटियों में, जहां शीत ऋतु तीव्र होती है तथा उनके पशुओं के लिए चरागाह उपलब्ध होते हैं, वहां ठहर जाते हैं। इस प्रकार शीत ऋतु में ये लोग सघन-आकृति के गांवों में निवास करते हैं। ग्रीष्म ऋतु में ये लोग अपनी बकरियों के साथ मध्य हिमालय के ढोक या मार्ग्स (अल्पाइन चरागाह) पर चढ़ने लगते हैं, जो शीत काल के इनके निवास स्थल से लगभग 200 किलोमीटर दूर स्थित होते हैं। ऊपर अथवा नीचे की ओर यात्रा करते समय मध्यवर्ती चरागाहों का उपयोग करने के लिए, ये लोग दस से बारह परम्परागत पड़ावों पर रुकते हैं। इन ग्रीष्मकालीन चरागाहों में ये लोग अस्थाई झोपड़ी और छप्पर के निवास बना लेते हैं। विभिन्न काफिलों (समूहों) में आपसी असुविधा से बचने के लिए बकरवाल लोग छोटे उप-समूहों में बंट जाते हैं, जो स्वतंत्र रूप से अपने शिविर स्थापित करते हैं।

स्थानान्तरित कृषि के कृषकों को निरन्तर नई भूमि की सफाई करनी होती है, उन्हें वनों को साफ करने और खेती के लिए खेत तैयार करने के लिए कठोर परिश्रम करना पड़ता है। जब उनके गांव के निकट की भूमि की उर्वरा शक्ति कम हो जाती है, तब वे कृषि के लिए नए स्थान की ओर प्रस्थान कर जाते है और कई बार उन्हें अपने अधिवास भी स्थानान्तरित करने पड़ते हैं।

फिर भी, अस्थाई अधिवास, मरुस्थलों, अर्द्ध-मरुस्थल क्षेत्रों, टुण्ड्रा, विषुवतरेखीय वन, और पर्वतीय भागों तक सीमित हैं। कुल मिलाकर, घुमक्कड़ तथा जो लोग अपने निवास और अधिवास मौसम के अनुसार प्राय: परिवर्तित करते रहते हैं, विश्व की जनसंख्या का केवल 2 प्रतिशत हैं।

स्थाई ग्रामीण अधिवास (Stable Rural Settlements)

ऐसा अधिवास, जिसमें अधिकांश मनुष्य कृषि, वानिकी, खनन और मछुवाही कार्य में व्यस्त रहते हैं, ग्रामीण अधिवास कहलाता है। ग्रामीण अधिवास को प्राय: कृषि कारखाना कहा जाता है। इस प्रकार के अधिवास को भूमि से, जिसका उपयोग यह निश्चित करता है, अलग नहीं किया जा सकता। कार्य, कृषि तकनीकों और जिस प्रकार भूमि का उपयोग किया जाता है, के अनुसार इसका प्रकार, आकार और स्वरूप साधारणत: अनुरूपता रखता है।

विश्व के अधिकांश ग्रामीण अधिवास स्थाई और चिरस्थाई हैं। ग्रामीण क्षेत्र में खुले देहात, व्यापक भूमि उपयोग, अपेक्षाकृत न्यून जनसंख्या घनत्व और सरल जीवन-शैली की प्रधानता पाई जाती है। इसे प्राय: नगरीय अधिवास के प्रतिकूल समझा जाता है। विश्व के अधिकतर अधिवास ग्रामीण हैं।

अधिवासों (बस्तियों) का वर्गीकरण (Classification of Settlements)

अधिवासों के अनेक प्रकार पाए जाते हैं और इनका वर्गीकरण व्यवसायों, जैसे ग्रामीण और नगरीय (गांव और नगर) के आधार पर किया जाता है। अधिवासों को उनके प्रकार, आकार और रचना के आधार पर भी वर्गीकृत किया जा सकता है। अधिवासों के मुख्य प्रकार निम्न हैं—

1. सघन अथवा केन्द्रीय अधिवास (Compact or Nucleated Settlements)
2. अर्द्ध सघन अथवा अर्द्ध केन्द्रीय अधिवास (Semi Compact or Semi Nucleated Settlements)
3. प्रकीर्ण (छितरे हुए) अधिवास (Dispersed Settlements)

सघन अथवा केन्द्रीय अधिवास (बस्तियां) (Compact or Nucleated Settlements)

सघन अथवा केन्द्रीय ग्रामीण अधिवास कृषि पर आधारित होते हैं। इस प्रकार के अधिवासों के अन्तर्गत, फार्म के लिए बने भवन तथा अन्य प्रकार के भवन जैसे धार्मिक स्थल आदि सम्मिलित किए जाते हैं। पशुओं के चराने और कृषि उपज उत्पन्न करने के लिए भी खेत गांव के चारों ओर होते हैं। ये खेत कृषकों की पहुँच में होने चाहिए, इसीलिए ये गांव के घरों से 2 से 3 किलोमीटर की परिधि में ही होते हैं।

अधिकांश सघन अधिवास अत्यन्त उपजाऊ कछारी मैदानों में पाए जाते हैं। इन उपजाऊ मैदानों में खेतिहर समुदाय स्थाई रूप से बसे हुए हैं। आज से लगभग 8000 वर्ष पूर्व, जब मनुष्य ने पौधों और पशुओं को घरेलू बनाना आरम्भ किया था, अस्थाई अधिवासों की शुरुआत हुई। आज के आदिम-मानव समुदायों के समान ही पूर्व-ऐतिहासिक मानव स्वयं अथवा व्यक्तिगत रूप में प्रकृति के विरुद्ध लड़ सकने में असमर्थ था। वास्तव में, आदिम तथा पूर्व-ऐतिहासिक मानव का प्रकृति पर साधारण सा नियन्त्रण था। वनों की कटाई और आग लगाकर भूमि साफ कर खेतों को विकसित करने में उसे अन्य से सहयोग करना पड़ता था। सघन अधिवासों के विकास में इस प्रकार के सहयोग की प्रधान भूमिका रही है।(चित्र 8.2)

चित्र 8.2 *सघन बस्तियां (मुजफ्फरनगर, जिला उ.प्र.)*

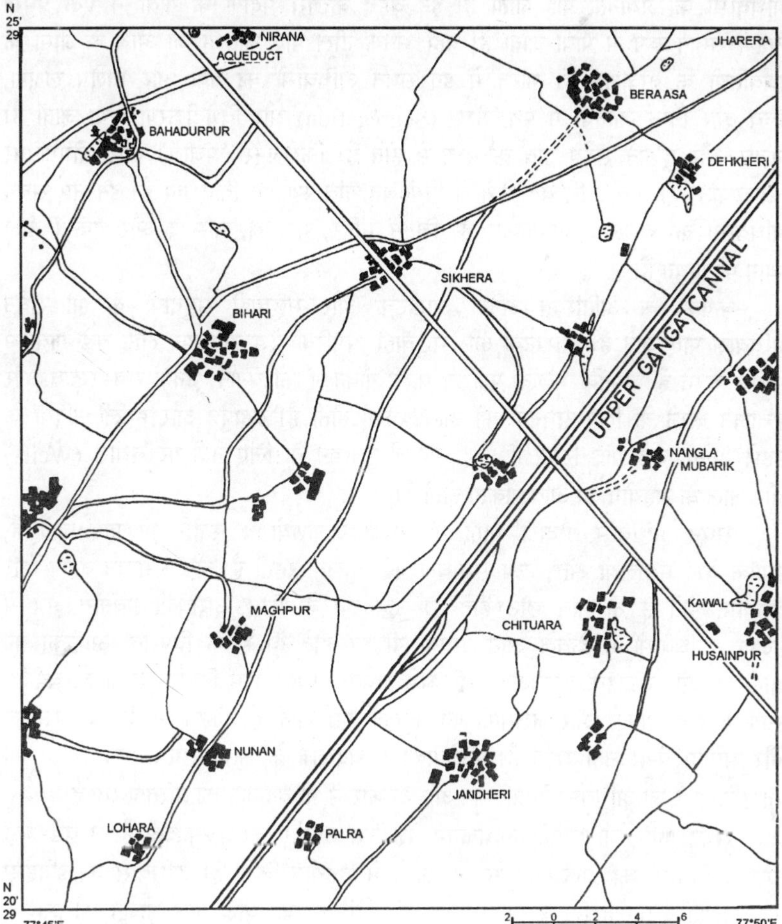

SOURCE: Survey of India, Sheet No. 53 $\frac{G}{15}$

कृषि की आदिम-तकनीक के साथ कृषक समुदाय को भौतिक कठिनाइयों पर विजय पाने के लिए प्राय: आपस में मिलकर काम करना पड़ता था, उदाहरण के लिए अपने आपको जंगली पशुओं, जो प्राय: उन्हीं की दया पर निर्भर थे, से सुरक्षित रखने और इस सबसे ऊपर जमीन को जोतने में सहयोग की आवश्यकता होती थी। शिवालिक की घाटियों और वनों में तथा मेघालय, मणिपुर, नगालैण्ड, त्रिपुरा और मिजोरम राज्यों में जंगली पशुओं और शत्रुओं से रक्षा के कारण अनेक सघन अधिवासों की स्थापना हुई।

सिन्धु-गंगा मैदान, ह्यांहों घाटी, नील घाटी आदि के उपजाऊ कछारी मैदानों में पूर्व ऐतिहासिक काल में सघन अधिवासों की स्थापना हुई (चित्र 8.2)। ये विश्व के कुछ

सबसे अधिक घनी आबादी वाले क्षेत्र हैं। यहां के भूदृश्यों पर सघन अथवा केन्द्रीय अधिवासों की प्रधानता पाई जाती है। इन वृहद् कछारी मैदानों के गांवों में एक प्रमुख लक्षण समान रूप से पाया जाता है। यहां अनेक टीले पाए जाते हैं जो आज के ग्रामों के पूर्ववर्तियों के अवशिष्ट हैं। भारत में इन सघन अधिवासों का एक और विशेष लक्षण, उच्च और निम्न जातियों में पृथक्करण (Segregation) और विभेदीकरण पाया जाता है। बाजार और दुकानें सदैव गांव के मध्य में होते हैं। ।फिरोजपुर (पंजाब) और श्रीगंगानगर (राजस्थान) के नवीन सिंचित क्षेत्रों में नियोजित गांव स्थापित किए गए हैं। इन नए सघन अधिवासों की बसावट आयताकार है, जिनमें मंदिर, गुरुद्वारा, मस्जिद और दुकानें खुले स्थान पर स्थित हैं।

कृषकों के अतिरिक्त अनेक आखेटक और मछुवाही समुदायों के भी सघन अधिवास पाए जाते हैं। आखेटक और मछुवाही अमेरिकी रेड-इण्डियन लोग बड़े गांवों में निवास करते हैं, क्योंकि मछली पकड़ने वाली नौकाओं को बनाने, उनके रख-रखाव और संचालन करने के लिए सघनता की आवश्यकता होती है। ब्रह्मपुत्र और हुगली नदियों के सहारे अनेक बड़े गांव स्थित हैं, जहां मछली पकड़ने के लिए नदी पर बंधारा (Weirs) और जाल के सहयोग की आवश्यकता होती है।

सघन अधिवास, मैदानी भागों में अथवा जलाशयों के सहारे भी पाए जाते हैं, क्योंकि वहां मछलियां और अन्य संसाधनों की बहुलता रहती है। जब संसाधन अल्प और अपर्याप्त होते हैं तो गांव छोटे होते हैं। उदाहरण के लिए, अरावली पर्वतीय क्षेत्र में राजपूत अधिवासों में केवल आठ अथवा नौ घर होते हैं। इसके विपरीत, अफ्रीका की आखेटक और संग्राहक हॉटनटाट जाति बड़े सघन अधिवासों में निवास करती है, क्योंकि उनके क्षेत्र में शिकार और जलमार्गों की बहुलता पाई जाती है। किसी भी देश के संसाधन और सम्पदा स्थिर नहीं रहती है। प्रौद्योगिकी में बदलाव के साथ संसाधन का आधार भी बदल जाता है जो अधिवास के प्रतिमान और आकार में भी बदलाव को प्रेरित करता है।

सघन कृषि, जो स्पष्टत: अधिकतम वैज्ञानिक उपयोग को प्रश्रय देती है, ने बड़े-बड़े सघन अधिवासों की अधिकतम संख्या बढ़ाने में सहयोग किया है। अधिवास का इतिहास यह प्रदर्शित करता है कि कृषक समुदाय में जनसंख्या की वृद्धि और भोजन की अधिक मांग के परिणामस्वरूप सघन कृषि का तेजी से विकास होता है। कम से कम स्थान पर अधिक लोगों को समायोजित करने के लिए ग्रामीण अधिवास अधिक सघन हो जाते हैं। जब बढ़ी हुई जनसंख्या को समायोजित करने के लिए पर्याप्त स्थान नहीं बचता, तब इनमें से अनेक लोग निकट के उपयुक्त स्थान पर अपने आवास बना लेते हैं और इस प्रकार अपने पुराने गांव की बसावट के समान नए अधिवास की रचना कर लेते हैं। इस प्रकार की प्रक्रिया, सतलुज-गंगा के मैदान में सर्वत्र देखी जा सकती है। गंगा के मैदान में अनेक पूर्वा और मजरा (Majra) अधिवासों के उदाहरण हैं, जो गहन कृषि के परिणाम हैं।

नगालैण्ड की पहाड़ियों और कटकों (Ridges) के शिखर पर स्थित सघन अधिवास, प्राचीन समय में मानव खोपड़ी के शिकार के परिणाम हैं, जब प्रत्येक अधिवास

के निवासियों द्वारा आक्रमणकारी नरमुंड आखेटकों से सुरक्षा के लिए प्रत्येक परिवार से रात्रि में पहरेदार का काम करने के लिए स्वयंसेवकों की नियुक्ति की जाती थी। यद्यपि, सभी महाद्वीपों की घाटियों और सघन कृषि वाले मैदानों में ग्रामीण अधिवास पाए जाते हैं, किन्तु उत्तरी भारत, पूर्वी चीन, मिस्र, बांग्लादेश, पाकिस्तान, म्यामार, जावा, थाइलैण्ड, श्रीलंका, नेपाल, मैक्सिको, ब्राजील, केन्या, और उत्तर-पश्चिमी यूरोप के मैदानों में इसका अधिकतम केन्द्रीकरण पाया जाता है (चित्र 8.3)। अफ्रीका के टोगो लोग सघन रूप में अपनी झोपड़ियां बनाते हैं (चित्र 8.4)।

चित्र 8.3 *मिट्टी के मकान (अलेप्पो, सीरिया)*

चित्र 8.4 *एकल परिवार आंगन (टोगो, अफ्रीका)*

अर्द्ध-सघन अथवा अर्द्ध केन्द्रीय अधिवास (Semi-Compact or Semi Nucleated Settlements)

अर्द्ध-सघन अधिवास, किसी अधिवास के विकास में अन्तर्वर्ती अवस्था होती है। जैसे ही कोई नवीन प्रौद्योगिकी स्वीकार की जाती है और जनसंख्या में वृद्धि होने लगती है, बिखरे अधिवास, अर्द्ध-सघन अधिवास का स्वरूप लेना आरम्भ कर देते हैं। अर्द्ध-सघन अधिवासों के विकास के लिए कोई भी सामान्य पर्यावरणीय व्याख्या स्वीकार नहीं है। अर्द्ध-सघन अधिवासों के आविर्भाव का कारण, आर्द्र प्रदेशों से भिन्न होता है तथा सीमान्त उत्पादी क्षेत्रों से, अत्यधिक उपजाऊ सघन कृषि क्षेत्रों में इसका कारण भिन्न होता है। अर्द्ध-सघन अधिवासों के सम्बन्ध में

चित्र 8.5 *गंगा नदी के खादर में अर्द्ध-सघन बस्तियां (जिला हरिद्वार, उत्तरांचल)*

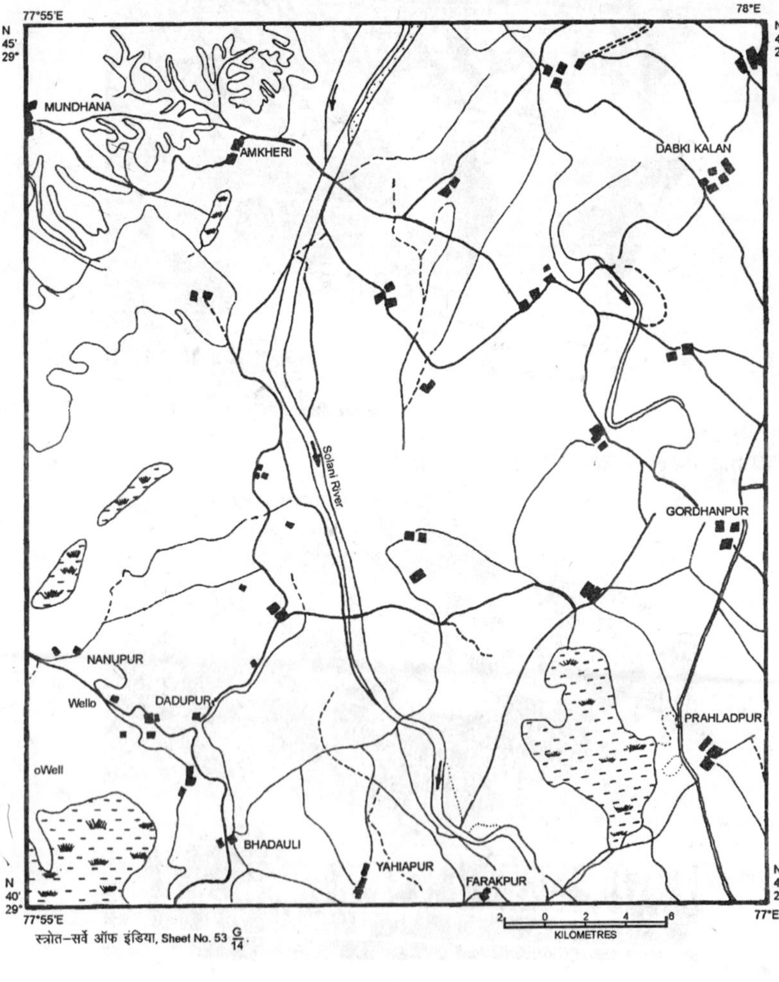

स्त्रोत–सर्वे ऑफ इंडिया, Sheet No. 53 $\frac{G}{14}$.

केवल एक सामान्यीकरण दिया जा सकता है कि कृषि योग्य क्षेत्रों और उपजाऊ मैदानी भागों में छोटे और असंगठित केन्द्रीय प्रकार के प्रारम्भिक अधिवास थे। वास्तव में, इनमें आकृति का अभाव पाया जाता था। जनसंख्या में वृद्धि और गांव में विस्तार के कारण घरों की संख्या में वृद्धि होती गई। इन बढ़े हुए घरों ने खुले स्थानों को भरना आरम्भ कर दिया, जिससे अर्द्ध-सघन अधिवासों के विकास को बढ़ावा मिला, जिसने अन्ततः सघन अथवा केन्द्रीय अधिवास का रूप ले लिया (चित्र 8.5)

चित्र संख्या 8.5 में ग्रामीण अधिवासों की स्थिति दिखाई गई है जिसमें कई अर्द्ध-सघन अधिवास दिखाई देते हैं। राजस्थान राज्य में अरावली पर्वत के पूर्व, मध्य प्रदेश के पहाड़ी क्षेत्र, अरुणाचल प्रदेश, मेघालय, मणिपुर, मिजोरम, त्रिपुरा, शिवालिक की पहाड़ियों, सिक्किम और ब्रह्मपुत्र घाटी में इसके अर्द्ध-सघन अधिवास देखे जा सकते हैं।

प्रकीर्ण (छितरे हुए) अधिवास (Dispersed Settlements)

प्रकीर्ण अथवा छितरे हुए अधिवास प्रायः विषम जलवायु के प्रदेशों; पहाड़ी क्षेत्रों, घने वनों, घास के मैदानों, अनुपजाऊ कृषि प्रदेशों, विस्तीर्ण कृषि के क्षेत्रों तथा उन प्रदेशों में जहां कृषक किसी दूर गांव अधिवास में निवास करने के स्थान पर अपने खेत पर ही निवास करना आवश्यक समझता है, में पाए जाते हैं। एक बात और इन प्रकीर्ण अधिवासों के सम्बन्ध में निश्चित विश्वास के साथ कही जा सकती है कि इस प्रकार के अधिवास अपेक्षतः आधुनिक काल में ही विकसित हुए हैं। रूस में यूराल के पूर्व में कज़ाकिस्तान, उज्बेकिस्तान, तुर्कमेनिस्तान और किर्गिस्तान के घास के मैदानों में पाए जाने वाले अधिवास प्रकीर्ण अधिवासों के उत्तम उदाहरण हैं, जो उन्नीसवीं शताब्दी के अतः और बीसवीं शताब्दी के आरम्भ में अस्तित्त्व में आए। संयुक्त राज्य अमेरिका और कनाडा के प्रेरी प्रदेश, अर्जेंटीना के पम्पाज, दक्षिण अफ्रीका के वेल्ड्स और ऑस्ट्रेलिया के डाउन्स में पाए जाने वाले अधिकांश प्रकीर्ण अधिवास पिछले 200 वर्षों में विकसित हुए हैं। राजस्थान के मरुस्थल और अर्द्ध मरुस्थलीय प्रदेशों, में भारत के उत्तर-पूर्वी वन क्षेत्र, शिवालिक, जम्मू-कश्मीर की पार्श्विक घाटियों, हिमालय के अधिक ऊंचाई वाले भागों, और प्रायद्वीपीय भारत के अनेक भागों में प्रकीर्ण अधिवासों का उदय मध्य काल में ही होना आरम्भ हो गया था। इस प्रकार के अधिवास कम आबादी वाले क्षेत्रों जैसे मध्य ऑस्ट्रेलिया, न्यूजीलैण्ड, उत्तरी कनाडा, पश्चिमी संयुक्त राज्य अमेरिका, स्कॉटलैंड, स्कैन्डीनेविया के देशों, दक्षिण-पश्चिम एशिया, सहारा के मरुद्यानों और अफ्रीका के तटीय सिंचित भागों को छोड़कर, अधिकांश भागों में पाए जाते हैं। यद्यपि कुछ अत्यधिक उपजाऊ कृषि भूमि और उपयुक्त जलवायु प्रदेशों में भी प्रकीर्ण अधिवास पाए जाते हैं, किन्तु इन क्षेत्रों में प्रकीर्ण अधिवासों का मुख्य कारण ऐतिहासिक और सामाजिक-सांस्कृतिक रहा है। उदाहरण के लिए, यदि किसी गांव में आबादी अधिक बस जाती है और गांव के आकार में अत्यधिक वृद्धि हो जाती है, तब उस आबादी का कुछ भाग गांव छोड़कर नवीन अधिवास स्थापित कर लेता है जो कि प्रायः प्रकीर्ण अधिवास होते हैं। उत्तरी-भारत के समस्त मैदानी भाग में दो सघन अधिवासों के मध्य इस प्रकार के अधिवास

चित्र 8.6 *छितरी हुई बस्तियां (बाड़मेर और जालौर जिले, राजस्थान)*

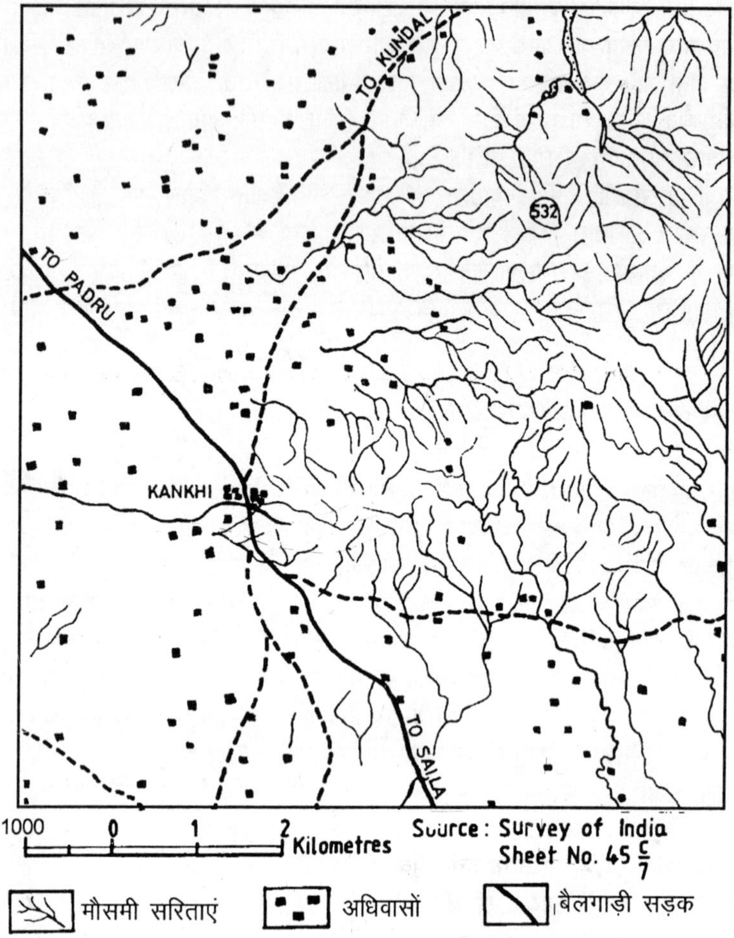

देखे जा सकते हैं। इसी प्रकार, जब लोगों ने नदियों के दलदली क्षेत्र खादर अथवा सीमान्त उच्च भूमि की ओर प्रस्थान किया, इनके द्वारा साधारणत: केन्द्रीय अथवा सघन अधिवास के स्थान पर एकाकी फार्मों की स्थापना हुई होगी, क्योंकि अनुपजाऊ भूमि क्षेत्रों में भरण-पोषण के लिए बड़े आकार के खेतों की आवश्यकता होती है। (चित्र 8.6)

ग्रामीण अधिवासों के कार्य (Functions of Rural Settlements)

समस्त विश्व में, ग्रामीण क्षेत्रों में निवास कर रहे लोग विभिन्न प्राथमिक व्यवसायों जैसे कृषि, मत्स्य उद्योग, वानिकी और खनन में लगे हुए हैं और वे लोग इन व्यवसायों पर निर्भर हैं। इन सब में कृषि सर्वाधिक महत्त्वपूर्ण व्यवसाय है। परिणामत: ग्रामीण अधिवासों के अधिकांश

निवासियों का कार्य सामान्यत: कृषि ही है। कृषि उपजों को उगाने और पशु-पालन के अतिरिक्त ग्रामीण अधिवास अन्य कार्य भी सम्पन्न करते हैं। धार्मिक स्थल मंदिर, मस्जिद, गुरुद्वारा और गिरजाघरों के साथ एक या दो दुकानें सामाजिक क्रिया-कलापों के केन्द्र होते हैं। भारत में ग्राम पंचायतें और अन्य देशों में ग्राम सभाएं कुछ प्रशासनिक और न्यायिक कार्य भी करती हैं। समाजवादी देशों जैसे रूस, यूक्रेन, पोलैंड, उत्तरी कोरिया और चीन में ग्राम सभाएं यह भी निर्णय करती हैं कि कब किसी उपज को बोना, कब उसकी सिंचाई और कब उसे काटा जाना चाहिए।

जिन ग्रामीण अधिवासों में मछुआरे निवास करते हैं, मछलियां पकड़ना मुख्य कार्य होता है। मछुवाही (Fishing) ग्राम प्राय: नदियों, झीलों और समुद्री तटों पर पाए जाते हैं और इनके निवासी अपनी आजीविका के लिए भूमि की अपेक्षा जल पर अधिक निर्भर रहते हैं। यद्यपि इन गांवों का मुख्य व्यवसाय मछलियां पकड़ना होता है, किन्तु इस कार्य को भी किसी कृषि क्रिया के साथ जोड़ा जाता है।

अनेक ग्रामीण अधिवास वन प्रदेशों में स्थित हैं जिनमें वन उत्पादों को संग्रहीत करना और लकड़ी चीरने जैसी आर्थिक क्रियाएं मुख्य रूप से होती हैं। इस प्रकार के गांव प्राय: छोटे होते हैं और टेगा प्रदेश, उप हिमालय के वन प्रदेश और उत्तर-पूर्व के पहाड़ी क्षेत्रों में पाए जाते हैं। जिन वन प्रदेशों में व्यापक पैमाने पर लकड़ी काटने का कार्य होता है और काष्ठ-उद्योग का विकास हुआ है, प्राय: ऐसे अधिवास ग्रामीण अधिवासों की अपेक्षा नगरीय अधिवासों के अधिक निकट पाए जाते हैं।

मछुवाही (Fishing), खनन और काष्ठ कार्य वाले ग्राम, कृषि अधिवासों के समान ही होते हैं, जिनमें कुछ दुकानें होती हैं और छोटे पैमाने पर प्रशासकीय कार्य सम्पन्न किए जाते हैं, जैसा सभी गांवों में होता है, किन्तु ये कस्बों से भिन्न होते हैं, अपेक्षत: उनकी क्रियाएं सीमित प्रकार की होती हैं और उनमें व्यापारिक तथा औद्योगिक विकास का अभाव पाया जाता है।

ग्रामीण अधिवासों के प्रतिमान (Patterns of Rural Settlements)

अधिवास के प्रतिमानों को एक मकान से दूसरे के बीच के सम्बन्ध द्वारा परिभाषित किया जाता रहा है। अधिवास के प्रतिमान को सरलता से भारत के सर्वेक्षण विभाग अथवा ब्रिटेन के ऑर्डिनेन्स सर्वेक्षण विभाग द्वारा तैयार किए गए दीर्घ मापक मानचित्रों जैसे धरातल पत्रक, पर सुगमता से पढ़ा और देखा जा सकता है। 'अधिवास का प्रतिमान' शब्दावली का सम्बन्ध केवल सघन और अर्द्ध-सघन अधिवासों से ही माना जाता है, क्योंकि प्रकीर्ण अथवा छितरे हुए अधिवासों के अपने आकार होते हैं। ग्रामीण अधिवासों के भिन्न-भिन्न आकार और आकृतियां पाई जाती हैं। गांव के आकार और आकृति को स्थान, निकटवर्ती स्थलाकृति और भू-भाग प्रभावित करते हैं। वास्तव में, ग्रामीण अधिवास, सदियों से निरन्तर हो रहे पर्यावरण से समन्वय का परिणाम हैं। इसके अतिरिक्त सामाजिक-सांस्कृतिक कारक जैसे गांव में निवास कर रहे लोगों की जाति-संरचना और लोगों की कार्यात्मक आवश्यकताओं का भी इन अधिवासों के आकार और आकृति से निकट का सम्बन्ध होता है। पर्वतीय क्षेत्रों की घाटियों में अधिवासों का

प्रतिमान प्राय: रेखीय/रेखाकार पाया जाता है, जबकि उपजाऊ मैदानी भागों में इनका आकार आयताकार हो सकता है, झीलों और तालाबों के निकट अधिवासों का आकार वृत्ताकार अथवा अर्द्ध-वृत्ताकार होता है, जबकि सड़कों के चौराहों पर अधिवासों की आकृति आयताकार, वृत्ताकार अथवा त्रिभुजाकार हो सकती है। असाधारण परिस्थिति में ही अधिवास नाभिकीय (Nebular) आकार में तथा नदी के किनारों पर बने सीढ़ी के आकार के प्रतिमान से साम्य रखते हैं।

ग्रामीण अधिवासों को निम्न मुख्य प्रतिमानों में वर्गीकृत किया जा सकता है—

1. आयताकार प्रतिमान (Rectangular Pattern)
2. रेखीय/रेखाकार प्रतिमान (Linear Pattern)
3. वृत्ताकार और अर्द्ध वृत्ताकार प्रतिमान (Circular and Semi-Circular Pattern)
4. तारा-समान प्रतिमान (Star Like Pattern)
5. त्रिकोणीय प्रतिमान (Triangular Pattern)
6. नाभिकीय प्रतिमान (Nebular Pattern)

1. आयताकार प्रतिमान (Rectangular Pattern)

विश्व की 50 प्रतिशत से अधिक जनसंख्या ग्रामीण अधिवासों में निवास करती है और अधिकांश लोग आयताकार प्रतिमान के अधिवासों में निवास करते हैं। आयताकार अधिवास, मुख्यत: उपजाऊ कछारी मैदानों और अन्तर्पर्वतीय चौड़ी घाटियों में विकसित हुए हैं। आयताकार अधिवासों में रास्ते प्राय: सीधे होते हैं और एक-दूसरे से समकोण पर मिलते हैं। सतलुज-गंगा के ग्रामीण अधिवास विशेषकर जो सड़कों के चौराहों पर विकसित हुए हैं, इस श्रेणी में आते हैं (चित्र 8.7)। जर्मनी, मलेशिया, इजरायल, रूस, मध्य एशिया के गणतंत्र, चीन, उत्तरी और दक्षिणी कोरिया, वियतनाम और फ्रांस के सुनियोजित अधिवास भी इस कोटि में आते हैं।

चित्र 8.7 *आयताकार प्रतिमान*

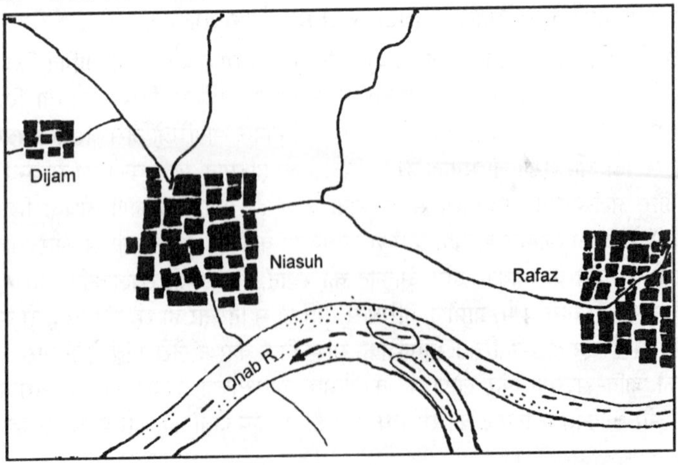

2. रेखीय/रेखाकार प्रतिमान (Linear Pattern)

रेखीय/रेखाकार प्रतिमान, अधिवासों का एक और महत्त्वपूर्ण डिजाइन है। रेखाकार अधिवासों में सड़क अथवा रेल मार्ग, नदी अथवा नहर के दोनों ओर घर बनाए जाते हैं। इस प्रकार के अधिवास घाटी के किनारे विशेष कर पर्वतीय क्षेत्रों में, बाढ़ के स्तर से ऊपर अथवा समुद्री तट के सहारे भी विकसित होते हैं।

पहाड़ी क्षेत्रों में, रेखीय अधिवासों का विकास अधिकांश स्थलाकृति और भू-भाग द्वारा नियन्त्रित होता है। नदी के किनारों और समुद्री तटों पर बाढ़ और जल-स्तर, रेखाकार अधिवासों को प्रभावित करते हैं। मध्य हिमालय, आल्पस, एंडीज, पायरनीज, पामीर, हिन्दुकुश, जागरोज, एल्बर्ज, में शिवालिक पहाड़ियों और गंगा-यमुना के मैदानी भागों में सड़कों के सहारे इस प्रकार के अधिवास अधिक संख्या में पाए जाते हैं। (चित्र 8.8)

चित्र 8.8 *कश्मीर की एक सहायक घाटी में रेखिक बस्ती (जम्मू और कश्मीर)*

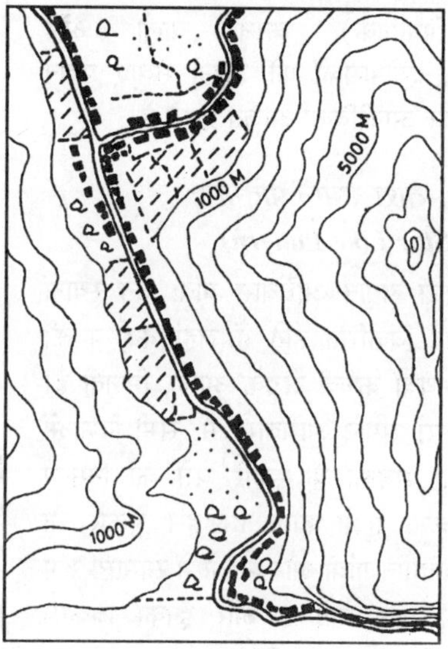

चित्र 8.9 *सागरीय तटों और खारे पानी की झीलों के निकट वृत्ताकार अधिवास*

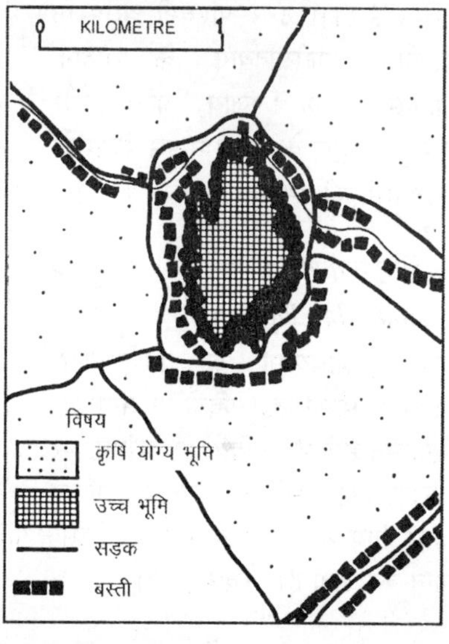

3. वृत्ताकार और अर्द्ध-वृत्ताकार प्रतिमान (Circular and Semi-Circular Pattern)

मछुआ लोग और नमक उत्पादन करने वाले, अपने अधिवास क्रमश: सागरीय तटों और खारे पानी की झीलों के सहारे विकसित करते हैं क्योंकि इस प्रकार के लोग जल के निकट रहना पसन्द करते हैं। इसी कारण ये लोग अपने निवास तटों के सहारे बनाते हैं। इस प्रकार के अधिवास वृत्ताकार अथवा अर्द्ध-वृत्ताकार आकृति ले लेते हैं। क्रेटर झीलों के निकट और गो-खुर झीलों के तटबन्धों पर इस प्रकार के अधिवास पाए जाते हैं (चित्र 8.9,

8.10)। वृत्ताकार अधिवासों के निवासियों का मुख्य व्यवसाय, अपनी आजीविका जल से कमाना है। वे या तो मछली पकड़ने के कार्य से अथवा वन-विहार (पिकनिक) करने वालों और सौन्दर्योपासकों को अपनी सेवाएं प्रदान कर आजीविका अर्जित करते हैं।

चित्र 8.10 *उत्तर प्रदेश के हिन्दन नदी के विषर्पण के किनारे अर्द्धचक्रिक बस्ती प्रतिमान*

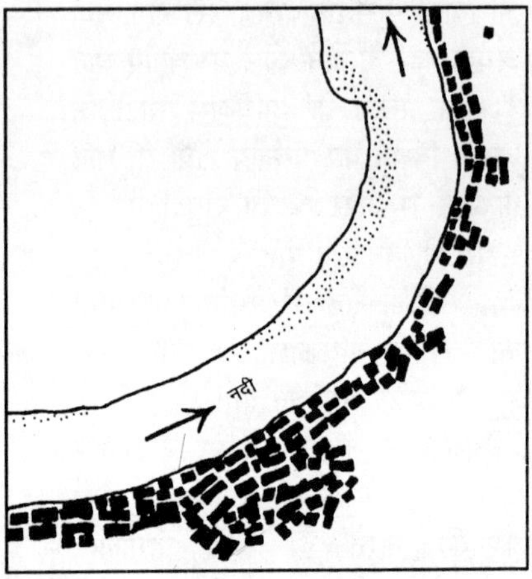

4. तारा-समान प्रतिमान (Star Like Pattern)

तारा-समान अधिवास प्राय: उन स्थानों पर विकसित होते हैं जहां कई पक्की अथवा कच्ची सड़कें आकर मिलती हैं। तारा-समान अधिवासों में, सभी दिशाओं में, सड़कों के सहारे घरों का निर्माण किया हुआ होता है। इस प्रकार के प्रतिमान गांवों और कस्बों में सामान्य रूप से पाए जाते हैं और इनका विकास अधिकांशत: नए विकास के कारण होता है तथा इस प्रकार के अधिवास मुख्य सड़कों के सहारे फैलाव लिए हुए होते हैं (चित्र 8.11)। उत्तर-पश्चिमी यूरोप के देहातों, यांग्टीसीक्यांग के मैदान, पाकिस्तान के पंजाब प्रान्त और सतलुज-यमुना के मैदान में इस प्रकार के अधिवासों की प्रमुखता है (चित्र 8.11)।

चित्र 8.11 *उत्तरी देहली का तारेनुमा गांव*

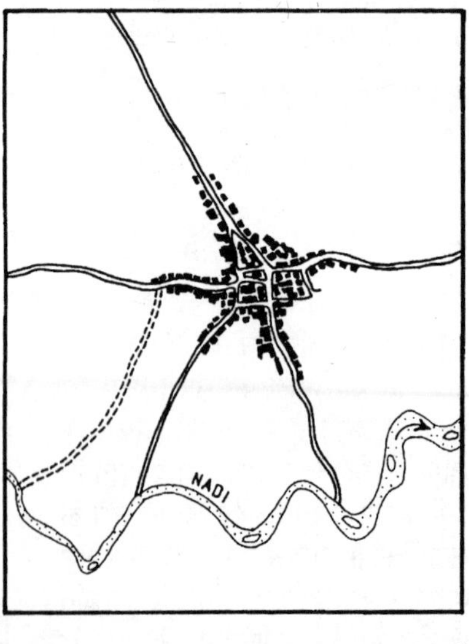

5. त्रिभुजाकार प्रतिमान (Triangular Pattern)

ग्रामीण अधिवासों के त्रिभुजाकार प्रतिमान सामान्यत: नदियों के संगम पर विकसित होते हैं। नदियों के संगम पर भवनों का पार्श्विक फैलाव, नदियों द्वारा नियंत्रित कर दिया जाता है, जिसके परिणामस्वरूप अधिवास एक त्रिभुजाकार आकृति प्राप्त कर लेता है। (चित्र 8.12)

6. नाभिकीय प्रतिमान (Nebular Pattern)

जब अधिवास की आकृति नेबुला से मिलती है, तब इस प्रकार के अधिवास को नाभिकीय अधिवास कहते हैं। सड़कों का विन्यास लगभग वृत्ताकार होता है, जो केन्द्रीय स्थान पर जाकर समाप्त होता है। सामान्यत: नाभिकीय अधिवास का आकार छोटा होता है और इनका विकास गांव के भूस्वामी के मकान अथवा मंदिर, मस्जिद या गिरजाघर के चारों ओर होता है। इस प्रकार के अनेक गांव, गंगा-यमुना दोआब में पाए जाते हैं। (चित्र 8.13)

चित्र 8.12 *त्रिकोणीय प्रतिमान*

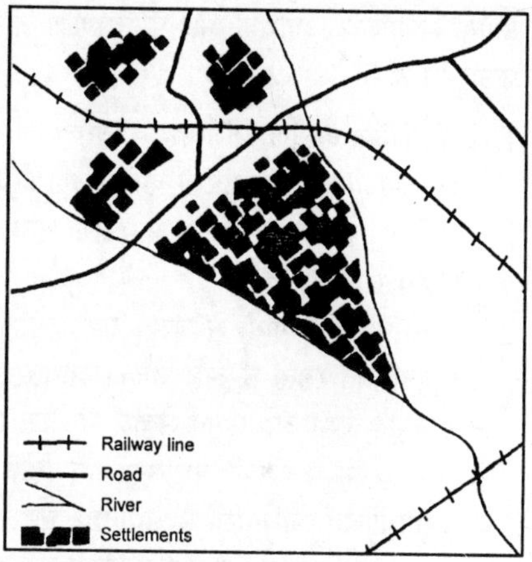

चित्र 8.13 *नीहरिका प्रतिमान (संपला-बक्काल गांव, सहारनपुर, उ.प्र., भारत)*

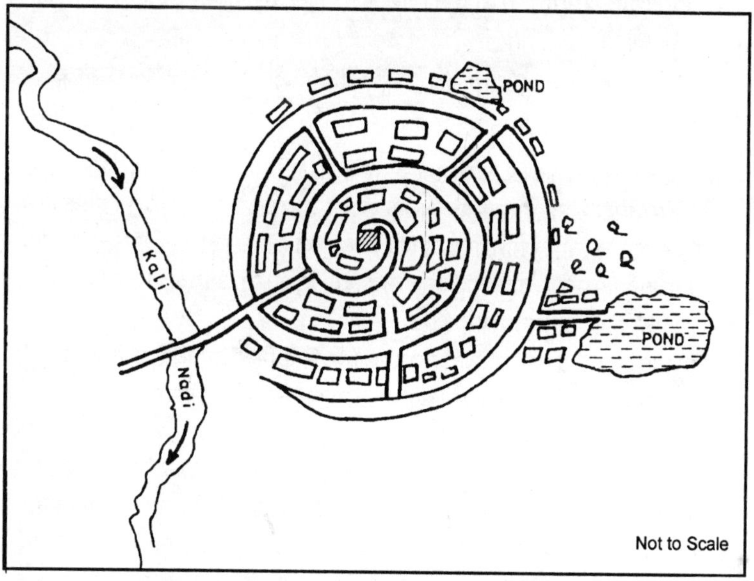

नियोजित ग्रामीण अधिवास (बस्तियां) (Planned Rural Settlements)

अधिकांश ग्रामीण अधिवास, उनकी आकृति और आकार, भू-ऐतिहासिक और सामाजिक-सांस्कृतिक कारकों का परिणाम होता है। तथापि हाल के वर्षों में नियोजित ग्रामीण अधिवासों के विकास के लिए प्रयास किए गए हैं। ऑस्ट्रेलिया, इजरायल, दक्षिण अफ्रीका, रूस, मध्य

एशिया के गणराज्य, जर्मनी, स्वीडन और भारत में, (सूरत और राजस्थान) नियोजित ग्रामीण अधिवासों के अनेक उदाहरण उपलब्ध हैं। सावधानीपूर्वक नियोजित ग्रामीण अधिवासों के अनेक सामाजिक-आर्थिक और पर्यावरणीय लाभ हैं। नियोजित अधिवासों के कुछ लाभ निम्न प्रकार से हैं—

1. नियोजित ग्रामीण अधिवास में विवेकपूर्ण ढंग से भूमि का उपयोग करने की योजना होती है और केवल उन उपजों को ही उगाया जाता है जो कृषि उपज अधिक देती हैं। प्रत्येक परिवार के लिए संतुलित आय तथा भूमि के उचित वितरण के लिए अधिवास नियोजित किए जाते हैं।
2. इन नियोजित गांवों में बसने वाले लोगों के लिए अनेक लाभ हैं। उनकी स्थिर आय सुनिश्चित रहती है और उनका आवास ऐसे क्षेत्र में होता है, जहां सड़क और विद्युत आपूर्ति जैसी आधारभूत सेवाएं पहले से ही उपलब्ध रहती हैं, जबकि अन्य अनियोजित अधिवासों में इसकी संभावना कम रहती है।
3. सुनियोजित अधिवासों में सर्वाधिक महत्त्व का लाभ यह होता है कि वहां के निवासियों को जो भूमि प्राप्त हुई है वह अच्छी प्रकार की है और उसमें उगाई जाने वाली उपज उस भूमि के लिए उपयुक्त तथा उस क्षेत्र की भूमि के ढाल के अनुरूप भी होती है। अनियोजित अधिवासों में प्राप्त की गई भूमि अनुपजाऊ और आसानी से कट जाने वाली हो सकती है।

नियोजित ग्रामीण अधिवास फिर भी कमियों से मुक्त नहीं हैं नियोजित ग्रामीण अधिवासों की कुछ कमियां निम्न प्रकार हैं—

1. नियोजित अधिवासों की प्रारम्भिक अवस्था में अधिवासियों को अपने क्रियाकलापों में कम स्वतंत्रता रहती है तथा यह योजना उनकी समस्याओं का कोई ऐसा तात्कालिक हल प्रदान नहीं करती, जैसा शायद उनका विचार था कि उनका हल निकल जाएगा। कुछ अधिवासी असन्तुष्ट होकर योजना छोड़ देते हैं, किन्तु अधिकांश इसके दीर्घकालिक लाभ का स्पष्ट अनुभव करते हैं।
2. अधिवास एक निश्चित परिवारों की संख्या के लिए नियोजित किए जाते हैं, जो भूमि की सामर्थ्य के अनुसार उनको स्वीकृत आय प्रदान कर सकें। निस्सन्देह जब उनके बच्चे होंगे, सभी युवा लोग उसी क्षेत्र में रहना पसंद नहीं करेंगे किन्तु कुछ वहीं रहना चाहेंगे। इस समस्या के निदान के लिए या तो लोगों को उस क्षेत्र से अन्यत्र प्रवास करना पड़ेगा अथवा प्रारम्भिक अधिवास को व्यापार और ग्रामीण उद्योगों के योग्य बनाना होगा। यदि वैकल्पिक कार्यों का विकास नहीं किया जाता है तो भूमि योजना का कोई स्थाई हल ढूँढ़ने के स्थान पर, केवल एक पीढ़ी के लिए 'नगरों की ओर पलायन, को स्थगित कर सकेंगी।'
3. एक बार अपनाया गया फसल प्रतिमान, लम्बे समय तक उपयोगी नहीं रह सकता। सामान्यत: ग्रामीण अधिवास क्षेत्रों में नकदी फसलें उगाई जाती हैं और इस प्रकार की अधिकांश उपजें, भूमि की उर्वरा शक्ति को नष्ट करने वाली होती हैं। फसलों में

विविधता और फसल-चक्र जो भूमि में नाइट्रोजन मिलाकर, मृदा की उर्वरा शक्ति में वृद्धि करता है, एक ही प्रकार की फसलें उगाने से यह लाभ भूमि को नहीं मिलता है।

जैसे-जैसे जनसंख्या में वृद्धि होती है, नियोजित ग्रामीण अधिवासों के इन दोषों को लचीला और व्यावहारिक नियोजन अपनाकर दूर किया जा सकता है।

ग्रामीण-नगरीय सांतत्यक/नैरेन्तर्य (Rural-Urban Continuum)

यह अधिवास भूगोल की एक महत्वपूर्ण अवधारणा है। इस अवधारणा के अनुसार, किसी गाँव से नगर तक अधिवास का नैरेन्तर्य होता है जो जीवन-शैली के समान नैरेन्तर्य में प्रतिबिम्बित होता है। इस नैरेन्तर्य के एक छोर पर एक वास्तविक 'ग्रामीण समुदाय' और दूसरे छोर पर एक विशिष्ट नगरीय समाज होता है। इसके अत्यधिक प्रत्यक्ष स्वरूप में यह अवधारणा यह प्रदर्शित करती है कि जनसंख्या का आकार, घनत्व और किसी अधिवास का पर्यावरण इसके समाजकीय प्रकार के निर्धारक तत्त्व हैं और एक ऐसी जीवन-शैली का अत्यधिक अर्थपूर्ण वर्णन है जिसका इस अधिवास से सम्बन्ध है जिसमें यह पाया जाता है। ग्रामीण-नगरीय नैरेन्तर्य की अवधारणा, एल. विर्थ (1938) की नगर की सामाजिक विशिष्टताओं से विकसित हुई है। इस नैरेन्तर्य के ग्रामीण छोर पर निकट से जुड़े हुए, कठोरता से स्तरित, अत्यधिक स्थिर, एकीकृत तथा समरूप समाज की रचना पाई जाती है। नगरीय समाज में ढीलापन, सदस्यता में अस्थिरता और अत्यधिक सामाजिक गतिशीलता तथा अन्त: एकल सम्पर्क जो किसी विशिष्ट परिस्थिति के संदर्भ (काम का स्थान, नातंदारी, मनोरंजन) में उत्पन्न होते हैं, की ओर प्रवृत्ति पाई जाती है, जबकि ग्रामीण समाज में सम्पर्क कई भिन्न संदर्भ में होते हैं।

नैरेन्तर्य को वर्गीकरण के एक साधन और सामाजिक परिवर्तन की एक प्रक्रिया दोनों ही रूपों में देखा जाता है। नैरेन्तर्य की एक निश्चित प्रक्रिया के रूप में देखे जाने की आलोचना की गई है और अधिवास के किसी विकास अथवा जनसंख्या में वृद्धि के बिना सामाजिक परिवर्तन हो सकता है, इस तथ्य पर सन्देह प्रकट किया गया है। उदाहरण के लिए, दैनिक आने-जाने वाले लोगों (Commuters) द्वारा मूल ग्रामीण जनसंख्या का प्रतिस्थापन संभव है।

सबसे महत्त्वपूर्ण आलोचना यह है कि ग्रामीण समाज का नगरीय परिवेश और नगरीय समाज का गांवों में पाया जाना संभव है। अधिवासों के आकार और समाजकीय प्रकारों के बीच सम्बन्ध जैसे दिखाए जाते हैं, पूर्ण नहीं होते हैं; फिर भी नैरेन्तर्य की अवधारणा को व्यापक मान्यता प्राप्त है।

ग्रामीण-नगरीय नैरेन्तर्य को जीवन-शैली के अत्यधिक उपयोगी वर्णन करने के विकल्प के रूप में प्रस्तावित किया गया है। इस सम्बन्ध में सर्वाधिक उपयोगी विचार आर.ई. फल. (1966) द्वारा प्रस्तुत किया गया है। उसके अनुसार, जनसंख्या के किसी क्षेत्र में बहुत संभव दोनों ही राष्ट्रीय और स्थानीय अभिमुखी व्यक्तियों और समूहों का एक स्थान से दूसरे स्थान पर घटा-बढ़ी के साथ सन्तुलन हो सकता है। इस प्रकार का ढांचा स्थानीय सामाजिक व्यवस्था पर राष्ट्रीय विकास के प्रभाव के अध्ययन को सरल बनाता है, जैसा युवागृहों वाले (Dormitory) गांवों और पर्यटन के विषय में होता है।

ग्रामीण-नगरीय क्षेत्रों में धार्मिक और राजनीतिक विचारों, जननक्षमता प्रभाव नियन्त्रण (Incidence Fertility Control) और सामाजिक व्यवहार जैसी बातों के अस्तित्व को प्रदर्शित करने वाले अध्ययनों द्वारा ग्रामीण-नगरीय नैरेन्तर्य को बल मिला है। फिर भी इस प्रकार के अध्ययन, नैरेन्तर्य के केवल संशोधित पक्ष का समर्थन ही करते हैं। समाज पर नियंत्रण करने वाला कारक बहुधा सामाजिक प्रसार के नगरीय केन्द्र से दूरी या आवास प्रारूप की अपेक्षा व्यवसाय की विशिष्टता के कुछ पक्ष होते हैं, जैसा कि मूल अधिवास की अवधारणा में निहित है।

नगरीय अधिवास (Urban Settlements)

अधिवास, जिसमें अधिकांश निवासी द्वितीयक, तृतीयक और चतुर्थ प्रकार के कार्यों में व्यस्त रहते हैं, उन्हें नगरीय स्थान कहा जाता है। दूसरे शब्दों में, नगरीय का सम्बन्ध शहर और कस्बों से होता है। यदि नगरीयकरण को केवल एक सांख्यिकीय प्रक्रिया मान लिया जाए, तब नगरीय स्थान वे होते हैं, जिनकी जनसंख्या आकार से अधिक हो, दूसरे शब्दों में, जहां जनसंख्या का घनत्व अधिक हो। नगरीय स्थानों की जनगणनाओं और उनकी परिभाषाओं में आकार, घनत्व और व्यवसाय को मानदण्ड के रूप में प्राय: उपयोग किया जाता है, यद्यपि नगरीय और ग्रामीण अधिवासों का विशिष्ट विभाजन मनमाना है।

नगरीय स्थानों का अध्ययन अनेक सामाजिक विज्ञानों और भूगोल का केन्द्र बिन्दु है, क्योंकि जनसंख्या के वितरण तथा उत्पादन, वितरण और विनिमय के संगठन में इसका विशेष महत्त्व है। नगरीय स्थानों का उद्‌भव, उनकी उच्च परम्परा, उनके कार्य, आकृति विज्ञान (Morphology) और उनके जनसांख्यिकीय लक्षण आदि का अगले पृष्ठों में संक्षिप्त अध्ययन किया गया है।

नगरों का उद्‌भव (The Origin of Towns)

नगरों में भी गांवों के समान वे सभी आधारभूत आवश्यकताएं होनी चाहिए जिससे अधिवास सम्भव हो सके। ये आवश्यकताएं जल और भोजन की आपूर्ति, आश्रय, भवन निर्माण सामग्री, बाढ़ और शत्रुओं जैसी प्राकृतिक आपदाओं से कुछ सुरक्षा हो सके। किन्तु इसका अर्थ यह कदापि नहीं है कि प्रत्येक ग्राम का विकास नगर के रूप में हो सकता है, यह कभी-कभार हो सकता है किन्तु अधिकतर प्राय: नहीं। गांवों और नगरों का विकास उनके भिन्न कार्यों और नगरों की कुछ लाभदायक स्थितियों पर निर्भरता के कारण अलग-अलग ढंग से हुआ है। आधुनिक समय में, आवासीय और उपनगरीय विकास के परिणामस्वरूप ग्राम, नगरों के रूप में विकसित हो सकते हैं, किन्तु विगत समय में नगर और देहात बिल्कुल अलग होते थे।

नगरों के विकास के मुख्य कारण ऐतिहासिक, सामाजिक-सांस्कृतिक और आर्थिक होते हैं। यह कहना अत्यन्त कठिन है कि कौन-सा एक कारण नगरों के उद्‌भव के लिए अधिक महत्त्वपूर्ण रहा है, किन्तु नगरीय भूगोल के विशेषज्ञों और नगर नियोजकों का मानना है कि नगरों के उद्‌भव के लिए व्यापार सर्वाधिक महत्त्वपूर्ण और पुरातन कारक रहा है। वास्तव में, प्राकृतिक मार्गों पर स्थित ऐसे किसी भी स्थान को जिसे अपनी भौगोलिक स्थिति के कारण लाभ प्राप्त होते हैं, व्यापार बढ़ावा देता है।

1. व्यापार-मार्ग (Trade Routes)

भूगोलवेत्ताओं, इतिहासकारों और अर्थशास्त्रियों के मतानुसार नगरों की रचना मार्गों द्वारा हुई है। विश्व में कोई भी ऐसा नगर नहीं होगा जिसकी ओर मार्ग न जाते हों। कुछ समाज वैज्ञानिकों का मत है कि नगरों का विकास व्यापारियों का कार्य है। व्यापारी लोग, रात्रि में किसी सुविधाजनक स्थान पर ठहर सकते हैं जिससे छोटे नगरों के विकास का मार्ग प्रशस्त होता है। प्रत्येक मार्ग के सहारे अनेक ऐसे स्थान होते हैं जिनकी विशेष अनुकूल परिस्थितियां होती हैं। पुराने समय में ठहरने वाले स्थानों पर सराय और दुकानें होती थीं। इन दुकानों के पास कभी-कभी कारीगरों, बढ़ई का काम तथा अन्य प्रकार के कार्य करने वालों के मकान स्थापित हो जाया करते थे। इस प्रकार के नगर सहारा के मरुस्थल, दक्षिण-पश्चिम एशिया, मुंगोलिया, राजस्थान और लद्दाख में आज भी पाए जाते हैं। इस प्रकार के नगर जहां सराएं हुआ करती थीं, दिनभर की यात्रा के अन्तराल पर स्थापित थे। बड़े नगर जैसे वियना, मिलान, दमिश्क, बगदाद, बाकू, बाख, बुखारा, समरकन्द, जयपुर, जोधपुर, अजमेर ऐसे बिन्दुओं पर विकसित हुए हैं जहां या तो पर्वत कर मैदान से आकर मिलते हैं अथवा जहां मार्ग, मरुस्थल में पानी के स्रोत के निकट आकर मिलते हैं। टिम्बक्टू (माले-अफ्रीका), खोकोता (नाइजीरिया), लेन्काओ (चीन) जरेको (फिलिस्तीन), जोधपुर, बीकानेर, जैसलमेर (भारत) नगरों के कुछ उदाहरण हैं जो मरुस्थलों में चौराहों के सहारे विकसित हुए हैं।

नगरों के विकास में, संचार के आधुनिक साधनों के कारण भी व्यापारिक मार्गों का महत्त्व और भी अधिक हो गया है। अनेक आधुनिक नगरों का विकास रेलवे जंक्शनों पर हुआ है। मुगलसराय, सिलीगुड़ी (प. बंगाल), इटारसी, बीना (मध्य प्रदेश) और टूण्डला (उत्तर प्रदेश), इस प्रकार के नगरों के उदाहरण हैं। इंग्लैण्ड के क्रयू Crewe), स्टॉक और स्वीनडॉन (Swendon), फ्रांस में ओरलेन्स और दीजॉ (Dijon), संयुक्त राज्य अमेरिका में मेम्फिस (Memphis) और ओकलाहोमा (Oklahoma), जर्मनी में आवरहॉसन (Oberhousen), रूस में छिलिया बिंस्क और ओमस्क (Omsk) तथा चीन में बूहान (Wohan) और कानचाऊ (Kanchou) रेल नगरों के प्रसिद्ध उदाहरण हैं। चाय की दुकानों से आरम्भ होकर, इन स्थानों में व्यापार, आवासीय बस्तियां और कभी-कभी कारखानों के साथ उद्योग और फैक्ट्रियां व श्रमिकों के लिए आवास की सुविधाएं विकसित कर ली हैं।

2. नाव्य-सरिताएं (Navigable Rivers)

नाव्य-सरिताओं ने भी नगरों के उद्‌भव और विकास में योगदान किया है। अतीत में नदियां, व्यापार के महत्त्वपूर्ण मार्ग रहे हैं और उनमें से अनेक जैसे राइन, वोल्गा, डेन्यूब आदि नदियां अभी भी अत्यधिक व्यस्त नौ-संचालन की नदियां हैं। विशाल नदियों के संगम पर अनेक नगर विकसित हुए हैं। यूरोप में मेंज (Maing), लिऑन (Lyon), घेंट (Ghent) और बेलग्रेड (Belgrade) इस प्रकार के नगरों के उत्तम उदाहरण हैं। भारत में इलाहाबाद, पटना, मुंगेर और भागलपुर भी इस प्रकार के नगरों के उदाहरण हैं। इन नगरों का विकास, गंगा नदी के द्वारा व्यापार और नौवहन के कारण हुआ है।

3. समुद्री मार्ग (Seaways)

समुद्री मार्ग भी, नगरों के विकास के लिए उपयुक्त स्थान प्रदान करते हैं। समुद्री तटों के सहारे कुछ स्थानों पर जलयान जाते हैं। इस सम्बन्ध में, नगरों के विकास के लिए जलडमरूमध्य (Straits) आदर्श स्थिति प्रस्तुत करते हैं। यह जानना रुचिकर होगा कि सभी जलडमरूमध्यों पर अनेक बड़े नगर स्थित हैं। कभी-कभी एक के सामने दूसरा, जुड़वां नगर पाए जाने के भी उदाहरण हैं। तुर्की में इस्ताम्बूल और स्कूतरी जिब्राल्टर जलडमरूमध्य के पार जिब्राल्टर (स्पेन) और टेजीयर्स (मोरक्को) और इंग्लिश चैनल के पार डोवर (इंग्लैण्ड) और केले (फ्रांस) इस प्रकार के नगरों के उदाहरण हैं। आधुनिक नगर जैसे पोर्ट सईद, स्वेज और इस्माइलिया स्वेज नहर पर स्थित हैं और पनामा नहर पर क्रिस्ट्रोबाल (Cristobal) और बालबोआ (Balboa), नगरों का विकास जलडमरूमध्य नदियों और नहरों से होकर व्यापार और नौवहन का परिणाम है। बाल्टिक सागर के प्रवेश द्वार पर स्थित कोपनहेगन नगर जलडमरूमध्य के सहारे स्थित एक अन्य उत्तम उदाहरण है। अदन, सिंगापुर, कोलम्बो और हांगकांग के नगर भी अंतरराष्ट्रीय व्यापार मार्गों पर स्थित होने के कारण विकसित हुए हैं। (चित्र 8.14, 8.15)

चित्र 8.14 *काहिरा*

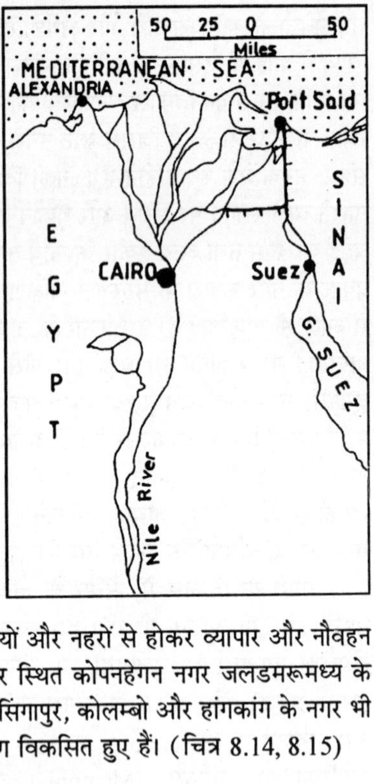

चित्र 8.15 *इस्तान्बूल की स्थिति*

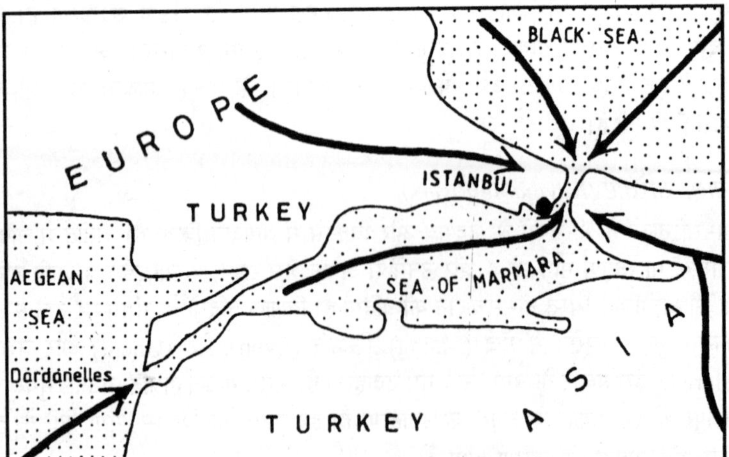

4. वाहनान्तरण के स्थान (Places of Transshipment)

सागरीय तटों और नदियों के किनारों पर जंहां जहाजों से माल उतारने और लादने का कार्य किया जाता है, ऐसे स्थलों पर नगर विकसित हो जाते हैं। अनेक बार किसी स्थान की भौगोलिक परिस्थिति, परिवहन के साधनों में बदलाव के लिए बाध्य कर देती है। प्रारम्भिक समय में जब नदियों, विशेषकर चौड़ी नदियों पर पुलों का निर्माण नहीं हुआ था और जब कभी नदी पार करनी पड़ती थी, तब लम्बे समय के लिए यात्रा भंग करनी पड़ती थी। नदी को नावों द्वारा पार किया जाता था। बाद में नदियों पर पुल बनने लगे। इन पुलों ने दोनों ओर के व्यापारियों को उपयुक्त अवसर प्रदान किए और पुलों के दोनों सिरों पर नगर विकसित होने लगे। आज के अधिकांश बड़े नगर सेतु-नगर (ब्रिज टाउन्स) हैं। उदाहरण के लिए लन्दन, पेरिस, सिंगापुर, वियना, बुडापेस्ट, ओर्लियन्स फ्रेंकफर्ट, नरोरा (यू.पी.), श्रीनगर, होशंगाबाद, सूरत और हावड़ा सेतु-नगर हैं। कैम्ब्रिज और ब्रिस्टल भी इस प्रकार के नगरों के उदाहरण हैं। (चित्र 8.16)

चित्र 8.16 *सिंगापुर का स्थल एवं स्थिति*

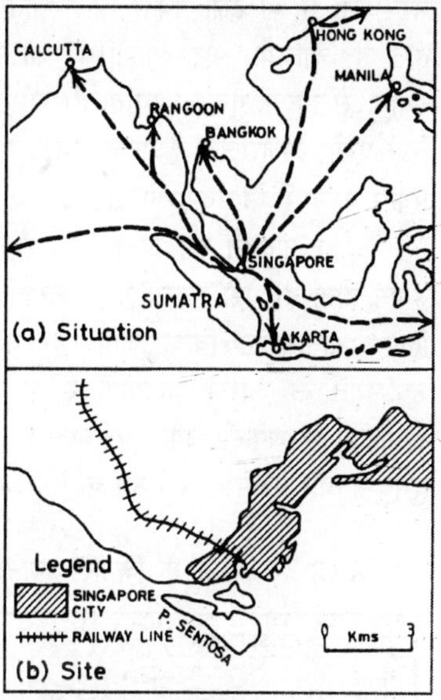

1. अनेकानेक व्यापारिक मार्गों का मिलन
2. द्वीप समूहों द्वारा निर्मित बन्दरगाह

5. पर्वत - पारगमन (Mountain Crossing)

यात्रियों, व्यापारियों और पर्यटकों द्वारा पर्वतों के पार जाने से भी नगरों के विकास में सहयोग मिला है। पहाड़ियों के निचले भागों और पर्वतीय दर्रों के निकट परिवहन के साधनों में परिवर्तन करना पड़ता है, इस कारण यहां नगरों का विकास होता है। पाकिस्तान में पेशावर, अफगानिस्तान में काबुल, भारत में पठानकोट, जम्मू, कालका, कराकोरम, हल्द्वानी, कोटद्वार, सिलीगुड़ी और दीमापुर, अर्जेंटीना में साल्टा, चिली में सेंटियागो और स्विट्जरलैण्ड में कोयरे या चूर इस प्रकार के अनेक नगरों में से कुछ उदाहरण हैं। (चित्र 8.17)

चित्र 8.17 *पेशावर और काबुल पहाड़ी दर्रों के नगर, इस्लामाबाद—सीमावर्ती स्थिति में एक राजधानी*

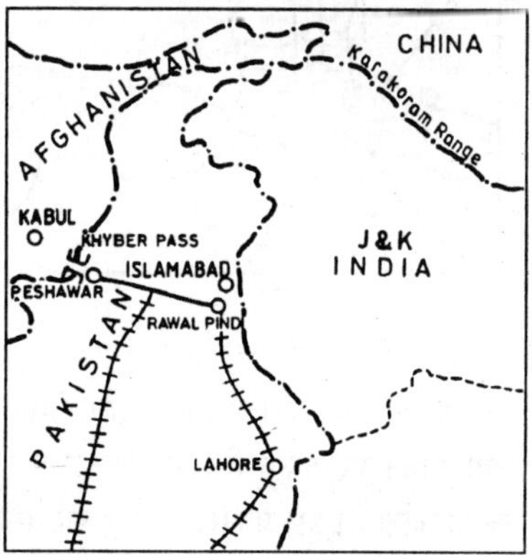

मरुस्थलों में मरुद्यान नगरों के विकास के भी इसी प्रकार के कारण रहे हैं, क्योंकि मरुस्थलों में भी इसी प्रकार की स्थितियां पाई जाती हैं। मरुस्थलों में ये आवश्यक पड़ाव होते हैं, यात्रियों और व्यापारियों को स्वच्छ जल और भोजन की प्राप्ति के लिए इन स्थानों से होकर गुजरना पड़ता है। समरकन्द, बुखारा, मदीना, कुफ्र, तुम्मा हुन (लीबिया) बेनी एब्बे, अलसलेह, (अल्जीरिया), माओ (चाड़), और किदाली (माली) मरुद्यान, इस प्रकार के नगरों के उदाहरण हैं।

जहां नौवहन का अन्त होता है, वह स्थान भी नगरों के उद्‌भव के लिए आदर्श स्थान होता है। ऐसे स्थानों पर जलयानों से माल उतारकर रेल अथवा ट्रकों पर लादने के लिए स्थानान्तरित किया जाता है। कुछ क्षेत्रों में क्षिप्रिका और महा जलप्रपातों की उपस्थिति के कारण जलयानों से माल उतारना आवश्यक हो जाता है। संयुक्त राज्य अमेरिका में बफैलो और क्लीवलैण्ड, फ्रांस में लिओन और भारत में हरिद्वार, सादिया, दुमदुमा और तेजपुर इस प्रकार के नगरों के उत्तम उदाहरण हैं। (चित्र 8.18)

चित्र 8.18 *ग्रेट झीलों के किनारे चयनित कस्बों के स्थल व उनकी स्थिति*

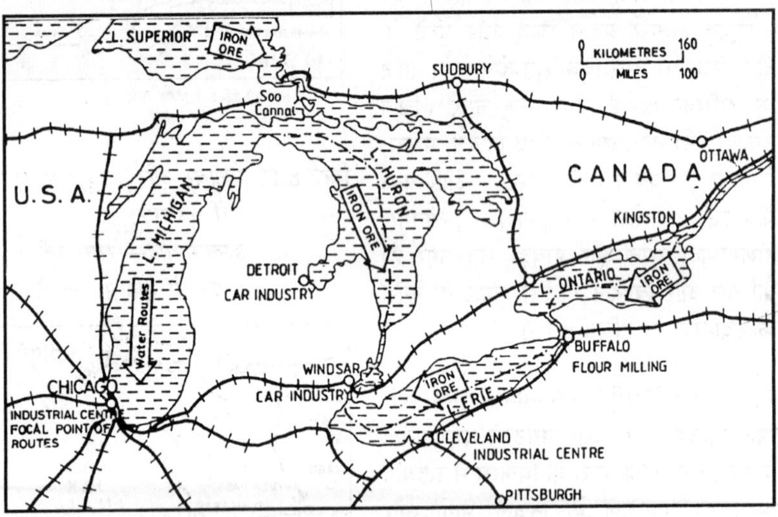

6. नदी-मुहाने (River Estuary)

व्यापारिक नगरों के लिए, एक और स्थिति उस स्थान पर पाई जाती है जहां सागरीय जलयान, नदी मुहाने पर रुकते हैं, और जलयानों से सामान उतारकर स्थल मार्ग के लिए स्थानान्तरित किया जाता है। इस प्रकार के नगर पश्चिमी यूरोप तथा उन सभी देशों में पाए जाते हैं जहां नदी मुख में ज्वार जल प्रवेश करता है। लन्दन, बोर्डियक्स, हेमबर्ग, बाल्टीमोर और फिलाडेल्फिया, नदी मुहाने के नगरों के उत्तम उदाहरण हैं।

7. बन्दरगाह (Harbours)

बन्दरगाहों की स्थिति, जहां सागरीय और देश के आन्तरिक भाग के स्थल मार्ग मिलते हैं, नगरों की स्थापना के लिए अनुकूल होते हैं। अदन, जिब्राल्टर, हांगकांग, कोलकाता, मुंबई, चेन्नई, सिकन्द्रिया, रियो-डी-जेनेरो, मेलबोर्न, सिडनी, कराची और टोक्यो ऐसे बन्दरगाह नगरों के उदाहरण हैं।

व्यापारिक मार्गों के अतिरिक्त कई अन्य अनुकूल स्थान होते हैं जो नगरों के विकास में सहायक होते हैं। (चित्र 8.19, 8.20)

चित्र 8.19 *जिब्राल्टर की स्थिति एवं स्थल बंदरगाह की सुरक्षात्मक स्थिति*

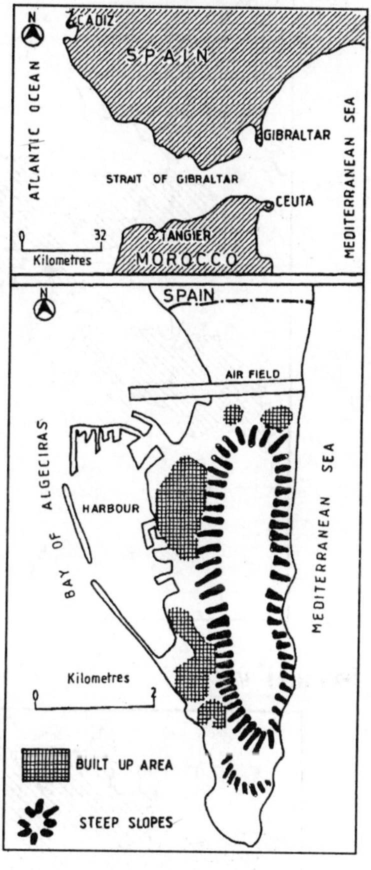

8. संसाधन सम्पन्न स्थान (Resource Site)

संसाधनों की उपलब्धता और उनका उपयोग भी नगरों के विकास में सहायक होता है। संसाधन आधारित नगरों के अत्यन्त स्पष्ट उदाहरण खनन नगर (Mining Towns) और मत्स्य पोत (Fishing Ports) हैं। कुछ स्थान खेल-सुविधाओं वाले होते हैं तथा कुछ स्थानों में धार्मिक, प्रशासनिक और सांस्कृतिक संस्थाएं होती हैं। कुछ स्थानों, जिन्होंने नगरों के विकास में सहायता की है, निम्न पंक्तियों में उनका वर्णन किया गया है। (चित्र 8.21, 8.22)

नगरों के विकास में खनिज, बहुमूल्य धातुओं और ऊर्जा संसाधनों ने भी काफी सहयोग दिया है। मरुस्थलों, टुण्ड्रा, विषुवत रेखीय वनों और ऊंचे-नीचे धरातल के पर्वतीय प्रदेशों जैसे अरुचिकर क्षेत्रों में भी सोना, चांदी, तांबा तथा मूल्यवान पत्थरों के पाए जाने के कारण, अल्प समय में ही वहां बड़े नगरों का विकास हो गया। कनाडा में डाउसन सिटी, यलोनाइफ और पोर्ट रेडियम, ऑस्ट्रेलिया के मरुस्थल में कालगुर्ली और कूलगार्डी तथा उत्तरी साइबेरिया में येनीसी नदी पर नोर्लिस्क इस प्रकार के नगरों के कुछ उदाहरण हैं। ऐसे स्थानों पर जहां लौह-अयस्क, कोयला, एस्बसटॉस, स्लेट जैसे साधारण खनिज निकाले जाते हैं, वहां भी नगरों का विकास हुआ है। कोयला और लौह अयस्क जैसे खनिज अधिक भार और परिमाण की वजह से उनकी ढुलाई कठिन होने के कारण,

चित्र 8.20 *हांगकांग*

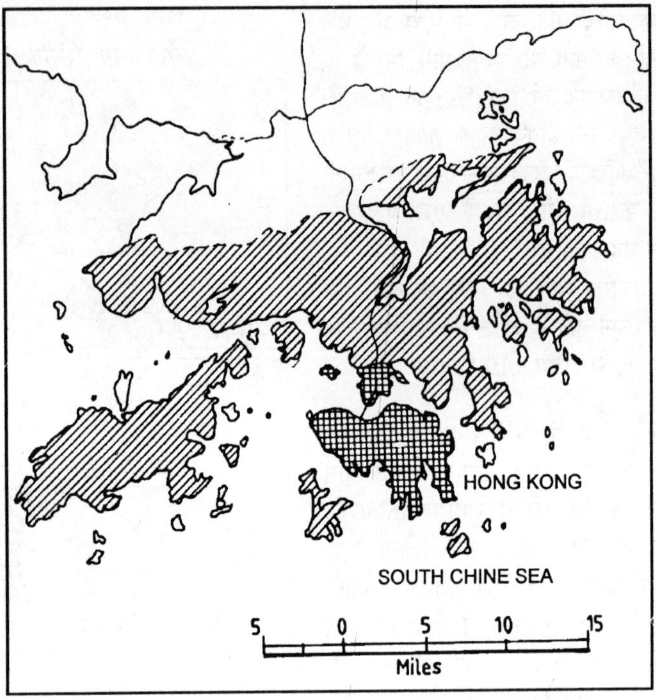

चित्र 8.21 *मेलबोर्न*

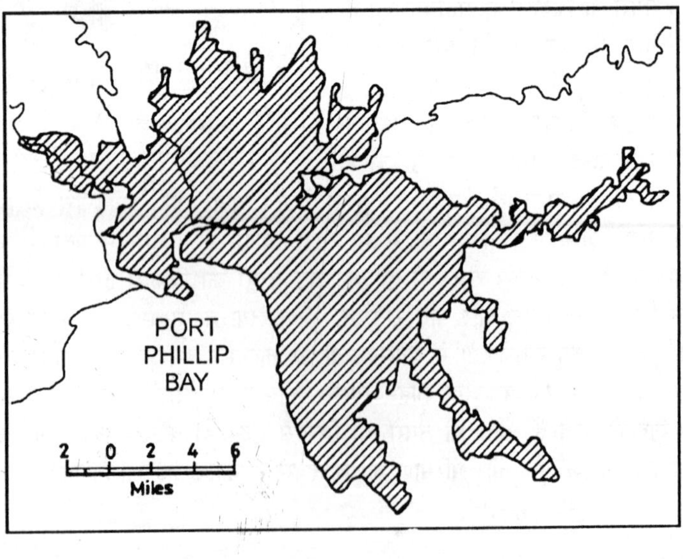

चित्र 8.22 *सिडनी*

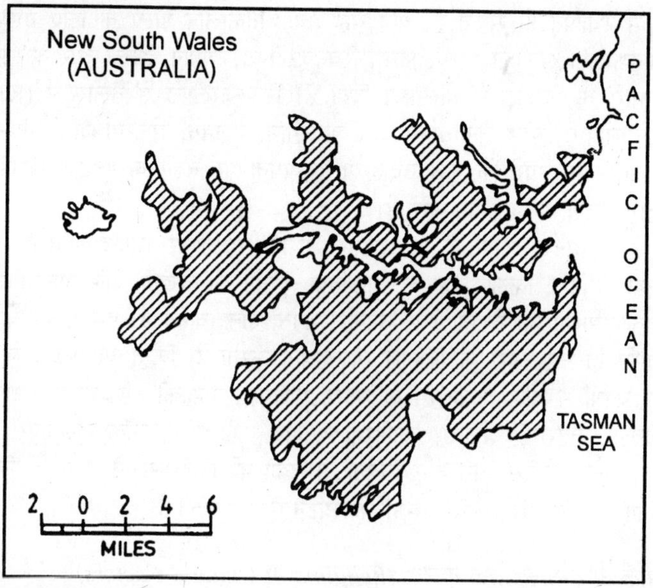

कोयला क्षेत्र, लौह-अयस्क निक्षेप स्थल तथा अन्य खनिज खनन क्षेत्र, नगरीय और औद्योगिक क्षेत्र बन गए। भारत में रानीगंज, झरिया और डाल्टनगंज, संयुक्त राज्य अमेरिका में फिलाडेल्फिया और बाल्टीमोर तथा रूस में मेग्निटोगोरस्क, डानेल्ज और कुजनेत्स, यूरालोस्क को खनिज नगरों के रूप में उद्धृत किया जा सकता है। इसके विपरीत, जल विद्युत ऊर्जा उत्पादन स्थल नगरों का विकास नहीं करते हैं। उदाहरण के लिए, भाखड़ा नांगल परियोजना, जल विद्युत का विशाल स्रोत है, किन्तु इसके निकट एक नगर भी विकसित नहीं हो सका है, क्योंकि ऊर्जा उत्पादन केन्द्र से जो ऊर्जा उत्पन्न होती है, उपयोग के लिए अधिक घने आबाद क्षेत्रों को सुगमता से ले जाई जा सकती है। खनिज तेल को भी प्राय: पाइप लाइनों और तेल वाहक टैंकरों की सहायता से दूर स्थित तेल शोधन केन्द्रों तक ले जाना संभव होता है।

आकर्षक स्थानों पर भी जहां दर्शक, पर्यटक और सैलानी जाना पसन्द करते हैं, नगर विकसित होते हैं। भारत में पर्वतीय-स्थान (शिमला, डलहौजी, मनाली, दार्जिलिंग, मसूरी, नैनीताल, माउण्ट आबू) मलेशिया में केमरून तथा स्वास्थ्यवर्धक जल स्त्रोतों के केन्द्र जैसे इंग्लैण्ड में बाथ, जर्मनी में बेड़न, हरियाणा में सोहना और लद्दाख में पुग्गा कुछ उदाहरण हैं। सागरतटीय सैरगाह भू-स्वास्थ्यवर्धक माना गया है और समुद्र स्नान को स्वास्थ्य के लिए एक उपचार माना जाता है। दक्षिणी फ्रांस में नाइस (Nice) और केन्स, फ्लोरिडा में मियामी (संयुक्त राज्य अमेरिका), गोवा और कोलुम तट (भारत) और पश्चिमी द्वीप समूह में बहामा द्वीप सर्वाधिक प्रसिद्ध समुद्रतटीय सैरगाह हैं।

इसके अतिरिक्त, पर्वतीय ग्राम भी नगरों में विकसित हो सकते हैं अथवा नए नगरों के रूप में स्थापित हो सकते हैं, यदि वह क्षेत्र शीतकालीन खेलों के लिए उपयुक्त हो। अत: शीतकालीन खेलों ने भारत, फ्रांस, स्विट्ज़रलैण्ड, जापान, इटली और ऑस्ट्रेलिया में अनेक नगरों के विकास में प्रोत्साहन दिया है। स्विट्ज़रलैण्ड में क्लोस्टर्स (Klosters) जापान में सोपोरो, बॉफ कनाडा में और पहलगाम, गुलमर्ग, सोनमर्ग और मनाली भारत में, इस प्रकार के नगरों के कुछ उदाहरण हैं। पर्वतों पर चढ़ने के इच्छुक सैलानियों को ऊंचे पहाड़ी प्रदेश भी आकर्षित करते हैं।

ऐसे भी अनेक व्यक्ति हैं जो खूबसूरत स्थानों पर जाकर आनन्द प्राप्त करना चाहते हैं। अनेक पर्यटक किसी क्षेत्र के प्राकृतिक दृश्यों को देखना और ऐतिहासिक तथा सांस्कृतिक इमारतों को देखना और उनका आनन्द लेना चाहते हैं। इस प्रकार का पर्यटन मुश्किल से ही नए नगरों के विकास में सहयोग करता है, किन्तु यह पहले से स्थापित नगरों के कार्यों में वृद्धि करता है। अधिकांश एशियाई, अफ्रीकी और यूरोपीय राजधानियां जैसे दिल्ली, तेहरान, अंकारा, काहिरा, बगदाद, बीजिंग, बैंकॉक, सिंगापुर, काबुल, ताशकन्द, लन्दन, पेरिस, रोम और वियना, पर्यटकों की दिलचस्पी के नगर हैं, विशेषकर, उनके लिए जो ऐतिहासिक और सांस्कृतिक पर्यटन में रुचि रखते हैं।

9. धार्मिक और सांस्कृतिक कारक (Religious & Cultural Factors)

सम्पूर्ण इतिहास में, मनुष्य पवित्र और धार्मिक स्थानों की ओर आकर्षित होता रहा है और उसके सांस्कृतिक समुदाय के स्थानों पर जाने की उसकी प्रबल इच्छा रहती है। उदाहरण के लिए किसी स्थान पर निर्मित समाधि, मन्दिर, गुरुद्वारा अथवा गिरजाघर, जिसकी धार्मिक महत्ता हो, वह तीर्थ यात्रा का केन्द्र बन जाता है। किसी धार्मिक व्यक्ति के जीवन से सम्बन्धित भी वह स्थान हो सकता है, जैसे जेरूशलम, वेटिकन सिटी (इटली), मक्का, मदीना, अमृतसर, बोधगया, सारनाथ, बद्रीनाथ, केदारनाथ, हरिद्वार, द्वारका, पुरी, तिरुपुरी आदि।

शिक्षा के केन्द्र जैसे विश्वविद्यालय और महाविद्यालय भी नगरों के विकास में सहायता करते हैं। इंग्लैण्ड के ऑक्सफोर्ड और कैम्ब्रिज, संयुक्त राज्य अमेरिका में हार्वर्ड साइबेरिया में एकेडेमगोराड़ (विज्ञान नगर), अलीगढ़, पिलानी, रूड़की, शांतिनिकेतन और खड़कपुर (भारत) इस प्रकार के कुछ उदाहरण हैं। किसी राजा, शासक अथवा राष्ट्रीय नेता के निवास-स्थान का चयन भी नगर के विकास का कारण होता है क्योंकि सत्ता के केन्द्र के चारों ओर प्रशासनिक कर्मचारी और व्यापारी एकत्रित हो जाते हैं।

10. सुरक्षात्मक स्थान (Defensive Sites)

नगरों के विकास में, सुरक्षा, सर्वाधिक महत्त्वपूर्ण कारक होता है। व्यापारी, व्यवसायी और दस्तकार सभी शत्रुओं से सुरक्षा चाहते हैं। चूंकि आरम्भ में, सुरक्षा नगरों का मुख्य कार्य हुआ करता था, अत: इन नगरों को सदैव मजबूत दीवारों, पानी से भरी खाइयों अथवा इसी प्रकार के अन्य सुरक्षात्मक इमारतों से घिरा रखा जाता था। इस प्रकार के सुरक्षात्मक स्थानों ने अनेक नगरों को विकसित होने में प्रोत्साहन दिया।

पहाड़ों के शिखर, शत्रुओं पर दृष्टि रखने के लिए सुविधाजनक स्थान होते हैं और शिखर तक पहुँचना भी कठिन होता है। इस प्रकार के नगरों के अनेक उदाहरण हैं। एडिनबरा, एथेन्स, इबादान (नाइजीरिया), चित्तौड़गढ़, आमेर (जयपुर), ग्वालियर और झांसी (भारत) पहाड़ियों के शिखर पर बसे नगरों के उदाहरण हैं।

चित्र 8.23 *कोलकाता (भारत)*

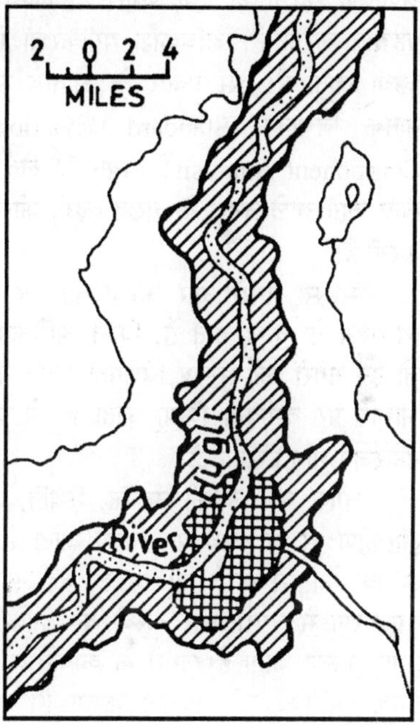

चारों ओर पानी से घिरा भूमि का टुकड़ा, द्वीप कहलाता है। ऐसे स्थान जो चारों ओर से पानी से घिरे होते हैं, उनकी सुरक्षा करना सरल होता है, क्योंकि उन तक पहुँच पाना कठिन होता है। अनेक नगर या तो द्वीपीय स्थिति अथवा दलदली और कच्छ भूमियों पर बसे होने के कारण विकसित हुए हैं। हेम्बर्ग, पेरिस, न्यूयॉर्क, हांगकांग, सिंगापुर, पेनांग, वेनिस, मुंबई, कोलकाता, कालीकट, कोच्चि, ओखा, और काण्डला जैसे नगर सागरीय अथवा नदियों के तटों की दलदली भूमि पर विकसित हुए हैं। नगर, अन्तरीपों पर भी बसाए गए हैं, उदाहरण के लिए जिब्राल्टार, काडेज। (चित्र 8.23)

कुछ लघु भौगोलिक आकृतियां ऐसी होती हैं जो ज्वार और लहरों से सुरक्षा प्रदान करती हैं और प्राकृतिक बन्दरगाह, मछुआरों के नगर और नगरीय बस्तियों के विकास में सहायता करती हैं। फिओड्र, रिया, लैगून, नदी मुहाने और मुख्य भूमि और अपतटीय द्वीपों के बीच के जलडमरूमध्य का नगरों के विकास के लिए प्रायः उपयुक्त स्थान के रूप में चयन किया जाता था। कोलकाता, रंगून, स्टाकहोम, ओसलो, रीगा और रिओ-डी-जेनेरो इस प्रकार के नगरों के उदाहरण हैं।

नगरों का कार्यात्मक वर्गीकरण (Functional Classification of Towns)

कार्य (प्रकार्य) की परिभाषा, विषय के अनुसार भिन्न-भिन्न प्रकार से दी गई है। राजनीति विज्ञान में इसका सम्बन्ध कर्तव्यों के साथ, गणित में दो चरों के मध्य आपसी सम्बन्ध और भूगोल में जीविका/व्यवसाय का पर्यायवाची माना जाता है। भूगोलवेत्ता द्वारा नगरों का वर्गीकरण नगरों के स्थान, स्थिति आकार, श्रेणी, अवस्थिति (Location) और तुलनात्मक ऊंचाइयों के आधार पर किया गया है। नगरों का एक अन्य और अधिक उपयोगी वर्गीकरण उनके द्वारा निष्पादित किए जाने वाले कार्यों के आधार पर किया जाता है। इस प्रकार का वर्गीकरण, नगरों का कार्यात्मक वर्गीकरण कहलाता है।

नगरों का कार्यात्मक वर्गीकरण, नगरों को उनके आर्थिक कार्यों के अनुसार श्रेणीबद्ध करने का एक प्रयास है, जिसके द्वारा नगरीय व्यवस्था में उनकी भूमिका की पहचान करना है। अधिकांश वर्गीकरणों में नियोजन और व्यवसाय आंकड़ों का उपयोग किया जाता है। इस प्रकार के आंकड़े सरल और परिष्कृत सांख्यिकीय तकनीक, जैसे मानक विचलन (Standard Deviation) और मुख्य घटक विश्लेषण (Principal Component Analysis) उपयोग में लेते हुए तैयार किए जाते हैं। ये तकनीकें अध्ययन किए जाने वाले नगरों के मुख्य कार्यों को वास्तविक आधार पर निश्चित करने में सहायता करती हैं।

समस्त नगरों और कस्बों की एक सामान्य विशेषता होती है कि ये व्यापार और व्यवसाय के केन्द्र होते हैं, किन्तु अधिकांश नगर अतिरिक्त कार्य भी निष्पादित करते हैं, जो इन नगरों को सुस्पष्ट विशेषता प्रदान करती हैं। अत: नगरों को उनके प्रधान कार्यों के आधार पर वर्गीकृत किया जाता है। ये प्रधान कार्य व्यापार, प्रशासकीय, सुरक्षा अथवा मनोरंजन भी हो सकते हैं।

नगरों का, उनकी उत्पत्ति, स्थिति, अवस्थिति (Location) बनावट और कार्यों के दृष्टिकोण से भी अध्ययन किया जाता है। एक पक्ष जिस पर भूगोलवेत्ता अपना ध्यान अधिक केन्द्रित करते जा रहे हैं, वह नगरों का कार्यात्मक पक्ष है। नगरों के कार्यात्मक वर्गीकरण में नगरों और कस्बों को उनके आर्थिक कार्यों के अनुसार श्रेणीबद्ध करने का प्रयास किया जाता है। नगरों के कार्यात्मक वर्गीकरण का मुख्य उद्देश्य, नगरीय व्यवस्था में उनकी भूमिका की पहचान करना है। नगरों का वर्गीकरण प्राथमिक अथवा द्वितीयक व्यावसायिक आंकड़ों के आधार पर किया जाता है। नगरों को निरूपित और वर्गीकृत करने के लिए सरल किन्तु परिष्कृत तकनीक अपनाई जाती है। वास्तविकता में प्रत्येक नगर में कुछ कार्यों की प्रधानता रहती है, और कार्यों में किसी प्रकार का परिवर्तन निश्चित अवस्थिति के लाभों के महत्त्व में भी परिवर्तन कर देता है। सभी नगर, एक अथवा दूसरे प्रकार का व्यापार निष्पादित करते हैं जो उन्हें सुस्पष्ट विशिष्टता प्रदान करते हैं। कार्यात्मक वर्गीकरण उपागम में नगरों का वर्गीकरण उनके कार्य के आधार पर किया जाता है। नगरों के कार्यात्मक वर्गीकरण का वर्णन निम्नांकित पंक्तियों में दिया जा रहा है—

1. प्रशासकीय नगर (Administrative Towns)

प्रशासकीय नगर और कस्बे का मुख्य कार्य देश/राज्य अथवा किसी विशेष क्षेत्र के प्रशासन का संचालन करना है। देश की राजधानी व नगर ही इसमें सम्मिलित नहीं किए जाते, वरन् देश के प्रान्तों, राज्यों, जिलों और अन्य प्रशासकीय विभागों के सभी केन्द्र भी सम्मिलित किए जाते हैं। अनेक बहुत बड़े नगर प्रशासकीय नगर हैं, इनमें से कुछ महानगर हैं, जैसे टोक्यो (2.7 मिलियन) मैक्सिको सिटी (16.6 मिलियन), ब्यूनस आयर्स (11.1 मिलियन), सोल (11.6 मिलियन), बीजिंग (11.3 मिलियन), जकार्ता (8.6 मिलियन), काहिरा (9.7 मिलियन), पेरिस (8.5 मिलियन), नई दिल्ली (10.2 मिलियन), और लन्दन (7.4 मिलियन)। (चित्र 8.24, 8.25)

चित्र 8.24 *महान सुरक्षात्मक कार्य सहित बीजिंग : एक प्रमुख मार्ग केन्द्र*

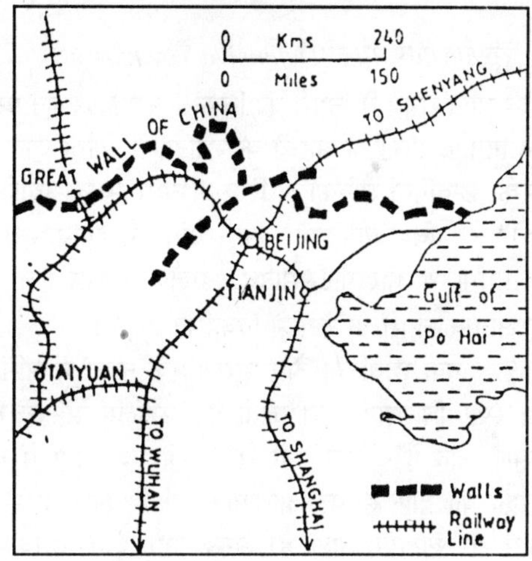

अनेक राज्यों की राजधानियां भी हैं जिनकी जनसंख्या भी कई लाख है। भारत में मुंबई, चेन्नई, हैदराबाद, लखनऊ, जयपुर इस प्रकार के प्रशासनिक नगरों के उदाहरण हैं। छोटे आकार के भी अनेक प्रशासनिक नगर (राजधानियां) हैं, जैसे मालदीव की राजधानी माले (40 हजार), फॉकलैण्ड की राजधानी स्टनले जिसकी जनसंख्या केवल एक हजार है और मोनाको की 29 हजार है। भारत में कोहिमा (60,650) और ईटानगर (20,500), प्रशासनिक नगर हैं जिनकी प्रत्येक की आबादी 50,000 से कम है।

चित्र 8.25 *पेरिस और इसका पर्यावरण*

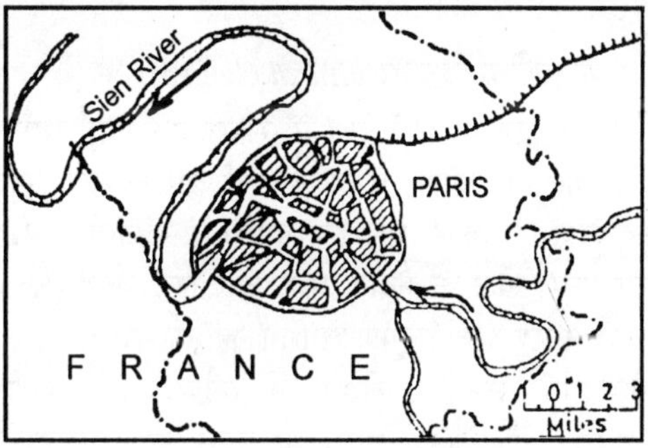

प्राचीन राजधानियों और राज परिवारों के नगरों के अतिरिक्त अनेक ऐतिहासिक, राजनीतिक और सामरिक महत्त्व के कारणों से नई राजधानियां बनाई गई हैं। पाकिस्तान में इस्लामाबाद, कनाडा में ओटावा, ब्राजील में ब्रासीलिया और आस्ट्रेलिया में केनबेरा, इस प्रकार की राजधानियों के उदाहरण हैं। भारतीय उपमहाद्वीप के विभाजन के पश्चात् चण्डीगढ़ नगर को पूर्वी पंजाब की राजधानी के रूप में नियोजित किया गया और बाद में यह नगर पंजाब, हरियाणा और केन्द्र शासित प्रदेश चण्डीगढ़ की राजधानी बना।

प्रशासकीय नगरों का मूल कार्य सार्वजनिक प्रशासन करना होता है। फलतः, सभी प्रशासकीय नगरों में राजकीय कार्यालय, सार्वजनिक भवन, राजमहल, राष्ट्रपति, प्रधानमंत्री, मंत्रियों, राज्यपालों तथा अन्य अधिकारियों के निवास होते हैं। ये नगर प्रायः राज्य द्वारा संचालित संस्थानों जैसे बैंक, पोस्ट ऑफिस, रेलवे सुरक्षा, व्यापार, उद्योगों के मुख्यालय होते हैं। राजधानियों में विश्वविद्यालय, अस्पताल और राजनीतिक पार्टियों के मुख्यालय भी होते हैं। सार्वजनिक भवनों, पार्कों और खेलों की सुविधाएं इन नगरों को पर्यटक स्थल

बनाने में सहायक होती हैं, विशेषकर राजमहल, मस्जिदें, गिरजाघर, मन्दिर तथा अन्य ऐतिहासिक इमारतों के द्वारा इन नगरों का महत्त्व और अधिक बढ़ जाता है।

2. *सुरक्षात्मक नगर (Defensive Towns)*

मध्ययुगीन समय में, नगरों का विकास सुरक्षित स्थान पर किया जाता था। किले और छावनियों का निर्माण सामरिक महत्त्व के स्थानों पर किया जाता था। सुरक्षात्मक नगरों में सैनिकों की बैरक, छावनियां सैनिकों के लिए अभ्यास स्थल, हवाई-अड्डा, युद्धपोतों के लिए बन्दरगाह भी होते हैं। विशाखापटनम, महू और खड़कवासला (भारत), पेशावर (पाकिस्तान), प्लायममाउथ और पोर्टसमाउथ (इंग्लैण्ड) और हेली फैक्स और नोवास्कोशिया (कनाडा) सुरक्षात्मक नगरों के रूप में विकसित हुए हैं।

अनेक छावनियों और सुरक्षात्मक नगरों में भूमि-उपयोग में नागरिक और सैन्य सत्ता का स्पष्ट विभाजन पाया जाता है, इसीलिए सैनिक संस्थान नगर से प्राय: कुछ दूरी पर बसाए जाते हैं अथवा नगर के किसी एक भाग में एक साथ दोनों को बसाया जाता है। सुरक्षा की दृष्टि से यह आवश्यक भी है, भले ही सेना के द्वारा कुछ नागरिकों को प्राय: काम पर लगाया जाता है। मेरठ नगर और उसकी छावनी, रूड़की नगर और उसकी छावनी तथा इसी प्रकार के अनेक अन्य सैनिक और सुरक्षात्मक नगर, नागरिक और सैनिक क्षेत्र एक-दूसरे के निकट स्थापित हैं।

3. *सांस्कृतिक केन्द्र (Cultural Centres)*

विश्व के लगभग सभी देशों में, सांस्कृतिक कार्य सम्पन्न करने वाले अनेक कस्बे और नगर पाए जाते हैं। इंग्लैण्ड में ऑक्सफोर्ड और कैम्ब्रिज नगर शैक्षिक नगरों के सर्वाधिक उपयुक्त उदाहरण हैं। कोई भी, इन नगरों में महाविद्यालय, वाचनालय, पुस्तकालय, छात्रावास, गिरजाघर, खेल के मैदान, पार्क और क्रय-केन्द्र (Shopping Centre) देख सकता है। इन नगरों में पर्यावरण प्रदूषण लगभग नहीं के बराबर रहता है। हार्वर्ड (संयुक्त राज्य अमेरिका), हीडलबर्ग (जर्मनी), लीडन (नीदरलैण्ड) और अलीगढ़, वाराणसी, पिलानी और रूड़की (भारत) भी शैक्षिक नगरों के उत्तम उदाहरण हैं। कभी-कभी विश्वविद्यालय नगरों से घुले-मिले होते हैं, किन्तु किसी भी विश्वविद्यालय नगर में, विश्वविद्यालय का कैम्पस नगर के बाहरी क्षेत्र में अलग से बना होता है।

विश्व में अनेक धार्मिक केन्द्र हैं। ये धार्मिक नगर, धार्मिक नेता (साधु-संत) का निवास स्थान हो सकता है (उदाहरण के लिए, वेटिकन सिटी पोप का निवास, रोम नगर में अथवा ल्हासा तिब्बत के दलाई लामा का किसी समय निवास स्थान था) ये धार्मिक केन्द्र, तीर्थ यात्राओं के लिए स्थान हो सकते हैं, जैसे जेरुशलम, मक्का, मदीना कर्बला, हरिद्वार, तिरुपति, बद्रीनाथ, आदि। जो नगर धर्म की दृष्टि से महत्त्वपूर्ण होते हैं वहां अनेक धार्मिक स्थल, धार्मिक पुस्तकों की दुकानें और फूल-धूप बत्ती आदि बेचने सम्बन्धी दुकानें होती हैं। इन नगरों में तीर्थयात्रियों के लिए आवासीय सुविधाओं का भी प्रबन्ध रहता है और प्राय: पर्यटन केन्द्रों के रूप में भी इनका सहायक कार्य रहता है।

इसके अतिरिक्त, अनेक नगर मनोरंजन का कार्य सम्पन्न करते हैं। स्ट्रेटफोर्ड-ऑन-एवन (शेक्सपीयर का जन्म स्थान, इंग्लैण्ड), हॉलीवुड (कैलिफोर्निया) और फ्रांस में केन्स, इस प्रकार के नगरों के कुछ उदाहरण हैं।

4. संग्रहण केन्द्र (Collection Centres)

खनन-नगर, मत्स्य-पोत और लकड़ी काटने के केन्द्रों को संग्रहण केन्द्रों/नगरों की श्रेणी में रखा जाता है। अनेक प्रकार के धात्विक, अधात्विक, बहुमूल्य पत्थर और ऊर्जा संसाधन, खानों से निकाले जाते हैं। जो नगर इन खानों की सेवा करते हैं, छोटे अधिवास हो सकते हैं, जैसे उदयपुर के निकट जावर (राजस्थान), बैलाडीला (मध्य प्रदेश) और डिगबोई (असम)। ये नगर आकार में बड़े भी हो सकते हैं, जैसे रानीगंज, हजारीबाग (बिहार), मलेशिया की समृद्ध टिन की फिनाती घाटी में ईपोह और कुवैत तथा ईरान के तेल उत्पादक क्षेत्रों में क्रमश: कुवैत और इवादान नगर हैं। इस प्रकार के नगरों में खानों से प्राप्त खनिजों से सम्बन्धित उद्योग जैसे प्रगालक (Smelter) और तेल शोधक संयंत्र भी हो सकते हैं। इस प्रकार के नगरों की दुकानों में खनन सम्बन्धी उपकरण तथा खनिकों के उपयोग में आने वाले वस्त्र बेचे जाते हैं।

मत्स्य पोत (Fishing Ports) प्रत्येक दिन समुद्र पर मछलियां पकड़ने के लिए जाने वाली छोटी नौकाओं के आधार होते हैं, अथवा बड़े समुद्री जलयानों द्वारा, जो समुद्र पर कई दिनों अथवा सप्ताहों तक रुक कर मछलियां पकड़ते हैं, भी इन बन्दरगाहों का उपयोग किया जाता है, किन्तु दोनों के लक्षण समान होते हैं। ये प्राय: स्पष्ट रूप से बन्दरगाह के आस-पास समूहित होते हैं और यहां मछलियां उतारने, भण्डारण करने, सफाई, सुखाने और बंधाई तथा भेजने की सुविधाएं उपलब्ध रहती हैं। इसके साथ-साथ कुछ क्षेत्रों में डिब्बा-बन्द करने, खाद और मत्स्य चूर्ण बनाने तथा ठन्डा करने के संयंत्र भी स्थापित होते हैं। अनेक मत्स्यन पोतों पर अन्य प्रकार के कार्य, जैसे नौका बनाना, जाल बनाना अथवा उसकी मरम्मत तथा मछली पकड़ने सम्बन्धी उपकरणों को बनाने के कार्य किए जाते हैं।

काष्ठ-उद्योग नगरों के मुख्य कार्य, लकड़ी एकत्रित करना और अंशत: काष्ठ को तैयार करना, लकड़ी चीरना और बढ़ईगिरी का होता है। कुछ स्थानों पर लुग्दी और कागज बनाने सम्बन्धी उद्योग भी लगाए जाते हैं। काठगोदाम (उत्तरांचल) और कोटद्वार (उत्तर प्रदेश), दीमापुर (नगालैण्ड), सबाह (मलेशिया), न्यू फाउण्डलैण्ड और ग्रान्डफाल्स (कनाडा) काष्ठ-व्यवसायी नगरों के कुछ उदाहरण हैं। आरा मशीन और कागज मिलों के अतिरिक्त काष्ठ-व्यवसायी नगरों में वृक्षों की नर्सरियां और शोध केन्द्र भी होते हैं।

5. उत्पादन केन्द्र (Production Centres)

नगरीय क्षेत्र, कस्बे और नगर जिनमें किसी भी प्रकार का निर्माण उद्योग प्रमुख कार्य होता है, उन्हें उत्पादन केन्द्र के नाम से जाना जाता है। नगर का आकार और उद्भव वहां स्थित उद्योग-धंधों के प्रकार द्वारा प्रभावित होता है। उदाहरण के लिए भारत में जमशेदपुर,

राऊरकेला, भिलाई, दुर्गापुर, धनबाद और भद्रावती, संयुक्त राज्य अमेरिका में पिट्सबर्ग, रूस में मेग्नीटोगोरस्क और इंग्लैण्ड में बर्मिंघम नगरों में स्टील संयंत्रों की प्रमुखता पाई जाती है। इस प्रकार के लोहा-इस्पात उत्पादक नगर प्राय: कोयला क्षेत्रों के निकट स्थित हैं।

संग्रहण केन्द्रों के रूप में, निर्माण नगरों के लिए, कच्चे माल और तैयार वस्तुओं को लाने-ले जाने के लिए परिवहन अत्यन्त महत्त्वपूर्ण कारक होता है। सामान्यत: आजकल इस प्रकार के नगरों को संचार मार्गों पर स्थापित किया जाता है। जापान में, इस प्रकार के नगर टोक्यो और ओसाका के मध्य स्थित हैं। भारत में राऊरकेला, भिलाई, धनबाद और दुर्गापुर भी परिवहन और संचार के मुख्य मार्ग पर स्थित हैं।

निर्माण नगरों में रहने के लिए घर और प्रतिष्ठान अलग-अलग होते हैं, अधिकारियों के लिए रहने के भवन एक स्थान पर बने होते हैं जबकि श्रमिकों के दूसरे स्थान पर। इंग्लैण्ड में बर्धिंगम (लोहा-इस्पात), संयुक्त राज्य अमेरिका में रोचेस्टर और डिट्रायट, (लोहा और कार निर्माण), भारत में अहमदाबाद और सूरत (वस्त्र उद्योग) निर्माण नगरों के कुछ उदाहरण हैं। ये नगर किसी एक अथवा कई उद्योगों में विशिष्टता प्राप्त कर लेते हैं।

6. *स्थानान्तरण और वितरण केन्द्र (Transfer and Distribution Centres)*

स्थानान्तरण केन्द्रों पर सम्पन्न किए जाने वाले प्रमुख कार्य व्यापार, वाणिज्य और सेवाएं होते हैं जो नगर माल के स्थानान्तरण और वितरण से सम्बन्धित होते हैं, व्यापार फिर भी उनका मुख्य कार्य होता है। इस प्रकार के नगर कई प्रकार के होते हैं। उदाहरण के लिए बाजार नगर, सागरीय पोत और वित्तीय नगर।

बाजार, विविध प्रकार की दुकानें, भण्डार, गोदाम, शीत भण्डारण और थोक विपणन बाजार, बाजार नगरों की विशेषताएं होती हैं। बैंक, बीमा कम्पनियां, और अन्य वित्तीय संगठन भी इन बाजार नगरों में होते हैं। भारत में कानपुर, अहमदाबाद, बड़ोदरा, इन्दौर, भोपाल, पटना, लखनऊ, लुधियाना, हापुड़, इंग्लैण्ड में नोर्विच, मिश्र में सिकन्द्रिया और घाना में कुमासी, इस प्रकार के नगरों के कुछ उदाहरण हैं।

सामान्यत: सर्वाधिक महत्त्वपूर्ण व्यापारिक और वितरण केन्द्र बन्दरगाह होते हैं। इसके अतिरिक्त विश्व के अधिकांश नगर समुद्री बन्दरगाह हैं। टोक्यो, शंघाई, साओ पॉलो, न्यूयॉर्क, मुंबई, लॉस एंजिल्स, ब्यूनस आयर्स, कोलकाता और रिओ-डी-जेनेरो, सभी महत्त्वपूर्ण सागरीय पोत नगर हैं और प्रत्येक नगर की आबादी 50 लाख से अधिक है। अनेक महत्त्वपूर्ण अन्त: स्थलीय बन्दरगाह भी झीलों और नदियों पर स्थित हैं। इनमें हुगली नदी पर कोलकाता, यांगटीसीक्यांग पर हेन्काऊ, मिसीसिपी पर सेंट लुई, कैस्पियन सागर के तट पर बाकू और ईरी झील पर क्लीवलैण्ड सम्मिलित हैं। व्यापार के लिए अधोसंरचना (Infrastructure) के अतिरिक्त इनमें विशाल व्यापारिक सेक्टर होते हैं जिनमें दुकानें, कार्यालय और वित्तीय संस्थान पाए जाते हैं।

विभिन्न प्रकार के बन्दरगाहों द्वारा सम्पन्न किए जाने वाले कार्यों में महत्वपूर्ण भिन्नताएं पाई जाती हैं। उदाहरण के लिए सामान्य प्रकार के बन्दरगाह (हेम्बर्ग, मार्सलीज,

चित्र 8.26 *रोटरडम*

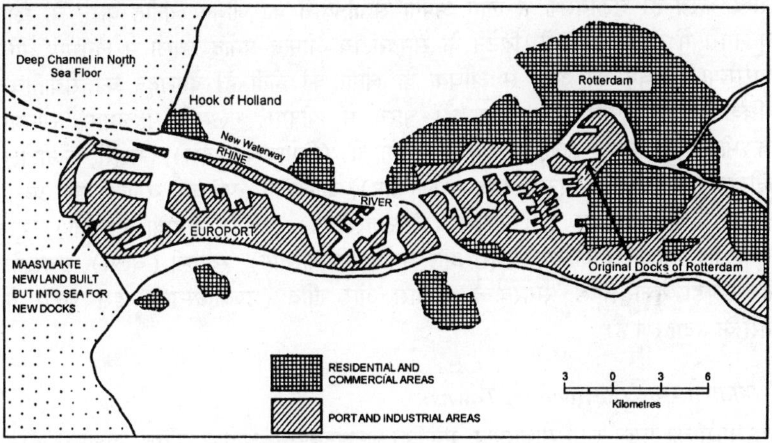

बन्दर अब्बास, कराची, कोलम्बो, मलक्का, लोबितो आदि) हैं, यात्री बन्दरगाह में किंग्स्टन (जमैका) और जेद्दाह (सऊदी अरब), बाह्य बन्दरगाहों में हेम्बर्ग, एवन, लन्दन तथा गोदाम बन्दरगाह (Entreport) अदन, सिंगापुर, रोटरडम मुख्य हैं। गोदाम बन्दरगाह की विशेषता, बड़े गोदामों की सुविधा और जहाजी तथा व्यापारिक कम्पनियों का पाया जाना है।

कुछ नगरों में व्यापार अथवा माल के वितरण की अपेक्षा वित्त की व्यवस्था मुख्य कार्य होता है। इस प्रकार के नगरों में जर्मनी में फ्रेंकफर्ट, स्विट्जरलैण्ड में ज्यूरिच, नीदरलैण्ड में एम्सटरडम, लेबनान में बेरूत, और न्यूयॉर्क में वाल स्ट्रीट सम्मिलित किए जाते हैं। इन नगरों में शेयर बाजार, नीलाम घर तथा अनेक कार्यालय, वित्तीय घराने, बैंक और व्यापारिक एजेन्सियां कार्यरत रहते हैं। (चित्र 8.26)

7. आमोद-प्रमोद नगर (Resorts)

ऐसे नगरीय स्थान, जो व्यक्तियों के मनोरंजन की आवश्यकताओं की पूर्ति करते हैं, उन्हें आमोद-प्रमोद नगर अथवा मनोरंजन नगर के नाम से जाना जाता है। ये नगरीय स्थान स्वास्थ्यवर्धक गर्म पानी के स्रोतों, सागरीय तट मनोरंजन, पर्वतारोहण, सांस्कृतिक आकर्षण, ऐतिहासिक स्मारक, खेल सुविधाएं, राष्ट्रीय उद्यान और आकर्षक-प्राकृतिक भूदृश्य के आधार पर भी हो सकते हैं।

आमोद-प्रमोद और मनोरंजन नगरों में यात्रियों के ठहरने के लिए होटलें होती हैं और इन नगरों में खेल-सुविधाएं जैसे गोल्फ कोर्स, तरणताल, लम्बी पैदल यात्रा (Trekking) और स्कीइंग (Sking) की सुविधा उपलब्ध रहती है। इसके अतिरिक्त, इन नगरों में बड़ी संख्या में मनोरंजन सुविधाएं जैसे थियेटर, सिनेमा, रात्रि-क्लबों और बच्चों के लिए पार्क होते हैं। इन नगरों में खरीदारी की समुचित सुविधाएं उपलब्ध रहती हैं,

क्योंकि अधिकांश पर्यटक, यादगार पोस्टकार्ड और कपड़े तथा खेल का सामान खरीदना पसन्द करते हैं। वृद्धावस्था में लोग अपना सेवानिवृत्ति का जीवन व्यतीत करने के लिए इन नगरों में रहना चाहते हैं। ब्रिटेन के समुद्रतटीय आमोद-प्रमोद स्थलों में लगभग आधी जनसंख्या 65 वर्ष की आयु से अधिक के लोगों की होती है। देहरादून को सेवानिवृत्त अधिकारियों का नगर कहा जाता है। भारत में श्रीनगर, गुलमर्ग, पहलगाम, सोनमर्ग (कश्मीर), शिमला, डलहौजी, कुल्लू, मनाली (हिमाचल प्रदेश), मसूरी, नैनीताल, रानीखेत (उत्तरांचल), माउन्ट आबू (राजस्थान), दार्जिलिंग (पश्चिमी बंगाल) इस प्रकार के नगरों के उदाहरण हैं। मोरित्ज (स्विट्जरलैण्ड), ट्रस्टि, पाडोवा (इटली), गुलू (युगान्डा), वाजीर (कीनिया), मरी और मर्दान (पाकिस्तान), स्वान्सी (वेल्स), एबरडीन और डण्डी स्कॉटलैण्ड, समरकन्द, बुखारा और खींव (उज्बेकिस्तान) इस प्रकार के नगरों के उदाहरण हैं।

8. आवासी नगर (Residential Towns)

कुछ नगरों का मुख्य कार्य साधारणत: एकत्रित जनसंख्या को आवास सुविधा उपलब्ध करना होता है। इस प्रकार के क्षेत्रों में अधिकांश भूमि का उपयोग आवासीय भवनों, पार्कों और अस्पतालों के लिए किया जाता है। ये नगर भली-भाति परिवहन माध्यमों द्वारा बड़े नगरों से जुड़े रहते हैं जिससे कि प्रतिदिन आने-जाने वाले लोग अपने काम पर पहुँच सकें। शाहदरा, साहिबाबाद, गाजियाबाद, शकूरपुर, गाजीपुर , खिचरीपुर, बहादुरगढ़, गुड़गांव, सोहना और बदरपुर, दिल्ली के आस-पास बसे इसी प्रकार के नगर हैं। वास्तव में, ऐसे नगर जो इस श्रेणी में सम्मिलित किए जाते हैं, महानगरों के चारों ओर बसे उपनगर, छोटे कस्बे और गांव होते हैं।

9. विविध कार्यों के नगर (Towns of Diversified Functions)

जैसा पूर्व में कहा जा चुका है कि नगरों का वर्गीकरण, उनके द्वारा सम्पन्न किए जाने वाले मुख्य कार्यों के आधार पर किया जाता है। इसी कारण उन सभी बड़े नगरों को एक विशेष वर्ग में रखा जाता है, जिनमें किए जाने वाले कार्यों की संख्या अधिक होती है (जैसे मुंबई, कोलकाता, चेन्नई)। इस प्रकार के नगरों को विविध कार्यों के नगर कहा जाता है।

समय और स्थान के अनुसार नगर के कार्यों में भी परिवर्तन होता रहता है। उदाहरण के लिए जब सुरक्षात्मक नगरों का विस्तार होने लगता है, तब इन नगरों को प्रतिबन्धित नगर घोषित कर दिया जाता है। इस प्रकार अनेक नगरों में प्रतिबन्धित केन्द्र होते हैं, जो पूर्व में नगर की चारदीवारी के भीतर तक सीमित थे और चारदीवारी के गिरा दिए जाने के बाद अधिक विस्तृत उप नगरों में नगर की चारदीवारी के बाहर विकसित हो गए थे। शाहजहांनाबाद (पुरानी दिल्ली), पाडोवा (इटली), लाहौर और रावलपिंडी (पाकिस्तान), बगदाद (इराक) और बाकू (अजरबेजान) इस प्रकार के नगरों के कुछ उदाहरण हैं। जर्मनी की सीमा के निकट, एनशेड (Enshde) नगर, नीदरलैण्ड का प्रमुख वस्त्र उद्योग का केन्द्र था, किन्तु द्वितीय विश्वयुद्ध के पश्चात् इस नगर से यह उद्योग लुप्त हो गया। अब यहां दूरस्थ प्रज्ञान (Remote Sensing) का अंतरराष्ट्रीय संस्थान स्थापित किया गया है, जिसके कारण यह नगर पुन: तीव्र गति से विकसित हो रहा है।

विगत समय में अनेक नगरों ने अपने स्थान में परिवर्तन किए हैं। उदाहरण के लिए दिल्ली ने कई स्थान बदले हैं, अर्थात् इन्द्रप्रस्थ, सूरजकुण्ड, महरोली, सिरी, तुगलकाबाद, शाहजहांनाबाद और नई दिल्ली। कभी-कभी घोर विपत्तियों और बाढ़ अथवा भूकम्पों ने नगरों के स्थान में परिवर्तन और पुनर्निर्माण को प्रोत्साहन दिया है। उदाहरण के लिए सेन-फ्रांसिस्को (संयुक्त राज्य अमेरिका), ताशकन्द, उज्बेकिस्तान, आशिकाबाद (तुर्कमेनिस्तान) और अगादीर (मोरक्को) नगरों का हाल के वर्षों में आए भूकम्पों के पश्चात् इनका नए स्थानों पर पुन: निर्माण किया गया है।

नगरीय क्षेत्र की परिभाषा (Definition of Urban Places)

नगरीय शब्द, नगर और कस्बों से सम्बन्धित है। यह ग्रामीण के प्रतिकूल है। नगर अधिवासों का एक समूह होता है जिसके निवासी मुख्यत: गैर कृषि व्यवसायों में लगे होते हैं। नगर इकाइयां एक ही प्रकार की नहीं होती हैं। सामान्यत: नगर इकाइयों में सघनता, केन्द्रीकरण, गैरकृषि आवास जैसे विशेष लक्षण पाए जाते हैं। आकार में ये नगर, पुरवा (Hamlet) से महानगर तक की विविधता वाले होते हैं। नगरीय शब्द को कस्बा, नगर, उपनगर, महानगर, विश्व नगर, नगरीय समूहों आदि शब्दों के स्थान पर उपयोग में लिया जाता है। यहां नगरीय स्थानों के संदर्भ में प्रयोग किए जाने वाले विभिन्न शब्दों की परिभाषा देना यहां अत्यधिक प्रासंगिक होगा—

1. नगर (City)

नगर शब्द का प्राय: प्रयोग बड़े नगरीय स्थान के लिए किया जाता है, यद्यपि छोटे कस्बे से अलग बताने के लिए इसकी कोई सुनिश्चित परिभाषा नहीं है। कुछ देशों में नगर (City) शब्द का अर्थ प्रशासनिक संस्तरण में एक विशेष स्तर से होता है। नगर एक केन्द्रीकृत अधिवास होता है, जो प्रकृति से बहुकार्यात्मक होता है तथा जिसमें एक सुव्यवस्थित केन्द्रीय व्यापार क्षेत्र और आवासीय एवं अनावासीय दोनों प्रकार की बस्तियां सम्मिलित होती हैं।

2. कस्बा (Towns)

कस्बा, प्राय: निर्धारित जनसंख्या के एक अधिवास वाले नगरीय स्थान के लिए एक सामान्य नाम है। सामान्यत: नगर से कस्बे की अलग से पहचान बताने के लिए इसका कोई सुनिश्चित आकार स्वीकृत नहीं है। कुछ देशों में जैसे संयुक्त राज्य अमेरिका, इंग्लैण्ड, इटली, स्पेन, भारत, पाकिस्तान और बांग्लादेश में स्थानीय शासन के लिए, प्रशासनिक व्यवस्था में कस्बों का एक विशेष स्थान होता है। सामान्यत: कस्बा आकार में छोटा होता है और नगरों की तुलना में कार्यों की जटिलता भी कम होती है, किन्तु फिर भी इसमें व्यापारिक कार्यों का केन्द्रीकरण पाया जाता है।

3. उपनगर (Suburb)

यह एक बड़े नगरीय कॉम्पलेक्स का कार्यात्मक दृष्टि से एक विशिष्ट खण्ड होता है जो केन्द्रीय नगर की सीमा से बाहर अवस्थित होता है। सामान्यतयाः इसमें एक अपेक्षाकृत समरूप

आवासीय समुदाय होता है जिसका प्रशासन अलग से किया जाता है। उपनगर मुख्य रूप से आवासीय, औद्योगिक अथवा वाणिज्यिक हो सकते हैं, किन्तु उनके द्वारा भूमि उपयोग और कार्यों के विशिष्टीकरण से वे स्वयं में आत्मनिर्भर नहीं होते। ये अपनी सीमाओं से बाहर के नगरीय क्षेत्रों के भाग तथा उनसे सह सम्बन्धित होते हैं। फिर भी इनका स्वतंत्र राजनीतिक अस्तित्व हो सकता है। ऐसे बड़े नगर जिनके कई उपनगर होते हैं, सामान्यत: ऐसे नगरीय क्षेत्र के उस भाग को केन्द्रीय नगर कहा जाता है जो मुख्य नगर की सरकारी सीमाओं के अन्तर्गत आता है तथा जिसके चहुँओर उपनगरों का विकास हुआ है। जब ऐसे क्षेत्रों को अलग से सम्मिलित किया जाता है, तब सभी प्रकार के नगरीय स्थानों को प्राय: विधि नगर कहते हैं।

4. नगरीकृत क्षेत्र (Urbanized Area)

निरन्तर रूप से विकसित ऐसे भू-भाग को एक नगरीकृत क्षेत्र कहा जाता है जिसको भवनों और जनसंख्या के घनत्व द्वारा परिभाषित किया जाता है। नगर की राजनीतिक सीमाओं को कोई महत्त्व नहीं दिया जाता है। इस प्रकार के क्षेत्र को वास्तविक नगर के रूप में देखा जा सकता है और जिसमें एक केन्द्रीय नगर और कई सटे हुए नगर, उपनगर और अन्य नागरिक क्षेत्र सम्मिलित होते हैं।

5. महानगर क्षेत्र (Metropolitan Area)

महानगर क्षेत्र से तात्पर्य एक ऐसे बड़े आकार वाले कार्यात्मक नगर से है जिसमें कई नगर क्षेत्र सम्मिलित होते हैं। यह विछिन्न बने रहने पर भी एक संगठित और सम्बद्ध सम्पूर्ण आर्थिक इकाई के रूप में कार्यरत रहता है।

6. महानगर (Megacity)

एक ऐसा नगर अथवा नगरों का समूह जिसकी जनसंख्या 80 लाख अथवा इससे अधिक होती है, महानगर (Megacity) कहलाता है। मैक्सिको सिटी, टोक्यो, पेरिस, मुंबई, कोलकाता, देहली, कायरो आदि महानगर के कुछ उदाहरण हैं।

7. नगरीय संस्तरण (Urban Hierarchy)

नगरों को उनके आकार और कार्यात्मक जटिलता के आधार पर श्रेणीबद्ध किया जाना नगरीय संस्तरण कहलाता है।

8. उपनगरीय समूहन (Conurbation)

निरन्तर रूप में विस्तारित ऐसा नगरीय क्षेत्र, जिसकी रचना कई पूर्व पृथक विस्तारित नगरों द्वारा हुई होती है, उपनगरीय समूहन के नाम से जाना जाता है। इस अवधारणा की रचना पैट्रिक गैड्स ने की है। आजकल इस अवधारणा के स्थान पर 'महानगर क्षेत्र' के पद का प्रयोग किया जा रहा है। यू. के., संयुक्त राज्य अमेरिका, फ्रांस, और जर्मनी में बहुत से उपनगरीय समूहन हैं। भारत में त्रिवेन्द्रम-कन्याकुमारी की बस्ती विकसित होते हुए उपनगरीय समूहन का एक

उदाहरण है। आगरा, मथुरा, दिल्ली, पानीपत, अम्बाला से चंडीगढ़ तक एक नया उपनगरीय समूहन विकसित हो रहा है। इसी प्रकार का एक अन्य उपनगरीय समूहन दिल्ली, मोदीनगर, मुज्जफरनगर, रूड़की से हरिद्वार की ओर विकसित हो रहा है।

9. मेगलोपॉलिस (Megalopolis)

इस शब्द का प्रयोग जीन गौटमन्न ने संयुक्त राज्य अमेरिका के उत्तर-पूर्वी समुद्री किनारे पर विकसित हो रहे नगरीय प्रतिमान की व्याख्या करने के लिए किया है। (यह शब्द ग्रीक शब्द 'ग्रेट' और 'सीटी' से लिया गया है।) गौटमन्न ने एक विशाल उपनगरीय समूहन जुड़े निर्मित क्षेत्रों की समूहन के रूप में पहचान की है। (इन जुड़े हुए समूहों के बीच काफी खुली जमीन नहीं होती है) इस प्रकार का नगरीय प्रतिमान बोस्टन में न्यू हेम्पशायर से लेकर वर्जीनिया में नोरफोक तक 960 तक फैला हुआ है।

चित्र 8.27 *मंडलन प्रतिरूप : बर्गेस का जोनल मॉडल (पार्क, बर्गेस एवं मैकेन्जी, 1925)*

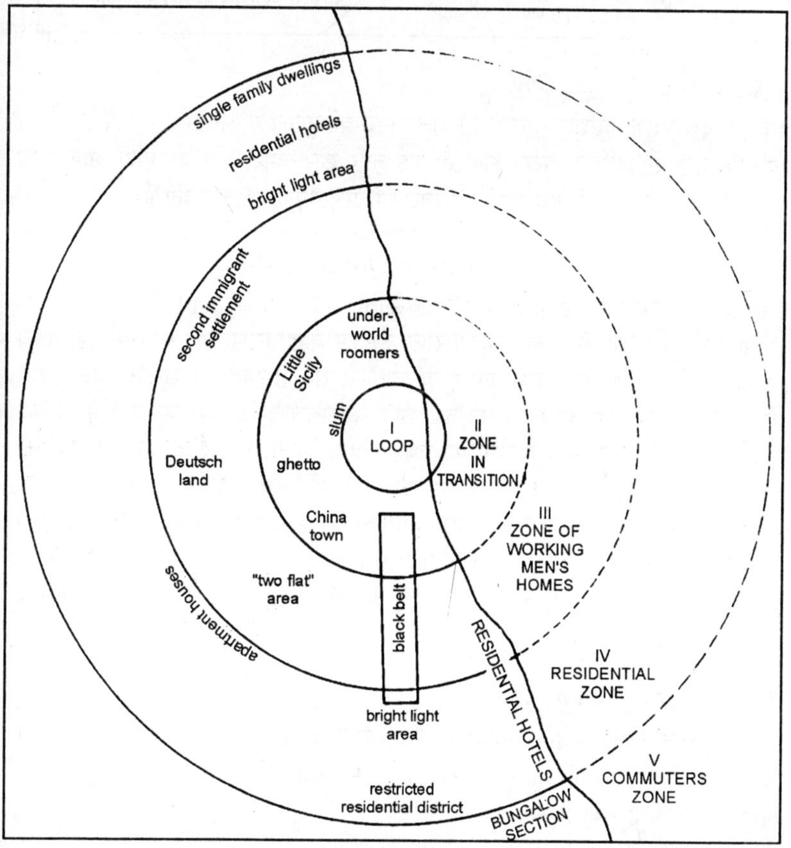

चित्र 8.28 *एक नगर का मंडलन*

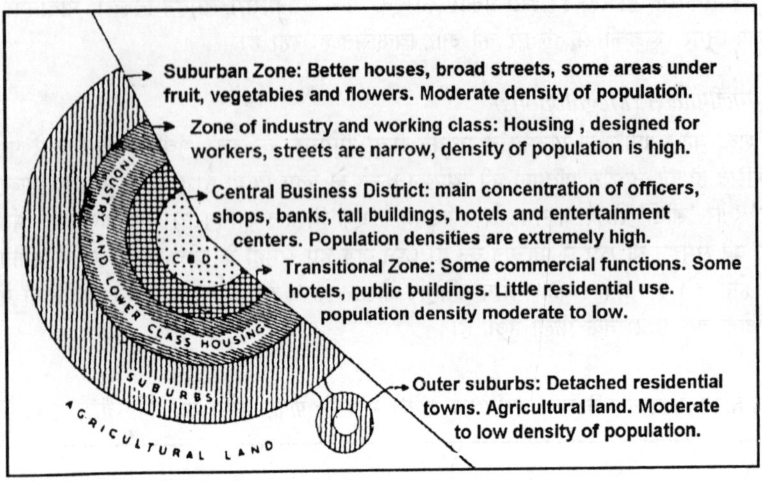

10. प्रमुख नगर (Primate City)

यह किसी देश/प्रदेश का शीर्ष नगर है जो अन्य नगरों की तुलना में असीमित रूप में बड़ा तथा कार्यात्मक दृष्टि से अधिक जटिल होता है। यह नगर छोटे नगरों और अन्तर्वर्ती आकार के नगरों रहित आधार पर बने हुए नगरीय संस्तरण में प्रभुत्वपूर्ण स्थान रखता है।

11. केन्द्रीय व्यापार क्षेत्र (Central Buisness District-CBD)

यह नगरीय क्षेत्र का केन्द्र होता है, जहां व्यावसायिक भूमि उपयोग (दुकानें, कार्यालय तथा कुछ माल गोदाम) का मुख्य केन्द्रीकरण रहता है। यह केन्द्रीकरण नगर के सर्वाधिक पहुँच वाले बिन्दु और उसके अधिकतम भूमि मूल्य, दोनों से सम्बद्ध रहता है। केन्द्रीय व्यापार क्षेत्र (CBD) में भूमि उपयोग अधिक सघन तथा नगर के सबसे ऊंचे भवन बने होते हैं। इसका सीमित क्षेत्र प्राय: अलग भूमि उपयोग की यथेष्ट क्षेत्रीय भिन्नताएं प्रदर्शित करता है, जिनका अलग किया जाना बाह्य अर्थव्यवस्थाओं की खोज को प्रतिबिम्बित करता है। केन्द्रीय व्यापार क्षेत्र के केन्द्र के चारों ओर तनिक कम सघन उपयोगों का ढांचा होता है जिनमें सामान्यत: कुछ औद्योगिक (प्राय: छोटे प्रतिष्ठान) और माल गोदाम का क्षेत्र होता है। नगर के अव्यवस्थित फैलाव और विकेन्द्रीकरण के कारण अधिकांश केन्द्रीय व्यावसायिक क्षेत्र अब खत्म हो रहे हैं। (चित्र 8.27, 8.28)

नगरों का मंडलन (Zoning of Towns)

नगरों के भौतिक स्वरूप (Morphology) के अध्ययन में, नगरों के भीतर भूमि उपयोग और कार्यों के सम्बन्ध में जानना महत्त्वपूर्ण होता है। निम्नांकित पंक्तियों में नगरों के मंडलन का संक्षिप्त वर्णन किया गया है—

जनसंख्या मंडल/खण्ड (Population Zone)

नगरों में जनसंख्या समूहों की भिन्नताओं का पाया जाना, नगरों में मंडलन का प्रत्यक्ष परिणाम है। उदाहरण के लिए पृथक नस्ल अथवा भाषा समूह के लोगों में अंशत: अपने देशवासियों की संगति और कुछ अंश में उनके धर्म, परम्परागत, भोज्य सामग्री, रीति-रिवाज, परम्पराओं, भाषा अथवा उनकी भाषा के अखबार और पत्रिकाओं के उस क्षेत्र विशेष में उपलब्ध रहने के कारण तथा कुछ अंश तक नगर के अन्य भागों में उनके प्रति पूर्वाग्रहों के कारण एक साथ एक स्थान पर एकत्रित होने की प्रवृत्ति होती है।

अतएव, भारत के हिन्दी क्षेत्र के बड़े नगरों और महानगरों में स्पष्ट रूप में मुस्लिम अल्पसंख्यकों की बस्तियां जैसे दिल्ली में जाकिर नगर, बटला हाउस, नूरु नगर, ओखला विहार, जुहरी फार्म, गफ्फार मंजिल और सेलमपुर, मुंबई में भिंडी बाजार, अहमदाबाद में दरयापुर, मेरठ में खैर नगर, पटना में सुल्तानगंज और लखनऊ में अमीनाबाद हैं। संयुक्त राज्य अमेरिका में अलग से स्पष्ट रूप में नीग्रो क्षेत्र हैं, जैसे न्यूयॉर्क में हरलेम। इसी प्रकार, इंग्लैण्ड के नगरों में कुछ क्षेत्र ऐसे हैं जहां पश्चिमी द्वीप समूह से आए लोग, बांग्लादेशी और पाकिस्तानी लोग जनसंख्या के एक वृहद् अनुपात में रहते हैं। दूसरी ओर, अनेक उष्णकटिबन्धीय नगरों में अलग से यूरोपवासियों के क्षेत्र हैं, जहां पूर्व के उपनिवेशी शासक अथवा आज के परामर्शदाता, व्यापारी अथवा विश्वविद्यालय के कर्मचारी निवास करते हैं। इस प्रकार के नगरों के इन क्षेत्रों को भीड़-भाड़ से बचाया जाता है और उसके साथ ही यूरोपवासियों को उनके देशवासियों के निकट रहने की सुविधा रहती है।

किन्तु प्रमुख जातीय भिन्नताएं ही केवल जनसंख्या मंडलन को बढ़ावा देने वाले कारक नहीं होते हैं। यूरोप और मध्य-पूर्व के अनेक नगरों में यहूदी बस्तियां पाई जाती हैं। लंदन में भी भारतीय, यूनानी, इटलीवासियों और आयरिश लोगों के बहुल क्षेत्र हैं। बोन जर्मनी में तुर्की बहुल बस्तियां हैं। पश्चिमी अफ्रीका में आदिवासी समूहीकरण अधिक महत्त्वपूर्ण है। अधिकांश दक्षिण पूर्व एशिया के नगरों में अनेक चीनी बहुल क्षेत्र हैं और मलेशिया में मलय, चीनी और भारतीय व्यापारिक और आवासीय क्षेत्र हैं। उत्तरी आयरलैण्ड में धार्मिक भिन्नताएं महत्त्वपूर्ण कारक हैं, उदाहरण के लिए बेलफास्ट में कुछ सड़कों पर पूर्ण रूप से कैथोलिक लोगों की बस्तियां हैं, जबकि अन्य क्षेत्र में प्रोटेस्टेंट लोगों की बहुलता पाई जाती है। कभी-कभी सांस्कृतिक भिन्नताएं भी महत्त्वपूर्ण कारक होते हैं, उदाहरण के लिए पेरिस के लेटिन क्षेत्र में विद्यार्थी, बुद्धिजीवी और कलाकार एकत्रित हो गए हैं।

कुछ नगरों में जनसंख्या मंडलन, केवल आय की भिन्नता के कारण हुआ है। इस प्रकार उपनगरों के बड़े भवन, उद्यान और रमणीय वृक्षों से ढंकी सड़कों के भवनों में धनाढ्य व्यक्ति निवास करते हैं, जबकि अधिकांश नगरों के मध्य के निकट निर्धन लोग टूटे-फूटे घरों में निवास करते हैं। कभी-कभी नगर के मध्य भाग के निकट उच्च्च वर्ग का निवास स्थान होता है, जैसे लन्दन में नाइट्स ब्रिज और दिल्ली में चाणक्यपुरी, डिफेंस कॉलोनी, गोल्फ लिंक, सुन्दर नगर न्यू फ्रेन्ड्स कॉलोनी, ग्रेटर कैलाश और बसन्त विहार

बस्तियां हैं। अनेक अविकसित देशों में, जहां लोगों की किराए के मकान में रहने की सामर्थ्य नहीं होती, वहां वे गत्ता और लोहे की नालीदार चादरों से नगरों के किनारे अपनी झोपड़ियां बना लेते हैं। दिल्ली में गोविन्दपुरी, सीलमपुर, बटाला हाउस और खिरचीपुर ऐसे ही झोपड़-पट्टी क्षेत्र हैं। एशिया, अफ्रीका और दक्षिण अफ्रीका के अनेक नगरों के चारों ओर इस प्रकार की बस्तियां पाई जाती हैं, जैसे रियो-डी-जेनेरो, कोलकाता, मुंबई, अहमदाबाद, दिल्ली, जोहानसबर्ग, बैंकॉक, जकार्ता, मनीला। इस प्रकार की बस्तियों में देहात से निर्धन लोगों द्वारा नगरों की ओर प्रवास अथवा हांगकांग और हो-ची-मिन्ह जैसे नगरों में शरणार्थियों ने स्थिति को और अधिक गंभीर बना दिया। संयुक्त राज्य अमेरिका तथा ब्रिटेन में आप्रवासियों और स्थानीय अश्वेत लोग नगरों में प्राय: अन्य लोगों की तुलना में कम धनी होते हैं और यही कारण इन्हें पृथक क्षेत्रों में रहने में सहायता करता है। प्राय: इनके मकान झोपड़-पट्टी के समान होते हैं। कुछ स्थितियों में जनसंख्या खण्ड/मण्डल, कार्यात्मक खण्ड बन जाते हैं।

नगरीय भूमि उपयोग संरचना का प्रतिरूप/मॉडल
(Models of Urban Land Use Structure)

अनेक संकेन्द्रित क्षेत्रों से बने हुए नगरीय स्थानिक संरचना और वृद्धि के एक प्रतिरूप को चित्र 8.28 में प्रदर्शित किया गया है। शिकागो नगर के अध्ययनों के आधार पर ई. डब्ल्यू . बर्गेस ने पांच क्षेत्र (मंडल) बताए हैं: (1) केन्द्रीय व्यापार क्षेत्र (सी. बी. डी.), (2) संक्रमणशील क्षेत्र, (3) श्रमिक व्यक्तियों के घरों वाला क्षेत्र (द्वितीय पीढ़ी की आप्रवासी बस्तियां), (4) बेहतर आवासों का क्षेत्र (मध्यम वर्ग के व्यक्तियों के आवास), और (5) दैनिक आने-जाने वाले क्षेत्र (उच्च वर्ग के लोगों के आवास)। आप्रवास के कारण वृद्धि होती है। नए आवासी द्वितीय क्षेत्र की ओर बढ़ते हैं। जैसे ही सभी समूह बढ़ती हुई नकारात्मक समस्याओं से बचने के लिए नगर की परिधि की ओर बढ़ते हैं, 'आक्रमण' और अनुक्रमण की प्रक्रियाओं की शुरुआत हो जाती है। नगर विकास और भूमि उपयोग प्रतिमानों के सामान्यीकृत मॉडल, नगरीय संरचना की संगठित शक्तियों और नियन्त्रणों के दिखाई देने वाले परिणामों को प्रस्तुत करने के लिए प्रस्तावित किए गए हैं। जैसा कि प्रत्येक पुराने केन्द्रीय नगर में होता है, उनका सुस्पष्ट प्रारम्भिक बिन्दु 'केन्द्रीय व्यापार का क्षेत्र,' (CBD) होता है। इस क्षेत्र के मुख्य भाग की विशेषता सघन भूमि विकास है, जिनमें बड़े-बड़े भवन, अनेक स्टोर्स और कार्यालय, भीड़ भरी सड़कें होती हैं। केन्द्रीय व्यापारिक क्षेत्र के मुख्य भाग के बाहर की ओर सीमान्त भाग होता है। यह क्षेत्र थोक व्यापार कार्यों, परिवहन का अंतिम स्टेशन, माल गोदामों, नई कार के व्यापारियों, फर्नीचर स्टोर्स, मनोरंजन केन्द्र और यहां तक कि हल्के उद्योगों जैसे कार्यों का क्षेत्र होता है। केन्द्रीय व्यापार क्षेत्र (CBD) के बाहर, आवासीय भूमि उपयोग प्रारम्भ होता है।

चित्र 8.28 में प्रदर्शित भूमि उपयोग मॉडल, केन्द्रीय व्यावसायिक क्षेत्र से बाहर प्रतिमानों का उनके संक्षिप्त विवरणों में भिन्नता प्रदर्शित करता है। 'संकेन्द्रीय मंडल मॉडल' (चित्र 8.28) समाज वैज्ञानिकों द्वारा अमेरिकन नगरों के अध्ययन किए गए

प्रतिमानों को स्पष्ट करने के लिए विकसित किया गया था। यह मॉडल, केन्द्र से सभी दिशाओं में बढ़ती हुई दूरी में अधिकांशत भिन्नताओं के पांच संकेन्द्रीय वृत्तों को प्रदर्शित करता है—

1. यह एक उच्च घनत्व वाला केन्द्रीय व्यावसायिक क्षेत्र (मुख्य भाग) होता है, जहां थोक व्यापार, गोदाम हल्के उद्योग और उसके सीमान्त क्षेत्र में परिवहन डिपो आदि होते हैं।
2. जैसे-जैसे नगर का विकास होने लगता है, यह खंड एक संक्रमणशील क्षेत्र बनता जाता है जिसमें पूर्व सम्पन्न लोगों द्वारा परित्यक्त पुराने आवासीय घरों के साथ-साथ अब वहां कम आय वालों की झोपड़-पट्टी, एक कमरे वाले घर और संभवत: नृजातीय गंदी बस्तियां, जो 'घेटो' कहलाती हैं, स्थान लेती जाती हैं।
3. इस क्षेत्र में 'श्रमिकों के स्वतंत्र घर' होते हैं जहां औद्योगिक श्रमिक निवास करते हैं।
4. इस क्षेत्र में अच्छे आवास, एकाकी परिवारों के निवास, ऊंचे किराए वाले फ्लैट्स, जहां सम्पन्न लोग निवास करते हैं, जो मकानों की स्थिति को अधिक महत्त्व देते हैं और जो केन्द्रीय व्यापार क्षेत्र में कार्य पर जाने के लिए अधिक महंगी यात्रा कर सकने में सक्षम होते हैं।
5. दैनिक आने-जाने वाले लोगों (Commuters) का कम घनत्व वाला पृथक्कृत आवासीय उपनगर। क्षेत्र का तभी उभरना आरम्भ हुआ था जब 1920 में इस मॉडल को प्रस्तावित किया गया था।

यह मॉडल गतिशील है। यह आन्तरिक वृत्त पास के बाहरी विकसित मण्डलों की कीमत पर, निरन्तर विस्तार की कल्पना करता है। यह मॉडल बताता है कि जैसे ही एक क्षेत्र से कार्य और लोगों का दूसरे निकट के क्षेत्र में पलायन होना आरम्भ होता है, इसके परिणामस्वरूप भूमि उपयोग और जनसंख्या के प्रतिमानों में परिवर्तन होने लगता है। धीरे-धीरे पहले से अधिकृत क्षेत्रों और सम्पत्ति पर अधिकार जमा कर और अन्तत: पूर्व के निवासियों और कार्यों को विस्थापित कर देते हैं। आक्रमण और उत्तराधिकार का यह सिलसिला पुनर्संरचित भूमि उपयोग प्रतिमान और आय के स्तर के अनुसार जनसंख्या पृथक्करण नवीन सामाजिक भूगोल का सृजन करता है।

नगरीय आकारिकी के सम्बंध में होमा-हयात (Homer Hoyat) तथा एम.आर. डेविस ने सेकटोरल मॉडल (Sectoral Model) का परिपादन 1939 में किया, और 1945 में C.D. Harris तथा E.L. Ullman महोदय बहु-केन्द्रीय (Multi-nuclei model) प्रस्तुत किया (देखिए Models in Geography, 2007, Rawat Publication, Jaipur)।

कार्यात्मक मंडलन (Functional Zoning)

नगर में अलग प्रकार की बस्तियों, भिन्नताओं का केवल एक रूप नहीं है। आर्थिक नियमों की कार्य प्रणाली का परिणाम प्राय: नगरों का कार्यात्मक मंडलन होता है। इस प्रकार, उदाहरण के लिए दुकानों के लिए सर्वोत्तम स्थिति नगर के केन्द्र के निकट व्यस्त सड़कों पर होती है, जहां

अधिकांश लोग पहुच सकें। इसी प्रकार, यदि किसी कार्यालय के कर्मचारी नगर की सभी दिशाओं से आते हों तो उस कार्यालय की आदर्श स्थिति नगर के मध्य में होनी चाहिए, जहां परिवहन मार्ग आकर मिलते हैं। दूसरी ओर, नगर के बाह्य परिसर में आवासीय भूमि उपयोग पाया जाता है, जहां सड़कें शान्त और अधिक सुहावनी होती हैं और बगीचों के लिए भी भूमि उपलब्ध रहती है और चूंकि नगर के मध्य की भूमि की मांग सभी प्रकार की व्यापारिक संस्थाओं द्वारा अपनी केन्द्रीय स्थिति के कारण अधिक रहती है, अत: यह भूमि अत्यधिक मूल्यवान हो जाती है।

संयुक्त राज्य अमेरिका में, जहां इसका सर्वाधिक विकास हुआ है और जहां इस तथ्य का सर्वाधिक अध्ययन किया गया है, भूमि उपयोग मंडलों की सम्पूर्ण श्रृंखला नगर के केन्द्र से हट कर बाहर की ओर एक-दूसरे का स्थान ले लेती है। इसका केन्द्र, केन्द्रीय व्यापार क्षेत्र (CBD) होता है जहां भूमि का मूल्य सबसे अधिक होता है और भूमि का उपयोग प्राय: कार्यालय भवनों, बड़ी-बड़ी दुकानों और स्टोर्स तथा अन्य व्यापारिक कार्यों के लिए सीमित रहता है। इस मूल्यवान भूमि का सर्वाधिक उपयोग करने के लिए गगनचुम्बी भवन बनाए जाते हैं, जिससे कि अधिकतम लोग अपनी दुकानें और कार्यालय इस नगर केन्द्र में स्थापित कर सकें। केन्द्रीय भाग का, अधिक लोगों द्वारा उपयोग किए जाने के कारण भूमि मालिक को किराए के रूप में अधिक धनराशि प्राप्त होती है, अर्थात् यहां भूमि अधिक महंगी रहती है। इस प्रकार केन्द्रीय व्यापार क्षेत्र में दुकानों, कार्यालयों, गगनचुम्बी अट्टालिकाओं का अधिकतम समूहीकरण पाया जाता है और यह नगर में परिवहन के साधनों का मुख्य केन्द्र बिन्दु होता है।

केन्द्रीय व्यापार क्षेत्र (CBD) के आसपास प्राय: संक्रमण क्षेत्र पाया जाता है जिसमें भिन्न-भिन्न प्रकार के भूमि उपयोग पाए जाते हैं। इस क्षेत्र के कुछ भागों में पुराने भवन होते हैं, जो केन्द्रीय व्यापार क्षेत्र के विकास द्वारा प्रतिस्थापित कर दिए जाते हैं अथवा अन्य संक्रमणीय कार्यों में बदल जाते हैं जैसे पेट्रोल पम्प, कारें बेचने के स्टोर्स, सुपर बाजारों, छात्रावासों, होटलों और कुछ प्रकार की औद्योगिक क्रियाओं में बदल दिए जाते हैं। इस प्रकार का उपयोग, केन्द्रीय स्थिति की आवश्यकता और भूमि के मूल्य के बीच टकराव को प्रदर्शित करता है। उदाहरण के लिए पेट्रोल भराव केन्द्रों और कारों के व्यापार के स्थान के लिए स्पष्टतया केन्द्रीय स्थिति की आवश्यकता होती है, जहां से वे अधिकतम ग्राहकों को सेवा दे सकें, किन्तु इनके द्वारा अधिक स्थान घेरे जाने के कारण बड़े-बड़े भवनों में सुगमता से स्थापित नहीं किए जा सकते हैं। इसी कारण वे केन्द्रीय व्यापार क्षेत्र के सीमान्त क्षेत्र में बनाए जाते हैं, जहां भूमि का मूल्य साधारण होता है। केन्द्रीय व्यापार क्षेत्र के बाहर कुछ होटल, शासकीय कार्यालय और न्यायालय स्थापित होते हैं, जहां का पास-पड़ोस अधिक रमणीय होता है और भूमि का मूल्य भी कम होता है।

उसके बाद का क्षेत्र श्रमिकों के घरों और उद्योगों का होता है। यह क्षेत्र संभवत: कभी सम्पन्न लोगों का आवास क्षेत्र रहा होगा, किन्तु समय और यातायात के विकास और अन्य नगरीय समस्याओं ने इसका महत्त्व कम कर दिया। इस प्रकार निर्धन लोगों के

लिए साधारण घर होते हैं और यहां तक कि वे आपस में एक-दूसरे से भिड़े रहते हैं, या तो पुराने भवनों को फ्लैट्स में विभाजित कर दिया जाता है या पुरानी कोठरी के ब्लॉक अथवा पीठ से पीठ भिड़े मकानों अथवा आधुनिक फ्लैट्स में पुराने भवनों को बदल दिया जाता है। यह खण्ड, श्रमिक वर्ग के लोगों का आवासीय क्षेत्र होता है जो इस खण्ड से बाहर के क्षेत्र में जाकर अच्छे मध्यमवर्गीय मकानों में निवास कर सकने में समर्थ नहीं होते हैं। इन क्षेत्रों में, श्रमिकों की अधिकता का यह भी कारण होता है कि यहां औद्योगिक इकाइयां भी होती हैं क्योंकि यहां पर भूमि अपेक्षत: सस्ती होती है।

निर्धन आवासीय भागों से बाहर एक मेखला ऐसी होती है जहां भूमि का मूल्य पुन: बढ़ने लगता है, यद्यपि यह कीमत केन्द्रीय व्यापार क्षेत्र (CBD) की कीमतों तक तो नहीं बढ़ पाती है। इन उपनगरों में मध्यमवर्गीय लोगों से लेकर सम्पन्न लोग तक निवास करते हैं। इस उपनगर को दैनिक यात्रियों की मेखला के अन्तर्गत रखा जाता है, जहां पुराने गांवों और नगरों तथा आधुनिक विकसित बस्तियों में वे लोग निवास करते हैं जो नगर के केन्द्रीय भाग में स्थित कार्यालयों में काम करने के लिए प्रतिदिन यात्राएं करते हैं। इन उपनगरों के बीच में कृषि भूमि क्षेत्र का विस्तार रहता है। इस कृषि भूमि पर सर्वाधिक लाभकारी प्रकार की कृषि की जाती है, जैसे बागवानी, डेयरी व्यवसाय और सघन मुर्गी पालन जो नगर के निवासियों को ताजा सब्जियां, फल, दूध आदि उपलब्ध कराती हैं। इस मेखला के बाहर पुन: एक मेखला मिश्रित कृषि की रहती है जिसमें फलोत्पादन और पशुपालन किया जाता है। इस मेखला के बीच में छोटे-छोटे कस्बे अथवा बड़े हुए ग्रामीण क्षेत्र पाए जाते हैं जिनका कार्य केवल आवासीय होता है और जहां दैनिक आने-जाने वाले लोग निवास करते हैं, किन्तु ये सही अर्थ में उपनगर जैसे निरन्तर नगरीय अधिवास की तरह नहीं होते हैं। इस प्रकार कार्यात्मक मंडलन का समस्त कस्बे से आस-पास के देहात तक प्रसार रहता है।

केन्द्रीय व्यापार क्षेत्र (CBD) का विकास, अमेरिकी नगरों में अधिक सुस्पष्ट और यूरोप के नगरों में काफी विकसित है तथा पुराने उपनिवेशिक नगरों जैसे साउथ आइलैण्ड (जिसे बाद में यूरोप से आए आप्रवासियों ने बसाया था) तथा ऑस्ट्रेलिया, दक्षिण अफ्रीका और जिम्बाब्वे में भी केन्द्रीय व्यापार क्षेत्र स्पष्ट रूप से विकसित दिखाई देते हैं। यद्यपि इन उपनिवेशिक नगरों में अफ्रीकी और एशियाई नगरों की कुछ विशेषताएं भी पाई जाती हैं जैसे कि थड़ी वाला क्षेत्र (Squatter Zones)। केन्द्रीय व्यापार क्षेत्र (CBD) का विकास, एशिया और अफ्रीका के नगरों में कम हुआ है। इस प्रकार की भिन्नताओं का कारण अलग-अलग देशों में अलग-अलग है।

एशिया और अफ्रीका पर भी ये ही कारण चरितार्थ होते हैं। यहां पुराने भवन महत्त्वपूर्ण बन जाते हैं। किन्तु विशेषकर एशिया में एक कारक दुकान-घर की पारम्परिक संस्था का भी है, जो नगर केन्द्र को न केवल मुख्य व्यापारिक केन्द्र बनाती है, वरन् नगर का सबसे अधिक घना आवासीय क्षेत्र भी बना देती है। यह मूल केन्द्रीय व्यापार क्षेत्र से ठीक विपरीत होता है जो रात्रि में पूर्ण रूप से निर्जन हो जाता है, क्योंकि वहां पर केवल दुकानें और कार्यालय ही स्थित होते हैं जो केवल कार्य के समय ही खुले रहते हैं।

एशियाई नगरों में, दुकानें प्राय: छोटी होती हैं और रहने का स्थान भी उसी भवन में रहता है। इन देशों में डिपार्टमेंटल स्टोर्स की संख्या कम पाई जाती है, क्योंकि यहां ऐसे व्यापारी कम हैं जिनके पास इस प्रकार के स्टोर्स चलाने के लिए पर्याप्त संसाधन होते हैं अथवा बाजार इस प्रकार के स्टोर्स की स्थापना को प्रश्रय नहीं देता है। इसका परिणाम, अधिक संख्या में दुकानों का पाया जाना और स्पष्टत: कम ऊंचाई वाले भवन और नगर के केवल निश्चित भाग में कार्यालयों के बड़े-बड़े भवन पाए जाते हैं। यही कारण है कि प्राय: नगर केन्द्र द्वारा घिरे हुए क्षेत्र का घेरा काफी बड़ा होता है। केन्द्रीय व्यापार क्षेत्र मॉडल पर कार्यात्मक मंडलन अपेक्षत: कम विकसित हो पाते हैं, इसीलिए केन्द्र में एक विस्तृत व्यापारिक भाग, मुख्य सड़क के सहारे व्यापारिक और औद्योगिक क्रियाओं के कुछ भाग के साथ, चारों ओर से विस्तृत आवासीय भाग से घिरा रहता है। आधुनिक औद्योगिक क्रिया बहुधा, नगरों के बाहरी क्षेत्र में की जाती है क्योंकि केन्द्रीय भाग में बड़े औद्योगिक प्रतिष्ठानों के लिए भवनों के निर्माण में अधिक भीड़-भाड़ एक बाधा रहती है। थड़ी वाला (Squatter) क्षेत्र नगर के सीमान्त क्षेत्र में एक अतिरिक्त क्षेत्र होता है।

इस प्रकार के परम्परागत नगरों के प्रारूप, अब कुछ अंशों में स्वत: आर्थिक चयन, और कुछ अंशों में नियोजन के द्वारा बदल रहे हैं। नगरों के ऐसे भागों में जहां पर्यटक अधिक आते हैं, जैसे हांगकांग, बैंकॉक और सिंगापुर पश्चिमी देशों के प्रतिमानों की ओर बढ़ रहे हैं। अन्य स्थानों पर उदाहरण के लिए जैसा कि कुआलालंपुर में थड़ी वाले क्षेत्रों को साफ कर दिया गया है। वहां नए सस्ते फ्लैट्स और मकान बनाए जा रहे हैं तथा नगर के केन्द्रीय भाग में कार्यालय भवनों के ब्लॉकों को सक्रियता से बढ़ावा दिया जा रहा है।

अनेक अफ्रीकी और एशियाई देशों के नगरों में यद्यपि मंडल/खण्ड संकेन्द्रीय वृत्त में बिल्कुल नहीं होते हैं, इसका आंशिक कारण यह है कि भिन्न-भिन्न जातीय और राष्ट्रीय समूहों का किसी एक विशेष कार्य पर केन्द्रीकरण रहता है। उदाहरण के लिए दक्षिण-पूर्वी एशिया में चीनी लोग और अफ्रीका के विभिन्न भागों में भारतीय और सीरियावासी व्यापार कार्य पर केन्द्रित हैं, परिणामस्वरूप जिस क्षेत्र में ये लोग निवास करते हैं, वह क्षेत्र व्यापारिक कार्य का क्षेत्र बन जाता है। यह अकेला व्यापारिक क्षेत्र हो सकता है अथवा अन्य समूहों के प्रभुत्व वाले अन्य व्यापारिक क्षेत्र भी हो सकते हैं। इसके अतिरिक्त, कुछ विशेष प्रकार के शिल्पी और लघु निर्माता जैसे सुनार, चमड़े का काम करने वाले आदि नगर के निश्चित मार्गों और क्षेत्रों में एकत्रित हो जाते हैं।

अनेक पुराने नगरों के केन्द्रीय भाग में नवीन भवनों के लिए स्थान नहीं होता। अत: जब यूरोपीय प्रशासकों ने राजकीय भवनों, जिला मुख्यालयों तथा कृषि भवनों का निर्माण करना चाहा, प्राय: उन्होंने विद्यमान केन्द्र से दूर स्थान का चयन किया। नई दिल्ली, इस्लामाबाद और तेहरान जैसे नगरों में अनेक ऐसे निश्चित क्षेत्र हैं, जहां प्रशासकीय कार्यालय केन्द्रित हैं। इसी प्रकार से राजकीय कर्मचारियों के लिए उनकी सेवा शर्तों के अनुसार आवास की व्यवस्था करने की प्रथा यह बताती है कि राजकीय कर्मचारी विशेष क्षेत्रों में निवास करने के लिए प्रवृत्त होंगे। अनेक अल्प विकसित देशों में भी उद्योगों का

विकास करने की आवश्यकता है। इस विकास को अलग से औद्योगिक एस्टेट स्थापित कर बढ़ावा दिया जा सकता है। इस प्रकार समस्त नगर में उद्योगों के वितरण किए जाने के स्थान पर उद्योगों का केन्द्रीकरण एक क्षेत्र में होता है। इसका एक अन्य कारक और भी है कि सरकार द्वारा श्रमिकों के लिए कम मूल्य के घरों की व्यवस्था एक विशेष क्षेत्र में केन्द्रित होती है, जहां भवन निर्माण के लिए भूमि उपलब्ध रहती है। यह भूमि औद्योगिक संस्थान के निकट हो सकती है अथवा उससे अलग भी हो सकती है।

ये सभी कारक मिलकर मंडल का प्रतिमान प्रस्तुत करते हैं जो असल में आर्थिक कारणों से असम्बद्ध होते हैं, जो विभिन्न लोगों द्वारा अथवा विशिष्ट कारणों से नगरों का थोड़ा-थोड़ा विकास और प्रसार प्रतिबिम्बित करता है। मध्यकाल के यूरोपीय नगर, उनके यहूदी व्यापार क्षेत्र, लुहार और कसाई की गलियां, नगर की चारदीवारी से बाहर उपनगरीय बस्तियां आदि सहित कुछ अंशों में इस प्रारूप से मेल खाते हैं, किन्तु सैकड़ों वर्षों के धीमे विकास ने पुराने प्रारूप को बदल दिया है। यह सही हो सकता है कि एशिया और अफ्रीका के नगरों के वर्तमान प्रारूप को इसी प्रकार बदल सकते हैं।

नगरीय संस्तरण (The Urban Hierarchy)

इसे जानने का प्रभावी तरीका नगरों की व्यवस्थाएं कैसे संगठित की जाती हैं, नगरीय संस्तरण के विषय में विचार करना है। नगरों का विभाजन, उनकी कार्यात्मक जटिलता और महत्त्व के आधार पर आकार-वर्गों में किया जा सकता है। प्रत्येक नगर अथवा महानगर जो कार्य सम्पन्न करते हैं, उनकी संख्या और प्रकार को नापने का कार्य कोई भी कर सकता है। संस्तरण एक पिरामिड के समान है जिसमें कुछ बड़े और जटिल नगर शीर्ष पर तथा अनेक छोटे साधारण नगर तल पर होते हैं। बड़े नगरों की अपेक्षा छोटे नगरों की संख्या हमेशा अधिक पाई जाती है। जैसे-जैसे पिरामिड में ऊपर जाते हैं नगरों की जटिलता बढ़ती जाती है, इसमें कोई भी सात स्तरीय संस्तरण देख सकता है।

जब संस्तरण में स्थानिक आयाम जोड़ दिया जाता है तो यह स्पष्ट हो जाता है कि महानगर केन्द्रों, बड़े नगरों, छोटे नगरों और कस्बों की एक स्थानिक व्यवस्था बन जाती है। नगर क्षेत्रों की अवस्थिति के अनुसार माल, सेवाएं, संचार और व्यक्ति, पदानुक्रम के अनुसार आते-जाते हैं। कुछ उच्च स्तर के महानगर विशिष्ट प्रकार के कार्य वृहद् क्षेत्र के लिए प्रस्तुत करते हैं, जबकि छोटे नगर, छोटे क्षेत्र को अपनी सेवाएं उपलब्ध कराते हैं। यहां पर यह उल्लेख करना उपयुक्त रहेगा कि नगर अपने चारों ओर के क्षेत्र से पारस्परिक क्रिया करते हैं, परन्तु समान स्तर के नगरों द्वारा मोटे तौर पर समान सेवाएं दी जाती हैं, वे एक-दूसरे को तब तक सेवाएं नहीं देते, जब तक प्रत्येक नगर कोई विशिष्ट सेवा जैसे किसी प्रदेश की राजनीतिक राजधानी अथवा कोई विश्वविद्यालय के रूप में नहीं देता। इस प्रकार किसी अनुक्रम में निश्चित स्तर के नगर स्वतंत्र नहीं होते हैं, वरन् अनुक्रम में अन्य स्तरों के नगरों से उनका अन्तर्सम्बन्ध रहता है। अनुक्रम में सभी नगर मिलकर सभी स्तर पर एक नगरीय व्यवस्था स्थापित करते हैं।

श्रेणी-आकार और प्रधानता (Rank-Size and Primacy)

श्रेणी–आकार की अवधारणा 1949 में जी.के. ज़िफ़ (G.K. Zipf) महोदय ने प्रस्तुत की थी। यह प्रेक्षण कि एक नगरीय व्यवस्था में बड़े नगरों की तुलना में छोटे नगर संख्या में बहुत अधिक होते हैं, (कम संख्या में बड़े) यह कथन अनुक्रम के बारे में है। अनेक बड़ी प्रादेशिक भिन्नताओं और विकसित अर्थव्यवस्था वाले अनेक विशाल देशों के लिए नगर आकार का 1/n होगा, अर्थात् सबसे बड़े नगरों में दूसरे स्थान वाला नगर, सबसे बड़े नगर का आधा होगा और 10वां सबसे बड़ा नगर आकार में बड़े नगर का 1/10 होगा।

जटिल अर्थव्यवस्थाओं में जहां नगरीय इतिहास पुराना होता है और नगरीकरण की शक्तियां अनेक और व्यापक रूप से फैली हुई होती हैं, श्रेणी–आकार व्यवस्था नगरों के आकार प्रतिमान का वर्णन कर सकती है। यद्यपि कोई भी राष्ट्रीय नगर व्यवस्था पूरी तरह से श्रेणी–आकार नियम की आवश्यकताओं को पूरा नहीं करती है, यहां तक कि रूस और संयुक्त राज्य अमेरिका में भी इस नियम से निकटता ही पाई जाती है। यह नियम विकासशील अर्थव्यवस्था वाले देशों, अथवा जहां एकल सर्वोच्च केन्द्र में कार्यों के केन्द्रीकरण द्वारा नगरीय आकार अनुक्रम विकृत हो गया है, पर कम लागू होता है।

कुछ देशों में नगर व्यवस्था, प्रमुख नगर, एक ऐसा नगर जो दूसरे क्रम वाले नगरों से दुगने से भी अधिक आकार का होता है, द्वारा प्रभावित होती है। वास्तव में, जहां दूसरे क्रम के नगर की स्पष्ट पहचान बिल्कुल नहीं होती है, वहां प्रमुख नगर की विशेषता उसका बहुत बड़ा नगर होना होता है, यहां अन्तवर्तीनगर या तो कम होते हैं अथवा बिल्कुल नहीं होते हैं तथा कई गौण छोटे अधिवास होते हैं। अंशत: इन देशों के प्रारूप उनके उपनिवेशकाल की परम्परा है, उस समय आर्थिक विकास, उपनिवेशिक प्रशासन और व्यापारिक क्रियाएं एक ही स्थान पर केन्द्रित थीं। कीनिया, मौजाम्बिक, सेनेगल और कई अफ्रीकी राष्ट्र इसके उदाहरण हैं। अन्य उदाहरणों में मिस्र और मैक्सिको का विकास और जनसंख्या वृद्धि से राजधानी नगरों में अनुपातहीन केन्द्रीकरण हुआ है, जिसका आकार इससे अधिक विकास और उत्थान की मांग करता है। कश्मीर घाटी में श्रीनगर और मेघालय में शिलांग प्रधान नगरों (Primate Cities) के विशिष्ट उदाहरण हैं।

जहां केन्द्रीय स्थानों (नगरों) की प्रमुखता रहती है, वास्तव में कुछ वर्गों के नगर जिनके विशेष आकार के अन्तर, भूमि उपयोग और जनसंख्या जो उसमें निवास करती है, उनके वर्ग को अलग करते हैं, निस्सन्देह नगरीय आकार अनुक्रम वाला नगर उनमें से एक होगा। नगरों की प्रकृति को समझना उनकी आन्तरिक विशेषताओं को समझे बिना अधूरा रहता है। फिर भी उन विशेषताओं में ऐसे नगर विश्व के नगरों की सार्वभौम एकरूपता की अपेक्षा प्रादेशिक भिन्नताओं के द्वारा अधिक पहचाने जाते हैं। अन्य निर्मित पर्यावरण के समान ही अधिवास न केवल अपने इतिहास को प्रतिबिम्बित करते हैं, वरन् उन समाजों, जो उनका सृजन करती हैं, की संस्कृतियों और प्रौद्योगिकियों को भी प्रतिबिम्बित करती हैं।

संकेन्द्रीय मंडल (Zone) और सेक्टर मॉडल में यह माना जाता है कि किसी एक केन्द्रीय स्थान, अर्थात वह स्थान जो मूल नगरीय अधिवास का स्थान था और जो बाद में केन्द्रीय व्यापारिक क्षेत्र (CBD) के रूप में विकसित हो गया, के बाहर से नगरीय वृद्धि और विकास होता है। इन ''एकल ग्रन्थि''(Single-node) मॉडल के विरोध में बहु-केन्द्रीय (Multiple-nuclei) मॉडल प्रस्तुत किए गए। इसकी धारणा है कि बड़े नगर एक बिन्दु से नहीं वरन् कई केन्द्र बिन्दुओं से परिधीय विकास करते हैं। विशिष्ट कार्यों के अलग केन्द्र जैसे व्यापारिक, औद्योगिक, पत्तन, आवासीय क्रियाएं इसी प्रकार की क्षेत्रीय सम्बन्धों की अन्य क्रियाओं के अनुक्रिया स्वरूप मूलत: विकसित होते हैं। अलग केन्द्र का परिधीय प्रसार मोड़ के सहारे असंगत भूमि उपयोग के संयोजन को बढ़ावा देता है। इसलिए नगरीय भूमि उपयोग प्रतिमान, वृत्तों की श्रेणी अथवा खण्डों की शृंखला में एक केन्द्र से सर्वदा निर्मित नहीं होते हैं, वरन् विरोधी क्रियाओं के अलग से प्रसारित हो रहे समूहों पर आधारित रहते हैं।

नगरों के सामाजिक क्षेत्र (Social Areas of Cities)

यद्यपि अत्यधिक सन्तोषप्रद होना काफी सरल होगा कि इन नगर संरचना के प्राचीन प्रतिरूपों को आय के स्तर, जनसंख्या, आयु संरचना, नृजातीयता, अन्य विशेषताओं के नगरीय क्षेत्रों में

चित्र 8.29 *बाज़ार आधारित (पारम्परिक) दक्षिणी एशियाई नगर*

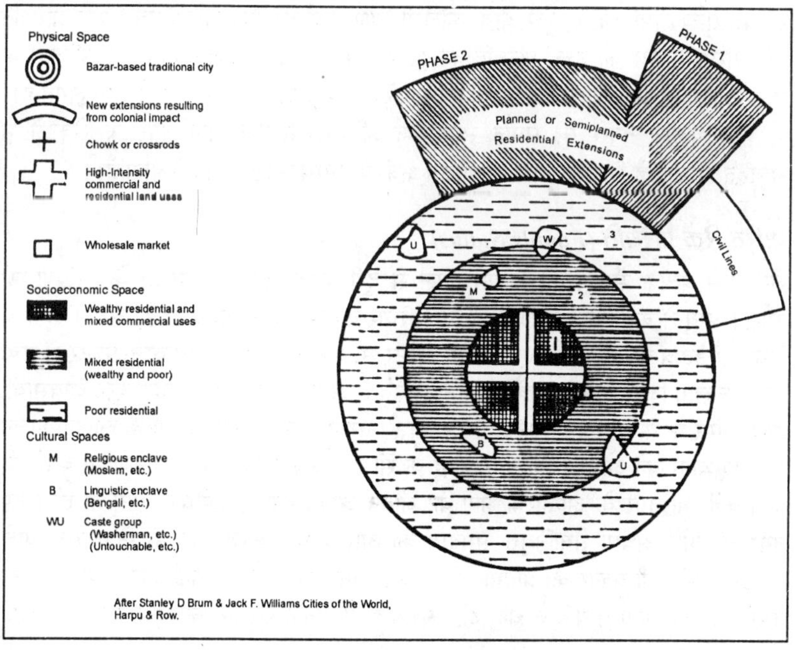

व्यवस्थापन से कुछ अनुमोदन मिला है। विकसित देशों, विशेषकर संयुक्त राज्य अमेरिका के नगरों का सामाजिक भूगोल के आवर्ती प्रतिमान यह प्रदर्शित करता है।(चित्र 8.29)

ऐसा प्रतीत होता है, नगरवासियों में अपने आपको सामाजिक स्तर, पारिवारिक स्तर और नृजातीयता के आधार पर अलग रखने की तीव्रतम प्रवृत्ति होती है, ऐसे नगर आर्थिक और सामाजिक दृष्टि से अत्यधिक जटिल होते हैं। विविध जनसंख्या वाले एक बड़े महानगर प्रदेश में इस प्रकार का प्रादेशिक व्यवहार अज्ञात और अवांछित व्यक्तियों के खिलाफ एक बचाव हो सकता है। अधिकांश लोग अपने आपको सुरक्षित समझते हैं, जब वे उन लोगों के बीच होते हैं, जिन्हें वे आसानी से पहचान सकते हैं। परम्परागत समाज में लोग आय अथवा व्यवसाय और भाषा अथवा जाति के अनुसार एक स्थान पर निवास करना पसन्द करते हैं। इनमें से अनेक समूहीकरणों को उपलब्ध भवनों के आकार और मूल्य द्वारा प्रश्रय दिया जाता है। भूमि-विकासकर्ता, नगरों के विशिष्ट क्षेत्रों में एक ही प्रकार के भवन निर्मित करते हैं। वास्तव में, जैसे-जैसे समय बीतता जाता है, इन भवनों की दशा और गुणवत्ता में परिवर्तन होता जाता है और पुराने समूहों का स्थान नए समूह ले लेते हैं। बहरहाल, समान सामाजिक विशिष्टताओं का पड़ोस विकसित हो जाता है।

सामाजिक प्रस्थिति (Social Status)

किसी व्यक्ति अथवा परिवार की सामाजिक प्रतिष्ठा, उसकी आय, शिक्षा, व्यवसाय और उसके सम्मान द्वारा निर्धारित होती है, यद्यपि भिन्न-भिन्न संस्कृतियों में इसे नापने का तरीका भिन्न है। संयुक्त राज्य अमेरिका में उच्च आय, कॉलेजी शिक्षा, व्यावसायिक अथवा प्रबन्धकीय प्रस्थिति और सम्मानित घर को उच्च प्रस्थिति का द्योतक समझा जाता है, जहां अधिकांश परिवारों के मुखिया एक ही श्रेणी के होते हैं, वहां अनेक प्रस्थिति के लोग पड़ोस में आकर रहने लगते हैं।

अधिकांश नगरों में, समान सामाजिक प्रस्थिति के ऐसे लोग नगर के सेक्टरों में समूहित हो जाते हैं जिनका स्थान आवासीय क्षेत्रों के सबसे केन्द्रित भाग में होता है।

पारिवारिक प्रस्थिति (Family Status)

जैसे-जैसे प्रत्येक सेक्टर की उद्‌गम स्थल से दूरी बढ़ती जाती है, परिवार के मुखिया की औसत आयु में कमी होती जाती है अथवा परिवार का आकार बढ़ता जाता है, अथवा दोनों ही स्थितियां उत्पन्न हो सकती हैं। एक विशेष सेक्टर में, अर्थात् उच्च प्रस्थिति वाले सेक्टर में बड़ी आयु के लोग जिनके बच्चे उनके साथ नहीं रहते हैं अथवा बिना परिवार वाले युवा व्यवसायी, इनकी नगर के केन्द्र में रहने की प्रवृत्ति रहती है। तरुण परिवार अपने बच्चों के लालन-पालन के लिए बाहर की ओर अथवा नगर केन्द्र के सीमान्त क्षेत्र में अपने निवास स्थापित करते हैं। जहां कहीं भी नगर के आन्तरिक भाग का जीवन अप्रिय होता है, अधिक आयु के लोग उप नगर की ओर अथवा सेवानिवृत्त-समुदाय की ओर प्रस्थान करते जाते हैं। निम्न स्तर वाले सेक्टर में भी इसी प्रकार का प्रतिमान उभर कर सामने आता है। अस्थाई और अकेले व्यक्ति नगर के भीतरी भाग में यदि वे चाहें और संभव हो तो उनके परिवारों को नगर केन्द्र से दूर भी

रखते हैं। यह व्यवस्था जो उभरती है, परिवार प्रस्थिति के अनुसार केन्द्रीय वृत्त प्रतिमान की होती है।

नृजातीयता (Ethnicity)

कुछ समूहों के लिए, आवासीय स्थिति के सम्बन्ध में सामाजिक और परिवार श्रेष्ठता की अपेक्षा नृजातीयता अधिक महत्त्वपूर्ण निर्धारक कारक है। नगरों के सामाजिक भूगोल में समान जाति क्षेत्रों की पहचान अलग समूह केन्द्र के रूप में नगरीय संरचना के बहु-केन्द्रीय अवधारणा का स्मरण कराती है। कुछ जातीय समूहों द्वारा सांस्कृतिक पृथकता को, सम्भावित प्रतियोगियों द्वारा मकानों के स्थान के लिए पास-पड़ोस में परिवर्तन के दबाव के होते हुए भी चाहा और उसका बचाव भी किया जाता है। काले लोगों सहित कुछ नृजातीय अथवा नस्लीय समूहों को छोटे समुदायों में रहने के लिए बाध्य होना पड़ा है। लगभग प्रत्येक नगर में एक अथवा अधिक संख्या में काले लोगों की बस्तियां हैं, जिन्हे कई रूप में एक नगर में कई नगरों के रूप में देखा जाता है। इन बस्तियों की सामाजिक प्रस्थिति, आय और मकानों के स्तर के कारण इनका अपना एक आत्मनिर्भर सामाजिक भूगोल होता है। निश्चित क्षेत्र से बाहर प्रवास के बन्धन सदा कठोर होते हैं।

References

Adams, J.S., 'Residential Structure of Midwestern Cities' .*Annals of Association of American Geographers* 60 (1970): 37-62.

Agnew, J.A., et.al., 1984, ed. *The City in Cultural Context,* Mass, Allen & Unwin.

Benevolo, L., 1980, *The History of the City*, Cambridge, MIT.

Bourne, L.S. et. al., 1978, *System of Cities*, New York, Oxford Univ. Press.

Brass, P., 1985, ed. *Ethnic Groups and the State*, London, Croom Helm.

Brun, S.D. et al., 1983, *Cities of the World: World Regional Urban Development,* New York, Harper & Row.

Clarke, C.D., Lay, and C. Peach, 1984, eds., *Geography and Ethnic Pluralism,* London, Allen & Unwin.

Conzen, M.P., 1928, ed., *World Patterns of Modern Urban Change,* Chicago, University Press of Chicago, Research Paper 217-218.

Davis, K., 1973, Cities: *Their Origin, Growth and Human Impact,* San Francisco, W.H. Freeman.

Drakakis-Smith, David, 1987, *The Third World City*, London, Methuen.

Fox, R.W., 'The World's Urban Explosion', *National Geographic,* August 1984, pp. 179-185.

Griffin, E. and L. Ford, 'A Model of Latin American City Structure', *Geographical Review* (1980), pp. 397-422.

Hall, P., 1984, *The World Cities,* 3rd ed., New York, Martin Press.

Harris, C.D., 'A Functional Classification of Cities in the United States', *Geographical Review* 33, January 1943, pp. 86-99.

Hartshorn, T.A., 1990, *Interpreting the City: An Urban Geography,* 2nd rev. ed., New York, John Wiley & Sons.

Herbert, D.T. and Colin J. Thomas, 1982, *Urban Geography: A First Approach,* New York, Wiley & Sons.

Hussasin, M., 2007, *Models in Geography*, Jaipur, Rawat Publications.

Jacob, J., 1970, *The Economy of Cities*, New York, Vintage Books.

Jefferson, M., 1939, 'The Law of the Primate City' *Geographical Review,* Government Printing Office, pp. 226-32.

Knox, Paul, 1987, *Urban Social Geography,* 2nd ed. New York, Longman.

Lowder, S., 1986, *The Geography of Third World Cities,* Totwa, N.J., Barnes & Nobles.

Mumford, L., 1961, *The City in History,* New York, Harcourt, Brace & World.

Northam, Ray, 1975, *Urban Geography,* New York, Wiley.

Rugg, Dean, 1972, Spatial *Foundation of Urbanism,* Iowa, W.C. Brown.

Short, J.R., 1984, *Introduction to Urban Geography,* London, Routledge & Kegan Paul.

Smith, A.D., 1986, *The Ethnic Origin of Nations,* Oxford, Basil Blackwell.

White, Paul, 1984, *The West European City: A Social Geography,* London, Longman.

Wirth, Louis, 1964, *On Cities and Social Life*, Chicago University Press.

9

नगरीयकरण
Urbanization

नगरीय हो जाने की प्रक्रिया नगरीयकरण है। दूसरे शब्दों में, यह एक जनसांख्यिकीय प्रक्रिया है जिसके द्वारा किसी प्रदेश अथवा किसी देश की जनसंख्या का बढ़ता हुआ भाग नगरीय क्षेत्र में निवास करता है। ऐतिहासिक दृष्टि से विकसित (पश्चिमी) संसार की अपेक्षा यह आर्थिक दृष्टि से उन्नतिशील राष्ट्रों की एक विशेषता है जहां यह अत्यधिक तीव्र गति से हो रहा है। नगरीयकरण, औद्योगीकरण से जुड़ा हुआ है।

सामान्य अर्थ में, नगरीयकरण, कस्बों और नगरों में जनसंख्या के केन्द्रीयकरण से सम्बद्ध है। नगरीयकरण से तीन अवधारणाएं जुड़ी हुई हैं। ये अवधारणाएं निम्न हैं—

1. जनसांख्यिकीय तथ्य
2. समाज में संरचनात्मक परिवर्तन, तथा
3. नगरीयकरण, एक व्यवहारपरक (Behavioural) प्रक्रिया के रूप में।

जनसांख्यिकीय तथ्य के रूप में, नगरीयकरण को निर्धारित क्षेत्रों में (प्राय: किसी देश के संदर्भ में) कस्बों और नगरों की विशुद्ध और सापेक्षिक वृद्धि की एक प्रक्रिया के रूप में समझा जाता है। इसे बहुधा दो स्तरों में प्रदर्शित किया जाता है : (1) जनसंख्या का बढ़ता हुआ भाग जो नगरीय स्थानों पर रहता है; (2) बड़े स्थानों पर रहने वालों के अनुपात में वृद्धि होती है। इस क्रम के अन्त को लगभग एक पूर्णत: नगरीकृत समाज के रूप में प्रदर्शित किया जाता है जिसकी अधिकांश जनसंख्या कुछ बड़े स्थानों पर रहती है।

औद्योगिक पूंजीवाद के तर्कसंगत विकास के परिणामस्वरूप उत्पन्न जनसांख्यिकीय प्रक्रिया के साथ जुड़ा हुए समाज में संरचनात्मक बदलाव भी आया है। नगरों को विनिमय प्रक्रियाओं के केन्द्र के रूप में प्रस्तुत किया जाता है जो कि इस उत्पादन के प्रकार के लिए महत्त्वपूर्ण है। क्रम स्तर की अर्थव्यवस्थाओं से लाभ प्राप्त करने और केन्द्रीयकरण और सामूहीकरण की प्रक्रिया से लाभ उठाने के लिए, उत्पादकता में वृद्धि की खोज ने नगरीय कारखानों के विकास को बढ़ावा दिया है।

नगरीयकरण से जुड़ी हुई तीसरी संकल्पना यह है कि नगरीकरण एक प्रकार की व्यवहारपरक प्रक्रिया है। नगरीय क्षेत्रों, विशेषत: बड़े नगरों की सामाजिक परिवर्तन के केन्द्र के रूप में पहचान की जाती है; आकार, घनत्व और नागरिकों की विषमता की

विशेषताओं से युक्त नगरीय स्थान में मनोवृत्तियों, मूल्यों और व्यवहार प्रतिमानों का संशोधन किया जाता है जो बाद में नगरीय व्यवस्था द्वारा जनसंख्या के शेष भाग में भी प्रसार की प्रक्रिया द्वारा फैल जाता है।

नगरीयकरण के इस विस्तृत दृष्टिकोण में आर्थिक क्रियाओं के फलस्वरूप उत्पन्न जनसांख्यिकीय तत्व को आश्रित चर के रूप में प्रस्तुत किया जाता है। यह संरचनात्मक तत्व है जो चालक शक्ति प्रदान करता है क्योंकि मापक अर्थव्यवस्थाओं के लिए यह खोज है जो नगरों के लिए आर्थिक विकास बढ़ते रहने के लिए आवश्यकता उत्पन्न करता है। इस मॉडल में व्यवहारिकता का तत्व भी गौण हो जाता है, जिसमें बड़े नगरों के सृजन के एक परिणाम के रूप में सामाजिक परिवर्तन को प्रस्तुत किया जाता है। तीनों तत्व एक दूसरे को प्रभावित करते है, अर्थात् जनसांख्यिकीय वृद्धि, गुणक संकेतों द्वारा संरचनात्मक परिवर्तन को प्रोत्साहित करती है और व्यावहारपरक परिवर्तन आप्रवासियों को आकर्षिक करता है, किन्तु नगरीयकरण का आधार आर्थिक परिवर्तन तथा विशेषकर बड़े पैमाने पर उत्पादन की वृद्धि, एक दूसरे को प्रभावित करते हैं।

नगरीयकरण के इस मॉडल को हाल के कुछ वर्षों में अनेकों आधार पर चुनौतियां दी जाने लगी हैं, इनमें से अधिकांश फैक्ट्री उत्पादन की वृद्धि की प्रमुख भूमिका से सम्बन्धित हैं। सर्वप्रथम, यह इंगित किया गया है कि विश्व के दूसरे भागों में विशेषकर एशिया और अफ्रीका में, औद्योगिक क्रांति से बहुत पहले भी बगदाद, दिल्ली, पटना, लाहौर, आगरा, बीजिंग, शंघाई, डमस्कस, जाकार्ता, काहिरा और सिकिन्द्रया जैसे बड़े नगर थे। इसके अतिरिक्त, उत्तर-पश्चिम यूरोप का तीव्र जनसांख्यिकीय नगरीयकरण, नगरों की वृद्धि अकेले उद्योगों पर निर्भर नहीं है (जोहन्सटन, 1984; टेलर, 1986)। दूसरे, अनेकों बहुत अधिक विकसित देशों में जनसांख्यिकीय नगरीयकरण रूक गया है और बड़े नगरों का ह्रास हो रहा है। वर्तमान पूंजीवाद में जनसंख्या के निरन्तर केन्द्रीकरण की आवश्यकता नहीं रहती है। तीसरे, अनेक कम विकसित पूंजीवादी देशों में औद्योगीकरण की गति से नगरीयकरण की गति अधिक तीव्र है, और इस प्रकार उद्योग की प्रमुख भूमिका के बिना भी नगरों का विकास हो रहा है। अत: जनसांख्यिकीय नगरीयकरण कई विविध कारणों से घटित होता है, ऐसा कोई कारण नहीं है कि यह माना जा सके कि जो एक समय और स्थान के लिए विशिष्ट हो वह दूसरे स्थान के लिए भी विशिष्ट होगा।

नगरीय अधिवास का आधार (Basis of Urban Settlement)

सामान्यत: नगरीय का अर्थ नगर और कस्बों से है। नगर भिन्न-भिन्न आकार के होते हैं, छोटे देहाती कस्बों, कभी-कभी अन्य स्थान के गाँव से भी छोटा होता है, से लेकर कई लाख निवासियों वाले विशाल अव्यवस्थित नगर तक होते हैं। ग्रामीण अधिवासों से नगरों को उनके आकार के आधार पर नहीं; वरन् उनके निवासियों की आर्थिक क्रियाओं के कारण उनमें भेद किया जाता है। नगरों में प्रमुख आर्थिक क्रियाएं उद्योग, व्यापार, वाणिज्य और सेवा से सम्बन्धित होती हैं।

फिर भी, नगरीय अधिवास को परिभाषित कर सकना कठिन है। अधिकांश देश उनके नगरीय अधिवासों को एक न्यूनतम निश्चित जनसंख्या के आकार के आधार पर परिभाषित करते हैं। नगरों का आकार एक देश से दूसरे देश तथा मैदान से पर्वतीय क्षेत्रों में भिन्न पाया जाता है। कार्यों का मानदण्ड, प्रशासकीय प्रस्थिति, उसकी रचना और सुख सुविधाओं को भी न्यूनतम जनसंख्या आकार के मानदण्ड के साथ जोड़ा जाता है।

इजराइल में, किसी नगर की जनसंख्या के आकार का विचार किए बिना, एक गैर कृषीय अधिवास, नगर कहलाता है, जबकि चिली में एक नगर, नगरीय विशेषताओं वाला एक केन्द्र होता है। नगरीय अधिवास की सरलतम परिभाषाएं वे हैं जो आकार के अनुसार दी गई हैं, उदाहरण के लिए कनाडा में सभी बस्तियां जिनकी जनसंख्या एक हजार से अधिक होती है, नगर कहलाते हैं। कोलम्बिया में ग्रामीण और नगरीय अधिवासों के बीच की विभाजक रेखा 1500 व्यक्तियों के आधार पर निश्चित की गई है, अर्जेन्टाइना में 2000 से अधिक की जनसंख्या वाली बस्ती को नगर कहा जाता है और संयुक्त राज्य अमेरिका में नगरीय बस्ती में 2500 से अधिक जनसंख्या होनी चाहिए। एशिया के अधिकांश देशों जैसे भारत, चीन, पाकिस्तान, बांग्लादेश, म्यांमार, थाईलैण्ड और इण्डोनेशिया में गांव इतने बड़े होते हैं कि जनसंख्या की अधिकतम संख्या को निश्चित किया जाना आवश्यक हो जाता है। पाकिस्तान में उन सभी क्षेत्रों को जिनमें नगर पालिकाएं हैं, उन्हें नगर कहा जाता है। यूनाइटेड-किंगडम में स्थानीय प्रशासन जैसे की बोरो (Borough), म्युनिसिपल बोरो (Municipal Borough) और नगरीय जिलों के आधार पर नगर की संज्ञा दी जाती है।

भारत में 1991 की जनगणना के निम्नांकित रूप में आधार पर नगरीय अधिवासों को परिभाषित किया गया है—

(अ) वे सभी स्थान जहां नगर पालिका, नगर निगम, कॅन्टोनमेंट बोर्ड अथवा नोटीफाइड एरिया आदि हों।

(ब) अन्य सभी वे स्थान जो निम्न मानदण्ड पूरे करते हों—

(i) कम से कम 5000 की जनसंख्या,

(ii) कम से कम 75 प्रतिशत कार्यशील पुरुष गैर-कृषीय कार्यों में लगे हों तथा

(iii) जनसंख्या का घनत्व जहां 400 व्यक्ति प्रति वर्ग किलोमीटर हो।

इसके अतिरिक्त, सीमान्त मामले जैसे प्रोजेक्ट बस्तियां, सघन औद्योगिक विकास के क्षेत्र, रेल्वे बस्तियां, महत्त्वपूर्ण पर्यटन स्थल आदि सभी नगरीय क्षेत्रों में सम्मिलित किए जाते हैं। इनके अतिरिक्त, कस्बों और नगरों की बाहरी बस्तियों को भी नगरीय क्षेत्र की सीमा में रखा जाता है।

उपर्युक्त विवरण से यह स्पष्ट हो जाता है कि भारत में दो भिन्न प्रकार की नगर इकाइयां हैं—

(i) ऐसे स्थान जिनकी स्थापना किसी वैधानिक सूचना के आधार पर हुई है और उन्हें संबंधित सूचना के आधार पर एक नाम दिया गया है जैसे नगर निगम, म्युनिसिपल बोर्ड, कन्टोनमेंट बोर्ड, नोटीफाइड एरिया कमेटी, आदि।

(ii) वे स्थान जो नगर की परिभाषा में आते हैं, क्योंकि वे ऊपर दिए गए मानदण्ड (ब) को पूरा करते हैं और जिन्हें जनगणना नगर अथवा म्युनिसिपल रहित नगर कहा जाता है।

इस प्रकार नगरीय केन्द्र की परिभाषा एक देश से दूसरे देश में अत्यधिक भिन्न पाई गई है। संयुक्त राष्ट्र संघ (1958) ने यह सुझाव दिया था कि नगरीय जनसंख्या के आँकड़े मानक अनुमाप पर प्रस्तुत किए जाने चाहिए, जिससे कि अंतरराष्ट्रीय आँकड़ों को तुलनात्मक बनाया जा सके। परिणामत:, अनेक देशों ने जनसंख्या आकार के आधार पर नगरीय बस्तियों को और आगे कई श्रेणियों में विभाजित किया। संयुक्त राष्ट्र संघ के इस परामर्श के अनुसार, भारतीय जनगणना विभाग ने भी देश के नगरीय स्थानों को निम्न छ: वर्गों में विभाजित किया है—

वर्ग I—वे नगर जिनकी जनसंख्या एक लाख अथवा इससे अधिक हो।

वर्ग II—वे नगर जिनकी जनसंख्या 50,000 और 99,999 के बीच हो।

वर्ग III—वे नगर जिनकी जनसंख्या 20,000 से 49,999 तक हो।

वर्ग IV—वे नगर जिनकी जनसंख्या 10,000 से 19,999 तक हो।

वर्ग V—वे नगर जिनकी जनसंख्या 5000 और 9999 के बीच हो।

वर्ग VI—वे नगर जिनकी जनसंख्या 5000 से कम हो।

नगरीयकरण का उद्भव और विकास (Origin and Growth of Urbanization)

नगरीयकरण की प्रक्रिया का इतिहास अत्यन्त प्राचीन है। नगरीयकरण का उद्भव प्रागैतिहासिक काल में आज से लगभग 10,000 वर्ष पूर्व हुआ था जब मानव ने पौधों और पशुओं को घरेलू बनाना आरम्भ किया था। कृषि उपज उत्पन्न करने की कला ने मानव को अर्थव्यवस्था में परिवर्तन करने, भोजन उत्पन्न करने और स्थायी निवास के योग्य बना दिया। इस प्रकार के अनेक उदाहरण हैं जिनसे ज्ञात होता है कि स्थायी अधिवासों का विकास मिश्र, मैसोपोटामिया, सिंधु घाटी, चीन और मध्य अमेरिका में हुआ था। इन सभी उदाहरणों में कृषक समुदायों ने अन्तत: नगरीय समुदायों और नगरीय अधिवासों का विकास किया। मैसोपोटामिया (वर्तमान ईराक) में उर (Ur) इसका एक अच्छा प्रमाण उपस्थित करता है। उर जिसका अर्थ है 'अग्नि', यह लगभग ई. पू. 1900 में, केनन (Cannan) की यात्रा से पूर्व अब्राहम द्वारा बसाया गया एक अधिवास था। उर बस्ती के मध्य में एक मन्दिर, राज प्रसाद और कब्रिस्तान स्थित थे। मध्य के चारों ओर स्थित प्रत्येक बस्ती में एक मन्दिर होता था।

नगरीय बस्तियों के विकास का मुख्य कारण पौधों के घरेलू बनाए जाने के उपरान्त कृषक संग्रहण से प्राप्त करने की अर्थव्यवस्था की अपेक्षा अधिक भोजन उत्पन्न करने लगे जिसने जनसंख्या वृद्धि में सहायता की। सर्वप्रथम, उसके पास न केवल अतिरिक्त भोजन था वरन् अतिरिक्त समय और शक्ति, श्रम और श्रम विभाजन की विविधता के

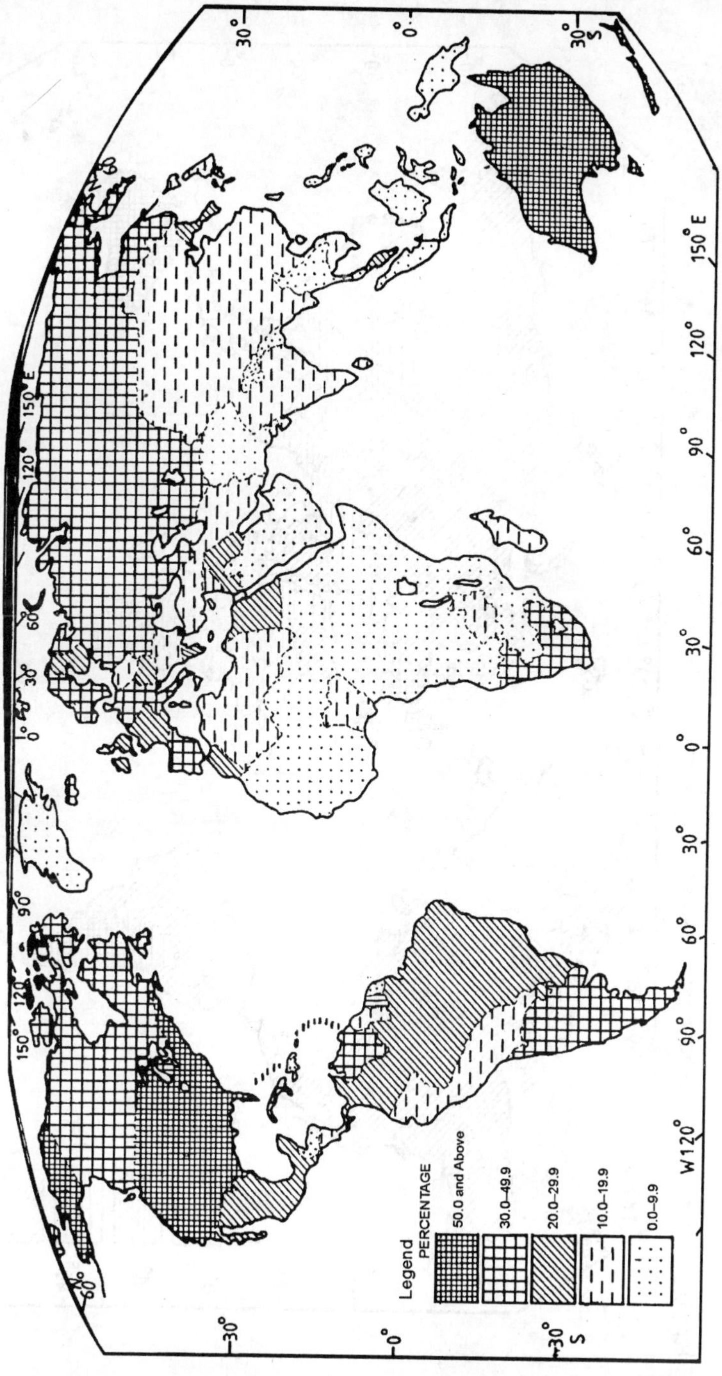

चित्र 9.1 विश्व नगरीय जनसंख्या

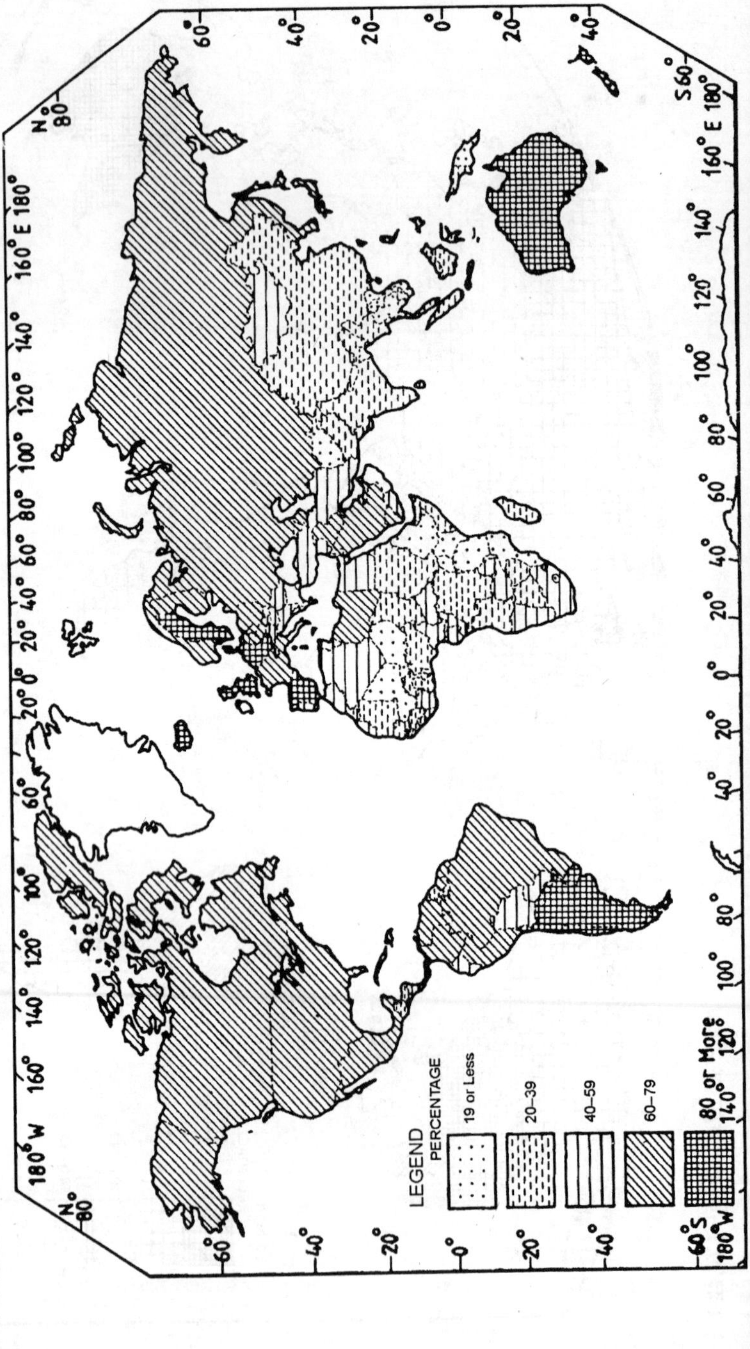

चित्र 9.2 नगरीय के रूप में वर्गीकृत राष्ट्रीय जनसंख्या

लिए समस्त पूर्वापेक्षाएं भी थीं। समाज के कुछ सदस्यों को इस प्रकार, पूर्ण रूप से भोजन उत्पन्न करने से मुक्त रखा गया होगा और प्रथम बार भूमि से सम्बन्ध विच्छेद किया गया। इसके अतिरिक्त, सिंचाई की कला जिसमें संगठन की आवश्यकता होती है, उन समुदायों ने, जिन्होंने सर्वप्रथम नगरों का विकास किया, अव्यवस्थित व्यक्तियों का समूह नहीं वरन् पूर्णत: एक सुसंगठित समाज था।

सही अर्थों में ई. पू. 3000 तक मध्यपूर्व में अनेक नगरीय समाज थे जिनमें कुछ निर्माता, कुछ दुकानदार और कुछ व्यापारी थे, कुछ कर्मचारी और कुछ पुजारी भी थे। समाज का संगठन कर्मचारियों और पुजारियों के हाथ में था। इन प्रारम्भिक सभ्यताओं में संभवत: मन्दिरों के आय-व्यय का ब्यौरा और ऋतु-चक्र के पर्यवेक्षण के द्वारा पुजारी वर्ग के लोगों ने अमूर्त चिन्तन में अत्यधिक प्रगति की और जटिल गणित और खगोलशास्त्र में योगदान दिया।

कृषि आधिक्य के कारण, नगरीय जनसंख्या ने अपने आपको भोजन उत्पादन से मुक्त कर लिया जिससे नगर उत्पादन के एक केन्द्र, प्रदेश से बाहर के क्षेत्रों की वस्तुओं के विनिमय के केन्द्र के रूप में, कारीगरों और निर्माणियों का उत्थान, श्रम का विभाजन और समुदायों का वर्गों में विभाजन जिसमें प्रत्येक का अपना अलग काम होता है, यह सब जटिल संगठन को प्रतिबिम्बत है और जो नगर को एक एकाकी इकाई बनाता है, फिर भी वह अपने निकट के क्षेत्र से जुड़ा रहता है।

ये प्रागैतिहासिक नगरों को कृषक ग्रामों से विशाल स्मारकों द्वारा स्पष्टतया अलग किया जा सकता है। मन्दिर, मिश्र के पिरामिड, सुमेरिया की समाधियां, पूजा-स्थल और थेब्स (मिश्र) के राज्य प्रसाद, बेबीलोन और हड़प्पा और मोहनजोदडों की नगरीय संरचनाएं आधिक्य श्रम और आधिक्य समय के अन्य प्रमाण हैं। बाद में फोनेशियन लोगों ने, व्यापारिक केन्द्र के रूप में कार्थेज (ट्यूनिशिया) का निर्माण किया। यूनानियों ने एथेन्स, सिकन्द्रिया, रोमवासियों ने इटली में अनेक नगरीय बस्तियां स्थापित की, गाल (फ्रांस) और ब्रिटेन में भी इनके द्वारा अनेक नगर स्थापित किए गए। बाद में जब यूनानी और रोमन सभ्यताएं लुप्त हो गई, यूरोप में 'अंधकार युग' प्रारम्भ हुआ।

मध्यकाल में कस्बों और नगरों का पुनर्निर्माण हुआ। ग्यारहवीं शताब्दी के पश्चात् यूरोप के देशों की समुद्रपार व्यापार में अत्यधिक वृद्धि हुई। इस काल में अधिकांश पश्चिम यूरोप व्यापार से जुड़ गया और पुनरूद्धार में व्यापारिक यात्राओं की महती भूमिका रही। कृषि में भी अधिक सफलता प्राप्त की गई। अन्तत: नगरीय बस्तियों में आकस्मिक उभार आ गया। बारहवीं शताब्दी के अन्त में पेरिस नगर की आबादी एक लाख थी जो तेरहवीं शताब्दी के अन्त में बढ़ कर 2,40,000 हो गई थी। लन्दन, जिनेवा, मिलान, वेनिस, कोलोन उस समय यूरोप के अन्य महत्त्वपूर्ण नगर थे। अधिकांश नगरीय केन्द्र स्थानीय बाजार नगर थे, जो बाजार और गिरजाघर पर केन्द्रित थे

इसके पश्चात् अनेक राजधानी नगरों का विकास हुआ। राष्ट्र के मुखिया का राजधानी में निवास करने के कारण, इस काल में अधिशेष धन और शक्ति का उपयोग विशाल राज प्रसादों के निर्माण में किया जाने लगा। भारत में भी मध्यकाल के ऐतिहासिक भवन जैसे कुतुब मीनार, ताजमहल, सिकन्दरा, लाल किला, जामा मस्जिद (दिल्ली)

शाही मस्जिद (लाहौर) और मुगल उद्यान (शालीमार, निशात, चश्मे शाही, नसीम बाग, परी महल, श्रीनगर में) पिंजोर बाग (कालका) इसी काल में निर्मित किए गए थे।

यूरोप में, सर्वाधिक नगरीय वृद्धि की अवस्था 1779 ई. की औद्योगिक क्रान्ति के पश्चात् पाई जाती है। सन् 1800 में, यूरोप में कोई भी दस लाख की आबादी वाला नगर नहीं था, यद्यपि लन्दन की आबादी केवल 9 लाख 50 हजार थी और पेरिस की 5 लाख थी। सन् 1850 तक पेरिस नगर की जनसंख्या 10 लाख और लन्दन की 20 लाख के अंक को पार कर गई। सन् 1900 तक इंग्लैण्ड, वेल्स और जर्मनी में अधिकांश जनसंख्या नगरीय थी। फ्रांस और स्वीडन सहित यूरोप के शेष देशों में 50 प्रतिशत से कम जनसंख्या नगरीय थी।

संयुक्त राज्य अमेरिका, कनाडा, अस्ट्रेलिया, और लेटिन अमेरिका के देशों में नगरीयकरण, यूरोप में औद्योगिक क्रान्ति के पश्चात ही आरम्भ हुआ। संयुक्त राज्य अमेरिका प्रमुख रूप से 1910-1920 के दशक में ही नगरीय बना।

एशिया के अधिकांश देशों में, कुल मिला कर नगरीयकरण 50 प्रतिशत से कम है। भारत में सन् 1881 में कुल जनसंख्या की 9.3 प्रतिशत नगरीय जनसंख्या थी। सन् 1941 में यह प्रतिशत 12.8 हो गया, किन्तु 1961 में यह प्रतिशत 18 और 1991 में 25 प्रतिशत और 2001 में 28 प्रतिशत हो गया। देश में अनेक महानगर (मुंबई, दिल्ली, कोलकाता) हैं और प्रत्येक महानगर में 80 लाख से अधिक व्यक्ति निवास करते हैं, किन्तु बड़े महानगरों और दर्जनों दस लाख से अधिक जनसंख्या वाले नगरों का होना नगरीयकरण का द्योतक नहीं है। भारत की कुल जनसंख्या का लगभग 70 प्रतिशत भाग अभी भी ग्रामीण है (जनगणना, 2011)। पश्चिमी यूरोपीय नगरों की औद्योगिक-व्यापारिक जैसी विशिष्टता विगत वर्षों में भारतीय नगरों की नहीं रही। इनमें से अनेक नगर राजधानियां और सैनिक क्षेत्र, राजाओं और नवाबों की राजधानियां जो अपने दरबार का बहुधा स्थान बदला करते थे। अन्य नगर धार्मिक केन्द्रों के रूप में विकसित हुए हैं जो धार्मिक यात्राओं के वृहत् केन्द्र बन गए हैं।

आज भी अधिकांश भारतीय नगरों की विशिष्टता इतनी सुस्पष्ट नहीं है, जैसा कि पश्चिम यूरोप के नगरों में पाई जाती है। वास्तव में, अनेक भारतीय नगरों में ग्रामीण और नगरीय विशिष्टताएं दोनों मिली हुई हैं। अधिकांश नगरों और कस्बों के अनेक निवासी अभी भी कृषि कार्य करते हैं। कुरूक्षेत्र और रोहतक (हरियाणा), हापुड, मुजफ्फरनगर (उत्तर प्रदेश) रूड़की, जवालपुर, लक्शर, और मंगलाउर (उत्तराखण्ड), मुजफ्फरपुर, मोदीनगर, दरभंगा और मुंगेर (बिहार) और न्यूबागई गांव, रंगिया और कोकराझार (आसाम) नगरों की कुल जनसंख्या का 15 प्रतिशत भाग कृषि कार्यों में लगा हुआ है।

सामान्यत: यूरोप, एंग्लो-अमेरिका, आस्ट्रेलिया, न्यूजीलैण्ड, जापान, सिंगापुर, हांगकांग, इजराइल, कुवैत, यू.ए.ई., बेहरिन, इराक, इरान, लेबनान, और दक्षिण कोरिया (एशिया) के देश अधिक नगरीकृत हैं। चीन की नगरीय जनसंख्या वहां की कुल जनसंख्या का 34 प्रतिशत है। अफ्रो-एशियाई और लेटिन अमेरिका के शेष देशों की कुल जनसंख्या का 50 प्रतिशत से कम नगरीय है। यह भी कहा जाता सकता है कि उष्ण प्रदेशों की अपेक्षा शीतोष्ण अक्षांशों के देश अधिक नगरीकृत हैं।

विश्व के नगरीयकरण के वृद्धि प्रतिमान को सारिणी 9.1 में दिखाया गया है—

सारिणी 9.1 *विश्व नगरीयकरण,* 1800-2050

(दस लाख में)

वर्ष	*विश्व की कुल जनसंख्या*	*नगरीय जनसंख्या %*
1800	907	2.4
1900	1,610	9.2
1950	2,509	20.9
1991	5,234	43.0
2001	61,325	48.0
2010	68,950	50.0
2025	8,039*	57.0
2050	9,366*	66.0

* प्रक्षेपित संख्याएं

स्रोत : 1. यू.एन. जनसंख्या विभाग, 2000-2001, 2. भारत की जनगणना, 2001 तथा 2011।

सारिणी 9.1 से यह स्पष्ट हो जाता है कि 1880 ई. में विश्व का केवल 2.4 प्रतिशत भाग नगरीय था, जो सन् 1900 में बढ़ कर 9.2 प्रतिशत हो गया। सन् 1950 में विश्व की जनसंख्या का 21 प्रतिशत भाग नगरों और कस्बों में निवास करता था, सन् 1991 में यह बढ़कर 43 प्रतिशत हो गया और 2001 में बढ़कर 48 प्रतिशत हो गया। सन् 2010 में यह प्रतिशत 50 हो गया। 2025 के लिए प्रक्षेपित संख्या के अनुसार 57 प्रतिशत विश्व की जनसंख्या नगरीय हो जाएगी और सन् 2050 में यह संख्या 66 प्रतिशत तक होने की संभावना है। विभिन्न महाद्वीपों में नगरीय संख्या के प्रतिशत को सारिणी 9.2 में प्रदर्शित किया गया है—

सारिणी 9.2 *विभिन्न महाद्वीपों में नगरीय जनसंख्या*

महाद्वीप	*1991*	*2000*	*2025**
विश्व	43.0	50.0	57.0
अफ्रीका	34.0	38.5	49.6
यूरोप	75.2	75.0	90.0
एंग्लो-अमेरिका	78.2	80.5	86.0
लेटिन अमेरिका	66.4	68.5	75.0
एशिया	34.0	40.0	50.0
ओसानिया	70.4	72.5	75.3

* प्रक्षेपित संख्याएं

स्रोत : (i) जनसंख्या विभाग, 1999-2000 (ii) The World Guide, 12th ed.

उपरोक्त सारणी से यह स्पष्ट हो जाता हैं की सन् 1991 में एशिया और अफ्रीका में नगरीय जनसंख्या का अनुपात कुल जनसंख्या का एक-तिहाई था। इसके बाद लेटिन अमेरिका (66%) और ओसानिया (70%) था। एंग्लो अमेरिका (यू.एस.ए. और कनाडा) और यूरोप में क्रमश: यह 78 प्रतिशत और 75 प्रतिशत रहा है।

सन् 2000 में, अफ्रो-एशियन देशों की लगभग 40 प्रतिशत जनसंख्या नगरीय थी, जबकि लेटिन अमेरिका में यह 68 प्रतिशत, यूरोप में 75 प्रतिशत और उत्तरी अमेरिका में यह 80 प्रतिशत से ऊपर थी। यह आशा की जाती है कि 2025 तक लगभग 57 प्रतिशत विश्व की जनसंख्या नगरीय हो जाएगी। इस समय तक एशिया और अफ्रीका की 50 प्रतिशत जनसंख्या का नगरीय चरित्र होने की संभावना है। यूरोप और एंग्लो-अमेरिका में क्रमश: 90 प्रतिशत और 86 प्रतिशत जनसंख्या होने की आशा की है।

इस विश्लेषण में एक तथ्य का खुलासा नहीं हो पाया कि भारत, इंडोनेशिया, फिलीपिन्स, दक्षिण कोरिया, पाकिस्तान, बांग्लादेश, थाईलैण्ड, और चीन जैसे एशिया के देशों मे कई महानगर (Mega Cities) हैं। विकासशील देशों में नगरीय जनसंख्या का प्रतिशत तेजी से बढ़ रहा है। नगरीय जनसंख्या की इस विस्मयकारी वृद्धि के कारण, सन् 2010 तक विश्व जनसंख्या का 50 प्रतिशत भाग नगरीय हो जाने की संभावना है। विकासशील देशों में पिछले कुछ वर्षों में हुए तीव्र नगरीकरण और ग्रामीण से नगरीय क्षेत्रों में हुआ भारी प्रवसन भी नगरीय जनसंख्या के अनुपात को बढ़ा देगा। कोई आश्चर्य नहीं है कि आने वाले समय में विकसित क्षेत्रों में अधिक लोग नगरीय क्षेत्रों की अपेक्षा विश्व के कम विकसित क्षेत्रों में अधिक लोग नगरीय क्षेत्रों में रहने लगेंगे।

वर्तमान में, जिन देशों में उनकी जनसंख्या का 50 प्रतिशत से अधिक भाग नगरीय बस्तियों में निवास करता है, ये देश ऐंग्लो-अमेरिका, लेटिन अमेरिका, रूस सहित यूरोप और ओशेनिया के क्षेत्रों में स्थित हैं। एशिया के कुछ देश ब्रुनेई, साइप्रस, ईराक, ईरान, हांगकांग, इजरायल, कुवैत, लेबनान, दोनों कोरिया, जापान, मंगोलिया, कातर, सऊदी अरब, सीरिया, सिंगापुर और तुर्की इस श्रेणी में आते हैं। अफ्रीका में अल्जीरिया, लीबिया, ट्यूनिशिया, गिनी, मारीशस, नामिबिया आदि देशों की 50 प्रतिशत से अधिक जनसंख्या नगरों में निवास करती है। उन देशों की, जिनकी जनसंख्या 20 प्रतिशत से कम नगरों में निवास करती है, वे देश अफगानिस्तान, भूटान, बांग्लादेश, कम्बोडिया, लाओस, नेपाल, ओमान, थाइलैण्ड और यमन हैं। अफ्रीका में 20 प्रतिशत से कम नगरीय जनसंख्या वाले देश बुरूण्डी, केप वर्डे, केमरून, इथोपिया, इरिट्रा, कीनिया, लेसोता, मोजाम्बिक, मालावी, माली, नाइजर, खण्डा, स्वाजीलैण्ड, तन्जानिया, टोगो और यूगाण्डा हैं। विश्व के अन्य शेष देशों में नगरीय जनसंख्या का अनुपात 20 से 50 प्रतिशत के बीच पाया जाता है।

आधुनिक नगरीय वृद्धि (Recent Urban Growth)

विश्व की नगरीय जनसंख्या आजकल ग्रामीण जनसंख्या की चार गुणा दर से बढ़ रही है। सन् 1990 और 2025 के बीच, नगरीय क्षेत्रों में रहने वालों की संख्या 5 बिलियन की दुगनी से

अधिक होने का प्रक्षेपण किया गया है। यदि ऐसा होता है तब विश्व की जनसंख्या के लगभग दो-तिहाई लोग कस्बों और शहरों में रह रहे होंगे। विकासशील देशों मे 90 प्रतिशत की वृद्धि हो जाने का अनुमान है।

सारणी 9.3 *मेगा नगरों में संभावित वृद्धि (80 लाख और अधिक), 2010 और 2015*

क्र.सं.	*शहर*	*देश*	*2010*	*2015*
1.	टोकियो	जापान	35,197,000	35,494,000
2.	मैक्सिको सिटी	मैक्सिको	19,411,000	21,568,000
3.	मुम्बई*	भारत	18,855,000	20,854,000
4.	न्यूयार्क	यू.एस.ए.	18,718,000	19,876,000
5.	साऊ पोलो	ब्राजील	18,333,000	20,535,000
6.	दिल्ली*	भारत	16,854,000	18,900,000
7.	कोलकाता	भारत	16,567,000	18,653,000
8.	शंघाई	चीन	14,503,000	17,225,000
9.	जकार्ता*	इंडोनेशिया	13,215,000	16,822,000
10.	ब्यूनर्स आयर्स	अर्जेंटीना	12,550,000	13,396,000
11.	ढाका	बांग्लादेश	12,430,000	16,842,000
12.	लॉस एंजिल्स	यू.एस.ए.	12,298,000	13,095,000
13.	सिओल	कोरिया (रिप.)	11,850,000	11,987,000
14.	कराची*	पाकिस्तान	11,608,000	15,155,000
15.	रिओ डी जेनेरियो	ब्राजील	11,469,000	12,770,000
16.	ओसाका	जापान	11,268,000	11,309,000
17.	काहिरा	मिस्त्र	11,128,000	13,138,000
18.	लागोस*	नाइजीरिया	10,886,000	16,141,000
19.	बीजिंग	चीन	10,717,000	12,850,000
20.	मनीला*	फिलीपीन्स	10,686,000	12,917,000
21.	मास्को	रूस	10,654,000	11,022,000
22.	तिआनजिन	चीन	9,955,000	10,150,000
23.	पेरिस	फ्रांस	9,535,000	10,000,000

* सन् 2015 तक 50 प्रतिशत संभावित रूप से बढ़ने वाले नगर ।

स्रोत : यू.एन. पॉपुलेशन डिविजन, वर्ड रिसोर्सेज, न्यूयार्क, 2001–2010।

नगरीकरण तेजी से बढ़ रही अर्थव्यवस्था वाले एशिया पेसिफिक क्षेत्र में तीव्र गति से हो रहा है जहां कि औसत नगरीय वृद्धि दर 4 प्रतिशत से अधिक है। फिर भी, तीव्रतम नगरीकरण दरें कुछ न्यूनतम विकसित देशों में उत्पन्न हो रही हैं। अफ्रीका में विश्व के सभी क्षेत्रों से नगरीय वृद्धि दर ऊंची, यथा 5 प्रतिशत प्रतिवर्ष है।

विशाल (मेगा) नगर (Mega Cities)

आज के नगरीकरण का एक महत्वपूर्ण लक्षण महानगरीय क्षेत्रों के निन्तर बढ़ते रहने की प्रवृति हैं। विशाल नगरों (कम से कम 80 लाख रहवासियों वाले नगर) की संख्या सन् 1950 में केवल दो (न्यूयार्क और लंदन) थी। वह बढ़कर सन् 2000 में 23 हो गई। इनमें से 17 नगर विकासशील देशों में हैं। ऐसा अनुमान है कि सन् 2015 तक ये नगर 36 हो जाएंगे: इनमें से 23 विशाल नगर एशिया में होंगे।

विश्व के 23 सबसे बड़े मेगा नगरों को उनकी जनसंख्या सहित सारणी 9.3 में प्रदर्शित किया गया है।

यहां इस बात पर ध्यान दिया जाना चाहिए कि 23 मेगा नगरों की जनसंख्या प्रत्येक की एक करोड़ से अधिक है। इनमें से, 16 नगर विकासशील देशों में से हैं। केवल चार नगर टोकियो, न्यूयार्क, लॉस एंजिल्स, और ओसाका विकसित विश्व में हैं । यह जानना बड़ा ही रूचिकर है कि विश्व के प्रथम 20 सबसे बड़े नगरों में से एक भी नगर यूरोप में नहीं है।

सन् 2000 की अनुमानित जनसंख्या के अनुसार जो कि यू.एन. पॉपुलेशन डिविजन द्वारा प्रक्षेपित की गई हैं, टोकियो (ज़ापान) विश्व का सबसे बडा नगर हैं। जिसकी जनसंख्या 26.96 मिलियन हैं। मैक्सिको और साऊ पॉलो द्वितीय एवं तृतीय क्रमश: 16.56 और 16.53 हैं। मुंबई और न्यूयार्क का स्थान क्रमश: चौथा और पांचवा हैं। इनके बाद शंघाई, लॉस एंजिल्स और कोलकाता का स्थान आता हैं। मनीला और ढ़ाका, जो कि गरीब देशों की राजधानिया हैं, उनकी मेगा नगरों में गणना 20वीं और 23 वें स्थान पर होती हैं।

उपरोक्त आंकड़ों को देखने से विदित होता है कि 23 प्रमुख मेघा नगरों मे से, 13 एशिया में, 4 लेटिन अमेरिका में हैं, जबकि अफ्रीका में दो मेगा नगर, यथा लागोस (नाइजीरिया) और काहिरा (मिस्त्र) हैं। एंग्लो-अमेरिका में दो (न्यूयार्क और लॉस एंजिल्स) और यूरोप में दो (पेरिस और मास्को) हैं।

जनसंख्या की वर्तमान स्थिति में परिवर्तन अगले दस वर्षों में आने की संभावना है, फिर भी टोकियो सन् 2015 में अपनी 35.49 मिलियन जनसंख्या के साथ विश्व का सबसे बड़ा नगर बना रहेगा। मजेदार बात यह है कि सन् 2015 में मुंबई विश्व का दूसरा सबसे बड़ा नगर हो जाएगा और उसकी जनसंख्या तब 20.85 मिलियन के करीब होगी। इनके बाद, लागोस, (नाइजीरिया), तीसरे स्थान पर और साओ पॉलो चौथे स्थान पर होगा। ढाका का स्थान पाँचवा और इसके बाद कराची का स्थान छटा सबसे बड़े नगरों में

होगा। न्यूयार्क नगर जो अभी विश्व का चौथा सबसे बड़ा नगर है, वह सन् 2015 में नवें स्थान पर, पेरिस और मास्को क्रमश: 22 वें और 23 वें स्थान पर होंगे।

सारणी 9.4 *मेगा नगरों की जनसंख्या में होने वाले संभावित परिवर्तन, 1995-2015*

(जनसंख्या दस लाख में)

क्र.सं.	*शहर*	*देश*	*जनसंख्या में पूर्ण परिवर्तन*	*परिवर्तित प्रतिशत*
1.	लागोस	नाइजीरिया	14.32	58.18
2.	मुंबई	भारत	11.08	42.25
3.	ढ़ाका	बांग्लादेश	10.94	56.13
4.	कराची	पाकिस्तान	9.65	47.79
5.	दिल्ली	भारत	6.91	36.64
6.	कोलकाता	भारत	5.39	31.13
7.	मनीला	फिलीपिन्स	5.37	36.63
8.	जकार्ता	इंडोनेशिया	5.30	38.07
9.	काहिरा	मिश्र	4.73	32.80
10.	शंघाई	चीन	4.39	24.42
11.	बिजिंग	चीन	4.27	27.42
12.	तिआनजिन	चीन	4.11	30.37
13.	साऊ पोलो	ब्राजील	3.79	18.65
14.	मैक्सिको सिटी	मैक्सिको	2.62	13.66
15.	ब्यूनरा आयर्रा	अर्जेंटिना	2.06	14.86
16.	टोकियो	जापान	1.93	6.68
17.	लॉस एंजिल्स	यू. एस. ए.	1.81	12.72
18.	रिओ डी जेनेरियो	ब्राजील	1.68	14.16
19.	सीओल	कोरिया (रिप.)	1.37	10.55
20.	न्यूयार्क	यू. एस. ए.	1.27	7.21
21.	पेरिस	फ्रांस	0.17	1.75
22.	मास्को	रूस	0.03	0.32
23.	ओसाका	जापान	0.00	_

स्रोत : कम्प्यूटेड फ्रॉम द वर्ड रिसोर्सेज, 2000, यू.एन.ओ., न्यूयार्क।

सारणी 9.5 *महाद्वीपों के अनुसार मेगा नगर*

महाद्वीप	*मेगा नगरों की संख्या*	*नाम*
एशिया	13	टोकियो, मुंबई, दिल्ली, शंघाई, कोलकाता, सिओल, बिजिंग, ओसाका, कराची, तिआनजिन, मनीला, जकार्ता, और ढाका ।
लेटिन अमेरिका	4	मैक्सिको नगर, साओ पोलो, ब्यूनर्स आयर्स, रिओ डी जेनेरियो।
अफ्रीका	2	लागोस, क़ाहिरा
एंग्लो-अमेरिका	2	न्यूयार्क, लॉस एंजिल्स
यूरोप	2	मास्को, पेरिस।

स्त्रोत : यूनाइटेड नेशन्स पॉपुलेशन डिविजन, 2000-2001

वर्तमान दर से नगरीय जनसंख्या में प्रतिवर्ष 6.5 करोड़ से अधिक व्यक्तियों को वृद्धि होता है। विकासशील देशों में स्थानीय एवं राष्ट्रीय सरकारें अपने नगरीय निवासियों को सर्वाधिक मूलभूत सेवाएं भी नहीं दे पा रही हैं। ऐसा अनुमान है कि विकासशील देशों में 25 से 50 प्रतिशत नगरीय निवासी निष्प्राण गंदी बस्तियों और अनाधिकार अधिवासों में रह रहे हैं, जिनमें न तो पर्याप्त पानी और सफाई की व्यवस्था है और न ही कूडा इकट्ठा करने की कोई नियत जगह है। ऐसी स्थिति में पर्यावरणात्मक गुणवत्ता के साथ साथ मानवीय स्वास्थ्य और कल्याण सभी खतरे में हैं।

भारत में नगरीयकरण (Urbanization in India)

भारत उन अनेक देशों में से एक है जिसमें नगरीय केन्द्र और नगरीयकरण बहुत पहले, 3000 ई.पू. में उत्पन्न हो गया था। मोहनजोदड़ो और हड़प्पा के नगरीय केन्द्रों को भारत में प्रागैतिहासिक नगरीयकरण के उदाहरण के रूप में उद्धत किया जा सकता है। भारतीय इतिहास के प्राचीन और मध्यकालीन युग में कस्बों और नगरों का, मुख्यत: सामाजिक-आर्थिक, भूगो-राजनैतिक और सांस्कृतिक कारणों से विकास हुआ। अंग्रेजों के आगमन और उनका ईस्ट इण्डिया कम्पनी से सत्ता पर अधिकार कर लिए जाने के कारण अनेक नगरों और कस्बों के विकास को बढ़ावा मिला। ब्रिटिश काल में यद्यपि कुछ नगर औद्योगिक केन्द्रों के रूप में विकसित हो गए थे, उन्होंने भारत से कच्चे माल को निर्यात करने और उनके यहां निर्मित और उत्पादित वस्तुओं को उप-महाद्वीप के विस्तृत बाजार में बेचने के लिए, व्यापारिक केन्द्रों की स्थापना की। ब्रिटेनवासियों ने देश के प्रबन्ध के लिए सामरिक महत्त्व के स्थानों पर अनेक सैनिक छावनियां भी स्थापित की। अम्बाला, अहमदाबाद, आगरा, झांसी, शिमला, मसूरी, मेरठ, रूड़की, मऊ (इन्दौर) और जालन्धर की वृद्धि और विकास, इस प्रकार के कुछ उदाहरण हैं।

चित्र 9.3 *भारत : नगरीय जनसंख्या की वृद्धि, 1901-2011*

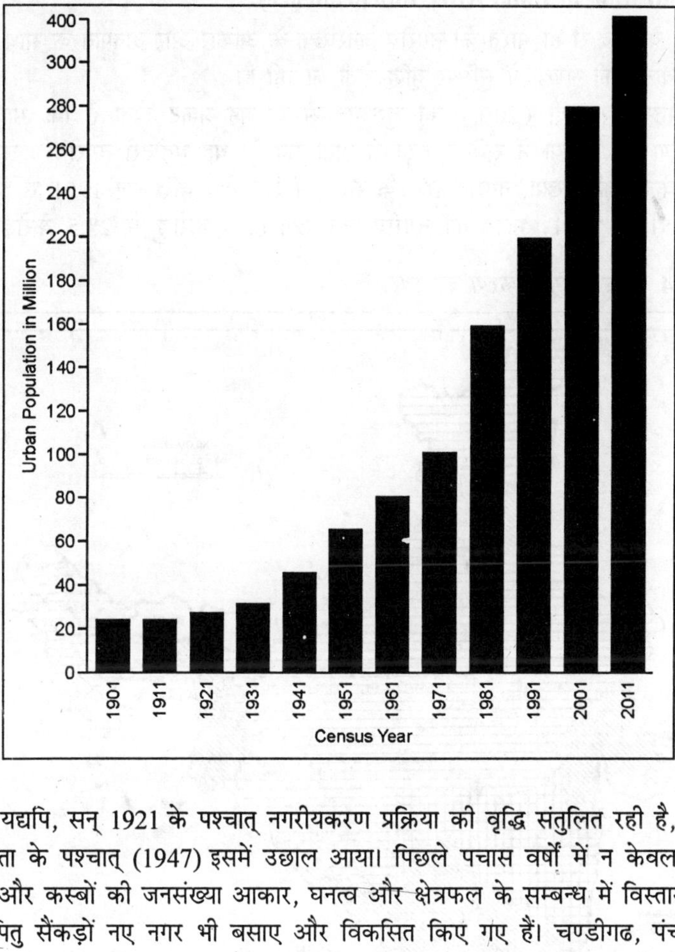

यद्यपि, सन् 1921 के पश्चात् नगरीयकरण प्रक्रिया की वृद्धि संतुलित रही है, किन्तु स्वतंत्रता के पश्चात् (1947) इसमें उछाल आया। पिछले पचास वर्षों में न केवल पुराने नगरों और कस्बों की जनसंख्या आकार, घनत्व और क्षेत्रफल के सम्बन्ध में विस्तार हुआ है अपितु सैंकड़ों नए नगर भी बसाए और विकसित किए गए हैं। चण्डीगढ, पंचकूला, कागज नगर, यमुना नगर, गजरौला, नरोरा, हर्बटनगर, ईटानगर, कोहिमा, मोकाकचुंग, विराट नगर, नोंन स्टोइन, माउफलांग, नोंगयो, विलियम नगर (मेघालय), पुलवामा, सोनमर्ग, बडगाम (कश्मीर), बटाला, नांगल, बरनाला, खन्ना, कैथल (पंजाब), ब्राउनी (बिहार), न्यू बोगाईगांव (आसाम), गौतमबुद्ध नगर, मोदीनगर, दादरी, दन्कौर, नोएडा (उत्तर प्रदेश), आदि नए विकसित नगरों के कुछ उदाहरण हैं। भारत की नगरीय जनसंख्या (2001), चीन, रूस, संयुक्त राज्य अमेरिका और इण्डोनेशिया को छोड़कर विश्व के समस्त देशों की कुल जनसंख्या से अधिक है। इसी प्रकार विश्व में केवल तीन देश, यथा चीन (43 करोड़), संयुक्त राज्य अमेरिका (23.8 करोड़) और रूस (13.1 करोड़) की नगरीय जनसंख्या भारत की नगरीय जनसंख्या के समान है।

स्वतंत्रता के बाद भारत में नगरीयकरण
(Urbanization in India After Independence)

स्वतंत्रता के बाद से ही भारत की नगरीय जनसंख्या के आकार और अनुपात के साथ-साथ नगरीय केन्द्रों की संख्या में सुस्थिर वृद्धि होती जा रही है।

पिछली शताब्दी (20वीं) की शुरुआत से ही यह प्रकट होता है कि भारत में नगरीकरण की प्रक्रिया में सुस्थिर बढ़ोतरी होती रही है। यह बढ़ोतरी नगरीय जनसंख्या, नगरीय केन्द्रों की संख्या, नगरीयकरण के स्तर में और तीव्र वृद्धि सन् 1951 से हुई है। सन् 1951 से 2001, भारत की नगरीय जनसंख्या 6.24 करोड़ से 28.5 करोड़ तक

चित्र 9.4 *भारत : नगरीयकरण का स्तर*

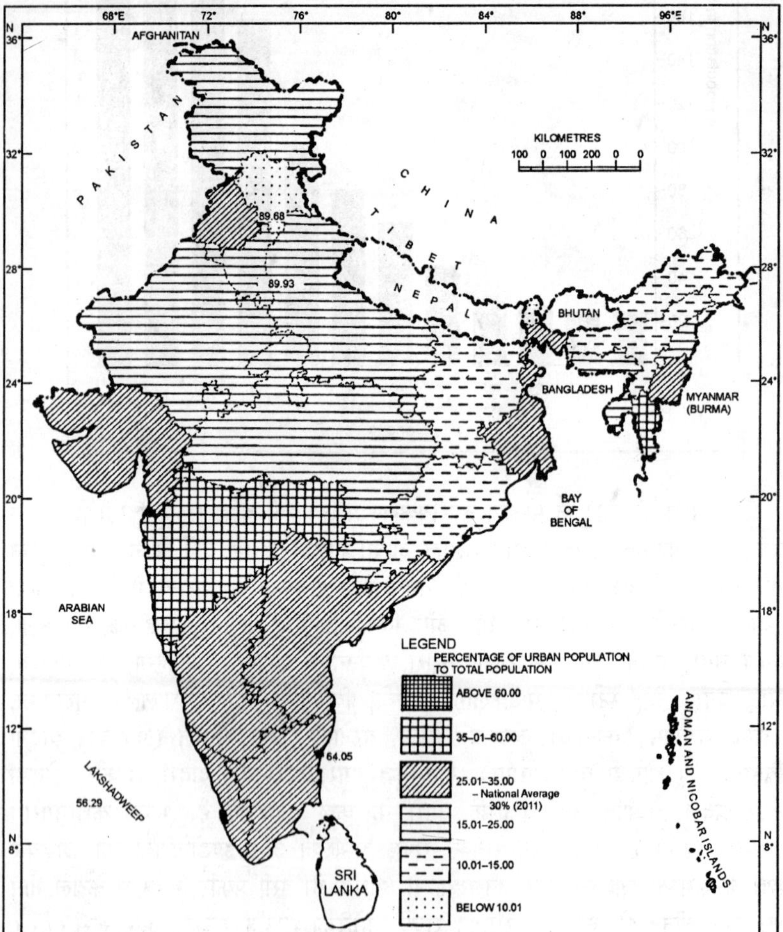

(चार गुना से भी अधिक) बढ़ गई है। नगरीय केन्द्रों कस्बे एवं नगरीय क्षेत्रों सहित यह संख्या 1951 में, 2,843 से बढ़कर 1991 में 3,768 हो गई, यह बढ़ोतरी 32.5 प्रतिशत है। इसी प्रकार, नगरीय क्षेत्रों (नगरीयकरण का स्तर) में रहने वाली जनसंख्या का अनुपात 1951 में 17.3 प्रतिशत से बढ़ कर 2001 में 27.8 प्रतिशत हो गया।

नगरीय जनसंख्या की वार्षिक वृद्धि दर 1991-2001 की अवधि में 3.12 प्रतिशत थी। यह इसके पूर्व के दशक 1981-91 से थोड़ी से अधिक (3.09 प्रतिशत) थी। अत:, यह प्रकट होता है कि पिछले कुछ वर्षों से नगरीकरण की गति में थोड़ी सी बढ़ोतरी हुई हैं।

नगरीय क्षेत्रों की छह श्रेणियों में जनसंख्या की वृद्धि की प्रवृतियां बताती हैं कि सन् 1981 से जनसंख्या में मुख्य बढ़ोतरी वर्ग I के कस्बों में हुई हैं। वर्ग I में रहने वाली भारतीय नगरीय जनसंख्या का अनुपात सुस्थिर रूप में कुल जनसंख्या के दो-तिहाई की ओर बढ़ रहा हैं। वर्ग V और VI (10,000 जनसंख्या के नीचे) के नगरों में, वास्तव में, 1981-91 और 1991-2001 के दशकों में जनसंख्या में शुद्ध नुकसान हुआ है।

सन् 2001 में, भारत में 35 (10 लाख से अधिक जनसंख्या वाले) अतिरिक्त नगर थे जिनकी कुल जनसंख्या 10.7 करोड़ थी। यह देश की कुल जनसंख्या का 10.5 प्रतिशत था। अत: भारत में नगरीयकरण की प्रक्रिया मुख्यत: बड़े नगरों और महानगरीय नगरों की वृद्धि को बताती है। यह वृद्धि छोटे नगरों और नगरीय केन्द्रों की कीमत पर हुई है।

भारत में नगरीयकरण का स्तर और प्रवृत्ति
(Level and Trend of Urbanization in India)

जैसा पूर्व में कहा जा चुका है कि भारत की नगरीय जनसंख्या 1991 ई. में 217,177,625 थी जो 4689 नगरों में निवास कर रही थी। इस जनसंख्या में जम्मू-कश्मीर की 1 मार्च, 1991 की नगरीय जनसंख्या 1,839,400 भी सम्मिलित थी। वर्तमान में देश की कुल जनसंख्या मे नगरीय जनसंख्या का प्रतिशत 27.8 (2001) है।

भारत में, नगरीय जनसंख्या की दशकीय वृद्धि, सारिणी 9.6 तथा चित्र 9.4 में दिखाई गई है। सारिणी 9.6 से यह स्पष्ट है कि नगरीय जनसंख्या दशक के बाद दशक निरन्तर बढ़ती रही है। फिर भी जनसंख्या का 2001 में प्रतिशत 27.8 बहुत ऊँचा नहीं कहा जा सकता है। 2011 के जनगणना आंकड़ों के अनुसार भारत की 30 प्रतिशत जनसंख्या नगरों में रहती है। सब मिलाकर भारत अभी भी मुख्य रूप से ग्रामीण विशेषताओं वाला देश है।

सारिणी 9.6 से यह भी स्पष्ट होता है कि एक दशक से दूसरे दशक में नगरीय समूहों/नगरों की संख्या घटती-बढ़ती रही है। नगरों की संख्या में यह घटा-बढ़ी पिछली जनगणना में किए गए वर्गीकरण और नए नगरों के जोड़ जाने के कारण होती है। फिर भी सन् 1961 की जनगणना के बाद नगरों की संख्या महत्त्वपूर्ण रूप से बढ़ी है।

सारणी 9.6 *भारत में नगरीयकरण की प्रवृति*

जनगणना वर्ष	नगर समूह/ नगरों की संख्या	कुल जनसंख्या	नगरीय जनसंख्या	कुल जनसंख्या में नगरीय जनसंख्या का प्रतिशत	नगरीय जनसंख्या की दशकीय वृद्धि दर (प्रतिशत)	नगरीयकरण की गति (प्रतिशत प्रतिवर्ष)		
						वार्षिक घातीय वृद्धि दर	नगरीय जनसंख्या की वार्षिक वृद्धि % में	नगरीय जनसंख्या की वार्षिक वृद्धि की दर % में
1901	1827	238,396,327	25,851,873	10.84	—	—	—	—
1911	1815	252,093,390	25,941,633	10.29	0.35	0.03	-0.06	-0.51
1921	1949	251,321,213	28,086,167	11.18	8.27	0.79	0.09	0.86
1931	2072	278,977,238	33,455,989	11.99	19.12	1.75	0.08	0.72
1941	2250	318,660,580	44,153,297	13.86	31.97	2.77	0.19	1.56
1951	2843	361,088,090	62,443,709	17.29	41.42	3.47	0.34	0.07
1961	2365	439,234,771	78,936,603	17.97	26.41	2.34	0.07	0.41
1971	2590	548,159,652	109,113,977	19.91	38.23	3.21	0.19	1.08
1981	3378	683,329,097	159,462,547	23.34	46.14	3.83	0.34	1.72
1991	3768	844,324,222	217,177,625	25.72	36.19	3.09	0.24	1.02
2001	5161	1,027,015,247	285,354,954	27.78	31.2	3.12	0.23	2.3
2011	5678	1,210,193,422	361,986,870	30.00	35.5	3.70	0.25	3.0

नोट : 1. क्योंकि आसाम में 1981 की जनगणना नहीं की गई थी, अत: आसाम की संख्या अन्तर-गणना पद्धति द्वारा सम्मिलत की गई है।

2. क्योंकि जम्मू कश्मीर में 1991 की जनगणना नहीं की गई थी, अत: जम्मू कश्मीर की संख्या 1991 के लिए जनसंख्या से संबंधित स्थायी विशेषज्ञों की समिति द्वारा सुझाये गये आंकड़े शामिल किये गए हैं।

3. भारत की जनगणना, 2011.

जहां तक देश की जनसंख्या का प्रश्न है, 1901 की जनगणना में 25.85 मिलियन व्यक्ति नगरों में निवास करते थे और 2001 तक यह संख्या बढ़कर 285.3 मिलियन हो गई। स्वतंत्रता प्राप्ति के पश्चात् की गई प्रथम जनगणना (1951) के अनुसार 6.24 करोड़ व्यक्ति नगरों में निवास करते थे। फिर भी सन् 1961 की जनसंख्या के अनुसार इस संख्या में काफी वृद्धि हुई हैं। पिछले तीन दशकों में नगरीय जनसंख्या लगभग तीन गुणा बढ़ गई। सन् 1971 में नगरीय जनसंख्या 10 करोड़ थी जो 1991 में 21.71 करोड़ और 2001 में 28.5 करोड़ हो गई थी और वर्ष 2011 में 36.18 करोड़ हो गई है।

भारत की नगरीय जनसंख्या में एक समान वृद्धि होते हुए भी, वृद्धि की वार्षिक दर 1971-1981 में 3.83 प्रतिशत से घटकर 1981-91 में केवल 3.09 रह गई। नगरीयकरण का स्तर 1971-81 के दशक में 3.43 प्रतिशत बढ़ गया, किन्तु 1981-91 के दशक में नगरीय जनसंख्या में यह वृद्धि केवल 3.12 प्रतिशत रह गई। यह प्रवृत्ति स्पष्ट करती है कि भारत में नगरीयकरण की गति 1991-2001 के दशक में, पूर्व के दशक की अपेक्षा धीमी पड़ गई। भारत के नगरीयकरण के स्तर की तुलना विश्व के चुने हुए विकसित और विकासशील देशों से करना अत्यन्त रोचक होगा। नगरीयकरण के स्तरों का तुलनात्मक चित्र सारणी 9.7 में दिया गया है।

सारणी से 9.7 से यह स्पष्ट हो जाता है कि मूल जनसंख्या 75 प्रतिशत का उत्तरी अमेरिका में, दक्षिण अमेरिका में, संयुक्त राज्य अमेरिका में, जापान में, आस्ट्रलिया में, और न्यूजीलैण्ड में, भाग नगरीय क्षेत्रों में निवास करता है। नेपाल में 12 प्रतिशत, भूटान में 7 प्रतिशत रावडां में 6 प्रतिशत और बांग्लादेश में 20 प्रतिशत जनसंख्या, उनकी कुल जनसंख्या के 20 प्रतिशत से कम नगरों, कस्बों और नगरीय स्थानों में निवास करती है।

भारत में, 1 मार्च 2001 को कुल जनसंख्या 100.7 करोड़ थी। इसमें से 74.2 करोड़, अर्थात 72.2 प्रतिशत ग्रामीण क्षेत्रों में और 28.5 करोड़, अर्थात 27.8 प्रतिशत नगरीय क्षेत्रों में रहती थी। 1991-2001 के दशक में 1.13 करोड़ जनसंख्या ग्रामीण क्षेत्रों में बढ़ी, जबकि नगरीय क्षेत्रों में यह वृद्धि 6.8 करोड़ थी। प्रतिशत की दृष्टि से इस अवधि में जनसंख्या में वृद्धि ग्रामीण क्षेत्र में 17.9 प्रतिशत और नगरीय क्षेत्र में 31.2 प्रतिशत रही हैं।

भारत में राज्य-अनुसार नगरीयकरण (2001) का स्तर सारणी 9.8 में दिया गया है जो अवरोही क्रम में रखे गए हैं। सारणी 9.8 के अध्ययन से पता चलता है कि उत्तरी भारत के राज्यों की तुलना में दक्षिणी भारत के राज्यों में नगरीय जनसंख्या का प्रतिशत अधिक है।

सभी राज्यों और संघ क्षेत्रों में, राष्ट्रीय राजधानी क्षेत्र देहली का सर्वाधिक नगरीकरण (93 प्रतिशत नगरीय जनसंख्या) हुआ है। इसके बाद, संघ क्षेत्र चण्डीगढ़ की नगरीय जनसंख्या 89.8 प्रतिशत है।

मुख्य राज्यों में, तमिलनाडु सर्वाधिक नगरीकृत राज्य है जिसकी जनसंख्या का 43.86 प्रतिशत नगरीय क्षेत्रों में निवास करता हैं, इसके बाद, महाराष्ट्र (42.4%) और गुजरात (37.4%) स्थान आता है। नगरीय जनसंख्या का सबसे कम अनुपात बिहार 10.5

प्रतिशत में और इसके बाद असम (12.7%) और उड़ीसा (14.9%) का स्थान आता हैं। जनगणना 2001 के अनुसार देश में हिमाचल प्रदेश सबसे कम नगरीकृत (9.8%) राज्य हैं।

सरिणी 9.7 *चुने हुए देशों/क्षेत्रों में नगरीयकरण का स्तर सन् 2001–2010 के मध्य में*

देश/क्षेत्र	*नगरीय आवास का प्रतिशत*
विश्व	49
1. अफ्रीका	38
2. लेटिन अमेरिका	80
3. मध्य अमेरिका	67
4. दक्षिणी अमेरिका	80
5. उत्तरी अमेरिका	77
(i) संयुक्त राज्य अमेरिका	77
6. एशिया	38
7. पूर्वी एशिया	40
(i) चीन	38
(ii) जापान	85
8. दक्षिण पूर्वी एशिया	30
9. दक्षिण एशिया	28
(i) बांग्लादेश	20
(ii) भूटान	7
(iii) नेपाल	12
(iv) पाकिस्तान	36
(v) श्रीलंका	23
(vi) भारत	27.8
10. पश्चिमी एशिया	65
11. यूरोप	80
12. ओशियनिया	75
(i) आस्ट्रेलिया	85
(ii) न्यूजीलैण्ड	87
13. सोवियत संघ	80

स्रोत : 1. संयुक्त राष्ट्र संघ विश्व जनसंख्या चार्ट, 1990, (संशोधित)
2. भारत की जनगणना, 2011

नगरीय क्षेत्रों में निवास करने वाले व्यक्तियों की विशुद्ध संख्या की दृष्टि से महाराष्ट्र अपनी 41 मिलियन नगरीय जनसंख्या से अगुआ राज्य है। उसकी यह जनसंख्या देश की कुल जनसंख्याका 14 प्रतिशत है। उत्तर प्रदेश की 35 मिलियन और तमिलनाडू की 27 मिलियन जनसंख्या नगरीय है।

सारणी 9.8 *भारत के राज्य और संघ प्रदेश उनकी नगरीय जनसंख्या 2001 में अवरोही क्रम में*

भारत/राज्य/संघ प्रदेश	*नगरीय जनसंख्या का प्रतिशत*	*भारत/राज्य/संघ प्रदेश*	*नगरीय जनसंख्या का प्रतिशत*
1. भारत	27.78	19. उत्तर प्रदेश	22.25
2. मिजोरम	49.77	20. अरुणाचल प्रदेश	20.78
3. तमिलनाडु	43.86	21. छत्तीसगढ़	20.08
4. महाराष्ट्र	42.40	22. मेघालय	19.63
5. गोआ	41.01	23. नगालैण्ड	17.74
6. गुजरात	37.35	24. त्रिपुरा	17.02
7. कर्नाटक	33.98	25. उड़ीसा	14.97
8. पंजाब	33.95	26. असम	12.72
9. हरियाणा	33.95	27. सिक्किम	11.10
10. पश्चिमी बंगाल	29.00	28. बिहार	10.47
11. आन्ध्र प्रदेश	27.08	29. हिमाचल प्रदेश	9.7
12. मध्यप्रदेश	26.67	*संघीय क्षेत्र*	
13. केरल	25.97	29. दिल्ली	93.01
14. उत्तराखण्ड	25.59	30. चण्ड़ीगढ़	89.78
15. जम्मू-काश्मीर	24.88	31. लक्षद्वीप	66.57
16. मणिपुर	23.88	32. दमन और दीव	36.26
17. राजस्थान	23.38	33. अण्डमान और निकोबार	32.67
18. झारखण्ड	23.38	34. दादरा और नगर हवेली	22.89

महानगरीय क्षेत्र (Metropolitan Areas)

सन् 2011 की जनगणना के अनुसार देश में 42 महानगरीय नगर समूह/नगर थे जिनकी जनसंख्या 1 मिलियन (दस लाख) या उससे अधिक थी। सन् 1901 में दस लाख जनसंख्या वाला केवल एक नगर कलकत्ता (कोलकाता) था। सन् 1911 से 1941 तक दस लाख जनसंख्या वाले दो नगर कलकत्ता और बम्बई (मुंबई) थे। सन् 1951 मे इनकी संख्या 5, सन्

1961 में 7, सन् 1971 में 9, सन् 1981 में 12, और 1991 में 23 हो गई। सन् 2001 में, दस लाख जनसंख्या वाले (और ऊपर) नगरों की संख्या 35 हो गई (सारणी 9.9)। 2011 में इन नगरों की संख्या 42 हो गई जो 2021 में 68 हो जाएगी, जो यूरोप के मिलियन नगरों का लगभग दो गुना होगा। तीव्र गति से बढ़ती संख्या, भारत के लिए एक बड़ी चुनौती है। भारतीय नगरों में मूलभूत सुविधाओं की भारी कमी हैं। जहां चीन नगरों की मूलभूत सुविधाओं पर रु. 5,132 प्रति व्यक्ति खर्च करता है, भारत में यह खर्च केवल 752 रुपए हैं।

इन 35 महानगरीय नगरों में 1991-2001 की अवधि में जनसंख्या वृद्धि का भिन्न प्रतिमान प्रदर्शित किया है। इन नगरों में 1991-2001 की अवधि में विशाखापट्टनम ने जनसंख्या की सर्वाधिक वृद्धि 74.27 प्रतिशत प्रदर्शित की है। इसके बाद, हैदराबाद (67.04%) आता है। ये दोनों ही नगर आंध्र प्रदेश में हैं। पंजाब के लुधियाना (नगर निगम क्षेत्र) की वृद्धि का स्तर हैदराबाद के बराबर रहा है। गुजरात के सूरत और उत्तर प्रदेश के लखनऊ की वृद्धि दर भी काफी ऊंची दर क्रमश: 64.21 प्रतिशत और 62.97 प्रतिशत रही हैं। सबसे कम वृद्धि की दर इस अवधि में कोलकाता (18.73) और बाद में पटना (19.55) की रही है।

वृद्धि की विभिन्न मात्रा के कारण इन 35 महानगरों की जनसंख्या वर्ग क्रम एक जनगणना से दूसरी जनगणना में बदलता रहा है। उदाहरणार्थ, कोलकाता (कलकत्ता) जिसका सन् 1901 से प्रथम स्थान रहा है, वह 2001 में दूसरे स्थान पर चला गया है।जबकि वृहत मुंबई (बम्बई) जो सन् 1901 में दूसरे स्थान पर था, वह सन् 2001 में प्रथम स्थान पर आ गया। सन् 2001 की जनगणना में जो 12 महानगरों की (10 लाख से ऊपर) श्रेणी में आए, वे थे—आगरा, इलाहबाद, अमृतसर, आसनसोल, धनबाद, फरीदाबाद, जबलपुर, जमशेदपुर, मेरठ, नासिक, राजकोट, और विजयवाड़ा।

भारतीय विशाल नगर (Indian Mega Cities)

भारत की 2001 की जनगणना के अनुसार, तीन विशाल नगर (mega-cities) हैं जिनकी प्रत्येक की जनसंख्या 8 मिलियन (80 लाख) से ऊपर है। ये विशाल (मेगा) नगर हैं—(1) वृहद मुंबई, नगरीय नगर समूह, (2) कोलकाता नगरीय नगर समूह, और (3) दिल्ली नगरीय नगर समूह। 35 महानगरों की 10.78 करोड़ जनसंख्या में से 4.23 करोड़, अर्थात 40 प्रतिशत इन तीन विशाल नगरों में रहते हैं।

दिल्ली (Delhi)

दिल्ली, भारत की राष्ट्रीय राजधानी है। यह नगर अनेक साम्राज्यों और शासकों की राजधानी रहा है। ब्रिटिश सरकार ने कलकत्ता से जब शासन की राजधानी बदलने का निर्णय लिया, तब उन्होंने 1911 में दिल्ली को राजधानी के रूप में विकसित किया। युगों से प्रशासनिक नगर के रूप में यह नगर विकसित हुआ है और इसी कारण देश के अन्य महानगर समूह जैसे कोलकाता, मुंबई, चेन्नई जो औद्योगिक नगर के साथ-साथ पोत नगर हैं, से विशिष्टि रूप से यह नगर अलग है।

चित्र 9.5 मुंबई और कोलाबा के टापू

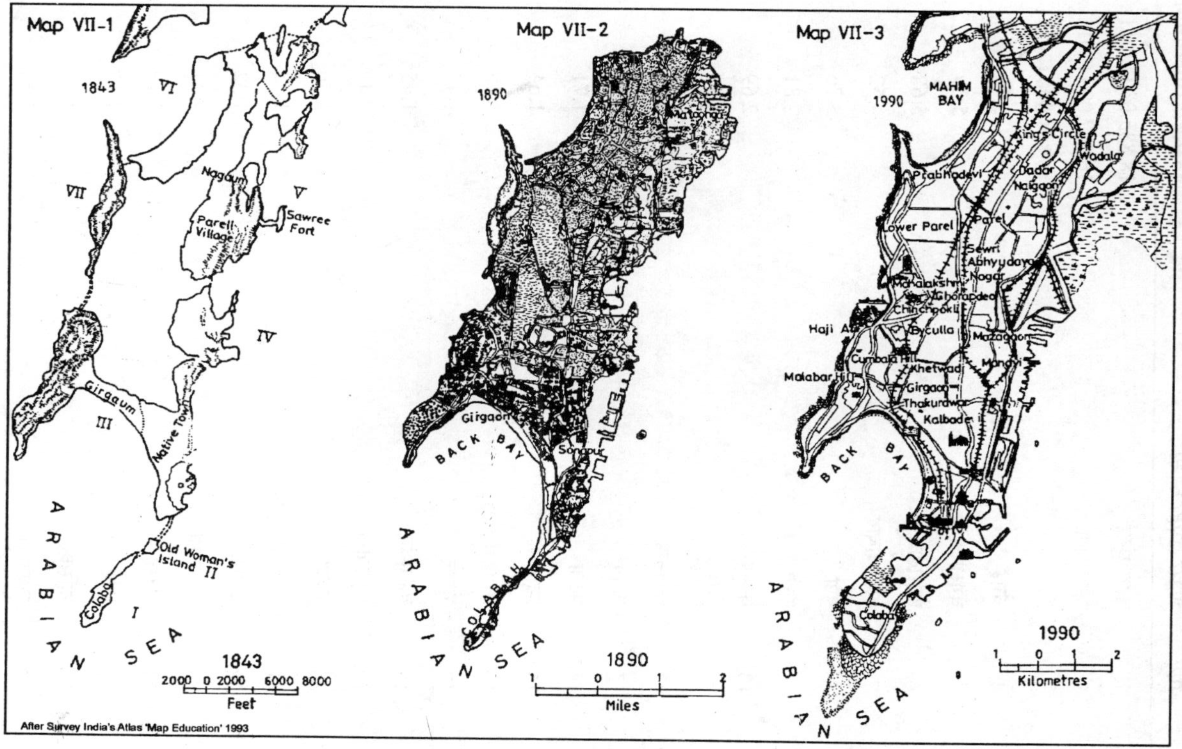

सारणी 9.9 *भारत में मिलियन नगरों की जनसंख्या, 2001-2011*

श्रेणी	*शहरी समूहों के नाम*	*जनसंख्या मिलियन में*
1.	वृहद मुंबई	18,885,000 (2011)
2.	कोलकाता	16,567,000 (2011)
3.	देहली	16,854,000 (2011)
4.	चैन्नई	6.42
5.	बैंगलोर	5.69
6.	हैदराबाद	5.68
7.	अहमदाबाद	4.52
8.	पूना	3.76
9.	सूरत	2.81
10.	कानपुर	2.69
11.	जयपुर	2.32
12.	लखनऊ	2.27
13.	नागपुर	2.12
14.	पटना	1.71
15.	इंदोर	1.64
16.	बडोदरा	1.49
17.	भोपाल	1.45
18.	कोयम्बटुर	1.45
19.	लुधियाना	1.39
20.	कोची	1.36
21.	विशाखापट्टनम	1.33
22.	आगरा	1.32
23.	वाराणसी	1.21
24.	मदुरई	1.19
25.	मेरठ	1.17
26.	नासिक	1.15
27.	जबलपुर	1.12

लगातार...

श्रेणी	*शहरी समूहों के नाम*	*जनसंख्या मिलियन में*
28.	जमशेदपुर	1.10
29.	आसनसोल	1.09
30.	धनबाद	1.06
31.	फरीदाबाद	1.05
32.	इलाहबाद	1.49
33.	अमृतसर	1.01
34.	विजयवाड़ा	1.01
35.	राजकोट	1.00
	योग	107.88

स्रोत : भारत की जनगणना, 2001 और 2011.

दिल्ली, देश में तीव्रगति से विकसित हो रहा महानगर क्षेत्र है। स्वतंत्रता प्राप्ति के समय से ही इस महानगर ने जनसंख्या में निरन्तर भारी वृद्धि प्रदर्शित की है। सन् 1881 जनगणना के अनुसार दिल्ली की जनसंख्या 1,83,944 थी, बाद के तीन दशकों में दिल्ली की जनसंख्या में वृद्धि धीमी रही। सन् 1911 की जनगणना तक इस महानगर की जनसंख्या 2.4 लाख थी, इसी काल में दिल्ली को ब्रिटिश् भारत की राजधानी बनाया गया। दिल्ली के 43 वर्ग कि.मी. क्षेत्रफल को बढ़ाकर 168 वर्ग कि.मी. किया गया। इसके पश्चात् नगर की जनसंख्या में तीव्र गति से विस्तार हुआ। 1941-51 के दशक में, बड़े पैमाने पर जनसंख्या के भारत से पाकिस्तान जाने और पाकिस्तान से भारत आने के कारण इस महानगर की जनसंख्या में अनेक उतार-चढ़ाव आए। स्वतंत्रता प्राप्ति के समय दिल्ली की जनसंख्या 14 लाख से कुछ ऊपर थी। इस नगर की जनसंख्या 1961 में 23.59 लाख और 1971 में यह जनसंख्या 36.47 लाख पर पहुँच गई। सन् 1981 में दिल्ली की जनसंख्या 57.29 लाख और 1991 की जनगणना के अनुसार इस नगर की जनसंख्या 83.75 लाख थी जो 2001 में 1.28 करोड़ को पार कर गई। 2011 के आंकड़ों के अनुसार दिल्ली का औसत जनसंख्या घनत्व 11,297 व्यक्ति प्रति वर्ग किलोमीटर है। दिल्ली के उत्तरी-पूर्वी जनपद की औसत जनसंख्या घनत्व 37,346 व्यक्ति प्रति वर्ग किलोमीटर है जो भारत में जनपद स्तर पर सबसे अधिक है। दिल्ली में औसत साक्षरता 86.3 प्रतिशत है, जिसमें पुरुषों की साक्षरता 91 प्रतिशत तथा महिलाओं की साक्षरता 81 प्रतिशत है (2011)।

दिल्ली विश्व के सबसे अधिक प्रदूषित नगरों में से एक हैं । इसकी लगभग 33 प्रतिशत जनसंख्या गंदी बस्तियों में रह रही है। न केवल इसकी हवा, अपितु इसका जल और मिट्टी भी काफी प्रदूषित है। सैन्ट्रल ग्राउन्डर वाटर अथॉरिटी द्वारा किए गए सर्वेक्षण

चित्र 9.6 *कनाट प्लेस, नई दिल्ली*

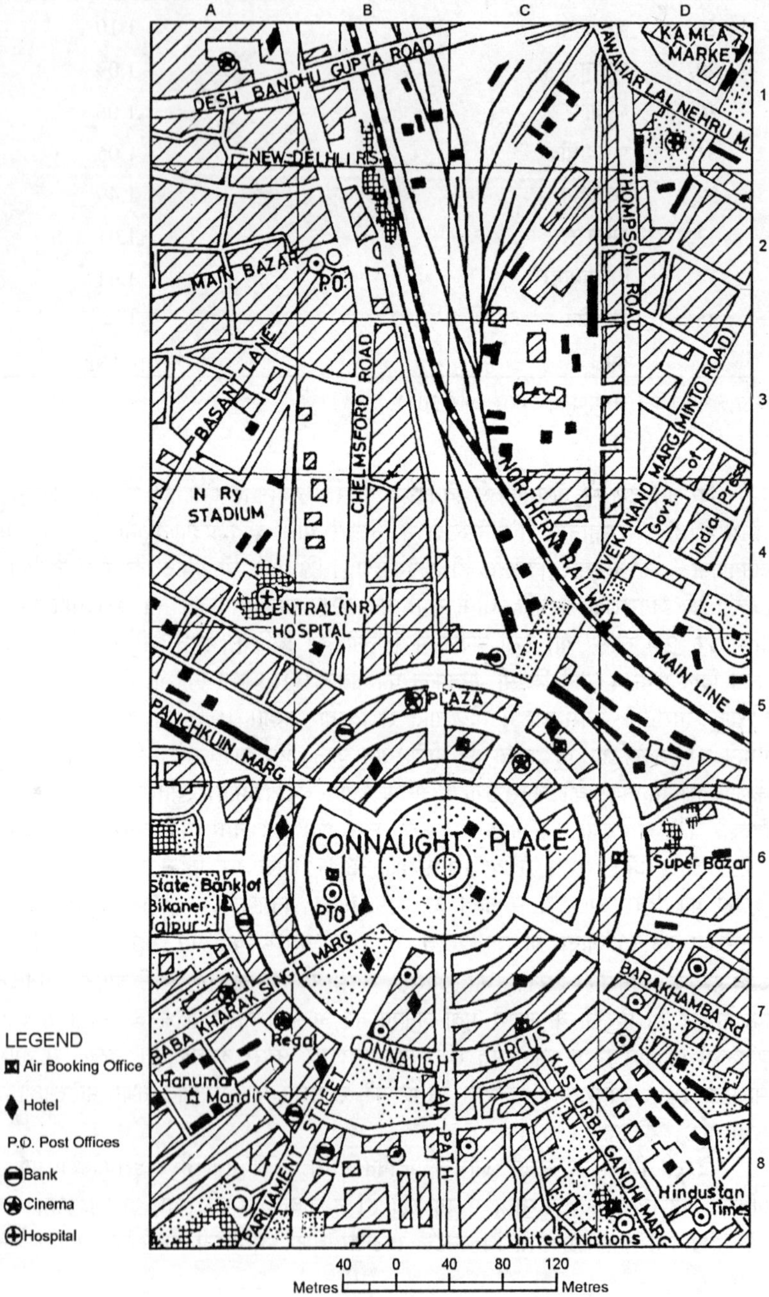

ने यह तथ्य उजागर किया है कि दिल्ली और इसके आस-पास के भूतल जल स्त्रोतों में भारी धातुओं का काफी जमाव है यहां का पानी फ्लोराईड, नाईट्रेट और शीशा, क्रोमियम और केडियम जैसी भारी धातुओं से प्रदूषित है। भारी धातुएं रक्त मे घुलती मिलती रहती हैं। इसके स्थान पर ये धातुएं हड्डियों, दांतों, मस्तिष्क सहित कोमल ऊतकों में जमा हो जाती हैं। प्रदूषित जल के कारण मेनिनजाइटिस, ब्रोकाइटिस (अस्थमा) या कन्जक्टिवाइटिस जैसी बीमारियां उत्पन्न हो जाती हैं। उल्टी, नाक की सूजन, अधिक लार की उत्पत्ति तथा किडनी से संबंधित समस्याएं इन बीमारियों के लक्षण हैं। दिल्ली और इसकी संख्या को तबाही से बचाने के लिए सुधारात्मक कदमों के उठाए जाने की अति शीघ्र आवश्यकता हैं।

राष्ट्रीय राजधानी क्षेत्र (National Capital Region)

पिछले कुछ दशकों में दिल्ली में भीड़-भाड़ कम करने और अनियोजित वृद्धि को रोकने के प्रयास किए गए हैं। विस्तारित महानगर के महानगरीय क्षेत्र से जुड़े हुए क्षेत्रों का एक दूसरे पर बढ़ती हुई निर्भरता की मान्यता के आधार पर राष्ट्रीय राजधानी क्षेत्र की संकल्पना विकसित की गई है।

राष्ट्रीय राजधानी क्षेत्र का विस्तार 30,000 वर्ग कि.मी. में है और 1991 में प्रशासनिक ढ़ांचे के अनुसार हरियाणा, राजस्थान, उत्तर प्रदेश राज्यों के भाग और समस्त दिल्ली क्षेत्र को इसमें सम्मिलित किया गया है। हरियाणा के जिन उप प्रदेशों को इस योजना में सम्मिलित किया गया है उनमें फरीदाबाद, गुड़गांव, रेवाड़ी, सोनीपत और पानीपत जिले का कुछ भाग है। राजस्थान उप प्रदेश में अलवर जिले का भाग, जबकि उत्तर प्रदेश के उप प्रदेश में मेरठ, बागपत, गाजियाबाद, नोएडा और बुलन्दशहर जिलों के भाग सम्मिलित किए गए हैं।

गन्दी बस्तियों की जनसंख्या (Slum Population)

भारतीय शहर जनसंख्या विस्फोट से ग्रसित है। परिणामत: सभी के लिए जगह और मकान की समस्याएं तीव्र हो गई हैं। गन्दी बस्तियां प्रमुख महानगरों का एक अनिवार्य अंग बन गई है। नगरों और कस्बों की गन्दी बस्तियों में रहने वाली जनसंख्या का अनुपात कई वर्षो से बढ़ता जा रहा है। यह अनुपात 1981 में 17.5 प्रतिशत था जो 1991 में बढ़कर 21.4 प्रतिशत और 2001 में 30 प्रतिशत हो गया। निरपेक्ष संख्या की दृष्टि से, भारतीय नगरों में रहने वाली गन्दी बस्तियों की जनसंख्या सन् 1981 में 7.52 करोड़ बढ़कर 2001 में 9.3 करोड़ हो गई। महाराष्ट्र राज्य गन्दी बस्ती जनसंख्या का सबसे बड़ा उदाहरण है। लगभग 1.08 करोड़ लोग सन् 2011 में गन्दी बस्तियों में रहते थे। उत्तर प्रदेश का गन्दी बस्तियों की जनसंख्या की दृष्टि से दूसरा नम्बर आता है, जहां 1.02 करोड़ लोग गन्दी बस्तियों में रहते थे इसके बाद, तीसरा स्थान पश्चिम बंगाल का हैं जहां 85 लाख लोग गंदी बस्ती में रहते हैं। दिल्ली में 40 लाख लोगों का गंदी बस्तियों में रहने का अनुमान है जो वहां की जनसंख्या का 35 प्रतिशत है।

यह एक जाना माना तथ्य है कि गन्दी बस्तियों का क्षेत्र सामाजिक और आर्थिक और स्वास्थ्य दशाओं की दृष्टि से सर्वाधिक दयनीय क्षेत्र है जहां न तो प्रभावकारी

सामाजिक सेवाएं हैं और न ही पीने योग्य जल और सफाई व्यवस्थाएं ही उपलब्ध हैं। यही कारण है कि इन क्षेत्रों में महामारियों और एड्स जैसी असाध्य बीमारियां आसानी से पैर पसार लेती हैं। यहां के रहवासियों की निम्न सामाजिक आर्थिक प्रस्थिति, शिक्षा का निम्न स्तर और उच्च जन्म और मृत्यु दरें यह संकेत देती हैं कि जन स्वास्थ्य परिवार नियोजन और जनन स्वास्थ्य कार्यक्रमों की दृष्टि से इन बस्तियों पर अति शीघ्र विशेष ध्यान दिए जाने की जरूरत है।

भारतीय नगरीयकरण की प्रमुख विशेषताएं
(Salient Features of Indian Urbanization)

भारत में नगरीयकरण की प्रक्रिया और प्रवृत्ति का पिछली पक्तियों में वर्णन किया जा चुका है। उपर्युक्त वर्णन के आधार पर भारतीय नगरीयकरण की प्रमुख विशेषताओं का संक्षिप्त विवरण निम्न प्रकार से दिया जा सकता है—

1. भारत में नगरीयकरण का इतिहास अत्यन्त प्राचीन है और ईसा पूर्व 2500 वर्ष के लगभग सिन्धु घाटी में नगर उन्नति पर थे।
2. भारत में नगरीयकरण, प्राचीन और मध्यकाल में, प्रशासनिक, राजधानी और व्यापारिक केन्द्रों के स्थानों से सम्बद्ध रहे हैं।
3. यूरोपवासियों के भारत में आगमन के पश्चात् नगरीयकरण की दर में तीव्र वृद्धि हुई, इसका मुख्य कारण आधुनिक फैक्ट्रियों और उद्योगों की स्थिति और स्थापना रहा है।
4. भारतीय नगरीयकरण वर्तमान शताब्दी के प्रत्येक दशक में एक विशेष घटना से सम्बद्ध रहा है, 1901-1911 में अकाल और प्लेग, 1911-21 में इन्फ्लूएन्जा महामारी, 1921-1931 में कृषि मन्दी, 1931-41 में द्वितीय महायुद्ध, 1941-51 में उपमहाद्वीप का विभाजन, 1951-61 में नियोजित विकास, 1961-71 में पिछड़े क्षेत्रों में नगरीयकरण का उदय और बड़े नगरों के निकट संकेन्द्रित नगर जिकास और 1981-91 में विशाल नगर और प्रथम वर्ग के नगरों की अपेक्षाकृत तीव्र वृद्धि, और 1991-2000 में मिलियन जनसंख्या वाले नगरों में तीव्र गति से वृद्धि हुई जिनकी संख्या 2001 तक 35 तक जा पहुंची। 2011 में भी नगरीकरण में निरन्तर वृद्धि हो रही है।
5. भारतीय नगरीकरण की प्रकृति स्वावलम्बी है। इसका यह अर्थ है कि ग्रामीण क्षेत्रों के निवासी नगरीय पर्यावरण से नहीं, वरन् नौकरियों से आकर्षित होते रहे हैं। ये लोग बदत्तर भोजन खा रहे हैं और बदत्तर घरों में रह रहे हैं, फिर भी वे नौकरियों के लिए नगरों से चिपके रहते हैं। यह नगरीय जगहों पर गुणात्मक जीवन को बुरी तरह प्रभावित कर रहा है, विशेषत: वर्ग प्रथम और महानगरीय नगरों में।
6. भारतीय नगरीयकरण बहु-महानगरीय शीर्ष प्रकृति वाली है, जिसमें समस्त नगरीय व्यवस्था में दस लाख वाले नगरों का प्रभुत्व है, जिनमें भारत की नगरीय जनसंख्या एक-तिहाई भाग निवास करता है। यहां कोलकाता, मुंबई और दिल्ली जैसे विशाल नगरों सहित 35 नगर ऐसे हैं जिनकी जनसंख्या 10 लाख से ऊपर है।

7. भारत के बड़े नगरों में जनसंख्या का विस्फोट हो रहा है, जबकि छोटे नगर स्थिर अवस्था में हैं। सन् 1901 में देश की लगभग 48 प्रतिशत जनसंख्या, नगरों में, जिनकी प्रत्येक की आबादी 20,000 थी, निवास कर रही थी, जबकि 2001 में देश की नगरीय जनसंख्या का केवल 12 प्रतिशत का ही ऐसे नगरों में निवास है।
8. भारतीय नगरीय व्यवस्था दोनों कार्यात्मक और स्थानिक दृष्टि से संगठित नहीं है, इसके परिणामस्वरूप नगरीय संस्तरण और ग्रामीण–नगरीय चरित्र में ठहराव और असन्तुलन पाया जाता है। भारत में नगरीय व्यवस्था का शीर्ष एक तरफ झुका हुआ है, ग्रामीण क्षेत्रों में नगरीय आधार घटिया है और बाजार नगरों के द्वारा अन्तर्वर्ती सम्बन्ध कमजोर हैं।
9. भारतीय नगर द्वितीयक की अपेक्षा तृतीयक क्षेत्र के व्यवसायों के आधार पर अधिक विकास कर रहे हैं। फिर भी, हाल के दशकों में जिला मुख्यालयों के विकास ने उच्च श्रेणी के औद्योगिकीकरण के आधार पर बड़े पैमाने पर नगरीकरण की एक अधोरचना का निर्माण किया है। भारत के अनेक जिला मुख्यालयों के बहु–अधिकारी, विकेन्द्रित नगरीय/औद्योगिक प्रकार के इस देश में हो रहे विकास के प्रमाण हैं। ये जिला मुख्यालय कार्यों में अधिकाधिक विविधता वाले होते जा रहे हैं। यह, वास्तव में, एक स्वस्थ प्रवृत्ति है; विशेषकर, ऐसे जिला मुख्यालयों में जहां उद्योग एक मुख्य कार्य के रूप में प्रकट हो रहा हो।
10. दक्षिणी भारत, उत्तरी और पूर्वी भारत की अपेक्षा अधिक नगरीकृत है। ऐसा, ऐतिहासिक सामाजिक–सांस्कृतिक और संसाधन कारकों के कारण हुआ है।

नगरीयकरण की प्रक्रिया ने गति प्राप्त कर ली है और अधिकाधिक व्यक्ति ग्रामीण क्षेत्रों से नगरीय क्षेत्रों की ओर प्रवास कर रहे हैं, किन्तु नगरीय क्षेत्रों, विशेषकर महानगरों और महानगर समूहों में जीवन स्तर गिरता जा रहा है। वास्तव में, इस समय विश्व में दिल्ली के बाद मैक्सिको दूसरा सर्वाधिक प्रदूषित नगर माना जाता है। सन् 2015 तक दिल्ली की जनसंख्या 17 मिलियन से आसपास होगी । सामाजिक सुविधाओं के विकास की वर्तमान गति की दृष्टि से जब हम दिल्ली को देखते हैं तब यह कहा जा सकता है कि आने वाले समय में दिल्ली में जिन्दगी दयनीय हो जाएगी। वायु, जल और शोर का बढ़ता हुआ प्रदूषण कई महामारियों और असाध्य रोगों को जन्म देगा। यदि अधिक सामाजिक सुख सुविधाएं उपलब्ध कराकर, प्रदूषण को रोकने और जीवन स्तर को सुधारने के पर्याप्त उपाय नहीं किए गए तो भारत के नगरीय निवासियों का जीवन अधिक दु:खद हो जाएगा जो स्वास्थ्य आपदाओं और विध्वंस का कारण बन सकता है।

References

Berry, Brian, J.L., 1973, *The Human Consequences of Urbanization,* New York, St. Martin's Press.

Census of India, 1991 and 2001, Provisional Population Tables: Rural Urban Distribution, paper 2.

Chandna, R.C., 1990, *A Geography of Population*, New Delhi, Kalyani Publications.

Davis, K., 1973, *Cities: Their Origin, Growth and Human Impact,* San Francisco, W.H. Freeman.

Fellmann, J., et al., *Human Geography,* New York, Macmillan.

Harris, C.D., 1943, 'A Functional Classification of Cities in the United States', *Geographical Review* 33, pp. 86-99.

Heitmann, A. 'Cities are India's Future' *The Times of India* 31st May, 2011, New Delhi ed, p. 20.

Husain, M., 1979, *Human and Economic Geography,* New Delhi, NCERT.

Husain, M., 2011, *Geography of India*, New Delhi, Tata McGraw Hills.

Johnston, R.J., 1984, *City and Society: An Outline for Urban Geography,* London, Hutchinson.

Leong, G.C. and Morgan, G.C., 1992, *Human and Economic Geography*, Oxford, Oxford University Press.

Rubenstein, J.M. et al., 1983, *The Cultural Landscape*, London, Prentice Hall.

Taylor, P.J., 1986, 'The Error of Developmentalism'. In Gregory, D. and Walfard, R., eds. *New Horizons in Geography,* London, Macmillan.

The World Guide, 12th ed., New Internationalist™ Pub. Ltd.

UNO, World Resources 1998-99, New York.

White, Paul, 1984, *The West European City: A Social Geography,* London, Longman.

Yeates, M. and B. Garmer, 1980, *The North American City,* 3rd ed., New York, Harper & Row.

10

पर्यावरण पर मानव का अधिप्रभाव
Impact of Man on Environment

पर्यावरणीय परिवर्तन निरन्तर चलने वाली एक प्रक्रिया है, जो 4500 करोड़ वर्ष पूर्व पृथ्वी के प्रथम बार अस्तित्व में आने के समय से चल रही है। तब से वायुमण्डल, जल मण्डल, स्थल मण्डल और जैव मण्डल के क्रमिक और कभी-कभी आकस्मिक रूपान्तरण लाने के लिए ऊर्जा और पदार्थों के स्थानान्तरण का गतिशील तंत्र व्यापक स्तर पर क्रियाशील रहा है। पृथ्वी के अधिकांश इतिहास में परिवर्तन के कारक परिवर्तनकारी शवितयां जैसे ज्वालामुखी, भूकम्प और पवन, हिम, जल, पौधे और पशु जैसे प्राकृतिक तत्वों ने गतिशील पारिस्थितिक तंत्र निर्माण करने के लिए एक-दूसरे को प्रभावित किया, यह नियंत्रित भी करता है और एक-दूसरे से नियंत्रित भी होता है (मेनेयोन, 1991)। चालीस अथवा पचास लाख वर्ष पूर्व, मानव के रूप में (कपि के पूर्वज) एक परिवर्तनकारी कारक का उदय हुआ जो होमोसेपिएन्स अथवा आधुनिक मानव के रूप में चरम बिन्दु पर पहुँचा। अनेक विचारकों द्वारा पर्यावरणीय परिवर्तन का इसे (मानव) आधुनिक काल का सर्वाधिक शक्तिशाली जनक माना है।(वही 1)

मानव अब उसके पर्यावरण की उपज नहीं रह गया है, वह उसका परिवर्तनकर्ता और सृजनकर्ता भी है। वास्तव में, पृथ्वी पर मानव, उसके उद्‌भव के समय से ही एक पारिस्थितिक प्रधान रहा है। दूसरे शब्दों में, मनुष्य उसके भौतिक पर्यावरण के साथ मानव विकास की प्रारम्भिक अवस्था से तथा इस अंतरिक्ष प्रौद्योगिकी के युग में भी अपनी अधिकाधिक शक्ति से पारस्परिक क्रिया कर रहा है। विज्ञान में प्रौद्योगिकी विकास के साथ ज्ञान की सीमाएं अंतरिक्ष आकाश से आगे तक विस्तारित हुई हैं और पृथ्वी के पर्यावरण को अज्ञात तक परिवर्तित कर दिया गया है। व्यक्तियों की बढ़ती संख्या और प्रौद्योगिकी कौशल ने प्राकृतिक भूदृश्यों और पर्यावरण पर उसकी छाप स्थापित की है और भौतिक पर्यावरण को उनकी आवश्यकताओं के अनुसार परिवर्तित कर लिया है। उदाहरणार्थ, मैगा नगरों, महानगर समूहों (Conurbations) और आधुनिक नगरों की भूमि और समुदायों पर मानव की छाप इतनी गहरी है कि मौलिक प्राकृतिक भूदृश्य पूरी तरह से समाप्त हो गया है और मानव निर्मित सांस्कृतिक पर्यावरण प्रतिस्थापित हो गया है। मानव के पर्यावरण पर अधिप्रभाव की मात्रा और महत्ता को इस बात द्वारा प्रकट कर सकते हैं कि मानव इस धरा पर, भू-वैज्ञानिक समय-माप के अनुसार एक छोटी सी अवधि में अपनी उपस्थिति से पर्यावरण में परिवर्तन का एक शक्तिशाली कारक बन गया

है। दूसरे शब्दों में, पिछले एक सौ वर्षों में शक्तिशाली प्राकृतिक शक्तियों के, जिन्होंने करोड़ों वर्षों से हमारी पृथ्वी के धरातल को और उस पर जीवन पद्धति और जैव मण्डल को आकार दिया है, हम उसके बराबर अथवा उससे भी आगे बढ़ गए हैं। इसके परिणामस्वरूप, ग्लोबल वार्मिंग, व्यापक उष्ण समुद्र तल में परिवर्तन, अम्लीकरण, खारापन, पर्यावरणीय प्रदूषण, ओजोन क्षीणता, मरुस्थलीकरण, जैविक विभिन्नताओं में कमी और गंभीर पारिस्थितिकीय असन्तुलन की समस्याएं उत्पन्न हो गई हैं, जिनके कारण मनुष्य जाति का जीवन संकट में पड़ गया है। (हुसैन, 1992)

प्रस्तुत अध्याय, लगभग 40 लाख वर्षों में प्राकृतिक और सांस्कृतिक पर्यावरण के इतिहास के सारांश को प्रस्तुत करता है। चतुर्थ महाकल्प, पुरा पाषाणी, मध्य पाषाणी और नव पाषाणी काल में हुए परिवर्तनों को संक्षेप में यहां प्रस्तुत किया गया है। ऐतिहासिक काल में, विशेषकर औद्योगिक क्रांति के पश्चात् जीवांश ईंधन का उपयोग, औद्योगिक तथा घरेलू कार्यों के लिए उपयोग में लिया जाने लगा और व्यापक स्तर पर खनिज खनन का कार्य किया जाने लगा, इसका पर्यावरणीय विश्लेषण किया गया है। इसके साथ विकसित देशों में कृषि विकास के अधिप्रभाव और विकासशील देशों में हरित-क्रांति का भी विश्लेषण किया गया है।(मेनियोन, 1991)

मानव हमेशा से अपने पर्यावरण से सम्बद्ध रहा है क्योंकि यह उसका निकटतम घेरा है, जो उसे जीवित रहने के लिए आवश्यक संसाधन उपलब्ध कराता है। इस सम्बन्ध में प्रागैतिहासिक और पूर्व-साक्षर काल के साक्ष्य के रूप में गुफा चित्र उपलब्ध हैं। इन गुफा चित्रों में घोड़ा, हिरण, भेड़, बकरी, कुत्ता और भेड़िया आदि के चित्र बनाए गए हैं, जो उस समय के वन्य जीवन, तत्कालीन पर्यावरण और मानव का उसके पर्यावरण से सम्बन्ध स्पष्ट करते हैं।

पर्यावरण के परिवर्तन के अनेक कारक हैं और उसमें सम्मिलित प्रक्रियाएं बड़ी जटिल हैं। पिछले 20 अथवा 30 लाख वर्षों में पर्यावरणीय परिवर्तन के मुख्य कारक जलवायु और मानव रहे हैं, जो दोनों ही पर्यावरणीय तंत्र में प्रक्रिया परिचालन को प्रत्यक्ष रूप से प्रभावित करते हैं।(थॉमस, 1986)

समस्त प्राकृतिक तंत्र एक गतिशील सन्तुलन की अवस्था में हैं। फिर भी अधिकांश पर्यावरणीय तंत्र में परिवर्तन के लिए लचीलापन और प्रतिरोध दोनों ही पाए जाते हैं और वास्तविक पुनर्निवेशन लम्बे समय में होता है (विशेष: मानव जीवन अवधि के संदर्भ में) कि परिवर्तन क्रमश: और अदृश्य होता है। उदाहरण के लिए पिछले दशक में स्कैन्डीनेविया के देशों की झीलों पर 'अम्ल वर्षा' से हुई क्षति को स्वीकार किया गया है, यद्यपि अम्लीकरण की वास्तविक प्रक्रिया, जीवाश्म ईंधन के बढ़ते उपयोग के साथ कई दशकों पूर्व ही आरम्भ हो गई थी। यह संभव है कि एक पारिस्थितिकी तंत्र के प्रारम्भ होने और उसके पुन: स्थापन तक से पहले यथेष्ट समय लगे। कभी-कभी, कुछ शैल सम्बन्धी परिवर्तन और महाविपत्ति कारक परिवर्तन जैसे ज्वालामुखी विस्फोट होने से पूर्णत: नवीन भूदृश्य निर्मित हो सकता है। आइसलैण्ड द्वीप के तट से दूर 1963 से 1966 के बीच सुरत्से (Surtsey) के द्वीप का सृजन और अमेजोनिया में उष्ण कटिबन्धीय वनों

का मानव क्रिया द्वारा तीव्र गति से विनाश के उदाहरण दिए जा सकते हैं जिसमें आन्तरिक पारिस्थितिकी तंत्र के रचना तंत्र को बाह्य कारकों ने दबा दिया है। (फ्रेडरिक्सन, 1985) ये सभी उदाहरण, पर्यावरण के आमूल रूपान्तरण के उदाहरण हैं। पर्यावरणीय, परिवर्तन की मानव क्रियाएं पिछले 10,000 वर्षों में ही केवल सार्थक हो पाई हैं, किन्तु जैसे-जैसे प्रौद्योगिकी का विकास हुआ, उनके द्वारा अधिप्रभाव अत्यधिक बढ़ गया है। जैसे ही मानव ने पर्यावरण का संसाधनों के लिए शोषण आरम्भ किया, पर्यावरण परिवर्तन होने लगा। दूसरे शब्दों में, पर्यावरण पर मानव का अधिप्रभाव, इसका ऊर्जा के रूप में प्रयोग किए जाने की आवश्यकता मुख्य कारण है। इसके अतिरिक्त, उद्योगों और घरेलू उपयोग में जैविक ईंधन के निरंतर शोषण और नए ऊर्जा स्त्रोतों जैसे आणविक शक्ति का विकास अपने आप में अत्यधिक पर्यावरणीय अधिप्रभाव है। इस प्रकार, मानवजनित पर्यावरणीय परिवर्तन का एक प्रमुख कारण ऊर्जा स्थानान्तरण करने की आवश्यकता है। (मेनियोन, 1991)

जलवायु परिवर्तन के कारण (Causes of Climatic Changes)

जलवायु में परिवर्तन और उतार-चढ़ाव स्थानिक और अस्थाई दोनों ही प्रकार के होते हैं, जिनकी उत्पत्ति यथेष्ट अनुमान और विवाद के विषय रहे हैं। बाहरी कारक जैसे सूर्य विकिरण, सूर्य-कलंक में परिवर्तन और आन्तरिक कारक जैसे पृथ्वी के वायुमण्डलीय संचरण में समायोजन, या तो अकेले अथवा दोनों मिलकर उत्तरदायी होते हैं। इसके अतिरिक्त मानव क्रियाएं भी जलवायु परिवर्तन के लिए असावधानीपूर्वक व्यापक कार्बन चक्र को प्रभावित करते हुए योगदान करती हैं। पृथ्वी का जलवायु चक्र अत्यन्त जटिल है और जलवायु प्रक्रिया की रचना अभी तक पूर्ण रूप से समझी नहीं गई है। (रेमपिनों, 1987)

पिछली शताब्दी में जलवायु परिवर्तन सम्बन्धी अनेक सिद्धान्त प्रतिपादित किए गए हैं। इनमें से अनेकों के अनुसार सूर्य विकिरण की मात्रा और गुण को अधिक महत्व दिया गया। सूर्य-कलंक (Sun Spots) चक्र, उदाहरण के लिए सूर्य से निकलने वाले विकिरण की मात्रा में परिवर्तन को संभावित कारण के रूप में उद्धृत किया गया है। सूर्य-कलंक करीब-करीब 11 वर्षीय चक्र में परिवर्तित होते रहते हैं।

जलवायु परिवर्तन का दूसरा सिद्धान्त, खगोलीय (Astronomical) सिद्धान्त है। इस सिद्धान्त के अनुसार क्रान्तिवृत्त के कोण का पृथ्वी की कक्षा की उत्केन्द्रता में परिवर्तन और विषुवों (Equinoxes) का नियमनिष्ठ होना इसका मुख्य कारण है। ये प्रत्येक कारक चक्रीय प्रकार से भिन्न होते हैं। (मार्टिन, 1984)

एक तीसरा दृष्टिकोण यह है कि प्राचीन समय में जलवायु परिवर्तन का मुख्य कारण ज्वालामुखी क्रिया रहा। इस सिद्धान्त का यद्यपि अब खण्डन किया जा चुका है क्योंकि ज्वालामुखी विस्फोट और ज्वालामुखी क्रिया लाखों वर्षों तक नहीं बनी रह सकती हैं और भूतकाल में जलवायु परिवर्तन लाखों वर्षों में हुए हैं।

जलवायु परिवर्तन का, मानव क्रम विकास की प्रारम्भिक अवस्थाओं में जो भी कारण रहा हो, अंतिम हिम चादर (Wurm) का आज से लगभग 1.4 से 1.5 लाख वर्ष

पूर्व क्षय हो गया था। अंतिम हिमानी अवस्था के पश्चात् व्यापक आधार पर अपेक्षतः तीव्रता और व्यापक रूप से विभिन्नताओं में पर्यावरणीय परिवर्तन हुआ। कुल मिलाकर जैसे ही हिम चादर उच्च और मध्य अक्षांश के उच्च स्थानों से पीछे हट कर, वर्तमान अवस्था में आई जिसका परिणाम जलवायु परिवर्तन निकला। इसके परिणामस्वरूप पारिस्थितिकी तंत्र उन प्रदेशों में पुनर्स्थापित हुआ जो पहले हिम से ढंके हुए थे। इस काल में भी मानव समुदाय (होमोसेपिएन्स) का विकास और क्रियाओं में परिवर्तन तथा वातावरणीय तंत्र में प्रमुख शक्ति के रूप में उभरते दिखाई देते हैं। इसी काल में पौधों और पशुओं को घरेलू बनाने का काम भी किया गया।

जब मनुष्य ने पाषाण से औजार बनाने और औजारों का उपयोग करना आरम्भ किया, पर्यावरण महत्वपूर्ण ढंग से संशोधित हो गया। इस अवस्था को होमोहेबिलिस (Homo Habilis) के नाम से जाना जाता है। जैसा पूर्व में, दूसरे अध्याय में कहा जा चुका है कि प्रारम्भिक औजार पाषाण से निर्मित किए जाते थे और इसी कारण प्रारम्भिक संस्कृतियां पुरा पाषाण काल के नाम से जानी जाती हैं। पाषाण युग 10,000 वर्ष बी.पी. माना जाता है जब मानव ने यंत्रों के निर्माण के लिए तांबे का उपयोग आरम्भ किया। बाद के ऐतिहासिक काल में पौधों और पशुओं को घरेलू बनाने की प्रक्रिया को तीव्र करने के लिए तांबे, कांसे और लोहे के औजार और उपकरण विकसित किए गए। मानव ने पारिस्थितिकी तंत्र को कृषि-पारिस्थितिकी तंत्र (Agro Ecosystem) में बदलना आरम्भ किया जिसने आज के कृषि तंत्र को बढ़ावा दिया। (चित्र 10.1)

पुरा पाषाणी, मध्य पाषाणी और नव पाषाणी कालों में, होमोसेपिएन्स की आखेट और संग्रहण मुख्य आर्थिक क्रियाएं रही हैं। पृथ्वी के कई भागों में आज भी आखेट और संग्रहण क्रिया की जाती है। पुरा पाषाण काल में मानव के पूर्वज अपने भोजन के लिए स्थानीय भोजन संसाधनों पर निर्भर रहे होंगे। वास्तव में, उस काल का इतिहास केवल अनुमानों के आधार पर ही सुनिश्चित किया जा सकता है। पुरा पाषाण काल में पशुओं की सफाई करना पशु शोषण का एक रूप रहा होगा। पशुओं की सफाई और आखेट

चित्र 10.1 *आखेट से कृषि और औद्योगिकरण की ओर संक्रमण*

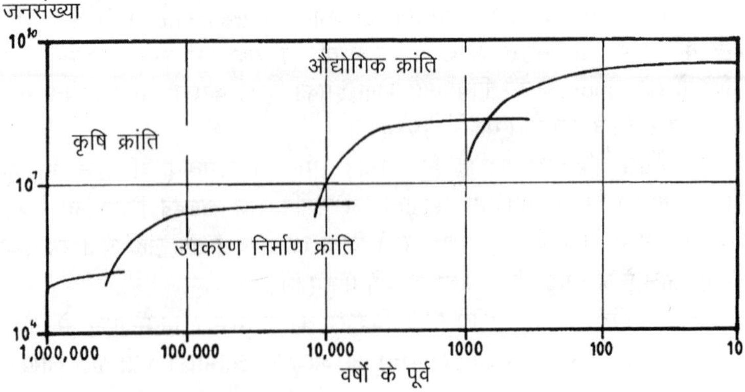

दोनों में भिन्न प्रकार के कौशल की आवश्यकता होती है, पहला अधिक आकस्मिक है जबकि दूसरा अधिक नियोजित कार्य होता है। ऐसा विश्वास योग्य कोई उदाहरण नहीं है जो यह सिद्ध कर सके कि पुरा पाषाणी समूह का उनके पर्यावरण पर प्रभाव रहा जैसा मध्य पाषाण और नव पाषाण काल के लोगों ने निस्सन्देह प्रयास किया। अतः यह अनुमान लगाया जा सकता है कि पुरा पाषाण काल में मानव, पारिस्थितिकी तंत्र का प्रभावी घटक होने के स्थान पर वह अनिवार्य अंग था (बर्गर व अन्य)।

पुरा पाषाण और नव पाषाण कालों के बीच मध्य पाषाण काल एक संधिकाल रहा है। अनुमानतः अभूतपूर्व सामाजिक और पारिस्थितिकीय प्रभावों ने प्रसरणशील बने पर्यावरण के शोषण को प्रेरित किया। मध्य पाषाण काल के उपकरण, पुरा पाषाण काल के उपकरणों से भिन्न थे। मध्य पाषाण काल के लोग खाने के लिए हिरणों, बिज्जुओं, लोमड़ियों और अनेक प्रकार के पक्षियों का उपयोग करते थे।

10,000 वर्ष बी.पी. के आसपास नव पाषाण काल आरम्भ हुआ था। यह वह समय था जब मनुष्य ने पौधों और पशुओं को घरेलू बनाया था। कृषि के विकास को क्रान्तिकारी माना गया। स्पष्टतः मानव इतिहास का यह अत्यधिक महत्वपूर्ण विकास था। कृषि के आरम्भ किए जाने से विश्वस्त भोजन साधन उपलब्ध हुआ, इसने इन्हें स्थाई बस्तियां विकसित करने योग्य बना दिया। कृषि के विकास ने मानव जाति के विकास में एक आधिकारिक भूमिका निभाई और जिसका परिणाम महत्वपूर्ण पर्यावरणीय परिवर्तन में हुआ। प्राकृतिक पारिस्थितिकी तंत्रों का स्थान कृषि-पारिस्थितिकी तंत्र ने ले लिया। इस विकास के साथ होमोसेपिएंस ने पारिस्थितिकी तंत्र को अधिक प्रभावशाली ढंग से नियन्त्रित करना आरम्भ कर दिया।

जैसा पूर्व की पंक्तियों में कहा जा चुका है कि पौधों और पशुपालन की अवस्था से पूर्व मानव आखेट अवस्था में था। अनुमानतः मनुष्यों ने यह जान लिया था कि कुछ पशु और पौधे, अन्य की अपेक्षा भोजन के स्रोत के रूप में अधिक उपयोगी हैं और अपेक्षतः व्यवस्थित ढंग से चराए जाने और शिकार किए जाने से यह बेहतर था कि उन्हें भोजन आपूर्ति के लिए अपने पास रखा जाए (जोहरी एवं होफ, 1988)। इस प्रकार मानव और पर्यावरणीय इतिहास में पौधों और पशुओं को पाला जाना एक महत्वपूर्ण मोड़ था। कृषि ने सामाजिक संगठनों में भी महत्वपूर्ण परिवर्तन किए और जिसके कारण सर्वाधिक शक्तिशाली प्राचीन सभ्यताओं की नींव पड़ी।

डेविस (1987) के अनुसार अधिक उपयोगी पशु भेड़, बकरियां, चौपाए और सूअर थे, जिन्हें उत्तर-हिम के प्रारम्भिक काल 8000 वर्ष बी.पी. से 10,000 वर्ष बी.पी. के बीच दक्षिण-पश्चिम एशिया में पालतू बनाया गया। भेड़-बकरियाँ और कुत्तों को पालतू बनाए जाने का भी केन्द्र दक्षिण-पश्चिम एशिया ही था। शिकार और भोजन एकत्रण की अवस्था से स्थाई कृषि की ओर संक्रमण को चित्र 10.2 में दर्शाया गया है।

पौधों और पशुओं को पालने से पर्यावरण में महत्वपूर्ण परिवर्तन आया। पालतू वर्ग ने भोजन स्रोत उपलब्ध कराया जिसने प्राकृतिक पौधे और पशु साधनों को विकसित करने में सहायता की। इस अर्थ में वर्गों की भिन्नता में वृद्धि हुई, किन्तु कृषि भूमि बनाने के

चित्र 10.2 *पूर्व धातु उद्योग का प्रसार*

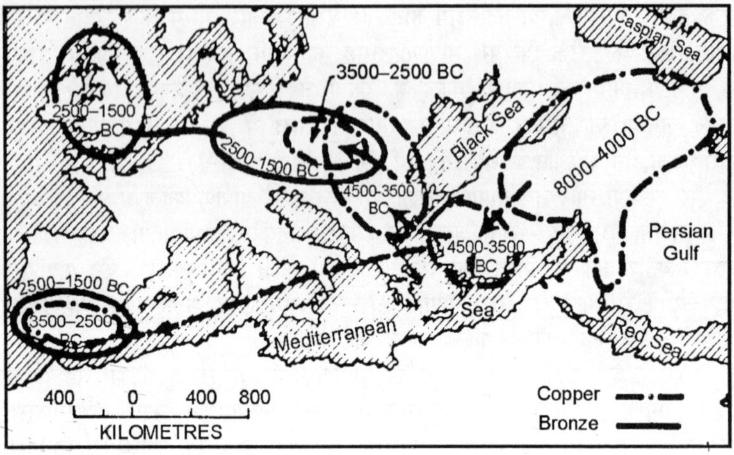

लिए प्राकृतिक वनस्पति को साफ करने का काम किया गया, जिससे कम से कम स्थानीय स्तर पर वर्गों की भिन्नताओं में कमी आ गई। भू-आकृतिक, मृदा सम्बन्धी और जलीय तंत्रों में भी मूलत: परिवर्तन आ गया, यहां तक कि वनस्पति विकास का स्थान भी कृषि संवर्धन ने ले लिया।

प्राचीन विश्व में धातु तकनीक का सम्भावित समय चित्र 10.2 में दिखाया गया है। इस चित्र से स्पष्ट हो जाता है कि धातु के उपकरणों और तकनीक तांबे के उपयोग से आरम्भ हुआ। तांबे से बने उपकरणों के उपयोग ने मानव की योग्यता उसके पर्यावरण को उपयोग में लेने की योग्यता में वृद्धि की। तांबा युग के पश्चात् कांसे और लोहे के युग आए। धातु तकनीक से पशु और पौधों की तकनीक अधिक लोकप्रिय हुई और फसल उत्पादन तंत्र अधिक कार्यकुशल हो गया। धातु उपकरणों की तकनीक के साथ मानव ने पर्यावरण का अधिपति बनना आरम्भ कर दिया।

यथार्थ में धातु कर्म तकनीक का आरम्भ में विकास कब और कैसे हुआ, यह तो स्पष्ट नहीं है। मैलार्ट (1967) के अनुसार 8000 वर्ष बी.पी. पूर्व सीसा गलाने के पर्याप्त प्रमाण केतल हुयक (Catal Huyuk), जो मध्य अनातोलिया में एक बस्ती विकसित हुई थी, जहाँ नव पाषाण कृषि कार्य पूर्ण रूप से विकसित था, से प्राप्त हुए हैं। चित्र 10.2 से यह स्पष्ट हो जाता है कि धातु तकनीक, काला सागर और कैस्पियन सागर और फारस की खाड़ी के भू-भाग में आरम्भ हुई, जहाँ व्यापक क्षेत्र में तांबा अयस्क उपलब्ध है। मूर (1985) के अनुसार तांबा-संस्कृति, उत्तरी जरीरे (Jerireh) और असीरिया में लगभग 7000 वर्ष बी.पी. पूर्व आरम्भ हुई और यहीं से इसका बाद में एशिया माइनर में प्रसार हुआ।

धातु तकनीक ने कृषि के विस्तार और तीव्रता में सहायता की। पर्यावरण से काम निकालने की क्षमता, कष्ट मुक्त विकास की राह नहीं थी। पुरातत्वीय विवरण तथा

पर्यावरण प्रबन्धन की समस्याएं जैसे अति चारण, भूमि उर्वरता में कमी, मृदा क्षरण और खारेपन को स्पष्टत: प्रमाणित करता है। ऐसी समस्याएं आज अत्यधिक महत्वपूर्ण और गंभीर हैं और जिनका विश्लेषण इस अध्याय के अंतिम भाग में किया गया है।

ऐतिहासिक काल में पर्यावरणीय परिवर्तन
(Environmental Change in the Historical Period)

यह विश्वासपूर्वक कहना अत्यन्त कठिन है कि कब पूर्व-ऐतिहासिक काल समाप्त हुआ और कब ऐतिहासिक काल आरम्भ हुआ। अधिकांश इतिहासकारों का मत है कि फोनेशियन्स लोगों के समय से इतिहास आरम्भ होता है। इन सभ्यताओं ने यथेष्ट पर्यावरणीय परिवर्तन उत्पन्न किया। कृषि के विस्तार और सघनता के अतिरिक्त इस ऐतिहासिक काल में स्पष्ट: विकास ग्रेट ब्रिटेन में 1779 की औद्योगिक क्रान्ति के रूप में था। अठारहवीं शताब्दी में ग्रेट ब्रिटेन की जनसंख्या में आश्चर्यजनक वृद्धि हुई। एक अनुमान के अनुसार सन् 1700 और 1800 के बीच ग्रेट ब्रिटेन की जनसंख्या 50 लाख से बढ़कर एक करोड़ हो गई। भोजन, वस्त्र और आवास की बढ़ती हुई मांग को पूरा करने के लिए औद्योगिक नवाचार को तीव्रता प्रदान की गई! ब्रिटेन को 'विश्व का कारखाना' कहा जाने लगा क्योंकि इस देश में उद्योग देश की अर्थव्यवस्था का मुख्य आधार बन गया था। यह सामाजिक संगठन और भू-आकृतियों दोनों ही प्रकार से तीव्र परिवर्तन का समय था। नगरीय केन्द्रों के विकास ने ग्रामीण क्षेत्रों से नगरीय क्षेत्रों की ओर प्रवास को प्रोत्साहित किया। तीव्रता से बढ़ती जनसंख्या की बढ़ती मांग को पूरा करने के लिए कृषि को और अधिक कार्यकुशल बनाया गया। इसके अतिरिक्त, अन्तरराष्ट्रीय राजनीति ने भूपटल परिवर्तन में महत्वपूर्ण भूमिका निभाना आरम्भ किया क्योंकि ये व्यापार और कृषि तथा औद्योगिक उत्पादन व आर्थिक नीतियों को प्रभावित करता है (होस्किन्स 1988)। औद्योगिक क्रान्ति द्वारा पर्यावरणीय परिवर्तन न केवल यूरोप और एशिया में ही लाया गया, वरन् दोनों अमेरिका, अफ्रीका और ऑस्ट्रेलिया में भी यह परिवर्तन आया। यह समय 1850 और 1920 के बीच का था, जब यूरोपवासियों ने अधिक संख्या में उत्तरी अमेरिका और ऑस्ट्रेलिया में जाकर बसना आरम्भ किया और अफ्रीका में भी अपनी बस्तियाँ स्थापित कीं। कृषि के विस्तार के लिए इन यूरोपवासियों ने बड़े पैमाने पर वनोन्मूलन (Deforestation) इन महाद्वीपों में किया। उष्ण कटिबन्धीय प्रदेशों में रबर, मसाले, चाय, कॉफी, कोको, नारियल और गन्ने की बागानी कृषि का स्थानीय श्रमिकों की सहायता से विकास किया गया। वनोन्मूलन नीति और कृषि के विकास और प्रसार का परिणाम महत्वपूर्ण पर्यावरणीय परिवर्तन के रूप में हुआ।

होमो हेबिलिस (Homo Habilies) मानव समूहों ने पृथ्वी के खनिज संसाधनों का, आरम्भ में पाषाण और बाद में धातुओं (लगभग 8000 बी.पी.) विशेषकर टिन, तांबा और लोहे के उपयोग पर केन्द्रित किया। खनिजों के खनन के कारण, खनिज क्षेत्रों के निकटस्थ क्षेत्रों में पर्यावरणीय परिवर्तन हुआ। खनन का मृदा, जलीय और वायुमण्डलीय पर्यावरणीय विशेषता पर प्रभाव दूरी तक पड़ता है। यह खनिज निकालने के ढंग और खनिज प्रक्रिया दोनों से संबंधित होता है। इन सब में अधिक महत्वपूर्ण खनिज शोधन में जीवाश्म ईंधन का उपयोग है जो ग्रीन हाउस (Green House) प्रभाव में वृद्धि कर रहा है।

पर्यावरणीय गुणों में परिवर्तन का एक प्रमुख कारण भारी धातुओं जैसे सीसा, अरगजी (Cedmium) और पारे का दूषण होना है।

ग्रीन हाउस गैसों में वृद्धि (Increase in Green House Gases)

पर्यावरणीय प्रदूषण के सर्वाधिक महत्वपूर्ण कारणों में जीवांश ईंधन का दहन और औद्योगिक रसायन हैं। औद्योगिक क्रांति काल से जीवांश ईंधन का व्यापक उपयोग किया जाने लगा। जीवांश ईंधन के उपयोग से कार्बन-डाई-ऑक्साइड केन्द्रीकरण में वृद्धि हो रही है, जिससे जलवायु परिवर्तन प्रभावित हो रहा है। इसके अतिरिक्त, नाइट्रस और गंधकीय गैसों का वायुमण्डल में उत्सर्जन तथा बाद में उनका जमाव, अब पृथ्वी पर और जलीय अम्लीकरण का मुख्य कारण स्वीकार किया जा चुका है। चरम अवस्था में इस बाद वाली स्थिति ने जलीय पारिस्थितिकी तंत्र को विकृत कर दिया है, और जल पीने योग्य नहीं रह पाता है। अन्य प्रकार के दूषण औद्योगिक रसायनों से निकलते हैं, जो वायु प्रदूषण द्वारा पर्यावरण परिवर्तन में सहयोग प्रदान करते हैं और वे मानव स्वास्थ्य के लिए खतरा हो सकते हैं। उदाहरण के लिए क्लोरोफ्लोरो कार्बन (CFCs) को सम्मिलित किया जा सकता है जो समताप मण्डल में ओजोन परत को प्रभावित करती है।

मानवजाति की बढ़ती हुई मांग को पूरा करने के लिए 20वीं सदी में ऊर्जा उपभोग में अत्यधिक वृद्धि हुई है। पिछले 25 वर्षों में वैश्विक ऊर्जा के उपयोग में लगभग 70 प्रतिशत की वृद्धि हुई है और संभावना है कि यह उत्तरोत्तर बढ़ती ही जाएगी। आजकल, मानवीय स्रोतों से प्राप्त कार्बन डाई ऑक्साइड का उत्सर्जन अधिकांशत: जीवाश्म ईंधन के जलाने से होता है। यह प्रति कार्बन वर्ष 7 बिलियन मीट्रिक टनों के औसत से अधिक है। इसके कारण विश्व की जलवायु प्रणाली की गतिशीलता में बदलाव आना शुरू हो गया है। (यू. एन. ओ. विश्व संसाधन, 1998-99 : 171-72) विश्व ऊर्जा उपभोग प्रतिमान की प्रवृत्ति को निम्नांकित सारिणी 10.1 में दिखाया गया है—

सारिणी 10.1 *विश्व ऊर्जा उपभोग प्रतिमान*

वर्ष	*करोड़ टन कोयले के समकक्ष*	*प्रतिशत कोयला*	*प्रतिशत गैस*	*प्रतिशत खनिज तेल*
1980	900	30	19	40
1960	400	41	15	39
1940	200	—	—	—
1920	150	—	—	—
1900	100	—	—	—
1880	65	—	—	—
1860	40	—	—	—

स्रोत— मेनीयोन की 'ग्लोबल एनवायरमेंटल चेंज' के अनुसार (1991)।

सारिणी 10.1 के अनुसार, सन् 1900 में विश्व का कुल ऊर्जा उपभोग 100 करोड़ टन कोयले के समकक्ष था जो बढ़कर 1940 में दुगना अर्थात् 200 करोड़ टन हो गया। सन् 1960 में यह मात्रा 400 करोड़ टन कोयले के समकक्ष थी, जबकि 1980 में इस ऊर्जा का उपयोग 900 करोड़ टन कोयले के बराबर हो गया।

मोटर वाहनों के प्रयोग द्वारा भारी सामाजिक और आर्थिक लाभ प्राप्त हुए हैं। किन्तु इनके अत्यधिक प्रयोग ने अनेक पर्यावरणीय और आर्थिक समस्याएं भी पैदा की हैं। ये समस्याएं पिछले कुछ दशकों में वाहनों की संख्या के बढ़ने के साथ अत्यधिक बढ़ गई हैं। वर्तमान विश्व के तेल उत्पादन का आधा हिस्सा अकेला यातायात क्षेत्र खा जाता है, जिसमें से सर्वाधिक मोटर ईंधन होता है।

विकासशील देशों में पारिवारिक जीवन और वाणिज्य की एक सामान्य वस्तु के रूप में कार का प्रयोग द्वितीय विश्व युद्ध के बाद शुरू हुआ। सन् 1950 में केवल 70 मिलियन कारें, ट्रकें और बसें ही विश्व की सड़कों पर थे। सन् 1994 तक विश्व की संख्या नौ गुना (630 मिलियन) बढ़ गई। सन् 1970 से विश्व स्तर पर लगभग 16 प्रतिवर्ष के हिसाब से वृद्धि हो रही है। इस विस्तार के साथ ही ईंधन के उपभोग में समान रैखिक रूप से वृद्धि हो रही है। यदि इसी प्रकार की रैखिक वृद्धि निरन्तर चलती रहती है, तब 2025 तक 1 बिलियन (एक अरब) वाहन विश्व की सड़कों पर होंगे।

आन्तरिक दहन (Combustion) वाहनों का बढ़ता हुआ उपयोग, विशेषत: नगरीय क्षेत्रों में भीड़-भाड़ में वृद्धि करेगा, तेल की मांग में बढ़ोतरी करेगा, वायु प्रदूषण बिगाड़ेगा और मीथेन, ओजोन, कार्बन मोनो ऑक्साइड, नाइट्रस ऑक्साइड और CO_2 सहित अनेक प्रकार की ग्रीन हाउस गैसों के उत्सर्जन में वृद्धि करेगा।

वर्तमान में, सम्पूर्ण विश्व में, मोटर वाहन 900 मिलियन मीट्रिक टन प्रति वर्ष का CO_2 उत्सर्जन करते हैं जिसके कारण पर्यावरणीय प्रदूषण, अम्लीकरण और ओजोन का क्षरण होता है।

निस्सन्देह, कार्बन डाइ ऑक्साइड गैस, सर्वाधिक मात्रा में पाई जाने वाली ग्रीन हाउस गैस है, किन्तु नाइट्रस ऑक्साइड, ओजोन और क्लोरोफ्लोरो कार्बन (CFCs) भी अवरक्त (Infrared) विकिरण को सोख लेती हैं और यह भली-भांति प्रमाणित किया जा चुका है कि इन गैसों के केन्द्रीकरण में मानव क्रियाओं के कारण भी वृद्धि हुई है। वैलबर्न (1988) ने यह विचार प्रस्तुत किया है कि नाइट्रस ऑक्साइड का एकत्रीकरण 0.30 पीपीएम है और यह भविष्यवाणी की कि सन् 2050 तक नाइट्रेट खादों के उपयोग और मृदा में बैक्टीरिया के द्वारा नाइट्रिक एसिड छोड़े जाने के परिणामस्वरूप इसकी मात्रा 0.35 पीपीएम हो जाएगी। इसके अतिरिक्त्, वायुमण्डल में मीथेन (Methane) की बढ़ती हुई मात्रा, जिसके बारे में अनेक कार्यकर्ताओं ने अपना विवरण दिया है। मीथेन का मुख्य स्रोत कूड़े-करकट के ढेर और चावल के खेतों में जीवाण्विक (Bacterial) सड़न, इसके अतिरिक्त पशुओं की आंतों में सेलूलोज के जीवाण्विक टूटन, व्यापक आर्द्र भूमि और वनस्पति का जलाया जाना है। मीथेन की अधिकता का एक अन्य कारण, बड़े पैमाने पर वनों के विनाश से वनस्पति का जलाया जाना है जो मुख्यत: उष्ण कटिबन्धीय वनों में किया जाता है। मीथेन, एक सक्रिय ऊष्मा पकड़ने वाली गैस है। ऐसा अनुमान लगाया

जाता है कि सन् 2030 तक मीथेन का प्रभाव पृथ्वी को गर्म करने के लिए इतना अधिक महत्वपूर्ण होगा जितना कि अतिरिक्त कार्बन डाइ-ऑक्साइड उत्पन्न करने से होगा।(रेयनाड, 1988 : 55- 57)

बसन्त का पहले आगमन, शीत ऋतु देर से (Early Spring, Late Winter)

बढ़ता हुआ 'ग्लोबल वार्मिंग' किस प्रकार पृथ्वी की पारिस्थितिकीय-व्यवस्था को भविष्य में प्रभावित कर सकता है, इस विषय के बारे में कोई भविष्योक्ति करना कठिन है। फिर भी अभी हाल के अध्ययन बताते हैं कि किस प्रकार कार्बन डाइ-ऑक्साइड (CO_2) के स्तर और भूमण्डल के तापक्रम में थोड़ी सी गर्मी जैविक क्षेत्र को प्रभावित करती है। कुछ अध्ययनों ने यह प्रदर्शित किया है कि 1960 से गर्म औसत तापक्रम के कारण उत्तरी गोलार्द्ध के उच्च अक्षांश क्षेत्रों पर जल्दी बसंत आ गया और सर्दी देरी से आई, इसके कारण बुआई ऋतु बसन्त में लगभग सात दिनों पूर्व आ गई और यह पतझड़ तक दो से चार दिनों तक आगे चलती रही। कार्बन डाइ-ऑक्साइड (CO_2) के उच्च स्तरों सहित इस बढ़े हुए बुआई के मौसम ने अलास्का, कनाडा, स्केन्डीनेविया, उत्तरी यूरोप, रूस और चीन के उत्तरी भागों सहित एक बड़े क्षेत्र में अधिक पौधों को उत्पन्न किया गया।(यू.एन.ओ.)

उच्च अक्षांशों वाले प्रदेशों में 10 प्रतिशत बर्फ की कमी आना गर्म तापक्रमों के साथ जुड़ा हुआ है जिसके कारण मिट्टी जल्दी गर्म हो जाती है और बसन्त की उपज जल्दी पक जाती है। बढ़ी हुई CO_2 की उपलब्धता संभवत बुआई मौसम पर प्रकाश संश्लेषण द्वारा अधिक प्रभाव डालती है। प्रभावित क्षेत्रों में पौध वर्धन 10 प्रतिशत से अधिक हो सकता है जो जलवायु परिवर्तन का वृहद् स्तर पर पारिस्थितिकीय प्रत्युत्तर का सबसे अच्छा प्रत्यक्ष साक्ष्य प्रस्तुत करता है। फिर भी यह प्रत्युत्तर संभवत: सर्वव्यापक हो आवश्यक नहीं है। कुछ क्षेत्रों में उच्च तापक्रम और कम वर्षा मृदा की आर्द्रता के स्तरों को कम कर देते हैं जो वास्तव में कृषि की वृद्धि और उपज दोनों को नष्ट कर देती है।

इसके अतिरिक्त, वैज्ञानिकों ने बहुत पहले यह भविष्यवाणी की थी कि जैसे ही भूमण्डलीय तापक्रम अधिक गर्म होता है, पौधों और पशुओं की जातियों के भौगोलिक क्षेत्र बेहतर तापक्रम दशाओं को बनाए रखने के लिए ध्रुवों या उच्च पर्वतों की ओर खिसकते जाएंगे।

अम्लीकरण (Acidification)

अम्लीकरण, पर्यावरण के गिरावट की एक अन्य बड़ी समस्या है। परसन (1987) के अनुसार अम्लीकरण ने हमारे पर्यावरण को संभवत: 1960 के दशक से खतरा उत्पन्न कर दिया है, जब स्केन्डीनेविया देशों के पर्यावरण विज्ञानियों ने वर्षा में अम्लीकरण से हो रहे प्रभाव के कारण समुद्र तथा झीलों में मछलियों की मात्रा में कमी होने की ओर ध्यान आकर्षित किया। औद्योगिक देशों और एशिया-पेसिफिक क्षेत्र के भाग, उत्तर-पूर्वी भारत, थाइलैण्ड, जापान, चीन तथा दक्षिण कोरिया में इस समस्या को गंभीर माना जा रहा है और अन्तरराष्ट्रीय स्तर पर समस्या के निराकरण के उपाय सुझाए गए हैं।

चित्र 10.3 *अम्लीकरण*

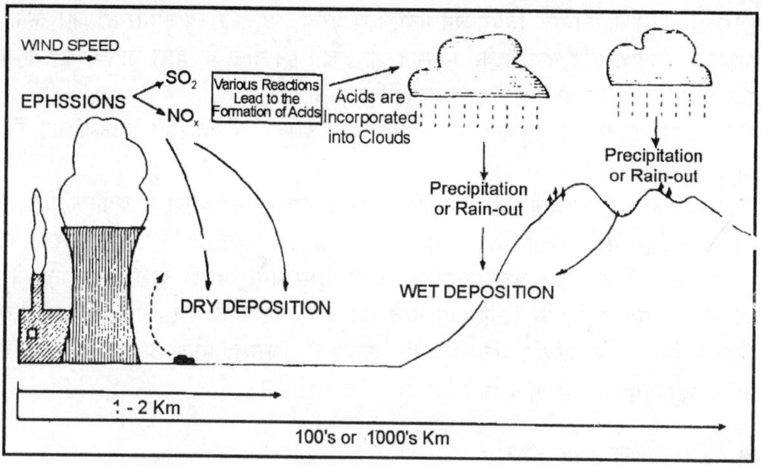

अम्लीय वर्षा के निर्माण की प्रस्तुति में जो गैस शामिल हैं उनमें नाइट्रोजन ऑक्साइड विशेषकर सल्फर डाई ऑक्साइड (SO_2), नाइट्रोजन डाई ऑक्साइड (NO_2) और नाइट्रस ऑक्साइड (NO) (इनमें से अंतिम दो मिलाकर NO_x कहलाती हैं) मुख्य हैं। इन गैसों के मुख्य स्रोत का कारण जीवांश ईंधन को जलाया जाना और औद्योगिक प्रक्रियाओं का होना है। अम्ल प्रदूषण की रचना और प्रभाव में जो प्रक्रियाएं सम्मिलित हैं, उन्हें चित्र 10.3 के माध्यम से स्पष्ट किया गया है।

अम्लीकरण, बादलों में न्यून पी.एच. राशि उत्पन्न कर देता है और एकत्रित किए गए पानी में 2.6 पी.एच मूल्य तक की न्यूनता पाई जाती है। प्रदूषण स्रोत स्थान से सैकड़ों किलोमीटर दूर अम्ल युक्त वर्षा जल एकत्रित कर लिया जाता है। इसके परिणामस्वरूप वनों और मछलियों पर इसका विपरीत प्रभाव पड़ता है। इस प्रकार के अनेक प्रदेश हैं, जहां अम्लीकरण की मात्रा अधिक पाई जाती है। स्केन्डीनेविया, उत्तरी यूरोप, पूर्वी कनाडा, जापान, चीन, दक्षिण कोरिया, उत्तर-पूर्वी अमेरिका और एशिया पेसिफिक ऐसे क्षेत्र हैं जहां अम्लीकरण अधिक पाया जाता है। ये सभी क्षेत्र उत्तरी गोलार्द्ध में शीतोष्ण क्षेत्र के औद्योगिक क्षेत्र में हैं। स्केन्डीनेविया के देशों की झीलों में विशेषत: फिनलैण्ड, नार्वे, स्वीडन में भारी अम्लीकरण पाया गया ह (ब्रोबर्ग, 1988)। शोधकर्त्ताओं ने बताया है कि ऊर्जा उत्पादन केन्द्र के पास SO_2 का निक्षेपण अन्य क्षेत्रों की अपेक्षा लगभग पाँच गुना अधिक होता है, जिसके कारण गेंहू की फसल 50 प्रतिशत उस क्षेत्र से कम होती है, जो ऊर्जा केन्द्रों से 22 किमी दूर थे। (पटेल, 1997)

ओजोन क्षरण (Ozone Depletion)

ग्रीन हाउस गैसों के एकत्रीकरण में वृद्धि और अम्लीकरण, जिसने पर्यावरण परिवर्तन की प्रक्रिया का सूत्रपात किया, के अतिरिक्त मानव क्रियाओं ने भी समताप मण्डल में ओजोन परत

में परिवर्तन किया है और वायुमण्डलीय सीसा के एकत्रीकरण में वृद्धि की है। अम्लीय वर्षा सन् 1960 से चिन्ता का एक विषय बन गया, जब यूरोप, संयुक्त राज्य अमेरिका और कनाडा में झीलों के विनाश और जंगलों के नुकसान को देखा। इन दोनों के द्वारा मानव के स्वास्थ्य और पृथ्वी के पारिस्थितिकी तंत्र पर महत्वपूर्ण प्रक्रिया होती है।

समताप मण्डल में ओजोन की स्थिति और उसकी क्षीणता की प्रक्रिया को चित्र 10.4 के द्वारा प्रदर्शित किया गया है।

वायुमण्डल में ओजोन की उपस्थिति विशेषज्ञ रूप से महत्वपूर्ण है क्योंकि यह सूर्य से आने वाली पराबैंगनी विकिरण को छानने का कार्य करता है और इस प्रकार पराबैंगनी-बी विकिरण, जो कुछ प्रकार के त्वचा कैंसर और आंखों के मोतियाबिन्द जैसी बीमारियों को बढ़ाती है, के लिए एक परदे का कार्य करती है। पराबैंगनी-बी शरीर को सुरक्षित रखने की क्रियाविधि को भी क्षीण करती है, जिससे अनेक प्रकार की छूत की बीमारियों की दोषपूर्णता में वृद्धि होती है।

चित्र 10.4 *ओजोन क्षरण*

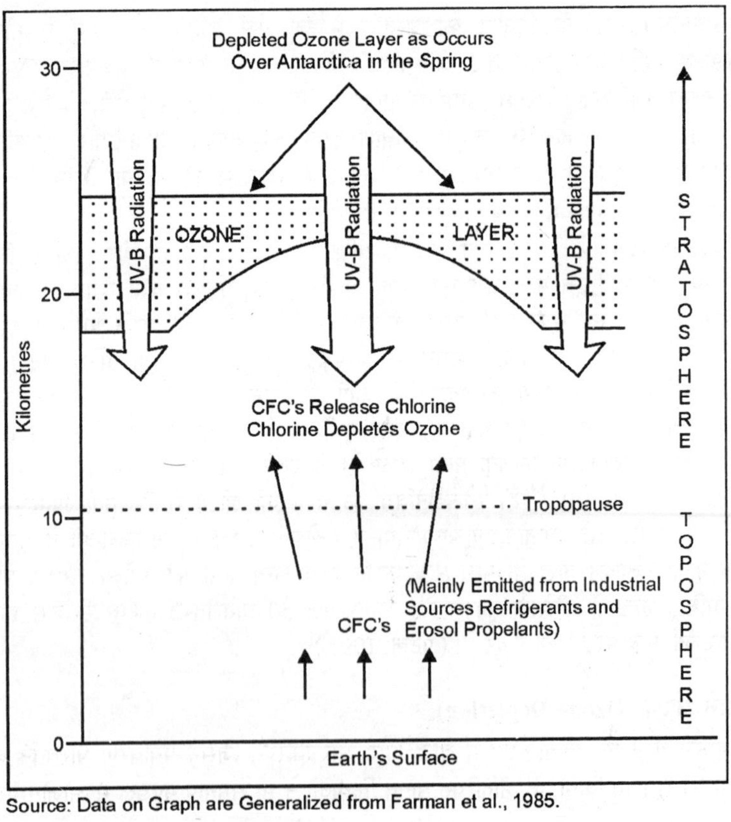

Source: Data on Graph are Generalized from Farman et al., 1985.

ओजोन क्षरण की समस्या के बारे में ध्वनि से अधिक तीव्र गति से चलने वाले (Supersonic) वायुयानों के आगमन के कारण, जो निचले समताप मण्डल (Stratosphere) में उड़ान भरते हैं और जो नाइट्रोजन ऑक्साइड छोड़ते हैं, के द्वारा सर्वप्रथम 1970 के दशक में मालूम की गई। इसके पश्चात् यह निश्चित किया गया कि ओजोन क्षरण का मुख्य कारण क्लोरोफ्लोरो कार्बन (CFCs) है। ये यौगिक निराविषी (Non Toxic) अज्वलनशील (Non Inflamable) और रासायनिक दृष्टि से जड़ गैसें हैं। इन गुणों के कारण ये व्यापक प्रकार के उपयोगों में ली जा सकती हैं, इनमें संखिया, प्रणोदक, प्रशीतक, इलेक्ट्रॉनी वस्तुओं की सफाई के लिए तथा झाग वाला प्लास्टिक बनाने के उपयोग में लाए जा सकते हैं। सी.एफ.सी. गैसों का शीघ्र ह्रास नहीं होता। ये क्षोभ मंडल से होती हुई अन्तत: समताप मंडल में प्रवेश कर जाती हैं जहां वे पराबैंगनी (Ultra-violet) विकिरण के सम्पर्क में आती हैं। यही विकिरण ओजोन द्वारा सोख ली जाती है (चित्र 10.5)। क्लोरीन ओजोन को नष्ट कर देती है। ऑक्सीजन की प्रतिक्रिया स्वरूप प्रत्येक क्लोरीन अणु 10,000 ओजोन मोलिक्यूल्स को कुछ समय में नष्ट कर सकते हैं। क्लोरोफ्लोरो (CFCs) गैसों का वायुमण्डल में निस्सरण रुक भी जाए तब भी ओजोन परत निरन्तर क्षीण होती रहेगी, क्योंकि इन गैसों में लम्बे समय तक बने रहने की क्षमता रहती है और इसके अणु एक सौ वर्षों में भी विलीन नहीं होते हैं।

ओजोन गैस के क्षीण होने के महत्वपूर्ण आंकड़े, सर्वप्रथम फारमन (1985) ने दिए जो ब्रिटिश अण्टार्कटिका अन्वेषण दल का नेतृत्व कर रहे थे, उन्होंने यह भी प्रतिपादित किया कि सन् 1977 से प्रत्येक बसन्त में अण्टार्कटिका के ऊपर, समताप मण्डल में एक ओजोन छिद्र हो जाता है। 1977-84 के बीच के काल में बसन्त ऋतु में ओजोन की मात्रा 40 प्रतिशत तक कम हो जाती है। इसके पश्चात् कैर (1988) ने यह विचार प्रस्तुत किया कि आर्कटिक वायुमण्डल के ऊपर ओजोन परत क्षीण हो गई है, क्योंकि दक्षिणी गोलार्द्ध की अपेक्षा उत्तरी गोलार्द्ध अधिक घना बसा क्षेत्र है, जिससे चर्म कैंसर और आंखों के मोतियाबिन्द रोगों का व्यापक फैलाव हो सकता है।

अण्टार्कटिका के ऊपर ओजोन परत में छिद्र सर्वप्रथम क्यों दिखाई दिया? इस तथ्य को इस प्रकार स्पष्ट किया गया है कि विश्व के अनेक भागों में क्षैतिज हवाएं चलती हैं और इन पवनों में अनेक रसायन मिले रहते हैं, किन्तु संचार प्रतिमान इस प्रकार का है कि शीत ऋतु में दक्षिण ध्रुव महाद्वीप पर स्थिर वायु राशि, पृथ्वी के उष्ण भागों की ओर वायु प्रवाहों द्वारा प्रवेश नहीं कर पाता है। सूर्य प्रकाश और वायुमण्डलीय मिश्रण के अभाव में, क्लोरोफ्लोरो कार्बन का कार्य ओजोन को नष्ट करना है। ग्रीष्म ऋतु में सूर्य प्रकाश इसे पुन: स्थापित करता है।

बढ़ा हुआ ग्रीन हाउस प्रभाव, अम्लीकरण और ओजोन परत की क्षीणता, सभी वायुमण्डलीय प्रदूषण के उदाहरण हैं जो औद्योगीकरण, नगरीकरण और वनोन्मूलन के परिणाम हैं। भारी धातु जैसे सीसा, पारा, जस्ता, कैडमियम और संखिया भी पर्यावरण प्रदूषण की समस्या उत्पन्न करते हैं। ये सभी भारी धातु मनुष्य स्वास्थ्य के लिए हानिकारक हैं। इन धातुओं की वायुमण्डल में वृद्धि, मानव स्वास्थ्य पर गंभीर विपरीत

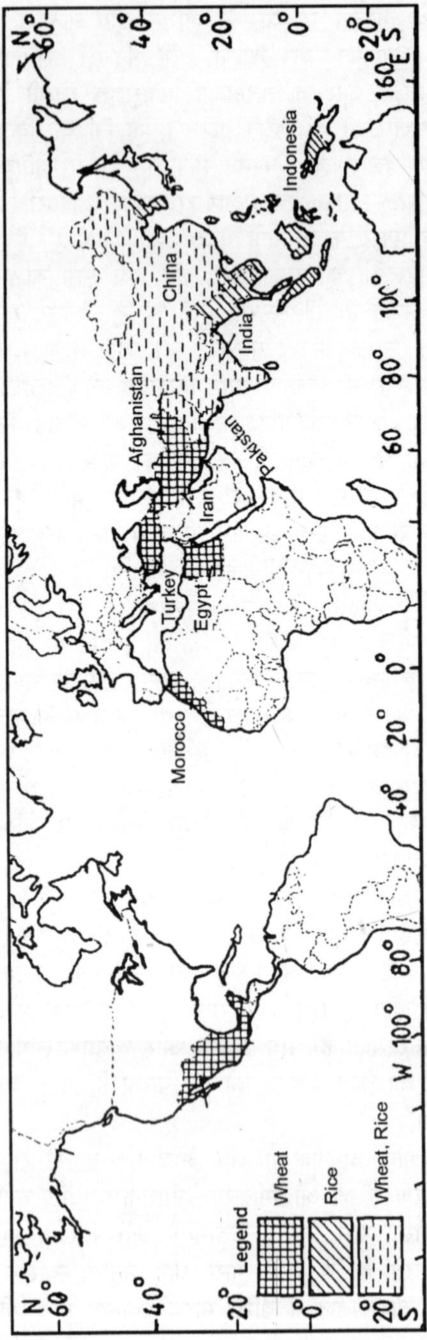

चित्र 10.5 हरित क्रान्ति के प्रमुख लाभभोगी

प्रभाव डालते हैं। बोस्टन (संयुक्त राज्य अमेरिका) नगर में किए गए एक सर्वेक्षण से यह ज्ञात हुआ है कि अधिक सीसा दन्त धातु अधिक स्तर के सीसा वाले बालकों की अपेक्षा न्यूनतम सीसा दन्त धातु एकत्रीकरण वाले बालकों का प्रदर्शन अच्छा रहा।(नीडलमेन, 1979 : 689-595)

कूड़ा-करकट के निपटारे द्वारा पर्यावरण परिवर्तन
(Environmental Change Caused by the Disposal of Waste)

औद्योगीकृत नगरीय पारिस्थितिकी तंत्र अनिवार्यत: बड़ी मात्रा में घरेलू, औद्योगिक और आणविक कूड़ा-करकट को बढ़ावा देता है। भारी ऊर्जा का उपभोग तथा नगरीय समुदायों का उच्च जनसंख्या घनत्व, गंदा पानी और मल-जल तथा घरेलू कूड़ा-करकट उत्पन्न करते हैं। दूषित जल, संक्रामक बीमारियों जैसे आन्त्रज्वर (Typhoid) और हैजा (Cholera) जैसी संक्रामक बीमारियों का कारण बनता है। इस प्रकार की बीमारियां न केवल विकासशील देशों में प्राय: होती रहती हैं, वरन् विकसित देशों में भी होती हैं जहां मल-जल का व्यापक रूप से विसर्जन किया जाता है। मल-जल में नाइट्रेट और फास्फेट पदार्थों की अधिकता रहती है जिसके शुद्धीकरण के पश्चात् केवल 50 प्रतिशत को ही दूर किया जा सकता है, शेष जल निकास की नालियों में छोड़ दिया जाता है जो झीलों और तालाबों में बहकर जाता है जिससे उनका जल प्रदूषित हो जाता है। इण्डोनेशिया, मलेशिया और फिलीपींस (हंग्सप्रेग, 1988) देशों में यह समस्या अति गंभीर हो गई है। घरेलू कूड़ा-करकट के निबटारे के लिए नगरीय पारिस्थितिकी तंत्र के निकट में ही गड्ढे भरने के स्थानों की आवश्यकता होती है। ये कूड़े-करकट से भरे जमीनी गड्ढे बदबू देते हैं। इस प्रकार के कूड़े-करकट से भरे गड्ढे मीथेन और हाइड्रोजन सल्फाइज गैसें उत्पन्न करते हैं जो स्वास्थ्य के लिए हानिकारक होती हैं। अनेक बार ये कूड़ा-करकट से भरे गड्ढे निकटवर्ती समुदायों के लिए हानिकारक और स्वास्थ्य के लिए आपदा की संभावना उत्पन्न करते हैं। विकासशील देशों में स्थिति और भी दयनीय है जहां अनेक लोग इन कूड़े-करकट भरे गड्ढ़े के निकट अथवा ऊपर ही निवास करते हैं।

औद्योगिक कचरे में ठोस कूड़ा-करकट तथा इसके अतिरिक्त रसायन, अपमार्जक (Detergents) धातुएं और संश्लिष्ट मिश्रण होते हैं। भारी धातु रसायन जल तंत्र को प्रदूषित कर देता है, जो जलीय जीवन और मानव स्वास्थ्य के लिए खतरा बन सकते हैं। यह कहा गया है कि पारा विषाक्तिकरण नाड़ी मंडल और दृश्य-श्रवण क्रिया को हानि पहुंचाता है, विशेषकर अजन्मे भ्रूण को हानि पहुंचाता है। मैथल-पारे विषाक्तिकरण के ऐसे अनेक उदाहरण हैं जो अपेक्षाकृत बड़े पैमाने पर घातक सिद्ध हुए हैं। इनमें से एक सर्वविदित उदाहरण जापान में 1953-75 के काल की घटना है जिसमें स्थानीय रासायनिक संयंत्रों से निकला मैथल पारा समुद्री आहार क्षेत्र में प्रवेश कर गया। पारे के अवशिष्ट एकत्र होकर उच्च पोषस्तर की मछलियों में समाहित हो गए। इन मछलियों का उपयोग स्थानीय मछुआरों ने किया, जिसके परिणामस्वरूप लगभग 100 से अधिक व्यक्ति मर गए और लगभग 1,000 अपंगता के शिकार हो गए (हटन, 1987)। भारी धातु

संयंत्रों से निकला औद्योगिक बहिस्राव स्वास्थ्य समस्याएं पैदा कर सकता है। इसके अतिरिक्त, भूतल जल और मृदा भी भारी धातु के द्वारा दूषित होते हैं।

आणविक ईंधन का बढ़ता हुआ उपयोग, अपरम्परागत ऊर्जा का एक महत्वपूर्ण स्रोत है। वर्तमान में विश्व ऊर्जा की आवश्यकताओं का 4 प्रतिशत आणविक शक्ति से प्राप्त होता है। अनेक आणविक रिएक्टर विशेषकर विकसित देशों में कार्यरत हैं। विश्व में रिएक्टरों की कुल संख्या 400 से अधिक है जिनमें से 39 और 37 क्रमश: ब्रिटेन और फ्रांस में स्थित हैं।(2010)

आणविक कचरे में रेडियोधर्मी समस्थानिक (Isotops) होते हैं, जो बड़ी मात्रा में ऊष्मा उत्पादित करते हैं। ये रेडियोधर्मी तत्व हजार वर्षों तक क्रियाशील रहते हैं। आणविक कचरे का निबटारा, जैव मण्डल के लिए एक गंभीर खतरा है। इसके अतिरिक्त, यह भी मालूम हुआ है कि आणविक कचरे ने पारिस्थितिकीय समस्याएं उत्पन्न कर दी हैं और इस प्रकार का विचार प्रस्तुत किया गया है कि आणविक रिएक्टरों के निकट के क्षेत्रों की जनसंख्या में बाल्यकाल में होने वाला ल्यूकेमिया का प्रभाव पाया जाता है। अक्टूबर 1993 में जापानी प्रशासन ने रूस द्वारा जापान के निकटवर्ती जापान सागर में आणविक कचरा डाले जाने पर विरोध प्रकट किया था।

इस प्रकार घरेलू, औद्योगिक और आणविक कूड़ा-करकट और उसका निबटारा स्वास्थ्य के लिए गंभीर संकट है जो जैव मण्डल को संकट में डाल सकता है। जीवांश और आणविक ईंधन तथा उद्योगों द्वारा वायु, जल और मृदा प्रदूषण को नियंत्रित करने के लिए यह आवश्यक है कि मानव सभ्यता को यदि बचाना है तो सशक्त उपाय अपनाने होंगे। इसके लिए अन्तरराष्ट्रीय राजनीतिक सहयोग और भविष्य के लिए अधिक दूरदर्शी ऊर्जा नीति अनिवार्य है।

पर्यावरण पर कृषीय विकास का अधिप्रभाव

(The Impact of Agricultural Development on Environment)

पौधों का घरेलू बनाया जाना लगभग 10,000 बी.सी. पूर्व दक्षिण-पश्चिम एशिया में आरम्भ किया गया था, उसके पश्चात् करोड़ों लोगों की बढ़ती आवश्यकताओं की पूर्ति के लिए इसका अन्य महाद्वीपों में भरपूर और तीव्रता से विस्तार किया गया। कृषि ने भूपटल को बदल दिया है और आधुनिक कृषीय जैव प्रौद्योगिकी के उपयोग से अत्यधिक पर्यावरणीय परिवर्तन हुए हैं। इनमें से अनेक परिवर्तन, जैव रसायन चक्र और ऊर्जा प्रवाह कुशलता के प्रत्यक्ष प्रमाण हैं और विशेषकर रासायनिक खादों के उपयोग और फसल रक्षक रसायनों के प्रयोग से सम्बन्धित हैं, जबकि भूपटल परिवर्तन प्राय: तीव्र और अवलोकनीय होते हैं। कृषि रसायनों के उपयोग से जो अनेक परिवर्तन हुए हैं और जो अभी हो रहे हैं, हालांकि उनका पता लगा पाना कठिन है। ऐसी उच्च कृषीय, रसायनों का असावधान परिणाम महत्वपूर्ण अधिप्रभाव के रूप में घटित हुआ। भूमि अपरदन और लवणीकरण तथा मरुविस्तारीकरण विश्व के सघन खाद्यान्न उत्पादक क्षेत्रों और अर्द्ध उष्ण शुष्क प्रदेशों में बढ़ती हुई गंभीर समस्याएं हैं। पिछले दो दशकों में कृषीय पद्धति का उद्देश्य अधिकाधिक अन्न उत्पादन करना रहा है, यह भी प्राकृतिक निवास के

विनाश का अभूतपूर्व अनुपात रहा है। इस प्रक्रिया ने कृषकों और संरक्षणवादियों के बीच अत्यधिक उग्रता उत्पन्न कर दी है। इसके अतिरिक्त, फसल संरक्षण रसायनों के उपयोग पर भी व्यापक पारिस्थितिकीय प्रतिक्रियाएं उत्पन्न हुई हैं। न केवल विकसित देशों में ही पर्यावरणीय परिवर्तन हुए हैं, वरन् विकासशील देशों में भी कृषि परम्परागत की अपेक्षा अधिक प्रौद्योगीकृत होती रही है।

पिछले 30 वर्षों में, भूमण्डलीय कृषि ने विश्व भोजन आपूर्ति के विस्तार में महत्वपूर्ण प्रगति की है। यद्यपि, विश्व जनसंख्या इस अवधि में दोगुनी हो गई है, भोजन उत्पादन इससे भी अधिक तेजी से बढ़ा है, जिसके कारण ही विश्व के खेत और चरागाह बढ़े हुए 1.5 बिलियन लोगों का आज भरण-पोषण कर पा रहे हैं। यह उन्नति विशेष रूप से विकासशील देशों में महत्वपूर्ण रही है। कुछ विकासशील देशों (भारत, चीन, पाकिस्तान, ब्राजील, मैक्सिको, व अन्य) में प्रति व्यक्ति भोजन की आपूर्ति सन् 1962 में जो 2000 कैलोरी प्रतिदिन थी, वह बढ़कर सन् 1995 में 2,500 कैलोरी से अधिक हो गई। इस बढ़ोतरी के कारण बेहतर बीज, बढ़ी हुई सिंचाई व्यवस्था, उच्च किस्म की खाद और कीटनाशकों का प्रयोग आदि रहे हैं जिसके परिणाम हम 'हरित क्रांति' (Green Revolution) के साथ-साथ विश्व के दूसरे भागों से भोजन सामग्री के आयात में आई तीव्र वृद्धि में देख सकते हैं (यू. एन. ओ.)।

विकासशील देशों में गेहूं, चावल, मक्का और बाजरा, के मामले में "उत्पादकता पठार" (Yield Plateau) या "फसल रुद्धता" (Yield Stagnation) जैसी स्थितियां पाई गई हैं। दुर्भाग्यवश, 200 मिलियन बालकों सहित विश्व के 1000 मिलियन लोग चिरकालिक अल्प पोषण से ग्रसित हैं (यू.एन.ओ.)।

विकासशील देशों में गहन खेती के कारण पर्यावरणीय क्षरण हो रहा है। रासायनिक उर्वरकों के प्रयोग और दुरुपयोग तथा फसलों का नया आवर्तन (Rotation) मृदा की रासायनिकता को बदल रहा है। यही नहीं, घटिया कृषीय विधियों के कारण मृदा का क्षरण हो रहा है। मृदा निर्माण की प्रक्रिया काफी धीमी होती है। इसके लिए सामान्य कृषीय दशाओं के अन्तर्गत ऊपर की 2.5 सेमी मृदा को बनने में 200 से 1000 वर्ष तक लग जाते हैं। अत: अधिक मृदा मैत्रीयपूर्ण विधियों को अपनाने की जरूरत है। इन विधियों में समोच्च खेती (Contour Farming), सीढ़ीदार खेती, रोक और बड़े खेतों के स्तर पर उन्नत भूमि प्रयोग की विधियां आती हैं (यू.एन.ओ.)।

पर्यावरण पर रासायनिक उर्वरकों का अधिप्रभाव
(Impact of Chemical Fertilizers on Environment)

अधिक उपज देने वाली चावल और गेहूं की किस्मों को विकासशील देशों में अपनाए जाने के कारण इनको जल, रासायनिक उर्वरकों और फसल रक्षण रसायनों के रूप में उच्च ऊर्जा निवेश की आवश्यकता होती है। इनमें से फसल रक्षण रसायन, मृदा के रासायनिक गुणों में आमूल परिवर्तन ला देता है और इस प्रकार पर्यावरण में बदलाव का कारण बनते हैं।

सारिणी 10.2 *प्रमुख कीटनाशक*

कीटनाशक वर्ग	जीव लक्ष्य
शाकनाशी (Herbicides)	खरपतवार
फफूंद नाशी (Fungicides)	फफूंद
कीटनाशी/कृमिनाशी (Insecticide)	कीड़े-मकोड़े
कुटकीनाशी (Acaricides)	कुटकी
सूत्रकृमि नाशी (Nematicides)	गोलकृमि
घोंघानाशी (Mulluscides)	घोंघे
कृन्तकनाशी (Rodenticides)	कृन्तक
पौधा वृद्धि नियामक (Plant growth Regulators)	फसल

स्रोत— मेनियोन (1991)

फसल रक्षक रसायन यौगिक होते हैं जो कृत्रिम प्रकार से बड़े पैमाने पर फसल उत्पादन की कार्यकुशलता बढ़ाने और फसलों से प्रतियोगिता हटाने के लिए उत्पादित किए जाते हैं। रसायनों का उपयोग सेब, आम और नारंगी के फलोद्यानों में कीड़ों से फलों को बचाने के लिए किया जाता है। कीटनाशक (Pesticides) के अनेक समूह हैं जिनका जीवों के अनुसार प्रयोग किया जाता है। प्रमुख कीटनाशकों को सारिणी 10.2 में प्रदर्शित किया गया है।

इण्डियन काउन्सिल ऑफ मेडिकल रिसर्च (ICMR) द्वारा एक सर्वेक्षण से यह स्पष्ट किया गया है कि डी.डी.टी. आधिक्य अवशेष के विद्यमान होने तथा अन्य कीटनाशकों के कारण गाय के दूध में सीसा, ताँबा, जस्ता, कैडमियम और संखिया पाया गया है तथा चावल, गेहूं, मक्का, सरसों, कपास, तिल और फलों में भी इनका पता चला है। यह पशुओं को दूषित पशुआहार खिलाए जाने और फसल, चारे और फलोद्योनों में कीटनाशक छिड़काव के कारण होता है। रसायनों के द्वारा दूषित भोजन भारत की प्रमुख स्वास्थ्य समस्या है।

फसल रक्षक रसायन, निस्सन्देह कृषि उपजों के उत्पादन में वृद्धि करते हैं और पर्यावरणीय परिवर्तन भी लाते हैं। कार्बक्लोरीन जैसे डी.डी.टी का उपयोग जीवों पर गहरा प्रभाव डालता है। शाकनाशी (Herbicides) का उपयोग खरपतवार के सन्तुलन को परिवर्तित कर देता है। इस प्रकार एक समस्या के निराकरण करने के लिए अन्य समस्याएं पैदा हो जाती हैं। नई समस्याओं पर काबू पाने के लिए नए प्रकार के फसल रक्षक रसायन आवश्यक हैं जो पर्यावरण में अधिक परिवर्तन ला सकें और इस प्रकार दूषित चक्र जारी रहता है।

मृदा अपरदन (Soil Erosion)

मृदा चट्टानी कणों, जैव पदार्थ, जीवित जीव, वायु और जल का एक मिश्रित समूह है। प्राकृतिक अवस्थाओं के अन्तर्गत चट्टानी पदार्थों के भौतिक और रासायनिक सड़ाव तथा जैव पदार्थों के क्षय द्वारा मृदा का निरन्तर निर्माण होता रहता है। इसका एक ही समय में अपक्षय होता है, जिस प्रकार मृदा निर्माण एक प्राकृतिक क्रिया है, उसी प्रकार मृदा अपरदन भी एक प्राकृतिक प्रक्रिया है। मृदा अपरदन एक विश्वव्यापी घटना है। किसी भी प्रदेश में मृदा अपरदन की गति निम्न कारकों पर निर्भर करती है (1) वर्षा की कटाव शक्ति (2) अपवाह की मात्रा (3) पवन की शक्ति (4) भू-आकृति (5) ढाल का कोण (6) ढाल की लम्बाई (7) ढाल का घटाव (कगार, कटक) (8) पवन उत्पत्ति की दूरी (9) आश्रय मेखलाएं (Shelter Belts)। मृदा अपरदन की दर, कृषि योग्य भूमि पर जनसंख्या का दबाव, फसल का स्वरूप, परती भूमि छोड़ना, फसल-चक्र भूमि प्रबन्धन, उर्वरकों का उपयोग और जुताई की पद्धतियों पर भी निर्भर करती है।

एक अनुमान के अनुसार, प्रत्येक वर्ष 7500 करोड़ टन उपजाऊ मृदा का अपरदन होता है। भारत में मृदा अपरदन की समस्या और भी अधिक गंभीर है क्योंकि यहां एक वर्ष में लगभग 600 करोड़ टन मिट्टी का अपरदन होता है (चित्र 10.6)। तुर्की में लगभग 7.5 प्रतिशत कृषीय भूमि मृदा अपरदन से प्रभावित है (मेनीयोन, 1991)। चीन और भारत में जोते गए क्षेत्र का 60 प्रतिशत भाग जल और पवन द्वारा अपरदन से प्रभावित है।

मृदा अपरदन न केवल उन क्षेत्रों को प्रभावित करता है जहां से मृदा हटाई जाती है वरन् जहां जाकर इसका जमाव होता है वहां के पर्यावरण को भी प्रभावित करता है। इस प्रकार के जमाव यदि तालाबों और झीलों में होते हैं तो अधिक पौष्टिक तत्वों विशेषकर नाइट्रोजन और फास्फोरस के कारण जलीय पारिस्थितिकी तंत्र को नष्ट कर देते हैं। अत: यह आवश्यक है कि मृदा अपरदन से संघर्ष करने और निकटवर्ती कृषि पारिस्थितिकी तंत्र की रक्षा के लिए निदानात्मक उपाय किए जाएं।

लवणीकरण (Salinization)

लवणीकरण भी एक महत्वपूर्ण समस्या है जिसका कृषकों को सामना करना पड़ता है। औद्योगिक क्रांति के पश्चात् विकसित देशों में रासायनिक उर्वरकों का अधिकाधिक उपयोग किया जाने लगा है और विकासशील देशों में भी भारी मात्रा में उर्वरकों का उपयोग किया जाने लगा है विशेषकर सिंचित प्रदेशों में। द्वितीय महायुद्ध के पश्चात् नाइट्रेट, फॉस्फेट और पोटाश वाली खादों के उपयोग ने मृदा के रसायन को परिवर्तित कर दिया है। यद्यपि खाद्यान्नों और अन्य उपजों के उत्पादन में वृद्धि हुई है, किन्तु ये उर्वरक मृदा के लिए हानिकारक होते हैं। इनमें सबसे अधिक महत्वपूर्ण, स्वच्छ जल, जलीय पारिस्थितिकी तंत्र का संवर्धित सुपोषण है जो कृषीय भूमि से जल प्राप्त करती है। इसके परिणामस्वरूप अनेक आर्द्र भूमि आवास की हानि हुई है और उनके जीव-जन्तु और वनस्पति को भी हानिकारक परिवर्तन झेलना पड़ा है।

कश्मीर की डल, वूलर, नागिन और अन्चार झीलों को इतनी अधिक हानि उठानी पड़ी है कि नियोजकों और नीति निर्माताओं के लिए यह एक चिन्ता का विषय बन गया है।

मरुस्थलीकरण (Desertification)

मरुस्थलीकरण के अनेक कारण हैं। जलवायु परिवर्तन, मरुस्थलीकरण का एक प्रमुख कारण है, फिर भी अतिचारण (Overgrazing), ईंधन के लिए वनोन्मूलन और कृषि के विस्तार द्वारा मानव दबाव, मरुस्थलीकरण के प्रमुख कारण हैं। पृथ्वी के धरातल की 34 प्रतिशत भूमि पर शुष्क और अर्द्धशुष्क जलवायु पाई जाती है जिस पर 70 करोड़ अथवा विश्व की 8 प्रतिशत जनसंख्या निवास करती है। इन लोगों की मुख्य आर्थिक क्रिया घुमक्कड़ पशुचारण है। हाल के वर्षों में हालांकि बड़े पैमाने पर स्थान बद्धता और कृषि विकास हुआ है। मरुस्थल और अर्द्ध मरुस्थल के अत्यधिक कमजोर पारिस्थितिकी तंत्र में सिंचाई के विकास और कृषि तीव्रीकरण के कारण उनके पर्यावरण में आमूल परिवर्तन हुए हैं। अफ्रीका, एशिया और लेटिन अमेरिका के देशों में कुछ परिस्थितियों में यहां की भूमि इतनी विकृत हो गई है कि यह कृषि कार्य के लिए बेकार और पशुचारी क्रिया के लिए अलाभकारी है। प्राकृतिक वनस्पति का नष्ट किया जाना, अतिचारण और अधिक फसल उत्पन्न किए जाने के परिणामस्वरूप पोषण क्षीणता, व्यापक मृदा अपरदन, और मरुस्थलीकरण होता है। नहरी सिंचाई के विकास के लिए बांधों के

चित्र 10.6 *विश्व के प्रमुख मृदा अपरदन क्षेत्र*

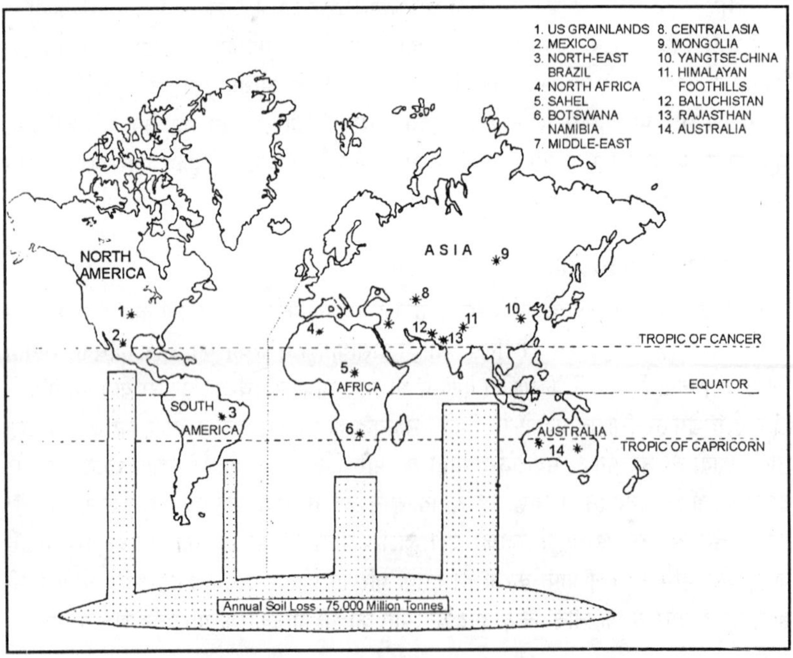

निर्माण ने दृश्य भूमि का स्वरूप बदल दिया है। नहरों के पानी के कुप्रबन्ध से लवणीयता और जलाक्रान्ति (Waterlogging) की समस्या उत्पन्न हो गई है और लाभकारी प्रभावों के विपरीत अवस्था उत्पन्न हो जाती है। चरम स्थितियों में सिंचाई व्यवस्था समाप्त कर दी गई जिससे प्रत्येक वर्ष गंवाई गई भूमि में वृद्धि होती है।

मरुस्थलीकरण, शुष्क प्रदेशों के लम्बी अवधि में किए गए क्षरण का परिणाम है, जो या तो मनुष्य अथवा उसके पशुओं द्वारा अति उपयोग अथवा प्राकृतिक कारणों जैसे जलवायु के उतार-चढ़ाव का परिणाम होती है। वनस्पति आवरण के क्षय हो जाने, पवन और पानी अपरदन के द्वारा ऊपर की मृदा का क्षय होना अथवा लवणीकरण के परिणामस्वरूप उपयोगी पौधों की हानि अथवा अत्यधिक जमाव सम्बद्ध बालू का स्तूप तथा मूसलाधार वर्षा की चादर से जमाव को बढ़ावा देता है।(रेप्प, 1987)

मरुस्थलीकरण का स्थानिक स्वरूप यह प्रदर्शित करता है कि उष्ण और अर्द्ध उष्ण भूमि, मरुस्थलीकरण के लिए अधिक प्रवृत्त होती है। संयुक्त राष्ट्र संघ के एक अनुमान के अनुसार अफ्रीका महाद्वीप का लगभग 40 प्रतिशत अमरु-भूमि प्रदेश के मरुस्थल हो जाने का खतरा है। लगभग 33 प्रतिशत एशिया महाद्वीप की भूमि और लेटिन अमेरिका की 20 प्रतिशत भूमि इसी प्रकार के खतरे से प्रभावित है। इन देशों में जहां मरुस्थलीकरण विशेषत: अधिक है (अल्जीरिया, इथोपिया, ईराक, जोर्डन, लेबनान, माली, चाड, सूडान और नाइजर) उनमें 1950 और 1990 के बीच भोजन उत्पादन की मात्रा 45 प्रतिशत कम हो गई। भुखमरी की आशंका के परिणामस्वरूप प्रभावित क्षेत्रों की जनसंख्या को उनके कृषि और पशुधन दबाव को अनाच्छादित भूमि पर करने के कारण उनके मरुस्थलीकरण को आगे बढ़ाने में सहायक रहा है (चित्र 10.7)। यह कहा गया है कि पर्यावरण विनाश के कारण माली एक वीरान होने वाला प्रथम देश हो सकता है।(फैलमेन, 1990)

वनोन्मूलन (Deforestation)

वनोन्मूलन भी पर्यावरणीय परिवर्तन का एक महत्वपूर्ण कारण है। विश्व के धरातल का लगभग 30 प्रतिशत भाग वनों से आच्छादित है। हाल के दशकों में वनों पर मानव के प्रभाव में अत्यधिक वृद्धि विशेषकर द्वितीय महायुद्ध के पश्चात् हुई है। ईंधन और इमारती लकड़ी के लिए बढ़ी हुई मांग, गोमांस की अधिक मांग की पूर्ति, वनों के स्थान पर साफ चरागाहों और कृषि भूमि के विकास के द्वारा की जा सकती है।

तीव्रगामी वनोन्मूलन, विशेषकर उष्ण कटिबन्धीय प्रदेशों के ग्रीन हाउस प्रभाव को बढ़ाने में सहयोग कर रहा है। इसके अतिरिक्त, रक्षक वन रचित आवरण के क्षय हो जाने और उसका स्थान उपजों और चरागाहों द्वारा ले लिए जाने के परिणामस्वरूप प्राय: भूमि अपरदन की क्रिया तीव्र हो जाती है जिससे पौष्टिकता का अभाव तीव्र हो जाता है। मृदा जैविक पदार्थ के तीव्र ऑक्सीडेशन को बढ़ावा मिलता है। इसके परिणामस्वरूप, उपज उत्पादकता कम होने लगती है जिसके कारण आगे गम्भीर परिणाम उत्पन्न होते हैं (चित्र 10.8)।

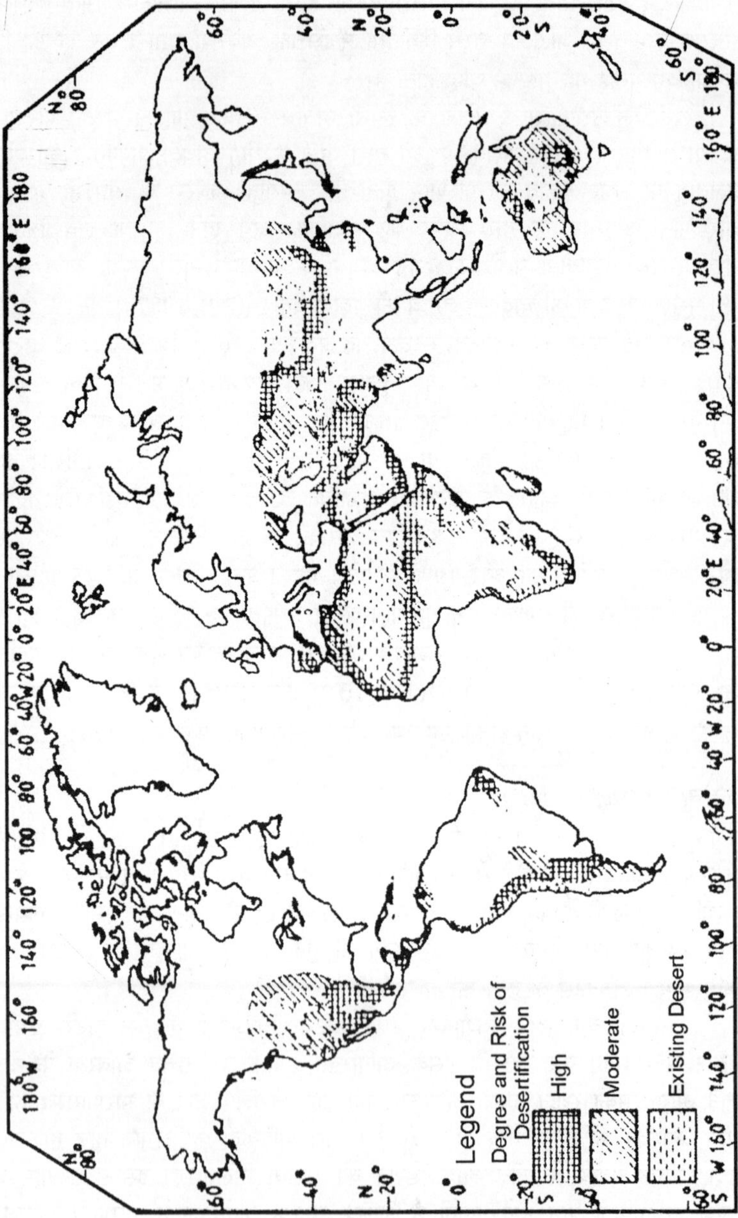

चित्र 10.7 मरुस्थलीकरण

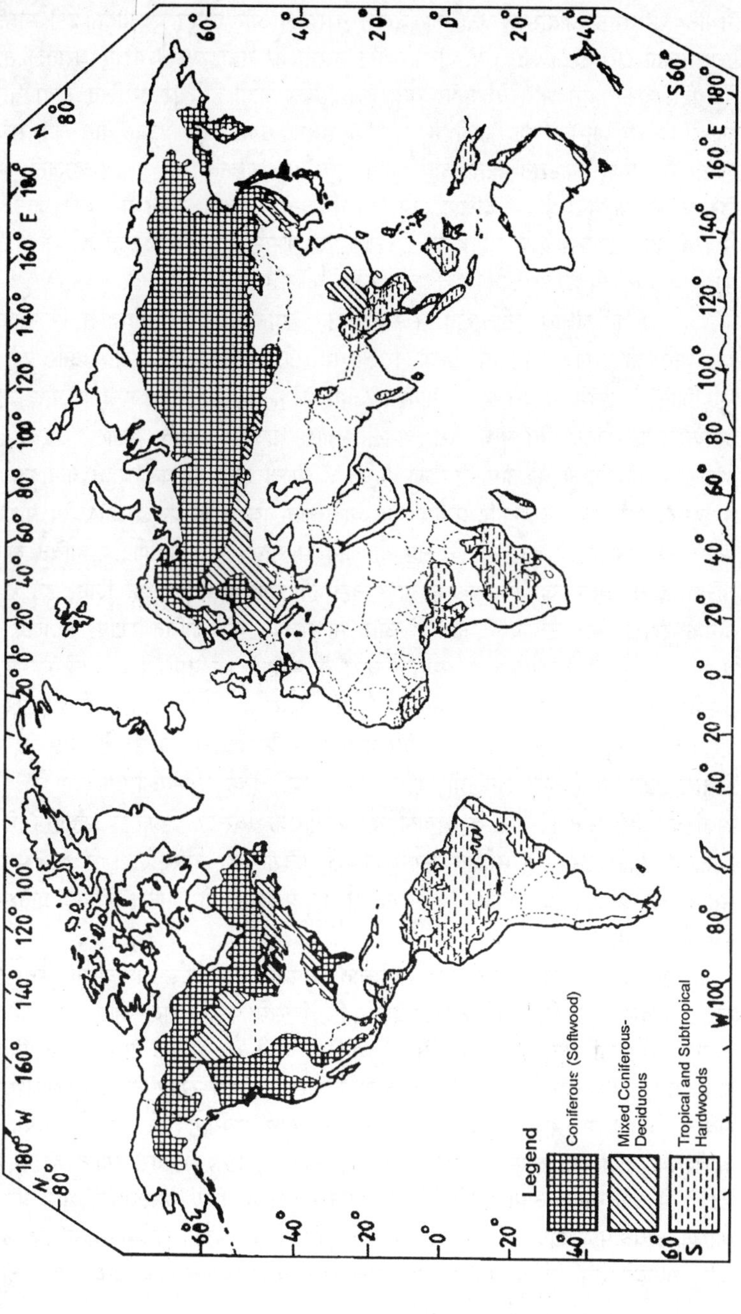

चित्र 10.8 प्रमुख व्यापारिक वन क्षेत्र

वन, पृथ्वी के ऑक्सीजन और कार्बन के संतुलन बनाए रखने में महत्वपूर्ण भूमिका निभाते हैं। इसके अतिरिक्त वनों का विनाश, धरातल और वायुताप, आर्द्रता की मात्रा और परावर्तकता (Reflectivity) में भी परिवर्तन करता है। उदाहरण के लिए धरातल तापमान में वृद्धि, वृक्षविहीन भूमि के ऊपर वायु दबाव बढ़ जाता है और इसलिए उष्ण वायु की जल नियन्त्रण क्षमता बढ़ जाती है, क्योंकि हवाएं उष्ण और शुष्क वायु को संचालित करती हैं। यह निकटवर्ती वनों और कृषि भूमि पर शुष्कता का प्रभाव डालती है। यह हिसाब लगाया गया है कि दक्षिण अमेरिका के वनों को बड़े पैमाने पर काटे जाने से 3° से 5°C तापमान में वृद्धि होगी। यह क्रिया शुष्क मौसम को बढ़ावा देती है, जो न केवल प्रादेशिक जलवायु को ही वरन् विश्व की जलवायु को गड़बड़ा देती है। (वही, 433)

उष्ण कटिबंधीय वनोन्मूलन से सबसे बड़ी हानि पृथ्वी के जैविक विभिन्नताओं के बड़े भाग की होगी। अनुमानत: पृथ्वी पर 50 से 100 लाख प्रकार के पौधे और पशु आदि पाए जाते हैं, इनमें से 40 से 50 प्रतिशत उष्ण प्रदेश के वर्षा वाले वनों में पाए जाते हैं। अनेक उष्ण कटिबन्धीय पौधे जैसे चावल, ज्वार, बाजरा, कसावा, रतालू, अरबी, केला, अनन्नास और गन्ना के नाम दिए जा सकते हैं किन्तु इनमें से कई बहुत कम जाने जाते हैं। इसके अतिरिक्त उष्णकटिबन्धीय वर्षा वाले वन, विश्व के प्रमुख औषधीय पौधों और कीटों के भण्डार हैं। इन वनों के नष्ट हो जाने से मानव को अवर्णित संभावित लाभों से वंचित होना पड़ेगा जो फिर कभी प्राप्त नहीं हो सकेंगे। मनुष्यों के लिए, इन वनों के अनेक रक्षक और उत्पादक कार्य हैं और मानवजाति को जीवित रखने के लिए इनका बनाए रखा जाना आवश्यक है। सवाना घास के मैदानों का उपयोग, दुरुपयोग और अति उपयोग के परिणामस्वरूप अनेक पर्यावरणीय समस्याएं उत्पन्न हो गई हैं। पृथ्वी के धरातल का लगभग 20 प्रतिशत भाग सवाना घास के मैदानों का है। ये घास के मैदान, विषुवत्‌रेखीय वर्षा वाले वन और शुष्क और अर्द्ध शुष्क मरुस्थलीय प्रदेशों के बीच में अवस्थित हैं। सवाना घास के मैदानों का सर्वाधिक विस्तार अफ्रीका महाद्वीप में पाया जाता है, जहां इनका भूमि क्षेत्र कुल का 65 प्रतिशत है। ऑस्ट्रेलिया में इस प्रकार के मैदानों का प्रतिशत 60, दक्षिण अमेरिका में 45 प्रतिशत और भारत में यह प्रतिशत 10 है।(कोल, 1986)

सवाना घास के मैदानों का सामान्यत: उपयोग घुमक्कड़ पशुचारण, स्थानान्तरित खेती, अर्द्धस्थाई खेती, सघन शुष्क प्रदेश कृषि, जिसमें फसल चक्र और बीच की फसल उगाने तथा जहां न्यून पैमाने पर सिंचाई अपनाई जाती है, अधिक सघन आप्लावित-खेत चक्र और पर्याप्त परती भूमि छोड़ना, कृषि व्यवस्था कायम रखने के लिए आवश्यक है। सवाना प्रदेशों में प्रचलित 4 प्रतिशत प्रतिवर्ष भूमि उपयोग की दर से उत्पादन की आवश्यक वृद्धि का प्रयास असफल रहा है (ओकिबो, 1985)। ऐसे साक्ष्य हैं कि सवाना प्रदेशों में अतिचारण आग लगने और उत्पादन बढ़ाने के लिए असावधान भूमि प्रबन्ध के कारण अवक्रमण तीव्र गति से बढ़ रहा है। विश्व के सवाना प्रदेश अत्यधिक दोषपूर्ण पारिस्थितिकी तंत्र हैं। ये पर्याप्त सम्भावित और यथेष्ट पर्यावरणीय अवक्रमण, दोनों ही

प्रस्तुत करते हैं। सवाना प्रदेश और उनके अवक्रमण के लिए सामाजिक, ऐतिहासिक, सांस्कृतिक और आर्थिक कारक, वर्तमान भूमि उपयोग अध्ययन के लिए उत्तरदायी कारक रहे हैं। ऐसी स्थिति में यदि सवाना प्रदेशों का विवेकपूर्ण उपयोग नहीं किया गया तो ऐसी पूरी सम्भावना है कि वे उपजाऊ घास के मैदान विश्व के अनुपजाऊ अर्द्धशुष्क और शुष्क प्रदेशों में बदल जाएंगे जैसा कि इनके निकटवर्ती भाग हैं।

पर्यावरणीय परिवर्तन के अभिकर्ता के रूप में पर्यटन और मनोरंजन (Tourism and Recreation as the Agents of Environmental Change)

कृषि और उद्योगों के अतिरिक्त हाल के दशकों में पर्यटन और मनोरंजन द्वारा भी पर्यावरणीय परिवर्तन हुए हैं। विकसित देशों में जीवन स्तर में वृद्धि के कारण उच्च आय और फुरसत के समय में वृद्धि हुई है। विकसित देशों में 1990 की तुलना में इस समय काम का औसत समय 60 घंटे के स्थान पर 36 घंटे ही रह गया था। अधिकांश लोगों के पास कार तथा व्यक्तिगत यातायात के साधन उपलब्ध हैं, जिससे उन्हें देहात और प्राकृतिक स्थानों तक पहुँचने में सुविधा रहती है। विकसित देशों में, ग्रामीण क्षेत्रों का मनोरंजन के स्रोत और खेल के स्थान के रूप में उनके उपयोग में वृद्धि हो रही है। अधिक धनाढ्यता और विकसित हवाई यात्राओं ने भी पर्यटन को इतना अधिक बढ़ावा दिया है कि पर्यटन विश्व का तीसरा सबसे बड़ा उद्योग बन गया है और विश्व के सकल राष्ट्रीय उत्पाद (GNP) का 12 प्रतिशत इसमें लगा है। विकासशील देशों में भी पर्यटन एक महत्वपूर्ण उद्योग बनता जा रहा है।

देहाती क्षेत्र और प्राकृतिक स्थानों पर पर्यटन और मनोरंजन के लिए घूमने से वनस्पति नष्ट होती है, जिसके कारण भूमि क्षय में वृद्धि और पशु जीवन नष्ट होता है। स्कीइंग (Skiing), नौका विहार, तम्बू गाड़े जाने, पैदल यात्रा करना, घुड़सवारी और वन विहार (Picknicking) किए जाने से पर्यावरण पर विपरीत प्रभाव पड़ता है। आकस्मिक आग, भूपटल पर सर्वनाशी प्रभाव डाल सकती है। यदि यह आग लम्बे शुष्क काल के पश्चात् ग्रीष्म ऋतु में लगती है तो पर्यावरण को प्राय: गम्भीर हानि होती है। इस प्रकार की घटनाओं से बीज भण्डार क्षीण हो जाते हैं और यहां तक कि जमीन के भीतर की जड़ों की भी क्षति होती है। अत: पुनर्जीवन पारिस्थितिकी तंत्र का पुनर्लाभ धीमा होता है।

पर्यटन, जो एक उद्योग के रूप में विकसित हो रहा है उसके द्वारा भी पर्यावरण में महत्वपूर्ण परिवर्तन किया जा रहा है। पर्यटन में लोग अपने ग्रह स्थान से पर्यटन स्थल के लिए अस्थाई रूप से जाते हैं। पर्यटकों के उद्देश्य अनेक हो सकते हैं। ये लोग सांस्कृतिक प्रतीक, प्राकृतिक सुन्दरता, वन्य जीवन और समुद्री आकृतियों का आनन्द लेने के लिए यात्राएं करते हैं। अनियंत्रित पर्यटन भू-आकृतियों, पशुओं और वनस्पतियों जो पर्यटकों को आकर्षित करती हैं, का नष्ट किया जाना इसका परिणाम होता है। यदि पर्यटन उद्योग को विकसित और विकासशील देशों में आय का स्रोत बनाए रखना है तो पर्यटन का नियोजन और प्रबन्ध आवश्यक है। व्यक्तियों और पर्यटकों को प्रशिक्षित किया जाना चाहिए, जिससे कि वे पर्यावरणीय रक्षक आन्दोलन में सहयोगी बन सकें।

जैव-आनुवंशिकी अभियांत्रिकी और पर्यावरण

(Bio-Genetic Engineering and Environment)

समतल कृषि का विस्तार सम्भव नहीं है, अत: जैव प्रौद्योगिकी की विकसित तकनीकों के साथ कृषि का तीव्रीकरण किया जाना चाहिए। कृषि में जैविक प्रौद्योगिकी के व्यापक उपयोग हैं जिनमें से फसल सुधार, कीटों का जैविक नियंत्रण और नाइट्रोजन निर्धारण की वृद्धि आदि हैं, ये सब पर्यावरणीय क्षमता को प्रभावित करते हैं। यह सही है कि जैव प्रौद्योगिकी ने आनुवंशिकीय उत्पन्न जीवों के संदर्भ में सभ्यता को एक अन्य पर्यावरणीय प्रयोग के किनारे ला खड़ा किया है। आजकल, अन्तरराष्ट्रीय स्तर पर उन दशाओं के सम्बन्ध में विचार-विमर्श चल रहा है जिसमें जैव निर्मित वर्ग पर्यावरण में मुक्त किए जाने चाहिए और उनके अधिप्रभाव पूर्णत: लाभदायक होंगे अथवा नहीं (मेनियोन, 1991)। आनुवंशिकी अभियांत्रिकी इस प्रकार से पर्यावरण परिवर्तन का एक महत्वपूर्ण संभावित अभिकर्ता (एजेन्ट) है।

References

Berger, W.H. et al., n.d., *Abrupt Climatic Change,* Boston, D. Radiel Dordrecht.

Broberg, O., 1988, 'Delayed Nutrient Responses to the Liming of Lake Gardsjon, Sweden', Ambio 17.

Bunyard, P., 1988, 'Nuclear Energy after Chernobyl' in E. Goldsmith et al. (gen. eds.), *The Earth Report-Monitoring the Battle for Our Environment,* London, Mitchell Beazley.

Cole, M.M., 1986, *The Savannas: Biogeography and Geobotany,* London, Academy Press.

Farman, J.L. et al., 1985, 'Large Losses of Total Ozone Reveal C10x/Nox Interaction', *Nature* 315.

Fellmann, J., et al., 1990, *Human Geography: Landscape of Human Activities,* Dubuque, WC Brown.

Fridriksson, S., 1987, 'Plant Colonisation of a Volcanic Island : Surtesy Island', *Arctic and Alpine Research 19.*

Geofile, No. 118 (1988), *Theme Parks and Leisure Industry.*

Hoskins, W.G., 1988, *The Making of English Landscape* (ed. C.C. Taylor) London, Hodder and Stoughton.

Hungspreugs, M., 1988, 'Heavy Metals and other No-oil Pollutants in Southeast Asia', Ambio 17.

Husain, M., Mapping of Environment and Sustainable Development. Presidential Address to the XX International Conference of the Indian Cartographic Association, November 1992, Jamia, New Delhi.

Husain, M., 2011, *Geography of India*, New Delhi, Tata McGraw Hills.

Hutton, M., 1987, 'Human Health Concerns of Lead, Mercury, Cadmium and Arsenic' in T.C. Hutchinson and K.K. Meena (eds.), *Lead, Mercury, Cadamium and Arsenic in the Environment,* Chichester, John Wiley.

Kerr, R., 1988, 'Ozone hole bodes ill for the Globe', *Science* 241.

Mannion, A.M., 1991, *Global Environmental Change,* New York, Longman.

Martin, P.S. et al. (eds.), 1984, *Quaternary Extinction,* Tucson, University of Arizona Press.

Moore, A.M.T.,1985, *Advances in World Archaeology.*

Needleman, H.L. et al., 1979, 'Deficits in Psychologica and Classroom Performance of Children with Elevated Dentine Lead Levels', *New England Journal of Medicine* 300.

Okigbo, B.N., 1985, 'Land Use and Production Potentials of African Savannas' in J.C Tothill et al.(eds.), *Ecology and Management of World Savannas,* Commonwealth Agricultural Bureau, Slough.

Patel, Tara, 1997, 'Rampant Urban Pollution Blights Asia's Crops', *New Scientist,* June 14.

Persson, G.A., 1987, 'Acid Deposition' in D.J. McLaren et al. (eds.), *Resources and World Development,* Chichester, John Wiley.

Rampino, M.R. et al., 1987, *Climate: History, Periodicity and Predictability,* New York, Von Nostrand Reinholt.

Rapp, A., 1987, 'Desertification' in K.K. Gregory et al., (eds.), *Human Activity and Environmental Processes,* Chichester, John Wiley.

Raynaud, D. et al., 1988, 'Climate and CH4:Change in the Vostok Ice Core', *Nature* 333.

Saffer, O. (ed.), 1987, *The Prehistoric Old World: Regional Perspectives,* New York, Plenum Press.

Thomson, R.D. et al., 1986, *Processes of Physical Geography,* London, Longman.

UNO, *World Resources, 1988-89,* New York.

Welburn, A., 1988, *Air Pollution and Acid Rains: The Biological Impact,* London, Longman.

Zohry, D. and M. Hopf, 1988, *Domestication of Plants in the Old World,* Oxford, Clarendon Press.

11

प्रारंभिक जनमानव
The First People

विस्तृत-विश्व के धरातल पर 26 करोड़ से अधिक मूल निवासी रहते हैं। ये विश्व की जनसंख्या (1991) का 4 प्रतिशत हैं जो 70 देशों में रहते हैं। विश्व के अधिकांश देशों में ये अल्पसंख्यक हैं। ब्राजील और स्वीडन में इनका प्रतिशत 0.1 है, भारत में 7.5 प्रतिशत और ग्रीनलैण्ड में 90 प्रतिशत से अधिक संख्या इन मूल निवासियों की पाई जाती है। दक्षिणी-अमेरिका के बोलीविया में 66 और पीरू में 40 प्रतिशत मूल निवासी रहते हैं। एशिया महाद्वीप में इनका अधिक केन्द्रीकरण पाया जाता है, चीन में 8.8 करोड़ और भारत में इनकी संख्या 7.5 करोड़ है जो इन देशों की कुल जनसंख्या का 7 प्रतिशत (1999) है। समस्त विश्व में, इन मूल निवासियों के आवास प्रदेशों को राष्ट्रीय सीमाओं द्वारा विभाजित किया गया है, उदाहरण के लिए एस्कीमो आवास क्षेत्र कनाडा, ग्रीनलैण्ड, संयुक्त राज्य अमेरिका (अलास्का) और रूस की सरकारों के अधीन हैं। पश्चिमी अफ्रीका की फुलानी (Fulani) जाति, आठ राष्ट्रों की सीमाओं में निवास करती है। पापुआ लोग इण्डोनेशिया की सरकार के अधीन हैं, जबकि इआंपुआ न्यूगिनी सरकार का स्वामित्व इनके पास है, मिजो अथवा लुशाई जाति भारत और म्यामार (Burma) की सरकारों द्वारा शासित है, क्योंकि लगभग 50 प्रतिशत मिजो म्यामार की राष्ट्रीय सीमा में निवास करते हैं। विश्व के समस्त मूल निवासियों को 'चतुर्थ विश्व' (Fourth World) की संज्ञा दी जाती है। ये लोग उन देशों के आदिवासियों के वंशज हैं जो आज पूर्णत: अथवा आंशिक रूप से अपनी भूमि के अधिकार से वंचित कर दिए गए हैं, तथा उन देशों की राष्ट्रीय सरकारों में इनका सीमित प्रभाव रहता है। मूल निवासियों की विश्व परिषद् ने इनकी जीवन-शैली को प्रथम (उन्नत औद्योगीकृत), द्वितीय (समाजवादी गुट) और तृतीय (विकासशील) देशों के निवासियों से भिन्न बताया है। प्रथम, द्वितीय तथा तृतीय विश्व के निवासियों का तो विश्वास "भूमि लोगों की है" में है, जबकि चतुर्थ विश्व के लोगों का विश्वास "व्यक्ति भूमि के लिए है" में है। विश्व के मूल निवासियों के मुख्य क्षेत्रों को चित्र 11.1 में प्रदर्शित किया गया है

विश्व के मूल निवासियों में संस्कृति, धर्म, सामाजिक और आर्थिक संगठनों में असमानताएं और विविधताएं पाई जाती हैं। इनका आज भी बाह्य जगत के निवासियों द्वारा शोषण किया जा रहा है। कुछ विद्वानों ने इन्हें आध्यात्मिक मूल्यों के साकार रूप में प्रस्तुत किया है, जबकि कुछ के अनुसार इन्हें आर्थिक उन्नति में एक बाधा माना गया है, किन्तु

ऐसा इनमें से कुछ नहीं है क्योंकि ये लोग अपनी संस्कृति को संजोए रखना चाहते हैं, जीवित रहने के लिए संकल्पबद्ध हैं तथा भूत और वर्तमान में उपनिवेशवाद से पीड़ित रहे हैं। इनमें से कुछ अपनी परम्पराओं के अनुसार जीवनयापन करते हैं जबकि कुछेक ने कल्याणकारी योजनाओं को स्वीकार कर लिया है, कल-कारखानों में काम करने लगे हैं, तो कुछ अन्य व्यवसायों से जुड़े हुए हैं। इन लोगों ने भूमि से अपना निकट का सजीव सम्बन्ध बनाए रखा है। इनमें आदान-प्रदान की भावना पाई जाती है तथा भूमि जो भरण-पोषण करती है, के प्रति ये आदर भाव प्रकट करते हैं।

पिछले कुछ दशकों में अनेक विकास योजनाओं के परिणामस्वरूप, इन मूल निवासियों को अत्यधिक हानि उठानी पड़ी है। इन्हें अपने परम्परागत प्रदेशों से अलग होना पड़ा है, अथवा अलग किए जा रहे हैं, उन्हें जीवनयापन के साधनों से वंचित कर ऐसे समाज में समायोजित किया जा रहा है, जहाँ वे अपने आपको बाहरी व्यक्ति सा महसूस करते हैं। इन मूल निवासियों ने अपने क्षेत्र, भूमि और पर्यावरण को बचाने के लिए प्रतिवाद और विरोध भी किया है, किन्तु उसमें उन्हें अधिक सफलता नहीं मिली है। उत्तरी अमेरिका के रेड इंडियन, ब्राजील के मूल निवासी और अंडमान द्वीप की जनजातियां जैसी अनेक जनजातियां युद्ध, दासता, भूख, और हमलावरों द्वारा लाई गई बीमारियों से विनष्ट हो गईं। अकेले अमेजन नदी के बेसिन में लगभग 170 जनजातियां आज भी जीवित हैं। जुमा जनजाति (जिसके केवल आठ सदस्य, दो बूढ़े व्यक्ति और एक लड़का, बाकी बच्चे हैं।) सहित 54 अन्य जनजातियां अमेजन के ऐसे दुर्गम क्षेत्रों में रह रही हैं जहां आधुनिक समाज के व्यक्ति का पहुँचना कठिन है। अतएव, अनेक जनजातियां हैं जो सर्वविनाश के खतरे से जूझ रहा है।

पुस्तक के इस अध्याय में अफ्रो-एशियाई और ऑस्ट्रेलिया महाद्वीपों के विषुवत रेखिक सवाना घास के मैदान, मरुस्थल, मानसून और टुण्ड्रा प्रदेशों के कुछ मूल निवासियों की जीवन-शैली और उनके द्वारा किए जा रहे जीवन-संघर्षों का वर्णन किया गया है।

भोजन संग्राहक लोग (Food Gatherers)

भोजन संग्राहक लोग गैर कृषक होते हैं। वे वास्तव में बचे-खुचे शिकारी लोग हैं जो सम्पूर्ण मानव जाति के सांस्कृतिक पूर्वज हैं। ये लोग हर प्रकार की जलवायु और वानस्पतिक क्षेत्रों में पाए जाते हैं। ये लोग विषुवतीय आर्द्र और गर्म जलवायु से लेकर टुण्ड्रा के सर्द और बर्फीले प्रदेशों में पाए गए हैं। यद्यपि मूलत: सभी शिकारी और भोजन एकत्र करने वाले हैं, तथापि इनकी जीवन-शैली में काफी विभिन्नता पाई गई है। इन्हें शिकारी, मछुआरे और जंगली बीज, फल, फूल, कंद, पत्ते, डंठल और गिरीदार फल एकत्रित करने वालों के रूप में जाना जाता है। इनके लिए सामान्यत: "भोजन संग्राहक" (Food Gatherers) शब्द का प्रयोग किया जाता है, तथापि यह शब्द शिकारी और मछुआरे जैसी विशिष्ट क्रियाओं में लिप्त लोगों के लिए उपयुक्त नहीं है। विशिष्टीकरण के स्वरूप को तभी ठीक प्रकार से समझा जा सकता है, जब हम बुशमैन जो एकमात्र रूप में जंगली खेलों में रत होते हैं, संयुक्त राज्य अमेरिका के पश्चिमी

चित्र 11.1 *विश्व के मूल निवासी*

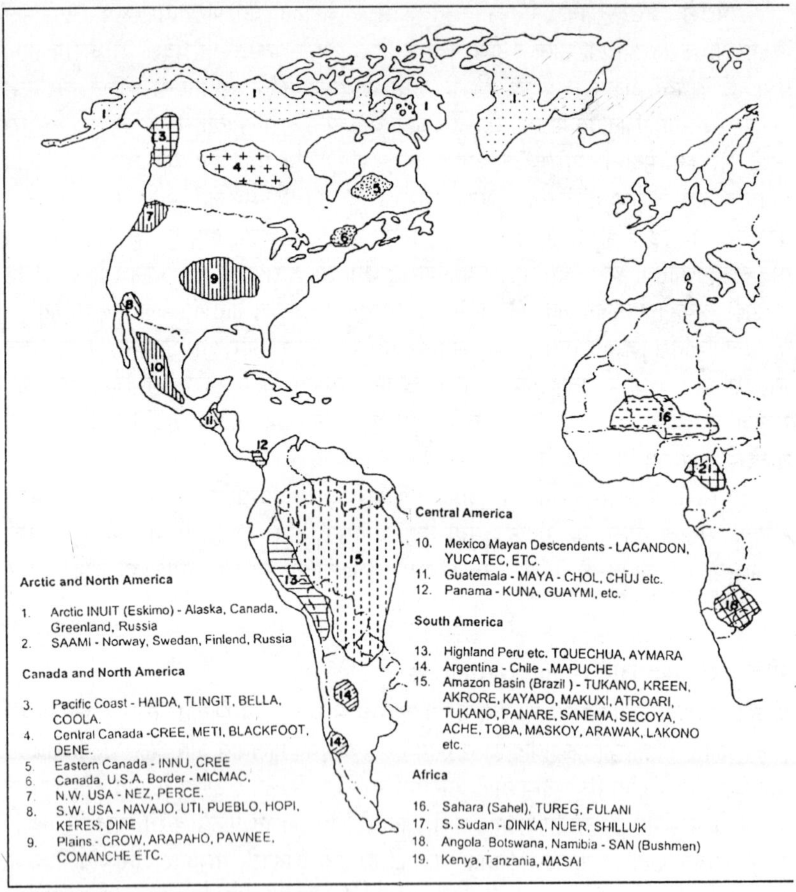

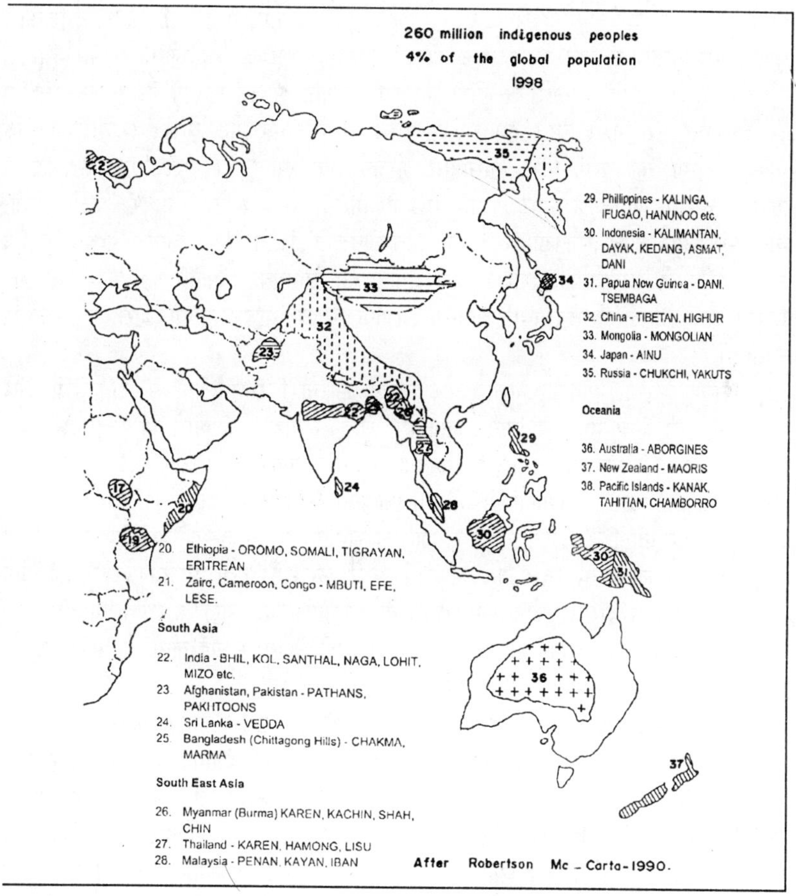
260 million indigenous peoples
4% of the global population
1998
29. Phillippines - KALINGA, IFUGAO, HANUNOO etc.
30. Indonesia - KALIMANTAN, DAYAK, KEDANG, ASMAT, DANI
31. Papua New Guinea - DANI, TSEMBAGA
32. China - TIBETAN, HIGHUR
33. Mongolia - MONGOLIAN
34. Japan - AINU
35. Russia - CHUKCHI, YAKUTS
Oceania
36. Australia - ABORGINES
37. New Zealand - MAORIS
38. Pacific Islands - KANAK, TAHITIAN, CHAMBORRO
20. Ethiopia - OROMO, SOMALI, TIGRAYAN, ERITREAN
21. Zaire, Cameroon, Congo - MBUTI, EFE, LESE.
South Asia
22. India - BHIL, KOL, SANTHAL, NAGA, LOHIT, MIZO etc.
23. Afghanistan, Pakistan - PATHANS, PAKHTOONS
24. Sri Lanka - VEDDA
25. Bangladesh (Chittagong Hills) - CHAKMA, MARMA
South East Asia
26. Myanmar (Burma) KAREN, KACHIN, SHAH, CHIN
27. Thailand - KAREN, HAMONG, LISU
28. Malaysia - PENAN, KAYAN, IBAN
After Robertson Mc - Carta-1990.

मैदानों के मूल निवासी जो गवल शिकारी (जंगली भैंसे के शिकारी) होते हैं, तुंगस और चुकची लोग (रूस) जो रेन्डियर पालने वाले और शिकारी होते हैं, और इन्यूत लोग (कनाडा, अलास्का और ग्रीनलैण्ड) जो अपने जीवनयापन के लिए समुद्री जानवरों का शिकार करते हैं, जैसी विभिन्न प्रकार की जीवनयापन की क्रियाओं को समझने का यत्न करें।

विविध भौतिक जलवायु के परिवेश में रहने वाले विभिन्न भोजन संग्राहकों और शिकारियों की जीवन-शैली में ही अन्तर नहीं होता, अपितु उनके वस्त्रों, भोजन की आदतों, आश्रयों (मकानों), उपकरणों, और वस्तुओं के विनिमय के तरीकों में भी अन्तर होता है। उदाहरणार्थ, इन्यूत लोग (एस्कीमो) और यू.एस.ए. के मैदानी भागों के शिकारी पूर्णतः मांस खाकर रहते हैं, जबकि गोल्डी (रूस के टुण्ड्रा के लोग) और ब्रिटिश कोलम्बिया के समुद्री किनारे के लोगों का अधिकांशतः भोजन मछली है। भोजन संग्रहण अर्थव्यवस्था पर निर्भर रहते हुए मलेशिया के सेमांग और ग्रेट बेसिन (अमेरिका) के पाइयुत लोगों को कभी-कभी मांसाहारी भोजन मिल पाता है। शुद्ध 'एकत्रक' जो न शिकार करना जानते हैं और न ही मछली मारना, वे एकमात्र रूप में फलों, पत्तों, कंद-मूल और कीड़े-मकोड़ों से अपना जीवन चलाते हैं। यहां यह जानना रोचक है कि सभी प्रकार के जलवायु प्रदेशों में कई प्रकार का सहायक (अतिरिक्त) भोजन है, जो स्त्रियों द्वारा उपलब्ध करवाया जाता है जबकि मुख्य भोजन पुरुषों द्वारा प्राप्त किया जाता है।

संग्रह करना, शिकार करना, और मछली मारना विभिन्न लोगों में शिकारियों और संग्राहकों द्वारा भिन्न मात्रा में किया जाता है। 'शुद्ध' संग्राहक, शिकारी या मछुआरे देखने को नहीं मिलते क्योंकि इनमें से हरेक अपना भोजन जंगलों अथवा जल से प्राप्त करते हैं। विभिन्न भोजन संग्राहकों, शिकारियों और पशुपालकों की विविध जीवन-शैलियों को याकूत और युकाधीर लोगों के अध्ययन से समझा जा सकता है, जो तस्मानिया लोगों की पालतू जानवरों की अज्ञानता को देख कर आश्चर्य प्रकट करते हैं। पूर्वी अफ्रीका के मसाई लोग यह समझ पाने में असमर्थ हैं कि मलेशिया के लोगों के पास धातु के उपकरण क्यों नहीं हैं और यही बात मलेशियाई लोगों पर भी लागू होती है कि मसाई लोगों के पास पशुधन क्यों नहीं .है या इनके पास सूखे के समय जानवर क्यों नहीं हैं।

भोजन संग्राहक लोग घरविहीन घुमक्कड़ नहीं हैं। सबसे कम संगठित और बहुत कम उपकरण वाले परिवारों के समूह की इकाई के पास भी वंशागत और पर्याप्त रूप में परिसीमित क्षेत्र होता है। मलेशिया के सेमांग, कनाडा के इन्यूत, अमेरिका के गवल शिकारी और नामीबिया के बुशमैन लोगों के प्रत्येक समूह के पास परिभाषित क्षेत्र होता है। यहां एक बात पर विशेष ध्यान दिया जाना चाहिए कि सम्पूर्ण क्षेत्र पर परिवार और समूह के अधिकारों के बावजूद विशिष्ट संसाधनों का उत्तराधिकार शिकारी लोगों में व्याप्त होता है। जनजातीय झुण्ड समूहों के नेताओं को क्षेत्रों के मालिक के रूप में परिभाषित किया जा सकता है, जबकि वे केवल उनका प्रशासन (देखरेख) करते हैं। इन क्षेत्रों पर उनका केवल प्रतीकात्मक अधिकार होता है। भोजन संग्राहकों में भी सामान्यतः भूमि की मालिकाना इकाई परिवारों का समूह होता है जो सुस्पष्ट रूप में परिभाषित क्षेत्र पर वर्ष

की कुछ अवधि के लिए संयुक्त रूप में अपना पड़ाव जमाते हैं। सेमांग लोगों का दरिअन पेड़ों पर, पेन्टीज का चीड़ के पेड़ों पर और श्रीलंका के विद्दाओं का मधुमक्खियों के छत्तों पर इसी प्रकार का मालिकाना अधिकार होता है। ऑस्ट्रेलिया क्वीन्सलैंड के कन्द-मूल के संग्राहक लोग अपनी बेटियों को कन्द-मूल वाले उस क्षेत्र का हस्तान्तरण करते पाए गए हैं जिन क्षेत्रों का उन्होंने विकास और उपयोग किया है। इसके विपरीत, संयुक्त राज्य अमेरिका के उत्तरी-पश्चिमी समुद्री किनारे पर पुरुषों का मछुआई क्षेत्रों पर और स्त्रियों का पेड़-पौधों के खंडों पर अधिकार होता है और वे इन्हें अपने उत्तराधिकारियों को हस्तांतरित करते हैं। अत: भूमि, जल, और जंगल के क्षेत्रों के हस्तान्तरण की परम्पराओं में एक क्षेत्र से दूसरे क्षेत्र में और एक जनजाति से दूसरी जनजाति में भिन्नता होती हैं।

बुशमैन, पाइयुत और अरूण्टा (ऑस्ट्रेलिया) लोगों में विवाह के स्पष्ट नियम नहीं पाए गए हैं। सामाजिक और राजनीतिक संस्थाएं भी एक जनजाति से दूसरी जनजाति में भिन्न पाई गई हैं। नेतृत्व साझा, विश्वास स्वीकृति पर आधारित होता है और कड़े पैतृक सिद्धान्त का विरले ही प्रयोग किया जाता है। पिग्मी, सेमांग, साकाई, अण्डमान निवासी, बुशमैन, पाइयुत, ब्लैकफूट (भैंसे के शिकारी), ऑस्ट्रेलिया के आदिवासी, युकाधीर (साइबेरिया) और इन्यूत (एस्कीमो), जैसे महत्वपूर्ण भोजन संग्राहकों में से कुछ लोगों के निवास स्थान और जीवन-शैली का इस अध्याय के प्रथम भाग में वर्णन किया गया है।

कोंगो बेसिन के पिग्मी (The Pigmies of Congo Basin)

पिग्मी, जो कि 'नीग्रीटो' के नाम से भी जाने जाते हैं, मानव जाति के अत्यन्त सरल लोग हैं, इन्हें प्राय: सर्वाधिक आदिकालीन मानव कहा जाता है, तथा आरम्भिक विकासवादियों द्वारा इन मानवों को पशुओं के अधिक निकट माना गया है। ये लोग कन्द-मूल, बेर, फल, खाने योग्य पत्तियाँ, कीड़े-मकोड़े, मेंढक, छिपकलियाँ तथा अन्य प्रकार के पशुओं को जिनको पकड़ सकते हैं, जंगलों से एकत्रित करते हैं। इन लोगों में कृषि, पशुपालन, स्थाई-आवास, बहु संगोत्र सामाजिक समूहीकरण, विजय के लिए युद्ध, उपहार तथा शिकारी को पकड़ने, सामाजिक वर्ग, नागरिक नियम तथा तकनीकी ज्ञान जैसे मृत्तिका शिल्प, वस्त्र बुनना, टोकरी बनाना तथा धार्मिक अथवा नागरिक वास्तुकला का अभाव पाया जाता है।

पिग्मियों के जिस वर्ग की सर्वाधिक जानकारी उपलब्ध है, वे छितरे हुए उष्ण कटिबन्धीय मध्य अफ्रीका (जायरे, कोंगो, गैबान, कैमरून, रूवांडा और बुरुंडी) में निवास करते हैं। अफ्रीका महाद्वीप के पिग्मियों को पूर्वी, केन्द्रीय तथा पश्चिमी वर्गों में विभाजित किया जाता है। अफ्रीका के पूर्वी पिग्मी मबूती (Mbuti), जायरे के इतुरी वन प्रदेश में निवास करते हैं, केन्द्रीय पिग्मी, कोंगो गणराज्य के भूभाग में फैले हुए हैं तथा पश्चिमी वर्ग के पिग्मी बोन्गो (Bongo) गैबान में निवास करते हैं। कोंगो बेसिन के बत्वा (Batwa) समूह के बारे में अधिक जानकारी उपलब्ध है, जो पशुपालक तुत्सी (Tutsi), कृषि कार्य करने वाले हुटु (Hutu) तथा अन्य के साथ जायरे की कीव झील के चारों ओर के मैदानों और उच्च पर्वतीय भागों तथा रूवान्डा-बुरुंडी में निवास करते हैं। अधिक

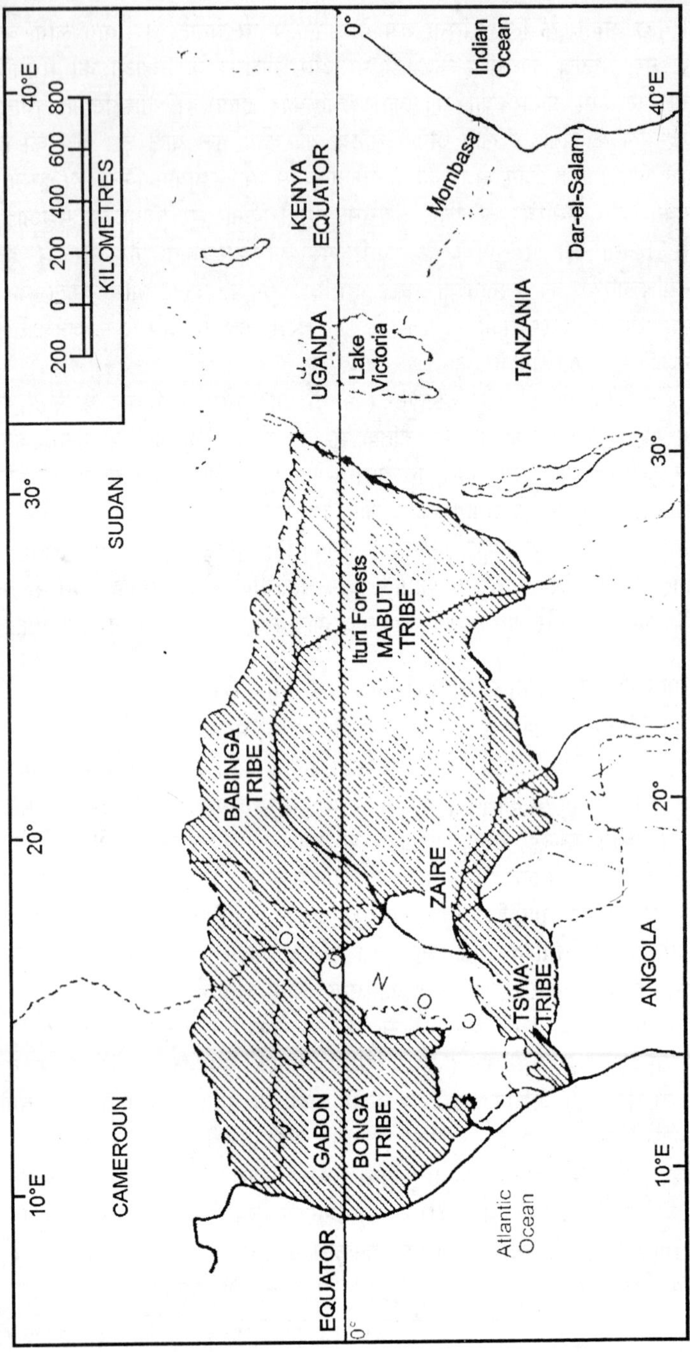

चित्र 11.2 कोंगो बेसिन के पिग्मी

पश्चिम की ओर कोंगो नदी के दक्षिण में पाए जाने वाले दलदली भाग में त्वा और बत्सवा (Tswa), एक बड़ा समूह निवास करता है, जिसने त्वा (Twa) पिग्मियों के समान निकटवर्ती जातियों की भाषा और संस्कृति को अपना लिया है। बत्सवा (Tswa) वर्ग के पिग्मी मुख्यत: मछली मारने और पशुओं को पकड़ने पर निर्भर हैं। कोंगो नदी के उत्तर में उबान्गो नदी के वन प्रदेश में बबीन्गा (Babinga) जाति निवास करती है जो सांस्कृतिक दृष्टि से पिग्मी जाति के अधिक निकट है। त्वा और बत्सवा (Tswe) जातियाँ आज भी मुख्यत: खानाबदोश, आखेटक और खाद्य संग्राहक हैं। अधिक पश्चिम की ओर कैमरून और गैबान में अन्य पिग्मी समूह छितरे हुए पाए जाते हैं।

शारीरिक गठन (Stature)

पिग्मियों का कद छोटा होता है, सामान्यत: इनकी ऊंचाई 1.33 मी (52 इंच) और 1.49 मी (58 इंच) के बीच पाई जाती है। पुरुष की औसत ऊंचाई 1.46 मी (57 इंच) तथा स्त्रियों का कद 1.38 मी (54 इंच) होता है। इनकी चमड़ी का रंग पीलापन अथवा ललाई लिए हुए भूरे रंग से गहरे भूरे रंग का होता है। इनके जबड़े बाहर की ओर निकले हुए, नथुने चौड़े और नाक चपटी, आंखें बड़ी और काले छल्लेदार ऊनी बाल होते हैं। सांस्कृतिक और नस्लीय दृष्टि से तथा भोज्य पशुओं, कृषि कार्य में दक्षता, लौह कार्य और मिट्टी के बर्तन बनाने में अपने पड़ोसी नीग्रो लोगों से इनमें भिन्नता पाई जाती है। पिग्मियों का मुख्य कार्य पशु पकड़ना (शिकार करना) और वनों से खाद्य वस्तुएं एकत्रित करना है। इनके अपने पड़ोसी कृषकों के साथ सहजीवी संबंध होते हैं। ये लोग छोटे शिकार करते हैं, जंगली कंद-मूल, फल, और कीड़े-मकोड़े एकत्रित करते हैं और पड़ोसी नीग्रो लोगों से कृषि उत्पादों को प्राप्त करने के लिए व्यापार करते हैं। पिग्मी जाति के लोग छोटे-छोटे समूह में साधारण झोपड़ियों में रहते हैं, इनकी झोपड़ी 1.3 मी (4 फुट) ऊंची, 3 मी (10 फुट) लम्बी और लगभग 3 मी (10 फुट) चौड़ी होती है।

निवास क्षेत्र (Habitat)

कोंगो बेसिन का विस्तार विषुवत् रेखा के दोनों ओर है, अत: अधिक ऊंचे भागों को छोड़ कर जहाँ तापमान निरन्तर ऊंचाई के अनुपात में कम होता जाता है, जलवायु वर्षपर्यन्त उष्ण और आर्द्र रहती है। इस प्रदेश में वर्षभर मासिक औसत तापमान 27°C रहता है, सालभर संवाहनिक वर्षा होती है। प्रदेश में वर्षा का वार्षिक औसत 250 सेमी (100 इंच) से अधिक रहता है। मार्च और सितम्बर अधिक वर्षा के महीने होते हैं। विषुवत रेखा से उत्तर और दक्षिण की ओर जाने पर मौसमी भिन्नता स्पष्ट दिखाई पड़ती है।

कोंगो बेसिन की उष्ण और आर्द्र जलवायु घने वनों के विकास के लिए सर्वथा उपयुक्त है। वास्तव में, कोंगो बेसिन के वन विश्व के सर्वाधिक घने वनों में से हैं, यहाँ के वनों में सदाबहार चौड़ी पत्ती के वृक्ष पाए जाते हैं। समुद्र तल से उच्च पर्वतीय भागों तक इस प्रकार के घने वनों का विस्तार है। प्रदेश के आन्तरिक भाग के निम्न प्रदेशों में समुद्र तल से 62 मी (200 फुट) की ऊंचाई तक वन पाए जाते हैं, किन्तु कहीं-कहीं ये

वन इससे कम अथवा अधिक ऊंचाई वाले भागों तक भी पाए जाते हैं। यहाँ के वनों में वृक्षों की ऊंचाई 50 मी (160 फुट) तक पाई जाती है, इन वनों के ऊंचे वृक्ष ऊपर जाकर आपस में मिलकर एक छतरी सी बना लेते हैं, जिससे कि सूर्य का प्रकाश धरातल तक नहीं पहुँच पाता है। इस प्रदेश के वनों में अनेक स्थानों पर एक हैक्टेयर में 50 से अधिक प्रकार के वृक्ष पाए जाते हैं। वृक्षों के नीचे भी अनेक प्रकार की वनस्पति उग आती है। इन वनों के वृक्षों की जड़ें कम गहराई तक जाती हैं तथा अनेक वृक्ष सहारे के लिए विशाल पुश्ता विकसित कर लेते हैं।

कोंगो बेसिन के वनों में वृक्षों के कई स्तर पाए जाते हैं, सबसे अधिक ऊंचाई के वृक्ष जिन्हें परिपक्वता पर सबसे अधिक सूर्य प्रकाश की आवश्यकता होती है, सबसे ऊंचे होते हैं तथा पृथ्वी से 20 से 30 मीटर की ऊंचाई पर इनके शीर्ष आरम्भ होते हैं। द्वितीय स्तर के वृक्षों के शीर्ष 16 मीटर की ऊंचाई से आरम्भ होते हैं। तृतीय स्तर के वृक्षों में कम ऊंचाई वाले वृक्ष होते हैं जिनके शीर्ष द्वितीय स्तर के वृक्षों से नीचे रहते हैं तथा चतुर्थ स्तर के वृक्ष 20 मीटर से कम ऊंचे होते हैं।

इस प्रदेश के वृक्षों के तने और उनकी शाखाएं नीचे उगे झाड़-झंकाड़ों से ढंके रहते हैं। ऊपरी दो स्तर के वृक्ष प्राय: आरोही वनस्पति से मुक्त रहते हैं। अधिक मूल्यवान इमारती लकड़ी के वन प्राय: साधारण ढालों और समतल मैदानी भागों में पाए जाते हैं। यहां के वनों में अनेक प्रकार के वृक्ष पाए जाते हैं, कभी- कभी तो एक एकड़ में 100 से अधिक किस्म के वृक्ष पाए जाते हैं। इमारती लकड़ी की अधिकतम मात्रा कुछ ही किस्म के वृक्षों से प्राप्त होती है।

पिग्मी, इन वनों से जलाने की लकड़ी, चमड़ा रंगने के लिए विभिन्न प्रकार के अर्क, रंग, गटापार्चा, बेंत, बांस, सेमल की रुई, तेल, रबड़ तथा अनेक प्रकार की औषधियों जैसे कुनैन, कोकीन, कपूर आदि प्राप्त करते हैं। इन वस्तुओं का अन्तरराष्ट्रीय व्यापार में बहुत अधिक महत्त्व है।

भोजन (Food)

कोंगो बेसिन में भोजन संग्राहक और आखेटक पिग्मी छोटे-छोटे समूहों में निवास करते हैं। पिग्मी, निर्जन अथवा निर्जन समान क्षेत्रों के निवासी हैं तथा निरन्तर एक स्थान से दूसरे स्थान पर विचरण करते रहते हैं। धनुष और विष-बुझे बाणों से शिकार करते हैं तथा कुछ पिग्मी शिकार करने के लिए अपने साथ कुत्ते भी रखते हैं, फिर भी इनके भोजन की आपूर्ति वृक्षों, पौधों, काष्ठ-फल, पक्षियों, कीड़े-मकोड़ों तथा छोटे शिकार द्वारा होती है

पिग्मियों का भोजन मुख्यत: पेड़-पौधों, आखेट और मछलियों से प्राप्त होता है। ये लोग अनेक प्रकार के बेर, काष्ठ फल, पत्तियाँ, कन्द-मूल, विशेषकर लम्बी गांठ वाले रतालू एकत्रित करते हैं, यही इनका मुख्य भोजन होता है। अपनी लाठियों से जमीन खोदकर रतालू निकालते हैं तथा कभी-कभी आग में पका कर कठोर नोक वाली लकड़ी द्वारा दो अथवा तीन फुट भूमि खोद कर रतालू निकालते हैं। भोजन सामग्री एकत्रित करने का कार्य मुख्यत: स्त्रियाँ करती हैं, यद्यपि पुरुष भी इसमें सहयोग करते हैं। प्रतिकूल

मौसम में अपने परिवार की दैनिक आवश्यकताओं की पूर्ति के लिए सुरक्षित भण्डार रखते हैं। इनका मुख्य भोजन सूर्यास्त के समय होता है। बहुधा ये लोग प्रात: कुछ नाश्ता कर लेते हैं। जिस खाद्य पदार्थ को ये सीधा नहीं खा पाते, उसे हरे बांस की लम्बी नलिकाओं में पकाते हैं क्योंकि इस प्रकार की नलिकाएं काफी लम्बे समय तक आग सह सकने की क्षमता रखती हैं।

वर्ष की किसी निश्चित ॠतु में अनेक फल प्रचुर मात्रा में उपलब्ध होते हैं। ऐसे समय में पिग्मी अपने प्रदेश को संवारने का कार्य करते हैं और फलों को एकत्रित कर उत्सव मनाते हैं।

पिग्मियों का आखेट अनियमित और केवल छोटे शिकार तक सीमित रहता है। बाघ, तेंदुआ, चीता, हाथी, आदि बड़े और मांसाहारी पशुओं से बचा जाता है। चूहे, गिलहरी, पक्षी, छिपकलियाँ और कभी-कभी बन्दरों और जंगली सूअरों का शिकार भी किया जाता है। भारी और मोटी लकड़ी के अतिरिक्त अग्नि द्वारा कठोर की गई नोक वाले तीर इनके मुख्य अस्त्र होते हैं। शिकार को मारने के लिए धनुष का उपयोग करते हैं, जो वृक्ष की लचीली टहनी मोड़ कर बनाया जाता है, जिसके दोनों छोर पतले होते जाते हैं और तांत से ये छोर बंधे रहते हैं। धनुष को वृक्ष के रेशे वाली छाल से मढ़ा जाता है। भारी बांस के एक गज लम्बे दण्ड से तीर तैयार करते हैं, जिसके अंतिम सिरे पर दो पंख लगे रहते हैं और तीर की नोक पर विष लगाते हैं। यह विष, वृक्षों से निकाला जाता है और इन वृक्षों पर व्यक्तिगत अधिकार होता है। विष प्राप्त करने के लिए पिग्मियों को अधिक दूरी की यात्राएं करनी पड़ती हैं। वृक्षों की छाल को उतार कर और उसके रस को निकाल तथा गर्म कर काले रंग का चिपचिपा पदार्थ तैयार किया जाता है। यह ताजा विष छोटे पशु और पक्षियों के लिए बहुत ही घातक होता है और कुछ ही क्षण में बन्दरों और जंगली सूअरों के प्राण हर सकता है। अधिक बड़े पशुओं के शिकार के लिए विषैली लताओं से अधिक विषाक्त रस प्राप्त कर पिट्टी में मिलाकर उपयोग में लिया जाता है। शिकार को फंसाने के लिए पिग्मी, फंदे और झटकेदार फंदों का उपयोग करते हैं, तथा पक्षियों को पकड़ने के लिए जंगली अंजीर के वृक्ष से चिपचिपा रस निकाल कर बांस की खपच्चियों पर लगाकर रख देते हैं, जब पक्षी इन चिपचिपी खपच्चियों पर बैठते हैं तो उनके पैर, रस से चिपक जाते हैं और उनको यह लोग पकड़ लेते हैं।

वस्त्र (Clothes)

कोंगो बेसिन का धरातल कम ऊंचाई वाला होने और ऊष्ण, आर्द्र तथा तर जलवायु के कारण पिग्मियों को वस्त्रों की आवश्यकता नहीं होती है। इसी कारण बहुत से पिग्मी बिना वस्त्र के रहते हैं। अनेक लोग तो पूर्ण रूप से नग्न अवस्था में रहते हैं। वृक्षों की छाल और वनस्पति रेशे से बनी लुंगी अपने कूल्हे के चारों ओर लपेटे रखते हैं।

उपकरण (Tools)

पिग्मियों के उपकरण/औजार बहुत ही सीमित और साधारण होते हैं। आग से कठोर की गई बांस की फलक जो साधारण बांस को भी काट सकती है, और जिसकी धार काफी समय तक

रहती है, की सहायता से अन्य औजार बनाते हैं। भूमि खोदने के लिए बेंत की छड़ी और लकड़ी तथा धनुष-बाण इनके मुख्य औजार होते हैं। गिरे हुए ताड़ वृक्ष के तने के भीतरी भाग को जला कर उसका उपयोग ओखली के रूप में करते हैं। पशुओं की अस्थियों को खुरच कर सूआ बना लेते हैं, पत्थर से बने औजारों का उपयोग भी करते हैं, किन्तु वे सभी अविकसित होते हैं। खुरदरे और अनगढ़े पत्थरों द्वारा लकड़ी चीरते और खुरचते हैं और इसे बाद में फेंक देते हैं। पिग्मियों की मूलभूत सामाजिक इकाई बीस या इससे अधिक लोगों की होती है जो जंगलों में अस्थाई कैम्प में रहते हैं और घूमते रहते हैं। उनकी झोपड़ी छोटे-छोटे पेड़ों और पत्तियों से बनी होती है। इन लोगों में विवाह दलों में होते हैं। बहुधा ये विवाह बहनों के विनिमय के रूप में होते हैं । ये लोग एकविवाही हैं। पिग्मी लोगों के धार्मिक विश्वासों का केन्द्र जंगल होते हैं। ये लोग मेजमान और अपने उपकारक का बड़ा ध्यान रखते हैं। (चित्र 11.3)

व्यापार (Trade)

पिग्मी समूह अपने कृषक पड़ोसियों के साथ सहजीवन संबंधों में बंधे होते हैं, जिनके साथ वे व्यापार करते हैं और सामाजिक तथा सांस्कृतिक कार्यक्रमों में भाग लेते हैं। पिग्मी अपने कृषक पड़ोसियों से **'मौन व्यापार'** (Silent Trade) करते हैं। ये लोग रात्रि में अपने बन्टु कृषक पड़ोसियों की बस्ती में जाकर, निश्चित स्थान पर पत्तियों में लपेट कर मांस रख आते हैं, दूसरे दिन उसी स्थान पर इनकी आवश्यकता की कृषि उपज रखी मिलती है, उसे ये लोग उठा लाते हैं क्योंकि दोनों ओर के समूह एक-दूसरे की परम्परागत आवश्यकताओं को जानते हैं, और प्रत्येक सौदे में वस्तुओं का मूल्य लगभग बराबर होता है, इस कारण यह शान्त व्यापार चलता रहता है। इस व्यापार में बण्टु (Bantu) कृषकों की तुलना में पिग्मी कमजोर वर्ग होता है। अत: कुछ मात्रा में अन्याय और शोषण की सम्भावना बनी रहती है। जब आखेटक पिग्मी यह अनुभव करता है, तब वह उसकी वस्तु को न ले जाकर अपना रोष प्रगट करता है, तब दूसरे दिन कुछ अनुपात में उस सामग्री में बण्टु कृषक वृद्धि कर देते हैं, यदि पिग्मी सन्तुष्ट हो जाता है तो वह उस वस्तु को ले जाता है। ऐसे भी अवसर आते हैं जब आखेटक पिग्मी यह अनुभव

चित्र 11.3 *पिग्मी जादूगर*

करता है कि उसके साथ छल हुआ है, तब वह क्रोधवश जहरीले बाण अथवा इसी प्रकार के किसी शस्त्र से उसकी हत्या कर देता है। किन्तु इस प्रकार के अवसर अपवाद मात्र ही होते हैं और इनका मौन व्यापार बिना किसी बाधा के निरन्तर चलता रहता है।

पिग्मियों की संस्कृति आदिकालीन अवस्था में है, यद्यपि इनमें ऊंची जन्म दर पाई जाती है, किन्तु महामारियों के कारण जनसंख्या दर में वृद्धि नहीं हो पाती है। वास्तव में, पिग्मी प्रकृति के दास हैं, स्त्रियाँ कठोर परिश्रम करती हैं तथा अरक्षितता से पीड़ित रहती हैं, जिसके कारण वे शारीरिक दृष्टि से कमजोर और उनमें जीवन शक्ति की कमी रहती है। इस कारण इन लोगों में जन्म दर में भी कमी हो जाती है, जिसे ये लोग किसी जादू अथवा दुर्घटना का परिणाम मानते हैं।

संक्षेप में, पिग्मी प्रकृति से निकट का सहजीवन व्यतीत करते हैं तथा इनके पड़ोसी कृषक होते हैं। पिग्मी समूह के अनेक लोग स्थाई कृषकों के निकट ही निवास करते हैं, अत: यह क्षेत्र वन उत्पादों के विनिमय के लिए जाना जाता है। इनमें से अनेक पिग्मी, नीग्रो लोगों से 'मौन व्यापार' करते हैं। अनेक पिग्मी मौन रूप से नीग्रो ग्रामों से जुड़े रहते हैं। इन दोनों समूहों में आपसी समझ होती है। पिग्मियों को जब खाद्य पदार्थों की आवश्यकता होती है, तब वे नीग्रो लोगों के केले के उपवनों में जाकर मांस रख आते हैं, इस प्रकार दोनों समूहों के बीच 'मौन व्यापार' चलता रहता है। पिग्मी स्वतंत्र लोग हैं जो वातावरण का उपभोग, बिना उसे अधिक हानि पहुँचाए कर रहे हैं। उनकी जीवन-शैली और सांस्कृतिक विश्वास बहुत कुछ रूप में भौतिक पर्यावरण से नियंत्रित और संचालित होते हैं।

सेमांग (Semang)

सेमांग लोग मलेशिया के आदिवासी हैं, जो देश के आन्तरिक पहाड़ी और पर्वतीय भागों में रहते हैं। ये लोग पर्वतमालाओं के ढालों पर बिखरे हुए हैं। मलेशिया के पहाड़ विषुवतीय और मानसूनी जंगलों से ढंके हुए हैं। इनकी कुछेक की चोटियां समुद्र तल से 7 से 8 हजार फुट ऊंची हैं। यहां की जलवायु सारे वर्ष गर्म और आर्द्र रहती है। ऊंचे ढालू स्थानों पर भी कभी-कभी ठंड पड़ती है। मलेशिया के आंतरिक भागों में सामान्यत: 250 सेमी (100 इंच) वर्षा होती है, अत: सेमांग क्षेत्र में घनी वनस्पति पैदा होती है। (चित्र 11.4)

चित्र 11.4 *मलाया प्रायद्वीप में सेमांग और सकाई क्षेत्र*

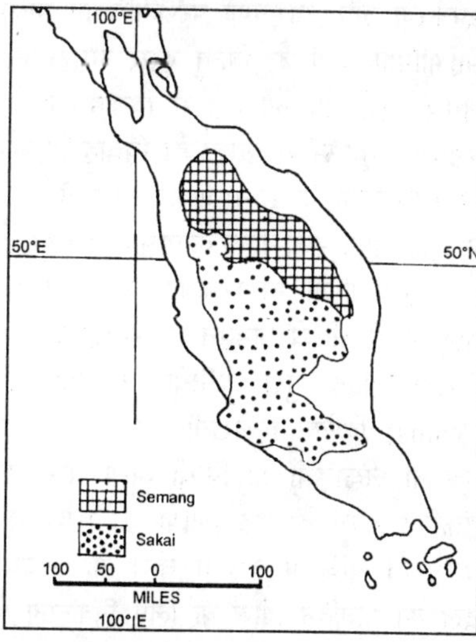

सेमांग लोगों का सामान्य रूप-रंग नाटे नीग्रो लोगों से मिलता-जुलता है। पुरुष 1.54 मीटर (5 फुट से नीचे) लम्बे होते हैं और स्त्रियां छोटी होती हैं, किन्तु इनका शारीरिक अनुपात बेढ़ंगा नहीं है। इनकी चमड़ी गहरी भूरी, नाक काफी चौड़ी, आंखें चमकीली, मोटे होंठ और चेहरे पर दाढ़ी नहीं होती है। अफ्रीका की नीग्रो नस्ल और पश्चिमी प्रशान्त द्वीप समूहों के लोगों से इनमें काफी भिन्नताएं मिलती हैं। यही कारण है कि इन्हें 'नीग्रीटो' कहा जाता है।

सेमांग लोग अभी भी मध्य पाषाण युग में रह रहे हैं। ये लोग न तो खेती करते हैं और न ही जानवरों को पालते हैं। वास्तव में, ये लोग पूर्णत: जंगलों पर निर्भर हैं। भोजन की खोज में, ये निरंतर घूमते रहते हैं और बिरले ही किसी एक स्थान पर तीन या चार दिनों से अधिक ठहरते हैं। सेमांगों के व्यक्तिगत समूह छोटे होते हैं जिसमें बालकों सहित अधिकाधिक बीस से तीस व्यक्ति होते हैं।

सेमांगों के प्रत्येक समूह में माता-पिता सहित बड़े बालकों के परिवार होते हैं। प्रत्येक समूह का अपना छोटा सा पारम्परिक क्षेत्र, जो लगभग 55 वर्ग किमी होता है। इस क्षेत्र के कुछ विशिष्ट मूल्यवान फलों के पेड़ों पर ये अपना अधिकार रखते हैं जिसे इनके पड़ोसी स्वीकार करते हैं। शिकार और कन्द-मूलों के एकत्रण के लिए ये अपने पड़ोसी समूहों की भूमि पर जाने के लिए स्वतंत्र होते हैं, किन्तु अपने क्षेत्र के लम्बे दरिअन पेड़ों के गहरे हरे कंटीले फलों को इन्हें लौटाना पड़ता है। चूंकि समूहों को अपने प्रतिदिन के भोजन को एकत्रित करना पड़ता है, इन्हें घूमते रहना पड़ता है। इनका चलना-फिरना धीरे होता है, अत: एक पूरे दिन में ये लोग 8 से 10 किमी की यात्रा ही कर पाते हैं।

इनका समूह पूर्णत: स्पष्ट रूप में परिभाषित और एक स्वतंत्र इकाई होता है। शिविर के लिए जगह के चयन में ये लोग वरिष्ठतम व्यक्ति का अनुसरण करते हैं। इस व्यक्ति के ज्ञान से परे कोई अन्य सत्ता नहीं होती और न ही इनमें नेतृत्व की कोई व्यवस्था होती है। उपकरण और आभूषणों पर व्यक्तिगत मालिकाना अधिकार होता है। भोजन में समूह की सहभागिता होती है, किन्तु दूसरे समूहों को सम्मिलित नहीं किया जाता है। एक व्यक्ति लगभग 18 वर्ष की उम्र में विवाह करता है, किन्तु वह अपने लिए पत्नी का चयन पड़ोसी समूह में से करता है। विवाह के बाद वह लगभग एक या दो वर्षों के लिए पत्नी के सम्बन्धियों के साथ जाकर रहता है, किन्तु बाद में अपने परिवार को पल्लवित करने के लिए अपने माता-पिता के पास लौट आता है।

सेमांगों के भरण-पोषण का मुख्य साधन वानस्पतिक भोजन है, किन्तु शिकार और मछुआगिरी भी वे जरूरत के समय करते हैं। ये लोग कई प्रकार के सरसफल (बेर), गिरीदार फल, गुदा, पत्तियां, टहनियां, और विशेषत: जड़ें और कन्द जिसमें रतालू (Yams) विशेष उल्लेखनीय है, का एकत्रण करते हैं। कन्दों और जड़ों को ये लम्बी नुकीली लकड़ियों या किसी अन्य वस्तु की सहायता से दो-तीन फुट गहरा खोद कर एकत्रित करते हैं। यह स्त्रियों का मुख्य कार्य है, किन्तु पुरुष भी इस कार्य में सहायता करते हैं। चूंकि बहुत कम चीजों का संचय और उन्हें संरक्षित रखा जा सकता है, अत: दल को प्रतिदिन खोज के लिए निकलना पड़ता है। दिन के मुख्य भोजन को सामान्यत:

सायंकाल पकाया जाता है, किन्तु ये लोग सुबह ही खाते हैं और दिन में भी बहुधा खाते रहते हैं। रतालू इनका मुख्य भोज्य पदार्थ है। कुछ फल जहरीले होते हैं जिन्हें बड़ी सावधानी से कई तरीकों से साफ किया जाता है। कुछ फलों को आग पर सेंका जाता है, कुछ का गुदा निकालने के लिए कूटा जाता है, उसमें भस्म या चूने को मिलाया जाता है और बाद में उबाला जाता है। कुछ भोज्य पदार्थों को ये लोग हरे बांस की लंबी नलिकाओं से पकाते हैं क्योंकि इस प्रकार की नलिकाएं भोजन को पकाने के लिए काफी समय तक आग की लपटों को सहन कर सकती हैं।

सेमांगो में शिकार कभी-कभी ही किया जाता है और अपेक्षत: यह छोटे जानवरों तक सीमित होता है। कोंगो बेसिन के पिग्मियों की भांति, ये लोग बड़े मांसाहारी जानवरों, जैसे बाघ, तेंदुआ, चीता, और हाथी आदि का शिकार नहीं करते और इनसे बचा जाता है। चूहों, गिलहरियों, पक्षियों, छिपकलियों और कभी-कभी बन्दरों तथा जंगली सूअरों का भी शिकार किया जाता है। भारी और मोटी लकड़ी के अतिरिक्त आग द्वारा कठोर की गई नोक वाले तीर इनके मुख्य अस्त्र होते हैं। तीर की नोक पर विष (इपोह) लगाते हैं। यह विष वृक्षों से गोंद के रूप में प्राप्त किया जाता है। ये जहरीले पेड़ बहुत ऊंचाई के अतिरिक्त इधर-उधर उग जाते हैं, और इन पर व्यक्तिगत अधिकार होता है। अभी कुछ समय पहले तक सेमांगों के पास कुत्ते नहीं थे, और अब जो भी हैं, वे शिकार को पकड़ने में बहुत कम काम के हैं। शिकार को फंसाने के लिए सेमांग लोग साधारण फंदों और झटकेदार फंदों का प्रयोग करते हैं तथा पक्षियों को पकड़ने के लिए जंगली अंजीर के वृक्ष से चिपचिपा रस निकालकर बांस की खपच्चियों पर लगा कर अपने पैरों के पास रख लेते हैं। शिकार पुरुषों द्वारा किया जाता है, किन्तु स्त्रियां मछली पकड़ने में सहायता करती हैं, जब समूह बड़ी नदियों में यह कार्य करते हैं।

धनुष बाण और कठोर बांस की लकड़ियों के अलावा सेमांग लोगों के समाज और अर्थव्यवस्था में अग्नि एक महत्वपूर्ण उपकरण का कार्य करती है। आग को दो सूखी बेंत की लकड़ी को आपस में रगड़ने से प्राप्त करते हैं। जलवायु की आर्द्रता के कारण इस विधि का धीमापन बढ़ जाता है, अत: यदि संभव होता है तो आग को निरंतर प्रज्वलित रखा जाता है और उसे एक स्थान से दूसरे स्थान बांस की नलिकाओं या डामर की राल के सूखे रस्सों में ले जाया जाता है। यह राल ऊंची पहाड़ियों से एकत्रित की जाती है और इसे सूखी पत्तियों में लपेट कर बेंत से बांध दिया जाता है।

जहां तक वस्त्रों का प्रश्न है, इन लोगों के वस्त्र आस-पास के जंगलों की वनस्पति से बने होते हैं। स्त्रियों और पुरुष दोनों ही पहाड़ी लताओं के पत्तों से बनी कंठी और करधनी पहनते हैं। इन्हें वे वस्त्र के रूप में नहीं बल्कि आकर्षक वस्तु के रूप में पहनते हैं। इनकी लंगोटी वृक्षों की छाल से बनी होती है। स्त्रियों के वस्त्रों का एक विशिष्ट लक्षण लम्बे दांत वाली इनकी कंघी होती है जो बांस के टुकड़े से बनाई जाती है।

सेमांगों का जीवन बांस के आसपास घूमता है। बांस की लकड़ी का कड़ापन और लचीलापन, इसके टुकड़ों के किनारों की धार, और इसकी गांठोंयुक्त नलिकाओं के रूप के कारण पकाने के पात्र से लेकर तीर के तरकश, चाकू और चटाई बनाने में इसका

उपयोग किया जाता है। आग से मजबूत की गई बांस की फलक का प्रयोग साधारण बांस को काटने-छीलने में भी किया जाता है, जिसकी धार काफी समय तक रहती है। इन लोगों की उपकरण सामग्री में खोदने की बेंत, लकड़ी की छड़ियां, धनुष-बाण और भाले, ही प्रमुख औजार का काम करते हैं। पशुओं की हड्डियों को खुरच कर सूखा बना लिया जाता है, किन्तु पत्थर के बने औजार जो वे प्रयोग करते हैं, काफी विकसित होते हैं। खुरदरे और अनगढ़े पत्थरों द्वारा ये लोग लकड़ी को चीरते और खुरचते हैं और बाद में इन पत्थरों को फेंक देते हैं।

साकाई लोग (Sakais)

साकाई मलेशिया के आदिवासी लोगों का एक महत्वपूर्ण प्रजातिक समूह है जो देश के मध्य भाग में अलग-थलग या सापेक्षिक रूप में पृथक्कृत रूप में रहते हैं। साकाई लोग सेमांगों के दक्षिण में और बहुधा ये लोग घनी घाटियों और मैदानों में पाए जाते हैं। कुछ जिलों में मलय या नीग्रीटो लोगों से काफी अन्तर्मिश्रण हुआ है किन्तु जहां कहीं भी ये शुद्ध नस्ल के रूप में पाए गए हैं, ये लोग नीग्रीटो लोगों से रूप-रंग में काफी भिन्न हैं साकाई लोग थोड़े लम्बे और छरहरे बदन के होते हैं, इनकी चमड़ी का रंग भी बहुधा काफी हल्का होता है। इनके सिर लम्बे और संकड़े, सिर के बाल यद्यपि काले होते हैं तथापि लम्बे और बहुत कम घुंघराले होते हैं। इनकी जीवन-शैली सेमांगों से काफी मिलती-जुलती है। ये लोग आयताकार झोपड़ियां बनाते हैं जिनकी दीवारें छाल की छज्जियों या ताड़ के पत्तों से बनाई जाती हैं। ये झोपड़ियां जमीन से लगभग दो फुट ऊंची बनाई जाती हैं और ये नियमित रूप से इसमें जाते हैं।

शिकार के मामले में भी साकाई लोग काफी भिन्नता प्रदर्शित करते हैं। ये धनुष के बजाय फूंकनी का प्रयोग करते हैं। यह 2.5 से 3.7 मीटर लम्बी एक नली होती है जो

चित्र 11.5 *साकाई शिकारी*

एक विशिष्ट प्रकार के बिरले बांस से बनाई जाती है। इसके बीच की गांठें बहुधा 2 मीटर से भी अधिक लम्बी होती हैं। फूंकनी के अंदर के बिन्दु पर सेमांगों के तीर की भांति जहर (इपोह) लगाया जाता है। यह अस्त्र (फूंकनी) 23 से 30 मीटर तक फेंकने में काफी सटीक होता है, फिर भी यह धनुष की तुलना में दूरी और शक्ति में कमजोर होता है। (चित्र 11.5)

दक्षिण-पश्चिम एशिया में फूंकनी का प्रयोग व्यापक रूप से किया जाता है। इसका प्रयोग सेलिबीज में नीग्रीटो-तोअला लोगों द्वारा किया जाता है, किन्तु साकाई लोगों की फूंकनियां सबसे बढ़िया प्रकार की होती हैं।

कुछ मानवशास्त्रियों के मतानुसार, साकाई लोग ऑस्ट्रेलिया के आदिवासियों से और दक्षिण-पूर्व में पाए जाने वाले अन्य ऑस्ट्रेलॉयड लोगों से जुड़े हुए हैं। इनमें श्रीलंका के वेद्दा और सुमात्रा के कुबुज लोग हैं।

जहां तक इनके भोज्य पदार्थों का संबंध है, ये लोग वानस्पतिक भोजन पर निर्भर हैं। ये लोग कई प्रकार के बेर, काष्ठ फल, गूदा, पत्तियां, कन्द-मूल, एकत्रित करते हैं। कभी-कभी ये शिकार और मछली पकड़ने का कार्य भी करते हैं। ये अपनी झोपड़ियों को पेड़ों पर बनाते हैं। (चित्र 11.6)

जहां कहीं सेमांग और साकाई लोग एक-दूसरे के काफी नजदीक रहते हैं, वहां ये स्थाई खेतिहरों के साथ संबंध स्थापित कर लेते हैं और उनके साथ 'मौन व्यापार' करते हैं। मौन व्यापार वस्तुओं के बदले वस्तुओं के विनिमय की एक प्रक्रिया है, जिसमें विनिमय में भाग लेने वाला कोई व्यक्ति एक-दूसरे के साथ बातचीत नहीं करता और न ही मोल-भाव करता है। ये लोग विनिमय की वस्तु को एक निश्चित चयनित स्थान पर रख कर अदृश्य हो जाते हैं। तब दूसरा व्यक्ति (खरीदार) उसी मूल्य की अपनी वस्तु रख कर वहां से चला जाता है। यह प्रक्रिया तब तक चलती रहती है जब तक दोनों व्यक्ति संतुष्ट नहीं हो जाते और अपनी वस्तुओं का विनिमय नहीं कर लेते हैं।

उष्ण और आर्द्र जलवायु तथा ऊबड़-खाबड़ स्थलाकृति जो कि घने उष्ण कटिबंधीय वनों से आच्छादित हैं, ने मलेशिया प्रायद्वीप के सेमांग और साकाई लोगों की जीवन-शैली और विकास के स्तर को महत्वपूर्ण रूप में प्रभावित किया है।

चित्र 11.6 *एक साकाई झोपड़ी*

अण्डमानवासी (The Andamanese)

अण्डमान के लोग नीग्रीटो नस्ल के हैं। ये लोग अण्डमान और निकोबार द्वीप समूहों में रहते हैं। अण्डमान द्वीप समूह अरकानयोमा की ही एक टूटी सी लम्बी शृंखला है जो पश्चिमी म्यामार (बर्मा) की उत्तर से दक्षिण जाने वाली पहाड़ी शृंखला का भाग है। यह शृंखला मुख्य भूमि से 330 किमी लम्बी चली गई है। अंडमानवासियों की अर्थव्यवस्था सेमांग और साकाई लोगों से मिलती-जुलती है। फिर भी, समुद्री किनारे के लोगों और आंतरिक भागों में रहने वाले लोगों का आर्थिक विशेषीकरण है। समुद्री तट के लोगों के मुख्य आर्थिक क्रियाकलाप मछली पकड़ने से संबंधित है, जबकि आंतरिक भाग के लोग जंगली फलों को एकत्रित करने के अलावा छोटे-छोटे जानवरों और जंगली सूअरों का शिकार भी करते हैं। इसके अतिरिक्त अण्डमानवासियों के शिविर सामान्य रूप में अधिक स्थाई होते हैं। एक समूह बहुधा एक स्थान पर कई महीनों तक रहता है और सामान्यत: इन लोगों का एक मुख्यालय होता है जहां ये दिसम्बर से मई तक के सूखे मौसम में आ जाते हैं। इन लोगों के लगभग एक दर्जन खुले आश्रय स्थल (झोपड़ियां) होते हैं जिनकी छतें ढालू होती हैं जो बहुत कुछ रूप में सेमांगों की झोपड़ियों से मिलती-जुलती हैं। ये झोपड़ियां साफ किए गए एक छोटे से मैदान के चारों ओर बनाई जाती हैं। इस मैदान का प्रयोग ये लोग नृत्य और सामूहिक भोज के लिए करते हैं।

अण्डमानवासियों के उपकरण और औजार अन्य नीग्रीटो लोगों से अधिक परिष्कृत होते हैं। समुद्री तट के मछुआरे बड़ी और नुकीली नावें बनाते हैं। इनमें कुछ में उलण्डी लगी होती हैं। सूअर के शिकार के लिए ये लोग भाले का प्रयोग करते हैं जबकि इनके धनुष अंग्रेजी के एस (S) का रूप लिए होते हैं। ये लोग मिट्टी के अलंकृत बर्तन कई पीढ़ियों के लिए बनाते हैं। अण्डमानवासियों में मृतक व्यक्ति के दाह संस्कार का बड़ा लम्बा चौड़ा रूप है। सेमांगो और ऐटजों (फिलीपीन्स) से भिन्न जो मृतक देह को केवल खुले में छोड़ देते हैं या उसे दफना देते हैं और उस स्थान को छोड़ देते हैं, ये लोग लम्बे समय तक शोक मना कर मृतक देह को गड्ढों से निकालते हैं और हड्डियों को, विशेषत: खोपड़ियों को संबंधियों द्वारा सुरक्षित रखा जाता है।

सामान्य रूप में, अण्डमानवासियों की जीवन-शैली बहुत कुछ सेमांगो और साकाई लोगों के समान है और इनका समाज प्रत्येक समूह के मुखिया से नियंत्रित होता है। एक अण्डमानी युवा जैसे ही वह पुरुषत्व के नजदीक पहुँचता है, उसे भोजन संबंधी एक लम्बी शृंखला के निषेधों का पालन करना पड़ता होता है। किशोर/युवा को भोजन से वंचित रखने के कारण वृद्ध और कम सक्रिय लोगों को भोजन का अधिक भाग प्राप्त हो जाता है। यह अण्डमानी समाज के सामान्य जीवन प्रवाह के अनुरूप है, जिसमें युवाओं द्वारा वृद्ध व्यक्तियों के प्रति कई रूप में सम्मान की भावना को उत्पन्न किया जाता है।

कालाहारी मरुस्थल के सान बुशमैन (The San Bushmen of Kalahari Desert)

दक्षिणी अफ्रीका के निवासी सान (San) पारम्परिक रूप में आखेटक (शिकारी) संग्राहक लोग हैं जो 30 से 100 व्यक्तियों के छोटे दलों (Bands) में रहते हैं, इन्हें बुशमैन भी कहा जाता है, किन्तु यह पदनाम आजकल निन्दात्मक समझा जाता है। आजकल बचे-खुचे

शिकारी- संग्राहक (सान) केवल बोत्सवाना, अंगोला और नामीबिया में रहते हैं। यह अनुमान है कि इनकी जनसंख्या लगभग 50,000 (2001) है। ये केवल कुछ ही सप्ताह एक स्थान पर रहते हैं और अपने शिविर के आसपास लगभग 600 वर्ग किलोमीटर के क्षेत्र में शिकार और संग्रहण (कन्द-मूल, फल आदि) करते हैं।

बुशमैन शब्द सत्रहवीं शताब्दी में डच आप्रवासियों द्वारा, दक्षिण अफ्रीका के आखेटक लोगों को दिया गया था। आजकल, बुशमैन मुख्यत: कालाहारी मरुस्थल (नामीबिया, बोत्सवाना, अंगोला) के उजाड़ और अशरण्य पर्यावरण तथा दक्षिण-पश्चिम अफ्रीका के उपोष्ण घास के मैदानी भागों तक सीमित हैं। नामीबिया मरुस्थल में वस्तुत: वर्षा नहीं होती है। कालाहारी मरुस्थल में वर्षभर में 102-254 मिमी (4-10 इंच) वर्षा होती है। उत्तर की ओर जाने पर प्रदेश अधिक तर हो जाता है, जहाँ अफ्रीका के सर्वाधिक भिन्नता के वन्य जीव के भण्डार पाए जाते हैं। प्रसिद्ध 'एटोशा राष्ट्रीय उद्यान' भी इसी प्रदेश में स्थित है।

पुरातत्वीय और ऐतिहासिक साक्ष्य प्रकट करते हैं कि पूर्व में बुशमैन समूह अधिक उत्तर और पूर्व की ओर बोस्तवाना, नाटाल और जिम्बाब्वे तक फैला हुआ था। सामान्य दृष्टि में, बुशमैन नीग्रीटो जाति में कई बातों में समानता पाई जाती है। ये लोग नाटे कद (5 फीट 4 इंच) के होते हैं, किन्तु इनके जबड़े बाहर की ओर निकले हुए नहीं होते हैं और न इनके मोटे होंठ बाहर निकले होते हैं और न आंखें चौड़ी होती हैं जो नीग्रो और नीग्रीटो जाति के मुख्य लक्षण हैं।

चित्र 11.7 *कालाहारी मरुस्थल के बुशमैन*

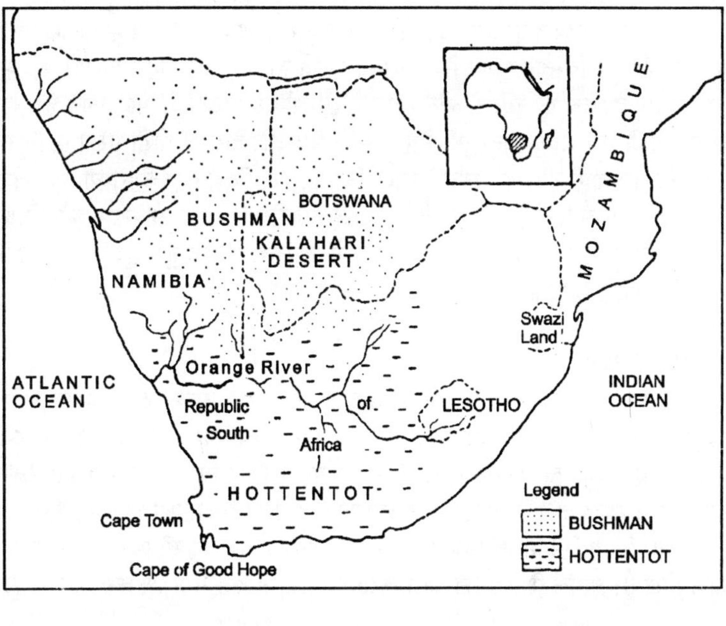

क्षेत्र (Territory)

जिस क्षेत्र में बुशमैन निवास करते हैं, वह समुद्र तल से लगभग 2000 मीटर ऊंचा एक वृहद् पठार है, जिसके पूर्व में विशाल पर्वत शृंखलाएं फैली हुई हैं। केवल सुदूर दक्षिण-पश्चिम को छोड़ कर प्रदेश की जलवायु उपोष्ण है। यह एक ग्रीष्मकालीन वर्षा वाला भाग है। महान पठार के पूर्वी भाग में वर्षा प्रचुर मात्रा में होती है। पूर्वी पर्वतीय भाग और तटीय भाग में वर्षा की प्रचुरता के कारण घने वन पाए जाते हैं। ये वन पश्चिम की ओर लम्बी घास की कंटीली झाड़ियों के विस्तार और अन्त में अनावृत्त रेतीले और पथरीले मरुस्थल में लुप्त हो जाते हैं। वनों से परे, वर्षा सर्वत्र अनिश्चित और क्षणिक होती है। कालाहारी और नामीबिया मरुस्थलों के तट पर वर्षा की यह अनिश्चितता अधिकतम हो जाती है। क्षणित नदियाँ कालाहारी मरुस्थल की विशेषता हैं। उत्तर में वार्षिक वर्षा का औसत 50 सेमी और दक्षिण में मात्र 15 सेमी है जो वर्षा की वास्तविक भिन्नता को प्रदर्शित नहीं करती है। नदी तल के धंसाव और कीचड़ वाले समतल भाग पर अथवा जलस्तर के काटते पटल में ही स्थाई जल पाया जाता है। अधिक वर्षा वाले क्षेत्रों में तथा अच्छी वर्षा वाले वर्षों में बड़ी घास के झाड़ तथा बीच में कहीं-कहीं छोटे वृक्ष और कंटीली झाड़ियाँ दिखाई पड़ती हैं, किन्तु अन्य स्थानों पर बबूल वृक्ष के समूह और छोटी 'बुशमैन घास' कहीं-कहीं छोटे टुकड़ों में उगी दिखाई देती है, किन्तु मरुस्थल के सर्वाधिक सूखे भाग में कुछ फलीदार पौधे विशेषकर 'बुशमैन खरबूजे' उग आते हैं जिन्हें 'शमा' और 'नरस' कहा जाता है।

निवास क्षेत्र (Habitat)

बुशमैन निवास क्षेत्र, जिसमें वन, घास के मैदान और कंटीली झाड़ियाँ पाई जाती हैं, शिकार के लिए अद्वितीय और विख्यात हैं। इस प्रदेश में अनेक प्रकार के शाकाहारी और मांसाहारी पशुओं की वृद्धि हुई है और विस्तृत भूभाग में ये पशु पाए जाते हैं। कई जातियों के हिरण, बड़े कुडु और छोटे जैसे दुइकेन के समान और स्टीन बॉक अधिक संख्या में पाए जाते हैं। अन्य शाकाहारी पशुओं में जिराफ, शुतुरमुर्ग, जेब्रा, हाथी, गैंडा और दरियाई घोड़ा मुख्य हैं, जिनका कई प्रकार के मांसाहारी पशु शेर, चीता, जंगली बिल्ली, वन-बिलाव, लकड़बग्घा और गीदड़ शिकार करते हैं। बुशमैन, छोटे जानवरों जैसे चींटी, छिपकलियाँ, मेंढक, मक्खियाँ और टिड्डियों को भी खाते हैं। खाए जाने वाले फल कम मात्रा में उपलब्ध हैं, किन्तु पशुजनित भोजन की आपूर्ति में यह प्रदेश अधिक धनी है।

आखेट (Hunting)

बुशमैन, मूल रूप में आखेटक हैं। पौधों के संग्रहण की अपेक्षा उनके लिए आखेट अधिक महत्वपूर्ण है, किन्तु इसके लिए मौसमी परिवर्तन के साथ अत्यधिक अनुरूपता आवश्यक है। इसके बाद कुछ ही अनुकूल स्थानों पर विस्थापन कर शिकार किया जाता है। इस प्रकार, बुशमैन प्रदेश में स्थाई जल स्रोतों का होना आवश्यक है, जिन पर मनुष्य और पशु निर्भर रह सकें। जब तक कि पूर्व में संबंध मित्रतापूर्ण न हों, जनजाति क्षेत्र की सीमाओं का अतिक्रमण खतरनाक होता है। घायल शिकार का पीछा करते हुए पड़ोसी क्षेत्र में प्रवेश कर जाने पर, उस

चित्र 11.8 *एक बुशमैन शिविर*

क्षेत्र के दल से मिलकर अपने शिकार का बंटवारा करना होता है। ऐसा न करने पर यदि वह पकड़ा जाता है तो उस पर आक्रमण कर दिया जाता है, किन्तु इस प्रकार की गतिविधि अनियमित और व्यक्तिगत होती है। इनमें किसी प्रकार की स्थाई सन्धि नहीं होती है, और निरन्तर अतिक्रमण अथवा किसी भी कारण से हत्या शत्रुता को जन्म देती है, जिसमें समस्त दल सम्मिलित होता है। ऐसे छिटपुट आक्रमण निरन्तर कई पीढ़ियों तक चलते रहते हैं।

बुशमैन दल और उसका क्षेत्र एक छोटा राज्य होता है, इसमें कई परिवार शामिल रहते हैं, प्रत्येक की अपनी स्वयं की एक झोपड़ी होती है और केवल सूखे के दिनों में ही सभी परिवार किसी जल स्रोत के निकट एकत्रित होते हैं, वर्ष के शेष भाग में ये अपने क्षेत्र पर विछिन्न घूमते रहते हैं, जिस पर इन सबका समान रूप से अधिकार होता है और जिसे ये अपने उत्तराधिकारियों को सौंपते हैं। शिविर स्थापना के लिए स्थान का चुनाव, परिवार के वरिष्ठतम व्यक्ति द्वारा किया जाता है तथा स्त्रियों द्वारा आश्रय बनाने से पूर्व वह अग्नि प्रज्वलित करता है। (चित्र 11.8)

भोजन (Food)

प्रत्येक परिवार अपना भोजन स्वयं प्राप्त करता है। कन्द-मूल, बेर, लार्वा, कीड़े और छोटे शिकार – जैसे—कछुए, मेढ़क त्तथा छिपकलियाँ और यहाँ तक कि जलाने की लकड़ियां और जल एकत्रित करना स्त्रियों का कार्य है। जहां भूमि कठोर होती है, उसे खोदने के लिए, खोदने वाली छड़ी की नोक सींग से बनाई जाती है और उसमें छेद कर पत्थर से उसे भारी बनाया जाता है। बुशमैन चूंकि पानी के स्रोत से कई मील दूर निवास करते हैं, विशेषकर सूखे मौसम में शुतुरमुर्ग के अण्डों के खोल अथवा हिरण के पेट से बनी थैली में पानी अपने शिविर तक लाते हैं। प्रत्येक दिन बुशमैन पुरुष भी शिकार के लिए बाहर जाते हैं। यदि घायल शिकार का पीछा नहीं कर रहे हों तो वे शाम को मुख्य भोजन के लिए शिविर में लौट आते हैं। शिकार और मौसम के अनुसार, आखेट के ढंग बदलते रहते हैं। प्राय: पुरुष अपने पुत्र अथवा अन्य

किसी सम्बन्धी, जिसे वह प्रशिक्षण दे रहा होता है तथा कुत्ते के साथ शिकार के लिए बाहर जाता है। वह धनुष और विष बुझे बाणों के साथ, जल स्रोत की ओर जाता है। आखेटक अपने शिकार की ओर रेंग कर उसके पृष्ठ भाग में अति निकट पहुँचने का प्रयास करता है क्योंकि उसके बाणों की मारक क्षमता अधिक दूरी तक नहीं होती है। बुशमैन में से कुछ विशेषकर कालाहारी के बुशमैन अपने आपको छिपाने की कला में बड़े कुशल होते हैं और जानवरों के अल्पवयस्कों की बोली की नकल करने में भी बड़े निपुण होते हैं। वृक्षों के रस, सांप की थैली और मकड़ी के सूखे शरीर से बाणों पर लगाने के लिए विष प्राप्त करते हैं। घायल शिकार की खोज करते हुए आखेटक को लकड़बग्घे अथवा गिद्धों से पहले शिकार तक पहुँच जाना होता है जिससे कि ये पशु उसके शिकार को छीन न लें। जादुई क्रियाकांडों द्वारा आखेट में सफलता सुनिश्चित की जाती है, जो प्रदेश के विभिन्न भागों में भिन्न होती है।

वर्षा ऋतु में बड़े पशुओं को शिकार के लिए विश्वासघाती कीचड़ के दलदल में हांका जाता है। अपनी चरम सीमा पर पहुँचने पर ये (जानवर) अपने खुर गिरा देते हैं, अत: पशु पैरों से कमजोर हो जाते हैं और अन्त में गांठदार छड़ी से इन पशुओं को विकलांग कर दिया जाता है। अकेले आखेटक खटका और जाल भी उपयोग में लेते हैं। शुष्कता की चरम अवस्था में प्राय: पीने के लिए विषाक्त जल का स्थान बनाया जाता है, जहां पशु पानी पीने के लिए आते हैं और मर जाते हैं। जब कभी अधिक भोजन की आवश्यकता होती है, तब पूरा बुशमैन समूह मिलकर शिकार का पीछा करता है जिसकी योजना पहले से सावधानीपूर्वक तैयार की जाती है। हांका लगाने वाले, उच्च भूमि पर विस्तृत भाग में फैलकर तेजी से चलते हैं। इस समूह द्वारा कभी-कभी जलगर्त के मार्ग में चार गज लम्बा और इतना ही गहरा चोर गड्ढा, जिसे पतली परत अथवा हल्की झाड़ियों से ढक दिया जाता है जिस पर होकर पशु के निकलने पर वह उसमें गिर जाता है और फिर बुशमैन अपने हथियारों से उस बड़े पशु का शिकार कर लेते हैं।

प्रत्येक व्यक्ति अपने निकटतम परिवार के सदस्यों के लिए आखेट और संग्रहण करता है और वह अपनी निजी सम्पत्ति भी स्थापित कर सकता है और करता भी है, न केवल उन वस्तुओं के लिए जो प्राप्त कर ली जाती हैं वरन् उन संसाधनों के लिए भी जो बाद के समय में संग्रहण के लिए छोड़ दिया जाता है। यह प्राय: मधुमक्खी के छत्ते, शुतुरमुर्ग के अंडों के घोंसले अथवा कन्दमूल उगाने के लिए छोटे स्थानों पर, जिन्हें खोजकर्ता सुरक्षित रखना चाहता है, उसके निकट एक तीर गाढ़ देता है। व्यक्तिगत चिह्नित तीर उसके स्वामी की पहचान स्थापित करता है। जब कभी बड़ा शिकार मार कर लाया जाता है तब उसे आपस में प्राय: बांट लिया जाता है। आखेटक, अपने पास मूल्यवान खाल और ताँत रख लेता है और मांस के बंटवारे का आदेश देता है।

बुशमैन प्रदेश में, जंगली पशुओं की अधिकता और आखेट के कारण खाल, अस्थियों और ताँत की प्रचुर आपूर्ति सुरक्षित रहती है! अस्थियां और ताँत अधिक महत्व की वस्तुएं होती हैं जो अस्थि बाण के लिए शाफ्ट तथा धनुष के लिए कठोर धनुष डोरी उपलब्ध करते हैं। शुतुरमुर्ग अथवा जिराफ की टांगों की अस्थियों को चीर-छील कर और

भूमि में दबाकर तीर की बढ़िया नोक तैयार की जाती है। खाल, विशेषकर हिरण की खाल, वस्त्र और थैले बनाने के काम आती है।

वस्त्र (Clothing)

बुशमैन के वस्त्र बहुत कम होते हैं। पुरुष तिकोनी लंगोट पहनते हैं जिसकी नोक टांगों के बीच होकर पीछे की ओर जाती है, स्त्रियां सामने की ओर चौकोर एप्रन, कमर से लटका कर पहनती हैं, जबकि अधिक आयु की स्त्रियां पीठ पर भी एप्रन पहनती हैं जो कन्धों से लटका रहता है, लेकिन स्त्रियों के वस्त्रों में सर्वाधिक महत्वपूर्ण वस्तु लबादा होता है जिसे स्थानीय भाषा में क्रोस (Kross) कहा जाता है। यह वस्त्र और बिस्तरबन्द दोनों ही होता है। जब इसे दाहिने कंधे और कमर से बांध लिया जाता है तब इसमें बच्चा, भोजन तथा ईंधन लपेट कर प्रतिदिन शिविर को लौटते हैं। पुरुष भी प्राय: दाहिने कन्धे से होकर कमर को ढकते हुए हल्का लबादा पहनते हैं। कुछ समूहों में चमड़े की टोपियां और कठोर चमड़े की जूतियां पहनी जाती हैं।

शुतुरमुर्ग के अण्डों के खोल को जल पात्र के रूप में काम में लिया जाता है। शुतुरमुर्ग के बड़े अण्डे न केवल जल पात्र के रूप में उपयोग में लिए जाते हैं, जिन्हें जालीदार थैलों में रखकर ले जाया जाता है वरन् ये बुशमैन की माला के लिए सामान भी उपलब्ध करते हैं। अण्डों के छिलकों को छोटी-छोटी छिपटियों में तोड़ कर उनमें छेद बनाकर कठोर मण्डलक की आकृति दी जाती है। शुतुरमुर्ग के अण्डों से लोहे के चाकू, भाले के शीर्ष, ज्वार, बाजरा और तम्बाकू का वस्तु विनिमय किया जाता है। ये लोग शहद, मोम, पंख, हाथी दांत, चमड़ा और मणिकाओं की भी अदला-बदली अथवा वस्तु विनिमय करते हैं।

बुशमैन की जीवन-शैली उनके पर्यावरण से संघटित होती है। बुशमैन समुदाय का छोटा आकार होने के कारण भूमि के संसाधनों को बिना किसी प्रकार की हानि पहुँचाए उनका परम्परागत आखेट और संग्रहण होता रहता है। इनके इस प्रदेश में लगभग 80 प्रकार के पशुओं का शिकार किया जाता है। इनका पशुओं और पौधों का ज्ञान तथा उनका अन्य पड़ोसी बुशमैन लोगों से सहयोग का ज्ञान प्रचुर मात्रा में भोजन उपलब्ध कराने में समर्थ हैं। थोड़ा सामान, कम बच्चे और अपने सामान में सहभागिता के कारण ये लोग घूमते रहने की अबाधित स्वतंत्रता का उपयोग करते हैं।

पारम्परिक सान समाज में प्रभावकारी संगठनात्मक इकाई दल (Band) हैं जिनके सदस्य नातेदारी के वृहद् ताने-बाने से जुड़े होते हैं। अधिकांश विवाह एकविवाही होते हैं, यद्यपि बहुविवाह स्वीकृत हैं। समृद्ध और जटिल मिथकशास्त्र के होते हुए भी समाज में धार्मिक प्रथाएं संस्था संस्थानीकृत नहीं हैं। जादुई और चिकित्सकीय प्रथाएं नृत्य और भाव समाधि की स्थितियों के साथ गहराई से जुड़ी होती हैं जो मनोवैज्ञानिक और शारीरिक उपचार की दोनों व्यवस्थाओं को प्रदर्शित करती हैं। सान लोग सुन्दर चित्रकारी के लिए प्रसिद्ध हैं जो उनके द्वारा, उनके पूर्वजों द्वारा गुफाओं और पहाड़ी आश्रयों की दीवारों पर बनाए गए हैं।

मरुस्थलीय जीवन से बुशमैन का अस्तित्व मेल खाता है, इनमें जीवित रहने की शक्तिशाली चेतना पाई जाती है। अकाल के समय, बुशमैन स्त्रियां गर्भधारण करना बन्द कर देती हैं। शिकार करते समय शिकार किए जाने त्राले पशुओं की जातियों की मादा और अल्पवयस्कों को हानि न पहुंचाने का ध्यान रखते हैं। ये लोग अग्नि जलाने के लिए कम से कम ईंधन का उपयोग करते हैं। बुशमैन शुतुरमुर्ग के अण्डे के खोल में पानी भरते हैं और शिकार किए गए पशु का प्रत्येक भाग काम में लेते हैं क्योकि इस प्रदेश में जल की उपलब्धि अपर्याप्त होती है। इसकी उपलब्धि पशुओं की संख्या और बुशमैन समुदाय का आकार निर्धारित करती है। संक्षेप में, कहा जा सकता है कि कालाहारी मरुस्थल के बुशमैन लोगों ने आश्चर्यजनक ढंग से अपने प्राकृतिक पर्यावरण से समायोजन कर रखा है।

कालाहारी मरुस्थल के बुशमैन लोगों की जीवन-शैली और उनकी आधारभूत तथा उच्च आवश्यकताओं की पूर्ति साधारण प्रौद्योगिकी के लोगों द्वारा उनके कठिन पर्यावरण (निवास क्षेत्र) के साथ तालमेल करने का एक सुन्दर उदाहरण प्रस्तुत करता है। बुशमैन अपने हाथ में छोटा धनुष और बाण लेकर शुतुरमुर्ग की खाल से ढके ढांचे के नीचे दुबक कर अपने आप को छिपा लेता है। इन बड़े पक्षियों की चाल की नकल करते हुए वह इन पक्षियों के झुण्डों की ओर धीरे-धीरे बड़ी चतुराई से बढ़ता है ताकि ये पक्षी, बुशमैन की उपस्थिति का आभास तक नहीं लगा पाएं, जब तक कि उसके बाण के प्रहार से उन पक्षियों में से एक मर नहीं जाता है। जल इन लोगों की महत्वपूर्ण आवश्यकता होती है, क्योंकि कालाहारी मरुस्थल, जिसमें ये लोग निवास करते हैं, विश्व में सर्वाधिक बंजर मरुस्थल स्थान है। ये लोग उस छोटी ऋतु में जबकि जल गर्त सूखे नहीं होते हैं, शुतुरमुर्ग के अण्डों के खोल में जल भर लेते हैं अथवा अपने प्रदेश की जानकारी का उपयोग करते हुए कन्द-मूल, खरबूजे के समान फल जिनमें जल की मात्रा होती है, ढूंढ कर द्रव्य का संग्रहण कर लेते हैं। यहां तक कि अत्यधिक समय से रुका हुआ सरोवर के जल का उपयोग भी इन्हें भयभीत नहीं करता। इस प्रकार की अवस्था में ये लोग पोली नरसल के नीचे घास का छनना रख कर पानी को ऊपर की ओर मुँह से खींचते हैं। बुशमैन की जीवन-शैली भौतिक पर्यावरण से मनुष्य की सहजीवी सम्बन्ध का एक विशिष्ट उदाहरण है।

ब्लैकफुट लोग (The Blackfoots)

पूर्व के चट्टानी पहाड़ों और पश्चिम के पठारों की ओर उत्थित घास के मैदान (चरागाह) की एक लम्बी मेखला है। यह चरागाह की मेखला 800 किमी से अधिक चौड़ी और लगभग 2,500 किमी लम्बी है जो कनाडा से लेकर मैक्सिको की खाड़ी तक गई हुई है। चट्टानी पहाड़ों के ओट में होने और पश्चिम तट से दूर होने के कारण यहां वर्षा बहुत कम होती हैं। यहां वर्षा का वार्षिक औसत लगभग 50 सेमी (20 इंच) है और इस वर्षा में भी काफी परिवर्तनशील है। इस क्षेत्र का अधिकांश भाग वृक्षहीन है और घास से ढका हुआ है। यह घास पूर्व में लम्बी और अधिक घनी है और धीरे-धीरे पश्चिम में झाड़ियों के रूप में कम होती गई है। भूमि के इस टुकड़े को उत्तरी अमेरिका के 'प्रेरिज' (शीतोष्ण चरागाह) के नाम से भी जाना जाता है।

प्रेरिज वृणभक्षी (घास खाने वाले) जानवरों, विशेषत: अमेरिकी गवल (भैंसे), के बड़े-बड़े झुंडों के प्राकृतिक स्थल थे। अमेरिकी भैंसे अत्यधिक शक्तिशाली होते हैं। ये बर्फानी तूफान के मौसम को आसानी से सह लेते हैं, जो पालतू मवेशियों को मार देता है। सर्दियों में पहाड़ों के अनुवात के नजदीक रहते हुए, यही झुंड एक चरागाह से दूसरे चरागाह उसी रास्ते तब तक चलता रहता है, जब तक यह आदतन प्रवसन की बड़ी गलियों से नहीं गुजर जाता है। ये भैंसे अत्यंत समूहचारी होते हैं और कोई दुर्घटनावश ही हजारों और शायद इससे भी अधिक भैंसों के झुंड से किसी एक को अलग किया जा सकता है।

प्रेरिज में अनेक शिकारी जनजातियां हैं, उनमें कुछ महत्वपूर्ण ये हैं - ब्लैकफुट, क्रो, नेज पर्स, अस्सिनिबोन, पाइनी, ओमाहा, अरपाहो, ओसेज, चेमन्ना, और किवो कोमांचे (चित्र 11.9)। ब्लैकफुट लोग प्रेरिज के उत्तरी किनारे के क्षेत्र में रहते हैं। ब्लैकफुट प्रदेश चट्टानी भाग के बिल्कुल पूर्व में सस्कचेवन नदी की उत्तरी और दक्षिणी शाखाओं के बीच में है। कुछ दक्षिणी समूह मिसोरी नदी तक चले गए हैं।

ब्लैकफुट लोग (एक रेड इंडियन जनजाति) मंगोलॉयड से बहुत कुछ मिलते हैं। ऐतिहासिक कालों में ब्लैकफुट लोग तीन स्वतंत्र जनजातियों में विभाजित थे और उनकी संख्या 10,000 से ऊपर थी। ये तीन जातियां थीं—(1) मुख्य ब्लैकफुट लोग, या उत्तरी ब्लैकफुट लोग जिनका क्षेत्र एडमोन्टोन कस्बे के आसपास था, (2) दूसरा समूह 'ब्लड' था, जो इनके दक्षिण में रहता था, और (3) पैगन समूह जो मुख्यत: कलगरी स्थान के आसपास रहता था।

भैंसे के शिकार की दशाएं वर्ष की विभिन्न ऋतुओं में बदलती रहती हैं। यह मुख्यत: घास की उपलब्धता पर निर्भर करता है। उदाहरणार्थ, उत्तर-पश्चिमी मैदानों में घास बसंत के पिछले भाग में उगती है जो कि गर्मी में सूख जाती है। परिणामत: उनके घोड़ों को सर्दी मे बहुत कम घास मिल पाती है। भैंसों और अन्य शिकार के जानवरों के बहुत से झुंड एकत्रित हो जाते हैं। ये झुंड जाने माने रास्तों से घने चरागाहों की ओर प्रवसन करते हैं और जून से अगस्त के महीनों में नई घास पर मोटे होते रहते हैं। किन्तु, पतझड़ और शीत ऋतु में जब घास दुष्प्राप्य और कम पोषक हो जाती है, तब वे छोटे-छोटे झुण्ड बनाकर दूर-दूर तक फैल जाते हैं। ये तथ्य न केवल शिकार की विधियों को अपितु उनकी संख्या के वितरण को भी प्रभावित करती है। ब्लैकफुट लोग गर्मियों में बड़े झुण्डों पर संगठित हमला करने के लिए बड़े दल बनाते हैं जबकि सर्दियों में वे छोटे-छोटे समूह बनाकर बड़े क्षेत्र में फैल जाते हैं।

ब्लैकफुट और उत्तरी मैदानी भागों की अन्य जनजातियां पाइयुत लोगों (जिनका वर्णन आगे के पृष्ठों में किया गया है) के पारिवारिक शिविरों की अपेक्षा संगठन की दृष्टि से अधिक निश्चित और औपचारिक होती हैं। दूसरे दलों के सदस्य शिविर समूहों में आ सकते हैं। इसके लिए उन्हें सदस्यता प्राप्त करने या मुख्य समूह से अनुज्ञा लेने की जरूरत नहीं पड़ती है। दलों की संख्या और उनका आकार एक लम्बे समय में बदलते रहते हैं। दलों में कोई औपचारिक मुखिया नहीं होता, किन्तु सामाजिक नेता होते हैं, जो

अपने गुणों और शक्ति के कारण दल के सदस्यों पर अपना अधिकार जमा लेते हैं। इन नेताओं को बन्धनकारी नेता भी माना जाता है। एक दल के नेता से यह अपेक्षा की जाती है कि वह शिकार करने और छापामारी के अभियान को संगठित करने में निपुण हो, वह अपने कार्यकलापों में उदार और निष्पक्ष हो।

चित्र 11.9 *महान मैदानी क्षेत्रों की प्रमुख मैदानी जनजातियां*

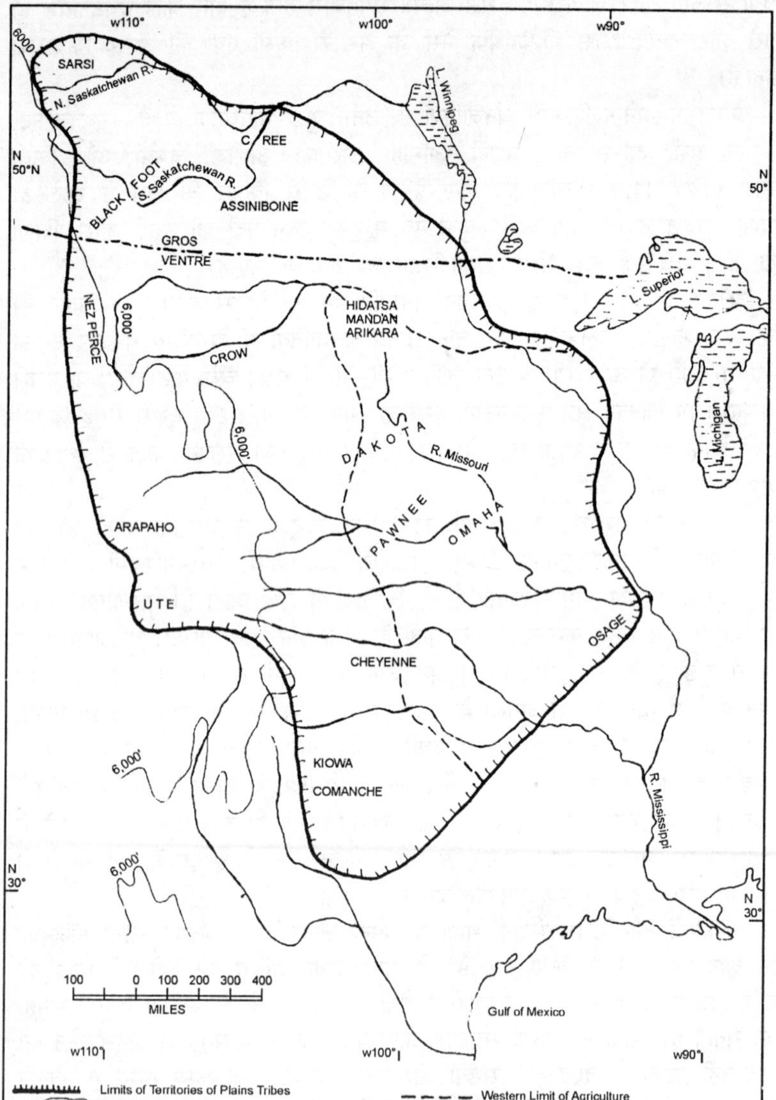

Source: After Wissler, Goddard and Jenness

शीत ऋतु में सामूहिक शिकार करना एक महत्वपूर्ण कार्य माना जाता है। शिविर के खोजियों को जानवरों के झुंडों की टोह लगाने के लिए आसपास के क्षेत्र में भेजा जाता है। आजकल पहले की अपेक्षा घुड़सवार युवा गर्मियो के बड़े झुंडों को आसानी से घेर लेते हैं। जब यह सूचना मिलती है कि कोई झुंड 2 या 3 किमी के दायरे में है, तब एक विशिष्ट निपुण व्यक्ति शिकार पर जाने से पूर्व उपयुक्त अनुष्ठान करता है और भैंसे की खाल से अपने को ढंक कर और भैंसे के सिर को मुखावरण के रूप में पहन कर शिकार के लिए रवाना होता है। वह बहुत सावधानी से झुंड की ओर बढ़ता है। अपनी गतिविधियों से आकर्षित कर वह घेरेबन्दी की दिशा की ओर यह सोच कर जाता है, कि झुंड के पशु धोखे में आकर उसका अनुगमन करेंगे। कई फुर्तीले व्यक्ति उसकी सहायता में दूर से आगे बढ़ते हैं और झुंड में घबराहट पैदा कर उसे घेरेबंदी की दिशा की ओर बढ़ने के लिए बाध्य कर देते हैं। धोखा देने और हांकने के ये अभियान आसान नहीं होते और कई बार ऐसे अभियान असफल हो जाते हैं। शांत दिनों में जब गंध इधर-उधर नहीं फैलती या जब घेरेबन्दी की दिशा में हल्की बयार चलती है, यह स्थिति शिकार के लिए काफी अनुकूल होती है। यदि भाग्य अच्छा होता है, तब झुंड समय पर प्रलोभन का अनुगमन करते हुए तेज चाल चलता है। उपस्थित सभी व्यक्ति तेजी से चिल्लाते हैं और अपनी खाल के पहनावे को हिलाते-डुलाते हैं। इन क्रियाओं से भयभीत होकर जब झुंड में भगदड़ मच जाती है, तब डराने वाला व्यक्ति एक तरफ छिप जाता है। इस अनियंत्रित भगदड़ में पूरा झुंड जो कभी-कभी एक सौ पशुओं से भी अधिक होता है, गफलत में एक-दूसरे पर गिर जाते हैं। इनमें से कई जानवर मर जाते हैं या चोटग्रस्त हो जाते हैं जबकि अच्छे निशानेबाज अपने तीरों से उन्हें मार देते हैं या पत्थरों और लाठियों से हताहत कर देते हैं। घोड़ों की सहायता से कई किलोमीटर की दूरी तक झुंड को घेरेबन्दी की ओर लाया जा सकता है। घुड़सवारों के एक छोटे से दल के लिए भी झुंड को अपेक्षित दिशा में आसानी से मोड़ना संभव हो जाता है जब ये लोग झुंड के साथ कुछ सौ मीटर की दूरी साथ-साथ चलते हैं। पशुओं को मारने के बाद शिविर के सभी व्यक्ति उस स्थान पर एकत्रित होते हैं, पशुओं को काटते हैं और अनावश्यक सींगों के गट्ठर के अलावा कुछ नहीं छोड़ते हैं। पुरुषों, स्त्रियों, बालकगण। और कुत्तों सभी को सामान उठाना पड़ता है। वध के स्थान को छोड़ने से पूर्व भेड़ियों, लोमड़ियों और बिज्जुओं को पकड़ने के लिए जाल के छेदों को छोटा कर दिया जाता है। ये जानवर इस स्थान पर जल्दी ही आते है।

ब्लैकफुट लोगों का प्रत्येक व्यक्ति समाज का एक सदस्य होता है जो नृत्य और अनुष्ठानों में भाग लेता है और गर्मियों के मौसम में शिविर लगाने और प्रवसन करने के क्रियाकलापों में एक समूह के रूप में सहभागिक होता है। प्रत्येक समूह का अपना नाम, गीत, नृत्य, और पदक्रम होता है। अनुष्ठानों और नृत्यों के अलावा समाज के कार्य मुख्यत: व्यवस्था बनाए रखना और सामुदायिक शिकार तथा गर्मियों में प्रवसन के समय शिविर के कार्यों में सहयोग करना है। इस समय को छोड़कर पूरे वर्ष ये कार्य नहीं किए जाते हैं और सभी सदस्य कई दलों में बंट कर इधर-उधर चले जाते हैं। बसन्त में जब दल पुनः

सम्मिलित होते हैं, समाजों के नेता दल के मुखियाओं से सलाह-मशविरा करते हैं जो शिविर की जगहों और यात्रा के रास्तों के प्रस्तावों की रूपरेखा प्रस्तुत करते हैं। गर्मियों का शिविर बड़े अनुष्ठानिक कार्यकलापों का अवसर होता है। थोड़े समय में अनेक शिकार करने के बाद कई सामूहिक भोज और धार्मिक क्रियाएं सम्पन्न की जाती हैं और बड़ी मात्रा में भोजन का भण्डारण किया जाता है।

गर्मियों के शिविर में समाज के लोग विशिष्ट नृत्य और कर्मकाण्डों को करते हैं। इसी मौसम में वे सूर्य नृत्य करके वार्षिक उत्सव का आयोजन करते हैं। इस नृत्य में व्यक्तिश: और सम्पूर्ण जनजाति शक्ति को पाने के लिए आराधना करती है। सूर्य नृत्य का यह त्यौहार लगभग एक सप्ताह या अधिक चलता है। इसके कुछ दिनों बाद ही शिविर का घेरा टूट जाता है और सर्दियों के पड़ाव के लिए विभिन्न दल अपनी-अपनी दिशाओं में जाना शुरू कर देते हैं।

भैंसों से इन लोगों को मांस, खाल, बाल, तांत (धागा), खुर और सींग मिलते हैं। खालों का प्रयोग कमीजों, टांगों को ढंकने के वस्त्र, चप्पल, टेन्ट, झोले, और विभिन्न प्रकार के पात्रों के लिए करते हैं। खालों को पट्टियों में काट कर उन्हें रस्सों के रूप में प्रयोग करते हैं। बालों का प्रयोग तकिया, काठियों को भरने, ढाल और तरकश को बनाने में करते हैं।

सींगों को उबाल कर उन्हें मुलायम बनाकर चमचे और करछे का आकार दिया जाता है। हड्डियों का प्रयोग खालों में फंसा कर और जर और उपकरण बनाने में किया जाता है।

ब्लैकफुट लोगों की झोपड़ी 'टिप्पी' (शंक्वाकार तम्बू) कहलाती है। यह भैंसे की नर्म खाल से बनाई जाती है। एक साधारण टिप्पी का घेरा करीब 5 मीटर होता है जिसमें एक दर्जन खालों की जरूरत पड़ती है। (चित्र 11.10)

चित्र 11.10 *ब्लैकफुट लोगों का एक पड़ाव*

यद्यपि पूरे साल ताजा मांस उपलब्ध हो जाता है, फिर भी कई बार ऐसा समय आता है, जब पशुओं के जत्थे नहीं मिलते हैं। इसलिए भारी मात्रा में शिकार करके मांस का भण्डारण किया जाता है। भण्डारण के लिए मांस को पतली पट्टियों में काट कर लकड़ियों के चौखटे पर सूरज की रोशनी में सुखाया जाता है। जब वह सूख जाता है, तब उसे हल्का सा सेंका जाता है, बाद में कूट कर उसके टुकड़े किए जाते हैं, इसमें चर्बी मिलाकर इसे चर्बी के बने हुए बड़े-बड़े थैलों में (जिनमें 50 किलो मांस आ जाता है।) बन्द करके सील कर दिया जाता है।

संक्षेप में, ब्लैकफुट तथा मैदानी भाग के अन्य इण्डियन शिकारी लोग हैं। भैंसों के झुंड लोगों के भोजन की आपूर्ति का सबसे बड़ा स्त्रोत हैं। भारी शिकार के दिनों के बीच इन लोगों को आराम का भी काफी समय मिलता है। इनके घुमक्कड़ होने के कारण उस समय का प्रयोग ये लोग केवल कला और दस्तकारी में ही कर सकते हैं। इन लोगों ने एक बहुत बड़े खुले मैदानी क्षेत्र को घेर रखा है जिसमें ये आसानी से यात्रा करते हैं, पड़ोसी जनजातियां जो भोजन संग्राहक लोग हैं, से कई मामलों में सम्पर्क स्थापित करती हैं। अतएव, उत्तरी अमेरिका के पश्चिमी मैदानों का एक बहुत बड़ा क्षेत्र समरूप और जटिल रेड इंडियन संस्कृति वाला है, जिसके निवासी अपने भोजन के लिए शिकार और संग्रहण पर आश्रित हैं।

पाइयुत लोग (Paiutes)

भोजन संग्राहक और आखेटक लोग पश्चिमी उत्तर अमेरिका में अपेक्षत: ऊंचे आक्षांशों पर ग्रेट बेसिन के उष्ण और आर्द्र पठार तक सीमित नहीं हैं। उत्तरी अमेरिका का यह अर्द्ध शुष्क भूभाग 555,300 वर्ग किमी से भी अधिक क्षेत्र तक चला गया है। कोलम्बिया और कोलोरेडो नदियों के बीच में लगभग 900 से 1200 मीटर के सामान्य स्तर पर कई अर्द्ध मरुस्थलीय ऊंची घाटियां हैं। पाइयुत उत्तरी अमेरिका के रेड इंडियन लोग हैं, जो पारम्परिक रूप में उत्तरी और दक्षिणी समूहों में बंटे हुए हैं जो विभिन्न 'शोशोनी भाषाएं' बोलते हैं। उत्तरी पाइयुत ओरेगॉन, इदाहो, नोवादा और कैलिफोर्निया के भागों में पाए जाते हैं। इस क्षेत्र में गर्मियां आश्चर्यजनक रूप में काफी गर्म रहती हैं जहां लगभग 1550 मीटर की ऊंचाई पर छाया का तापमान 38°C (100°F) रहता है। इसके विपरीत, सर्दियों में कड़ाके की सर्दी पड़ती है। यहां पाला कई सप्ताह तक रहता है और तापमान उत्तरी भागों में –50°C (–60°F) चला जाता है। ऊंचे पहाड़ों पर गहन शंकुधारी जंगल पाए जाते हैं, जबकि कई छोटी पहाड़ियों पर चीड़ और आरार के हल्के जंगल पाए जाते हैं। पहाड़ों के जंगलों का निचला ढालू क्षेत्र घास के मैदान से भरा पड़ा है और घाटियों में जगह-जगह घास के गुच्छे और झाड़ियां फैली हुई हैं।

19वीं शताब्दी के बाद वाले वर्षों तक, यह क्षेत्र पश्चिमी सभ्यता के प्रभाव से अछूता था। इसमें छोटे-छोटे समूह इधर-उधर फैले हुए थे जिन्हें सामान्य रूप में 'पठारी शोशोनी' कहा जाता था। अब बड़े भूभाग में पशु संवर्धनालय हैं, छोटे से क्षेत्र में सिंचित फार्म और खाने हैं। इस क्षेत्र का एक बड़ा भाग कैलिफोर्निया, नेवादा, ओरेगोन, और उटाह राज्यों में है जो शताब्दी के कुछ वर्षों तक अमेरिकी कब्जे में रहा किन्तु उनके द्वारा

चित्र 11.11 *पाइयुत क्षेत्र (संयुक्त राज्य अमेरिका) (स्टीवार्ड के अनुसार)*

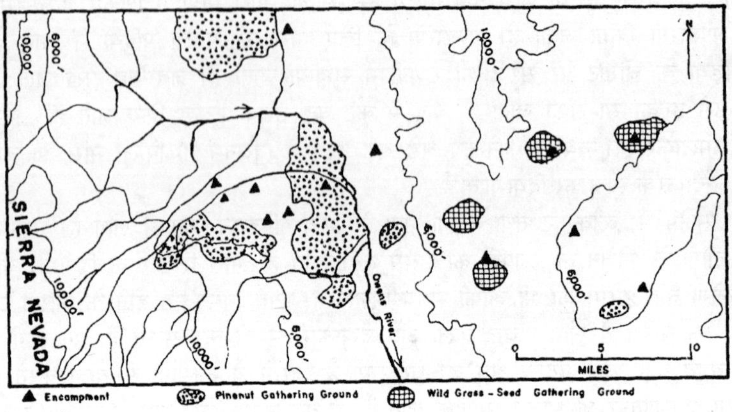

इसमें कोई परिवर्तन नहीं किया गया। मूल निवासियों के छोटे-छोटे समुदायों का अधिकांश आदिवासी जीवन आज भी यथावत है, उसमें कोई विशेष परिवर्तन नहीं हुआ है। यह हम विशेष रूप से उत्तरी पाइयुत या पाविओस्टो लोगों में देख सकते हैं जो सिअरा नेवादा की खुली घाटियों, उत्तरी-पूर्वी कैलिफोर्निया, नेवादा और दक्षिणी ओरेगोन क्षेत्रों में रहते हैं (चित्र 11.11)।

पाइयुत लोग दलों (टोलियों) में रहते हैं। ये दल 100 व्यक्तियों से बने होते हैं। उत्तरी पाइयुत समाज की सबसे बड़ी इकाई लगभग 100 से अधिक लोगों से बनी हुई है जो लगभग 50 से 100 वर्ग मीलों के साझा क्षेत्र में रहते हैं। शीत ऋतु में पाइयुत दल एक अथवा दो काफी बड़ी और अर्द्ध स्थाई बस्तियों में इकट्ठे होते हैं, किन्तु बसन्त ऋतु में ये पारिवारिक समूहों में बंट कर बड़े क्षेत्र में फैल जाते हैं। सामान्यत: सभी परिवार स्वतंत्र रूप में अपने दल के क्षेत्र में घूमते-फिरते हैं।

इनका सर्दियों का घर 'विकिअप' (चित्र 11.12) के नाम से जाना जाता है। यह शंक्वाकार होता है जिसके बीच में आग का एक गड्ढा और धुएं की निकासी के लिए एक छेद होता है। झोपड़ी के खंभे अरार लकड़ी के बने होते हैं। इसकी छत सूखे झाड़-झंखाड़ों या चटाई से ढंकी रहती है जो लम्बी-लम्बी घास के महीन सरकंडों से बनी होती है। सर्दियों में ये लोग किसी सरिता के पास 'स्वेद घर' बनाते हैं। इस घर के अन्दर वे गर्म पत्थर रखते हैं और इन पर पानी छिड़का जाता है, जिससे भाप बनती है। भाप के वातावरण से पुरुषों को पसीना आ जाता है। पसीने के बाद वे नदी में डुबकी लगाते हैं। ऐसा माना जाता है कि यह पसीना चिकित्सा की दृष्टि से अच्छा होता है, किन्तु इसके साथ कठोर धार्मिक विचार भी जुड़े पाए गए हैं।

आधे वर्ष की गर्मी के दिनों में सामान्यत: इन बस्तियों को छोड़ कर ये लोग बिना दीवारों की चार खंभों पर टिकी घास से बनी सपाट वर्गाकार छतों की छाया में रहते हैं।

न तो सर्दियों के अधिवासों का और न ही गर्मियों के छोटे शिविरों की कोई निश्चित योजना होती है।

पाइयुत लोगों का मुख्य भोजन वानस्पतिक पदार्थ, कीड़े-मकोड़े, और छोटे जानवर हैं। ये जंगली पौधों और बेरों के बीज भी एकत्रित करते हैं। कन्द और जंगली जड़ों को एकत्रित करने के लिए ये लोग नुकीली लकड़ी का प्रयोग करते है। संग्रह किए गए बीजों को रोजाना चूहे और गिलहरियां खा जाती हैं या उन्हें नुकसान पहुंचाती हैं। जंगली प्याज और बनमेथी को कच्चा खाया जाता है। गर्मियों में ये लोग टिड्डों, छिपकलियों और कछुओं को भी खाते हैं। टिड्डों के दलों को ये एक बड़े भोज का अवसर मानते हैं।

भोजन को एकत्रित करने का कार्य मुख्यत: स्त्रियों का है, किन्तु इसमें पुरुष भी सहायता करते हैं, विशेषत: जहां पेड़ों पर चढ़ कर किन्हीं फलों (जैसे देवदारू फल) या अन्य चीजों को प्राप्त करना होता है। बीज का एकत्रण छोटी-छोटी पंखेनुमा टोकरियों में किया जाता है और उन्हें सिलबट्टे पर तोड़ कर लोडी से पीसा जाता है। गिलहरियों, चूहों, खरगोशों को पुरुषों द्वारा भगाया जाता है। कभी-कभी जंगली बकरियों का भी शिकार किया जाता है। पहाड़ी झीलों में बतख, मुर्गी और हंस का बहुधा शिकार किया जाता है। बतखों और हिरण के शिकार के लिए फंदों का प्रयोग भी किया जाता है। धनुष-बाण शिकारी के हथियार होते हैं और प्रत्येक शिकारी इन्हें अपने लिए खुद बनाता है।

ये लोग सर्वभक्षी होते हैं। इनके भोजन में कोई एक वस्तु मुख्य नहीं होती है। यद्यपि देवदारू फल की उपज को ये लोग काफी महत्व देते हैं, इसके अलावा कुछ अन्य वस्तुओं को भी एकत्रित करते हैं। इनके भोजन तैयार करने के तरीके बहुत सरल हैं। सरिताओं और पहाड़ी झीलों में मछलियों को पकड़ा जाता है।

चित्र 11.12 *उत्तरी पाइयुतों की सरकंडों की झोपड़ी*

18 वर्ष का होने के बाद एक लड़का अपने दल से बाहर विवाह करता है। विवाह के बाद, एक पुरुष सामान्यत: अपनी पत्नी के परिवार के साथ कुछ दिनों तक रहता है किन्तु जब उसके बच्चे हो जाते हैं, तब वह अपने परिवार को अपने माता-पिता के शिविर में ले जाता है और वहीं रहने लगता है। कभी-कभी दूसरी पत्नी भी वह रखता है जो बहुधा उसकी पत्नी की बहन होती है।

सामान्य रूप में, दल के सदस्यों में सामान्यत: मैत्रीवत संबंध होते हैं। कठिन समय में, शिकार और एकत्रण के मामलों में झगड़े होते रहते हैं। ये झगड़े थोड़े समय रहते हैं, जिसमें घुसपैठियों पर पत्थरों से हमला किया जाता है।

पाइयुत लोगों पर एक मुखिया द्वारा शासन किया जाता है। प्रत्येक समुदाय का मुखिया पद और सम्मान अपने पिता द्वारा प्राप्त करता है। अपनी इस प्रकार की जीवन-शैली में पाइयुत लोग संयुक्त राज्य अमेरिका के मैदानी भागों की अन्य जनजातियों से मिलते-जुलते हैं। शिकार बड़ा कठिन होता है और प्रहार करने के लिए अधिक सहयोग की आवश्यकता पड़ती है। वानस्पतिक भोज्य सामग्री इनके जीवन में महत्वपूर्ण भूमिका अदा करती है। कड़ाके की लम्बी सर्दियों के कारण जितनी भोज्य सामग्री का ये लोग भण्डारण करते हैं, वह कई अन्य शिकारी और संग्राहक जनजातियों में देखने को नहीं मिलता। अत्यधिक पर्यावरणात्मक बाधाओं के होते हुए भी ये लोग सेमांगो (मलेशिया) से रोजमर्रा की भोजन की खोज करने से मिलते-जुलते हैं।

सन् 1850 के बाद पशु फार्मों, और रेलों की पटरियों ने पाइयुतों की जिन्दगी को अस्त-व्यस्त कर दिया और संयुक्त राज्यों ने सन् 1863 में इनकी जमीनों को छीन लिया है। आजकल वे आरक्षित स्थानों और छोटे से भूभागों पर अलग-अलग जगह रहते हैं। सन् 2000 में इनकी संख्या 4000 और 6000 के बीच थी।

इन्युत लोग (एस्कीमो) : समुद्री स्तनधारियों के आखेटक
(Inuits (Eskimos): The Hunters of Maritime Mammals)

अशरणदायी आर्कटिक और अण्टार्कटिक टुण्ड्रा प्रदेशों में मानव व्यवहार अधिकांशत: पर्यावरण द्वारा नियंत्रित होता है। आर्कटिक प्रदेश, निर्धारणवाद का एक अनूठा उदाहरण प्रस्तुत करता है, जिसमें आधारभूत आवश्यकताएं, (भोजन, वस्त्र, निवास उपकरण आदि) सामाजिक-आर्थिक संरचना और सांस्कृतिक लोकाचार को पर्यावरणीय कारकों के द्वारा अधिक प्रभावित किया गया है। टुण्ड्रा प्रदेश में मनुष्य अभी भी विकास की प्रारम्भिक अवस्था में है, जिनका जीवन अर्द्ध भ्रमणशील है और वे अपने भरण-पोषण के लिए निर्जन आर्कटिक क्षेत्र के कठोर पर्यावरण में आखेट, मछली मारने और संग्रहण पर निर्भर हैं। एस्कीमो शब्द का अर्थ 'कच्चे मांस खाने वालों' से हैं। वे स्वयं अपने लिए इन्युत शब्द का प्रयोग करते हैं जिसका अर्थ होता है, ''सच्चे लोग''।

क्षेत्र (Territory)

एस्कीमो लोग सामान्यत: आर्कटिक टुण्ड्रा प्रदेश तक सीमित हैं। 'टुण्ड्रा' शब्द की उत्पत्ति फिनिश भाषा के शब्द 'बंजर भूमि' से हुई है। टुण्ड्रा शब्द उत्तरी ध्रुव को घेरे रखने वाले

चित्र 11.13 *इन्युत क्षेत्र*

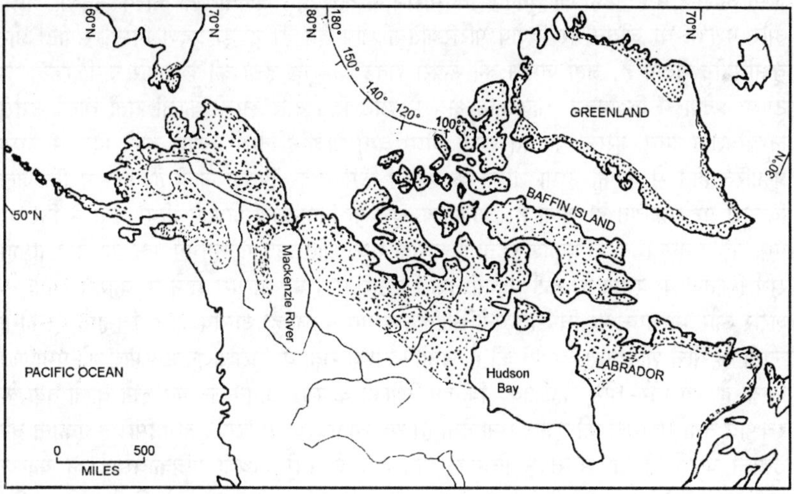

वृक्षहीन क्षेत्र का भी संकेत देता है। मध्य और निम्न अक्षांशों में पाए जाने वाले पहाड़ी ढलानों पर भी इसी प्रकार की दशाएं मिलती हैं, जो अल्पाइन टुण्ड्रा के नाम से जानी जाती हैं। टुण्ड्रा की विषुवत की तरफ की सीमा 10°C (50°F) के उष्णतम समताप के लगभग समान है जो उत्तरी गोलार्द्ध में टुण्ड्रा और तैगा जलवायु की बीच की सीमा बनाती है। उत्तरी गोलार्द्ध में टुण्ड्रा प्रदेश का विस्तार आर्कटिक क्षेत्र को छोड़कर 50 लाख वर्ग किलोमीटर में है। एस्कीमो लोगों का रहवासी क्षेत्र चार देशों में फैला हुआ है: संयुक्त राज्य अमेरिका, कनाडा, रूस और ग्रीनलैण्ड। इस प्रदेश का विस्तार एल्यूशियन द्वीपों, अलास्का, उत्तरी कनाडा, विक्टोरिया, मेलविले, बेफिन द्वीप समूह, ग्रीनलैण्ड, रूसी आर्कटिक द्वीपों (नोव्या-जोमल्या, सेवेर्नया-जेमल्या, आदि) और साइबेरिया के उत्तरी और उत्तर-पूर्वी भाग में बेरिंग की खाड़ी तक है। इस क्षेत्र के 120,000 इन्युतों से अधिकांश आर्कटिक घेरे के दक्षिण में लगभग 50,000 ग्रीनलैण्ड में, 42,000 एल्यूशियन द्वीपों में, 25,000 कनाडा में और 1,500 साइबेरिया (रूस) के उत्तर पूर्वी भाग में रहते हैं।

टुण्ड्रा प्रदेश में इधर से उधर तक घूमते रहने वाला प्रमुख नृजातीय समूह इन्युत (एस्कीमो) है जो अलास्का, कनाडा, ग्रीनलैण्ड और पूर्वी रूस में एल्यूशियन द्वीपों और अलास्का में एल्युत, युइत (Yuit), चुकची (Chukchi), युकाधीर (Yukaghir), याकूत (Yakuts) साइबेरिया में, नार्वे, स्वीडन, फिनलैण्ड और रूस में सामी (Sammi) निवास करते हैं। कठोर पर्यावरण, निम्न तापमान, बर्फीली आंधियों, शीतऋतु में कम रोशनी होने के बावजूद टुण्ड्रा में काफी संख्या में आखेटक और खाद्य संग्राहक वर्तमान में रहते हैं और उनके पूर्वज वर्तमान से 10 हजार वर्ष पूर्व से निवास कर रहे थे।

भौतिक पर्यावरण (Physical Environment)

जैसा आरम्भ में ही कहा जा चुका है कि मौसम के तत्व और जलवायु के कारक मनुष्यों, पौधों और पशुओं के जीवन पर विशेष परिस्थितियाँ थोप देते हैं। टुण्ड्रा प्रदेश निम्न, सपाट और वृक्षविहीन मैदान हैं, जहां जमीन की ऊपरी सतह के कुछ इंचों को छोड़कर जमी रहती है। टुण्ड्रा प्रदेश में विशेषकर आर्कटिक क्षेत्र में छोटे दिन और लम्बी काली रातों वाली उत्तरी लम्बी शीत ऋतु, इसके पश्चात् छोटी ग्रीष्म ऋतु जबकि लम्बे प्रकाश वाले दिन में उष्मा प्रसारित होने से काफी उष्मा शक्ति के कारण हिम चादर पिघल जाती है, जिससे कि जल किनारों पर एकत्रित हो जाता है। आर्कटिक वृत्त के निकटवर्ती क्षेत्र में ग्रीष्म ऋतु में निरन्तर एक महीने तक दिन का प्रकाश रहता है जबकि मध्य शीत ऋतु में लगभग एक घंटे के लिए ही सूर्य क्षितिज पर रहता है। कई महीनों तक निरन्तर रात्रि का अन्धेरा रहने के कारण लोगों के शरीर और मस्तिष्क पर विपरीत मनोवैज्ञानिक प्रभाव पड़ता है। अन्वेषकों ने, जिन्होंने एस्कीमो लोगों के बीच शीत ऋतु व्यतीत की है, उन्होंने लम्बी रातों के निराशाजनक प्रभाव को प्रमाणित किया है, जो धीरे-धीरे, यहाँ तक कि इन दशाओं के साथ अनुकूलन कर लेने वालों तक के स्वभाव तथा मनोबल को दुर्बल बना देता है। यह वातावरण अंधेरापन तथा मिश्रित एकान्त को उत्पन्न करता है जो मस्तिष्क विकार, पागलपन के दौरे अथवा तंत्रिकावसाद के कारण आत्महत्या को प्राय: आवश्यक बना देता है। वास्तव में, एस्कीमो लोगों के लिए ध्रुवीय रात्रि, पीलापन, अनिद्रा रोग, आलस्य, अजीर्ण और रक्त्-क्षीणता उत्पन्न करती है। दिन के प्रकाश के लौटने पर इनमें अधिक मात्रा में शक्ति का संचार हो जाता है।

शीत ऋतु अत्यधिक कठोर होती है। शीत ऋतु की प्रचण्डता, वर्ष के सात- आठ महीनों तक, समस्त जलीय धरातल को जमा देती है। साइबेरिया का टुण्ड्रा प्रदेश, विश्व में निम्नतम तापमान प्रकट करता है। येना नदी के मुहाने पर जनवरी मास का तापमान –51°C जबकि वर्खोयान्सक में यह -60°C रहता है। वर्खोयान्सक के दक्षिण में निम्नतम तापमान -78°Cअंकित किया जा चुका है। मध्य साइबेरिया के इस भाग में, वर्ज के केवल 70 दिन के लगभग पाला रहित दिवस रहते हैं तथा इस छोटे काल में निरन्तर सूर्य चमकता है और मौसम प्राय: उमसदार रहता है, और केवल दो अथवा तीन फुट की गहराई तक ही धरातल की बर्फ पिघल पाती है। वर्ष के केवल चार महीनों के लिए ही नदियाँ हिम से मुक्त रहती हैं।

कनाडा में, साइबेरिया की अपेक्षा, शीत ऋतु कम तीव्र होती है। कनाडा के आर्कटिक द्वीप समूह में जनवरी मास का औसत तापमान 20°C रहता है। टुण्ड्रा प्रदेश के निवासियों को मुख्य संकट प्रचण्ड हवाओं, हिमानी झंझावात और तूफानों से रहता है। शरीर के स्नायु सम्बन्धी तथा तापीय संतुलन के लिए आंधियाँ और हिमानी झंझावात गंभीर संकट होते हैं। मनुष्य जो शान्त मौसम में न्यूनतम तापमान को पूर्ण रूप से सह लेते हैं, प्रचण्ड तूफान की ठिठुरन भरी हवाओं से मर जाते हैं। यात्री कहते हैं कि तूफानी हवा में -34°C की अपेक्षा शान्त मौसम में -51°C सुगमता से सहा जा सकता है। हिम झंझावात मनुष्य का भयंकर शत्रु होता है। साइबेरिया की 'पुरगा' (Purga) हवा यात्री को घुमावदार हिम से ढंक लेती है और उसके लिए अपना मार्ग खोज पाना असम्भव बना

देती है। ऐसे अवसरों पर कुत्तों की सूंघ सकने की शक्ति भी प्राय: समाप्त हो जाती है और पशु आज्ञा मानने से भी मना कर देते हैं। समझदारी इसी में रहती है कि रुक लिया जाए और तूफान के समाप्त हो जाने की प्रतीक्षा की जाए। अग्नि प्रज्वलित करना कठिनाई पूर्ण रहता है, क्योंकि माचिस, हवा के झोंके से बुझ जाती है और ईंधन हवा के साथ उड़ जाता है। तेज हवाओं के कारण स्लेज गाड़ियां भी नहीं चल पाती हैं और यात्री अपने फर से बने शयन के थैलों में आराम करने लगते हैं। यदि यह तूफान अधिक समय तक नहीं रहता है, तो काफी लोगों की जान बच जाती है।

टुण्ड्रा प्रदेश में शीत और उच्च अक्षांशों के कारण यद्यपि वर्षा और हिमपात वास्तव में कम होता है, किन्तु शीत के नौ महीने तक हिम जमा रहता है, तथा उत्तर ध्रुवीय झंझाओं के गहन बहाव के कारण हिम जमा हो जाता है। मई माह के अन्त में जब तापमान बढ़ने लगता है, हिम का पिघलना आरम्भ हो जाता है। निम्न धरातलीय भाग एक विस्तृत झील में परिवर्तित हो जाता है, अनेक नदियों के प्रवाह से यह भाग दलदल से भर जाता है तथा स्थलीय परिवहन लगभग असम्भव हो जाता है। पर्वतीय ढालों पर, उत्तर के कठोर वृक्ष-पाइन, लार्च, बर्च और एलडर तथा अधिक उत्तर के क्षेत्र के पर्वतों के पदीय भाग में लगभग सघन वन पाए जाते हैं। अधिकांश भाग पर नरकट घास, काई, लिचन तथा बेर की छोटी झाड़ियाँ पाई जाती हैं। ये जैसे ही छोटी ग्रीष्म ऋतु आरम्भ होती है, इन सभी पौधों को जीवन मिल जाता है और पशुओं का, जो इन दोनों टुण्ड्रा प्रदेश में आश्चर्यजनक ढंग से काफी संख्या में घूमते रहते हैं, भरण-पोषण करते हैं। समस्त टुण्ड्रा प्रदेश की वनस्पति की प्रमुख विशेषता यह है कि सभी पौधे बौने होते हैं। साइबेरियाई टुण्ड्रा में यह देखा गया है कि एक-तिहाई झाड़ियां 15 और 40 सेंटीमीटर के बीच ऊंची होती हैं। कभी-कभी इन बौनी झाड़ियों से घास अधिक ऊंचाई की होती है, जबकि काई की ऊंचाई प्राय: कुछ ही मीटर होती है।

जीव-जन्तु (Fauna)

पेड़-पौधों के समान ही जीव-जन्तु भी अपने आपको शीत के अनुकूल बना लेते हैं। उष्ण रक्त वाले पशु अत्यधिक निम्न तापमान के कारण शीत निष्क्रियता की क्रिया को अत्यधिक प्रयोग में नहीं लाते हैं, किन्तु इनका शरीर बड़े-बाल और मोटे फर से जैसा कि उत्तर ध्रुवीय खरगोश के होते हैं, मोटी खाल से जैसे रेन्डियर अथवा कस्तूरी की होती है, से ढंके रहते हैं। इस सुरक्षात्मक आवरण से मोटी चर्बी की एक परत जुड़ी रहती है, जो सील मछली में 10 सेंटीमीटर तक पाई जाती है। शाकाहारी पशुओं में इस सुरक्षात्मक चर्बी का निर्माण ग्रीष्म ऋतु में होता है। स्तनधारी पशुओं में आर्कटिक खरगोश, लोमड़ी, बर्फीले उल्लू और सफेद घुघ्घू होते हैं। इनके सफेद रंग के कारण हिम क्षेत्र में इन्हें देख पाना कठिन होता है। ध्रुवीय भालू, रेन्डियर और हंस (Geese) पक्षियों के झुण्ड, बतखें, टारमेगन पक्षी हंस (Ptarmigans) अधिक संख्या में दिखाई देते हैं, जिनका शिकार मनुष्यों और वोलवेरिन (Wolverine), चिजारा (Sable) द्वारा किया जाता है। दक्षिण की ओर वनों में काला भालू, कस्तूरी मृग, खरगोश, गिलहरियां और पर्वतीय भेड़ पाए जाते हैं। ग्रीष्म ऋतु में मच्छर जीवन को कष्टदायी

बना देते हैं। यद्यपि सामन एक दुर्लभ मछली है, किन्तु बसन्त ऋतु में कई अन्य प्रकार की मछलियाँ नदियों में अधिक दूरी तक चली आती हैं।

सील और वालरस, मुख्य स्तनधारी सागरीय पशु हैं। प्रत्येक वर्ष, प्रजनन काल (जून-अगस्त) में ध्रुवीय द्वीपों के ढालू समुद्री तटों पर ये स्तनधारी पशु समूह में एकत्रित होते हैं। इन द्वीपों पर सील मछली पकड़ने वाले इन पशुओं को हजारों की संख्या में पकड़ते हैं। अण्टार्कटिका महासागर में समुद्री शेर, कान वाली सील तथा उत्तर-ध्रुवीय महासागर में ध्रुवीय भालू मुख्य पशु हैं। जब अत्यधिक शीत के कारण ध्रुवीय भालू, सभी प्रकार के भोजन से वंचित हो जाता है, तब वह हिम में घोंसला बनाकर कई महीने तक शीत निद्रा में रहता है।

जीव-जन्तु और वनस्पति दोनों ही की कमी शीत प्रदेश की मुख्य विशेषता है। वनस्पति और जीव-जन्तु संसार में समान रूप से एक विशिष्ट प्रकार के जीव और वृक्ष यथेष्ट मात्रा में उपलब्ध हैं, किन्तु इनकी किस्में बहुत कम हैं। सामान्यत: जितना कठोर शीत होगा, उतनी ही इनकी कम जातियाँ होंगी।

ग्रीष्म ऋतु में, स्त्रियों द्वारा सावधानीपूर्वक अनेक प्रकार के खाने योग्य बेर, मूल और वनस्पति भी एकत्रित किए जाते हैं। किन्तु, ये बहुत कम मात्रा में प्राप्त होने के कारण इन्हें सुख- ुविधा की सामग्री समझा जाता है और इनको अधिक मात्रा में भोजन में सम्मिलित नहीं किया जाता है।

शीत ऋतु के आरम्भ होते ही एस्कीमो परिवार सागरीय किनारों अथवा हिम-प्लव (Floe Ice) की बस्तियों में एकत्रित होते हैं। यहाँ ये मार्च अथवा अप्रैल तक रहते हैं। बसन्त के आते ही इनका बिखरना आरम्भ हो जाता है। सील मछली का शिकार करना, शीत ऋतु में इनकी मुख्य आर्थिक क्रिया रहती है। सील मछली अपना भोजन प्राप्त करने के लिए तट के निकट हिम-प्लव में छेद करने को विवश हो जाती है। इन छिद्रों से सील मछली को कुत्तों द्वारा सूंघ लिया जाता है। आर्कटिक में शीत के छोटे दिन की कठोर शीत में आखेटक को मछली की प्रतीक्षा करनी होती है। प्रत्येक सील मछली के कई वायु छिद्र होते हैं। वह दिन में अन्तराल से कई बार इन छिद्रों में आती है। आखेटक को सील मछली के प्रकट होने से पूर्व कई घंटों तक किसी एक वायु छिद्र पर दृष्टि रखनी पड़ती है। जब आखेटक को निश्चय हो जाता है कि मछली का थूथन (Muzzle) वायु छिद्र के ठीक सीध में है, तब वह सील के थूथन में हारपून झोंक देता है। चोट खाई सील मछली उत्तेजित होकर डुबकी लगाती है, उसकी शक्ति नष्ट हो जाती है। एस्कीमो सावधानीपूर्वक प्रयास कर उसे थका देते हैं और वायु छिद्र को चौड़ा करने के लिए हिम को तोड़कर नि:शक्त सील को बाहर निकाल लेते हैं। इस प्रकार किए गए शिकार को मोपाक (Maupok) कहते हैं जिसका शाब्दिक अर्थ है—"प्रतीक्षा करना है"। जैसा कि शीत ऋतु में दिन के प्रकाश की अवधि छोटी होती है, शिविर हिम पर स्थापित किए जाते हैं, क्योंकि आखेटक कठिनाई से अपनी स्लेज को उपयोग में ले पाता है अथवा अपनी बस्ती से वह कुछ ही किलोमीटर की दूरी तक सुरक्षित यात्रा कर पाता है, क्योंकि आने वाले शीत के दिनों में भोजन प्राप्त करने में कठिनाई आती है और कठोर झंझा अथवा कोहरे

का समय शिविर को अकाल की सीमा तक पहुँचा देता है। शीत ऋतु में भूख का निरन्तर भय बना रहता है। अत्यधिक कठोर शीत और भोजन की अप्राप्यता के कारण एस्कीमो ह्वेल, सील और भालू का मांस खाते हैं। ये लोग, अधिक मात्रा में चर्बी को पचा सकते हैं जो अन्य जातियों के लिए कठिन होता है। इन लोगों का भोजन अधिक ऊर्जा देने वाला होता है।

सील मछली न केवल भोजन ही प्रदान करती है, वरन् ईंधन भी देती है। इस प्रदेश में जलाने के लिए लकड़ी उपलब्ध न होने के कारण सील मछली का प्रयोग किया जाता है, जिसका आखेट ग्रीष्म ऋतु में किया जाता है। इसकी चर्बी, रेन्डियर की चर्बी से अधिक उत्तम होती है। यह तुरन्त और अधिक देर तक जलती है और अधिक ताप देती है।

प्रजातीय लक्षण (Racial Features)

एस्कीमो, मंगोल प्रजाति से सम्बन्धित हैं। इनका कद छोटा, चपटा और लम्बा चेहरा, चपटी नाक और चमड़ी का रंग पीला-भूरा तथा लम्बे मोटे काले बाल होते हैं। इनके वस्त्र, रेन्डियर की खाल अथवा समूर (Fur) से बने होते हैं। रेन्डियर की अस्थियों से बना बोरे के समान लम्बा कोट घुटने तक होता है। इसकी बांहें काफी लम्बी होती हैं। इसके पीछे एक वस्त्र लटका रहता है। यह इनका मुख्य परिधान होता है, तथा शीत ऋतु में, अस्थि और फर से बने दो अथवा अधिक, एक के ऊपर एक कोट पहने जाते हैं। सामने की ओर एक लम्बा एप्रन (Apron) जो गले से बंधा रहता है, जिसका निचला भाग प्राय: विभिन्न रंगों वाले समूर और बालों से सजाया जाता है, भी पहनते हैं।

पारम्परिक एस्कीमो संस्कृति का एक सर्वाधिक महत्वपूर्ण लक्षण यह है कि इनके 8000 किमी में फैले होने के बाद भी, इनमें सापेक्षिक समरूपता पाई जाती है। संस्कृति में मुख्य प्रतिमान—धार्मिक, सामाजिक और आर्थिक लगभग सभी जगह समान हैं। इनकी मुख्य बोली 'इन्यूपिक' (Inupik), ग्रीनलैण्ड और पश्चिमी अलास्का) और यूपिक (Yupik) (दक्षिण-पश्चिम अलास्का और साइबेरिया) है। एस्कीमो संस्कृति का सर्वाधिक प्रभावशाली तथ्य, उनके निवास, उपकरण और शस्त्र का सुपरिष्कृत स्वरूप है। एस्कीमो के पर्यावरण की कठोरता का आभास हमें लकड़ी की अनुपलब्धता में देखने को मिलता है। लकड़ी, जो सर्द प्रधान निम्न प्रदेशों की अर्थव्यवस्था में अधिकांश लोगों के लिए मूल्यवान वस्तु होती है, यहाँ सर्वत्र इसका अभाव है। इस प्रदेश में लकड़ी का स्थान अस्थि, पत्थर और खाल, यहाँ तक कि हिम और बर्फ ले लेते हैं।

कुछ एस्कीमो जो समुद्री तट पर निवास करते हैं, पत्थर के स्थाई मकान बनाते हैं। ये पत्थर के मकान आयताकार और तीन अथवा चार गज आर-पार और लम्बे तथा संकरे मार्ग के होते हैं। मार्ग और कमरे की केन्द्रीय पार्श्व वीथी, भूमि को खोद कर बनाए जाते हैं, किन्तु ठंडी हवाओं के झोंकों को रोकने के लिए पार्श्व वीथी का फर्श, मार्ग से एक फुट ऊंचा बनाया जाता है। विश्राम करने के लिए बिस्तर पृष्ठ भाग में रहते हैं। दो परिवार जो इस घर में रहते हैं, प्रत्येक के लिए बगल वाले पार्श्व के भाग भोजन पकाने

और भण्डार के लिए सुरक्षित रहते हैं। कमरे की परिधि के चारों ओर, बाहरी मार्ग के सहारे कुछ फुट दूर, पाँच से छह फुट ऊंचे खम्भे खड़े किए जाते हैं। ये खंभे ह्वेल की पसलियों की हड्डियों से बनी कड़ियों अथवा कभी-कभी प्रवाहित काष्ठ, से बनी कमानी से लम्बाई में ढंके रहते हैं। इनके सामने की ओर पसली से बनी मुड़ी हुई एक कमानी रहती है। कड़ियों को सील की दोहरी खाल की परत, जिनके बीच में काई भरी रहती है, से ढंक दिया जाता है।

इग्लू *(Igloos)*

भ्रमणशील एस्कीमो इग्लू (बर्फ के घर) का निर्माण करते हैं। इग्लू पत्थर से बने मकानों से काफी साम्य रखते हैं। हाथी दांत से बने चाकू की सहायता से पतले कण वाले जमे हुए बड़े हिम पिण्डों को एक के ऊपर एक जमा कर, भीतर की ओर ढालू रखकर बिना किसी ढाँचे के गुम्बद की आकृति बना लेते हैं। प्रत्येक हिम पिण्ड को तेजी और कुशलता से काट कर सही ढाल के अनुरूप, जमा लिया जाता है और जो आगे के निर्माण के लिए कठोर आधार बन सके। गुम्बद में अन्तिम छोर पर हिम शिला खंड के रूप में बाहर से जमा दिया जाता है। दरारों

चित्र 11.14 *इग्लू का चित्र एवं खंड*

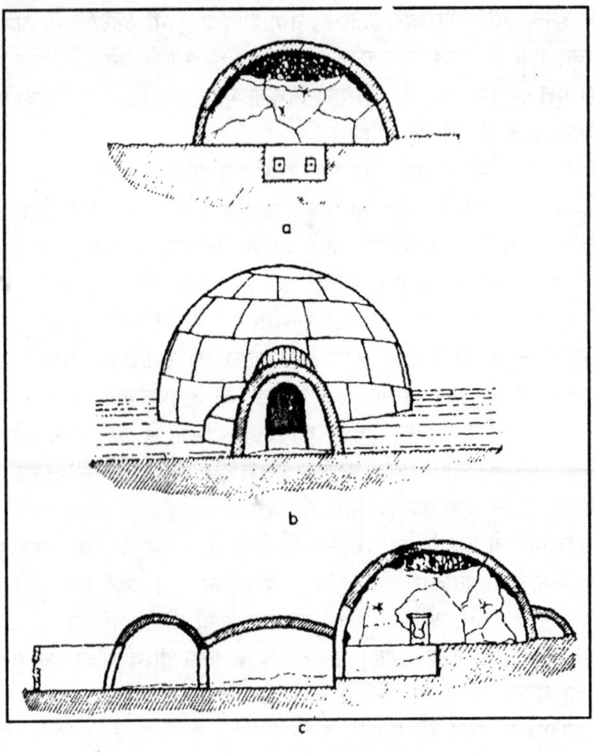

को हिम से बंद कर दिया जाता है। इस प्रकार मुख्य ढांचा तैयार कर लिया जाता है। कुछ भागों में तांतों और खूंटियों की सहायता से, मुख्य कमरे की छत के नीचे खाल का अस्तर लगाया जाता है। हिम की छत और खाल के अस्तर के बीच पर्याप्त मात्रा में जगह छोड़ी जाती है। अस्तर और छत से बाहर हवा के निकलने के लिए छिद्र रखा जाता है। इस छिद्र की सहायता से इग्लू को पिघलने से बचाते हुए, अन्दर का तापक्रम हिमांक बिन्दु से 10 से 20° सेंटीमीटर अधिक रहता है क्योंकि इसके बीच में ठण्डी हवा रहती है। एक एस्कीमो द्वारा यात्रा करते समय अथवा रात्रि में रुकने की स्थिति में अस्थाई, छोटा इग्लू आधा घण्टे में तैयार कर लिया जाता है। जब कई परिवार, एक स्थान पर, एक साथ ठहर रहे हों, तब प्राय: एक बड़ा कमरा सभास्थल के रूप में तैयार किया जाता है जिसका उपयोग ओझा के प्रदर्शन, गाने और सभा करने के लिए किया जाता है, जबकि इसके चारों ओर बने कमरों को दालानों की सहायता से इससे जोड़ दिया जाता है। (चित्र 11.14)

लकड़ी की अनुपलब्धता को पशुओं की चर्बी से पूरा किया जाता है। यह चर्बी सील से पर्याप्त मात्रा में उपलब्ध हो जाती है। कोमल धीया पत्थर में गड्ढा बनाकर उसमें चर्बी डाल कर काई की कई पंक्तियों को मिलाकर अथवा कपास से बनी बत्तियाँ जलाई जाती हैं। मांस जो कच्चा नहीं खाया जा सकता है, उसे गहरी आयताकार डेगची में उबाल लिया जाता है। वस्त्र आदि जिन्हें सुखाने की आवश्यकता होती है, उन्हें, डेगची के ऊपर जाली की ट्रे पर रख दिया जाता है।

एस्कीमो लोगों के वस्त्र, रेण्डियर और कैरीबो की खाल से तैयार किए जाते हैं, क्योंकि इन पशुओं की खाल, सील की खाल की अपेक्षा अधिक गर्म, हल्की तथा अधिक लचीली होती है। उच्च अक्षांशों में कठोर शीत की अवस्था में ध्रुवीय भालू का समूर वस्त्र के रूप में काम में लिया जाता है। एस्कीमो, पुरुष और स्त्रियों के वस्त्र एक निश्चित नमूने के आधार पर बने हुए होते हैं। जल और नमी से बचने के लिए आंतों की सहायता से बरसाती वस्त्र तैयार कर लिए जाते हैं। वस्त्र बनाने का काम स्त्रियाँ करती हैं। वस्त्रों की तांत की डोरी से सिलाई की जाती है। इन वस्त्रों के किनारे विविध रंगों द्वारा सुन्दर ढंग से सजाए जाते हैं। एस्कीमो लोग अपने आपको हिमान्धता से बचाने के लिए हाथी दांत से बने दरारी चश्मे पहनते हैं।

चित्र 11.15 *हारनेस में केन्द्रीय एस्कीमो कुत्ता*

एस्कीमो लोग यात्रा करने के लिए स्लेज गाड़ी का उपयोग करते हैं। यह गाड़ी कुत्तों के समूह द्वारा खींची जाती है। यह स्लेज गाड़ी, ह्वेल मछली की अस्थियों अथवा लकड़ी (जहाँ-उपलब्ध हों) की सहायता से बनाई जाती है। यह स्लेज गाड़ी विभिन्न आकार में बनाई जाती है, किन्तु एक उपयोगी पाँच मीटर लम्बी होती है। इसे खींचने वाले कुत्तों की टोली को

सम्हालने के लिए बड़ी कुशलता की आवश्यकता होती है। सबसे अधिक शक्तिशाली और उत्साही कुत्ते को सबसे आगे, अगुआ के रूप में अन्य से कुछ फुट आगे रखा जाता है, तथा कमजोर और उच्छृंखल कुत्ते को स्लेज के निकट रखा जाता है। झबरे बालों वाला एस्कीमो कुत्ता विशिष्ट नस्ल का होता है, जिसका उपयोग समस्त एस्कीमो क्षेत्र में किया जाता है (चित्र 11.15) सामान्यत: एक टोली में 5 अथवा 6 कुत्ते शामिल किए जाते हैं। स्लेज गाड़ी को खींचने के लिए कुत्तों के उपयोग की विधि को चित्र 11.16 में दर्शाया गया हैं।

चित्र 11.16 *कुत्तों द्वारा स्लेज को खींचे जाने के तरीके*

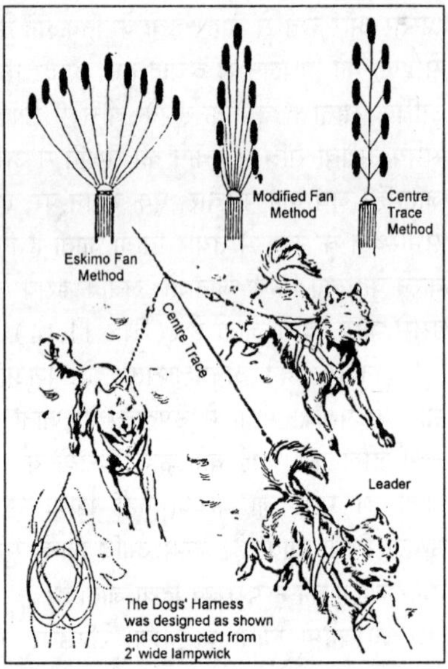

कभी-कभी इन कुत्तों को भोजन खिला पाना बड़ा कठिन हो जाता है। समस्त शीत काल में इन्हें सील का मांस दिया जाना आवश्यक होता है। बन्दूक के उपयोग में आने से पूर्व, कुत्तों के बड़े समूह का भरण-पोषण कर पाना एस्कीमो लोगों के लिए कठिन कार्य होता था। इस समस्त प्रदेश की अलग-अलग जातियों में इन्हें खींचने वाले पशुओं में भी भिन्नता पाई जाती है। एस्कीमो लोग कुत्तों का दल रखते हैं, जबकि तुंगस और लैप लोग रेण्डियर रखना पसन्द करते हैं। जब कभी, जीवन-मृत्यु का मामला गति से जुड़ जाता है, कुत्ते तेज गति से सफर तय करते हैं और वे बेजोड़ होते हैं। कुत्तों को अच्छी तरह प्रशिक्षित किया जाता है, और एक अच्छा (अगुआ) कुत्ता अंधेरी रात में अपना मार्ग तथा हिम झंझाओं में भोजन और अपने शिविर का स्थान ढूंढ़ लेता है। कुत्तों को भोजन कराने में अनेक कठिनाइयाँ आती हैं। मनुष्य के समान कुत्ते भी अन्य प्रकार के भोजन के लिए विचलित हुए बिना जैसा कि रेण्डियर करते हैं, मांस और मछली खाते हैं, केवल आपात स्थिति को छोड़ कर, मानव जीवन बचाने के लिए कुत्तों का बलिदान कर दिया जाता है। इसके विपरीत, रेण्डियर को मानव भोजन की आवश्यकता नहीं होती है, बल्कि वह मनुष्य को दूध प्रदान करता है। रेण्डियर का एक जोड़ा 40 किलोग्राम भार से लदी स्लेज गाड़ी को 4 किलोमीटर प्रति घंटे की गति से खींच सकता है। रेण्डियर लम्बी यात्राओं और धीमे स्थानान्तरण के लिए अधिक उपयोगी हैं जबकि कुत्ता तीव्र गति के स्थानान्तरण और आखेट यात्राओं के लिए अधिक उपयोगी होता है।

समाज (Society)

अधिकांश एस्कीमो लोग मुख्यत: समुद्री स्तनधारियों (सील, वालरस, ह्वेल) के शिकारी रहे हैं और उनकी संस्कृति की संरचना और तत्व (Ethos) समुद्र के ताने-बाने से हुए हैं। एस्कीमो, एक पितृवंशीय समाज है, जिसमें सबसे अधिक आयु के पुरुष को सर्वाधिक आदर दिया जाता है। 'वृद्ध पुरुष', प्रत्येक समूह के बड़े लोगों में सर्वाधिक योग्यता वाला व्यक्ति होता है। यह व्यक्ति उत्सवों और समारोहों पर अध्यक्षता करता है तथा सदस्यों पर इसका विशेष अधिकार रहता है। वह मछली पकड़ने के स्थान का चयन करता है और प्रत्येक परिवार के लिए उचित स्थान निश्चित करता है। वह आखेटकों को विभिन्न दिशाओं की ओर भेजता है तथा प्रवसन के समय जब छोटे परिवार, इकाई में विभाजित होकर भिन्न मार्गों से यात्रा करते हैं, वह उनके मिलने का स्थान निश्चित करता है। एस्कीमो आखेटकों द्वारा किया गया शिकार और मछलियाँ व्यक्ति अपने पास नहीं रखता है। शिकार सामग्री उस 'वृद्ध पुरुष' को सौंप दी जाती है, उसकी पत्नी उसका बंटवारा करती है। शिकार के उपयोग में आने वाली सामग्री जाल और नाव, समूह की सम्पत्ति होती है, किन्तु कभी-कभी व्यावहारिक दृष्टि से वस्त्र और आखेट के काम में आने वाले व्यक्तिगत शस्त्र, परिवार और व्यक्ति की सम्पत्ति होते हैं।

युवाओं को कठोरता से रेण्डियर और कैरीबो के शिकार के लिए कठिन और थका देने वाला प्रशिक्षण दिया जाता है, क्योंकि यदि जानदरों का झुण्ड एक बार घबरा जाता है, तब वह तीव्र गति से भागने लगता है और यदि उन्हें मार गिराना है तो पीछा करने वाले को कई दिनों तक उसका पीछा करना पड़ेगा। यदि शिकार को मारना असंभव दिखता है, तब जानवरों के झुण्ड को पृथक कर दिया जाता है, और फिर कई किलोमीटर तक उनका पीछा किया जाता हैं जब तक जानवर थक नहीं जाता और अधिक निकट नहीं आ जाता। नजदीक आने पर उसे तीरों और भालों से मार गिराया जाता है। एक 'शक्तिशाली' व्यक्ति की तरह, समूह के अगुआ शिकारी को अपनी प्रस्थिति को प्राप्त करने और उसे बनाए रखने के लिए बड़ा साहस, शौर्य, ताकत और चतुरता का प्रदर्शन करना पड़ता है। यही व्यक्ति समूह और उसके क्षेत्र की रक्षा कार्य को संगठित करता है। बसन्त (मई-जून) में बड़े शिकारों के अभियान के लिए निकलने के पूर्व लम्बे समय तक कर्मकाण्ड और पूजा की जाती हैं ताकि शिकार का अभियान सफल रहे। (चित्र 11.17)

ग्रीष्मकाल (जुलाई-सितम्बर), में एस्कीमो के अनेक दल उत्सव और समारोह मनाने के लिए एकत्रित होते हैं। ऐसे अवसरों पर इनमें आखेट, युवाओं के बीच शक्ति परीक्षण तथा जादूगरों के बीच जादुई शक्ति की प्रतिस्पर्धाएं आयोजित की जाती हैं। एस्कीमो लोगों के मध्य गंभीर विवाद और झगड़े कम होते हैं। जब कभी प्रतिस्पर्धी समूहों के बीच कोई विवाद होता भी है तो झगड़े के समय दास बनाए गए लोगों को समूह के लोगों के लिए काम करना पड़ता है।

एस्कीमो संस्कृति में धनुष-बाण, सामन मछली मारने का भाला, बड़ी और खुली नाव, हिम-जूते, सिले हुए वस्त्र चर्बी-तापन-दीपक, पृष्ठ दण्ड (Ridge pole), कैरीबो आखेट का ढंग और हारपून समान रूप से पाए जाने वाले मुख्य तत्व हैं। उत्तरी ध्रुवीय

(आर्कटिक) क्षेत्र में कुत्तों द्वारा खींची जाने वाली स्लेज गाड़ी, हिमघर (Igloo), हिम-आखेट का ढंग मुख्य सांस्कृतिक तत्व हैं। पिग्मियों के समान एस्कीमो भी साइबेरिया में 'मौन व्यापार' (Silent Trade) करते हैं।

एस्कीमो धर्म जीववादी है। यह जानवरों और प्राकृतिक वस्तुओं में आत्मा या प्रेतात्मा का वास मानता है। एक अनुमान के अनुसार, आर्कटिक प्रदेश की वर्तमान में कुल जनसंख्या 8 लाख है। इससे पूर्व इतनी जनसंख्या कभी नहीं हुई, इस जनसंख्या में यूरोपवासी और अमेरिकन भी सम्मिलित हैं, जिनकी जीवन-शैली एस्कीमो लोगों से नितान्त भिन्न है। टुण्ड्रा प्रदेश में जीवित रहने के परम्परागत ढंग ने एक विशेष संस्कृति को जन्म दिया है— प्रथम, एस्कीमो (इन्युत) का पशुओं और भूमि पर निर्भरता ने, इन दोनों के प्रति आदर भाव पैदा किया है, जिसके बिना इन लोगों का कोई भविष्य नहीं है। द्वितीय, अत्यधिक भ्रमणशील पशुओं का स्थानान्तरण निरन्तर होता रहता है, निर्णय शीघ्र लेने होते हैं तथा व्यक्तिगत निर्णय को अधिक आदर दिया जाता है। तृतीय, एस्कीमो कभी भी भूमि के किसी टुकड़े से जुड़े नहीं रहते क्योंकि आखेटकों का घर सर्वत्र होता है तथा कहीं भी नहीं।

संक्षेप में, एस्कीमो की परम्परागत गतिविधि को पशु जीवन चक्र नियंत्रित करता है। बसन्त ऋतु में सील मछली का शिकार करते हैं और जाल से पक्षियों को पकड़ते हैं। ग्रीष्म ऋतु अन्य प्रकार के स्तनपायी प्राणी जिनमें वालरस (Walrus) भी होते हैं ले आती है, ग्रीष्म और शरद ऋतु में कैरीबो का शिकार किया जाता है, जबकि मछली पकड़ने का कार्य वर्षपर्यन्त किया जाता है। यद्यपि खनिजों में सहसा वृद्धि ने एस्कीमो लोगों के नवीन

चित्र 11.7 *एस्कीमो लोगों के जीवन का एक दृश्य*

शस्त्रों और सुख साधन में वृद्धि की है, किन्तु वे अपने भूमि, सागर और संसाधनों से परम्परागत सम्बन्धों के टूटने पर अप्रसन्नता का अनुभव करते हैं।

एस्कीमो लोग युद्ध से अनभिज्ञ हैं। अन्य लोगों की अपेक्षा इन्हें जीवन के लिए संघर्ष अधिक करना पड़ता है, यह तथ्य स्पष्ट करता है कि भोजन प्राप्त करने में सफल होना प्रतिष्ठा माना जाता है, जबकि इसके प्राप्त न कर सकने पर अपयश माना जाता है। एस्कीमो लोगों के इस श्रम साध्य ढांचे में ही शिशु-हत्या तथा निर्बल और बूढ़े लोगों की हत्या की घटना का स्पष्टीकरण दिया जा सकता है क्योंकि अनुत्पादक व्यक्ति, समाज और स्वयं उसके लिए एक बोझा होता है। इस प्रकार यह आश्चर्यजनक नहीं लगता कि प्रायः मृत्यु के लिए अनुरोध स्वयं बूढ़े और अशक्त लोगों की ओर से ही आता है। जब शीत ऋतु कठोर और अंधकारमय होती है, और भोजन की कमी होती है, ऐसे समय में बूढ़े और अशक्त लोग आत्महत्या करते हैं। जो व्यक्ति आत्महत्या करना चाहता है, अंधेरे में अपने इग्लू से निकल कर नंगे पांव, अनजान दिशा की ओर चलता जाता है, जब तक कि वह थक नहीं जाता। जब वह आगे बढ़ने में अपने आपको असमर्थ पाता है तो वह अपने सारे वस्त्र उतार कर शरीर को अरक्षित छोड़ देता है। कठोर जमी हुई ठण्ड में कुछ ही क्षण में वह मर जाता है। इसके अतिरिक्त, भूख का इतना अधिक दबाव रहता है कि कभी-कभी ये स्वजाति-भक्षण की ओर भी अग्रसर हो जाते हैं, जबकि सामान्य दिनों में वे इससे घृणा करते हैं और प्रदर्शित करते हैं कि ऐसा नहीं करना चाहिए। इन सभी घटनाओं का वे स्वयं अपराध के स्थान पर दुर्भाग्य मानते हैं, जिसे औसत एस्कीमो, कर्ता के प्रति रोष से नहीं वरन् दया के भाव से भूल जाने और माफ करने के लिए तैयार रहता है। एस्कीमो लोग चोरी और लूट से भी अनभिज्ञ हैं। इनमें, जादू-टोना, स्त्रियों से घुल मिल जाना और हत्या, सामान्य अपराध हैं।

विवाह पूर्व निर्धारण के आधार पर किए जाते हैं, जो पूर्णतः सफल होते हैं। एस्कीमो समाज में प्रेम के बिना विवाह का नियम है। एक वृद्ध एस्कीमो के अनुसार, ''यदि प्रेम होता है तब इसे विवाह के कुछ महीनों बाद ही होना चाहिए।''

एस्कीमो (इन्युत) संस्कृति और पहचान, उनके द्वारा प्रदेश के वन्य प्राणी, एकत्रित करने और पारिस्थितिकी तंत्र सुरक्षित रखने की सामर्थ्य पर निर्भर है। इस बिन्दु को मस्तिष्क में रखते हुए, अलास्का, कनाडा, ग्रीनलैण्ड और रूस से एस्कीमो लोगों ने इन्युत परिध्रुवीय कान्फ्रेंस (ICC) में प्रतिनिधित्व किया। आई.सी.सी. ने 65 लाख वर्ग किलोमीटर अतिसंवेदनशील आर्कटिक पर्यावरण को सुरक्षित रखने की योजना बनाई है, जो इन्युत एस्कीमो लोगों के लिए जीविका की आवश्यकताओं को प्रदान करने और इन्युत स्वदेश की उत्पादकता तथा जैविक विभिन्नताओं को स्थाई रखने का प्रबन्ध करती है तथा उसके द्वारा भरण-पोषण के लिए आर्थिक विकास का आधार बनाना है। इन्युत प्रादेशिक सुरक्षा योजना के नाम की संस्था, देश की संस्कृति, कौशल और आदर्शों की योजनाएं बनाती है, लेकिन इसके साथ ही क्षेत्रीय वैज्ञानिक ज्ञान का भी ध्यान रखा जाता है।

एस्कीमो तथा जो लोग आर्कटिक प्रदेश में निवास करते हैं, का समाज एक ऐसा विशिष्ट उदाहरण है, जो यह स्पष्ट करता है कि कठोर पर्यावरण में सीमित उपलब्ध

साधनों का मानव ने किस प्रकार उत्तम उपयोग किया है। एस्कीमो लोगों का मुख्य आहार, आर्कटिक समुद्री स्तनपायी पशुओं से प्राप्त होता है और जिनका शिकार वे प्रवाहित काष्ठ से निर्मित देशज शस्त्रों से बड़ी कुशलता से करते हैं। ये लोग, खाल मढ़ी छोटी नावों में, खुले सागरों में यात्रा करते हैं। इन लोगों ने अपने आपको मांस भक्षण का आदी बना लिया है। एस्कीमो लोग, पशुजनित तेल का उपयोग खाना बनाने, कमरा गर्म करने और प्रकाश के लिए करते हैं। ये लोग अपने शीतकालीन निवास हिम खण्डों से बनाते हैं तथा समूर का उपयोग वस्त्रों और बिछौने के लिए करते हैं। ग्रीष्म ऋतु में, कैरीबो का शिकार और जंगली फल एकत्रित करने के लिए ये लोग खाल से बने तम्बुओं में शरण लेने के लिए समुद्री तट से दूर चले जाते हैं। ये लोग छोटे समूह में रहते और प्रवास करते हैं। इनकी उच्च आवश्यकताएं जैसे क्रीड़ा, मनोरंजन और संगीत आदि भी इनके भौतिक पर्यावरण से प्रभावित हैं।

आजकल एस्कीमो आधुनिक संसार में काफी भाग लेने लगे हैं, किन्तु पारम्परिक विश्वासों और प्रथाओं में अधिक परिवर्तन नहीं आया है। एस्कीमो लोगों ने ग्रीनलैण्ड में मछली आधारित उद्योग की स्थापना की है। शिक्षा, चिकित्सा सेवाएं और स्थानिक स्व सरकारें अब उनके प्रशासन का अंग बन गए हैं। यही बात अब कनाडा और अलास्का में रहने वाले एस्कीमों पर लागू होती है। यह सही है कि कनाडा और अलास्का के कुछ दूरदराज क्षेत्रों में अभी भी शिकार करने और पकड़ने के अभियान चलाए जाते हैं, फिर भी उनमें से अधिकांश लोग वेतन आधारित श्रम की खोज के साथ-साथ आधुनिक सामाजिक सुविधाओं का लाभ उठाने के लिए कस्बों, शहरों, और अधिवासों (बस्तियों) में आकर बस गए हैं।

संक्षेप में, अपने प्राकृतिक पर्यावरण से एस्कीमो लोगों का अनुकूलन एक सुन्दर उदाहरण है। अपने निकट की सामग्री का उपयोग कर गुम्बदाकार हिम निवास (इग्लू) प्रौद्योगिकी अभियांत्रिकी के प्रभावी व्यवहार का उदाहरण यह प्रकट करता है कि किस सुगमता से इग्लू का निर्माण किया जा सकता है तथा उसका टिकाऊपन और आर्कटिक शीत की कठोर ठंड में किस ढंग से यह आश्रय और सुविधा प्रदान करता है। स्लेज गाड़ी बनाने में वालरस की अस्थियों का उपयोग तथा हिम-झंझाओं और हिम पर सूर्य की किरणों के पड़ने से होने वाली चमक से आंखों को बचाने के लिए आंख-कवच (Eye Shield) का उपयोग, अनुकूलन के अन्य उदाहरण हैं। शीर्ष अलग किए जा सकने वाले भाले का उपयोग वालरस और ह्वेल के शिकार में किया जाता है। एक बार प्रहार कर दिए जाने के पश्चात् मूल्यवान लकड़ी का अटूटा हत्था पानी में तैरता रहता है, जिसे आखेटक द्वारा बाद में प्राप्त कर लिया जाता है। हम, यहां यह उद्धृत कर सकते हैं कि भाले के शीर्ष से वालरस की फटी थैली जोड़ कर, घायल और अधिक रक्त बह जाने के कारण कमजोर हो गई ह्वेल जब डुबकी लगाती है, उसे थका कर, ताकत लगा कर मारने के लिए बाहर निकाल लिया जाता है। यहाँ तक कि हिम-दुरमुस (Snow Beater) जैसे उपकरण को हिम के समूर वस्त्र से ढंकने से मुक्त रखा जाता है, जिससे कि यह गर्म इग्लू में ले जाए जाने पर नमी से खराब न हो। टुण्ड्रा प्रदेश में मानव जीवन, जीवित रहने

के लिए निरन्तर संघर्षशील रहता है। इस कारण उसके पास उच्च आवश्यकताओं की संतुष्टि तथा सभ्यता परिमार्जन के विचार के लिए पर्याप्त समय ही नहीं बच पाता है।

आधुनिक अध्ययन यह स्पष्ट करते हैं कि उनकी परम्परागत जीवन-शैली तीव्रता से बदल रही है। ये लोग भरण-पोषण अर्थव्यवस्था से तंग आने लगे हैं और समूर का व्यापार करने लगे हैं तथा अपनी आवश्यकताओं से अधिक समूर वाले पशुओं की खाल का उत्पादन करते हैं। इनके प्रदेश में खनिजों के भंडारों का पता चलने के पश्चात्, ये लोग आग्नेय शस्त्रों का उपयोग करने लगे हैं तथा खदानों, हवाई-क्षेत्र और रडार स्टेशनों के निकट पूर्व निर्मित भवनों में निवास करने लगे हैं। यद्यपि इनका जीवन परिवर्तित हो रहा है, फिर भी आर्कटिक प्रदेश में भौतिक पर्यावरण की भूमिका असाधारण रूप से महत्वपूर्ण है।

ऑस्ट्रेलिया के आदिवासी (Aborigines of Australia)

ऑस्ट्रेलिया के मूल निवासी, आदिवासी या आदिम जनजाति (Aboriginals) के नाम से जाने जाते हैं। यूरोपवासियों द्वारा खोजे जाने के पूर्व ऑस्ट्रेलिया के आदिवासी लोग तस्मानिया सहित सम्पूर्ण ऑस्ट्रेलिया में बस गए थे। लगभग 40,000 वर्षों पूर्व समुद्र द्वारा छोटे-छोटे समूहों में ये लोग दक्षिण-पूर्वी एशिया से यात्रा करके ऑस्ट्रेलिया के उत्तरी किनारे पर आए थे। ये लोग देशज ऑस्ट्रेलॉयड नस्ल के थे। एक अनुमान के अनुसार, लगभग दो सौ वर्ष पूर्व ऑस्ट्रेलिया के उपनिवेश के समय यहां लगभग तीन लाख आदिवासी रहते थे। वर्तमान में इनकी अनुमानित जनसंख्या 125,000 से लेकर 130,000 के करीब है, जिनमें से 50,000 लोग समरूप वंश के हैं और 80,000 मिश्रित आदिवासी और यूरोपवासी हैं। ये लोग लगभग 500 आदिवासी जनजातियों के थे। इन जनजातियों में से प्रत्येक का अपना निश्चित क्षेत्र और विशिष्ट भाषा या बोली थी।

ऑस्ट्रेलिया के पुरावशेष बताते हैं कि ऑस्ट्रेलिया महाद्वीप पर आज से 25,000 से 40,000 वर्ष पूर्व मानव का निवास था। ये आदिवासी या तो सागर में डूब चुके साहुल कगार (दक्षिण-पूर्व एशिया) अथवा जहां भूमि जुड़ी हुई नहीं थी, वहां फट्टों से बने बेड़े अथवा नावों की सहायता से एक अथवा कई समूहों में ऑस्ट्रेलिया आए थे। इनके रिश्तेदार अभी भी एशिया में जैसे साकाई (मलेशिया), और सेलीबीज के तोअला (Toala) में पाए जाते हैं। दक्षिण भारत में लाखों पूर्व-द्रविड़ इसी जाति से सम्बन्धित हैं। इस प्रकार के कुछ प्रमाण हैं, जो यह प्रगट करते हैं कि ये लोग ऑस्ट्रेलिया में लगभग 40,000 वर्ष पूर्व बुर्म हिम युग में आए थे।

प्रजातीय गुण (Racial Characteristics)

इन आदिवासी लोगों को शारीरिक आकृति के अनुसार निग्रोयड की श्रेणी में रखा जाता है। इनके बालों में बहुत महत्वपूर्ण अन्तर होता है, इनके बाल छल्लेदार न होकर लहरदार होते हैं। मरुस्थलीय प्रदेश में फिर भी इनके बाल कपिल (Tawny) होते हैं। इनकी नाक की बनावट भी भिन्न होती है। इसी प्रकार इनके होंठ भी नीग्रोयड प्रकार के होते हुए ठीक आकार के होते हैं।

यद्यपि इनकी त्वचा का रंग मुख्य रूप से गहरे रंग का होता है, फिर भी यह नीग्रोयड से मिश्रित पुरा कालीन सफेद आधार लिए होता है। इनका कद नाटा 1.60 मीटर और 1.75 मीटर के बीच होता है। इन आदिवासियों का चेहरा मध्यम चौड़ाई से पलता और आंखों का रंग काले से भूरा तथा काले के मध्य होता है। ये आदिवासी प्राय: सुदृढ़ और मांसल होते हैं। इनमें काफी अधिक मात्रा में रक्त-मिश्रण हुआ है। इसके परिणामस्वरूप, ऐसे आदिम जनजाति के व्यक्ति को ढूंढ़ पाना अत्यन्त कठिन है जिसने नितान्त अपरिवर्तित शारीरिक आकृति और आदिम संस्कृति को बनाए रखा हो। किन्तु अभी पश्चिमी ऑस्ट्रेलिया के उत्तर-पश्चिमी भाग के एकान्त अथवा अपेक्षत: एकान्त क्षेत्रों में कुछ जातियों में अभी भी उच्चकोटि की नस्लीय शुद्धता पाई जाती है। ऑस्ट्रेलिया की आदिम जाति जो प्रशान्त महासागर के द्वीपों (बोर्नियो और न्यूगिनी) से यहां आए थे, वे वहां साधारण प्रकार की कृषि किया करते थे। चूंकि ऑस्ट्रेलिया की जलवायु की दशाओं के कारण कृषि को जीवन-शैली के रूप में अपनाना असम्भव था, अत: इन्हें आखेटक बनने के लिए बाध्य होना पड़ा।

निवास क्षेत्र (Habitat)

यूरोपवासियों के आगमन के पश्चात् इन जनजाति के लोगों को कठोर पर्यावरण क्षेत्रों और एकान्त प्रदेशों जैसे ऑस्ट्रेलिया का मरुस्थल तथा उत्तरी वन्य प्रदेश और द्वीपों की ओर धकेल दिया गया। यूरोपवासियों ने अधिक सीधे आदिम निवासियों को दक्षिण पूर्व के पर्वतों और सीमान्त प्रदेश की ओर, जिसमें तस्मानिया द्वीप भी सम्मिलित है, की ओर जाने के लिए बाध्य

चित्र 11.18 *ऑस्ट्रेलिया के आदिवासी*

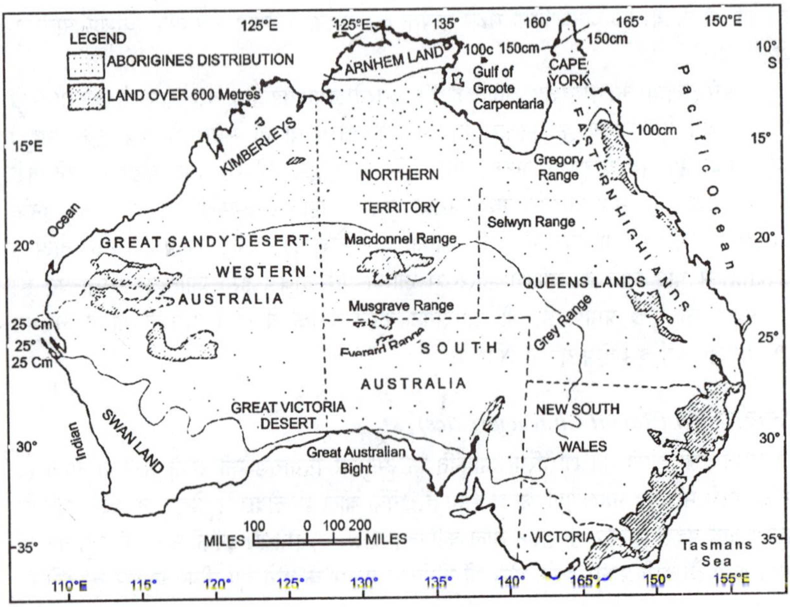

किया, जिन्हें आज भी उपान्तीय माना जाता है। ऑस्ट्रेलिया के आखेटकों में एन.डब्ल्यू.सी, क्वीन्सलैण्ड की जनजातियां न्यू साउथवेल्स, पश्चिमी विक्टोरिया, डेईरी (Daiere), मेरीबोरा, नारिन जेरी, इयूहलेई, अरान्दा (अरूण्टा), बिदजंदजारा, गुरूंजी, गुनविंगु, कामिलारोई, कडाकू, टिवी, वेलब्री, वूरोरा, यिन - यूरांट, उत्तरी ऑस्ट्रेलियन, मध्य ऑस्ट्रेलियन, मुरन्जिन और वाल्कल बूरा की जनजातियां मुख्य हैं। अधिकांश आदिम जनजातियों के लोग क्वीन्सलैण्ड, उत्तरी टेरीटरी और पश्चिमी ऑस्ट्रेलिया के राज्यों में निवास करते हैं। इनका प्रमुख केन्द्रीकरण विस्तृत रेतीले मरुस्थल (Great Sandy Desert), गिब्सन मरुस्थल, विक्टोरिया मरुस्थल (पश्चिमी ऑस्ट्रेलिया), अमहेम लैण्ड (Amhem Land), बर्कले पठार, मक्डोमल श्रेणी हार्ट्स श्रेणी, बार्थस्ट और मैल्मविले द्वीप (उत्तरी टेरीटरी) योर्क अन्तरीप प्रायद्वीप, ग्रे श्रेणी, ग्रेगरी श्रेणी, सिलवान श्रेणी, वेल्जले द्वीपों, बकलैण्ड पठार (क्वीन्सलैण्ड) तथा दक्षिणी ऑस्ट्रेलिया और न्यूसाउथ वेल्स के पहाड़ी मरुस्थल तथा पर्वतीय क्षेत्रों में पाया जाता है। पूर्वी ऑस्ट्रेलिया के उपजाऊ और अत्यन्त नगरीकृत क्षेत्रों के आदिवासी विशेषकर वे जो महानगरों में निवास करते हैं, ने अपनी सांस्कृतिक पहचान खो दी है और ये घेटो (Ghettos) क्षेत्रों तथा भीड़ भरी गंदी बस्तियों में निवास कर रहे हैं। (चित्र 11.18)

आदिवासी निवास क्षेत्र में उत्तर-पश्चिमी ऑस्ट्रेलिया में उष्ण से उपोष्ण और मध्य तथा पश्चिमी ऑस्ट्रेलिया में अर्द्ध शुष्क से उष्ण तथा शुष्क भिन्न जलवायु अवस्थाएं पाई जाती हैं। ऑस्ट्रेलिया के मरुस्थल में वर्षा न के बराबर होती है। विस्तृत रेतीले मरुस्थल (Great Sandy Desert), गिब्सन मरुस्थल और विक्टोरिया मरुस्थल में वर्षा का वार्षिक औसत 10 से 25 सेमी रहता है। किन्तु उत्तर की ओर यह औसत बढ़ता जाता है। क्वीन्सलैण्ड के उत्तरी भाग और ऑस्ट्रेलिया की उत्तरी टेरीटरी अधिक आर्द्र भरी है जहां वर्षा का वार्षिक औसत 50 से 100 सेमी रहता है। आर्द्र जलवायु वाला उत्तरी निवास क्षेत्र वनस्पति में धनी है। लाखों वर्षों की अपरदन क्रिया द्वारा, ऑस्ट्रेलिया के मरुस्थल और उच्च प्रदेश, घिसकर समतल नीरस भूपटल में बदल गए हैं। मध्य में, मैक्डोनल और मूसग्रवे श्रेणियों द्वारा विखंडित किया गया है जो गहरी कन्दराओं द्वारा विभाजित है। यहां अनेक अन्त: प्रवाह क्षेत्र हैं, वर्षा के पश्चात् आन्तरिक मौसमी नदियां थोड़े समय के लिए प्रवाहित होती हैं तथा उनके तल अधिकांश समय शुष्क रहते हैं। ये मौसमी नदियां, प्लाया (Playas) झीलों, जो प्राय: शुष्क रहती हैं, में गिरती हैं। इस आदिम जनजाति निवास क्षेत्रों में अनेक पाताल तोड़ कुएं पाए जाते हैं।

सामान्यत: ऑस्ट्रेलिया महाद्वीप तथा विशेषकर ऑस्ट्रेलिया के जनजातीय निवास क्षेत्र की वनस्पति भिन्न है। उष्ण मरुस्थल प्रदेश में भूमि घासपात रहित है, जबकि वर्षा होने पर घास प्रचुर मात्रा में उत्पन्न हो जाती है। मरुस्थलीय भागों में झाड़ियां तथा सेही (Porcupine) घास पाई जाती है। पशु मुख्य रूप से शिशु-धानी होते हैं।

स्थानिक-वितरण तथा घनत्व (Spatial Distribution and Density)

आदिवासियों का स्थानिक वितरण काफी असमान है। इनमें से अधिकांश लोग बड़े कठोर पर्यावरणीय क्षेत्रों में निवास कर रहे हैं। दो भिन्न संस्कृतियों के परिणामस्वरूप आदिवासियों की

मूल आदिवासी–संस्कृति में बिखराव हो गया है, जहां श्वेत उपनिवेशों की संख्या अधिक है। अर्द्ध घुमक्कड़ आखेटक संग्रहकों के रूप में आदिवासी समूह अपने क्षेत्रों में निवास करते हैं किन्तु अपने पास के समूहों के साथ कुछ प्रयोजनों जैसे धार्मिक उत्सव और व्यापार के लिए मेल मिलाप रखते हैं। उनके स्थाई अधिवास नहीं होते किन्तु जल स्रोत के पास वे लोग हवा को रोकने के लिए झोपड़ियां बनाकर रहते हैं।

चूंकि आदिवासियों को हर समय गतिशील रहना पड़ता है, अत: इनके पास रोजमर्रा की वस्तुएं बहुत कम होती हैं। पुरुषों के पास भाले, बरछे और कई प्रकार की बल्लियां होती हैं, जबकि स्त्रियों के पास कुदाली, तश्तरियां और झोले या टोकरियां होती हैं। ये लोग सामान्यत: नंगे रहते हैं, किन्तु दक्षिणी सर्द प्रधान क्षेत्रों में आदिवासी समूह फर का लबादा बनाते और पहनते हैं। आदिवासी समाज में पूर्ण विकसित व्यापारिक अर्थव्यवस्था पाई गई है। इनके पास कई प्रकार की वस्तुएं (भाले, उपकरण, गैरिक, लटकने) होती हैं, जिनका ये विनिमय करते हैं। इन्हें ये लोग एक समूह से दूसरे को हस्तांतरित करते हैं। इस प्रकार सम्पूर्ण अर्थव्यवस्था व्यापारिक मार्गों से गुंथी होती है।

नातेदारी एवं परिवार (Kinship and Family)

किसी भी आदिम जनजाति में कई स्थानीय समूह सम्मिलित होते हैं, जो वर्ष के अधिकांश समय में भोजन अनुज्ञा के आधार पर जुड़े रहते हैं। प्रत्येक वर्ग, जिसकी सदस्यता पितृवंशीय होती है, का मुख्य केन्द्र पानी के स्थान पर रहता है, जहां उस वर्ग के पूर्वज कभी पूर्व में आकर सर्वप्रथम बसे थे और जहां उनके पूर्वजों की आत्मा का अस्तित्व होता है तथा उनका विश्वास है कि ये आत्माएं देह धारणा करने अथवा पुनर्जन्म की प्रतीक्षा कर रही हैं। द्वैतीयक बस्तियां स्थापित करने वाले संस्थापक तथा उनके उत्तराधिकारी, प्राथमिक समूह और उनके उत्तराधिकारी के कुटुम्ब के सदस्य रहे होंगे। ये किस प्रकार स्थान, समय और प्रथा के आधार पर अलग हुए होंगे, इसकी उन्हें कोई चिन्ता नहीं होती। समाज में प्रत्येक व्यक्ति को पारस्परिक आचरण के सम्बन्धों के आधार पर, जो मान्यता प्राप्त अप्रत्यक्ष नातेदारी (Kinship) सम्बन्धों (यदि कोई हो) पर आधारित होते हैं, वर्गीकरण किया जाता है।

अधिकांश ऑस्ट्रेलिया में, दो, चार अथवा आठ के समूहों में सम्बन्ध विभाजित थे, जो विवाह और वंश के नियमों के आधार पर परस्पर सम्बन्धित थे और ये प्राय: बहिर्विवाही होते थे। वर्तमान समय में भी इस प्रकार के विभाजन परम्परागत समूहों में आज भी बने हुए हैं। विवाह के नियमों में भिन्नता है, किन्तु सामान्यत: एक व्यक्ति का उसी के साथ विवाह करना आवश्यक होता है जो उससे किसी विशिष्ट रूप से संबंधित होता है। विवाह को व्यक्तियों और नातेदारी समूह का एक गठजोड़ माना जाता है।

ऑस्ट्रेलिया के आदिवासी वर्ष को प्रदेशानुसार पांच से आठ ऋतुओं में विभाजित करते हैं। प्रत्येक ऋतु साधारणत: अनुमानित मौसम की दशाओं और प्राप्त किए जाने वाले भोजन के प्रकार के आधार पर निर्धारित होती है। जनजातीय लोग अकाल और भोजन के अभाव की पुनरावृत्ति का सामना, प्राकृतिक जीव–जन्तुओं, और वर्षा को मानव की सामाजिक और व्यावहारिक व्यवस्था मानते हुए उनके साथ धार्मिक सम्बन्ध स्थापित करते हैं। एक पारम्परिक जनजाति के अन्तर्गत प्रत्येक समूह न केवल स्त्रियों और पुरुषों द्वारा,

अपितु यह कई जातियों (Species) से बना होता है जो आपस में संबंधित होते हैं। प्रत्येक जनजाति का एक नाम (गणचिह्न) (Totem) होता है। इसके अतिरिक्त, पुरुष अनेक वर्गों और शाखाओं में विभाजित होते हैं जो किन्हीं पौराणिक कथाओं, अनुष्ठानों, स्थानों और चिह्नों, एक अथवा अधिक प्राकृतिक जीव-जन्तुओं और पूर्वज योद्धाओं से सम्बन्धित होते हैं, के परिरक्षक होते हैं।

आदिवासी वृद्धतंत्र (Aboriginal Gerontocracy)

ऑस्ट्रेलिया की आदिम जातियों में, जो कि निम्न स्तर के आखेटक हैं, में भोजन प्राप्त करने के ढंग, अन्य आखेटक समाजों के समान ही हैं, जबकि इनकी संस्कृति और संस्थाएं अधिक जटिल और परिष्कृत हैं। इनकी सामाजिक इकाई भी बड़ी होती है और कुछ जातियों, जैसे अरून्टा (Arunta) में, ये गणचिह्न से मेल खाते हैं।

इस प्रकार जनजाति के एक समूह पर एक प्रतिष्ठित मुखिया अध्यक्षता करता है, जो धार्मिक अनुष्ठान भी करता है, किन्तु उसके अधिकार अत्यधिक अपरिभाषित होते हैं, यद्यपि यह पद परिवार में और कम से कम गण समूह में वंशानुगत होता है। किसी अवस्था में उसे परामर्श देने वाली एक परिषद होती है, सामान्यत: जिसका सम्बन्ध अपराधी को सजा देने, सैनिक आक्रमण अथवा हत्या के बदले को सुनिश्चित करने जैसे महत्वपूर्ण कार्यों से रहता है। इन बुजुर्गों का प्रभाव ऑस्ट्रेलिया की इन जनजातियों में इतना अधिक होता है कि इसे वृद्धतंत्र अथवा बुजुर्गों के शासन की संज्ञा दी जाती है।

सामान्य परिस्थितियों में, जनजाति समूह, व्यभिचार, चोरी तथा इसी प्रकार के अपराधों पर बिना किसी संगठन के विचार करता है, किन्तु जब यह समूह किसी अपराध को सुलझा नहीं पाता है अथवा अपराध अधिक गंभीर होता है, जैसे कौटुम्बिक व्यभिचार, नियमों में वर्जित स्त्री से विवाह, गुप्त गणचिह्नों का अवैध अधिग्रहण, जादू-टोने द्वारा हत्या और मृत्यु जैसे अपराधों को बुजुर्गों की परिषद अपने हाथ में लेती है। अत:, यदि कोई व्यक्ति किसी को घायल करने अथवा हत्या का दोषी पाया जाता है तो 'जैसे को तैसा के बदले की भावना', जिसका अर्थ होता है, "आंख के बदले आंख, दांत के बदले दांत," के आधार पर निर्णय लिया जाता है। किन्तु यदि अपराधी दण्ड से बचने के लिए भाग जाता है, तो उसे किसी के भी द्वारा निर्वासित मान कर देखते ही मार दिया जाता है। कौटुम्बिक व्यभिचार के मामले में दोनों ही अपराधियों को भाले से मृत्युदण्ड दिया जाता है।

धर्म (Religion)

अर्थव्यवस्था के साथ-साथ भौतिक और सामाजिक-सांस्कृतिक पर्यावरण, धार्मिक कृत्यों को प्रभावित करता है जो संकल्पनाएं, रीति-रिवाज और प्रतीक प्रदान करते हैं, जिनके द्वारा मानव अलौकिक शक्ति के निकट पहुँचता है। ईश्वर की संकल्पना उसी प्रकार से है जैसे विधि प्रणाली के विधि कर्ता अर्थहीन होता है। ऑस्ट्रेलिया के भोजन संग्रहणकर्ता टोटमवाद (Totemism) में विश्वास करते हैं। ईश्वर के अतिरिक्त ये लोग पवित्र आत्माओं की भी पूजा

करते हैं। बिजली, गर्जन, तूफान आदि को भी ईश्वर की अप्रसन्नता मानते हैं, इसीलिए आदिवासियों द्वारा इनकी भी पूजा की जाती है। ऑस्ट्रेलिया के जनजातीय लोगों में ईश्वर को 'मोटोगन'(Motogan) के रूप में जाना जाता है। इन लोगों में धर्म से जुड़ी उच्च नैतिकता पाई जाती है। इनमें बलि देना और प्रार्थना अनुचित मानव हत्या से बचाव, कौटुम्बिक व्यभिचार का निषेध, व्यभिचार, अप्राकृतिक चरित्रहीनता, चोरी, झूठ बे।लना आदि अनैतिक और धर्म विरुद्ध माने जाते हैं।

आदिम जनजातीय लोगों के जीवन में स्वप्न और उनकी व्याख्या का बहुत महत्व है। स्वप्नों के सम्बन्ध में वृद्धजनों को ही पूरी जानकारी होती है। इसी कारण ये लोग सामाजिक आचरण तथा धार्मिक कार्य विधि के विशेषज्ञ होते हैं।

इन आदिवासियों का विश्वास है कि इस संसार की समस्त वस्तुएं प्राथमिक रूप से मानव के उपयोग के लिए होती हैं, अनेक महान विचारकों का स्वप्न है। इन लोगों में व्यक्ति और सामाजिक कारणों से श्रम की आशा की जाती है, साथ ही यह भी आशा की जाती है कि भूमि तथा अन्य संसाधनों का न तो अपव्यय किया जाए और न ही लूटा जाए, किन्तु उसे मानव को दिया गया ईश्वर का उपहार समझा जाना चाहिए।

कला और चित्रकारी (Arts and Paintings)

आदिवासी मिथक और धार्मिक क्रियाएं, कला, कविता, संगीत और नृत्य द्वारा प्रदर्शित की जाती थीं। मिथक (पौराणिक कथाएं) गीतों में सुरक्षित हैं जो कविताओं द्वारा व्यक्त की गई हैं जिनकी रचना लयबद्ध तथा भाषा और संगीत में जटिलता रहती है। पवित्र वस्तुओं और यहां तक कि शास्त्रों जैसे कि बूमरिंग (Bommering) पर भी पौराणिक कथाओं को व्यक्त करने के लिए खुदाई की जाती है, कलाकारों के शरीर धार्मिक और पौराणिक रचनाओं द्वारा रंगे जाते थे। पत्थर, वृक्ष की छाल अथवा जमीन पर भी खुदाई की जाती थी। चित्रकारी और खुदाई, स्वयं में धार्मिक कृत्य माने जाते थे। चित्रकारी स्वयं के आनन्द के लिए भी की जाती थी। गीत गाना और नृत्य दोनों ही सामाजिक मंचों और एकान्त स्थान पर किया जाता था। यहां कला और संगीत के प्रादेशिक विद्यालय थे तथा यंत्रों और शस्त्रों को सजाने में प्रादेशिक अन्तर भी पाया जाता था। कुछ प्रमुख धार्मिक पूजा पद्धतियों में भी प्रादेशिक स्तर पर भिन्नता पाई जाती थी।

प्रागैतिहासिककालीन चट्टानों की चित्रकारी के अतिरिक्त, ऑस्ट्रेलिया के आदिवासियों में कला का अधिक विकसित ढंग भी था। ये अपनी चित्रकारी प्राय: सफेद, लाल, काले रंगों को सुविधापूर्वक मिलाकर करते थे। इन्हीं रंगों से अपने घरों को सजाया करते थे। ये सामान्यत: उत्तरी सीमाओं की जातियों, विशेषकर कडाकू जाति द्वारा उपयोग में लिए जाते थे।

ऑस्ट्रेलिया में, अन्य प्रकार की भी परिष्कृत कला, जो रेखाओं के माध्यम से बनाई जाती है, जिनका प्रतीकात्मक अर्थ और सजावटी महत्व है और जो सामान्यत: पवित्र वस्तुओं से सम्बन्धित होती हैं, ये सभी उभार कर खोदी जाती थीं। यहां यह भी कहा जा सकता है कि प्रतीकवाद, लयबद्धता और समरूपता जो चित्रकला से सम्बन्धित हैं, ये

वस्तुएं ऑस्ट्रेलिया के वर्तमान आदिवासियों को सौंदर्यपरक आनन्द देती हैं, तथा वे राष्ट्रीय कला के रूप में उन पर गर्व करते हैं।

नरभक्षण (Cannibalism)

आदिम जनजातीय लोगों के जीवन की सबसे बुरी बात नरभक्षण, मानव बलि, दासता और जादू-टोना है। कभी-कभी जोरदार भूख के कारण उत्तरी और पश्चिमी ऑस्ट्रेलिया की जनजातियां मानव मांस भी खाती हैं। इनमें जादुई नरभक्षण भी होता है। कुछ आदिवासियों का यह विश्वास है कि दुश्मन के शरीर अथवा उसके किसी विशेष अंग जैसे यकृत और हृदय को खाने से उस मृत पुरुष के कुछ गुण उसमें आ जाते हैं। नरभक्षण द्वारा दुश्मन की बहादुरी में साझेदार होने का विचार और विश्वास क्वीन्सलैण्ड की डेइरी (Dieri) और मेरीबोरो जातियों तथा न्यू साउथ वेल्स की डालिंग नदी में निवास करने वाली जाति में पाया जाता है। मध्य ऑस्ट्रेलिया की कुछ जनजातियों में जब परस्पर विरोधी अभियान चलाया जाता था, तब वृद्धजनों द्वारा एक हृष्ट-पुष्ट योद्धा का चुनाव किया जाता था, जिससे कि उसके जिन्दा रहते उसका रक्त उस जाति के योद्धाओं द्वारा पाया जा सके और उसके रक्त का लेप किया जा सके और उसकी वीरता को आपस में बराबर बांट सकें। इस अनुष्ठान में चुने गए वीर से इस सत्य परीक्षा से मना करने की अपेक्षा नहीं की जाती थी।

इसी प्रकार, कुछ आदिम जातियों में मृत व्यक्ति के कुछ अंगों को उसके सम्बन्धियों द्वारा खा लिए जाने की प्रथा है और जब उनसे इस बारे में पूछा जाता है तो उनका उत्तर होता है "हमने उसको इसलिए खाया क्योंकि हम उसे जानते थे और बहुत चाहते थे।" कुछ जातियों में जाति के वृद्धजन उनकी इच्छानुसार मार दिए जाते हैं और उनके बच्चों, सम्बन्धियों और मित्रों द्वारा उसके मांस का भक्षण किया जाता है क्योंकि वे अपने माता-पिता को पृथ्वी की गर्मी अथवा ठण्डी में रखे जाने के स्थान पर अपने पेट की उष्मा में रखना उचित समझते हैं।

उन्नीसवीं शताब्दी में यूरोपवासियों के सम्पर्क में आने तथा वर्तमान समय के नगरीय सात्मीकरण के कारण 'शक्ति द्वारा शान्ति स्थापना' (Pacification by Force) से आदिवासियों की संस्कृति में बदलाव आया है। आदिवासियों के विघटन, जिसकी सम्भावना थी, को रोकने के लिए सरकार ने 1920 के उत्तरार्द्ध और 1930 के पूर्वार्द्ध में सुरक्षा के उपाय किए। ऐसा कोई भी आदिवासी व्यक्ति नहीं है जो ऑस्ट्रेलियाई समाज से सम्पर्क में न आया हो। वर्तमान में सभी जनजातीय लोग ऑस्ट्रेलिया के नागरिक हैं। हाल के दशकों में सन्धियों का युग आरम्भ हुआ है। दक्षिण के आदिवासी समूह सात्मीकरण के स्थान पर एकीकरण पर बल देते हैं, अर्थात् वे ऑस्ट्रेलियाई लोगों से अलग, आदिवासी विशिष्टता बनाए रखने के पक्ष में हैं। उत्तर में भूमि के मालिकाना अधिकार, नियंत्रण तथा हिस्से की क्षतिपूर्ति को शामिल करना और खनिजों का दोहन जो आदिवासियों के लिए आरक्षित क्षेत्र में हैं, मुख्य केन्द्र बिन्दु है।

इन सभी प्रयासों के बावजूद आदिवासियों के शरीर दुर्बल हैं और वे कुपोषण तथा अल्प पोषण के शिकार हैं। ये लोग अशिक्षित, अकुशल और बेरोजगार हैं। श्वेत और

आदिवासियों के जीवन स्तर में सुस्पष्ट असमानताएं पाई जाती हैं। वास्तव में ये लोग अभी भी शोषित हैं और इनसे भेदभाव बरता जाता है। अभी भी अनेक आदिवासी टीलों पर और बाड़ों में निवास करते हैं। इनके पास कम साज-सामान होता है और अधिकांश लोग कम्बलों और चटाई के टुकड़ों पर शयन करते हैं। भोजन तथा व्यक्तिगत माल-असबाब, कुत्तों और बच्चों से बचाकर ये लोग झोपड़ी के ऊपरी भाग अथवा वृक्षों पर लटका कर रखते हैं।

आदिवासियों की जीवन-शैली के बनाने में पर्यावरण प्रभावी भूमिका निष्पादित करता है। उत्तर-पश्चिम मध्य क्वीन्सलैण्ड में इन्हें बीज, कन्द, फल, सब्जियां, फूल और मधु, कीड़े और पतंगे, मेंढक, छिपकलियां, मछली और मगरमच्छ (जहां नदियां हैं) टर्की, तिलोर, कबूतर, एमू और कंगारू मिलते हैं। इनके पास न तो कुदाली है और न ये कृषि करते हैं तथा इनके औजार भी अपरिष्कृत होते हैं। इनकी कुछ आखेट क्रियाएं वृहद् कुशलता का परिचय देती हैं। जब कभी इन्हें कोई कंगारू दिखाई देता है, आदिवासी दौड़ कर उसका पीछा करते हैं, सारे दिन वे उसके पीछे-पीछे दौड़ते रहते हैं। रात्रि के समय वह और उसका शिकार, एक ही स्थान पर जहां वे होते हैं, सो जाते हैं। दूसरे दिन प्रातः काल कंगारू इतनी अधिक दौड़, जिसका वह अभ्यस्त नहीं होता है, के कारण उसकी मांसपेशियां कड़ी हो जाती है, जिससे कि शिकारी उसे शीघ्र ही पकड़ लेता है और इस प्रकार कंगारू को मार गिराया जाता है। यह कार्य बहुत ही बहादुरी का माना जाता है। शिकार करते समय पीछे रह गए शिकारियों का इंतजार किया जाता है और उनके आने के पश्चात् दावत होती है।

वर्तमान में, सभी आदिवासी ऑस्ट्रेलिया के हैं और उन पर अब किसी प्रकार के कानूनी प्रतिबंध नहीं हैं । वे अब वोट देने और सामाजिक सेवाएं प्राप्त करने के हकदार हैं। पिछले कुछ वर्षों में उन्होंने विशेषतः भूमि अधिकारों, आवास, चिकित्सा तथा सभी स्तरों पर राजनीतिक प्रतिनिधित्व देने को लेकर राजनीतिक विरोध प्रकट किया है।

इस प्रकार, ऑस्ट्रेलिया के आदिवासियों ने अपेक्षतः साधारण तकनीक, कठोर निवास क्षेत्र और सीमित आर्थिक संसाधनों के साथ प्राकृतिक परिवेश से अपने आप को अनुकूलित कर लिया है।

युकाधीर लोग (Yukadhirs)

युकाधीर उत्तर पूर्वी साइबेरिया बारहसिंगा (रेन्डियर) का शिकार करने वाले लोग हैं। ये लोग टुण्ड्रा और साइबेरिया की तीव्र सर्द दशाओं में अभी तक शुद्ध रूप में शिकारी अर्थव्यवस्था को बनाए हुए हैं। ये लोग पूर्वी साइबेरिया के टुण्ड्रा प्रदेश में रहते हैं जो वर्खोयान्सक के पहाड़ी चाप और स्टानोबोई पहाड़ों के उत्तर में है। युकाधीर, कालयामा, इंडिग्रीका और ओमोलन नदियों के जलग्रह के किनारे जो कि वर्खने कोलयुमस्क के ऊपर हैं, जीवन व्यतीत करते हैं (चित्र 11.19 और 11.20)।

इस क्षेत्र में सर्दी इतनी तेज पड़ती है कि पानी की सतह वर्ष में सात-आठ महीनों तक जमी रहती है। याना और कोलयमा नदियों के मुहाने पर जनवरी में औसत तापक्रम

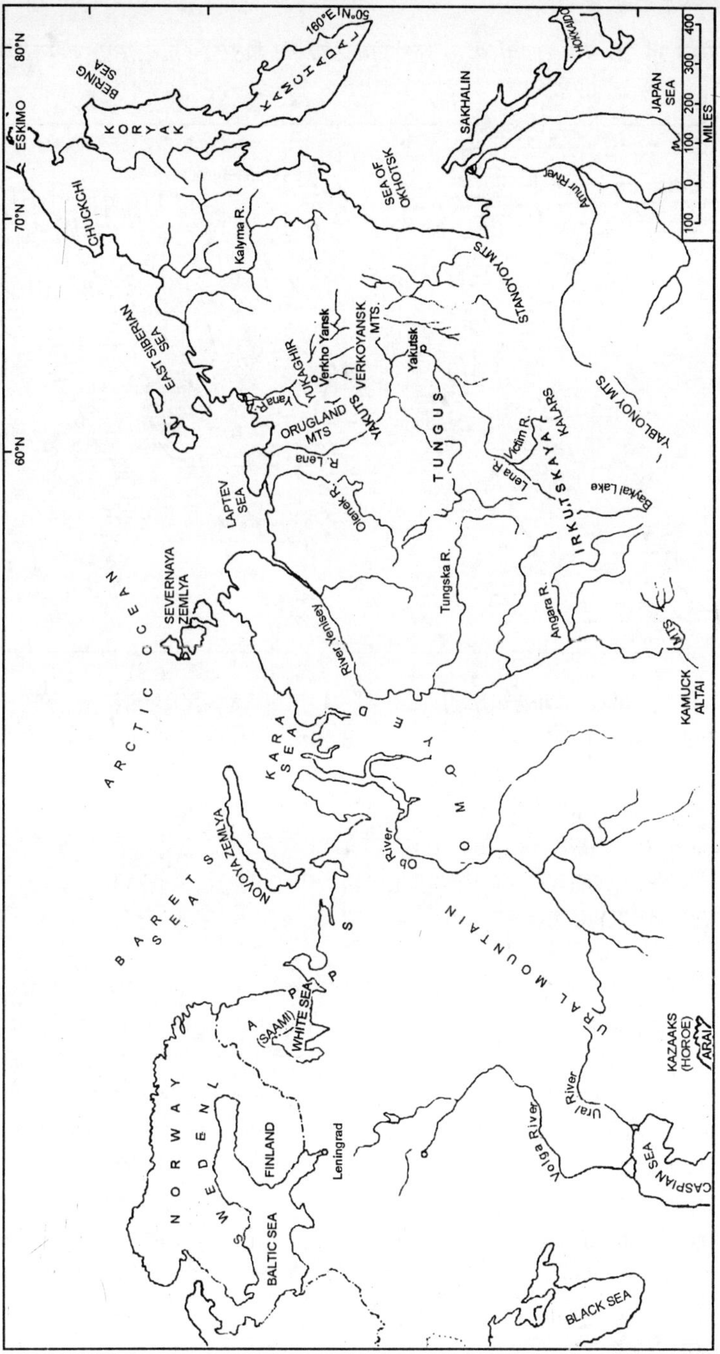

चित्र 11.19 साइबेरिया टुण्ड्रा में भोजन संग्राहक और आखेटक

चित्र 11.20 *पूर्वी साइबेरिया में मूल निवासियों का वितरण (जचेलसन, बोगरास के आधार पर)*

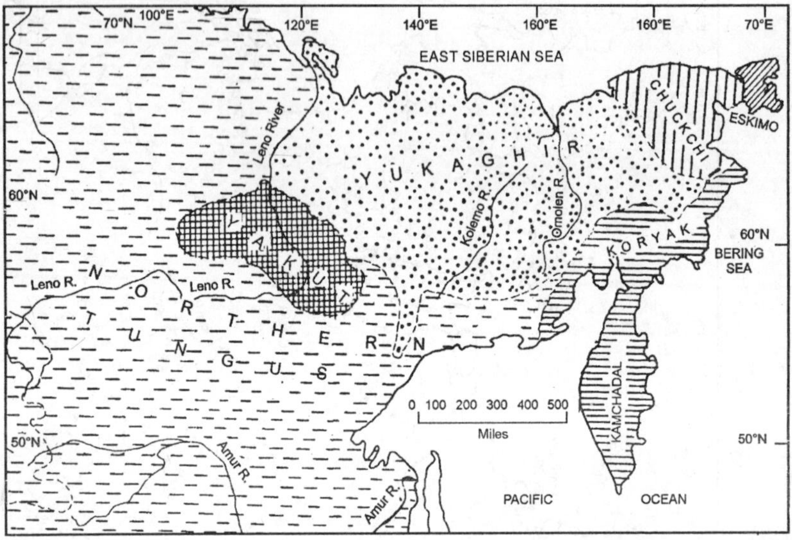

–40°C और वर्खोयान्सक में –70°C से नीचे रहता है जबकि साइबेरिया में जो वर्खोयान्सक के ठीक दक्षिण में है, सबसे नीचा प्रलेखित तापक्रम –79°C या –122°F पाया गया है। पाला केवल 70 दिन नहीं पड़ता है। इन दिनों रोजाना सूरज निकलता है, किन्तु भूमि केवल 2 या 3 फुट की गहराई तक ही गर्म होती है। मई के अन्त तक जैसे ही तापक्रम बढ़ने लगता है, सभी जमीनों पर हिम और बर्फ पिघलने लगती है। सपाट कोलयमा खाड़ी की बर्फ से जमी भूमि की नीचे की परत अभेद्य होती है, अत: नीचे का प्रदेश दलदल से भरी झील का रूप धारण कर लेता है, जिसमें कई छोटी-छोटी पानी की धाराएं बन जाती हैं, जिसके कारण जमीन पर चलना लगभग असंभव-सा हो जाता है। पहाड़ों के ढाल कठोर पेड़ों, पथरीले चीड़, देवदारू, भोज और भिदुर, वक्षों से ढंके रहते हैं। उत्तरी मैदानों में केवल बहुत कम वनस्पति होती है जिसमें नरकटी घास, काई चट्टानों में उगने वाले पौधे, और लिचन, छोटे बेरों वाली झाड़ियां मुख्य हैं। इनमें तब यकायक जीवन का संचार हो जाता है, जब छोटी ग्रीष्म ऋतु की शुरुआत होती है जो पशुओं को जिन्दा रखती है। अब ये जानवर टुण्ड्रा की ओर जाने लगते हैं। ध्रुवी खरगोश, बारहसिंगा, हिरण और हंस, बतखों, और टारपिगन पक्षियों के बड़े-बड़े झुंड चमत्कारी रूप में दिखाई देने लगते हैं, जो मानवों का शिकार बनते हैं। दक्षिण के जंगल में काले भालू, कस्तूरी मृग, गिलहरी और पहाड़ी भेड़ पाई जाती हैं। यद्यपि सालमोन मछली यहां मुश्किल ही मिलती है, फिर भी बसन्त ऋतु में दूर-दूर से नदियों में दूसरी प्रकार की मछलियां आ जाती हैं। ये मछलियां नदियों के पुन: जमने के पूर्व गर्मियों के अन्त में समुद्र में लौट जाता हैं।

युकाधीर के लिए जंगली रेन्डियर के झुंड ही भोजन और खालों के सर्वाधिक मुख्य स्रोत हैं। जंगली रेन्डियर पूर्वी साईबेरिया के घोड़े से थोड़ा ही छोटा होता है। ये मौसम के अनुसार जंगल की सीमा के दोनों तरफ प्रवसन करते रहते हैं। सर्दियों में अधिकांश झुंड जंगलों के प्रदेश में आश्रय लेते हैं, जहां वे जंगलों के बाहरी हिस्से में लिचन घास की परत पाते हैं। इसमें से एक प्रकार की घास टुण्ड्रा में पूरे साल मिलती है। रेन्डियर टहनियां, कुकरमुत्ता और झाड़ियां खाते हैं, किन्तु इन्हें लिचन, जिसे सामान्यत: रेन्डियर काई कहा जाता है, विशेषकर पसन्द है। अपने पैने ख़ुरों और शक्तिशाली अगले पैरों की सहायता से रेन्डियर हिम को खोद कर वनस्पति निकाल लेते हैं, जबकि ग्रीष्म ऋतु में दलदली भूमि के ऊपर आसानी से घूम सकते हैं जो कि उन्हीं के आकार के अन्य जानवरों के लिए संभव नहीं है। टुण्ड्रा के हिम के पिघलने पर जब लिचन और काई उगने लगती है, तब जंगली रेन्डियर उत्तर की ओर प्रवसन करते हैं जहां इन्हें मच्छरों के झुंडों से कुछ राहत मिलती है जो ग्रीष्म ऋतु में वनों के सीमान्त क्षेत्र के सभी पशुओं को यातना देते हैं।

युकाधीर मंगोलॉयड नस्ल के हैं। ये छोटे और थोड़े मोटे लोग हैं जिनके चेहरे लम्बे और संकड़े, छोटी चपटी नाक, चमड़ी का पीला-भूरा रंग, और मोटे सीधे काले बाल होते हैं। इनके वस्त्र रेन्डियर की खाल और अन्य समूर के बने होते हैं। रेन्डियर की खाल का बोरेनुमा लम्बा कोट इनके घुटनों तक होता है। इसकी बांहें लम्बी और पीछे लटका हुआ एक कपड़ा होता है। यही उनकी मुख्य पोशाक है। कड़ी सर्दियों के मौसम में, ये लोग खालों के बने दो या अधिक कोट, एक के ऊपर एक कोट जिस पर समूह टंगा रहता है, पहनते हैं। सामने की तरफ एक लम्बा एप्रन पहनते हैं, जो गले में लटका रहता है। दोनों ही लिंग के व्यक्ति लम्बे जूते पहनते हैं। ये लोग प्रवसन करते हुए परिवारों के छोटे समूहों में शिविर लगाते हैं जो कि कुल एक सौ व्यक्तियों से अधिक होता है, सामान्यत: यह छोटा ही होता है। शायद ही कोई व्यक्ति अपने समूह से बाहर विवाह करता है।

युकाधीरों के प्रवसन और परिवहन का मुख्य साधन 'स्लेज' है। कुत्तों द्वारा खींची जाने वाली यह गाड़ी सामान्यत: दो मीटर लम्बी होती है जो बीच में लकड़ी की बनी होती है। स्लेज गाड़ी का प्रयोग काईदार चिकनी जमीन पर भी किया जा सकता है जब बर्फ पिघल जाती है। मुख्य नदियों में परिवहन के लिए बड़े-बड़े खम्भे बांध कर बड़े बेड़े बनाए जाते हैं। अक्टूबर और मई के बीच में सर्दियों के शिविर नए जंगलों में शिकार के लिए दो-तीन बार इधर-उधर घूमते हैं। नसदार सशक्त तीरों और आग्नेयास्त्रों से ये लोग रेन्डियर का शिकार करते हैं जो दक्षिण में चले जाते हैं और बारहसिंगा, कस्तूरी मृग, और पहाड़ी भेड़ के लिए ऊंचे जंगलों में अभियान चलाते हैं। पतझड़ और बसन्त का मौसम शिकार के लिए सबसे अच्छा माना जाता है। बसन्त में किए गए शिकार और मारी गई मछलियों के अधिशेष को यदि उन्हें संरक्षित करना है तो उन्हें सुखाना आवश्यक होता है। गर्मियों में एकत्रित किया गया भण्डार उन्हें सर्दियों में पर्याप्त भोजन और पोषण प्रदान करता है। गर्मी के मौसम में ये लोग बेर, सफेद कंद, लार्च पेड़ की अन्दर की

छाल, और लाल पहाड़ी पीपल और अन्य जंगली लकड़ियों का रस एकत्रित करते हैं। शिकार और मछली मारने के अभियान से प्राप्त वस्तुओं को व्यक्तिशः नहीं रखते, अपितु दल के वरिष्ठ व्यक्ति को लाकर सौंप देते हैं जिसकी पत्नी उन्हें बांट देती है। तम्बू, जाल और नावें समूह की सम्पत्ति होती हैं। व्यक्तिगत सम्पत्ति केवल ऐसी वस्तुओं (हथियार) तक सीमित होती है जो शिकार के काम आती हैं।

सम्पूर्ण वर्ष ये लोग शंकु के आकार के तम्बुओं में रहते हैं जो हल्के खम्भों से बने होते हैं और जो रेन्डियर की खाल से ढंके होते हैं। जब ये लोग एक स्थान से दूसरे स्थान पर जाते हैं, तब इन्हें बांधकर कुत्तों वाली स्लेज गाड़ी और बेड़े पर लाद देते हैं। सर्दियों में ये लोग कुछ मीटर गहरे खोदे हुए गड्ढों के घरों के गांवों में रहते हैं। ये घर लकड़ी और घास की थिगली से ढंके होते हैं। (चित्र 11.21)

युवा व्यक्तियों को रेन्डियरों के झुंड के शिकार का कठोर प्रशिक्षण दिया जाता है जो कि एक कठिन और थकाने वाला कार्य होता है। जब रेन्डियर का शिकार करना होता है तो इनके झुंड में खलबली मच जाती है, तब ये तेजी से भागते हैं। ऐसे समय पर कई दिनों तक निरन्तर इनका पीछा करना पड़ता है। समूह का शिकारी नेता जो कि एक बलवान व्यक्ति होता है उसे अपना पद प्राप्त करने और उसे बनाए रखने के लिए बड़ी साहस, शक्ति और सूझ-बूझ का प्रदर्शन करना होता है। यही नेता समूह और क्षेत्र का संगठन और रक्षा कर्ता है।

पिछले कुछ दशकों में, युकाधीर समाज में तीव्र परिवर्तन हुआ है। इनमें से कई पास के रेन्डियरपालक समूहों में, विशेषतः टंगस लोगों में चले गए हैं। फिर भी ये लोग उत्तर-पूर्वी एशिया में सर्वाधिक आदिवासी अर्थव्यवस्था के प्रतिनिधि हैं। आर्कटिक एशिया

चित्र 11.21 *युकाधीर का ग्रीष्म ऋतु का शिविर (जचेलसन के फोटो के आधार पर)*

में इन्हीं में से कुछ लोग अभी भी पूर्णतः भोजन संग्राहकों के उदाहरण हैं। रेन्डियरों का मांस और नदियों की मछलियां भोजन की प्रमुख वस्तुएं हैं और निकट भविष्य में इनकी भोजन की आदतों में कोई परिवर्तन होने की संभावना नहीं है। रूस की सरकार इनकी शिकार करने और भोजन संग्रहण करने की व्यवस्था में परिवर्तन लाने का प्रयास कर, इन्हें रेन्डियरपालक बनाना चाहती है, किन्तु इस कार्य की योजना बनाने और उसे लागू करने में एक बहुत बड़ी कठिनाई इस क्षेत्र की अतीव सर्द प्रधान दशाएं हैं। किसी भी प्रकार के पर्यावरण के समुच्चय में आदतों में परिवर्तन करना बड़ा कठिन होता है, विशेषतः उत्तर-पूर्व के साइबेरिया के नियतिवादी जलवायु दशाओं में तो यह बड़ा कठिन कार्य हैं।

साइबेरिया में रेन्डियर (Reindeer in Siberia)

एस्कीमो, युकाधीर, याकूत, कोरयाक, कमछादल, लेप्प (सामी), टुंगस और सोमोयेड लोगों के लिए जंगली रेन्डियर के झुंड उनके भोजन और खालों के सर्वाधिक महत्वपूर्ण स्रोत हैं। जंगली रेन्डियर वनों की सीमाओं के दोनों ओर मौसमी प्रवसन करते हैं। शीत ऋतु में अधिकांश झुंड वन प्रदेशों में शरण ले लेते हैं जहां लिचन घास की परत बिछी होती है। रेन्डियर टहनियां, कुकुरमुत्ता और झाड़ियां खाते हैं, किन्तु लिचन घास जिसे लोकप्रिय भाषा में ''रेन्डियर काई'' कहा जाता है, इनका प्रिय व बहुतायात में उपलब्ध भोजन है। अपने पैने खुरों और शक्तिशाली अगले पैरों की सहायता से ये हिम को खोद कर उसमें से वनस्पति को निकाल लेते हैं, जबकि गर्मियों में ये आसानी से दलदली भूमि पर घूम सकते हैं। टुण्ड्रा प्रदेश में जब हिम के पिघलने पर लिचन घास और काई उगी भूमि स्पष्ट दिखाई देने लगती है, तब जंगली रेन्डियर उत्तर की ओर चले जाते हैं, जहां इन्हें मच्छरों के झुंडों से राहत मिलती है जो गर्मियों में वनों के सीमान्त क्षेत्र के सभी पशुओं को यन्त्रणा देते हैं।

ग्रीष्म ऋतु के आगमन पर तापमान तीव्रता से बढ़ने लगता है। मई के महीने में हिम कुछ ही घंटे में पिघल जाता है। वास्तव में, अंगारा और लीना जैसी नदियों के पिघलने के दो दिन बाद ही घास तेजी से उग आती है। ग्रीष्म ऋतु में आर्कटिक तटों से रेन्डियर उत्तर की ओर और एस्कीमो दक्षिण की ओर जाने लगते हैं। आन्तरिक भागों की ओर आने पर उन्हें रेन्डियर और कैरीबो के झुंड मिलते हैं जो गर्मियों में उगने वाले काई, लिचिन, घास, जड़ी-बूटियां, और छोटी झाड़ियां खाते हैं।

ग्रीष्म ऋतु में ये लोग जीवन-निर्वाह और सर्दियों में फर के व्यापार के लिए शिकार करते हैं। टुंगस, सामोयेड, चुकची, कोयार्क, और युकाधीर लोगों का समस्त जीवन रेन्डियर के शिकार के अनुसार संगठित होता है। मई के महीने में जब रेन्डियरों को मच्छर और डांस परेशान करते हैं तब ये जंगल छोड़ कर उत्तर के हिम रहित चरागाहों की ओर चले जाते हैं। वे पतले हो जाते हैं और बहुधा उनके कई घाव हो जाते हैं। कई बार इनके झुंडों पर गिल्टी रोग की महामारी का हमला हो जाता है। रूसी आर्कटिक प्रदेश में एक बार इस महामारी से लगभग एक लाख रेन्डियरों की मृत्यु हो गई थी। अगस्त और सितम्बर के महीनों में जब ये जानवर मोटे होकर जंगल की ओर लौटते हैं, तब वास्तव में मुख्य शिकार करने की शुरुआत होती है।

ग्रीष्म ऋतु में, धनुष-बाण द्वारा व्यक्तिगत शिकार करना एक सामान्य बात है, किन्तु कैरीबो और रेन्डियरों की झुंड में रहने की प्रवृत्ति समूह आखेट को प्रोत्साहित करती है। जो परिवार बसन्त ऋतु में इधर-उधर बिखर जाते हैं, वे आन्तरिक भागों में जाने के पूर्व पुनः मिल जाते हैं। गर्मियों के शिविर चौड़ी घाटियों के प्रवेश द्वार पर लगाए जाते हैं जो तंग घाटियों और उच्च भूमि पर जाने के लिए आसान होते हैं। पशुओं के झुंड उत्तर की ओर बढ़ते हैं और अपने शीतकालीन चरागाही स्थानों से तीन सौ किलोमीटर की दूरी तक चले जाते हैं। बहुधा वे कई वर्षों तक एक ही रास्ते में आते-जाते हैं और इनकी यात्रा के समय में बहुत कम अन्तर होता है। मौसम की शुरुआत में, पशुओं को ऐसी दलदली भूमि की ओर हांका जाता है, जिस पर हिम की पतली परत जमी होती है। यहां शिकारीगण उन्हें आसानी से मार गिराते हैं। किन्तु इन लोगों की शिकार की सर्वाधिक प्रिय और सफल विधि के अनुसार ये पशुओं को नदी या झील की ओर हांक देते हैं जहां कार्यायाक (नाव) में छिपे हुए शिकारीगण पशुओं पर तेजी से भाले से प्रहार करते हैं। साइबेरिया में याकूतों के क्षेत्र में कई हजार पशु प्रायः 50 से 100 किलोमीटर लम्बी कतार में भ्रमण करते हैं। युकाधीर और याकूत लोग इन पर आक्रमण करना तब पसन्द करते हैं, जब ये पशु लीना और याना नदियों तथा इनकी सहायक नदियों को पार कर रहे होते हैं। जैसे ही पशुओं का झुंड अपने अगुवा को देखकर पानी में प्रवेश करता है, आखेटक नावों से आगे बढ़ कर इन्हें रोक कर उन पर आक्रमण करते हैं, जबकि छोटे भाले लिए हुए सर्वाधिक कुशल आखेटक तैरते हुए पशुओं के समूह पर भाला भोंक कर उन्हें मार देते हैं। ऐसा देखा गया है कि एक कुशल याकूत आधे घंटे से कम समय में सौ से अधिक रेन्डियरों का वध कर देता है। जब इन्हें मार दिया जाता है, तब इन्हें किनारे पर खींच कर टुकड़े-टुकड़े कर दिया जाता है। इस मांस को सुखाया या घमित किया जाता है या तापक्रम उपयुक्त होता है तो इसे जमाकर शीत ऋतु के लिए संचय कर लिया जाता है।

कैरीबो के अतिरिक्त छोटे-छोटे शिकार भी किए जाते हैं। भेड़ियों और खरगोशों को जाल और फन्दे की सहायता से पकड़ा जाता है जबकि ग्रीष्मकालीन बतखों और हंसों के झुंड को हल्के भाले की सहायता से मार गिराया जाता है या ह्वेल मछली की अस्थियों से बने फंदों में फंसा लिया जाता है। इसके अतिरिक्त, ग्रीष्म ऋतु में सैमन और ट्राउट को मुख्य रूप में पकड़ा जाता है। हिम पिघलने के शीघ्र बाद जून के महीने में बड़ी मछलियां नदियों से झील में प्रवसन करती हैं। मछलियां बहुधा बड़ी संख्या में झुंडों में होती हैं, वे जल प्रवाह को रोक देती हैं। इन्हें बड़ी मात्रा में सीधे त्रिशूलनुमा भाले से मार कर पानी से बाहर निकाल लेते हैं। कभी-कभी ज्वार-भाटे के उतार के समय नदी के मुहाने पर जाल से बने थैलों या जाल में फंसा कर मछलियों को पकड़ लिया जाता है।

चरागाही (पशुचारी) घुमक्कड़ी लोग (Pastoral Nomads)

चरागाही (पशुचारी) लोग, विषुवत् रेखा से लेकर आर्कटिक घेरे के विभिन्न जलवायु प्रदेशों में पाए जाते हैं। फिर भी एक प्रमुख अर्थव्यवस्था के रूप में पशुचारण की उत्पत्ति पुरातन विश्व

(एशिया, अफ्रीका, और यूरोप) में ही हुई है। दक्षिण अमेरिका के देशी 'ऊँट' (गुआनको, अल्पाका, लामा, और विकुना) को पालतू बनाना फिर भी एक अपवाद है। उत्तरी अमेरिका के दक्षिण-पश्चिमी भागों में नवाजो ही केवल ऐसे लोग हैं जो भेड़ों और घोड़ों पर पूर्णत: आश्रित हैं। पुरातन विश्व में, ये अनेक शुद्ध पशुपालक लोग रहे हैं जो मवेशियों का पालन उनके मांस, खाल, दूध, और दूध उत्पादों के लिए करते हैं। ऊँटों, घोड़ों और गाय-बैलों का प्रयोग सामान ढोने और भारवाही पशुओं के लिए भी किया जाता है। चूंकि पशुपालक कठिनत: ही खेती करते हैं, अत: मवेशियों को यहां विरले ही खेत जाने को काम में लिया जाता है।

जैसा ऊपर लिखा गया है कि चरागाही क्षेत्र एक तरफ से लेकर दूसरी ओर समृद्ध उच्च भूमि और जंगल के किनारे के घास के मैदानों तक गया हुआ है। ये विषुवत् रेखा के किनारे के रेगिस्तानों, लम्बी-लम्बी घास के उष्ण कटिबन्धीय सवन्ना जैसे पूर्णत: सूखे रेगिस्तानों में भी पाए जाते हैं। फिर भी चरागाही अर्थव्यवस्था भूमध्यरेखीय उष्ण कटिबंधीय और शीतोष्ण वनों में नहीं फलती-फूलती है, यद्यपि उत्तरी एशिया के शंकुधारी (कोनिफरस) जंगल मौसमी रूप में रेन्डियर पालक लोगों से भरे रहते हैं।

फसलों की सफल खेती अर्द्ध सूखे या पूर्णत: सूखे क्षेत्रों में बिना सिंचाई के संभव नहीं है। इसी प्रकार, अत्यधिक ऊँचाई के देवदारू के चरागाहों में खेतिहरों को गंभीर कठिनाइयों का सामना करना पड़ता है। अधिक ऊंचाई में फसलों की खेती वर्षा की कमी या बोने के छोटे मौसम के कारण कठिन होती है। फिर भी, मध्य नील नदी के पूर्व के रेगिस्तान में हेडेन्डोआ जैसे कुछ लोग हैं जो मवेशियों को चराते और 'वादियों' में बाजरे की खेती भी करते हैं। कई कजाक और खिरगीज लोगों ने तटीय भूमि के कुछ भाग को कृत्रिम रूप में सिंचाई करके बनाए रखा है, जिस पर समुदाय के कुछ लोग खेती करते हैं। ऐसे लोग पूरी गर्मियों के दिनों में वहीं रहते हैं।

पशुधन (Livestock)

पशुपालकों द्वारा जिन पशुओं को पाला जाता है और उन्हें किस काम में लिया जाता है, यह एक क्षेत्र से दूसरे क्षेत्र में भिन्नता रखता है। परिणामत:, मवेशियों के पालक हैं, ऊंटों के पालक हैं, भेड़ों के पालक हैं, और रेन्डियरों के भी पालक हैं। इसीलिए पशुधन बिरले ही किसी एक प्रकार के पशुओं का होता है। उदाहरणार्थ, गाय-बैल पालने वाले मसाई लोगों के पास गधे भी होते हैं, ऊँट पालने वाले बादविन लोग घोड़े भी रखते हैं और रेन्डियर पालने वाले टुन्गस, युकाधीर, चुकची और कोर्याक लोगों के पास कुत्ते भी होते हैं और इसी प्रकार रेन्डियर पालक याकूत घोड़े भी रखते हैं।

पशुधन का उपयोग (Use of Livestock)

एक ही पशु का अलग-अलग क्षेत्रों में भिन्न उपयोग किया जाता है। चरागाही लोगों द्वारा पालतू जानवरों का मुख्य रूप में इन कार्यों के लिए उपयोग किया जाता है, (1) भोजन के लिए और कभी-कभी रक्त के लिए उपयोग, (2) खाल, बाल, और ऊन का उपयोग, (3) मादा पशुओं का दूध निकालना जो उनके भोजन का एक स्रोत होता है, (4) बोझा ढोने के लिए उपयोग,

और (5) सवारी के रूप में उपयोग। उपयोग के ये बहुप्रसिद्ध तरीके हैं, जिनके बारे में यह धारणा है कि इनके बारे में सभी लोग जानते हैं, किन्तु ऐसा नहीं है। यहां एक महत्वपूर्ण बात ध्यान देने योग्य है कि कई पशुचारक इनमें से कुछ या सभी उपयोगों के बारे में पूर्णत: अनभिज्ञ हैं। वे केवल इनके मांस के उपभोग (प्रथम उपयोग) के बारे में ही जानते हैं।

एक ही पशु के भिन्न रूप में उपयोग को अफ्रीका और एशिया के विभिन्न क्षेत्रों के कुछ उदाहरणों द्वारा स्पष्ट किया जा सकता है। उदाहरणार्थ, अफ्रीका में, सहारा के दक्षिण में, पनीर, मक्खन, दही और खमीर, उठाए दूध जैसे डेयरी उत्पादों से लोग अपरिचित हैं। इसी प्रकार, केन्या के मसाई लोगों में, दुधारू पशुओं का दूध ही नहीं निकाला जाता। वहां उनका प्रयोग मांस और खाल के लिए भेड़ और बकरी की तरह किया जाता है। अफ्रीका और दक्षिण-पूर्वी अफ्रीका में मवेशियों का प्रयोग, कुछ अपवादों को छोड़ कर, बोझा ढोने के लिए कभी नहीं किया जाता है। बांटू लोग अपनी स्त्रियों को बोझा ढोने के लिए किराए पर देते हैं, किन्तु पशुओं को नहीं देते। बांटुओं के पास में मसाई लोगों की भांति गधे नहीं हैं। पूर्वी अफ्रीका में एबिसीनिया के दक्षिण में लोग पशुओं की सवारी से अनजान हैं। इसके लिए वहां घोड़े और ऊंटों के अभाव को इसका सही कारण नहीं माना जा सकता। कजाक पशुपालक और बैलों की और याकूत लोग रेन्डियर की सवारी करते है। जबकि भूमध्यरेखीय अफ्रीका के पशुपालक (मसाई लोग) गधे के बारे में पूर्णत: परिचित हैं, वे भूमध्यसागरीय जमीन पर उसकी सवारी करते हैं। निस्संदेह इसका यह स्पष्टीकरण दिया जाता है कि सवारी करने की क्रिया निकटता से घोड़े और ऊंट से जुड़ी हुई है, जिसकी जानकारी इन लोगों को कभी नहीं मिली। सवारी करने वालों से इनका सम्पर्क न होने के कारण, ये लोग खुद-ब-खुद इस चलन को मालूम करने में असफल रहे हैं। इसके विपरीत, पश्चिम अफ्रीका में, घुड़सवारी का चलन इस्लामिक विजय अभियान के द्वारा सवन्ना क्षेत्र में पहुंच गया और एक सैनिक हथियार के रूप में घुड़सवारी का प्रयोग जंगलों और गुयाना तट के गैर पशुपालक लोगों, जैसे योरूबाओं तक पहुंच गया।

अत:, पूर्वी अफ्रीका के लोग पशुओं का बहुत कम प्रयोग करते पाए गए हैं। इसके अतिरिक्त, निषेधों, जो मवेशियों से जुड़े हुए हैं, ने भी बांटू लोगों को पशुओं को भोजन सामग्री के रूप में पूरा उपयोग करने में बाधा उत्पन्न की है। अत: वे अपने लिए मांस प्राप्त करने के शिकार पर ही अधिक निर्भर रहते हैं।

गतिशीलता (Mobility)

पशुपालक या पशुचारी भ्रमणशील लोग होते हैं। फिर भी पशुचारकों का जीवन घुमक्कड़ों से भिन्न होता है जो निरंतर घूमने में विश्वास करते हैं। घुमक्कड़ लोग एक ही जगह पर सुविचारित रूप में दूसरी बार नहीं जाते । इसके विपरीत, पशुपालकों का पूर्णत: निश्चित एक क्षेत्र होता है। इस क्षेत्र में स्पष्ट रूप में निश्चित जगह होती है जहां वे हर वर्ष काफी समय तक अपना डेरा डालते हैं। उदाहरणार्थ, मसाई लोग अपने मुख्य 'क्राल' पर निरन्तर जाते रहते हैं और उसमें सुधार करते रहते हैं। कजाक, खिरगीज, और बाड़विन लोग पशुओं और अपने

झुंडों के साथ विभिन्न मौसम में एक स्पष्ट परिभाषित चक्र में प्रवसन करते हैं। उनका प्रवसन चरागाह (चा़रे) और पानी की उपलब्धता द्वारा नियंत्रित होता है।

इसके अतिरिक्त, मौसमी प्रवसन की सीमा काफी भिन्न होती है। जहां मध्य एशिया के कुछ पशुचारी अपने श्रेष्ठ संगठन और घोड़े के द्वारा संभव हुई अत्यधिक गतिशीलता के कारण हर वर्ष कई सौ किलोमीटर की दूरी तय कर लेते हैं, वे घूमने की लालसा से ग्रसित नहीं हैं। इसके ठीक विपरीत, अल्ताई कालमुख लोगों के पास पूरे वर्ष भरपूर और स्थाई चरागाह उपलब्ध होते हुए भी एक अच्छे बसे डेरे को तब उजाड़ दिया जाता है, जब किसी की शेखी के कारण वह जगह दूषित हो जाती है।

पशुचारण की स्थिरता (Instability of Pastoralism)

सामान्य रूप से, पशुचारकों के पास सवारी के जानवर (घोड़े और ऊंट) होने के कारण उनमें बेहतर गतिशीलता होती हैं। खेतिहर लोग कुछ समय के आदेश के आधार पर अपनी भोजन सामग्री को ले जाने में असमर्थ होते हैं। उनका प्रतिदिन का जीवन अधिक घुमक्कड़ी पशुपालकों की तरह का नहीं होता है, अर्थात, निरंतर शिविर लगाने और उजाड़ने के अभ्यास से अभिभूत नहीं होते हैं। अभ्रमणशील लोगों की प्रगति, यद्यपि कम चमत्कारिक होती है, किन्तु वह अधिक स्थाई होती है।

मौसम, जलवायु, सामाजिक और राजनीतिक कारकों पर निर्भर रहते हुए पशुचारी लोग अपनी अर्थव्यवस्था और जीवन-शैली में परिवर्तन करते रहते हैं। वास्तव में, खेती की अपेक्षा पशुचारण कम स्थाई अर्थव्यवस्था है। अधिक उन्नत स्वरूप में यह खेतिहर लोगों की स्थाई बस्तियों के किनारे पर जीवित हैं जिनके साक्ष्य इसके निकट के आर्थिक संबंध हैं। धीरे-धीरे पशुचारण छोड़े जाने की प्रक्रिया में है। सीरिया के उत्तरी स्टीपी क्षेत्रों में पशुचारक स्थाई रूप में बसने की प्रक्रिया में हैं। जम्मू और कश्मीर (भारत) के गुज्जर और बकरवाल लोग, जो मौसमी प्रवसन करते हैं, अब नारंग, वंगत और दकशुम (कश्मीर की किनारे की घाटियां) में स्थाई रूप में बस रहे हैं। ये लोग भ्रमणशील खेतिहर बन गए हैं और पशुपालन अब उनका सहायक व्यवसाय है। तम्बुओं का स्थान अब मिट्टी से बनी ईंटों की झोपड़ियां लेती जा रही हैं।

इसका एक विशिष्ट उदाहरण 'मौरक्की टेल' का है। मौरक्की टेल के निवासी तम्बुओं में रहते हैं और प्रवसन करते हैं, किन्तु अब वे पशुचारक नहीं हैं। वे अब इस ऊंचे क्षेत्र में कई जगह पशुओं के छोटे-छोटे रेवड़ और खेत रखते हैं और इन के बिखरे हुए खेतों को पूरे साल एक के बाद दूसरे को जोतते हैं। तम्बू हटाते नहीं हैं क्योंकि यह अभी भी बार-बार स्थान परिवर्तन की उनकी प्रवृत्ति के अनुरूप है।

पश्चिमी सहारा के अनेक बेरबेर लोग जिनके बहुत से पशुओं को उनके दुश्मनों ने छीन लिया है, वे अब नखलिस्तान में बस गए हैं और गेहूं और खजूर की खेती करते हैं। विश्व के विभिन्न भागों में स्थाई रूप में बसने की प्रक्रिया यह प्रकट करती है कि घुमक्कड़ी जीवन स्थाई खेतिहर अर्थव्यवस्था की अपेक्षा स्वाभाविक रूप में निम्न कोटि का और कम सुविधाजनक होता है।

विश्व के कुछ भागों में पशुचारक शिकार करते भी पाए गए हैं। तेवारिक (तरेघ), फूला और पश्चिम के बांटू लोग अच्छे शिकारी हैं जो हिरण, चिंकारा, जिराफ, शुतुरमुर्ग, और अन्य जानवरों का शिकार करते हैं। उनके रेवड़ों को दूध देने वाला और सम्पदा एवं सामाजिक प्रतिष्ठा का प्रतीक माना जाता है। ये लोग अपने पशुओं को अपवादिक रूप में केवल अनुष्ठानिक उपयोगों और वास्तविक कठिन परिस्थितियों को छोड़ कर कभी नहीं मारते हैं।

समाज (Society)

पशुचारकों में सामाजिक और राजनीतिक संगठनों का चरित्र खेतिहर लोगों की भांति काफी भिन्न है। मसाई और हॉटनटॉट लोगों के 'क्राल', खिरगीजों का 'अऊल' और बाड़विनों (बद्दू) के 'खैमा' एक संगठित व्यवस्था के रूप में चलाए जाते हैं। पशुचारक घुमक्कड़पन सामान्यत: सत्तावादी व्यवस्था से जुडा हुआ है जिसमें एक बड़ी गृहस्थी के मुखिया के पास कई पत्नियां, पुत्रों, पुत्रियों, पोते-पोतियों और निरंकुशवादी शक्तियां होती हैं। फिर भी कजाक लोगों ने अपने परिवारों को गोत्रों और जनजातियों में संगठित कर रखा है, जिसमें जनप्रिय विधि से चुना हुआ मुखिया होता है। दक्षिण-पश्चिम एशिया के पशुचारक समाजों के बाडविन (बद्दू) लोगों मं शेख भी एक महत्वपूर्ण व्यक्ति होता है।

स्त्रियों की प्रस्थिति (Status of Women)

धनिक कजाकों, कामलमुकों, टूगों, याकूतों, योरूबाओं, खिरगीजों, मसाई और बाडविन लोगों में बहुपत्नियां होती हैं। कजाकों, याकूतों और खिरगीजों जो कि इस्लाम धर्म के अनुयायी हैं, में स्त्रियों की बेहतर सामाजिक प्रस्थिति होती है, जबकि कामलमुकों की स्त्रियों को पशुओं को दुहने और घोड़ियों को छोड़ कर अन्य मवेशियों की देखभाल करने से लेकर सभी प्रकार के कार्यों को करना पड़ता है। वे दिनभर कोल्हू के बैल की तरह काम करती है। वे बहुधा जौ के खेतों को जोतती हैं, जबकि कजाक और खिरगीज लोगों की स्त्रियों को खेती, पशुपालन और जलाने के लिए लकड़ियों को एकत्रित नहीं करना पड़ता है। पारम्परिक रूप में चीनी सभ्यता की स्त्रियों की निम्न प्रस्थिति होती है। आधुनिक शासन, आधुनिकीकरण और नगरीकरण के प्रभाववश, पिछले दशकों में, पशुचारक स्त्रियों की सामाजिक प्रस्थिति में तेजी से सुधार हो रहा है।

यह अत्यधिक रुचिकर है कि अण्डमान के वेड्डा शिकारियों में स्त्रियों की स्थिति जीवन के कई मामलों में काफी ऊंची है। इस संबंध में यहां यह बताना आवश्यक है कि हॉटनटॉट, जो पशुचारी हैं, की अपेक्षा पूर्वी बांटू लोगों में स्त्रियों की प्रस्थिति काफी निम्न है, जबकि वे खेती करके अधिकांश भोजन सामग्री उपजाते हैं। अत:, अब अन्य सामाजिक प्रतिमान या कार्य प्रणाली की अपेक्षा आर्थिक निर्धारणवाद स्त्रियों की प्रस्थिति का कोई साधारण समाधान नहीं है।

अरब मरुस्थल के बद्दू (The Badawins of Arabian Desert)

बदाविन (अरबी शब्द 'बदाविन', अर्थात 'रेगिस्तान निवासी') जिन्हें सामान्यत: बद्दू कहा जाता हैं, दक्षिण-पश्चिम एशिया (अरब, इराक, ओमान, सीरिया, जॉर्डन और यमन) के अरबी भाषी चरागाही घुमक्कड़ लोग हैं। अनुमान है कि ये लोग मध्य-पूर्व की कुल जनसंख्या का लगभग दसवां हिस्सा है । ये मुख्य रूप में मरुस्थली क्षेत्रों में ऊंटों के पालन से जुड़े हुए हैं, यद्यपि कई बद्दू लोग अच्छे चरागाही क्षेत्रों में भेड़, बकरी, अन्य पशु और घोड़े भी पालते हैं। भ्रमणशील पशुचारण, पशुपालन का एक सफल रूप है जो शुष्क और अर्द्ध शुष्क विषम जलवायु वाले प्रदेशों के विस्तृत भागों में किया जाता है। भ्रमणशील पशुचारण की सफलता की स्वयं की गतिशीलता और लचीलेपन के साथ-साथ उनके पर्यावरण संबन्धी विस्तृत ज्ञान और उसके कुशल प्रबन्धन पर निर्भर करती है।

दक्षिण-पश्चिम एशिया और उत्तरी अफ्रीका की अनेक जनजातियाँ, भ्रमणशील पशुचारण का व्यवसाय करती हैं। अरब प्रायद्वीप के उत्तरी भाग में बद्दू जाति निवास करती है जिनका जीवन ऊंट प्रजनन पर निर्भर है और वे चारे तथा जल की खोज में एक स्थान से दूसरे स्थान पर घूमते रहते हैं।

अरब प्रायद्वीप में लगभग दस लाख बद्दू निवास करते हैं। बद्दू जनजाति स्पष्ट रूप से कठोर घास के निश्चित मैदानी भाग हमद (Hamad) जहाँ स्थाई वनस्पति और गड्ढों में जल उपलब्ध रहता है, निवास करते हैं। कभी-कभी अच्छे वर्ष के छोटे मौसम में अथवा आगे के चरागाहों के लिए जाते समय ये लोग रेतीले मरुस्थल (Nefud) और पठारी क्षेत्रों (Hana) में भी प्रवेश कर जाते हैं।

प्रायद्वीप के उत्तर-पश्चिमी भाग, सीरिया, फिलिस्तीन और हेद्ज (Hedjaz) के बीच के क्षेत्र में भ्रमणशील पशुचारण निश्चित ही एक विशिष्टता है। दक्षिणी अरब में ओमान और नज्द के मध्य स्थित रुब-अल-खाली में भी बद्दू जाति के कुछ छोटे समूह निवास करते हैं।

क्षेत्र (Territory)

अल-बादिया (मरुस्थल) में निवास करने वाले बद्दुओं की एक भिन्न प्रकार की अर्थव्यवस्था है। ये लोग, आन्तरिक चरागाहों में निवास करते हैं। बद्दू लोगों का ऊंट मुख्य पशु है। यदाकदा ये लोग कुछ संख्या में भेड़-बकरियाँ भी पालते हैं, किन्तु घोड़ा इनका दूसरा महत्वपूर्ण पशु है। ग्रीष्म-ऋतु के अधिकतम शुष्क समय में अपने पशुओं को भुखमरी से बचाने, आन्तरिक भाग के अगले पड़ाव तक जाने और भण्डार की व्यवस्था के लिए, ये लोग अपने अधिशेष पशुओं के बदले में अन्न, वस्त्र और शस्त्रों का सौदा करते हैं। अधिक निर्धन बद्दुओं में से कुछ अर्द्ध शुष्क मरुस्थलीय चरागाहों को कठिनाई से ही छोड़ते हैं, किन्तु ये लोग ग्रीष्म ऋतु के शुष्क समय में बचे रहे जल गड्ढों के चारों ओर एकत्रित हो जाते हैं। इस प्रकार के समूह अपनी अल्प व्यापारिक आवश्यकताओं के लिए दूसरों पर निर्भर रहते हैं तथा ग्रीष्म ऋतु में घास और जल के सीमित साधनों के कारण इनके पशुओं की संख्या में भी कमी हो जाती है।

बद्दू, दक्षिण-पश्चिम एशिया और भूमध्यसागरीय जातियों के मिश्रण से सम्बन्धित हैं तथा मिस्र तथा सीरिया के कृषक समुदाय से समानता रखते हैं। सामान्यत: बद्दू पांच फुट चार इंच ऊंचाई के होते हैं। नाक की प्रमुखता लिए हुए इनका चेहरा लम्बा और छोटा होता है तथा इनकी आंखें और बाल काले एवं रंग पीला होता है।

नृजातीयता (Ethnicity)

अनेक जनजातियों के समूह को सामूहिक रूप से उत्तरी 'अनागा' (Anaga) कहा जाता है, जिनका पश्चिम में अप्पो (Aleppo), दमिश्क और हारन (Hauran) पठार से पूर्व में फरहात की घाटी तथा दक्षिण में शमार (Shammar) पर्वत के बीच स्टेपी प्रदेश पर अधिकार है। यह समूह, अरब के सर्वाधिक शक्तिशाली बद्दुओं में से है। इस समूह के पास लगभग 20,000 तम्बू और 50,000 ऊंट हैं। इस जाति के लोगों में आपसी सम्बन्ध घनिष्ठ नहीं होते हैं, इनमें आपसी प्रतिद्वन्द्विता और शत्रुता उतनी ही सामान्य है, जितना कि आपसी सहयोग। किसी जाति का एक गुट कभी भी अलग होकर अपना अलग स्वाधीन गुट बना लेता है। 'अनाजा' जाति में 'रुवाला' (Ruwala) वर्ग सर्वाधिक महत्वपूर्ण है, जिसके पास 3,500 तम्बू हैं। यह वर्ग 'अनाजा' प्रदेश के पूर्वी भाग में, जिसका विस्तार दमिश्क के दक्षिण में सिरहन धंसाव के उत्तर-पश्चिमी सिरे तक है, में निवास करता है। इस क्षेत्र में ये लोग ग्रीष्म ऋतु में मध्य अरब में उत्तरी मरुद्यान और नफ्द की सीमा तक भ्रमण करते हैं। कभी-कभी इनकी यात्राएं फरहात के गांवों तक होती हैं। (चित्र 11.22)

चित्र 11.22 *उत्तरी अरेबिया के रूवाला बाडबिन (बद्दू)—ऊँट पालक*

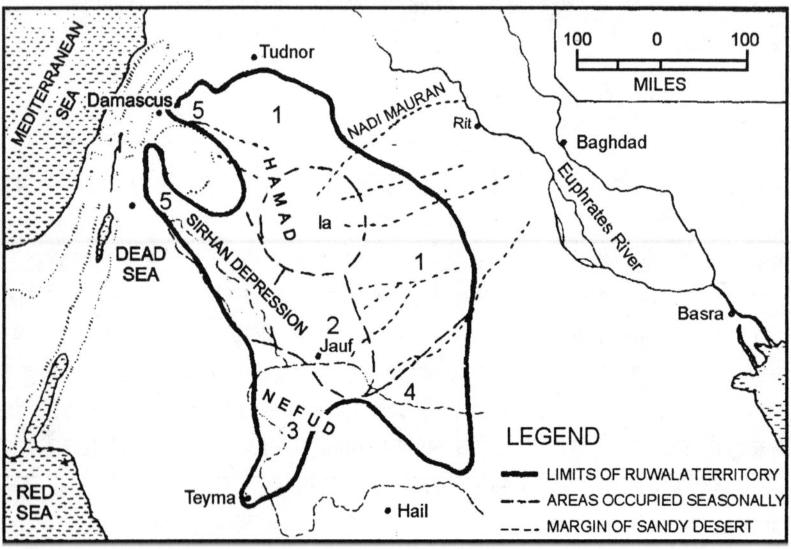

मौसमी प्रवसन (Seasonal Migration)

अपने प्रवसन में अरब के बद्दू वृत्ताकार स्वरूप का अनुसरण करते हैं। सितम्बर के महीने में, ये लोग अपने पश्चिम के आवासीय भागों को छोड़कर, छोटे-छोटे बिखरे हुए समूह में, शीत ऋतु व्यतीत करने के लिए धीरे-धीरे हमादा के चरागाहों से होकर विचरण करते हैं। बसन्त ऋतु में, दक्षिण की ओर नफ्द के रेतीले मरुस्थल की सीमाओं तक प्रवास करते हैं। पशुपालकों के झुण्ड पश्चिम और दक्षिण की ओर बिखरे हुए चरागाहों की आन्तरिक मेखला के सहारे-सहारे तेयमा (Teyma) मरुद्यान की ओर बढ़ते हैं। ग्रीष्म ऋतु के आरम्भ में सिरहन धंसाव के जल गड्ढों के सहारे-सहारे पुनः अपनी यात्रा आरम्भ करते हैं। जब वर्ष अनुकूल नहीं होता तब ये छोटे-छोटे समूह में विभाजित होकर, और अधिक विस्तृत क्षेत्र में विचरण करते हैं तथा अधिक संख्या वाला समूह नफ्द की पूर्वी सीमा के सहारे-सहारे अपना मार्ग बनाता है।

प्रदेश के किसी भाग में मौसमी प्रवसन ऊंट और तम्बुओं की संख्या, वर्षा के दिनों और उसकी अवधि द्वारा निश्चित होता है, क्योंकि वर्षा किन्हीं भी दो वर्षों में समान नहीं होती है। इस प्रदेश की ग्रीष्म ऋतु के अगस्त और सितम्बर महीने अत्यन्त गर्म होते हैं। रुवाला बद्दू तेज गर्मी से बाध्य होकर चरागाहों से गांवों की ओर पलायन करते हैं। इस झुलसाने वाली ऋतु में दिन की गर्मी और तेज हवाओं के कारण धूल भरी आंधियां चला करती हैं, किन्तु वर्षा कभी नहीं होती है। शीत ऋतु में जब गर्मी समाप्त हो जाती है, भूमध्यसागर की ओर से कुछ नमी प्राप्त हो जाती है तथा अक्टूबर से शीत ऋतु के मध्य तक वर्षा की सम्भावना रहती है। शरदकालीन वर्षा, चिरस्थाई पौधों के पुनर्जीवन के लिए महत्वपूर्ण होती है। जब कभी वर्षा कम होती है और चरागाहों के सूख जाने की सम्भावना होती है, तब शिविर की महिलाएं एक जुलूस में वर्षा माता के पुतले के साथ, वर्षा प्रार्थना गीत गाती हुई एक तम्बू से दूसरे तम्बू में जाती हैं। शीत ऋतु विशेषकर दिसम्बर और जनवरी के महीने यहां तेज ठण्ड के होते हैं, पाला पड़ना सामान्य बात है तथा कभी-कभी हिमपात भी हो जाता है। ग्रीष्म ऋतु में समस्त वनस्पति सूख कर नष्ट हो जाती है और धरातल मरुस्थल में बदल जाता है। ऐसे समय में बद्दू बसे हुए भूभागों की ओर वार्षिक प्रवास करते हैं।

पड़ाव डालने और एक स्थान से दूसरे स्थान पर जाते समय ऊंटों की उपलब्धता का विचार रखा जाता है। बद्दू जाति का मुखिया 'शेख' के तम्बू के चारों ओर अनेक तम्बू लगाए जाते हैं। रुवाला बद्दू लोगों में न तो कभी एकता रहती है और न कभी ये लोग बड़े समूह में विचरण ही करते हैं। अपर्याप्त चरागाहों पर जब इस जाति के लोग बिखरे हुए रहते हैं, तब इनके संसाधन अधिक सुरक्षित रहते हैं। अतः ये लोग छोटे-छोटे समूह में 50 से 100 के झुण्ड में एक चरागाह से दूसरे चरागाह तक अपने पशुओं के लिए चारे की खोज में स्वतंत्रतापूर्वक घूमते रहते हैं। जब एक स्थान की घास समाप्त हो जाती है, तब नए चरागाह और जल स्रोतों की खोज में अपने साथियों को भेजते हैं। गर्म और सूखे मौसम में, ये लोग बड़े-बड़े समूहों मे मरुस्थलीय किनारे पर स्थित जलस्रोतों विशेषतः कस्बों और बाजारों के आसपास अपना डेरा लगा लेते हैं। कुछ समूह 1000 किमी (600 मील) तक प्रत्येक दिशा में वार्षिक प्रवसन करते हैं।

उत्तर दिशा के बद्दुओं का अधिक उपजाऊ और बड़े चरागाहों पर नियन्त्रण रहता है, जबकि अधिक दक्षिण की ओर निवास करने वाले बद्दुओं के पास पशुओं के छोटे झुण्ड होते हैं और ये लोग छोटे आन्तरिक मरुद्यानों पर आश्रित रहते हैं।

अर्थव्यवस्था (Economy)

बद्दू अर्थव्यवस्था, मुख्यत: ऊंट पर निर्भर है। ऊंट की प्रमुख विशेषता होती है कि वह बिना पानी के कई दिनों तक जीवित रह सकता है तथा यदि चरागाह सूख भी जाएं तो यह अपनी कूबड़ में चर्बी का सुरक्षित भण्डार रख लेता है, उस पर वह कई दिनों तक आश्रित रह सकता है। जब वनस्पति हरी और ताजा रहती है तब ऊंट को पानी के लिए महीने में एक बार जल गड्ढों तक ले जाने की आवश्यकता होती है, किन्तु यदि घास सूखी और झाड़ियाँ खारी हों तो ऐसी अवस्था में इसे एक सप्ताह के अन्तर से पानी की आवश्कता होती है। ऐसे मार्गों पर जाने से पूर्व, जहाँ कुएं कम मिलते हैं, इस तगड़े और चर्बी वाले पशु (ऊंट) को 15 से 18 गैलन तक जल पी लेने के लिए फुसलाया जाता है। ऊंट, बद्दुओं की सम्पत्ति का मूल आधार है, यह इस कारण नहीं कि यह भोजन और मूल्यवान वस्तुएं उपलब्ध कराता है, वरन् बद्दुओं के पास यही एक बेची जाने वाली महत्वपूर्ण वस्तु होती है। मरुद्यानों के बाजारों में व्यापारी और कृषकों से शस्त्र, वस्त्र, और अन्य सहायक वस्तुएं जिन्हें मरुस्थल में ले जाया जा सकता है, के बदले में ऊंट का सौदा किया जाता है। ऊंट, प्रतिष्ठा का प्रतीक भी माना जाता है, धनी शेख के पास हजार ऊंट हो सकते हैं, जबकि एक गरीब पशुपालक अपने स्वयं के कुछ ही ऊंटों का भरण-पोषण कर सकने में समर्थ होता है। इस प्रदेश के अधिकांश ऊंट पीलापन लिए हुए भूरे अथवा सलेटी रंग के होते हैं, किन्तु सफेद ऊंट सबसे अधिक मूल्यवान समझे जाते हैं क्योंकि ये देखने में अच्छे लगते हैं।

बद्दू शिविर, प्राय: जल आपूर्ति स्थान से थोड़ी दूरी पर और चरागाहों की व्यापक पहुँच के मध्य स्थापित किए जाते हैं। यदि धरातल पर जल उपलब्ध नहीं होता है तो कुओं को साफ कर लिया जाता है अथवा नए कुएं खोद लिए जाते हैं, और ऊंट की खाल तथा अस्थियों से निर्मित बाल्टियों से निकाल कर चमड़े की बनी नलिकाओं में उंड़ेला जाता है। मरुस्थल के आन्तरिक भागों में 100 फुट और इससे अधिक गहराई के कुएं पाए जाते हैं।

जब चरागाह निकट ही होते हैं, पशुचारक प्रत्येक दिन अपने ऊंट पर सवार होकर, गाना गाते हुए पशुओं को चराने ले जाते हैं। इन गांवों के द्वारा वे अपने पशुओं को रास्ते को पहचान कर उनके पीछे-पीछे चलना सिखाते हैं। सूर्यास्त के समय जब सैकड़ों ऊंट शिविरों की ओर लौट रहे होते हैं तब इन चरवाहों का गीत गाना और भी आवश्यक हो जाता है क्योंकि पशुओं के भटक कर खो जाने की सम्भावना रहती है। रात्रि के समय ये थके हुए पशुचारक आपस में मिलकर सो जाते हैं। जब ये चरवाहे अपने पशुओं को लेकर अपने शिविर से दूर के चरागाहों में चले जाते हैं, तब ये लोग एक स्थान पर कई दिन रहते हैं और कभी-कभी तो ये कई सप्ताह तक बाहर रहते हैं।

भोजन (Food)

ऊंट का दूध बद्दुओं का मुख्य भोजन है, इस दूध का सेवन वे महीनों करते हैं। बद्दू अपना दैनिक भोजन ऊंट के खट्टे दूध में पकाते हैं। मेहमानों के आने पर इस दूध के साथ रोटी और मांस भी सम्मिलित कर लिया जाता है। ऊंट का ताजा दूध पीने के काम में लिया जाता है, किन्तु अधिक समय तक रखे रहने पर यह खट्टा हो जाता है, इससे न तो मक्खन और न पनीर ही बनाया जा सकता है। मरुस्थल में केवल ऊंट ही अधिक दूरी तक यात्रा करने और बोझा ढो सकने में समर्थ है। टांगें लम्बी होने के कारण, धीमी गति से भी यह चार मील प्रति घंटे की गति से चल सकता है, और अच्छी सवारी योग्य ऊंट को यदि बाध्य किया जाए तो वह एक दिन में 100 मील से अधिक की दूरी पार कर सकता है, जबकि एक बोझा ढोने वाला ऊंट पूरा बोझ लेकर इसका आधा ही सफर कर सकता है। ऊंट के बाल, रस्सियां और कपड़ा तथा अस्थियां थैले और बोतल बनाने के लिए कच्चा माल होते हैं। नर ऊंट को सांड के रूप में पाला जाता है क्योंकि इसमें सहन शक्ति कम होती है, कम आज्ञाकारी होते हैं और यही नहीं, ये न तो दूध ही देते हैं और न बच्चे पैदा कर पशुधन को बढ़ा सकते हैं।

बद्दुओं का दूसरा महत्वपूर्ण पशु घोड़ा है। छोटे और तेज आक्रमणों के समय घोड़ा काम में लिया जाता है। इनके रख-रखाव में निरन्तर सावधानी की आवश्यकता होती है क्योंकि प्रदेश का वातावरण घोड़ों के रख-रखाव के लिए अधिक कठोर है। घोड़ों के लिए हरी घास और अन्न की आवश्यकता होती है और दिन में एक बार पानी पिलाना भी आवश्यक होता है। उन यात्राओं में जहाँ पानी की उपलब्धि में अनिश्चितता होती है, ऐसी अवस्था में घोड़ों के लिए पानी ऊंटों पर लाद कर ले जाया जाता है। इसके अतिरिक्त घोड़ा अधिक दूरी की यात्रा भी नहीं कर सकता है। घोड़े के रख-रखाव में एक बच्चे से अधिक देख-रेख की आवश्यकता होती है और उसका पूरा ध्यान भी रखा जाता है। विपत्ति के समय भण्डार में रखे जौ परिवार के सदस्यों को खिलाने के स्थान पर इन घोड़ों को खिलाया जाता है। एक घोड़े का मालिक होना प्रतिष्ठा का चिह्न समझा जाता है, घोड़ों के नर बछेड़ों को जन्मते ही फेंक दिया जाता है क्योंकि बद्दू जाति में घोड़ियों का महत्व अधिक है। एक घोड़ी का मूल्य लगभग 10 ऊंटों के बराबर होता है, जबकि एक प्रजनक घोड़ी के बदले में 15 से 30 सवारी वाले ऊंट दिए जा सकते हैं। ऊंटों के समान ही सफेद रंग के घोड़े का स्थान सम्मानजनक होता है। किसी उत्सव के समय सफेद रंग की घोड़ी, जाति के प्रमुख की सवारी के लिए उपयुक्त समझी जाती है। परिवार के सदस्यों और दासों से, घोड़ों को दाना खिलाने और उनकी साज-संवार की अपेक्षा की जाती है। शीत काल में कठोर शीत और ग्रीष्म ऋतु में कठोर गर्मी से बचाने और साथ ही चोरी से इनकी सुरक्षा का भी प्रबन्ध करना आवश्यक होता है। यही कारण है कि घोड़े अन्तहीन अशान्ति, निरन्तर प्रलोभन, वैमनस्य, कलह और खून खराबे के मूल कारण होते हैं, फिर भी ये गर्व और आनन्द की वस्तु माने जाते हैं।

प्रवसन की अवधि में शिविर का निर्णय बिरादरी के प्रबल समूह के प्रमुख द्वारा किया जाता है। बद्दू अपने शिविर की रचना वृत्ताकार में करते हैं, जिससे कि रात्रि में वे अपने पशुओं को तम्बू के घेरे में रख कर उनकी सुरक्षा कर सकें। प्रत्येक तम्बू बकरियों

के बालों से बनी दो फीट चौड़ी कई पट्टियों से बनाया जाता है, जो प्राय: गांव के बुनकर से खरीदी जाती हैं। इनकी सिलाई का काम घर की स्त्रियों द्वारा किया जाता है। सामान्यत: तम्बू 10 गज लम्बा और 4 गज की चौड़ाई से अधिक नहीं होता है। तम्बू की छत तीन अथवा चार जोड़े शहतीरों द्वारा सुरक्षित रहती है, जिन्हें लम्बी रस्सियों द्वारा बाँधा जाता है। बद्दू जाति के प्रमुख का तम्बू काफी बड़ा होता है। यह एक कपड़े द्वारा दो असमान भागों में विभाजित रहता है। छोटा एक तिहाई भाग, मालिक और उसके मेहमानों के लिए निश्चित होता है, जबकि दो तिहाई वाला बड़ा भाग बच्चों, स्त्रियों, दासों और भण्डार सामग्री के लिए सुरक्षित रहता है। स्त्रियों वाले भाग में ही भोजन बनाने के लिए तीन समतल पत्थरों से मुख्य चूल्हा बनाया जाता है। तम्बू में कुछ दरियाँ बैठने और सोने के लिए तथा गर्माहट और आराम के लिए सूती वस्त्र से बनी रजाई और ऊंट के बालों से बने तकियों का उपयोग किया जाता है। (चित्र 11.23)

जैसा आरम्भ में ही कहा जा चुका है कि बद्दुओं का मुख्य भोजन ऊंट का दूध, जौ, खजूर और भेड़ का मांस होता है। बद्दू लोग सूर्यास्त से पूर्व बहुत कम भोजन लेते हैं। सूर्योदय के समय केवल नमक चाटना अथवा दूध पीना, दोपहर में ताजा अथवा खट्टा दूध लेना ही काफी रहता है। सूर्यास्त के समय सूखे खजूर की चटनी, भुने हुए अन्न के दाने, अथवा आटे से बनी रोटियाँ और कभी-कभी मांस भी खाया जाता है। भोजन, स्त्रियों द्वारा बनाया जाता है। मेहमानों की उपस्थिति को छोड़ कर प्राय: भोजन स्त्रियों के साथ ही बैठकर किया जाता है।

चित्र 11.23 *चरागाही तम्बू शिविर*

जब नए चरागाह के लिए प्रस्थान आरम्भ करते हैं, तब शिविर गिराना होता है, भण्डार की सामग्री लाद ली जाती है और तम्बू गिरा दिए जाते हैं। मुखिया और लड़ाकू पुरुष अपने ऊंटों पर सवार होकर आगे चलते हैं, इनके पीछे सामान ढोने वाले ऊंट, दास तथा इनके पीछे पालकी वाले ऊंटों पर स्त्रियां और बच्चे होते हैं तथा सबसे अन्त में पशुओं के झुण्ड चलते हैं। अगला पड़ाव करने से पूर्व यह काफिला, एक दिन में 10 से 15 किलोमीटर तक की दूरी तय कर लेता है।

समाज (Society)

बद्दू समाज में, पुरुष वंशक्रम के रक्त सम्बन्धों को अधिक महत्व दिया जाता है। इस प्रकार 'अनाजा' (Anaza) समूह के सभी आदिवासी आपस में एक-दूसरे से जुड़ा हुआ अनुभव करते हैं। जाति के वे समूह जो निरन्तर साथ ही शिविर में निवास करते हैं, पूर्ण रूप से सम्बन्धित रिश्तेदारों के कुछ समूह होते हैं। एक पुरुष के नातेदारों में उसके परदादा से प्रपौत्र तक के सम्बन्धित लोगों को सम्मिलित किया जाता है। एक गौत्र अथवा परिवार के वृहद् अर्थ में स्वजन से तात्पर्य एक ही पैतृक के वंशज से होता है, जो सामान्यत: शिविर में संपूर्ण अथवा निकट का सम्बन्ध बनाए रखने के लिए साथ रहते हैं। प्रत्येक नातेदार समूह अपने लबादे, सिर की टोपी के रंग अथवा बनावट तथा काठी और थैलों की सजावट के आधार पर पहचाना जाता है। नातेदारों के ऐसे समूह से शिविर इकाई बनती है और प्रबल समूह के मुख्य सदस्य को मुखिया अथवा 'शेख' के रूप में पहचाना जाता है। भ्रमणकारी बद्दू लोगों में रक्त मिश्रण अपवाद मात्र होता है और इसे बुराई समझा जाता है, किन्तु जहाँ कृषीय भूमि पर बद्दू स्थाई निवासी हो गए हैं, वहाँ व्यापक अनुपात में अन्तर्मिश्रण हुआ है।

एक चरागाह से दूसरे तक प्रवसन करते समय बद्दू शिविर का जीवन शान्तिपूर्ण नहीं होता है। शत्रुता पूर्ण जनजातियों और उनके झुण्डों द्वारा छोटी अथवा बड़ी बाधाएं पहुँचाई जाती हैं। कमजोर समूहों के परम्परागत क्षेत्रों पर शक्तिशाली जनजातियों द्वारा आक्रमण कर उनके पशुओं की चोरी और उन्हें उन क्षेत्रों से निकालने का प्रयास किया जाता है। भीषण सूखे के वर्षों में छापामारी और आक्रमण जीवन-मरण का प्रश्न होता है तथा इन प्रदेशों में वैमनस्य का वास्तविक कारण आर्थिक होता है। अच्छे समय में भी इस प्रकार के छापे समाप्त नहीं होते हैं। ये छापे (Raids) केवल सम्पत्ति के लोभवश ही नहीं किए जाते अपितु कभी-कभी मात्र संतुष्टि के लिए भी डाले जाते हैं। सुनियोजित आक्रमण की सफलता का रोमांच लम्बे समय से चले आ रहे प्रतिद्वन्द्वी पर विजय से प्राप्त प्रतिष्ठा, आक्रमण का सामना न किए जाने पर अपयश की प्राप्ति, जवाबी आक्रमण कर पराजित कर देना और पुरस्कृत किया जाना, ये स्थाई शत्रुता बनाए रखने में शक्तिशाली कारक होते हैं। शत्रुता प्राय: छोटी-छोटी बातों से प्रारम्भ होती है, जैसे श्रेष्ठता का दम्भ भरना, चरागाहों पर अस्थाई अतिक्रमण अथवा पशुओं की चोरी। इनका सामना अपराधी की सम्पत्ति, अर्थात् उनके ऊंटों और घोड़ियों के झुण्डों पर आक्रमण कर किया जाता है। इस प्रकार के हमले व्यक्तिगत अथवा शिविर के समस्त पुरुषों द्वारा किसी जाने-माने युद्ध कुशल नेता के नेतृत्व में आरम्भ किए जाते हैं। छोटे-छोटे छापे अंधेरी रात में कुछ

छापामारों द्वारा ऊंटों पर अथवा पैदल ही डाले जाते हैं, किन्तु बड़े आक्रमणों के लिए सावधानीपूर्वक योजना बनाई जाती है तथा इस आक्रमण में शिविर के लड़ सकने वाले पुरुषों की आधी संख्या को सम्मिलित किया जाता है। यह अभियान ऐसे नायक के नेतृत्व में चलाया जाता है जिसने दक्षता और रणकौशल में प्रतिष्ठा अर्जित कर रखी हो।

जहां धावा और प्रतिधावा हमेशा होते हों तथा अतिक्रमण करने वाले पर देखते ही आक्रमण कर दिया जाता हो, बड़े समूह में यात्राओं को छोड़ कर अकेले यात्रा करना कठिनाई भरा होता है। किन्तु सभी जनजातियों द्वारा कुछ मान्य प्रथाओं और आचरणों का पालन किया जाता है, जो व्यक्तिगत यात्रा को सुरक्षा प्रदान करती हैं और अनेक जाति क्षेत्रों से होकर यात्रा संभव हो जाती है। यात्री का प्राय: स्वागत किया जाता है। वह कई महीनों के पशुचारण की नीरसता में अप्रत्याशित विराम प्रदान करता है और छोटे एकान्त शिविर के सदस्यों को बाह्य विश्व की जानकारी देता है। यही नहीं, यात्री को सुरक्षा देना तथा उसे सुरक्षित बनाए रखना शक्ति और अधिकार का प्रदर्शन तथा अपने अधीन क्षेत्र पर सुनिश्चित नियंत्रण का चिह्न समझा जाता है। किसी रिश्तेदार अथवा मुखिया से समर्थन प्राप्त मनुष्य पर आक्रमण और उसे लूटना, हत्या के समान गंभीर माना जाता है। सुरक्षा प्रदान करने वाला व्यक्ति कभी-कभी यात्री के साथ उस क्षेत्र की सीमा तक जाता है, जहाँ तक उसे सुरक्षा की गारण्टी दी जाती है, इस प्रकार के समर्थन से मना करना बदनामी समझी जाती है। यह साहस, स्वतंत्रता और उदारता वाली प्रतिष्ठा को नष्ट कर देती है।

किसी शिविर में अपरिचित व्यक्ति के पहुँचने पर प्राय: आतिथ्य-सत्कार करने के लिए एक बड़ा उत्सव किया जाता है, क्योंकि मेहमान की उपस्थिति के कारण मेजबान को भी प्रतिष्ठा मिलती है। मेहमान का स्वागत् उसके आने के चौथे दिन के सूर्योदय, अर्थात् तीसरे दिन का भोजन कर लेने और उसके पच जाने तक होता है। उसके जाने के पश्चात् इतने ही दिनों तक अथवा एक सौ मील की दूरी तक उसकी सुरक्षा की गारण्टी दी जाती है।

कृषि (Agriculture)

बद्दू लोग कृषि को घृणा एवं अरुचि से देखते हैं और आजीविका के लिए इसका सहारा तभी लेते हैं, जब उनके पशुओं के झुण्ड महामारी से नष्ट हो जाते हैं अथवा चरागाह की भूमि सीमित रह जाती है। फिर भी उनकी भ्रमणशीलता, इस प्रकार की भयावह और नीरस आजीविका उत्पन्न करती है जिसे बहुधा आदिकालीन कृषि से जोडा जा सकता है। ये लोग मरुद्यानों में अथवा जहाँ कहीं भी सिंचाई के लिए जल प्राप्त हो जाता है, खजूर, जौ, मक्का, चारा, खरबूजे, फलियाँ और सब्जियाँ उत्पन्न कर लेते हैं।

मरुद्यानों में मुख्यत: सघन खेती की जाती है। कृषि योग्य भूमि पर खेती की अपेक्षा बागबानी और फलों के बगीचों को प्राथमिकता दी जाती है। सीमित भूमि और जल संसाधनों का उपयोग अधिकतम उत्पादन के लिए किया जाता है। मरुद्यानों में सदैव ढालू

भूमि पर ही गांव बसाया जाता है क्योंकि बेसिन की भूमि इतनी मूल्यवान होती है कि वे उस पर मकान बनाकर उसे व्यर्थ करना उचित नहीं समझते हैं।

आचरण (Character)

बद्दुओं का आचरण विशिष्ट प्रकार का होता है। व्यवसाय से ये पशुपालक, दीर्घकालिक दृष्टि से योद्धा और राजनीतिक दृष्टि से विजेता होते हैं। ये लोग एब्राहम, लोट और इस्माइल के वंशज हैं। चरागाहों के अधिकार में परिवर्तन होता रहता है, उनकी सुरक्षा के लिए एक सैनिक संगठन की आवश्यकता होती है। राष्ट्र एक अप्रच्छन्न सेना होती है और सेना संगठित की जाती है। सेना पशुओं के झुण्ड भी अपने साथ ले जाती है। सदियों के प्रयास, कष्ट और परीक्षित शारीरिक सहन शक्ति तथा निरन्तर घुड़सवारी का अभ्यास, टोह लेने और शस्त्रों के उपयोग ने प्रत्येक भ्रमणशील पशुचारक को एक सैनिक बना दिया है। घुड़सवार सेना और ऊंटों का दल, इन लोगों के आक्रमण में तीव्रता और उत्साह बढ़ाते हैं। अकस्मात आक्रमण और तेजी से लौटने की सैन्य योजना केवल सावधानी और तीव्र गतिशीलता से ही संभव हो सकती है। हेरोडोटस के मतानुसार "भ्रमणशील पशुचारकों का समस्त अस्तित्व ही साहस उत्पन्न करता है। मरुस्थल के स्वतंत्र और संकटमय जीवन ने बद्दुओं को मानव जाति की सर्वाधिक साहसिक जाति बना दिया है, किन्तु मिस्र और स्पेन में स्थाई रूप में जाकर बसने वाले अरबों ने अपनी यह अधिकांश युद्ध क्षमता खो दी है।"

बद्दुओं का दैनिक जीवन, सैन्य संगठन सीखने की एक पाठशाला है। सायं काल के समय अव्यवस्था को रोकने के लिए, पशुओं के झुण्ड को निश्चित ढंग से शिविर के चारों ओर बांट दिया जाता है। सुव्यवस्थित कूच करने की कला, शिविर स्थापित करना और उखाड़ना, पशुओं को चारा खिलाना, उनके निरन्तर प्रवसन के दौरान की जाने वाली दैनिक क्रिया होती है। साधारणत: बद्दू लोगों का कूच करना, किसी भी सेना के कूच करने से कम नहीं होता है। काफिले से पांच से सात किलोमीटर आगे सशस्त्र घुड़सवारों का समूह चलता है। इनके पीछे काफिले का मुख्य भाग ऊंट और घोड़ों पर रहता है, इसके पीछे मादा ऊंट और इनके पीछे स्त्रियों और बच्चों के साथ बोझा ढोने वाले पशु चलते हैं। शिविर स्थापित करते समय मनुष्यों, शस्त्रों और पशुओं के लिए स्थान सावधानीपूर्वक व्यवस्थित किया जाता है।

भ्रमणशील पशुचारकों में स्वतंत्रता की मनोभावना (Spirit of Independence among the Nomads)

प्रकृति द्वारा छोटे समूहों में बिखरे रह कर चरागाह खोजने की आवश्यकता ने भ्रमणशील पशुचारकों में स्वतंत्र रहने की मनोभावना को विकसित किया है। बद्दू व्यक्तिश: स्वतंत्र होते हैं। शेख के अधिकार नाम मात्र के लिए होते हैं और वह भी उसके स्वयं के व्यक्तित्व और आचरण पर निर्भर करते हैं। बद्दू लोगों में राजनीतिक संगठन का स्पष्टत: अभाव पाया जाता है। उनका कथन है कि "हम बिना किसी मुखिया के हैं"। उनके लिए शेख का पद निस्सार है।

प्रथा और परिपाटियां इनके प्रशासक होते हैं। प्रकृति, सर्वत्र शुष्क प्रदेशों की राजनीतिक विजय को स्थगित करती है, उसमें बाधा डालती है तथा खतरे उत्पन्न करती है।

बद्दू-व्यापार (Badwin's Trade)

मरुस्थलों में भरण-पोषण की प्रबल दरिद्रता, नीरसता, अवास्तविकता तथा निम्न स्तर के औद्योगिक विकास के कारण, सीमान्त प्रदेशों के कृषि प्रदेशों से व्यापार करना आवश्यक हो जाता है। मक्खन और नर बछड़ों के बदले में आटा, जौ, कॉफी और वस्त्र खरीदते हैं। ये लोग फारस की खाड़ी के उत्तरी सिरे पर स्थित कुवैत नगर में घोड़े, चौपाए और भेड़ें लेकर जाते हैं और उनके बदले में खजूर, वस्त्र और आग्नेय शस्त्र खरीद कर ले आते हैं। ये लोग मेमने, कच्चा माल और बकरियाँ भी बेचते हैं।

बद्दू प्रदेश-अवरुद्ध विकास के क्षेत्र
(Badwin's Lands as Areas of Arrested Development)

मरुस्थल, विकास में बाधा पहुँचाता है। जल की कमी मुख्य समस्या होती है। भ्रमणशील व्यक्तियों के आचरण, रीति-रिवाज और जीवन-शैली में किसी प्रकार का परिवर्तन दिखाई नहीं देता है। अरब मरुस्थल के भीतरी भाग के चाहे हम मध्यकालीन अथवा आधुनिक समाज के मनुष्य को लें, एक समान ही सामाजिक और आर्थिक स्तर प्रकट होता है। निरन्तर स्थानान्तरण के बीच इनकी संस्कृति स्थिर रहती है। जहाँ कहीं थोड़ी सी भी अनुकूल भूमि मिल जाती है, ये कृषि करने के लिए बाध्य हो जाते हैं अथवा जब ये लोग लम्बे समय तक स्थाई निवासियों के निकट सम्पर्क में आते हैं तब कड़ी मज़दूरी और प्रगति के पाठ सीख लेते हैं। तब इनमें सामाजिक और आर्थिक विकास के नियम क्रियाशील होने लगते हैं। नियमानुसार चाहे प्रवसन द्वारा अथवा निकटवर्ती चरागाहों पर अतिक्रमण द्वारा इन्हें सर्वप्रथम पूर्णत: अथवा आंशिक रूप में अपनी चरागाह भूमि के पर्यावरण से मुक्त होना आवश्यक है। अभी हाल के वर्षों में, अधिकांश अरब देशों में हुए तीव्र आर्थिक विकास ने बद्दू लोगों के जीवन के तौर तरीकों को अधिकाधिक स्थानबद्ध कर दिया है।

उष्ण मरुस्थलों के प्रतिकूल पर्यावरण में भी पशुचारण अत्यन्त सफल अर्थव्यवस्था है। हाल में किए गए शोध कार्यों से ज्ञात हुआ है कि औद्योगीकृत देशों के सघन पशु फार्मों की अपेक्षा परम्परागत पशुपालकों की पारिस्थितिकीय कार्यकुशलता अधिक उत्तम ही नहीं वरन् बहुत अधिक उत्तम है। पालतू पशु, जंगली वनस्पति को दूध और मांस में परिवर्तित कर देते हैं और ऊन तथा अस्थियाँ भी प्रदान करते हैं। खाद एक अन्य महत्वपूर्ण गौण उत्पादन है। इसके अतिरिक्त पशुपालकों के अपने महत्वपूर्ण और परिष्कृत भूमि अधिकार नियम होते हैं तथा पशु, सांकेतिक तथा सामाजिक दोनों ही दृष्टि से सम्पत्ति मानी जाती है। जल और पशुचारण के अधिकार, जनजाति अथवा समुदाय में वंशानुगत विभाजित रहते हैं। निरन्तर प्रव्रजन से वनस्पति स्वयं पुनर्स्थापित हो जाती है तथा जल स्रोत और चरागाह भूमि का पुनरुद्धार हो जाता है। इस प्रकार पशुचारण जीवन-शैली सुनिश्चित भौगोलिक अवस्था से विकसित होती है और यह पर्यावरण-निर्धारणवाद (Environmental-Determinism) का एक उत्तम उदाहरण प्रस्तुत करती है।

मध्य एशिया के खिरगीज (The Khirghiz of Central Asia)

पुरातन विश्व में, मध्य एशिया, भ्रमणशील पशुपालकों का परम्परागत क्षेत्र है। मध्य एशिया के भ्रमणशील पशुचारक शुष्क परिस्थितियों में रहते हैं और अपने भेड़, चौपायों और घोड़ों के झुण्डों के लिए जल और चरागाहों की खोज में सामयिक प्रवास करते रहते हैं।

निवास क्षेत्र (Habitat)

मध्य एशिया, खिरगीज तथा अन्य पशुपालक भ्रमणशील जातियों का निवास क्षेत्र है जो पर्वत श्रेणियों द्वारा, चीन सागर और हिन्द महासागर की मानसूनी वर्षा से वंचित कर दिया गया है, जबकि यूरोप के पर्वत और पठार, अन्ध महासागर और भूमध्य सागर से होकर आने वाली पछुआ हवाओं की नमी को खाली कर देते हैं, जिसके परिणामस्वरूप वोल्गा और ह्वांगहो नदियों के बीच के प्रदेश में केवल उच्च पर्वतीय ढालों पर ही वन पाए जाते हैं। वास्तव में, अपर्याप्त वर्षा और सूखा, वनों के अस्तित्व का पूर्वाभास देते हैं। अधिकतर वर्षों में यहाँ वर्षा केवल घास उगने के लिए ही होती है। इस प्रकार जल की अनिश्चित आपूर्ति होने के कारण, अस्थिर मानव जीवन ही यहाँ की मुख्य विशेषता है।

खिरगीज, दक्षिणी थ्यानशान और पामीर के निवासी हैं। इस प्रजाति के रंग, भाषा, बोली, रीति-रिवाज और जीवन-शैली का कज्जाकों से निकट का सम्बन्ध है। रूसी लोग प्राय: कज्जाक लोगों को भी खिरगीज कहते हैं क्योंकि दोनों ही प्रजातियों में समानता पाई

चित्र 11.24 *पश्चिमी केन्द्रीय एशिया*

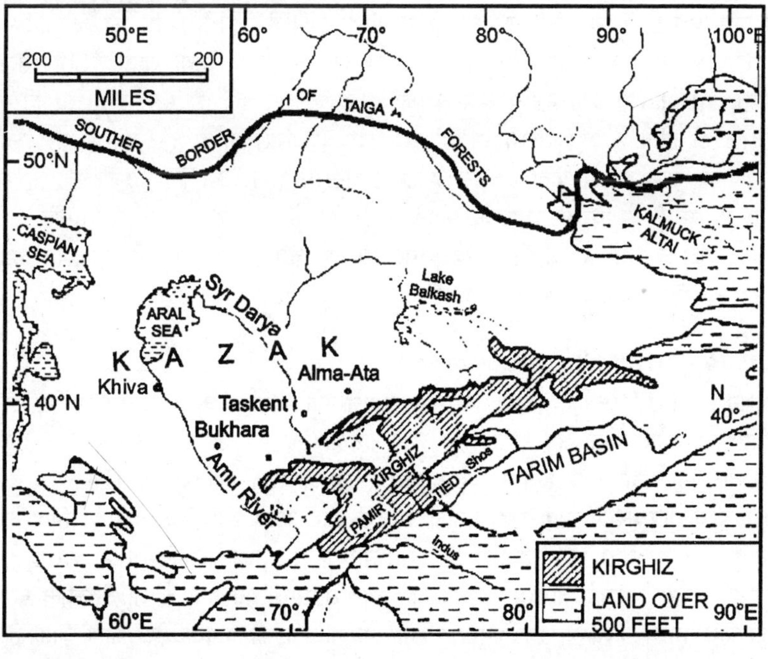

जाती है। थ्यानशान खिरगीज को रूसियों द्वारा कारा (काला) खिरगीज कहा जाता है। खिरगीज लोगों का परम्परागत निवास क्षेत्र थ्यानशान और पामीर के उच्च पठार से पूर्वी कज्जाक तक है। सत्रहवीं शताब्दी के मध्य तक ये लोग निम्न क्षेत्रों में निवास किया करते थे, किन्तु पिछले तीन सौ वर्षों में रूसियों द्वारा इन्हें उच्च पठारी भागों के एकान्त क्षेत्रों की ओर धकेल दिया गया है। (चित्र 11.24)

खिरगीज लोगों का निवास क्षेत्र, अर्थात् थ्यानशान लम्बे पर्वतों की एक वृहद् शृंखला है। इसकी हिममण्डित चोटियों, जैसे समुद्र तल से 6000 मीटर ऊंची खान टेंगरी (Khan Tengri) चोटी से अनेक सदावाहिनी नदियाँ उतरती हैं। समुद्री मागों में इसके समान ऊंचाई वाले भागों की तुलना में यहाँ वर्षा बहुत कम होती है। शीत ऋतु में इन सभी पर्वतीय भागों में हिमपात अधिक होता है तथा कभी-कभी ग्रीष्मकालीन वर्षा भी होती है। यह वर्षा, विस्तृत चरागाहों के विकास में सहायक होती है। ग्रीष्म ऋतु में लगभग 3000 मीटर ऊंचे चरागाहों में अच्छी घास पाई जाती है, जबकि शीत ऋतु में अच्छे चरागाह निचले भागों में पाए जाते हैं। इसके अतिरिक्त ऋतु के अनुसार हिमरेखा भी ऊंची-नीची होती रहती है। ग्रीष्म ऋतु में यह 12,000 फुट अथवा इससे भी अधिक की ऊंचाई पर तथा शीत ऋतु में यह नीचे 10,000 फुट तक आ जाती है, जबकि इस भाग में समृद्ध चरागाह पाए जाते हैं। ईली और सर नदियाँ भी थ्यानशान पर्वत से उतरती हैं। थ्यानशान के दक्षिण-पश्चिम में पामीर का पठार स्थित है, जिसकी 400 मीटर से अधिक ऊंचाई की चौड़ी और सपाट घाटियां एक विशेषता है। थ्यानशान की अपेक्षा पामीर पठार पर कम वर्षा होती है। शीत ऋतु अत्यधिक कठोर होती है, जनवरी मास का तापमान -40°C तक नीचा चला जाता है। फिर भी शीत ऋतु में मौसम शुष्क रहता है और तेज तूफान कम आते हैं तथा मनुष्य और पशुओं के झुण्ड दोनों ही इसे सह सकते हैं। ग्रीष्म ऋतु ठण्डी होती है और ठण्डी रात्रियाँ इस प्रदेश की विशेषता हैं, इस कारण जल का वाष्पीकरण कम ही हो पाता है। इस प्रकार पामीर पठार वनों के लिए अत्यधिक शुष्क पठार है। स्टेपी के विस्तृत घास के मैदान बीच-बीच में घास के क्षेत्र और चरागाह वर्ष पर्यन्त उपलब्ध रहते हैं, जबकि इसके उत्तर और पश्चिम की ओर के निचले भाग कई महीनों तक हिम प्रवाह के प्रभाव में रहते हैं।

नृजातीय गुण (Ethnic Characteristics)

लगभग 10 लाख खिरगीज, मुख्यत: किरगीजिया गणराज्य में निवास करते हैं। ये लोग देखने में शक्तिशाली मंगोल जाति के दिखाई पड़ते हैं। ये नाटे कद, हृष्टपुष्ट और पीली चमड़ी के होते हैं तथा बाल काले और मोटे होते हैं। यह प्रजाति मंगोल और तुर्क जातियों का मिश्रित रूप है।

इनके परिवार में पिता-पुत्र, उनकी पत्नियां और नौकर सम्मिलित होते हैं। पिता के पास पशुओं का बड़ा भाग रहता है और वह परिवार के प्रवास का निर्णय भी करता है। इनमें से अनेक परिवार वास्तव में पिता की ओर से सम्बन्धित होते हैं जो मिलजुल कर कुल का निर्माण करते हैं तथा प्रमुख परिवार के मुखिया को अगुआ नेता माना जाता है,

जो अन्य कुलों से सभी प्रकार से वार्तालाप करता है। सभी पुरुष आवश्यक रूप से अपने पिता के कुल के सदस्य होते हैं और उनकी पत्नियाँ बाहर के कुल से लाई जाती हैं। व्यक्ति की अपेक्षा कुल एक सामाजिक और राजनीतिक सम्बन्धों की इकाई होती है। परम्परागत चरागाहों पर कुल के सदस्यों का अधिकार होता है तथा वधू के लिए दिया जाने वाला धन प्रायः कुल के सभी सदस्य मिलकर देते हैं। कुल के सभी सदस्यों की रक्षा और भरण-पोषण के लिए कुल एक प्रभावशाली इकाई होती है। कुल के निराश्रय सदस्यों का धनी सदस्यों द्वारा भरण-पोषण किया जाता है, किन्तु कुल के भीतर प्रमुख परिवार के मुखिया के पास अत्यधिक अधिकार होते हैं तथा सम्पदा के अधिकांश भाग पर उसका नियन्त्रण रहता है।

नैतिक-आचार विशेषताएं (Moral Qualities)

इस प्रदेश का विषम और विपरीत पर्यावरण, खिरगीज लोगों में कुछ विशेषताओं को जन्म देता है। ये लोग शौर्य, साहस, स्वतंत्र व्यक्तित्व का गौरव, चौकसी, सतर्कता, स्थान के प्रति संवेदन, अवलोकन की तीक्ष्ण शक्ति और प्रत्येक विवरण को समझकर विजय की सामर्थ्य के लिए जाने जाते हैं। खुले हुए तम्बू की सम्पत्ति और दूर चरते हुए पशुओं को सुरक्षित रखना, इन लोगों की ईमानदारी का उच्च आदर्श स्थापित करते हैं। खिरगीज लोगों में दो मुख्य वर्ग दक्षिण और वाम पक्ष के नाम से जाने जाते हैं। छोटा वाम वर्ग तलस बेसिन में तथा दूसरा दक्षिण वर्ग दक्षिण और पश्चिम की ओर विछिन्न अवस्था में रहता है। खिरगीज लोगों में मुखिया का पद वंशानुगत होता है, जो कि अत्यधिक शक्तिशाली प्रथा है। इन लोगों में विशेषाधिकार प्राप्त कोई अभिजात वर्ग नहीं होता है। शीत ऋतु में, जो मध्य एशिया में बहुत विषम होती है, खिरगीज लोग अपने पशुओं के झुण्डों के साथ घाटियों में उतर आते हैं। शीतकालीन शिविर बहुत बड़े और विस्तृत होते हैं, तथा समस्त जाति एक ही स्थान पर एकत्रित हो जाती है। इन शिविरों के निकट ही कृषि योग्य भूमि होती है, जिस पर ग्रीष्म ऋतु में यहाँ रहने वालों द्वारा कृषि कार्य किया जाता है। इन खेतों में ये लोग भोजन और घोड़ों के चारे के लिए गेहूं, जौ, ज्वार आदि उत्पन्न करते हैं। जाति अथवा कुल के शेष लोग अधिक ऊंचाई के ग्रीष्मकालीन चरागाहों के लिए प्रस्थान कर जाते हैं। कुल और परिवार, अपने ग्रीष्मकालीन प्रवसन के समय अपने परम्परागत चरागाहों पर ही जाते हैं। पशुओं को मोटा करने और दुग्ध-पदार्थों के संग्रह करने का यह अनुकूल मौसम होता है।

खिरगीज, आवश्यकता के समय शिकार भी करते हैं, बसन्त ऋतु (अप्रैल-मई) में शिकार के लिए वन प्रदेश की वृहद् यात्राएं की जाती हैं। मराल हिरण इनका परम प्रिय शिकार होता है, जिसके नए उगे सींग मखमल के समान होते हैं।

पशुधन (Livestock)

खिरगीज लोग बहुत कम पशु रखते हैं, यद्यपि इनके ग्रीष्मकालीन चरागाह समृद्ध होते हैं, किन्तु शीतकालीन चारे की कमी के कारण पशुओं की संख्या कम ही रखी जाती है। खिरगीज घोड़े,

चित्र 11.25 *खिरगीज घोड़ा और याक सवार*

मंगोलियन नस्ल के छोटे और हृष्टपुष्ट होते हैं। ऊंटों का उपयोग कम होता है क्योंकि प्रदेश की जलवायु और वहाँ का धरातल, ऊंटों के लिए अत्यधिक कठोर होता है। याक का उपयोग बोझा ढोने के लिए किया जाता है। शीत से मोटे बाल वाली खाल से सुरक्षित याक अल्प घास चरागाहों पर भी पाले जा सकते हैं। ये पशु पर्वतीय ढालों और तंग मार्गों पर सुगमता और तीव्रता से चल सकते हैं। मध्य एशिया के अनेक उच्च दर्रों पर खिरगीज लोग माल ढोने के लिए याक कारवाँ उपलब्ध कराते हैं (चित्र 11.25)।

आश्रय (युर्ट) (Shelter)

खिरगीज के तम्बू को स्थानीय भाषा में 'युर्ट' (Yurt) कहते हैं जो प्राय: गोलाकार आकृति में होते हैं, जिसकी दीवारें लम्बाकार और छत गुम्बदाकार होती हैं। इसकी दीवार का ढाँचा

चित्र 11.26 *एक खिरगीज पड़ाव*

सिमटने वाली जाली द्वारा, लगभग चार फुट ऊंचाई में सीधा बना होता है। यह विलो नामक वृक्ष के शहतीरों में छेद कर आपस में चमड़े की पट्टियों से बांध कर तैयार किया जाता है। घेरे में एक छोटी संकड़ी जगह रखी जाती है जहाँ कनात में डंडा लगा कर दरवाजे का ढांचा बनाया जाता है। घोड़े के बालों से बनी रस्सियों से छल्ले और जाली के चारों ओर ऊपर से नीचे तक मजबूती से बांधा जाता है और इसके ऊपर बड़ी नमदे की चादर फैला कर बाँध दी जाती है। अंगीठी के ठीक ऊपर छत में धुआं निकलने के लिए घेरा खुला छोड़ दिया जाता है। खराब मौसम और रात्रि के समय, जब आग बुझा दी जाती है, तब इस खुले घेरे को भी नमदे से ढंक दिया जाता है। (चित्र 11.26)

तम्बू के भीतर फर्श को नमदे से ढंका जाता है और जालियों के सरकण्डों को विभिन्न प्रकार की ऊन से सजा कर रखा जाता है, जबकि ऊनी कम्बल, जिनका सामने वाला भाग जमीन की ओर दिखाई देता है, छप्पर डालने से पूर्व लगा दिया जाता है। इसी प्रकार के कम्बल फर्श पर भी बिछाए जाते हैं। केन्द्रीय भट्टी पर, एक लोहे की तिपाई रखकर खाना पकाने के बर्तन लटकाए जाते हैं। नमदे, खाल के बिस्तर तथा भेड़ की ऊन से बने तकिए लपेट कर कनात के नीचे रखे जाते हैं। विवाहित लड़के और बच्चे जो साथ रहते हैं, तम्बू में बाईं ओर के भाग में सोते हैं जबकि निर्धन रिश्तेदार, कुत्ते और मेमने दरवाजे के पास सोते हैं। जब कभी कोई प्रतिष्ठित अतिथि आता है, उनके लिए तम्बू के पिछले भाग में सुसज्जित पलंग लगाया जाता है। चमड़े और लकड़ी से बनी तिजोरी में अन्न, शक्कर, चाय तथा बड़े चमड़े के थैलों में दूध उत्पादित वस्तुएं, कनात के सहारे रखे जाते हैं, जो तम्बू के स्वामी की सम्पत्ति को प्रदर्शित करते हैं।

अधिक ठंडी और खुली जगहों पर कई समूह नमदे के तम्बुओं के स्थान पर सर्दियों में ठोस झोपड़ियों (कस्तु) का प्रयोग करते हैं। इन झोपड़ियों की निर्माण सामग्री में भिन्नता हो सकती है। किसी प्रदेश की पहाड़ की तलहटी में बनी झोपड़ी में पत्थर का प्रयोग हो सकता है, जबकि उत्तर में वन की सीमा पर बनी झोपड़ी लकड़ी और छाल की बनी हो सकती है, किन्तु अधिकांश शाद्वल की बनी होती हैं। सर्दी में ये झोपड़ियां सामान्य आकार में आयतनुमा होती हैं।

तम्बुओं को लगाना और उनको गिराने का काम स्त्रियों और निर्धन आश्रितों द्वारा किया जाता है। प्रवास करते समय एक बड़े तम्बू का गट्ठर बना लेने के बाद इसे ले जाने के लिए दो अथवा तीन ऊंटों की आवश्यकता होती है। जब दल भ्रमण कर रहा होता है, तब प्रायः पूरा तम्बू स्थापित नहीं किया जाता है, ऐसी अवस्था में रात्रि में शरण के लिए सीधी गुम्बद छत ही लगाई जाती है।

शीत ऋतु में शिविर 'ऊल' विरले ही तीन से पांच झोपड़ियों से अधिक की बनी होती हैं, किन्तु एक गोत्र का 'ऊल' किसी घाटी की तलहटी में कुछ मीलों तक फैला हो सकता है। नवम्बर से अप्रेल के मध्य तक अधिवास एक ही जगह पर स्थाई रूप में रहता है, यद्यपि चरागाह में बदलाव होता रहता है।

धर्म और आस्था (Religion and Faith)

आस्था से खिरगीज मुस्लिम धर्म के अनुयायी होते हैं। इनका भोजन, वस्त्र और जीवन-शैली इनकी आस्था से अत्यधिक प्रभावित हैं। ये लोग एक लम्बा चोगा धारण करते हैं, जिसे कफ्तान (Kaftan) कहा जाता है, जो निकट के बाजारों से खरीदा जाता है। यह टखनों तक लम्बा, गद्देदार कोट होता है जिसकी बांहें चौड़ी और कालर संकरा और उठा हुआ होता है। निर्धन खिरगीज़ अपने वस्त्र ऊंट के बाल से बने कपड़े से स्वयं तैयार करते हैं। शीत ऋतु में तीन अथवा चार ऊन के गद्दों से बने कफ्तान, एक के ऊपर एक पहने जाते हैं तथा इसके ऊपर छोटी भेड़ की खाल से बनी बनड़ी पहनी जाती है। भारी चमड़े के लम्बे जूतों में मोटा और चौड़ा ऊनी पायजामा, इन जूतों में घुसा रहता है। ये जूते नुकीले पंजे और तीखी लोहे की एड़ी वाले होते हैं, जो घुड़सवारी के लिए अधिक अनुकूल होते हैं, किन्तु पैदल चलने में इनसे कठिनाई होती है। लम्बी यात्रा की सम्भावना होने पर ये लोग मोटे चमड़े की ब्रिचिश (Breaches) पहनते हैं।

सर्वदा, लम्बी दूरी की यात्राओं के समय पशुओं के झुण्डों, भोजन सामग्री और तम्बुओं को छोड़ना पड़ता है। परिणामतः, ऐसे अवसरों पर खिरगीज उनके मिलने वाले अन्य समूह की मेहमानदारी पर निर्भर रहते हैं। ऐसे अवसरों पर वे प्रायः एकाकी शिविर की मेहमानदारी पर भरोसा रखते हैं। मेहमानदारी की प्रथा यात्री के लिए आदर-सत्कार सुनिश्चित करती है। लम्बी दूरी की यात्रा का इरादा रखने पर यात्री अपने घोड़े, जिस पर वह पूर्व सन्ध्या को बैठकर आया था, के बदले में मेजबान से नया घोड़ा प्राप्त कर सकता है और लौटंती यात्रा के समय एक के बाद एक घोड़ा बदलता रहता है और यात्रा के अन्त में अपना स्वयं का घोड़ा प्राप्त कर लेता है। निर्जन प्रदेश में यात्रा करते समय वह अपने साथ काफी मात्रा में कठोर किया गया पनीर और सुखाया हुआ आटा अथवा सिंकी हुई मीठी रोटी चमड़े के थैले में भरकर अपने घोड़े की काठी से लटका लेता है।

जैसा पूर्व में कहा जा चुका है, खिरगीज मुस्लिम धर्म (सुन्नी) के अनुयायी होते हैं, किन्तु ये अभी भी अपने पूर्व के विचार और धार्मिक कृत्यों का पालन करते हैं। लड़कों का खतना किया जाता है और प्रायः पुरुष अपने सिर मुंडवाते हैं। रमजान के महीने में रोजे रखे जाते हैं और स्थानीय मुल्ला अथवा तातारी, एक ऊल से दूसरी ऊल में जाकर प्रार्थना करवाता है तथा पवित्र कुरान का पाठ करता है। ये लोग छोटे उत्सव भी करते हैं। इदुल-जुहा के अवसर पर घोड़ों, भेड़ अथवा बकरों की बलि दी जाती है जो पैगम्बर इब्राहम और उसके पुत्र पैगम्बर इस्माइल के बलिदान का संकेत समझा जाता है।

व्यापार (Trade)

खिरगीज लोग भेड़, खाद्यान्न, वस्त्र और बर्तनों का घोड़ों से वस्तु विनिमय करते हैं। ये लोग आटा, जौ, कॉफी और चाय भी खरीदते हैं।

मध्य एशिया में जहाँ खिरगीज निवास करते हैं, परम्परागत जीवन-शैली अत्यधिक कठिनाईभरी प्रमाणित हुई है। खिरगीज अपने सीमित साधनों का उपभोग बड़ी सावधानीपूर्वक तथा विवेकपूर्ण ढंग से करते हैं। पशुओं, पौधों, जलवायु और मौसम के

सम्बन्ध में ये अपना गहन ज्ञान प्रकृति के शोषण के लिए नहीं वरन् उससे सह अस्तित्व के लिए करते हैं। उनका जीवन पर्यावरण द्वारा अत्यधिक प्रभावित है, किन्तु इन्होंने अपने कठोर पर्यावरण में ढंग से रहने के लिए सामाजिक और आर्थिक संस्थाएं विकसित कर ली हैं।

टुंगसः साइबेरिया के रेन्डियर पालक

(Tungus: The Reindeer Herders of Siberia)

साइबेरिया के उत्तर-पूर्व में रहने वाले टुंगस मूलतः रेन्डियर पालक लोग हैं। दक्षिण की ओर, मंचूरिया के और बाहरी मंगोलिया के टुंगस अमूर घाटी तक सीमित हैं। रेन्डियर पालक ये टुंगस, जो लगभग कुल 20 हजार हैं, छोटे-छोटे समूहों में बिखरे हुए हैं। इनमें से प्रत्येक समूह अपने निश्चित क्षेत्र में रहता है। उनका यह क्षेत्र येनीस से कमछटका प्रायद्वीप तक पूरे पूर्वी साइबेरिया में फैला हुआ है। टुंगसो द्वारा रेन्डियर का पालन उत्तरी बैकालिया के पार, उत्तरी विटिम प्रायद्वीप और यबलोनॉई पहाड़ के बाजू में, और उत्तरी खींगन पहाड़ियों, जो लगभग 55°N अक्षांश के उत्तर में है, काफी विकसित है। उनके क्षेत्र के दक्षिणी किनारे पर घोड़े और रेन्डियर दोनों पाले जाते हैं जबकि कई क्षेत्रों में टुंगसों के पशु महामारियों के कारण मर जाते हैं। फलस्वरूप, वे पशुधन रहित शुद्ध शिकारी और मछुआरे हैं। बैकाल झील के उत्तर-पूर्व के कलार की भांति कुछ समूहों के पास बड़े-बड़े रेवड़ हैं जो उनकी भोज्य सामग्री का मुख्य स्रोत है जबकि कुछ के पास एक परिवार के अनुसार बहुत कम रेवड़ हैं। कुछ क्षेत्रों में, टुंगस लोगों को बहुधा 'ओरछोन' (पालतू रेन्डियर लोग) कहा जाता है जो वर्ष के अधिकांश महीनों में जंगलों में रहते हैं।

बैकालिया के परे, सर्दियां लम्बी और कड़ाके की होती हैं। शीत ऋतु में तापक्रम −70°C नीचे तक पहुंच जाता है। निचले स्तरों पर जून के मध्य से लेकर अगस्त के अन्त तक गर्मियों का मौसम छोटा, मृदुल और आर्द्र होता है। ऊंचे स्थानों पर जून के आखिर तक बर्फ रहती है और जुलाई के अन्त में पुनः बर्फ जमना शुरू हो जाती है। जुलाई और अगस्त के महीनों में हल्की बूंदाबांदी होती है।

छोटी ग्रीष्म ऋतु में, उत्तरी टुंगस लोग बहुधा अपने रेवड़ों के साथ उत्तर में टुण्ड्रा पर चले जाते हैं जहां चरागाह प्रचुर मात्रा में होते हैं। आश्चर्य की बात है कि इस क्षेत्र में पालतू रेन्डियर सर्दियों के मौसम में मछली और रेन्डियर का मांस खाते हैं। यह अत्यंत महत्वपूर्ण है कि गर्मियों के छोटे मौसम में पशुओं को मोटा किया जाता है ताकि वे कठोर सर्दियों के मौसम की दशाओं को झेल सकें। हरेक कुछ घंटों के बाद बड़े रेवड़ आगे बढ़ने लग जाते हैं और कुछ दिनों के चरने के बाद सामान्यतः अगले वर्ष तक के लिए चरागाह बेकार हो जाते हैं। यह अनुमान किया गया है कि एक रेन्डियर के लिए 10 वर्ग किमी से अधिक चरागाह की भूमि जरूरी होती है।

गर्मियों में, रेवड़ों को जंगलों की सीमा पर मच्छरों के झुंडों के हमले के कारण होने वाली भगदड़ से बचाना जरूरी होता है। अतः, यदि मौसम खराब होता है तो ये लोग तेजी से उत्तर की ओर या ऊंची जगहों पर जाने लगते हैं। आग जला कर धुआं की

जाती है ताकि मच्छरों को दूर रखा जा सके और रेवड़ पूरे दिन इसके चारों ओर मस्ती करता रहता है और केवल रात में चरता है। जब मादा रेन्डियर को चरने के लिए छोड़ा जाता है तब इनके बच्चों को कम्पाउन्ड में ही रोक लिया जाता है ताकि मादा रेन्डियर इन्हें दूध पिलाने लौट आएं।

यद्यपि उत्तरी टुंगस लोग अपनी भोज्य सामग्री के लिए पूर्णत: रेन्डियर पर निर्भर हैं, तथापि उनमें से बहुत से लोग शिकार और मछलियों द्वारा अपने भोजन को संपूरक करते हैं। एक गृहस्थी द्वारा रेन्डियरों को रखे जाने की संख्या एक दर्जन से कई सौ के बीच बदलती रहती है। रेवड़ का सबसे मूल्यवान उत्पाद दूध है। एक मादा रेन्डियर अपने बच्चे को पिलाने के बाद सामान्यत:, लगभग प्रतिदिन एक पिन्ट दूध देती है। यह दूध मीठा और क्रीम की तरह गाढ़ा होता है, किन्तु गाय या भैंस के दूध के मक्खन के वसा की तुलना में हल्का होता है, अत:, इससे कोई डेयरी उत्पाद नहीं बनाया जाता है। दूध निकालने का समस्त कार्य स्त्रियां करती हैं।

रेन्डियर का प्रयोग बोझा ढोने के साथ स्लेज गाड़ी खींचने में भी किया जाता है। टुंगस लोग रेन्डियर का प्रयोग सवारी के लिए भी करते हैं। एक वयस्क रेन्डियर लगभग 75 किग्रा बोझा ढो सकता है। एक दिन में एक रेन्डियर लगभग एक सौ किमी की यात्रा कर सकता है। (चित्र 11.27)

टुंगस लोग अपना कुछ समय शिकार और मछली मारने पर भी गुजारते हैं। फर वाले जानवरों, विशेषत: गिलहरी और सेवल का शिकार और फंदे में फंसाने का कार्य वे रूसी व्यापारियों के साथ अदला-बदली के लिए करते हैं। अधिकांश टुंगस लोग अपनी खालों के बदले लोहे के चाकू, चकमकी बन्दूकें, बर्तनों के साथ-साथ चाय और तम्बाकू प्राप्त करते हैं। मार्ल हिरण का शिकार वे चीनियों के साथ व्यापार करने के लिए करते हैं

चित्र 11.27 *एक उत्तरी टुंगस रेन्डियर सवार*

जो इस हिरण का प्रयोग दवा बनाने में करते हैं। रेन्डियरों को मारने वाले व्यक्ति उसे भयाक्रान्त करके भगा कर किसी सगली में तब तक खदेड़ते है, जब तक वह फंदे में फंस नहीं जाता या पानी में कूद नहीं जाता है जहां इन्तजार कर रहे शिकारी उसे प्रहार करके मार देते हैं।

चूंकि शीत ऋतु में चरागाह बहुत कम हो जाते हैं, टुंगस लोग प्रवसन करके बार-बार अपने शिविरों को बदलते रहते हैं। वे अपने आश्रय के लिए शंक्वाकार झोपड़ियां बनाते हैं जो रेन्डियर की खालों से ढंकी होती है।

टुंगस में विभिन्न गोत्र हैं। प्रत्येक गोत्र का एक निश्चित क्षेत्र होता है। गोत्र एक अन्तर्विवाही इकाई होता है। व्यक्ति बिरले ही अपने गोत्र समूह से बाहर विवाह करते हैं। प्रत्येक गोत्र का नाम होता है। ये नाम सामान्यत: प्राकृतिक वस्तुओं, बर्तन, जैसे कठफोड़वा की आंख (Woodpecker's Nose), पीपल लकड़ी का पालना (Poplarwood Cradle), रखे गए होते हैं, किन्तु कभी-कभी ये किसी वास्तविक अथवा पौराणिक पूर्वजों के आधार पर भी होते हैं।

विवाह कुछ अन्य गोत्रों के सदस्यों के साथ ही किया जाता है, बहुधा यह किसी एक गोत्र के साथ ही होता है। विवाहों के साथ सम्पत्ति का विनिमय किया जाता है। बहुधा यह विनिमय परिवारों के बीच पहले से तय कर लिया जाता है क्योंकि भावी युग्म विवाह के समय बालक होते हैं। अक्सर लड़के के परिवार की ओर से लड़की के माता-पिता को एक अच्छी मात्रा में रेन्डियर भेंट किए जाते हैं। यह भेंट (उपहार) 'तुरी' के नाम से जानी जाती है, जो वास्तव में वधू मूल्य ही होता है। 'तुरी' की रकम लड़की के सौन्दर्य, निपुणता और सामाजिक प्रतिष्ठा के आधार पर बदलती रहती है। फिर भी, नाममात्र के लिए यह ऊंचा होता है। टुंगुओं में रेन्डियर के रेवड़ों सहित तम्बू और लड़की का सामान स्त्रियों की सम्पत्ति माना जाता है। पुरुष शिकार पर चले जाते हैं और पीछे से रेन्डियरों के रेवड़ और शिविर की देखभाल पत्नी ही करती है। टुंगुओं में बहुविवाह कतिपय ही होता है और इसकी स्वीकृति तब ही दी जाती है, जब पहली पत्नी के बच्चे नहीं होते।

चित्र 11.28 *पूर्वी साइबेरियाई रेन्डियर*

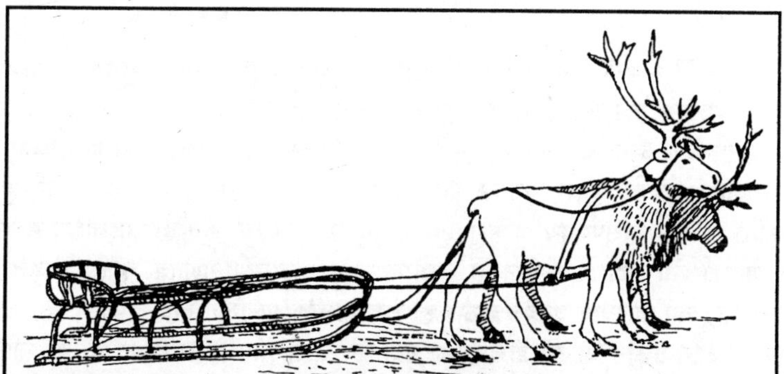

सामान्य रूप में टुंगुओं का क्षेत्र स्पष्ट रूप में निश्चित होता है और एक शिकारी से आशा की जाती है कि वह दूसरे परिवारों की नियमित शिकार की भूमि पर हमला न करे, किन्तु चोटग्रस्त शिकार का पीछा किया जा सकता है।

गृहस्थी के मुखिया की मृत्यु होने पर, ज्येष्ठ अथवा अधिक उत्तरदायी व्यक्ति के पास मुखिया के अधिकार और कर्तव्यों के पालन करने का जिम्मा आ जाता है। जंगलों और टुण्ड्रा क्षेत्र में बिखरे हुए टुंगस परिवारों को संगठित किया जाता है। ये परिवार एक-दूसरे को सहयोग प्रदान करते हैं। पारस्परिक सहयोग और सहायता व्यवस्था का आदान-प्रदान टुंगुओं की ताकत है जो वृहद् अनजातीय इकाइयों को बनाए रखने में सहायक होती है।

रेन्डियर को पालतू बनाना आसान है। रेन्डियरों को आसानी से नमक द्वारा आकर्षित किया जा सकता है। टुंगस, युकाधीर, सामोयेड, चुकची, याकूत तथा अन्य पशुपालक नियमित रूप से अपने रेवड़ के लिए ज़मीन के गड्ढे से नमक निकालते हैं और रेन्डियरों के शिकार करने वाले लोग बहुधा प्राकृतिक नमक को चटाने की टोह में रहते हैं अथवा कृत्रिम नमक बनाते हैं जो जंगली जानवरों को खोजने और उन तक पहुंचने में मदद करे। यहां तक कि सामान्य नमक जो मानव के मूत्र में होता है, उसकी तरफ जानवर खिंचे चले आते हैं। जंगली रेन्डियर बहुधा पुरुषों द्वारा प्रयोग किए गए रास्ते को खुरचते और चाटते हुए सीधे शांत शिविर की ओर चले आते हैं। यह आश्चर्यजनक है कि कुछ टुंगस और चुकची पशुपालक पशुओं को आकर्षित करने के लिए हमेशा मूत्र की एक थैली अपने साथ ले जाते हैं। लोमड़ी के सामने रेन्डियर लगभग निस्सहाय हो जाता है, जिसके कारण बहुत से जंगली और पालतू पशु मारे जाते हैं।

परिवहन व्यवस्था यहां अपर्याप्त और लचर है। सड़कें और रास्ते साल के नौ महीनों तक बर्फ और हिम के नीचे दबे रहते हैं। रूसी सरकार ने इन्हें स्थाई बनाने के लिए काफी प्रयास किए हैं। सरकार द्वारा चिकित्सा और शिक्षण सुविधाएं प्रदान की जा रही हैं तथा उनके स्थाईकरण की प्रक्रिया में तेजी लाने के लिए टुंगस लोगों को आधुनिक उपकरण दिए जा रहे हैं। धीरे-धीरे किन्तु निश्चित रूप में टुंगस शिकारी और घुमक्कड़ी जीवन की अवस्था से वृहद् स्तर पर व्यापारिक पशुपालन और स्थाई खेतिहर अवस्था की ओर बढ़ रहे हैं।

याकूत : रेन्डियर और घोड़े पालक (Yakuts : The Reindeer and Horse Herders)

याकूत मध्यलीना नदी के बेसिन के पशुपालक और आखेटक लोग हैं। ये तुर्कीभाषी हैं जो 18वीं शताब्दी में अन्य ताकतवर मंगोल पशुपालक समुदायों के हमले के कारण मध्य एशिया से मध्यलीना क्षेत्र के उत्तरी भाग में आकर बस गए। वर्तमान में याकूत लोग उत्तर-पूर्व में युकाधीरों से और दक्षिण तथा दक्षिण-पूर्व में टुंगू लोगों से घिरे हुए हैं। साइबेरिया में सबसे ठंडा भाग (यना नदी के बेसिन में वर्खोयान्स) याकूट्सिया गणतंत्र में है। याकूत क्षेत्र (याकूतिया) की जलवायु अत्यंत कठोर है। वर्खोयान्सक प्रलेखित तीव्र तापक्रम –65°C है। दक्षिण में ओमयाकोन जो की इन्दिगिरका नदी के ऊपरी भाग में अवस्थित है, का तापमान

बहुत कम -68°C है। पूरे क्षेत्र की आंतरिक मिट्टी स्थाई रूप से जमी रहती हैं। इन बाधाओं के होते हुए भी थोड़ी खेती करना संभव हुआ है क्योंकि यहां के निवासी ग्रीनहाउसों का प्रयोग कर पौधों को प्रतिरोपित करने के पहले जल्दी पका लेते हैं। यहां जौ, राई, फंद और पत्तेदार वनस्पति की खेती की जाती है।

लीना नदी के बेसिन (पूर्वी साइबेरिया) के कठोर शीत दशाओं में, याकूत लोग पशुओं (गायों) का पालन मुख्यत: भोजन के लिए और घोड़ों का जुलाई और अगस्त महीनों के छोटे से गर्म मौसम में सवारी के लिए करते हैं।

16वीं शताब्दी तक याकूत लोग स्टेपी घास के मैदानों में मवेशियों और घोड़ों के पशुचारक थे जो बैकाल झील के दक्षिण-पश्चिम की ओर घूमते रहते थे। जैसा ऊपर लिखा गया है कि इन लोगों को अपने मंगोल पड़ोसियों के साथ झगड़ों और उनकी विस्तारवादी नीति के कारण उत्तर की ओर प्रवसन करने के लिए बाध्य होना पड़ा। उत्तर की ओर प्रवसन की इस प्रक्रिया में ये लोग अपने घोड़ों और मवेशियों को अपने साथ मध्य लीना बेसिन में टुण्ड्रा क्षेत्र में ले आए। पूर्वी साइबेरिया की अत्यंत कठोर और कड़ी सर्दी प्रधान शीत जलवायु में इनके बहुत से मवेशी और घोड़े मर गए, अत: वे रेन्डियर का पालन करने लगे। वास्तव में वे अभी भी संक्रमण की स्थिति में हैं जो मवेशियों और घोड़े पालने से अब धीरे-धीरे रेन्डियरों के पालने की ओर अग्रसर हो रहे हैं। प्रतिकूल भौगोलिक पारिस्थितिकीय एवं पर्यावरणीय दशाओं के होते हुए भी कुछ याकूत लोग मवेशियों और घोड़ों पर आधारित अर्थव्यवस्था को बनाए हुए हैं । अपने मवेशियों और घोड़ों को जिन्दा रखने के लिए छोटी सी ग्रीष्म ऋतु की अवधि में अधिक काम करना पड़ता है और लम्बी शीत ऋतु में ये लोग अपने पशुओं के लिए सूखी घास के लिए अल्कालिक घास को एकत्रित करते हैं। यह बड़ा आश्चर्य है कि ये लोग अपने मवेशियों और घोड़ों को चारा और घास के स्थान पर उनके मुख्य आहार के रूप में रेन्डियर का मांस और मछली खाने को उत्साहित करते हैं । आजकल अधिकांश याकूत रेन्डियर की सवारी करते हैं क्योकि घोड़ों का प्रयोग गर्मियों के केवल दो महीने ही किया जा सकता है, किन्तु उन्होंने अभी तक घोड़े की बलि की प्रथा और 'कूमिस' त्योहार को बनाए रखा है।

रूसी शासनकाल में याकूतों की अर्थव्यवस्था में आदिम और आधुनिक दोनों का सम्मिश्रण पाया गया है। अनेक मूल निवासी अभी भी पारम्परिक घुमक्कड़पन, शिकार, मछुआगिरी और जाल में पशुओं को फंसाने का कार्य करते हैं। किन्तु कुछ क्षेत्रों में पशुओं को पालने का काम सामूहिक रूप में किया जाता है, आधुनिक तकनीक का प्रयोग किया जाने लगा है, और मछुआगिरी का व्यावसायीकरण हो गया है। याकूतियों का गणतंत्र भोज्य सामग्री में अब लगभग आत्मनिर्भर है। दक्षिण के घने जंगलों से काफी इमारती लकड़ी और अल्देन खानों से टिन, और सोना निकाल कर उसका निर्यात किया जाता है। यहां 60 बिलियन टन कोयले का भंडार है। इसके अतिरिक्त, अनेक कच्चे लोहे, चांदी और सीसे के भण्डार, और तेल कुण्ड हैं, किन्तु अभी इन वस्तुओं को निकालने का कार्य बहुत कम है।

याकूतों के लिए परिवहन का अभाव सबसे बड़ी बाधा है। केवल ग्रीष्म ऋतु में नदियां नौगम्य हैं और उत्तरी समुद्री रास्ता काम के योग्य होता है।

याकूतस्क याकूतिया की राजधानी है जो रूस के उत्तर-पूर्व में स्थित है। यह नगर एक व्यापारिक केन्द्र है जो लीना नदी की एक शाखा पर स्थित छीता के उत्तर-पूर्व में लगभग 885 मील दूर स्थित है। इस नगर की स्थापना 1632 में हुई थी। यह साइबेरियाई फर और हाथी दांत का एक प्रमुख केन्द्र है। याकूतस्क सांस्कृतिक केन्द्र भी है जहां दो रंगशालाएं (थिएटर), एक बड़ा पुस्तकालय और अनेक विद्यालय हैं। याकूतस्क के पास लीना नदी 16 किमी चौड़ी है और किनारे पर गहरी है। यह लगभग 220 दिन जमी रहती है, जबकि जून में बर्फ पिघलने पर इसमें बाढ़ आ जाती है। यहां लकड़ी कटाई और लकड़ी संबंधी कार्यों के कारखाने हैं। रूसी सरकार याकूतों के जीवन को बदलने के लिए गंभीर प्रयास कर रही है। इसके लिए सरकार उन्हें शिक्षा, चिकित्सा, सुविधाएं, मवेशियों और रेन्डियर पालन का प्रशिक्षण दे रही है।

चुकची और कोयार्क (Chukchis and Koyarks)

चुकची और कोयार्क दोनों लोग बेरिंग समुद्र के उत्तर और पश्चिम में एशिया के उत्तर-पूर्वी प्रायद्वीप के रेन्डियर पालक और मछली आखेटक हैं। तटीय भाग पर रहने वाले इनके समूह सील मछली के शिकार के क्रियाकलापों में एस्कीमो लोगों से काफी साम्यता रखते हैं। इस कार्य को वे रेन्डियर पालन के कार्य के साथ करते हैं। कमछातक के कोयार्क मछुआरे और पशुपालक हैं। लगभग प्रत्येक मछुआरे के पास पशुओं का छोटा-सा समूह होता है, जिसकी देखभाल मछुआई मौसम में उसके परिवारवाले या अन्य संबंधी करते हैं।

चुकची और कोयार्क लोगों के रेवड़ अलग प्रकार के और कम पालतू नस्ल के हैं। वास्तव में वे जंगली रेन्डियर प्रकार के हैं और ऐसा माना जाता है कि ये जानवर टुण्ड्रा के घास के मैदानों पर जल्द ही मोटे हो जाते हैं। चूंकि ये आधे जंगली होते हैं, अतः इन्हें फंदों से पकड़ लिया जाता है, किन्तु इनसे दूध नहीं निकाला जा सकता है। इनका भारवाही पशु के रूप में प्रयोग नहीं किया जाता और कुत्तों का स्लेज गाड़ी के खींचने में प्रयोग किया जाता है।

लगभग 12 हजार चुकची (लौरावेटलानी) इस क्षेत्र में रहते हैं। ये लोग तट पर एस्कीमों लोगों के साथ घुलते-मिलते हैं, जहां वे मछली और वालसर का शिकार करते हैं या अपने रेवड़ों के साथ गर्मियों में टुण्ड्रा से लेकर सर्दियों में टैगा तक घूमते-फिरते हैं। सन् 1930 से पहले ये लोग कमितोक नामक एक चलन का प्रयोग करते थे। यह एक प्रथा है जिसके अनुसार वृद्ध और अशक्त व्यक्तियों को मार दिया जाता है, ताकि भोज्य सामग्री की आपूर्ति और जनसंख्या में संतुलन बनाए रखा जा सके। किन्तु इस प्रथा को अब समाप्त कर दिया गया है।

पिछले कुछ वर्षों में चुकचियों के क्षेत्र में टिन, तांबा, चांदी, ग्रेफाइट और लोहे की खोज हुई है।

सामोयेड (Samoyeds)

सामोयेड पशुपालक और शिकारी हैं जो यूराल पर्वत और येनसी नदी के बीच में पश्चिमी साइबेरिया में दलदली टुण्ड्रा और टैगा के जंगलों के उत्तरी भाग में रहते हैं। ये लोग उत्तर-मध्य साइबेरिया की खटंगा नदी से लेकर ठेठ उत्तरी यूरोप में कोला प्रायद्वीप में जमे हुए टुण्ड्रा में रहते हैं। इन लोगों पर तुर्की प्रभाव पड़ा है। ओब नदी की निचली दलदली भूमि भी सामोयेड का क्षेत्र है।

रेन्डियरों के शिकार और पालन करने के अलावा ये लोग पूर्णत: पालतू हिरणों के छोटे रेवड़ों को भी पालते हैं। रेन्डियरों का मुख्यत: प्रयोग स्लेज गाड़ी खींचने में किया जाता है, किन्तु इनका न तो दूध निकाला जाता है और न इन्हें मारा जाता है। अत: रेन्डियर मुख्यत: भारवाही जानवर है जो इस कार्य में कुत्तों से अधिक महत्वपूर्ण है।

पूर्वी अफ्रीका के मसाई (The Masai Mah-Sy of East Africa)

मसाई लोग पशुचारक समाज है। इन लोगों में भूमध्यसागरीय और नीग्रीटो जातियों का मिश्रण हुआ है तथा इन्हें पूर्वी अफ्रीका के सर्वश्रेष्ठ और अत्यधिक विशिष्ट चौपायापालक माना जाता है। पूर्वी अफ्रीका के उत्तरी भाग के आन्तरिक पठार, कीनिया, उत्तरी तंजानिया और पूर्वी युगान्डा में ये लोग निवास करते हैं। यद्यपि इनकी चमड़ी का रंग काला होता है, किन्तु इस प्रदेश के दक्षिण और पूर्व में निवास कर रहे नीग्रो लोगों से स्पष्टत: ये भिन्न हैं। मसाई लोग नील नदी के ऊपरी दलदली घास के मैदानों में निवास करते हैं।

नृजातीय विशेषताएं (Ethnic Characteristics)

एक मसाई, दिखने में लम्बा, छरहरा तथा इसके अंग की अस्थियां छोटी होती हैं, पैर और हाथ संकुचित और उंगलियां लम्बी होती हैं। इनकी चमड़ी का रंग हल्के भूरे से गहरे भूरे रंग के बीच भिन्नता लिए हुए होता है। सिर ऊंचा और संकड़ा होता है। चेहरा पतला और इनमें से अनेक के नाक नक्श तीखे होते हैं। नाक पतली, नीग्रो लोगों की तुलना में होंठ कम मोटे होते हैं। पुरुषों के चेहरे पर बाल कम होते हैं, किन्तु सिर पर बाल लम्बे होते है। नीग्रो लोगों की तुलना में इनके बाल कम मरोड़ और कम घुंघराले होते हैं। मसाई जाति की युवतियां और अधिक आयु के पुरुष, सिर के निकट से बाल कटवाते हैं।

प्रदेश (Territory)

अफ्रीका महाद्वीप की विक्टोरिया झील के पूर्व में भूमध्यरेखीय पठार पर मसाई लोगों का निवास क्षेत्र है। इनके निवास क्षेत्र का उत्तर से दक्षिण की ओर विस्तार 800 किलोमीटर और पश्चिम से पूर्व की ओर 550 किलोमीटर है। इस लम्बे और उच्च प्रदेश में उत्तर से दक्षिण की ओर महान् दरार घाटी (Rift Valley) है, जिसका विस्तार उत्तर में जॉर्डन (मृतक सागर) से दक्षिण में न्यासा झील तक है (चित्र 11.29)। भूगर्भिक दृष्टि से अनेक ज्वालामुखी पर्वतों द्वारा इस पठारी भाग पर लावा जमा कर दिया गया है। इन ज्वालामुखी पर्वतों में किल्मिन्जारो, मेरु, और माउन्ट कीनिया मुख्य हैं। इस दरार घाटी का तल कई स्थलों पर ऊंचा-नीचा हो गया है जिसमें कई झील बेसिन बन गए हैं।

भौगोलिक दशाएं (Geographical Conditions)

मसाई क्षेत्र (उन्नसवीं शताब्दी में जब इनकी संख्या सर्वाधिक थी) का विस्तार 1° उत्तर से लगभग 6° दक्षिण तक था। इस क्षेत्र के अन्तर्गत दरार घाटी का समस्त क्षेत्र जो इस भाग के अन्तर्गत आता है तथा पठार का विस्तृत भाग सम्मिलित किया जाता है। मसाई प्रदेश की ऊंचाई काफी अधिक होने के कारण यहां की जलवायु, इस भाग के पश्चिम में स्थित तटीय भूमि, निचली घाटियों और कोंगो बेसिन के मैदानी भागों की जलवायु अपेक्षाकृत अधिक ठंडी और मध्यम है। यद्यपि मसाई निवास क्षेत्र विषुवत्रेखीय प्रदेश में स्थित है, किन्तु अधिक ऊंचाई के कारण यहां का तापमान 14°C के आसपास रहता है। महीनों तक इस तापमान में किसी प्रकार का अन्तर नहीं पाया जाता है। यहां दिनभर सूर्य का प्रकाश रहता है तथा रात्रि ठण्डी होती है।

प्रदेश में वर्षा के वार्षिक औसत में बहुत कम अन्तर पाया जाता है। वर्षा, संवाहनिक प्रकार की होती है तथा कभी भी यह औसत 100 सेमी से अधिक नहीं होती

चित्र 11.29 *मसाई क्षेत्र*

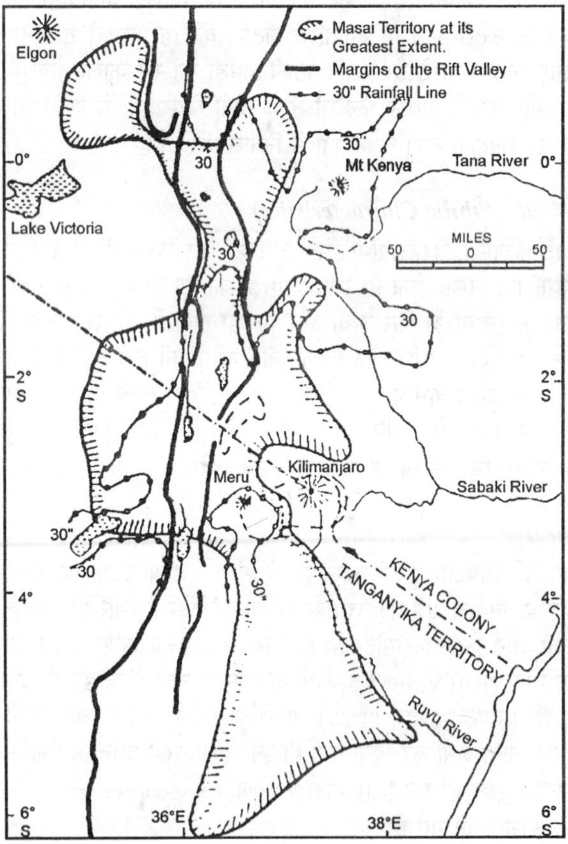

है। कम ऊंचाई वाले भागों में वर्षा 75 सेमी तक अंकित की जाती है। अधिकतम वर्षा अप्रेल और मई के महीनों में होती है। जब हिन्द महासागर की ओर से प्रभावशाली मानसूनी हवाएं भीतरी भाग की ओर चलती हैं, इस भाग में जून से सितम्बर तक का समय अत्यधिक सूखे का रहता है, विशेषकर उन भागों में जो समुद्र तल से 4000 फुट से नीचे हैं।

इस प्रकार की प्रचलित भू-जलवायु दशाओं में मसाई निवास क्षेत्र की जलवायु को उष्ण कटिबन्धीय घास के मैदान प्रकार की कहा जा सकता है। कम वर्षा (50 सेमी) वाले भागों में घास केवल एक फीट अथवा इसके आसपास की ऊंचाई तक ही बढ़ पाती है। उन क्षेत्रों में जहां अनुकूल जलवायु पाई जाती है, वहां घास का पूरा आवरण पाया जाता है, अन्य स्थानों पर घास के गुच्छे पाए जाते हैं जो एक-दूसरे से भूमि के नग्न छोटे-छोटे टुकड़ों से अलग उगे रहते हैं। अधिकांश भाग में छितरे हुए बबूल के वृक्ष पाए जाते हैं। लम्बे शुष्क दिनों में घास सूख जाती है, धरातल अत्यधिक गर्म हो जाता है और वृक्षों की पत्तियां गिर जाती हैं। जनवरी मास में वर्षा होने से नवीन पौधे उगने लगते हैं। जहां दशाएं अधिक अनुकूल होती हैं और भूमिगत जल उपलब्ध होता है, विशेषकर दरार घाटी के सीमान्त के ऊपर कम ऊंचाई वाले भागों में कंटीली झाड़ियां और वृक्ष पास-पास पाए जाते हैं। दस से बीस फुट ऊंचे वृक्षों और से कंटीली झाड़ियों के वन अभेद्य हैं।

उन प्रदेशों में जहां वर्षा 75 सेमी से अधिक होती है, वहां सवाना प्रकार की बड़ी घास पाई जाती है, जिसके बीच-बीच में लम्बे बबूल के वृक्ष पाए जाते हैं। सवाना घास 1 मीटर से अधिक ऊंचाई की होती है तथा सपाट शीर्ष वाले बबूल लगभग 12 मीटर की ऊंचाई के होते हैं। शुष्क ऋतु में यह घास सूख जाती है, फिर भी इसे पशुओं को खिलाया जाता है। कई बार इस घास को जला दिया जाता है, जिससे कि आने वाली ऋतु में अच्छी घास उग सके। अधिक ऊंचाई (2000 मीटर से अधिक) वाले भागों में शुष्क ऋतु बहुत छोटी होती है और पर्वतीय घास के चरागाह स्थाई होते हैं। घास लगभग 2 मीटर ऊंची होती है जो शीतोष्ण घास के मैदानों की घास से मेल खाती है। मसाई लोग शुष्क मौसम में ऊंचे चरागाहों की ओर चले जाते हैं और वर्षा ऋतु में नीचे के चरागाहों में उतर आते हैं (चित्र 11.30)।

चित्र 11.30 *एक मसाई क्राल की चित्रात्मक योजना*

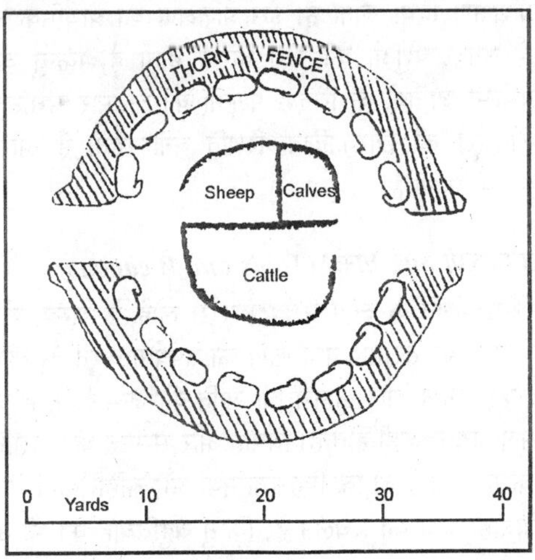

पशुधन (Livestock)

पशु मसाई अर्थव्यवस्था के आधार हैं। ये उन्हें दूध और रक्त के रूप में भोजन और वधू मूल्य के रूप में सम्पत्ति प्रदान करते हैं। मसाई लोग बहुत संख्या में भेड़ और कुछ गधे और बकरी भी पालते हैं। किन्तु इनके आर्थिक और सामाजिक महत्व की तुलना मवेशियों से नहीं की जा सकती है। दोनों ही (भेड़ और चौपाए) मांस और रक्त जो मसाई लोगों का मुख्य भोजन है, के लिए उपयोगी हैं। दूध निकालने का कार्य स्त्रियों द्वारा किया जाता है, केवल दुग्ध उत्पाद की जैसे मलाई और मक्खन की कुछ ही मात्रा उपभोग में ली जाती है। पनीर से ये लोग अनभिज्ञ हैं। दूध तथा अन्य खाद्य पदार्थों को जंगली तम्बू में रखते हैं, जो इसीलिए काटे जाते हैं।

पशुचारण (Pastoralism)

मसाई जाति में पशुचारण, एक आर्थिक क्रिया से अधिक है। यह एक सांस्कृतिक कार्यकलाप है। पशु केवल इसीलिए नहीं पाले जाते हैं कि इन्हें बेचा जा सकता है, अथवा इनका उपभोग किया जा सकता है अपितु धार्मिक अनुष्ठानों तथा जादू-टोने के उत्सवों पर इनकी बलि भी दी जा सकती है। इनकी अधिक संख्या, चाहे कितनी भी अलाभकारी क्यों न हो, उसके साथियों के बीच यह उसे महत्व और प्रतिष्ठा प्रदान करता है। इसके अतिरिक्त एक गाय अथवा एक मेमना अथवा बकरी स्नेह की वस्तु होती है जिसे मालिक द्वारा उसके नाम से पुकारा जाता है। मसाई जाति में किसी भी घरेलू पशु की हत्या की अनुमति नहीं दी जाती है। यदि उनको किसी पशु का वध करना ही पड़े तो यह कार्य पड़ोसी द्वारा कराया जाता है, किन्तु जहां तक गाय का सम्बन्ध है, उसका वध किसी भी हाल में नहीं किया जाता है। जब कभी उसकी स्वाभाविक या दुर्घटनात्मक मृत्यु होती है, ऐसी अवस्था में उसका मांस खा लिया जाता है।

पशुचारण के अतिरिक्त मसाई जाति का दूसरा मुख्य व्यवसाय युद्ध है। व्यावहारिक रूप से सोलह से बीस वर्ष की आयु के सभी युवा पुरुषों को योद्धा के रूप में विशेष प्रशिक्षण दिया जाता है। इस प्रशिक्षण का प्राथमिक उद्देश्य पड़ोसियों के आनुमानिक छापों से उनके पशुओं की रक्षा करना होता है, किन्तु वास्तविकता में ये स्वयं ही अधिकतर पड़ोसी जातियों के विरुद्ध पशुओं की लूटमार संघटित करते हैं, जिससे पड़ोसी जातियों से शीतयुद्ध की चिरकालिक स्थिति बनी रहती है और कभी-कभी तीव्र विस्फोट से शांति भंग हो जाती है।

उपकरण और शस्त्र (Tools and Weapons)

मसाई जाति के लोग मुख्य रूप से लोहे के शस्त्र, जैसे लम्बे फलक वाला भाला, पत्ती के आकार की तलवार तथा बाण का उपयोग करते हैं। लोहा गला कर ढालने की आवश्यकता ने लोहा गलाने वाले लुहारों की जाति को जन्म दिया है जो स्वयं मसाई जाति के ही होते हैं जो सजातीय विवाही होते हैं। विवाह और सम्पत्ति के उत्तराधिकार पर जाति सदस्यता द्वारा नियमित किया जाता है जो कि पितृसत्तात्मक और बहिर्विवाही विवाह होते हैं। यद्यपि मसाई जाति में एक विवाही प्रथा का प्रचलन है, किन्तु बहुविवाह की भी अनुमति दी जाती है।

प्रत्येक मसाई परिवार की चौपाए मुख्य सम्पत्ति होती है। मवेशी मिश्रित प्रकार के पाले जाते हैं, क्योंकि पड़ोसियों द्वारा लूटमार के छापों के परिणामस्वरूप, पूर्वी अफ्रीका के मसाई क्राल (Masai Kraal) में प्रत्येक प्रकार का पशु पाला जाता है, किन्तु सभी पशु कूबड़ वाले होते हैं। कूबड़ वाली गाय प्रतिदिन 2.5 किलो दूध देती है। गायों का दोहन कार्य स्त्रियों द्वारा सूर्योदय पूर्व किया जाता है। इसके बाद बालकों और पुरुषों द्वारा पशुओं को चरागाह की ओर ले जाया जाता है और पुनः सन्ध्या को जब वे लौट कर आते हैं, उनका दोहन स्त्रियों द्वारा किया जाता है। दूध के बर्तनों को उपयोग में लाने में पूर्व गौमूत्र से धोया और धुआं दिया जाता है।

नर बछड़ों का मांस और खाल के लिए वध किया जाता है, जिनका उपयोग भुगतान, उपहार और दावतों के लिए किया जाता है। वान्डोराबो (एक जाति विशेष) को पशुओं के वध के लिए नियोजित किया जाता है, क्योंकि कोई भी मसाई घरेलू पशु का वध करना नहीं चाहता है। गायों का वध नहीं किया जाता, यद्यपि उसकी मृत्यु के उपरान्त

चित्र 11.31 *अफ्रीका में मवेशी तथा टिसीटिसी मक्खी*

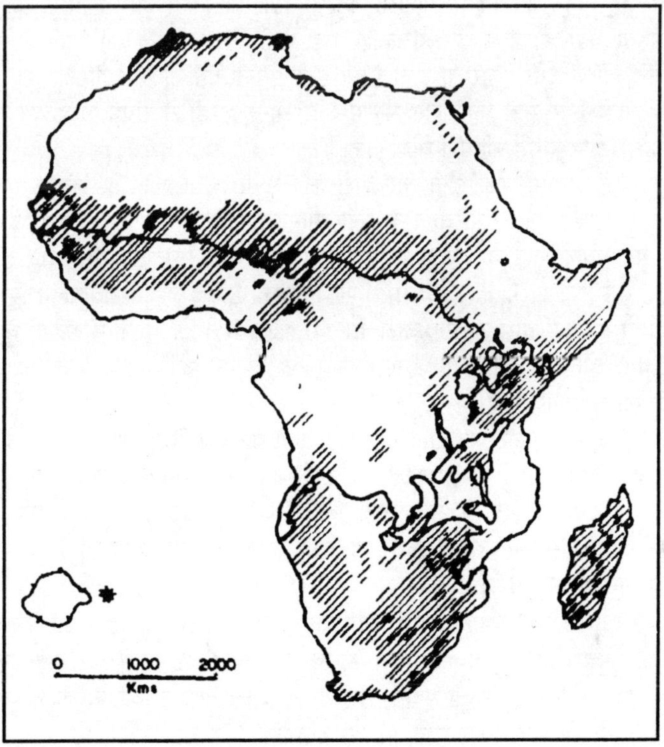

*टिसीटिसी मक्खी द्वारा प्रभावित क्षेत्र। मवेशियों के स्थान व घनत्व का छाया द्वारा प्रदर्शन

उसका मांस खाया जाता है। गायों पर विशेष ध्यान और स्नेह दिया जाता है। प्रत्येक गाय का नाम रखा जाता है। उनमें चरवाहे की स्वयं की कृपापात्र गाय भी होती है। गायों की पहचान रखने के लिए उनके कान अथवा पार्श्वभाग पर काट कर अथवा जलाकर चिह्नित किया जाता है, यह चिह्न उसके मालिक का न होकर कुल का होता है।(चित्र 11.31)

भोजन (Food)

मसाई जाति का मुख्य भोजन पशुओं से प्राप्त होता है। दूध या तो ताजा अथवा उसे खट्टा करके उपयोग में लिया जाता है। बीमारों के लिए दूध उबाल कर काम में लेते हैं। बड़े तूम्बे में दूध को मथ कर मक्खन निकाला जाता है, किन्तु इन्हें पनीर बनाना नहीं आता है। बैल का रक्त भोजन का मुख्य अंश माना जाता है। बैलों का रक्त निकालने के लिए उसकी गर्दन को चमड़े के फीते से कस कर बांध दिया जाता है जिससे कि उसकी गर्दन की नसें फूल जाती हैं, इस फूली हुई नस को चौड़े और आड़े फलक वाले विशेष तीर की सहायता से छेदा जाता है। काफी मात्रा में रक्त एकत्रित कर या तो उसे ताजा ही अथवा दूध में मिलाकर पिया जाता है।

मवेशियों के समान ही भेड़ भी अधिक संख्या में पाली जाती हैं। इनका दूध, रक्त और मांस भी मानव उपयोग में आता है, किन्तु मसाई जीवन में अन्य चौपायों की अपेक्षा इनका महत्व कम है। इनमें से अधिकांश भेड़ भारी नितम्ब नस्ल की होती हैं, जिनका सफेद ऊन घटिया और घुंघराला होता है। भेड़ के मेमना देने के बाद निरन्द दूध निकाला जाता है। सांडों और मेढ़ों को गलत मौसम और भिन्न झुण्डों में संगम से रोकने के लिए प्राय: उनके पेट पर चमड़े की पट्टी बांधी जाती है।

गधों का उपयोग बोझा ढोने वाले पशु के रूप में किया जाता है, जबकि पूर्वी भाग में बसे हुए मसाई लोगों ने परिवहन के लिए सोमालिया से ऊंट प्राप्त कर लिए हैं। किसी भी पशु पर सवारी नहीं की जाती है और पशु चराने और यातायात में पैदल ही जाया जाता है। एक क्राल (kraal) के सभी पशुओं को एक इकाई में विवाहित पुरुष की देख-रेख में युवाओं द्वारा चराया जाता है। इस पशु चराने के कार्य में मसाई कुत्तों का उपयोग कम होता है, और वे केवल अपरिचित व्यक्ति और शिकार के पशुओं की उपस्थिति की चेतावनी देते हैं।

विशेष अवसरों और जन समारोहों पर पशुओं का वध किया जाता है, किन्तु शिविर में मांस नहीं खाया जाता। मांस पकाकर अलग स्थान पर परोसा जाता है। मांस और दूध का कभी भी एक ही दिन में सेवन नहीं किया जाता है और न इन दोनों को मिलाया जाता है। इस नियम के उलंघन करने से ऐसा विश्वास किया जाता है कि पशुओं में भयंकर बीमारी आ सकती है।

ज्वार-बाजरा और मक्का मसाई जाति का मुख्य खाद्यान्न है। जड़ वाली फसलें और केला यद्यपि पुरुषों द्वारा तुच्छ माने जाते हैं, किन्तु स्त्रियों और बच्चों द्वारा खाए जाते हैं। खाद्यान्न और वानस्पतिक भोज्य पदार्थ, पशुओं की खाल तथा पशुओं के बदले घुमक्कड़ नीग्रो व्यापारियों से प्राप्त किए जाते हैं। इन खाद्यान्नों और वानस्पतिक भोज्य पदार्थों को उबालकर दूध अथवा मक्खन के साथ मिलाकर खाया जाता है। अनेक प्रकार के जंगली

पशुओं और पक्षियों का शिकार भी किया जाता है, अथवा उनकी खाल, सींग तथा परों के बदले में वस्तु विनिमय द्वारा उन्हें प्राप्त किया जाता है, किन्तु कभी भी उनका मांस नहीं खाया जाता है। जंगली शहद ताजा ही खाया जाता है अथवा उससे सन्धान बीयर शराब बनाई जाती है, जो इनका प्रिय पेय पदार्थ है।

वस्त्र (Clothings)

मसाई लोगों के वस्त्र साधारण होते हैं तथा प्राय: चमड़े से बने होते हैं किन्तु युवा स्त्रियां और योद्धा, विशेषकर उत्सव के अवसरों पर अलंकृत आभूषण पहनते हैं। चमड़े की सज्जा का कार्य स्त्रियां करती हैं। योद्धा द्वारा पहना जाने वाला वस्त्र बछड़े की खाल से बना होता है जिस पर बाल छोड़ दिए जाते हैं। चमड़े की एक तिकोनी पट्टी कूल्हे पर पहनी जाती है जिसके द्वारा बैठने के समय कांटों से बचाव हो सके। सांड की खाल से बनी सेंडिल सभी मसाई पहनते हैं, इसके अतिरिक्त सारा शरीर निर्वस्त्र रहता है। मसाई स्त्रियां भेड़ की खाल से बना एप्रन पहनती हैं।

धार्मिक और सामाजिक उत्सवों, नृत्य तथा और युद्ध के समय योद्धा लोग चमड़े अथवा लकड़ी के फ्रेम पर लगे पंखों की टोपी पहनते हैं जिसे ठोड़ी पर चमड़े की पट्टी द्वारा रोका जाता है। अन्य अवसरों पर शेर, बबून तथा शिकार किए गए अन्य जंगली पशुओं की खाल से बनी ऊंची नोकदार टोपी पहनते हैं। लोहे अथवा भेड़ की खाल से बने कंगन और गर्दन की पट्टी तथा मनके दानों से मढ़ी कमरपेटी, योद्धाओं की साज-सज्जा की अन्य वस्तुएं हैं।

सम्पन्न मसाई परिवार की पुत्री अपनी निचली बांहों, पैरों और गर्दन पर लम्बे और भारी तथा संकीर्ण कुण्डलीकृत लोहे के तारों पर गर्व का अनुभव करती है।

मसाई जिस झोपड़ी में निवास करते हैं वह लगभग चार अथवा पांच मीटर लम्बी और लगभग चार मीटर चौड़ी होती है। इसकी दीवारें और छत, खम्भों और रस्सियों की सहायता से घास की लम्बी-लम्बी परतों की सहायता से तैयार की जाती है तथा मिट्टी और गोबर से इन दीवारों और छतों पर लेप किया जाता है। इस प्रकार की लगभग बीस से पचास झोपड़ियों से मिलकर एक क्राल (Kraal) बनता है। यह झोपड़ियों से बना छोटा घेरा होता है, जिसके चारों ओर घने मोटे कांटे की बाड़ लगाई जाती है, जिसके आमने सामने दोनों ओर पशुओं के प्रवेश के लिए दो द्वार होते हैं। क्राल की गोलाकार रचना रक्षा की दृष्टि से बहुत ही उपयुक्त होती है।

सामाजिक संगठन (Social Organisation)

मसाई जाति में व्यक्ति की अपेक्षा समुदाय अधिक महत्वपूर्ण होता है। यह एक कुल पितृवंशीय, बहिर्विवाही समूह होता है और इनमें से कुछ छोटे वर्गों अथवा उपवर्ग में विभाजित हैं जो स्वयं भी बहिर्विवाही होते हैं। कीनिया में यह जाति दो प्रमुख वर्गों में विभाजित है—(1) काले बैल वाले लोग तथा (2) लाल बैल वाले लोग। ये दोनों वर्ग आपस में विवाह कर सकते

हैं। इन कुलों का राजनीतिक की अपेक्षा घरेलू महत्व अधिक है और क्षेत्रीय विभागों से केवल सीमित विस्तार में ही मेल खाते हैं।

यद्यपि, एक लड़की का एक लड़के से विवाह तभी निश्चित कर दिया जाता है, जब वह मात्र शिशु रहता है अथवा वह पैदा ही नहीं हुआ होता है, किन्तु उसका विवाह उस समय तक नहीं होता, जब तक कि वह योद्धापन की परीक्षा में उत्तीर्ण नहीं जो जाता अथवा वह वयस्क नहीं हो जाता है, अर्थात् जब तक वह बीस वर्ष की आयु पार नहीं कर जाता। विवाह के समय कुछ मवेशी और भेड़ वधू के पिता को उपहार स्वरूप दी जाती हैं, किन्तु बड़ी मात्रा में शहद से बनी बीयर प्रथम बच्चे के जन्म के समय लड़की के पिता को दी जाती है। मसाई जाति में बहुविवाह प्रथा सामान्य बात है और अधिकांश प्रौढ़ व्यक्ति अन्तराल से कई विवाह करते हैं और एक बार में तीन, चार अथवा कई पत्नियां रखते हैं। पशुओं के झुण्डों की देखभाल इन्हीं पत्नियों द्वारा की जाती है। परिवार के मुखिया की मृत्यु के पश्चात् पशु सम्पत्ति का बंटवारा समान रूप से पुत्रों में किया जाता है।

एक प्रौढ़ व्यक्ति, उसकी पत्नी तथा विवाहित पुत्र को मिलाकर एक परिवार की रचना होती है, और इनका अपनी बीस झोपड़ियों का क्राल होता है। प्रत्येक स्त्री की अपनी झोपड़ी होती है, जिसका निर्माण और उसकी मरम्मत भी वह स्वयं ही करती है। मसाई झोपड़ी सरकण्डों से बनाई जाती है। कुछ छोटी झोपड़ियों की छत, बैल की खाल से मढ़ी जाती है। शिविर के अहाते में ही चौपाए रखे जाते हैं। प्रत्येक परिवार का एक लोहार होता है जो मसाई परिवार के लिए शस्त्र बनाता है। लोहार को यहां दुष्ट व्यक्ति माना जाता है, क्योकि जो हथियार वे बनाते हैं, वे रक्त बहाते हैं। शस्त्रों को लेते समय उन्हें गाय की चर्बी अथवा मक्खन से रगड़ कर पवित्र किया जाता है। लोहार के पुत्र सैनिक नहीं बन सकते, किन्तु यौवनारम्भ के पश्चात् वे किसी भी व्यापार में स्थापित हो सकते हैं।

मसाई समाज के युवकों का योद्धा समूह में बांटा जाना एक विशिष्ट विशिष्टता है, जो निवृत्त हो रहे योद्धाओं का स्थान लेते हैं। इसे आयु-समूह की व्यवस्था नाम से जाना जाता है। पारम्परिक रूप से मसाई पुरुष आयु समूहों में बंटे होते हैं। ये समूह युवा, योद्धा और प्रौढ़ व्यक्तियों के होते हैं। एक पुरुष का विवाह तब होता है जब वह योद्धा बन जाता है। यह आयु लगभग 30 वर्ष होती है। मसाई रहवासी समूह प्रौढ़ों और योद्धाओं क्राल या गांवों में बंटा होता है। किसी छोटे प्रदेश के लड़के जब यौवनावस्था प्राप्त कर लेते हैं, वे मिलकर एक छोटा समूह बना लेते हैं। यह समूह झोपड़ियों में जाकर उपहार इकट्ठा करता है जिन्हें वे प्रभावकारी प्रौढ़ों को देकर उनसे अपनी दीक्षा की मांग करते हैं। दीक्षा का काल चार वर्ष अथवा इससे अधिक का होता है। इस दीक्षा काल में युवकों का उन्हीं के क्राल में, मसाई द्वारा नहीं वरन् बान्डरोबो (एक जनजाति) द्वारा, उनका खतना किया जाता है। जब सभी योग्य युवकों का खतना कर दिया जाता है और प्रौढ़ वर्ग एक नए समूह का योद्धा वर्ग समूह में सम्मिलित करने के लिए तैयार हो जाता है, तब वे बाल मुंडवाने के आयोजन के लिए एकत्रित किए जाते हैं। यह उनके योद्धा अवस्था में

प्रवेश किए जाने की सूचना होती है। वे सभी युवा जो एक साथ बाल मुंडवाते हैं, सभी मिलकर एक आयु समूह बनाते हैं। वे अपने-अपने पिता से शस्त्र प्राप्त करते हैं और एक सामूहिक नाम 'छापामार' या 'स्वेत तलवार' आदि प्राप्त करते हैं।

योद्धा वर्ग की प्रथम दीक्षा के तीन से पांच वर्ष के पश्चात् यह आयु-वर्ग एक उत्सव का आयोजन करता है जिसमें उस जिले के उस वर्ग समूह के सभी युवक सम्मिलित होते हैं। आयु वर्ग के सभी सदस्यों से यह आशा की जाती है वे संकट के समय एक-दूसरे की सहायता करेंगे। किसी व्यक्ति की मृत्यु पर उसी आयु वर्ग के लोग ही शोक मनाते हैं। इस प्रकार मसाई समाज के प्रत्येक पुरुष को तीन अवस्थाओं से होकर गुजरना पड़ता है—लड़का, योद्धा तथा प्रौढ़। एक समय में एक शक्तिशाली लड़ाकू बल, अलग-अलग कई शिविरों में विभाजित किया जाता है और प्रत्येक शिविर के ये युवक अपने क्षेत्र की सुरक्षा और पड़ोसी लोगों पर छापे के लिए पूर्ण रूप से समर्पित रहते हैं। सुरक्षा और छापे के अतिरिक्त मसाई समाज के योद्धा का उद्देश्य उनके पवित्र पशुओं की सुरक्षा और चरागाहों की सीमा में विस्तार करना होता है। ये लोग मसाई जाति पर लैबॉन (जादू अधिष्ठाता) के प्रभाव को भी कम करते हैं।

मसाई समाज में व्यक्ति का पद उसके चौपायों द्वारा निश्चित किया जाता है। कुछ मसाई क्षेत्रों में मुखिया की नियुक्ति, किसी क्षेत्र विशेष पर शासन करने के स्थान पर एक निश्चित की गई पशुओं की संख्या पर शासन करने के लिए की जाती है। मसाई समाज में एक व्यक्ति के पास एक बैल होता है जिसके साथ वह पालतू पशु के समान व्यवहार करता है, उसकी झोपड़ी में ही सोता है तथा उसे उसके नाम से सम्बोधित करता है। जब कभी उस व्यक्ति की मृत्यु होती है, उस बैल की खाल से ही उस व्यक्ति का कफन बनाया जाता है तथा उसका मांस ही मृत्यु भोजन में उपलब्ध कराया जाता है।

पिग्मी, बुशमैन जैसे आखेटक समाज की अपेक्षा मसाई लोगों में विधि (कानून) प्रणाली का विकास हुआ है। बलात्कार, प्रलोभन तथा व्यभिचार मानव हत्या और किसी को क्षति पहुंचाने और चोरी के लिए, उनके यहां सुनिश्चित दण्ड और सजा का प्रावधान है। धार्मिक कारणों से शरण स्थान (आश्रम) अच्छे विकसित किए जाते हैं। न्याय का प्रबन्ध, गोत्र और जाति के मुखिया तथा वरिष्ठ व्यक्तियों के हाथ में रहता है। इनका कार्य परिवार और जाति में झगड़े और पुश्तैनी बैर में हस्तक्षेप करना और संघर्षरत पक्षों के बीच सामंजस्य स्थापित करना तथा दिया जाने वाला रक्त-द्रव्य निश्चित करना होता है।

अन्य सभी जनजातीय समूहों के समान ही मसाई लोगों में भी एक धार्मिक नेता होता है, जिसे लैबॉन (Laiban) कहा जाता है। इस धार्मिक नेता की शासकीय शक्तियां कम होती हैं किन्तु इसे आदर अधिक दिया जाता है। लैबॉन (Laiban) एक प्रशासनिक अधिकारी की अपेक्षा एक धार्मिक पुजारी अधिक होता है तथा उसके द्वारा की गई भविष्यवाणियों की सफलता में अडिग विश्वास रहता है। उसके जादू की महान शक्ति और मसाई समाज के ईश्वर के साथ उसकी प्रभावोत्पादक मध्यस्थता पर उसका प्रभाव निर्भर करता है। लैबॉन का पद वंशानुगत होता है जो पिता से पुत्र को मिलता है। जब कभी लैबॉन के पास राजनीतिक और युद्धनीतिक योग्यता होती है, वह अपना प्रभाव सभी

वर्गों के व्यक्तियों के कार्यों को संगठित और नियंत्रित करने में उपयोग में ला सकता है। वह विभिन्न योद्धा समूहों के आक्रमण का संचालन और उनमें एकता स्थापित कर सकता है तथा बाहरी आक्रमण के विरुद्ध जाति की रक्षा हेतु एक उपयुक्त नीति बनाने में सहयोग प्रदान कर सकता है। न तो वह और न उसके कुल का कोई व्यक्ति वास्तविक युद्ध में भाग लेता है, किन्तु वह स्वयं, अधिक गंभीर युद्ध के समय विजय और सफलता के लिए आवश्यक जादुई युद्ध तैयार कर शक्ति प्रदान करता है। यद्यपि वह जादू को रोके रखता है और यदि पूर्व में ही सूचित कर देता है तो हार निश्चित होती है। वह पशुओं और मनुष्यों में बीमारियों का प्रभावकारी जादुई उपचार नियन्त्रित करता है तथा घावों को ठीक करने में चमत्कारी प्रभाव रखता है। उसका भोजन बकरे का यकृत, दूध और शहद तक सीमित रहता है क्योंकि यह धारणा है कि अन्य प्रकार के भोजन उसकी शक्तियों को नष्ट कर देते हैं। उसके निर्णय में अन्य वरिष्ठ व्यक्ति भी सहयोग करते हैं। इस प्रकार शकुन-विद्या, भविष्यवाणी और देववाणी के द्वारा लैबॉन आध्यात्मिक आवश्यकताओं की पूर्ति करता है, साथ ही वह शारीरिक बीमारियों का इलाज भी करता है।

मसाई नृजातीय समूह जानबूझकर अपने संसाधनों और भौतिक पर्यावरण का सीमित उपयोग करने वालों का एक अच्छा उदाहरण प्रस्तुत करता है। इसके उपरान्त भी उनके अन्य अर्थव्यवस्था के लोगों के साथ सम्पर्क हैं। उन्होंने आखेट और फसलों की कृषि को अस्वीकार कर दिया है। इसके अतिरिक्त इन्होंने भूमि पर कृषि कर रहे लोगों को बेदखल कर दिया है और उस भूमि का उपयोग वे स्वयं अपने पशुओं के चराने में करते हैं तथा अपने कृषक साथियों (लूम्बा) को प्रदेश के अधिक शुष्क भागों की ओर खदेड़ देते हैं। इन लोगों की जीवन-शैली स्पष्ट रूप से यह प्रकट करती है कि किस प्रकार पूर्णतः सांस्कृतिक पूर्वाग्रह और परम्परागत जीवन-शैली, भूमि और क्षेत्र के संसाधनों जो अन्य सम्भावनाएं भी उपस्थित करती है, को नियंत्रित और निर्धारित कर सकती है।

पशुचारक होने के कारण मसाई लोग एक पुरुषोचित समाज है। इनका धर्म पृथ्वी की अपेक्षा स्वर्ग से अधिक संबद्ध है। आकाश, सूर्य, गर्जन तथा तूफान ऐसी शक्तियां हैं जिनके नीचे ये चरवाहे अपना जीवन व्यतीत करते हैं और जिनके प्रति वे आदर भाव प्रकट करते हैं।

बोरो : पश्चिमी अमेजन की घाटी के खेतिहर (Boro: The Cultivators of the Western Amazon Basin)

एक अनुमान के अनुसार पश्चिमी अमेजन घाटी में लगभग 10,000 बोरो लोग हैं जो 50 पृथक और स्वतंत्र बस्तियों में रह रहे हैं। ये लोग रेड इंडियन समूह से संबंधित हैं। ये लोग लगभग 14000 वर्ग किमी क्षेत्र में रहते हैं। यह क्षेत्र विषुवत रेखा के एक अंश दक्षिण में है जहां ब्राजील, पेरू और कोलम्बिया की सीमाएं अमेजन के जंगलों के बीचों बीच मिलती हैं। यह जपुरा और पुतुमेयों या इस्सा नदी (ऊपरी अमेजन की बड़ी सहायक नदियां) के बीच में हैं। (चित्र 11.32)

बोरो लोगों की चमड़ी भूरी, खड़े काले बाल, मध्यम लम्बाई, और चौड़ा चेहरा होता है। सामान्य रूप में ये मंगोलॉयड लक्षण वाले लोग हैं।

अमेजन घाटी जलोढ़ मिट्टी की मोटी परत से बनी हुई है। यह मैदान अटलांटिक से 3,333 किमी लम्बा चला गया है जो अन्दीन पहाड़ियों के पूर्वी किनारे जाकर यकायक समाप्त हो जाता है। इस मैदान की सामान्य ऊंचाई समुद्रतल से ऊपर लगभग 500 फुट है। इस क्षेत्र का जलवायु पूरे वर्ष भूमध्यरेखीय उष्ण और आर्द्र है। दिसम्बर के महीने में सर्वाधिक ऊंचा तापमान रहता है। एक दिन सुबह और दोपहर के तापमान में लगभग 10°C का अन्तर रहता है जो कि एक मौसम के दूसरे मौसम के औसत अन्तर से अधिक है। जून का महीना सबसे ठंडा होता है। इस महीने में, कभी-कभी अन्दीन पठार से नीचे की ओर ठंडी दक्षिण-पश्चिम हवाएं चलती हैं। इन हवाओं के समय एकदम कड़ाके की सर्दी हो जाती है जिसके कारण तापमान कुछ घंटों में सामान्य तापमान से 8°C नीचे चला जाता है। औसत रोजमर्रा का तापमान पूरे वर्ष 26°C और 28°C के बीच बदलता रहता है। सर्वाधिक वर्षा जनवरी, फरवरी और मार्च के महीनों में होती है। सामान्यत: वर्षा सूर्योदय के पूर्व सुबह या दोपहर में होती है। बहुत सुबह और सायंकाल

चित्र 11.32 *बोरो क्षेत्र*

कोहरा नदियों पर छाया रहता है। कोई भी वस्तु कभी भी सूखी नहीं रहती है, जमीन और हवा हर समय भीगी हुई रहती हैं उष्ण और आर्द्र जलवायु और गहरी जलोढ़ मिट्टी के कारण ही भूमध्यरेखीय वनों की बहुप्रसिद्ध अत्युर्वर वृद्धि देखने को मिलती है। लम्बे पेड़ों के सघन पत्तों के गुच्छे वनस्पति की एक छत बना देते हैं, जबकि इनके नीचे ताड़, झाड़ियों और विसर्पी पौधे सघन रूप में उग जाते हैं। कई प्रकार के और कई आकार के विसर्पी पौधे विशाल केबल से लेकर पतली रस्सी का रूप लेकर एक पेड़ से दूसरे पेड़ को इस प्रकार बांध देते हैं कि नीचे सूर्य की रोशनी भी नहीं जा पाती और नीचे उगी हुई वनस्पति को बांध कर अभेद्य झुरमुट बना देते हैं। लिचन घास और काई पेड़ों के तनों को ढंके रखती है। इस क्षेत्र में लम्बी दूरी का संचार जलमार्ग द्वारा ही संभव होता है।

बोरो लोग जंगल में छोटे साफ किए हुए क्षेत्र में रहते हैं जिसे साफ करने में उन्हें बड़ी मेहनत करनी पड़ती है। साफ करने के लिए किसी खुले दिखते हुए पेड़ों को जलाते हैं। यह साफ किया हुआ क्षेत्र सभी दिशाओं में लगभग 100 मीटर होता है, जिस पर लगभग 100 से 200 व्यक्ति रहते हैं और छोटी-मोटी खेती करते हैं। पूरा समय छितरी हुई झोपड़ियों में नहीं रहता अपितु एक अकेले बड़े घर में रहता है जो 20 से 25 मीटर लम्बा, चौड़ा और 10 मीटर ऊंचा होता है। ये सामुदायिक घरों के रूप में जाने जाते हैं। ढालू छतें नीचे जमीन से एक मीटर के करीब तक बनाई जाती हैं। नीची खड़ी दीवारों को इसी प्रकार चटाई या घास-फूस से ढंक दिया जाता है। उनके ये घर सर्कस के तम्बू जैसे लगते हैं जिसमें पूरा समूह रहता है। पुरुष, पत्नी और बच्चों से बने प्रत्येक परिवार का अपना चूल्हा होता है जो सामुदायिक घर की दीवार के किसी हिस्से के पास बना होता है जहां बर्तन और सामान रखा जाता है। यहीं चूल्हे के नजदीक ऊपर शयन करने का झूला बंधा होता है। इस प्रकार का मध्य भाग नृत्य और विचार विनिमय स्थल के लिए खाली रखा जाता है। कुछ स्थानों पर, घर के बाहर, कोई खुली जगह या नृत्य स्थल होता है और इसके बाद खेती की जमीन होती है। (चित्र 11.33)

चित्र 11.33 *बोरो बस्ती*

बोरो लोगों के पास कोई पालतू जानवर नहीं होते हैं। इन के पास कुत्ते भी नहीं होते हैं। ये लोग मुख्यत: खेती पर निर्भर हैं। जब कभी खेती के लिए नई जमीन के टुकड़े की जरूरत होती है, तब ये बड़े पेड़ों को जलाकर गिरा देते हैं और छोटे-छोटे पौधों को बरसाती मौसम में पत्थर की कुल्हाड़ियों से काट देते हैं। बोरो लोगों की कुल्हाड़ियां चिकने पत्थर की चौड़ी धार वाली होती हैं जिसके साथ लकड़ी लगी होती है। इस अनगढ़ उपकरण का प्रयोग झाड़ियों को साफ करने, घरों और नावों को बनाने तथा अन्य कई विभिन्न कार्यों को करने के लिए किया जाता है। पत्थर की ये कुल्हाड़ियां बोरो लोगों की मूल्यवान वस्तु हैं जिन्हें एक पीढ़ी से दूसरी पीढ़ी को हस्तान्तरित किया जाता है और बहुधा इनके साथ जादुई शक्तियां जुड़ी होती हैं। पत्थर की कमी होने के कारण बोरो लोग अपने अधिकांश उपकरण लकड़ी और हड्डी के बनाते हैं, जबकि छेद करने वाले और खुरचने वाले उपकरण जानवरों के तीखे दांतों से बनाते हैं।

मैनिओक यहां की सर्वाधिक महत्वपूर्ण फसल है जिसकी जड़ों से कसावा बनाते हैं। उगाई गई किस्मों में अधिक कन्दों की प्राप्ति होती है। बोने के बाद प्रथम कंदों को लगभग आठ महीनों बाद खोद कर निकाल लिया जाता है। मैनिओक को पुराने पौधे से कलम काट कर अलग-अलग छेदों में पुन: बोकर उपजाया जाता है। जमीकंद (येम), मीठे आलू, कद्दू (काशीफल), पीपर, कोको, तम्बाकू, फलियां, मक्का, अनन्नास तथा कुछ फल देने वाले वृक्ष यहां की अन्य फसलें हैं। काका को बोने और उसकी देखभाल करने का काम पुरुष करते हैं। नशीले पदार्थ जो कि स्त्रियों के लिए वर्जित हैं, और तम्बाकू जो कि स्त्रियों के लिए भी वर्जित है, के बोने और तैयार करने का कार्य स्त्रियां करती हैं।

मैनिओक को जमीन से निकालने के बाद उसे फांकों में काटा जाता है और बाद में सड़े हुए मैनिओक के टुकड़े के साथ एक दिन भिगोया जाता है जिससे उसमें खमीर उत्पन्न होता है जो उसके थोड़े जहर को निकाल देता है। मैनिओक को कस-कस कर उसमें से रस निकाला जाता है और तब तक उबाला जाता है, जब तक वह लेई की तरह गाढ़ा नहीं हो जाता। इसमें पीपर और चटनी मिलाकर कसावा के लिए चटनी का रूप दिया जाता है। मैनिओक के पत्तों को भी उबाल कर एक सब्जी के रूप में खाया जाता है। सब्जी का रूप देने के लिए इसे बहुत बारीक कूटा-पीसा जाता है और इसमें मछली, उपलब्ध कीड़े-मकोड़ों और केंचुओं को मिलाया जाता है। भोज के लिए बनाए जाने वाले पेय पदार्थों में शहद एक महत्वपूर्ण वस्तु होती है जिसे खोखले वृक्षों और उसकी शाखाओं से एकत्रित किया जाता है। जहां मधुमक्खियां अपने छत्ते बनाती हैं। जंगली जानवरों का शिकार करना या उन्हें पकड़ना पुरुषों का प्रतिदिन का कार्य है। ये लोग सूअर (टैपीरस, पैकरी), चींटीखोर रीछ, आलसी रीछ, रेंगने वाले जानवर और उनके कृन्तक, छोटे बन्दर, तोते, मकावा, टकान, बगला तथा अन्य पक्षियों को पकड़ते हैं। पेड़-पौधों की निकटता के कारण शिकार में बाधाएं उत्पन्न हो जाती हैं। शिकारी लोग असाधारण रूप में निपुण होते हैं। वे बड़े जानवर का शिकार अपने हल्के भाले को 30 मीटर की दूरी पर फेंक कर सफल हो जाते हैं। फूंकनी उनका अत्यधिक महत्वपूर्ण शस्त्र है। स्त्रियां मिट्टी के बर्तन और छाबड़ियां बनाती हैं।

बोरो लोग दिन का अपना मुख्य भोजन सूर्यास्त के बाद करते हैं क्योंकि तब तक शिकार का थैला आ जाता है और कसावा की रोटी तैयार हो जाती है। दिन में ये लोग जो भी जंगली फल मिलते हैं, उन्हें खाते हैं। बोरो लोगों के पास खनिज नमक नहीं होता। पड़ोसी लोगों से कभी-कभी और बहुत दूरी से अप्रत्यक्ष अदला-बदली द्वारा इसे प्राप्त करते हैं। लवणीय पौधों को जलाकर उनसे बहुत थोड़ी मात्रा में नमक प्राप्त करते हैं।

बोरो लोग अभी भी अत्यंत आदिम अवस्था में हैं। ये लोग छाल के वस्त्र पहनते हैं। कई जंगली पेड़ों की फाइबर युक्त अन्दर की छाल को लम्बी काट कर ये वस्त्र तैयार करते हैं। स्त्रियां थोड़े से फीतों को कमर में कस कर बांधने के अलावा पूरी तरह नग्न रहती हैं।

प्रत्येक बोरो बस्ती एक स्वायत्त इकाई होती है। यह एक संगठित जनजाति नहीं है। प्रत्येक बस्ती (अधिवास) का अपना एक नेता या मुखिया होता है जिनके पास समूह के मामलों के लिए सामान्य किन्तु अस्पष्ट सत्ता होती है। यह व्यक्ति रक्षा और युद्ध का संचालन करता है। यद्यपि सत्ताधिकार एक परिवार में बहुधा पिता से हस्तांतरित होता है, तथापि इसे हमेशा जनप्रिय स्वीकृति की जरूरत पड़ती है। एक व्यक्ति जीवनभर उस समुदाय के साथ रहता है जिसमें वह पैदा हुआ है, किन्तु उसे अपनी पत्नी दूसरी बस्ती से लानी पड़ती है जो बाद में उसके समूह के साथ रहती है। अत: बस्ती एक ऐसा समूह होता है जो एक स्थाई पितृस्थानीय और बहिर्विवाही इकाई होता है।

बोरो लोगों का प्रत्येक समुदाय अपने घर और खेत से कई किलोमीटर के क्षेत्र को अपने शिकार और संग्रहण की जमीन मानता है। आर्थिक कारणों से हमला विरले ही कभी होता है। फिर भी बोरो लोगों की विटोटो लोगों के प्रति शत्रुता और घृणा लम्बे समय से चली आ रही है। विटोटो लोग दक्षिण-पश्चिम के बड़े क्षेत्र में रहते हैं। भोज के समय सांस्कारिक नरभक्षिता की प्रथा विद्यमान है, बदला लेने की भावना और आतिथ्य की परम्परा को बनाए रखने के लिए सफल युद्ध का प्रतीक मानी जाती हैं। खेती के लिए मानव बलि की कोई प्रथा नहीं है। भोजन की कमी के समय नरभक्षिता का प्रयोग नहीं किया जाता है। मारे गए व्यक्ति के कुछ अंगों के कुछ हिस्सों को ही खाया जाता है। खोपड़ी को विजय उपहार के रूप में घर में लटकाया जाता है, किन्तु ये लोग अपने शिकार के सिर को नहीं रखते हैं। अमेजन की घाटी के कठोर पर्यावरण के कारण समाज को बदलना अत्यंत कठिन है। इस आदिम रूढ़िवादी समाज में नए विचारों की प्रक्रिया बहुधा धीमी है।

ओशेनिया के लोग : द्वीपों के कृषक
(The Oceanians : Agriculturists of the Islands)

ओशेनिया का नाम मध्य और दक्षिण प्रशान्त महासागर के दूर-दूर फैले हुए द्वीपों के लिए लिया जाता है। बहुधा ऑस्ट्रेलिया और न्यूजीलैण्ड को भी इनमें सम्मिलित कर लिया जाता है। वस्तुत सभी द्वीप ज्वालामुखी की चोटियां हैं या छोटे-छोटे मूंगे के द्वीप हैं जो जलमग्न ज्वालामुखीय आधार पर निर्मित हैं।

सामान्य रूप में, ओशेनिया को तीन प्रमुख द्वीप समूहों में विभाजित किया जाता है जिनका नामकरण फ्रांसीसी अन्वेषक जूल्स डूमां डी अरवैली ने किया है: (1) मलेनेशिया, (2) माइक्रोनेशिया और (3) पोलीनेशिया। मलेनेशिया (काले द्वीप) में न्यू गुयना से न्यू केलेडोनिया तक ऑस्ट्रेलिया से सटे हुए उत्तर और पूर्व के बड़े द्वीप सम्मिलित किए जाते हैं। माइक्रोनेशिया (छोटे द्वीप) लगभग पूर्णत: छोटे मूंगों से बना हुआ है जो पश्चिमी प्रशान्त सागर में बिन्दुवार है। पोलीनेशिया (अनेक द्वीप) में उन द्वीपों को सम्मिलित किया जाता है जो एशिया से बहुत दूर चले गए हैं। इसमें बड़े ज्वालामुखी द्वीप और मूंगे से बने द्वीपों को सम्मिलित किया जाता है, जो हवाई, पूर्वी द्वीप और न्यूजीलैण्ड को जोड़ने वाले त्रिकोण के बीच में हैं। (चित्र 11.34)

अधिकांश ओशेनिया की अर्थव्यवस्था का आधार खेती है। कॉफी, कोको और खोपरा यहां के मुख्य उत्पाद हैं। पर्यटन दिन-प्रतिदिन बढ़ रहा है जबकि कभी महत्वपूर्ण रहा फास्फेट उद्योग घट रहा है।

ओशेनिया का अधिकांश भाग तिजारती हवाओं के उष्ण कटिबन्धीय और विषुवतीय प्रशान्त मंडल के क्षेत्र में है। जैसे ही हवा और दबाव का क्षेत्र बदलता है, वैसे ही सभी जगह तिजारती हवाओं का लम्बा मौसम शुरू हो जाता है और इसके बाद लघु कालिक

चित्र 11.34 *मलेनेशिया, माइक्रोनेशिया और पोलीनेशिया*

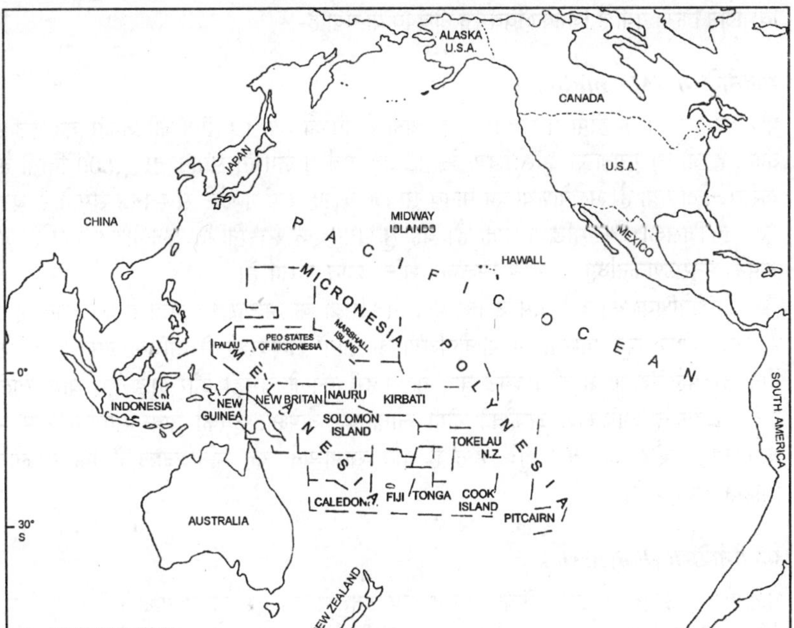

पश्चिमी हवाओं के मौसम और भारी वर्षा की शुरुआत हो जाती है। तिजारती और तिजारती-विरोधी हवाओं के महासागर के एक बड़े भाग पर बहने के कारण, विशेषत: पहाड़ी और पर्वतीय क्षेत्रों में भारी वर्षा होती है। ये क्षेत्र फर्न और अन्य विषुवतीय प्रकार के सघन उष्णकटिबंधीय जंगलों से अटे हुए हैं। पहाड़ी क्षेत्र में लगभग 500 सेमी (200 इंच) वर्षा होती है। सोसायटी द्वीपों में, समुद्र तल पर औसत वार्षिक वर्षा लगभग 175 सेमी है, जबकि समूहों के बहुत दूर उत्तर में, विशेषत: माइक्रोनेशिया में कभी-कभी भारी सूखा पड़ता है। समुद्र का तटीय क्षेत्र कच्छ वनस्पति के दलदल से अटा हुआ है। तापमान 24°C के करीब रहता है और जलवायु सामान्यत: बहुत समरूप है। तापमान में महत्वपूर्ण अन्तर नहीं है किन्तु आर्द्रता है जो एक महीने से दूसरे महीने और एक मौसम से दूसरे मौसम में बदलती रहती है।

इन द्वीपों में पेड़ों और अन्य वनस्पति की बहुत सीमित जातियां हैं। ओशेनिया में वे पौधे ही पनपते पाए गए हैं जिनके बीज समुद्र के पानी में बिना किसी नुकसान के तैर सकते हैं या जिन्हें पक्षी ले जा सकते हैं। जहां तक पशु जीवन का प्रश्न है, ओशेनिया बाली, लोमबोक, बोर्नियों और सिलेबीज के बीच के नामी विभाजन से पूर्व में स्थित हैं। यह वालेस रेखा कहलाती है, इस रेखा के परे, बड़े स्तनपायी पशु ऑस्ट्रेलिया और प्रशान्त द्वीपों में नहीं जा सके हैं।

जैसा ऊपर लिखा गया है, कि ओशेनिया का बहुत पहले से तीन प्रमुख क्षेत्रों में विभाजन किया गया है जिनका विवेचन नीचे किया गया है—

मलेनेशिया (Melanesia)

पश्चिमी प्रशान्त के द्वीपों में मुख्यत: न्यू गुयना से फिजी तक गई द्वीपों की जंजीर का वृत्तांश आता है जो न्यू गुयना से ऑस्ट्रेलिया के तट तक पूर्व में लगभग समानान्तर 1,600 किमी के करीब चला गया है। मलेनेशिया का मानव समाज विशिष्ट रूप में छोटे से स्वतंत्र समूहों से बना हुआ है जिसका एक मुखिया होता है। यह मुखिया एक स्व-निर्मित राजनीतिक नेता है जो अपने अनुसरणकर्ताओं के साथ मिलकर शक्ति प्राप्त करता है।

मलेनेशिया का यह नाम उसके मूल निवासियों के आधार पर पड़ा है जो काले होते हैं और दक्षिण-पूर्व एशिया या पोलीनेशिया के लोगों से दिखने में अधिक नीग्रो नस्ल के होते हैं। मलेनेशिया के लोग छोटे कद के, गहरी काली चमड़ी और मुड़े हुए बाल वाले होते हैं, किन्तु अधिकांश अफ्रीकी नीग्रो लोगों की अपेक्षा, उनकी नाक सामान्य रूप में कम चौड़ी और होंठ कम झुके होते हैं और सामान्यत: यह माना जाता है कि ये लोग मिश्रित नस्ल के हैं।

पोलीनेशिया (Polynesia)

मलेनेशिया के पूर्व में पोलीनेशिया है। यह द्वीप उत्तर में हवाई से लेकर दक्षिण में न्यूजीलैण्ड और पूर्वी द्वीपों तक चला गया है। पोलीनेशिया अपने लोगों की अधिक समरूपता कम अस्थिरता और समाज की अधिक संस्तरणात्मक संरचना और अपनी कला वस्तुओं की

अधिक स्थाई और औपचारिक प्रकृति के मामलों में मलेनेशिया से भिन्न है। यद्यपि निस्संदेह ये लोग नीग्रो नस्ल के उप स्तर से संबंधित हैं, तथापि इनमें भूमध्यसागरीय, दक्षिण-पश्चिम एशिया और दक्षिणी यूरोप की भूरी नस्ल का सम्मिश्रण देखने को मिलता है। ये लोग थोड़े लम्बे और बहुधा रूप-रंग में पीले होते हैं। इनके घुंघराले बाल हमेशा काले होते हैं और आंखें गहरी होती हैं। किन्तु, इनकी दिखावट एक द्वीप से दूसरे द्वीप में भिन्न है।

माइक्रोनेशिया (Micronesia)

यह द्वीप मलेनेशिया और पोलीनेशिया के उत्तर और उत्तर-पूर्व में है, किन्तु इसके निवासी पोलीनेशिया से अधिक निकटता से संबंधित हैं। इसका एशियाटिक मुख्य भूमि के अति निकट होने के कारण माइक्रोनेशिया के निवासियों के शारीरिक लक्षणों पर गहरा प्रभाव पड़ा है। ये लोग चीन, थाईलैण्ड और वियतनाम के लोगों से मिलते-जुलते हैं। कुछ द्वीप समूहों में वहां की जनसंख्या में मंगोलॉयड नस्ल के प्रजातिक लक्षण देखे जा सकते हैं।

पूर्वी सोलोमन के खेतिहर कृषक (The Cultivators of the Eastern Solomons)

मलेनेशिया के लोग जो पूर्वी सोलोमन में रहते हैं, उनकी एक विशिष्ट जीवन-शैली है। अधिकांश मलेनेशिया के लोगों की भांति, पूर्वी सोलोमन के लोग छोटे कद के हैं। पुरुष सामान्यत पाँच फुट और दो इंच लम्बे और स्त्रियां सामान्यत पाँच फुट के अन्दर होती हैं। उनकी चमड़ी गहरी भूरी होती है। उनके बाल तीखे घुंघराले होते हैं, किन्तु अफ्रीकी नीग्रो लोगों

चित्र 11.35 *सोलोमन का भाग (इवेन्स के आधार पर)*

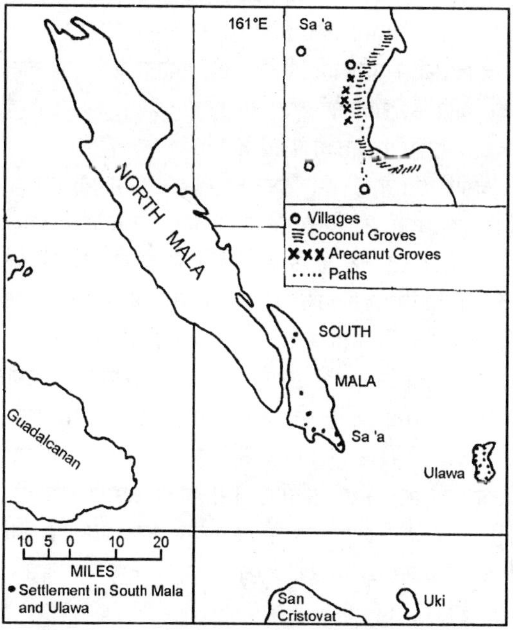

की अपेक्षा इनके बाल लम्बे होते हैं। मलेनेशिया के लोग अफ्रीकी नीग्रो लोगों से आंखों की गहरी भौंहों, उन्नत और कभी-कभी भौंडी नाक और होंठों के कारण भी अलग होते हैं।

सोलोमन के अधिकांश बड़े द्वीप, जैसे माला और सेन क्रिस्टोवल, समुद्र से दुरारोह रूप में खड़ी होकर तीखी पर्वत श्रेणी के रूप में परिणित हो गई हैं। ये पर्वत श्रेणियां 1300 से 1600 मीटर लंबी हैं जिनमें से समान रूप से अंतरीप इन द्वीपों के आंतरिक भाग सघन जंगलों से अटे पड़े हैं। इस समूह के बड़े और छोटे माला और उल्वा द्वीपों को चित्र 11.35 में प्रदर्शित किया गया है।

पूर्वी सोलोमन में दो प्रमुख मौसम होते हैं—(1) दक्षिण-पूर्वी तिजारती हवाओं की दीर्घ अवधि, और (2) उत्तर की पछुआ हवाओं की छोटी अवधि जो शांत और साफ मौसम होता है। सात महीनों (जून से दिसम्बर तक) की अवधि में तेज तिजारती हवाएं चलती हैं। इस मौसम में समुद्री धाराएं, लहरें, और ज्वार-भाटा काफी तेज होते हैं, जिसके कारण नौसंचालन कठिन, असुखकर और बहुधा खतरनाक होता है। दिसम्बर से फरवरी की अवधि शांत मौसम की होती है। जब हलचल रहित सागर में समुद्री यात्राओं की आदर्श दशाएं होती हैं। द्वीपों के पवनाभिमुख पूर्वी और समुद्री लहरें झब्बेदार समुद्री चट्टानों की संरचनाओं को तोड़ देती हैं। यहां बहुत छोटे तट हैं और कहीं-कहीं बिल्कुल नहीं हैं। किन्तु इन द्वीपों के पश्चिम की ओर काफी विकसित रतीले तट हैं।

इन द्वीपों में मानव बस्तियां समुद्री तटों से लगभग एक हजार मीटर दूर बसी हुई हैं। तटीय बस्तियां किनारे के ऊपरी हिस्से पर बनी हुई हैं। मलेनेशिया के छोटे गांव या ढाणियां ''सा'' कहलाती हैं। इनमें वास्तविक या दूर के संबंधीगण छोटे समूहों में रहते हैं। 'सा' की कुल जनसंख्या लगभग 250 होती है। घर बिना किसी योजना के बनाए जाते हैं और कई बार जगह भी स्थाई नहीं होती। जब मकान जर्जर हो जाते हैं या खेती की जमीन काफी दूर होती है, या कोई मृत्यु या कोई दुर्घटना हो जाती है, तब पास में ही कोई नई जमीन देख कर उस पर मकान बनाए जाते हैं।

नारियल, जमीकंद (येम) और कचालू (अरबी) मलेनेशिया के लोगों का मुख्य भोजन है जबकि कुछ क्षेत्रों में, विलायती फल और साबूदाना को महत्व दिया जाता है। नारियल पेड़ों के बाग समुद्र तट के ऊपरी हिस्से में रेतीले क्षेत्र में बने होते हैं। ये बाग पुरानी समुद्री चट्टानों के विखंडन द्वारा बनी खारी मिट्टी में पनपते हैं। नारियल के पेड़ पूरे वर्ष फल (नारियल) देते हैं। पेड़ों से तोड़े हुए कच्चे हरे नारियल से मजेदार थोड़ा सा साफ पानी और नरम गूदा मिलता है जबकि पके हुए नारियल को जमीन से उठाया जाता है। इसमें से निकले दूधिया पानी को फेंक दिया जाता है और इसके कठोर गूदे को एकत्रित करके दरदरा पीस कर जमीकंद और कचालू की भोज्य सामग्री में मिला कर खाया जाता है। जब कचालू और जमींकंद जैसी भोज्य सामग्री कम हो जाती है, तब कई सप्ताह तक नारियल ही इन लोगों का प्रमुख भोजन बन जाता है। पके हुए नारियल की ऊपरी जटाओं को हटा कर इसके खोल को पत्थर से तोड़ कर इसमें से सख्त गूदे को निकाल लिया जाता है।

जमींकंद (येम) एक बड़ा गांठनुमा कंद होता है। इसकी खेती छितरे हुए बड़े क्षेत्रों में की जाती है। जमीकंद का ऊपरी भाग गहरा भूरा होता है और अंदरूनी भाग सफेद आलू की तरह होता है। कचालू लिली (कुमुदनी) की तरह का एक पौधा होता है जो पूरे साल फलता-फूलता रहता है। यह खराब होने वाला पदार्थ है, अत: इसे जमीन से निकालते ही खा लिया जाना चाहिए। नरम छिलके वाले पीले येम के साथ कँटली बेल होती है जो 'हना' कहलाती है। यह नम या अधिक नम मिट्टी में पैदा होती है। येम के लिए अच्छी नरम मिट्टी की जरूरत होती है। इसके खेत ढालू तट पर बने प्राकृतिक सीढ़ीदार जमीन पर पाए जाते हैं। पोलीनेशिया में कचालू के खेतों की नालियों द्वारा सिंचाई की जाती है। येम की खेती के लिए कोई खाद नहीं दी जाती है, अत: यह कंद जल्द ही मिट्टी की उर्वरकता को खत्म कर देता है, जबकि जमीन तेजी से घास-फूस से भर जाती है। जब येम को खोद कर निकाल लिया जाता है, तब इस जमीन पर केले की कलमें रोप कर इसे बाग का आकार दे दिया जाता है। इस बाग में पपीता, सुपारी और खाने वाली नड (अवालौसी) को उगाया जाता है।

नारियल और कंद की फसलों के अतिरिक्त कई प्रकार के फलों के पेड़ पूरक भोजन का काम करते हैं। कुछेक वृक्ष जो फलदार होते हैं, उनमें मलय सेव (यूजेनिआ), सू पेड़, काष्ठ फल वृक्ष और विलायती फल मुख्य हैं। ये फल अगस्त और फरवरी के महीनों में खाए जाते हैं, जब इनकी बहुतायत होती है, किन्तु इन पेड़ों पर कोई ध्यान नहीं दिया जाता है और कभी ही इन्हें पुन: उगाया जाता है। अतिरिक्त विलायती फल को आग में सुखा कर उसे पत्तियों में लपेट कर भण्डार किया जाता है।

ये लोग साबू पाम और पुंगीफल से साबूदाना प्राप्त करते हैं। सुपारी को चूने और पान के साथ पत्तों के साथ खाने के बाद खाया जाता है। सुपारी खाने की प्रवृत्ति भारत-इंडोनेशिया और मलेनेशिया के उप महाद्वीप में पाई जाती है। केनेरियम बादाम के पेड़ सूखे फलों का भण्डार उपलब्ध करवाते हैं। केनेरियम फसल को एकत्रित करने के पहले इन लोगों में प्रथम फल को प्रेतात्मा को भेंट करने की प्रथा है।

परती जमीन पूरे समुदाय की होती है, अत: इसका कोई व्यक्तिगत स्वामी नहीं होता। वास्तव में, जमीन का तब तक कोई मूल्य नहीं होता है, जब तक इसे घर बनाने या खेत विकसित करने के लिए साफ नहीं कर लिया जाता है।

मार्च और अप्रैल में मलेनेशिया के लोग सक्रिय रूप में मछली पकड़ने का कार्य करते हैं। सूखी जंगली लताओं की जो डोरें बनाई जाती हैं वे अक्सर एक सौ फैदम लम्बी (600 फुट) होती हैं। उन्हें पत्थरों से भारी कर दिया जाता है। प्रत्येक टुकड़े को गांठ से बांध दिया जाता है और उसे तब तक ढीला किया जाता है, जब तक मछली काटती है। मछली को पकड़ने के कांटे कछुओं के कवच, मोतियों की सीपों, और खोल से बनाए जाते हैं, जिनका आकार पकड़ी जाने वाली मछली के अनुसार बदलता रहता है। मछली को पकड़ने के लिए विशिष्ट चुग्गा तैयार किया जाता है। मलेनेशिया के लोगों द्वारा मछली पकड़ने के लिए जाल का भी प्रयोग किया जाता है। बोइन्टू मछली, जिसे ये लोग एक सुस्वाद भोज्य पदार्थ मानते हैं, मार्च और अप्रैल में पकड़ी जाती है।

दिन का एकमात्र पका हुआ भोजन सूर्यास्त के समय बनाया जाता है, जब स्त्रियां बागों से लौटती हैं। अन्य समय के लिए सायंकाल का बचा हुआ भोजन नारियल, पुंगीफल और भुना हुआ येम, समय-समय पर व्यक्तियों द्वारा खा लिए जाते हैं। तश्तरियां, कटोरे और अन्य सभी बर्तन लकड़ी, अधिकांशत: हल्की 'तापा' लकड़ी के बने होते हैं। इसलिए इन्हें आग पर नहीं रखा जा सकता है। भोजन को लाल गर्म पत्थरों पर डालकर उबाला जाता है जिसे बांसों के चिमटों से उठाया जाता है। पुरुष निपुण रसोइया होते हैं और भोज का समस्त खाना वे ही बनाते हैं, इससे स्त्रियों को दूर रखा जाता है।

विस्तारित परिवार जो रिश्तेदार कहलाते हैं, आर्थिक और सामाजिक मामलों के लिए आधारभूत इकाई होता है। प्रत्येक रिश्तेदार की अपनी पुश्तैनी जमीन होती है, जिस पर इसके सदस्य खेती करते हैं। एक रिश्तेदार समूह कुछ व्यक्तियों से मिलकर बनता है जिनके बीच वंशावलिक संबंध होते हैं। ये संबंध माता-पिता किसी भी वंश व्यवस्था के आधार पर हो सकते हैं।

मलेनेशिया में बहुविवाह सामान्य बात है, किन्तु समृद्ध व्यक्ति के ही दो से अधिक पत्नियां होती हैं, अधिकांश व्यक्तियों के एक ही पत्नी होती है। 'सा' (ढाणी) के मुखिया के बहुधा कई पत्नियां होती हैं। मलेनेशिया में छोटी उम्र में ही बच्चों की सगाई कर दी जाती है। लड़के के परिवार के सभी रिश्तेदार लड़की के पिता को दिए जाने वाले वैवाहिक उपहारों में योगदान करते हैं, बदले में इन लोगों को सूअर का कुछ भाग दिया जाता है जो लड़के के पिता को भोज के लिए लड़की के रिश्तेदारों से मिलता है। वास्तविक सहवास किए जाने के बहुत पहले समय-समय पर वैवाहिक उपहारों के रूप में कुत्ते और शिशंकु के दांत दिए जाते हैं।

बहुधा सन्तानहीन व्यक्ति बच्चों को गोद लेते हैं। गोद लिए हुए लड़के को वास्तविक पुत्र की प्रस्थिति मिल जाती है। ऐसे बच्चों के लिए धन दिया जाता है। पहले के समय में दूर के गांव के मुखिया को बेचने के लिए बहुधा बच्चों को चुराया जाता था। बच्चों को तत्काल या भविष्य में मानव बलि देने के लिए भी चुराया जाता था।

मलेनेशिया एक पुरुष प्रधान समाज है। गांव का मुखिया उत्तराधिकार के आधार पर बनता है। गांव के झगड़े संबंधित परिवारों में ही सुलझा लिए जाते हैं या इन पर जनमत का दबाव होता है। इन झगड़ों में मुखिया की कोई भूमिका नहीं होती और वास्तव में उन्हें इनसे अलग रखा जाता है। मुखिया कुछ संस्कारों का नियंत्रण करते हैं और उन्हें भोज देने वाला माना जाता है। मुखिया के परिवार का प्रत्येक सदस्य एक अर्थ में मुखिया ही होता है, किन्तु मुखिया का पद सामान्यत: ज्येष्ठ पुत्र को ही प्राप्त होता है, लेकिन वह अयोग्य या बदमाश नहीं होना चाहिए। जब ऐसी स्थिति उत्पन्न हो जाती है तो जनमत के दबाव से मुखिया को बदल दिया जाता है। मुखिया का निवास बड़ा ऊंचा और बहुत अच्छे ढंग से सजा होता है।

मलेनेशिया के लोग 'शंख/सीप मुद्रा' का प्रयोग करते हैं। मलेनेशिया के कई भागों में भुगतान और विनिमय अभी भी शंख या सीप के छल्लों और शंख/सीप के मणियों की

माला में किए जाते हैं। डोरियों, सूअरों और भोज्य पदार्थों का भुगतान पुरुषों के क्लब का शुल्क (झो), मुखिया को दिए जाने वाला जुर्माना तथा प्रेतात्मा का चढ़ावा आदि शंख की मणियों के रूप में ही किया जाता है।

मलेनेशिया के लोग सभी दिशाओं में व्यापारिक यात्राएं करते हैं, प्रत्येक गांव में वस्तुओं के विनिमय के लिए अनेक स्थान होते हैं। समुद्रपार (विदेश) का व्यापार मुखिया के हाथ में होता है जो अपनी बड़ी नावों के द्वारा यह अभियान चलाता है। कचालू, सूअर और कनेरियम बादाम को इन अभियानों में डोगियों द्वारा ले जाया जाता है और इन्हें अन्य उत्पादों अथवा कौड़ी/शंख/सीप की मुद्रा से विनिमय किया जाता है।

मलेनेशिया के लोग आत्माओं की अधिप्राकृतिक शक्ति और मृतक की प्रेतात्मा में विश्वास करते हैं। इन विश्वासों का लोगों के आर्थिक और सामाजिक जीवन पर गहरा प्रभाव पड़ता है।

यद्यपि मलेनेशिया के लोग अलग-अलग द्वीपों में रहते हैं, वे अपने पड़ोसियों से निरंतर नावों के द्वारा संबंध बनाए रखते हैं। वस्तुत:, फैला हुआ सागर जो मलेनेशिया को एशिया से और एक द्वीप और दूसरे द्वीप से अलग करता है, वह अमेजन और कोंगो बेसिन के भूमध्यरेखीय वनों की अपेक्षा कम गंभीर बाधा उपस्थित करता है। इन द्वीपों के समुद्री पर्यटकों के लिए भारी आकर्षण केन्द्र हैं। मलेनेशिया के लोगों का पारम्परिक जीवन अब धीरे धीरे अधिकाधिक रूप में पश्चिमी जगत से प्रभावित होता जा रहा है और पश्चिमीकरण की प्रक्रिया पिछले कुछ दशकों में तीव्र हो गई है।

योरूबा (यो-रू-बाह) : अफ्रीकी जंगलों के कुदाली खेतिहर

(Yuraba (Yoh-roo-bah): The Hoe Cultivators of African Forests)

योरूबा अफ्रीकी लोग हैं जो पश्चिमी नाइजीरिया के गुयना तट पर बेसिन और टोगो के बिखरे हुए समूहों में रहते हैं। ये लोग नाइजर कोंगो भाषायी समूह की क्वा भाषा बोलते हैं। सन् 2000 के आखिर में इन लोगों की संख्या अनुमानत: 10 लाख (9 मिलियन) थी। (चित्र 11.36)

नगरीय निवास की अपनी लम्बी परम्परा के लिए मशहूर, योरूबा लोग अपनी उत्पत्ति इफे से ढूंढ़ते हैं जहां उनका प्रथम स्वतंत्र राज्य 12वीं शताब्दी में स्थापित हुआ था। 1600 ई. में बहुत उत्तरी राज्य ओयो ने योरूबा राज्य पर अपना प्रभुत्व जमा लिया था जो 19वीं शताब्दी तक चलता रहा। वर्तमान में, इनकी जनसंख्या कई सौ छोटे गांवों और कई कस्बों में फैली हुई है। इब्दान, जिसकी जनसंख्या 20,000 है, सबसे बड़ा मूल निवासियों का नगर है। ये लोग नीग्रो राज्य का एक उदाहरण प्रस्तुत करते हैं।

योरूबा लोग विशिष्ट पश्चिमी अफ्रीकी नीग्रो हैं जो लगभग 5 फुट 6 इंच लम्बे होते हैं। ये लोग हृष्ट पुष्ट और बहुत मांसल शरीर वाले होते हैं। इनकी चमड़ी का रंग चॉकलेटी भूरा होता है और इनके मुड़े हुए बाल अधिक लम्बे नहीं होते। लम्बे पैर और संकड़े ऊंचे माथे वाले, इन लोगों की नाक चपटी, नथूने बहुत चौड़े और मोटे मुड़े होंठ होते हैं। इनकी हड्डी छोटी और झुकी हुई होती है।

योरूबा लोग पारम्परिक रूप में कृषक हैं। ये भरण-पोषण के लिए मक्का, बाजरा, मेनिओक और केले की तथा निर्यात के लिए कोको की खेती करते हैं।

योरूबा क्षेत्र की जमीन, सामान्यत: निचली और दलदली है। समुद्री क्षेत्र में अनेक समुद्री ताल (लैगून) हैं। इस क्षेत्र की जलवायु गर्म और आर्द्र है, किन्तु इसमें कई मौसमी अन्तर पाए जाते हैं। यहां का औसत मासिक तापमान लगभग 27°C रहता है। अप्रैल से जुलाई की अवधि में भारी वर्षा होती है और कुछ दिन ठहरने के बाद, अगस्त से अक्टूबर में भी भारी वर्षा होती है। तटीय प्रदेश में लगभग 200 से 250 सेमी औसत वार्षिक वर्षा का रिकॉर्ड है। सदाबहार भीमकाय वृक्ष जैसे महार्थ (महॉगिन) और सागवान (टीक) और पतझड़ी (बओबब और लोकस्ट) यहां के मुख्य जंगली वृक्ष हैं। यहां वर्षा काल में लम्बी घास लगभग चार मीटर तक ऊंची चली जाती है।

येम (जमींकंद) यहां की प्रमुख फसल है। येम की कई किस्म यहां बोई जाती हैं और उन्हें वर्ष के अलग-अलग महीनों में बोया जाता है ताकि सारे वर्ष येम की पैदावार मिलती रहे। मक्का की फसल को यहां दूसरा स्थान प्राप्त है। इसके बाद बाजरा, कसावा,

चित्र 11.36 *प्रमुख योरूबा जनजातियां*

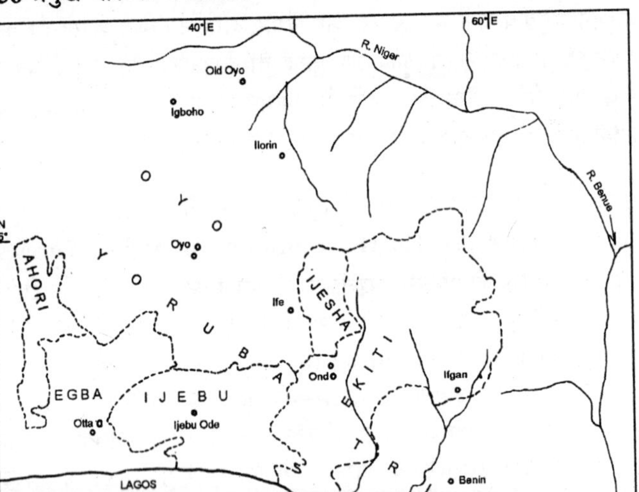

केले, मूंगफली, चावल, काशीफल, मटर और फलियों का नम्बर आता है। खजूर तेल और खजूर की शराब जंगली पेड़ों से प्राप्त की जाती है। तेल के खजूर के फलों को एकत्रित करना कठिन काम होता है जो पुरुषों के द्वारा किया जाता है। कोलोनट, जो कि भारत के पान मसाले के समान होता है, भोज्य पदार्थ के साथ-साथ उत्तेजक होता है, उष्ण कटिबंधीय पट्टी में उगाए गए पेड़ों से प्राप्त किया जाता है।

पशुधन का यहां आर्थिक महत्व कम है। अधिकांश गांवों में छोटी हल्की नस्ल की काली बकरी पाई जाती है। पालतू सूअर न तो रखे जाते हैं और न हीं उन्हें खाया जाता हैं। मुर्गियां पाली जाती हैं, इनके अंडे और मांस दोनों खाए जाते हैं। किन्तु बलि और शकुन की दृष्टि से इनका अधिक महत्व नहीं है। मछलियों को समुद्रों और नदियों के किनारे दोनों जगह बड़ी मात्रा में पकड़ा जाता है। समुद्र तट के लोग नमक की आपूर्ति के एक बड़े हिस्से का उत्पादन मेंग्रोव पेड़ की पत्तियां जलाकर या जड़ों से प्राप्त करते हैं।

योरूबा लोगों में भूमि पर स्वामित्व दो मूलभूत सिद्धान्तों से नियंत्रित होता है—(1) भूमि लोगों की है और (2) वर्तमान पीढ़ी का उस पर भोगाधिकार है। लोगों के पूर्वजों का निवास मिट्टी में है और उनके उत्तराधिकारियों को भोगाधिकार उनके वंशज होने के कारण प्राप्त है। खेतों में पूर्वजों की आत्माएं और पृथ्वी की जीवात्मा बसती है जो विशिष्ट परिवारों के हितों की अच्छे ढंग से देखभाल करती है। संक्षेप में, जमीन के भोगाधिकार के बारे में इन लोगों में कठोर धार्मिक विचार हैं। एक बाहरी व्यक्ति जमीन का प्रयोग पीड़ित होने के आधार पर कर सकता है और उसके वंशज धीरे-धीरे उस भूमि पर स्थाई अधिकार प्राप्त कर सकते हैं।

योरूबा एक पितृवंशीय समाज है, किन्तु पत्नी की सम्पत्ति पर उसका एकांतिक नियंत्रण होता है। चूंकि व्यापार का अधिकांश कार्य स्त्री करती हैं, अत: बहुधा वह गृहस्थी के पुरुषों की अपेक्षा विशेषत: कपड़ों, आभूषणों और मुद्रा के मामले में अधिक मालदार होती है।

सामान्यत: आपस में जुड़े हुए परिवारों का एक समूह एक अहाते में एक नेता के अधीन रहता है जिसे एक पदवी 'बाले' प्राप्त होती है। यह पदवी कस्बे या जिले के शासक का संकेत देती है। एक अहाते (घेरे) का मुखिया उसका प्रबंधक और कानूनी सत्ताधिकारी होता है जो अपने निवासियों के अच्छे चाल-चलन के लिए गांव या कस्बे के मुखिया के समक्ष उत्तरदायी होता है। यह मुखिया गृहस्थी में किए गए अपराधों के लिए जुर्माना वसूल करता है और गलत व्यवहार से अपने सभी निवासियों की रक्षा करता है। इसकी प्रथम पत्नी अहाते की गृहस्वामिनी के रूप में उसी सत्ता में सहभागी होती है। उसे घर के छोटे-मोटे कार्य नहीं करने पड़ते हैं। सामान्यत: मुखिया सबसे बड़े और मालदार परिवारों में से कोई वरिष्ठ व्यक्ति होता है। जब इसकी मृत्यु होती है तब इसके पुत्रों या भाइयों में से कोई एक अहाते के परिवारों की सामान्य स्वीकृति के आधार पर पद ग्रहण करता है। इनके पारम्परिक धर्म में पृथ्वी और आकाश के देवतागण, प्रकृति और पूर्वजों की आत्माएं, शकुन विचार और गुह्य समाजों को सम्मिलित किया जाता है। अब कई

योरूबा ईसाई या मुसलमान बन गए हैं। ये लोग बहुविवाही हैं और इनमें तलाक एक सामान्य घटना है।

पहले जनसंख्या का एक बड़ा भाग गुलामों (दास) का था, किन्तु वे पद-दलित या गरीब नहीं थे। मालिक हमेशा उन्हें प्रसन्न और संतुष्ट रखने का प्रयत्न किया करता था क्योंकि ये लोग अपने मालिक की मूल्यवान सम्पत्ति हुआ करते थे। किन्तु गुलामों के कोई कानूनी अधिकार नहीं थे। इन्हें अपने मालिकों द्वारा चढ़ावे के रूप में, बलि के बकरे के रूप में या उनके द्वारा किए गए अपराधों के लिए मारा जा सकता था। उन्हें अपनी प्रसन्नता के लिए बेच भी दिया जा सकता था।

किसी कर्ज की जमानत के रूप में व्यक्ति स्वयं को या अपने किसी रिश्तेदार को गिरवी रख सकता है। एक गिरवीदास की प्रस्थिति एक गुलाम (दास) से कानूनी रूप में भिन्न होती है। एक गिरवीदास को साहूकार के लिए कुछ विशिष्ट सेवाएं देनी पड़ती हैं। इन सेवाओं को कर्ज का ब्याज माना जाता है, किन्तु गिरवीदार अपने आप को आभार से मुक्त नहीं कर पाता, जब तक मूल का भुगतान नहीं हो जाता है या कोई उपयुक्त एवजी नहीं दे दिया जाता है।

योरूबा समुदाय की राजनीतिक संरचना बड़ी जटिल है। पुरोहित मुखिया जो कि 'अल्फिन' के नाम से जाना जाता है, 'ओये' में रहता है। ओये सबसे बड़ा जनजातीय विभाग का राजधानी नगर होता है। यह व्यक्ति विशाल जादुई धर्मानुष्ठानों या कर्मकाण्डों को सम्पन्न करता है, जिस पर सम्पूर्ण राज्य एवं लोगों की खुशहाली निर्भर करती है। ये लोग अनेक देवी-देवताओं की पूजा करते हैं। अल्फिल तथा अन्य सभी मुखियाओं को ईश्वरीय माना जाता है। उनकी मृत्यु पर उनके ईश्वरीय तत्व को किसी पर स्थापित कर उनके पुतले में स्थानान्तरित कर दिया जाता है।

यद्यपि अल्फिन अथवा ओये सभी योरूबा जनजातियों में नाममात्र के लिए सर्वोच्च हुआ करते थे, किन्तु 18वीं शताब्दी के अंत से अब ओये जनजातियों के उनके अपने भाग से बाहर कम ही उनकी सत्ता होती है जिसकी जनसंख्या लगभग 10 लाख है। यद्यपि उसकी धार्मिक प्रतिष्ठा सम्पूर्ण योरूबा क्षेत्र में रहती है तथापि उसके द्वारा सम्पादित बड़े राष्ट्रीय धर्मानुष्ठानों को सभी लोगों के कल्याण के लिए आवश्यक माना जाता है। कई धार्मिक नेता वास्तव में स्वतंत्र होते हैं। मुखिया के खेत को उसके क्षेत्र के लोग जोतते हैं। मुखिया के नजदीकी लोग वास्तविक कार्य या गुलामपने का श्रम करते हैं जबकि दूरस्थ क्षेत्र के व्यक्ति श्रमिकों के लिए भोजन सामग्री का प्रबंध करते हैं।

योरूबा लोग बड़े अच्छे व्यापारी हैं। अधिकांश व्यापार अदला-बदली के माध्यम से किया जाता है, किन्तु बड़े बाजारों और शुल्क (कर) देने के लिए कपड़े की लम्बाई और कौड़ियों की मुद्रा के रूप में प्रयोग किया जाता है। मूल निवासी अफ्रीकी व्यक्ति के लिए तटीय कौड़ी या छोटी भारतीय कौड़ी को पहले अफ्रीका के पूर्वी तट से बाहर व्यापार करने के लिए प्रयोग किया जाता था। इसका वहां काफी ऊंचा मूल्य है। इसका चलन वहां कब प्रारम्भ हुआ, इसके बारे में कोई जानकारी नहीं है।

संक्षेप में, योरूबा लोग बहुत अच्छे निपुण कृषक हैं। इसके साथ ही वे व्यापार और उद्योग में कुशल हैं। धार्मिक मुखिया पुरोहितों और शासकों के प्रति उनकी गहरी निष्ठा होती हैं, क्योंकि ये लोग व्यक्तियों, भूमि और फसल के भले के लिए समय-समय पर आवश्यक बड़े धर्मानुष्ठान सम्पादित करते हैं।

योरूबा प्रजातिक समूह के समाज और अर्थव्यवस्था में तीव्र गति से परिवर्तन आ रहा है। ये लोग नए विचारों को ग्रहण करने के लिए उत्सुक हैं। यही नहीं, इस क्षेत्र में नगरीकरण की प्रक्रिया भी धीरे-धीरे गति पकड़ रही है।

सारणी 11.1 *विश्व की आदि जनजातियां*

	महाद्वीप/देश	*आदि जनजातियां/देशज*
1.	अफ्रीका	एफ़रा, बबिंगा, बंटू, बरबर, बोंगो, बोबो, बुशमैन, दिंका, इफ़ी, फुलानी, होटेन्टोट, किकुयूज, लेसी, मबूती, मसाई, न्यूर, ओरोमो, सार, शिलक, टिगमोन, स्वा, तुआरेग, तवा, जूलू (मानचित्र 11.37)।
2.	एशिया	ऐनु, अस्मत, बद्दू, चकता, चिन, दानी, डयाक, हमांक, हरेन, इबान, इफ़ागु, काचिन, कालिंगा, कारेन, क्यांग, केडांग, कुर्द, लिशु, मारमो, पख़तून, साकाई, सेमांग, शाह, वेद्दा (मानचित्र 11.37)।
3.	ऑस्ट्रेलिया	अरन्टा, बिदजांदियारा, डेरी, गुरिंदजी, कडाकू, कमिलारोई, मुरंगिन, टिवी, वेल्बरी (मानचित्र 11.37)।
4.	यूरोप तथा रूस	चुकची, एस्कीयो, कोरयाक, लाप, नेमत, सुमरूयद, टंगस, साभी, याकूत, युकाधीर (मानचित्र 11.37)।
5. (a)	उत्तरी अमेरिका कनाडा	बेला, ब्लैकफुट, कूला, डेनी, करी, हैदा, इन्नू, इनूट, मेटी, टिनिट (मानचित्र 11.38)।
(b)	संयुक्त राज्य अमेरिका तथा मैक्सिको	अपाची, अरापाहो, चोल, कोमांची, करो, डाइन, होपी, केरेस, लकान्डो, माया, नवाजो, नेज़, पानी, परसी, डटी, युकाटेक
6.	दक्षिण अमेरिका	अची, अकरोरी, अरावक, ऐमारा, बोरो, कर्रान, कयापो, लकोना, मपुची, मरूकोय, सिकोया तथा तोबा (मानचित्र 11.37)।

अफ्रीका के आदिवासी (Indigenenous People of Africa)

अफार (Afar)

ये जनजातियां एरिट्रिया, जिबूती तथा सुमालिया की रहने वाली हैं। इनकी अधिकतर संख्या आखेट तथा कन्द-मूल फल-फूल पर जीवन निर्वाह करती है, और कुछ लोग प्रारम्भिक ढंग से ज्वार, बाजारा तथा मक्का की खेती करते हैं।

बाका (बबिंगा/बियाका/बिबायागा/बिबाया)

ये जनजातियां कैमरून के जंगलों में रहती हैं जिनकी संख्या लगभग चालीस हजार है। यह आखेट युग में हैं। शिकार करते समय यह पेड़-पत्तों से अस्थाई झोंपड़िया बना लेते हैं तथा आसपास के जंगलों में शिकार करते हैं। जंगलों से मधु तथा कन्द-मूल भी एकत्रित करते हैं। यह जड़ात्मक धर्म में विश्वास रखते हैं।

बन्टू (Bantu)

बन्टू जनजाति मध्य तथा पूर्वी मध्य अफ्रीका में फैली हुई है। इनका अधिकतर जमावड़ा तंजानिया, कीनिया तथा इथोपिया में है। प्रारम्भिक ढंग की खेती से मोटे अनाज उगाते हैं।

बेम्बा (Bemba)

बेम्बा समुदाय जाम्बिया की मुख्य जनजाति है। इनके गांव में 100 से 200 व्यक्ति रहते हैं। पुराने ढंग से फसलें उगाकर तथा आखेट एवं कन्द-मूल, फल-फूल पर जीवन व्यतीत करते हैं।

बरबर (Berber)

बरबर जनजातियां पश्चिमी सहारा मरुस्थल के रहने वाले हैं, अल्जीरिया, मोरक्को तथा ट्यूनीशिया के मरुस्थलों में इनकी संख्या अधिक है। मरुस्थल की मरु भूमियों में इनकी अधिकतर बस्तियां हैं। इनमें से अधिकतर व्यापारी हैं और कुछ गेहूं, जौ, जई आदि की खेती करते हैं।

दिंका (Dinka)

दिंका जनजाति सूडान के निवासी हैं। इनकी कुल जनसंख्या लगभग 15 लाख है। अफ्रीका की इस जनजाति का कद सबसे लम्बा माना जाता है। इनका अधिकतर जमावड़ा नील नदी के बहरूल-गजल क्षेत्र में है। इनमें से अधिकतर कृषक हैं और पशुपालन भी करते हैं।

इफी (Efe)

विश्व में सबसे छोटे कद के लोग इफ़ी समुदाय के लोग हैं। इनको पिग्मी भी कहा जाता है। ये कांगो-बेसिन के इतुर्रा जंगलों में रहते हैं। इनको विश्व की सबसे पुरानी जनजाति भी माना जाता है। यह तीर-कमान से शिकार करते हैं।

फुला अथवा फुलानी (Fula/Fulani)

पश्चिमी सहारा मरुस्थल तथा पश्चिमी मध्य अफ्रीकी देशों में रहने वाले फुलानी कहलाते हैं। इनकी अधिकतर संख्या बेनिन, बर्काना-फासो, कैमरून, मध्य अफ्रीका, चाड, कोटे-आइबर, गिनी, गिनी-बिसाऊ, गैम्बिया, घाना, लाईबेरिया, माली, मारिटानिया, नाईजीरिया, नाइजर, सेनेगल, सिएरालियोन, सूडान तथा टोंगो में पाई जाती है। इनकी कुल जनसंख्या लगभग तीन करोड़ है। खेती तथा पशुपालन इनके मुख्य व्यवसाय हैं।

चित्र 11.37 *Indigenous People of the World*

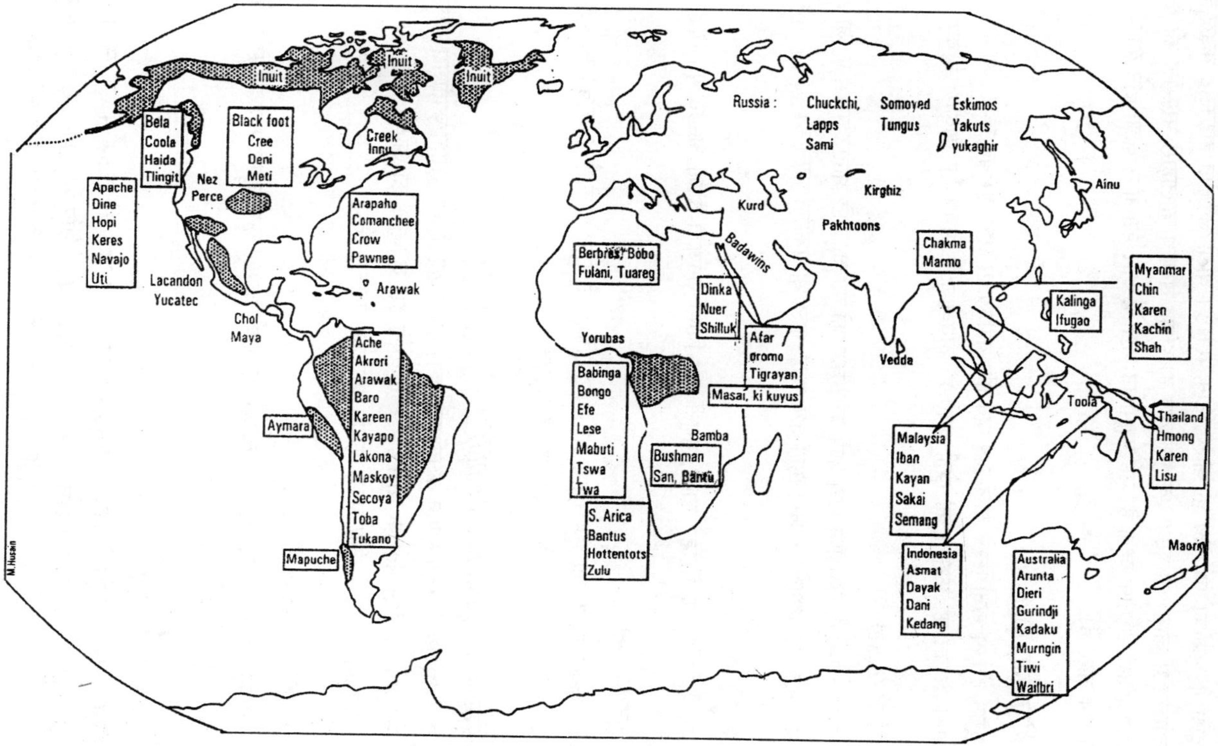

हॉटनटॉट (Hottentots)

दक्षिणी अफ्रीका गणराज्य के कारू पठान पर रहने वाली जनजाति हॉटनटॉट कहलाती है। वास्तव में कारू का पठार एक मरुस्थल है। इनका सम्बन्ध कालाहारी मरुस्थल की बुशमैन जनजातियों से माना जाता है। यह पशुपालन करते हैं और पशुओं से बोझा ढोने का काम भी लिया जाता है।

किकुयूज (Kikuyus)

पुराने ढंग से खेती करने वाली यह जनजाति कीनिया में रहती है। यह ज्वार, बाजरा, मक्का तथा दलहन की फसलों की खेती करते हैं। अवकाश के समय यह शिकार भी करते हैं।

लेसी (Lese)

कांगो बेसिन के जंगलों में रहने वाले, छोटे कद की यह जनजाति आखेट युग में है, जो आखेट के अतिरिक्त जंगलों से कन्द-मूल तथा फल-फूल भी एकत्रित करते हैं।

मबूती (Mabuti)

जायरे के जंगलों में रहने वाली, मबूती एक पिग्मी जनजाति है जो आखेट युग में है।

नूर (Nuer)

नूर जनजाति दक्षिणी सूडान तथा पश्चिमी इथोपिया की रहने वाली है। अफ्रीका की यह प्रमुख जनजाति है। इनके जीवन का आधार पशुपालन है।

शिलक/शोलू (Shilluk/Chollo)

इस समुदाय के लोग सूडान के दक्षिणी भाग में फैले हुए हैं। यह सूडान कातीसरा सबसे बड़ा समुदाय है। नील नदी के बेसिन में रहने वाली इस जनजाति का आधार कृषि है। इनमें से अधिकतर ईसाई हैं और कुछ इस्लाम धर्म का पालन करते हैं।

स्वा/बटवा (Tswa/Batswa)

स्वा एक पिग्मी नृजाति है। कांगों के जंगलों में यह आखेट करते हुए एक स्थान से दूसरे स्थान पर परस्थान करते रहते हैं।

तुआरेग (Tuareg)

सहारा के मरुस्थल में रहने वाले तुआरेग, चारों ओर पानी की तलाश में एक स्थान से दूसरे स्थान पर पलायन करते रहते हैं। ऊंट इनका मुख्य धन है और ऊंटों की संख्या के आधार पर ही इनका सामाजिक स्तर निर्धारित होता है। इनके चरागाहों एवं जल-स्रोतों पर उत्तराधिकार का नियम लागू होता है।

तवा/बटवा (Twa/Batwa)

कांगो बेसिन में रहने वाली बटवा जनजाति आखेट युग में है। वनों से यह कन्द-मूल, फल-फूल भी एकत्रित करते हैं।

जुलू (Zulu)

दक्षिण अफ्रीकी गणराज्य के नाटाल राज्य में रहने वाली, जुलू जनजाति की संख्या एक करोड़ से अधिक है। भेदभाव पॉलिसी के अंतर्गत जुलू के अलग क्षेत्र का सीमांकन किया गया था।

एशिया के आदिवासी (Indigenous People of Asia)

ऐनू (Ainu/Aynu)

होकेडो को ऐनू जनजाति का सम्बन्ध कॉकेसाइड (Caucasoid) प्रजाति से है। इस जनजाति के कुछ लोग रूस के क्यूराइल द्वीप में भी रहते हैं इनकी कुल जनसंख्या लगभग एक लाख है जिसमें निरन्तर कमी आ रही है जापानियों के साथ वैवाहिक सम्बन्ध के कारण इनमें भारी सांस्कृतिक परिवर्तन उत्पन्न हो रहा है। इनमें साक्षरता की दर बहुत कम है। एक अनुमान के अनुसार इनमें से आधी जनसंख्या अनपढ़ है। यह जड़ात्मवाद धर्म का पालन करती है। इनमें से कुछ बौद्ध तथा ईसाई धर्म के मानने वाले हैं।

चिन (Chin)

चिन म्यांमार का एक प्रमुख सजातिविषयक (Ethnic) समूह है। इसके सदस्य मुख्य रूप से देश के पश्चिमी भाग में पाए जाते हैं। इनकी कुल जनसंख्या 1.5 मिलियन है। इनमें से कुछ मिजोरम (भारत) एवं बांग्लादेश में भी रहते हैं। जिनका सम्बन्ध तिब्बेटो-बर्मन समूह से है (मानचित्र 11.37 व 11.38)।

चकमा (Chakmas)

बांग्लादेश के चटगांव की पहाड़ियों तथा भारत के त्रिपुरा राज्य में चकमा जनजाति के लोग रहते हैं। यह जनजाति तिब्बत बर्मा जनजाति से सम्बन्ध रखती है। पर्वतीय क्षेत्र में यह लोग जंगल काटकर झूमिंग प्रकार की खेती करते हैं।

डयाक (Dyak)

डयाक बोर्नियो द्वीप के आदिवासी हैं। लगभग 200 उपजातियां, डयाक समुदाय में सम्मिलित हैं। इनमें से अधिकतर पर्वतीय भागों तथा जंगलों में रहते हैं। इनमें से अधिकतर लोग आखेट तथा कन्द-मूल एवं फल-फूल पर निर्भर करते हैं।

हमोंग (Hmong)

हमोंग थाईलैंड के आदिवासी हैं। यह जनजाति अफ़ीम की खेती करती है और भारी मात्रा में संयुक्त राज्य अमेरिका को सप्लाई करती है।

इबान (Iban)

इबान जनजाति का सम्बन्ध डयाक जनजाति से है। अधिकतर इबान, मलेशिया के सबाह प्रान्त में रहते हैं। इनकी अधिकतर जनसंख्या सरावक, ब्रुनेई तथा कलेमन्टान में रहती है। आज के युग में भी इबा मानव–आखेट (Man Head Hunting) की परम्परा को बनाए हुए हैं। पुराने समय में इबान एक शक्तिशाली जनजाति रही है।

इफुगाव (Ifugao)

फिलीपीन के इफुगाव प्रान्त में रहने वाली मुख्य जनजाति इफुगाव कहलाती है। विश्व में सुन्दर सीढ़ीनुमा खेतों के लिए यह जनजाति मुख्य रूप से चावल की खेती पर निर्भर है।

कालिंगा (Kalinga)

फिलीपीन के कालिंगा प्रान्त में रहने वाली जनजाति है। खेती पर निर्भर करने वाली यह जनजाति चावल, मक्का तथा दलहन की खेती करती है।

करीन/क्वा/कायीन/कान्या (Karen, Kwa, Kayin, Kanya)

म्यामार (बर्मा) की करीन जनजाति दक्षिणी पूर्वी म्यामार में फैली हुई है। म्यामार की कुल जनसंख्या का लगभग सात प्रतिशत करीन जनजाति की संख्या है।

जंगलों को जलाकर खेती करने वाली करीन जनजाति थाईलैंड में भी पाई जाती हैं इनकी खेती जीवन निर्वाह खेती हैं मुख्य फसलों में चावल, मक्का, सब्जियां, आलू तथा मिर्च उगाते हैं।

लम्बाटा के केडांग (Kdeang of Lembata)

केडांग एक पितृ–प्रधान समाज है। इनमें विवाह निकट सम्बन्धों में करने की प्रथा है। यह जनजाति न्यूगिनी के पश्चिमी भाग में रहती है।

कुर्द (Kurds)

कुर्दिस्तान की प्रमुख जनजाति कुर्द कहलाती है। इनकी अधिकतर जनसंख्या इराक के उत्तरी भाग में रहती है। इसके अतिरिक्त, आर्मेनिया, तुर्की, अज़रबाइजाने जार्जिया, लेबनान तथा इजरायल में भी कुर्द जनजाति पाई जाती है।

जिंगपो अथवा काचिन (Jingpo or Kachin)

म्यामार की काचिन पहाड़ियों में रहने वाली प्रमुख जनजाति काचिन कहलाती है। इनकी कुछ संख्या दक्षिणी चीन में भी फैली हुई है। म्यामार के निकटवर्ती अरुणाचल प्रान्त में भी काचिन जनजाति पाई जाती है।

पख़्तून (Pakhtoons)

पख़्तून, अफगानिस्तान के आदिवासी हैं। अफगानिस्तान की यह बहुसंख्यीय जनजाति पश्तों भाषा बोलती है। पखतून एक मार्शल जनजाति है जिनका इतिहास बहादुरी के कारनामों से भरा पड़ा है।

टोयला (Toala)

सुल्वासी अथवा सेल्बीज की टोयला प्रमुख जनजाति है। आखेट युग की टोयला जनजाति छोटे परिवार के साथ बिखरे अधिवासों में रहती है। आखेट, कन्द-मूल, फल-फूल के साथ-साथ यह लोग कीडे-मकौड़े भी खाते हैं।

वेद्दा (Vedda)

दक्षिणी तथा मध्य श्रीलंका की यह प्रमुख जनजाति है। यह जनजाति आखेट तथा कन्द-मूल, फल-फूल पर निर्भर रहती है।

ऑस्ट्रेलिया तथा न्यूजीलैन्ड की जनजातियां (Indigenous Tribes of Australia and New Zealand)

अरन्टा (Arunta)

ऑस्ट्रेलिया के सेंट्रल मरुस्थल में रहने वाली अरन्टा जनजाति आखेट युग में है। यह लोग मुख्यत: कंगारू का शिकार करते हैं। प्रत्येक ग्रुप का एक मुखिया होता है जिसकी बात का सबको पालन करना होता है।

गुरिंदजी (Gurindji)

ऑस्ट्रेलिया की विक्टोरिया नदी के बेसिन में रहने वाली गुरिंदजी जनजाति रहती है। 1975 में इनकी भूमि वापस की गई थी। यह लोग स्थाई अधिवासों में रहते हैं तथा जनजाति यह खेती के साथ-साथ आखेट पर भी जीवन निर्वाह करती है।

टिवी (Tiwi)

बार्थस्ट तथा मेलविली द्वीपों में रहने वाली जनजातियां डार्विन नगर के निकट रहती हैं। यह अपने शरीर को गेरू से रंगते हैं। वास्तव में यह आखेट, कन्द-मूल तथा फल-फूल पर निर्भर करते हैं। कंगारू तथा बड़े जंगली जानवरों के अतिरिक्त छिपकली, सर्प, सूअर, लोमड़ी, मेंढक तथा कछुओं का भी शिकार करते हैं।

इनकी संस्कृति भिन्न है। गाना गाकर नृत्य करने की सबल परम्परा है। शिशु लड़कियों का विवाह 25 वर्ष के पुरुष के साथ कर दिया जाता है, परंतु वह अपने पति के साथ 14 वर्ष की आयु के पश्चात ही रहती है। लड़कियों का विवाह, माता-पिता की राय से किया जाता है। एक धनी पुरुष 20 बीवियां रख सकता है और यह अनिवार्य नहीं कि मृत्यु के समय तक वह अपनी सभी पत्नियों के साथ सम्भोग कर सका हो।

वार्लपिरि (Warlpiri)

उत्तरी ऑस्ट्रेलिया के टनामी मरुस्थल में वार्लपिरि जनजाति रहती है। इनकी कुल जनसंख्या पांच-छह हजार है। इनका प्रमुख जमावड़ा अलायस-चश्मे (Alica Springs) के पास है। ये लोग अपने नृत्य के लिए जाने जाते हैं। इनके बहुत से नृत्य-दल, इंग्लैंड, जापान, रूस, संयुक्त राज्य अमेरिका तथा यूरोप के बहुत से देशों की यात्रा कर चुके हैं।

यूरेशिया की जनजातियां (Indigenous People of Eurasia)

एस्कीमों (Eskimo)

एस्कीमों साइबेरिया के टुण्ड्रा प्रदेश के निवासी हैं। वे अपने भोजन हेतु मुख्यत: सील मछली व कैरिबू (Caribou) के शिकार पर निर्भर करते हैं। एस्कीमों संस्कृति के सम्बन्ध में एक आश्चर्यजनक तथ्य इनके निवास, औजार तथा हथियारों का विस्तृत एवं व्यापक स्वरूप हैं। सर्दियों में रहने के लिए एस्कीमों विशेष रूप से बर्फ के घरों का निर्माण करते हैं जिन्हें 'इग्लू' कहा जाता है (मानचित्र 11.37 व 11.38)।

युकाघीर (Yukghir)

युकाघीर पूर्वी साइबेरिया (रूस) के मूल निवासी हैं। मुख्य रूप से रेन्डियर शिकारी युकाघीर वरर्वोयान्सक एवं स्टेनोबाय पवर्तों तथा कोल्यमा नदी की दक्षिणी सहायक नदियों के किनारों पर रहते हैं। युकाघीर मंगोलॉयड नस्ल के हैं। ये एक स्थान से दूसरे स्थान पर छोटे-छोटे पारिवारिक समूहों में जाते हैं तथा एक साथ शिविरों में रहते हैं। शायद ही इनका कोई सदस्य अपने समूह से बाहर विवाह करता है। प्रत्येक समूह का अपना एक निर्धारित क्षेत्र होता है। जहां वे शिकार करते हैं तथा मछलियां पकड़ते हैं जहां वे हर वर्ष लौट आते हैं।

सर्दियों में युकाघीरों के परिवहन का मुख्य साधन 'स्लेज' है जिसे घरेलू कुत्तों द्वारा खींचा जाता है। प्रत्येक समूह का वयोवृद्ध व्यक्ति, जो समस्त समारोहों तथा उत्सवों का संचालन/सभापतित्व करता है, का अपने सदस्यों पर महत्वपूर्ण नियंत्रण रहता है।

उत्तरी अमेरिका की जनजातियां (Indigenous People of North America)

उत्तरी अमेरिका की प्रमुख जनजातियां मानचित्र 11.37 में दिखाई गई हैं।

अरावक (Arawak)

वेस्टइंडीज के बहामा तथा एन्टिलिस द्वीप में अरावक जनजाति रहती है। ऐसा विश्वास किया जाता है कि कोलम्बस उत्तरी अमेरिका में सबसे पहले अरावक जनजाति के लोगों के सम्पर्क में आया था। (मानचित्र 11.37 तथा 11.42)

अपाची/तिनेह/टिंडे (Apache, Tinhe, Tinde)

दक्षिण-पश्चिमी संयुक्त राज्य के अरिजोना, कोलोरेडो, न्यू-मैक्सिको तथा ओकलाहोमा में फैली हुई अपाची एक रेड-इण्डियन जनजाति है। इस जनजाति के बहुत से लोग बड़े नगरों में

रहने लगे हैं। इनकी संख्या ओकलाहोमा, कांसा, फोनिक्स, डेन्वर, सेन-डियागो तथा लॉस एंजिल्स में काफी है।

बेला/कूला/हैदा/टिंगित (Bella, Coola, Haida, Tlingit)

बेला तथा कूला जनजातियां अलास्का, कोलम्बिया, हम्बोल्ट की खाड़ी, उत्तरी कैलिफोर्निया में तटीय भागों पर रहती हैं। इनका मुख्य व्यवसाय सागर से मछली पकड़ना है। ये मुख्यत: काड, हेल्बट, हेरिंग तथा सेल्मन मछलियों का शिकार करते हैं। ग्रीष्मकाल में यह झाड़ियों से बेर, कन्द मूल तथा फल-फूल भी एकत्रित करते हैं। (मानचित्र 11.37)

ब्लैकफुट (ब्लैक फीट या सिकसिका) (Blackfoot, Blackfeet or Siksika)

ब्लैकफुट प्रदेश रॉकीज के पूर्व में Saskatchewan नदी की उत्तरी तथा दक्षिणी शाखाओं के बीच स्थित है जबकि कुछ ब्लैकफुट मिसोरी नदी के ऊपरी हिस्से में भी रहते हैं (मानचित्र 9.5)। ब्लैकफुट एक प्रमुख रेड इन्डियन शिकारी जनजाति है जो प्रमुखत: भैंसो का शिकार करते हैं। गर्मियों में बड़े-बड़े समूह बनाकर ये भैंसो के झुंडों पर हमला करते हैं। भैंसों के शिकार से इन्हें न केवल मांस के रूप में भोजन मिलता है बल्कि चमड़ी, बाल, सींग, आदि भी मिलते हैं जो अन्य उपयोग में आते हैं; उदाहरणार्थ, भैंसों की चमड़ी, कपड़े, तम्बू व बैग्स बनाने में काम ली जाती है। ब्लैकफुट लोगों के रहने के स्थान को स्थानीय भाषा में 'टीपी' कहा जाता है। यह एक प्रकार की शंक्वाकार झोंपड़ी होती है।

करी (Cree)

कैनेडा में जेम्स-खाड़ी के निकट करी जनजाति रहती है। इनका मुख्य जमावड़ा क्यूबेक, ओन्टारियो, मानिटोबा, सास्केचवान तथा एल्बर्टा राज्यों में है (मानचित्र 11.41)। इनकी कुल जनसंख्या लगभग दो लाख है। इनके जीवन निर्वाह का आधार आखेट, कन्द-मूल, फल-फूल तथा मछली पकड़ने पर है (मानचित्र 11.34)।

क्रीक (मस्कोगी) (Creek or Muskogee)

क्रीक प्रमुख रूप से दक्षिणी-पूर्वी संस्कृति क्षेत्र, मध्य जोर्जिया, अल्बामा, फ्लोरिडा, ल्यूसियाना, ओकलाहोमा, दक्षिणी केरोलिना एवं टैक्सास क्षेत्रों में पाए जाते हैं (मानचित्र 11.37)।

करो (Crow)

यलो-स्टोन नदी के बेसिन में रहने वाली प्रमुख जनजाति करो (Crow) है। यह अभी तक आखेट युग में है (मानचित्र 11.37)।

होपी यूमा (Hopy-Yuma)

उत्तरी अमेरिका के अरिजोना मरुस्थल में रहने वाली होपी जनजाति मुख्यत: कृषि पर आधारित है। सघन बस्तियों में रहने वाली होपी जनजाति के अधिवासों को प्यूबलों (Pueblos) कहते

हैं। पर्वतीय तथा पठारों पर बहने वाली नदी-नालों से यह अपनी फसलों की सिंचाई करते हैं। मक्का, कपास तथा सब्जियां इनकी मुख्य फसलें हैं। यह मातृ-प्रधान समुदाय है। इनकी कृषि भूमि पर केवल स्त्रियों का अधिकार होता है।

इन्युत एस्कीमों, इन्यु, इन्युपियअत, इन्युपिअक, यूपिक)
(Inuit-Ishime, Innu, Inupiat, Inupiaq, Yupk)

इन्युत मुख्यतः आर्कटिक प्रदेश, अलास्का, Nunavut, आर्कटिक कनाडा, ग्रीनलैण्ड तथा साइबेरिया में पाए जाते हैं। वे मंगोलॉयड नस्ल के होते हैं। इन्युत संस्कृति की एक प्रमुख विशेषता लगभग 8,000 किमी तक फैली समजातीयता है। सर्दियों में रहने के लिए इन्युत एक विशेष प्रकार का घर बनाते हैं जिसे 'इग्लू' भी कहा जाता है।

मेटिस (बॉइस, ब्रूल) (Metis – Bois, Brule)

मेटिस मिश्रित वंशक्रम के लोग हैं जो मुख्यतः दक्षिणी Manitoba, Saskatchewan, पश्चिमी कनाडा तथा Montana में पाए जाते हैं।

नवाजो (Navajo, Dineh, Dine)

उत्तरी अमेरिका के सेन जोस तथा प्यूरको नदियों की घाटियों में रहने वाले नवाजो जनजाति मुख्यतः अरिजोना, न्यू-मैक्सिको, नवेदा, उथाह तथा उत्तरी पश्चिमी कोलोरेडो में फैली हुई है। इनमें से बहुत से लोग निकटवर्ती नगरों में प्रस्थान कर गए हैं।

पाइयुत (Paiutes)

प्रमुखतः शिकारी तथा संग्रहक, पाइयुत पश्चिमी उत्तरी अमेरिका में ऊंचे अंक्षाशों पर पाए जाते हैं। इनका मुख्य क्षेत्र कोलम्बिया तथा कोलोराडो नदियों के बीच है। ये अधिकांशतः समूहों में रहते हैं जो कुछ से सौ व्यक्तियों तक के होते हैं। शीत ऋतु में पाइयुत एक अथवा दो बड़ी और अर्द्ध-स्थाई बस्तियों में एकत्रित होते हैं किन्तु गर्मी आते-आते ये पारिवारिक समूहों में बंटकर बड़े क्षेत्र में फैल जाते हैं। इनका सर्दियों का घर 'विकिअप' कहलाता है। इनका मुख्य भोजन वानस्पतिक पदार्थ, कीड़े-मकौड़े और छोटे जानवर हैं। ये कंद और जंगली जड़ों व बीजों को भी एकत्रित करते हैं। पाइयुत समाज का संचालन एक मुखिया द्वारा किया जाता है। यह पद व सम्मान उन्हें अपने पिता से प्राप्त होता है।

पानी (Pawnee)

संयुक्त राज्य अमेरिका की एक प्रमुख जनजाति 'पानी' है। रॉकी पर्वत के पूर्वी ढलानों पर कानसस, नेबरास्का तथा ओकलाहोमा राज्यों में यह जनजाति फैली हुई थी।

दक्षिणी अमेरिका की जनजातियां (Indigenous People of South America)

अची (Achi)

अची जनजाति अमेजन नदी के बेसिन में रहती है। इनका मुख्य जमावड़ा ब्राजील, कोलम्बिया तथा पेरू देशों की सीमा पर है। इस क्षेत्र में सालभर भारी वर्षा के कारण वायु में आर्द्रता बढ़ी रहती है। अची लोगों का मुख्य कारोबार खेती-बाड़ी है।

आयमारा (Aymara)

आयमारा समुदाय के लोग मूल रूप से तटीय पेरू के निवासी है। अपनी आजीविका के लिए ये पूर्णतः मछली पालन पर निर्भर करते हैं। इनका जीवनचर्या चिली की मापुचे एवं कनाडा की कोला प्रजातियों के लोगों से मिलती जुलती है।

मपूची (Mapuche)

चिली के तटीय भाग में रहने वाली मपूची जनजाति की जीवन-शैली उत्तरी अमेरिका के बेला तथा कूला मछेरों से मिलती है। ये दक्षिणी प्रशान्त महासागर से मछलियां पकड़कर अपना जीवन व्यतीत करते हैं।

भारत की प्रमुख जनजातियां (Major Scheduled Tribes of India)

भारत की अनुसूचित जनजातियों को भारतीय संविधान के अनुच्छेद छह में दिया गया है। भारत की कुल जनसंख्या का 8.2 प्रतिशत अनुसूचित जनजातियों का है। अनुसूचित जनजातियां भारत के मूल निवासी हैं। भारत की प्रमुख जनजातियों को मानचित्र 11.43 में अंकित किया गया है।

अण्डमान तथा निकोबार (Andaman and Nicobar Islands)

इन द्वीपों में अण्डमानी, शोम्पेन, जरावा, निकोबारी, ओंगे तथा सेन्टीलेस सम्मिलित हैं। इनमें सबसे पिछड़ी हुई जनजाति जरावा है, इनकी संख्या केवल ग्यारह बताई जाती है। (मानचित्र 11.43)।

आन्ध्र प्रदेश (Andhra Pradesh)

अंध, बगाटा, वाल्मीकि, भीड़ू, भील, चेन्चू, डोरा, दुबला, गडाबा, गौंड, जटापु, कम्मारा, कोण्डा, खोंद, कोतिया, कोया, कुलिया, कुटूनायाकन, लम्बाड़ी, माल्पी, मन्ने-डोरा, नाखा-डोरा, नायक, पोरजा, प्रधान, रेड्डी, रेड्डी-डोरा, रोना/रेना, सब्रा, सुगाली, थोटी, वाल्मीकि, यनादिया, यनादी, यरूकूला।

अरुणाचल प्रदेश (Arunachal Pradesh)

अबोर, आदि, अका, अपातनी, दाफ़ला, दिगारू, गोम्बा, खामती, मिर्जा, मिश्मी, मोनबा, तोक्टे, सिंहपो।

असम (Assam)

बोडो, चकमा, दिमसा, देवारी, होजा, कोजाई, कचारी, लालंग, मिकिर, मिरी, खाखा।

बिहार (Bihar)

असुर, बैगा, बन्जारा, बेदिया, बिनिझिया, बिरहोर, बिराजिया, चेरो, चिक, गौंड, हो, करमाली, खारिया, खेरवार, खोण्ड, कोरा, कोरा, लोहार, महली, माल-पहाड़िया, मुण्डा, ओराओं, पारहेया, संथाल, पहाड़िया, सौरिया, स्वार।

चित्र 11.38 *भारत की प्रमुख जनजातियां*

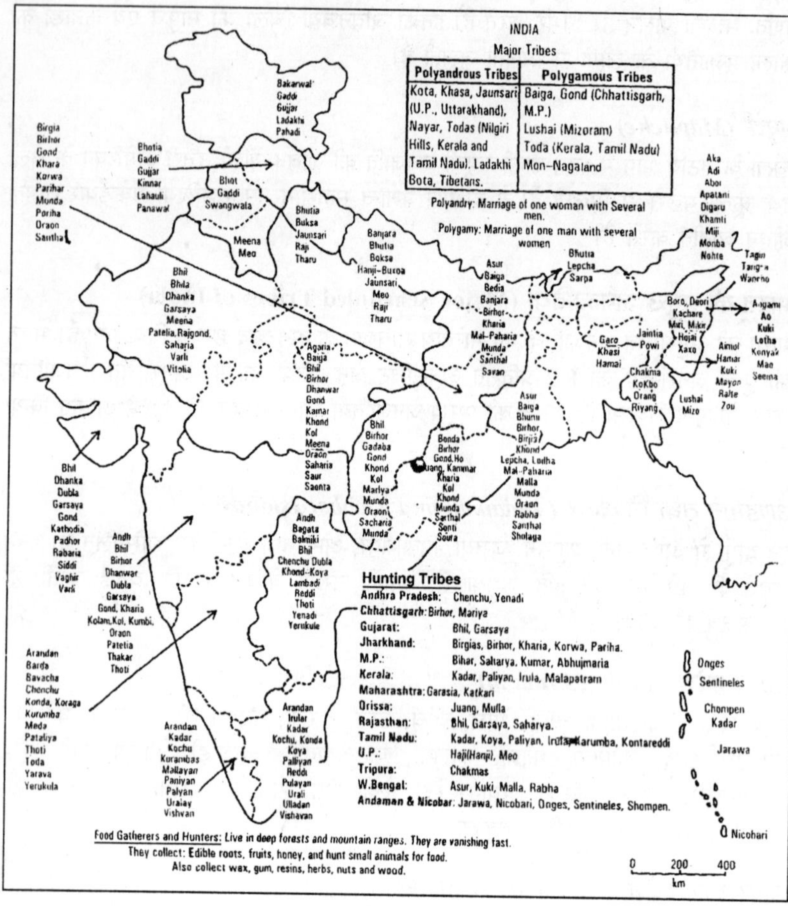

गुजरात (Gujarat)

भील, धनका, दुबला, गरसया, गौंड, कठोडिया, रबारिया, सिड्डी, वघीर, वर्ली।

हिमाचल प्रदेश (Himachal Pradesh)

भोट, भूतिया, गद्दी, गुज्जर, कनौरा, किन्नर, लाहौली, लाम्बा, पांगवाल, सुवांगी।

जम्मू तथा कश्मीर (Jammu and Kashmir)

बकरवाल, बौध, गद्दी, गुज्जर तथा पहाड़ी।

कर्नाटक (Karnataka)

अरन्दान, बदी, बाम्चा, बवाचा, भील, चौधारा, चेन्चु, धनका, धोडिया, दुबला, एकलिगा, गोडालु, गाम्ला, हसादारू, हक्की, कादर, केकुरूबा, कठोडी, कोकना, कोलीघोर, कोया, कोरूबा, कुडिया, कानियान, कुरूमान, कोता, कोरागा, कोंडा-रेड्डी, कोन्डा-काकुश, कम्मारा, कोरागा, कुरुम्बा, मलायकुडी, मलेरू, मेडा, मार्ती, मुदुगर, मलायकन्दी, मेदा, मार्ती, मुदुगर, मलायकन्दी, मादियान, नैकदा, पालियार-पर्धी, पटालिया, पोमला, पोरामा, पुलियान, पुनियान, रथावा, रगोंड, सोल्गा, सोलिगारू, थोटी, टोडा, बरावा, वर्ली, विटोलिया, यरावा।

केरल (Kerala)

अरनदान, इरूलज, इरावल्लन, कादर, कन्नीकर, कोच्चुवेलन, कादियान, कम्मारा, कहुनायाकन, कोचू, कोण्डाकाकस, कोरागा, कोता, कुदिया, कुरम्बा, कोरीचाछन, कुरूमान, मलाय, मल्लियान, मन्नार, मलाय-कन्डी, मन्नी, पल्लियान, पल्लियार, पानियान पालियान, पुलियान, पुनियान, उराली, उल्लाडाना, विशावन।

मध्य प्रदेश (Madhya Pradesh)

अगाडिया, अन्ध, बैगा, भील, भूमिया, बिरहोर, बिथार, चांवर, धनवार, डामर गदाबा, गरासिया, गौंड, कोमर, कीर, खेरवार, खोन्ड, कोल, कोरवा, मीना, नगासिया, नट, निहाल, ओराओं, पानिका, पांव, पाटिका, प्रधान, सहारिया, सांओटा, सौर, स्वार।

मणिपुर (Manipur)

ऐमोल, हमार, कुकी, म्योन, राल्ते, जू।

मेघालय (Meghayala)

गारो, हमार, जैनतिया, खासी, पोवी।

मिजोरम (Mizoram)

लुशई, मिजो, मात, पाकी।

नगालैंड (Nagaland)

अंगामी, आओ, कोनयाक, कुकी, लोता, मिकिर, मोन, रेंगमा, सीमा।

पंजाब (Punjab)

भोट, बोध, गद्दी, स्वांगवाला।

उड़ीसा (Orissa)

बगट्टा, बंजारा, बथूड़ी, बागा, भरूआ, भोताडा, भूमिया, भूयान, भडुआ, बिंझल, बिरहेर, बिरहोर, चेन्चू, दल, देसुआ, गोणडिया गौंड, कोरा, हो, जुआंग, कम्मार, खरिया, खोंद,

कोल्हा, लोढ़, लोहार, मादिया, महालि, मिर्धा, मुंडा, ओराओं, पैतिया, पारेंगा, पोंडो, पोराजा, राजोर, शाबर, संथाल, सोंटी, सौरा।

राजस्थान (Rajasthan)

अंध, बदी, बवाचा/बम्चा, भैना, भट्टरा, भील, भीला, भुजिया, बिनभवर, बिरहुल, चरगा, चौधरा, धन्का, धांवर, धोडिया, ढ़ोर, दुब्ला, गडाबा, गामित, गरसाया, गौंड, हल्लार, हल्बी, कमार, कंध, कथोडी, कटकरी, काघरी, खरिया, खरवार, कोकना, कोकली, कोल, कोली, कोलम, कोरकू, कोरवा, कोया, कुन्बी, कुवार, मल्हार, मीना, नेकड़ा, नैका, नगासिया, निहाल, ओरओं, पाधर, पर्जा, पटोलिया, पारा-भील, पोम्ला, प्रधान, रठावा, पारी, सहारिया, साँवटो, स्वार, मिड्डी, ठाकुर, ठाकर, थोटी, वर्ली, विटोलिया।

तमिलनाडु (Tamil Nadu)

अरानदन, औदियान, इरावलाना, इरूलिया, इरूलर, कादर, काकश, कम्मारड, कानियान, कोचू, कोण्डा, कोंडा-रेड्डी, कोरागा, कोटा, कोया, कुडिया, कुलायान, कोचुविलान, कुरूमान, कुरम्बा, मलाय-आर्यन, मल्सार, मालिकिन्दी, मल्याली, मालियान, मन्नान, मदुगर, मुथुरन, पालियार, पालियान, पाल्लियान, पुल्लियान, रेड्डी, शोल्पगा, उराल्य, उल्धान, उराली, विश्वन।

उत्तर प्रदेश (Uttar Pradesh)

बंजारा, भोकसा, भोतिया, बुक्सा, हांजी, जौनसरी, कंजर, राजी, साँयसी, थारू।

पश्चिमी बंगाल (West Bengal)

असुर, बैगा, बैदिया, बंजारा, बरायक, भूमिज, बिरहोर, बिरजिया, भूमिजी, भूतिया, चेव, चिक, चकमा, गारो, गौंड, हो, हजंग,खोंड, कोश, करमाली, खरवार, खुंड, किसान, कोरवा, लेप्चा, लोढ़ा, खेरिया, लेपचा, लोहार, मेघ, महली, माल्प पहाड़िया, महाली, मल्ला, मेच, मरू, मुण्डा, ओराओं, रमा, संथाल, सौरिया, स्वार, शोलागा।

भारत में आखेट युग की जनजातियां (Hunting Tribes of India)

भारत के पर्वतों, पहाड़ियों, जंगलों तथा सागर के तटों पर बहुत सी जनजातियां आज भी आखेट युग में हैं (मानचित्र 11.39)।

- **आन्ध्र प्रदेश**—चेन्चू, येनाडी।
- **छत्तीसगढ़**—बिरहोर, मारिया, मारिया।
- **गुजरात**—भील, गरसय्या।
- **झारखंड**—बिर्जिया, बिरहोर, खरिया, कर्वा।
- **केरल**—इरूला, कादर, कोवी, कुरम्बा, मालपतरम, पालियान।
- **महाराष्ट्र**—गरासिया, करकारिया, कोलम, मारिया, गौंड।
- **मध्य प्रदेश**—आभुज मारिया, बिरहोर, कमार, सहारिया।
- **उड़ीसा**—बिरहोर, जुआंग, खरसिया, मल्ला, सौरिया।

- **राजस्थान**—भील, गरासिया, सहारिया।
- **तमिलनाडू**—इरूला, कादर, कोटा, कोंटा-रेड्डी, कोया, कुरम्बा, पालियान।
- **पश्चिमी बंगाल**—असुर, कुकी, मल्ला, रभा, टोटो।
- **अण्डमान तथा निकोबार**—जरावा, निकोबारी, ओंगे, सेंटिनल, शोम्पेन।

बहुविवाही (बहुपत्नी) जनजातियां (Polygamous Tribes)

बैगा (छत्तीसगढ़, मध्य प्रदेश), लुशई (मिजोरम), टोडा (नीलगिरि पर्वत प्रदेश), लद्दाख (जम्मू-कश्मीर)

बहुपति जनजातियां (Polyandrous Tribes)

कोता, खासा, जुआनसरी (उत्तर प्रदेश तथा उत्तराखण्ड), नायर, टोडा (नीलगिरी पर्वतीय क्षेत्र), बोटा-तिब्बती (लद्दाख-जम्मू-कश्मीर)

जनजातियों का आर्थिक वर्गीकरण (Economic Classification of Tribes)

प्रो. मजूमदार ने भारत की अनुसूचित जनजातियों को आर्थिक दृष्टि से निम्न वर्गों में वर्गों में विभाजित किया है।

1. जंगलों में आखेट करने वाली की जनजातियां (Tribes Hunting in Forests)

जंगलों में आखेट करने वाली प्रमुख जनजातियां निम्न प्रकार हैं—

(a) अण्डमान-निकोबार—ओंगे, जरावा, सेन्टनल।

(b) आन्ध्र प्रदेश—चेन्चू तथा चान्दी।

(c) झारखण्ड—बिरहोर, कोरवा तथा खरिया

(d) केरला—कादर, मालपतरम तथा कुरूम्बा

(e) मेघालय—गारो

(f) उड़ीसा—जुआंग।

(g) तमिलनाडु—पालियान।

(h) उत्तर प्रदेश—राजी

2. झूमिंग पर आधारित जनजातियां (Engaged in Shifting Cultivation or Jhuming)

जंगलों को काटकर और जलाकर खेती करने को उत्तरी-पूर्वी भारत में झूमिंग कहते हैं।

(i) अरुणाचल प्रदेश—अबोर, अका, मिशमी।

(ii) असम—कुकी, मिकिर, रेंगमा, खाखा।

(iii) मेघालय—गारो, खासी, जैंतिया।

(iv) नगालैंड—आओ, अंगामी, लोठा, रेंगमा, मोन, सीमा, इत्यादि।

(v) मध्य प्रदेश—बैगा, बिरहोर, गौंड, खोन्द, ओराओं, मुंडा, सहारिया, सौंटा आदि।

(vi) उड़ीसा—बोंडा, बिरहोर, कोल, खोन्द, मुण्डा, संथाल, सर्थल, सोंटी आदि।
(vii) त्रिपुरा—चकमा, ओरांग तथा रियांग

3. मैदान में खेती करने वाली जनजातियां
(Tribes Engaged in Cultivation in Plain Areas)

(i) असम—बोडो, खाखा, मीरी
(ii) छत्तीसगढ़—गौंड
(iii) झारखण्ड—मुंडा, संथाल।
(iv) मध्य प्रदेश—गौंड, खोड, सहारिया, सौर
(v) तमिलनाडु—कोमा, रेड्डी, पुलियान आदि।

चित्र 11.39 *भारत की आखेटक जनजातियां*

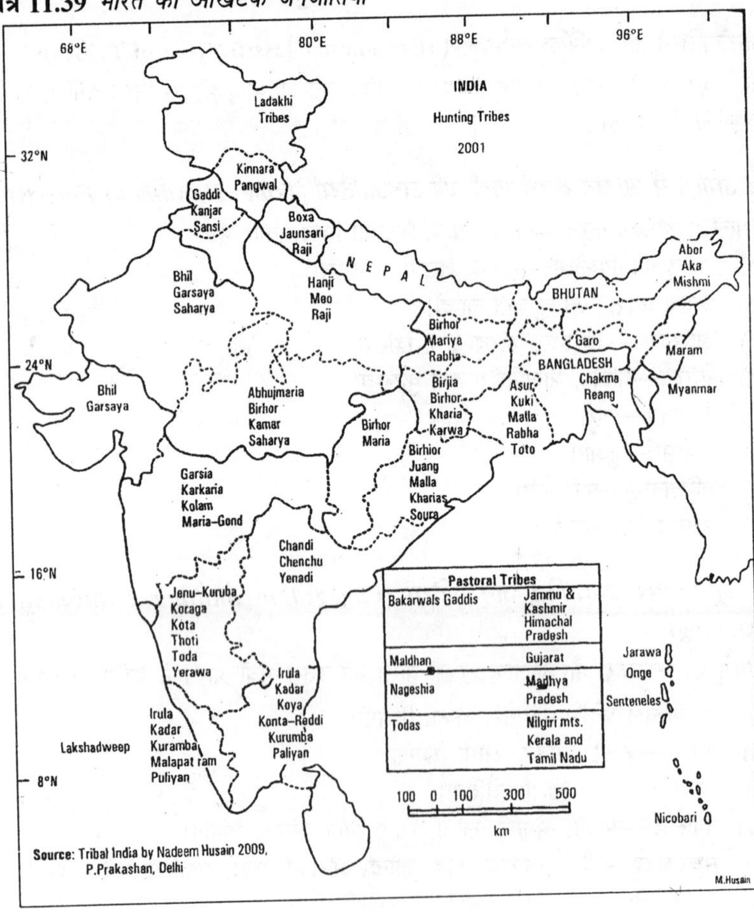

4. साधारण शिल्पकार जनजातियां (Simple Tribes)

असुर (बिहार), अगारिया (मध्य प्रदेश) एवं कोलम (महाराष्ट्र) पारम्परिक रूप से चटाई बुनने वाले हैं तथा इरूला (तमिलनाडु) चटाई के अतिरिक्त बांस टोकरियां बनाते हैं।

5. पशुपालक/चरवाह जनजातियां (Pastoral Tribes)

(a) गुजरात—मलधान
(b) हिमाचल प्रदेश—गद्दी, गुज्जर, पहाडी
(c) जम्मू-कश्मीर—गुज्जर व बकरवाल
(d) केरल—टोडा
(e) मध्य प्रदेश—नागेशिया

6. लोक कलाकार जनजातियां (Tribes Living as Folk Artists)

ऐसी अनेक जनजातियां है जो अपनी आजीविका के लिए नृत्य व मुख्यतः कलाबाजियों पर निर्भर हैं इसलिए इन्हें लोक कलाकार जनजातियों की श्रेणी में रखा गया है। उत्तर प्रदेश के नट तथा सपेरे इसके मुख्य उदाहरण हैं। इसके अतिरिक्त उड़ीसा के मुंडुप्तू तथा तमिलनाडु के कोला जनजातियों के सदस्य क्रमशः कलाबाजियों तथा सपेरे के रूप में विशिष्टता रखते हैं।

7. कृषि तथा अकृषि श्रमिक जनजातियां (Agricultural and Non-agricultural Labour Oriented Tribes)

कृषि श्रमिक के रूप में कार्य करने वाली जनजातियों के सदस्य मूल रूप से कृषक थे, परंतु ऋण आदि न चुकाने के कारण जमीन छिन जाने के उपरान्त उन्हें अन्य लोगों के खेतों में कृषि श्रमिक के रूप में कार्य करना पड़ता है। एक अनुमान के अनुसार ऐसे श्रमिकों की संख्या जनजातियों की कुल जनसंख्या का 20 प्रतिशत है। अकृषि जनजातीय श्रमिकों में बिहार, झारखण्ड, मध्य प्रदेश, उड़ीसा, पश्चिमी बंगाल आदि के कारखानों व खानों में कार्य करने वाले तथा असम व पश्चिमी बंगाल के चाय के बगानों में कार्य करने वाले श्रमिक सम्मिलित हैं।

8. सेवा तथा व्यापार में संलग्न जनजातियां (Tribes Engaged in Service and Trade)

इस श्रेणी में संलग्न जनजातियों की संख्या अपेक्षाकृत काफी कम है। मुख्य रूप से इस श्रेणी में सरकारी व अर्द्ध-सरकारी नौकरियां आती है जिनमें विशेष रूप से राजस्थान की मीणा व उत्तरी-पूर्वी क्षेत्र की खासी, मिजो व नागा जनजातियां आती हैं।

बहुत सी जनजातियां नृत्य तथा गाना गाकर अपना गुजर बसर करती हैं। नट, सपेरे, स्वाहंगी आदि लोगों का मनोरंजन करते हैं। तमिलनाडु के कोता समुदाय के लोग मुख्यतः सपेरे हैं, और सांपों को दिखाकर अपना जीविकोपार्जन करते हैं।

मीना, खासी, जैंतिया, मिजो की संख्या सरकारी नौकरियों में काफी है। शिक्षा के साथ-साथ अनुसूचित जनजातियां पर्याप्त मात्रा में सरकारी तथा निजी क्षेत्र में कार्य करती हैं।

सारणी 11.2 *भारत की अनुसूचित जाति एवं अनुसूचित जनजातियां, 2001*

	India/States/ Union Territory	*Total Population*	*Scheduled Tribe Population (000)*	*Scheduled Tribe Percentage of Total Population*
	INDIA	1,028,610	84,326	8.20
1.	Jammu and Kashmir	10,144	1,106	10.90
2.	Himachal Pradesh	6,078	245	4.02
3.	Punjab	24,359	0	0.00
4.	Chandigarh	901	0	0.00
5.	Uttarakhand	8,489	256	3.02
6.	Haryana	21,145	0	0.00
7.	Delhi	13,851	0	0.00
8.	Rajasthan	56,507	7,098	12.56
9.	Uttar Pradesh	166,198	108	0.06
10.	Bihar	82,999	758	0.91
11.	Sikkim	541	111	20.60
12.	Arunachal Pradesh	1,0986	705	64.22
13.	Nagaland	1,990	1,774	89.15
14.	Manipur	2,167	741	34.22
15.	Mizoram	8890	839	94.50
16.	Tripura	3,199	993	31.05
17.	Meghalaya	2,319	1,993	85.94
18.	Assam	26,656	3,309	12.41
19.	West Bengal	80,176	4,407	5.50
20.	Jharkhand	26,946	7,087	26.30
21.	Orissa	36,805	8,145	22.13
22.	Chhattisgarh	20,834	6,617	31.76
23.	Madhya Pradesh	60,348	12,233	20.27
24.	Gujarat	50,671	7,481	14.76
25.	Daman and Diu	158	14	8.85
26.	Dadra and Nagar Haveli	220	137	62.24
27.	Maharashtra	96,879	8,577	8.85
28.	Andhra Pradesh	76,210	5,024	6.59
29.	Karnataka	52,851	3,464	6.55

लगातार...

...लगातार

30	Goa	1,348	1	0.04
31.	Lakshadweep	61	57	94.51
32.	Kerala	31,841	364	1.14
33.	Tamil Nadu	62,406	651	1.04
34.	Puducheery	974	0	0.00
35.	Andaman & Nicobar Islands	356	29	8.27

स्रोत— भारत की जनगणना, 2001

तालिका 11.2 के अध्ययन से पता चलता है कि अनुसूचित जनजातियों का सबसे अधिक प्रतिशत लक्षद्वीप में 94.51 प्रतिशत है, जिसके बाद मिजोरम में 94.50 प्रतिशत, नगालैंड 89.15 प्रतिशत तथा मेघालय में 86 प्रतिशत है। इसके विपरीत गोवा, हरियाणा, पंजाब तथा उत्तर प्रदेश में अनुसूचित जनजातियों की संख्या नाम मात्र है (मानचित्र 11.45)।

सारणी 11.3 *अनुसूचित जनजातियों का क्षेत्रीय वितरण*

	क्षेत्र	*राज्य*
1.	उत्तरी-पूर्वी भारत	अरुणाचल प्रदेश, असम, मणिपुर, मेघालय, मिजोरम, नगालैंड, त्रिपुरा तथा सिक्किम (मानचित्र 11.46)
2.	मध्य भारत जनजाति क्षेत्र	आन्ध्र प्रदेश, बिहार, छत्तीसगढ़, दादर, नगर हवेली, दमन तथा दीव, गुजरात, झारखण्ड, मध्य प्रदेश, महाराष्ट्र, उड़ीसा, राजस्थान तथा पश्चिमी बंगाल।
3.	अन्य राज्य तथा क्षेत्रीय संघ	अंडमान तथा निकोबार द्वीप समूह, हिमाचल प्रदेश, जम्मू तथा कश्मीर, कर्नाटक, केरल, लक्षयद्वीप, उत्तर प्रदेश तथा उत्तराखण्ड।

स्रोत— भारत की जनगणना, 2001

सारणी 11.4 *संविधान के छठे अनुच्छेद में दिए गए अनुसूचित जनजातीय क्षेत्र*

पार्ट I	असम	1. उत्तरी कछार हिल डिस्ट्रिक्ट 2. कर्बी-आंगलांग जनपद 3. बोडोलैंड जनपद
पार्ट II	मेघालय	1. खासी हिल जनपद 2. जैंतिया हिल जनपद 3. गारो हिल जनपद

लगातार...

...लगातार

पार्ट IIA	त्रिपुरा	(i) त्रिपुरा अनुसूचित जनजाति जनपद
पार्ट III	मिजोरम	1. चकमा जनपद 2. मारा जनपद 3. लाद् जनपद

स्रोत: भारत 2009, पृष्ठ 969-70

चित्र 11.40 *उत्तरी-पूर्वी भारत-प्रमुख जनजातियां*

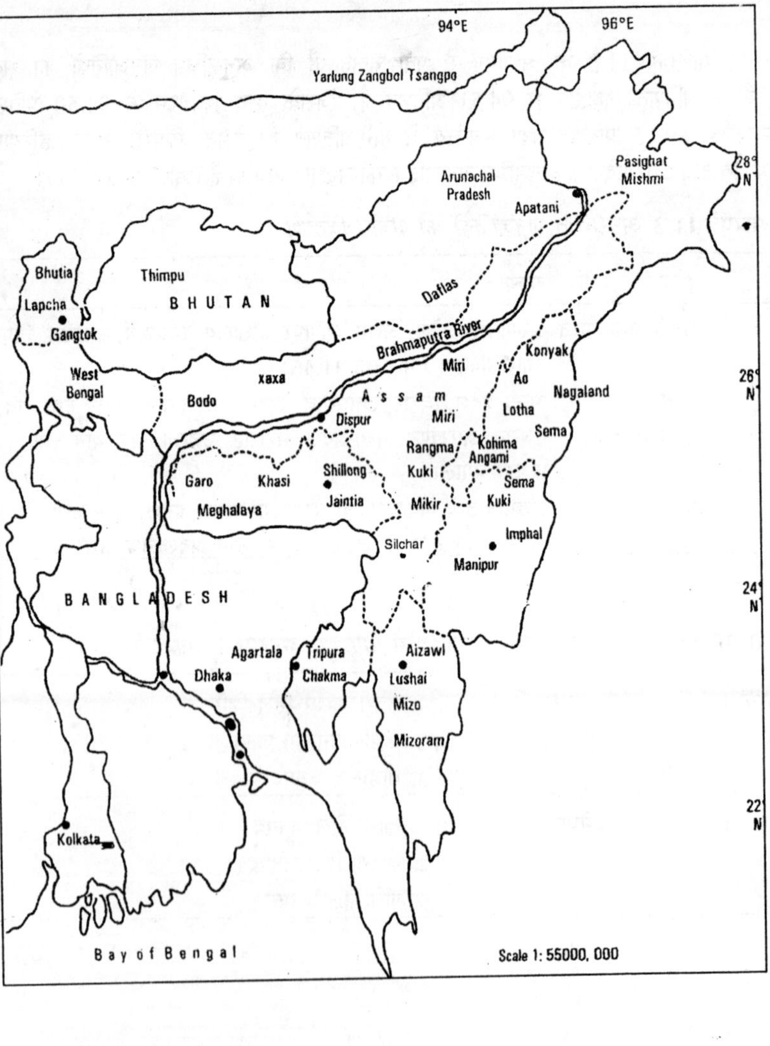

इन जनपदों तथा क्षेत्रों का प्रशासन जनपद कौंसिल अथवा क्षेत्रीय कौंसिल के द्वारा व्यक्त किया जाता है।

भारत के उत्तर-पूर्वी राज्यों (अरुणाचल प्रदेश, असम, मणिपुर, मेघालय, मिजोरम, नगालैंड तथा त्रिपुरा) में बहुत सी अनुसूचित जनजातियां हैं जो मानचित्र 11.45 में दिखाई गई हैं। इन जनजातियों का शोषण होता रहा है और इनमें से अधिकतर का जीवन स्तर नीचा है। नार्थ-ईस्ट कौंसिल (North East Council) इन जनजातियों की सामाजिक तथा आर्थिक समस्याओं के समाधान में लगी हुई है ताकि इनका जीवन स्तर ऊँचा हो सके।

भारत के भील (The Bhils of India)

संथाल और गौंड जनजातियों के बाद भील, तीसरा सबसे बड़ा समूह है। देश में भीलों का मुख्य केन्द्रीकरण गुजरात के पंचमहल और वड़ोदरा; महाराष्ट्र के औरंगाबाद, अहमदनगर, धुले, जलगांव और नासिक; मध्य प्रदेश के धार, झाबुआ, खरगोन और रतलाम, राजस्थान के बांसवाड़ा, भीलवाड़ा, चित्तौड़गढ़, डूंगरपुर, कोटा और उदयपुर जिलों में हुआ है। इसके अतिरिक्त, इन प्रदेशों की परिधि में अनेक जिले हैं जहां भीलों का केन्द्रीकरण कम पाया जाता है। सन् 1991 की जनगणना के अनुसार भारत में भीलों की संख्या 25 लाख है।

उत्पत्ति (Origin)

भील शब्द की, स्पष्टत: 'बिल' (Bil) शब्द से प्रजातिगत उत्पत्ति हुई है, जिसका द्रविड़ भाषा में अर्थ होता है—धनुष। भाषायी दृष्टि से इस शब्द की उत्पत्ति संस्कृत में क्रिया के मूल, जिसका अर्थ भेदना, वध करना तथा मारना होता है, तीरन्दाजी में इनकी निपुणता के कारण माना जा सकता है। इनके सम्बन्ध में पुराणों में अनेक संदर्भ उपलब्ध हैं। महाभारत महाकाव्य में इनका सम्बन्ध एकलव्य से है। ऐतिहासिक दृष्टि से इस जाति ने दक्षिणी राजस्थान के क्षेत्रों जैसे डगारिया (डूँगरपुर), बासिया (बांसवाड़ा), कोटिया (कोटा) तथा देआवा (उदयपुर) पर शासन किया। इन्हें विश्वसनीय सिपाही और चौकीदार माना जाता है। आइन-ए-अकबरी पुस्तक के लेखक अबुल फजल ने भीलों के बारे में लिखा है कि ये लोग अत्यधिक मेहनती और विधिपालक हैं।

निवास क्षेत्र (Habitat)

भील लोग, पर्वत निवासी हैं। ये अरावली, विन्ध्य और सतपुड़ा श्रेणियों के पहाड़ी और पर्वतीय भागों में निवास करते हैं। वास्तव में, इनका प्रमुख केन्द्रीकरण एकान्त क्षेत्रों में पाया जाता है। इनके निवास क्षेत्र की जलवायु मानसूनी है, जहां जून के महीने में अधिकतम तापमान 35 और मासिक औसत न्यूनतम तापमान 18°C जुलाई के महीने में अंकित किया जाता है। मध्य जून से मध्य सितम्बर तक वर्षा ऋतु का समय होता है, इस समय ऋतु में अरब सागर से मानसूनी वर्षा होती है। इनके निवास क्षेत्र के लगभग 30 प्रतिशत क्षेत्र में वन पाए जाते हैं, किन्तु वन क्षेत्र तीव्र गति से संकुचित होता जा रहा है। अनाच्छादित पहाड़ियां, अपरदित मिट्टी और वनों की कटाई, भीलों की बढ़ती जनसंख्या के सामने अनेक समस्याएं उत्पन्न करती है।(चित्र 11.37)

चित्र 11.41 *भील लोगों का केन्द्रीयकरण, 1991*

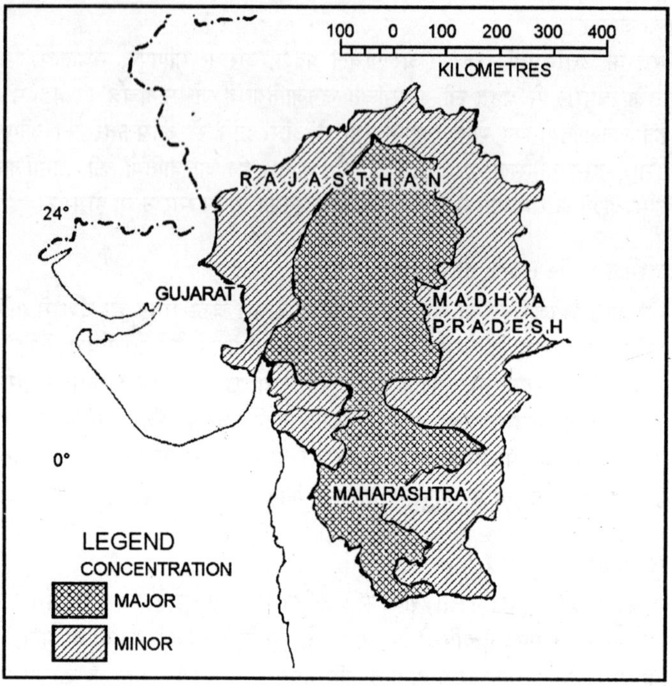

बस्तियां (Settlement)

जनजातियों की अधिकांश जनसंख्या छितरे हुए ग्रामों में निवास करती है। भील की झोपड़ी, उसके द्वारा की गई खेती की भूमि के छोटे टुकड़े के मध्य छोटे टीले पर बनाई जाती है। प्रत्येक झोपड़ी अपने आप में पूर्ण होती है, जिसमें रहने के लिए कमरों के अतिरिक्त पशुओं को रखने और अन्न भण्डारण के लिए भी कुछ कमरे रखे जाते हैं। यह सभी एक ही बाड़े के भीतर होता है। अपने घर के निर्माण के लिए ये लोग किसी कारीगर की सहायता नहीं लेते हैं। घर की दीवारें या तो मिट्टी और पत्थर से अथवा बांस से बनाई जाती हैं। मकान की छत प्राय: मिट्टी की खपरैल से तैयार की जाती है, किन्तु कुछ निर्धन भील सरकण्डे और पत्तों का उपयोग भी करते हैं। घर का भीतरी भाग साफ-सुथरा रखा जाता है, घर में फर्नीचर के रूप में एक अथवा दो चारपाई होती हैं, जो बांस की छाल अथवा जूट से बुनकर तैयार की जाती हैं। मिट्टी के बने बर्तन उपयोग में लाते हैं, धातु से बने बर्तन बहुत कम काम में लाए जाते हैं। मक्का पीसने के लिए चक्की और बांस से बना पालना, भीलों के मकान में पाई जाने वाली प्रमुख वस्तुएं हैं।

झोपड़ी की सामने की दीवारें चूने और लाल गेरू से बनी अपरिष्कृत और पुरातन चित्रकारी से सजाई जाती हैं। प्राय: इन दीवारों पर धनुष-बाण लिए हुए आदमी, चीते और तेंदुए की आकृतियां बनाई जाती हैं। हाल ही में कुछ सम्पन्न भील परिवारों ने आधुनिक प्रकार के पक्के मकान भी बना लिए हैं।

भोजन (Food)

वर्ष पर्यन्त भीलों का मुख्य भोजन मक्का है। कभी-कभी अकाल के समय छोटे अन्न जैसे कोड़रा (Kodra), कूरी (Koori) और बाथी (Bathe) का भी उपयोग किया जाता है। उत्सवों और प्रीतिभोज के अवसरों पर चावल (सोखा) भी खाया जाता है। उचित मूल्य की दुकानों से दिया जाने वाला गेहूं भी अब जनजाति लोगों में काफी लोकप्रिय होता जा रहा है। मैदानी भागों में निवास करने वाले भील अब गेहूं की खेती भी करने लगे हैं। गेहूं द्वारा बनाए गए भोजन से अतिथियों का स्वागत किया जाता है। छाछ और आटे को उबाल कर राबड़ी तैयार की जाती है। चना, उड़द और मूंग तथा सब्जी में मसालों का भी उपयोग कर लेते हैं अन्यथा केवल नमक ही काफी समझा जाता है। रीति-रिवाजों और परम्पराओं के अनुसार भील मांसाहारी होते हैं। ये लोग खरगोश, हिरण अथवा अन्य पशुओं और पक्षियों जैसे तीतर आदि का मांस तथा भेड़ के मांस का सेवन करते है। वर्षा-काल में जब भी इन्हें अवसर मिलता है, ये मछलियां भी पकड़ते हैं।

भील दिन में तीन बार भोजन करते हैं। प्रात: काल में पूर्व रात्रि को बनाया भोजन करते हैं। संध्या के समय ये लोग रोटियां पकाते हैं। ग्रामीण भील प्राय: चाय के शौकीन होते हैं, चाय अत्यधिक कड़ी पीते हैं। जब शक्कर उपलब्ध नहीं होती है तब ये लोग चाय में गुड़ का उपयोग करते हैं। इनकी दरिद्र अर्थव्यवस्था होने के कारण ये चाय हमेशा नहीं पीते हैं।

उत्सवों के अवसरों पर ये मांसाहारी भोजन करते हैं, जिसमें भेड़, बकरे, भैंस का मांस शामिल होता है। यदि समस्त समुदाय को निमंत्रित किया जाता है तब भैंसे का मांस पकाया और खिलाया जाता है। राखी, होली और दिवाली के अवसरों पर विशेष भोजन तैयार किया जाता है। इन अवसरों पर परोसी जाने वाली मुख्य वस्तु मीठा चावल होती है। कभी-कभी दूध के साथ भी चावल खाए जाते हैं। विवाह के अवसर पर चावल और उबले हुए चने भी परोसे जाते हैं। इन अवसरों पर गेहूं के आटे से लाप्सी भी बनाते हैं। भील मदिरा के अत्यधिक व्यसनी होते हैं, यह मदिरा महुआ: वृक्ष के फूलों अथवा बबूल की छाल व शीरे से तैयार की जाती है। विवाह अथवा उत्सवों के अवसरों पर सभी आयु-वर्ग के भील अत्यधिक मात्रा में मदिरा का सेवन करते हैं।

वस्त्र (Clothing)

कुछ समय पूर्व तक भीलों के वस्त्र बहुत कम होते थे। इनके सिर के लम्बे बाल, तलवार के वार से होने वाले घाव से बचाने के लिए पगड़ी का काम करते हैं तथा कुछ हद तक अपने नंगेपन को छिपाते हैं तथा उनका एकमात्र वस्त्र वृक्ष की छाल से बना नेकर होता है। स्त्रियों के पेटीकोट इसी प्रकार के पदार्थ से बनाए जाते हैं। स्त्रियों को किसी प्रकार के जंगल कार्य, घास और बांस काटने में किसी प्रकार की कठिनाई न हो, इस कारण ये छोटे वस्त्र पहनती हैं। धातु से बने कई प्रकार के आभूषण हाथ और पैर (पैंजनिया) में पहनती हैं जो लुम्पा घास (Spear Grass) और सर्प के काटे जाने से सुरक्षा प्रदान करते हैं। पिछले तीन-चार दशकों में दोनों ही स्त्री और पुरुष के वस्त्रों में अत्यधिक परिवर्तन आया है।

एक पुरुष भील सामान्यत: अपने सिर को साफे (फेंटा) से ढंकते हैं। यह साफा 6 से 7 मीटर लम्बा सफेद रंग का होता है। अनेक निर्धन भील जो साफा पहन सकने में समर्थ नहीं होते, वे फेंटी (छोटा साफा) सिर पर बांधते हैं जो लम्बाई में छोटी होती है। नवीन पीढ़ी के लोग किसी प्रकार का साफा सिर पर नहीं बांधते हैं।

ये लोग अपने शरीर का ऊपरी भाग कमीज़ से ढंकते हैं जो प्राय: कपड़े (खादी) से बनाई जाती है। युवा लोगों ने अब कृत्रिम वस्त्रों से बनी बुशशर्ट और सूट पहनना आरम्भ कर दिया है। भील अपने शरीर का निचला भाग धोती से ढंकते हैं। जो लोग आज भी पुराने रिवाजों से चिपके हुए हैं, वे अपने कंधे पर एक शॉल अथवा कपड़ा रखते हैं। यह कपड़ा 3 से 4 मीटर लम्बा होता है। शीत ऋतु में यह कपड़ा सर्दी से रक्षा करता है और अन्य ऋतुओं में घर की आवश्यक वस्तुओं और खाद्यान्न लाने के काम में आता है। दस वर्ष की आयु तक जब तक कि वह पशुओं की देख-भाल करता है, वह केवल लंगोटी ही धारण करता है। शरीर के ऊपरी भाग पर धारण करने के लिए कोई वस्त्र नहीं होता है। सामान्यत: विवाह से पूर्व ऊपरी भाग पर वस्त्र और पगड़ी धारण करने की उससे अपेक्षा नहीं की जाती है।

एक भील स्त्री की पोशाक में एक पेटीकोट (घाघरा), कांचली और एक साड़ी (हादला) सम्मिलित होते हैं। भील स्त्री की यह विशिष्ट पोशाक होती है। लाल अथवा टूल कपड़े से बना पेटीकोट होता है जिसमें कई प्लेटें होती हैं और जो कमर से टखने तक होता है। यह घाघरा कई वर्षों तक काम में आता है। परम्परागत पेटीकोट (घाघरा) में अनेक परिवर्तन किए गए हैं। इसकी लम्बाई में कमी कर दी गई है और अब इसके रंग के सम्बन्ध में भी किसी प्रकार की दृढ़ता नहीं पाई जाती है। इस प्रकार के कपड़े (घाघरा) अब दर्जी के यहां उपलब्ध होने लगे हैं। भील स्त्री की कांचली की सिलाई की जाती है और इसका आकार बहुत ही छोटा होता है। स्त्रियों की नवीन पीढ़ी किसी भी प्रकार के अन्तरीय वस्त्र (Under Garments) नहीं पहनती है, इनके स्थान पर वे झबला पहनती हैं।

हादला अथवा साड़ी, चार से पांच मीटर लम्बाई का एक वस्त्र होता है। यह कमर से ऊपर सिर और शरीर के कुछ भाग को ढंकने के लिए उपयोग में लिया जाता है। प्रथा के अनुसार अविवाहित लड़कियों को साड़ी पहनने की आज्ञा नहीं होती है।

अविवाहित लड़की की पोशाक में घाघरी होती है जो तीन से चार मीटर लम्बे वस्त्र से तैयार की जाती है। लड़कियां अपने सिर को एक कपड़े से ढंकती हैं जिसे ओढ़नी कहा जाता है।

भील लोग चांदी, पीतल, जस्ता और निकल से बने आभूषण पहनते हैं क्योंकि सोना अधिक महंगा होता है, इस कारण ये लोग इन सस्ती धातुओं से बने आभूषणों को ही प्राथमिकता देते हैं और बहुत अधिक जटिल नमूनों के आभूषण पसन्द नहीं करते हैं। परम्परागत रूप में भील कर्ण फूलों के शौकीन होते हैं। समारोहों के अवसरों पर ये चांदी की चूड़ियों से अपनी कलाई को सजाते हैं। इनकी छाती पर हंसली, एक प्रकार की गोल,

बड़ी और मोटी वलय जो गले में पहनी जाती है, के अतिरिक्त और कोई आभूषण नहीं होता है।

सामान्यत: भील स्त्रियां अपने आपको लाख और कांच की चूड़ियों से सजाती-संवारती हैं। स्त्रियों के अन्य आभूषणों में हंसली और मुर्की होते हैं। स्त्री और पुरुष दोनों ही जूते पहनते हैं क्योंकि उनको बाहर जाना पड़ता है तथा खेत और जंगलों में कार्य करना पड़ता है। अधिक आयु के ऐसे भी व्यक्ति हैं जिन्होंने अपने जीवन में कभी भी जूते नहीं पहने हैं। बच्चों के लिए जूते, विलास की एक वस्तु समझी जाती है।

यंत्र और उपकरण (Tools and Implements)

एक भील का धनुष और बाण प्रिय शस्त्र होता है। बांस की मोटी खपच्ची से धनुष बनाया जाता है, उसकी डोरी भी बांस की छाल से बनाई जाती है जो दोनों सिरों पर कुछ मोटी होती है। यह डोरी तांत की सहायता से घनुष की लकड़ी के दोनों सिरों पर बांध दी जाती है। बाण दो प्रकार के होते हैं, एक को हरियो (Hario) तथा दूसरे प्रकार के बाण को रोबदो (Robdo) कहते हैं। हरियो बाण, नरसल से बनाया जाता है, जिसके एक सिरे पर कुछ पंख लगे होते हैं तथा दूसरे सिरे पर लोहे का शीर्ष लगा होता है। बाण को काले रंग द्वारा विभिन्न प्रकार से सजाया जाता है। दूसरे प्रकार का रोबदो बाण बांस की लकड़ी से बना होता है जिसके सिरे पर बांस का शीर्ष लगा होता है। हरियो बाण का उपयोग बड़े पशुओं को मारने के लिए किया जाता है, जबकि रोबदो बाण का उपयोग छोटे पक्षियों को मारने और छोटे बच्चों को धनुर्विद्या सिखाने में किया जाता है। इन लोगों में किसी प्रकार का आखेट-समारोह नहीं होता है तथा लोग अकेले ही यदाकदा शिकार के लिए जाते हैं।

अन्य प्रकार का शस्त्र जिसका उपयोग भील लोग करते हैं, तलवार है जो सामान्य प्रकार की तलवार के समान ही होती है। खंजर भी सामान्यत: प्रत्येक घर में पाया जाता है। तलवार का उपयोग पशुओं को मारने और लड़ाई में किया जाता है। खंजर का उपयोग बांस को चीरने और मांस तथा सब्जियों को काटने के लिए किया जाता है। एक प्रकार का फंदा जिसे फटकिया (Phatkia) कहा जाता है, पक्षियों को पकड़ने के काम में लिया जाता है। साधारणत: सम्पन्न भील बन्दूकों का उपयोग भी करते हैं।

अधिवास प्रतिमान (Settlement Pattern)

भील ग्रामीण अधिवास प्रतिमान बिखरा हुआ होता है। इस प्रकार के प्रतिमान में प्रत्येक घर दूसरे घरों से दूर होता है। इन घरों के चारों ओर इनके खेत होते हैं। इस प्रकार के बिखरे हुए अधिवास का सबसे बड़ा लाभ यह है कि ये लोग अपनी फसलों पर निगरानी रख सकें। विकीर्ण अथवा बिखरे हुए अधिवास से सामाजिक सुख-सुविधाओं के विकास में बाधा होती है। इसके अतिरिक्त, इस प्रकार के अधिवासों में विकास की सुविधाओं जैसे स्वच्छ कुएं, विद्यालय अथवा जनस्वास्थ्य केन्द्र आदि के प्रभावी उपयोग में कठिनाई आती है। अब कुछ भील सघन बस्तियों में निवास करने लगे हैं। अधिवास प्रतिमानों में आधुनिकीकरण होते हुए भी बिखरे हुए अधिवास में निवास करना भीलों का एक आदिम लक्षण है।

समाज (Society)

भील, अनेक पितृसत्तात्मक बहिर्विवाही समूहों और कुलों में संगठित हैं। प्रत्येक कुल को स्पष्ट रूप से एक नाम दिया जाता है और एक ही पूर्वजों से सम्बन्धित वंशज समग्र रूप में सम्मिलित किए जाते हैं। भील जाति में उनके कुलों के नाम प्राय: पौधों और पशुओं के नाम पर रखे गए हैं, जिससे वे अपनी उत्पत्ति बताते हैं। इस प्रकार, भील जनजाति अनेक कुलों में विभाजित है तथा प्रत्येक कुल एक ही वंश पर आधारित होता है तथा प्रत्येक कुल के सदस्य अलग गांव (पाल) में निवास करते हैं और नियमों का पालन करते हैं। कुल-नाम यह स्पष्ट करता है कि उस नाम के सभी लोग सपिण्ड सम्बन्धी हैं और इसके अतिरिक्त बहिर्विवाही वैवाहिक, अनुबन्ध करते समय कुल-नाम द्वारा बहिर्विवाही नियम का पालन करवाया जाता है। किसी प्रकार की नातेदारी की वंशावली के अभाव में उनका नाम ही बहिर्विवाही सम्बन्ध निश्चित करने के लिय पर्याप्त होता है।

प्रत्येक कुल का अपना गणचिह्न (Totem) होता है। यह गणचिह्न कोई पौधा, वृक्ष अथवा पशु हो सकता है। कुल के सभी सदस्य कठिनाई और उत्सवों के समय अपने गणचिह्न देवी-देवताओं का आह्वान करते हैं।

विवाह (Marriage)

भील जाति में विवाह एक संस्कार नहीं है। भील पुरुष और स्त्री दोनों के लिए, विवाहित होना वयस्कता और परिपक्वता का एक चिह्न है। किसान होने के कारण इन्हें सहायकों के रूप में सहायता की जरूरत होती है जो उन्हें पत्नी और बच्चों के रूप में प्राप्त होती है। भील चाहे युवा हो अथवा वृद्ध, उसकी पत्नी अवश्य होनी चाहिए और वह पत्नी चाहे तो नियमित विवाह द्वारा अथवा भगा कर लाई गई हो। भील समाज में जो व्यक्ति विवाह नहीं करता है उसे हीन दृष्टि से देखा जाता है। भील जाति में विवाहों का जो तथ्य सर्वाधिक प्रभावित करता है, वह है इस जाति की अत्यधिक निर्धनता। इस जाति में वधू का मूल्य दस हजार रुपए तक बढ़ गया है। वधू के मूल्यों में अत्यधिक वृद्धि हो जाने के कारण, निर्धन भीलों को स्त्रियों को भगा कर उनसे विवाह करने पर बाध्य होना पड़ता है। भीलों में विधवा-विवाह का भी प्रचलन है। एक विधवा अपने मृतक पति के शोक-काल के पश्चात ही विवाह कर सकती है। परम्परानुसार भीलों में बहुविवाह भी प्रचलित है।

साक्षरता और शिक्षा (Literacy and Education)

लगभग 85 प्रतिशत से अधिक भील आज भी अशिक्षित हैं। भील जाति में व्यापक रूप में साक्षरता का स्तर बढ़ रहा है। आज शिक्षा के विभिन्न स्तरों पर भील युवक शिक्षा ग्रहण कर रहे हैं। अब ऐसे अनेक उदाहरण हैं जहां भील प्रयोगशालाओं में कार्यरत हैं, पुस्तकालयों में अध्ययन कर रहे हैं और यहां तक कि अभियांत्रिकी और आयुर्विज्ञान व्यवसाय में जा रहे हैं। भील लड़कियां भी, यद्यपि उनकी संख्या बहुत कम है, शिक्षा ग्रहण कर रही हैं। शिक्षा के प्रति रुझान आरम्भ हो चुका है और आशा की जानी चाहिए कि निकट भविष्य में भीलों में साक्षरता और उच्च शिक्षा (तकनीकी और व्यावसायिक दोनों ही) लोकप्रिय हो जाएगी।

स्त्रियों की स्थिति (Position of Women)

भील समाज में स्त्रियों की स्थिति बहुत अच्छी नहीं कही जा सकती है। पिता और श्वसुर दोनों ही पुत्र-वधुओं पर अत्यधिक अधिकार जमाते हैं। माता-पिता, पुत्र की अपेक्षा पुत्रियों की अधिक चिन्ता करते हैं क्योंकि वह दो प्रकार से लाभकारी होती है; (i) जब तक वह अविवाहित रहती है, वह घर और खेत पर उसकी मां की सहायता करती है और (ii) जब शादी होती है, तब वह उसके पिता के लिए वधू मूल्य (दापा) के रूप में काफी मात्रा में धन लाती है। उसके पति के चयन में उसकी स्वीकृति को कोई महत्व नहीं दिया जाता है। विवाह का निश्चित किया जाना माता-पिता की इच्छा पर निर्भर रहता है।

पत्नी की स्थिति विवाह के प्रकार पर निर्भर करती है। एक बहुविवाही परिवार में, पत्नी की स्थिति उसके पति द्वारा दी जाने वाली वरीयता के आधार पर निश्चित होती है। फिर भी यदि वह पत्नी वरिष्ठ है तो उसे बेहतर स्तर प्राप्त होता है, उसकी अनुपस्थिति में कोई भी धार्मिक अनुष्ठान नहीं किया जा सकता है। वास्तव में, जन्म से मृत्यु तक के सभी धार्मिक कार्य उसके द्वारा किए जाते हैं।

धर्मानुष्ठान (Ceremonies)

भील बच्चों का जीवन अनेक कर्मकाण्डों से प्रभावित रहता है, दूध पीने की रस्म बालक के जन्म के दो दिन बाद बच्चे को किसी बूढ़ी स्त्री की सहायता से बच्चे की मां द्वारा स्तनपान कराया जाता है, से आरम्भ होती है। उस समय तक उसे अन्य स्त्री द्वारा स्तनपान कराया जाता है। बालक के जन्म पर हमेशा यह जानने के लिए कि इस बालक में किस सम्बन्धी ने पुनर्जन्म लिया है, उसके शरीर पर किसी विशेष चिह्न की खोज की जाती है। बालक का नाम उसके पिता तथा दादा के नाम पर नहीं रखा जाता है।

भीलों का विश्वास है कि जब किसी को घर से ले जाने के लिए मृत्यु घर में प्रवेश करने लगती है तब एक चरमराने की आवाज सुनाई देती है या कभी घर की छत पर एक पक्षी दिखाई देता है। जब किसी की मृत्यु हो जाती है तब रिश्तेदार और मित्र मृत व्यक्ति के चारों ओर एकत्रित होकर, उसके मुँह में यह कहते हुए शराब डालते हैं कि मेरा हिस्सा पीओ। श्मशान में मृत देह का सिर उत्तर दिशा में रखते हैं। मृत्यु के तीसरे दिन गांव वाले एकत्रित होते हैं जहां मृत व्यक्ति के निकट सम्बन्धियों के सिर के बाल और दाढ़ी के बाल काटे जाते हैं। बारहवें दिन मदिरापान और आमोद-प्रमोद होता है और पेड़ों पर तीर चलाए जाते हैं। इसके बाद एक वर्ष तक घर में पकने वाले भोजन में से दो बार मृत व्यक्ति को भोजन और जल अर्पित किया जाता है। इसी प्रकार के अवसरों पर भी भोजन और जल दिया जाता है। भील अपने मृत पूर्वजों की याद में स्मारक शिला लगाते हैं, यह शिला स्मारक या तो सामान्य होता है या फिर सजावट वाला होता है जिसमें पूर्वज को उसकी वीरोचित मुद्रा में दर्शाया जाता है, यह सामान्यत: उसके सामाजिक स्तर पर निर्भर करता है, जो उसने जीवित रहते अर्जित किया है। गांव के बागों में पूर्वजों के शिला स्मारक समूह में मिल जाते हैं जो एक ही वंश में मृत पूर्वजों के होते हैं।

धर्म (Religion)

चूंकि भील वनों और वृक्षों के साथ सहजीवन व्यतीत करते हैं, वे इनकी अलौकिक शक्ति के साथ अपने को जोड़ते हैं। आम, आमरी, केला और पीपल के वृक्षों को भील सर्वाधिक आदर देते हैं। आम का वृक्ष लगाना, धार्मिक अनुष्ठान के रूप में आवश्यक समझा जाता है।

पीपल के वृक्ष को सबसे अधिक पवित्र वृक्ष माना जाता है जिसके साथ अनेक निषेध जुड़े रहते हैं। इस वृक्ष के पत्तों और टहनियों को काटना वर्जित समझा जाता है। इसकी पूजा मार्च के महीने में विशेष रूप से की जाती है। आमरी, दूसरा पवित्र वृक्ष माना जाता है। केले के वृक्ष को भी आदर भाव से देखा जाता है। ये लोग नदी के तट पर उगने वाली घास (Weed) की भी पूजा करते हैं।

भील लोग, कृषि-यंत्र और उपकरणों की भी पूजा करते हैं। इन यंत्रों के साथ किसी भी प्रकार का दुर्व्यवहार का अर्थ परिवार का विनाश समझा जाता है। श्रावण में (जुलाई), रक्षाबन्धन के अवसर पर इन उपकरणों की पूजा की जाती है। गाय के गोबर की भी पूजा की जाती है, क्योंकि इससे खेतों की उर्वरता बढ़ती है और इस प्रकार यह भरी-पूरी फसल उत्पन्न करने में सहायता करता है।

पर्व (Festivals)

भीलों के लिए होली सर्वाधिक महत्वपूर्ण पर्व है। यह हिन्दू त्यौहार से लिया हुआ नहीं है, वरन्, होली देवी जिसे 'जोगन माता' भी कहा जाता है, की भील पृष्ठभूमि में यह त्यौहार मनाया जाता है। हरे बांस के दण्ड को प्रतीक मान कर विशेष रूप से जमीन में गाढ़ा जाता है, जिसके चारों ओर उत्सावाग्नि प्रज्वलित की जाती है। वास्तविक त्यौहार से कई दिन बाद तक भील लोग 'होली माता' की प्रशंसा में गीत गाते और नाचते हैं। होली, अनिवार्य रूप में भील समाज का प्रमुख त्यौहार है और दावत के लिए प्रत्येक घर से धन एकत्रित किया जाता है। होली के पर्व पर किसी पशु की बलि नहीं चढ़ाई जाती है, केवल नारियल और फूलों का आदान-प्रदान किया जाता है।

दीपावली, इनका दूसरा महत्वपूर्ण पर्व है। इस अवसर पर मकान की छतों और सीढ़ियों पर एक कतार में मिट्टी के दीपक जला कर रखे जाते हैं। इस अवसर पर नदी तथा अन्य पवित्र जल स्त्रोतों की पूजा भी भील करते हैं।

भील अपने विविध नृत्यों के लिए भी प्रसिद्ध हैं। उनके जीवन का प्रत्येक महत्वपूर्ण अवसर नाच और गाने से जुड़ा होता है। होली के उत्सव के समय कई प्रकार के नृत्य किए जाते हैं और दीपावली के अवसर पर नयनाभिराम नृत्य होते हैं जिसमें कभी-कभी पुरुष, स्त्रियों के भेस में नृत्य करते हैं। इन नृत्यों को करते समय रंग-बिरंगे वस्त्र पहने जाते हैं जो वास्तव में इन नृत्यों को सम्मोहक बना देते हैं।

विशिष्ट अवसरों जैसे विवाह, मृत्यु तथा उनके दैनिक जीवन के महत्वपूर्ण अवसरों के लिए विशेष नृत्य होते हैं। दस से पन्द्रह लोगों के समूह में पुरुष श्रृंखलाबद्ध होकर नृत्य करते हैं। कुछ नृत्यों में स्त्री और पुरुष श्रृंखलाबद्ध होकर साथ-साथ नृत्य करते हैं।

इस प्रकार भीलों के जीवन में नृत्य गूंथे रहते हैं। वास्तव में, नृत्य अथवा गीत के बिना यहां कोई हलचल दिखाई नहीं देती है।

अर्थव्यवस्था (Economy)

वनों और पठारी प्रदेशों के एकान्त प्रदेशों में निवास करने के कारण ये लोग मुख्यत: वनों और कृषि भूमि पर निर्भर रहते हैं। वनों से फल, पत्तियां, कन्द-मूल आदि एकत्रित करते हैं तथा अपने भरण-पोषण के लिए जंगली पशुओं और पक्षियों का शिकार करते हैं। ये लोग अपने परिवार के लिए खाद्यान्न, साग सब्जियां और चारे की फसलें उत्पन्न करते हैं। इनके द्वारा की जाने वाली कृषि भरण पोषण प्रकार की होती है, यह आदिम और देशी तकनीक से की जाती है। परिणामत:, प्रति इकाई क्षेत्र उपज कम है तथा ग्रीष्मकालीन मानसून की विफलता से भील अर्थव्यवस्था अधिक विकट बन जाती है।

वास्तव में भूतकाल में समस्त भील जाति स्वतंत्र और उपद्रवी रही है और अपनी आजीविका के लिए वनों और शिकार पर निर्भर थी। यदि भीलों को अपनी आजीविका के लिए वनों से पर्याप्त वस्तु नहीं मिलती थी तो वह चोरी और लूट मार के साधन अपना लेते थे। उसकी कृषि भूमि असिंचित होने के कारण उन्हें अल्प मात्रा में भरण-पोषण प्राप्त होता है। किन्तु अब भील लोग बाजार-आधारित अर्थव्यवस्था की ओर अग्रसर हो रहे हैं। भील कुल मिलाकर व्यापारिक फसलें उत्पन्न करने लगे हैं। जिन भीलों के पास बड़े आकार की जोत है और सिंचाई की सुविधा उपलब्ध है, वे बाजार आधारित अर्थव्यवस्था की ओर प्रेरित हुए हैं और एक वर्ष में तीन फसलें उत्पन्न करने लगे हैं। जिन लोगों के पास सिंचाई की सुविधा नहीं है, वे भील जाति के निम्न वर्ग के लोग हैं। वर्तमान समय में भील अर्थव्यवस्था विविध रूपी हो गई है।

भीलों के पास कृषि भूमि दिन-प्रतिदिन कम होती जा रही है। जोत का आकार छोटे से छोटा होता जा रहा है। इसके परिणामस्वरूप भीलों का तहसील और जिला मुख्यालयों की ओर प्रवसन होने लगा है और कुछ परिस्थितियों में अहमदाबाद, वड़ोदरा, सूरत, नडियाद, भीलवाड़ा, कोटा, उदयपुर, इन्दौर और भोपाल जैसे नगरों की ओर प्रवसन हुआ है। कुछ भीलों ने ठेकेदारी का कार्य भी प्रारम्भ कर दिया है। कुछ भील कृषि के अतिरिक्त लघु आधार पर व्यापार भी करने लगे हैं। ये लोग छोटी चाय की दुकान, साइकिल सुधारने, सिलाई, खानों में काम करना तथा तेंदु पत्ता एकत्रित करने की छोटी ठेकेदारी करने लगे हैं। भील अध्यापक, कम्पाउन्डर, नर्स, बिजली मिस्त्री, फिटर, ड्राइवर और कारीगरी जैसे कार्यों में कार्यरत भी हैं। भील अर्थव्यवस्था में कृषि से विविधताओं की ओर नवीन झुकाव दिखाई देने लगा है। ये लोग प्रदेश की प्रतिस्पर्धात्मक नकद अर्थव्यवस्था में निरन्तर सम्मिलित हो रहे हैं। अनेक भील सम्पन्न और विशिष्ट वर्ग के हैं, कुछ मध्यम वर्ग के हैं तथा सबसे नीचे के स्तर पर निर्धनता, निरक्षरता और पिछड़ेपन से दबे हुए भील भी हैं। निचले स्तर के भीलों का समूह सबसे बड़ा है।

एक जनजाति के रूप में भीलों ने भरण-पोषण की अर्थव्यवस्था से प्रतिस्पर्धात्मक अर्थव्यवस्था, एकान्तवास से स्थानीय प्रशासन में भाग लेने और विधि भंजक से विधि

पालक तक की एक लम्बी यात्रा की है। इन्होंने विकास के 55 वर्षों का एक लम्बा समय देखा है, इनकी कुछ समस्याओं का समाधान हुआ भी है। जहां तक इनके वस्त्रों, मकानों और जीवन-शैली का प्रश्न है, ये लोग अन्य लोगों के स्तर तक आ गए हैं। यदि इन लोगों में नृजातीय विशिष्टता पाई जाती है तो प्रदेश के अन्य अधिक संख्या वाले जातीय समूहों में भी कुछ नृजातीय विशिष्टताएं पाई जाती हैं। प्रत्येक अ-जनजातीय अथवा जनजातीय समूह अपनी सामाजिक, सांस्कृतिक पहचान रखना चाहता है, इसलिए यदि भीलों में भी कोई विशिष्टता पाई जाती है तो यह उनकी अपनी पहचान है। इसके बिना एक सांस्कृतिक समूह के रूप में इनका अस्तित्व नहीं रह सकता है। वर्तमान में, इन लोगों को राष्ट्रीय धारा में लाने के लिए एक सामाजिक आन्दोलन चल रहा है। भीलों को सघन गांवों में रहने के लिए प्रोत्साहित किया जा रहा है, इससे इनकी कई सामाजिक-आर्थिक और सांस्कृतिक समस्याओं के समाधान में सहायता मिलेगी।

गौंड लोग (Gonds)

गौंड मध्य भारत की द्रविड़ भाषी एक सबसे बड़ी जनजाति है। सन् 2001 की जनगणना के अनुसार, गौंड लोगों की संख्या लगभग 30 लाख है। ये छत्तीसगढ़, मध्य प्रदेश, महाराष्ट्र, उड़ीसा और आन्ध्र प्रदेश राज्यों में रहते हैं। फिर भी इनकी संख्या कुछ जिलों में अधिक है। ये हैं—जगदलपुर, दंतेवाड़ा, कांकेर, धमतरी, राजनांदगांव, दूरी, महसामुन्दरा, और रायपुर (छत्तीसगढ़), कोरापुट, भवानीपटना, बालंगीर (उड़ीसा), भादंरा, चन्द्रपुर (महाराष्ट्र) और करीमनगर, वारंगल (आंध्रप्रदेश) (चित्र 11.38)।

गौंड लोग गोंदी भाषा बोलते हैं जो द्रविड़ भाषा परिवार की एक अलिखित भाषा है। कुछ गौंड अपनी भाषा को भूल गए हैं और ये लोग अपने क्षेत्र की प्रधान भाषा यथा हिन्दी, मराठी, या तेलुगू बोलते हैं।

छत्तीसगढ़, जो कि गौंड लोगों का मुख्य क्षेत्र है, उसमें दो उल्लेखनीय प्रमुख भू-सुधार हुए हैं—(1) छत्तीसगढ़ मैदानी भाग और (2) लहरदार किनारे वाला भाग। मैदान की ऊंचाई (महानदी का ऊपरी भाग) पूर्वी किनारे के 250 मीटर से लेकर पश्चिम में 330 मीटर के बीच बदलती रहती है। यह मैदान या ऊपरी महानदी का मैदान बिलासपुर और राजगढ़ जिलों के उत्तर में कई पठारों और पहाड़ियों से घिरा हुआ है। माइकल पर्वतमाल दुर्ग और बिलासपुर जिलों की पश्चिमी सीमा के सहारे चलती हुई आगे तेजी से लगभग 450 मीटर ऊँची हो गई हैं। अतएव, छत्तीसगढ़ प्रदेश पहाड़ियों, पठारों और मैदानों से बना हुआ है। लहरदार स्थलाकृति पर बहती हुई महानदी और इसकी शाखाएं कई झरने और दर्रों का निर्माण करती हैं।

गौंड क्षेत्र की जलवायु उष्णकटिबन्धीय-बरसाती प्रकार की है जिसे कोपेन (Koppen) ने 'अव प्रकार' (Aw-Type) के रूप में वर्गीकृत किया है। जनवरी और जुलाई का औसत मासिक तापक्रम क्रमश: 35°C और 20°C है। वार्षिक तापक्रम लगभग 15°C के करीब रहता है। औसत वार्षिक वर्षा लगभग 120 सेमी और 180 सेमी के बीच बदलती रहती है। माइकल पर्वत श्रेणी के क्षेत्र में सबसे अधिक वर्षा 180 (सेमी)

होती है, जबकि सिओनाथ घाटी (महानदी की एक सहायक नदी) में सबसे कम लगभग 120 सेमी. वर्षा होती है।

गौंड क्षेत्र का अधिकांश भाग इमारती (सागवान और साल) लकड़ी से अटा हुआ है। इस क्षेत्र की मिट्टी (मृदा) लाल और पीली है। कछारी मिट्टी, जहां कहीं है, वह महानदी और इसकी सहायक नदियों के बाढ़ के मैदानी भाग में है। इन मिट्टियों में कैल्शियम और मैगनेशियम की कमी होती है। इन मिट्टियों में प्रमुख फसलें चावल, ज्वार, बाजरा, फली और चारा बोया जाता है।

गौंड क्षेत्र में चूना-पत्थर, डोलमाइट, बॉक्साइट, कोयला, आगमिट्टी, कच्चा लोहा, मैगनीज, गलेना, शीशा ग्रेफाइट, क्वार्टज, स्लेट, केलसाइट और कई प्रकार की निर्माण सामग्री बहुतायत से मिलती है।

चित्र 11.42 *गौंड लोगों का केन्द्रीकरण 2011*

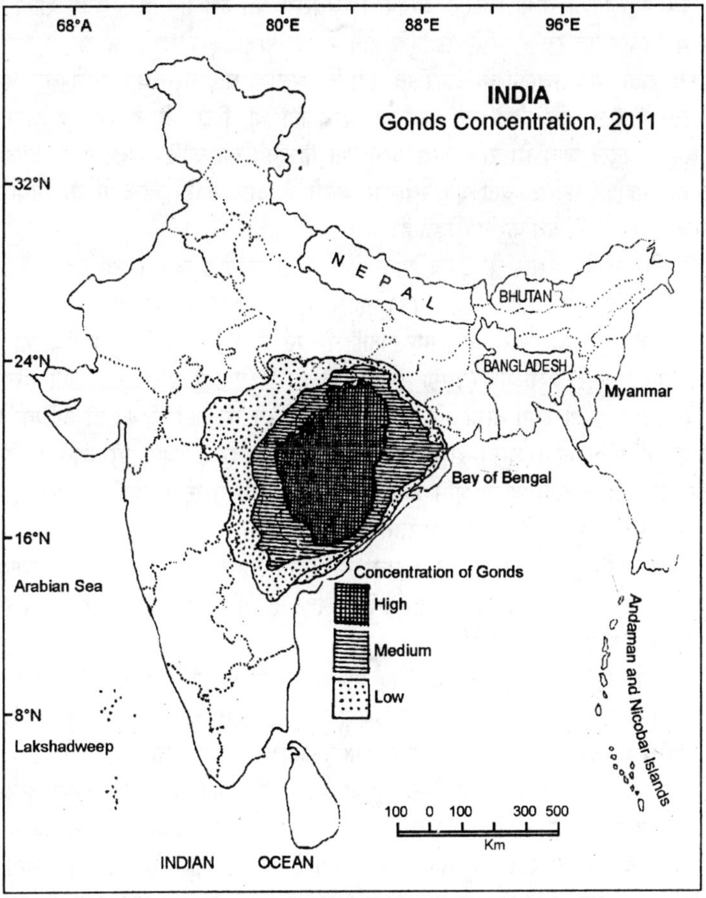

मैदानी भागों में गौंड लोग खेतिहर हैं और अपने भरण-पोषण के लिए अनाज बोते हैं और जंगलों से भोजन एकत्रित करते हैं। कभी-कभी वे छोटे जानवरों का शिकार करते हैं तथा चिड़ियाओं को पकड़ते हैं। गौंड सांप और चींटियों सहित सभी प्रकार का मांस खाते हैं। इन्हें काफी मात्रा में शराब पीना अच्छा लगता है। बढ़ती हुई जनसंख्या और घटते हुए प्राकृतिक संसाधनों के कारण गौंड लोग अल्प पोषण और कुपोषण दोनों के शिकार हुए हैं।

गौंड अपने मकान मिट्टी की ईंटों से बनाते हैं, जिन्हे सूर्य के ताप से पकाया जाता है। ये लोग मकान की अन्य सामग्री की पूर्ति स्थानीय क्षेत्र और जंगलों से करते हैं। गौंड अपने शरीर को रूई के कपड़ों से ढंकते हैं और स्त्रियां अपने आप को रंग-बिरंगी पोशाकों और चांदी के गहनों से सजाती हैं।

गौंड लोगों में किसी प्रकार की सांस्कृतिक समरूपता नहीं है। इनमें से सबसे उन्नत राज गौंड हैं जिनकी कभी विस्तृत जमींदारी व्यवस्था थी। स्थानीय राजा लोग शाही घराने के साथ विवाह या रक्त संबंधों से जुड़े होते थे। ये राजा कुछ गांवों के समूहों पर सत्ता अधिकार रखते थे। राजाओं के आरक्षित पदों के अलावा बन्दोबस्त का पहले बहुत महत्व था। खेती में हल और बैलों का प्रयोग किया जाता था, फिर भी जंगलों को साफ कर खेत बहुधा बदले जाते हैं। राज-गौंड अभी भी हिन्दुओं की जाति व्यवस्था से अलग हैं। वे न तो ब्राह्मणों की उच्चता को स्वीकार करते हैं और न ही हिन्दुओं के नियमों का पालन कर पशुओं का वध करना छोड़ते हैं।

छत्तीसगढ़ के बस्तर के उच्च भागों में तीन प्रमुख गौंड जनजातियां रहती हैं : (1) मुरिया, (2) बिशनहार्न मुरिया, और (3) पहाड़ी मुरिया। इनमें से पहाड़ी मुरिया सर्वाधिक आदिवासी है जो ऊंची-नीची अबूझमर पहाड़ियों पर रहती है। उनकी पारम्परिक खेती का तरीका 'काटो और जलाओ' (झूम) प्रकार का है। वे पहाड़ी ढालों पर खेती करते हैं। हलों के स्थान पर ये लोग अभी भी कुदाली और खोदने की लकड़ी का ही अधिक प्रयोग करते हैं। गांव के लोग समय-समय पर एक स्थान से दूसरे स्थान पर जाते हैं। प्रत्येक गोत्र समूह की स्वामित्व वाली भूमि होती है जो कई गांवों में फैली होती है। इस भूमि पर बारी-बारी से वर्षों में स्वामित्व बदलता रहता है।

बिशनहार्न मुरिया का यह नाम नृत्य के समय पहने जाने वाली शिरो पोशाक के आधार पर पड़ा है। ये लोग छोटी पहाड़ियों में रहते हैं और इनके स्थाई खेत हैं, जिन पर हल और बैलों द्वारा खेती करते हैं।

मुरिया लोग अपने युवागृहों के लिए प्रसिद्ध हैं जो 'गोटुल' के नाम से जाने जाते हैं। इन गोटुलों में दोनों लिंगों के अविवाहित युवा बड़ा संगठित जीवन व्यतीत करते हैं। यहां इन्हें नागरिक कर्तव्यों और मैथुनिक क्रियाकलापों का प्रशिक्षण दिया जाता है।

गौंड जनजाति के धर्म का केन्द्र पूर्वज पूजा सहित गांव के देवी-देवता और गोत्र की उपासना हैं। गौंड लोगों के घरों में मृत पूर्वजों की आत्माओं, सर्प-देवताओं और अनेक संरक्षक की उपासना हेतु वेदी-स्थल होता है। प्रत्येक गांव के पास खुले मैदान पर बने वेदी-स्थल पर जनजातीय देवताओं की पूजा की जाती है। उन्नीसवीं शताब्दी तक गौंड

लोगों में मानव बलि की प्रथा प्रचलित थी। यद्यपि गौंड हर प्रकार का मांस खाते हैं, किन्तु हिन्दू जाति-व्यवस्था में उन्हें इतना अशुद्ध और अस्पृश्य नहीं माना जाता है जितना अन्य आदिवासी जनजातियों को समझा जाता है।

गौंड जिस क्षेत्र में रहते हैं, वह अल्पविकसित है। प्राकृतिक संसाधनों का विवेकपूर्ण प्रयोग नहीं किया गया है। वनों के संसाधनों का विनाश गहरी चिन्ता का विषय है। इस क्षेत्र में लगे सीमेंट, रसायन, लोहे और स्टील के उद्योगों के कारण इनके संसाधनों का ह्रास हो रहा हैं। यहां के लोगों का रहन-सहन और पोषण स्तर बहुत नीचा है। गौंड समाज और अर्थव्यवस्था के चतुर्मुखी विकास के लिए एक नवीन योजना बनाए जाने की आवश्यकता है।

जम्मू-कश्मीर के गुज्जर और बकरवाल

(The Gujjars and Bakerwals of Jammu & Kashmir)

गुज्जर और बकरवाल एक अनोखा नृजातीय समूह है जो पश्चिमी हिमालय में प्रवास करता है। ये लोग भेड़-बकरियां पालने वाले ऋतु प्रवासी हैं जो उनके रेवड़ों के साथ जम्मू-कश्मीर राज्य की ऊंची-नीची चोटियों के बीच विचरण करते हैं। इस जाति का निवास क्षेत्र उत्तर-पश्चिमी हिमालय का पहाड़ी भूभाग है।

गुज्जर-बकरवाल भारत की प्राचीन गुज्जर जाति के समान वंशक्रम का दावा करते हैं। कुछ विद्वानों का मत है कि ये लोग विदेशी लोगों के वंशज हैं जो मध्य एशिया के पशुचारकों के वंश का प्रतिनिधित्व करते हैं। इनमें से कुछ का मत है कि गुज्जर पूर्वी तातार जातियों, कुशान और यूची (Yuchi) के वंशज हैं। कुछ विद्वानों का मत है कि ये भारतीय मूल के ही हैं।

आधुनिक पुरातत्वीय, भाषायी और भौगोलिक प्रमाणों से ज्ञात होता है कि ये लोग गुरजियों (ज्योर्जियन्स) के वंशज हैं जो काकेशस पर्वत के दक्षिण में कालासागर और कैस्पियन सागर के मध्य के भूभाग में निवास करते हैं। यह क्षेत्र वर्तमान स्वतत्र गणराज्य है (चित्र 11.39)। गरजी लोगों की यह परम्परा है कि जहां वे रहते हैं उस स्थान का नाम जातीय आधार पर रखते हैं। यह दृढ़तापूर्वक विश्वास किया जाता है कि इनके भारत के उपमहाद्वीप में आने से पूर्व ये लोग मध्य एशिया और अफगानिस्तान के कुछ स्थानों पर रहे होंगे। ये क्षेत्र जुजर्स (Juzrs) अथवा जुर्ज (Jurz), गुजर (Gujar), गुरु, गुरजिस्तान, गुजरखास और चौसक गुजर के नाम से जाने जाते हैं। जब ये लोग भारत में आए तो इन्होंने कुछ क्षेत्रों के नाम गुजरांवाला (पाकिस्तान का एक जिला), गुजरात (पश्चिमी भारत का एक राज्य), गुजरघर (ग्वालियर) तथा गुजगत (सहारनपुर, यू. पी.) दिए। कई अन्य छोटे स्थानों के नाम भी गुज्जर के आधार पर रखे गए।

भारतीय जनगणना 1941 के अनुसार, कश्मीर के गुज्जर लोगों का इस राज्य में बाहर से आगमन माना गया है। यह विश्वास किया जाता है कि राजस्थान और गुजरात में पड़े भयंकर अकाल के पश्चात् इस जाति ने जम्मू-कश्मीर की ओर प्रवास किया होगा। यह माना जाता है कि इनके इस प्रवास का समय सतहसिया (Satahsiya) अकाल का

चित्र 11.43 काकुसस प्रदेश से गुज्जरों का प्रसार

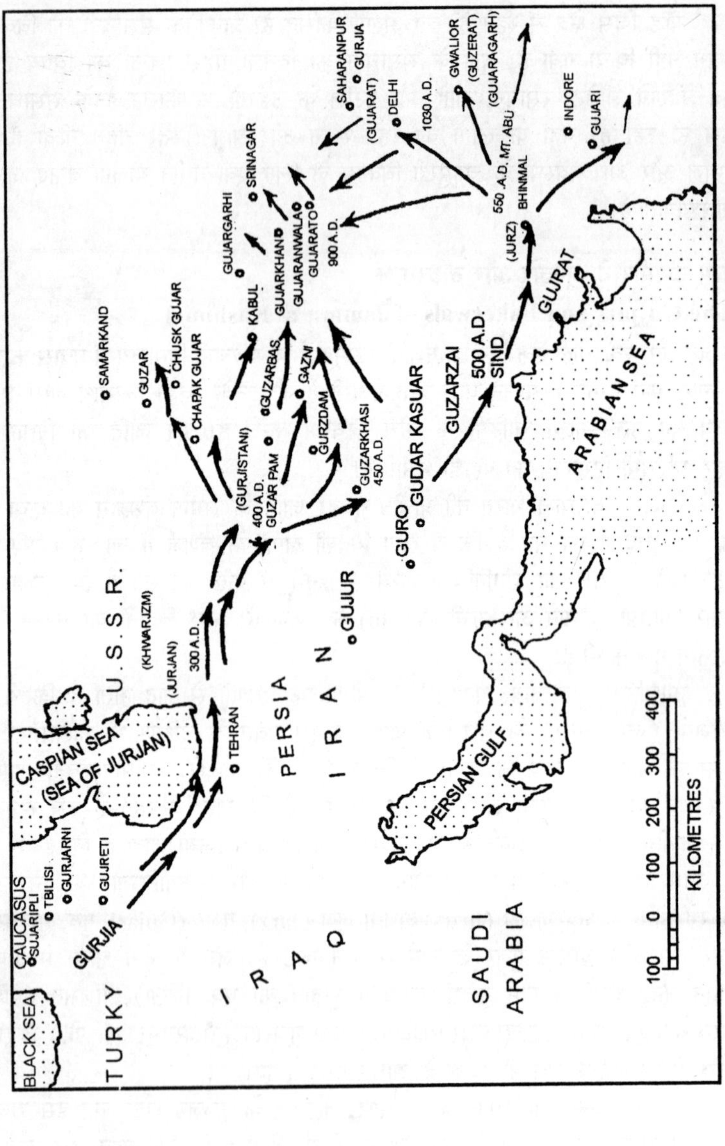

After R.P. KHATANA

रहा होगा। इस प्रवास करती जाति का एक भाग पंजाब के मैदान की ओर गया, जबकि दूसरा भाग अधिक उत्तर की ओर कागन (Kagan), स्वात (Svat), हजारा (Hazara) और कश्मीर की ओर चला गया। वर्तमान में इस राज्य में रह रहे गुज्जर दो भिन्न प्रवासी समूहों से हैं: प्रथम, गुज्जर जाति सीधे राजस्थान और गुजरात से तथा दूसरा, पंजाब के मैदान में बस चुकी गुज्जर जाति ने बाद में यहां प्रवास किया।

गुज्जर-परिवार, जो वर्तमान में राजौरी, रेयासी जम्मू, पुँछ और कठुआ सम्भाग (जम्मू क्षेत्र) में निवास कर रहे हैं, वे अपने पूर्वजों को पाकिस्तान के जिले गुजरात का होने का दावा करते हैं, जो वहां पड़े भयंकर अकाल के पश्चात् इन पहाड़ियों में आकर बस गए थे। लोक कथाओं में इनका यह कहना है कि इनके पूर्वज सात अथवा आठ पीढ़ी पूर्व (संभवत: उन्नीसवीं शताब्दी में) चरागाहों की खोज में कुन्हार घाटी और इलाहीवाल घाटी से आकर यहां बसे थे। इनका यह भी दावा है कि देश के विभाजन (1947) से पूर्व ये लोग इनके सम्बन्धियों से मिलने जाया करते थे और विवाह तथा अन्त्येष्टि के अवसरों पर उनसे मिला करते थे।

जम्मू-कश्मीर के पर्वतीय क्षेत्रों में भू-जलवायिक दशाएं, शीत ऋतु में लद्दाख की आर्कटिक शीत और ग्रीष्म ऋतु में पुँछ और जम्मू की उष्ण कटिबन्धीय गर्मी के बीच भिन्नताएं पाई जाती हैं। वार्षिक वर्षा के औसत में भी लघु स्तर (Micro Level) पर भी भिन्नता पाई जाती है, जो वर्षा अंकित करने वाले स्टेशनों पर मौसम से मौसम और महीने से महीने अन्तर पाया जाता है। दक्षिण से उत्तर की ओर जाने पर वार्षिक वर्षा की मात्रा क्रमश: कम होती जाती है और लेह में वार्षिक वर्षा का औसत मात्र 10 मिमी है।

इनके निवास क्षेत्र के दक्षिणी भाग में वर्षा ग्रीष्मकालीन मानसून से होती है, जो इस प्रदेश में प्राय: जुलाई के प्रथम सप्ताह में आता है और सितम्बर के पूर्वार्द्ध में लौटने लगता है। कश्मीर की घाटी, लद्दाख सम्भाग और जम्मू सम्भाग के मध्य हिमालय क्षेत्र में वर्षा मुख्यत: शीत ऋतु (नवम्बर से अप्रैल) में पश्चिमी विक्षोभों द्वारा होती है, जिनकी उत्पत्ति भूमध्यसागर में होती है। इसके अतिरिक्त, जिन क्षेत्रों की ऊंचाई समुद्र तल से 1250 मीटर से अधिक है वहां शीत ऋतु में हिमपात होता है। हिमपात और उसकी मात्रा गुज्जर और बकरवाल लोगों की जीवन-शैली को पर्याप्त मात्रा में प्रभावित करती है। इस प्रकार, इस पर्वतीय निवास क्षेत्र में जलवायु विषयक दशाओं में भिन्नता के कारण, आर्थिक क्रियाओं के लिए मौसमी प्रवास होता है। शीत ऋतु में जब उच्च पर्वतीय भाग तथा चरागाह हिम से प्रभावित रहते हैं, तब जम्मू सम्भाग की पहाड़ियां, पशुओं के चराने के लिए उत्तम दशाएं उपलब्ध करती हैं। इसके विपरीत, ग्रीष्म ऋतु में दक्षिण की बाहरी पहाड़ी चरागाह तपती धूप के कारण झुलस जाते हैं, तब उत्तर के उच्च पर्वतीय प्रदेश के चरागाह उपलब्ध होते हैं।

चरागाह (The Pastures)

गुज्जर और बकरवाल लोगों द्वारा उपयोग में लिए जाने वाले प्राकृतिक चरागाह मौसमी होते हैं। शीत ऋतु में चराई के क्षेत्र का उपयोग बसन्त और शरद् काल में ग्रीष्म ऋतु के चरागाहों के

लिए जाते और आते समय, केवल 20 दिन ही किया जाता है। वर्षा ऋतु (जुलाई से अगस्त) में पुँछ, राजौरी, जम्मू, कठुआ और ऊधमपुर जिलों के गांवों में बसे गुज्जरों द्वारा इन चरागाहों पर पशुओं को चराया जाता है।

जम्मू-कश्मीर राज्य में गुज्जर-बकरवाल लोगों द्वारा वर्ष पर्यन्त चराई के काम में लिए जाने वाले चरागाहों को तीन वर्गों में विभाजित किया जाता है, यथा (1) शीतकालीन चरागाह (2) मध्यवर्ती चरागाह अथवा मध्य पर्वतीय चरागाह, तथा (3) ग्रीष्मकालीन चरागाह जिन्हें यहां मारगस अथवा ढोक कहा जाता है।

ऋतु प्रवास (Transhumance or Seasonal Migration)

ऋतु प्रवास पशुचारकों की एक आदत या चलन है, जो अपने पशुओं के झुंड को चराने के लिए दो भिन्न जलवायु प्रदेशों के बीच सामाजिक या मौसम के अनुसार घूमते रहते हैं। यह चलन विशेषत: पहाड़ी क्षेत्रों की एक विशेषता है जहां पशुओं को सर्दी के मौसम में सामान्यत: पहाड़ी स्थानों से घाटियों के चरागाहों पर और गर्मियों में पुन: पहाड़ी स्थानों पर लाया ले जाया जाता है।

पशुचारकों का ऋतु प्रवास (Transhumance) धरातलीय और जलवायु विषयक नियन्त्रण की एक अनुक्रिया है। इनके पशुओं की जलवायु विषयक सहनशीलता के अनुसार सुरक्षा और चरागाहों के उपयुक्त उपयोग का आशावाद, इन अनुक्रिया के भाग होते हैं। इसका परिणाम समय के अनुसार स्थान परिवर्तन होता है अथवा स्थान-समय, नैरन्तर्य चक्र में गतिशीलता होती है। ऋतु प्रवास का सांसारिक माप दीर्घकालिक चक्र, जो कई वर्षों में पूरा होता है, से लगाकर वार्षिक चक्र अथवा दैनिक चक्र तक हो सकता है। 'स्थान' शब्द, स्थानीय क्षेत्र अथवा प्रदेश को स्पष्ट करता है, ऋतु प्रवास पारिस्थितिक तंत्र में ऋतु प्रवासियों द्वारा पशुओं को चराने का कार्य किया जाता है। यद्यपि गुज्जर और बकरवाल लोगों के लिए प्रत्येक मौसम में जहां चरागाह उपलब्ध हों, अपने पशुओं को साथ लेकर विचरण करना इनकी आर्थिक आवश्यकता होती है, फिर भी प्रवसन की इससे भी अधिक उपयोगिता है। उसी अनुभव को व्यक्त करने के लिए उनके पास दो मार्ग हैं—समय और स्थान का अर्थ उनके लिए समान अर्थ रखता है। इससे यह स्पष्ट हो जाता है कि ये लोग समय और स्थान को प्रवसन के सन्दर्भ में एक ही अर्थ में प्रयुक्त करते हैं। (चित्र 11.44)

गुज्जर और बकरवाल लोगों की पशुचारक अर्थव्यवस्था, विस्तृत मौसमी चरागाहों की उपलब्धि और उनके उपयोग पर निर्भर है। जब शीत ऋतु में उत्तर के पर्वत हिम से ढंक जाते हैं, तब दक्षिण के अपेक्षाकृत घटिया चरागाह पूरी शीत ऋतु उपलब्ध होते हैं। बसन्त ऋतु में निम्न और मध्यम अक्षांशों में चरागाह यथेष्ठ तथा अच्छे पाए जाते हैं। अप्रेल के अन्त में ये शीतकालीन चरागाह समाप्त हो जाते हैं जबकि ग्रीष्म ऋतु की तपती गर्मी, दक्षिण के चरागाहों को सुखा देती है, उस समय उत्तर में 2800 मीटर की ऊंचाई पर हिम के पिघलने के कारण पशुओं को चराने लायक चरागाह विकसित हो जाते हैं। इस निवास क्षेत्र के एक पारिस्थितिकीय क्षेत्र से दूसरे में चरागाहों की उपलब्धता और

चित्र 11.44 *ऋतु प्रवास*

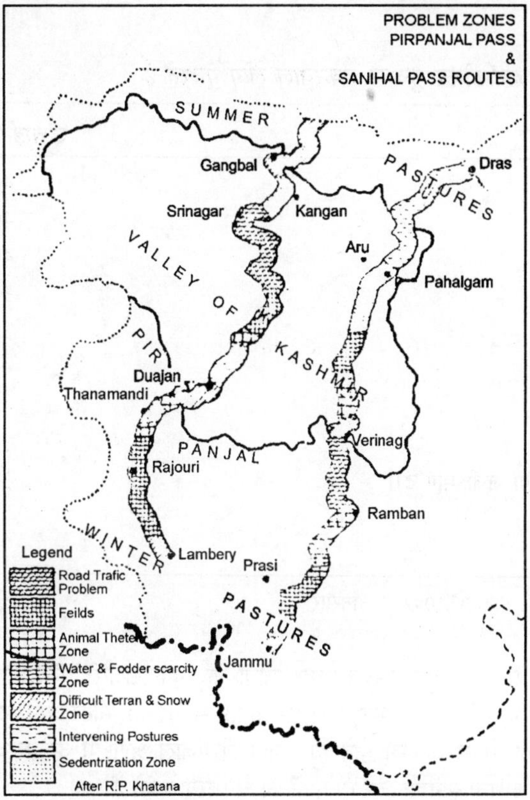

हरे-भरेपन में अन्तर पाया जाता है। इस प्रकार, शीत और ग्रीष्म क्षेत्रों में वर्ष के निश्चित समय में चरागाहों की उपलब्धि एक विशेषता होती है और इसके कारण ग्रीष्म और शीत चरागाहों के क्षेत्रों के बीच प्रवसन होता रहता है।

ग्रीष्म ऋतु के आगमन का संकेत दक्षिण के चरागाहों के सूखने से होता है। ये लोग अपने पशुओं को लेकर ऊंचाई के उत्तरी चरागाहों जिन्हें स्थानीय भाषा में ढोक (Dhoks) कहा जाता है, की ओर चले जाते हैं। जब उच्च भूमि के चरागाहों पर हिम जमी रहती है और अत्यधिक शीत पशुओं के स्वास्थ्य पर विपरीत प्रभाव डालती है, ये सितम्बर के महीने में कम ऊंचाइयों की ओर उतरना आरम्भ कर देते हैं। प्रत्येक वर्ष, ये लोग प्रवसन के इस चक्र को ग्रीष्म और शीत ऋतु के चरागाहों के बीच दोहराते रहते हैं। अत: गुज्जर-बकरवाल लोग शीतकालीन निवास से ग्रीष्मकालीन निवास की ओर वार्षिक प्रवसन करते हैं और अपने पशुओं के चारे-पानी की आवश्यकताओं की पूर्ति के लिए लौटते हैं।

पीरपंजाल श्रेणी के प्रमुख दोलन मार्ग और उनकी ऊंचाइयां सारिणी 11.1 में दी गई हैं—

सारणी 11.5 *जहां होकर गुज्जर-बकरवाल लोग गुजरते हैं*

दोलन मार्ग	*ऊंचाई (मीटर में)*
जामियां गली	4088
तोषमैदान दर्रा	4091
नूरपुर गली	4093
पीरपंजाल दर्रा	3491
दरहाल दर्रा	3946
रुपारी दर्रा	4099
बुधील दर्रा	4261
कोनसभाग दर्रा	3123
दीदामगली अथवा जेजी मार्ग दर्रा	3809
बनीहाल दर्रा	3224
सरथल दर्रा	—

स्रोत— आर.पी. खटाना, 1992 के अनुसार

कश्मीर राज्य में गुज्जर-बकरवाल लोगों के मार्ग, राजौरी, रियासी, ऊधमपुर और सभ्भा नगरों के दक्षिण में समुद्रतल से 600 से 1200 मीटर की ऊंचाई के बीच शीतकालीन आधारों से आरम्भ होते हैं। यद्यपि पीरपंजाल श्रेणी में अनेक दर्रे हैं, वे या तो पीरपंजाल मार्ग अथवा बनिहाल दर्रे के मार्गों का अनुसरण करते हैं।

इन मार्गों और इनमें पड़ने वाले चरागाहों तथा समस्याओं जिनका सामना उन्हें करना पड़ता है, का संक्षिप्त वर्णन नीचे दिया जा रहा है—

पीरपंजाल मार्ग (The Pir Panjal Route)

गुज्जर-बकरवाल लोगों के काफिले, जो पीरपंजाल मार्ग का अनुसरण करते हैं, अपने शीतकालीन चरागाहों से अप्रेल के तीसरे सप्ताह में प्रस्थान करते हैं और ढोक (ग्रीष्मकालीन चरागाह) तक पहुँचने में लगभग 60 दिन का समय लगता है। इन 60 दिनों में वे 22 दिन यात्रा करते हैं और 38 दिन पड़ाव करते हैं। ये काफिले लम्बेरी (Lamberi) से आरम्भ होते हैं और मार्ग में पड़ने वाले उपयुक्त चरागाहों में रुकते हुए सिलसुरी, केसरगला, डोगरी, राजौरी, सज, थाना-मण्डी और नीलीडेरी पार करते हैं। नीलीडेरी पर ये लोग दो सप्ताह रुकते हैं और इस पड़ाव पर रुकने के समय का उपयोग आसपास के चरागाहों में अपने पशुओं को चराने में करते हैं। इस पड़ाव पर अपनी आवश्यकताओं की वस्तुओं को खरीदते हैं, अपने पशुओं को नमक खिलाते हैं तथा उपकरणों और साज सामान की मरम्मत करते हैं।

नीलीडेरी से ये लोग मारा (Mara), पोशीना, चन्दीमार के लिए प्रस्थान करते हैं और चीता-पानी धारा, जिसके पानी में हिम के टुकड़े बहते रहते हैं, को पार करते हैं। इस रास्ते में चीता-पानी धारा को पार करने में इन्हें अनेक कठिनाइयां आती हैं। ओले और वर्षा पड़ने के कारण पशुओं को कई कठिनाइयों का सामना करना पड़ता है।

पोशीना से ये लोग मारा-चन्दीमार पोल्सुआना और साथरी दुबजान को पार करते हुए गदसर मैदान की ओर प्रस्थान करते हैं। इसी मार्ग में ये पीरपंजाल दर्रे को पार करते हैं। बाद में गड़सर मैदान में शंगरवेनी के लिए प्रस्थान करते हैं, इसके पश्चात् शालीमार जो, श्रीनगर के उत्तर-पूर्व में डल झील के तट पर स्थित है, के लिए प्रस्थान करते हैं। शालीमार नामक स्थान पर दो अथवा तीन दिन ठहरने के पश्चात् ये वेइल (Wayil), कन्गनन, वानगत् और नरांग की ओर आगे की यात्रा आरम्भ करते हैं। नरांग से गड़सर की ओर खड़े ढाल की चढ़ाई है। वास्तव में, इस काफिले के लिए गड़सर चरागाह ग्रीष्मकालीन आधार है। ग्रीष्म ऋतु में गड़सर के निकटवर्ती भाग के चरागाहों के ढोक पर ये लोग अपनी भेड़-बकरियां चराते हैं।

बनिहाल दर्रा (Banihal Route)

दूसरा महत्वपूर्ण मार्ग बनिहाल मार्ग है जिससे होकर गुज्जर-बकरवाल शीतकालीन चरागाहों से ग्रीष्मकालीन चरागाहों की ओर प्रस्थान करते हैं तथा लौटते हैं। 20 अप्रैल के आसपास ये अपनी यात्रा किरनग्याल और उसके परिप्रदेश (Environ) से आरम्भ करते हैं और ढोक (ग्रीष्मकालीन चरागाह) तक मार्ग में 12 स्थानों पर विश्राम करते हैं। ऊपर तथा नीचे की ओर यात्राएं आरम्भ करने के लिए शुक्रवार अथवा सोमवार का दिन शुभ मानते हैं। किरनग्याल से यात्रा आरम्भ करने के पश्चात् ये अपनी यात्रा को मनावल कट्टा (लढाघर—मार्ग में पड़ने वाला चरागाह) सुरिनकुंड, कबीखट्टर, बनिहाल, डिन्गूनार, अच्छाबल, सलार, मसितनार, गिरवर, चन्दनवाड़ी, गबडाल्बा, पंचतरणी और सूखानाला पर विश्राम देते हैं।

खट्टर और बनिहाल के मध्य की यात्रा बड़ी चिन्ताजनक और तनावपूर्ण होती है। इन दो स्थानों के बीच पशुओं के झुण्डों को राष्ट्रीय राजमार्ग से होकर गुजरना पड़ता है। यह यात्रा निरन्तर 23 घंटे की होती है। अधिक व्यस्त मार्ग होने के कारण प्राय: दुर्घटनाओं, भोजन की कमी और पशुओं को उठा ले जाने की आशंका बनी रहती है। इस लम्बी और कष्टपूर्ण यात्रा में बनिहाल के निकट शैतानीनाला नामक स्थान पर एक दिन का विश्राम करते हैं। अपने पशुओं के साथ बनिहाल सुरंग पार करने के पश्चात् काफिला कश्मीर घाटी में प्रवेश करता है। इस दर्रे से घाटी में उतरते समय ये लोग वेरी नाग और ऐशमुकाम से होकर गुजरते हुए अन्त में दकसुम, चन्दनवाड़ी और सूखानाला के चरागाहों पर पहुँचते हैं।

शीतकालीन चरागाहों (जम्मू संभाग का शिवालिक) के लिए वापसी यात्रा सितम्बर के महीने में आरम्भ होती है। यह वह समय होता है जब ग्रीष्मणकालीन चरागाहों में रात्रि का तापमान हिमांक बिन्दु के निकट पहुँच जाता है और पाले तथा कोहरे की आवृत्ति बढ़ जाती है। रात्रि में तापमान के जमाव बिन्दु के निकट पहुँचने और पाला पड़ने के कारण

हरे-भरे चरागाह समाप्त होने लगते हैं। ऐसी दशाओं में उच्च भूमि चरागाहों में पड़ने वाली शीत से पशुओं की सुरक्षा की आवश्यकता होती है। इसके परिणामस्वरूप चरवाहे ग्रीष्म चरागाहों से नीचे की ओर उतरने लगते हैं। वापसी यात्रा में भी लगभग 60 दिन लगते हैं और परम्परागत पड़ावों पर ठहरते भी हैं।

संकटपूर्ण यात्रा के अतिरिक्त गुज्जर-बकरवाल लोगों के लिए ऋतु प्रवास (Transhumance) एक आवश्यकता भी है। यदि ऋतु प्रवासियों को ग्रीष्म ऋतु जम्मू प्रदेश की पहाड़ियों पर बितानी पड़े तो उनकी भेड़-बकरियां मर जाएंगी। यदि 40°C तापमान की गर्मी से नहीं तो भूख के कारण मर जाएंगी। अगर वृहद् हिमालय के समुद्र तल से 4500 मीटर ऊंचाई के गुरेज, तिलेल, मतयाना, रिंगडम और मरूवर्डवान में शीत ऋतु बितानी पड़े तो वे सभी हिम की कई मीटर मोटी परत के नीचे दब जाएंगे।

अर्थव्यवस्था और समाज (Economy and Society)

गुज्जर-बकरवाल लोगों ने अपने आपको तीन प्रमुख रिश्तेदारी समूहों में विभाजित कर रखा है, (1) डेरा (परिवार), (2) दादा पौत्र (वंश) तथा (3) गोत्र (Clan) गुज्जर-बकरवालों में डेरा सामाजिक संरचना की मुख्य इकाई होती है। ये लोग इनकी गिनती रखते हैं और डेरों की संख्या के संदर्भ में चराई और काफिला समूहों को व्यक्त करते हैं।

जब एक व्यक्ति अपनी स्वतंत्र गृहस्थी स्थापित करता है, तब डेरा अस्तित्व में आता है, ऐसा प्राय: विवाह के उपरान्त होता है। प्रत्येक पुत्र, जैसे ही विवाहित होता है अपना डेरा स्थापित करता है। एक डेरा प्राय: पांच से छह सदस्यों का होता है। परिवार के सदस्यों में लिंग और आयु के आधार पर श्रम का बंटवारा होता है। स्त्रियां खाना बनाना, कपड़े धोना, पानी भरना, बच्चों को पालना, लकड़ियां एकत्रित करना, कताई तथा ऊनी कपड़े बनाना जैसे घरेलू कार्य करती हैं। दूसरी ओर पुरुष, पशुओं को चराना, यंत्रों की मरम्मत, घास, जड़ी-बूटियां एकत्रित करना, कस्तूरी प्राप्त करना, जंगली पशुओं का आखेट, हल चलाना और फसल तैयार करना जैसे कठिन कार्य करते हैं। इस प्रकार परिवार एक प्राथमिक आर्थिक इकाई होता है। एक केन्द्रीय परिवार उत्पादन और उपभोग की इकाई होता है। एक संयुक्त परिवार जो कि प्राय: विस्तृत होता है, अपर्याप्त चरागाह संसाधनों पर निर्भर नहीं रह सकता, क्योंकि ऋतु प्रवासियों को वर्ष में लगभग 110 से 130 दिनों तक घूमते रहना पड़ता है। बड़े-बूढ़ों की इच्छा रहती है कि विवाह योग्य युवाजन, स्वतंत्र रूप से पशुओं की देखभाल करने की जिम्मेदारी वहन करें। इससे पशुओं की अधिक सुरक्षा सुनिश्चित होती है तथा वयस्क सदस्यों द्वारा सभी उत्तरदायी कार्यों का बंटवारा किया जाता है।

कई डेरों से मिलकर एक वंश बनता है। चरागाह की भूमि, किसी व्यक्ति विशेष को आवंटन न कर वंश को आवंटित की जाती है। एक वंश परम्परा में लगभग दो सौ व्यक्ति शामिल होते हैं। सामान्यत: एक गुज्जर-बकरवाल पिता, अपनी पशु सम्पदा को पुत्रों के विवाहित हो जाने पर बराबर बांट देता है। इस प्रकार वंश में कई पीढ़ियां सम्मिलित रहती हैं जिसमें दूर के सम्बन्धी और भाई-भतीजे भी शामिल रहते हैं। ये लोग

सभी चरागाहों को आपस में बांट लेते हैं। वंश-इकाई एक शक्तिशाली प्रशासनिक इकाई होती है। प्रत्येक वंश का एक मुखिया होता है, जो अपने पूरे समूह के सामाजिक-आर्थिक और राजनीतिक क्रियाकलापों के लिए उत्तरदायी होता है। वंश के मुखिया का पद ज्येष्ठाधिकार के आधार पर मिलता है, या तो पिता की मृत्यु होने अथवा पिता के अवकाश पर चले जाने पर यह पद उसके बड़े पुत्र को प्राप्त होता है। मुखिया द्वारा अनेक राजनीतिक और प्रशासकीय निर्णय लेने होते हैं तथा समूह के सदस्यों को इन निर्णयों को अविवाद्य रूप से मानना होता है। गलत कार्य करने वालों को मुखिया द्वारा सजा भी दी जाती है।

गुज्जर-बकरवाल समुदाय, कई गोत्रों में विभाजित रहता है। एक कुल के सदस्य एक ही पूर्वज के वंशज होते हैं। इनकी गोत्र व्यवस्था हिन्दू गुज्जरों से ली गई है। गोत्र का नाम प्राय: इनके नाम के बाद में जोड़ा जाता है।

ऋतु-प्रवासी जीवन-शैली में, उनकी पशुचारक क्रियाओं की कुशल क्रियान्विति के लिए कई प्रकार्यात्मक समूह (Functional Groups) का निर्माण करना आवश्यक हो जाता है। अपने जीवन के अधिकांश समय में ये ऋतु-प्रवासी इन प्रकार्यात्मक समूहों के सदस्य रहते हैं।

गुज्जर-बकरवाल लोगों का मूलभूत प्रकार्यात्मक समूह, पशुपालक इकाई होती है। यह पशुपालक इकाई कई कुटुम्बों (डेरों) पर आधारित रहती है, जो रेवड़ की देखभाल और सफल चराई के लिए अनुकूल रहती है। रेवड़ का आकार, पशुचारक इकाई का आकार निश्चित करता है। यदि रेवड़ का आकार बड़ा हो जाता है तो वह चराई की कुशलता और रेवड़ के स्वास्थ्य को प्रभावित करता है। ऐसी दशाओं में कुछ डेरे, पशुचारक इकाई से अलग हो जाना पसन्द करते हैं, और जब रेवड़ का आकार काफी छोटा हो जाता है, तब ये अपनी मूल पशुचारक इकाई में मिल जाते हैं।

गुज्जर-बकरवालों में काफिला दूसरा महत्वपूर्ण प्रकार्यात्मक समूह होता है। एक काफिला, परिवारों का एक समूह होता है जो मौसमी प्रवसन के समय एक साथ कई काफिले विचरण करते हैं और काफिले के मुखिया को वार्षिक प्रवसन चक्र के समय को आवश्यक रूप से जानकारी उपलब्ध कराते हैं। यह स्थाई जनसंख्या समूह के सघन गांव का ऋतु प्रवासी प्रतिरूप है। ये लोग संघर्षरत यात्राओं के समय एक-दूसरे की सहायता करने हेतु काफिले का रूप देते हैं। काफिला यद्यपि गुज्जर-बकरवालों में स्थाई समूहीकरण नहीं है और न इसे वार्षिक प्रवसन चक्र के समय समान महत्व और प्राथमिकता ही प्राप्त होती है।

गुज्जर-बकरवालों में जिरगा (पंचायत) एक अन्य संस्था है। जिरगा, सदस्यों के बीच आपसी झगड़ों को सुलझाती है।

धर्म से, गुज्जर-बकरवाल लोग इस्लाम के अनुयायी हैं। ये, इस्लाम के आधारभूत सिद्धान्तों को मानते और उनका पालन करते हैं। इस्लाम के सामान्य सिद्धान्तों द्वारा परिभाषित सीमाओं के भीतर, एक स्वतंत्र लोक व्यवस्था के रूप में ये लोग अपने समारोह और प्रथाएं विकसित करते हैं तथा उन्हें विस्तार देते हैं।

क्योंकि गुज्जर-बकरवाल लोग वर्ष के अधिकांश भाग में विचरण करते रहते हैं, इसलिए उनकी सामाजिक और सांस्कृतिक परम्पराएं, प्रवसन से अत्यधिक प्रभावित हैं। शिविर लगाना, पशु चराना और यात्राएं करना इनकी आधारभूत क्रियाएं होती हैं। इन लोगों की मान्यताएं, धार्मिक अनुष्ठान और उत्सवों का प्रवास चक्र, जो इनके जीवन में अत्यधिक प्रभावकारी होता है, के संदर्भ में ही इन लोगों की मान्यताओं, धार्मिक अनुष्ठान और उत्सवों पर विचार किया जाना चाहिए।

गुज्जर-बकरवाल लोगों द्वारा पालन की जाने वाली धार्मिक क्रियाओं और उत्सवों में पांच समय की नमाज, रमजान के महीने में रोजा रखना, ईद-उल-फितर, इदुल-जुहा, नवरोज और बैसाखी मुख्य हैं। अप्रेल के महीने में बैसाखी उत्सव मना लेने के पश्चात् ये लोग ऊपर की ओर अपनी यात्राएं प्रारम्भ करते हैं। अपनी वार्षिक यात्राओं के समय मार्ग में पड़ने वाली पीरों की समाधि और मकबरों की भी यात्राएं करते हैं।

गुज्जर-बकरवाल लोगों में लिंग अनुपात अत्यधिक असमान है। इन लोगों में 1000 व्यक्तियों के पीछे 856 स्त्रियां पाई जाती हैं। जनसंख्या असन्तुलन का सीधा प्रभाव विवाह के स्वरूप पर पड़ता है। विवाह सम्बन्धी समारोह, इनकी जीवन-शैली से सीधे प्रभावित होते हैं। सम्पन्न गुज्जर-बकरवालों में मगनी (वाग्दान की औपचारिकता) प्राय: 8 वर्ष की प्रारम्भिक आयु पर ही हो जाती है। इस मगनी की तिथि से पांच वर्ष पश्चात् विवाह किया जाता है। विवाह प्राय: ग्रीष्म ऋतु में जब प्रत्येक के पास पर्याप्त समय होता है, आयोजित किए जाते हैं। इन लोगों में विवाह एक साधारण समारोह होता है। विवाह के समय वर के पिता द्वारा मेहर की राशि पशुओं (भेड़ और बकरियां), जवाहरात, धन और अन्य सम्पत्ति के रूप में निश्चित की जाती है। विवाह इस्लाम के रीति-रिवाजों द्वारा होता है। विवाह का समापन, एक समारोह जिसे रुकसती कहा जाता है के साथ, प्राय: विवाह के तीन अथवा चार वर्ष बाद होता है। तलाक की घटनाएं प्राय: कम पाई जाती हैं। विधवाएं पुनर्विवाह कर सकती हैं।

इस्लामी प्रथानुसार गुज्जर-बकरवाल अपने मृत व्यक्ति को दफन करते हैं। यदि प्रवास करते समय किसी की मृत्यु हो जाती है तो मृत व्यक्ति को मार्ग के सहारे ही किसी स्थान पर दफन कर देते हैं। ये लोग उस मृत व्यक्ति की कब्र पर पहचान के लिए पत्थरों का एक ढेर एकत्रित कर देते हैं और प्रत्येक वर्ष जब वे इस स्थान से होकर गुजरते हैं, तब उस दिवंगत आत्मा के प्रति दीपक जला कर आदर व्यक्त करते हैं।

संक्षेप में, गुज्जर-बकरवाल लोगों का संगठित सामाजिक जीवन है। सामाजिक और आर्थिक संस्थाएं, प्रकार्यात्मक समूह (Functional Groups) और सामाजिक स्तरीकरण, रीति-रिवाज तथा वर्जित कार्य सभी ऋतु प्रवास के परिणाम हैं। ये लोग सीधे-सादे अन्ध विश्वासी प्रकृति के होते हैं। इनकी सीधी प्रकृति के कारण पीरों द्वारा इनका शोषण किया जाता है। इनके निवास क्षेत्र के भू-पारिस्थितिकीय पर्यावरण ने इनकी जीवन-शैली के निर्माण, सांस्कृतिक स्वभाव, जीवन-मूल्यों और परम्पराओं पर सुस्पष्ट प्रभाव अंकित किया है।

गुज्जर-बकरवाल लोगों द्वारा की जाने वाली संघर्षपूर्ण यात्राएं यद्यपि शीत और ग्रीष्मकालीन चरागाहों का उपयोग करने में सहायक होती हैं, किन्तु इन लोगों के सामाजिक और आर्थिक विकास के लिए प्रेरक नहीं हैं। निकटवर्ती घाटियों तथा अन्य उपयुक्त स्थानों पर इनके स्थाई निवास स्थापित किए जाने की आवश्यकता है। इनके स्थाईकरण किए जाते समय नीति बनाने वालों को यह ध्यान में रखा जाना चाहिए कि वे ऐसे स्थानों का चयन करें जिनसे ये लोग परिचित हों तथा जहां ये फसल उगाने और पशुपालन द्वारा अपना भरण-पोषण कर सकें। जहां स्थाई निवास बनाए जाने हों, वे स्थान ऐसे होने चाहिए जो घुमक्कड़ लोगों के जीवन को पूर्ण रूप से संतुष्ट कर सकने की क्षमता रखते हों। यदि गुज्जर-बकरवाल लोगों को ऐसे स्थानों पर स्थापित किया जा सके, जहां कुछ भूमि कृषि के लिए भी उपलब्ध हो और उस स्थान के निकट ही उनके पशुओं को चराने के लिए चरागाह हों तो इनके जीवन-स्तर में सुधार आ सकता है तथा पारिस्थितिकी-तंत्र भी सुरक्षित रखा जा सकता है।

उत्तर-पूर्व भारत के नागा (The Nagas of North-East India)

यद्यपि नागा जाति के लोगों का कुछ अंशों में एकत्रीकरण कई स्थानों पर पाया जाता है, किन्तु इनका मुख्य निवास क्षेत्र भारत के उत्तर-पूर्व में नगालैण्ड है। नागाओं का नगालैण्ड में आगमन की घटना अस्पष्टता से घिरी हुई है। मानव विज्ञानी और इतिहासकारों का नागाओं के मूल स्थान और उनके वर्तमान निवास स्थान पर आकर बसने के सम्बन्ध में भिन्न-भिन्न मत हैं। यह काफी रुचिकर है कि अभी हाल तक नागा स्वयं भी अपने विशिष्ट जनजातीय नाम, जो उनको दिया जाता है, के बारे में पूर्ण रूप से अनभिज्ञ थे।

'नागा' शब्द की उत्पत्ति के सम्बन्ध में निश्चित रूप से कोई जानकारी नहीं है तथा सामाजिक मानवशास्त्रियों के मत इस सम्बन्ध में भिन्न-भिन्न रहे हैं। 'नागा' शब्द की उत्पत्ति के सम्बन्ध में अत्यधिक विवाद है। हटन (उत्तर-पूर्व भारत की जनजातियों के विशेषज्ञ) के अनुसार नागा शब्द से तात्पर्य है—नागा पहाड़ियों के निवासी। उनका आरम्भ में विश्वास था कि नागा असमी भाषा के शब्द 'नोगा' (Noga) का विकृत रूप हो सकता है, जिसका अर्थ पर्वतारोही होता है। इस शब्द की उत्पत्ति संस्कृत शब्द 'नाग' जिसका अर्थ पर्वत होता है, से मानी है। टालमी और शहयाब-अल-दिन-तालिश (सोलहवीं शताब्दी ईस्वी) के अनुसार नागा का अर्थ नंगा होता है। सांस्कृतिक मानवशास्त्रियों का एक अन्य वर्ग और है, जिसके मतानुसार नागा शब्द का सामान्य अर्थ जनसाधारण होता है। इस मत के अनुसार नागा शब्द बुरान्जिस (Buranjes) में मिलता है, इसका सही रूप 'नोगा' होना चाहिए, न कि नागा जिसकी उत्पत्ति जातिगत शब्द 'नोग' (Nog) अथवा 'नोक' (Nok) से है, कुछ नागा जातियों (यिमचुनगर जाति) में दोनों ही शब्दों का अर्थ जनसाधारण (People) से है।

गेट (Gait) के मतानुसार 'नागा' शब्द की उत्पत्ति 'लोक' (Lok) अथवा 'लोग' (Log) अथवा 'नोक' (Nok) से हुई है, जिसका अर्थ हिन्दी भाषा में 'लोक' (Folk) अथवा 'लोग' (People) होता है।

चित्र 11.45 *नगालैंड—प्रमुख जनजातियां*

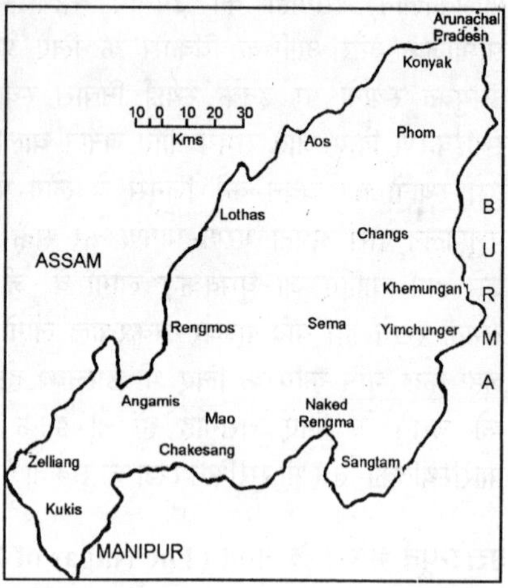

नागा जाति में से ही कुछ लोगों का विश्वास है कि वे फिलीपीन द्वीपों जहां आज भी एक स्थान का नाम नागा है, से आकर यहां बसे थे। ब्रह्म देश के निवासियों में 'नाका' शब्द का अर्थ छिदाए हुए कान वाला होता है। 'नागा' शब्द भी 'नाका' का एक रूप है क्योंकि नागा स्त्री और पुरुष दोनों ही अपने कान छिदवाते हैं।

नागा जाति इण्डो-मंगोलॉयड (Indo-Mongoloid) प्रजाति से सम्बन्ध रखती है। ऐसा विश्वास किया जाता है कि संभवत: नागा जाति के लोगों ने सिक्यांग (चीन) से दक्षिण-पूर्व की ओर प्रयाण किया होगा। इनका एक वर्ग ब्रह्मपुत्र नदी के सहारे-सहारे लम्बी दूरी की यात्रा कर वर्तमान अरुणाचल प्रदेश पहुँचा होगा, इनमें से कुछ लोगों को ब्रह्मा और इण्डोनेशिया की ओर धकेल दिया गया होगा। न।गाओं की पौराणिक कथाओं और किंवदंती के अनुसार यह स्पष्ट होता है कि इस जाति का बोर्नियो के निवासियों के साथ कुछ सम्बन्ध रहा है। इनके द्वारा सिर का शिकार करने का सांस्कृतिक-परम्परागत ढंग बोर्नियो के निवासियों के समान ही है। फिलीपीन और ताईवान के निवासियों के समान ही इस जाति में भी सीढ़ीदार खेतों पर कृषि करने की समान प्रणाली पाई जाती है। नागा वस्त्रों पर की जाने वाली कशीदाकारी, इण्डोनेशिया के निवासियों के वस्त्रों पर की जाने वाली कशीदाकारी में समानता पाई जाती है। नागाओं की चाहे जो भी उत्पत्ति रही हो, इस जाति में रक्त मिश्रण सर्वाधिक हुआ है। प्रत्येक नागा जाति में नीग्रीटो, आस्ट्रिक और मोन-खमेर (Mon-Khmer) प्रजाति के तत्वों का मिश्रण हुआ है। अधिकांश नागाओं का विश्वास है कि उनके पूर्वज दक्षिण-पूर्वी-एशिया से नगालैण्ड आए थे। चित्र (11.45) में नागाओं का आगमन दिखाया गया है। यह संभव है कि नगालैण्ड के दूरस्थ और कम सुलभ क्षेत्रों में जहां नागा जातियां निवास कर रही हैं, वे नागा पहाड़ियों में दक्षिण की ओर से आने वाली प्रथम जातियां रही होंगी।

निवास क्षेत्र (Habitat)

नागाओं का निवास क्षेत्र नगालैण्ड भारत के उत्तर-पूर्वी भाग में स्थित है। इस प्रदेश का कुल क्षेत्रफल 16,579 वर्ग किलोमीटर है और सन् 2001 की जनगणना के अनुसार जनसंख्या 19,88,636 और तदनुसार जनसंख्या का औसत घनत्व 120 व्यक्ति प्रति वर्ग किलोमीटर है। साक्षरता 67 प्रतिशत तथा लिंग अनुपात प्रति 1000 पुरुषों पर 909 स्त्रियां हैं। इस प्रदेश में 19 प्रमुख नागा जातियां हैं- ये हैं, ओस (Aos), अगांमी, चांग, चाकसांग, काबुइस, कचारिस

(Kacharis), खेन-मन्गस (Khain Mangas), कोन्याक्स, कुकी, लोथा (Lothas) माओस, मिकिर, फोम, रेंगमा (Rangmas) संगतामस, सोमस, तन्खुल्स (Tankhuls), यामचुमगीर (Yamchumgir) और जीलिंग (Zeeling) (चित्र 11.41)।

नागा निवास क्षेत्र पर्वतीय है। हिमालय मोड़दार पर्वत के दक्षिणी विस्तार की नागा और पटकाई पहाड़ियों की ऊंची उठी हुई कटक, पर्वत स्कन्ध और चोटियां इस प्रदेश की विशेषताएं हैं। दीमापुर के चारों ओर फैले मैदान के कुछ वर्ग किलोमीटर क्षेत्र को छोड़ कर, समस्त नगालैण्ड पहाड़ी और पर्वतीय है। प्रदेश की सामान्य ऊंचाई समुद्र तल से 914 से 3840 मीटर है। प्रदेश का धरातल अत्यन्त जटिल है। बेरेइल श्रेणी (Barail Range) जिसका स्थानीय नाम रधूरा (Radhura) है, राज्य में उत्तर-कछार से प्रवेश करती है और कोहिमा के निकट से होकर वोखा (Wokha), जपावा की दिशा में चली गई है, ये कोहिमा के दक्षिण में स्थित है तथा बेरेइल (रधूरा) की सबसे ऊंची चोटी है जो समुद्रतल से 3804 मीटर ऊंची है।

नगालैण्ड की जलवायु मानसूनी है, किन्तु तापमान और वर्षा के वितरण में लघु स्तर पर भिन्नताएं पाई जाती हैं। कोपेन की जलवायु वर्गीकरण पद्धति के अनुसार, इस प्रदेश की जलवायु Am (उष्ण कटिबन्धीय वर्षा वाले वन के समान जलवायु-मानसून प्रकार की जलवायु) प्रकार की है। इस जलवायु में निम्न ऊंचाई वाले भागों में वर्ष पर्यन्त तापमान ऊंचे रहते हैं। ग्रीष्मकालीन मानसून शक्तिशाली होता है, जिसका प्रभाव जून से अक्टूबर तक रहता है। वर्षा का 80 प्रतिशत भाग ग्रीष्मकालीन मानसून से होता है। नगालैण्ड में शीत ऋतु नवम्बर से आरम्भ होकर मार्च महीने के मध्य तक रहती है। कोहिमा में जनवरी मास का औसत तापमान 8°C रहता है। शीत ऋतु में वर्षा कम होती है, यद्यपि यदाकदा आकाश मेघाच्छन्न रहता है।

उष्ण और आर्द्र दशाएं तथा समशीत ऋतु विभिन्न प्रकार की वनस्पति और जीव-जन्तुओं की उत्पत्ति तथा विकास के लिए प्रेरक पर्यावरण प्रस्तुत करती है। विभिन्न प्रकार के वनों में शीतोष्ण, सदाबहार, उष्ण कटिबन्धीय सदाबहार, पाइन और कोणधारी वन इस प्रदेश में पाए जाते हैं। निचले भूभागों और तंग घाटियों में बांस के झुरमुट पाए जाते हैं। केवल अप्रवेश्य और निर्जन क्षेत्रों में अछूते मूल्यवान वन पाए जाते हैं। नगाओं ने अधिकांश ढालों पर स्थानान्तरित कृषि द्वारा हानिकर प्रभाव छोड़े हैं। परित्यक्त झूम भूमि पर परवर्ती वनस्पति जिनमें घास, नरसल, झाड़ियां तथा तीव्रता से बढ़ने वाली कोमल लकड़ी के वृक्षों के झुण्ड के झुण्ड उग आते हैं।

समाज (Society)

किसी भी नृजातीय समूह के सामाजिक-सांस्कृतिक गुण, उसके भौतिक पर्यावरण, सामाजिक-आर्थिक संस्थाओं और सांस्कृतिक मूल्यों का परिणाम होते हैं। नागा जाति भी इसकी अपवाद नहीं है। अधिकांश नागा अभी भी प्रकृति के निकट निवास कर रहे हैं और उनके जीवन का सप्तक, पर्यावरणीय अवस्थाओं द्वारा पूरी शक्ति से नियन्त्रित है।

भोजन (Food)

नागा लोग उग्र भक्षक के रूप में जाने जाते हैं। वर्जित भोजन को छोड़कर नागा प्रत्येक प्रकार की वस्तु खा सकते हैं। चावल इनका मुख्य भोज्य पदार्थ है। ये लोग मछली की कढ़ी, सूअर और भेड़ के मांस अथवा सब्जियों के साथ दिन में दो बार चावल खाते हैं, और यदि इन्हें कुछ नहीं मिले तो ये मिर्ची, नमक और वृक्षों की पत्तियां ही खा लेते हैं। गोमांस, शिकार, कुत्ता, मुर्गा, पक्षी, मछली, केकड़ा, भौरे, चींटियां और मकड़ी भी नागाओं के भोजन में शामिल किए जाते हैं। ये लोग सूखी मछली की सुगन्ध अधिक पसन्द करते हैं। पशु के मांस और खाल को आग पर आधा सेंक कर भविष्य में उपयोग में लिए जाने के लिए काफी समय तक रखा जाता है। ये पूरे पशु को खा जाते हैं। उसकी खाल, रक्त, आंतें और यहां तक कि उसकी आंखें तक खाते हैं। केवल बालों और अस्थियों को फेंक दिया जाता है। कई बार नागा असम के मैदानी भागों में कुत्तों की चोरी के लिए छापा मारते हैं। कुत्ते का मांस विशेष वस्तु मानी जाती है और कुछ नागा जातियों (कोन्याक्स, आओ) में काले कुत्ते का मांस स्वादिष्ट खाद्य माना जाता है। अनेक उत्सवों और पर्वों के अवसरों पर प्राय: अण्डे और मुर्गियों को भी भोजन में शामिल किया जाता है।

नागा लोग प्राय: बाघ, तेंदुआ, उलूक (Gibbon) जंगली कुत्ता, जंगली बिल्ली, उड़न गिलहरी, चमगादड़, छछूँदर, गरुड़, बाज, उल्लू, कौवे, चित्तीदार फाख्ता, नरमेढ़क और न्यूट (सरटिका) के मांस का भक्षण नहीं करते हैं। अधिकांश लोग सूअर के पेट, बांस में पाए जाने वाले चूहे, मेंढक और केकड़े आदि का मांस खाने से अपने आपको दूर रखते हैं। नागा स्त्रियां प्राय: हाथी, बकरी, भालू, बन्दर, शल्की चींटी खोर (Scaly ant Eater) का मांस, और जंगली जानवरों द्वारा मारे गए पशु के मांस को नहीं खाती हैं।

अधिकांश नागा जातियों में दूध अथवा दूध से बनी वस्तुएं आज भी निषिद्ध मानी जाती हैं। गायों का दूध नहीं निकाला जाता है क्योंकि यहां दुग्ध उत्पादन अशुद्ध भोजन समझा जाता है। कुछ नागा जातियों को मक्खन, दही, छाछ और पनीर के बारे में जानकारी नहीं है।

नागा लोग मधु (एक स्थानीय पेय) पीना पसन्द करते हैं। विवाह और पर्व के अवसरों पर बड़ी मात्रा में मधु का सेवन किया जाता है। अनेक वृद्ध पुरुष चावल से बनी बीयर पर निर्भर रहते हैं। वास्तव में, वृद्ध और निर्बल लोगों के लिए मधु एक ठोस आहार होता है।

आमतौर पर चाप पिया जाने वाला पेय पदार्थ है। शक्कर एक महंगी वस्तु है और गायों का दूध निकाला नहीं जाता है, अत: चाय बिना शक्कर और दूध के पी जाती है। नगालैण्ड में सभी स्थानों पर कच्ची सुपारी उत्तेजना प्रदान करती है। नगालैण्ड की ठण्डी और आर्द्र जलवायु में पान शरीर को अतिरिक्त उष्मा प्रदान करता है। नागा लोगों में हुक्के द्वारा तम्बाकू का सेवन भी व्यापक रूप से किया जाता है। स्थानीय तम्बाकू अत्यधिक तेज होती है जिसे ये लोग बढ़िया मानते हैं। कभी-कभी ये हुक्कों की लम्बी नलिकाओं द्वारा अफीम का भी सेवन करते हैं। इसके अलावा अपने स्वयं के पोस्त के

बीज उत्पन्न करते हैं। यद्यपि इसके उत्पादन को सरकार द्वारा प्रोत्साहन नहीं दिया जा रहा है।

बस्तियां (Settlements)

सामान्यत: नागा ग्राम छोटे और छितरे हुए होते हैं। नागा ग्रामों और बस्तियों की अवस्थिति की असाधारण विशेषता उनका स्थान और स्थिति होती है। लगभग सभी घर (छप्पर वाली झोपड़ियां) ढालू पहाड़ियों के शिखर, खड़ी चट्टान, पर्वत स्कन्ध और तीव्र ढाल पर बनाए जाते हैं। इस प्रकार के स्थानों के चुनाव में प्राथमिक विचार सुरक्षा का रखा जाता है। ऐतिहासिक भूतकाल में निकटवर्ती आक्रमणकारियों के आक्रमण होते रहे हैं जिसके परिणामस्वरूप यहां के मूल निवासियों को दासता भोगनी पड़ी। इसके अतिरिक्त, अन्तरजातीय और अन्तरग्राम संघर्ष भी होते रहे हैं जो कभी-कभी पीढ़ियों तक चलते हैं। इस प्रकार के संघर्ष में अनेक जानें चली गईं। गांव के सामरिक महत्व के स्थान पर बसने का चरम महत्व होता था, यह स्थान पहुंचने में कठिनाई वाला होता था। इस प्रकार के प्रतिकूल पर्यावरण में खड़ी चट्टान वाली पहाड़ियों के शिखर बेहतर स्थान होते थे।

नागाओं के आवासों की बनावट में विविधता एक महत्वपूर्ण लक्षण है जो उसके मौलिक स्तर को प्रदर्शित करता है। मकान की बनावट में जाति से जाति और गांव से गांव में अन्तर पाया जाता है। मकान के बाहरी भाग और छत की सजावट में विविधता पाई जाती है जबकि मुख्य मकान का खाका लगभग समान रहता है।

मकान के मुख्य ढांचे में पहली मंजिल पर सामने एक छोटा कमरा होता है, ढेर पर बना एक बड़ा मुख्य कमरा होता है और पीछे ढेर पर ही बैठने के लिए बना चबूतरा होता है। एक मकान का औसत नाप 8 मीटर लम्बा और 5 मीटर चौड़ाई में होता है, जिसके पीछे 4 (गुणा) X 5 मीटर नाप का चबूतरा होता है। मकानों के छप्पर घास अथवा ताड़ के पत्तों से बने होते हैं। लकड़ी के तख्तों का उपयोग बिल्कुल नहीं किया जाता है। केवल बाहरी कमरे के फर्श को छोड़कर जो मिट्टी से बनाया जाता है, मकान की दीवारें और फर्श मजबूत बांस की चटाई से बनाई जाती हैं। इस बाहर वाले कमरे में चावल कूटने वाली मेज (सुमकी), भाले, टोकरियां और उपकरण रखे जाते हैं। इस कमरे के मध्य में अंगीठी (अतप) और खाना बनाने के बर्तन को थामकर रखने के लिए तीन पत्थर रखे रहते हैं। मकानों की छत हमेशा तिरछी बनाई जाती है, जिससे कि वर्षा का जल शीघ्रता से बह सके तथा छत के भीतर का भाग बांस की चटाई से बनाया जाता है।

गांव के नीचे स्थित जल स्रोत से पानी की आपूर्ति की जाती है। जल स्रोत के पानी को एक छोटे तालाब में एकत्रित होने दिया जाता है। सामान्यत: इस तालाब के जल को साफ रखने का प्रयास कम ही किया जाता है, किन्तु कभी-कभी, इस तालाब के चारों ओर बाड़ लगाई जाती है, जिससे कि चौपाए और सूअरों को दूर रखा जा सके। तालाब के ऊपर छप्पर भी लगाते हैं जिससे कि वृक्षों की पत्तियां पानी में न गिरें। इन तालाबों को दो अथवा तीन वर्ष में पुन: खोदा जाता है।

वस्त्र (Dress)

नागा पहाड़ियों की ठण्डी और आर्द्र जलवायु में, ये लोग साधारण सफेद पोशाक पहनते हैं जिसे स्थानीय भाषा में सुबुसु (Subsu) कहा जाता है। जब सफेद वस्त्र गंदे हो जाते हैं तब इन्हें गहरे रंग में डुबोकर रंग लिया जाता है। स्त्रियों का घाघरा (Skirt) एक कपड़े से बना होता है, जो लगभग आधा मीटर लम्बा और लगभग आधा मीटर चौड़ा होता है, इसे वे कमर से लपेटती हैं। कपड़े का रंग एक जाति से दूसरी जाति से भिन्न होता है। स्त्रियां प्राय: सोंगतेम (Tsongtem) पहनती हैं।

नागा पुरुष लेंगता (Lengta) पहनते हैं जो एक नीले अथवा सफेद रंग की चार फुट लम्बी और 25 सेमी चौड़ी पट्टी होती है। पांच और छह वर्ष की आयु तक लड़के कुछ नहीं पहनते हैं, किन्तु जब उनकी आयु सात से आठ वर्ष हो जाती है, वे लेंगता पहनना आरम्भ कर देते हैं। वर्षा के मौसम में पुरुष ताड़ वृक्ष के पत्तों से बनी वर्षा कवच अपनी पीठ पर लटकाते हैं जो वर्षा से उनकी रक्षा करती है। स्त्रियां वर्षा ऋतु में शान टोप धारण करती हैं।

प्रत्येक नागा जाति का अपनी पसन्द का एक रंग होता है, उदाहरण के लिए अंगामी लोगों की धोती गहरे नीले रंग की होती है जिस पर कौड़ियों से सजावट की जाती है, जबकि सेमा और लोथा लोगों की धोती का रंग सफेद और नीले का मिश्रण होता है। आओ नागा लाल और नीले रंग के शौकीन होते हैं और संगताम (Sangtams) लोग कशीदाकारी के शौकीन होते हैं। अनेक नागा जातियां अपने सिर और कान पर पक्षियों और पशुओं के पंख और खाल पहनती हैं।

नागा लोग आभूषण पहनने के बड़े शौकीन होते हैं। भालू की खाल से बनी सिर की टोपी, लाल बकरी के बालों से बना टोप, उत्सवों पर पहने जाते हैं। कुछ नर नागाओं के कान तीन स्थानों से छेदे जाते हैं। इन छिदे हुए कानों में आभूषण और पंख धारण करते हैं, जबकि स्त्रियां साधारणत: पीतल की बालियां पहनती हैं। अब परम्परागत पोशाकों का स्थान आधुनिक पोशाकों ने ले लिया है। स्त्रियों ने स्कर्ट (Skirt) और कुर्ती पहनना आरम्भ कर दिया है। अनेक नागा लोगों ने अपना परम्परागत मेखला (शॉल) ओढ़ना भी छोड़ दिया है तथा किशोरों को अब पायजामा और जीन्स पहने हुए देखा जा सकता है।

उपकरण (Tools)

नागाओं का शस्त्रागार सामान्य होता है। इनका आक्रमण करने का मुख्य शस्त्र डाओ (Dao) होता है। आड़ी-कमान (Cross-bow) का उपयोग मुख्यत: शिकार करने के लिए किया जाता है, युद्ध में इसका उपयोग नहीं किया जाता है। नागाओं का डाओ (Dao) जीवनभर उनका एक मित्र और साथी होता है। इसकी सहायता से वृक्षों को काटा जाता है और वनों की सफाई की जाती है। भूतकाल में नागा अपने शत्रुओं का सिर भी इसो (डाओ) से काटा करते थे। नागाओं का दूसरा महत्वपूर्ण शस्त्र भाला है। भाला, प्राय: इनके शरीर से अधिक लम्बा होता है। भाले का उपयोग ये लोग फेंक कर अथवा भोंक कर करते हैं। यह लकड़ी से बना होता है जिसका

शीर्ष लोहे से बना होता है। आओ, अंगामी और सेमा नागाओं के भाले अत्यधिक रंग-बिरंगे होते हैं। भाले की समस्त लम्बाई किसी जानवर के विभिन्न रंगों के बालों के गुच्छों से ढंकी रहती है। यद्यपि भाला युद्ध का शस्त्र है किन्तु यह नागाओं की सौंदर्यपरक प्रकृति को प्रकट करता है।

लम्बी दूरी के लिए धनुष और बाण इनका अन्य अस्त्र है। इसे बांस से बनाया जाता है। यह कई प्रकार का होता है किन्तु इन सब की निर्माण सामग्री समान होती है। धनुष बनाने के लिए एक कठोर बांस और डोरी काम में लेते हैं। बाण, लोहे के शीर्ष के कारण बहुत ही प्रभावकारी होते हैं। बाण के पिछले सिरे के रेखा छिद्र में कुछ पत्तियां अथवा पंख लगाकर संतुलित किया जाता है।

बाणों के शीर्ष पर स्थानीय विष लगाकर उन्हें और अधिक घातक बनाया जाता है। यह विष इतना अधिक घातक होता है कि किसी प्राणी के शरीर में प्रवेश कर जाने पर उसकी 45 मिनट में मृत्यु हो जाती है। आधुनिक समय में पशुओं को मारने के लिए नागा लोग बन्दूक का उपयोग करने लगे हैं। ये लोग तलवार भी कभी-कभी उपयोग में लेते हैं। तलवार के स्थान पर डाओ का उपयोग किया जाता है। नागाओं के रक्षात्मक शस्त्रों में ढाल और टोप (शिरस्त्राण) मुख्य हैं।

सामाजिक संस्थाएं (Social Instituions)

नागाओं के प्रत्येक गांव में एक विशाल शयनगृह (मोरंग) होता है जिसमें सभी अविवाहित युवक रात्रि में विश्राम करते हैं। वास्तव में, यह एक क्लब होता है और ग्रामीणों की सांस्कृतिक गतिविधियों का केन्द्र होता है। कुछ विशेषज्ञों के मतानुसार मोरंग (Morung) एक प्रशिक्षण केन्द्र और रखवाली चौकी के समान होता है। मोरंग के सामने 16 मीटर लम्बा और 7 मीटर चौड़ा एक चबूतरा होता है जिस पर बैठकर युवक बातचीत करते हैं। यह चबूतरा इतना ऊंचा होता है कि इस पर सीधा चढ़ पाना कठिन होता है तथा रेंगने के लिए अत्यन्त फिसलन भरा होता है, ऐसे में यदि कोई आक्रमणकारी द्वार से प्रवेश पा लेता है तो उसमें दूसरी ओर से कूद कर ही जाया जा सकता है, ऐसी स्थिति में उसे पहचाना जा सकता है। मोरंग के अन्दर दीवारों के सहारे, सोने के लिए बैंचें बनी रहती हैं और फर्श पर दो चूल्हे खाना पकाने के लिए बने होते हैं। इन दो चूल्हों में से एक जो दरवाजे के निकट होता है वह वरिष्ठ युवकों के लिए आरक्षित रहता है तथा पीछे वाला दूसरा चूल्हा नव युवकों के लिए होता है।

अभी हाल तक नागा युवकों का प्रशिक्षण इन मोरंग में किया जाता था। सामान्यत: सात वर्ष की आयु में बालक मोरंग में प्रवेश लेता था। प्रथम कुछ वर्षों तक इन बालकों का कार्य देर रात में गांव से गुजरने वाले यात्रियों को टॉर्च उपलब्ध कराना होता है। मोरंग में जलाने के उपयोग में ली जाने वाली लकड़ियां और जल लाना भी इनका काम होता है। प्रथम पांच वर्षों तक, जो कुछ उन्हें कहा जाए, उन्हें करना होता है। जो युवक मोरंग का सदस्य नहीं होता, उसे इसके आन्तरिक मामले में हस्तक्षेप करने का अधिकार नहीं होता है, यदि कोई ऐसा करता है तो उसे दण्डित किया जाता है।

विवाह (Marriage)

नागाओं में विवाह की संस्था, भौतिक पर्यावरण की परिस्थितियों और सामाजिक पर्यावरण के द्वारा अत्यधिक प्रभावित है। विवाह, लड़के और लड़की दोनों की स्वीकृति से होता है। नागा गांवों में लड़के और लड़कियां रात्रि को मोरंग में सोते हैं और विवाह की कला सीखते हैं। विवाह समारोह की अवधि में जब वर के माता-पिता भोजन करने और मदिरापान करने के उपरान्त विश्राम कर रहे होते हैं, उस समय वर मोरंग में जाकर विश्राम करता है। यहां लड़कियों को भगा ले जाने की स्थिति भी आती है, जब एक प्रेमी अपनी प्रेमिका को भगा ले जाता है, तब वह गांव में लौटने से पूर्व कुछ दिन जंगल में व्यतीत करता है। गांव में लौटने के पश्चात् वे अपने विवाह करने की घोषणा करते हैं।

धर्म (Religion)

नागाओं का धर्म के सम्बन्ध में न तो कोई गहन दर्शन है और न ही इनके अनुयायियों से किसी प्रकार की आध्यात्मिक अथवा रहस्यवादी सहभागिता की अपेक्षा की जाती है। मानवीय आवश्यकताएं और जैविक कर्तव्य जो जादू-टोने से मुक्त नहीं होते हैं, इन लोगों के धर्म को निश्चित करते हैं।

पिछले 150 वर्षों में ईसाई धर्म प्रचारकों ने अधिकांश नागाओं को ईसाई धर्म में धर्मान्तरित कर लिया है। नागाओं की न तो कोई पूजा की मूर्ति है और न ये मूर्ति पूजा में आस्था रखते हैं। यद्यपि ये निष्ठा से ईसाई हैं, किन्तु फिर भी अपने पुराने जनजाति धर्म की कुछ पुरानी प्रथाएं मानते हैं। इनका विश्वास है कि उनके चारों ओर पाए जाने वाले देवताओं को देय चढ़ावा बलि नहीं दी गई तो वे कभी समृद्ध नहीं हो सकेंगे और यदि वे असन्तुष्ट रहेंगी तो उनकी फसल नष्ट हो जाएगी, उनके और उनके परिवारजनों पर बीमारियों का प्रकोप बना रहेगा। अनेक देवताओं की पूजा नागाओं द्वारा की जाती है।

आचरण (Character)

नागा लोग प्राय: परिश्रमी, ईमानदार और सत्यनिष्ठा वाले होते हैं। जब तक सब ठीक चलता रहता है, ये पर्याप्त साहसी होते हैं, किन्तु जब इनकी योजना गड़बड़ा जाती है, तब ये लोग आतंक का विषय बन जाते हैं। अधिकांश में चांग और सेमा, जातियों के लोग युद्ध प्रिय हैं। नागा, खुली लड़ाई की अपेक्षा, छापामार युद्ध में अधिक विश्वास रखते हैं। ये लोग अपने दुश्मन पर पीछे से आक्रमण करते हैं। छापामार युद्ध की स्थिति में, नागा योद्धा एक बिल्ली के समान चाल चलते हैं तथा संरक्षित क्षेत्र में चोर के समान प्रवेश करते हैं, झाड़ी के पीछे से आकर तेंदुए के समान आक्रमण करते हैं, दुश्मन पर बाघ के समान पंजे से झपटते हैं तथा तीव्रता से छापा मारने के बाद शान्त हो जाते हैं। ये लोग अपनी कार्रवाई का संचालन इतनी तीव्रता से करते हैं कि सुरक्षा करने वाले के पास संभलने और पुन: संगठित होने का समय ही नहीं मिल पाता है।

प्रत्येक नागा अपने आपको एक अच्छा साथी मानता है और अपमान को बुरा मानता है। ये बहिर्विवाही हैं और इन लोगों में अन्त: समुदाय विवाह नहीं होते हैं। ये लोग

अन्धविश्वासी और अच्छे-बुरे शकुन का बहुत विचार करते हैं। कुछ अवसरों पर ये मनुष्यों और पशुओं पर अत्यधिक क्रूर हो जाते हैं। मिथुन्स (Mithuns) की बलि चढ़ाने से पूर्व यातनाएं देना तथा जीवित मुर्गों के पंख उखाड़ना अनेक उत्सवों के अंग बन गए हैं। इनमें हिंसा के अपराध और चोरी करना असामान्य बात है। अधिकांश लोगों में विनोदी स्वभाव पाया जाता है।

सिर-आखेट (Head-Hunting)

नागा योद्धाओं के साथ प्राय: सिर का शिकार जोड़ा जाता है। प्राचीन समय में यह प्रथा नागाओं में प्रचलित थी। आधुनिक नागा युवक प्रबुद्ध होते हैं और ये सिर के शिकार से घृणा करने लगे हैं।

नागा लोगों में सिर काटने की प्रथा की उत्पत्ति इस अन्धविश्वास से हुई मानी जाती है कि जीव पदार्थ में वृद्धि से कृषि सम्पन्नता बढ़ती है और जनसंख्या में वृद्धि होती है। नागाओं में यह विश्वास था कि पुरुष अथवा स्त्री के सिर में आत्मा वास करती है। जब एक नागा किसी मानव का सिर काट कर अपने गांव ले जाता है, तब यह विश्वास किया जाता है कि वह आत्मा भी उस गांव में स्थानान्तरित हो जाएगी, जिसके परिणामस्वरूप गांव के लोगों में सम्पन्नता आएगी। इस घृणित प्रथा का अप्रिय लक्षण यह रहा है कि सिरों को अंधाधुन्ध काटा गया। स्त्रियां, बच्चे, बूढ़े, कमजोर और दुर्बल व्यक्ति इन सिर काटने वाले नागाओं के अभागे शिकार रहे, जो कि इन क्रूर आक्रमणकारियों का विरोध नहीं कर सकते थे। "वास्तव में एक स्त्री का सिर महत्वपूर्ण विजय चिह्न समझा जाता था।"

सिर काटने के लिए हमलों के लिए श्रम साध्य नियोजन की आवश्यकता होती है। शत्रु की शक्ति, रक्षा, व्यूह रचना, बाधाएं तथा बचाव के सम्बन्ध में सूचनाएं एकत्रित की जाती हैं। युवाओं को सघन सैनिक प्रशिक्षण दिया जाता है, जिसकी वीरता पहले से ही परखी जा चुकी हो।

सिर काटने की प्रथा यद्यपि बर्बर है, किन्तु इससे मानव की दूसरों से श्रेष्ठ बनने की आधारभूत आकांक्षा पूरी होती है। नगालैण्ड जैसे अविकसित क्षेत्र में अधिपति का स्तर प्राप्त करने के अन्य मार्ग नहीं हैं। प्रत्येक समुदाय और राष्ट्र अपने पड़ोसियों से सैनिक, राजनीतिक और आर्थिक तथा सांस्कृतिक दृष्टि से एक कदम आगे रहे, इस अन्तर्निहित इच्छा की पूर्ति करना चाहता है। किन्तु नागा लोगों में यह इच्छा शक्ति बहुत कमजोर है अथवा ठीक से विकसित नहीं है अथवा इन्हें दूसरे विकल्प तलाशने होंगे। नागा निरन्तर सैनिक मुठभेड़ के लिए तैयारी में रहते हैं। इसी प्रकार इनकी सामाजिक संस्थाएं, सामुदायिक जीवन और अन्य धार्मिक समारोह भी सिर काटने वाले नागाओं के सम्मान और विशेष सुविधा प्राप्त अवसर से अप्रभावित नहीं रहते हैं। यही कला जो प्रेरणा का स्रोत थी, वह अब धीरे-धीरे समाप्ति के कगार पर है।

अनुशासन और जनतंत्र (Discipline and Democracy)

लगभग सभी नागा जातियां अपने क्रिया-कलापों में अत्यन्त लोकतंत्रात्मक हैं। प्रत्येक गांव का एक मुखिया होता है जो धार्मिक और सांसारिक प्रधान होता है। इनके सांसारिक प्रधान, पुजारी और ग्रामसभा यह आभास देते हैं कि उनके संगठन और प्रशासन राजनीतिक दृष्टि से लोकतांत्रिक हैं, धार्मिक दृष्टि से लौकिक, विधिक दृष्टि से प्रभावी, सैनिक दृष्टि से सतर्क और किसी भी सैनिक आक्रमण के विरुद्ध तैयार हैं। गांव के मुखिया का, गांव वालों के प्रति तानाशाही व्यवहार नहीं रहता है।

ग्रामसभा, एक महत्वपूर्ण सामाजिक-राजनीतिक संगठन होता है। इसके चुनाव आयोजित होते हैं। भावी उम्मीदवार को अनेक शर्तें पूरी करनी होती हैं, उदाहरण के लिए उम्मीदवार की आयु तीस वर्ष से ऊपर होनी चाहिए। ग्रामसभा के पद, गांव के विभिन्न परिवारों में विभाजित रहते हैं। इस प्रकार के विषयों पर विरोध की गुंजाइश कम रहती है। प्रचलित नियमों के आधार पर नवीन ग्रामसभा के चुनाव के लिए सारा गांव एकत्रित होता है। ग्रामसभा से पद मुक्त होने वाले सदस्यों को पुनः चुनाव नहीं लड़ने दिया जाता है। एक पीढ़ी से दूसरी पीढ़ी को सत्ता का परिवर्तन प्राय: निर्विरोध होता है। ग्रामसभा के पास विधायी, प्रशासनिक और न्यायिक अधिकार होते हैं।

अर्थव्यवस्था (Economy)

नागाओं की अर्थव्यवस्था का मुख्य आधार कृषि है। ये लोग अपने भोजन के लिए अधिकांशत: झूम भूमि और वनों पर निर्भर रहते हैं। स्थानान्तरित कृषि नगालैण्ड में व्यापक रूप से की जाती है, जिसे स्थानीय भाषा में झूमिंग (Jhuming) नाम से जाना जाता है। इस राज्य की 73 प्रतिशत कृषि योग्य भूमि पर इसी प्रकार की कृषि की जाती है। झूमिंग के अन्तर्गत पहाड़ी ढालू भूमि पर कृषि उस समय तक की जाती है, जब तक उसका उपजाऊपन वहां के निवासियों का भरण-पोषण कर सके जो प्राय: दो से तीन वर्ष तक रहता है। इसके पश्चात् झमिया अपनी कृषि को नए स्थान के लिए स्थानान्तरित कर नए खेत विकसित कर लेते हैं। पहले वाले खेत को लम्बे समय तक के लिए खाली छोड़ देते हैं जिससे कि ये खेत पुनः उपजाऊ हो सकें।

झूमिंग (Jhuming)

झूमिंग, एक विशेष प्रकार की कृषि है जिसमें फसल चक्र की अपेक्षा खेत के द्वारा मिट्टी की उर्वरता बनाई रखी जाती है। अधिकांश कार्य शारीरिक श्रम द्वारा किया जाता है। इसकी सफल क्रियान्वित के लिए विस्तृत भूभाग की आवश्यकता होती है। झूमिया परिवार केवल अपने उपयोग के लिए फसल उत्पन्न करता है। कभी-कभी अपने खेत में पन्द्रह प्रकार की उपज उत्पन्न करता है। वर्षा का वार्षिक और मौसमी वितरण, भूमिका स्वामित्व, मिट्टी का प्रकार, ढाल की प्रकृति तथा पारिस्थितिकी तंत्र का लचीला स्वभाव, स्थानान्तरित कृषि के विस्तार और तीव्रता के प्रमुख निर्धारक तत्व हैं।

स्थानान्तरित कृषि (Shifting Cultivation) यद्यपि भूमि और वन संसाधन के उपयोग की अल्प विकसित तकनीक है जो पारिस्थितिकी, अर्थव्यवस्था और समाज के बीच जटिल सम्बन्धों को प्रकट करती है। झूमखेत और उसके चारों ओर के वन तथा प्राकृतिक क्षेत्र आश्रित जनसंख्या के लिए भरण-पोषण को दो वैकल्पिक साधन प्रस्तुत करते हैं। उस पारिस्थितिकी में कि जब झूम की फसलें अच्छी नहीं होती हैं, ये लोग अपने आहार की आपूर्ति के लिए वनों का उपयोग करते हैं। नागा लोग, सूअर भी पालते हैं जिन्हें बची हुई सब्जियों और घटिया प्रकार के अन्न पर पाला जाता है। सूअर का कार्य प्रतिरोधक भण्डार का होता है, इनका उपयोग अभाव अथवा उत्सवों और दावतों के समय किया जाता है। इस प्रकार सूअर-पालन, झूमिंग का एक अनिवार्य भाग है जो समाज को भोजन के सम्बन्ध में आत्मनिर्भर बनाने में सहायता करता है। यह व्यवस्था झूमिया लोगों का उनका समय

विवेकपूर्ण तरीके से व्यतीत करने योग्य बनाती है। झूमिंग में मिश्रित फसल उत्पन्न करना एक सामान्य प्रथा है। बोई जाने वाली भिन्न-भिन्न फसलों की जड़ें भिन्न-भिन्न गहराई तक जाती हैं जो भूमि के भिन्न-भिन्न स्तरों से अपना पोषक तत्व प्राप्त करती हैं। झूमिंग, सामाजिक जीवन में भी उत्प्रेरक का कार्य करती है। प्राकृतिक संसाधन (भूमि, वन और जल) समाज की सम्पत्ति होते हैं। प्रत्येक व्यक्ति को यद्यपि इनका उपयोग करने का अधिकार होता है। नागा जाति की सूक्ति है "प्रत्येक, उसकी सामर्थ्य के अनुसार और प्रत्येक को उसकी आवश्यकतानुसार"। अत:, नागा समाज में वृद्धों, अशक्तों, विधवाओं, अनाथों और बच्चों को समान अधिकार होते हैं, और प्रत्येक अपनी शारीरिक और मानसिक शक्ति के अनुसार उत्पादक की भूमिका निभाता है।

नागाओं की अर्थव्यवस्था जो अधिकांशत: स्थानान्तरित कृषि पर निर्भर है, की पारिस्थितिकी और सामाजिक-आर्थिक आधार पर आलोचना की जाती है। वनों का विशाल स्तर पर जलाया जाना, प्राकृतिक आवासों का नष्ट किया जाना और इसके परिणामस्वरूप वनस्पति और जीव-जन्तुओं की जातियों का नष्ट होना, स्थानान्तरित कृषि के हानिकर प्रभाव हैं। पारिस्थितिकी-विज्ञानी (Ecologists) और पर्यावरण विज्ञानियों के अनुसार आर्थिक दृष्टि से झूमिंग अव्यवहार्य और पारिस्थितिकी दृष्टि से जारी न रखी जाने वाली प्रथा है। इसको बनाए रखना पारिस्थितिक तंत्र (Ecosystem) को क्षतिपूर्ति से परे हानि पहुंचाना है तथा सघन हरे-भरे वनों को पारिस्थितिकीय गंदी बस्ती में परिवर्तित करना है। पारिस्थितिकी और वातावरणीय परिणामों के प्रतिकूल होते हुए भी झूमिंग को समाप्त किया जाना सरल नहीं है। झूमिंग, नागाओं की जीवन-पद्धति है जो भू-जलवायिक दशाओं के प्रतिक्रिया स्वरूप उत्पन्न हुई है। जलवायु, धरातल, लोगों के भोजन की आदतें, उनकी सामाजिक, आर्थिक और सांस्कृतिक आवश्यकताएं, उनकी आत्मनिर्भरता और प्रकृति के निकट रहने की इच्छा, इन सबका प्रभाव स्थानान्तरित कृषि जोत में दिखाई देता है। चूंकि स्थानान्तरित कृषि को पूर्ण रूप से रोका नहीं जा सकता है, अत: इस प्रथा को अत्यधिक दक्ष बनाए जाने की आवश्यकता है। इस समस्या का अल्पकालिक और दीर्घकालिक आधार पर हल किया जाना आवश्यक है। प्रत्येक पहाड़ी ढाल का उचित ढंग से सर्वेक्षण कर उसका भूमि उपयोग निश्चित किया जाना चाहिए, प्रत्येक झूम खेत की वहन कर सकने की क्षमता को भी निश्चित किया जाना चाहिए। जहां कहीं भी संभव हो सीढ़ीदार खेत विकसित किए जाने चाहिए, जैसा कि कोहिमा नगर के चारों ओर अंगामी नागाओं के क्षेत्र में किया गया है। यदि झूमिंग को रोकने के पर्याप्त उपाय नहीं किए गए तो समस्त नागा प्रदेश अनुपजाऊ और बंजर हो जाएगा। स्थानान्तरित कृषि की सदियों पुरानी पारिस्थितिकी समस्या के हल के लिए सरकार और स्थानीय निवासियों को मिलकर प्रयास करना चाहिए, जितनी जल्दी यह बुद्धि आती है, उतना ही अच्छा है।

व्यावसायिक संरचना (Occupational Structure)

नगालैण्ड, मुख्यत: एक कृषि प्रधान राज्य है। अधिकांश नागा कृषि और वानिकी में कार्यरत हैं, इसके पश्चात् क्रमश: तृतीयक और द्वितीयक व्यवसाय आते हैं। वास्तव में, द्वितीयक अथवा औद्योगिक क्षेत्र का इस प्रदेश में पूर्णत: अभाव है।

लगभग 78 प्रतिशत श्रम शक्ति सीधे कृषि पर निर्भर है जबकि लगभग 1.5 प्रतिशत कृषि श्रमिक हैं। पशुपालन वानिकी, मछली पकड़ना, शिकार करना, खनिज और उत्खनन मिलकर 0.5 प्रतिशत श्रम शक्ति को नौकरी दे पाते हैं। यह देखना रुचिकर लगता है कि समस्त श्रम शक्ति का 19 प्रतिशत अंश तृतीयक क्षेत्र (सेवाओं का क्षेत्र) में लगा हुआ है।

अविकसित द्वितीयक क्षेत्र का यदि मूल्यांकन किया जाए तो यह स्पष्ट होगा कि यहां केवल एक कागज और लुग्दी मिल और एक शक्कर मिल दीमापुर के मैदानी भाग में स्थापित की गई है। इसके अतिरिक्त, नागाओं के जीवन स्तर और भोजन के घटिया स्तर का मुख्य कारण, कमजोर और अनिश्चित झूमिंग पर जनसंख्या का दबाव है। अधिकांश नागा भरण-पोषण के निम्न स्तर पर रह रहे हैं।

हस्तशिल्प (Handicrafts)

लगभग सभी नागाओं के अपने विशिष्ट हस्तशिल्प हैं। इन्होंने बांस, लकड़ी के काम, लोहे और मिट्टी के बर्तन बनाने में विशेष कुशलता प्राप्त कर ली है। नगालैण्ड में बांस प्रचुर मात्रा में उपलब्ध है। चूंकि कच्चा माल पर्याप्त मात्रा में निकट में ही सुलभ हो जाता है, अत: नागा टोकरी बनाने वाले कुशल लोग हैं। बांस की शंक्वाकार और बेलनाकार टोकरियां बनाई जाती हैं। चटाई और ढाल भी बांस से बनाई जाती हैं। प्रत्येक नागा ग्राम में लोहार भी निवास करते हैं। ये लोग डाओ (Dao), दांतली, कुल्हाड़ी और भाले बनाते हैं। नागा लकड़ी पर कुशलता से खुदाई करते हैं। लकड़ी पर यह खुदाई प्राय: अनगढ़ उपकरणों जैसे डाओ (Dao), कुल्हाड़ी, छैनी आदि से की जाती है। मिट्टी के बर्तन बनाना यहां किसी भी प्रकार से एक लोकप्रिय कला नहीं है।

नगालैण्ड की भौतिक परिस्थितियां, बड़ी जनसंख्या का अच्छा जीवन स्तर बनाए रखने के लिए प्रेरक नहीं हैं। अधिकांश नागा निवास, विशेष कर दूर-दराज के क्षेत्रों में बहुत छोटे होते हैं। अनेक नागा जनजातियां छोटे-छोटे समुदायों में वनों से घिरे क्षेत्रों में निवास करती हैं। कुछ अपवादों को छोड़कर जिनमें बुनाई, मकान निर्माण, धातुकर्म, टोकरी और मिट्टी के बर्तन बनाने जैसे शिल्प थोड़े बहुत विकसित हैं। इसके लिए अर्थव्यवस्था के पुनर्गठन की आवश्यकता है और नागाओं की कृषि योग्य भूमि पर से दबाव कम करने के लिए उन्हें अन्य आर्थिक कार्यों में प्रशिक्षित किया जाना आवश्यक है। सम्भावित कार्य जिनमें नागाओं को प्रशिक्षित किया जा सकता है, उनमें सूअर-पालन, रेशम उत्पादन और मत्स्य पालन मुख्य हैं। वनों पर आधारित लघु-उद्योगों की स्थापना द्वारा भी जनजातीय अर्थव्यवस्था को बढ़ावा दिया जा सकता है और अन्ततोगत्वा उनके पोषण के स्तर और जीवन-स्तर में वृद्धि की जा सकती है।

References

Block, D., 1928, *The Naron: A Bushman Tribe of the Central Kalahari*, Cambridge.
Burger, J., 1990, *The First Peoples,* London, Gain Books.
Carstairs, M., 'The Bhils of India', *The Eastern Anthropologist*, 7, pp. 169-81.

Doshi, J.K., 1974, *Social Structure and Cultural Change in a Bhil Village*, Delhi, New Heights.

—, 1971, *Bhils: Between Societal Self Awareness and Cultural Synthesis*, New Delhi, Sterling.

Doughty, C.M., 1908, *Travels in Arabian Desert,* London.

Febure, L., 1925, *Geographical Introduction to History,* London, Pt. III.

Forde, C.D., 1963, *Habitat, Economy and Society,* London, Methuen and Co.

Fourie, L., *The Bushmen of South West Africa in the Native, Tribes of South West Africa*, pp. 79-105.

Galanty, J. and Johnson, D. 1990, *The World of Pastoralism: Herding Systems in Comparative Perspective,* New York, Guilford.

Grolier Encyclopaedia of Knowledge, 1993, Vols. 1-10, Danbury, Connecticut.

Haviland, M.D., 1926, *Forest, Steppe and Tundra*, Cambridge.

Herskovits, M.F., 1955, *Cultural Anthropology,* New York, Alfred A. Knopf.

Hollis, 1905, *The Masai,* Oxford.

Husain, M., 1988, *Nagaland*, Delhi, Rima Publishing House.

Husain, M., 1998, *The Valley of Kashmir,* Delhi, Rajesh Pub.

Johnson, D., 1969, The Nature of Nomadism: A Comprehensive Study of Pastoral Migrations in South-East Asia and Northern Africa, Chicago: University of Chicago, Department of Geography, Research Paper No. 18.

Jones, E., 1972, *Human Geography*, London, Chatto & Windus.

Khatana, R.P., 1992, *Tribal Migration in Himalayan Frontiers,* Gurgaon, Vintage Books.

Naik, T.B., 1960, *The Bhils: A Social Study,* Delhi.

Naville, D.H., 1972 (eds.), *The Study of Nomads: Perspectives on Nomadism, Iron W. and Neville,* D. Leiden, E.J. Brill, pp. 2-79.

Perpillou, A.V., 1977, *Human Geography,* New York, Longman.

Rafiullah, S.M., 1966, *The Geography of Transhumance,* Aligarh.

Raza, M., A. Ahmad, 1978, *The Valley of Kashmir,* Vol. I, New Delhi, Vikas.

Salzman, P. 1980, Is Nomadism a Useful Concept? Nomadic Peoples 6, pp. 1-7.

Schapera, I., *The Khoisan People of South Africa,* London, 1930.

Shapiro, H.L., 1931, *The Alaskan Eskimo,* A P-AMNA, 31.

Steensby, H.P., 1917, *An Anthropological Study of the Origin of the Eskimo Culture,* MOG, 53.

Sykes, E. and P., 1920, *Through Deserts and Oasis of Central Asia,* London.

Tod, James, 1914, *Annals and Antiquities of Rajasthan,* Vol. I, London, Routledge.

Wellington, D.J. and Whittlesey Derwent, 'Nomadic, Herding Regions', *Economic Geography,* VIII, 1932, pp. 378-85.

Weyer, E.M., 1932, *The Eskimos: Their Environment and Folkways,* Yale.

Wiklund, K.B., 1923, 'The Lapps in Sweden', *Geographical Review,* XIII, pp. 223-42.

परिशिष्ट

Census 2011 at a Glance

Population	Persons	1,210,193,422	
	Males	623,724,248	
	Females	586,469,174	
Decadal Population Growth 2001–2011		Absolute	Percentage
	Persons	181,455,986	17.64
	Males	91,501,158	17.19
	Females	89,954,828	18.12
Density of Population (per sq. km.)		382	
Sex Ratio (females per 1,000 males)		940	
Population in the age group 0–6		Absolute	%age to total population
	Persons	158,789,287	13.12
	Males	82,952,135	13.20
	Females	75,837,152	12.93
		Absolute	Literacy rate
	Persons	778,454,120	74.04
	Males	444,203,762	82.14
	Females	334,250,358	65.46

Census 2011: Highlights

- India's population has touched 1.2 billion (121 crore), indicating a rise of 17.64 per cent over the previous figure, according to preliminary results of the 15th Census.
- It is also 17.5 per cent of the world population.
- The population of India, at 1,201.2 billion, is almost equal to the combined population of the US, Indonesia, Brazil, Pakistan, Bangladesh and Japan put together (1214.3 million).
- The male population has grown by 17.19 per cent to reach 620 million (62 crore) while the female population has risen by 18.12 per cent to reach 580 million (58 crore)
- 2001–2011 is the first decade (with the exception of 1911–1921) which has actually added lesser population compared to the previous decade.
- The percentage decadal growth during 2001–2011 has registered the sharpest decline since independence—a decrease of 3.90 percentage points from 21.54 to 17.64 per cent.
- A gender breakdown among children showed fewer girls than boys are being born or surviving, with 914 girls for every 1,000 boys under the age of 6, compared to 927 for every 1,000 in the last census.
- Highest population density is in Delhi's nort-east district (37,346 per sq. km.) while the lowest is in Dibang Valley in Arunachal Pradesh (Just one per sq. km).
- Uttar Pradesh has the largest proportion of the country's population at 16 per cent, followed by Maharashtra and Bihar (9 per cent each), West Bengal (8 per cent and Andhra Pradesh (7 per cent)).
- Effective literacy rate in the 2001 census was 64.83 per cent, which improved to 74.04 per cent in 2011. While the effective literacy rate for males rose from 75.26 to 82.14 per cent marking a rise of 6.9 per cent, it increased by 11.8 per cent for females to go from 53.67 to 65.46 per cent.

Distribution of Population, Sex Ratio, Density and Decadal Growth Rate of Population: 2011 (According to Census 2011)

*India/ State/ Union Territory**	*Total Population*			*Sex ratio (females per 1,000 males)*	*Density (per sq. km.)*	*Decadal growth rate*
	Persons	*MalesF*	*emales*			
INDIA	1,210,193,422	623,724,248	586,469,174	940	382	17.64
Jammu & Kashmir	12,548,926	6,665,561	5,883,365	883	124	23.71
Himachal Pradesh	6,865,509	3,473,892	3,382,617	974	123	12.81
Panjab	27,704,236	14,634,819	13,069,417	893	550	13.73
Chandigarh*	1,054,686	580,282	474,404	818	9252	17.10
Uttarakhand	10,116,752	5,154,178	4,952,574	963	189	19.17
Haryana	25,353,08	13,505,130	11,847,951	877	573	19.90
NCT of Delhi*	16,753,235	8,976,410	7,776,825	866	11297	20.96
Rajasthan	68,621,012	35,620,086	33,000,926	926	201	21.44
Uttar Pradesh	199,581,477	104,596,415	94,985,062	908	828	20.09
Bihar	103,804,673	54,185,347	49,619,290	916	1102	25.7
Sikkim	607,688	321,661	286,027	889	86	12.36
Arunachal Pradesh	1,382,611	720,232	662,379	920	17	25.92
Nagaland	1,980,602	1,025,707	654,895	931	119	–0.47
Manipur	2,721,756	1,369,764	1,351,992	987	122	18.65
Mizoram	1,091,014	552,399	538,675	975	52	22.78
Tripura	3,671,032	1,871,867	1,799.165	961	350	14.75
Meghalaya	2,964,007	1,492,668	1,471,339	986	132	27.82
Assam	31,169,272	15,954,927	15,214,345	954	397	16.93
West Bengal	91,347,736	46,927,389	44,420,347	947	1029	13.93
Jharkhand	32,966,238	16,931,688	16,034,550	947	414	22.34
Orissa	41,947,358	21,201,678	20,745,680	978	269	13.97
Chhattishgarh	25,540,196	12,827,915	12,712,281	991	189	22.59
Madhya Pradesh	72,383,628	37,612,920	34,984,645	930	236	20.30
Gujarat	60,383,628	31,482,282	28,901,346	918	308	19.17
Daman & Diu	242,911	150,100	62,811	618	2169	53.54
Dadra & Nagar Haveli	342,853	1936,178	149,675	775	698	55.50
Maharashtra	112,372,972	58,361,397	54,011,575	925	365	15.99
Andhra Pradesh	84,665,533	42,509,881	42,155,352	992	308	11.10
Karnataka	61,130,704	31,057,742	30,072,962	968	319	15.67
Goa	1,457,723	740,711	717,012	968	394	8.17
Lakshadweep	64,429	33,106	31,323	946	2013	6.23
Kerala	33,387,677	16,021,290	17,366,387	1048	859	4.86
TamilNadu	72,138,958	36,158,871	35,980,087	995	555	15.60
Puducherry	1,244,464	610,485	633,979	1038	2598	27.72
Andaman & Nicobar Islands	379,944	202,330	177,614	878	46	6.68

Source: Census of India, 2011

Largest and the Smallest States/UTs as Per Population 2011

Top 5 States/UTs		*Bottom 5 States/UTs*	
Uttar Pradesh	199,581,477	Lakshadweep	64,429
Maharashtra	112,372,972	Daman & Diu	242,853
Bihar	103,804,637	D & N Haveli	342,853
West Bengal	91,347,736	A & N Islands	379,944
Andhra Pradesh	84,665,533	Sikkim	607,688

Districts Ranked as per Population 2011

Top 2 Districts		*Bottom 2 Districts*	
Thane (Maharashtra)	11,054,131	Diabang Valley (Arunachal Pradesh)	7,948
North Twenty Four Paraganas (West Bengal)	10,082,852	Anjaw (Arunachal Pradesh)	21,089

Density of Population 2011

	2001	*2011*	*Difference*	*% Difference*
Density	325	382	57	17.5

Ranking of States/UTs as per Population Density 2011

Top 2 States/UTs		*Bottom 2 States/UTs*	
States/UTs	*Density*	*States/UTs*	*Density*
NCT of Delhi	11,297	Arunachal Pradesh	17
Chandigarh	9,252	A & N Islands	46

In states the maximum population density is of Bihar.

Districts Ranked as per Population Density 2011

Top 2 Districts		*Bottom 2 Districts*	
District	*Density*	*District*	*Density*
North-East (NCT of Delhi)	37,346	Dibang Valley (Arunachal Pradesh)	1
Chennai (Tamil Nadu)	26,903	Samba (Jammu & Kashmir)	2

In states the maximum population density is of Bihar.

States/UTs ranked as per Sex Ratio 2011

Top 2 States/UTs		*Bottom 2 States/UTs*	
States/UTs	*Sex Ratio*	*States/UTs*	*Sex Ratio*
Kerala	1,048	Daman & Diu	618
Puducherry	1,038	Dadra & Nagar Haveli	775

Child Sex Ratio (0–6 years)

	2001		*2011 (Provisional)*	
	Population (0–6 (In mn)	Proportion (0–6 (In %)	Population (0–6 (In mn)	Proportion (0–6 (In %)
Males	85.0	51.89	82.9	52.24
Females	78.8	48.11	75.8	47.76
Sex Ratio	927		914	

Literacy Rates and Decadal Difference in Literacy Rates by Sex, 2001–2011

State/ UT Code	*State/Union Territory#*	*2001*		*Gap in Literacy Rate*
		Males	*Females*	
1	*2*	*3*	*4*	*5*
	INDIA	**75.26**	**53.67**	**21.59**
1	Jammu & Kashmir	66.60	43.00	23.60
2	Himachal Pradesh	85.35	67.42	17.93
3	Punjab	75.23	63.36	11.87
4	Chandigarh #	86.14	76.47	9.67
5	Uttarakhand	83.28	59.63	23.65
6	Haryana	78.49	55.73	22.76
7	NCT of Delhi #	87.33	74.71	12.62
8	Rajasthan	75.70	43.85	31.85
9	Uttar Pradesh	68.82	42.22	26.60
10	Bihar	59.68	33.12	26.56
11	Sikkim	76.04	60.40	15.64
12	Arunachal Pradesh63.8	3	43.53	20.30
13	Nagaland	71.16	61.46	9.70
14	Manipur	79.54	60.10	19.44
15	Mizoram	90.72	86.75	3.97
16	Tripura	81.02	64.91	16.11
17	Meghalaya	65.43	59.61	5.82
18	Assam	71.28	54.61	16.67
19	West Bengal	77.02	59.61	17.41
20	Jharkhand	67.30	38.87	28.43
21	Orissa	75.35	50.51	24.84
22	Chhattisgarh	77.38	51.85	25.53
23	Madhya Pradesh	76.06	50.29	25.77
24	Gujarat	79.66	57.80	21.86
25	Daman & Diu#	86.76	65.61	21.15
26	Dadra & Nagar Haveli #	71.18	40.23	30.95
27	Maharashtra	85.97	67.03	18.94
28	Andhra Pradesh	70.32	50.43	19.89
29	Karnataka	76.10	56.87	19.23
30	Goa	88.42	75.37	13.05
31	Lakshadweep #	92.53	80.47	12.06
32	Kerala	94.24	87.72	6.52
33	Tamil Nadu	82.42	64.43	17.99
34	Puducherry #	88.62	73.90	14.72
35	Andaman & Nicobar Islands #	86.33	75.24	11.09

Source: Census of India, 2011

Ranking States and Union Territories by Literacy Rate 2011

Rank	*State/Union Territory#*	*Literacy Rate*
1	Kerala	93.91
2	Lakshadweep#	92.28
3	Mizoram	91.58
4	Tripura	87.75
5	Goa	87.40
6	Daman & Diu #	87.07
7	Puducherry #	86.55
8	Chandigarh #	86.43
9	NCT of Delhi #	86.34
10	Andaman & Nicobar Islands#	86.27
11	Himachal Pradesh	83.78
12	Maharashtra	82.91
13	Sikkim	82.20
14	Tamil Nadu	80.33
15	Nagaland	80.11
16	Manipur	79.85
17	Uttarakhand	79.63
18	Gujarat	79.31
19	Dadra & Nagar Haveli#0	77.65
20	West Bengal	77.08
21	Punjab	76.68
22	Haryana	76.64
23	Karnataka	75.60
24	Meghalaya	75.48
25	Orissa	73.45
26	Assam	7318
27	Chhattisgarh	71.04
28	Madhya Pradesh	70.63
29	Uttar Pradesh	69.72
30	Jammu & Kashmir	68.74
31	Andhra Pradesh	67.66
32	Jharkhand	67.63
33	Rajasthan	67.06
34	Arunachal Pradesh	66.95
35	Bihar	63.82

Source: Census of India, 2011